Russell Banks
John Brown, mein Vater

Russell Banks

John Brown, mein Vater

Roman

Aus dem Amerikanischen von
Inge Leipold

Luchterhand

Die Originalausgabe erschien 1998
unter dem Titel *Cloudsplitter*
bei HarperCollins, New York.

1 2 3 4 5   02 01 00

© 1998 Russell Banks
© 2000 für die deutsche Ausgabe
Luchterhand Literaturverlag GmbH, München
Satz: Filmsatz Schröter GmbH, München
Druck und Bindung: Druckerei Pustet, Regensburg
Alle Rechte vorbehalten. Printed in Germany
ISBN 3-630-87065-1

Für die geliebte C. T.
und im Gedenken an
William Matthews (1942–1997)

… und ich allein bin entkommen, auf daß ich es dir künde.

HIOB I,16

I

I

Als ich heute, ein kalter, grauer Morgen war es, aus einem unruhigen Schlaf erwachte, wurde mir zum hundertsten Mal klar, meine Worte und mein Verhalten Ihnen gegenüber waren unhöflich, grob und selbstsüchtig gleichermaßen. Doch diesmal war ich zutiefst davon überzeugt. Und deshalb will ich mich jetzt, wenn auch sehr verspätet, bei Ihnen entschuldigen und Sie um Verzeihung bitten.

Sie haben, als die Assistentin Professor Villards, nichts weiter als Ihre Pflicht getan; dieser hat sich seinerseits einer gewaltigen und bedeutsamen Aufgabe unterzogen, die, wenn sie beendet ist, nicht nur der gesamten Menschheit von Nutzen sein, sondern auch ein günstiges Licht auf die Familie von John Brown werfen soll. Und da ich beides bin – ein Mensch und ein Mitglied der Familie John Browns –, werde ich aus Ihren und Professor Villards ehrbaren Bemühungen zweifachen Nutzen ziehen.

Es war daher ganz gegen mein eigenes Interesse und zudem gefühllos und töricht von mir, Ihnen Ihre Bitte abzuschlagen. Vor allem da Sie so offenkundig aufgeschlossen, aufrichtig und intelligent sind und die Wahrheit herausfinden wollen, die ganze Wahrheit – daher, so wahr mir Gott helfe, Miss Mayo: Es tut mir leid.

Dennoch bitte ich Sie, mich zu verstehen. So viele Jahre hindurch habe ich zu allem, was Vater und unsere Familie betrifft, geschwiegen, daß ich es zu dem Zeitpunkt, als Sie an die Tür meiner Hütte klopften, schon längst aufgegeben hatte, über mein Schweigen auch nur nachzudenken. Auf Ihre höflichen Worte der Begrüßung und Ihre Fragen habe ich auf eine Art und Weise geantwortet, wie wir sie uns vor einem halben Jahrhundert zur taktischen Regel gemacht hatten und die ich in all den Jahren, die seitdem vergangen sind, nie in Frage gestellt oder überdacht hatte. Taktik hatte sich zur Gewohnheit, Gewohnheit zu einer Charaktereigenschaft verfestigt.

Zudem habe ich in den Jahren seit jenen Ereignissen, die Sie erforschen wollen, das Leben eines Einsiedlers, eines Schäfers auf dem Gipfel eines Berges geführt, so weit weg von der sogenannten Zivilisation wie nur möglich, und das hat mich wider alle Natur schroff und abweisend gemacht. Und vor allem habe ich keine Erfahrung damit, wie man zu einer jungen Frau spricht.

An all das will ich Sie erinnern, an mein *Wesen*, könnte man es, glaube ich, nennen, damit Sie meine Äußerungen, Erinnerungen und Enthüllungen – selbst die Dokumente, um die Sie gebeten haben und die ich in Kürze ordnen und Ihnen zur Verfügung stellen werde – in dem ihnen angemessenen Zusammenhang sehen. Behält man diesen nicht ständig im Auge, kann nichts, was man als Wahrheit über Leben und Werk meines Vaters verkündet, die ganze Wahrheit sein. Wenn ich nichts weiter aus jenen vierzig Jahren seit seiner Hinrichtung gelernt habe, so doch zumindest dies. Und das ist einer der Hauptgründe für mein langes Schweigen. Ich habe hier draußen auf meinem Berggipfel gehaust und meine Schafe gehütet, und Jahr für Jahr schwebten die Bücher und Zeitungsartikel und dicke Memoiren auf mein Haupt nieder wie Herbstlaub; ich habe sie alle gelesen, all die verleumderischen Angriffe auf Vater und mich und meine Bluts- und Waffenbrüder, ebenso die närrischen, verträumten, sentimentalen Verherrlichungen unseres »Heroismus« und »Mannesmutes«, mit dem wir uns für die Neger einsetzten – o ja, alle habe ich sie gelesen! Jene, die Vater als Verrückten abstempelten, ich habe sie gelesen. Jene, die ihn einen gemeinen Pferdedieb und Mörder nannten, der sich unter dem Deckmantel des Abolitionismus verkrochen habe, auch die habe ich gelesen. Diejenigen, die Vater, mir und meinen Brüdern nur ein einziges Mal, an einem wolkenverhangenen, kalten Nachmittag im Dezember damals in Kansas begegnet sind und später über uns geschrieben haben, als wären sie monatelang mit uns über Land geritten – ja, auch diese habe ich gelesen. Und diejenigen, die, als sie von der Hinrichtung Vaters erfuhren, in ihren Salons in Concord Tränen der Selbstgerechtigkeit vergossen und ihn gar mit Christus am Kreuz verglichen, auch die habe ich gelesen, obgleich es mir schwergefallen ist, bei dem Gedanken, was Vater selbst zu diesem Vergleich gesagt hätte, ein Lächeln zu unterdrücken. Schließlich glaubte Vater an die unvergleichliche *Wirklichkeit* Christi, nicht an eine körperlose Idee. Vaters Kreuz war ein ordentlich gezimmertes Schafott in Virginia, nicht zwei unbeholfen zusammengenagelte, rauhe Holzbalken in Jerusalem.

Vergeben Sie mir, ich schweife ab. Alles will ich Ihnen erzählen – jetzt, da ich beschlossen habe, ein wenig zu sagen. Es ist, als hätte ich ein Schleusentor geöffnet, und ein unermeßlich großes Binnenmeer von Worten, das ich ein halbes Leben lang zurückgestaut habe, strömte nun hindurch. Ich habe gewußt, daß es so kommen würde. Und dies war ein weiterer Grund für mein langes Schweigen – das noch schlimmer, noch eindringlicher und bedrückender und, ich will es einmal so sagen, noch verwirrender wurde durch die Ironie, daß ich, je länger ich schwieg, desto mehr zu sagen hatte. So lange habe ich meine Wahrheit für mich behalten, daß ich das Feld ganz und gar jenen überließ, die gelogen haben, und jetzt läuft sie Gefahr, sich selber in eine Lüge zu verwandeln oder zumindest als solche aufgefaßt zu werden. Vielleicht sogar von Ihnen. Daher ist mir, obwohl ich endlich zu reden, die Wahrheit zu sagen beschlossen habe, seltsam zumute, beinahe so, als würde ich lügen.

Noch einmal will ich es sagen: Es tut mir leid, daß ich Sie neulich abgewiesen habe. Sie sind jung und wissen das vielleicht nicht, doch Einsamkeit wird, wenn sie nur lange genug andauert, sich selbst zu Lohn und Nahrung. Und die Stimme eines alten Mannes kann, wenn er denn spricht, seinen eigenen Ohren zuwider werden; vielleicht habe ich mich aus diesem Grund entschlossen, Ihnen zu schreiben, und zwar so ausführlich, wie es sich als notwendig erweisen wird, anstatt nur mit Ihnen zu reden und höflich Ihre Fragen zu beantworten, wie Sie es sich vorgestellt hatten. Das ängstliche Blöken meiner Schafe, das Bellen meines Hundes und das Knacken und Knistern meines offenen Feuers waren Jahrzehnte hindurch praktisch die einzigen Stimmen, die ich gehört und denen ich geantwortet habe, bis sie schließlich zu meiner eigenen Stimme wurden. Zu einer Stimme, die nicht für ein langes Gespräch mit einer jungen, gebildeten Frau wie Ihnen taugt, die den ganzen Weg von New York hierher zu meinem Berg in Altadena in Kalifornien gekommen ist.

Wie hätten Sie auch aus einem alten, bärtigen Mann schlau werden sollen, der Tag und Nacht nur blökt, bellt und knackt und knistert? Ich stelle Sie mir vor – falls ich wirklich dem Gespräch zugestimmt hätte, um das Sie so höflich baten –, wie Sie verwirrt, verlegen, schließlich wütend werden und aufgeben; wie Sie Ihr Notizbuch zuklappen und sich höflich von mir verabschieden; und wie Sie dann Ihrem berühmten Professor Oswald Garrison Villard an der Columbia University berichten, Sie seien zu spät gekommen. Der arme alte Owen Brown, dritter Sohn John Browns, der letzte überlebende Zeuge und Teilnehmer am Pottawatomie-Massaker und den Siegen und Tragödien, die sich in »Bleeding Kansas« abspielten, an den zahlreichen schrecklichen Schlachten im Krieg gegen die Sklaverei, der in dem katastrophalen Sturm auf Harpers Ferry gipfelte – dieser bemitleidenswerte, alte, einsame Mann Owen Brown sei verrückt geworden, man würde also nie mit Sicherheit wissen, ob sein Vater ebenfalls geisteskrank gewesen sei. Nie würde man erfahren, ob John Brown überhaupt bei Sinnen war, als er in jener schrecklichen Nacht im Jahre 1856 drunten am Pottawatomie die Männer und Knaben niedermetzelte. Oder ob er, als er bei den Anhängern der Sklaverei in Kansas Angst und Schrecken verbreitete, in der Tat der puritanische Held und das militärische Genie aus alter Zeit war, wofür so viele ihn hielten. Oder ob er, als er Harpers Ferry stürmte und sich weigerte, in die Berge zu fliehen, bereits völlig den Verstand verloren hatte. Der Sohn selber, der Einsiedler und Schäfer Owen Brown, ist nicht mehr ganz richtig im Kopf, würden Sie zu Ihrem Professor sagen (und vielleicht sagen Sie dies jetzt, in diesem Augenblick, zu ihm), und wir werden nie eindeutig wissen, ob sein Vater auch geisteskrank war. Angesichts dessen, was wir bereits über John Brown wissen, und da es keinen schlüssigen Beweis für das Gegenteil gibt, müssen wir daher dem Urteil, das unser Jahrhundert über ihn gefällt hat, beipflichten und ihn, ehe das nächste Jahrhundert beginnt, für verrückt erklären.

Deshalb hoffe ich, der Erhalt dieses ersten von mehreren, vielleicht vielen solchen Briefen läßt Sie zögern, dieses Urteil zu fällen, und bringt Sie dazu, es am Ende zu revidieren.

War mein Vater verrückt? Immer deutlicher wird mir bewußt, daß dies die einzige Frage ist, die für Sie Bedeutung hat. Männer wie Frauen, alle stellten sich diese Frage, sobald sie seinen Namen hörten – sein ganzes Leben lang, selbst als er noch nicht berühmt war. Fremde, treue Gefolgsleute, Feinde, Freunde und seine Familie gleichermaßen. Es war damals und ist auch heute keine rein akademische Frage. Und wie Sie und Ihr Professor sie beantworten, davon wird in hohem Maße abhängen, wie Sie und wer auch immer Ihr Buch liest den langen, grausamen Krieg zwischen der weißen und der schwarzen Rasse auf unserem Kontinent beurteilen. Falls das Buch, das Ihr verehrter Professor derzeit schreibt – mag es auch alle bekannten wie auch die bislang nicht überlieferten Tatsachen über das Leben meines Vaters enthalten –, nicht ein für allemal zeigt, ob Old Brown verrückt war oder nicht, ist es nur ein weiteres nutzloses Werk in dem mannshohen Stapel unnützer Bücher, die bereits über ihn geschrieben worden sind. Nicht so sehr die Tatsachen über das aufreibende Leben meines Vaters müssen die Leute erfahren, sondern ob er normal war oder nicht. Denn wenn er bei Verstand war, dann müssen bestimmte schreckliche Dinge hinsichtlich Rasse und menschlicher Natur, insbesondere hier in Nordamerika, als wahr erkannt werden. War er jedoch geisteskrank, dann sind ganz andere und vielleicht nicht so schreckliche Dinge wahr.

Und, ja, wahrscheinlich bin ich, wie Sie sagten, die einzige noch lebende Person, die über das Wissen und die Informationen verfügt, die Sie und Ihren Professor in die Lage versetzen können, die Frage zu beantworten. Doch verstehen Sie mich bitte. Der dreihundert Jahre währende Krieg zwischen den Rassen, seit der Zeit vor der Revolution bis hin zu und einschließlich Harpers Ferry, war im Grunde ein Krieg gegen die Sklaverei. Kurzfristig wurde er dann, im Jahre 1861, zu einem Krieg zwischen den Bundesstaaten. Und von da an bis jetzt herrschte ein solch erbittertes, wütendes Geschrei, daß ich wußte, man würde mich nicht hören, außer als einen der Söhne John Browns, der versucht, seine eigenen und seines Vaters blutige Taten zu rechtfertigen – ein schwächlicher, verkrüppelter Mann, der vor dem Blutbad, das anzuzetteln er half, nach Westen floh, um sich dort für den Rest seines langen Lebens zu verstecken.

In Wahrheit war für uns der sogenannte Bürgerkrieg nichts weiter als eine Folge oder, besser gesagt, Teil eines ununterbrochenen Prozesses. Nur eine weitere sich in die Länge ziehende Schlacht. Unsere Ansicht war allerdings die einer Minderheit. Und ist dies heute noch. Doch von dem Tag an, als der Bürgerkrieg ausbrach, war er für Nord- wie Südstaatler ein gleichermaßen erschütterndes Trauma, das jegliche Erinnerung daran, wie das Leben vorher gewesen war, tilgte. Weiße Amerikaner auf beiden Seiten wachten auf und standen plötzlich im Krieg miteinander, und sie vergaßen allesamt den vorangegangenen Alptraum, der sie ursprünglich geweckt hatte. Oder verklärten ihn zu einer Idylle. Selbst die Gegner der Sklaverei vergaßen. Doch in den Augen von uns, die jenes erregende Jahrzehnt vor dem Krieg miterlebt hatten, führte ganz offenkundig und mit trauriger Vorhersehbarkeit eines zum anderen, ohne Unterbrechung oder Schlußpunkt, und zwar von den Jahren der ersten Sklavenaufstände auf Haiti und in Virginia über die Underground Railroad in Ohio und New York, die Schlachten in Kansas, Harpers Ferry und den Beschuß von Fort Sumter, über Shiloh und Gettysburg und Vicksburg und Appomattox Courthouse bis zur Ermordung Abraham Lincolns und den grausamen, dunklen, mörderischen Tagen, die darauf folgten und noch heute, gegen Ende unseres Jahrhunderts, andauern. Von dem Tag an, als in Virginia der erste afrikanische Sklave an Land gebracht worden war, reihten sich die Ereignisse wie Perlen auf einer Schnur, wie Blutstropfen auf einem Stacheldraht aneinander, und noch ist kein Ende abzusehen.

Als daher der Bürgerkrieg zu Ende war, hegte ich meinen weißen Landsmännern, Nord- wie Südstaatlern, gegenüber die gleichen Gefühle, wie sie vermutlich die Neger und auch die Indianer in Amerika stets den weißen Amerikanern im allgemeinen gegenüber empfunden hatten – als wäre die Geschichte des weißen Mannes nicht die unsere, als würden sie unsere nicht respektieren oder auch nur zur Kenntnis nehmen. Das ist ein weiterer Grund, warum ich so lange Schweigen bewahrt habe. Ich wollte nicht, daß andere sich meines Zeugnisses bemächtigen und sich seiner bedienen, um eine Geschichte Amerikas zu fabulieren, die mir von Grund auf fremd ist. Ich wollte nicht dazu beitragen, eine Geschichte zu erzählen, die, wenn sie nicht meine eigene völlig außer acht läßt, ihr zumindest zuwiderläuft. Das wäre einem Verrat gleichgekommen. Es hätte unseren gemeinsamen Feind in seiner Einstellung bestärkt, der nichts mehr ersehnt, als den Krieg zwischen den Rassen für nicht existent zu erklären oder zumindest für eine kurzfristige Angelegenheit, die mittlerweile längst vorbei sei.

Nun verstehen Sie vielleicht ein wenig, warum ich Sie weggeschickt habe, und auch, warum ich mich auf diese Weise jetzt wieder an Sie wende.

Doch es gibt, wie mir plötzlich klar wird, noch einen Grund, weshalb ich Verbindung zu Ihnen aufgenommen habe, und ich muß versuchen, ihn einzugestehen, so schmerzlich es auch ist, das zuzugeben, selbst mir gegenüber.

Ich sterbe. Oder ich bin bereits tot und war diese ganzen vierzig Jahre tot, und nichts mehr ist übrig von mir, von dem Menschen, der einst Owen Brown war, außer ein Schatten, den das Licht meiner Lampe an die Wand vor mir wirft, und den Worten, die wie ein Todesröcheln aus mir herausströmen, ein letztes, langgezogenes Ausatmen. Es mag Ihnen widersinnig erscheinen, wenn Sie diese

Worte lesen, doch für mich ist es die buchstäbliche Wahrheit. Ich bin eher der Geist jenes Owen Brown als der Mensch Owen Brown.

Obwohl ich 1859 erst fünfunddreißig Jahre alt war und von Harpers Ferry wie ein Kaninchen durch das Getreidefeld entkam und sicher hier auf meinem Berg im Westen landete, war mein Leben seit jenem Tag ein Leben nach dem Tod. Im Verlauf der letzten Jahre bin ich ein alter Mann geworden; an Dutzenden, vielleicht Hunderten von Morgen bin ich in meiner kalten Hütte aufgewacht, nach Atem ringend, und ehe die Sonne den Tau auf den Fensterscheiben getrocknet hatte, war ich zu dem Schluß gekommen, irgendwann in der Nacht sei ich endlich gestorben. Doch dann bringen Hunger oder ein anderes körperliches Bedürfnis oder die Tiere – mein Hund, der an der Tür kratzt, die blökenden Schafe, der Schrei eines Habichts – mich zu der traurigen Erkenntnis, nein, ich bin nicht gestorben, noch nicht, und daher muß ich mich ein weiteres Mal durch die grauen Schleier vortasten, die mich einhüllen, und ganz aufwachen und von neuem den Tageslauf eines lebenden Menschen beginnen.

Allerdings nur bis zu der Nacht, nachdem Sie an meine Tür geklopft hatten, denn damals muß ich tiefer in die Umarmung des Todes gesunken sein als je zuvor. Als ich am Morgen schließlich erwachte, wenn es denn wirklich ein Erwachen war, wußte ich ohne jeden Zweifel, nun bin ich der, der einst Owen Brown war. Nicht derjenige, der *jetzt* Owen Brown ist. Nicht dieser mürrische alte Mann, den Sie getroffen haben und der Sie wie ein Bär aus seiner Höhle heraus angebrummt hat, sondern seine Vergangenheit, seine Kindheit und Jugend und sein junges Mannesalter: Das bin ich nun. Es war, als hätte Ihr Kommen ein letztes Totengeläut erklingen lassen, das mich in ein Fegefeuer trieb, nach dem ich mich all die Jahre gesehnt, das zu suchen ich jedoch weder den Mut noch die Weisheit besessen hatte. Als gäbe es jetzt, da ich hier bin, kein Vorwärts und kein Zurück mehr, weder ein Aufsteigen gen Himmel noch ein Absteigen in die Hölle, ehe ich nicht meine Geschichte erzählt habe.

Daher diese Worte, diese Briefe und die Pakete mit Unterlagen, die ich Ihnen, wenn der richtige Zeitpunkt gekommen ist, übergeben werde. All meine weltlichen Besitztümer – denn dies sind sie in gewisser Hinsicht – vermache ich Ihnen. Fangen Sie, Sie und Ihr Professor, damit an, was Sie wollen. In dem langen, weiter andauernden Krieg zwischen den Rassen ist dies, so vermute ich, meine letzte, abschließende Handlung, und ich bete nur, daß mir genügend Zeit bleibt, sie zu Ende zu führen, ehe man mich irrtümlich als gut, wenn auch feige, und meinen Vater als verrückt, wenn auch mutig, abtut.

Das alles ist sehr seltsam. Jetzt, da ich das Gespräch mit Ihnen aufgenommen habe, sehe ich mich außerstande, meine innere Stimme zum Schweigen zu bringen. All meine Arbeiten vernachlässige ich – meine Schafe und Lämmer streifen auf der Suche nach Wasser und Nahrung allein über die grasbewachsenen Hänge; nur mein kleiner, treuer Hund Flossie hütet sie. Alle paar Stunden überläßt er die Herde sich selber und kommt zur Tür meiner Hütte, kratzt daran und winselt, als erboste ihn meine lange Abwesenheit und als wäre er entschlossen, mich aus einem unerklärlichen Schlaf zu wecken.

Doch ich schlafe nicht. Hin und wieder verfalle ich ins Dösen, aber jedesmal vertreibt der immer lauter werdende Klang meiner Stimme mich daraus, als hätte auch sie einen eigenen Willen und wollte mich, wie Flossie, nicht schlafen lassen. Ob ich nun an meinem Tisch sitze, wie gerade jetzt, und die Worte niederschreibe oder im Dunkeln am Fenster in meinem Stuhl sitze und das silberne Mondlicht auf meinen Schoß fällt, ob ich auf meiner Bettstelle an der rückwärtigen Wand liege und die ganze Nacht hindurch und in den nächsten Tag hinein die niedrige Decke anstarre, immer höre ich meine eigene Stimme. Die Worte sind wie das Wasser eines Baches, der aus einer unterirdischen Quelle hervorsprudelt und über Felsbrocken und umgestürzte Baumstämme den Hügel hinunterplätschert, wo er sich in Strudeln sammelt und einen dunklen, stillen Teich bildet, so daß ich mich schließlich von meinem Feldbett erhebe, mich an den Tisch setze und sie erneut niederzuschreiben beginne, nur um den kleinen Damm oder die Sperre niederzureißen, den Druck dagegen zu lindern und dem Fluß der Worte freien Lauf zu lassen.

Dieses seltsame Gefühl ist mehr als eine vorübergehende Empfindung. Und irgendwie freudig. Ich sehe, wo ich bin, und doch ist es, als wäre ich, der ich einst Owen Brown war, von meinem Berggipfel davongeflogen. Heute habe ich mich an einen früheren, meinen ersten Aufbruch von diesem Ort erinnert und daran, wie ähnlich er dem Sterben heute war – obgleich jener damals wirklich stattfand, dieses hingegen rein bildhaft ist. Was für eine merkwürdige Freude empfand ich damals, gerade so wie jetzt. Ein volles Jahrzehnt ist es her, im Frühling 1889 war es, und schon dreißig Jahre hatte ich auf dem hohen, unbewaldeten Berg hier verbracht, hatte immer darauf gewartet, daß der Todesschmerz ein letztes Mal meinen erschöpften Körper durchzucke. Hilflos und schweigsam wie Rauch ließ ich die Zeit verstreichen, mit der Geduld eines Menschen, der schon vor langer Zeit gestorben ist. Ich wartete, wartete schweigend, nicht so sehr auf meinen Tod, der mir wenig bedeutete, sondern vielmehr darauf, daß der Sarg aus Kiefernholz mit meinen Gebeinen die dreitausend Meilen von diesen kalifornischen Bergen zum Haus und der Farm meiner Familie in North Elba, einem Bergdorf in den Adirondacks im Staate New York, gebracht würde. Zu jenem Platz, den wir, der Neger wegen, die dort lebten, Timbuktu nannten.

Der Brief von einer vornehmen Dame im Osten, die den Taten meines Vaters immer schon Achtung gezollt hatte, war auf meiner Schwelle gelandet, so wie Sie letzte Woche persönlich zu mir kamen. Er sprach nicht von den Wünschen eines berühmten Biographen, wie Sie es taten, sondern von der bevorstehenden Neubestattung der letzten Leichen jener, die zusammen mit Vater bei Harpers Ferry gefallen waren. Der Brief lud mich ein, an den Feierlichkeiten teilzunehmen, die am bevorstehenden 9. Mai, Vaters Geburtstag, an seiner Grabstätte stattfinden sollten, wo die alten Knochen meiner Brüder und Gefährten, aus flachen Gräbern in Virginia und sonstwo im ganzen Land geborgen, endlich ihren Platz neben den seinen finden sollten.

Bis zu jenem kalten Morgen hatte ich die ganzen dreißig Jahre, seit bei Harpers Ferry alles zu Ende gegangen war, auf kein anderes Ereignis, auf keinen anderen besonderen Umstand gewartet als darauf, daß auch *meine* armen Gebeine, *meine* sterblichen Überreste, endlich dort begraben würden. Ob mit oder ohne Feier, das kümmerte mich keinen Deut – solange sie nur im Garten meiner Familie auf dem Flecken harten, dunklen, steinigen Bodens, wo der riesige graue Findling in der Wiese vor dem Haus aufragt, zur letzten Ruhe gebettet würden. All die langen Jahre hatte ich auf nichts anderes gewartet als auf die einzig angemessene Beisetzung meines verfallenden, in ein Totenhemd gehüllten alten Körpers in jenem kostbaren Boden, neben den Leichen meines Vaters John Brown und meiner Brüder Watson und Oliver und meiner Waffengefährten, die in den Schlachten in Kansas an meiner Seite gekämpft hatten und bei dem Sturm auf Harpers Ferry niedergemetzelt oder anschließend auf dem Schafott hingerichtet worden waren.

All diese vermodernden Körper! All die gelblich verfärbten, langen Knochen und die Schädel mit ihrem grimassenhaften Aussehen, in Kisten herangekarrt, die man aus flachen Gräbern geholt und nebeneinander begraben hatte! Und nun auch meiner!

Doch nein, noch nicht. Ich schrieb sofort zurück, sagte nur, ich würde nicht kommen, ohne jede Entschuldigung oder Erklärung. Ich war immer noch sehr lebendig, und Schweigen und Einsamkeit mußten meine Buße und mein Trost bleiben. Ich wollte, konnte sie nicht aufgeben.

Doch dann, eines Morgens, kurz nachdem ich die schroffe Absage weggeschickt hatte, erwachte ich auf meinem Feldbett und glaubte, wie ich schon berichtet habe, endlich sei ich ebenfalls gestorben. Natürlich wurde mir zu meinem Bedauern bald klar – und diese Erkenntnis wurde anschließend zu etwas ganz Alltäglichem –, daß ich nicht tot war. Noch immer war ich der, der Owen Brown ist, derjenige, dessen Hund ihn weckt und dazu bringt, zur

Tür zu schlurfen, derjenige, der seine Herde Merinoschafe aus der Senke auf die abschüssigen Wiesen darunter treibt, dann in seine Hütte zurückkehrt, sein Gesicht mit kaltem Wasser wäscht und einen neuen schweigsamen und einsamen Tag beginnt.

War es, in der Hoffnung, ich hätte mich geirrt, ein Versuch, meinen widerstrebend gezogenen Schluß, daß ich noch nicht tot war, einer Überprüfung zu unterziehen – was vielleicht auch jetzt geschieht, zehn Jahre später, da ich dies für Sie niederschreibe? War es ein Versuch, in meinem Leben neue Vorkehrungen für meinen Tod zu treffen? Ich kann jetzt genausowenig wie damals erklären, warum, doch an jenem Tag beschloß ich, für eine Weile vom Berg herunterzusteigen und endlich zu der alten Heimstatt unserer Familie in den Adirondacks zurückzukehren, wo auch heute das einzig mir zustehende Grab liegt. Ich bat einen Nachbarn, sich um meine Schafe und meinen Hund zu kümmern, und brach nach Osten auf.

Lange Zeit hatte ich geglaubt oder, genauer gesagt, mir gewünscht, daß ich vom Osten und nicht vom Westen her nach North Elba käme. Daß ich aus den lang hingestreckten Schatten des Tahawus und des McIntyre auftauchte. In meinem Rücken würden lange Strahlen frühmorgendlichen Sonnenlichts durch die vertrauten Einschnitte in der gewaltigen Gebirgskette der Adirondacks gleiten, in die Täler hinunterströmen und sich wie ein goldenes Meer, das über die Hochebene wogt, zu meinen Füßen ausbreiten. Ich hatte mir vorgestellt, der Geist Owen Browns, des dritten Sohnes jenes John Brown, dem man nach dem Ort in Kansas den Beinamen Osawatomie gab, würde wie ein Splitter der Morgensonne zu den weiten Wiesen schweben, die wir die Ebene Abrahams genannt hatten, denn daran hatte sie uns erinnert, als wir sie zum ersten Mal sahen, dort, wo über dem Haus der schneebedeckte Gipfel des Whiteface aufragt und ein frischer Nordwestwind aus Kanada weht.

Ich stellte mir vor, wie früh am Morgen, noch vor Sonnenaufgang oder kurz danach, schließlich das geliebte Haus vor mir stünde. Im ersten Tageslicht würde es rosafarben und golden schimmern, trutzig und gedrungen läge es vor mir wie an dem Tag, als wir aus Springfield hierhergekommen waren, genauso wie Vater es uns in unserem Heim dort beim Abendessen beschrieben hatte, als er den Grundriß in sein Notizbuch zeichnete und uns zeigte. Ich hatte mir vorgestellt, die Tür aus groben Brettern wäre zum Schutz vor dem Nachtfrost fest verschlossen und verriegelt – es müßte Frühlingsanfang oder früher Herbst sein, silberner Rauch würde sich aus dem Küchenkamin kräuseln, doch aus dem Wohnzimmerkamin am anderen Ende stiege kein Rauch, denn das Feuer vom Abend zuvor wäre längst erloschen, die Holzscheite wären zu pulvriger, kalter Asche zerfallen und die Kohlebrocken ausgekühlt.

Diese hoffnungsvollen Erwartungen waren jedoch nichts als Erinnerungen. Fetzen und Flicken, die hell und glänzend durch meine düsteren Gedanken flatterten. In meinem Schlupfwinkel in den San-Gabriel-Bergen weit im Westen konnte ich nicht wissen, wer jetzt in dem alten Haus wohnte. Meine Stiefmutter Mary, meine Schwestern und die verbliebenen Brüder waren schon vor Jahrzehnten nach Ohio, Iowa, Oregon und Washington State geflohen, die Stürme des Krieges und seiner unbarmherzigen Nachmahd hatten sie über das ganze Land verstreut. War es überhaupt noch bewohnt? Das Fensterglas müßte vereist sein, stellte ich mir vor, von einem feinverzweigten Blumenmuster überzogen.

Nein, nicht vom Tahawus und McIntyre im Osten kam ich, unter träumerisch vorgestellten Hurrarufen und Fanfaren, um meine Ankunft zu verkünden, sondern fast beiläufig, wie nach einem langen Spaziergang über die Straße, die aus der Siedlung führte, wo ich aus dem neuen, von Albany kommenden Zug gestiegen war. Allein kam ich vom Nordwesten her, der Lake Placid und der zerklüftete Whiteface lagen hinter mir. Und ich kam nicht als körperloses Stäubchen des ersten Sonnenlichtes, denn ich war kein Geist, und an jenem Tag schien die Sonne nicht – es war ein kalter, grauer Spätvormittag unter tiefhängenden Wolken, die Schnee verhießen. Ich kam als sehr wirklicher, körperhafter alter Mann mit einem langen weißen Bart, in meinen einfachen Wollanzug gekleidet und die Tuchmütze auf dem Kopf, und ging, in der Hand einen Haselstock, die staubige Straße entlang. All die altbekannten Schmerzen und Qualen überfielen mich wieder – die Arthritis in den Hüftgelenken, das kalte Pochen meines verkrüppelten Armes, nutzlos an die Taille gepreßt, mein steter Mahner an jugendliche Sorglosigkeit und Verrat.

Meine Rückkehr nach Timbuktu im Jahre 1889 glich jedoch eher einem Traum als etwas zum Leben oder auch nur der Erinnerung Gehörigem. Zumindest habe ich sie so empfunden und im Gedächtnis behalten. In mir war eine rhythmische, zielstrebige Stetigkeit des Fühlens und Wahrnehmens, nicht der ungeordnete Wirrwarr von Tatsachen, Gefühlen und Vorstellungen, wie das Gedächtnis ihn komponiert. Eine Schneeflocke trieb an meinem Gesicht vorbei, dann noch etliche, und der frische Wind schlug plötzlich um, blies mir nun nicht mehr in den Rücken, sondern traf mich von vorne mit einem leichten, hauchzarten Wirbel von Schnee. Die großen, nassen Flocken senkten sich auf meinen Bart und meinen Körper, und ich beobachtete erstaunt, wie sie schmolzen, als sie auf meine warme Bekleidung und meine Hände fielen. In welcher Welt auch immer ich gerade lebte, in der eines Träumers, eines Geistes, eines Irren, mit Sicherheit war ich ein Teil davon, den gleichen physikalischen Gesetzen unterworfen wie all ihre anderen Bestandteile. Nicht nur unsichtbarer Betrachter der Natur, wie ich gehofft hatte, sondern, und dies stimmte mich traurig, eines der Rädchen in ihrem Getriebe. Oder aber wir beide, die gesamte Natur und ich, waren nichts weiter als Ideenbilder eines dritten, mächtigeren Seins.

Der Schneeschauer ließ nach, und plötzlich stellte ich fest, ich war nicht allein auf der Straße. Eine kurze Strecke Weges vor mir marschierten eine Gruppe von etwa einem Dutzend Kindern und zwei junge Frauen unverdrossen in die gleiche Richtung wie ich; sie gingen, so schien es, in zwangloser Anordnung, eine Frau an der Spitze, die andere am Ende. Kein Zweifel, sie steuerten aus dem gleichen Grunde wie ich vom Dorf aus die Farm an.

Es waren Weiße. Ich merke das eigens an, denn als ich mich umdrehte und hinter mich blickte, sah ich ein älteres Negerpaar – einen Mann in dunklem, dem meinen nicht unähnlichem Wollanzug und praktischem Filzhut und eine Frau in einem langen schwarzen Kleid samt Kappe und Umhang –, das bedächtig dahinschritt. Beide trugen etwas bei sich, das eine Bibel zu sein schien, als gingen sie zur Kirche oder kämen gerade von dort. Hinter ihnen, dort, wo die Straße aus einer dichten Ansammlung hoher Weymouthskiefern auftauchte, folgte eine zweite Gruppe von sechs oder sieben Negern unterschiedlichen Alters, die zumindest drei Generationen angehörten. Und auch sie waren wie zu einem feierlichen Anlaß gekleidet. Unter ihnen befand sich ein dunkelgesichtiger Mann, den ich einen Augenblick lang für Vaters und meinen lieben Freund hielt, einen Mann, von dem Sie inzwischen wohl schon gehört haben: Lyman Epps. Irgendwie war ich verwirrt, aus Angst und Aufregung, und war mir nicht sicher. War er nicht schon vor langer Zeit gestorben? Gerade ich hätte das doch wissen müssen. War es vielleicht sein Sohn?

Doch trotz meiner Verwirrtheit wußte ich, wo ich war. Viel hatte sich nicht verändert in den dreißig Jahren, die ich nicht hier gewesen war. Augenblicklich erkannte ich die Gegend und die ansteigende und abfallende schmale Straße wieder, die jetzt im Frühling von tiefen Furchen durchzogen und von Schlamm bedeckt war, so daß ich mich auf dem etwas höheren Mittelstreifen halten mußte. Auf beiden Seiten lagen im Schatten unter den Bäumen und in den abgeschirmten Tälern und Schluchten noch Polster von altem, verkrustetem Schnee. Ein leichter Wind rauschte in den oberen Zweigen der Kiefern, und in der Ferne hörte ich das Murmeln des Schmelzwassers, das in den westlichen Arm des Au Sable plätscherte, dort, wo er unter der Brücke, die über die Cascade Road führt, hervorschießt und sich dann über die felsigen Gipfel nach Nordosten, hin zum Lake Champlain und weiter zum St.-Lorenz-Strom und dem großen nördlichen Atlantischen Ozean dahinter ergießt.

Zu meiner Rechten duckte sich die jetzt dem Verfall preisgegebene Farm der Thompsons unter die Zuckerahornbäume; die Scheune war halb in sich zusammengestürzt, und die Felder zu beiden Seiten waren Wildkirschen und Latschenkiefern gewichen, doch nach wie vor war das viereckige, sorgfältig gebaute Wohnhaus der Familie zu erkennen, die ich einst nach meiner eigenen am meisten geliebt hatte. Hinter dem Haus, den Schuppen und der Scheune und, noch ein Stück weiter, den Fliedersträuchern, die jetzt ein wild wucherndes Dickicht waren und erst in einem Monat blühen würden, mischten sich in einen Hain papieren weißer Birken auf einer Wiese weiter den Berg hinauf einige Espen. Ihr dünnes Geäst verschwamm schattenhaft in fahlgrünen Wolken frischer Knospen, wie die zarten, geschwärzten Skelette von Vögeln. An den weiter entfernten Hängen schwankten die unbelaubten Zweige dunkler Ahornbäume und Eichen in der Brise.

Es war der Wendepunkt des Jahres im Norden, wenn das Ende des Winters und der einsetzende Frühling sich wie Dachschindeln übereinanderschieben und die Natur in ihrer Dichte und Fülle verdoppelt scheint. Kaum dreht sich der Wind ein wenig und kühlt die Luft um ein einziges Grad ab, da überzieht sich schon eine Pfütze stehenden Wassers mit einer hauchdünnen Eisschicht, die Sekunden später, wenn der Wind die Wolken aufreißt und den Himmel blanklegt, im Sonnenlicht schmilzt. Zu diesem Zeitpunkt ist alles Wandel, Veränderung allgegenwärtig. Ich zitterte vor Aufregung, einer Aufregung, wie ich sie nie zuvor verspürt hatte, einer überwältigenden Mischung aus Vorfreude und Bedauern, als wüßte ich irgendwie, daß ewiger Gewinn und nicht wiedergutzumachender Verlust zu gleichen Teilen ausgeteilt würden – als nähme die Idee der Gerechtigkeit Gestalt an.

Ich blickte kurz zurück und sah, daß noch mehr Menschen verschiedenen Alters und unterschiedlichen sozialen Ranges hinter mir marschierten, einige weiß, andere schwarz, und mir wurde klar, wir bildeten eine Prozession. Vor der Farm der Thompsons fuhr gerade eine Kutsche auf die Lichtung, gelenkt von einem bärtigen Mann mittleren Alters, neben dem eine stämmige Frau saß. Dahinter folgte ein großer, von zwei Gespannen robuster Vermonter

Morgans gezogener Planwagen, deren Zügel ein Weißer im schwarzen Anzug eines Geistlichen hielt, neben dem ein ähnlich gewandeter junger Neger saß. Hunderte von Menschen schienen hierherzukommen, und obwohl der Wunsch, mich abseits zu halten und zuzusehen, wie sie alle vorbeizogen, stärker war als bloße Neugierde, war doch das Bedürfnis, mich einzureihen und mit den anderen Schritt zu halten, noch heftiger, und ich wandte mich ab und wanderte weiter die Straße entlang.

Einen Augenblick später war ich um die Kurve gebogen und befand mich nun auf einem Abschnitt der Straße, der durch einen Wald hoher Weymouthskiefern führte, wo es nachtdunkel war und noch mehr Schneehaufen lagen, die hell und kalt leuchteten. Plötzlich peitschte ein kräftiger Windstoß die Zweige über meinem Kopf, und ich vernahm einen Laut, der mein Herz vor Entzücken einen Sprung tun ließ, denn mir schien es ein Leben und noch länger her zu sein, seit ich zum letzten Mal unter Kiefern dahingegangen war, die im Wind so wild sangen und tanzten. Kurz gesagt, ich war wieder ein unschuldiger, von Staunen überwältigter Junge, der zum ersten Mal die Wildnis der Adirondacks betritt. Eine Decke aus weichen rostfarbenen Nadeln breitete sich über die Straße, und ich atmete tief ein; alle meine Gedanken verloren sich in dem herben Geruch, und ich taumelte im Strom der Zeit rückwärts.

Als ich aus dem Kiefernwald trat, verengte die Straße sich zu einem Pfad und führte auf eine weite, von im Winter abgestorbenem, gelblich verdorrtem Gras überwucherte Wiese, durchtränkt vom Schmelzwasser der höhergelegenen Hänge. In jenem ersten Sommer, als wir hierhergekommen waren, hatten meine jüngeren Brüder Watson, Salmon, Oliver und ich hier ein Stück Wald gerodet, damit Vaters Devonrinder grasen konnten; die kargeren, von Felsbrocken übersäten oberen Weiden überließen wir den reinrassigen Merinoschafen des Alten. Nun ging die ganze weite Fläche gerodeten Landes allmählich wieder in Wald über; nur an einer Stelle wuchs noch Gras, doch auch das war über und über mit Färberbaumschößlingen und dichtem Gestrüpp gesprenkelt.

Diesen Weg zu unserer Farm war ich im Jahre 1849 zum ersten Mal gegangen, als ich mit der Familie und Lyman Epps vom Lake Champlain her über die Cascade Road kam und dann hier am südlichen Ende des Vorgebirges das Haus sah; obwohl die Gegend allgemein die Hochebene hieß, bestand Vater darauf, daß wir sie die Ebene Abrahams nannten. In der ihm eigenen Weise hatte er uns alles vorher schon geschildert – das Haus sah genauso aus, wie er gesagt hatte, und die Scheune würde exakt an der Stelle stehen, wo er seine Pfosten in die Erde gerammt hatte, nach Südwesten zur Ebene Abrahams hin, wie es sich gehörte, gegenüber dem mächtigen Tahawus, wie die Irokesen ihn benannt hatten, den Wolkenspalter, so daß wir von der Scheune und unserer Haustür aus das ganze Jahr hindurch sahen, wie der Sonnenaufgang sich allmählich wie der Zeiger einer Uhr zwischen dem Tahawus und dem McIntyre, Vaters zweitliebstem Berg, verschob, vom Norden im Frühling zum Süden im Herbst, und so die langsame, jahreszeitliche Drehung des Himmelgewölbes erkennbar werden ließ – denn nach Vaters Willen sollten wir Gottes vollkommene Logik ebenso im Lauf der Planeten und der Sonne über uns als auch in der Symmetrie, die uns hier auf Erden umgab, erkennen.

Sieben Jahre später kam ich, in Begleitung eines Leichnams und zweier flüchtiger Sklaven, vom Indian Pass her und übergab alle drei meiner Familie, ehe ich von dem Haus und aus dem Tal nach Ohio und weiter nach Kansas floh. Davon wissen Sie natürlich nichts, doch Sie werden es erfahren, das verspreche ich. Drei Jahre danach kamen der Alte und ich vor dem noch verhängnisvolleren Aufbruch nach Harpers Ferry hierher. Beide Male waren Heimkehr und Aufbruch qualvoll. Doch dazwischen wie auch vorher und nachher kamen und gingen wir Tausende Male, unbeschwert, so wie es die Bedürfnisse einer Farmersfamilie eben erforderten – täglich marschierten wir und gelegentlich ritten wir durch die Wälder, auf diesem Weg, der unser Heim mit der Welt draußen verband, traten den Fußpfad zu einem Weg und den Weg zu einer Straße aus, die uns schließlich zu all den anderen Straßen führte, auf denen wir allein und gemeinsam zogen.

Im Hinblick auf all die ungestümen, turbulenten Wechselfälle meines Lebens war dieser allmählich verschwindende Pfad durch die Wälder – denn der Weg quer über die Wiese hatte sich so sehr verengt, daß er kaum mehr war als das – so etwas wie der Hauptnervenstrang meines Körpers, die eigentliche Wirbelsäule. Alles, was irgendwie von Bedeutung war, zweigte von diesem Nerv ab, alles hatte in gewissem Sinne hier seinen Ursprung, und letztlich mußte alles hierher zurückführen und enden. Und das hatte es offensichtlich auch getan, denn hier war ich und ging erneut diesen Weg entlang.

Die große, weite Ebene und unsere Farm unmittelbar hinter dem Kamm der Wiese war meinen Augen noch verborgen. Ein Stück vor mir hatten die Kinder und ihre Lehrerinnen schon beinahe den höchsten Punkt erreicht, und hinter diesem Grat ragten die schneebedeckten Berggipfel auf – fahlfarbene Keile, die sich vor dem nahen Horizont wie die Segel näher kommender Galeonen abzeichneten. Dann folgte ein Kind nach dem anderen den Lehrerinnen über den Scheitelpunkt, und sie verschwanden, als wären sie in einen Abgrund gesprungen. Pflichtbewußt trottete ich hinter ihnen den Hang hinauf und langte schließlich oben an. Und als ich hinunterstarrte, sah ich, daß ich endlich nach Hause gekommen war.

Eine riesige Menschenmenge hatte sich im Hof des Hauses, vor und neben der Scheune versammelt. Viele Fuhrwerke waren zu sehen: Vierspänner, leichte Einspänner und schmucke Kutschen, in denen Männer und Frauen es sich bequem gemacht hatten; ein paar Männer saßen auf ihren Pferden, und überall standen große Gruppen von Leuten jeglichen Alters herum. Nicht wenige von ihnen schienen ihrer Kleidung und ihrem Verhalten nach einigermaßen bedeutende Persönlichkeiten zu sein, Geistliche und Bankiers mit Zylindern und dergleichen. Auch eine Menge Neger sah ich, ärmer als die Weißen, und die meisten von ihnen schon ziemlich alt. Sie hielten sich fast alle abseits und blieben unter sich, obwohl hier und da ein prächtig gekleideter Schwarzer sich zwanglos unter die Weißen mischte; man konnte sogar ein paar Weiße bei den

Schwarzen ausmachen. Am Rand der Menge, hinten bei der Scheune und entlang der anderen Seite des Hauses balgten sich Jungen und Hunde, während viele kleinere Kinder auf den Schultern ihrer Väter kauerten.

Die ungeheure Menschenmenge verteilte sich wie in einem antiken Amphitheater in einem Halbkreis zwischen dem alten Haus, der Scheune und dem großen grauen Stein in der Mitte. Ein grandioser Anblick! Voller Zuneigung und fast dankbar starrte ich auf die armseligen, schmucklosen Gebäude hinunter, in denen wir all die Jahre gelebt und gearbeitet hatten, die nicht nur uns Browns behütet und beschützt hatten, sondern auch die Hunderte von Flüchtlingen, die durch unsere Tür getreten und Hilfe und Zuflucht vor der Wildnis und den Schneestürmen und den kalten Winden und all den Schrecken der Flucht aus der Sklaverei gesucht hatten.

Im Mittelpunkt des Halbrunds ragte der riesige graue Fels auf – einschüchternd, geheimnisvoll. Wie eine Kammer sah er aus, ein mit hartem Granit gefüllter Raum. Daneben stand der alte Grabstein aus Schiefer im Stil der Puritaner, der an den Tod meines Urgroßvaters John Brown erinnerte, dessen Name auf meinen Vater übergegangen war. Vater hatte ihn von Connecticut hierhergeschleppt, um auf der Rückseite den Tod meines Bruders Fred in Kansas zu vermerken. Jetzt bezeichnete der verwitterte Stein auch das Grab von Vater. Ein kleines Stück hinter dem Felsen war eine hohe Fahnenstange aufgestellt worden, an der kein Banner wehte; an ihrem Fuß hatten drei Reihen Soldaten in Paradeuniform feierlich Stellung bezogen.

Dahinter endete jäh die Lichtung und ging in die breite, waldige Senke mit einem Dickicht aus frisch knospenden Laubbäumen und immergrünen Pflanzen über. Von dort aus stieg das Gelände allmählich zu den schneebedeckten Berggipfeln an, und die finster drohende, dunkelgraue Weite des Himmels erstreckte sich über uns wie ein Baldachin. Ein wundervoller Anblick!

Ich blickte hinter mich, und dort kamen bestimmt noch Hunderte von Menschen – dasselbe alte Paar und die Negerfamilie und der beladene Planwagen und die Kutsche, die ich unten bei Thompsons Farm gesehen hatte, und hinter ihnen eine lange Reihe anderer, zu Fuß und zu Pferde und in Planwagen und Kutschen. Was für eine herrliche Feier! dachte ich, hastete weiter und wäre beinahe gestolpert, so sehr beeilte ich mich, von meinem hochgelegenen Aussichtspunkt auf die Ebene hinunterzusteigen.

Als ich bei der Menge dort anlangte, schlich ich hinten um sie herum zur Seitenfront des Hauses; dort schlüpfte ich am Rand der Ansammlung entlang, um die Kutschen und festgebundenen Pferde herum und zwischen ihnen hindurch. Für mich waren sie alle Fremde, und ich war ein Fremder für sie. Dreißig Jahre waren vergangen, seit ich zum letzten Mal an irgendeiner öffentlichen Versammlung teilgenommen hatte; damals war ich ein junger Mann gewesen und hatte in Vaters Schatten gestanden. Wer würde mich jetzt erkennen? Wen würde ich wiedererkennen? Keinen der Lebenden.

Die meisten Leute standen müßig herum, plauderten leichthin und ungezwungen, als warteten sie auf einen Zeremonienmeister. Hin und wieder schien ihre Aufmerksamkeit sich auf Vaters Felsen zu richten, und ich ging gleichfalls in die Richtung. Als ich mich durch die Menge drängte, konnte ich kaum den oberen Teil des Steins sehen, doch unbeirrbar, unaufhaltsam zog es mich dorthin, als wäre der Felsen ein Magnet und ich eine Nadel auf einem im Wasser dahintreibenden Blatt.

Und plötzlich war ich da; ich hatte mich aus der Menge gelöst und stand allein vor dem Felsen. Urgroßvater Browns alter Grabstein aus Schiefer war rechts von mir in den Boden gerammt, und tief darunter lagen Vaters Gebeine begraben. Vor mir ragte schemenhaft drohend, wie ein Hochaltar aus heidnischer Zeit, der große graue Stein auf. Im milchigen Morgenlicht schien er zu schimmern, und seine Oberfläche war scharfkantig und trocken, wie bei der Skulptur eines mythologischen Ungeheuers. Als ich mich dem Findling näherte, verschwamm alles andere – die Menschenmenge, das Haus und die Scheune, die Berge rundum – und verschwand aus meiner Sicht. Ganz still wurde es.

Vor mir, in die Oberfläche des Granits eingemeißelt, erkannte ich Worte, Buchstaben, Zahlen, so vertraut wie meine Gesichtszüge und doch nur Runen. Ein Steinmetz hatte irgendwann in den Jahren, seit ich den Stein zum letzten Mal gesehen hatte, die Lettern und Ziffern, die Vaters Namen und das Jahr seiner Hinrichtung angaben, hineingeschnitten. Jetzt sah ich sie an und hörte klar und deutlich, wie Vater selber laut den Namen und das Jahr nannte – es war unverkennbar seine Stimme, sein Tonfall: *John Brown, 1859* –, als wäre er auf magische Weise in den Felsbrocken und ich in den zitternden, weißbärtigen alten Mann, der hier vor ihm stand, verwandelt worden und als hätte der Felsen sein Rätsel gesprochen.

Dann sah ich links von mir zu Boden und erblickte, als hätte Vater es mir gezeigt, das Loch. Es war tiefschwarz, wie Kohle, und sorgfältig ausgeschaufelt, etwa einen Meter achtzig breit und einen Meter achtzig lang. Frisch ausgehoben und tief. Von dem Punkt aus, wo ich stand, konnte ich nicht bis auf den Grund sehen. Das Erdreich war dunkel, naß; es war erst vor kurzem aufgetaut und auf der anderen Seite hatte man es zu einem gleichmäßigen Kegel aufgehäuft. Ich wandte mich von dem riesigen Findling ab und ging langsam auf die Schwärze zu – denn das war es: Schwärze, einen Meter achtzig im Quadrat, eine Tür zu einer anderen Welt als dieser – und verspürte einen schier unwiderstehlichen Drang, stärker als Sehnsucht, weiter vor und in sie einzutreten, von dieser allzu festen Erde in die Schwärze zu gehen, als wäre jener letzte, endgültige Schritt so einfach wie das Überschreiten der Schwelle von einem Zimmer ins andere.

Ich blieb stehen, konnte jedoch nicht sagen, was mich aufgehalten hatte. Doch allmählich vernahm ich wieder Geräusche, und die Menge und der Hof und die Gebäude rückten in mein Blickfeld; ich hatte mich von Vater gelöst und wieder den Menschen angeschlossen. Hunde bellten, Kinder weinten und lachten, Männer und Frauen plauderten miteinander. Pferdegeschirre knarzten, Wagenräder knirschten über den Kies. Eine Kuh brüllte. Der Wind fauchte, und über mir trieben Wolken dahin. Ich roch Tabakrauch und geöltes Lederzeug, Pferdeäpfel, Wollgewänder und winterdurchtränktes altes Gras und Laub.

Ich kann nicht sagen, ob es Ursache oder Wirkung war. Doch als ich mich inmitten des Schauspiels wiederfand, nicht mehr davon ausgeschlossen war, gelang es mir, mich rasch von dem schwarzen Loch im Boden abzuwenden, mich umzudrehen, von Vaters Felsen wegzugehen und mich mehr oder weniger unauffällig unter die Menschenmenge zu mischen, dort stehenzubleiben und zusammen mit den anderen abzuwarten, bis auch die Letzten eingetroffen waren und die Zeremonie beginnen konnte. Wie all die anderen wartete ich jetzt auf die Reden, die Gebete, die Hymnen, darauf, daß der kunstvoll geschmückte Sarg mit den zerfallenden Überresten elf hingeschlachteter Männer in den Boden gesenkt würde:

Watson Brown
Oliver Brown
Albert Hazlett
John Henry Kagi
Lewis Leary
William Leeman
Dangerfield Newby
Aaron Stevens
Stewart Taylor
Dauphin Thompson
William Thompson

und auch die Leiche dieses Mannes – Owen Brown, der die anderen so viele Jahre überlebt hatte –, die endlich von Altadena in Kalifornien hierhergebracht worden war, um neben den Leichen seiner Brüder und Landsleute, die den Märtyrertod gestorben waren, in dem Grab neben dem seines Vaters zur letzten Ruhe gebettet zu werden.

Doch statt dessen stand ich, der ich Owen Brown bin, daneben und beobachtete, wie die sterblichen Überreste jener elf Männer –

jeweils in ein eigenes Totentuch gehüllt und dann behutsam zusammen in einen einzigen riesigen Sarg gebettet, auf dem ihre Namen in eine Silberplatte eingraviert waren – in dem schwarzen Loch verschwanden, das neben Vater aus dem harten Boden ausgehoben worden war.

Lieder, Gebete und Ansprachen folgten. Und dann wurde die Fahne gehißt, und die Soldaten feuerten einen militärischen Salut in die Luft.

Der Neger, der Vaters engstem Freund Lyman Epps so ähnlich sah – oder war er wahrhaftig Lymans Sohn? –, trat einen Schritt vor und sang mit gefühlvoll tremulierender Tenorstimme die Hymne des Alten: »Blow, Ye Trumpets, Blow«.

Und schließlich zerstreute sich die Menge.

Und ich blieb allein auf unserer alten Farm – allein, um die düsteren Gräber am Fuß des gewaltigen Granitsteins anzustarren, auf dem Vaters Name und Todestag eingemeißelt waren. Allein in dem kalten Frühlingswind, der vom Tahawus her über die Ebene fegte. Dem Wolkenspalter.

Allein – ganz allein!

Ich zögere, Ihnen das zu sagen, doch ich muß es tun, sonst verstehen Sie nicht, was ich getan habe und warum ich es getan habe. Dann verstehen Sie nicht einmal, was ich jetzt tue.

Obgleich die Beisetzungszeremonie schon längst zu Ende war und die Leute alle gegangen waren, blieb ich, als sei es mir untersagt, den Ort zu verlassen. Hätte ich an den Gott meiner Väter geglaubt, ich hätte ihm gedankt, daß er mich endlich hierhergeführt hatte. Doch ich glaubte damals nicht an Gott und tue es auch heute nicht. So dankte ich statt dessen meinen Mitmenschen, jenen Männern und Frauen, die noch am Leben waren und die, so stellte ich mir vor, weit draußen im Westen ein Loch in den Boden gegraben und daraus den Sarg mit meiner Leiche hervorgeholt und sie hierhergebracht und in den Grund und Boden zu meinen Füßen gebettet hatten. Denn auch wenn der Kadaver zerfällt, vermodert und schließlich von den Würmern gefressen wird, so überlebt doch der

Geist, als wäre er sein Kind. Die Geister, deren Körper unter arktischen Eisgebirgen oder im wandernden Wüstensand oder in den Gruben der auf keiner Karte verzeichneten Armenfriedhöfe begraben liegen, die mittlerweile das Straßenpflaster neuer Städte überdeckt – Gräber, bei denen niemand verweilt und einen Augenblick lang schweigt, um den Toten oder die Tote sprechen zu hören –, jene Geister sind genau so, wie ich all die Jahre gewesen bin, weit weg auf einem Berg in Kalifornien: keiner, der zuhört, nur der Himmel, die Sonne, der Mond und die kalten Sterne über mir. Und wo keine Ohren sind, zu hören, da gibt es auch keine Geschichte zu erzählen. Dann brüllt nur ein Geist in die leere Nacht.

Als ich nun in Timbuktu im Eingang zum Haus meiner Familie stand, überzeugt, mein zersetzter Leichnam läge in einem Sarg neben den Leichen meines Vaters und meiner Brüder und all jener, die mit uns bei Harpers Ferry gewesen waren, da war ich mit einem Mal sicher, endlich jemanden gefunden zu haben, der mir zuhörte. Dort konnte ich mir einen Mann oder eine Frau oder ein Kind vorstellen, einen Weißen oder einen Schwarzen, einen einfachen amerikanischen Bürger, wißbegierig und gütig, der hierhergekommen war, um den Toten seine Achtung zu zollen und sich zu fragen, was für ein Leben mein Vater, Old John Brown, Captain Brown, Osawatomie Brown, und seine Söhne und Anhänger geführt hatten, die weit weg in Virginia den Märtyrertod erlitten, weil sie sich gewaltsam der Versklavung von drei Millionen ihrer Mitbürger widersetzten. Und da ich mir eine solche Person an diesem Ort vorstellen konnte – ich hatte eine solche Person, Hunderte davon an diesem Morgen *gesehen* –, schien es mir möglich, zum ersten Mal, seit alles zu Ende gegangen war, zusammenhängend davon zu sprechen. Und so sprach ich, und viel von dem, was ich Ihnen jetzt erzähle, sagte ich auch damals.

Fassen Sie dies als eine Analogie auf, Miss Mayo. Und wenn Ihnen meine Worte gelegentlich wirr vorkommen oder ich selber durch die Ereignisse, die mein Leben bestimmten, oder durch die Handlungen und das Wesen anderer verstört wirke, wenn ich manchmal abschweife und geistesabwesend ins Grübeln gerate, dann, bitte, üben Sie Nachsicht, denn dann habe ich für ein, zwei Augenblicke meine Fähigkeit eingebüßt, mir vorzustellen, daß Sie diese Worte lesen; dann versiegt meine Geschichte für kurze Frist oder ist nur noch ein Stöhnen oder ein kindlicher, halbvergessener, beschwörender Gesang, der meine Einsamkeit bannen soll. Das geht vorüber, es legt sich – sobald ich mir ausmale, wie Sie die Straße zu unserer alten Farm herunterkommen und davor stehenbleiben und eine Weile in Gedanken versunken vor den Gräbern dort drüben bei dem riesigen grauen Stein verharren. Machen Sie sich keine Sorgen, selbst wenn Sie mich nicht sehen können, ich werde nach Ihnen Ausschau halten und Sie erspähen und eilends vortreten, um zu Ihnen zu sprechen.

Im Abendlicht stehe ich in der Tür und blicke auf das grünende Tal jenseits von Vaters düsterem Felsen und den Gräbern darum herum, und meine Gedanken spreizen sich in die Vergangenheit wie im Dunkeln tastende Finger, die vertraute Gegenstände an seltsam ungewohnten Stellen entdecken und schließlich ergreifen. Auf diese Weise bin ich gezwungen, meine Vergangenheit zu rekonstruieren, nicht so sehr, sie heraufzubeschwören. Oder vielleicht ganz einfach, sie überhaupt zum ersten Mal zusammenzufügen, denn nie erschien sie mir, als ich mein Leben lebte, so klar und folgerichtig wie jetzt.

Diese Worte sind Gedanken, die ich einander zugeordnet und in ein angemessenes Verhältnis zueinander gebracht habe. Meine Geschichte ist die einzige Möglichkeit, die mir bleibt, um weiterzuleben; das gleiche gilt wohl für jedermann, ob lebend oder tot.

Im schwindenden, dämmrigen Licht eines Tages im Mai blickte ich über die frisch grünenden, feuchten Wiesen zu den braunschwarzen Adirondacks hinüber. Es war der neunundachtzigste Geburtstag meines Vaters, ich war allein, es war schon spät. Und ich war zu einer geschwätzigen Erscheinung geworden, die bei ihrem eigenen Grab, dem ihres Vaters, ihrer Brüder und ihrer gefallenen Kameraden verweilte und in die rasch hereinbrechende Nacht sprach und immer weiterredete, selbst in der Dunkelheit noch redete.

Soll es dunkel werden. Es hatte nicht die geringste Bedeutung für mich. Soll die Erde sich drehen, der Mond zu- und wieder abnehmen, sollen die Gezeiten kommen und gehen. Ob hell oder dunkel, warm oder kalt, früh oder spät – ich brauche keine Lampe, kein Feuer, keinen Schlaf. Soll es regnen, sollen die kalten Winde wehen; soll der Schnee vom Himmel fallen, sollen die Wolken sich zerstreuen, soll des Morgens der Himmel hell werden im Sonnenlicht und der Tau auf den Hügel glitzern.

Ich kenne kein körperliches Unbehagen mehr, nicht einmal Müdigkeit. Von alldem bin ich befreit. Die Welt bereitet mir, einfach durch ihre beständige Gegenwart, schlichte Freude, so wie jeder Traum von Leben einen Menschen entzücken würde, der für immer eingeschlafen ist. Es mag dies das Fegefeuer sein, doch ich nehme es als lang ersehntes und ganz und gar unerwartetes Geschenk hin. Der Traum eines Traums ist wahr geworden. Und es ist, als erwarte mich, wenn der Traum zu Ende geträumt ist, nicht ein Erwachen, sondern ... was? Ein weiterer, tieferer Traumschlaf? Stille. Vielleicht.

Ja, die Stille der Wahrheit, die gesagt werden muß.

Meine Gedanken und Erinnerungen und selbst meine Gefühle drehen sich um sich selber und wirbeln und schlängeln sich wie Seidenbänder nach oben und flattern dort fröhlich inmitten der alten, beinahe vergessenen Erinnerungen an Kansas und die Schlachten, die wir damals und später schlugen. Doch immer wieder verlieren die Bänder an Schwung und fallen zurück, als hätten sie sich, aufgrund der Kälte in jener Höhe oder weil sie in eine Schicht der Atmosphäre eingedrungen sind, in der die Elemente sich von denen hier unten unterscheiden, aus Seide in Eisen verwandelt und würden durch die unbarmherzige Schwerkraft wieder auf den harten Boden der Adirondacks heruntergezogen.

Immer wieder streife ich durch das leere, dunkle Haus und versuche, diesen Ort zu verlassen; doch es gelingt mir nicht. Die Tür steht weit offen; so leicht wie eine sommerliche Brise bin ich durch sie hereingekommen. Und dennoch, ich kann nicht wieder hinaustreten, den verlassen daliegenden Hof vor dem großen Felsen und den Gräbern überqueren und die Straße zurückgehen, auf der ich gekommen bin, mich durch das Tal hin zum Tahawus aufmachen, den Weg zurückverfolgen, den ich morgens gegangen bin, und in die Nebelschwaden eintauchen, die heute abend über seine breiten Flanken treiben.

Was mir zuerst als Segen erschien – mich hier inmitten der Menge von Trauernden und Feiernden bei der Bestattung der Gebeine meiner Brüder und jener anderen, die damals in Virginia mit uns kämpften, wiederzufinden –, das empfinde ich jetzt fast als einen Fluch. Im Grunde wollte ich diese Farm für immer verlassen, damals, im Herbst 1854, als ich aufgebrochen war, um meinen armen Bruder Fred aus Ohio abzuholen, und statt dessen Vaters Befehlen zuwidergehandelt hatte und mit Fred nach Kansas hinuntergezogen war; dort hatten wir uns unseren älteren Brüdern John und Jason angeschlossen. Daher ist ein Bericht von den Ereignissen, die sich in den Jahren zutrugen, die ich in North Elba verbrachte, für den Gang der Geschichte nicht weiter von Bedeutung. Doch diese paar Jahre kommen mir nun wie das große Rad in einem Uhrwerk vor, wie das Rad, das all die anderen Räder in Bewegung hält, die kleiner sind und sich schneller und mit unterschiedlicher Geschwindigkeit um ihre Achse drehen. Sie messen die einzelnen Sekunden, Minuten und Stunden meines gesamten Lebens, des Lebens meines Vaters und meiner Familie. Angetrieben von dem großen Rad, das sich langsam dreht, erzählen die kleineren Räder kleinere Geschichten, die, gemessen an einem langen Roman, nur Erzählungen oder Exkurse sind. Es sind Geschichten vom Bleeding Kansas, von der Abolitionismusbewegung, der Underground Railroad, von Harpers Ferry und so weiter. Keine von ihnen ist jedoch meine Geschichte, die, die hier niederzuschreiben es mich drängt, fast zwanghaft, als wäre es die Beichte eines großen Verbrechens, das inmitten all der Wildheit und des Zorns und des Rauchs und des Gemetzels der größeren Ereignisse irgendwie unbemerkt und anschließend ungestraft blieb und von euch Historikern und Biographen nicht verzeichnet wurde. Mein Bericht ist die eine Geschichte, die alle anderen erklärt, also geschieht es nicht aus allzu großer Eitelkeit, daß ich ihn vortrage.

Der eigentliche Grund, warum ich diese Geschichte jetzt erzähle, nachdem ich ein Leben lang geschwiegen und zugelassen habe, daß ihr Historiker und Biographen euch für die von euch als gültig anerkannte Wahrheit, was John Brown und seine Männer betrifft, entscheidet und ihr Dauer verleiht, ist jedoch keineswegs der, daß ich eure Darstellung korrigieren will. Ich erzähle sie jetzt, weil ich nicht aufhören kann zu sprechen, bis ich endlich die Wahrheit enthüllt habe und mich in das Grab neben die anderen legen kann, tot, wirklich tot und begraben und stumm, nachdem sie mir schließlich vergeben haben. Mir ist allmählich klargeworden, daß sie es sind, zu denen ich spreche. Diejenigen, die gestorben sind. Niemand anderer. Nicht Sie, Miss Mayo, und nicht Ihr Professor. Und nicht ich suche sie heim, sondern sie mich. Und sie werden mich so lange verfolgen, bis ich ihnen mein schreckliches Geheimnis enthüllt habe.

Ein Mensch kann ein Geheimnis wie das meine in sich verschließen, so daß es all die Jahre hindurch bis zu seinem Tod unentdeckt bleibt. Doch die Toten, die er verraten hat, werden ihn nicht ruhen lassen, bis er es endlich sich selber gegenüber zugegeben und es ihnen gestanden hat. Die Welt braucht nichts davon zu wissen; nur diejenigen, deren Tod er verschuldet hat, müssen ihn hören. Die Welt selber kann fortfahren, sich ihre als gültig anerkannte Wahrheit auszudenken, sie zu revidieren und daran zu glauben. (Das wird sie ohnehin tun – die Geschichtsschreibung nimmt kaum Kenntnis von Geständnissen in letzter Minute, nicht einmal von solchen auf dem Totenbett.) Die allgemein geltende Wahrheit der Geschichtsschreibung ist durchsetzt und verfälscht von unaufgedeckten Geheimnissen, die mit ins Grab genommen werden.

Ein schreckliches, belastendes Geheimnis ein Leben lang mit sich herumzutragen, zu sterben, ohne es enthüllt zu haben, ist keine allzu große Last. Es geschieht ständig. Während langer Phasen in seinem Leben braucht der Schuldige – vor allem wenn er, wie ich es getan habe, weggeht und allein auf dem Gipfel eines Berges haust – nicht einmal darüber nachzudenken. Im Laufe der Jahre überzieht es sich mit einer Kruste aus Rechtfertigungen und ausgeklügelten, nur ihm selber dienlichen Erklärungen und wird durch die Fügsamkeit des lebendigen Gedächtnisses, seines eigenen oder des von anderen, verzerrt. Und solange man schweigt, werden andere sich unweigerlich eine glaubhafte Geschichte ausdenken, die das Unerklärliche plausibel macht.

Was ist wirklich geschehen, damals bei dem Massaker am Pottawatomie? Warum ist Old Brown nach Harpers Ferry gegangen und dort geblieben, obwohl er lebend hätte entkommen können? Warum hat er seine Söhne und Schwiegersöhne und all die prachtvollen jungen Burschen mit sich in den sicheren Tod genommen? Wie kam es, daß sein drittgeborener Sohn Owen Brown der einzige war, der fliehen konnte? All diese unerklärlichen Ereignisse wurden Hunderte Male erklärt, auf hunderterlei Art, manchmal raffiniert, manchmal töricht, immer jedoch ohne den Rückhalt der Wahrheit.

Es spielt keine Rolle. Solange ich schwieg, solange ich selber nicht versuchte, das Unerklärliche zu erklären, blieb mein Geheimnis unentdeckt, und es war keine sonderlich große Belastung für mich, es nicht zu sagen, nicht zu enthüllen, nicht einmal mir selber gegenüber.

Als ich mich anfangs bereit fand, Ihnen zu schreiben, hatte ich geglaubt, es sei meine Pflicht, Vaters unbekannt gebliebene Geschichte zu erzählen, die historischen Aufzeichnungen durch meinen Augenzeugenbericht zu ergänzen, um ein für allemal die bislang gängige Wahrheit über John Brown und seine Söhne und Anhänger richtigzustellen. Mein Leben lang hatte ich dieser Versuchung widerstanden, und mir kam es wunderbar vor, daß ich, so schien es mir damals, doch noch eine letzte Gelegenheit erhielt, all das niederzuschreiben. Doch nun habe ich den Eindruck, daß ich nicht so sehr die Geschichte revidiere, sondern ein Verbrechen gestehe, ein schreckliches, geheim gebliebenes Verbrechen, das – wäre ich in der Lage gewesen, mich an meine ursprünglichen Absichten und meine lange gehegten Wünsche zu halten, und hätte ich mich nicht gezwungen gesehen, über sie hinauszugehen und seltsame, unerwartete neue Absichten und Wünsche zu entdecken – sicher bewahrt geblieben wäre. Ein Verbrechen, von dem nach wie vor nur ich gewußt hätte.

Dies ist also nicht nur ein Bericht für Sie oder Professor Villard. Ein Toter beichtet den anderen toten Männern, damit er sich zu ihnen gesellen kann. Und auch den toten Frauen, die alle vor mir gestorben sind – meine Stiefmutter Mary, meine Schwester Ruth, meine jüngeren Schwestern Annie und Sarah und sogar die Letztgeborene, Ellen –, den Frauen, die Vater, Bruder, Ehemann verloren und bis zum Ende ihres Lebens um sie getrauert haben; den Frauen, die, obwohl sie nicht hier neben Vater und den anderen begraben wurden, dennoch dort draußen bei ihnen sind und darauf warten, daß ich spreche. Ich beichte bloßen Bekannten und auch Fremden. Ich beichte allen Männern und Frauen, Negern und Weißen, die an Vater und seine Sendung geglaubt, die ihm ihr Leben und ihr Hab und Gut und sogar ihre Söhne und Brüder anvertraut haben.

Ich schaue aus dem Fenster und trete hin und wieder in die offene Tür und blicke in die Dunkelheit. Da sind sie. Alle sind sie da draußen; eine große Menge erwartet mich schweigend, als stünde ich auf einer hellerleuchteten Bühne und als wäre das weite, von Wiesen bedeckte Tal ein verdunkeltes Amphitheater. In dem verschwommenen, sich widerspiegelnden Licht des Mondes sehe ich ihre nüchternen Gesichter, erwartungsvoll mir zugewandt. Sie haben genausowenig ein Urteil über mich gesprochen wie ich über sie, denn sie können ihre eigene Geschichte nicht kennen, ehe sie nicht meine gehört haben.

Sie kannten mich, und nun hören sie mir zu, weder mit besonderem Mitgefühl noch gleichgültig, denn auch wenn wahrscheinlich keiner von ihnen ein solches Verbrechen begangen hat wie ich, so gerieten sie doch alle mit Sicherheit in Versuchung, waren gelegentlich genauso verwirrt wie ich, genauso schwach, genauso hin und her gerissen und genauso zornig. Auf meine Brüder trifft das bestimmt zu und auch auf meine Schwestern und meine Stiefmutter und die jungen Männer, die ihr Leben in dem langen Kampf gegen die Sklaverei geopfert haben. Ich kannte sie, und in jenen schrecklichen, stürmischen Jahren, die schließlich zu Harpers Ferry führten, hatte nicht einer von ihnen stets eindeutigere Motive und ein klareres Verständnis als ich. Sie werden nicht den Stab über mich brechen. Sie werden mich nur ausreden lassen. Mein Bericht ist ein Geschenk. Ohne ihn ist ewige Ruhe, für sie ebensosehr wie für mich, nicht möglich.

2

Sie wissen davon vermutlich nichts, aber was ich jetzt niederschreibe, geht mir nicht mehr aus dem Sinn, und ich weiß nicht, was ich mit diesen Erinnerungen anfangen soll, außer sie Ihnen auf diese Weise mitzuteilen. Irgendwie scheinen meine Worte, wenn ich sie niederschreibe, eher einer förmlichen Anklage gleichzukommen; man kann sie nicht so leicht abtun oder vergessen oder leugnen, als wenn ich sie lediglich aussprächse.

Im Frühjahr 1831 gab man meinem Bruder Fred, der damals vier Monate alt war, statt seines Taufnamens den eines vorangegangenen Frederick, eines in der Zeit zwischen mir und Ruth geborenen Jungen, der in jenem März im Alter von fünf Jahren an Wechselfieber gestorben war. Nicht einmal an das Gesicht des ersten Frederick kann ich mich erinnern. Und zu meinem Bedauern habe ich schon vor langer Zeit den ursprünglichen Namen des zweiten vergessen, des kleinen Kindes, das schließlich der wahre Frederick wurde, unser Fred, und es gibt niemanden mehr, der sich daran erinnern könnte.

Und dann, eineinhalb Jahre nach der Umtaufung, im Herbst 1832 – meine Schwester Ruth war drei Jahre alt und selber fast noch ein Kleinkind –, verloren wir unsere Mutter. Damals wohnten wir in der Wildnis New Richmonds im Westen von Pennsylvania; erst vor kurzem waren wir von Hudson in Ohio hierhergezogen. Der neue Frederick war damals fast zwei. Noch ein Baby, eines ohne Namen, war ein paar Tage vor dem Tod meiner Mutter geboren worden und gestorben. John und Jason waren elf und zehn und gingen nicht mehr zur Schule, sondern arbeiteten zusammen mit Vater tagtäglich in der Gerberei. Ich war acht und noch ein Schuljunge.

Bis zu Mutters Tod waren wir Browns allem Anschein nach eine ganz normale Familie gewesen, so wie alle anderen zu dieser Zeit und in diesem Landstrich, auch wenn wir es vielleicht in Dingen der Religion ein wenig allzugenau nahmen. Danach jedoch glichen wir einem uralten hebräischen Stamm notleidender Nomaden, niedergedrückt durch den Tod von Frauen und Kindern und durch unsere unendlichen Verpflichtungen dem stets fordernden, unerbittlichen Gott unseres Vaters gegenüber. Wir lebten von unseren Nachbarn isoliert, in Kümmernisse und zunehmend bedrückende finanzielle Schwierigkeiten verstrickt, und zusätzlich lasteten schwer einzuhaltende Gelübde und Schwüre auf uns, die erst dann einen Sinn ergaben, wenn Vater sie uns erklärt hatte. Und auch wenn uns seine Erläuterungen unser Leben vorübergehend verständlich machten – es gab immer irgendeinen Grund für alles, was wir taten –, wurde dadurch auf Dauer alles nur noch schlimmer, denn er verglich unser Leben nicht mit dem der modernen Amerikaner, die um uns herum lebten, sondern mit dem seiner biblischen Helden. Es war, als wären wir nach Mutters Tod aus der herkömmlichen Zeit herausgetreten und wanderten mit unseren Herden und kümmerlichen Habseligkeiten durch irgendein fernes Land und eine ferne Zeit, so daß wir nicht in Ohio lebten, sondern in Kanaan, nicht in Pennsylvania, sondern inmitten der Philister, nicht in Massachusetts, sondern im Ägypten Pharaos.

Wahrscheinlich hatte Vater schon sehr früh sich selber wie auch die anderen in diesem merkwürdig lebendigen biblischen Licht gesehen, denn er war seit seiner Kindheit ein frommer, außergewöhnlich phantasievoller Christ gewesen; damals hatte er praktisch die ganze Bibel auswendig gelernt. Doch für mich begann all dies erst mit Mutters Tod. Jetzt kommt es mir seltsam vor, daß mir dies nicht schon früher aufgefallen war, als ich noch gläubig war, doch erst als mein christlicher Glaube insgeheim zu schwinden begann – was mit Sicherheit mit dem unerwarteten Tod meiner Mutter zusammenhing, vielleicht sogar davon ausgelöst worden war –, wurde mir allmählich, zur gleichen Zeit und in gleichem Maße, bewußt, wie außergewöhnlich starr unser Leben als Familie und als Einzelpersonen von der Bibel beschrieben, vorgeschrieben und festgeschrieben war. Vom Wort Gottes. Der Heiligen Schrift. So wie unser Vater John Brown sie auffaßte, auslegte und anwandte. Fast war es, als wären wir Gestalten aus der Bibel und hätten kein anderes Leben oder Los als jenes, das uns laut Vater hienieden auferlegt war.

Ich will Ihnen erzählen, wie es damals war. Denn nach Mutters Tod wurde alles anders, und ich möchte, daß Sie uns so kennenlernen, wie die meisten Leute uns nicht kannten, ob nun im guten oder schlechten Sinne. Ich weiß nicht, ob Vater selber irgendwie ein anderer Mensch wurde, ein Mensch, der sich noch nachdrücklicher der Befreiung der Neger verschrieb und noch gläubiger wurde, als er zuvor schon gewesen war, oder ob nicht vielmehr alles und alle gleich blieben und ich der einzige war, der sich verändert hatte, ein kleiner Junge, der plötzlich Dinge und Gegebenheiten sah, die sein Leben prägten, ihm jedoch bislang verborgen geblieben waren.

Heute morgen habe ich mich daran erinnert, wie es war, als ich in das abgedunkelte kleine Wohnzimmer vorn in unserem Blockhaus trat und erfuhr, daß Mutter gestorben war. Damals war New Richmond noch eine unwirtliche, unzivilisierte Gegend, und die Schule, von der ich nach Hause kam, war ein einfaches Blockhaus, das aus einem einzigen Raum bestand und das Vater gebaut hatte, als wir uns dort niedergelassen hatten. Ein junger Bursche aus Connecticut unterrichtete die Kinder der Siedlung; Mr. Twichell hieß er, Joseph Twichell. Von ihm haben Sie wahrscheinlich noch nie etwas gehört. Ein prachtvoller Kerl, selber fast noch ein Junge – er hatte eben erst das Yale College abgeschlossen. Vater hatte ihn auf einer seiner ersten Reisen Richtung Osten, wo er Vieh verkaufen wollte, bei einem Abolitionistentreffen kennengelernt und ihn überredet, in das Western Reserve zu kommen, um hier dem presbyterianischen Gott und seinem Sohn zu dienen; nicht in New Haven bei den wohlhabenden, gebildeten Bürgern, deren Schicht er entstammte, sondern draußen in der Wildnis, wo er den Kindern bescheidener Schäfer, Bauern und Gerber die Grundkenntnisse in Lesen, Schreiben und Rechnen beibringen sollte.

Mr. Twichell war ein schlanker, fast zierlicher Mann mit spitzem Yankee-Gesicht, das nur aus schmaler Nase, Kinn und Stirn zu bestehen schien – ein feinknochiges, zartes Gesicht. An ihn erinnere ich mich gern, denn er legte Kindern gegenüber eine ungeheure Güte an den Tag, als glaube er, die Art, wie Erwachsene uns behandelten, würde für den Rest unseres Lebens unser Denken und unsere Moral prägen. Ein außergewöhnlicher Standpunkt in jener Zeit, vor allem dort draußen im Western Reserve, wo niemand Zeit hatte, die kleinen Kinder zu umhegen – es galt als völlig überflüssig und nutzlos. Sie sollten lediglich lernen, was sie wissen mußten, um ihren einfachen Geschäften nachgehen zu können und sich von Fremden nicht übers Ohr hauen zu lassen, dann sollten sie nach Hause zurück, den Wald roden und auf der Farm arbeiten; dies war die vorherrschende Meinung.

Eines Nachmittages im Herbst kam ich also von der Schule zurück; es dämmerte bereits, und wie ein Eichhörnchen hüpfte ich durch das Laub. Noch jetzt höre ich das Rascheln der vertrockneten Eschen-, Hickory- und Eichenblätter und rieche den leichten Zimtduft in der frischen, kühlen Herbstluft, dazu den Rauch der Holzfeuer in den Hütten meiner Klassenkameraden, an denen ich vorbeikam, als ich durch die Siedlung und dann weiter den schmalen, zerfurchten Weg zu Vaters Gerberei und unserem vereinzelt stehenden Haus unmittelbar dahinter ging. Ich war noch zu jung, um wie meine Brüder in der Gerberei zu arbeiten, aber schon zu alt, um noch bei den Kleinen zu Hause zu bleiben, und ging deshalb immer allein in die Schule. Aber – und auch das ist etwas, von dem Sie nichts wissen können – ich hatte damals einen treuen Gefährten, der für mich so wirklich war wie ein Zwillingsbruder und den ich Frederick genannt hatte, zweifelsohne aufgrund einer dumpfen Angst wegen der kürzlichen Übertragung des Namens von meinem toten Bruder auf den lebenden.

Von seiner Existenz hatte ich niemandem außer Mutter erzählt, denn ich wußte, nur sie, einzig und allein sie würde ihn akzeptieren. Seltsamerweise war mein Gefährte fast so, wie mein Bruder Fred bald werden sollte. Ein paar Jahre später erst begriffen wir allmählich, daß Fred auf gewisse, entscheidende Weise anders war als wir übrigen Kinder, vor allem wir Jungen – oder, um es genauer auszudrücken: Fred empfand nicht das gleiche wie wir, so als wäre er empfindlicher gegen Kälte und weniger empfindlich gegen Wärme –, und infolgedessen mußte man mit Fred behutsamer umgehen als mit uns. Vater hatte bereits begonnen, besondere Regeln für Fred aufzustellen, die ihm zwar keineswegs die Rechte und Vorrechte aberkannten, die uns in dem Alter zustanden, ihn jedoch davon entbanden, die gleichen Pflichten zu übernehmen.

Schon damals wurde mir klar, daß Vater ein Genie im Aufstellen von Regeln und Vorschriften zur Kontrolle der zahlreichen Familienmitglieder war; er entschied in allen häuslichen Angelegenheiten, von den belanglosesten Streitereien und Auseinandersetzungen um Ansichten und Wünsche bis hin zu den kompliziertesten, hochfliegendsten Meinungsverschiedenheiten in prinzipiellen Dingen. Ungeachtet seiner Beteuerung, im Grunde sei er Demokrat, auch innerhalb der Familie, herrschte Vater mit der Autorität eines Monarchen, und keiner lehnte sich dagegen auf; vielleicht weil er nie willkürlich oder launisch war und nie einzig um der Einigung auf einen irgendwie unbefriedigenden neutralen Standpunkt willen einen Kompromiß schloß. Beim Abendessen war Vaters Platz der Regierungssitz, und zwar aller drei Gewalten, der Exekutive, der Legislative und der Jurisdiktion. Seine Verfassung war selbstverständlich die Bibel, insbesondere das Alte Testament. Seine Unabhängigkeitserklärung und die Präambel der Verfassung waren das Buch Genesis und das Deuteronomium. Seine Bill of Rights leitete sich unmittelbar aus dem Neuen Testament ab: Du sollst deinen Gott über alles lieben und deinen Nächsten wie dich selbst. Christi erstes Gebot und seine Goldene Regel – das waren die Waagschalen, auf denen Vater all unsere Bedürfnisse wägte, all unsere Streitigkeiten entschied und uns unsere Bestrafungen und Belohnungen zumaß.

In Freds Fall war es jedoch nicht so einfach, Regeln festzusetzen. Seit er zu sprechen begonnen hatte, war klar, daß er ein Unschuldiger war, unfähig zu lügen. Er war nicht wie wir anderen. Immer sagte er mit vollkommener, natürlicher Leichtigkeit und ohne lange darüber nachzudenken die Wahrheit. Daher – nicht aufgrund eines Mangels an Intelligenz, sondern einfach wegen seiner naiven Ehrlichkeit – war er nicht in der Lage zu verstehen, daß andere ihn oft anlogen. So konnte Fred, anders als wir übrigen, anders als insbesondere ich, sich nicht gegen Lügner wehren, indem er als erster eine Lüge auftischte. Einfältig war er nicht – auf vielen Gebieten war sein Verständnis genauso groß wie das jedes anderen –, doch den meisten Leuten mußte er als geistig zurückgeblieben erscheinen. Und da sie ihn dementsprechend behandelten und es gewohnt waren, ihn zu betrügen und irrezuführen, mußten wir ihn beschützen, als wäre er tatsächlich ein Einfaltspinsel. Zu Hause, bei seinen drei älteren Brüdern, seiner Schwester Ruth und später auch bei den Kleineren, die unsere Stiefmutter Mary gebar, warf seine Unschuld ein schlechtes Licht auf uns – vor allem auf mich, denn ich war als Junge ein unverbesserlicher, wenn auch schlechter Lügner. Schon früh hatte ich mir das angewöhnt, und ich weiß nicht, wie es dazu kam, aber nachdem ich einmal damit begonnen hatte, konnte man mich nur mit äußerster Sorgfalt und Strenge, die ich selber nicht in zureichendem Maße aufbrachte, daran hindern, und so wurde ich oft von anderen, vor allem von Vater mit seinem gefürchteten Ledergürtel, gemaßregelt und gezüchtigt.

Als ich mit meinem eingebildeten Frederick in den Hof der Gerberei einbog, sah ich sofort, daß hier etwas Seltsames, Unheilvolles vorging. Das Pferd mit den verbundenen Augen, das sonst die Lohmühle drehte, stand reglos und unbeaufsichtigt, aber nach wie vor an die lange Stange der Mühle gebunden, mitten im Hof. Aus den Kaminen der Gerberei stieg kein Rauch, auch kein anderes der sonst üblichen Anzeichen von Arbeit war zu bemerken – zum Trocknen aufgehängte Felle, John, Jason oder einer der anderen Arbeiter, die Körbe mit nasser Lohe aus den Lohgruben stemmten oder frisch abgeschabte Häute in die Lagerschuppen schleppten oder dort hervorholten, Kunden, die mit Vater Rechnungen durchgingen und so weiter. Und vor dem Haus waren drei gesattelte Pferde angebunden.

Ich rannte, meinen Frederick im Schlepptau, auf das Haus zu, als ahnte ich bereits, was geschehen war. Doch ich wußte es nicht, konnte es gar nicht wissen, denn an dem Morgen war es Mutter scheinbar gutgegangen, obwohl sie im fahlen Licht der Dämmerung mir und meinem Fred wieder nicht nachgewunken hatte, als wir uns auf den Weg zur Schule gemacht hatten. Aber irgendwie wußte ich an jenem Tag plötzlich – vielleicht weil ich so ungeheure Angst davor hatte, meine Mutter zu verlieren, daß kein anderes unvorhergesehenes Ereignis eine Rolle für mich gespielt hätte, und weil ich an jenem Tag schließlich nicht mehr in der Lage war, diese Furcht zu unterdrücken –, ich wußte, daß der Grund, warum sie im Bett liegen blieb, nicht, wie Vater behauptete, Erschöpfung war oder Trauer, weil sie eben erst ihr neugeborenes Kind verloren hatte. Derlei ging vorüber, nicht so ohne weiteres, aber es war der natürliche Lauf der Dinge, gehörte zu den Wechselfällen des täglichen Lebens von uns und unseren Nachbarn: die trostlose Erschöpfung der Frauen und das Sterben von Säuglingen. Doch heute, davon war ich plötzlich überzeugt, war es etwas anderes.

So überwältigend war meine Angst, Mutter zu verlieren, daß es mir, ganz gleichgültig, welche Katastrophe uns heimgesucht hätte, nichts bedeutet hätte, solange nur ihr nichts zustieß. Ihre bedingungslose Güte und die Liebe, die sie für mich hegte, wogen alles auf, was nicht gut war. Und in einer unvorhersehbaren, unsicheren Welt, in der Babys noch vor den Kindern und die Kinder vor den Erwachsenen starben, in der ohne Vorwarnung Wirbelstürme und Dürren und bittere Fröste über uns hereinbrachen wie biblische Plagen und das sorgsame Wirtschaften eines Jahres oder gar eines Lebens zunichte machten, in einer Welt, in der es den Gott, den alle um Gnade und Gerechtigkeit anflehten, nicht zu kümmern schien, was uns zustieß, in einer derart gefährlichen, unverständlichen Welt war die Liebe meiner Mutter das einzig Beständige, ihr sanftes Lächeln war mein einziger Trost, ihre leise, scheue Stimme die Musik, die meinen ungestümen Geist beruhigte.

Ich ließ Fredericks Hand los und rannte, so schnell ich konnte, zum Haus. Frederick lachte, als hätte ich ein Spiel erfunden, und jagte mir nach, versuchte, mich zu fangen. An der Tür holte er mich schließlich ein und schlug mir auf die Schulter: »Ha! Hab' ich dich doch erwischt! Jetzt mußt du mich fangen!«

Ich schüttelte seine Hand ab, rüttelte wie wild an der Tür, schlug dagegen und schrie: »Mutter! Mutter! Laß mich rein!«

Die Türe gab nicht nach, sosehr ich mich auch mühte, sie zu öffnen. Ich schluchzte, hämmerte jetzt mit den Fäusten dagegen, wütend und voller Angst. Ob sie von innen verriegelt war oder ob ich in meiner Panik es einfach nicht schaffte, das Schloß aufzuklinken, weiß ich nicht; ich warf mich mit meinem ganzen Gewicht dagegen und schrie immer wieder: »Mutter! Mutter!«

Und plötzlich schwang die Tür zu dem kleinen, verdunkelten Zimmer auf. Ich sah Vaters breite Brust vor mir. Seine Arme umfaßten mich, und er drückte mich an sich. Ich erinnere mich an seinen erstickenden Geruch nach Leder und Blut und Wolle. Hinter ihm erspähte ich schattenhaft meine älteren Brüder John und Jason sowie einige Männer und eine Frau, Leute, deren Umrisse mir vertraut vorkamen, die ich in dem Augenblick jedoch nicht erkannte – es waren einfach nur Erwachsene, große Menschen, Schatten, die das Leuchten meiner Mutter verdeckten. Zuvorderst und am düstersten Vater. Er umschlang mich mit seinen stahlharten Armen, drückte mein Gesicht an sein Wollhemd und sagte: »Owen, komm einen Augenblick mit hinaus. Komm, mein Sohn, ich will in Ruhe mit dir reden. Komm mit hinaus, Owen«, und schob mich rückwärts auf die kleine Veranda, wo völlig verwirrt mein Frederick stand.

Frederick sagte: »Wein nicht, Owen. Ich wollte dich doch nur fangen. Weh tun wollte ich dir nicht.«

Vater hatte mein Handgelenk fest umklammert, und als er mich über die Veranda zog, krümmte und wand ich mich und versuchte vergeblich, mich aus seinem Griff zu befreien. »Komm her, mein Sohn«, sagte er leise. »Komm jetzt. Setzen wir uns hin und reden. Ich muß kurz mit dir sprechen.«

Er setzte sich auf die Treppe und ließ mich endlich los, doch in dem Augenblick stieß ich ihn beiseite und rannte durch die langsam sich schließende Tür zurück ins Haus. »Owen!« rief er; zu spät.

In dem Zimmer war es düster und klamm wie in einem Grabmal, und obwohl es voller Leute war, sah ich jetzt niemanden, nur Mutter, die auf ihrem und Vaters Ruhebett neben dem Fenster lag, vollständig bekleidet und mit geschlossenen Augen, als schliefe sie. Auch Vaters Bruder war da, Onkel Frederick, nach dem mein toter Bruder ursprünglich benannt worden war; er war aus Ohio heraufgekommen. Jetzt ging er rasch auf mich zu, packte mich an den Schultern und versuchte, mich rückwärts wieder hinauszuschieben, weg von Mutter.

Ich riß mich von ihm los, rannte zu ihr und umklammerte ihre Hände mit meinen. Kalt wie Ton waren sie und genauso leblos; zuerst jagten sie mir Angst ein, als wären es kleine tote Tiere, abgehäutet und getrocknet. Aber es waren die Hände meiner Mutter, so vertraut wie meine eigenen, und sie waren alles, was von ihr noch da war, also zerrte ich an ihnen, als wollte ich sie vom Bett hochziehen und vor dem Abgrund zurückreißen, in den sie stürzte. Ich hievte sie in eine halb sitzende Stellung, doch ihr Kopf sackte zur Seite wie bei einer Puppe; sie wurde zu schwer für mich, und ganz langsam kippte ihr Körper zur Wand. Jetzt hatte sie ihr Gesicht ganz von mir abgewandt, und plötzlich war es, als wehrte sie sich gegen mein Ziehen und Zerren, als schöbe sie mich von sich weg.

Ich löste meine Hände von ihren und beobachtete, wie sie mir entglitt. Ihr Körper fiel auf das Ruhebett zurück und sank dann über den Rand des Abgrunds in die Dunkelheit. Sie war weg. Weg. Und in diesem Augenblick begriff ich, wiewohl ich noch ein Kind war, im Grunde meiner Seele: Jetzt war ich allein. Und ich wußte auch, für den Rest meines Lebens würde ich allein bleiben.

Langsam drehte ich mich um und verließ den verdunkelten Raum. Draußen wartete Vater; er saß immer noch auf der Treppe. Ich setzte mich neben ihn, genauso wie er: den Kopf gesenkt, die

Hände auf den Knien, den Rücken kerzengerade. Vater und Sohn. Wir sprachen kein Wort.

Meine Mutter sah ich nie wieder. Und meinen imaginären Gefährten, meinen armen Frederick, auch nicht. Mein Vater würde bald wieder heiraten, wie Sie wissen, eine brave Frau, die ich immer nur Mary nannte, nie Mutter; sie schenkte ihm noch acht Kinder. Doch für mich sollte es nie mehr so sein wie früher, nie wieder. Für mich endete an diesem Tag meine Kindheit.

Es tut mir leid. Ich kann heute nicht weiterschreiben. Morgen jedoch werde ich fortfahren, sobald meine Hand wieder ruhig ist und mein Verstand frei von diesem beschämenden Selbstmitleid.

Nach dem gestrigen Brief rief ich mir heute morgen jene frühen Tage in New Richmond und die vorangegangen, friedvollen Jahre meiner Kindheit in Hudson ins Gedächtnis zurück – als wir dort wohnten, gehörten beide Orte noch zur Wildnis im alten Western Reserve, und als wir ankamen und uns dort niederließen, bargen sie ebenso große Schwierigkeiten und Gefahren wie später unsere Farm in den Adirondacks. Wir lebten in unseren Dörfern, umzingelt von Wölfen und Bären und Berglöwen, inmitten dichter Wälder, in deren abgelegene Schluchten kein Sonnenstrahl drang. Ganz in der Nähe von Indianern wohnten wir, Irokesen meist, die sich argwöhnisch fernhielten und nur gelegentlich ihre Enklaven im Wald verließen und zu uns in die Dörfer kamen, um kleine Geschäfte zu machen. Und gelegentlich tauchte ein entflohener Sklave auf, der über die damals hauptsächlich von den Quäkern organisierte Underground Railroad aus Kentucky oder den Bergen des westlichen Virginia kam und nach Kanada weiter wollte – ein stiller, verängstigter Besucher für einen Tag, den wir auf dem Speicher versteckten und bei Einbruch der Nacht, auf Vaters Planwagen im Heu versteckt, zur Farm eines Quäkers oder eines radikalen Mitstreiters gegen die Sklaverei zwanzig, dreißig Meilen weiter nach Norden brachten.

Wenn ich mich jedoch an jene längst vergangene Zeit erinnere, jetzt, nachdem ich soviel von der zivilisierten Welt gesehen habe, wie ein gewöhnlicher Mann sehen muß, um das wahre Wesen von Menschen, die in einer Gemeinschaft leben, zu kennen, überrascht nichts mich so sehr wie unsere beständige Tugendhaftigkeit und Sittsamkeit. Wo auch immer wir in jener Zeit lebten, wo auch immer wir uns ein Haus und eine Farm bauten und mit unseren Nachbarn Handel zu treiben begannen, immer waren wir wie eine Insel in einem Meer von Unehrlichkeit, Gottlosigkeit, Liederlichkeit und vorsätzlicher Unwissenheit. Denn wir Browns, wir waren anders, ganz anders als unsere Umgebung: Wildnis und ruchlose Sünder.

Als einzelne und als Familie waren wir natürlich ebenfalls Sünder, wie alle Männer und Frauen, doch unsere Sünde war die anmaßende Sünde des Hochmutes, denn wir waren stolz darauf, anders zu sein, und es bereitete uns Vergnügen aufzuzählen, in wie vielen Dingen dies tagtäglich augenscheinlich wurde. Wir rühmten uns sogar, bei welchen Gelegenheiten und auf welche Weise unsere Freunde und Nachbarn sich durch unsere Tugendhaftigkeit und Sittsamkeit bloßgestellt fühlten oder sie seltsam und überspannt fanden, sich daher von uns fernhielten und es, wie die Irokesen, vorzogen, uns aus sicherem Abstand zu betrachten.

Unser Stolz, die raffinierteste, tückischste aller Sünden, machte sich auf verschiedenste Weise bemerkbar, doch entgegen allen Berichten glaube ich nicht, daß wir überheblich waren. Ganz gewiß waren weder Mutter noch später meine Stiefmutter Mary und meine Schwester Ruth überheblich. Und die Kleineren, Jungen wie Mädchen, waren alle von Natur aus bescheiden und zurückhaltend, und man ermutigte sie fortwährend, dies zu bleiben, wenn sie sich in die Welt hinauswagten; meistens hielten sie sich auch daran. Meine älteren Brüder und ich bemühten uns ebenfalls, gegenüber den weniger Glücklichen, weniger Selbstbeherrschten, denjenigen, die weniger geneigt waren, ihre Kraft und die ihnen auf Erden beschiedene Zeit dem größeren, von Vater als »Gemeinwohl« bezeichneten Gut zu weihen, nicht aufzutrumpfen. Und auch Vater war nicht arrogant – wenn auch in der Tat gebieterisch und eigenwillig – und stellte an uns nur die Forderungen, die er sich selber auferlegte, an andere Menschen hingegen gar keine; er nahm die Leute so, wie sie waren. In Vaters Augen entschieden sie sich entweder dafür, so zu leben wie wir – und es gab hier und dort einige, die dies taten –, oder aber dagegen. Für ihn galt beides gleich.

Obwohl kein anderer so weit davon entfernt war, den Sünder zu verdammen, auch wenn er Sünde verabscheute, ergoß Vater, sobald es um die Sünde der Sklavenhaltung ging, die er nicht als Sünde, sondern als das Böse schlechthin bezeichnete, seinen ganzen Haß auf einmal und auf ungemein persönliche Weise über das Haupt des Übeltäters. Feine Unterscheidungen ließ er nicht gelten: Für ihn war einer, der für die freundliche Behandlung menschlichen Eigentums eintrat oder sich für die allmähliche Aufhebung der Sklaverei aussprach, als könnte dies, wie der Wechsel der Jahreszeiten, auf natürliche Weise geschehen, genauso schlecht wie einer, der seine Sklaven auspeitschte, brandmarkte, vergewaltigte und abschlachtete; und wer nicht offen und lautstark gegen eine Ausdehnung der Sklavenhaltung auf die westlichen Territories protestierte, war genauso verachtenswert wie einer, der entflohene Sklaven bis nach Kanada hinauf jagte und sie auf der Stelle brandmarkte, um sie zu bestrafen und beim nächsten Mal eine Verfolgung und Gefangennahme zu erleichtern. Doch abgesehen von dieser auffälligen Ausnahme, der Frage, welche Einstellung ein Mann oder eine Frau zur Frage der Sklaverei hatte, richtete Vater, wenn er den Unterschied zwischen unserer Lebensweise und der anderer betrachtete, nicht über seine Mitmenschen und dünkte sich auch nicht besser als sie. Weder verdammte er seine Nachbarn, noch erhob er sich über sie. Er beobachtete lediglich, wie sie lebten, und ging schweigend vorüber.

Und er wußte sehr gut Bescheid über Männer und Frauen. Naiv oder einfältig war er nicht. Mein Vater war keiner von denen, die sich die Ohren zuhielten, wenn sie unflätige Worte hörten, oder die Augen vor der Geilheit und Sinnlichkeit, die ihnen tagtäglich begegneten, verschlossen. Nie verbot er einem Mann oder einer Frau das Wort oder hielt sie von irgend etwas ab, weil er zu empfindsam oder zu fromm oder zu tugendhaft war, um Zeuge dessen zu werden. Er wußte, was sich in den kleinen, beengten Hütten der Siedlungen und draußen in den Schuppen und Scheunen unserer Nachbarn zwischen Männern und Frauen, zwischen Männern untereinander und sogar zwischen Männern und Tieren abspielte. Und er wußte, was allnächtlich auf den Straßen und in den Gassen und den Schenken der kleinen und großen Städte, die er bereiste, verkauft und gekauft wurde. Der Mann hatte jedes einzelne Wort seiner Bibel Hunderte Male gelesen: Nichts, was menschliche Wesen miteinander machten oder anderen oder sich selber antaten, erschütterte ihn. Einzig die Sklaverei war ihm ein Greuel.

Schließlich war Vater ein Mann vom Lande, ein von anderen Farmern und Viehzüchtern bewunderter Farmer und Viehzüchter, ein Arbeiter, der wie die zähesten Männer der Gegend die Ärmel hochkrempeln und Holz hacken, Häute gerben oder eine Steinmauer errichten konnte. Und er war Geschäftsmann, wenn auch ein erfolgloser, ein Mann, der weit reiste, nach Boston und New York und einmal sogar nach England und auf den europäischen Kontinent, der in Hotels wohnte und in Gasthäusern verkehrte, wo in der Halle oder in den Bars im Untergeschoß Prostituierte ihrem Gewerbe nachgingen und zu den Männern ins Zimmer kamen, die seine Reisegefährten waren, in Zimmer, die neben seinem lagen, nur durch eine dünne Trennwand abgeteilt. Vater kannte sich aus mit Männern und Frauen, und er verdammte niemanden. Er hatte sich einfach dafür entschieden, seinen eigenen Weg zu gehen, unberührt zu bleiben und jung zu heiraten.

Unsere Tugenden als Familie wurden uns natürlich von frühester Kindheit an bis weit ins Erwachsenenalter hinein durch Vaters Beispiel und seine ständigen Belehrungen beigebracht und aufgezwungen. Obwohl sich, wenn wir im Alter von etwa sechzehn Jahren allmählich erwachsen wurden, seine Art und Weise, auf unsere Verfehlungen zu reagieren, änderte: Er züchtigte uns nicht mehr, zwang uns nicht mehr seinen Willen und seine kluge Lebensführung mit der Rute und dem Gürtel auf, bestrafte uns nicht mehr für unseren Ungehorsam. Statt dessen entzog er dem Übeltäter einfach das strahlende Licht seines Vertrauens. Und keine Bestrafung war so wirkungsvoll wie diese. Er verlangte nicht von uns, daß wir seinen tiefen, bedingungslosen christlichen Glauben teilten, solange jede unserer Handlungen unseren Glauben an die Goldene Regel und unsere Wahrheitsliebe widerspiegelte. »Wenn du kein gläubiger Christ sein kannst, aber dennoch an anderen so handelst, wie sie dich behandeln sollen, und wenn du dich an das erste Gebot Jesu Christi hältst und einzig Gott durch das Wort ›Wahrheit‹ ersetzt, dann, das schwöre ich dir, werde ich mich nicht von dir abwenden.« Das war sein Gelöbnis an uns.

Meine Brüder John und vor allem Jason nahmen ihn beim Wort, und im Alter von etwa zwanzig Jahren hatten sie längst den christlichen Glauben aufgegeben und waren, was Religion betraf, radikale, doch aufrechte Freidenker geworden. Als ich ein paar Jahre später merkte, daß dies zu keiner tiefreichenden Entzweiung zwischen ihnen und Vater führte, folgte ich heimlich ihrem Beispiel. Daß wir den Glauben verloren, gefiel Vater natürlich nicht, und er hörte nie auf, davon zu sprechen, dennoch wußte er, daß er uns das Glauben nicht befehlen konnte, ebensowenig wie Gott ihm befehlen konnte, seinen Glauben zu bewahren. Und so grämte er sich darüber und tadelte unaufhörlich nicht uns, sondern sich selber, weil er als Lehrer und Vater versagt habe.

Es gab keine Möglichkeit, ihn von dieser Vorstellung abzubringen. Eigentlich wollten wir das auch gar nicht, denn Selbstkritik war schließlich eine seiner Tugenden, und wir schätzten alle seine Tugenden sehr hoch. Und da wir uns streng an sein Vorbild hielten und dies der Familie als Ganzem ihr Wesen, ihre Eigentümlichkeit, das, worin sie sich von anderen Familien unterschied, verlieh, konnten wir nicht eine einzige seiner Tugenden verwerfen, ohne dadurch zugleich eine wesentliche Eigenschaft der Familie zu leugnen. Was gleichbedeutend damit gewesen wäre, sich für das Leben des Ausgestoßenen zu entscheiden. So zwang Vaters Kummer über sein Versagen als Lehrer und Vater John, Jason und mich, unser eigenes Versagen als Schüler und Söhne zu beklagen.

Dennoch waren wir Browns, trotz des unterschiedlichen Maßes, in dem wir an Vaters Herrn und den von Ihm gesandten Erlöser glaubten, eine fromme kleine Sippschaft. Die tägliche Abfolge der Gebete und Hymnen, Vaters allmorgendliche Bibellesungen und sein Beharren darauf, alle Ereignisse in biblischen Begriffen zu interpretieren, waren von großem Wert. Sie erzogen uns zu Strenge uns selber gegenüber und ordneten unser Denken, als Familie wie auch als Einzelpersonen. Sie rissen uns aus unserem selbstversunkenen Schlummer und verbanden uns miteinander und uns alle mit der Welt draußen und stellten die Verbindung von dieser Welt zu der großartigen, alles überwölbenden Sphäre der Wahrheit oder Gottes her, die wir über alle anderen Wahrheiten oder Götter liebten.

Ich erinnere mich an Vaters überraschend schöne Singstimme – überraschend, weil seine Stimme beim Sprechen brüchig und dünn klang, eine Folge weniger seiner Sprechweise und Einstellung als seiner körperlichen Verfassung. Doch wenn er sang, war seine Stimme stark und klangvoll und hoch wie die eines Jungen. Er sang lieblich, aber mit solcher Inbrunst, daß sein Gesicht ganz rot wurde, was uns als Kinder unweigerlich zum Lachen brachte. Das bemerkte er, noch ehe wir die Hand auf den Mund legen konnten, und dann lächelte er ebenfalls und sang nur noch lauter. Lächeln und Lachen waren erlaubt, denn dieses freudige Lärmen pries den Herrn, und unsere Lieblingshymnen waren die fröhlichen, lauten, etwa »Blow, Ye Trumpets, Blow«. Beim Beten jedoch oder während der täglichen Bibelstunde hielten wir wohlweislich unsere Köpfe gesenkt, runzelten die Stirn, als dächten wir angestrengt nach, falteten die Hände und vermieden es, einander belustigte Blicke zuzuwerfen, wenn Vater, was gelegentlich passierte, aufgrund der Heftigkeit seiner Gefühle den Faden verlor und zu stammeln oder sich zu wiederholen begann.

In jener Zeit hielt uns natürlich jeder, der uns sah, für fromm. Nicht im strengen methodistischen oder altdeutsch-lutherischen Sinne, wie wir manchmal charakterisiert wurden. Nein, Frömmigkeit bedeutete für uns Browns Achtung vor der Wahrheit und unseren Mitmenschen, die wir tagtäglich in kleinen wie in großen Angelegenheiten unter Beweis zu stellen versuchten. Unsere

Rituale und Gebete entsprachen weitgehend der grundlegenden, alten presbyterianischen Liturgie und dienten, zumindest mir und meinen Brüdern und, möglicherweise in geringerem Maße, Ruth und den jüngeren Kindern, lediglich dazu, uns an diese Haltung des Respekts zu erinnern, sie jeden Morgen und jeden Abend und bei jeder Mahlzeit in unseren Herzen neu zu begründen und diese Achtung, ja Ehrerbietung, immer im Sinn zu behalten.

Und wenn unserer Frömmigkeit Achtung vor der Wahrheit und unseren Mitmenschen zugrunde lag, dann kam dies wohl am folgerichtigsten und deutlichsten darin zum Ausdruck, daß wir uns in unserem ganzen Verhalten an den Grundsatz der Ehrlichkeit hielten, Fremden gegenüber genauso wie untereinander, bei Freunden wie bei Feinden. Dies ließ uns in den Augen von Leuten, denen nicht so viel an ehrlichem Geschäftsgebaren lag, gelegentlich seltsam erscheinen und war letztlich der Grund, weshalb Vater nicht zum Geschäftsmann taugte. Doch für uns war diese Eigenheit, wie schon gesagt, etwas, worauf wir stolz waren. Und obgleich wir oft gezwungen waren, auf einen leicht zu erzielenden Vorteil zu verzichten, vor allem in Geldangelegenheiten, brachte unsere Redlichkeit anständige Leute genauso oft dazu, sich uns gegenüber ebenso zu verhalten, und gelegentlich zogen wir daraus einen Nutzen.

Doch es ist allgemein bekannt, daß man uns Brown-Kindern von frühester Kindheit an beibrachte, nie zu lügen. Wenn man uns dabei ertappte, wurden wir streng gezüchtigt. Vater leitete dies aus seinem obersten Gebot ab: Wenn du die Wahrheit liebst, kannst du nicht lügen. Vielleicht nicht so bekannt ist die Tatsache, daß ich am häufigsten von uns allen gegen dieses Gebot verstieß, das heißt als Kind; und anfangs, als Vater noch jung und Mutter noch am Leben war, fielen seine Strafen und seine Methoden, uns auf den rechten Weg zu bringen, härter aus als später, und manchmal begriffen wir nicht, warum er uns so heftig und so lange schlug. (Es bestand, insbesondere bei mir, die Gefahr, den Zweig zu lange zu biegen und letztlich zu brechen, anstatt ihn gerade zu richten; oder daß dieser Zweig trotzig zurückschnellte und sich schließlich auf die andere Seite bog, für immer mißgestaltet. Doch derlei Gedanken waren mir damals noch fremd.)

Als ich fünf oder sechs war, lange bevor Mutter starb, hatte ich es mir bereits angewöhnt, selbst für ein Kind außergewöhnlich oft zu lügen. Es schien mir ein sinnliches Vergnügen zu bereiten, und beinahe suchte ich nach Gelegenheiten, um zu lügen, Geschichten zu erfinden, regelrechte Abenteuer, ausführliche Berichte von Begegnungen und so weiter, die nie stattgefunden hatten. Dies ging über bloße Übertreibung hinaus, und wiewohl ich oft teilweise selber an meine Geschichten glaubte, ebenso wie ich an die körperhafte Wirklichkeit meines eingebildeten Gefährten Frederick glaubte, war doch etwas in mir, das sich der Unwahrhaftigkeit voll und ganz bewußt war und Vergnügen daran fand. Für einen Augenblick verlieh es mir ein Gefühl von Bedeutung, wenn ich erklärte, ich hätte einen Bären gesehen, obwohl es gar nicht stimmte, oder vom Auftauchen eines Indianers berichtete, den ich nie zu Gesicht bekommen hatte; zu behaupten, Mr. Twichell, der Schulmeister, habe mich gelobt, während er mich in Wirklichkeit tagelang überhaupt nicht beachtet hatte und mich genaugenommen für ein reichlich begriffsstutziges Kind hielt.

Lebhaft erinnere ich mich daran, wie diese schändliche Gewohnheit auf recht bedeutsame Weise eine Änderung erfuhr, so daß ich später, wenn ich log, nicht einem blinden Zwang gehorchte, sondern einer bewußten und wohlüberlegten Entscheidung folgte. Einmal, als wir noch in Richmond lebten, kam Großvater Brown, dessen Namen ich trug, zu einem mehrtägigen Besuch von Akron herüber. Es war während jener düsteren Monate nicht lange nach Mutters Tod; Vater machte eine seiner Phasen des Schweigens, der Zurückgezogenheit und Teilnahmslosigkeit durch, und sie dauerte schon gefährlich lange, so daß Familienangehörige wie auch Nachbarn sich um das Wohlergehen seiner fünf Kinder und um seine körperliche und geistige Gesundheit Sorgen machten. Vater neigte ohnehin zu solchen Zuständen, vor allem nach einer schwierigen Zeit, doch diesmal schien er unfähig, dem ein Ende zu setzen, unfähig, über seinen Kummer und seinen Verlust hinwegzukommen und die tagtäglichen Geschäfte des Lebens wiederaufzunehmen.

Eine Woche lang blieb Großvater Brown bei uns, wie ich mich erinnere, und gegen Ende seines Besuches fand Vater zu seinem alten, herrischen Selbst zurück. Wenn er uns in der Morgendämmerung weckte, brannte im Erdgeschoß bereits das Feuer, und wenn die Arbeiter in der Gerberei eintrafen, war Vater da, um sie zu begrüßen und ihnen zu erklären, welche Arbeiten zu erledigen waren. An den Abenden las er den jüngeren Kindern wieder laut aus der Bibel vor, und ehe er zu Bett ging, zog er eine Bilanz des Tages, listete auf, was jedes einzelne Kind geschafft und wo es gefehlt hatte, und zählte die Pflichten des nächsten Tages auf – den Küchenboden scheuern, den Hof fegen, die Frühbohnen pflücken, die Schafhürde ausbessern, die Küken von den Hühnern trennen und so weiter –, für jedes Kind einzeln, je nach Alter und Fähigkeit.

Ich persönlich nahm die Rückkehr zum gewohnten Tagesablauf mit gemischten Gefühlen auf, beinahe so, als vermißte ich die gedrückte Stimmung, das Schweigen und die Untätigkeit nach Mutters Tod. Alle anderen schienen jedoch erleichtert und zum ersten Mal seit Monaten wieder fröhlich und zum Spielen aufgelegt; ich versuchte also, es ihnen gleichzutun. Doch dann, es war der letzte Tag, an dem Großvater hier war, entdeckte ich seine große goldene Uhr mit Kette auf dem Kaminsims, wo er sie am Abend zuvor hingelegt hatte. Er hing sehr an ihr; seine Initialen waren ein wenig großtuerisch in sie eingraviert – die einzige Eitelkeit, die dieser ansonsten einfache und äußerst bescheidene Mann sich zugestand. Ich nahm die Uhr, die er in seiner altertümlichen Ausdrucksweise als Chronometer bezeichnete, hielt sie einen Augenblick lang in der Hand, ließ sie dann in meine Hosentasche gleiten und stürmte damit in die Schule, während der alte Mann in aller Seelenruhe im angrenzenden Zimmer schlief.

Warum ich das tat? Ich wußte es damals nicht, und ich weiß es auch heute nicht. Außer vielleicht, daß der Zeitmesser mich wie ein Glücksbringer, ein Amulett mit zauberischen Kräften anzog. Seit Großvaters Ankunft hatte ich die Uhr bei jeder Gelegenheit betrachtet, hatte immer gewußt, wo sie war, ob in Großvaters Westentasche oder auf der Anrichte oder auf dem Kaminsims oder in seiner schwieligen, ledrigen Hand. Und kaum hatte ich sie in meinem Besitz, fühlte ich mich auf wundervolle, magische Weise mächtig, als wäre sie das legendäre Schwert Exkalibur und nicht nur ein von Menschenhand angefertigter Zeitmesser. Als wäre ich, seit ich die Uhr in meiner Hosentasche trug, ein erwachsener, selbst für sein Leben verantwortlicher Mann und kein Junge mehr.

In der Schule zeigte ich auf der Lichtung bei dem Schuppen, von wo wir Kinder das Feuerholz holten, die Uhr meinen Freunden und behauptete, mein Großvater – noch vor dem Revolutionskrieg geboren, wie ich voller Stolz betonte – habe sie mir geschenkt, da wir beide denselben Namen trügen, Owen Brown; daher seien die in das Gehäuse eingravierten Initialen die gleichen wie meine. Genaugenommen waren es meine, erklärte ich. Seht ihr? O.J.B.

Meine Freunde, vor allem die Jungen, waren beeindruckt und scharten sich um mich; wie ich auch stellten sie sich vor, ich oder jemand, der mir sehr ähnlich war, trage beim heroischen Marsch in das Getümmel und den Rauch der Revolutionsschlacht die Uhr mit der massiven Kette in der Westentasche der Uniform eines Kolonialsoldaten.

Plötzlich wurde mir jedoch klar, daß ich zu weit gegangen war, und nun mußte ich die anderen Kinder auf Geheimhaltung einschwören. »Sagt ja Mr. Twichell nichts davon«, schärfte ich ihnen ein. »Eigentlich sollte mein Vater Großvaters Uhr bekommen, und er weiß noch nicht, daß sie jetzt mir gehört. Großvater hat gemeint, er wolle es ihm heute sagen, wenn ich nicht da bin.«

Natürlich verriet mich jemand. Allerdings nicht die Kinder. Sondern Mr. Twichell selber, der in der Tür gestanden und über den Schulhof hinweg meinen kleinen Auftritt beobachtet hatte. Als ich mit meiner Ladung Feuerholz an dem Schulmeister vorbei ins Haus ging, klopfte er mir leicht auf die Schulter, lächelte und sagte: »Owen, wenn du das Holz in der Kiste verstaut hast, dann komm noch mal raus und zeig mir, was du den anderen Kindern gezeigt hast.«

Ich tat, wie er mich geheißen hatte; er nahm die Uhr, drehte sie um und betrachtete die Initialen und das elegante Zifferblatt mit den römischen Zahlen. »Woher hast du die?« fragte er freundlich.

Ich schaute mich um und sah, wie die anderen Kinder uns beobachteten und darauf warteten, daß ich meine Lüge gestand – denn im Grunde hatten sie gewußt oder geahnt, daß ich sie belog –, und jetzt sollte ich in aller Öffentlichkeit nicht nur als Lügner, sondern auch noch als Dieb bloßgestellt werden. Einen Augenblick lang zögerte ich, und noch einmal fragte Mr. Twichell: »Wie bist du zu so einer wundervollen Uhr gekommen, Owen?«

Ich holte tief Luft und sprudelte dann die gleiche Lüge hervor, die ich den Kindern auf dem Hof erzählt hatte.

Eine Weile starrte er die Uhr an und bewunderte sie, und als er sie mir zurückgab, fragte er mich, ob ich die Zeit ablesen könne. Ich nickte, und da fragte er, ob ich wisse, was die Zeichen bedeuteten, denn schließlich seien es ja keine Zahlen, sondern Buchstaben, X, V und I.

»Sie sind an der gleichen Stelle wie die normalen Ziffern«, erklärte ich.

Das stimme, meinte er; dann hieß er uns die Schiefertafeln herausholen und mit der für diesen Tag vorgesehenen Lektion anfangen, bei der es – rein zufällig, meinte er und zwinkerte mir unübersehbar zu – um den Unterschied zwischen römischen und arabischen Ziffern ging. Binnen überraschend kurzer Zeit konnten alle Kinder, die da waren, jedes Datum und jede Uhrzeit, die der Lehrer nannte, die Anzahl der Bundesstaaten im Jahr 1776 und jetzt, 1833, die Zahl der Weißen und der Neger in den Vereinigten Staaten, die Gesamtzahl und die Differenz zwischen ihnen in römischen Ziffern schreiben.

Als ich nach dem Unterricht das Schulhaus verließ, hielt Mr. Twichell mich an der Tür auf und gab mir ein kleines, zusammengefaltetes Stück Papier. »Tut mir leid, Owen«, sagte er so leise, daß ich es kaum hören konnte. »Das ist für deinen Vater. Bitte, vergiß nicht, es ihm zu geben.« Mit zittrigen Fingern nahm ich den Brief, denn ich wußte, was darin stand, und steckte ihn zu Großvaters

Uhr in die Hosentasche. »Du kannst ihn lesen, wenn du willst«, fügte Mr. Twichell noch hinzu. Er wirkte traurig, fast als hätte er ein schlechtes Gewissen, und ich wußte auch, warum. Doch er hatte das Richtige getan, ich war der Missetäter, nicht er.

Ich las den Brief nicht; ich brachte es nicht fertig. Als ich nach Hause kam, ging ich pflichtbewußt sofort zu Vater, der noch in der Gerberei arbeitete, und gab ihm den Zettel. Langsam faltete er ihn auf und las ihn. Schließlich streckte er, ohne ein Wort zu sagen, die Hand aus; ich zog die Uhr aus der Tasche und legte sie in seine riesige, schwielige Hand. Er dankte, wandte sich zu Großvater, der uns von einem Hocker neben dem Kamin aus beobachtet hatte, und reichte sie ihm. Großvater untersuchte die Uhr, als wolle er nachsehen, ob ich sie beschädigt hatte, und steckte sie in die Westentasche. Dann nahm er seinen Spazierstock, stand mühsam auf und ging in den Hof hinaus, wo meine Brüder arbeiteten.

Vater fragte: »Kannst du irgend etwas zu deiner Verteidigung vorbringen, Owen?« Er wirkte sehr traurig und niedergeschlagen, wie Mr. Twichell.

»Nein.«

Er seufzte. »Das habe ich mir gedacht. Komm mit«, forderte er mich auf.

Wir gingen zur Scheune, in der es finster war. Heustäubchen sanken langsam vom Heuboden herunter und tanzten in den Sonnenstrahlen, die durch die Ritzen und Spalten über uns drangen. Er forderte mich auf, das Hemd auszuziehen, und während ich gehorchte, nahm er hinter mir und ohne daß ich ihn sehen konnte den verhaßten Ochsenziemer von dem dafür bestimmten Haken am Hauptpfosten. Vor Jahren, lange vor meiner Geburt, hatte er das Leder gegerbt und zu einem langen Riemen zurechtgeschnitten, ausdrücklich zu dem Zweck, seine Kinder zu züchtigen. Ich senkte den Kopf und erwartete zitternd den ersten Schlag auf die kalte Haut meines entblößten Rückens.

Und als er zuschlug, war der Schlag so heftig, daß ich unwillkürlich die Luft ausstieß; noch ehe ich erneut Luft holen konnte, traf mich der zweite Hieb, noch kräftiger als der erste. Zwölfmal schlug er zu, ein Schlag für jede Stunde auf dem Zifferblatt der Uhr, erklärte er, während er immer wieder mit dem Riemen ausholte; jeder einzelne Schlag warf mich beinahe um. Zwölf Schläge, sagte er, damit ich immer diese Bestrafung mit meiner Lüge in Verbindung brächte. »Zwölf Hiebe dafür, daß du anderen Leuten erzählt hast, dir gehöre etwas, das in Wirklichkeit der Besitz von jemand anderem ist. Dafür, daß du gelogen hast.« Bei jedem Schlag stolperte ich einen Schritt nach vorn – zwölf Schritte im Kreis auf dem Lehmboden der Scheune.

Schließlich hörte er auf. Ich hatte nicht geweint, was mich überraschte, und ich fragte mich, ob ich, aufgrund meines sündigen Wesens, dessen nicht mehr fähig war. Vater erklärte: »Auf dem Zifferblatt einer Uhr sind auch sechzig Minuten angegeben, Owen. Und du hast nicht nur gelogen, sondern auch gestohlen. Du hast deines Großvaters Eigentum begehrt und es ihm geraubt.« Und dann drehte Vater mich zu meiner Überraschung zu sich herum, so daß ich ihm ins Gesicht sehen mußte, reichte mir den Lederriemen und zog selber das Hemd aus. »Sosehr du mich als Sohn enttäuscht hast, sosehr habe ich als Vater gefehlt«, erklärte er und kniete vor mir nieder. »Wir gehören zusammen, unsere Sünden hängen miteinander zusammen, auf die gleiche Weise wie die sechzig Minuten und die zwölf Stunden auf dem Zifferblatt von Großvaters Uhr. Daher mußt du mir sechzig Schläge versetzen. So wirst du nie vergessen, wie wir, du und ich und auch Großvater, wie wir alle in unseren Gedanken und Taten miteinander verbunden sind.«

Anfangs war ich verwirrt und erschrocken über seinen Befehl, dennoch tat ich, wie er mich geheißen hatte, und schlug ihm mit dem Lederriemen, seiner eigenen Züchtigungspeitsche, auf den nackten Rücken. Es war ein leichter Hieb, doch mehr brachte ich nicht fertig. »Fester!« wies er mich an, und ich gehorchte. »Noch fester!« befahl er, und ich tat es, immer wieder; mit jedem Schlag bekam ich mehr Kraft, bis ich ihm schließlich sechzig Hiebe versetzt hatte. Und endlich, als ich den sechzigsten, letzten Schlag tat, flossen die Tränen.

»Jetzt, Owen, jetzt siehst du, wie das ist mit Gott und den Menschen«, sagte Vater zu mir. »Jetzt weinst du. Und wenn es in der Bibel heißt: ›Und Jesus ging hin und weinte bitterlich‹, dann weißt du, warum er geweint hat. Meinst du nicht?«

Ich brachte kein Wort hervor.

»Meinst du nicht?«

»Ja«, erwiderte ich. »Jetzt verstehe ich es.« Und ich zog mein Hemd wieder an und ließ ihn in dem trüben Licht der Scheune allein, wo er Gott um Vergebung bat.

Nun will ich Ihnen noch eine andere Geschichte aus unserem Leben damals erzählen, eine Geschichte von Hinterlist und Bestrafung, eine, die wie die eben berichtete von großer Bedeutung für die weiteren Geschehnisse sein sollte. Mehr als alle unsere Nachbarn heiligten wir Browns, wo auch immer wir lebten, den Sonntag. Genaugenommen begann unser Sabbat, entsprechend der Art, wie Vaters wirkliche Vorfahren, die alten Puritaner von New England, und seine geistigen Ahnen, die alten Hebräer, es gehalten hatten, am Samstagabend bei Sonnenuntergang und endete mit dem Sonnenuntergang am darauffolgenden Tag. Vater ließ keine Abweichungen oder Ausnahmen von diesem Gebot zu. Gelegentlich stritten wir Kinder mit ihm, ob am Samstag die Sonne tatsächlich schon untergegangen war, denn von Westen her sickerte doch noch Licht durch die Bäume, und dann behaupteten John oder Jason, würden die Bäume hinter dem Haus gefällt, dann wäre es für uns noch mindestens eine halbe Stunde länger Tag, also sei die Sonne noch nicht wirklich untergegangen. Doch davon wollte Vater nichts hören. Er entgegnete nur: »Ja, Jason, und ich vermute, wären da nicht die Hügel im Westen, dann hätten wir noch eine volle Stunde Tageslicht. Und jetzt kommt herein, Jungen, und ehrt den Herrn mit Schweigen.«

Und nachdem wir noch eine Weile verdrossen draußen herumgenörgelt hatten, gaben wir es schließlich auf, marschierten ins Haus und verriegelten hinter uns die Tür, auf daß unsere vierundzwanzig Stunden während Zeit des Arrests, des Schweigens, des Gebets und der Besinnung beginnen konnte. Es war in der Tat eine

Gefangenschaft, unterbrochen lediglich von der Notwendigkeit, früh am nächsten Morgen die Tiere zu versorgen und sich später den paar Stunden Gottesdienst in der Kirche anzuschließen, worauf Vater, als wir noch klein waren und erst in Hudson, dann in New Richmond wohnten, nach wie vor bestand. Später, nachdem er sich 1837 mit den Kongregationalisten von Hudson über die Sklavenfrage zerstritten hatte, ein Ereignis, auf das Sie im Verlauf Ihrer Forschungen zweifelsohne gestoßen sind, blieb uns nicht einmal mehr die Ablenkung durch den Gottesdienst, wenn der Sabbat nahte. Statt dessen beteten und sangen wir gemeinsam zu Hause, und Vater predigte.

Uns Kindern fiel dies schwer, vor allem als wir noch klein waren. Wir ließen den Kopf hängen und streiften trübsinnig durchs Haus; nicht einmal arbeiten oder irgendein kleines Werkzeug oder Spielsachen schnitzen durften wir, die Frauen durften weder spinnen noch weben, weder kochen noch irgendwelche häuslichen Arbeiten verrichten. Schweigen, Gebet, Besinnung und – außer der Bibel – keine Lektüre. Von unseren Zimmern im Obergeschoß aus schauten wir verträumt aus dem Fenster und beobachteten, wie normale Christen die Straße entlang in die Stadt gingen oder mit ihren Flinten über der Schulter durch den Hof in die Wälder zogen, um Hirsche oder Wald- und Rebhühner zu jagen. Wie wir sie beneideten! Die Mädchen ebenso wie wir Jungen. Wir waren alle ziemlich lebenslustige Kinder voller Tatendrang und an ständige körperliche Betätigung gewöhnt, und diese vierundzwanzigstündige Zwangspause, die unserem Ungestüm, das sich normalerweise harmlos bei Arbeit oder Spiel und Sport im Freien austobte, allwöchentlich auferlegt wurde, stellte eine ungeheure Belastung dar, oft so schwer zu ertragen, daß wir sie ohne massiven Druck seitens Vaters nicht auf uns genommen hätten.

Manchmal, normalerweise am frühen Sonntagnachmittag, wenn wir durch das Eingesperrtsein und Schweigen nahe daran waren, aufzubegehren, brachten wir älteren Jungen es fertig, für ein paar Stunden aus dem Haus zu entkommen und vor Sonnenuntergang zurückzukehren, ohne daß irgend jemandem unsere Abwesenheit auffiel. Vater zog sich normalerweise ins Wohnzimmer zurück, setzte sich, mit der Bibel auf dem Schoß, auf seinen Stuhl beim Fenster und las schweigend; hie und da döste er ein. Meist merkte eines der kleineren Kinder, wann das Kinn des Alten endlich nach unten sackte und er zu schnarchen begann; auf Zehenspitzen schlichen sie mit dieser willkommenen Nachricht nach oben. Dann schoben wir älteren Jungen mit John als Anführer und gelegentlich Ruth im Schlepptau ein Fenster auf, krochen den Dachfirst des Schuppens entlang, schwangen uns von dort auf den Ast eines Ahornbaumes und kletterten rasch hinunter. Nun waren wir ein paar Stunden lang frei, rannten wie die ersten Siedler durch den Wald, schrien und kreischten, ließen all das wilde Lärmen heraus, das sich fünfzehn oder zwanzig Stunden lang in uns angestaut hatte.

Aus gewichtigem Grund erinnere ich mich insbesondere an einen Sonntag, von dem ich jetzt berichten will, denn er ist für den späteren Teil meiner Geschichte von Bedeutung. Es war im Spätherbst 1833, in dem Jahr nach Mutters Tod; ich war neun, und unsere Stiefmutter Mary wohnte erst seit ein paar Monaten bei uns. Sie war eine Nachbarin und im Grunde noch ein Mädchen gewesen, als Vater sie angestellt hatte, damit sie sich um das Haus und untertags, wenn er in der Gerberei war, um die kleineren Kinder kümmerte; doch schon kurz darauf hatte er sie geheiratet. Sie war damals mit ihrem ersten Kind schwanger; Sarah kam im darauffolgenden Frühling zur Welt. Ansonsten kann ich mich an kaum etwas im Verlauf dieses verwirrenden Jahres erinnern, außer an das, was mir an einem kühlen, sonnigen Tag zustieß, als John, Jason und ich, wie wir es hundertmal oder noch öfter getan hatten, aus dem düsteren, stillen Haus unseres Vaters und unserer neuen Stiefmutter in die große, weite Welt draußen entfliehen wollten.

Ich war damals ein teilnahmsloses, zurückgezogenes Kind, nach dem Tod meiner Mutter völlig verzweifelt. So groß war des Tags wie des Nachts mein Kummer, daß ich kaum an etwas anderes dachte und daher den Eindruck erweckte, ständig verwirrt zu sein, eines jener Kinder, die weder wissen noch sich darum bekümmern, wo sie sind oder wer in ihrer Nähe ist. Ein Junge, dessen Blick unverwandt nach innen gerichtet war, nicht auf sich selber, sondern auf eine eingebildete verschlossene Tür. Ich habe Hunde gesehen, die, wenn ihr Herrchen ins Haus ging, auf der kalten Veranda saßen und ununterbrochen auf die Tür starrten. Wie eines dieser armen Tiere war ich, und die Tür war der Tod meiner Mutter.

John kletterte als erster aus dem Fenster und kroch den First des steil abfallenden Schuppendachs entlang; Jason folgte ihm. Und dann ich. Am Ende des Firstes ging es zwei Stockwerke tief hinunter, da wir dort eine Vertiefung für den Eingang zur Gemüsemiete gegraben hatten. Hinter dem Schuppen stand ein mächtiger, ausgewachsener Ahorn; einige Zweige reichten so nahe an den Schuppen heran, daß ein Junge mittlerer Größe ohne weiteres in einem Rutsch das Dach bis zur Traufe hinuntergleiten und von dort aus auf den Baum springen konnte, um sodann hinunterzuklettern. Ohne zu zögern, krabbelte John bis an das Ende des Firstes, drehte sich um, stieg rasch das mit Schindeln gedeckte Dach hinunter, sprang durch die Luft, bekam einen Ast zu fassen und glitt wie ein Eichhörnchen den Stamm entlang zu Boden. Grinsend folgte Jason ihm.

Dann kam ich, und ich ging dahin wie in einem Nebel. Bis zum Ende des Daches ging ich. Doch anstatt dort stehenzubleiben und mich hinzukauern, um hinunterzurutschen wie die anderen, ging ich einfach geradeaus weiter, als reichte der Dachfirst bis nach unten. Ich erinnere mich, wie ich vom Dach aus ins Leere schritt und in einem verträumten Sturz unendlich lange durch Sonnenlicht und hellgrüne Blätter und einen blauen Himmel nach unten fiel, nicht von der Schwerkraft angezogen, sondern von etwas Mächtigerem. Wie der junge Ikarus war ich, der mit seinen künstlichen Flügeln zu nahe an die Sonne herangeflogen war und als Strafe für seinen Stolz und seine Eitelkeit zur Erde zurückgeschleudert wurde. Ich fiel hinunter, immer weiter, bis ich schließlich auf einer der Steinstufen zur Gemüsemiete aufschlug.

Im letzten Augenblick hatte ich vermutlich den linken Arm ausgestreckt, als wollte ich den Boden unter mir wegstoßen, denn jetzt lag er unter meinem Körper, zerquetscht durch mein Gewicht und die Wucht meines Sturzes. Ich war voll bei Bewußtsein und verspürte anfangs keine besonderen Schmerzen, doch als John und Jason zu mir gerannt kamen und mich herumdrehten, sah ich, daß die scharfe Kante der Steinstufe meinen Arm fast in zwei Teile gebrochen hatte. Bei dem Anblick fing Jason an zu schreien, denn einer der Knochen über dem Handgelenk hatte sich durch das Fleisch und den Hemdärmel gebohrt, und aus dem Arm sprudelte Blut.

Jetzt hatte ich fürchterliche Schmerzen. Ich brachte kein Wort hervor; nicht einmal weinen konnte ich. Alles war gelb und rot, als hätte die Erde Feuer gefangen. Jason brüllte vor Entsetzen. John flüsterte heiser: »Halt den Mund, Jason! Sei endlich still! Sonst kommt gleich der Alte gerannt!« Als er jedoch meinen Arm sah, wurde ihm klar, daß es aus und vorbei war mit unserem Abenteuer. »Los, hol Vater, schnell!« sagte er. »Nimm aber den gleichen Weg zurück, den Baum hinauf. Geh durchs Haus und sag ihm, daß Owen vom Dach runtergefallen ist und daß wir das von drinnen gesehen haben. Owen verprügelt er jetzt bestimmt nicht, und vielleicht läßt er es auch uns durchgehen.«

Jason tat, wie John ihn geheißen hatte, und kurz darauf erschien Vater. Seine Gestalt ragte über mir und John auf, sein riesiger, dunkler Körper verdeckte den gelben Himmel. John stand auf und trat schnell zur Seite. »Er ist vom Dach runtergefallen, Vater«, erklärte er. »Wir haben es von drinnen gesehen.«

»Ja. Allem Anschein nach war dies so«, meinte Vater. Er hatte seine Hände zu Fäusten geballt und stemmte sie in die Hüfte, während er den Schauplatz musterte; zuerst sah er zum Dachfirst hinauf, dann glitt sein Blick unseren Weg zur Traufe entlang zu dem Ahornbaum und zu Boden.

Vater wandte sich zu John und sagte: »Du und Jason, ihr seid aus dem Fenster gestiegen und den Baum hinuntergeklettert, um ihm zu helfen, nicht wahr?«

»Ja, Vater.«

Rasch stieg er die Stufen hinunter, wo ich, ein Häufchen Elend, lag. Er beugte sich über mich und erklärte: »Du bist offenbar genügend gestraft, Owen. Ich lasse es dabei bewenden. Deine Brüder allerdings werden ihre Strafe noch bekommen.«

Ich erinnere mich, wie Vater meinen Hemdärmel abriß und das Stück Stoff über dem Ellbogen straff um meinen Arm band, um die Blutung zu stoppen; während er dies tat, sprach er leise mit den anderen Jungen, erklärte, er mache sie, da sie die älteren seien, für den Unfall verantwortlich, und sie machten alles nur noch schlimmer, wenn sie weiter lögen. Dann wies er Jason an, aus der Holzkiste im Haus einen der Späne, die wir zum Feuermachen benutzten, sowie ein Leintuch zu holen, um meinen Arm zu schienen. Er packte ihn mit seinen beiden kräftigen Händen, und als er die Knochen mit einem Ruck wieder in die richtige Stellung drehte, wurde der Schmerz zuviel für mich, und ich verlor das Bewußtsein.

Es fällt mir schwer, mich jetzt noch an diesen Vorfall zu erinnern, und beinahe kommt es mir so vor, als wäre dies einem anderen zugestoßen, denn es ist so lange her, und der verkrüppelte Arm des Mannes, zu dem ich später wurde, verdrängte die Erinnerung an die Schmerzen des neunjährigen Jungen, der ich damals war, vollständig. Der Arm heilte nicht gerade, sondern blieb gebeugt, wie Ihnen vermutlich aufgefallen ist, als wir uns begegnet sind. Mein ganzes Leben lang konnte ich mich meiner linken Hand nur wie einer geschickten Klaue bedienen, nicht wie eines gleichwertigen Gegenstückes zu meiner rechten. Das war in der Tat, genau wie Vater gesagt hatte, meine Strafe. Es war ein unauslöschbares Zeichen, ein Symbol, meinem Körper aufgeprägt wie ein Kainszeichen, das jeder sah und ich selber nie hätte vergessen können. Mein Leben lang erinnerte ich mich jedesmal, wenn ich beide Hände ausstreckte, um ein Lamm hochzuheben oder ein Schaf zu scheren, jedesmal, wenn ich mich mit einem Buch auf dem Schoß hinsetzte und es aufschlug, jedesmal, wenn ich mich anziehen oder meine Schuhe schnüren oder irgendeine einfache Hausarbeit erledigen wollte, nicht an den schmerzhaften Sturz und daran, wie lange es dauerte, bis der Arm heilte und ich mich erholte, sondern daran, daß ich ungehorsam gewesen war und Vater hintergangen hatte.

Das war das letzte Mal, daß wir uns am Sabbat heimlich aus dem Haus schlichen, obgleich ich vermute, daß später, als der Vorfall zu einer Familienlegende verblaßt war, einige der jüngeren Kinder, Salmon, Watson und Oliver, auf ihre Art Vaters Zorn herausforderten. Zwar haben wir nie darüber gesprochen, doch zweifellos wurden John und Jason mit Vaters Lederriemen streng gezüchtigt. Obwohl sie beinahe so groß waren wie Vater, vor allem John, der in jenem Jahr dreizehn wurde, waren sie doch noch schmächtige Jungen, und Vater hatte keine Bedenken, die Rute zu gebrauchen. Eines weiß ich allerdings mit Gewißheit: Wochenlang, während ich den Arm in einer Schlinge trug, mußten sie meinen Anteil an der Arbeit mitverrichten, und noch Jahre später waren sie, wenn wir nebeneinander arbeiteten, irgendwie besorgt um mich, als hegten sie nach wie vor Schuldgefühle, weil ich zum Krüppel geworden war. Ich selber allerdings habe, wie gerade eben, einzig mir die Schuld daran gegeben.

Das war in New Richmond gewesen, doch heute muß ich an einen Vorfall aus jener Zeit in Hudson, Ohio, denken, ehe wir nach Pennsylvania zogen. Es war eine der seltenen Gelegenheiten, bei denen es uns Jungen gelang, Vater an der Nase herumzuführen. John, Jason und ich stahlen aus dem Obstgarten Onkel Fredericks, der ganz in der Nähe wohnte, ein paar von den ersten Kirschen. Angestiftet hatte uns natürlich John – Jason war schon als Junge fast unnatürlich gewissenhaft, und ich, damals ungefähr sieben (Mutter lebte noch, das weiß ich, also muß ich etwa sieben gewesen sein), eiferte immer meinen älteren Brüdern nach. Eines der Dienstmädchen, die bei Onkel Frederick wohnten und für ihn arbeiteten, beobachtete uns bei unserem Diebstahl und berichtete es ihrer älteren Schwester; gemeinsam marschierten sie schnurstracks zu ihrem Arbeitgeber und erzählten ihm von unserer Missetat, wobei die kleine Menge Kirschen, die wir stibitzt hatten, auf das Zehnfache anwuchs.

Kaum war Onkel Frederick mit dieser Nachricht zu Vater gerannt, verabreichte dieser uns eine angesichts der Leichtigkeit unseres Vergehens angemessen lasche Tracht Prügel, doch wir – vor allem John – dachten nun nur noch daran, wie wir uns an den Mädchen rächen könnten. Sie hießen Sally und Annie Mulcahy, zwei arme irische Waisen, die aus Pittsburgh in den Westen gebracht worden waren. Sie waren fast genauso alt wie wir, und vermutlich waren wir der Ansicht, sie hätten uns nur deshalb an die Erwachsenen verraten, weil sie sich so auf unsere Kosten einen Vorteil verschaffen konnten.

Nur wenige Stunden nach unserer Bestrafung hatte John aus der Scheune bereits eine kleine Dose Jucksalbe geholt. Sie, die Sie in der Stadt wohnen, haben wahrscheinlich noch nie etwas davon gehört – es ist eine mit den Haaren der Juckbohne vermischte Salbe; bei Menschen graben sich diese Haare augenblicklich in die Haut ein und verursachen gräßliche Schmerzen, so als würde man Nadeln mit Widerhaken in die Nervenzellen des Opfers stechen. Die Schmerzen halten noch dazu etliche Stunden an, denn man kann die Salbe weder abwaschen noch wegreiben. Wir verwendeten sie als wurmtreibendes Mittel bei bestimmten Hautkrankheiten von Rindern und Schafen. Vater hatte immer einen Vorrat davon, denn selbst wenn er auf Reisen ging, nahm er ein Köfferchen voll Tierarzneien mit, wenn nicht für sein eigenes Vieh, dann zu Vorführzwecken, damit er jeden Farmer, Rinder- und Schafzüchter, den er unterwegs traf, weiterbilden konnte.

An jenem Abend schlichen wir uns nach dem Essen zu Onkel Fredericks Haus und verteilten die Salbe großzügig auf den Sitzen des Außenklos, das nur die Mulcahy-Mädchen benutzten. Sie hausten über der Küche in einer Mansarde mit eigenem Eingang. Schon oft hatten wir, früh und spät, ihr Kommen und Gehen beobachtet, und wußten, daß sie die Außentoilette meistens gemeinsam aufsuchten, vor allem nach Einbruch der Dunkelheit. Diese uns fremde Angewohnheit war für Onkel Frederick und den Rest der Familie sogar so etwas wie ein Witz geworden (für Vater selbstverständlich nicht und auch nicht für Mutter, die beide derben Humor mißbilligten). Onkel Frederick jedoch meinte oft, Sally Mulcahy könne ohne Annie in ihrer Nähe ihr Geschäft nicht verrichten und umgekehrt. Dabei war es nur natürlich, daß die schüchternen Mädchen, so weit weg von zu Hause in einem Grenzland inmitten von Fremden, schlicht Angst hatten.

All das kümmerte uns jedoch wenig. Als wir unser hinterhältiges Werk vollendet hatten, versteckten wir uns im Gebüsch in der Nähe der Außentoilette und warteten ab, was passieren würde. Kurz nach Einbruch der Dunkelheit kamen die beiden Mädchen über die Außentreppe von ihrer Mansarde herunter und gingen quer über den Hinterhof zu dem Klo. Kaum eine Minute später fing die eine zu kreischen an. Und dann die andere. »Irgendwas hat mich gebissen! Auuuu! Mich hat was gebissen!« brüllte Annie. »Ich brenne«, schrie ihre Schwester zurück. »Mein Hintern brennt. Auuu!« Wir fanden das Ganze natürlich ungeheuer komisch und hatten Mühe, uns nicht von der Stelle zu rühren und keinen Laut von uns zu geben, während die Mädchen vor Schmerzen laut schrien. Mit geschürzten Röcken und heruntergelassenen Unterhosen stürmten sie aus dem Außenklo, beider Hinterteil knallrot. Wir drei Jungen schlichen durch das Unterholz nach Hause, lachten und klopften uns gegenseitig auf den Rücken; wir hatten uns angemessen gerächt.

Allerdings brauchten Onkel Frederick und Tante Martha nicht lange, bis sie zu dem Schluß kamen, ihre beiden kleinen Irinnen seien das Opfer von niemand anderem als den Brown-Jungen geworden, die Vater ihrer Ansicht nach ohnehin wie Indianer verwildern ließ. Frederick war Vaters jüngerer Bruder und Dekan der kongregationalistischen Kirche; er hatte einen Laden in Hudson. Weniger naturverbunden und nicht so fromm wie Vater, weniger zurückgezogen von der Gemeinde, war er, trotz seines gelegentlich fast obszönen Humors, ein sehr strenger Mensch und stellte hohe Anforderungen an seine Mitmenschen. Er und seine Frau Martha hatten keine Kinder, und vielleicht neideten sie Vater seine vielbewunderte Fruchtbarkeit und hielten ihn für nicht streng genug; hätte der Herr sie in ähnlicher Weise gesegnet, wären sie bestimmt unnachsichtiger gewesen als er.

Als Martha und Frederick ihre Klagen wegen unseres »verwerflichen, bösen« Streiches Vater vortrugen, willigte er ein, uns hart zu bestrafen, doch nur, wenn wir uns aufgrund von Beweisen oder eines Geständnisses wirklich als die Schuldigen erwiesen. Es sprach für Vater, daß er nie einfach mit anderen Erwachsenen gegen Kinder Partei ergriff. Und da es keine objektiven Beweise oder Augenzeugen gab, brauchte er eine Beichte. In jener Nacht unterzog er uns also einem stundenlangen Verhör. Doch wir hielten durch, leugneten einfach, bei Onkel Frederick drüben gewesen zu sein, und behaupteten, wir hätten um diese Zeit nach einem verirrten Lamm gesucht; auch noch so viele Rügen und Vorhaltungen von Vater brachten uns nicht dazu, irgend etwas zuzugeben. Insgeheim waren wir überzeugt, daß wir im Recht gewesen waren und unsere Lüge entschuldbar war. Die vorangegangene Strafe für das Kirschenstehlen hatte in keinem Verhältnis zu dem Vergehen gestanden. Schließlich gab Vater auf und meinte lediglich, heute nacht müßten wir auf dem Heuboden schlafen. Dies sei nicht als Strafe gedacht, sondern solle uns Gelegenheit geben, miteinander über die Unrechtmäßigkeit unseres Tuns und den Schaden zu sprechen, den wir unserer Seele zufügten, wenn wir uns weigerten zu beichten.

Dies war eine List. Vom Heuboden führte eine Schütte direkt zu dem Freßgitter im Stall darunter. Da wir im Sommer manchmal freiwillig dort schliefen, gelegentlich auch in kalten Nächten dorthin verbannt wurden, wenn Vater eine milde Strafe für angemessen hielt, wußten wir aus eigener Erfahrung, daß man nur darunter Posten zu beziehen brauchte, um jedes noch so leise geflüsterte Wort zu hören, das oben gesprochen wurde. Wir hatten schon selber dort gestanden und Gespräche mit angehört, die nicht für unsere Ohren bestimmt waren, und auch Vater hatte uns des öfteren belauscht und sich einen Spaß daraus gemacht, später Wort für Wort zu wiederholen, was wir gesagt hatten.

Wir schworen daher, mucksmäuschenstill zu sein, und kaum hatten wir es uns auf dem Heuboden zum Schlafen bequem gemacht, da hörten wir auch schon, wie das Scheunentor knarzend geöffnet wurde; kurz darauf war Vaters Atmen zu hören, als er sich unter die Schütte schlich. Lange Zeit lauschten wir mit gespitzten Ohren. Plötzlich rappelte John sich aus dem Heu auf und verkündete laut: »Ich sag' euch was, Leute, wenn irgend jemand unter der Schütte steht, dann kriegt er das da auf den Kopf!« Daraufhin nahm er wütend einen großen Holzklotz, ein vier oder fünf Fuß langes, schweres Balkenstück, ging zur Schütte und warf es, ohne zu zögern, einfach hinunter.

Das war ganz schön überraschend! Hätte der Klotz Vater getroffen, wäre er möglicherweise tot gewesen. Doch der Alte war wohl im letzten Augenblick zur Seite gesprungen, denn wir hörten, wie der Balken unten auf dem Boden aufschlug; gleich darauf wurde das Scheunentor geöffnet und wieder geschlossen, als Vater auf Zehenspitzen hinausschlich. Ich erinnere mich, wie ich noch lange danach da oben im Heu lag, zitternd vor Angst, und gleichzeitig nur mit Mühe einen plötzlichen, unerklärlichen Drang, laut loszulachen, unterdrücken konnte.

John sagte kein Wort und legte sich ein ganzes Stück von mir und Jason entfernt hin. Als Jason ihn schließlich fragte: »Wenn du ihn nun getroffen hättest?«, gab er keine Antwort. Jason wandte sich zu mir und meinte: »Du weißt schon, es war reines Glück, daß wir ihn nicht erwischt haben«, und zu meiner Überraschung fing ich jetzt laut und ungestüm zu lachen an, beinahe brüllte ich. Ich wälzte mich im Heu hin und her, krümmte mich wie eine Schlange und lachte dabei die ganze Zeit ausgelassen, als hätte jemand gerade einen Witz erzählt. Als ich endlich aufhörte und still dalag, merkte ich, daß ich mir in die Hose gemacht hatte; sie war tropfnaß. Beschämt kroch ich so weit von meinen Brüdern weg, wie ich nur konnte, rollte mich in der hintersten Ecke wie ein kleines Tier zusammen und lag fast die ganze Nacht wach.

Wir hatten Vater ausgetrickst, das stimmt, doch dieser Vorfall hatte uns auch einen furchtbaren Schrecken eingejagt. Zumindest mir. Ob es meinen Brüdern genauso ging, weiß ich nicht. Es war eines jener Geschehnisse, über die wir nie sprachen, selbst Jahre später nicht, als noch etwas Komisches im Zusammenhang mit der Jucksalbe passierte, an dem Vater, und dies war wirklich ein überraschender Zufall, ebenfalls beteiligt war.

Ich bin mir nicht sicher, ob ich das an dieser Stelle erzählen soll, denn es steht anscheinend, außer in meiner Erinnerung, in keinerlei Zusammenhang damit. Doch meiner langen Erzählung liegt kein anderes, zwingenderes Ordnungsprinzip zugrunde als das des Erinnerns, und nichts anderes bestimmt die Auswahl, als daß ich Ihnen enthüllen will, was Sie nicht wissen können. Ja, ich berichte davon, und Sie können selber entscheiden, ob es dazu beiträgt, meinen Vater und mich besser zu verstehen.

Es war viele Jahre später, als wir in Springfield lebten – es muß wohl im Winter 1847 gewesen sein, in dem Jahr, ehe Vater zum ersten Mal nach North Elba fuhr. Mehrere Abende lang hatte Vater John zugehört, der die Segnungen einiger neuer naturwissenschaftlicher Entdeckungen und medizinischer Verfahren, etwa der Phrenologie und des Mesmerismus predigte, die er damals im Rahmen eines Fernlehrgangs aus New York studierte. Eines Abends willigte Vater, nachdem er bislang alle derartigen Vorstellungen leichthin abgetan hatte, ein, sich die Vorführung eines bekannten Hypnotiseurs anzusehen. Es handelte sich um einen gewissen Professor La Roy Sunderland. Daß Vater sich dazu bereit erklärte, war ein beträchtliches und unerwartetes Zugeständnis, und John freute sich ungemein darüber.

Zusammen marschierten wir drei, Vater, John und ich, gleich nach dem Abendessen zum Palace Theater und setzten uns dort so weit vorne hin wie nur möglich. Der Professor war eine beeindruckende Gestalt mit wallendem blondem Bart und scharlachrotem Gesicht; seine Art aufzutreten und zu sprechen hatte etwas Großspuriges an sich. Die meisten, wenn nicht sogar alle Zuhörer waren von der Macht der Hypnose zutiefst überzeugt, und so hatte der Professor das Vergnügen, vor bereits Bekehrten zu sprechen; er würzte seine Vorführung mit sarkastischen, herablassenden Hinweisen auf die Ignoranten, die, wie Vater, »Aberglauben den Vorrang vor der Wissenschaft gaben«. Vater behagte dies natürlich gar nicht; er rutschte auf seinem Sitz hin und her und murmelte fortwährend vor sich hin, während der bombastische Professor anhand von Gehirnkarten und Diagrammen der nervösen Reize und der Verbindungsstellen, über die sie übertragen würden, erklärte, auf welche Weise Hypnose die Schmerzempfindung blockiere und man daher bei Operationen und der Behandlung von Brüchen und Verletzungen höchst wundersame Ergebnisse erzielen könnte, wären die Leute nur ausreichend aufgeklärt.

Nachdem er eine Reihe von Anekdoten zur Bekräftigung seiner Argumentation erzählt hatte, fragte er, da er nun das Gefühl hatte, sein Publikum angemessen belehrt und vorbereitet zu haben, nach Freiwilligen, um vor unseren eigenen Augen die Macht seiner wunderbaren neuen Wissenschaft vorzuführen. Ohne zu zögern, erhob sich in verschiedenen Sitzreihen etwa ein halbes Dutzend meist junger Männer und Frauen und ging zur Bühne vor.

»Dieser Mann ist ein Scharlatan«, grummelte Vater vor sich hin. »Seine ›Freiwilligen‹ sind um nichts echter als Schauspieler.«

»Dann melde doch einfach du dich, Vater«, schlug John vor.

»Ich glaube, ich kann das Spektakel von hier aus besser auskosten, vielen Dank.«

»Und was ist mit dir, Owen?« fragte John.

»Nein«, erwiderte ich. »Ich schaue mir das nur an und bilde mir später meine Meinung darüber.« Mich einfach so auf einer Bühne zu präsentieren, dazu war ich zu schüchtern. Vielleicht wegen meines Armes, doch vor allem wohl aufgrund eines angeborenen Wunsches, in der Menge unterzugehen und nicht angeberisch oder wichtigtuerisch zu erscheinen. Außerdem lag mir durchaus nicht daran, mich auf irgendeine Weise in die fortwährende Auseinandersetzung zwischen John und Vater einzumischen. Es war ihr Streit, nicht meiner. Schon seit einigen Jahren schien John versessen darauf, Vater zu seinem Glauben an »Wissenschaft« und »Objektivität« zu bekehren, was, wie Vater sehr wohl wußte, nichts weiter als eine versteckte Diskussion darüber war, wie es um die biblische und religiöse Wahrheit bestellt war. Ich hatte schon längst beschlossen, meine Abtrünnigkeit vom Glauben soweit wie möglich für mich zu behalten, und versuchte nie, sie gegen Vaters Glauben zu verteidigen.

Aus seiner Gruppe von Freiwilligen wählte Professor Sunderland die reizvollste Person aus, eine dralle junge Frau mit heller Haut und braunen Haaren, die sie gefällig hochgesteckt hatte, und zog sie in die Mitte der Bühne. Er wollte wissen, ob sie schon jemals hypnotisiert worden sei. Sie verneinte, woraufhin er meinte: »Ausgezeichnet, hervorragend«, und sie aufforderte, sich auf einen Hocker zu setzen, den sein Assistent bereitgestellt hatte. Nachdem sie Platz genommen hatte, bewegte er den Finger bedächtig vor ihren Augen hin und her und bat sie dann, laut von zehn rückwärts zu zählen. Noch ehe sie bei der Fünf angekommen war, hörte sie auf zu zählen und starrte teilnahmslos ins Publikum.

»Die entzückende junge Dame hat uns nun verlassen«, verkündete der Professor. »Sie hört und versteht jedes Wort, das ich sage. Allerdings ist sie jetzt unempfindlich gegen Schmerzen.«

»Unsinn«, murmelte Vater.

Der Professor erklärte der jungen Frau, sie werde sich anschließend an nichts von dem erinnern, was nun geschehe, doch er werde ihr keinerlei Schaden zufügen oder irgend etwas tun, das ihrer Moral zuwiderlaufe. Sie gab durch nichts zu verstehen, ob sie ihn gehört und verstanden hatte, saß einfach auf dem Hocker, ein leichtes Lächeln auf den Lippen, als erinnerte sie sich an irgendeinen angenehmen Vorfall im Lauf des Tages. Insgesamt machte sie einen friedvollen, ruhigen Eindruck.

Auf eine Handbewegung des Professors hin tauchte unvermittelt sein Assistent neben ihm auf, eine brennende Kerze in der Hand. »Strecken Sie bitte Ihre linke Hand aus, Handfläche nach unten«, forderte der Hypnotiseur die junge Frau auf; augenblicklich tat sie, wie ihr geheißen. Als er die Kerzenflamme zwei, drei Zentimeter unter ihre Handfläche hielt, zeigte sie keinerlei Anzeichen, daß sie die Hitze spürte. Er hielt die Kerze ziemlich lange unter ihre Hand, ehe er sie wieder seinem Assistenten reichte und diesmal ein Stück Eis entgegennahm. Nachdem er die junge Frau aufgefordert hatte, die Hand umzudrehen, was sie auch tat, legte er ihr das Eis in die Hand und schloß ihre Finger darum. Ihre freundliche, ruhige Miene und entspannte Haltung änderten sich nicht; die Kälte machte ihr ebensowenig aus wie die Hitze.

Jetzt schleppte der Assistent, offenbar mit großer Mühe, einen mittelgroßen Amboß auf die Bühne; vermutlich wog er so an die siebzig Pfund. Der Hypnotiseur hievte den Amboß hoch und gab ihn an einen der kräftigen jungen Freiwilligen, die immer noch auf der Bühne standen, weiter, wobei er bemerkte, es falle dem jungen Mann offenkundig nicht gerade leicht, den Amboß hochzuheben. »Ist der echt?« fragte er den Burschen, der grinsend bejahte. »Für unsere zarte junge Frau ist der Amboß jetzt nicht schwerer, als bestünde er aus Papier. Er wird ihr so leicht vorkommen wie ein Sack Federn.«

Unvermittelt stand Vater auf und rief dem Professor zu: »Warten Sie, Mister! Warten Sie einen Augenblick!«

»Sir?« sagte der Hypnotiseur verdutzt und möglicherweise ein wenig beunruhigt. Vater wirkte sehr streng und schien, selbst in meinen Augen, wirklich zornig zu sein.

»Sie behaupten, diese Frau sei gegen Schmerzen unempfindlich!«

»In der Tat.«

»Nun gut, Sir, ich glaube weder Ihnen noch ihr! Meiner Meinung nach haben Sie sie nicht ausreichend auf die Probe gestellt. Ich glaube, ich kann sie *augenblicklich* schmerzempfindlich machen, wenn ich Gelegenheit dazu bekomme.«

Einen Augenblick lang zögerte Professor Sunderland, als nähme er Maß von seinem Gegner. Dann lächelte er höflich und erklärte: »Sir, Sie können die Versuchsperson selber auf die Probe stellen. Doch nur, wenn Sie einwilligen, sich der gleichen Prozedur zu unterziehen.« Er war offenbar schon früher auf diese Weise herausgefordert worden.

Vater, der bereits aufgestanden und zum Mittelgang geschritten war, blieb unvermittelt stehen. »Nun, Sir, ich behaupte nicht, unempfindlich gegen Schmerzen zu sein. Vor *mir* hat niemand mit dem Finger herumgewedelt und Abrakadabra gemurmelt.«

»Natürlich nicht. Doch um meine Versuchsperson vor irgendwelchen Verletzungen zu schützen, muß ich darauf bestehen, daß Sie selber die gleichen Schmerzen ertragen, mit denen Sie sie auf die Probe stellen wollen. Wie gedenken Sie vorzugehen, wenn ich fragen darf?« Dem Publikum schenkte er ein strahlendes Lächeln.

Vater gab nicht nach. Sein Gesicht rötete sich merklich, als er den Mittelgang hinunterschritt und auf die Bühne trat, wo er zu meiner Überraschung zwei kleine Fläschchen aus der Manteltasche zog. Dann wandte er sich zu uns und verkündete, ein Gefäß enthalte Ammoniak, und er sei sicher, bei dem Geruch werde das Mädchen zusammenzucken, und Tränen würden ihr in die Augen steigen. In dem anderen Fläschchen befinde sich ein starkes, als Jucksalbe bezeichnetes Medikament, mit Sicherheit vielen Leuten im Publikum bekannt; ich war mir allerdings nicht so sicher, ob das stimmte. Schon allein das Ammoniak, so Vater, werde ausreichen; er entkorkte das Fläschchen und hielt es dem Mädchen unter die Nase. Fast eine volle Minute hielt er es ihr hin, um sicherzugehen, daß sie das Ammoniak auch einatmete. Sie zeigte keinerlei Reaktion.

Die Zuschauer waren entzückt und applaudierten munter.

»Doch jetzt, Sir«, erklärte der Profesor, »jetzt müssen Sie sich dem gleichen Test unterziehen.«

Vater wandte ein: »Möglicherweise hat sie den Atem angehalten.«

»Sie können es ja noch einmal versuchen, wenn Sie wollen. Und ihr das Fläschchen unter die Nase halten, so lange es Ihnen beliebt.«

Erneut hielt Vater das Ammoniak dem Mädchen unter die Nase, diesmal ungefähr drei Minuten lang; wir alle beobachteten sorgfältig, ob ihre Miene auch nur die geringsten Anzeichen von Unbehagen erkennen ließ. Doch es war, als befände sich frisches Quellwasser in dem Gefäß.

Schließlich streckte Professor Sunderland die Hand aus, nahm Vater das Fläschchen ab und drehte ihn sanft mit dem Gesicht zum Publikum. »Und nun, mein Freund, nun wollen wir sehen, ob Sie wirklich Ammoniak in dem Fläschchen haben.«

Vater schloß die Augen und starrte unverwandt geradeaus. Und als der Professor ihm das Gefäß unter die Nase hielt und es hin und her schwenkte, warf Vater den Kopf zurück und zuckte erkennbar zusammen. Das Publikum brach in schallendes Gelächter und Applaus aus.

»Die Frau verfügt über irgendeine Fähigkeit, ihre Reaktion auf beißenden Geruch zu verbergen«, erklärte Vater. »Lassen Sie es mich mit der Jucksalbe versuchen.«

»Wie Sie wünschen, Sir«, willigte der Hypnotiseur ein.

Mit dem Zipfel seines Taschentuches verteilte Vater ein wenig von der Salbe auf dem bloßen Hals des Mädchens. Doch weder zuckte sie zusammen, noch änderte sich ihr Gesichtsausdruck auch nur im geringsten. Vater ließ die Schultern hängen.

»Nun denn, mein Freund, dürfen wir jetzt Sie in gleicher Weise auf die Probe stellen?« erkundigte sich der Hypnotiseur. »Sie sind ihr gegenüber im Vorteil, da Sie, wie ich bemerkt habe, offenbar daran gewöhnt sind, im Freien und in der prallen Sonne zu arbeiten.« Er steckte einen Finger in Vaters Kragen und zog die Lederkrawatte nach unten, um dem Publikum seinen dunkelroten Hals zu zeigen. »Darf ich?« fragte er höflich, nahm Vater das Taschentuch aus der Hand und rieb damit kräftig Vaters Nacken.

Der Alte zuckte zusammen, ließ jedoch ansonsten nicht erkennen, was für entsetzliche Schmerzen ihm dies, wie ich sehr wohl wußte, verursachte, Schmerzen, die mit jedem Augenblick schlimmer wurden. Armer Mann. Wie alle anderen lachte auch John laut, als Vater sich verzweifelt bemühte, Fassung zu bewahren und so schnell wie möglich von der Bühne zu verschwinden. Er rannte praktisch durch den Mittelgang zurück und, ohne uns zu beachten, direkt zur Tür hinaus.

»Sollen wir ihm nachgehen?« flüsterte ich John zu.

»Laß nur, der erholt sich schon wieder«, erwiderte dieser grinsend. »In ein paar Tagen.«

Ich stand auf und folgte dem Alten, denn ich empfand zuviel Mitgefühl für ihn, als daß ich ihn jetzt hätte allein lassen können. Ich traf ihn draußen auf der Straße; wie besessen umklammerte er seinen Kragen und bemühte sich verzweifelt, das Zeug wegzureiben, massierte es auf die Weise jedoch nur noch tiefer in die Haut ein. Ich beschloß, nichts zu sagen, und begleitete ihn schweigend den ganzen Weg nach Hause zurück, hielt mich aber immer ein paar Schritte hinter ihm. Bei nahezu jedem Laternenpfahl blieb er stehen und rieb wie ein armes, verwundetes Tier den Nacken an dem kalten Metall. Es war ein bemitleidenswerter, seltsam rührender Anblick, und ich war von Vaters absonderlichem Verhalten ebenso fasziniert, wie ich es peinlich fand. Ich schämte mich, weil ich ihn so anstarrte. Doch wie ich es genoß, Vater in aller Öffentlichkeit leiden zu sehen! Und wie sehr ich gleichzeitig wünschte, dies wäre nie geschehen!

All diese kleinen Geschichten, die ich in letzter Zeit für Sie niedergeschrieben habe, brachten mich zu den Anfängen unserer umfassenderen Geschichte zurück, zumindest zu deren unbekannten Abschnitten. Es gibt ein ganz besonderes Buch, das in unserem Familienleben von großer Bedeutung war und auf das Sie im Verlauf Ihrer Forschungen vielleicht noch nicht gestoßen sind. Noch vor einem halben Jahrhundert war es bei den Gegnern der Sklaverei weit verbreitet. Heute morgen habe ich es aus der Kiste mit Vaters Büchern geholt, die sich, wie Sie wissen, zusammen mit einem Großteil seiner Briefe nach wie vor in meiner Obhut befinden, und habe mir ins Gedächtnis gerufen, wann ich zum ersten Mal darin gelesen habe. Das Buch trägt den Titel *American Slavery as It Is: Testimony of a Thousand Witnesses*. Ich bitte Sie inständig, die Passagen, die ich im folgenden niederschreibe, laut zu lesen, damit Sie eine genauere Vorstellung davon bekommen, wie es für uns damals war. Wir hatten uns in der Küche des alten Hauses »Haymaker« in Hudson, Ohio, wo wir damals wohnten, um das Feuer geschart. Vater schlug die erste Seite auf und begann, mit sehr lauter Stimme daraus vorzulesen. Nachdem er eine kurze Weile gelesen hatte, reichte er das Buch weiter und bat uns, der Reihe nach daraus vorzutragen.

Als erste las meine Stiefmutter Mary, stockend, gelegentlich über Worte stolpernd, die ihr nicht vertraut waren; sie war keine geübte

Leserin. Dann las mein Bruder John, der in jenem Winter achtzehn Jahre alt geworden war, hastig ein oder zwei Seiten. Nach ihm kam Jason, damals siebzehn; seine Stimme sank beinahe zu einem Flüstern herab. Schließlich war ich an der Reihe, und ich begann zu lesen.

Als erstes werden wir mit Hilfe einer Unzahl von Zeugen beweisen, wie die Sklaven mit so unmenschlicher Härte ausgepeitscht werden, daß dies große Wunden in ihr Fleisch reißt und sie auf ungeheuer empörende Weise verstümmelt und für den Rest ihres Lebens durch Narben und Striemen entstellt werden. Anschließend werden wir überreich Zeugnis von anderen Foltermethoden ablegen. Diese Bezeugungen stammen weitgehend von den Sklavenhaltern selber, und wir geben sie in ihren eigenen Worten wieder. Einen Großteil entnehmen wir Anzeigen, die sie in ihren Zeitungen veröffentlicht haben und in denen sie ihre entlaufenen Sklaven anhand der Narben, die die Peitsche auf ihren Körpern hinterließ, beschreiben. All diese Anzeigen wiederzugeben würde ungeheuer viel Platz in Anspruch nehmen und den Leser mit einer Masse von Informationen überfluten, die für unser Anliegen nicht von Wichtigkeit sind. Daher werden wir nur so viele anführen, wie nötig sind, um deutlich zu machen, worum es uns geht. In der Rubrik ZEUGE sind der Name des Betreffenden, sein Wohnort sowie Name und Datum der Zeitung angeführt, in der die Anzeige erschien, zumeist auch der Ort, wo diese gedruckt wurde. Nach den Angaben zur Person eines jeden Zeugen folgt ein Auszug aus dem Inserat, in dem ihr ZEUGNIS enthalten ist ...

Ich hielt inne und sah zu Vater auf, da ich damit rechnete, er werde das Buch jetzt weiterreichen. Doch er nickte mir nur zu, und so gehorchte ich und las weiter.

ZEUGE: Mr. D. Judd, Gefängniswärter, Davidson Co., Tenn., im »Nashville Banner«, 10. Dez. 1838. ZEUGNIS: »Als entlau-

fen in Haft genommen eine Negerin namens Martha, Alter 17 oder 18 Jahre; hat zahlreiche Narben von Peitschenhieben auf dem Rücken.«

ZEUGE: Mr. Robert Nicoll, Dauphin St., zwischen Emmanuel und Conception Sts., Mobile, Ala., im »Mobile Commercial Advertiser«, 30. Okt. 1838. ZEUGNIS: »Zehn Dollar Belohnung für meine Sklavin Siby, die am Hals und den Ohren viele Narben vom Auspeitschen hat.«

ZEUGE: Mr. Bryant Johnson, Fort Valley, Houston Co., Ga., im »Standard of Union«, Milledgeville, Ga., 2. Okt. 1838. ZEUGNIS: »Entflohene Negerin mit Namen Maria; hat auf dem Rücken etliche Narben von Peitschenhieben.«

ZEUGE: Mr. James T. De Jarnett, Vernon, Autauga Co., Ala., in der »Pensacola Gazette«, 14. Juli 1838. ZEUGNIS: »Eine Negerin namens Celia wird als gestohlen gemeldet. Wenn man ihren Rücken untersucht, wird man von der Peitsche verursachte Striemen bemerken.«

ZEUGE: Maurice Y. Garcia, Sheriff des County Jefferson, La., in der »New Orleans Bee«, 14. August 1838. ZEUGNIS: »Ins Gefängnis eingewiesen ein Mulattenjunge mit tiefen Striemen von Peitschenhieben auf den Schultern und anderen Körperteilen.«

ZEUGE: R.J. Bland, Sheriff von Claiborne Co., Miss., im »Charleston (S.C.) Courier«, 28. Aug. 1838. ZEUGNIS: »Ein Negerjunge namens Tom; viele Striemen von Schlägen mit der Peitsche auf Rücken und Oberarmen, wurde ins Gefängnis eingeliefert.«

ZEUGE: Mr. James Noe, Red River Landing, La., im »Sentinel«, Vicksburg, Miss., 22. Aug. 1838. ZEUGNIS: »Entlaufener

Negerbursche, genannt Dick – hat viele Narben am Rücken vom Auspeitschen.«

ZEUGE: William Craze, Gefängnisaufseher, Alexandria, La., im »*Planter's Intelligencer*«, 21. Sept. 1838. ZEUGNIS: »Ein Negersklave wurde ins Gefängnis gebracht – sein Rücken ist stark vernarbt.«

ZEUGE: James A. Rowland, Gefängniswärter in Lumberton, N. C., im »*Fayetteville (N. C.) Observer*«, 20. Juni 1838. ZEUGNIS: »Eingewiesen ein Mulattenbursche – sein Rücken zeigt bleibende Peitschenmale und läßt keinen Zweifel daran aufkommen, daß er ein Sklave ist.«

ZEUGE: J. K. Roberts, Sheriff im Co. Blount, Ala., im »*Huntsville Democrat*«, 9. Dez. 1838. ZEUGNIS: »Ins Gefängnis eingewiesen: ein Neger – sein Rücken ist von Peitschennarben übersät.«

ZEUGE: Mr. H. Varillat, Nr. 23 Girod St., New Orleans, La., im »*Commercial Bulletin*«, 27. August 1838. ZEUGNIS: »Entlaufener Negersklave namens Jupiter – hat eine frische Wunde von einem Ochsenziemer auf einer Wange.«

ZEUGE: Mr. Cornelius D. Tolin, Augusta, Ga., im »*Chronicle Sentinel*«, 18. Okt. 1838. ZEUGNIS: »Entflohener Neger mit Namen Johnson – hat jede Menge Narben von Peitschenhieben auf dem Rücken.«

An dieser Stelle reichte ich das Buch mit zitternden Händen Vater hinüber, der die ganze Zeit über finster ins Feuer gestarrt hatte, das in dem großen offenen Kamin loderte. Er hielt das Buch wie gewöhnlich dicht an die Augen und fuhr mit seiner brüchigen Stimme fort, wo ich aufgehört hatte.

Die Sklaven werden oft mit Brandeisen gezeichnet, mit Feuerwaffen verfolgt und erschossen, von Hunden gehetzt und von ihnen zerrissen, mit Messern, Dolchen etc. grauenhaft verstümmelt: Man schneidet ihnen die Ohren ab, sticht ihnen die Augen aus, verrenkt und bricht mit Knüppeln die Knochen; Finger und Zehen werden abgeschnitten, das Gesicht und andere Körperteile mit Narben und tiefen Wunden, die nicht nur von Peitschenhieben herrühren, entstellt.

Unter dieser Rubrik gehen wir auf die gleiche Weise vor wie in den vorangegangenen – erst geben wir das ZEUGNIS der Sklavenhalter selber, was die Verstümmelungen etc. betrifft, in ihren eigenen anschaulichen Beschreibungen wieder, die sie unter ihrem Namen in Zeitungen veröffentlichen, welche in den Sklavenstaaten, im allgemeinen in ihrer unmittelbaren Nachbarschaft, gedruckt wurden. Wie vorher werden wir auch diesmal nur so viel von jeder Anzeige anführen, wie nötig ist, um den Sachverhalt klarzumachen.

Vater hörte auf zu lesen, und alle fünf saßen wir eine Zeitlang schweigend da. Die kleineren Kinder schliefen schon längst in den Zimmern im oberen Stockwerk. Dann gab Vater das Buch, das noch an der Stelle aufgeschlagen war, wo er zu lesen aufgehört hatte, mir. Er verfiel in die altertümliche Sprechweise, deren er sich manchmal bediente, vor allem wenn er von Gefühlen übermannt wurde, und sagte: »Owen, deine Stimme ist noch die eines Kindes. Lies diese Worte, auf daß wir durch deine unschuldige Stimme besser ihrer verabscheuungswürdigen und verdammenswerten Schlechtigkeit gewahr werden.« Zwar verstand ich ihn nicht ganz, doch ich gehorchte und las weiter.

ZEUGE: Mr. Micajah Ricks, Nash Co., N. C., im »Raleigh Standard«, 18. Juli 1838. ZEUGNIS: »Entlaufene Negerin mit zwei Kindern; ein paar Tage vor ihrer Flucht drückte ich ein Brandeisen auf die linke Seite ihres Gesichts; ich versuchte, den Buchstaben M einzubrennen.«

ZEUGE: Mr. Asa B. Metcalf, Adams Co., Miss., im »Natchez Courier«, 15. Juni 1832. ZEUGNIS: »Mary, entflohene Schwarze; hat auf dem Rücken und auf dem rechten Arm nahe der Schulter eine Narbe von einer Gewehrkugel.«

ZEUGE: Mr. William Overstreet, Benton, Yazoo Co., Miss., im »Lexington (Kentucky) Oberserver«, 22. Juli 1838. ZEUGNIS: »Entlaufener Neger namens Henry; sein linkes Auge fehlt, und er hat mehrere Narben von Dolchstichen auf und unter dem linken Arm sowie viele Narben von Peitschenhieben am ganzen Körper.«

ZEUGE: Mr. R. P. Carney, Clark Co., Ala., im »Mobile Register«, 22. Dez. 1832. ZEUGNIS: »Einhundert Dollar Belohnung für einen Neger, genannt Pompey, 40 Jahre alt; hat ein Brandzeichen auf der linken Kinnbacke.«

ZEUGE: Mr. J. Guyler, Savannah, Ga., im »Republican«, 12. April 1837. ZEUGNIS: »Entlaufener, Laman, ein alter Neger, grauhaarig, hat nur ein Auge.«

ZEUGE: J. A. Brown, Gefängniswärter in Charleston, S. C., im »Mercury«, 12. Januar 1837. ZEUGNIS: »Ins Gefängnis eingewiesen ein Neger, hat am linken Fuß keine Zehen.«

ZEUGE: Mr. J. Scrivener, Herring Bay, Anne Arundel Co., Md., im »Annapolis Republican«, 18. April 1837. ZEUGNIS: »Entflohener Neger, Elijah; hat eine Narbe auf der linken Wange, offenbar von einem Schuß herrührend.«

ZEUGE: Madame Burvant, Ecke Chartres und Toulouse Sts., New Orleans, in der »New Orleans Bee«, 21. Dez. 1838. ZEUGNIS: »Entlaufene Negerin namens Rachel; hat keine Zehen mehr außer der großen.«

ZEUGE: Mr. O. W. Lains, im »Helena (Ark.) Journal«, 1. Juni 1833. ZEUGNIS: »Entlaufener, Sam; wurde kurz vorher durch die Hand geschossen und hat mehrere Schußwunden im linken Arm und in der linken Seite.«

ZEUGE: Mr. R. W. Sizer, im »Grand Gulf (Miss.)«, 1. Juni 1833. ZEUGNIS: »Mein entflohener Neger Dennis; besagter Neger wurde zwischen der Schulter und dem Ellbogen in den linken Arm geschossen; dadurch wurde die Hand gelähmt.«

ZEUGE: Mr. Nicholas Edmunds, im »Petersburgh (Va.) Intelligencer«, 22. Mai 1838. ZEUGNIS: »Entlaufen: mein Neger namens Simon; hat Schußwunden im Rücken und im rechten Arm.«

Bis spät in die Winternacht hinein las ich, gelegentlich brach mir die Stimme wie Glas, was damals, angesichts meines Alters, zwar natürlich war, doch vor allem brach sie wegen der Greueltaten, die sich vor meinen Augen abzeichneten. Gelegentlich konnte ich nicht einmal mehr atmen, die Augen flossen mir über, meine Hände zitterten, und ich hatte den Eindruck, ich könnte es nicht länger ertragen, die Worte auszusprechen, die derart unglaubliche Grausamkeiten beschrieben. Dennoch las ich weiter. Es war, als wäre ich nur die Stimme für uns alle, die wir in dem von Kerzen erleuchteten Raum vor dem offenen Feuer saßen, und wir fünf wären wie eine einzige Person – Vater, Mary, John, Jason und ich, vereint durch ein Schreckensbild aus dem Beinhaus der Sklaverei.

Ich sprach die Worte in dem Buch, das vor mir lag, aus, doch mir war, als stünde ich außerhalb meiner selbst, dicht an die anderen gedrängt, und lauschte gemeinsam mit ihnen der brechenden Stimme eines jungen Weißen, der in der Küche einer Farm im alten Western Reserve von Ohio aus einem schreckeneinflößenden Buch vorlas. Die kalten, ungerührten Berichte aus Zeitungen, die gleichgültigen, leidenschaftslosen Beschreibungen von Auspeitschungen, Folter und Verstümmelungen, von Familien, die auseinandergerissen, von Ehemännern, die verkauft und so von ihren Frauen getrennt, von Kindern, die den Armen ihrer Mütter entrissen, von menschlichen Wesen, die behandelt wurden, wie kein vernünftiger Mensch seine Lasttiere behandeln würde – all dies hob die Unterschiede in Alter, Geschlecht und Veranlagung auf, die uns zu eigenständigen Personen machten, und schweißte uns zusammen wie nie etwas zuvor. Nicht der Tod der kleinen Kinder, nicht die langen Jahre der Verschuldung und Armut, nicht unsere Religion, nicht unsere gemeinsame Arbeit auf den Feldern, nicht einmal der Tod meiner Mutter, nichts von alledem hatte uns so vereint wie dieses gedämpfte Vorlesen, Stunde um Stunde, diese Litanei des Leidens.

Bis zu diesem Zeitpunkt hatte, trotz unserer ernsthaften Bestrebungen, vor allem Vaters, nichts, was uns als Familie verband – Geburt, Tod, Armut, Religion, Arbeit –, ausgereicht, um unsere Blutsbande zu etwas Mystischem, Erhabenem zu machen. Dazu bedurfte es der plötzlichen, unerwarteten gemeinsamen Vision des Schicksals unserer schwarzen Brüder. Zwar hatten uns vor dieser Winternacht Broschüren und Publikationen der verschiedenen Vereinigungen gegen die Sklaverei sowie, auf Abolitionistentreffen, persönliche Schilderungen von Negern und Negerinnen, die selber Sklaven gewesen waren, oder von Weißen, die sich in die Hochburg der Sklaverei begeben hatten und unmittelbare Zeugen der wahren Natur der Bestie geworden waren, oft eine Ahnung davon vermittelt, doch nie zuvor hatten wir all dies in solcher Klarheit erkannt wie jetzt, da es uns ins Gesicht starrte, als wäre jene Bestie hier bei uns in der Küche und wände und krümmte sich vor unseren Augen.

Auf einmal erkannten wir es, und wir erkannten es gemeinsam und sahen es noch lange Zeit danach. Wie eine Flamme war diese Vision, eine Flamme, in der wir schmolzen, und als wir schließlich abkühlten, waren wir zu einer neuen, unerwarteten Form gehärtet worden. Wir waren neu gegossen worden, zu einer Einheit, jeder einzelne von uns war zu einem untrennbaren Teil des Ganzen geschmiedet und gehämmert worden.

Nachdem ich die unwiderleglichen, erschreckend genauen Entkräftungen der Einwände der Sklavenhalter gegen die Abschaffung der Sklaverei vorgelesen hatte – einschließlich Einwand III, daß »Sklavenhalter sprichwörtlich gütig, gastlich, mildtätig und edelmütig« seien – war ich endlich am Ende des *Testimony of a Thousand Witnesses* angelangt. Ich klappte das Buch zu, das ich auf dem Schoß liegen hatte. Und ich erinnere mich, daß wir lange Zeit schwiegen.

Dann erhob Vater sich langsam von seinem Stuhl und legte ein Holzscheit auf das fast erloschene Feuer; und so blieb er stehen, den Rücken uns zugewandt; er ließ die Hände hängen und beobachtete, wie die Flammen auflodderten. Ohne sich umzudrehen, begann er zu sprechen. Anfangs ruhig und bedächtig, wie es seine Gewohnheit war, doch allmählich steigerte er sich in sein Anliegen hinein und sprudelte die Worte stotternd hervor, was oft geschah, wenn die Bedeutung und Tragweite seiner Rede ihn erregten.

Er rief uns ein Geschehnis vor zwei Jahren, ebenfalls im November, ins Gedächtnis, als er, Vater, nachdem er von der Ermordung des gottgefälligen Elijah Lovejoy in Alton, Illinois, erfahren hatte, öffentlich geschworen hatte, sein Leben der Abschaffung der Sklaverei zu weihen. Wir alle wußten das. Es war in der Kirche gewesen, und wir sowie unsere Nachbarn waren Zeugen seines Eides gewesen. Und ebenso der Herr, der alles sieht, wie Vater erklärte. Doch wir und der Herr hätten auch gesehen, wie Vater nach jenem Tag der gleiche schwache, verachtenswerte Mensch geblieben sei wie in all den Jahren seines bisherigen Lebens vor der Ablegung dieses Eides.

Wir widersprachen, doch er winkte ab. In Wahrheit sei es ihm nicht gelungen, zum unversöhnlichen Feind dieses Verbrechens an Gott und den Menschen zu werden, das zu bekämpfen er öffentlich geschworen hatte. Und dann erklärte er: »Meine Kinder, die Jahre meines Lebens gehen rasch dahin.« Er ballte die Hände zu Fäusten und drückte sie gegen die Augen wie ein Kind, das nahe daran ist, zu weinen. Während der ganzen Zeit, in der er selbstsüchtig untätig geblieben sei, sich auf sündige Weise habe ablenken, von Eitelkeit und erbärmlichen Träumen von Reichtum und Ruhm verlocken lassen, seien die Sklavenhalter immer weiter in alle Südstaaten vorgedrungen. Sie hätten sich wie stinkende Wasser ausgebreitet, hätten die Ebenen bis nach Texas und in die Territories hinein überflutet. Unaufhaltsam hätten sie sich in Machtstellungen in Washington verschanzt, so lange, bis die bemitleidenswerten Sklaven nicht einmal mehr ihre Stimme hätten erheben können, um nach Hilfe zu rufen, ohne dafür getötet oder hastig nach Alabama oder Mississippi verkauft zu werden. Schwarze Helden und hin und wieder ein Weißer wie Lovejoy seien in unserer Mitte aufgestanden und überall für ihren Heldenmut verfolgt und sogar, auf ganz gesetzliche Weise, von den Menschen dieser Vereinigten Staaten hingerichtet worden.

»Meine Kinder«, fuhr er fort, »der Pöbel regiert uns jetzt. Und all die Zeit wehklagen und beten Mister Garrison und seine Gefährten aus der besseren Gesellschaft, die gegen die Sklaverei sind und sich doch hüten, sich ihre weichen manikürten Hände zu beschmutzen. Die Politiker betreiben weiterhin Politik, die Geschäftsleute gehen weiterhin ihren Geschäften nach, als wäre nichts geschehen: ›Verkauft uns billige Baumwolle; wir verkaufen euch dafür Eisenketten, um die Sklaven zu fesseln, die sie pflücken.‹«

Und dann verfluchte Vater sie, verfluchte sie alle. Und er verfluchte sich selber. Für seine Schwachheit und Eitelkeit; er sagte: »Ich verfluche mich.«

Jetzt wandte er sich uns zu und verschränkte die Arme vor seiner Brust. Sein Gesicht glich einer von einem indianischem Sachem geschnitzten Maske aus Holz. Es war das Gesicht eines Mannes, der in Feuer gestarrt, der die Hüter der Feuer geweckt hatte, jene Schlangen und Dämonen, die den Mann anzichten, der es gewagt hatte, das eiserne Tor aufzubrechen und hineinzuspähen. Wir alle wußten, was Vater dort gesehen hatte. Wir hatten es ebenfalls gesehen. Doch aufgrund seines Charakters und des ihm eigenen Strebens hatte er zu lange hineingeblickt, zu direkt, und seine grauen Augen waren von dem Anblick geblendet worden.

Ich war noch ein Junge; das Gesicht meines Vaters erschreckte mich. Ich erinnere mich, wie ich vor ihm zurückwich, als wäre er selbst eine dieser Schlangen. Und ich entsinne mich, wie Vater uns unverwandt in die Augen sah, uns mit seinem unendlich traurigen Blick versengte, als er uns aufforderte, ihm nun zuzuhören. Er hatte beschlossen, von nun an seine Sünden des Stolzes und der Eitelkeit hinter sich zu lassen. Er würde ausziehen und Krieg gegen die Sklaverei führen. Die Zeit dafür sei gekommen, erklärte er, und er wolle sich dem rückhaltlos hingeben. »Und zwar will ich einen Krieg mit Waffengewalt führen!« rief er. »Keinen solch ängstlichen Krieg, wie Mister Garrison zu führen gewillt ist, er und seine Gefolgschaft von Salon-Abolitionisten in Boston. Ich will die Art Krieg führen, wie die großen Neger – Cinque, Nat Turner und L'Ouverture – und der römische Sklave Spartacus ihn geführt haben. Ich will einen Krieg führen, in dem der Feind bekannt ist und als solcher bei seinem Namen genannt und für seine Feindseligkeit unserer Sache gegenüber erschlagen wird.«

Er nannte uns seine Kinder, selbst Mary, und erklärte, die Zeit des Redens sei vorbei. Die Zeit, die Sklaverei durch Verhandlungen mit Satan abschaffen zu wollen, sei seit jeher vorbei gewesen. Eine solche Zeit habe es nie gegeben. Daher lege er vor uns, seiner geliebten Familie, vor seiner Frau und seinen Söhnen und vor Gott, heute abend diesen heiligen Eid ab.

Und jetzt erklärte Vater, was wir ohnehin wußten: daß er dies, trotz seiner Trägheit und aller Ablenkungen, schon seit langem vorgehabt habe und es für seine Pflicht halte, für die oberste Pflicht seines Lebens, sich ganz dieser Sache zu weihen, und wolle, daß wir die volle Tragweite seiner Pflicht und dessen, was sie mit sich bringe, verstünden. Und nachdem er uns des langen und breiten in höchst eindrucksvoller Sprache die aussichtslose, grauenhafte Lage der Sklaven geschildert hatte – viele der Einzelheiten stammten aus unserer eben beendeten Lektüre von Mr. Welds *American Slavery as It Is* –, schien er am Ende seiner Erklärung angelangt, denn unvermittelt fragte er uns: »Wer von euch ist gewillt, sich meiner Sache anzuschließen?« Er blickte einem nach dem anderen ins Gesicht. »Ich will wissen: Wer von euch ist bereit, alles zu tun, was in seiner Macht steht, um die Kinnbacken des Bösen zu zermalmen und Satan seine Beute zu entreißen?« Er stellte die Frage einem nach dem anderen: »Bist du dazu bereit, Mary? John? Jason? Owen?«

Meine Stiefmutter, meine älteren Brüder und ich, wir alle antworteten der Reihe nach leise: »Ja.«

Daraufhin kniete Vater nieder, um zu beten, und hieß uns, es ihm gleichzutun. Daß er diese Stellung einnahm, beeindruckte mich, wie ich mich erinnere, ungeheuer, denn es war das erste Mal, daß ich ihn je so gesehen hatte. Normalerweise blieb er während des Gebets stehen, stützte die Hände auf die Rückenlehne eines Stuhls und senkte lediglich den Kopf.

Als er sein Gebet um Führung und Schutz bei unserer neuen Aufgabe beendet hatte, stand er auf und bat uns, die rechte Hand zu heben. Und dann nahm er uns einen Eid ab, der uns zu Geheimhaltung und völliger Hingabe an die Aufgabe des Kampfes gegen die Sklaverei mit Gewalt und Waffen, und zwar bis an die Grenzen unserer Leistungsfähigkeit, verpflichtete.

»Und damit haben wir begonnen, Krieg zu führen!« erklärte er. Obwohl es mir damals wie auch heute, so viele Jahre später, schien, als hätte er schon viele Male zuvor diesen Krieg gegen die Sklaverei aufgenommen – hier stand er und begann ihn in gewissem Sinne von neuem. Und obgleich ich dies an jenem Abend nicht wußte, sollte er sich auch in Zukunft noch oft gezwungen sehen, sich von neuem dieser heiligen Pflicht zu weihen. Vaters wiederholte Kriegserklärungen und seine Bitten an uns, Zeugen zu sein, stellten eine fortdauernde Bekundung seines Lebenszweckes dar. Auf diese Weise erneuerte und schuf er sich seine Zukunft.

An jenem Abend war jedoch alles auf bedeutsame Weise anders. Es war das erste Mal, daß er unumwunden seine Entschlossenheit kundgetan hatte, einen bewaffneten Krieg zu führen. Und es war auch – und dies war vielleicht von noch größerer Bedeutung – das erste Mal, daß ich in dieses Gelübde mit einbezogen wurde, daß wir alle gemeinsam darauf eingeschworen wurden und nun verpflichtet waren, Krieg gegen die Sklaverei zu führen, bis an ihr oder unser Ende. Die Abschaffung der Sklaverei war nicht mehr nur Vaters persönliche Besessenheit. Ich hatte zugelassen, daß er sie auch zu der meinen machte.

3

Eines wollte ich schon immer erklären, da es in den verschiedenen Darstellungen von Vaters lebenslangem Kampf gegen die Sklaverei oft mißverstanden wurde. Ein beträchtliches, allerdings kaum berücksichtigtes Problem, dem Vater sich sein Leben lang gegenübersah, war sein ständig gespaltenes Denken. Und diese Spaltung rührte daher, daß er, sosehr er auch gegen die Sklaverei Krieg führen wollte, doch auch, wie die meisten Amerikaner, ein reicher Mann werden wollte.

Allerdings lag dem – denn man sollte Gerechtigkeit walten lassen – ein grundsätzlicheres und ehrenwerteres Bedürfnis zugrunde. Schließlich hatte er eine große Familie, und allein alle unterzubringen, zu ernähren und zu kleiden erforderte eine ungeheure, unaufhörliche Anstrengung, vor allem solange seine einzige Einkommensquelle die Farm und die Gerberei waren. Als er Mitte Dreißig war, wuchs in ihm allmählich die Furcht, er würde aufgrund der Gegebenheiten immer ein armer Mann bleiben, der keine Zeit hätte, die Sklaverei zu bekämpfen. Es war also seine Armut, die seine Moral untergrub. So erschien es ihm. Und dies führte ihn schließlich auf einen Weg, der in der Tat seine Moral beinahe zerstörte.

Zwar war er seit seiner Kindheit immer arm gewesen und hatte sich mühsam durchschlagen müssen, doch in seinen Augen begann die eigentliche finanzielle Bedrängnis mit seinem neununddreißigsten Lebensjahr, in jener Zeit, die er als seine »größte Pechsträhne« bezeichnete. Vater war seit jeher der Ansicht, es gebe drei Möglichkeiten, in Amerika zu Reichtum zu kommen: indem man Dinge herstellte oder anbaute, indem man Waren zu einem niedrigen Preis einkaufte und indem man Gegenstände teuer verkaufte.

Jemand, der sich nur einer dieser drei Strategien bediente, bliebe immer arm. Er mußte zumindest zwei nutzen, am besten alle drei, doch ohne Kapital, um in eine Produktion in großem Maßstab zu investieren, war dies unmöglich. Ein Farmer stellte Dinge her und verkaufte sie; ein Gerber tat das gleiche. Nahezu zwei Jahrzehnte lang hatte Vater es damit versucht, doch immer noch war er arm und zudem ausgelaugt. Der Anbau von Nahrungsmitteln, die Viehzucht sowie die Herstellung von Lederwaren dauerten einfach zu lange und beschäftigten einen Mann Tag und Nacht; auf diese Weise würde er sein Leben lang nicht genügend Kapital anhäufen können, um beispielsweise Stahl oder irgendein anderes teures Material produzieren zu können, bei dem die Gewinnspannen groß genug waren, um ihn noch zu Lebzeiten zu einem reichen Mann zu machen. Daher sollte er sich vielleicht lieber auf billigen Einkauf und teuren Verkauf verlegen. Und was war für jemanden mit wenig oder gar keinem Kapital einfach zu kaufen und schnell zu verkaufen? Grund und Boden. Hunderttausende, Millionen Hektar Lehmboden, vom Allegheny-Gebirge gen Westen bis hin zum Mississippi und noch darüber hinaus. Einem Mann, der in Ohio lebte, stand damals keine größere oder billigere materielle Einkommensquelle zu Verfügung.

Billiges urbares Land – meilenweit erstreckte es sich um ihn herum, und Monat für Monat strömten Einwanderer aus den übervölkerten Staaten von New England und den Küstenstädten im Osten, ja sogar aus Teilen Europas ins Western Reserve, und sie alle hatten ein schier unstillbares Verlangen nach Ackerland. Außerdem brauchten sie neue Straßen und Kanäle, um ihre Produkte nach Osten zu transportieren, sowie neue Siedlungen und Dörfer, um dort zu leben und ihren Geschäften nachzugehen, neue Schulen und Kirchen und öffentliche Gebäude, um alle Bedürfnisse der wachsenden Gemeinschaft zu erfüllen. Doch zuallererst brauchten sie Land, denn meist handelte es sich um Kleinbauern, um junge Leute, die das dafür erforderliche Geld entweder mitbrachten oder es ohne weiteres borgen konnten. In jenen Jahren waren die Bankiers nur allzugern bereit, gegen geringe oder gar keine

Bürgschaften Geld zu verleihen, da ihnen sehr wohl klar war, daß jemand, der sich genügend Geld lieh, um Land zu kaufen, das er nicht für seine eigenen Zwecke nutzte, sich nur umzudrehen brauchte und es am nächsten Tag zu einem höheren Preis weiterverkaufen konnte; die Differenz konnte er für sich behalten, noch mehr borgen und noch mehr kaufen und auch das wiederum verkaufen und so weiter.

Im wesentlichen verschuldete Vater sich auf genau diese Weise – indem er den Rat der Bankiers befolgte –, und später konnte kein noch so großer Zeit- und Kräfteaufwand im Krieg gegen die Sklaverei, kein noch so eindringliches Predigen vor seinen Nachbarn, keine noch so große Anstrengung, seine vielköpfige Familie zu einer Armee des Herrn zu formen und auszubilden, die Gedanken an seine schreckliche Verschuldung verdrängen. Daher sein gespaltenes Denken.

Wie es geschah, daß Vater sich überhaupt so sehr verschuldete und seine Lage dann immer noch schlimmer machte, ist schwer nachzuzeichnen, und da ich damals ein Junge zwischen zehn und fünfzehn war, verstand ich kaum etwas davon. Außerdem war es weder damals noch sonst Vaters Art, andere in seine geschäftlichen Angelegenheiten einzuweihen, daher habe ich das meiste, was ich darüber weiß, erst Jahre später und von anderen erfahren. Natürlich konnte er nicht alles vor uns geheimhalten. Vor allem da wir, seine Familie, so oft für ihn bürgen und im Laufe der Zeit derart viele materielle Opfer auf uns nehmen mußten, die eine unmittelbare Folge der Geschäfte des Alten waren. Und ich glaube nicht, daß irgend jemand – Familienangehöriger, Freund oder Geschäftspartner oder auch nur Vaters Anwälte, als er später klagte und verklagt wurde – je alle Einzelheiten seiner Finanzen kannte. Er neigte dazu, bruchstückhafte oder widersprüchliche Informationen und gelegentlich sogar falsche Informationen zu liefern, die alle dazu gedacht waren – zumindest hatte es den Anschein –, den anderen davon abzuhalten, weitere Fragen zu stellen, so als läge dem Ganzen ein geheimer Betrug zugrunde, was aber gar nicht der Fall war; Vater wurde nur hereingelegt, und meistens machte er sich selber etwas vor. Im Grunde ließ er sich von seinen Sehnsüchten täuschen, und deshalb gab er auch am Ende, als das Schlimmste über ihn hereinbrach, seiner Habgier und Eitelkeit die Schuld.

Anfangs entsprang die Geheimnistuerei seinem eingefleischten Sinn für Schicklichkeit und dem Wunsch, ungestört seinen Weg zu gehen. Als er dann jahrelang dem Bankrott und später den Folgen des Bankrotts zu entgehen versuchte, hatte er vermutlich das Gefühl, Verschwiegenheit sei zum Schutz seiner Familie und seiner Geschäftspartner unabdinglich. »Ein Mann, der vollkommen offen und freimütig über seine Geldangelegenheiten spricht, der sein Hauptbuch vor jedem aufschlägt, der ihn danach fragt, ein solcher Mann entzieht sich seiner Verantwortung anderen gegenüber«, behauptete Vater steif und fest, wiewohl er eigentlich eher auf Umwegen zu dieser Anschauung gelangt war. Letztendlich kam sie ihm wie auch anderen jedoch zustatten. Nach Kansas und Harpers Ferry – nachdem ein ursprünglich typisches Yankee-Verhalten zu einer Notwendigkeit im eigenen Interesse und schließlich zu einer militärischen Taktik geworden war – schützte diese Gewohnheit, Dinge geheimzuhalten und die anderen gelegentlich zu täuschen, viele seiner wichtigsten Anhänger und Helfer und rettete möglicherweise sogar das Leben einiger tapferer Männer wie Frederick Douglass, Dr. Howe und Frank Sanborn.

Das Ganze begann Mitte der dreißiger Jahre, nachdem Vater seine Gerberei in New Richmond aufgegeben und nach Hudson, Ohio, zurückgekehrt war. Dort ließ er sich, wie so viele andere Leute mit wenig Geld und vielen Ideen, dazu verleiten, mit Darlehen, die damals leicht zu haben waren, und nicht abgesicherten Anleihen Land und Farmen zu kaufen. Im nachhinein kann man natürlich sagen, die Folgen seien unvermeidlich und auch absehbar gewesen und er hätte, als er merkte, wie sehr er sich übernommen hatte, einfach seine Verluste so gering wie möglich halten und sich aus dem Geschäft zurückziehen sollen. Doch nachdem der

Alte zu dem Schluß gekommen war, Optimismus sei gleichbedeutend mit Realismus, ließ er sich nicht mehr von seinem einmal eingeschlagenen Weg abbringen. Schaut euch doch nur um, pflegte er in der Frühzeit des rapiden Aufschwungs des Handels mit Ländereien zu sagen. Im gesamten Western Reserve brachten Männer, die eindeutig nicht so intelligent waren wie er und nicht so hart arbeiteten, es zu sagenhaftem Reichtum. Warum nicht selber einsteigen? Und seine Freunde und Familie mit einbeziehen? Gemeinsam die bevorstehende Ernte einbringen.

Zuerst widerstand er allerdings lange Zeit und erfolgreich der Versuchung, sich der allgemeinen Tendenz zu Landspekulationen mit geliehenem Geld anzuschließen. Damals galt ihm Optimismus noch nicht als Realismus, sondern als Phantasterei oder Schlimmeres. Er hielt ihn für eine Krankheit, die dem Verhalten einer blind drauflosstürmenden Herde gleichkam. Und charakteristischerweise begründete er seinen Widerstand moralisch, mit Prinzipien, die er aus der Bibel ableitete. So wie es im 5. Buch Mose, 15,6 heißt: *»Dann wirst du vielen Völkern leihen, doch du wirst von niemandem borgen«*, oder in Sprüche 22, 7: *»Der Reiche herrscht über die Armen; und wer borgt, ist des Gläubigers Knecht.«*

Als er später dann doch begann, Kredite aufzunehmen, geschah dies ebenfalls aufgrund von Prinzipien. Überall und von jedermann borgte er – von seinem Vater und seinen Brüdern in Akron, von Reichen und Armen, von Banken, Freunden, Fremden. Er stand verdientermaßen in dem Ruf, rechtschaffen und ehrlich zu sein. Zudem war er so überzeugt von seiner Fähigkeit, ein Stück Land richtig einzuschätzen (eine nicht ganz unberechtigte Einstellung: Zwar hatte er es sich selber beigebracht, doch er war ein fähiger Landvermesser und hatte einen guten Blick für brauchbares Ackerland), und konnte derart überzeugend sprechen, daß es ihm, wenn er es sich einmal in den Kopf gesetzt hatte, einen bestimmten Kauf zu tätigen, nicht schwerfiel, andere zu überreden, in das Geschäft einzusteigen und ihm das Geld für seinen Anteil daran zu leihen. Jetzt zog er dafür Lukas 14, 28 bis 30 heran – die Geschichte des Mannes, der versuchte, einen Turm zu bauen, und nicht genügend

Steine hatte, um ihn fertigzustellen, und dafür von seinen Nachbarn verhöhnt wurde –, ebenso das Zweite Buch der Könige 6,4 bis 6 – die Geschichte von der geborgten Axt, die ins Wasser fiel und nicht unterging – sowie das Zweite Buch der Könige 4,1 bis 7 – die Geschichte von Elisas verwitweter Schwiegertochter, deren Söhne von ihren Gläubigern gefangengesetzt wurden; daraufhin borgte sie sich von ihren Nachbarn viele Gefäße, die mit Öl gefüllt wurden, so daß sie sie verkaufen, alle ihre Schulden, auch die für die geliehenen Gefäße, bezahlen und ihre Söhne freikaufen konnte; es blieb sogar noch so viel übrig, daß sie und ihre Kinder danach in Überfluß schwelgen konnten.

Leider warnte Vaters Bibel ihn nicht davor, daß der neue Präsident Martin Van Buren ohne Vorwarnung die National Bank gründen und die Vorschriften für das Verleihen von Geld ändern würde, was zu der berüchtigten Börsenpanik von 1837 führte. Dank der National Bank Van Burens standen binnen kurzem all die Leute mit wenig Geld, die Kredite aufgenommen hatten, mit Bündeln wertlosen Papiers da: stapelweise von den verschiedenen Bundesstaaten ausgegebene Banknoten und Berge von beliehenen Rechtsansprüchen auf riesige Ländereien und Farmen im Westen, die sie weder für ein Zehntel der ursprünglichen Kosten verkaufen noch für eine ausreichende Summe verpachten konnten, um wenigstens die Zinsen für ihre nicht abgesicherten Anleihen zu bezahlen, die sie vor weniger als einem Jahr aufgenommen hatten. Diejenigen, die mehr Glück hatten, sowie die Bankiers und die Politiker, die das System verstanden und daher in der Lage gewesen waren, die plötzliche Wertminderung vorauszusehen, welche unausweichlich auf einen Spekulationsboom folgt, diese Leute verkauften ihr Eigentum frühzeitig und zu hohen Preisen und konnten einen beträchtlichen Gewinn einstreichen. Binnen weniger Wochen leisteten sie den Anordnungen des Präsidenten Folge, forderten die Kredite ihrer Nachbarn ein und heuerten Sheriffs an, um Land, Häuser, Herden und sogar das Privateigentum der so töricht hartnäckigen Männer in ihren Besitz zu bringen, die glaubten, es handle sich lediglich um einen vorübergehenden Rückschlag.

Für diese Männer, Männer wie John Brown, Landvermesser, Gerber und in bescheidenem Rahmen Viehzüchter, war es eine Katastrophe, als der schwunghafte Handel mit Grundstücken in sich zusammenbrach.

So kam es, daß Vater – der sich noch zwei Jahre zuvor mehr oder weniger für einen Großgrundbesitzer in Ohio gehalten und in seiner Vorstellung auf fünftausend mit Hypotheken belasteten Acres Land am Cuyahoga River eine ganze Stadt geplant hatte, wo er in Kürze mit dem Bau eines von der Regierung finanzierten Kanals rechnete, der ihn genauso reich machen würde wie der Erie die Erschließer des Landes im westlichen New York; dann mit einem Mal ein bankrotter Mann mit Rechtsansprüchen auf zwei mit Hypotheken belastete Farmen, die er nicht bewohnte, und auf eine, die Haymaker, die er liebte und eines Tages zu seinem Familiengut zu machen hoffte; ein ehemaliger Gerber, der Vollblutpferde und reinrassige Merinoschafe aus Sachsen züchtete, der wie ein Landjunker in einer von zwei grauen Narragansetts gezogenen Kutsche fuhr, und all das mit geliehenem Geld –, daß dieser Mann sich im Sommer 1839 von gewerblichen Kautionsstellern, Banken, Gerichtsvollziehern und Sheriffs verfolgt sah.

Wie zu Beginn sowohl seinen Grundsätzen als auch der Bibel verpflichtet, deckte Vater in törichter Beharrlichkeit seine Anleihen mit noch mehr geliehenem Geld ab und verschuldete sich auf diese Weise immer höher. 1837 und 1838, als alle sich beeilten, ohne Deckung zu verkaufen und zu retten, was noch zu retten war, weigerte Vater sich als nahezu einziger, aus dem Geschäft auszusteigen. »Auch dies wird vorübergehen, Kinder, auch dies wird vorübergehen«, meinte er. »Wir müssen Geduld haben.« Doch schließlich wurden all seine Schuldscheine fällig, die sich noch höher stapelten, als wir uns vorgestellt hatten. Ein Rechtsanspruch nach dem anderen wurde ihm entzogen, Rechtsansprüche, die er dazu benutzt hatte, um weitere Anleihen abzusichern, die er anschließend für den Kauf von noch mehr Grundbesitz verwendet hatte, und schließlich sah es ganz danach aus, als verlöre er alle seine Ländereien, seine Grundstücke entlang des Kanals, zudem seine

Kutsche und die Narragansetts und die reinrassige Viehherde. Sogar das Haus, in dem wir wohnten, Haymaker Place, stand auf dem Spiel, die hübsche kleine Farm, die wir älteren Jungen und Mary, Ruth und die jüngeren Geschwister gut genug bewirtschaftet hatten, um unser Auskommen zu haben, während Vater durch die Gegend jagte und verzweifelt versuchte, sein nur mehr auf dem Papier existierendes Imperium davor zu bewahren, endgültig hinweggefegt zu werden.

In jenen Tagen wurde er stärker von Ängsten umgetrieben, als ich es je zuvor oder danach erlebt habe. Die zunehmende Heftigkeit seiner Worte erschreckte alle, die ihn hörten, vor allem Mary und uns Kinder. Je verzweifelter und verängstigter er wurde, desto mehr verließ er sich auf seine Bibel und auf seine moralische Stärke als Richtschnur, doch jetzt war sein Reden ein Wirrwarr widersprüchlicher Zitate und Maximen, den nicht einmal er selbst erklären konnte. »Wenn es denn der Wille der Vorsehung ist, müssen wir diese fortwährende Drangsal frohen Mutes und mit wahrer Ergebenheit ertragen«, wies er uns an. »Wir müssen versuchen, Vertrauen zu Gott zu haben, der gnädig ist und voller Mitleid und allmächtig, denn die dies nicht tun, werden beschämt werden. Wir dürfen uns nicht beschämen lassen, Kinder! Erinnert euch, wie der Prophet Esra, als er und die mit ihm in Gefangenschaft waren in Not gerieten, beteten und sich selber vor Gott erniedrigten. So sollen auch wir handeln und tun.«

Und so begrüßten wir schließlich, obwohl allmählich jede Ankündigung irgendeines neuen Vorhabens oder Plans, um zu Geld zu kommen und die Entwicklung umzukehren, uns in Furcht und Schrecken versetzte, mit kaum verhohlener Erleichterung seinen Entschluß, eine Herde Vieh aus dem ganzen County zusammenzutreiben und nach Osten, nach Connecticut zu bringen, wo das Unternehmen Wadsworth & Wells, mit dem Vater in der Vergangenheit erfolgreich Geschäfte gemacht hatte, auf der Stelle und gegen Barzahlung Vieh aufkaufte. Binnen kurzem gelang es ihm, eine beträchtliche Herde von Kühen zusammenzustellen, die größtenteils Großvater und Freunden von Vater gehörten, dazu siebzehn von unseren eigenen – alle, bis auf die letzten beiden Milchkühe. In Ashtabula trieb er seine Rinder auf den Lastkahn; wir winkten ihm nach und fielen einander, als er außer Sichtweite war, um den Hals, froh, ihn eine Zeitlang los zu sein, so daß wir wieder einen klaren Kopf bekommen und in die Realität zurückfinden konnten.

Als Vater 1839 Richtung Osten zog, enthüllte er denjenigen, die ihm ihre Rinder anvertraut hatten, nicht, daß er vorhatte, nicht nur durch den Verkauf der Herde an Wadsworth & Wells Geld aufzutreiben, sondern in dieser Zeit in New York oder, falls nötig, in Boston zudem weitere Kredite auszuhandeln, um seine wachsenden Verluste in Ohio auszugleichen. In New York schlug sein Vorhaben binnen weniger Tage fehl; die dortigen Bankiers hatten bereits alle Spekulationsanleihen aus dem Western Reserve abgezogen und wollten keine weiteren mehr riskieren. Sofort zog er weiter, um die solideren Geldquellen in Boston anzuzapfen; als er nach Hartford zurückkehrte, um dort seinen Viehhandel abzuschließen, kam er zwar mit leeren Händen, war jedoch erneut strahlend optimistisch. Er verriet nie, wer, aber irgend jemand dort oben hatte Vater glauben gemacht, er würde binnen weniger Tage, höchstens einer Woche nach seiner Rückkehr nach Hartford einen nicht abgesicherten Kredit in Höhe von fünftausend Dollar erhalten. Ich vermute, dieser vermeintliche Wohltäter war ein wohlhabender Abolitionist, etwa Mr. Stearns oder sogar Dr. Howe, dessen dichtende Frau angeblich eine Erbschaft erwartete; möglicherweise war es aber auch ein Yankee-Bankier, der nach wie vor versuchte, einem in Not geratenen Tölpel vom Lande Rechtsansprüche auf Land im Westen abzuluchsen, ein reicher Mann, der sich nur vorübergehend und letztlich im ureigensten Interesse von Vaters Begeisterung, Naivität und offenkundiger Ehrlichkeit hatte täuschen lassen.

Fünftausend Dollar. Eine wichtige Zahl. Dies entsprach genau der Summe, auf die Vater vor kurzem von der Western Reserve Bank in Warren, Ohio, verklagt worden war, da er mehrere Anleihen nicht zurückzahlen konnte. Das Verfahren war zu seinen Ungunsten ausgegangen, und da er nicht in der Lage war, auch nur einen Bruchteil der Schuld zu bezahlen, drohte ihm entweder der endgültige Bankrott oder eine Gefängnisstrafe. In letzter Minute hatte ein alter Freund aus Akron, Mr. Amos Chamberlain, freundlicherweise den Schuldschein auf sich überschreiben lassen. Um diesen Kredit abzusichern, hatte der Alte Mr. Chamberlain einen Wechsel auf die Haymaker-Farm ausgestellt. Allerdings hatte er sowohl Mr. Chamberlain als auch der Western Reserve Bank verschwiegen, daß er den Rechtsanspruch auf Haymaker schon früher dazu verwendet hatte, alle möglichen Kredite zum Kauf weiterer Grundstücke entlang dem Cuyahoga abzusichern. Dies hatte er in Erwartung des geplanten Kanals von Ohio nach Pittsburgh getan, der dann jedoch unglücklicherweise weiter im Westen, in der Nähe von Cleveland, angelegt wurde. Noch ein Plan Vaters, der fehlgeschlagen war, noch eine unbezahlte Schuld und zudem eine der untersten Karten in seinem wackligen Kartenhaus.

Etliche Tage verstrichen, doch aus Boston traf kein Geld ein. Eine Woche. Dann noch eine. Alle paar Stunden ging Vater vom Wadsworth-&-Wells-Büro, das ihm als Hauptquartier diente, zum Postamt, nur um mit leeren Händen, verwirrt, zunehmend verärgert und äußerst besorgt zurückzukehren. Im schlimmsten Fall würde er alles verlieren: die Farm und die Herde, das Haus mitsamt Mobiliar – alles! Wie sollte er seine armen Kinder ernähren? Wie konnte er seiner Familie und seinen Freunden je wieder ins Gesicht blicken? Und dann ging irgendwann am Nachmittag des 14. Juni 1839 Mr. Wadsworth in das Büro seines Unternehmens und stellte fest, daß in der Kasse fünftausend Dollar fehlten. Da die Kassette unversehrt und nach wie vor verschlossen war, war ihm augenblicklich klar, wer das Geld genommen hatte. Außer Mr. Wadsworth und Mr. Wells hatte nur Vater, ihr Kommissionär, dem sie vertrauten und der vielleicht gelegentlich ein paar Dollar brauchte, um ihnen bei der Abwicklung ihrer Geschäfte zu helfen, einen Schlüssel.

Ich weiß nicht, was meinem Vater durch den Kopf ging, als er an jenem Tag in dem ansonsten leeren Büro stand und das Geld abzählte. Aussichtslos, damit durchzukommen. Und der Verrat! Er war beinahe so etwas wie ein Geschäftspartner, ein Vertrauter der Herren Wadsworth und Wells, ihr verläßlicher Beschaffer von Vieh, einer der intelligentesten und ehrlichsten Viehzüchter, mit denen sie je zusammengearbeitet hatten. Er muß sich wie ein Kind vorgekommen sein, das seit langem eine Lüge mittels einer weiteren verheimlicht und ein ganzes Lügengespinst gewoben, einen Faden nach dem anderen miteinander verknüpft hat und sich inzwischen danach sehnt, entlarvt zu werden, nicht aus Wahrheitsliebe, sondern weil eine Bloßstellung der quälenden Mühe, eine Welt aus Unwahrheiten zurechtzuzimmern, ein Ende setzen wird. Um es hinter sich zu bringen, um seinem täglichen Leben wieder einen Sinn zu verleihen, tischt das Kind schließlich eine ungeheure Lüge auf, die kein Mensch glauben kann. Mittels einer einzigen Lüge zerstört es diese Scheinwelt und setzt die Wahrheit wieder ins Recht. Der Diebstahl bei Wadsworth & Wells kam dem gleich, denn sie würden nichts von dem, was Vater als Erklärung vorbrächte, glauben; einen einzigen Augenblick lang, als er in die Kasse griff und die fünftausend Dollar herausnahm, war Vater wohl dieses Kind. Er verschloß die Kassette wieder, stellte sie in den Schrank zurück und sperrte ihn zu.

Unverzüglich schickte er das Geld seinem Freund Chamberlain in Ohio, der nach Erhalt der Summe den Rechtsanspruch auf Haymaker Place wieder auf Vater übertragen ließ. Es war also alles wieder in Ordnung. Natürlich nur so lange, bis noch am gleichen Abend die Herren Wadsworth und Wells sich in der Pension in der Lawrence Street, wo Vater wohnte, einfanden. Als sie an seine Tür klopften, las er gerade – und er selber betrachtete dies als bemerkenswerten Zufall, so als führe der Herr ihn zu sich selber zurück – im Johannesevangelium das zehnte Kapitel: »*Wer nicht zur Tür hineingeht in den Schafstall, sondern steigt anderswo hinein, der ist ein Dieb und ein Räuber.*«

Mr. Wadsworth und Mr. Wells erklärten, sie seien nicht zu ihm gekommen, um ihn des Diebstahls zu bezichtigen, sondern lediglich, um zu fragen, wofür er die fünftausend Dollar gebraucht habe. Sie seien der Ansicht, er habe das Geld benötigt, um einen großen Einkauf für sie zu tätigen, und sie wollten wissen, worum es dabei gegangen sei.

Er log nicht; das brachte er nicht fertig. Er gestand ihnen, daß er es für seine eigenen Zwecke genommen hatte. Es handle sich jedoch nur um eine vorübergehende Anleihe, betonte er, denn er erwarte mit Sicherheit binnen weniger Stunden, allerhöchstens Tage, ebendiese Summe von einem Geschäftspartner in Boston. Und das traf ja in der Tat zu. Wäre er nicht gleichzeitig der Überzeugung gewesen, daß Wadsworth & Wells ihm genau diesen Betrag oder noch mehr schuldeten, so erklärte er, Geld, das ihm für den geplanten Verkauf der Rinder, die er hergebracht habe, zustehe, hätte er große Ängste ausgestanden und heftige Reue darüber empfunden, das Geld vorzeitig an sich genommen zu haben. Doch während er sich aufrichtig schäme, weil er sich in eine Lage gebracht habe, in der er das Geld dringend brauche, und zwar auf der Stelle, empfinde er andererseits keinerlei Scham, keinerlei Schuldgefühl, daß er es tatsächlich genommen habe.

Jetzt schuldete er die fünftausend Dollar zwar nicht mehr seinem alten Freund Amos Chamberlain, dafür aber Wadsworth & Wells, die allerdings – und zwar einigermaßen zu Recht – der Ansicht waren, er habe ihnen das Geld zwar nicht im eigentlichen Sinne gestohlen, sie hätten es ihm jedoch auch nicht freiwillig geliehen. In diesem schrecklichen Augenblick seiner Bloßstellung blieb dem Alten, der vor den beiden unnachgiebigen, argwöhnischen Männern saß, die ihn ertappt hatten, keine andere Wahl, als ihrer Forderung zu entsprechen und ihnen bis zur Rückgabe ihrer fünftausend Dollar das einzige ihm verbliebene Grundstück, die geliebte Haymaker-Farm, die seine Frau und seine Kinder beherbergte, zu überschreiben.

Das Geld, das er von dem geheimnisvollen Verleiher in Boston erwartete, traf nicht ein. Ich habe den Verdacht, daß es sich nie um mehr als ein vages Versprechen, seine Bitte zu erwägen, gehandelt hatte, doch wenn der Alte wollte, brachte er es fertig, eine höfliche Absage als das Gegenteil erscheinen zu lassen. Sie warteten noch eine Woche, aber schließlich erklärte Mr. Wadsworth, er und Mr.

Wells würden alles, was sie für den Verkauf der Rinderherde erhielten, bis zur Rückerstattung der geschuldeten Summe oder aber bis zum Verkauf von Haymaker einbehalten. Natürlich konnten sie nicht wissen, wieviel genau die Farm wert war oder ob sie schon anderweitig verpfändet war, daher nahmen sie einfach die Rinder als Sicherheit. Und erklärten ihm, zu ihrem Bedauern könnten sie sich nicht mehr auf ihn als ihren Bevollmächtigten im Westen verlassen.

Nun blieb Vater nichts anderes übrig, als sich niedergeschlagen auf den Heimweg zu machen. Und so kehrte er gedemütigt und bei weitem ärmer zurück, als er aufgebrochen war, um seine Angelegenheiten endgültig zu regeln. Ärmer, verzweifelter und höher verschuldet denn je. Und jetzt hatte er Schulden bei Leuten, die anders als Mr. Chamberlain, anders als Großvater und unsere übrigen Verwandten, Freunde und Nachbarn in Ohio kein besonderes Interesse daran hatten, John Brown und seiner Familie zu helfen. Seine Lage verschlimmerte sich zusehends. Wie Napoleon in Rußland war er in Anbetracht seiner kärglichen Mittel viel zu weit gegangen und konnte sich nicht mehr auf eine sichere Ausgangsbasis zurückziehen, um das Ende der Winterstürme abzuwarten. Statt dessen mußte er sich nun mühsam durchkämpfen und weiterschleppen, ein Blinder im Schneesturm. Und das tat er für den Rest seines Lebens und schleppte uns dabei hinter sich her.

Wieder in Hudson, brachte der Alte es fertig, indem er wie ein Jongleur die Schulden bei dem einen mit neuen bei einem anderen abdeckte, die Katastrophe hinauszuschieben und Haymaker Place noch eine Weile, nämlich bis zum darauffolgenden Jahr, dem Sommer 1840, zu behalten. Nach viel juristischem Hin und Her, Klagen und Gegenklagen bis hin vor das oberste Gericht in Ohio kam man zu einem abschließenden Urteil. Der Bankrott war unabwendbar. Diesmal wurden Vaters Schulden samt und sonders eingefordert, und schließlich mußte er seine geliebte alte Haymaker-Farm aufgeben.

Noch mehr entsetzte ihn, daß das ursprüngliche Pfandrecht auf die Farm von der Bank wahrgenommen und diese auf einer Versteigerung verkauft worden war. Der Käufer war niemand anderer als Mr. Amos Chamberlain, und der Erlös aus dem Verkauf mußte nach Abdeckung der Anleihen Vaters bei der Bank zur Rückzahlung der Summe verwendet werden, die er Wadsworth & Wells schuldete. Mr. Chamberlain war es gelungen – und Vater sah dies als unverzeihlichen Verrat an –, genügend Bargeld aufzutreiben, um der Bank achttausendfünfhundert Dollar für die Farm zu bieten. »Wenn der Mann soviel Geld hatte«, wütete Vater, »hätte es es mir leihen und mich die Farm behalten lassen können, damit ich meine Familie ernähren kann!«

Vater war, von seinem Zorn verblendet, nicht in der Lage, sich mit der Situation, wie sie nun einmal war, abzufinden. Er weigerte sich, Chamberlain die Farm zu überlassen, und infolgedessen kamen an einem heißen Tag der Bezirkssheriff und seine Gehilfen zur Farm, um uns hinauszuwerfen. Der Alte betrachtete Haymaker als seinen letzten Halt. »Ich *brauche* die Farm! Ich muß sie behalten und hier arbeiten, wenn ich jemals meinen Gläubigern das zurückgeben will, was ihnen zusteht«, beharrte er. In den vorangegangenen Monaten hatte er all die eitlen Hirngespinste, wie er aus Stroh Gold spinnen wollte, aufgegeben und klugerweise wieder mit dem Gerben von Tierhäuten begonnen, was sich im Verlauf der Jahre als die verläßlichste Einkommensquelle erwiesen hatte und wobei seine und seiner Söhne Arbeitskraft und Geschick ausreichten, um einen kleinen Gewinn zu erzielen. Zum ersten Mal seit Jahren machte er sich eine realistische Vorstellung davon, wie er seine Schulden allmählich abtragen könnte, einen schwer verdienten Dollar nach dem anderen. Doch dazu brauchte er das Haus mitsamt den Nebengebäuden und dem Bestand an Weißen Hickorynußbäumen um die Farm herum.

Die Aussicht, das Haus aufgeben zu müssen, versetzte ihn in blinde Raserei. »Jungen, wir werden bis zum letzten Blutstropfen gegen sie ankämpfen«, erklärte er an jenem Junimorgen. »Ein Mann muß seinen Besitz verteidigen. Es ist die alte Geschichte. Schon allein wenn man es so hinstellen kann, als habe Naboth Gott und den König gelästert, dann ist es angemessen und rechtens, daß Ahab in den Besitz seines Weinberges kommt! So haben böse Menschen vor Jahrtausenden gegen Naboth gesprochen, und so sprechen sie heute gegen mich!«

Wir waren gerade alle zum Mittagessen nach Hause gekommen; Oliver war noch ein Kind, ja in der Küche wimmelte es von Kindern – Charles, der in dem schrecklichen Winter 1843 sterben sollte, sowie Salmon und Watson und die kleine Sarah, die damals sechs war und ebenfalls in jenem Winter starb. Fred, zu jener Zeit ein entzückendes, nachdenkliches Kind, bei dem nichts seine späteren Schwierigkeiten ahnen ließ, war neun; Ruth war erst elf, arbeitete jedoch bereits wie eine Erwachsene; sodann ich, damals sechzehn, der wie ein großer, ans Haus geketteter Hund wirkte und den, einfältig wie er war, das laute, wilde Gerede Vaters in helle Aufregung versetzte, sowie Jason, zwei Jahre älter, der alles schweigend beobachtete, gelassen, argwöhnisch, aber loyal, und John, der älteste, eifrig darauf bedacht, sein überlegenes Verständnis der Situation und seine Entschlossenheit, unbeirrt zum Alten zu halten, unter Beweis zu stellen.

In der Hitze seiner Gefühle brach und splitterte Vaters Stimme. »Ich habe sie gewarnt, habe ihnen heute morgen in der Bank gesagt, ich würde sie und ihre Gehilfen niederschießen, wenn sie kommen, um mir mein Heim und meinen Grund und Boden wegzunehmen, und ich schwöre es, genau das werde ich tun! Ich wollte Frieden, aber dieser ... dieser *Ahab*«, geiferte er, »dieser Ahab will ihn mir nicht gönnen!«

Mary – jetzt muß ich an sie denken, doch damals machte ich mir keine Gedanken um sie –, die arme, erschöpfte Mary mit all ihren kleinen Kindern, um die sie sich kümmern mußte, während ihr Ehemann wütete und seine älteren Söhne ihn anfeuerten, wünschte sich wohl damals wie schon oft zuvor und auch später, die ganze Zeit über bis zu jenen schrecklichen letzten Tagen in Virginia, sehnlichst, die gesamte Männerschar los zu sein. Besser als wir alle wußte sie, daß es für unsere Familie nur eine Möglichkeit gab, diese schwierige Zeit durchzustehen, nämlich geduldige, stille Erledigung unserer täglichen Arbeit; zwar schien der Alte dem oft beizupflichten, doch wenn er sich ärgerte oder ängstigte, konnte er seinen Zorn und seine wilden Wunschvorstellungen nicht im Zaum halten. Und wir älteren Jungen waren seine gelehrigen Schüler.

Vater lud seine Flinte und wies John, Jason und mich an, das gleiche zu tun. Dann marschierten wir vier vom Haus zur Straße hinunter, wo am Ende des Grundstücks eine alte, niedrige Blockhütte stand, die der erste Haymaker gebaut hatte und die wir jetzt als Schuppen zur Lagerung von Hickoryrinde und Bauholz benutzten. »Hier werden wir uns ihnen entgegenstellen«, verkündete er und wies uns an, die Hütte mit Brettern und Balken, was eben herumlag, zu befestigen. Er müsse in der Gerberei und im Haus noch einiges erledigen, erklärte er, und werde das Grundstück von dort aus bewachen. Er befahl uns, Tag und Nacht in dem Blockhaus zu bleiben. Ruth oder er selber würden uns Essen und frische Kleidung bringen. »Und wenn diese Halunken sich blicken lassen, dann schießt, Jungen, schießt einmal in die Luft, um mir ein Zeichen zu geben, und dann komme ich. Die sollen merken, daß wir es ernst meinen«, erklärte er und hastete mit weitausholenden Schritten den Abhang hinauf zum Haus zurück. Wir blieben allein auf unserem Außenposten.

»Na schön, wenn der Sheriff sich tatsächlich blicken läßt, dann sollten wir auf alle Fälle wirklich nur in die Luft schießen«, meinte Jason nüchtern.

John stimmte zu. »Mehr will der Alte ja auch gar nicht.« Seine Stimme bebte ein wenig. »Er weiß, wenn die sehen, daß es uns ernst damit ist, unser Zuhause zu verteidigen, dann verschwinden sie wahrscheinlich.«

»Na ja, mir wäre es lieber, wenn wir tatsächlich ernst machen«, widersprach ich. »Ich würde gern einen von diesen Ahabs erschießen.« Ich zielte mit der Flinte aus dem Fenster der Blockhütte. »Genau so. Bumm! Den Anführer niederschießen. Ein Schuß, und der Kampf ist zu Ende. So geht das, versteht ihr?«

»Sei kein Narr«, erklärte John. »Komm schon, hilf uns lieber.

Wir müssen die Blockhütte in das verwandeln, was Vater sich unter Ticonderoga vorstellt.«

»Oder Zion«, fügte Jason hinzu.

Der Nachmittag des ersten Tages verging wie im Flug; dann brachte Ruth uns das Abendessen, und es wurde dunkel. Am nächsten Tag errichteten wir vor der Blockhütte eine Art Palisade aus alten Brettern und krummen Hölzern, eine seltsame Wand, die keinerlei militärischen oder baulichen Zweck zu haben schien, denn sie hätte nie und nimmer irgend jemanden drinnen oder draußen gehalten. Sie war, wie das ganze Geschehen hier, eher vorgestellt als wirklich.

Was es in meinen Augen vollkommen machte. Ich behielt meine Flinte immer in der Nähe, während ich werkelte, und gelegentlich unterbrach ich meine Arbeit, packte das Gewehr, kauerte mich auf den Boden und zielte auf die Büsche in der Nähe. »Bumm! Getroffen! Sieg den Browns! Tod den Eindringlingen!«

Gegen Ende des zweiten Tages langweilten wir uns allmählich und wurden unruhig, sogar ich. Vater kam von der Gerberei herunter, wo er hart arbeitete, um die bestellten Häute fertig zu gerben, und munterte uns oder zumindest mich mit großsprecherischen Worten von blutigem Widerstand auf; anschließend ging er wieder zum Haus zurück. Es war uns nicht unlieb, von unseren gewöhnlichen Pflichten in der Gerberei befreit zu sein, doch mittlerweile sehnten wir uns ungeduldig danach, etwas zu unternehmen.

Am nächsten Morgen waren wir schon früh auf und murrten über die Nutzlosigkeit der uns zugewiesenen Aufgabe. »Die ganze Angelegenheit ist nichts weiter als wieder so ein verdammtes Hirngespinst des Alten«, meinte Jason. Er kauerte in einer Ecke der Hütte und schmollte unter seiner Decke. »Hoffentlich gibt er es bald auf. Selbst wenn das bedeutet, daß wir wieder Häute abkratzen müssen.«

John, der damals einen Fernlehrgang für Buchführung an der Handelsschule in Akron machte, saß neben dem Fenster auf dem schmutzigen Boden, ein Buch auf dem Schoß, und lernte seine Lektionen. »Wir können ohnehin nichts dagegen machen. Gesetz ist Gesetz«, erklärte er, ohne aufzublicken. »Es dauert nur eine Weile, bis der Alte das begreift. Letztlich wird er es schon einsehen. So ist es doch immer.«

Ich stand am offenen Fenster; rechts sah ich die breite Straße, die von Hudson heraufführte, und links Vater, der den Weg von unserem Haus heruntertrottete; er brachte uns in einem Beutel unser Frühstück, warmes Maisbrot, wie ich hoffte, Pflaumenmarmelade und gekochte Eier. Vater hatte offenbar schon in der Gerberei geschuftet, denn obwohl es noch morgendlich kühl war, hatte er nicht wie üblich Hemd und Jackett an, sondern nur sein rotes Unterhemd und darüber breite Hosenträger.

Er war noch fünfzig oder sechzig Meter von der Blockhütte entfernt, als ich Pferde die Straße herauftraben hörte; ich drehte mich um und sah, wie eine Gruppe Männer näher kam; mehrere waren beritten, andere saßen in einem leichten, von zwei Rotschimmeln gezogenen Einspänner. In einem der Reiter erkannte ich den Bezirkssheriff, in einem anderen Mr. Chamberlain, den seit kurzem verachtenswerten neuen Besitzer unserer Farm. Auch ein paar von Mr. Chamberlains älteren Söhnen befanden sich unter den Reitern. Die Männer in der Kutsche waren, so vermutete ich, Hilfssheriffs. Eine beeindruckende Streitmacht, noch dazu offenbar gut gerüstet.

Vater war noch ein Stück von uns entfernt, als er sie ebenfalls erblickte. »Schießt auf sie, wenn sie die Straße verlassen und auch nur einen einzigen Fußbreit auf unser Land vordringen, Jungen!« brüllte er. Ich duckte mich in die Blockhütte, wo John bereits nach seiner Flinte tastete.

Jason spähte aus dem Fenster, das zur Straße ging. »O nein, die sind wirklich gekommen.« John und ich bezogen rasch neben der Tür Aufstellung und ließen die Reiter unsere Flinten sehen. Sie hatten jetzt vor der Blockhütte angehalten, standen aber noch nicht auf unserem Grund und Boden; folglich brauchten wir nicht zu schießen. Vater ging in seinem Unterhemd und den Hosenträgern zielstrebig und mit weitausholenden Schritten auf sie zu; sein Gesicht rötete sich zusehends. In der Hand hielt er allerdings kein Gewehr, sondern lediglich unser bescheidenes Frühstück.

»Zielt auf diesen Verräter Amos Chamberlain, erschießt ihn als ersten, Jungen!« rief er. »Er ist der eigentliche Schurke – die anderen tun nur, was von Gesetzes wegen ihre Pflicht ist!«

Ich zielte, so genau ich konnte, auf die Stirn des bärtigen, stämmigen Mr. Chamberlain, der auf einem kastanienbraunen Hengst saß. Dann hörte ich hinter mir ein Rascheln; ich wandte mich um und sah, wie Jason aus dem rückwärtigen Fenster der Hütte kletterte. Seine Flinte hatte er an die Wand gelehnt. In Sekundenschnelle war er in dem dichten Gestrüpp verschwunden. »Jason ist abgehauen!« flüsterte ich John zu.

»Der ist schließlich kein Dummkopf«, erwiderte John leise, und ich sah, daß mein Bruder sein Gewehr gesenkt hatte und in der Tür stand. Dann ging er, die Flinte friedfertig zu Boden gerichtet, aus der Blockhütte und langsam auf die Eindringlinge zu.

Ich wußte nicht so recht, was ich jetzt tun sollte, daher hielt ich mein Gewehr nach wie vor auf Chamberlain gerichtet und schaute nach links hinüber zu Vater, als wartete ich auf Anweisungen. Hinter ihm sah ich oben auf dem Hügel meine Stiefmutter Mary. Den Säugling Peter hatte sie auf dem Arm, die sieben anderen kleinen Kinder standen neben ihr auf der breiten Veranda des weißgetünchten zweistöckigen Hauses. Salmon und Watson hielten die Hunde fest, Ruth umklammerte eine große Holzschüssel. Die nicht gestrichene Scheune und der Schuppen, in dem die Gerberei untergebracht war, sowie die Schafspferche befanden sich rechts neben dem Haus, der Gemüsegarten und dahinter der Obstgarten mit den Apfelbäumen und Vaters Maulbeerbäumen und das Maisfeld links. Hinter dem Haus stiegen sanft gewellte Wiesen an, gesäumt von Eichen- und Kastanienbäumen, die voll im Laub standen, und im Schatten der aus Steinen aufgeschichteten Mauer vor dem Hickorywald grasten die beiden uns verbliebenen Milchkühe und die Stuten. Wahrhaftig, eine wunderschöne Farm, nie hatten wir in einem schöneren Haus gewohnt, und es stellte Vaters letzte Bindung an ein geordnetes Leben dar.

Langsam ließ ich die Flinte sinken und trat nach vorn neben John. Jetzt war Vater bei uns angelangt, hielt nach wie vor den Frühstücksbeutel in der Hand. Ich erinnere mich, daß ich das Maisbrot roch, einen Duft, der stärker war als der Geruch nach dem Schweiß der Pferde und Männer vor uns.

»Hallo, Brown«, sagte der Sheriff, ein hochgewachsener Mann mit Schnurrbart und einem Wanst, so groß wie ein Weidenkorb. Er räusperte sich und spuckte einen Strahl Tabaksaft aus. »Schätze, Sie wissen, warum wir hier sind. Wir wollen keine Schwierigkeiten. Das alles kann friedlich ablaufen.«

»Hier wird es keinen Frieden geben, solange dieser Mann da darauf besteht, mir mein Haus und mein Land wegzunehmen!« erklärte Vater und deutete grimmig auf Mr. Chamberlain, der sich aufblähte und sich wütend auf die Lippen biß.

Seelenruhig redete der Sheriff weiter, als hätte Vater nichts gesagt. »Sie müssen sie übergeben, Brown. Ansonsten muß ich Sie in Arrest nehmen. Das Gesetz ist in der Hinsicht eindeutig, Brown. Alle weiteren Streitereien mit Mister Chamberlain um irgendwelche Übertragungsurkunden und Rechtsansprüche können Sie später vor Gericht austragen. Aber jetzt gehören die Farm und was sich darin befindet von Gesetzes wegen ihm. Sie und Ihre Familie müssen ausziehen.«

»Wir weigern uns, unseren eigenen Grund und Boden zu verlassen!«

»Das ist nicht mehr Ihr Grund und Boden, Brown!« brüllte Chamberlain.

»Sie nehmen also nicht Ihre Familie und Ihr persönliches Hab und Gut und gehen friedlich?« fragte der Sheriff.

»Er darf nichts aus dem Haus mitnehmen!« schrie Chamberlain. »Das wird alles versteigert, sobald er weg ist. Und das weiß er ganz genau. Der versucht nur, Zeit zu schinden, bis er sich mit Sachen, die von Rechts wegen nicht mehr ihm gehören, still und heimlich davonschleichen kann.«

»Seien Sie still, Amos«, wies der Sheriff ihn zurecht. »Noch einmal, Brown. Machen Sie es sich und Ihrer Familie doch nicht so schwer.«

»Um mein Land in Besitz zu nehmen«, erklärte Vater und

verfiel wie so oft, wenn er sich erregte, in die Quäkersprache, »müßt Ihr erst mich und die Meinen unter Euren Füßen zermalmen! Ich werde Euch bei diesem verwerflichen Tun nicht zur Hand gehen!«

»Na schön, verdammt noch mal. Sie sind verhaftet, Mister Brown«, erklärte der Sheriff und befahl Vater, friedlich in den Einspänner zu steigen. »Zwingen Sie mich nicht, Ihnen Handschellen anzulegen, Brown. Die ganze Angelegenheit ist unangenehm genug, machen Sie es nicht noch schwerer.«

Und dann ließ Vater plötzlich, zu meinem Entsetzen und zu meiner bitteren Enttäuschung, die Schultern heruntersacken. Demütig fragte er, ob er sich erst noch Hemd und Jackett und seine Bibel aus dem Haus holen dürfe.

»Wenn Sie ihn ins Haus zurücklassen«, warnte Mr. Chamberlain, »dann entschließt er sich vielleicht, doch Widerstand zu leisten. Bei dem weiß man nie, was er vorhat. Jetzt haben Sie ihn, sperren Sie ihn also ein.«

Vater wirkte niedergeschlagen und verletzt. »Ich brauche aber mein Jackett und mein Hemd. Ich bin nicht schicklich gekleidet, Sir. Und meine Bibel. Die brauche ich unbedingt.«

Der Sheriff zögerte kurz, doch dann erklärte er: »Nein, kommen Sie schon, Brown. Einer Ihrer Jungen kann Ihnen später Ihr Jackett und das alles bringen, das können sie Ihnen später bringen. Ich muß Sie einsperren.«

»A-hab.« Ganz langsam sprach Vater das Wort aus und ließ es wie eine Verwünschung klingen. Doch alle Kraft schien aus ihm gewichen. Er reichte mir den Beutel mit unserem Frühstück, stieg langsam in den Einspänner und nahm hinter dem Kutscher Platz.

Wir standen vor unserer wackligen Palisade, John und ich, und beobachteten, wie die Männer mit ihrem traurigen, in sich zusammengesunkenen Gefangenen wegritten. In seinem roten Unterhemd saß er in dem Wagen, kläglich und gedemütigt, und starrte zu uns zurück. Ich winkte ihm zu, doch er rührte sich nicht.

Als sie schließlich außer Sichtweite waren, kam Jason vorsichtig um die Blockhütte herum auf uns zu.

»Jason, du bist ein verdammter Feigling!« brüllte ich ihn an.
»Natürlich. Darauf kannst du wetten.«

John meinte: »Laß es gut sein, Owen, Jason hat richtig gehandelt. Der Alte mußte klein beigeben. Und das war ihm auch klar. Er hat nur ein großes Geschrei darum gemacht. Die ganze Sache war schon längst verloren. Es hätte keinen Sinn gehabt, jetzt noch darüber zu streiten. Morgen früh lassen sie ihn wieder laufen, wenn nicht schon vorher.«

»Was ist in dem Beutel? Frühstück hoffentlich. Ich hab' einen Mordshunger«, erklärte Jason und langte nach dem Säckchen, das ich in der Hand hielt.

Ruckartig zog ich es zurück, holte damit aus und schlug es ihm klatschend auf die Stirn.

»He, he«, mahnte John. Er nahm mir den Beutel aus der Hand, und die beiden gingen langsam den Weg zum Haus hinauf. Sie teilten sich das Maisbrot und die gekochten Eier, während ich allein am Straßenrand zurückblieb und gegen Tränen der Wut ankämpfte.

Doch noch am selben Nachmittag war Vater wieder bei uns. Er kam die Straße herunter und den Weg zum Haus herauf, wo er, mit soviel Würde, wie er in seinem Unterhemd nur aufbringen konnte, alle der Reihe nach trübsinnig begrüßte. Dann marschierte er schnurstracks in die Gerberei, wo er sein Hemd und sein Jackett auf einen Haken gehängt hatte, und als er auf die gewohnte Weise geziemend gekleidet war, als wollte er in die Kirche gehen, berichtete er uns traurig und in maßvollen Worten, was geschehen war. Der Sheriff hatte Vater ins Gefängnis von Akron gebracht, sogar in eine Zelle hatte er ihn gesperrt, doch gleich darauf hatte er ihn auf eigene Verantwortung freigelasssen, nachdem er ihm versprochen hatte, binnen eines Monats vor Gericht zu erscheinen. Mr. Chamberlain hatte eingewilligt, auf eine gerichtliche Verfolgung zu verzichten; es würde also zu keinem Verfahren kommen, wenn wir bis dahin mit nicht mehr persönlichem Eigentum, als uns entsprechend den Vorschriften im Falle eines Bankrotts zustand, das

Haus verließen. »Wir müssen uns dem Gesetz beugen, Kinder. So schwer dies auch ist«, erklärte er.

»Aber wir wollten doch unsere Stellung verteidigen!« wandte ich ein. »Du hast gesagt, wir würden standhalten und kämpfen. Ich war willens, den Mann zu erschießen, Vater. Wirklich! Ich war nahe daran, hatte ihn schon im Visier. Nur Jason, der ist wie ein Feigling abgehauen, aber John und ich ...«

»Genug!« fiel Vater mir ins Wort. »Ich bin ein Narr. Das ist alles. Durch meine Schuld sind wir in diese schreckliche Lage geraten. Wenn du jemanden erschießen willst, Owen, dann erschieß mich.« Er ließ mir die Hand schwer auf die Schulter fallen, zog sie dann zurück und ging ins Haus voraus, um all unsere landwirtschaftlichen und häuslichen Besitztümer für die Versteigerung zu ordnen, um beiseite zu legen, was wir mitnehmen durften, und eine Aufstellung davon anzufertigen.

Noch heute, so viele Jahre, mehr als eine Generation später, kann ich mich an jeden einzelnen der Gegenstände erinnern, die von der öffentlichen Versteigerung ausgenommen waren. Wir sortierten sie sorgfältig aus, stapelten sie auf der Veranda und im Hof und packten sie schließlich einen nach dem anderen auf unseren Wagen; später sollten wir sie wieder auspacken, dann erneut zusammenpacken, immer wieder, und sie die folgenden neun Jahre auf Karren, Kanalbooten und auf unserem Rücken von einem vorübergehenden Wohnsitz zum nächsten schleppen, bis hin nach Springfield, Massachusetts, und schließlich zu den kalten, unwirtlichen Bergen von North Elba, wo wir sie endgültig abluden.

Auf der Haymaker-Farm folgte ich Vater wie ein Sekretär von einem Ende der vollgestopften Veranda zum anderen und über den Hof und schrieb alles auf einem Block auf, während Vater peinlich genau die einzelnen Gegenstände und Güter aufzählte, die wir von Gesetzes wegen behalten und mitnehmen durften. Von dieser Liste fertigte ich eine Kopie an. Ein Exemplar, von John Brown unterschrieben und notariell beglaubigt, mußte Mr. Chamberlain übergeben werden; das andere war für uns gedacht, und lange Zeit befestigte Vater es, wo auch immer wir wohnten, an der Küchenwand, als erinnerte es ihn an seinen Reichtum und nicht an seine Armut.

Jahrelang gingen wir jeden Morgen, jeden Nachmittag und jeden Abend an dieser Liste vorbei, bis sie sich wie die einzelnen Bücher der Bibel oder die Namen der englischen Könige in unser Gedächtnis eingegraben hatte. Wir älteren Jungen, vor allem Jason, konnten sie wie das Alphabet aufsagen und taten dies auch oft, zur Belustigung Marys und der Kleinen und zu Vaters Bestürzung – obwohl er den Witz mit Sicherheit auch sah, denn er hätte den Zettel jederzeit von der Wand entfernen können, wenn er das gewollt hätte.

10 Eßteller
1 Satz Tassen und Untertassen
1 Satz Teelöffel
2 irdene Töpfe
1 Pfeffermühle
1 Faß für Apfelsaft
4 Holzkübel
6 Bettgestelle
1 Schreibtisch
4 Decken
1 Waschzuber
1 Bügeleisen

Zudem folgende Vorräte:

1 Scheffel getrocknete Äpfel
20 Scheffel Mais
15 Gallonen Weinessig
8 Scheffel Kartoffeln
1 Scheffel Bohnen
20 Gallonen Seife

150 Pfund Schweinefleisch
10 Pfund Zucker

Folgende Bücher:

11 Bibeln
1 Bd. Biblische Geschichten
1 Bd. Flints Landvermessung
1 Bd. Rush
1 Bd. Verzeichnis der Kirchenmitglieder
36 Vermischte Werke

Folgende Artikel und notwendige Gebrauchsgegenstände:

2 Stuten
2 Halfter
2 Schweine
19 Hühner
1 Breithacke
1 Mistgabel
1 Brandeisen
1 Handsäge
4 Alte Äxte
2 Ausstreichmesser
2 Schälmesser
2 Tintenfässer
4 Schiefertafeln
4 Strang Gerberlohe
2 Sättel
1 Tonne Heu
19 An S. Perkins verpfändete Schafe
1 Schaufel
1 Egge
1 Hobel
1 Meßkette

1 Brecheisen
2 Milchkühe
2 Hacken
1 Eisenkeil
1 Schafscherer
3 Taschenmesser
4 Flinten mit Pulver, Zündplättchen und Kugeln

Sowie folgende Kleidungsstücke:

2 Mäntel
5 Jacketts
10 Westen
12 Hosen
26 Hemden
10 Frauen- und Mädchenkleider
3 Röcke
2 Umhänge
4 Schals
8 Frauen- und Kinderschürzen
5 Paar Stiefel
3 Paar Schuhe
13 Paar Socken und Strümpfe
7 Halsbinden und Taschentücher
4 Kappen
1 Hut
5 Hüte aus Palmblättern
8 Männer- und Jungenmützen aus Stoff
1 Pelzmütze
1 Lederkappe

Dies waren alle weltlichen Güter einer dreizehnköpfigen Farmersfamilie, und im Laufe der folgenden Jahre veränderte sich unsere Bestandsliste kaum, denn wir fügten unserem Eigentum nichts hinzu; das war schlicht nicht möglich; nur gelegentlich ergänzten wir unseren Besitz beispielsweise durch einen Revolver oder ein paar zusätzliche Kühe oder Schweine. Wir ersetzten lediglich, was kaputtging oder aufgegessen wurde.

4

Gewisse Dinge, die ich in meinem letzten Sendschreiben sagte oder beschrieb, haben in mir neue Gedanken und Erinnerungen wachgerufen, wie wir als Familie Vater liebten, wie insbesondere ich ihn liebte. Doch aus der bedachtsamen Art und Weise, wie Sie mich befragt haben, als wir uns kennenlernten, schließe ich, daß Sie und Professor Villard meinen Vater für einen großen Mann halten. Ich bin mir nicht sicher, ob ich diese Ansicht teile.

Mag sein, daß meine Meinung zu dieser Frage hier nicht von Belang ist, denn ich war nie in der Lage, ihn richtig einzuschätzen, außer in meiner Eigenschaft als sein Sohn. Und möglicherweise verstehen wir unter Größe Verschiedenes. Ich frage mich, ob Sie so etwas wie Ruhm meinen. In meinen Augen hätte Vater nicht berühmt zu sein brauchen, um ein großer Mann zu sein. Dennoch verstehe ich Ihre Einstellung. Sie betrachten das alles unter dem Blickwinkel eines Historikers.

Für Sie spielt es keine Rolle, daß Vater wie alle Abolitionisten zu seinen Lebzeiten verachtet war, daß nicht nur die Sklavenhalter ihn haßten, sondern auch die Whigs, die Nationalrepublikaner, ebenso wie die Demokraten; die Weißen ganz allgemein verabscheuten ihn, und dann, nach Kansas und Harpers Ferry, während des Bürgerkriegs und danach, selbst heute noch, schmähten ihn die Südstaatler ebenso wie die Copperheads und sogar viele, die lange Zeit die Sache der Abolitionisten unterstützt hatten, etwa Republikaner. Und es ist für Sie auch höchstwahrscheinlich nicht von Bedeutung, daß er nahezu ausnahmslos von allen Negern ungemein bewundert und sogar geliebt, leidenschaftlich geliebt wurde, ebenso von den radikalen weißen Abolitionisten, daß er außerdem von fast allen berühmten Dichtern, Schriftstellern und Philosophen hier und im Ausland gefeiert und gerühmt wurde. Für Sie zählt lediglich, daß zwischen diesen beiden extremen Anschauungen seit dem 2. Dezember 1859 jeder Amerikaner, ob Mann, Frau oder Kind, hinsichtlich John Brown seine eigene Meinung hatte. Wenn also Größe nichts weiter als Ruhm ist und sich durch das Vermögen definiert, viele Generationen hindurch bei einem ganzen Volk heftige Gefühle auszulösen, dann, o ja, Miss Mayo, dann war Vater, wie Cäsar, wie Napoleon und Lincoln, in der Tat ein großer Mann.

Doch wer von euch neuen, jungen Historikern und Biographen, wer selbst von jenen, die ihn verabscheuen oder für verrückt halten, hat je bedacht, welchen Preis für diese Art Größe wir, seine Familie, bezahlen mußten? Wir, die wir ihn weder, wie Sie dies tun, aus sicherem Abstand prüfend musterten noch bescheiden in seinem schützenden Schatten standen, wie wir so oft dargestellt wurden, sondern die wir Tag für Tag im grellen Schein seines Lichtes lebten?

Schließlich waren wir keine Einfaltspinsel oder Dummköpfe. Jeder von uns Browns war ein energischer, hitziger Typ, eigensinnig im Denken und weitschweifig im Reden. Ja, sogar der arme Fred war, trotz seiner unschuldigen Naivität, als Erwachsener eine eindrucksvolle Persönlichkeit, unabhängig und erstaunlicher Taten fähig. Denken Sie nur an die Schlacht von Black Jack in Kansas; denken Sie nur an seine erschütternde Selbstverstümmelung. Und beide Ehefrauen meines Vaters, Dianthe, meine Mutter, und Mary, meine Stiefmutter, waren willensstarke, äußerst tatkräftige Frauen von beträchtlicher Intelligenz und gesunder Urteilskraft. Wie hätten sie auch sonst mit dem harten Leben, das Vater ihnen auferlegte, fertig werden sollen?

So einfach ließen wir uns nicht einschüchtern oder zu irgend etwas zwingen. Wir standen früh auf, arbeiteten hart und redeten ununterbrochen. Wir reagierten heftig und eingehend auf jede Person, auf jede Idee und Meinung, von der wir Kenntnis erhielten, auf alles, was im Privatleben jedes einzelnen Familienmitglieds geschah, und ebenso auf das, was wir in jener Zeit über die Welt im allgemeinen hörten. Jede Neuigkeit, die in jenen Tagen zu uns drang, vor allem wenn es auch nur andeutungsweise die Frage der Sklaverei betraf, wurde beim gemeinsamen Essen oder anschließend erörtert, wenn wir um das Feuer saßen oder in die Stadt ritten, um Vorräte zu besorgen, wenn wir auf dem Feld oder in der Gerberei arbeiteten. Wir redeten viel, und wir stritten miteinander; selbst die Kleineren wurden, wiewohl noch kaum in der Lage, Sätze zu bilden, ermuntert, sich zu großen und kleinen Fragen zu äußern. Und abends im Bett, wenn wir im Dunkeln auf dem Dachboden nebeneinanderlagen, sprachen, stritten und erklärten wir weiter, jetzt mit gedämpfter Stimme und langsamer, da wir allmählich in den Schlaf drifteten; einer nach dem anderen hörte auf, über richtig und falsch, wahr und unwahr zu diskutieren, bis nur noch eine Stimme zu hören war, abwägend, grüblerisch, tastend, bis endlich Schweigen herrschte.

Das beim ersten Morgenlicht gebrochen wurde, normalerweise von Vater, der unten an der Treppe stand und den Beginn des Tages verkündete: *Aus den Federn, Kinder! Aufgestanden!* Er war bereits auf und angezogen, die Bibel lag aufgeschlagen auf dem Tisch, wo er sie ein paar Minuten ganz für sich studiert hatte. Und dann begann erneut der Kreislauf des Tages, wie ein großes Spinnrad, und seine hauptsächliche Triebkraft war nicht die Sonne – das schien nur so –, sondern Vater und sein Reden und sein strahlendes Gesicht mit den grauen Augen. Denn verglichen mit uns anderen, gleichgültig, wie heiß unsere Leidenschaftlichkeit brannte, war Vater die schiere Feuersbrunst. Er brannte unentwegt, unaufhörlich, so schien es; zwar versengte seine Flamme uns manchmal, doch nur selten wärmte sie uns.

Es ist wahr, ich liebte ihn über alle Maßen. Er formte mich und verlieh meinem Leben Bedeutung. Allerdings geschah es oft, daß ich wütend wurde und vor ihm und seinem gestrengen, fordernden Gott fliehen wollte. Doch ich blieb. Es ist seltsam, aber ungeachtet des Kummers und der Selbstvorwürfe, die meine Unfähigkeit, Vaters Gott anzubeten, in mir auslöste, band mich in all diesen Jahren, in denen andere junge Männer sich von ihren Vätern und Müttern trennten und ihren eigenen Hausstand gründeten, oft weit weg im Westen, gerade meine verwirrende Abtrünnigkeit an ihn, wohl mehr als alles andere. Ich war nicht so intelligent oder so geschickt wie einige meiner Brüder und Schwestern – wie beispielsweise Jason, der nicht nur hinsichtlich seiner ethischen Einstellung nahezu heiligmäßig war, sondern darüber hinaus auch ein fast übernatürlich geschickter Mechaniker und Landwirt. Und verglichen mit Ruth, deren Gefühle immer maßvoll und ausgeglichen waren, pflegte ich oft ungestüm und launenhaft und manchmal aufsässig zu sein. Anders als der älteste von uns, John, der von tiefschürfender, philosophischer Denkungsart war, schien ich häufig oberflächlich und lediglich pragmatisch. Ich war also ein ganz gewöhnlicher Bursche, der sich mit einem zutiefst widersprüchlichen Gewirr von Ansichten und Gefühlen herumschlug, und erst spät, langsam und nur teilweise, in Schüben und immer neuen Ansätzen, gelangte ich zu einem klaren Verständnis der wahren Natur meines Verhältnisses zu Vater und zu unserer Familie als Ganzem, und ebenso oft verstand ich etwas genauso plötzlich nicht mehr, wie ich es begriffen hatte. Ich war, so schien es mir manchmal, wie Jonas, der nicht Gottes Zorn floh, sondern Seinen Willen und Seine grimmige, unwiderlegliche Logik. Natürlich kann ich hier nicht für die anderen sprechen, doch wir mußten einander oft trösten, um nicht zu verzweifeln, weil wir vorübergehend Vaters Anerkennung verloren hatten. Es war erstaunlich, wie sehr wir, die wir vom Glauben an Vaters Gott abgefallen waren, unter einem solchen Verlust litten, aber vielleicht mußte es so sein, da Vater selber unser Gott war, und sosehr wir es auch versuchten, wir konnten unserem Gott ebensowenig entkommen wie er dem seinen. Vor allem ich nicht.

Es ist daher eine Ironie, daß Vater seine Unfähigkeit, uns alle dazu zu bringen, seinen Glauben zu teilen, für sein größtes Versagen hielt. In unserem Verhalten waren wir gottesfürchtig genug; wir waren fromm. Doch wir waren nicht gläubig. Selbst einige seiner Töchter nicht, vor allem, als sie erwachsen wurden. Obwohl sie, anders als wir Jungen, es nicht für richtig hielten, ihm dies zu sagen. Vielleicht weil sie Frauen waren und mehr Vertrauen in den Nutzen von Verschwiegenheit und Schicklichkeit setzten als wir Männer, vielleicht auch, weil sie gutherziger waren als wir – wie dem auch sei, für uns alle war es, als strahlte Vaters Licht so hell, daß es die Sonne verfinsterte, die auf ihn niederschien. Daher gewannen wir allmählich den Eindruck, als schiene sie für ihn allein. Und da wir von ihm nur wie vom Mond reflektiertes Licht erhielten, wärmte es uns kaum.

Es kam allerdings eine Zeit, da verstand ich und bekam eine Ahnung von dem Preis, den es einem abverlangt, wenn man den einzig richtigen Weg durch das Leben einschlägt, den nicht allein Vaters Licht uns enthüllte. Ich erinnere mich, im Herbst 1846 war es; Vater war allein im Osten unterwegs. Er war nach Springfield gefahren, um dort sein Projekt eines Lagerhauses für Mr. Simon Perkins, von dem Sie zweifelsohne schon gehört haben, voranzutreiben. Wir wohnten damals auf Mr. Perkins' Farm in Akron, nicht im eigentlichen Sinne als seine Dienstboten, doch mit seiner Duldung, was Vater als Partnerschaft zu betrachten vorzog.

Ruth wurde in jenem Herbst siebzehn Jahre alt, eine blühende junge Frau, deren muntere Gesellschaft bei den jungen Burschen in der Nachbarschaft sehr gefragt war, da sie ihren gesunden Menschenverstand, ihren Humor und ihr hübsches, breites Gesicht schätzten. Abgesehen von Fred, der damals sechzehn war und den man mehr oder weniger sich selber überlassen konnte, waren damals sechs jüngere Kinder im Haus – die Jüngste, Amelia oder Kitty, wie wir sie nannten, kaum ein Jahr alt. Daher waren Ruth und Mary vollauf damit beschäftigt, sich um die Kleineren zu kümmern und den Haushalt zu führen. Oliver war erst sechs Jahre alt, aber die anderen Jungen, Salmon, Watson und Fred, hüteten zusammen mit mir Mr. Perkins' – oder, wie Vater es zu nennen beliebte: John Browns – große Schafherde und erledigten die auf der Farm anfallenden Arbeiten. Voller Zuneigung nannten wir diese Mutton Hill, Schafshügel, und das zu Recht, denn Mr. Perkins' Herde zählte damals an die zweihundert Tiere.

Alles in allem war das keine schwierige Aufgabe, dennoch blieb uns kaum freie Zeit, ein Mangel, unter dem Ruth wohl am meisten litt, da sie allmählich zur Frau heranreifte und es in Akron eine lebensfrohe Gesellschaft junger Männer und Frauen gab, die einander mit der für die Landjugend in jener qualvollen Zeit der aufkeimenden Sinnenlust charakteristischen Heftigkeit und Ruhelosigkeit beäugte und beobachtete. Trotz ihrer Hochstimmung war Ruth fromm und tugendhaft wie immer, was allerdings nicht bedeutete, daß sie nicht gelegentlich ebenso launisch und unruhig war wie die anderen Jungen und Mädchen ihres Bekanntenkreises. Möglicherweise war sie, eben aufgrund ihrer Frömmigkeit und Tugend, noch erregter als die anderen. Doch wer weiß das schon? Vermutlich stelle ich mir lediglich vor, wie ich selber in diesem Alter war; was Frauen empfinden, davon habe ich so gut wie keine Ahnung.

Dennoch erinnere ich mich, wie sie manchmal geistesabwesend lächelte, an den langen Herbstnachmittagen, an denen es früh dunkelte, vor sich hin träumte und des Abends oft wehmütig seufzte, als sehnte sie sich nach einem fernen Liebsten. Natürlich hatte sie keinen, und niemand Bestimmter machte ihr den Hof. Doch gelegentlich war sie in jenem Sommer ungewöhnlich in sich gekehrt und nachdenklich und ab und zu auffällig linkisch, was natürlich nicht unbemerkt blieb, und wenn sie sich den Kopf anrempelte oder über eine Türschwelle stolperte, neckten wir sie deswegen.

Wie eine Art Fluch lastete es auf mir, in eine Zeit hineingeboren zu sein, in der ich unmittelbarer Zeuge der tragischsten und schmerzlichsten Heimsuchungen meiner Familie wurde; nur allzuoft fiel mir die Aufgabe zu, den anderen die traurigen Nachrichten zu übermitteln. Damit will ich mich nicht beklagen, doch mit dieser Pflicht ging eine seltsame Einsamkeit Hand in Hand, denn weder war ich das Opfer, noch durfte ich niedersinken und trauern; ich mußte sprechen, als empfände ich keinen Schmerz. Den Großteil meines Lebens, so scheint es mir, mußte ich auf diese Weise sprechen. Vielleicht ist das der Grund, warum ich mich, als ich älter wurde und die wichtigsten Ereignisse, die unsere Familie gezeichnet hatten, der Vergangenheit angehörten, auf meinen Berg in Kalifornien zurückzog und völlig in Schweigen verfiel; und warum ich jetzt, da ich weiß, daß ich nie wieder gezwungen sein werde, das Leiden meiner Lieben mit anzusehen, denn sie sind alle tot oder selber alt geworden, wie unter einem Zwang so viel erzähle.

Bei der Gelegenheit, von der ich hier spreche, mußte ich meinem Vater einen schrecklichen Brief schreiben. Ich kann nicht genau sagen, warum man gerade mich dazu auswählte, aber John und Jason wohnten nicht mehr bei uns, und ansonsten war kein Erwachsener zu Hause, außer Mary, deren Geschick beim Verfassen eines Briefes nicht so groß war wie meines, und Ruth, die als Hauptfigur der grauenhaften Nachrichten, die ich übermitteln mußte, nicht in der Lage war, für sich selber zu sprechen, sei es brieflich, sei es persönlich. *Lieber Vater,* schrieb ich mit zitternder Hand. *Ich weiß nicht, wie ich beginnen soll, denn ich muß Dir von einem entsetzlichen Vorfall berichten, der sich am vorgestrigen Abend hier zutrug.* Mary war mit der dreijährigen Annie oben im Zimmer der Mädchen; die Kleine hatte sich den ganzen Tag über elend gefühlt. Sie hatte sich offenbar einen Krupp zugezogen, der sie schon im vorangegangenen Frühjahr beinahe das Leben gekostet hätte. Es bestand also einiger Anlaß zur Sorge. Über mir in dem Schlafzimmer hörte ich Marys Schritte, von Annies Bettchen zum Nachttisch und zur Kommode, immer wieder, während sie versuchte, das Kind in den Schlaf zu wiegen. Oliver und Salmon waren im anderen Schlafzimmer, auf dem Dachboden, wo wir Jungen schliefen, und übten die Ringergriffe, die ich ihnen zu Beginn des Sommers beigebracht hatte; wie üblich stießen sie keuchende Laute aus, als wären sie Griechen aus der Antike in einer Arena und nicht kleine amerikanische Jungen, die auf dem Boden miteinander rauften und sich dabei an den selbstgezimmerten Möbeln im Schlafzimmer eines Farmhauses stießen. Watson war bei ihnen oben; er saß zweifelsohne auf einem der Betten und tadelte ihre mangelnde Geschicklichkeit beim Ringen. Fred und ich waren im Wohnzimmer neben der Küche; er saß am vorderen Fenster und redete mit den zwei kleinen Collies, die draussen herumsprangen und beim Anblick seines freundlichen Gesichts bellten, da sie hofften, eingelassen zu werden, dorthin, wo es warm war und wo all ihre Leute hingegangen waren.

Ich hatte gerade das abendliche Feuer aufgeschichtet und angezündet und mich daneben gesetzt; jetzt machte ich mich daran, die Ausgaben des Tages in das Rechnungsbuch einzutragen, da ich nachmittags einen Ausflug in die Stadt unternommen und Futter sowie einige Nägel besorgt hatte. Für alle Kosten, die der Unterhalt der Herde mit sich brachte, war Mr. Perkins zuständig, daher führten wir äusserst gewissenhaft Buch. *Ich hätte Dir gleich geschrieben, doch bis jetzt war keine Zeit dafür. Unsere kleine Kitty ist gestorben, eines schmerzhaften & tragischen Todes, der mit grossem Leiden verbunden war, das sie glücklicherweise nicht lange ertragen mußte.* Von dem Platz aus, an dem ich saß, fiel mein Blick in die Ecke, wo auf dem Küchenboden die Zinnwanne stand. Den Küchenherd konnte ich allerdings nicht sehen, ebensowenig Ruth und die kleine Kitty, die ich fröhlich gluckern und mit einer der Hauskatzen plappern hörte. Ruth war still. Vielleicht sah sie wie Fred aus einem der Küchenfenster, doch nicht zu den Hunden, sondern zu einem jungen Mann aus ihrer Phantasie, der den Pfad herunterschlenderte, der von der Straße aus der Stadt abzweigte. Einem Kavalier, der kam, um uns einen Besuch abzustatten, einem Liebsten, den sie auf eigene Faust einzuladen gewagt hatte, damit er ihre grosse, lärmende, irgendwie berüchtigte Familie in Abwesenheit des gestrengen, anspruchsvollen Vaters kennenlernte. Denn sie hoffte, er würde sich mit ihren Brüdern anfreunden und sich höflich und respektvoll mit der Frau des Hauses unterhalten, so daß alle gut von dem jungen Mann sprächen, wenn der Vater zurückkehrte und dann seiner ältesten Tochter vielleicht gestattete, mit ihm auszugehen. *Kittys vorzeitiger Tod war schlicht die Folge eines Unfalls, an dem niemand Schuld trägt. Es war abends gegen 7 Uhr & Ruth machte Wasser heiß, damit die Kleinen baden könnten; sie mußte irgend etwas im Haus erledigen, dazu herrschte der übliche Tumult mit den Kindern und den Vorbereitungen für das Abend-*

essen. Als das Wasser zu kochen anfing, rannte Ruth zum Herd, um den Topf herunterzunehmen; sie bedachte nicht, wie heiß er war & ließ ihn daher fallen; & das kochende Wasser spritzte über die kleine Kitty, die nackt neben ihr stand und auf ihr Bad wartete; offenbar schluckte sie eine Menge davon, als es sich über sie ergoß, was eine Gnade war, denn sonst wäre sie nicht so rasch gestorben, sondern lange unter schrecklichen Schmerzen dahingesiecht. Ich hörte einen schrecklichen Schrei, das Aufheulen eines wilden Tieres, nicht eines Menschenwesens, und es war auch weniger ein Schmerzensschrei als ein wütendes, grimmiges Kreischen. Dies war der letzte Laut, den unsere kleine Schwester Kitty von sich gab, die gerade erst zu laufen angefangen hatte und unsere Namen auf eine Weise sagte, die uns zum Lachen brachte und uns so gefiel, daß wir uns selber so nannten; ein blondes, kräftiges Kind mit rosafarbener Haut, das durch sein letztes, wildes Aufheulen plötzlich zu einem Ungeheuer wurde.

Und dann herrschte unvermittelt im ganzen Haus Schweigen. *Es war ein schrecklicher Augenblick, Vater, wie Du Dir zweifelsohne vorstellen kannst, grausam für uns alle & insbesondere für Ruth, die unter unsagbaren Schuldgefühlen und Gewissensbissen leidet. Sie hat sich von uns abgesondert & weint beständig & wenn sie doch einmal spricht, dann nur, um Vergebung zu erflehen, vor allem von Mary, die das Unglück zutiefst erschütterte, die mich aber bittet, Dir zu sagen, sie vertraue auf Gott und wisse, Kitty ist nun bei Ihm im Himmel.* Wahrscheinlich dauerte das Schweigen nur einen Augenblick an, doch dieser erschien sehr lang; und dann begann Ruth zu stöhnen: »Ooo-o-oh, oo-o-oh …«, ein Stöhnen, das im Gegensatz zu Kittys Aufheulen auf unschuldige, unmißverständliche, klägliche Weise menschlich war, ein Laut, den nur ein Wesen von sich geben kann, das der unmittelbare Anlaß für den Tod eines Kindes gewesen ist.

Obwohl ich den Unfall selbst nicht gesehen hatte, nur das dampfende Wasser, wie es über den Boden zu der leeren Wanne rann, wußte ich sofort, was geschehen war. Und ich glaube, Fred wußte es auch, denn einen Augenblick lang sahen wir einander an; in seinen Augen stand ein unsagbarer Schmerz. *Ruth bat mich zuerst, Dir nicht zu schreiben; sie wollte selber diese Last auf sich nehmen; doch dann erklärte sie, sie bringe es nicht fertig. Also habe ich geschrieben.* Als ich in die Küche kam, war Mary schon die Treppe heruntergerannt. Ihr Gesicht war bleich – sie wußte bereits, was geschehen war. Wir sahen Ruth in der hintersten Ecke des Zimmers stehen; auf den Armen hielt sie den purpurn verfärbten Körper des Babys. Der große schwarze Kessel lag umgekippt neben dem Herd auf dem Boden, und das vergossene klare Wasser breitete sich wie ein Teppich aus Schlangen um die Beine des Tisches und der Stühle aus.

Ruth hatte die Augen nach hinten verdreht und gab einen kehligen Laut von sich, als wäre sie am Ersticken. Das Baby war bereits tot. Alles Leben war aus dem verbrühten roten Körper gewichen – er war nur noch ein Ding, eine winzige, verschrumpelte Hülle, und die kleine Seele irrte dicht unter der Decke wild durch den Raum wie eine verwirrt dahintaumelnde sterbende Motte, wie der Funke eines rasch erlöschenden Lichtes. Ich umfaßte Marys Schultern, und gemeinsam gingen wir auf Ruth zu; sehr behutsam streckte Mary die Arme aus und nahm den Leichnam ihres Babys aus den Armen ihrer Stieftochter entgegen, drehte sich um und ging ins Wohnzimmer, vorbei an dem armen Fred, der neben der Tür stand und sich mit beiden Händen die Ohren zuhielt, als hörte er immer noch das Aufheulen des Kindes. Schweigend trat ich zu Ruth und nahm sie in die Arme, doch sie bemerkte meine Anwesenheit nicht und gab weiterhin würgende Laute von sich; den Kopf hatte sie zurückgeworfen, so daß nur noch das Weiß der Augäpfel zu sehen war; sie nahm nichts mehr wahr, als befände sie sich in einem Trancezustand. *Sie muß es von Dir hören, Vater, das gleiche, was sie von Mary & mir (& ebenso von John & Jason, die von Ashtabula hergekommen sind) gehört hat. Sie muß hören, daß Du ihr nicht die Schuld an Kittys Tod gibst. Sie macht sich selbst so viele Vorwürfe, daß keiner von uns auch nur ein Wort hinzuzufügen braucht. Ich sage Dir, es war nicht Ruths Schuld. Sie selbst wird dies allerdings nie so sehen. Es war einfach ein Unfall, & jeder von uns hätte ihn ebenso wie Ruth verursachen können.* Mary hüllte den Leichnam des Kindes in ein winziges Flanellnachthemd und wikkelte ihn in eine Decke, als wollte sie es zu Bett bringen. Noch in der gleichen Nacht ging ich in die Scheune, und so wie Vater es erst ein paar Jahre zuvor getan hatte, in jenem schrecklichen Winter 1843, als vier seiner Kinder eines nach dem anderen krank geworden und gestorben waren, zimmerte nun ich zum ersten Mal in meinem Leben einen kleinen Sarg aus Kiefernholz.

Die Jungen folgten mir, da sie sonst nichts zu tun hatten, und beobachteten mich schweigend im trüben Schein der Laterne, so wie ich Vater zugesehen hatte; wie ernste Altardiener standen die vier um mich herum und lernten, wie man Bretter auf die richtige Größe für den Leichnam eines Kindes zurechtschneidet, so daß er bequem im Sarg liegt und dieser ihn weder einzwängt noch auf unnatürliche Art verbiegt; aufmerksam folgten sie meinen Bewegungen, als ich sorgfältig die Bretter hobelte und ineinanderfugte, die Nägel hineintrieb, ohne das Holz zu beschädigen, den Deckel mit einem Scharnier versah und einhängte. *Wir begruben die kleine Kitty hinter dem Haus, nahe der Stelle, an der Du letztes Frühjahr die Holzapfelbäume gepflanzt hast, & ich fertigte eine richtige Grabtafel für sie an, auf der ihr Name, die Daten und ein kleines Motto stehen sollen, wenn Du eines für sie wünschst. Mr. und Mrs. Perkins waren Mary eine große Stütze & ebenso für uns andere, & Mr. Perkins nahm Annie & Oliver zu sich ins Haupthaus, um es Mary leichter zu machen; & auch viele andere Leute kamen zu uns, um ihr Beileid und Mitgefühl auszudrücken.* Bei der Beerdigung streichelte ich Ruth mit den Fingerspitzen der rechten Hand über die Wange, faßte sie mit meiner linken Klaue um den Rücken und zog meine Schwester an mich, wie um ihren Kummer in mich hineinzusaugen und die Scham zu teilen, die sie verspürte. Die anderen, die zu dem Begräbnis gekommen waren, unsere Freunde und Nachbarn, sahen uns an, und darüber war ich froh, denn sie alle sollten sehen, daß jeder von uns Browns gleichermaßen Schuld am Tod unserer Kitty trug und nicht ein einzelner von uns zu tadeln war. *Es tut mir leid, Vater, daß ich Dir derart schreckliche Neuig-*

keiten mitteilen muß. Ich hoffe, die Geschäfte gehen gut. Keine besonderen Probleme hier mit der Herde oder der Farm. Dein Dich liebender Sohn Owen Brown.

Fast vierzehn Tage vergingen, ehe wir endlich von Vater hörten. Aufgrund der unveränderlichen, unausweichlichen täglichen Bedürfnisse des Viehs und der notwendigen Arbeiten auf der Farm, die keinerlei Rücksicht auf eine menschliche Tragödie nehmen, hatte das Leben der Familie bald wieder seinen gewohnten Lauf genommen; selbst Ruth hatte versuchsweise ein paar Schritte zurück in den Schoß der Familie gewagt, obwohl sie jetzt eine vollkommen veränderte junge Frau war. Sie war zu der ernsten, ja sogar melancholischen Frau geworden, die sie für den Großteil ihres restlichen Lebens bleiben sollte, selbst während ihrer glücklichsten Jahre, als sie und Henry Thompson sich droben in North Elba ineinander verliebten sowie im ersten Jahr ihrer Ehe, ehe Henry mit uns nach Kansas ritt.

Vaters Brief traf ein, als wir uns in unserem Leben und Empfinden allmählich bereits daran gewöhnt hatten, daß Kitty nicht mehr bei uns war; es war schmerzlich, ihn laut vorzulesen, wie wir es bei allen seinen Briefen hielten, und es fiel mir anschließend schwer, den Brief gemäß Vaters Anweisungen abzuschreiben, denn schon vor langer Zeit hatte er uns aufgetragen, wir sollten sicherstellen, daß alle seine Briefe kopiert und verwahrt würden; da ich damals die beste Handschrift von allen hatte, fiel diese Aufgabe normalerweise mir zu. *Meine lieben, vom Unglück heimgesuchten Frau und Kinder,* schrieb er, und so schrieb ich es nach. *Gestern abend kam ich nach einer mehrtägigen Abwesenheit zurück, & ich bin durchaus nicht in der Lage, den Gefühlen Ausdruck zu verleihen, die mich bewegten, als ich aus Owens Brief vom 30. und Mr. Perkins' Schreiben vom 31. Oktober die schrecklichen Nachrichten erfuhr. Mir ist, als hätte es mir die Sprache verschlagen.* Nicht gerade wahrscheinlich, dachte ich. Denn ich war wütend auf Vater, nicht so sehr wegen seines Briefes, in dem so ungefähr alles stand, was er unter den gegebenen Umständen sagen konnte, und der ganz in seinem üblichen Stil gehalten war. Vermutlich war ich verärgert, weil er nicht hier war, als wir alle, vor allem Ruth, unter dem Tod der kleinen Kitty litten; wir mußten also nicht nur das Grauen und die Pein des schrecklichen Vorfalls ertragen, sondern ihm auch noch davon berichten – um sein Urteil, seine alles umfassende Betrachtungsweise, seine gütigen oder verdammenden Worte zu hören, als wäre er der Großsheriff und wir seine Leibeigenen, die über den Verlust eines der Unseren Rechenschaft ablegen mußten –, ohne in diesem Bericht zu erwähnen, daß wir mit Kitty ein besonders geliebtes Kind verloren hatten, ohne zu erwähnen, daß die grauenhaften Umstände ihres Todes insbesondere einer von uns für den Rest ihres Lebens Qual und Scham aufgebürdet hatten.

Natürlich war nichts von alledem Vaters Schuld; doch das minderte meinen Zorn nicht, als ich seinen Brief in das für diesen Zweck bestimmte grüne Schulheft abschrieb. *Noch ein liebes, schwaches Kind, das ich nicht mehr sehen werde, ehe die Toten, Kleine & Große, vor Gott stehen werden. Es ist dies ein bitterer Kelch, Kinder, doch ein von Gott gesegneter: Ein hellerer Tag wird anbrechen; & so laßt uns nicht trauern wie diejenigen, so keine Hoffnung haben; oh, hätten wir, die wir noch hier weilen, doch die Weisheit, unser künftiges Ende zu bedenken & stets vor Augen zu haben.* Dies war, das wußte ich, eindeutig auf mich, John und Jason gemünzt, denn natürlich waren wir diejenigen, denen es oblag, zu »trauern wie diejenigen, so keine Hoffnung haben«, weil wir nicht darauf vertrauen konnten, je zu den Kleinen und Großen zu zählen, die vor Gott stehen würden. Unser Kummer, meiner und der meiner Brüder, war größer, dies gab Vater daMit indirekt zu verstehen, da wir als Nicht-Gläubige überzeugt sein mußten, die arme Kitty nie wiederzusehen, und das war schlimm, wahrhaft schlimm und ganz allein unsere eigene Schuld. Laut Vater stand es uns nicht zu, an jenen helleren Tag zu glauben, und daher verfügten wir erst recht nicht über die Weisheit, unser künftiges Ende zu bedenken.

Unter normalen Umständen führte diese Meinungsverschiedenheit zwischen Vater und uns nicht zu irgendwelchen quälenden Konflikten; doch wenn auch wir litten, wenn wir selber trauerten, machte es uns nur wütend, daß er unseren herzzerreißenden Kummer als bloße Folge unserer moralischen Schwäche abtat. Allerdings konnten wir ihm dies nicht sagen.

Oh, natürlich hätten wir es ihm sagen können, doch er hätte uns nicht gehört; sein Glaube war so gewaltig, klang ständig in seinen Ohren, daß bei all den Hosiannas, Hallelujas und einfachen Hurras, die er vernahm, das, was wir sagten, nicht mehr als das Zischeln einer Schlange war. *Die göttliche Vorsehung hat offenbar insbesondere Dir, meine liebe Mary, eine schwere Bürde und Verantwortung auferlegt; doch ich vertraue darauf, daß Du fähig sein wirst, sie so geduldig zu tragen, wie Dir geheißen ist. Ich bedaure außerordentlich, daß ich nicht zurückkehren & bei Euch sein kann, um diese Schicksalsprüfung gemeinsam mit Euch durchzustehen; doch sosehr ich mich auch danach sehne, wieder zu Hause zu sein, es steht mir noch nicht frei, nach Akron zurückzukehren. Ich hoffe, binnen kurzem hier aufbrechen zu können, doch kann ich nicht sagen, wann dies sein wird.* Fast wäre mir beim Niederschreiben dieser Worte die Spitze meiner Feder abgebrochen; so sehr verkrampfte sich meine Hand, daß ich mehrere häßliche Tintenkleckse auf das Papier spritzte. Doch es war noch nicht durchgestanden. *Ich vertraue darauf, daß keiner von Euch sich veranlaßt sieht, unvernünftigerweise meiner lieben Ruth irgendwelche Schuld an der schrecklichen Heimsuchung aufzubürden, die zu ertragen wir berufen sind; denn wenn der Mangel an ausreichender Fürsorge bei jedem & allen von uns bislang noch keine tödlichen Folgen zeitigte, so ist dies nicht uns zu danken.* Mit kalter Wut im Herzen erkannte ich, obwohl ich zu keinem ein Wort davon sagte, daß Vater Ruth nur vergeben konnte, indem er alle anderen in ihre Schuld mit einbezog; dies ermöglichte es ihm natürlich, keinem zu vergeben. In seinen Augen hatte nicht nur Ruth gefehlt, sondern wir alle waren schuld, hatten es an Fürsorge mangeln lassen, und einzig durch den Willen des Herrn waren uns die tödlichen Folgen unserer Trägheit und Nachlässigkeit bislang erspart geblieben.

Hätte ich das rechte Verständnis für meine gewohnheitsmäßige Vernachlässigung des ewigen Seelenheils meiner Familie, ich würde wohl wahnsinnig werden vor Scham, schrieb er, und ich schrieb es ab. Mußten wir also, da er ganz offenkundig nicht verrückt geworden war, daraus den Schluß ziehen, daß er nicht das rechte Verständnis für seine gewohnheitsmäßige Vernachlässigung des Seelenheils seiner Familie hatte? Wollte er das damit zum Ausdruck bringen? Oder wechselte er einfach das Thema, denn darin war er ein Meister, um uns aufzufordern, *ihn* zu beruhigen, ihn zu loben, ihm dankbar zu sein, daß er sich dort draußen in Springfield, wenn schon nicht um das ewige Seelenheil, so doch zumindest um das weltliche Wohlergehen seiner Familie kümmerte? *Ich hoffe demütiglich, daß die schreckliche, schmerzliche Vorsehung uns alle dazu veranlaßt, die erstaunlichen, unvorhersehbaren, unsagbaren Folgen richtig einzuschätzen, die davon abhängen, ob man in Dingen recht oder falsch handelt, die scheinbar von geringem Belang sind. Wer kann schon die ungeheuren Konsequenzen an Gutem oder Bösem nennen oder begreifen, die die Folge eines einzigen kleinen Wortes sind? Alles, was es wert ist, getan zu werden, sollte so ernsthaft und gut getan werden als möglich.* Nicht schon wieder das, sagte ich zu mir selber und schrieb pflichtbewußt die Worte in das Heft, als wären es meine eigenen. Nicht noch mehr Platitüden und Maximen, nicht noch mehr von Benjamin Franklins Regeln zur rechten Lebensführung. *Wir sind einigermaßen gesund & rechnen damit, in Bälde einigen von Euch erneut zu schreiben. Unseren herzlichsten Dank an Mr. & Mrs. Perkins & ihre Familie. Von Eurem Euch zärtlich liebenden Gatten & Vater John Brown.*

Als ich den Brief fertig abgeschrieben hatte, verstaute ich das Schulheft in der Mappe, in der Vater seine Unterlagen verwahrte, und keiner von uns las den Brief noch einmal oder erwähnte ihn auch nur. Das war seltsam, denn mittlerweile hatte es in unserer Familie zahlreiche Todesfälle gegeben, und sie alle hatten uns enger zusammengeschweißt; doch der Tod der kleinen Kitty brachte mich und, wie ich glaube, auch die anderen dazu, sich in stärkerem Maße von Vater zurückzuziehen als je irgendein Ereignis oder eine Notlage zuvor. Natürlich hatte hie und da der eine oder andere von uns eine Phase durchgemacht, in der er den vertrauten Umgang mit Vater gemieden hatte, doch fast immer war dies die Sache eines einzelnen gewesen, eine kurze, einsame Auflehnung. Doch nach Kittys Tod rebellierten wir als Gemeinschaft, der selbst Mary angehörte, und schlossen Vater wochenlang von unseren Empfindungen und unseren Gesprächen aus.

Ich glaube, damals wurde mir zum ersten Mal klar, daß es möglich war, sich Vater entgegenzustellen, vor Wut über ihn beinahe zu zerspringen und ohne irgendeine schmerzliche Einbuße meines Selbstwertgefühls und ohne die lähmende Einsamkeit, die ich normalerweise als Ergebnis meiner Widerspenstigkeit befürchtete, seinem wirren Gerede und den Vorwürfen aus dem Weg zu gehen. Doch es gelang mir nur, wenn die anderen sich mir anschlossen. Die schreckliche Ironie des Ganzen ist, daß wir uns nie gemeinsam gegen ihn stellen konnten, wenn nicht einer von uns vorher geopfert worden war – so wie Ruth die kleine Amelia, unsere Kitty, geopfert hatte. Nur dann konnten wir gegen ihn aufstehen und sagen: »Vater, du begreifst nichts.«

Als ich gestern das Versteck, in dem ich Vaters Unterlagen aufbewahre, nach den Briefen anläßlich des Todes der armen Kitty durchstöberte, stieß ich zufällig auf ein anderes, längst vergessenes Manuskript. Ich bin mir sicher, Sie haben es nie gelesen, doch es wird Ihnen eine Facette von Vaters Wesen zeigen, die Sie vielleicht überrascht und sogar erheitert. Zudem könnte es Ihnen zusätzliche Einsicht in die eigentliche Natur meiner Beziehung zu Vater vermitteln, so daß Sie mir später, wenn ich alles erzählt habe, Glauben schenken werden.

Das Dokument, von dem ich spreche, veranlaßte mich unerwartet dazu, an die Zeit zurückzudenken, als Vater sein Gesicht zu schwärzen pflegte und tatsächlich versuchte, sich als Neger auszugeben. Es war ziemlich gewagt, doch er war sich dessen durchaus bewußt und tat es trotzdem, angeblich weil er belehren und warnen wollte. Mit großer Sorgfalt hatte er einen Aufsatz mit dem Titel »Sambos Irrungen« ausgearbeitet, den er jedem von uns, der zuzuhören bereit war, viele Male vorlas und schließlich, nach langem Zögern, den schwarzen Herausgebern des *Ram's Horn* in Brooklyn, New York, anonym zusandte. Der Essay wurde nicht veröffentlicht, vermutlich weil er als das erkannt wurde, was er war – ein Weißer, der sich als Schwarzer ausgab, wollte den Negern sagen, wie sie sich verhalten sollten. Diese Ablehnung erboste Vater, denn er war der Überzeugung, er sage den Negern darin Dinge, die sie hören sollten, was sie jedoch selten taten, außer wenn er sie auf irgendwelchen Versammlungen vortrug oder eingeladen wurde, vor Schwarzengemeinden zu sprechen. Er erklärte, er habe beschlossen, als Sambo zu sprechen, weil die Neger, wenn er ihnen all dies als Weißer sagte, ihn auch nur als Weißen betrachten und ihm folglich nicht wirklich zuhören würden. »Rassenhaß vergiftet die Ohren eines jeden«, erklärte er. »Die der Neger ebenso wie die der Weißen.«

Das war im Winter 1848; mittlerweile waren wir von Akron weggezogen und hatten uns in Springfield niedergelassen; ich fand das Ganze damals irgendwie peinlich, obwohl mir später aufging, daß Vater in gewisser Weise, möglicherweise unbewußt, nicht nur seinen Negerbrüdern, sondern ebenso sich selber Ratschläge erteilt und für sich selber auf Fehler hingewiesen hatte. Seine kleine Geschichte war, entgegen seiner erklärten Absicht, als ein anderer aufzutreten, in der ihm eigenen Sprechweise verfaßt, ungefähr so, wie wenn er Briefe nach Hause schrieb und uns Ratschläge erteilte und uns kritisierte. Dies könnte für Sie von Interesse sein, denn Sie wurden lange nach Vaters Tod geboren und können keine Vorstellung davon haben, wie er im Gespräch tatsächlich klang. Vaters Stil, einschließlich seiner Grammatik, Wortwahl und des Tempos, in dem er sprach, blieb sich mehr oder weniger gleich, ob er nun laut redete oder irgend etwas schriftlich niederlegte. Es war unverwechselbar seine Stimme, auch wenn mir oft gesagt wurde, ich spräche ganz ähnlich wie er.

Vor ein paar Stunden nahm ich Vaters Originalmanuskript von

»Sambos Irrungen«, von dem ich die »offizielle« Abschrift für *Ram's Horn* angefertigt hatte, mit nach draußen und las es im allmählich verlöschenden Tageslicht. Vielleicht war es die Ähnlichkeit in unserer Sprechweise, seiner und meiner, die mich in die Lage versetzte, mich ganz genau an seine Stimme zu erinnern, als ich seinen Aufsatz durchlas, denn ich konnte hören, wie er zu mir sprach, ganz so, als säße er neben mir auf der kleinen Veranda und als wäre die Tinte auf dem Papier noch nicht ganz trokken.

»Sag es mir aufrichtig, Owen, wenn du glaubst, ich habe irgend etwas Nützliches und Wichtiges ausgelassen«, forderte er. »Und weise mich bitte auf jede mißglückte Redewendung hin, mein Sohn.« Dann begann er, »Sambos Irrungen« laut vorzutragen, sehr langsam; jedes einzelne Wort kostete er aus, als läse er ein erhabenes Gedicht.

Ungeachtet dessen, daß ich im Verlauf eines langen Lebens wie andere meiner farbigen Brüder einige Fehler begangen habe, werdet Ihr mit einem Blick feststellen, daß ich immer über die bemerkenswerte Eigenschaft verfügte, meine Fehler rechtzeitig zu entdecken und schnell zu erkennen, wie man sich statt dessen verhalten sollte. Ich habe vor, in diesem und den folgenden Abschnitten ein paar Beispiele dafür zu liefern.

So habe ich als kleiner Junge lesen gelernt, doch statt meine Aufmerksamkeit auf die göttliche und weltliche Geschichte zu richten, wodurch ich möglicherweise das wahre Wesen Gottes und des Menschen erkannt und gelernt hätte, welchen Weg Einzelpersonen wie auch Gemeinschaften und Nationen einschlagen sollen, statt in meinem Denken eine unendliche Vielfalt vernünftiger und praktischer Ideen anzuhäufen, von der Erfahrung Millionen anderer jeglichen Alters zu profitieren, mich auf die wichtigsten Abschnitte meines Lebens vorzubereiten und mein Denken mit den besten und weisesten Entschlüssen und den edelsten Gefühlen und Motiven zu stählen, habe ich mein ganzes Leben damit zugebracht, alberne Romane und anderen er-

*bärmlichen Schund zu verschlingen, mit dem die meisten Tageszeitungen und andere beliebte Schriften angefüllt sind, habe dadurch versäumt, mich für das wirkliche Leben tauglich zu machen, und einen Gefallen an Unsinn und Geistlosigkeit entwickelt, so daß ich jetzt keinen Sinn für nüchterne Wahrheit, nützliches Wissen oder praktische Weisheit habe. Auf diese Weise bin ich durch mein Leben gegangen, ohne mir selber oder anderen von Nutzen zu sein, ein unbeschriebenes Blatt, auf dem nichts Lesenswertes geschrieben steht.
Doch ich sehe im Nu, wo ich gefehlt habe.
Ein weiterer Irrtum, in den ich schon früh verfallen bin, war die Vorstellung, Tabak zu kauen und zu rauchen würde einen Mann aus mir machen, der manchen Weißen fast gleichwertig sei. Das Geld, das ich dafür ausgegeben habe, zusammen mit den Zinsen, hätte mich in die Lage versetzt, vielen Notleidenden zu helfen; ich hätte mir eine trefflich ausgewählte Bibliothek zulegen und eine schöne Farm als Stütze und Trost im Alter kaufen können; doch so habe ich jetzt weder Bücher noch Kleidung, weder die Genugtuung, anderen von Nutzen gewesen zu sein, noch einen Platz, wo ich mein altersgraues Haupt betten kann.
Allerdings erkenne ich in Sekundenschnelle, wo ich gefehlt habe.
Noch ein Fehler war, daß ich leichtfertige Weiße nachgeahmt und mich den Freimaurern, den Odd Fellows, den Sons of Temperance und anderen geheimen und religiösen Gesellschaften angeschlossen habe, die von und für Farbige gegründet worden sind, anstatt den Umgang mit intelligenten, klugen und guten Menschen beider Rassen zu suchen, von denen ich viel Interessantes und Nützliches hätte lernen können. Auf diese Weise habe ich eine Menge überaus kostbarer Zeit und Geld verschwendet, manchmal in einem einzigen Jahr so viel, daß es mir, hätte ich dasselbe gegen Zinsen angelegt und behalten, immer einen ehrbaren Lebenswandel ermöglicht, mir Ansehen und Einfluß bei anderen verschafft und mich in die Lage versetzt hätte, einem geachteten Beruf nachzugehen; in dem Fall hätte ich andere zu ihrem Nutzen und ihrer Besserung beschäftigen können. Doch*

so wie es ist, bin ich immer arm und verschuldet gewesen und nun gezwungen, auf der Suche nach Arbeit als Stallknecht, Schuhputzer und Fiedler herumzuziehen.
Doch ich bewahre mir meine rasche Auffassungsgabe und sehe sogleich, wo ich gefehlt habe.
Ein Irrtum meiner reiferen Jahre war es, daß ich, wenn ein Treffen farbiger Leute einberufen wurde, um eine wichtige Angelegenheit von allgemeinem Interesse zu besprechen, immer derart eifrig darauf bedacht war, mein rednerisches Talent zur Schau zu stellen, und so hartnäckig die eine oder andere unbedeutende Theorie vertreten habe, daß ich den Überblick über das anstehende Problem verloren und die Zeit darauf verschwendet habe, über bedeutungslose Dinge zu streiten, und dadurch viele wichtige, zur Beförderung des Allgemeinwohls gedachte Maßnahmen verhindert habe.
Doch ich bin glücklich, daß ich sagen kann, schnell wie der Blitz sehe ich, wo ich gefehlt habe.
Ein weiterer kleiner Fehler, den ich in meinem Leben begangen habe (denn große habe ich nie gemacht), war, daß ich nicht einmal um der Einigkeit zur Beförderung der grundlegendsten Interessen unserer Rasse willen auch nur einmal von meinem Standpunkt abgewichen bin, selbst wenn es sich nur um eine geringfügige Meinungsverschiedenheit handelte. Daher konnte ich immer nur zusammen mit wenigen Leuten, oft auch ganz auf mich selbst gestellt, tätig werden, und habe so nichts erreicht, um dessentwillen es sich lohnen würde zu leben.
Doch ein Trost bleibt mir, ich sehe wie im Vorbeigehen, wo ich gefehlt habe.
Ein kleiner, nichtsdestoweniger aufschlußreicher Fehler, den ich begangen habe, ist der, daß ich jeden anderen, wenn er nicht an mein Niveau heranreichte, auch wenn er äußerst schätzenswerte Eigenschaften hatte und auf bewundernswerte Weise geeignet gewesen wäre, einen wichtigen Posten zu übernehmen, in Bausch und Bogen ablehnte, seinen Einfluß beschnitt, mich seinen Maßnahmen widersetzte und mich sogar über seine Niederlagen

freute, obwohl seine Absichten stets gut und seine Pläne wohldurchdacht waren.

Doch mit großer Genugtuung kann ich sagen, ohne einen Widerspruch befürchten zu müssen, ich sehe in Windeseile, wo ich gefehlt habe.

Ein weiterer kleiner Fehler war, daß ich es nie fertiggebracht habe, wirkliche Selbstzucht zu üben, obwohl ich in diesem Punkt hervorragende Theorien hatte. Beispielsweise habe ich mir teure, farbenprächtige Gewänder, hübsche Spazierstöcke, Uhren, goldene Uhrketten, Fingerringe, Krawattennadeln und andere Dinge dieser Art gekauft und geglaubt, ich könne mich dadurch von den gewöhnlichen Leuten abheben, so wie die bessergestellten Weißen es tun. Ich war immer einer der ersten, wenn es darum ging, teure Feste zu veranstalten, hinter modernen Vergnügungen herzusein, und habe meinem Bedürfnis danach freien Lauf gelassen, sooft ich das Geld dazu hatte (selbst wenn ich es mir borgen mußte); ich war ein eifriger Kunde der Verkäufer von Nüssen, Zuckerwerk, Kuchen und so weiter, habe mir des öfteren ein üppiges Abendessen geleistet und war Stammkunde in den Mietställen. Auf diese und andere Weise habe ich es versäumt, meinen notleidenden Mitbrüdern von Nutzen zu sein, und bin jetzt selber kaum in der Lage, Leib und Seele zusammenzuhalten.

Doch haltet mich nicht für gedankenlos oder schwer von Begriff, denn ich sehe augenblicklich, wo ich gefehlt habe.

Ein nicht so geringfügiger Fehler war folgender: Ich habe immer erwartet, mir die Gunst der Weißen dadurch zu sichern, daß ich mich folgsam jeder Art von Demütigung, Verachtung und Kränkung unterworfen habe, anstatt heldenhaft ihren brutalen Übergriffen zu widerstehen und meinen Platz als Mann, Bürger, Ehegatte, Vater, Bruder, Nachbar, Freund zu behaupten, so wie Gott es von jedermann fordert (und wenn sein Nachbar ihm dies nicht erlaubt, muß er aufstehen und sich fortwährend dagegen verwahren und außerdem Gott um Hilfe anrufen!). Doch ich habe festgestellt, daß ich für alle meine Unterwürfigkeit ungefähr die

gleiche Belohnung erhalte, wie sie die südlichen Sklavokraten den verweichlichten Staatsmännern des Nordens dafür zugestehen, daß sie sich bestechen und einschüchtern und übers Ohr hauen und betrügen lassen, was die Whigs und Demokraten so liebend gern tun, und sie fühlen sich auch noch hoch geehrt, wenn es ihnen gestattet wird, den Speichel eines Südstaatlers aufzulecken. Ich kann wohl sagen, ich bekomme die gleiche Belohnung!
Doch da ich eine ungewöhnlich schnelle Auffassungsgabe habe, sehe ich im Nu, wo ich gefehlt habe.
Noch einen kleinen Fehler, den ich gemacht habe, will ich gestehen: Zwar war ich immer ein überaus eifriger Abolitionist, doch ständig lag ich mit meinen Freunden wegen gewisser religiöser Grundsätze im Krieg. Zuerst war ich Presbyterianer und konnte mir nicht vorstellen, je mit meinen Quäker-Freunden zusammenzuarbeiten, denn sie waren widerliche Ketzer, und die Baptisten stiegen ins Wasser, und die Methodisten leugneten die Lehre des Erwähltseins und so weiter, und in späteren Jahren, seit ich durch Garrison, Abby Kelley und andere wahrhaft wohlwollende Personen aufgeklärt worden bin, habe ich all meine Kraft gegen Freunde eingesetzt, die den Sabbat ehren und das Gefühl haben, daß es einzig darauf ankommt.
Jetzt werdet Ihr mir, auch wenn ich erfolglos geblieben bin, zweifelsohne meine Hellsichtigkeit hoch anrechnen. So schnell ich es aussprechen kann, so schnell sehe ich, wo ich gefehlt habe!

Vater ließ das blaßblaue Blatt Papier sinken, sah mich an und wartete darauf, daß ich meine Bewunderung zum Ausdruck brachte.
»Nun? Was hältst du davon, mein Sohn?« fragte er.
»Na ja … hm«, erwiderte ich. »Ja, das ist … das ist sehr gut. Und offenbar hast du alles angesprochen, was dir am Herzen liegt. Obwohl es ziemlich unvermittelt aufhört, findest du nicht? Ich meine, ist es genug, einfach ständig zu wiederholen, daß man im Handumdrehen sieht, wo man gefehlt hat?«
»Nein«, widersprach er. »Natürlich nicht! Genau das ist ja der

springende Punkt. Oder wird es sein. Das werde ich in meinem zweiten Kapitel darlegen: was zu tun ist, wenn man seine Fehler erkannt hat. Verstehst du, die amerikanischen Neger haben keine Persönlichkeit wie Benjamin Franklin, und genau das versuche ich hier auszugleichen, indem ich ihnen eine freundliche, weise Strafpredigt halte. Franklin hat nur die Weißen angesprochen, sehr vernünftig und gut, das ist wahr, doch was er gesagt hat, ist für ein aufgrund seiner Rasse verachtetes und geknechtetes Volk kaum von Nutzen. Franklins *Almanach vom Armen Richard* behandelt nie die Rassenfrage insgesamt. Die Neger – ich spreche hier von den einfachen Leuten, nicht von den Führern – brauchen ein Buch mit praktischen Anweisungen, das für sie genauso verständlich und vergnüglich ist wie das von Franklin für uns Weiße, und genauso realistisch. Sambo ist der arme Richard, mein Sohn.

Wenn das in *Ram's Horn* veröffentlicht wird, werde ich meine farbigen Freunde fragen, was sie davon halten – ganz unschuldig, verstehst du, als wüßte ich nicht, wer der Autor ist; ich werde mir ihre Antworten genau anhören und so merken, was ich vergessen habe. Und dann schreibe ich mein zweites Kapitel. Ein drittes und ein viertes werden folgen und so weiter, bis ich ein ganzes Buch geschrieben habe, ein Buch, das den Negern im Kampf gegen die Sklaverei als neue Fibel dienen kann.«

»Schön und gut, aber sollte man nicht lieber einen Neger ein solches Buch schreiben lassen?« fragte ich und wies ihn darauf hin, daß sich zahlreiche Leute wohl besser darauf verstünden: beispielsweise Mr. Douglass oder die Geistlichen Garnet und Loguen. »Die bräuchten sich dazu nicht zu verstellen«, fügte ich hinzu.

»Ich bitte dich«, entgegnete er amüsiert, als hielte er dies für eine lachhafte Idee. »Owen, was wir brauchen, ist ein schwarzer Ben Franklin. Keiner dieser hervorragenden Männer ist jedoch besonders humorvoll oder realistisch. Und selbst wenn er das wäre, müßte er sich doch genauso verstellen wie ich. Aus anderen Gründen natürlich. Nicht wegen seiner Rasse, sondern weil er bei der schwarzen Leserschaft allgemein bekannt ist. Auch Mister Douglass müßte sich Sambo nennen, genauso wie ich, ansonsten würde er wie der berühmte Frederick Douglass klingen, und wer würde ihm schon abnehmen, daß er solche Fehler begangen hat?«

»Und wer wird glauben, daß du sie begangen hast, Vater?«

»Keiner weiß, wer ich bin«, meinte er mit einem Augenzwinkern.

Nein, in der Tat, das wußte niemand. Damals, 1848 in Springfield, Massachusetts, wußte niemand, schwarz oder weiß, wer John Brown war. Nicht einmal ich wußte es. Allerdings sollte der Tag kommen, und zwar schon recht bald, an dem die ganze Welt seinen Namen kennen würde – von den literarischen Salons in Paris bis hin zum bescheidensten Farmerblockhaus in Kentucky, von den Schlössern der englischen Königin in Schottland bis hin zu den Hütten aus mit Lehm beworfenem Flechtwerk in den Sklavenvierteln von Alabama. Alsdann, Alter, schreib deine Geschichte. Sei für die Schwarzen ein freundlicher, ganz gewöhnlicher Neger, der ihnen eine Strafpredigt hält, und tu es, solange du noch kannst. Denn schon bald wird dieser Sambo Old John Brown sein, Captain John Brown, Osawatomie Brown, ein Mann, der seine wahre Identität nicht verbergen kann, nicht einmal hinter einem Bart und unter einem Dutzend falscher Namen, und der nie wieder wird behaupten können, etwas anderes zu sein als ein Weißer, der nicht einmal mehr der Wunschvorstellung nachhängen kann, etwas anderes zu sein als ein Weißer. Zwar wird das wohl kaum je so unverblümt gesagt werden, doch seine Rassenzugehörigkeit – daß er ein Weißer ist und im Interesse der Neger kaltblütig andere Weiße getötet hat – wird das Wichtigste an ihm werden.

Das Bild Vaters, wie er neben mir sitzt und mir vorliest, ist verblaßt. Doch obwohl ich ihn nicht mehr sehen kann, höre ich nach wie vor seine Stimme. Er sagt zu mir: »Hier draußen ist es sehr dunkel. Macht dir die Dunkelheit nichts aus, Owen? Und die Kälte? Es ist sehr kalt geworden, seit die Sonne untergegangen ist. Geh doch hinein und zünde ein Feuer an.«

»Die Dunkelheit stört mich sehr wohl. Sie läßt mich die Qual der Einsamkeit allzusehr spüren. Die Kälte hingegen spüre ich nicht.«

»Dann geh in deine Hütte, mein Junge, und zünde eine Kerze an.«

Vom Winter 1847 bis zum Frühling 1849 wohnten wir in Springfield in dem Haus in der Franklin Street, einem Reihenhaus aus Balkenwerk, das nicht breiter als ein einziges Zimmer, ziemlich baufällig und kaum möbliert war und sich in einem Viertel befand, in dem hauptsächlich freigelassene Neger wohnten, die noch ärmer waren als wir. Dennoch waren wir zufrieden, denn zum ersten Mal seit etlichen Jahren waren wir alle vereint, eine richtige Familie; Vater arbeitete nicht irgendwo weit weg und irrte wie ein dahinschweifender Stern oder ein Komet dahin, um irgendwann in ferner Zukunft nach Hause zurückzukehren. In jener Zeit wohnte sogar John zusammen mit seiner ihm frisch angetrauten Frau Wealthy bei uns und half Vater bei der Verwaltung von Mr. Perkins' Wollager.

Mit John war leichter auszukommen als mit Vater, zumindest schien es so, denn kaum war John aus Ohio eingetroffen, wollten die Leute lieber mit ihm als mit dem Alten verhandeln. Dies ermöglichte Vater, seine Pläne hinsichtlich des Wohlergehens und der Zukunft der Neger in Springfield weiterzuverfolgen, die damals wegen der zunehmenden Zahl von Sklavenjägern, die durch die Städte des Nordens streiften, besonders beunruhigt waren. Vater widmete sich nun verstärkt und mit wiederauflebender Zielstrebigkeit der Bekämpfung der Sklaverei, wahrscheinlich weil in Springfield zahlreiche Freigelassene lebten, die ihm aufgrund ihrer Intelligenz und der Heftigkeit ihres Widerstands gegen die Sklaverei sympathisch waren. Und es kam der Sache zweifelsohne zugute, daß er ihnen in seiner Leidenschaftlichkeit und der Eindeutigkeit seiner Parteinahme ebenfalls sympathisch war.

Ich selber war für das Warenlager eingeteilt und für das Waschen und Aussortieren der Wolle zuständig, die aus dem Westen, zumeist von Vaters und Mr. Perkins' Geschäftspartnern in Ohio und Pennsylvania, angeliefert wurde. Außerdem mußte ich dafür sorgen, daß sie sachgemäß gelagert wurde; wenn gelegentlich etwas an eine der Wollfabriken verkauft wurde, war es meine Aufgabe, mich um die Verpackung und Verschickung in die riesigen neuen Webfabriken im Osten Massachusetts' zu kümmern. Eine langweilige Aufgabe, aber nicht besonders anstrengend, so daß mir vielleicht zuviel Zeit dafür blieb, allein vor mich hinzuträumen, von einer Zukunft, die, wie ich in meinem Innersten argwöhnte, nie die meine sein würde.

Zum großen Teil waren meine Träume närrische Phantasien eines sehr naiven und ungewöhnlich unreifen jungen Mannes – Vorstellungen, wie sie sich ein Schäferjunge von der kultivierten Gesellschaft im Osten machte. Ich war jetzt vierundzwanzig Jahre alt, doch die größte Stadt, die ich je gesehen hatte, war Springfield. Die ständige Nähe exotischer (zumindest schien mir dies so) junger Frauen versetzte mich in einen Zustand fortwährender Erregtheit, sowohl des Denkens als auch des Körpers; so manche Abend- und frühe Morgenstunde verbrachte ich damit, allein durch die Straßen zu streifen, nicht so sehr auf der Ausschau nach jungen Frauen, denn die sah man zu dieser Zeit nur selten auf den Straßen, sondern um mit meinen wirren Gedanken und Gefühlen allein zu sein und mich verzweifelt darum zu bemühen, sie zu bändigen und zu ordnen.

Triebkraft der meisten meiner Gedanken und Gefühle war mit Sicherheit nichts weiter als eine natürliche männliche Neugierde, auf unnatürliche Weise verstärkt durch meine Angst vor Frauen und meine Schüchternheit in ihrer Gegenwart, die ich mein Leben lang nicht ablegen sollte, sowie mein bisheriges abgeschiedenes Landleben. Doch sie beunruhigten, verwirrten mich. Ich zögere, dies einzugestehen, vor allem jemandem gegenüber, den ich nicht kenne, und noch dazu einer Frau, und es ist durchaus möglich, daß ich dies zwar niederschreibe, dann aber verbrenne, wie ich es schon mit anderen Seiten gemacht habe. Ehrlich gesagt, ich weiß nicht einmal mit Gewißheit, ob ich Ihnen ein paar von diesen Seiten geschickt habe oder alle oder gar keine. Sie liegen wirr durcheinander auf meinem Tisch und überall in meiner Blockhütte verstreut, und einen Großteil der Zeit, in der ich nicht hier sitze, den Bleistift in der Hand, bin ich verwirrt und weiß nicht mehr so recht, wer und wo ich eigentlich bin, kann nicht mehr zwischen dem, was ich getan, und dem, was ich nicht getan habe, unterscheiden.

Ich werde alles erzählen. Sobald ich untertags eine reizvolle junge Frau in der Kirche oder eine Freundin Ruths in unserem Viertel oder bei einem Abolitionistentreffen eine der Töchter eines Negers aus Vaters Anhängerschar sah, wandte ich schnell den Blick ab und tat alles, um nur ja nicht in ihre Nähe zu kommen. Später jedoch, nachts – wenn ich allein war und durch die von Gaslaternen erhellten Straßen der Stadt ging, über verschlammte, von Unrat übersäte Wege und durch die Gassen am Fluß, vorbei an den Schenken und Bordellen, wo ich oft stehenblieb, durch beschlagene Fenster spähte und verstohlene Blicke durch die Tür warf, sobald von Whiskey trunkene Gäste hineingingen oder herauskamen, wenn ich durch von Bäumen gesäumte breite Straßen den Hügel hinaufwanderte, wo die großen Herrenhäuser standen, und über den Rasen zu dunklen Veranden starrte –, stellte ich mir alle möglichen Begegnungen mit den unterschiedlichsten Frauen vor, und auf der Bühne meiner Einbildung wurden kleine Theaterstücke aufgeführt, in denen ich alle Rollen übernahm.

»Schönen guten Abend, Miss. Machen Sie noch einen kleinen Abendspaziergang? Darf ich Sie ein Stück des Weges begleiten?«

»Oh, vielen Dank, Sir, es wäre mir ein Vergnügen, wenn Sie mir Gesellschaft leisten und mich beschützen. Sind Sie von hier? Sie kommen mir nämlich nicht bekannt vor.«

Banale kleine Dramen, die meine Leidenschaft entflammten und mich zu unserem Haus in der Franklin Street zurücktaumeln ließen, wo die übrige Familie friedlich und tugendhaft schlief. Dort wälzte ich mich auf meinem Feldbett in dem Zimmer herum, das ich mit meinen jüngeren Brüdern teilte, elend, voller Schuldgefühle, und besudelte mich selbst.

So nahm ich kaum etwas von der anhaltenden, fortwährend sich verschlimmernden Krankheit eines anderen der Kinder, der kleinen Ellen wahr, die im vorangegangenen Herbst in Ohio zur Welt gekommen war, und sah auch nicht, daß meine Stiefmutter Mary sich immer noch nicht ganz vom Wochenbett erholt hatte. Ich lebte in einem Hauswesen, in dem die Abläufe und Sorgen erneut von Krankheit bestimmt wurden, doch ich merkte nichts davon. Ich, ein großer, gesunder junger Bursche, der sich jeden Morgen zur Arbeit ins Lagerhaus schleppte, abends zum Essen zurückkam und später wieder hinausschlich, durch die Tage und Nächte stolperte, hatte nichts im Kopf als den Aufruhr lüsterner Phantasievorstellungen, gegen die mein Schamgefühl ankämpfte, während der Rest der Familie sich erneut um ein schwächliches Baby, dessen Zustand sich ständig verschlechterte, und eine Mutter, die sich nicht von den Qualen des Gebärens erholen konnte, sorgte. So ließ meine ständige Beschäftigung mit oberflächlichen Sünden, mit meiner Lust und dem Schuldgefühl, das damit einherging, mich eine weit schwerere Sünde begehen, ohne daß ich mich schuldig fühlte. Kein Wunder, daß Vater in jenem Winter und Frühling mir gegenüber kurz angebunden schien: In meiner Selbstvergessenheit glaubte ich, er und Mary und die anderen, John und Wealthy, Ruth und sogar die Kleinen stießen mich aus, bezögen mich nicht in ihren Kreis vertrauter Beziehungen ein – während in Wirklichkeit ich sie ausschloß.

Dann verließ ich eines Nachts im April, ein paar Wochen ehe wir zu unserem neuen Heim in den Adirondacks aufbrechen wollten, das Haus in einem ungewöhnlich übersteigerten Zustand der Erregung. Ich hatte das Gefühl, ich sei an einer Wegscheide angelangt, und wenn ich jetzt nicht abböge, wäre ich für immer gezwungen, der Bahn zu folgen, auf der ich mich nun befand. Eine törichte Verzweiflung, ich weiß, doch der bevorstehende Umzug in die Wildnis von North Elba schreckte mich. Wir hatten bereits begonnen, alles, was zu unserem Leben in Springfield gehörte, abzubauen und wegzupacken, noch ehe wir uns hier richtig niedergelassen hatten, und im Haus stapelten sich Kisten und Kartons; Vater fertigte Listen von unserem Mobiliar und den Werkzeugen an und verhandelte wegen eines großen Wagens, um alles nach Norden zu schaffen. An ebenjenem Abend hatte er mir beim Essen mitgeteilt, meine Aufgabe sei es, die Jungen Salmon und Watson nach Litchfield in Connecticut zu bringen, wo er seine Merinoschafe und eine kleine Herde Devonrinder auf der Farm eines Cousins in Pflege gegeben hatte, dort das Vieh zusammenzutreiben und es nach Norden zu bringen, wo wir in Westport, New York, am Lake Champlain, zum Rest der Familie stoßen sollten.

Ich nickte, stand vom Tisch auf und verkündete verdrossen, ich würde noch einmal ausgehen, um mich von ein paar Freunden zu verabschieden, da ich nicht damit rechnete, sie je wiederzusehen. Vater zeigte keinerlei Interesse an meinem Vorhaben; natürlich hatte ich, dank meiner ausschließlichen Beschäftigung mit mir selber, keine Ahnung, daß seine Gedanken und die aller anderen Familienmitglieder sich einzig um den rapide sich verschlechternden Zustand des kranken Babys drehten. In meinen Augen schien es, als ginge unser Leben, abgesehen von den Vorbereitungen für den Umzug, seinen gewohnten Gang. Außer daß, wie ich es auffaßte, keiner sich sonderlich für mich zu interessieren schien. So verblendet war ich, daß ich wütend auf sie war, vor allem auf Vater, weil er mich nicht ohne Umschweife gefragt hatte, wohin ich ginge, wer meine Freunde seien, warum ich ihnen ausgerechnet heute auf Wiedersehen sagen müsse, obwohl wir doch erst in zwei Wochen die Stadt verlassen würden. Weil er mich nicht bei meiner Lüge ertappt hatte.

Zornig und voll selbstgerechter Erleichterung verließ ich also das Haus in der Franklin Street, das viel zu klein für so viele Leute war, und machte mich auf den Weg in die Innenstadt, ging zum dunklen, breiten Connecticut River hinunter, wo Lastkähne und Schaluppen und Küstenschlepper aus Long Island festgemacht hatten und die Mannschaften und Schauerleute sich in die schummrigen, verräucherten Schenken drängten. In diesen Kneipen und Gasthäusern und in ihrer Nähe konnte man Frauen treffen – Frauen, die auf die Gesellschaft und das Geld einsamer Männer und Jungen warteten, die für ein, zwei Nächte an Land gingen,

Frauen, die auf die Viehtreiber und Holzfäller von den Hügeln Vermonts und New Hampshires warteten, die mit eben verdientem Geld in der Tasche und verwegenen Absichten im Herzen von den Marktplätzen der Stadt kamen.

Frauen, Frauen, Frauen! Schon allein an sie zu denken machte mich wahnsinnig vor Begierde, obgleich ich nicht genau wußte, was ich eigentlich begehrte. Sex? Kopulation? Einfache körperliche Liebe? All das, vermute ich. All das. So wie es war. Doch auch noch etwas anderes. Ich sehnte mich nach Erfahrung, nach Erfahrung einer Art, die mir bislang versagt geblieben war – ich spreche von dem ganz eigenen, unverwechselbaren Geruch einer Frau, davon, wie es ist, ihre weiche Haut zu berühren und ihr Haar durch meine Hände gleiten zu spüren, wie es ist, wenn eine Frau mir ins Ohr flüstert, ja vom Anblick ihres nackten Körpers. Wie waren diese Gerüche, diese Berührungen, diese geflüsterten Laute, dieser Anblick? Nie hatte ich diese Seite der Weiblichkeit erfahren. Doch ich wußte, es gab sie, und dieses beschränkte Wissen erfüllte mich mit wilder Sehnsucht nach dem umfassenderen und weit gefährlicheren Wissen, das darüber hinausging.

Eine warme Nacht war es, die Aprilluft war schwül vom Duft nach Spanischem Flieder und frischem, noch nassem Gras. Ich schlenderte dahin, entschlossen, die Stadt am Fluß heute nacht nicht zu verlassen, ohne zumindest ein wenig von dem erfahren zu haben, was ich, dessen war ich mir sicher, später nie mehr erfahren würde – mein ganzes Leben lang nicht, so schien es mir. Denn damals glaubte ich dem Alten noch, wenn er sagte, unser Umzug in die Wildnis der Adirondacks im Norden New Yorks sei endgültig. Und ich hatte mich damit abgefunden, daß Timbuktu, wegen der schwarzen Siedler dort, der Ausgangspunkt für alle unsere zukünftigen Unternehmungen im Krieg gegen die Sklaverei sein würde. Für den Rest meines Lebens wäre ich damit beschäftigt, dessen war ich mir sicher, mich um die Farm und die Herden zu kümmern, damit Vater predigen und organisieren und kämpfen könnte, Tätigkeiten, für die er von seinem Wesen und Temperament her so viel besser geeignet war als ich. Ich hatte das Gefühl, am Ende einer in festgeschriebenen Bahnen verlaufenden Kindheit angelangt zu sein und an der Schwelle zu einem ähnlich vorherbestimmten Erwachsenenleben zu stehen. Doch in jener Aprilnacht wollte ich zumindest für ein paar Stunden ein freier Mann sein.

Ich sah mehrere Frauen und vermied es, an ihnen vorbeizugehen, indem ich auf die andere Straßenseite wechselte. Doch dann kam mir eine entgegen, der ich nicht ausweichen konnte, und nachdem ich, wie üblich mit abgewandtem Blick, an ihr vorbeigegangen war, rief sie: »Hallo, Rotschopf! Brauchst wohl nicht zufällig Gesellschaft heut abend?«

Im Grunde genommen war sie noch ein Mädchen, soviel hatte ich aus den Augenwinkeln gesehen, und selber rothaarig, vierzehn oder fünfzehn Jahre vielleicht; ihr Gesicht war über und über mit weißem Puder bedeckt, in dem ein breiter Schlitz bemalter Lippen klaffte, und die Augen waren mit schwarzer Farbe verschmiert. Gekleidet war sie in willkürlich zusammengesuchte Stoffetzen, die kunstvoll um ihre Schultern drapiert, festgewickelt, zu Schärpen gebunden und mit Nadeln festgesteckt waren, als trüge sie ein exotisches Gewand, aber es sah eher aus wie das Narrenkostüm eines Kindes.

Ich blieb stehen und drehte mich zu ihr um, und da sagte sie in deutlich irischem Akzent und Tonfall: »Bist ein großer Bursche, muß schon sagen.«

Da ich sah, daß sie noch ein Kind war, jagte sie mir keine solche Angst ein wie eine erwachsene Frau, und ich trat einen Schritt auf sie zu. »Ich ... ich mache nur einen Spaziergang«, murmelte ich. Klein war sie und mager. Ihr Kopf, auf dem sie ein zerknittertes schwarzes Spitzenhäubchen trug, reichte mir kaum bis zur Brust, ihr Handgelenk schien kaum breiter als mein Daumen, und ihre Taille war dünner als mein rechter Arm.

Als ich auf sie zuging, verschwand das Lächeln, und sie wich in den Schatten einer Staumauer aus grob behauenen Steinen zurück. Wir waren unten an dem Treidelpfad entlang dem Kanal; unter uns in der Dunkelheit strömte der Fluß dahin, und über uns verlief eine Straße mit Kopfsteinpflaster, die jedoch nicht zu sehen war.

Ich hörte ein Pferd vorbeitrappeln und die mit Eisen beschlagenen Räder eines Wagens. Ein einsamer, dunkler und gefährlicher Ort für ein Mädchen, sogar für ein Mädchen, wie sie eines war – vielleicht vor allem für solch ein Mädchen, das nur zu dem Zweck hier war, Männer auf sich aufmerksam zu machen, die wahrscheinlich betrunken oder zornig waren, Männer, die sie wahrscheinlich als etwas betrachteten, dessen man sich bediente und dann wegwarf. Vor allem aber war sie natürlich hier, um Männer wie mich anzulocken – ängstliche, leidenschaftlich neugierige Bauerntölpel, die bezahlen würden, um sich ihrer bedienen zu dürfen, das schon, ihr aber ansonsten nichts antun würden.

Ich war allerdings nutzlos für sie, eine Zeitverschwendung, denn ich hatte lediglich ein paar Münzen in der Hosentasche. Vater würde, so überlegte ich, selbst wenn er mehr Geld bei sich hätte, versuchen, eine solche Frau zu retten. Würde ihr einen Vortrag über ihre sündige Lebensweise halten, ihr sein letztes Geld geben und sie anweisen, damit nach Hause zu gehen und ihren kleinen Kindern, falls sie welche hatte, etwas zu essen zu geben. John und Jason hatten vor kurzem geheiratet, hätten aber, selbst wenn sie so ungebunden gewesen wären wie ich, ebenso gehandelt. Ich jedoch würde, hätte ich die Mittel dazu, nur versuchen, sie zu benutzen. Ich bin überzeugt, Vater hat nie in seinem Leben den Geschlechtsakt außerhalb des Ehebettes vollzogen (dort allerdings häufig); das gleiche gilt für meine Brüder; ich hingegen konnte mir, selbst im jungen Alter von vierundzwanzig Jahren, nach wie vor und vielleicht für immer nur Sohn und Bruder, nicht vorstellen, ein Ehemann, Vater, ein regelmäßiger Gast im Ehebett zu sein. Und da stand ich nun, an einem Ort, wo mein Vater und meine Brüder sich nie aufgehalten hätten, und sprach eine Prostituierte an.

Obwohl ich ein ausgewachsener Mann war, trug ich meine Männlichkeit wie eine schlechtsitzende Kostümierung – nicht viel anders trug das Mädchen, das vor mir stand, seine Lumpen und sein Make-up, als Frau maskiert. Wir waren uns im Schatten einer hohen Steinmauer begegnet, zwei Kinder, die sich unbeholfen als Erwachsene verkleidet hatten. Doch während sie sich als Frau kostümiert hatte, um nicht zu verhungern oder zu erfrieren, war ich ein Kind, das sich nur zurechtgemacht hatte, um der Größe und Erscheinung und den verwirrenden Trieben des Körpers eines Mannes zu entsprechen. Vermutlich war aber mein Versuch, meine Kindlichkeit zu verstecken, nicht erfolgreicher als ihrer, und auch ich war hier draußen, allerdings in geringerem Maße, in Gefahr – eine einfältige, leichte Beute für Räuber, Schwindler, betrügerische Frauen und Männer, Taschendiebe und Mörder jeden Schlages.

»Ich ... ich habe kein Geld«, stammelte ich.

»Ach, komm schon, was denn, ein so hübsch angezogener Kerl wie du?«

»Doch. Ich wohne ganz in der Nähe, habe nur einen Spaziergang gemacht ... wie ich schon gesagt habe. Ich ... ich gehe gern zum Fluß.«

»Was willst du dann von mir?« Sie trat noch einen Schritt weiter nach hinten, noch tiefer in den Schatten, und ich konnte ihr gepudertes, bemaltes Gesicht nicht mehr erkennen.

»Nichts. Nichts. Nur ... es tut mir leid, Miss. Ich wollte Sie nicht erschrecken.«

»Du hast mir keine Angst eingejagt.«

»Nein?« Ich ging auf sie zu, doch gleich sprang sie unbeholfen zur Seite, wie ein Vogel mit gebrochenen Flügeln, das bunte Federkleid verstaubt und zerzaust. Ich streckte die rechte Hand aus und legte sie ihr auf die knochige Schulter. Sofort duckte sie sich darunter weg, wandte mir den Rücken zu und preßte sich an die kalte Steinmauer.

»Ich tu' dir nicht weh«, flüsterte ich.

»Wenn du nicht bezahlst, darfst du mich auch nicht anfassen.«

Ich fischte in meiner Hosentasche nach den paar Münzen, die ich bei mir hatte, dem Trinkgeld, das ich am Tag zuvor von einem Händler aus Lowell bekommen hatte, der mich fünfhundert schwere Wollballen zu seinem Karren hatte schleppen lassen – Kupferpennies, gerade genug für einen Laib Brot, mehr nicht. »Hier, das ist alles, was ich habe.« Sie sah mich mißtrauisch an, wandte sich halb um und hielt die winzige Hand auf; ich legte die Münzen hinein, und sofort waren sie in ihren Lumpen verschwunden.

Verlegen und unsicher, was ich jetzt machen sollte, starrte ich auf meine Füße hinunter; als ich wieder aufblickte, war das Mädchen die Mauer entlanggeglitten und wollte gerade Reißaus nehmen. »He, wo willst du denn hin?«

»Nirgends!« erwiderte sie verängstigt und stand stocksteif da, halb von der Dunkelheit verborgen.

»Aber mein Geld hast du schon genommen!«

»Für Kupferlinge kriegst du nicht viel, verstehst du.«

»Aber du wolltest weglaufen.«

»Bin nur ein Stück vom Gehweg runtergegangen. Komm schon, sei lieb. Mach keinen Ärger, ich geb' dir ein bißchen von dem, was du willst. Komm her, na, komm schon«, sagte sie beschwichtigend, als versuchte sie, ein großes, verschrecktes Tier zu beruhigen.

Schnell trat ich zu ihr, doch diesmal wagte ich nicht, sie zu berühren. Nicht so sehr vor ihr hatte ich Angst als vielmehr vor mir selbst. Wenn ich sie berührte, ich wüßte nicht, was dann geschähe. Dann, plötzlich, faßte sie mich an. Ihre Hand fuhr mir zwischen die Schenkel, und einen Augenblick später knöpfte sie mir mit beiden Händen die Hose auf. Ehe mir wirklich klar wurde, was da passierte, war es vorbei: Sie stand vor mir, wischte sich mit dem Handrücken den Mund ab und blickte geistesabwesend in die Ferne, als rechnete sie sich die paar dürftigen Sachen aus, die sie mit den Pennies, die ich ihr gegeben hatte, kaufen konnte.

Ich wandte mich ab und knöpfte hastig meine Hose zu. »Es ... es tut mir leid«, sagte ich, ohne sie anzublicken.

»Was denn?«

Jetzt drehte ich mich um und sah sie an. Sie zog sich den Schal über die knochigen Schultern und wollte offenbar gehen. »Na ja ... das, schätze ich.«

»Du hast gekriegt, wofür du geblecht hast. Mehr nicht.«

»Ja, ich weiß. Du hast recht. Ich wollte nur ... nun ja, das alles ist irgendwie so schrecklich falsch. Und das tut mir leid.«

Sie zuckte die Schultern und wollte gehen. »Wiedersehn, Schätzchen. Komm wieder, wenn du deinen Lohn kriegst.«

»Warte!« rief ich ihr nach. Das Mädchen blieb stehen, und ich rannte zu ihr hin. »Geh noch nicht.«

Bedächtig musterte sie mein Gesicht, unschlüssig, ein wenig neugierig vielleicht, aber irgendwie auch ängstlich.

Leise sagte ich: »Ich möchte dich fragen ... ich möchte dich fragen, ob ich ... dich anschauen darf. Tut mir leid ... ich habe gedacht, vielleicht läßt du mich dich anschauen.«

Sie sah mich schief an, blickte dann die Straße hinauf und hinunter, als suchte sie nach einem Fluchtweg. »Nee, anschaun is nich. Du hast gekriegt, was du bezahlt hast.«

Ohne sie zu berühren, stemmte ich auf beiden Seiten neben ihr die rechte Hand und den linken Vorderarm an die Wand; sie war in der Falle. »Ich möchte dich nur anschauen«, erklärte ich. »Nur einen Augenblick.«

»Mich *anschaun*? Was soll das heißen? Möchtest du meine Titten sehen?«

»Ja. Und das andere.«

»Das andere? Bist wohl bekloppt? Du machst mir angst.« Sie hatte sich ein Stück die Wand hinuntergleiten lassen, kauerte sich zusammen und überkreuzte die mageren Arme vor der Brust, was sie noch kindlicher wirken ließ. Ihre großen, schwarzverschmierten Augen sahen mich flehend an. »Bitte ... laß mich gehen, laß mich einfach gehen.«

»Erst mußt du mich dich anschauen lassen. Dann kannst du gehen. Ich tu' dir nicht weh.«

»Nur meine Titten?«

»Ja.«

»Das andere nicht?«

»Nein.«

Langsam löste sie die Arme, griff unter ihren Schal und fummelte kurz an den Knöpfen ihres Gewands herum; dann raffte sie die Fetzen seitlich zusammen und zeigte sich mir – eine knochige rosa Brust mit einem winzigen Busen. Der zarte, unschuldige Körper eines Kindes. Ich starrte sie an, nur eine Sekunde lang, und wünschte plötzlich, ich könnte genauso wie sie mein Hemd aufknöpfen und meine Brust entblößen, und es wäre die Brust eines Jungen, nicht meine kräftige, dicht behaarte. So daß ich sie, selbst als ich sie demütigte, aufrichtig beneidete – bis mir endlich klar wurde, was ich da tat; Scham durchzuckte mich, und ich wandte den Blick ab.

Ich fuchtelte mit den Händen vor ihr herum. »Es tut mir leid! Bitte, verzeih mir«, sagte ich. »Bitte, zieh dich wieder an. Es tut mir leid … daß ich dir das angetan habe«, fügte ich hinzu. Dann fiel ich plötzlich, da ich nicht wußte, was ich sonst machen sollte, vor ihr auf die Knie und senkte schweigend den Kopf.

»Hör mal, du bist wirklich ganz schön bekloppt«, erklärte das Mädchen. Sie ging um meine unterwürfige Gestalt herum, und ich hörte ihre Schritte auf dem Pflaster, als sie davonrannte. Als ich aufsah, war sie weg. Ich war allein in der Dunkelheit. Unter mir hörte ich das Schwappen des Flusses und das Ächzen und Stöhnen der Boote und Schleppkähne, die an den Pier stießen. Auf der Straße über mir gingen zwei Betrunkene vorbei. Der eine lachte, der andere sang ein paar Zeilen eines zotigen Liedes:

Wer einmal ganz oben sitzt
der pißt ins Bett und sagt, er schwitzt …

Beide lachten und gingen weiter. Wieder war ich ganz allein im Dunkeln; stundenlang ging ich anschließend dahin, ziellos, verwirrt, erschreckt von dem Entsetzlichen, das ich erfahren hatte – nicht über Frauen im allgemeinen oder über dieses arme, namenlose irische Mädchen im besonderen, die ich für ein paar Pennies wie eine gewöhnliche Hure benutzt hatte, sondern über mich selbst. Ich wußte jetzt, ich war widerlich, ein Tier. So ganz allein, weit weg von Vater und meiner Familie, abgeschnitten von ihrer moralischen und geistigen Klarsicht, von der Tugend, die sie lebten und vervollkommneten, war ich nichts als ein Haufen Widersprüche und unvorhersehbarer Triebe: ein in den Körper eines

Mannes eingesperrter Junge; meine kindliche Unschuld war besudelt, nicht nur durch meine Begierde und die nächtliche Selbstbefriedigung, sondern durch eine sexuelle Begegnung der abstoßendsten Art. Ich hatte mich einem armen, mitleiderregenden Straßenmädchen aufgedrängt, einer Hure, ja, aber einem Menschenwesen, das im Vergleich zu mir ehrlich war und tugendhaft – unschuldig. Erneut beneidete ich sie, und in diesem Augenblick hätte ich mit Freuden den Platz mit ihr getauscht, und sei es aus keinem anderen Grund, als um mich gebührend für mein Sündigen und meine Scheinheiligkeit zu bestrafen und sie für ihre Tugend und ihr Leiden zu belohnen.

Sie sollte es sein, nicht ich, die jetzt in ein warmes Heim zurückkehren konnte, zu einer liebevollen, aufrechten Familie; sie, nicht ich, sollte neben ihrem Vater und ihrer Mutter und ihren Brüdern und Schwestern in der Kirche stehen und an öffentlichen Versammlungen teilnehmen können; sie, nicht ich, sollte frei im hellen Tageslicht durch die Stadt gehen können, von den Bürgern geachtet und bewundert; sie, nicht ich, sollte einer ehrenwerten Arbeit nachgehen und dafür Obdach, Essen und Kleidung erhalten; sie, nicht ich, sollte den guten Menschen John Brown zum Vater, zum Führer und Beschützer haben. *Ich* sollte die Metze sein, das gekaufte Eigentum betrunkener, brutaler Fremder. *Ich* sollte hungrig und frierend durch die nächtlichen Gassen streifen und mich in den dunklen Winkeln der Stadt herumdrücken und für ein paar Pennies kurze, widerliche Befriedigungen verkaufen. *Ich* sollte das Opfer sein.

Von derartigen Gedanken niedergedrückt, machte ich mich langsam, kummervoll auf den Weg nach Hause in die Franklin Street und kam dort irgendwann mitten in der Nacht an. Im Haus war es nicht dunkel, wie ich erwartet hatte, und als ich eintrat, begrüßten mich Ruth, John und Wealthy, die sich, alle nur in Nachtgewänder gekleidet, in der Küche versammelt hatten, um unsere Stiefmutter Mary zu trösten, die niedergeschlagen am Tisch saß, vor sich eine Schale mit warmer Milch. Sie hatte geweint, das sah ich sogleich, und als ich fragte, was geschehen sei, wandte John sich zu mir, nahm mich hastig zur Seite und berichtete, vor wenigen Minuten sei die kleine Ellen gestorben. Es sei eine Erlösung gewesen, meinte er, denn das arme kleine Ding hätte seit Stunden nicht mehr richtig Luft bekommen. Vater war immer noch bei ihr oben und wollte sich nicht von ihr trennen.

»Als könnte er nicht glauben, daß sie tot ist«, erklärte John. Mutter – denn anders als ich nannte er sie so –, Mutter habe sich bereits am vorhergehenden Abend damit abgefunden, daß der Tod des Kindes unvermeidlich sei, und habe gebetet, es möge so schnell und schmerzlos geschehen wie möglich. Vater jedoch sei zwei Nächte hindurch aufgeblieben, habe das Baby auf den Armen gehalten und geglaubt, er könne es irgendwie retten; am Ende habe er sogar versucht, Ellen seinen Atem einzuhauchen. Doch sie sei in seinen Armen gestorben; er habe sich geweigert, sie hinzulegen, gehe jetzt im Obergeschoß hin und her und bete immer noch um ihre Genesung.

Ich erinnere mich, wie John sagte: »Dieses scheint der Alte nicht gehen lassen zu können.« Und ich entsinne mich, daß er mich nicht fragte, wo ich bis zu so später Stunde gewesen sei. Niemand fragte. Eindeutig und zu Recht waren meine privaten Abenteuer und Qualen hier und jetzt nicht von Belang.

Plötzlich stand Vater am unteren Ende der Treppe und trat in die Küche; er ließ die Arme hängen, hatte den Kopf gesenkt, und Tränen strömten ihm über das Gesicht. Noch nie hatte ich Vater weinen sehen, und der Anblick überraschte und erschreckte mich. Zögerlich setzte er sich neben seine Frau, mit tastenden, unsicheren Bewegungen, als hätte er das Augenlicht verloren, legte die Hand an die Wange und weinte unverhohlen wie ein Kind. Keiner sagte ein Wort. Wir konnten es nicht begreifen. Ich glaube nicht, daß Vater irgendeines seiner Kinder mehr liebte als die anderen, und zu dem Zeitpunkt hatte er bereits ein halbes Dutzend verloren; nie hatte er eines beweint, auch wenn er sie mit Sicherheit zutiefst, bis an den Rand der Verzweiflung, betrauert hatte. Sein Glaube an das Leben nach dem Tode war immer stark genug gewesen, daß er ihr frühes Hinscheiden als Geschenk Gottes an die Kinder und als Heimsuchung für sich selber auffassen konnte. Doch irgendwie war es diesmal anders. Es war, als glaubte er diesmal, er, der Vater des Kindes, werde durch dessen Tod bestraft, nicht auf die Probe gestellt.

»Der Herr ist voll des Zorns wider mich!« rief er. »Der Herr mißachtet mein.«

»Nein, Vater«, widersprachen wir alle, und jeder versuchte auf seine Weise, ihn zu trösten. Wir streckten die Hände nach ihm aus, berührten ihn, und einige weinten mit ihm. Ich allerdings nicht. Ich konnte es nicht. Ich trat ein Stück zurück und beobachtete sie voller Scham, denn ich kannte den wahren Grund für Vaters Leiden, über den Kummer wegen des Kindes, das er verloren hatte, hinaus.

Ich war die Ursache. Ich wußte, Vater gab sich die Schuld an meinen Sünden, verdammte sich selber, weil er sich meinen lüsternen Ausflügen nicht entgegengestellt hatte, die er mit Sicherheit beobachtet und vermerkt hatte. Und nun glaubte er, ein zürnender Gott bestrafe ihn für seine Unachtsamkeit. Ich brauchte nicht zu hören, daß Vater dies ausspreche; ich wußte es bis ins Mark hinein.

Langsam trat ich vor; die anderen wichen, als wüßten sie, was ich vorhatte, zur Seite und machten mir Platz, damit ich neben Vaters Stuhl niederknien konnte. »Ich bedaure zutiefst, Vater, was ich getan habe. Ich habe gesündigt, und ich bereue. Bitte, Vater, bitte, vergib mir.«

Als er dies vernahm, hörte er auf zu weinen und sah mir unverwandt ins Gesicht. Seine großen grauen Augen drangen bis auf den Grund meiner Seele, und er zuckte angesichts dessen, was er dort sah, nicht zurück; und ich entwand mich seinem Blick nicht, sosehr ich dies auch wollte. »Owen, mein Sohn. Du bist ein guter Junge, Owen. Ich vergebe dir«, sagte er leise, legte mir die Hände auf die Schultern und zog mich an sich. »Der Herr hat ein Kind von mir genommen und mir ein anderes zurückgegeben, das verloren war«, erklärte er. »Ich heiße dich willkommen, Owen«, fuhr er fort, und es war, als hätten seine Worte mich gereinigt, denn mit einem Mal fühlte ich mich aufgerichtet und von neuem stark. Was auch immer Vater jetzt von mir wünschte, ich würde es tun, ohne Widerrede, ohne zu zögern, ohne Furcht. Ich entsinne mich, in der Nacht, als die kleine Ellen starb, habe ich dies gedacht.

II

5

Ich weiß nicht, wieviel Zeit vergangen ist, seit ich diesen Bericht begonnen habe – einige Tage, eine Woche, zwei Wochen –, denn mir ist, als wäre ich anderswo gewesen, an einem Ort, an dem die Zeit anders bemessen wird und der Raum nicht begrenzt ist wie üblich. Das einzige, was mir einigen Halt verleiht, was mich beruhigt und mich in einem gewissen zeitlichen und räumlichen Rahmen festhält, ist, daß ich zwischendurch an Sie denke, wie Sie diese Seiten in Händen halten, meine Worte lesen, meine Geschichte erfahren und sie in Vaters umfassendere Geschichte einbetten, die als einzige wirklich zählt.

Mir ist klar, daß ich infolge meiner Zurückgezogenheit auf mich selber und der Lebendigkeit meiner Erinnerungen zahlreiche Personen und Geschehnisse flüchtig erwähnt habe, von denen Sie wenig, möglicherweise überhaupt nichts wissen, da sie in der historischen Überlieferung keinen Niederschlag gefunden haben. Sie bilden keinen Bestandteil der allgemein als gültig anerkannten Wahrheit. Dennoch ist es für Sie wichtig, von ihnen zu hören, denn es sind, wie ich, Gestalten, die zu Vaters Geschichte gehören, und will man ihn begreifen, so muß man auch sie kennen. Lassen Sie mich beispielsweise von Lyman Epps erzählen, jenem Neger, den ich schon an früherer Stelle erwähnt habe, lassen Sie mich berichten, wie wir ihn kennengelernt haben, denn er spielt in dem größeren Zusammenhang der allgemein bekannten Personen und Ereignisse eine bedeutsame Rolle. Und seine Geschichte ist, anders als die jener Männer, die unter dem Gedenkstein Vaters im Schatten des Tahawus begraben sind, noch nie von irgend jemandem erzählt worden.

Ich begegnete Lyman Epps im Frühjahr 1849, vor einem halben

Jahrhundert, als wir alle nach North Elba kamen; es war wohl ein paar Wochen später im Jahr als jetzt, und ich erinnere mich heute daran, als träumte ich es – ich sehe den Spanischen Flieder und die Blutwurz blühen, die ich vorher noch nie gesehen, zumindest nicht zu benennen gewußt hatte.

Es war also wohl früher als jetzt – am 1. Mai vielleicht. Denn der Spanische Flieder, den ich vor mir sehe, blühte in den gepflegten Gärten vor den Häusern drunten in Westport, New York, entlang den ausladenden Veranden, von denen aus man einen Blick auf die glitzernden Wellen des Lake Champlain und die Green Mountains von Vermont dahinter hat; und als Vater auf die kleine, unscheinbare Blüte der Blutwurz deutete, waren wir noch unten in dem wohlhabenden Dorf, wo wir uns alle wieder trafen und unser Vieh zusammentrieben, um uns auf den Weg hinauf in die Berge zu machen; dort würde es erst ein paar Wochen später warm genug sein für das Aufblühen von Blutwurz und Spanischem Flieder.

Vater und ich hatten sein Pferd Dan und die sieben Devonrinder von unserem Lagerplatz, einer Lichtung auf einem Abhang am Rand der Stadt, weggetrieben, um die Tiere an dem nahen Fluß zu tränken, den die Jungen Watson, Salmon und Oliver, als sie die Schafe grasen ließen, entdeckt hatten. Plötzlich blieb der Alte stehen, und ich spähte über die knochigen Kruppen und Köpfe unserer Tiere, um zu sehen, was los war.

»Owen, komm her und schau dir das an«, befahl er.

Ich ging an den Rindern vorbei zu der Stelle, wo er stand und aufmerksam über die Böschung auf eine Schneise hinunterblickte, die neben dem hier ziemlich schmalen, felsigen Bett des Stromes verlief, der sich weiter unten in den See ergoß. Ich sah zu der Stelle, auf die er deutete, und sah, wie so oft, nichts. Kriebelmücken umschwärmten mein Gesicht, und hinter uns drängelten ungeduldig die Rinder. Vater hielt seinen alten kastanienbraunen Wallach Dan am Halfter und spähte auf die Lichtung hinunter.

»O ja, in der Tat, wenn wir denn ein Zeichen brauchten«, erklärte er mit ergebener Stimme, »dann sehen wir es hier vor uns.« Von der Seite wirkte Vaters glattrasiertes, ernstes Gesicht wie eine

Faust. Er hatte einen verkniffenen, dünnlippigen Mund, ein quadratisches Kinn und eine ebensolche Stirn, dazu eine kurze Hakennase, wie ein Habichtsschnabel. Ihnen ist möglicherweise nicht bewußt, daß er sich den Bart, mit dem er später so oft abgebildet wurde – Bilder, die berühmt wurden –, erst nach Kansas wachsen ließ, zur Tarnung, und es war dies in der Tat eine Art Maske, selbst für seine Familie, die sich gern an seine allmorgendliche Rasur – neben dem Herd und ohne Spiegel – erinnerte. Für uns eine willkommene Gelegenheit, ihn zu necken, so lange, bis er sich beinahe mit dem Rasiermesser schnitt. »Du hast eine Stelle vergessen«, bemerkte einer von uns, normalerweise Ruth, seelenruhig.

Dann fügte ein anderes Kind, Oliver oder Salmon, hinzu: »Da drüben, Vater, neben deinem großen linken Ohr.« Seine Ohren waren ungewöhnlich groß, und dies war ihm, zu unserem Vergnügen, ein wenig peinlich, obwohl er es natürlich abstritt.

»Wo?« fragte er dann und betastete mit den Fingerspitzen sein kantiges Kinn.

»Die andere Seite! Auf der anderen Seite!«

»Rechts, direkt unter deinem riesengroßen rechten Ohr!«

»Nein, bei seinem linken. *Sein* rechtes Ohr ist *dein* linkes, Oliver.«

Das brachte schließlich auch Vater fast zum Lachen, und er machte bei dem Spiel mit, heuchelte hektische Verwirrtheit und fuhr sich mit dem langen Rasiermesser wie mit einem Säbel unbekümmert über das Gesicht. »Hier? Hier? *Hier?*« Bis Ruth oder ich oder Mary ernsthaft befürchteten, er würde sich schneiden, und erklärten: »Genug jetzt. Laßt den Armen sich in Ruhe rasieren.« Dann stoben die Kinder auseinander, und Vater beendete mit einem kleinen Lächeln seine Rasur und wischte sich das Gesicht trocken.

»Das ist die Maiblume, die Anemone oder auch Windröschen genannt«, erklärte er an jenem Vormittag in Westport. »Die Blutwurz nannten wir sie, als ich noch ein Junge war.« Mein Blick folgte seinem ausgestreckten Finger; ich sah zu dem Fluß hinunter und erblickte zwischen den Farnen und den moosbedeckten Steinen ganz dicht am Boden ein Büschel kleiner weißer Blumen. »Die Wurzel ist so rot wie frisches Blut«, sagte er und erzählte, die Irokesen benutzten sie als Farbstoff für ihre Kriegsbemalung. »Die Blütenblätter sind jedoch schneeweiß, wie die da drunten. Über dem Boden unschuldig, doch darunter blutig«, sinnierte er. Er hatte schon gesehen, daß die Blume sogar unter einer Schneeschicht wuchs und blühte. Es war die erste Frühlingsblume, und er freute sich wirklich, sie zu sehen.

Eine Kuh roch das Wasser und wollte die Böschung hinuntertraben, die anderen folgten ihr; rasch rannte ich um sie herum und trieb die Leitkuh zurück.

»Nach all diesen Heimsuchungen können wir ein hoffnungsvolles Zeichen wohl gebrauchen«, meinte Vater und spielte damit vermutlich auf das lange sich hinziehende Sterben der kleinen Ellen, aber auch auf all seine finanziellen Nöte an, die in den vergangenen Jahren zunehmend drückender geworden waren.

Es war ein seltsames Gefühl, Mitleid mit Vater zu empfinden, und es geschah mir nur selten; fast schämte ich mich dessen, so als hätte er es mir verboten. Dennoch legte ich ihm die Hand auf die Schulter und sagte: »Der Herr wird uns beistehen, Vater.« Doch die Worte fühlten sich in meinem Mund wie Kies an.

»Owen, sag nie etwas, woran du selber nicht glaubst. Nicht einmal, um jemanden zu trösten«, entgegnete er, machte ein finsteres Gesicht und wandte sich ab. Er trieb den alten Dan und die Rinder weiter hügelaufwärts, wo der Strom ruhig dahinfloß und das Vieh an einer seichten Stelle trinken konnte.

Alles in allem waren es jedoch ein paar angenehme Tage während dieses ersten Halts in Westport, und fast wünschte ich mir, wir könnten uns dort ansiedeln, statt zu einem Ort zu ziehen, den jeder außer Vater als öde Wildnis beschrieben hatte. Während der letzten eineinhalb Jahre in Springfield, in deren Verlauf ich Vater und John geholfen hatte, das Wollager zu verwalten, hatte ich mich irgendwie an die angenehme Gesellschaft und die überreichen Ablenkungen des Stadtlebens gewöhnt. Ein wenig beneidete ich John, weil er dortgeblieben war, auch wenn er sich um Vaters Angelegenheiten im Lagerhaus kümmern mußte, und ich beneidete auch Jason, ja sogar Fred, der ganze sechs Jahre jünger war als ich; die beiden waren für die Beaufsichtigung der Herde von Mr. Perkins auf Mutton Hill in Akron eingeteilt woren.

Doch es war unmöglich, mit Vater darüber zu streiten, ob wir uns bei den Negern in North Elba niederlassen sollten oder nicht. Er war fest entschlossen. Es waren freigelassene Sklaven, in deren Mitte sich mit Sicherheit auch ein paar flüchtige verbargen, und der reiche New Yorker Abolitionist Gerrit Smith hatte aus schierem Mitgefühl und Großmut, vielleicht aber auch, um ein moralisches Exempel zu statuieren, jeder Familie vierzig Acres von seinen weitläufigen Ländereien in den Adirondacks überschrieben. Doch schon nach wenigen Jahren waren die Schwierigkeiten der Landbestellung hoch im Norden den meisten von ihnen über den Kopf gewachsen, und die kleine Kolonie verfiel rasch. Vater hatte mit Mr. Smith die Übereinkunft getroffen, er würde im Tausch gegen ein beträchtliches Stück Land mit einem leerstehenden Haus, für das er später einen Dollar pro Acre bezahlen sollte, dorthin ziehen und den Negern, von denen viele Barbiere in Philadelphia oder Schuhmacher auf Long Island und dergleichen gewesen waren, beibringen, ihr Land richtig zu bewirtschaften.

Vater war überzeugt, daß er dies ohne zumindest einen seiner erwachsenen Söhne an seiner Seite nicht schaffen konnte, und er hatte mir genau erklärt, warum er mich ausgewählt hatte: John war geschäftstüchtiger als ich; Jason und seine junge Frau, mit der er seit kurzem verheiratet war, hatten sich anscheinend auf Dauer in Ohio niedergelassen; außerdem mußte jemand ein Auge auf Fred haben, auch wenn er damals schon neunzehn Jahre alt war, und dafür war Jason gut geeignet. Wie üblich hatte der Alte recht, und ich mußte mich fügen.

Als erstes müßten wir die Ansprüche der Schwarzen auf das Land klären und urkundlich bestätigen lassen, erklärte er mir, um zu verhindern, daß die Neger von den Weißen betrogen würden, die sich seit etlichen Generationen – seit jener schreckliche, nahezu das ganze Jahr andauernde Winter 1806 die meisten ursprünglichen Siedler vertrieben hatte – dort ohne Rechtstitel niedergelassen hatten und mittlerweile die ganze Gegend als ihr alleiniges Eigentum betrachteten. Vaters Motive waren tugendhaft und idealistisch – es waren die gleichen, die seit jeher all sein politisches Handeln bestimmten, und er bezeichnete diesen Umzug als höchst politisch. Bereits im vorangegangenen Herbst war er allein nach North Elba gereist und hatte sich aufs neue von der Vision eines friedlichen Zusammenlebens von schwarzen und weißen Farmern beflügeln lassen. Und nun hoffte er, so legte er uns dar, eine echt amerikanische Stadt auf einem Hügel zu gründen, die alle Zweifler im Lande Lügen strafte. Damals waren zahlreiche derartige utopische Vorhaben und Projekte im Gange, hundert kleine Städte auf hundert kleinen Hügeln, doch Timbuktu war wohl das einzige, das es sich zum Ziel gesetzt hatte, ein Beispiel für das harmonische Zusammenleben beider Rassen zu liefern. Dies sei unser Auftrag in der Wildnis, sagte er.

Doch es steckte noch mehr dahinter. Die wilde Landschaft der Adirondacks hatte den Alten wundersam berührt. Den ganzen Winter über war sein Gesicht trotz der Sorge und des Kummers wegen der Krankheit und des langen Dahinsiechens der kleinen Ellen weich geworden und hatte sich leicht gerötet, sooft er davon gesprochen hatte, sich auf der weiten Hochebene zwischen den Bergen niederzulassen, und er hatte in Träumereien und Phantasievorstellungen geschwelgt, die eher von einem kurzen Aufenthalt in Walhall inspiriert schienen als von einem raschen Besuch eines Landstrichs im kargen Hochland mit einer Anbau- und Erntezeit von neunzig Tagen und einem ein halbes Jahr währenden Winter. »Ach, Owen«, rief er oftmals aus, »warte nur, bis du siehst, wie wunderschön es dort ist! Fast hat man den Eindruck, als hätte der Herr während der Schöpfung ein paar Tage dort verweilt. Ich habe wahrlich noch nie eine Gegend gesehen, die mich so entzückt hat wie die Adirondacks.«

Bei genauerem Überlegen brachte, so glaube ich, das North-Elba-Projekt für Vater noch einen weiteren, äußerst erfreulichen

Vorteil mit sich, den er uns damals allerdings verheimlichte und den ich erst später verstand. Er war wichtiger als das moralische Exempel, das er und Gerrit Smith liefern wollten, und überzeugender als die poetische Schönheit der Landschaft. Jahrelang war das Leben des Alten auf grausame Weise zwischen seinen Aktivitäten zur Abschaffung der Sklaverei und seinen Pflichten als Ehemann und Vater zerrissen gewesen, und trotz seiner unerbittlichen, gelegentlich ungestümen und chaotischen Versuche, sie miteinander zu versöhnen, war es oft, als führte er zwei Leben: das eines abolitionistischen Aufrührers, einer Persönlichkeit des öffentlichen Lebens, dessen befriedigendste und wichtigste Taten notwendigerweise im geheimen erfolgen mußten, und das eines untadeligen christlichen Ehemannes und Vaters, eines Privatmannes, dessen befriedigendste und wichtigste Taten in dem abgesicherten und sorgenfreien Leben seiner Familie sichtbar wurden. Er war ein Mann, der sein Leben dem Ziel geweiht hatte, die Negersklaven für immer und vollkommen zu befreien; und er war das Oberhaupt einer großen Familie ohne leicht verfügbare Einkommensquellen.

Da ich nie geheiratet habe, erfuhr ich diese Art Spaltung nicht am eigenen Leib; vielleicht dauerte es deshalb so lange, praktisch bis ich in mittlerem Alter war, ehe ich in dieser Hinsicht Mitgefühl mit Vater empfinden konnte. Und als ich damals widerstrebend einwilligte, mich dem Umzug der Familie von Springfield nach North Elba – dem zehnten in nahezu ebenso vielen Jahren – anzuschließen, hatte ich mit Sicherheit keine Ahnung von dem Widerstreit in ihm. Jetzt allerdings verstehe ich, daß Vater zum ersten Mal in seinem Leben damit rechnete, als, wie er glaubte, ganzer Mensch zu leben. Zumindest stellte er sich dort in den Adirondacks, inmitten der Neger, ein Leben vor, in dem all seine Widersprüchlichkeiten Platz fanden. Wenigstens glaubte er dies damals.

Vater wurde in jenem Frühjahr neunundvierzig; Mary war sechsunddreißig. Ich bin sicher, daß ihr trotz aller Widrigkeiten Vaters Auftrag in der Wildnis behagte, vor allem nach dem Tod der kleinen Ellen. Es war ein Neubeginn, und Vaters phantasievolle und schwärmerische Beschreibungen der Landschaft hatten sie davon überzeugt, daß unser Leben endlich in ruhigen und geordneten Bahnen verlaufen würde. Mary war tiefsinnig und fromm, nachdenklicher und in sich gekehrter als der Alte und die meisten von uns, und die Vorstellung, dort in den Bergen einen Zufluchtsort zu gründen, gefiel ihr, vor allem da er den Anforderungen des Alten hinsichtlich seines und unseres Kampfes zur Befreiung der Sklaven entsprach. Soweit sie und wir damals wußten, würde der Umzug nach North Elba all diese Träume erfüllen.

Ich erinnere mich, wie er ihr versicherte, binnen eines Jahres oder schon vorher würde er seine verworrenen Angelegenheiten mit Mr. Perkins in Springfield und Ohio regeln und endlich alle seine Schulden abbezahlen. Dann wäre er frei, um auf dem Hügel seine Stadt der Harmonie zwischen den Rassen zu errichten, auf den Hängen der Adirondacks seine preisgekrönten Rinder und Schafe zu züchten und bis an sein Lebensende im behaglichen Schoß der Familie und inmitten freundlicher Nachbarn zu weilen. Prediger, Lehrer und Farmer wolle er sein, erklärte er. Ein großer Mann, nein, das zu werden strebe er nicht an.

Dies sagte er ihr, sagte es uns allen, und wir glaubten ihm, und ich bin sicher, manchmal war auch er davon überzeugt. Natürlich erfuhr ich schon bald, daß er Monate zuvor, als er allein nach North Elba gereist war, noch andere Dinge im Sinn gehabt hatte – die noch wirren, unklaren, doch machtvollen Ansätze zu Ideen und Plänen, die sich hier in den Bergen entwickeln und miteinander verschmelzen sollten und denen er letztlich nicht widerstehen konnte. Und, ich gestehe es, ich und meine Brüder ebensowenig.

Um nach Westport, New York, zu gelangen, war ich mit Watson und Salmon, die in jenem Frühjahr erst vierzehn und dreizehn waren, getrennt von den anderen gereist; wir hatten Vaters Devonrinder und seine fünf Merinoschafe von Litchfield, Connecticut, aus, wo er sie zeitweise in Pflege gegeben hatte, am Connecticut River entlang hinaufgetrieben, dann ging es querfeldein bis nach Rutland, Vermont, und schließlich zogen wir am Südufer des Lake

Champlain bei Fort Ticonderoga auf die New Yorker Seite. Der Alte, Mary, Ruth und die Kleinen, Oliver, Annie und Sarah, die damals vier wurde und als zweite diesen Namen trug, waren mit dem Wagen, in dem sich all unsere Werkzeuge und Haushaltsgegenstände, ein paar Schweine und Hühner und unsere Hunde befanden, von Springfield nach Norden gereist. Sie hatten den See auf der Fähre von Vermont nach Westport überquert und dort einige Tage vor unserer Ankunft ein Lager aufgeschlagen.

Als wir mit den Rindern und Schafen eintrafen, hatte Vater bereits die nötigen Vorräte besorgt, um die Zeit bis zur ersten Ernte durchzustehen. Sobald ich sah, wie groß diese zusätzliche Ladung war, wurde mir klar, daß Vaters altes Pferd, ein Tier, zu dem er bezeichnenderweise eine große Zuneigung entwickelt hatte, viel zu schwach war, um sie über ebene Strecken, geschweige denn die Berge hinauf zu ziehen. Der Alte und ich gerieten deswegen ein wenig aneinander, doch er gab nach, denn er wußte besser als ich, wie schwierig es war, vom Lake Champlain aus nach North Elba zu gelangen.

Voller Bedauern beschloß er also, seinen ihm so teuren alten Gaul Dan zu verkaufen und mit dem Erlös und dem letzten noch verbliebenen Bargeld bei dem Seehafenspediteur in Westport, einem gewissen Mr. Thurston Clarke, ein Gespann zu kaufen. Mr. Clarke jedoch bot Vater sogar an, sein Geld oder zumindest einen Großteil davon zu behalten, was ihm später sehr zustatten gekommen wäre. Die rotfelligen Devonrinder hatten bei den Ortsansässigen beträchtliche Bewunderung erregt, und kurzfristig geriet Vater in Versuchung, das Angebot Mr. Clarkes anzunehmen und zwei davon gegen ein Gespann Narragansetts einzutauschen. Doch im letzten Augenblick lehnte er ab.

Der Grund dafür war die Anwesenheit eines Schwarzen aus North Elba – Lyman Epps. *Mister* Epps, wie Vater ihn zur Bestürzung aller jeweils anwesenden Weißen stets anredete. Er war am Abend des Tages, an dem die Jungen und ich mit den Rindern und Schafen aus Connecticut eingetroffen waren, in unserem Lager südlich von Westport aufgetaucht und hatte sich binnen kurzem als intelligenter, liebenswürdiger Mann erwiesen, auch wenn ich gestehen muß, daß ich mich nicht so rasch für ihn erwärmte wie die anderen. Der drahtige, kohlrabenschwarze Bursche mittlerer Größe war einer der Freigelassenen, die Gerrit Smith angesiedelt hatte, ein redegewandter, lebhafter Mann Anfang Dreißig, so schätzte ich, der in Maryland Hufschmied gewesen war und sich mit Pferden auskannte. Viele Leute wußten über Pferde Bescheid, jedoch nur von außen; Mr. Epps behauptete, er kenne sie auch inwendig, gerade so, als wären es Menschen.

Er erzählte uns, er sei auf der Suche nach Arbeit von North Elba nach Westport heruntergekommen. Er brauchte Bargeld, um Saatgut zu kaufen, da seine letztjährige Saat nicht aufgegangen war und alle seine Vorräte aufgebraucht waren und er keinen Kredit mehr bei den Leuten hatte, die Nahrungsmittel verkauften. Doch jeder Hufschmied und jeder Sattler im Dorf hatte ihn aufgrund seiner Rasse abgewiesen. In der Zwischenzeit hatte er allerdings erfahren, daß Vater eingetroffen war – jener abolitionistische Narr aus Ohio, der fest entschlossen war, Gerrit Smiths Niggern beizubringen, wie man in den Bergen Landwirtschaft betreibt. Vater hatte wie üblich kein Hehl aus unseren Absichten gemacht, und wir waren, wie die Neger, binnen kurzem zum allgemeinen Gespött geworden.

Was Pferde betraf, war der Mann eindeutig ein hervorragender Kenner; vielleicht sollte ich lieber sagen, er verstand sich hervorragend darauf, darüber zu sprechen. Das gefiel dem Alten über die Maßen und veranlaßte ihn vermutlich, über die gelegentlichen Lükken in Wissen und Erfahrung des Mannes hinwegzusehen, denn schon bald forderte er Mr. Epps auf, ihn beim Kauf eines neuen Gespanns zu beraten.

Vaters Wissen über Pferde war nicht annähernd so umfassend und gründlich wie das über Rinder und Schafe; auf dem Gebiet war er tatsächlich ein Fachmann. Dennoch hatte er, nicht weiter überraschend, entschiedene, oft geäußerte Ansichten über die jeweiligen Vorteile der allgemein bevorzugten Rassen. Und er hatte auch keinerlei Hemmungen, den Leuten Vorträge über Aufzucht,

Behandlung und das Zureiten von Pferden zu halten. Es fiel ihm schwer, einen Rat anzunehmen, doch er selber erteilte ausgesprochen gern Ratschläge. In Ohio hatte Vater, als wir noch auf der Haymaker-Farm wohnten und er angefangen hatte, sich ernsthaft auf Grundstücksspekulationen einzulassen, seinen Viehbetrieb über Schafe und Rinder hinaus ausgedehnt und hatte etliche Jahre hindurch sogar Rennpferde gezüchtet und die Fohlen und Jährlinge an die nahe gelegene Warren-Rennbahn verkauft.

Ich erinnere mich an die Vorträge, die er uns hielt, denn wir älteren Jungen waren für die Fohlen zuständig, mußten sie zureiten und so weiter, ehe sie verkauft werden konnten. »Denkt daran, man darf ein Fohlen nie erschrecken«, wiederholte er eindringlich. »Niemals. Pferde sind empfindliche Wesen, äußerst intelligent und schnell verängstigt; man muß sie sanft behandeln.« Später, beim Abrichten, würden sie einem dann voll und ganz vertrauen und sich in alles fügen, erklärte er.

Natürlich wandte er diese Philosophie nicht auf das Aufziehen von Kindern an. Vaters Überzeugung nach waren Kinder von Natur aus sündig und konnten folglich nur unter Kontrolle gebracht werden, wenn sie regelmäßig in die Schranken gewiesen und mit der Rute gezüchtigt wurden; erretten konnte sie nur die auf geheimnisvolle Weise zugeteilte göttliche Gnade. *Denn wen der Herr liebt, den züchtigt Er und geißelt jeglichen Sohn, den Er zu sich läßt,* sagte er. *Eine blutende Wunde wäscht jegliches Übel hinweg.* Und: *Züchtige deinen Sohn, solange noch Hoffnung ist, und laß deine Seele nicht durch sein Geschrei erweichen.* Pferde waren offenbar von Anfang an im Besitz des Heils oder zumindest frei von Sünden – wer konnte dem schon widersprechen?

Manchmal wünschte ich allerdings, er hätte seine Vorstellungen hinsichtlich der Aufzucht von Tieren auch auf seine Erziehungsmethoden bei Kindern angewandt. Fohlen, so Vater, sollten möglichst früh an das Halfter gewöhnt werden, doch nicht anders als mit sanftem Streicheln und Zureden; erst viel später sollte man sie ganz allmählich an die Zügel gewöhnen. Seine Vorträge über den Gebrauch des Gebisses und darüber, wie wichtig Weichmäuligkeit ist, waren beeindruckend, und wenn er vorführte, wie man das Gebiß einlegt, ging er so feinfühlig und liebevoll mit dem Tier um, daß man fast wünschte, man selber wäre das Fohlen.

An seinem sanften Umgang mit Tieren merkte man, daß Vater es liebte, ein Tier zu berühren und zu streicheln, es zu untersuchen und, wenn es gesund und wohlgestaltet war, zu bewundern, und sobald er ein Anzeichen von Krankheit oder Mißbildung entdeckte, legte er eine fast mütterliche Besorgtheit an den Tag. So pflegte er ein einjähriges Rennpferd aus dem Stall zu führen, mit der Hand über Widerrist und Kruppe, über den Rumpf des Tieres und die Schenkel, die Fesseln und die Sprunggelenke zu streichen und schließlich die Hufe zu untersuchen, um sicherzugehen, daß wir ihm bei seinem letzten Vortrag über die richtige Behandlung von Pferdehufen auch wirklich zugehört hatten.

Wie die meisten Menschen, die Tiere mögen, war Vater ein hervorragender Reiter, und so war es nicht weiter überraschend, daß es ihm Freude machte, uns Jungen und jedem anderen, der bereit war, sich einen Vortrag darüber anzuhören, zu erklären, wie man ein Pferd dazu bringt, daß es über Zäune und Gräben springt, und wie man mit seinem Pferd schnell einen steilen Abhang hinunterreitet, ohne Gefahr zu laufen, daß das Tier sich verletzt. Und obwohl meine älteren Brüder und ich damals nicht sonderlich erpicht darauf waren, immer wieder erklärt zu bekommen, was wir unserer Ansicht nach bereits wußten, erinnerte ich mich in späteren Jahren, als wir in Kansas um unser Leben ritten, in der Dunkelheit über Flüsse und tiefe Wasserrinnen sprangen, durch dichte Pappelwäldchen preschten, damit die Sklavenhalter stehenbleiben, umkehren, einen anderen Weg suchen und schließlich die Verfolgung aufgeben mußten, oft an Vaters Vorträge und Theorien, seine endlosen Wiederholungen von Anweisungen für Hindernisrennen, an denen teilzunehmen wir wahrhaftig nicht vorhatten, und war froh darüber.

An jenem Abend in unserem Lager in Westport wandte Mr. Epps seine nervöse Aufmerksamkeit anscheinend ohne besondere Absicht einem nach dem anderen zu, als wolle er sich einen Eindruck von den Beziehungen innerhalb der Familie verschaffen und versuchen herauszufinden, wer Einfluß auf die anderen hatte. Denn dann wüßte er, wessen Wohlwollen er brauchte, um sich die Gunst aller zu sichern.

Waren es die Kinder? Zuerst versuchte er, auf die kleine Sarah und die seltsame Annie einzureden, deren Direktheit ihm zu gefallen schien. »Du bist sehr schwarz, nicht wahr? Nicht alle Neger sind so schwarz wie du«, erklärte sie unumwunden, und als keiner von uns sie deswegen schalt, denn sie hatte ohne jegliches rassistische Vorurteil lediglich eine simple Tatsache ausgesprochen, lachte Mr. Epps herzlich darüber.

Oder war es einer der jüngeren Söhne, der neunjährige Oliver vielleicht oder Salmon oder Watson? Sie waren offenbar für das Vieh zuständig, kräftige, temperamentvolle junge Burschen, denen daran gelegen war, sich mit dem Fremden zu unterhalten und ihn auf die Vorzüge ihrer ansehnlichen rotfelligen Rinder und reinrassigen Böcke und Mutterschafe hinzuweisen. Er machte viel Aufhebens um die Tiere, grub die Hände tief in das Fell der Schafe und ließ sich begeistert über dessen Gewicht und Dichte aus; doch wir anderen hörten lediglich zu, wie er die Jungen lobte.

War es vielleicht Ruth, die zurückhaltende, auf unaufgeregte Weise geschäftige junge Frau, die sich um das Abendessen kümmerte und dem Mann, so gut es ging, den Rücken zuwandte, obwohl er immer wieder munter versuchte, sie ins Gespräch zu ziehen, und sie mit übermäßig ausführlichen Fragen bei ihrer Arbeit störte. »Sagen Sie, Miss Brown«, fragte er, »wer hat Ihnen das alles beigebracht, daß Sie soviel wissen, daß Sie ganz alleine das Fladenbrot da und die Erbsengrütze und so auf einem großen offenen Feuer und für eine so große Familie kochen können?«

Ohne aufzublicken, antwortete Ruth: »Meine Mutter«, und verfiel wieder in Schweigen, woraufhin Mr. Epps Mary überschwengliche Komplimente machte – denn natürlich wußte er nichts vom Tod unserer leiblichen Mutter vor siebzehn Jahren; sie hatte Ruth das Kochen beigebracht, nicht Mary. Und so plapperte er drauflos, als wäre unsere Mutter noch am Leben.

Oder vielleicht war ich derjenige, bei dem er sich einschmeicheln mußte, ich, der rothaarige junge Mann, dessen linker Arm stets abgebogen war, als wäre er für immer erstarrt, der große Bursche, der ein wenig abseits von den anderen stand, zurückhaltend und aufmerksam, denn ich bin sicher, genau so sah er mich bei jenem ersten Mal. Doch anscheinend wußte er nicht, wie er mich anreden sollte, vielleicht weil ich ungefähr so alt wie er und ein Mann war und daher leichter als die anderen durchschauen hätte können, wann er das vergnügte Negerlein spielte und wann er aufrichtig war; ich konnte es nur nicht.

Und dann war da noch die Frau, die der weit ältere Mr. Brown als seine Gattin Mary vorgestellt hatte, eine liebenswürdige Person mit offenem Gesicht, die mindestens zwanzig Jahre jünger zu sein schien als ihr Ehemann und eifrig darauf bedacht war, es dem Gast gemütlich zu machen. Er versuchte es also bei ihr, bemerkte jedoch sogleich ihre Absicht, ihn mit allen seinen Fragen und Beobachtungen an ihren Gatten, den Mann mit dem scharf geschnittenen Gesicht, zu verweisen, von dem der großgewachsene junge Mann offenbar die roten Haare und grauen Augen hatte.

Na schön, also würde er mit dem Alten selbst plaudern; er schwatzte eine Weile mit ihm über Pferde, denn dieses Thema interessierte ihn an jenem Abend besonders, und in diesem Punkt traute Mr. Epps sich zu, wie ein Fachmann zu klingen. Was ihm, zumindest Vater gegenüber, auch gelang.

Wie ich feststellte, war er nicht besonders fromm, denn wie ich ließ er ein Auge offen und starrte das Essen an, während Vater das Tischgebet sprach. Als Vater geendet hatte, rief er laut: »A-men!« und stürzte sich auf das Essen wie jemand, der seit einer Woche keine richtige Mahlzeit mehr vorgesetzt bekommen hat, was vermutlich der Fall war. Ich mußte an die Schwierigkeiten denken, auf die er in den letzten paar Tagen in Westport gestoßen war, als er fremde Weiße, die ihn verachteten und abwiesen, um Arbeit bat, und irgendwie empfand ich allmählich Mitleid mit dem Mann und bedauerte mein vorheriges Mißfallen. Dennoch bewahrte ich weiterhin eine gewisse Skepsis, was seinen Charakter betraf.

Als Mr. Epps an jenem ersten Abend das Lager verließ, hatte er mit Vater verabredet, als Gespannführer für uns zu arbeiten. »Ohne erfahrenen Fuhrmann, der mit den Pferden das Problem bespricht, kriegen Sie ein Gespann nie dazu, den Wagen da nach North Elba zu ziehen«, erklärte er. »Die Berge da jagen den Tieren Angst ein und machen sie krank und faul.«

Ich bin mir sicher, der Alte war überzeugt, daß ich oder er selber durchaus in der Lage waren, ein Gespann sicher nach North Elba zu bringen, doch er bewunderte Mr. Epps' Mut und Selbstvertrauen und willigte ein, im Austausch gegen Saatgut und andere Vorräte seine Dienste in Anspruch zu nehmen. Zweifelsohne wollte er dem Mann schlicht und einfach helfen.

Früh am nächsten Morgen tauchten Vater, Mr. Epps und ich, den Gaul Dan im Schlepptau, vor Mr. Clarkes Lagerhaus im Hafen auf, einem aus Steinen errichteten Magazin von der Größe einer Scheune, an das sich ein großer Stall anschloß. In diesem hatte er sechs oder acht Gespanne und ebenso viele Wagen untergebracht, da er das ganze westliche Seeufer hinauf und hinunter Frachtgüter transportierte, von Port Henry nach Port Kent und landeinwärts nach Elizabethtown und sogar bis nach North Elba.

Vater und Mr. Clarke, ein Neuengländer mit Brille, hagerem Gesicht und weißem Kinnbart, einigten sich rasch auf einen Preis für den alten Dan. Sodann versuchte Mr. Clarke, Vater ein ansehnliches Paar grauer Narragansetts aufzuschwatzen, offenbar gesunde Siebenjährige; zumindest behauptete er das. Der Preis schien angemessen, doch auch zusammen mit der Summe, die Mr. Clarke für Dan geboten hatte, war es mehr, als Vater besaß.

Ich sah förmlich, wie der Alte im Kopf seine Besitztümer durchging und sich fragte, was er verkaufen könnte, um die Differenz zu begleichen. Doch in dem Augenblick trat Mr. Epps vor und erklärte laut und deutlich: »Der Gansett da drüben lahmt an beiden Fesseln und macht es nicht mehr länger als ein Jahr. Und der andere, Mister Brown, der hat keine Kraft. Überhaupt keine. Schmaler Brustkorb, den der da hat. Nehmen Sie die alten Morgans da hinten«, riet er ihm.

»Die Braunen?« fragte Mr. Clarke ungläubig lachend. »Kommen Sie, Brown. Die sind kaum das Schuhleder wert, das man daraus machen könnte. Ihr Nigger ist nicht ganz richtig im Kopf«, erklärte er.

Der Preis für die Morgans war aufgrund ihres Alters geringer als der für die Narragansetts, aber immer noch mehr, als Vater in der Tasche hatte. Er meinte: »Ich glaube, ich befolge den Rat meines Freundes«, und gab Mr. Clarke das Geld, alles Geld, das er auf dieser Welt besaß; das wußte ich. »Doch Sie werden sich mit ein paar Dollar weniger begnügen müssen, als Sie verlangt haben, vor allem da sie, wie Sie selber gesagt haben, nicht einmal das Schuhleder wert sind.«

Doch das wollte Mr. Clarke nicht. Er schüttelte den Kopf und erklärte: »Ich sag' Ihnen was, Mister Brown. Behalten Sie Ihr Geld. Und Ihren alten verbrauchten Wallach obendrein. Ich mag es nicht, wenn ein Weißer sich von einem Nigger zum Narren machen läßt. Wir tauschen einfach, das Gespann Gansetts gegen zwei von Ihren prima Kühen. Welche, das können Sie selber bestimmen.«

Einen Augenblick lang zögerte Vater. Morgans waren damals noch nicht so berühmt wie heute, vor allem außerhalb Vermonts nicht, und weder Vater noch ich wußten viel über die Rasse. Was auch immer die Gründe dafür waren, daß Mr. Clarke so eifrig darauf bedacht war, uns die anderen Pferde zu verkaufen, es schien zu unserem Vorteil zu sein. Doch Vater sagte: »Nein. Ich verkaufe Ihnen den Wallach, Sir, wie wir es ausgehandelt haben, und wenn Sie einverstanden sind, lege ich für die Morgans das drauf, was ich an Bargeld habe. So wie mein Freund es mir geraten hat. Und meine Rinder behalte ich, alle.«

Ich war nicht sicher, ob das sehr klug war, hütete mich jedoch, meine Meinung zu äußern. Der Alte hatte sich entschlossen. In meinen Augen waren die Narragansetts eindeutig das bessere Gespann und gewiß die beiden schwächsten Rinder unserer Herde wert. Hätten wir in den von Mr. Clarke vorgeschlagenen Handel eingewilligt, hätten wir immer noch fünf Rinder, ein hervorragendes Gespann und den alten Dan gehabt, zudem genügend Bargeld, um gegen eine schlechte Ernte abgesichert zu sein.

Vater sagte: »Die Braunen, Sir.«

Dünnlippig lächelte Mr. Clarke Vater an, nahm sein Geld und schrieb eine Verkaufsurkunde aus. Dann ließ er Vater eine Empfangsbestätigung für die Pferde unterzeichnen. »Nur damit Sie nicht Ihre Meinung ändern oder den Leuten erzählen, ich hätte Sie übers Ohr gehauen«, meinte er und zog sich, ohne noch ein Wort zu verlieren, unvermittelt in sein Büro zurück.

»Na, Mister Brown, den Kerl da haben Sie durchschaut«, erklärte Mr. Epps, als wir die kleinen Morgans losbanden, die ziemlich abgearbeitet wirkten, und sie aus dem dunklen Stall in das helle Tageslicht im Hof führten, wo sich ihr Aussehen keineswegs verbesserte. »Glauben Sie mir, die Braunen da bringen Sie überallhin, wo Sie wollen. Die ziehen Ihnen den Pflug noch übers Feld, wenn Sie schon drunterliegen. Geben auch gute Reitpferde ab.«

Die Augen des Alten funkelten vor Vergnügen, und er klopfte Mr. Epps auf den Rücken. »Wissen Sie, Mister Epps, es behagt mir, wenn einer von diesen rassistischen Yankees seinen eigenen Ränken zum Opfer fällt!« rief er und lachte.

»Ja, Sir«, erwiderte Mr. Epps leise, und wir brachten die Pferde zum Lager.

Am nächsten Morgen machten wir uns kurz nach Tagesanbruch auf den Weg von Westport nach North Elba. Der Himmel war, daran erinnere ich mich, wolkenlos und strahlend blau – einer jener kühlen, trockenen Morgen im Norden, an denen man bis weit zum Horizont eine ungeheuer klare Sicht hat. Unser Gespannführer Mr. Epps saß neben Mary, die sich nicht wohl fühlte, auf dem Kutschkasten. Fröhlich quetschte sich die kleine Sarah, die in dem Frühjahr vier wurde, zwischen die beiden. Wir anderen gingen zu Fuß; Vater und ich vor dem Gespann, und eine kleine Strecke hinter dem Wagen Ruth, die die siebenjährige Annie an der Hand hielt; das Schlußlicht bildeten die Jungen Watson, Salmon und Oliver, die die Schafe, Rinder und Schweine vor sich hertrieben. Den

Pferden schien zu meiner Überraschung der schwerbeladene Wagen nichts auszumachen, und sie reagierten schnell und fügsam auf Mr. Epps' Anweisungen. Natürlich durchquerten wir immer noch relativ flaches, trockenes Gelände, und das würde bis zur Tagesmitte auch so bleiben, zumindest bis wir Elizabethtown erreichten, wo der steile Anstieg beginnen sollte.

Vater wünschte, daß wir mit Würde und offenkundiger Zielstrebigkeit Westport verließen – um keinem der Ortsansässigen einen Gefallen zu tun, die uns womöglich für töricht oder schlicht bedauernswert hielten, erklärte er. Folglich schritten wir rasch aus, mit erhobenem Kopf, die Augen unverwandt auf die Straße vor uns gerichtet; die einzelnen Abteilungen unserer kleinen Karawane hielten wie bei einer Truppenparade Abstand voneinander. Wir trugen Jackett, Weste und Hut wie üblich; die kleinen Mädchen sowie Ruth und Mary hatten Hauben aufgesetzt und sich Schals um die Schultern gelegt, und ihre dunklen Überröcke waren angemessen lang. Farmer stützten sich auf ihre Hacken, Kinder und Frauen traten aus den Küchentüren, um zuzusehen, wie wir aus der Stadt und Richtung Nordwesten zu den ersten sanften Hügeln im Landesinneren zogen.

Etliche Meilen nach der Siedlung gelangten wir zu einer windschiefen, ungestrichenen Baracke, die als Mauthäuschen diente und den Beginn der neuen Nordwestroute nach Elizabethtown markierte – eher ein Karrenweg als eine Straße. Eine Stange versperrte uns den Weg. Eine Privatgesellschaft hatte die Nordweststraße durch den Wald gerodet, nachdem sie vorher den schmalen Landstreifen, auf dem sie verlief, aufgekauft hatte, um an dem Durchgangsverkehr zu verdienen. Damit hatte Vater offenbar nicht gerechnet, denn bei seiner einzigen bisherigen Reise nach North Elba im vorangegangenen Herbst war er von Port Kent am See aus auf einer weiter nördlich verlaufenden Route gekommen – durch Ausable Forks und die Wilmington Notch –, wo es keine Mautstraße gab.

Ein alter, grauhaariger Mann in schlottriger Hose und geflicktem Hemd tauchte aus der Hütte auf und humpelte auf einer schlecht gezimmerten Krücke auf uns zu – nach seinen Hosenträgern der US-Army zu schließen, ein Veteran. Er warf einen kurzen Blick auf unseren Wagen und unser Vieh, spuckte einen braunen Strahl Tabaksaft aus und sagte zu Vater: »Das macht vierzig Cent für den Wagen und das Gespann. Macht siebzig Cent für die Kühe da. Die Schafe und Schweine können so passieren.«

Vater richtete sich auf und erklärte: »Mein Freund, ich habe kein Geld. Wir führen keine Fracht mit, die wir mit Gewinn verkaufen wollen, sondern sind eine arme Familie auf dem Weg zu einem Stück Land in North Elba, wo wir uns niederlassen wollen.«

»Ist egal, wo Sie hinwollen, Mister. Oder warum. Ich berechne nach Achse und Huf. Soweit ich sehe, haben Sie zwei Achsen und mindestens neunmal Hufe. Die Schafe und Schweine rechne ich nicht. Wenn Sie die Straße da benutzen wollen, kostet Sie das insgesamt einen Dollar und zehn Cent.«

»Ich kann erst bei meiner Rückkehr bezahlen«, erwiderte Vater.

»Geht nicht.«

»Und wenn ich mich weigere, jetzt zu bezahlen?«

Das brachte den alten Kerl aus der Fassung. Er kaute auf seinem Tabak herum und spuckte noch einmal aus. »Was haben Sie gesagt?«

Vater wandte sich zu mir. »Schieb die Stange zur Seite, Owen.«

Ich ging auf den nicht abgerindeten Balken zu, der auf zwei eingekerbten Pfosten lag, hob das eine Ende an, schwang es zur Seite und machte so den Weg frei. Ungläubig starrte der Mautner, dem Vater sich in den Weg gestellt hatte, mich an. Mr. Epps schnalzte den Pferden zu und fuhr mit dem Wagen durch; Ruth und Annie folgten mit ernster Miene, dann kamen die von Watson und Salmon angetriebenen Rinder und schließlich die Schafe, dahinter Oliver und zwei Hunde. Auf Olivers von Sommersprossen übersätem Gesicht machte sich ein schadenfrohes Lächeln breit, und im Vorbeigehen winkte er dem Mautner zu.

Vater wandte sich zu dem alten Mann. »Ich entschuldige mich für die Unhöflichkeit meines Sohnes. Er ist neun Jahre alt und sollte es eigentlich besser wissen. Und ich gebe Ihnen mein Wort, mein Freund, wenn ich das nächste Mal nach Westport komme, bezahle ich die Maut.« Dann legten er und ich die Stange wieder auf die Pfosten und beeilten uns, die anderen einzuholen.

Als Vater an Oliver vorbeiging, holte er aus und versetzte dem Jungen mit dem Handrücken einen kräftigen Schlag in sein ahnungslos lächelndes Gesicht. »Verhöhne nie einen Menschen dafür, daß er seine Pflicht tut«, erklärte er, und ohne stehenzubleiben schloß er rasch zu mir auf; wieder bildeten wir die Vorhut des Trosses.

Kurz darauf warf ich über die Schulter einen Blick zurück und sah, daß Olivers Gesicht von dem Hieb brennend rot war. Er hatte den Kopf abgewandt, damit keiner seine Tränen sah; die anderen Jungen wandten rücksichtsvoll den Blick von ihm ab und starrten auf die Straße vor ihnen.

Noch in Springfield hatten Vater und ich den Kutschbock unseres Wagens mit einer weißen Segeltuchplane versehen, die wir über einen Weidenrahmen gespannt hatten, um so die Ladung zu schützen und Mary, Ruth und die Kleinen abzuschirmen, falls es regnete. Zudem sollte der Wagen ein wenig Zurückgezogenheit ermöglichen und als Schlafstätte für die Frauen dienen. Bis Westport hatte das einwandfrei funktioniert, doch jetzt, mit so vielen zusätzlichen Vorräten außer unseren Werkzeugen und Haushaltsgeräten, waren die Passagiere gezwungen, auf dem offenen Sitz vorn neben dem Fahrer zu bleiben – es war einfach nicht genügend Platz, als daß sich einer unter der Plane hätte hinsetzen oder gar hinlegen können.

Wir hatten Vaters gesamte Vermessungsutensilien mitgenommen, außerdem seine alten Gerbermesser, Stoßeisen und Beitel, eine kleine Entrindungsmaschine sowie etliche andere Werkzeuge und Behälter aus seiner Zeit als Gerber. Auf seiner vorherigen Reise in die Adirondacks waren dem Alten die vielen Hickorybäume aufgefallen, und er hatte vor, in North Elba eine kleine Gerberei einzurichten und vielleicht einigen Negersiedlern das Handwerk beizubringen. Zudem hatten wir unsere Breitäxte, Beile, Flachbeile,

Hämmer, Keile und Spaltmesser auf den Wagen gepackt – Werkzeuge, die wir zum Roden des überwucherten Landes brauchen würden, das Mr. Smith Vater übertragen hatte. Wir hatten zwei Sensen, einen Rechen, Heugabeln, Harken, einen kleinen Amboß, verschiedene Sorten von Nägeln und Haken sowie einen stabilen Mistschlitten aus Eichenholz dabei, den Vater in einem Winter, als wir noch in Pennsylvania lebten, selber gebaut hatte; dazu Riemen und große Bohrer, eine kräftige Schrotsäge, eine Bocksäge, ein halbes Dutzend Meißel und Hobel. Wir schleppten alle oder doch die meisten Werkzeuge mit, die der Alte trotz Bankrotts und Prozessen angehäuft und im Verlauf aller Versuche, eine dauerhafte Heimstätte zu erwerben, und zahlreicher geschäftlicher Unternehmungen in Pennsylvania, Ohio und Massachusetts nicht aus der Hand gegeben hatte.

Außerdem befanden sich unsere Matratzen, das Bettzeug, die Gewänder und die Möbel auf dem Wagen, die Vater und Mary aus dem Haus in Ohio nach Springfield mitgenommen hatten – zwei kleine Truhen, Vaters Schreibtisch, Urgroßvater Browns Kaminuhr, Marys Spinnrad und Ruths Webstuhl; dazu alle Küchenutensilien und Töpfe, Schüsseln, Teller, Becher und Besteck; und natürlich Vaters große Bücherkiste, die überallhin mitgereist war, von Ohio nach Pennsylvania, wieder nach Ohio und weiter nach Springfield; jetzt nahmen wir sie nach North Elba mit. In Westport waren noch Fäßchen mit Salz und Mehl hinzugekommen, getrocknetes Rindfleisch, Mais, Zwieback, Saatgut und Futter für die Tiere, Eimer, um Ahornsaft zu sammeln und einzukochen, ein Waschzuber, ein Ersatzpferdegeschirr und ein Pflug.

Aufgrund des Gewichts quietschte und ächzte der Wagen auf seinen Achsen. In diesem Jahr war der Frühlingsschlamm glücklicherweise frühzeitig getrocknet, und die großen, mit Eisen beschlagenen Räder zermalmten die Steine und den Kies auf dem Fuhrweg, während die zwei Morgans den Wagen langsam aus dem breiten grünenden Tal um den Lake Champlain zu den hochgelegenen, unbelaubten Wäldern und frischgepflügten Feldern und Gärten von Elizabethtown zogen.

Die Ausdauer und Kraft der Braunen überraschte mich, und irgendwie stieg Mr. Epps' Ansehen in meinen Augen, als ich beobachtete, wie er die Tiere behutsam und ruhig antrieb, sich gelegentlich zur Seite wandte, um mit Sarah zu plaudern oder Mary zu fragen, ob sie es auch bequem hatte; ab und zu nannte er uns die Namen der Flüsse, an denen wir vorbeikamen oder die wir manchmal auch überquerten, sowie die der Berge, deren schneebedeckte Gipfel allmählich in der Ferne auftauchten. »Das hier ist der Bouquet River«, erklärte Mr. Epps. »Ab hier fließen alle Ströme nach Norden, nach Kanada, Mister Brown. Die Flüsse und Ströme sind wie das farbige Volk, wissen Sie, sie folgen dem Nordstern, der wie ein Trinkkürbis aussieht. Sobald die Leute, die aus der Sklaverei entfliehen, sehen, daß die Flüsse nach Norden fließen, wissen sie, daß sie schon fast in Freiheit sind«, fuhr er fort. »Und der Schneeberg da im Westen heißt Giant of the Valley, und da drüben sehen Sie den Gipfel des Whiteface. Die wirklich hohen sieht man von hier aus noch nicht«, fügte er munter hinzu, obwohl mir als Flachländer der Giant of the Valley und der Whiteface wie hochaufragende Gebirge vorkamen.

Als wir in Elizabethtown eintrafen – das der Sitz der Verwaltung von Essex County ist und wo gegenüber dem Dorfanger das Gerichtsgebäude stand, ein beeindruckender, mit weißen Säulen geschmückter Ziegelbau –, zogen im Nordwesten dunkle Wolken auf. Zwar schien nach wie vor die Sonne, doch ich befürchtete, daß es bald regnen würde.

Wir hielten bei dem Dorfanger an, um auszuruhen und an einem langen hölzernen Trog neben dem Straßenrand die Tiere zu tränken. Während Mr. Epps und die Jungen sich um die Herde kümmerten und Ruth das Mittagessen – Maisbrot mit Sirup – vorbereitete, spannten Vater und ich eine Plane über den Kutschbock, um Mary, die hustete und offenbar Fieber hatte, vor den Unbilden des Wetters zu schützen.

Nach dem Essen ging Vater zum Gerichtsgebäude, um dem Büro des Registrators einen kurzen Besuch abzustatten; dort kam er nach einer flüchtigen Durchsicht des Grundbuchs zu dem Schluß, daß

Weiße, die seit langem in North Elba ansässig waren oder sich dort ohne Rechtstitel niedergelassen hatten, tatsächlich große Teile des von Mr. Gerrit Smith den Negern geschenkten Landes für sich beanspruchten, gerade so, wie die Leute in Timbuktu es ihm im vorangegangenen Herbst erzählt hatten. Kurz und bündig erklärte er dem Urkundsbeamten, er habe vor, in Kürze jede einzelne Schenkung Mr. Smiths zu vermessen und ins Grundbuch eintragen zu lassen, und warnte ihn unverblümt davor, neue Grundstücke in die Steuerliste von Essex County aufzunehmen, wenn er nicht vorher die Karte eines Landvermessers zu Rate zog und sich eine ordnungsgemäße Verkaufs- und Schenkungsurkunde vorlegen ließ.

»Nach all den pompösen Ziegelhäusern hier in der Gegend zu schließen, gibt es in dieser Stadt mehr als nur ein paar Anwälte, denen es ein Vergnügen wäre, vor Gericht die Eigentumsrechte eines freien Negers und damit gleichzeitig die von Mister Gerrit Smith zu verteidigen«, erklärte er dem Registrator. »Mister Smith ist, wie gerade Sie wissen sollten, der größte Steuerzahler im ganzen Bezirk«, fügte er hinzu.

Hoch erfreut berichtete uns Vater anschließend, wie der Mann ihn mit offenem Mund angegafft hatte, als er dies hörte. Ungeheuer töricht, ja tölpelhaft habe er ausgesehen. Er machte den Burschen nach, und wir alle – außer Mr. Epps, wie mir auffiel – lachten schallend, denn Vater schnitt nur selten Grimassen und sah dann recht komisch aus. Sogar Oliver lachte – obwohl er bei sich selber wohl dachte, der Bursche, über den Vater sich lustig machte, habe ja auch nur seine Pflicht getan, so wie der Mautner. Widersprüchlichkeiten in kleinen Dingen hielt jedoch keiner von uns dem Alten je vor. Vielmehr begrüßten wir sie geradezu, denn in Angelegenheiten von großer Tragweite, wenn wir, wie fast jeder andere, schwach und unsicher wurden, war er wie geläutertes Eisen, durch und durch unnachgiebig.

Etwa eine Stunde nach Mittag brachen wir von Elizabethtown auf und zogen Richtung Nordwesten durch einen dichten Fichten- und Balsamtannenwald. Nahezu von Anfang an ging es steil aufwärts; neben uns stürzte ein rauschender Bach über riesige Felsen von den Gipfeln zu den Dörfern und Farmen im Tal hinunter. Der Himmel hatte sich jetzt fast ganz mit dunklen Wolken überzogen, und je höher wir kamen, desto niedriger wurde die Temperatur. Bald war es richtig kalt, so daß ich und die Jungen unsere Westen und Jacketts zuknöpften und Vater seinen Mantel aus dem Wagen zerrte. Ruth und Annie zogen sich ihre Schals über den Kopf, und oben auf dem Wagen holte Mary Decken heraus, wickelte eine um sich und Sarah, gab die andere Mr. Epps und eine dritte Ruth und Annie.

Hinter uns war eine steife Brise aufgekommen, und das Bewußtsein, daß wir bald durchnäßt sein und frieren würden, machte uns schweigsam. Die Pferde trotteten mit ihrer schweren Ladung unverdrossen und stetig weiter, obwohl es nach wie vor steil aufwärts ging. Mr. Epps war ganz ernst geworden. Keiner sagte ein Wort, als wir in das Unwetter hinaufstiegen. Sogar die Vögel schwiegen.

Der Weg wand sich langsam durch hohe, ausladende Bäume hindurch, und immer noch begleitete uns der rauschende Bach. Nicht an einem einzigen Haus oder auch nur einem Stück gerodetem Land waren wir vorbeigekommen, als wir mit einem Mal feststellten, daß wir den Gipfel überquert hatten und jetzt durch ein breites Tal zwischen zwei hochaufragenden Gebirgskämmen zogen. Am Wegrand erblickten wir einen Biberteich, in dem dunkle verfaulte Baumstümpfe standen, und ein Stückchen weiter gab der Alte endlich das Zeichen zum Anhalten.

Wir ließen die Tiere ausruhen und suchten hinter dem Wagen Schutz; den Rücken gegen den Wind gestemmt, schlugen wir die Krägen hoch und hielten mit beiden Händen unsere Kopfbedeckungen fest. Wie einer der Verlorenen Stämme Israels müssen wir ausgesehen haben, als wir uns so in Decken und altmodische Wollgewänder gehüllt auf einem Pfad mitten durch die Wildnis der Berge um unseren Wagen und unsere Herde drängten und nicht wußten, sollten wir uns weiterkämpfen oder umkehren.

Forschend betrachtete der Alte den finstern Himmel und meinte: »Mister Epps, ich glaube, es fängt bald zu schneien an.«

»In den Tälern regnet es wahrscheinlich nur ein bißchen«, erwiderte dieser. »Aber Sie haben recht, Mister Brown; hier droben, da wird's schneien. Könnte fast nichts sein, könnte aber auch ein richtiger Schneesturm werden. Das weiß man um diese Jahreszeit nie. Wollen Sie hier abwarten, bis es vorbei ist?« fragte er Vater. »Wir könnten uns unter den Bäumen da drüben verkriechen«, schlug er vor und deutete auf ein nahe gelegenes Wäldchen aus hohen Föhren und Fichten, hinter dem ein riesiger Felsvorsprung aufragte und es teilweise abschirmte. Der Weg verlief nicht weit von den dunklen Felsen entfernt, so daß man den Wagen leicht in ihren Schutz manövrieren und ein sicheres Nachtlager aufschlagen konnte.

Mehrere große, nasse Schneeflocken streiften mein Gesicht. Vater fragte Mary, wie sie sich fühle. »Mir geht es gut«, erwiderte sie. »Tu nichts nur um meinetwillen.« Doch sie sah ziemlich erschöpft aus: Ihr Gesicht war grau und verkniffen vor Unbehagen, möglicherweise sogar Schmerzen, und sie fröstelte.

»Ich mache mir etwas Sorgen wegen der Herde«, sagte Vater zu Mr. Epps. »Wenn wir die ganze Nacht hier in einem Schneesturm verbringen müssen, wird uns das nichts weiter ausmachen, aber es könnte sein, daß wir ein paar Schafe einbüßen. Die reinrassigen Tiere sind noch nicht auf winterliche Temperaturen abgerichtet, und wir haben sie seit November im Stall gelassen.« Er wollte wissen, ob es zwischen unserem Unterschlupf hier und dem Tal vor uns, in dem das winzige Dorf Keene lag, eine Farm gab.

Mr. Epps antwortete, ehe wir im Tal anlangten, würden wir kein Haus, keinen Schuppen zu Gesicht bekommen, doch wir seien jetzt Keene näher als Elizabethtown, sollten also lieber nicht umkehren. Seiner Erinnerung nach befand sich unten im Tal, von uns aus gesehen etwa eine Meile vor dem Dorf, eine große Farm. Dort konnten wir vielleicht übernachten, falls sich das Unwetter zu einem wirklichen Sturm auswachsen sollte.

Vater nahm den Hut ab, legte die Hände an die Schenkel, senkte den Kopf und betete einen Augenblick lang stumm; wir standen daneben und sahen zu. Dann wandte er sich zu uns und sagte: »Wir ziehen weiter, Kinder. Unser himmlischer Vater wird uns beschützen.«

»Gut, schon, aber es wäre besser, wenn wir uns eine Bremsstange suchen, solange gutes Holz in der Nähe ist«, meinte Mr. Epps. »Ein paar Meilen weiter werden wir für die großen Räder da einen Bremsstock brauchen, sonst bringen wir die Ladung nie heil den Berg runter.« Eilig holte ich die Äxte aus dem Wagen und ging zusammen mit Watson in den kleinen Wald; binnen kurzem hatten wir eine Fichte gefällt und eine Stange zurechtgeschnitzt, die lang genug war, um sie durch die beiden hinteren Räder des Wagens zu schieben.

Als wir uns wieder auf den Weg machten, fiel der Schnee bereits in dichten Flocken. Die Bergkämme zu beiden Seiten waren verschwunden, und als wir so dahintrotteten, konnten wir immer nur ein, zwei Meter weit sehen. Inzwischen hatten wir uns alle in Decken gehüllt, nur der Alte begnügte sich mit seinem Mantel. Der Schnee war naß und blieb an uns haften, machte uns alle weiß, selbst Mr. Epps. Vater und ich stolperten vorneweg und machten die nächsten paar Meter Weges ausfindig, ehe wir Mr. Epps zuwinkten, er könne mit dem Gespann nachkommen. Stunden zog sich dies hin, bis schließlich der Boden unter unseren Füßen allmählich abfiel und der Abstieg ins Tal begann.

Mary und Sarah stiegen ab und marschierten hinter dem Wagen drein; Mr. Epps kletterte ebenfalls vom Kutschbock, ging dicht neben den Pferden her und redete leise und beruhigend auf sie ein. Vater wies Ruth an, Sarah auf dem Rücken zu tragen, und ermahnte Oliver, Annies Hand nicht loszulassen. Watson und Salmon sollten die Herde in sicherem Abstand vom Wagen in Bewegung halten; auf keinen Fall dürften sie sich zusammenkauern, vor allem die Schafe nicht, denn dann würden sie nicht mehr aufstehen. Anschließend befestigten er und ich an jedem Ende der Bremsstange ein Seil. Ich ging auf der einen Seite des Fuhrwerks, Vater auf der anderen, und sobald der Wagen schneller zu werden drohte, mußte ich ihm unter dem Wagenkasten und durch die Radspeichen hindurch die Bremsstange zuschieben.

Es war eine umständliche, scheußliche Angelegenheit, den langen steinigen Weg ins Tal auf diese Weise, immer nur drei bis fünf Meter am Stück, zurückzulegen. Zuerst war der Hang nur leicht geneigt, und Vater und ich konnten den Wagen aufhalten, indem wir die Fahrerbremse festbanden und uns mit den Schultern hügelaufwärts gegen den Wagenkasten stemmten, auch wenn unsere Füße in dem Schnee unbeholfen wegrutschten. Doch bald wurde das Gefälle steiler und der Wagen gefährlich schnell. Ich zog die Bremsstange vom Kutschbock herunter, schleuderte sie zu Vater hinüber, und beide rannten wir zu einem Baum am Wegrand und zurrten das Seil daran fest, um so die Räder zu blockieren. Langsam ließen wir dann das Tau nach, und der Wagen glitt wie ein Schlitten den holprigen Weg hinunter, bis das Seilende wieder an dem Baum festgebunden werden mußte; dann krochen wir zum Wagen hinunter und blockierten die Räder mit Felsbrocken. Anschließend stolperten wir wieder bergauf zu den Bäumen, banden das Seil los und gingen damit ein Stück weiter hinunter, wo wir es erneut um zwei Stämme schlangen. Wir zogen das Seil straff, griffen mit der anderen Hand nach unten, schoben die Bremsblöcke weg und ließen den Wagen die nächsten paar Schritte hinunterrutschen. Immer wieder, endlos, so schien es, führten wir in dem Schneesturm, der uns nahezu blind machte, die gleichen mühsamen, schmerzhaften Handgriffe aus; irgendwo vor uns beruhigte Mr. Epps die in Schnee gehüllten Pferde und führte sie den Weg entlang, der kaum mehr auszumachen war. Mein Gesicht war eiskalt, das Seil scheuerte mir die Hände wund, und die Felsbrocken rissen die empfindliche Haut an Handflächen und Fingern auf, während wir langsam, Stück für Stück, den Wagen durch den Sturm ins Tal hinabließen – und als wir dort anlangten, schien die Wolkendecke sich zu lichten, der Schnee ging in Graupel und schließlich in kalten Regen über.

Als wir endlich ebenes Gelände erreichten, war es fast dunkel, doch wir hatten wieder freie Sicht. Ahornbäume, deren Zweige von jungen, vor Nässe glitzernden Knospen übersät waren, säumten einen sich dahinschlängelnden Fluß; gerodete flache Wiesen mit frischem Gras erstreckten sich vor uns, und flüchtig sahen wir aus der Ebene steile Berge aufragen, die sich gleich darauf wieder hinter niedrighängenden dunkelgrauen Wolken verbargen.

Trotz der eben überstandenen Tortur waren wir in guter Stimmung. Mir erschien das Gespann Morgans, das Vater auf Mr. Epps' Rat hin gekauft hatte, jetzt geradezu heldenhaft. Und Mr. Epps kam mir nun ebenso gewitzt vor wie er sich selber. Ich grinste ihn an, und zu meiner Überraschung lächelte er bescheiden, fast schüchtern zurück.

Meine und Vaters Hände waren wund und voller Blasen, unsere Gewänder tropfnaß. Die arme Mary, Ruth und die Kinder schleppten sich mühsam hinter uns drein, elend, durchnäßt und frierend, doch ungeheuer erleichtert, im Tal angelangt zu sein. Ein Stück weiter hinten folgten die roten Devonrinder, Vaters kostbare, langgesichtige Merinoschafe und die Schweine, die Salmon und Watson mit Hilfe der Collies pflichtbewußt beieinanderhielten; brüllend jagten sie den Nachzüglern hinterher und trieben sie mit ihren Stöcken zu den anderen. Ein Stück vor uns erblickte ich ein weißes, zweigeschossiges Bauernhaus mit einer langen Veranda, die auf die Straße ging, daneben eine große, nicht gestrichene Scheune und dahinter etliche windschiefe Nebengebäude; als ich den Alten darauf hinwies, nickte er nur, als hätte er immer schon gewußt, daß es hier wäre.

Als wir uns schließlich alle neben dem Wagen versammelt hatten, nahm Vater den Hut ab und schickte sich erneut an zu beten. Diesmal hieß er uns allerdings, es ihm gleichzutun. »Laßt uns Dank sagen, Kinder«, erklärte er, und wir entblößten die Köpfe, jeder einzelne von uns, sogar Mr. Epps.

Mit klarer, dünner Stimme betete der Alte: »Himmlischer Vater, wir danken dir demütiglich, der du deine Kinder wiederum sicher durch den Sturm geleitet hast. Wir danken dir, o Herr, der du uns und unsere weltlichen Güter vor den Mühen und Schrecknissen der rauhen Berge und der Wut des Sturms geschützt hast. Wir sind deiner grenzenlosen Güte und deines Schutzes nicht würdig, o Herr, und demütiglich danken wir dir. Amen.«

Mr. Epps wiederholte: »Amen!« und stülpte sich rasch seinen Hut auf, ebenso alle anderen, außer Vater, der barhäuptig, mit verkniffenem Gesicht und geschlossenen Augen dastand. Ein wenig verlegen, vielleicht wegen Mr. Epps' Anwesenheit, entfernten wir uns ein paar Schritte und sahen nicht zu dem Alten hin; einen Augenblick später schloß er sich uns an, wirkte allerdings irgendwie verwirrt, fast benommen, als wäre er eben aufgewacht. So war er aber immer, wenn er gebetet hatte; wir waren alle daran gewöhnt und äußerten uns nicht dazu, nicht einmal untereinander. In unseren Augen betete der Alte einfach eindringlicher als wir. In unseren Augen tat der Alte alles eindringlicher als wir.

Als wir bei der Farm ankamen, hatte es aufgehört zu regnen, die Wolken waren die schneebedeckten Hänge hinaufgeklettert und verdeckten jetzt nur noch die Hügelkuppen, während sich hier unten eine weite, grasbewachsene Schwemmebene erstreckte. In etwa einer Meile Entfernung liege das Dorf Keene, erklärte Mr. Epps, in dem sich acht oder zehn Familien angesiedelt hätten. »Die meisten kratzen gerade genug zusammen, um zu überleben. Nicht viel anders als wir Leute da oben in der Schlucht von Timbuktu«, meinte er und deutete auf einen tiefen Einschnitt in dem hohen Gebirgskamm weiter westlich.

Vater erwiderte: »Das wird sich bald ändern, Mister Epps.«

»Ja, Sir, Mister Brown.« Unsere Blicke begegneten sich kurz, und ich hatte den Eindruck, er glaubte nicht daran, daß der Alte in der Lage sei, irgend etwas zu ändern, gleich wo.

Als wir uns dem Haus und der Scheune näherten, bemerkten wir eindeutige Zeichen einer Vernachlässigung des Anwesens, das früher offensichtlich eine blühende Farm mit Milchwirtschaft gewesen war – zerfallene Zäune und eingestürzte Wände, lose Schindeln auf dem Boden, die der Wind vom Dach heruntergeweht hatte, ein zwei oder drei Jahre alter Misthaufen hinter der Scheune, und noch kein Stück des überreichlich vorhandenen gerodeten Landes war bestellt.

Die Farm gehörte einem gewissen Mr. Caleb Partridge – als er auf Vaters Klopfen hin die Tür öffnete, war ich von seinem jugendlichen Alter, etwa Mitte Zwanzig, überrascht – und seiner Frau Martha, die bestimmt zehn Jahre älter war. Das Paar hieß uns willkommen und bat uns einzutreten, sichtlich erfreut über die unerwartete Gelegenheit, Essen und Unterkunft mit einer derart verdreckten Reisegesellschaft zu teilen. Mr. Partridge, ein großgewachsener, hagerer Mann mit dichtem schwarzem Bart und einem kräftigen Gebiß, wirkte auf seine ungeschlachte Art recht anziehend. Seine Frau hatte ein rosiges, äußerst schlichtes Gesicht und war in ihrer Schüchternheit beinahe einfältig; sooft einer der Erwachsenen auch nur ein Wort sagte, kicherte sie, selbst wenn ich etwas äußerte, und sie lauschte äußerst ernsthaft allem, was Annie und Sarah zur Unterhaltung beisteuerten; fast sah es so aus, als hätte sie nur vor ihnen keine Angst.

Das offenbar kinderlose Paar hauste, zusammen mit einer betagten Frau, die der Mann als seine Schwiegermutter vorstellte, ganz allein hier. Diese saß in einer Ecke der großen Küche, murmelte und nickte zufrieden vor sich hin, während wir vor dem riesigen Kamin Gesicht und Hände wärmten und unsere Gewänder trocknen ließen. In der Zwischenzeit machte Mrs. Partridge ein großes Getue um Mary, Ruth und die kleinen Mädchen, brachte ihnen Handtücher für die nassen Haare und trug Schalen mit heißem Apfelsaft und reichliche Portionen frischgebackenes Maisbrot auf.

Später, nachdem ich zusammen mit den Jungen und Mr. Epps die Tiere gefüttert und in der Scheune untergestellt hatte und wir wieder ins Haus gegangen waren, nahmen wir alle an Mr. Partridges langem aufgebocktem Tisch vor einem dampfenden Topf mit Wildgulasch Platz. Mr. Epps allerdings blieb neben dem Kamin stehen und wandte absichtlich sein schwarzes Gesicht von uns ab. Schließlich bemerkte Vater ihn dort und rief: »Mister Epps! Kommen Sie schnell, oder eines dieser gefräßigen Kinder schnappt Ihnen Ihre Portion weg!«

Die Partridges, alle drei, sogar die alte Dame, blickten mit einem Ausdruck gelinder Überraschung zu Vater auf. Doch Mrs.

Partridge hatte sich schnell wieder gefaßt, holte einen zusätzlichen Teller und einen Löffel, und Mr. Epps kam zum Tisch herüber und schloß sich uns an. Mit ernster Miene setzte er sich zwischen mich und Watson, direkt Vater gegenüber, der sich nun die Freiheit nahm, wie er es ausdrückte, die Mahlzeit zu segnen – über die wir uns dann alle mit großem Appetit hermachten.

Außer Mary, Ruth, Sarah und Annie, denen man Strohlager neben dem Kamin anbot, schliefen wir alle auf dem Heuboden über unseren Tieren. Die Scheune war einst wohl ein festgefügter, recht ansehnlicher Bau gewesen, doch jetzt leckte das Dach, die Fußbodenbretter faulten, und das Heu war etliche Jahre alt und voller Staub und Dreck. Zwei klapprige Milchkühe schienen alles zu sein, was die Partridges an Vieh besaßen, und die sahen ziemlich alt aus, gaben vermutlich nur noch wenig Milch und würden es wohl nicht mehr lange machen.

Offenbar waren die meisten Rinder der Partridges in den letzten Jahren eingegangen, geschlachtet oder verkauft worden. Um während der langen Wintermonate ein Einkommen zu haben, hatte Mr. Partridge sich auf das Töten einer großen Anzahl von Hirschen verlegt; mit dem Schlitten beförderte er das Wildbret Richtung Süden nach Albany. Er klagte, die Farm sei zu groß, als daß er und seine Frau sie allein bewirtschaften könnten, doch in der Gegend gebe es keine Männer, die sich verdingten. Die Frau hatte das Anwesen von ihrem Vater geerbt, einem Veteranen der Ticonderoga-Feldzüge während der Revolution, der Grundbesitz als Entlohnung für seinen Militärdienst angenommen hatte und so einer der ersten Siedler in der Gegend geworden war. Mr. Partridge, der landlose dritte Sohn eines Flachsbauern in New Hampshire, war als Landarbeiter von New England hierhergekommen. Vor nahezu sechs Jahren hatte er die Farm in seinen Besitz gebracht, indem er ein paar Monate vor dem Tod seines Arbeitgebers dessen einziges Kind und damit die einzige Erbin geheiratet hatte.

All dies erfuhr ich am nächsten Morgen von Vater, nachdem wir von der Farm aufgebrochen waren; als wir anderen alle in die Scheune gewankt waren, um zu schlafen, war er noch lange aufgeblieben und hatte sich mit Mr. Partridge unterhalten. Der Alte besaß das Geschick, persönliche Einzelheiten aus Fremden herauszulocken, wenn er mit ihnen allein war. Seine Fragen waren entwaffnend direkt und hatten in ihrer Distanziertheit fast etwas Wissenschaftliches; in gewisser Weise traf dies auch zu, denn ihn interessierte nicht so sehr das Privatleben eines Menschen, sondern was er über seinen Charakter und die Natur des Menschen im allgemeinen erfahren konnte. Normalerweise stellte Vater, wenn er sich mit einer ihm bislang unbekannten Person unterhielt, Fragen nach Familie und Herkunft und lenkte so das Gespräch sehr schnell auf die Rassen- und Sklavenfrage, um Freund von Feind zu unterscheiden, das natürlich auch, aber vor allem weil laut Vater ein Weißer bei dieser Frage am ehesten seinen wahren Charakter erkennen ließ.

»Unser Wohltäter und neuer Nachbar Mister Partridge«, erklärte er mir, als wir an der Spitze unserer kleinen Karawane ausschritten, »gehört zu jenen Menschen, die sagen, sie fänden Sklaverei und Neger gleich abstoßend. Doch ich glaube, er würde sich mit beidem nur zu gerne abfinden, wenn dies die Farm seiner Frau vor dem Ruin retten und es ihm ermöglichen würde, sich ganz dem Jagen und Fischen zu widmen. Ich glaube nicht«, fügte er hinzu, »daß er uns von großem Nutzen sein wird.«

Wir waren bei Sonnenaufgang unter einem wolkenlosen blauen Himmel aufgebrochen, begleitet vom Morgenstern und einem Halbmond, die im Süden wie ein Diamant und eine Silberschale hoch über uns am Himmel dahinglitten. Die Straße war von dem Regen am vorangegangenen Tag noch ein wenig verschlammt, doch Mr. Epps rechnete damit, daß der Boden trocken wäre, wenn wir wieder in die Berge hinaufkämen, wo, wie er erklärte, die Straße weite Strecken über steiniges Gelände führte. Nachdem wir die winzige Ansiedlung Keene – ein Postamt, ein Gemischtwarenladen, eine aus Balken gezimmerte Kirche, eine Schenke und ein halbes Dutzend eng aneinandergedrängter Blockhäuser, bewacht von räudigen, langhaarigen Hunden, die alle miteinander verwandt schienen – passiert hatten, überquerten wir den östlichen Arm des

Au Sable und wanderten gemächlich an frischgepflügten Feldern vorbei die Serpentinenstraße aufwärts zu der Schlucht durch die Bergkette, die zwischen uns und North Elba lag.

Mir hatte Mr. Partridge nicht gefallen, und das sagte ich Vater.

»Mir auch nicht«, stimmte er zu. »Mir auch nicht. Ich vermute, er schlägt die Frau und mißhandelt heimlich die alte Dame. Trotzdem, man sollte den Mann im Auge behalten. Irgendwann«, fuhr er fort, »irgendwann werden wir ihn, so fürchte ich, niederstrecken müssen.«

Das konnte ich mir damals natürlich nicht vorstellen, denn bei niemandem schien es unwahrscheinlicher, daß er sich uns und unserer Arbeit mit den Negern in Timbuktu auf besondere Weise entgegenstellte, als bei dem trägen jungen Mann, in dessen Haus wir gerade geweilt hatten. Doch wenn es darum ging, im voraus zu wissen, wer sich ihm in den Weg stellen würde, verfügte der Alte über geradezu seherische Fähigkeiten. Ein dutzendmal oder noch öfter hatte ich erlebt, wie er völlig zutreffend vorausgesagt hatte, welcher Mann in einer Gemeinde oder Stadt uns Browns von der Erfüllung unseres Gelübdes, dieses Land von der Sklavenwirtschaft zu befreien, abhalten und uns nach dem Leben trachten würde, wer sich schlicht abwenden und uns weitermachen ließe und wer sich uns zur Vollendung des Werkes anschlösse. Des Werkes des Herrn, wie Vater es nannte.

»Na ja«, meinte ich, »zumindest war der Bursche gastfreundlich uns Reisenden gegenüber.«

»So würde ich das nicht bezeichnen.«

»Wir sind immerhin zehn Leute. Neun von uns und Mister Epps, und er hat uns allen zu essen und eine Unterkunft gegeben, hat zugelassen, daß wir uns an seinem Feuer wärmen und unser Vieh sicher unterstellen. Das nenne ich sehr wohl gastfreundlich, Vater.« Zwar mochte ich Mr. Partridge nicht, aber zu jener Zeit verspürte ich gelegentlich Mitleid mit Leuten, die der Alte erbarmungslos verdammte.

»Du kennst ihn nicht so gut wie ich.«

»Dann sag es mir. Sag mir, was du über Mister Partridge weißt, das ich nicht weiß. Außer daß er eine reizlose Frau ihres Besitzes wegen geheiratet hat.«

»Vertrau mir, Owen.«

»Das versuche ich ja, Vater!«

Schweigend gingen wir eine Weile dahin, dann sagte Vater: »Erinnerst du dich, wie er herauskam, um mir beim Anspannen des Wagens zu helfen? Ihr habt euch währenddessen um die Rinder und Schafe gekümmert, und Ruth, Mary und die Mädchen waren noch im Haus.«

»Ich hab' ihn da draußen gesehen, ja.«

»Nun, der Mann ist auf mich zugekommen und hat mich aufgefordert, für Essen und Unterkunft zu bezahlen. Er hat mir eine schriftliche Rechnung präsentiert, auf der alles einzeln aufgeführt war.« Für Vater war dies sehr peinlich gewesen. Nicht weil er kein Geld hatte, sagte er, sondern weil er nicht damit gerechnet hatte. Hätte er geahnt, daß Mr. Partridge irgendwelche Forderungen stellen würde, hätte er vorher eine annehmbare Übereinkunft ausgehandelt; wenn sie sich nicht hätten einigen können, hätten wir eben irgendwo am Fluß gelagert. Mr. Partridge hatte Vater regelrecht überrumpelt.

Schweigend marschierten wir den Hügel hinauf; hinter uns folgten der Wagen mit den Morgans, die unter Mr. Epps' geübter Anleitung den Berg erklommen, sodann Mary, Ruth und die Mädchen, nun alle zu Fuß und voller Bewunderung für die herrliche Aussicht zu beiden Seiten des Weges. Ganz zum Schluß kamen die Jungen mit unserer kleinen Viehherde. Der Pfad schlängelte sich langsam und umständlich auf der Rückseite eines Felsvorsprungs entlang. Die Morgensonne schien uns jetzt prall auf den Rücken, und es schien, als hätte es nie einen Schneesturm gegeben.

»Ich muß dir etwas gestehen, Owen«, nahm der Alte das Gespräch wieder auf. Ich sagte nichts, und er fuhr fort: »Es betrifft Mister Partridge. Die Geldforderung des Mannes hat mich verwirrt. Ich habe ihm gesagt, ich könnte nicht mit Geld bezahlen, da ich keines habe. Und jetzt schäme ich mich, dies zugeben zu müssen: Ich habe ihm statt dessen die Uhr gegeben.«

»Die Uhr? Die Uhr deines Großvaters?«
»Ja.«
Ich war völlig verblüfft. Abgesehen von seiner Büchertruhe war Urgroßvater Browns Kaminuhr das, woran Vater am meisten hing. Sie war aus Kirschholz gefertigt, ein regelrechter Schatz, der Vater Jahre zuvor von seinem Vater anvertraut worden war – vermutlich sein einziges Familienerbstück. Wie hatte er es nur so mir nichts, dir nichts Mr. Partridge aushändigen können? Und als Gegenleistung für so wenig – für eine einzige Übernachtung!
»Ich habe einfach die Uhr vom Wagen geholt, sie ausgewickelt und sie ihm gegeben; er hat sie sehr gern als Bezahlung angenommen und sie sogleich ins Haus gebracht. Wo Ruth und Mary sie hoffentlich nicht gesehen haben.«
Ich warf einen Blick zurück zu den Frauen. Ruth führte ihre Halbschwester Sarah, neben ihr Mary die kleine Annie an der Hand. Die beiden Frauen hielten einander ebenfalls an den Händen und plauderten munter miteinander. »Nein, ich bin sicher, sie haben nicht gemerkt, wie Mister Partridge Uhrgroßvaters Uhr weggeschleppt hat. Sie machen einen recht zufriedenen Eindruck«, fügte ich, reichlich überflüssig, hinzu.
»Sie werden es noch bald genug erfahren. Oh, was bin ich doch für ein Narr!« rief er aus. »Was für ein Tor!«
Ich wußte nicht, was ich sagen sollte, also sagte ich wie üblich gar nichts. Fast immer, wenn ich etwas, das Vater getan oder gesagt hatte, nicht verstand, war der Grund einfach der, daß er klüger handelte und sprach als ich. In solchen Fällen war es, aus naheliegenden Gründen, am besten, Schweigen zu bewahren und abzuwarten, bis ich es schließlich verstand. In diesem Fall hatte der Alte jedoch in der Tat töricht gehandelt, und ich war vergleichsweise der Klügere.
Dennoch sagte ich nichts. Ich liebte meinen Vater und achtete ihn, selbst dann, wenn er etwas Unkluges oder Falsches tat.
In der Mitte des Vormittags lag das Tal hinter uns, und eine Zeitlang führte der Weg nun steil bergauf. Mr. Epps – Lyman, wie ich ihn mittlerweile nannte – war vom Kutschbock heruntergestiegen

und ging neben den Pferden her, die sich mühsam vorwärts kämpften, und redete ihnen gut zu. Vater und ich blieben ein paar Schritte zurück und stemmten uns von hinten mit den Schultern gegen den Wagen. In dem dichten, undurchdringlichen Wald hier oben war nie ein Baum gefällt worden, nicht einmal einer von denen, die wie eine Schranke den Weg säumten, und allmählich versperrten uns die aufragenden Föhren und Fichten den Blick auf den Himmel und warfen den ganzen Tag über undurchdringlich-kühle Schatten.

Zwar befanden wir uns nun weit über dem grünen Tal, dennoch war es noch so warm, daß der Schnee vom vorangegangenen Tag schnell geschmolzen und am Wegrand in kleinen Bächen den Berg hinuntergerieselt war, die sich im Dickicht verloren, wo wir dunkle Überreste des Schnees vom Winter erspähten. Sie sahen aus, als würden sie für alle Ewigkeit hier liegen, wie kleine Gletscher. Die einzigen Vögel, die wir hier oben zu Gesicht bekamen, waren neugierige kleine Meisen und Zeisige und gelegentlich ein kreischender Blauhäher – Wintervögel. Noch keiner der Laubbäume oder Büsche trug Knospen, und die vereinzelten Grasbüschel sahen wie gelblich verfärbte, verfilzte Polster aus; sie waren noch nicht aus dem Frost des letzten Winters erwacht.

Nichts in der Natur schien bereit zur Wiederauferstehung des Frühlings. Schlimmer noch, es war, als glitten wir in der Zeit ständig weiter zurück; so verschwanden der Mai und dann der April hinter uns, und vor uns tat sich der finsterste Winter auf. Bald kämpften wir uns durch den knöcheltiefen Schnee vom Vortag. Unter den hohen Bäumen war es kalt und fast dunkel, als hätte die Sonne, ohne daß wir dies bemerkten, vor dem Überschreiten des Zenits kehrtgemacht und wäre hinter uns untergegangen. Bis auf Vater hatte sich jeder in eine Decke gehüllt. Ein steter Wind blies durch die oberen Äste der Bäume und ließ einen fernen, ununterbrochenen Chor klagender Stimmen ertönen, der uns auf unserer mühseligen Wanderschaft begleitete.

Nach einer Weile flachte der Boden ein wenig ab. Vater und ich brauchten nun nicht mehr dicht neben dem Wagen herzugehen, jederzeit darauf gefaßt, ihn anzuschieben. Unsere kleine Schar hatte sich zu einer langen Reihe auseinandergezogen, als wollte jeder mit seinen trübsinnigen Gedanken für sich bleiben. Vater bildete die Spitze der Kolonne, dahinter folgten das Gespann und der von Lyman gelenkte Wagen, ich trottete in seiner Spur hinterher. Dann folgten Mary, Ruth, Sarah und Annie, die schweigend in einer Zickzacklinie dahintrotteten. Erst sehr viel weiter hinten kamen die Tiere, einzeln, gelegentlich paarweise. Salmon und Oliver marschierten mitten unter ihnen, damit sie nicht stehenblieben, und irgendwo noch weiter hinten, außer Sichtweite, bildeten Watson und die Collies das Schlußlicht.

Die Straße hatte sich mittlerweile zu einem schmalen, wie von Palisaden gesäumten Pfad verengt, kaum so breit wie unser Wagen. Jetzt schlängelte er sich nicht mehr in Serpentinen an der Bergflanke entlang, und es gab keine Stellen mehr, an denen sich eine Lücke zwischen den Bäumen auftat, durch die wir die bewaldeten Hänge und Täler unter uns sehen konnten. Statt dessen führte der Weg nun über Felsplatten und Knäuel dicker Wurzeln, mitten hinein in den immer dunkleren Wald, wie in einen Tunnel; wäre uns jetzt ein Wagen oder eine Kutsche entgegengekommen, wir hätten nicht ausweichen können. Es schien, als lägen nichts vor uns als Schnee und Dunkelheit, die uns allmählich einschlossen.

Und dann, plötzlich, traten wir aus dem Wald heraus. Vom Himmel strömte Licht auf uns herab, und die drohend aufragenden Bäume schienen sich zu ducken und zurückzuweichen. Ganz benommen von dem unvermittelten Übermaß an Licht und Weite, sah ich, daß wir am Ufer eines langgestreckten, schmalen Sees dahinschritten, der wie ein stählerner Krummsäbel unter hohen Steilabbrüchen und Klippen lag, hinter denen noch gewaltigere Berge aufragten, die sich in die Ferne wölbten und aus unserer Sichtweite verschwanden. Die ungeheure Weite, die Riesenhaftigkeit der schneebedeckten Berge, der jähen Abgründe und der schwarzen, nackten Felsen ließen uns zu kleinen Insekten schrumpfen. Stumm, wie vom Donner gerührt, schritten wir am Griff des glitzernden, schwertförmigen Sees und dann an der langgezogenen, schräg abfallenden Schneide entlang bis zu dem Punkt, an dem wir wie durch ein uraltes steinernes Tor aus der Schlucht auftauchten.

Wir hatten die Cascade Notch durchquert, und vor uns lag das wunderschöne breite Tal North Elba. Zu unserer Linken ragten der mächtige Tahawus und der McIntyre aus der Ebene auf und zerrissen die Wolkenbank im Südosten. Rechts, im Nordwesten, sahen wir den Whiteface, uralt und würdevoll mit seinen breiten Schrunden, fahlgrau in der schwindenden Nachmittagssonne. Und zwischen den Bergen erstreckten sich zu unseren Füßen meilenweit wogende, von den dunklen Streifen der Flüsse durchzogene Wälder und die üppig-dunkle Tafelebene, grüne Wiesen und Marschen, das, was wir die Ebene Abrahams nennen sollten.

Lyman hielt den Wagen an, die Familie sammelte sich um ihn, und gemeinsam bewunderten wir die herrliche Aussicht. Die feuchten Decken zerrten wir jetzt von den Schultern, falteten sie zusammen und legten sie in den Wagen zurück. Dann entfernte Vater sich ein Stück von uns, senkte den Kopf und betete stumm, während wir weiterhin einfach die Üppigkeit und Schönheit der Landschaft bewunderten.

Lange Zeit sagte keiner ein Wort, doch dann, als Vater sich uns anschloß, bemerkte Lyman: »Besser, wir ziehen weiter, wenn wir bis zum Einbruch der Dunkelheit nach Hause kommen wollen.« Er klatschte mit den Zügeln, und der Wagen rumpelte weiter den schmalen, felsigen Weg entlang; wir folgten im Gänsemarsch und wanderten unbeschwert ins Tal hinab, während die Sonne sich auf die fernen Hügel und Berge senkte.

6

Nach unserer Ankunft in North Elba brach Lyman Epps nach Hause auf, und wir verbrachten nahezu eine ganze Woche auf der seit langem verlassenen Farm an der Keene Road, ehe einer von uns die Umgebung erkundete – wir entluden den Wagen, putzten und reparierten die baufällige Blockhütte und den Schuppen, die zu klein waren, um als Haus und Scheune bezeichnet zu werden. Auf erfinderischste Weise schafften wir uns zusätzlichen Platz, um unsere vielen Habseligkeiten und uns selber unterzubringen. Als ich dann eines Morgens zum Frühstück herunterkam, darauf eingestellt, mit dem Pflügen des einzigen gerodeten, ziemlich großen Feldes in der Nähe der Farm anzufangen, wies Vater mich an, damit zu warten.

Das überraschte mich. Angesichts der kurzen Anbau- und Erntezeit war es eindeutig notwendig, so bald wie möglich den Boden umzupflügen und die Saat auszubringen. Ein klarer, trockener Tag war angebrochen, und im Schuppen warteten bereits Watson und Salmon auf mich. Ich stand in der Tür der Blockhütte und wollte gerade hinausgehen; Vater thronte auf seinem dreibeinigen Hokker neben dem Herd und beendete seine morgendliche Rasur.

»Ich soll also heute nicht pflügen«, sagte ich zu ihm und ließ es nicht wie eine Frage, sondern wie eine Feststellung klingen. Seine Worte einfach zu wiederholen war eine meiner Methoden, den Alten dazu zu bringen, mir zu erklären, was er vorhatte, ohne den Anschein zu erwecken, ich zweifelte seine Autorität an.

»Nein. Sattle das Leitpferd Adelphi für mich. Mittlerweile mag ich das Tier richtig gern. Und spann das Handpferd vor den Wagen und lade meine Utensilien und Unterlagen auf«, wies er mich an. »Es ist Zeit, daß du und ich unsere afrikanischen Nachbarn begrüßen. Zeit, uns nach Timbuktu aufzumachen.«

Wiewohl es mir nicht sonderlich behagte, das Pflügen aufzuschieben, war ich gespannt darauf, Timbuktu zu sehen, denn noch nie zuvor hatte ich einer Negergemeinde, die Landwirtschaft betrieb, einen Besuch abgestattet. Soweit ich wußte, war es die einzige hier im Nordosten, obwohl Vater erklärte, gleich hinter der Grenze, in Kanada, gebe es etliche. Ich erinnere mich allerdings, daß es mir lieber gewesen wäre, sie hätte einen anderen Namen gehabt. Von Lyman hatte ich erfahren, daß die Äcker, die Gerrit Smith den Negern geschenkt hatte, sich an verschiedenen Stellen über das ganze Tal verstreut befanden, die Neger selber jedoch ihre Hütten dicht beieinander auf einem schmalen, höhergelegenen Streifen Land südöstlich des Dorfes North Elba errichtet hatten. Sie hätten ihre Siedlung Heights nennen können, dachte ich mir, oder South Elba. Aber nein, sie hatten ihr den Namen Timbuktu gegeben.

»So wie Timbuktu in Guinea«, erklärte Lyman mir. »Du weißt schon, so wie die weißen Leute ihre Städte New London und New York und New Manchester und so nennen, um eine Erinnerung an den Ort zu haben, von wo sie gekommen sind.« Sogar eine Fahne hätten sie genäht, die über der Siedlung flatterte, erzählte er mir. »Rot, wie das Blut der Sklaven, mit einem Stern drauf. Dem Stern der Freiheit.«

Ich sah wohl ein, daß von ihrem Standpunkt aus Timbuktu, obwohl sie bestimmt ebensowenig Erinnerungen an Afrika hatten wie ich an England, ein liebevoller, respektvoller Name war, und ich bin sicher, genauso faßte Vater es auf. Zweifelsohne ging ihr Bedürfnis, sich an eine solche Erinnerung zu klammern, noch darüber hinaus, denn während mich die gemeinsame Sprache mit meinen englischen Vorfahren verband, waren die Verbindungen der Neger zu ihren Vorvätern durch die Sklaverei gekappt worden; und deshalb schwang in dem Wort »Timbuktu« für sie mehr mit als in Worten wie »Manchester« und »New London« für mich. Doch ich hörte auch, wie die Weißen in der Gegend den Namen, den die Neger ihrer Siedlung gegeben hatten, höhnisch und abfällig aussprachen.

»Wäre es nicht besser, wenn wir dieses erste Mal einfach zu Fuß rübergehen?« fragte ich den Alten. »Auf gut nachbarschaftliche Art, von gleich zu gleich?« Ich wollte keinen großartigen Auftritt, bei dem Vater hoch zu Pferde saß und ich einen Wagen lenkte. Irgendwie ärgerte mich diese Vorstellung, vermittelte mir ein unbehagliches Gefühl, denn es verlieh uns bei diesem ersten Zusammentreffen eine Überlegenheit Leuten gegenüber, die laut Lyman weder Pferde noch Ochsen, sondern nur ein paar Schweine und Hühner besaßen, Leuten, die selber ihren Pflug zogen oder ihren Acker mit Hacken und Spaten umgruben. Daß wir quasi auf sie herabschauten, könnte den Schluß nahelegen, wir sähen uns als Mr. Gerrit Smiths frisch angeheuerte Aufseher, die ausritten, um Anzahl und Verfassung der Plantagenneger zu begutachten.

Vater wischte sein Rasiermesser ab, stand auf und knöpfte seine Weste zu. Mary, die sich auch heute nicht wohl fühlte, lag noch auf ihrer und Vaters Matratze neben dem Herd. Wir anderen hatten oben im Speicher genächtigt. Da das Erdgeschoß der Blockhütte lediglich aus zwei Räumen bestand, war sie zwar behaglich und sauber, doch überfüllt wie ein zu kleines Boot. »Nein«, widersprach Vater. »Ich verstehe dein Unbehagen, aber es ist notwendig, daß wir einen angemessenen Auftritt absolvieren. Das sind geknechtete Leute, Owen. Und es muß ihnen klarwerden, Mister Smith nimmt sie so ernst, daß er einen wichtigen Mann losschickt, um mit ihnen zu verhandeln.« Wenn man seine Dienste Leuten anbiete, die sich selber für groß und mächtig erachteten, erklärte er, sei es richtig, sich bescheiden und unbedeutend zu geben. Ein redlicher Mann nähere sich Herodes mit Staub an den Füßen. »Wenn du jedoch Leuten helfen willst, die Generationen hindurch dazu getrieben wurden, sich selber als niedrig und unwürdig zu betrachten, dann kommt man so pompös wie möglich und mit Fanfaren. Das erste Geschenk, das wir ihnen anbieten«, sagte er, »wird ein Gefühl ihres großen Wertes als Menschenwesen sein. Sie sind nicht nur das verachtete ehemalige Eigentum von Menschen, sie sind die gesegneten Kinder Gottes, und erst wenn sie über diese hohe Einschätzung ihrer selbst verfügen, werden sie in der Lage sein, unsere anderen Geschenke zu nutzen. Zieh also dein Jackett an und setz deinen Hut auf, mein Sohn«, wies er mich mit einem leichten Lächeln auf den dünnen Lippen an. »Und knöpf dein Hemd bis oben hin zu. Heute mußt du wie der Sohn eines bedeutenden Mannes, eines Landvermessers, aussehen. Deinen Pflügerkittel kannst du morgen überstreifen.«

Vater ritt voraus; wie ein Prediger saß er auf seinem Roß, aufrecht und scheinbar in Gedanken versunken, gerade so, als bewunderte er die herrliche Landschaft um uns herum nicht, ja, als bemerkte er sie nicht einmal. Doch er nahm sie sehr wohl wahr, ebenso wie ich. Wahrscheinlich noch eindringlicher. Es überraschte mich schon lange nicht mehr, wenn er nach einer Tagesreise, in deren Verlauf er mir völlig gedankenverloren erschienen war, Mary und den anderen, die zu Hause geblieben waren, einen lebhaften und ungemein genauen Bericht von allem lieferte, an dem wir vorbeigekommen waren, sogar von den Blumen auf den Lichtungen, den Vögeln im Geäst, von den Bäumen und Büschen – all das hatte er sich ganz genau gemerkt, hatte es im Vorbeiziehen benannt und so seinem Gedächtnis eingeprägt.

»Erst wenn wir ein Ding benennen, fangen wir an, es zu sehen«, sagte er oft. »Und auf diese Weise preisen wir unseren himmlischen Vater und sagen Ihm immer wieder aufs neue Dank. Es geschieht also zu Gottes höherem Ruhm, wenn wir auch noch die unbedeutendste Blume auf Seinem Feld benennen.« Als wir noch klein waren, machte er ein Spiel daraus und stellte uns auf die Probe, ob wir alles beim Namen nennen konnten. Nicht das Habichtskraut oder die Purpurwicke oder die rote Wachslilie. Die kannte und bewunderte ein jeder. Nein, die winzige Braunwurz, die gescheckte Flockenblume und die unbedeutende Krebswurz. Salmon war der Beste. Schon als kleiner Junge von sechs oder sieben Jahren kannte er Namen und Nutzen Hunderter Blumen und Pflanzen, die wir anderen, einschließlich Vater, kaum wahrnahmen. Er kannte die Bibernellwurz, die eine Blutung stillt, den Huflattich, der gegen Husten hilft, er wußte, daß ein kranker Hirsch Laichkraut frißt, und er wußte von allen, wo in Wald und Flur sie zu finden waren.

Unsere Ankunft in der Siedlung fiel nicht ganz so großartig aus, wie ich erwartet hatte. Doch das lag eher an meinen hochgesteckten Erwartungen als an der irgendwie bedrückenden Wirklichkeit, der ich mich gegenübersah. Und meine Erwartungen waren, zumindest hatte ich diesen Eindruck, eher die Schuld Lymans als die von Vater. Im Verlauf unserer Wanderung von Westport aus in die Berge hatte Lyman immer unbeschwerter und aufrichtiger mit mir gesprochen. Als wir dann nebeneinander in dem muffigen Heu auf der Partridge-Farm gelegen waren, hatten wir uns noch lange, nachdem die anderen eingeschlafen waren, unterhalten. Damals hatte er mich aufgefordert, ihn Lyman zu nennen, da wir fast gleich alt waren, und ich hatte schließlich eingewilligt, allerdings nur widerstrebend, denn irgendwie schien es ihn, zumindest in meinen Augen, herabzuwürdigen, wenn ich ihn bei seinem Vornamen nannte.

»Dann mußt du mich aber auch Owen nennen«, hatte ich erwidert, und nachdem er dies ein paarmal getan hatte, kam es mir nicht mehr so seltsam vor, ihn nicht auf die Weise anzusprechen, wie Vater es tat, als Mr. Epps.

Er wollte unbedingt etwas über den berühmten schwarzen Abolitionisten und Redner Frederick Douglass erfahren, den entflohenen Sklaven, der Vater im vorangegangenen Jahr in Springfield ein paarmal besucht hatte. Lyman war mächtig beeindruckt, daß Vater offenbar eine so enge Beziehung zu Mr. Douglass hatte, daß der große Mann uns tatsächlich zu Hause besucht und sogar bei uns übernachtet hatte. Ich hatte mich vermutlich selber ein wenig zu sehr davon beeindrucken lassen und übertrieb daher ein wenig, denn noch bestand zwischen Vater und Mr. Douglass nicht die enge Freundschaft, die für ihr späteres Verhältnis bezeichnend werden sollte. Und dies wiederum war möglicherweise der Grund für Lymans übertriebene Schilderung der Negersiedlung in North Elba, sowohl was die Anzahl der Siedler als auch was ihre Leistungen betraf. Vielleicht hatte er versucht, den Sohn eines so engen Freundes des berühmten Frederick Douglass zu beeindrucken.

In North Elba lebten, so sagte er, an die hundert Neger, die meisten von ihnen Freigelassene; allerdings versteckten sich unter ihnen ein paar Flüchtige, Personen, die er nicht benennen dürfe. »Könnte gut sein, Owen, daß ich selber vor einem Sklavenhalter davonrenne«, meinte er, »und daß der Mann neben mir ein Freigelassener ist. Du kannst nie wissen, wer was ist, kannst den einen nicht vom anderen unterscheiden, ob er Freigelassener oder Sklave ist, außer ich sag' es dir – und nicht einmal dann kannst du sicher sein. Solange du weißt, daß *einer* von uns frei ist, ist auch der neben ihm sicher. Zumindest dort oben in den Bergen, weil die Sklavenfänger, die trauen sich nicht, sich in Timbuktu sehen zu lassen.«

Die Neger seien bewaffnet, berichtete er, und würden jeden töten, der herumschnüffle und versuche, auch nur einen einzigen, Mann, Frau oder Kind, in die Sklaverei zurückzuschleppen. Ich lag in der Dunkelheit neben ihm und lauschte hingerissen seiner Beschreibung der Überreste eines Volkes, das sich in der Wildnis angesiedelt hatte und von dem Land ernährte, das es bewohnte, eines fleißigen, auf Sicherheit bedachten, wachsamen Volkes, das auf den Berggipfeln Späher postiert hatte, die mit einem ausgeklügelten Signalsystem, Widderhörnern und Trommeln, die anderen warnten, wenn ein Fremder in ihr Reich mitten in der Wildnis eindrang. Ich stellte mir heldenhafte Neger vor, die auf den Gebirgspässen ihre Feinde in einen Hinterhalt lockten.

Jahrelang hatte Vater uns Geschichten von den Maronnegern auf Jamaika erzählt, die er ungemein bewunderte – jene entflohenen Sklaven, die sich in das gebirgige Landesinnere der Insel geflüchtet und ein halbes Jahrhundert lang der mächtigen britischen Armee getrotzt hatten, bis schließlich der König von England aufgegeben und sie in ihren Dörfern im Hochland hatte wohnen lassen, wo sie Familien gründeten und ungehindert ihr Territorium beherrschten. Ich sah die Neger von Timbuktu als eine neuzeitliche amerikanische Version jener alten Jamaikaner wie auch der aufrührerischen Sklaven, die Toussaint L'Ouverture in die Bergfestung Hispaniola gefolgt waren und den Augenblick abgewartet hatten, in dem sie zahlreich genug waren und sich die Gelegenheit ergab, in die Zuckerrohrplantagen der Küstenebene hinabzustürmen und einen tödlichen Schlag gegen ihre französischen Besitzer zu führen, um sich für immer aus Knechtschaft und Sklaverei zu befreien. Ich stellte mir die Neger von Timbuktu als Krieger dieses Ranges vor.

Lyman erklärte mir, sie hätten ihre Blockhütten dicht nebeneinander und alle auf einem Platz gebaut, um sie leichter verteidigen zu können. Und wenn sie ihre Felder bestellten, die oft weit entfernt lägen, zögen sie mit Schwertern und Gewehren bewaffnet dorthin. Sogar die Frauen und Kinder, sagte er. Ich fragte, wer ihr General oder Anführer sei. War da einer unter ihnen, der eine Art Häuptling war, und wie hatten sie ihn gewählt? Ich erinnere mich, wie ich durch ein geborstenes Fenster im Heuschuppen von Mr. Partridge zu dem von Büschen überwucherten Feld hinter der Scheune hinübergespäht hatte, auf dem in der Frühlingsnacht Glühwürmchen wie das stumme Gewehrfeuer von hundert verstreuten, verborgenen Kriegern aufblitzten – hier und hier und dort –, die ihren riesigen, schwerfälligen Gegner aufrieben, ihn mit vielen kleinen Schlägen peinigten und fast in den Wahnsinn trieben, eine Armee schwarzhäutiger Krieger, die die Dunkelheit unsichtbar machte.

»Uns regiert kein Häuptling«, erwiderte Lyman. »Was wir machen, Owen, ist folgendes: Wir beraten gemeinsam. Wir sitzen da und reden über alles, meist die Männer, die das eine oder andere wissen. Männer wie ich. Und dann kommen wir gemeinsam zu einem Entschluß, wie wir dies und das machen. Natürlich gibt es da Leute, auf die man eher hört als auf andere, und einige, denen nie jemand zuhört, und dann sind da ein paar so zwischendrin. Zu denen gehöre ich. Weil ich noch jung bin und so. Aber wenn ich jetzt für Mister Brown arbeite, könnte sich das ändern. Die Leute hier oben halten sehr viel von Mister Brown«, fügte er sehnsüchtig hinzu, als hätte er vergessen, daß ich der Sohn dieses Mr. Brown war, fast so, als hätte er einen Augenblick lang vergessen, daß ich ein Weißer war. Und das freute mich. Mehr noch, es tröstete mich.

In der Gegenwart eines Negers hatte ich stets das Gefühl, als Weißer betrachtet zu werden, und dann fing ich augenblicklich an, mich selber als solchen zu empfinden. Sosehr ich auch an die Anwesenheit von Negern gewöhnt war – seit frühester Kindheit hatte Vater so oft wie möglich Neger zu uns nach Hause eingeladen und uns so an einen alltäglichen, achtungsvollen Umgang mit ihnen gewöhnt –, ein Schwarzer machte mir immer wieder aufs neue bewußt, daß ich ein Weißer war. Ich konnte es nicht vergessen. Das ärgerte mich auf eine Weise, die mich insgeheim beschämte. Und kindischerweise wünschte ich mir bei solchen Gelegenheiten manchmal tatsächlich, es gäbe keine Neger – als verpestete ihre bloße Anwesenheit unser Land und als wäre die Krankheit des Rassenbewußtseins ihre Schuld und nicht die unsere.

Ich wußte nicht, wie ich mich gegen diese Krankheit wappnen sollte, außer ich tat mich ausschließlich mit Weißen zusammen; doch dies hätte ich nie und nimmer fertiggebracht, wenn ich mich weiterhin als Mensch bezeichnen wollte. Aufgrund unserer gemeinsamen Geschichte wußte ich nicht, wie ich es anstellen sollte, die Rassenzugehörigkeit eines Schwarzen zu übersehen oder nicht wahrzunehmen, und so konnte ich auch meine nicht übersehen. Und jedesmal, wenn ich mir der Tatsache, ein Weißer zu sein, bewußt wurde, schämte ich mich. Nicht nur wegen der Greuel der Sklaverei, obwohl dies mit Sicherheit Grund genug für jeden weißen Amerikaner war, sich seiner Rasse zu schämen, sondern weil vor den Augen des Gottes meines Vaters und, das war am wichtigsten, in den Augen meines Vaters selber Rassenbewußtsein falsch war. Ebenso falsch wie die Tatsache, daß ich in Anwesenheit einer Frau nicht in der Lage war, zu vergessen, daß ich ein Mann und nicht nur ein Mensch war. Es kam mir so vor, als wäre Rassenbewußtsein, wie das Bewußtsein des eigenen Geschlechts, eine unkontrollierbare Wollust, die einen Weißen all die tiefen persönlichen Beziehungen von Freundschaft und Familie vergessen ließ.

Stolz, Wollust, Neid – dies sind die unausweichlichen Folgen von Rassenbewußtsein, ob man nun ein Schwarzer oder ein Weißer ist, und wenn man beständig an seine Männlichkeit oder Weiblichkeit denkt, sobald man sich in Gesellschaft des anderen Geschlechts befindet, hat das dieselben Folgen. Man ist entweder stolz auf seine Rasse oder sein Geschlecht, wiewohl es reiner Zufall ist, als was man geboren wurde, oder man beneidet den anderen. Wenn man stolz ist, betrachtet man den anderen als Gegenstand für seinen niederträchtigen sinnlichen Gebrauch, wenn man beschämt ist, wünscht man sich, der andere solle der Ausbeuter sein. Man sieht weder sich selber noch den anderen einfach als *Person*. Vielleicht waren nur die alten Puritaner von New England oder einige ihrer Nachfahren, etwa Vater, moralisch und intellektuell wirklich in der Lage, diese tückischen Fehler zu erkennen und zu vermeiden. Ich jedoch war, allen guten Absichten und der Unterweisung Vaters zum Trotz, dazu nicht fähig, und die Folge davon war, daß ich auf die anderen drei Sünden noch eine vierte häufte – Wut. Denn sooft ich mich über meine Unfähigkeit, diese Schwäche zu bekämpfen, ärgerte, richtete mein Zorn sich nicht gegen mich selbst, wie es hätte sein sollen, sondern gegen die Person, deren Rasse mir meine eigene bewußt gemacht oder deren Geschlecht mich erregt hatte. Letzteres konnte ich dadurch vermeiden, daß ich wie ein Einsiedler lebte und mich von Frauen fernhielt, mit denen ich nicht blutsverwandt war. Und genau das habe ich auch getan. Ersteres konnte ich allerdings nur dann ausschließen, wenn ich mein Versprechen brach, mein Leben der Vernichtung der Sklaverei zu widmen, und es mir statt dessen so einrichtete, daß ich nur mit Weißen Umgang pflegte. Doch ich hatte einen Eid geschworen, Krieg gegen die Sklaverei zu führen, und als ich in mein junges Mannesalter eintrat, war, dank der Art, wie Vater mein Denken und Empfinden geprägt hatte, ein Abschwören unvorstellbar geworden.

Aus solch komplizierten und mir damals kaum bewußten Gründen fühlte ich mich durch Lymans Nähe in jener Nacht in der Scheune der Partridge-Farm seltsam und machtvoll getröstet. Die Vorstellung, daß ein unterdrücktes Volk Zuflucht in den unzugänglichen Bergen finden konnte, betörte mich – dies und die kurzfristige Erleichterung, von der Last des Rassenbewußtseins befreit zu sein, die mich überkam, als ich im Dunkeln neben Lyman Epps lag, einem Schwarzen in meinem Alter, der mit mir sprach, als wäre ich kein Weißer, als wären in Wirklichkeit weder er schwarz noch ich weiß – als gehörten wir der gleichen Rasse an.

Ich lag im Heu, erstaunt und verwundert und entzückt. Meine übliche Erregtheit, die ich allmählich als Dauerzustand betrachtete, war völlig verschwunden. Und ein paar kostbare Augenblicke lang war ich in jener Nacht mir selber nicht mehr fremd. Eine seltsame Ruhe erfaßte mich, als wäre eine sanfte Brise über mich hinweggestrichen – und es kam mir so vor, als wäre ich all die Jahre meines bisherigen Lebens, seit dem Tod meiner Mutter vor langer Zeit, weit weg von zu Hause umhergeirrt, ein Kind, das als Erwachsener verkleidet durch die Welt streift, und erst jetzt, völlig unerwartet, in jener Mainacht in einer Scheune in den Adirondacks, hätte man mir gestattet, meine Verkleidung abzulegen und mich in das Bett meiner Kindheit zu legen, wieder ein kleiner Junge zu sein. Im Dunkeln streckte ich die Hand aus, umfaßte die von Lyman und hielt sie lange fest; keiner von uns regte sich oder sagte etwas, bis ich, seine Hand in meiner, friedlich einschlief.

Als mich am nächsten Tag erneut die übliche Erregtheit überkam, wurde mir voller Entsetzen klar, daß Lyman meine einfache, liebevolle Geste, unschuldig, wie sie war, möglicherweise als schamlos, vielleicht sogar lüstern aufgefaßt haben könnte und mich deswegen verachtete. Zu meiner großen Erleichterung schien Lyman mich aber nicht mißverstanden zu haben, und auf der Weiterreise nach North Elba unterhielten wir uns weiterhin mit der gleichen unbefangenen Vertrautheit wie am Abend zuvor. Als unsere kleine Karawane schließlich ihr neues Heim erreichte, bezahlte Vater ihn mit dem Sack Saatgut und einigen Vorräten, wie er es ihm versprochen hatte. Lyman winkte uns zum Abschied zu und wanderte weiter die Straße entlang. Ich sah ihn erst wieder, als Vater und ich zu dem Ort ritten, der Timbuktu hieß.

Ein paar Meilen südlich des Dorfes North Elba bogen wir von der alten Militärstraße auf einen felsigen, zerfurchten Weg, der in den Wald führte; Vater ritt auf Adelphi voraus, und ich folgte ihm im Wagen, vor den ich das Pferd Poke gespannt hatte. Dem Zustand des Pfades nach zu schließen, waren mit Sicherheit bislang nur wenige Wagen hier entlanggefahren; etliche Male mußte Vater absteigen und heruntergebrochene Äste zur Seite räumen, damit ich passieren konnte. Unvermittelt mündete der Pfad auf eine von verkohlten Baumstrünken verunstaltete Lichtung; vor uns standen acht oder zehn Hütten, die eher wie Baracken denn wie richtige Blockhäuser aussahen: kleine Verschläge aus Ästen, alten Brettern und Segeltuchflicken.

Ein Lager war das, kein Dorf, und nirgends war auch nur ein Anzeichen einer Palisade und eines abgesicherten, von ordentlichen Blockhäusern gesäumten Platzes zu entdecken, wie ich es mir vorgestellt hatte. Allerdings stand mitten auf der Lichtung in der Tat ein Fahnenmast, wie Lyman gesagt hatte; er ragte erbärmlich schief aus einem Steinhaufen auf, und an seiner Spitze baumelte ein ramponiertes Banner aus einem Fetzen roten Wollstoffs – ein Hemd vielleicht oder eine Decke –, auf dem ich einen unbeholfen ausgeschnittenen fünfzackigen gelben Stern ausmachen konnte.

Außer ein paar kümmerlichen Schweinen, die Abfallhaufen durchwühlten, und einem halben Dutzend dürrer Hühner, die auf dem nassen, stinkenden Boden hinter den Aborten herumpickten, war nichts und niemand zu sehen. Doch dann entdeckte ich mehrere kleine, traurige braune und schwarze Kindergesichter in den Eingängen der Hütten und bemerkte, daß hier und dort die dunkle Hand eines Erwachsenen einen Lumpen vor einem Fenster beiseite geschoben hatte, um verstohlen unsere Ankunft zu beobachten.

Einen Augenblick später erschien ein bärtiger Neger mittleren Alters in der Tür eines der Verschläge und beäugte uns argwöhnisch, ehe er breit lächelte; offenbar hatte er Vater von seinem vorangegangenen Besuch her erkannt. »Mi-ster Brown!« rief er und trat vor, um uns zu begrüßen. Daraufhin tauchten auch etliche andere Gestalten, Männer und Frauen, die Kinder hinter sich herzerrten, aus ihren armseligen Verschlägen auf. Ich konnte mir nicht vorstellen, wie die Neger die schneidend kalten Winterstürme und den Schnee in diesen jämmerlichen Bruchbuden überstehen konnten. An ihrer Stelle hätte ich schon längst die Flucht ergriffen, dachte ich mir. Oder ich hätte mir eine stabile Blockhütte mit einer richtigen Feuerstelle gebaut. Die Trägheit und Nachlässigkeit der Leute hier erstaunte und verwirrte mich. Erschöpft wirkten sie und entmutigt.

Aus einer der Hütten kam ein Mann, den ich anfangs für einen Fremden hielt, in dem ich dann jedoch meinen Freund Lyman Epps erkannte. Auf seltsame Weise wirkte er nicht wie er selber: kleiner, magerer, mit ausdruckslosem Gesicht, als wäre alle Kraft aus ihm gewichen. Sogar seine Haut, die zuvor wie Anthrazitkohle geschimmert hatte, schien ihren Glanz eingebüßt zu haben und wirkte jetzt grau wie Feuerstein. Vater hatte mittlerweile einige Männer ins Gespräch gezogen, vor allem den Bärtigen, der sich als erster vorgewagt hatte und ihr Sprecher zu sein schien. Lyman übersah mich völlig – zumindest hatte es den Anschein –, drückte sich an dem Wagen vorbei und versuchte, sich vor eine Gruppe von Männern zu drängen, die sich mit Vater unterhielten – ein aufgeregter, unbeholfener kleiner Farbiger, dem man, so wie es damals in Westport mein erster Eindruck gewesen war, nicht trauen konnte.

Natürlich hatte nicht er sich in den paar Tagen, seit ich ihn zum letzten Mal gesehen hatte, verändert. Ich, hoch auf meinem Wagen, der Sohn des großen John Brown, eines wohlhabenden Weißen, der zusammen mit seinem Vater hierhergekommen war, um den armen, rückständigen Leutchen hier zu helfen und ihnen Auftrieb zu geben, ich hatte mich verändert. Die anderen Männer schienen Lymans Versuche, Vaters Aufmerksamkeit auf sich zu lenken, nicht zu beachten, ja, nicht einmal zu bemerken; sie schoben ihn beiseite und ließen ihn nicht durch, während Vater ihnen seine Absicht kundtat, ihre Grundstücke zu vermessen, abzustecken und sie drüben in Elizabethtown im Büro des Bezirksbeamten registrieren zu lassen.

Dies würde gewisse Änderungen ihrer Lebens- und Arbeitsweise nach sich ziehen, erklärte er, denn es bedeutete, daß sie ab jetzt Grundsteuer zahlen mußten. »Aber ihr werdet Eigentümer eures Grund und Bodens sein, meine Freunde. Kein Mensch, weiß oder schwarz, kann sich auf eurem Land niederlassen, und daher steht es euch frei, damit zu machen, was ihr wollt; ihr könnt es sogar verkaufen, wenn euch danach ist, oder es euren Kindern vererben.« Doch um Steuern zahlen zu können, fuhr er fort, mußten sie mehr verdienen, als sie zum schieren Überleben brauchten; sie mußten irgend etwas anbauen oder herstellen, das sie in den umliegenden Städten verkaufen konnten, um an Bargeld zu kommen.

Ich glaube nicht, daß Vater den Leuten irgend etwas erzählte, das sie nicht schon wußten. Sie waren keine europäischen Bauern oder Landarbeiter, die gerade von einer Baumwollplantage in Alabama gekommen waren. Und vermutlich war genau das die Schwierigkeit. Außer den entflohenen Sklaven, die sich bei ihnen versteckten und sich nicht zu erkennen geben konnten, zudem in den Vereinigten Staaten ohnehin kein Land besitzen durften und auch bald nach Kanada fliehen würden, handelte es sich bei den Männern und Frauen von Timbuktu um Leute mit städtischen Berufen – Schmiede wie Lyman, Kellner, Barbiere, Sattler –, Leute, die sich mit einem Handwerk ein paar Pennies verdient und sie gespart hatten, um sich ihre Freiheit zu erkaufen, oder denen, dank der Freundlichkeit ihrer Besitzer oder weil sie als Leibeigene nicht sonderlich von Nutzen waren, die Freiheit geschenkt worden war.

Endlich nahm Lyman mich zur Kenntnis. Aufgrund meiner angeborenen Schüchternheit doch auch wegen meiner wirren, aufgewühlten Empfindungen hatte ich mich nicht vorgedrängt und statt dessen gewartet, daß er den ersten Schritt tue. Was er dann auch tat, nachdem er festgestellt hatte, daß es ihm nicht gelang, Vater auf sich aufmerksam zu machen. Er packte Poke an den Ohren, stupste mit dem Kopf den des Tieres an, sah dann zu mir auf, lächelte und fragte: »Wie machen sich die Morgans denn, Mister Brown?«

»Owen«, sagte ich, und es klang eher tadelnd als korrigierend.

»Haben sich anscheinend gut erholt«, fuhr er fort. »Gutes Gespann, stimmt's? Haben schon ein paar Jährchen auf dem Buckel, werden euch aber noch lange gute Dienste tun. Die ziehen Ihnen den Pflug noch übers Feld, wenn Sie schon drunterliegen«, wiederholte er, was er in Westport zu Vater gesagt hatte – damals ein guter Rat und ein Versprechen, doch jetzt nur noch eine sinnlose Bemerkung. Mittlerweile war eine schlanke junge Frau mit rundem Gesicht und Schlitzaugen, die ein zerlumptes gelbes Hemd trug und einen gestrickten Schal um die Schultern gelegt hatte, zu uns getreten; sie stand hinter Lyman und beobachtete ihn. Ich zog den Hut, um ihr meinen Respekt zu erweisen, worauf sie auf ihre nackten Füße blickte. Sie war eine hübsche junge Frau; ihre Haut hatte die Farbe von schwarzem Tee, ihre drahtigen Haare waren kurz geschnitten und sahen wie ein enganliegendes schwarzes Käppchen aus. Sie stand da, die Hände seitlich angelegt, als wartete sie auf Anweisungen.

Lyman legte ihr eine Hand auf die Schulter und zog sie nach vorn. »Ich möchte dir den jungen Mister Brown vorstellen. Das ist meine Frau Susan«, verkündete er.

»Sehr ... sehr erfreut«, stammelte ich, überrascht von der Tatsache, daß Lyman eine Frau hatte; nie hatte er sie, und sei es auch nur nebenbei, erwähnt, wenn wir uns unterhalten hatten. Zwar hatte ich ihn auch nie danach gefragt, dennoch schien es mir schwierig, mehrere Tage und Nächte zusammen zu verbringen, so wie er und ich, ohne seine Frau zu erwähnen, wenn man denn eine hatte. Folglich war ich davon ausgegangen, sein Schweigen hinsichtlich des Themas bedeute, wie meines, daß er unverheiratet war. Jetzt ärgerte ich mich, so als hätte er mich absichtlich getäuscht.

»Du hast nie etwas davon gesagt, daß du verheiratet bist«, sagte ich.

Als Vater mich sprechen hörte, wandte er sich um und erblickte Lyman. »Oh, Mister Epps, da sind Sie ja!« rief er, und augenblicklich ließ Lyman mich stehen und ging, die Hand nach wie vor auf der Schulter seiner Frau, zu dem Alten. Dieser schwang sich von seinem Pferd, schüttelte ihm die Hand und begrüßte die Frau höflich und freundlich – so wie ich es tun hätte sollen.

Zumindest folgte ich jetzt dem Beispiel des Alten, kletterte vom Wagen herunter und schloß mich ihm an, während er sich mit Lyman und dessen Frau unterhielt. Vater verhielt sich stets sehr liebenswürdig Frauen gegenüber; unabhängig von ihrer Rasse oder sozialen Stellung behandelte er sie betont als gleichwertige Menschen. Ich selber war zu schüchtern, um direkt das Wort an irgendeine Frau zu richten – außer natürlich bei meinen Schwestern und meiner Stiefmutter Mary. Von dieser sprach Vater gerade, als ich auf die kleine Gruppe zutrat. Er erklärte, sie sei krank und benötige mehr Hilfe bei der Arbeit im Haus, als Ruth und die Kleineren leisten konnten.

»Seit der Geburt unseres Kindes, das im April starb, geht es meiner Frau schlecht«, sagte er. »Doch nicht so schlecht, daß sie nicht aufstehen und arbeiten könnte – bis jetzt. Allerdings glaube ich, wenn sie die Möglichkeit hat, eine Weile das Bett zu hüten, erholt sie sich wieder.«

Das war mir völlig neu. Allerdings vertraute sich Mary mir natürlich nicht an, und ich muß gestehen, ich hatte nie sonderlich auf ihren Gesundheitszustand geachtet. Ich schätzte die Frau sehr, konnte jedoch nichts dagegen machen, daß sie mir fremd blieb, obwohl dies sicherlich nicht ihre Schuld war. Anders als Ruth, Fred, Jason und John war es mir nach wie vor unmöglich, die Zuneigung für meine leibliche Mutter auf Vaters zweite Frau zu übertragen.

»Würden Sie für mich auf dem Feld arbeiten?« fragte Vater Lyman. »Und auch Susan würde ich gern einstellen, damit sie sich um die kleinen Kinder kümmert. Sie könnten beide bei uns wohnen und an unserem Tisch essen. Außerdem würde ich Ihnen den vierten Teil der Ernte abgeben, und nächstes Jahr schon könnten Sie auf ihrer eigenen Farm einen guten Anfang machen.«

Ich zupfte Vater am Ärmel. »Wir haben kaum genügend Platz für uns, Vater«, flüsterte ich. »Die Jungs und ich können das Pflanzen und Heuen übernehmen und uns selber um die Herde kümmern. Alles andere schafft Ruth schon, wenn die Kleinen ihr helfen.«

Vater sah mich streng an. »Owen.« Mehr sagte er nicht. Er nahm das Gespräch mit Lyman und Susan wieder auf, und ich schlich mich weg. Ich wußte, Lyman und seine Frau würden sofort zustimmen. So eng es bei uns auch zuging, die beiden hatten dort mit Sicherheit mehr Platz als in ihrem Verschlag hier in Timbuktu, und ein Viertel unserer Ernte war wahrscheinlich mehr, als Lyman allein aus seinem eigenen Grund und Boden herausholen konnte. An unserem Tisch bekamen sie jeden Tag eine richtige Mahlzeit vorgesetzt, was bei ihnen zu Hause mit Sicherheit nie der Fall war. Zudem würde Lymans Ansehen bei den anderen Negern, das in meinen Augen nicht allzugroß schien, beträchtlich steigen, wenn er und seine Frau in so enger Verbindung mit unserer Familie stünden.

Doch mir war auch klar, was der Alte damit bezweckte: Wenn er denn diesen Leuten irgendwie von Nutzen sein wollte, mußte er mindestens einen von ihnen in engen Zusammenhang mit unserer Familie bringen, eine Person, der er traute und die ihm vertraute und ihm einen Weg in die Gemeinschaft bahnte, für ihn mit den anderen sprach und uns mitteilte, was sie dachten und was sie brauchten. So arbeitete er stets. Er wollte nicht nur das Land vermessen, das den Negern geschenkt worden war, und ihnen beibringen, wie man in diesem Klima und auf dem kargen Boden Ackerbau betrieb, sondern darüber hinaus in North Elba eine Station der Underground Railroad einrichten; hier gab es bislang keine, zumindest keine mit irgendwelchen Verbindungen zu den Routen nach Kanada, die entlang der New Yorker Seite des Champlain Valley verliefen. Er wollte entflohene Sklaven aus den Südstaaten über die Pässe in den Adirondacks bringen, ein Weg, der bisher nur in Einzelfällen benutzt worden war, wenn irgendein armer Flüchtling aus Versehen von der Hauptroute abgekommen, durch die Lager der Eisenhüttenarbeiter auf der Südseite des Tahawus geschlüpft und den Gerüchten gefolgt war, die ihn über den Indian Pass nach Timbuktu gebracht hatten, sich allein und unter beträchtlichen Risiken weiter nach Norden und dann nach Osten durchgeschlagen hatte, bis er schließlich mit Hilfe von Quäkern in

Port Kent und Plattsburgh auf die Route entlang des Lake Champlain stieß.

Vaters Ansicht nach waren die Pässe und Bergkämme der Adirondacks die nördlichste Verlängerung des Gebirgszuges der Appalachen, der sich durch den gesamten Bundesstaat New York hinunter bis zu den Alleghenies in Pennsylvania und nach Virginia bis in das eigentliche Kernland der Sklavenhalter hinein erstreckt. Seine Karte der Railroad unterschied sich von allen anderen – von der Harriet Tubmans, von der Frederick Douglass', von der der Quäker. Auf Vaters Karte speisten sich die südlichsten Linien wie Pfahlwurzeln aus den Baumwollplantagen Alabamas, Mississippis und Georgias bis in die Berge von Tennessee, North Carolina und Virginia hinauf, von wo aus der Hauptstamm nach Nordosten verlief. Er spaltete sich nicht in zwei Arme, einer in Richtung Niagara, der andere zum Hudson Valley und Lake Champlain, sondern verlief entlang einer einzigen Route zwischen diesen beiden mitten in die felsigen Adirondacks hinein, direkt nach North Elba, von wo aus einen ein nächtlicher Ritt über die Grenze nach Kanada brachte.

Oft und ausführlich sprach Vater von seiner Karte, und um sie konkrete Gestalt annehmen zu lassen, brauchte er Lyman und dessen Frau Susan – denn der Alte betrieb seine Railroad allein. Das hatte er schon immer so gehalten. Ob in Ohio, Pennsylvania oder Springfield, Massachusetts, John Brown betrieb seine eigene Underground Railroad, und das zwang ihn, auf eigene Faust enge Beziehungen zu den Negern zu knüpfen. Außer den unmittelbaren Familienmitgliedern traute Vater keinem Weißen, nicht einmal den Leuten, die ihr Leben lang genauso radikale Abolitionisten wie er selber waren; im gleichen Maß, wie er diesen mißtraute, vertraute er den Schwarzen. »Bei diesem Werk steht ihr Leben auf dem Spiel«, pflegte er zu sagen. »Nicht unseres. Im entscheidenden Augenblick können Weiße, wenn sie wollen, immer noch nach Hause gehen und so tun, als läsen sie in der Bibel. Ein Schwarzer hingegen muß sein Gewehr abfeuern. Wen hättest du lieber auf deiner Seite, einen wohlmeinenden Weißen, der jederzeit die Flucht ergreifen kann, wenn er es vorzieht, oder einen Neger, um dessen Freiheit es geht?«

Nachdem Vater der Negergemeinde versichert hatte, daß sie die rechtmäßigen Besitzer des Grund und Bodens in Timbuktu seien und er am nächsten Tag noch einmal vorbeikommen und mit der Landvermessung beginnen werde, verabschiedeten wir uns von dem düsteren Ort. Um sich für den nächsten Tag vorzubereiten, nahm er alle Verkaufs- und Schenkungsurkunden mit, die die Siedler hatten – in solchem Maße vertrauten die Neger dem Alten, daß sie ihm bereitwillig die einzigen Beweise für ihren Rechtsanspruch aushändigten. Nicht daß Vater sie je hintergangen hätte; sie trauten ihm völlig zu Recht. Doch die Wirkung, die Vater auf Neger hatte, war schwer zu verstehen. Zum größten Teil schrieb ich sie seinem ungeheuren Zorn auf die Sklaverei zu, den er unablässig zum Ausdruck brachte. Gelegentlich allerdings, wenn ich mich über Vater ärgerte, schob ich sie auf die Leichtgläubigkeit der Neger. Tatsache ist, in weit höherem Maße als jedem anderen Weißen gelang es Vater immer wieder, die Neger zu überzeugen, daß ihr Kampf gegen die Übel der Sklaverei und das Leid, das sie aufgrund rassistischer Vorurteile tagtäglich ertragen mußten, ihn ebenso betrafen wie sie selbst, obwohl er nur ein Weißer war, der im Gewand eines Predigers auf sehr hohem Roß einherritt.

Mit einem einzigen Sack, in dem ihre Habseligkeiten verstaut waren, ziemlich schäbigem Bettzeug und einer zusammengerollten Matratze aus Maisstroh fuhren Lyman und Susan auf dem Wagen mit uns. Sie saßen im Kutschkasten hinter mir; ich fuhr, schweigend und ernst, und der Alte ritt, wie zuvor, auf Adelphi voraus. Hin und wieder rief er Lyman über die Schulter etwas zu, fragte nach dem Namen eines Berges oder erkundigte sich, wem das Grundstück entlang der Straße gehöre, und jedesmal wußte Lyman eine Antwort – ob sie richtig war, konnte ich damals nicht sagen, doch ich hegte den Verdacht, daß er etwas erfand, um den Alten zu beeindrucken. Später mußte ich natürlich feststellen, daß er in jedem Fall die zutreffende Antwort geliefert hatte, was meinen Ärger nicht unbedingt dämpfte. Er kannte die Namen aller Gipfel in Sichtweite, er wußte, wem welche Ländereien gehörten, und kannte Geschichte und Bedeutung eines jeden Orientierungspunktes. Ich benahm mich wie ein verschmähter Liebhaber, das war mir klar, doch ich konnte nichts dagegen tun.

Als wir auf der Farm eintrafen, brachte Vater Lyman und seine Frau zu Mary, die immer noch im Bett neben dem Herd lag; sie sah sehr krank aus, wie mir endlich auffiel. Ihr Aussehen erschreckte mich – ihre Haut war schlaff und kreidig, das kleine Gesicht nahezu ausdruckslos, und sie sprach langsam und angestrengt, als hätte sie große Schmerzen. Sie brachte ihre Freude zum Ausdruck, daß Susan mitgekommen war, um Ruth zur Hand zu gehen, und hieß die beiden in unserem Haus willkommen. »Viel Platz haben wir hier nicht, wie Sie sehen, aber es ist hell und luftig«, erklärte sie mit schwacher Stimme.

»Wir werden es so halten müssen wie die Shaker«, meinte Vater. »Das bedeutet, Mister Epps wird oben im Speicher auf der Männerseite und Missus Epps gegenüber bei Ruth und den Mädchen schlafen müssen. Doch ich glaube, das wird sich nicht als allzu schwierig erweisen«, sagte er zu Lyman, der einen Blick nach oben zum Speicher warf, lächelte und erklärte, so sei es völlig in Ordnung. Was seine Frau dachte, weiß ich nicht. Sie gaben ihr Privatleben auf, mag sein, doch dafür hatten sie nun ein festes Dach über dem Kopf. Es kam, wie Vater mit seiner humorvollen Bemerkung angedeutet hatte, tatsächlich ziemlich genau dem gleich, was in jener Zeit viele Leute taten, die ihre Häuser verließen und von ihren Nachbarn wegzogen, um bei den Shakern zu leben, deren Dächer, wie das unsrige, nicht leckten, und auf deren Tischen Hausmannskost in reichlichen Mengen aufgetragen wurde.

Ich berührte Ruth am Arm und bedeutete ihr mit einer Geste, mir nach draußen zu folgen. Wir gingen ums Haus herum und den von Büschen überwachsenen Abhang hinauf; dort setzten wir uns auf einen breiten, rissigen, in den Hang eingebetteten Stein und blickten über das Schindeldach des Hauses auf die bewaldete Ebene und die dahinter aufragenden Berge. Es war schon spät am

Nachmittag, und rechts von uns senkte sich allmählich die Sonne, so daß die Kiefern, die auf dem Hügel wuchsen, lange Schatten auf uns und das Haus und die kleine Scheune warfen. Auf der von Sonnenflecken gesprenkelten Wiese grasten die Devonrinder, die Schafe hatten sich über den von Gestrüpp überwachsenen Hügel dahinter verteilt. Vor dem Haus stapelten die Jungen Feuerholz auf, und das Pferd von Vater wie auch das andere warteten darauf, getränkt und losgebunden zu werden, um bei den Rindern zu grasen.

Im Grunde genommen ein wunderschöner Anblick – ein friedliches, geordnetes Zuhause, eine Farm inmitten einer großartigen Landschaft, eine Art idealer Bauernhof. Trotzdem schien es mir eine friedlose, wirre Szene, deren widerstreitende Elemente beinahe gegen ihre Natur von einem eisernen Willen in Schach gehalten wurden. Von der Halsstarrigkeit Vaters, vermute ich, doch in geringerem Maße auch von meiner.

Ruth schien meine ungeheure Erregung zu spüren; wie um mich zu beruhigen, streichelte sie mir über den Handrücken. »Was ist los, Owen?« fragte sie. »Ist dir heute irgend etwas Unangenehmes geschehen?«

»Nein, nein, nichts. Nur der Ort, Timbuktu, war eine Enttäuschung für mich«, erklärte ich und beschrieb ihr kurz den traurigen Zustand des Lagers.

Sie versuchte mich zu trösten und sagte, was ich selber wußte, daß es gar nicht anders sein konnte, denn die armen Leute, die dort hausten, besaßen kaum Werkzeuge und keine nennenswerten Herden, wie Vater uns viele Male erklärt hatte, und sie hatten keine Vorstellung davon, wie man in diesem Klima Farmwirtschaft betrieb. Seit jeher bewunderte ich Ruths Wesen, beneidete sie in gewisser Weise, denn ihr schien es keinerlei Schwierigkeiten zu bereiten, sich genau so zu verhalten, wie man es von ihr erwartete – für Vater war sie die gehorsame Tochter, für Mary eine treue und ergebene Stieftochter und für mich und alle anderen Familienmitglieder die vollkommene Schwester.

Ich hingegen hatte seit frühester Kindheit gegen meine aufrührerische Gesinnung angekämpft, befand mich fortwährend in einem Zustand wirrer Widersprüchlichkeit und brütenden Grolls, und es schien, als müßte ich mich mein Leben lang selber züchtigen und strafen. Ruth war die einzige von meinen Geschwistern, die mich in dieser Hinsicht verstand und mich nicht deswegen verdammte. John oder Jason hätte ich nie anvertrauen können, was ich ihr gestand, nicht einmal dem armen Fred.

»O Ruth«, brach es aus mir heraus, »ich wünschte so sehr, ich könnte einfach weg von hier!«

»Es ist *schrecklich*, sich so etwas zu wünschen«, erwiderte sie mit gedämpfter Stimme, als hätte ich Gott gelästert.

»Das sollte es nicht sein.«

»Aber Vater braucht dich und Mutter auch.«

»Sie ist nicht unsere Mutter.«

»Doch, Owen.«

»Nicht für mich.«

»Wir haben keine andere Mutter. Und sie ist krank und schwach, und hier ist noch so viel zu tun, bis wir eine richtige Farm haben. Und Vater kann nicht tun, weswegen er hierhergekommen ist, wenn du ihm nicht dabei hilfst.«

»Das alles weiß ich. Trotzdem, ich möchte fort von hier. Fort von allem. Von der Farm, den Negern, fort von den Bergen!« erwiderte ich und machte eine wegwerfende Handbewegung zu den Gipfeln in der Ferne hin, als fände ich sie häßlich. Sie waren nicht häßlich, doch ich war wütend und verwirrt – zornig war ich, und da ich nicht wußte, worauf, verunglimpfte ich alles in Sichtweite. »Wie kannst du das nur aushalten, Ruth? Wünschst du dir nicht, dein Leben wäre anders? Wünschst du dir nicht, ganz normal irgendwo zu leben, wie andere Leute auch, in einer Stadt oder auch nur auf einer Farm in der Nähe anderer Gehöfte? Ich möchte bei den Weißen in Springfield oder vielleicht sogar drunten in Westport wohnen. Das hier ist eine Wildnis«, erklärte ich. »Und es gibt niemanden, mit dem wir uns zusammentun könnten, nur die Neger. Du müßtest ihr Lager einmal sehen. Timbuktu!« Ich spuckte den Namen geradezu aus. »Wir sind nicht wie sie. Und wir sind auch nicht so wie diese dummen, unwissenden Farmer in der Gegend hier. Wir sind anders als dieser Partridge drüben in Keene oder die wilden Siedler hier in der Gegend, die den Negern ihr Land stehlen wollen. Wir sind anders als sie alle. Und allein.«

Ruth legte den Arm um mich, und wir schwiegen; nach einer kleinen Weile gelang es mir, wieder einen einigermaßen klaren Kopf zu bekommen, und ich sagte: »Es tut mir leid, Ruth. Ich sollte nicht so mit dir reden.« Liebevoll tätschelte sie meine Hand, und erneut verstummten wir für eine Weile. »Sag mir, was mit Mary nicht stimmt«, bat ich sie schließlich. »Ist es etwas Ernstes? Sie wird doch nicht sterben, oder?«

Lange Zeit antwortete Ruth nicht. Dann erklärte sie: »Nein, ich glaube nicht, daß es etwas Ernstes ist. Es ist etwas, das nur Frauen betrifft. Die Folge ihres letzten Kindbetts, nach der Geburt von Ellen. Aber sie wird sich erholen, und es wird ihr wieder gutgehen, doch nur, wenn sie im Bett bleibt und sich ausruht. Vater weiß, wie es um sie steht und was ihr fehlt. Und ihm ist klar, was sie braucht. Er hat die farbige Frau hierhergebracht, um Mutter vor ihrem eigenen guten Willen zu schützen. Wenn die Frau mithilft, schaffe ich den Rest schon. Und wenn Mister Epps den Jungen bei der Landarbeit hilft, bleibt dir genügend Zeit, um mit Vater und den Negern zusammenzuarbeiten. Es ist ja nur für ein paar Monate, Owen, dann verläuft unser Leben wieder ruhiger, dessen bin ich mir sicher.«

»Es wird nie wieder ruhig verlaufen!« stieß ich hervor. »Es ist nie ruhig verlaufen! Seit unsere Mutter gestorben ist, hat diese Familie nie wirklich in Frieden gelebt!«

»Das ist nicht wahr, Owen.«

»Erinnerst du dich denn nicht daran, wie es war, ehe Mutter gestorben ist?«

»Nein«, erklärte sie. Dann stand sie unvermittelt auf und sagte: »Komm, Owen, ich muß wieder ins Haus. Ich muß Butter …«

»Warte einen Augenblick. Laß mich dir nur erzählen, wie es damals war. Denn nachdem sie gestorben ist, hat sich alles verändert. Glaub mir, es ist alles anders geworden«, redete ich auf sie ein.

»Owen, ich kenne die Geschichte. Du mußt innerlich zur Ruhe kommen. Du solltest beten, Owen, ja, das solltest du. Du solltest um Vergebung und um Seelenfrieden beten. Du bist zuviel allein, weil du vom Glauben abgefallen bist. Ich kann darüber nicht mit dir sprechen«, erklärte sie mit Nachdruck und ging von dem Felsbrocken weg, auf dem ich saß. »Nur der Herr kann dir das geben, was du brauchst. Ich muß ins Haus zurück.« Sie drehte sich um und ließ mich allein.

Und ganz allein saß ich eine Weile dort im Schatten und dachte daran, wie es damals war, als ich in das Zimmer trat und erfuhr, daß meine Mutter gestorben war. Ich erinnerte mich an die Dunkelheit, die wie schwarzer Rauch um den Kopf meiner Mutter wirbelte, und wie sie in ihr verschwand und plötzlich weg war. Ich rief mir ins Gedächtnis, wie ich in diese Finsternis gestarrt hatte. Sie hatte sich zu einem flachen schwarzen Kreis mitten in meinen Augen verhärtet, als wäre mir ein Loch in die Pupillen gebrannt worden: egal, wohin ich blickte, es war da, eine hauchdünne Scheibe von Finsternis, hinter der Leute und Dinge verschwanden, wenn ich den Kopf von einer Seite zur anderen drehte. Viele Jahre hindurch trug ich diesen Kreis mit mir herum, und als das Loch in meinen Pupillen schließlich heilte, blieben Narben zurück, verschwommene, ausgebleichte Narben, die sich immer wieder vor das schoben, was ich sah, und erneut die Welt aussperrten.

Wie an jenem Spätnachmittag in North Elba, als ich halb blind den Abhang hinuntertaumelte und in die Blockhütte trat, wo Vater, Lyman und dessen Frau Susan leise mit Mary sprachen, die auf einem Strohsack neben dem Herd lag, während Ruth daneben auf einem Hocker saß und gelassen Butter rührte.

Vater sah ich überhaupt nicht, obwohl ich direkt zu der Stelle starrte, wo er stand, und genau in diese Richtung sprach. In Wirklichkeit stand Vater mitten in einem Lichtkreis, genauer gesagt: irgendwo dahinter, als verdecke ihn eine Sonne, die sich in den Raum zwischen ihm und mir geschoben hatte, so daß er im Schatten stand. Am Rand des Lichtkreises nahm ich Lyman wahr, der mich erschrocken ansah, und seine Frau Susan, der meine wilde Miene und die Worte, die aus mir hervorbrachen, offenbar ebenfalls angst machten.

»Vater, ich habe dir etwas zu sagen!« setzte ich an. Ruth schaute bestürzt zu mir auf, und auch Mary schien die Art, wie ich stürmisch und zugleich ungelenk durch die Tür torkelte, mitten hinein in die friedliche Stimmung, die im Raum herrschte, zu peinigen. Meine Stimme war laut und überschlug sich, als ich die Worte aussprach: »Vater, du mußt mich gehen lassen! Vater, es tut mir leid …«, fing ich an, verstummte dann jedoch. Als ich verzweifelt nach Worten suchte, um ihm meine Sehnsucht, den Bergen hier zu entfliehen, auf zusammenhängende Weise klarzumachen, weil ich schlichtweg seine Erlaubnis brauchte, wegzugehen und so zu leben, wie ich wollte, kam ich mir vor wie ein trotziges, wütendes Kind und nicht wie ein fünfundzwanzigjähriger Mann, der bedauert, seinen Vater enttäuschen zu müssen, weil er seinen eigenen Weg gehen muß.

»Du willst uns verlassen?« fragte Vater und sprach jedes einzelne Wort bedächtig aus, als verstünde er sie nicht. »Du willst von deiner Familie abfallen und von dem Werk, das zu vollenden wir hierhergekommen sind? So wie du vom Herrn und Seinem Werk abgefallen bist?« Er hielt inne und sog den Atem durch die Zähne ein. »Ich liebe dich, Owen, und aus ebendiesem Grund habe ich stets für dich gebetet, seit ich gesehen habe, wie weit du dich vom Herrn und Seinem Wort und Seinem Willen entfernt hast. Ich wußte, es würde zu dem führen, was jetzt geschieht, und eine Zeit würde kommen, zu der dir deine Pflicht bedeutungslos erscheint. Wohin also willst du gehen, Owen?« Sein vor Zorn gerötetes und angespanntes Gesicht strafte seine ruhigen Worte Lügen. Kalt blickten die grauen Augen mich an, und ich verspürte tatsächlich einen Kälteschauder, der mir bis ins Mark drang.

»Bin ich denn nicht ein erwachsener Mann, Vater? Steht es mir denn nicht frei, zu gehen, wohin ich möchte, und so zu leben, wie ich es mir wünsche?«

»Ich würde dich nicht neben mir in meinem Haus haben wollen, wenn du nicht aus eigenem Willen hier bist. Wohin also willst du gehen, Owen?«

»Ich will einfach weg. Ich ... ich weiß nicht, wohin ich will. Zurück nach Springfield, schätze ich. Vielleicht zu John, um ihm zu helfen, oder ich suche mir selber Arbeit. Ich weiß es nicht.«

»Du hast also nicht von irgendeinem anderen Ort gehört, an dem du deine Pflicht Gott und deinen Mitmenschen gegenüber besser erfüllen kannst als hier? Es ist dir lediglich zuwider, daß du es hier tun sollst. Ich muß sagen, du verhältst dich wie ein Feigling, Owen. Denk wie ein Sklave, und du bist einer. Ein freier Mensch flieht seine Pflicht nicht, es sei denn, er kann ihr anderswo besser nachkommen. Du enttäuschst mich sehr, Owen«, verkündete er. »*Springfield!* Was kannst du im Hinblick auf deine Pflicht, sei es die Pflicht deiner Familie oder die deinen Mitmenschen gegenüber, in Springfield schon erreichen, das du hier nicht besser tun kannst? Wir alle haben geschworen, jeder einzelne von uns, unser Leben der Vernichtung der Geißel der Sklaverei zu widmen. Einige von uns tun dies, um Gottes Werk zu vollenden, andere schlicht, weil sie Menschen sind, deren Menschsein durch die Sklaverei entwürdigt wird. Doch für uns alle ist dies unsere Pflicht! Wir alle haben ein Versprechen abgelegt, und wenn wir es nicht halten, verraten wir nicht nur Gott und unsere Mitmenschen, nicht nur unsere Angehörigen, sondern uns selber! Ich kann nicht zulassen, daß du dies tust, Owen. Nicht, ohne mich dir entgegenzustellen. Ich kann nicht ...«

»Hör auf! Vater, bitte, hör auf!« schrie ich und brachte ihn damit zum Schweigen, verbannte ihn wieder in den Lichtkreis der Sonne, an dessen Rand ich wahrnahm, wie Lyman und Susan zurücktraten, als wollten sie fliehen. Mary hatte die Hand auf den Mund gelegt, und Ruth stand von ihrem Hocker auf; beide blickten mich an, als wäre mein Gesicht blutüberströmt. Und genauso fühlte ich mich in diesem Augenblick, als wäre mein Gesicht von einem Blutschwall besudelt. »Ich kann nicht weggehen, Vater! Doch ich kann auch nicht bleiben! Ich kann mein Leben nicht den Sklaven widmen, und ich kann sie nicht im Stich lassen! Ich kann nicht beten, und doch kann ich nicht aufhören, es zu versuchen. Ich kann nicht an Gott glauben, Vater. Doch ich kann meinen Glauben auch nicht aufgeben. Was soll ich tun? Bitte, sag es mir. Was soll ich tun?«

In dem Augenblick streckte er die Hände aus dem Lichtkreis und legte sie mir liebevoll auf die Schultern, zog mich an sich und umarmte mich. »Mein armer Junge«, sagte er sehr leise, fast war es ein Flüstern. »Mein armer Junge.«

Meine Gedanken und Empfindungen waren ein wirres Durcheinander von Widersprüchen, doch seine Umarmung löste sie auf, augenblicklich, entwirrte sie, löste sie und reihte sie säuberlich nebeneinander auf wie Holzbalken verschiedener Größe, die man parallel nebeneinanderschichtet. Eine unerwartete, machtvolle Woge von Dankbarkeit schlug über mir zusammen. Da vernahm ich plötzlich ein klapperndes Geräusch, das Geräusch von Stiefeln, die über den Boden scharrten, als mehrere Leute in den düsteren Raum traten. Ich hörte Stimmen, die von Oliver und Salmon, und die Stimmen mehrerer Männer – Fremde.

Hastig trat ich einen Schritt von Vater zurück und wandte mich um, damit ich die Männer sehen konnte, um die Oliver, Salmon und Watson herumschwirrten; alle sechs traten in das kleine Zimmer. Die Männer hatten Rucksäcke bei sich, ihre Kleidung war verdreckt und mit Dornen und Blättern gespickt, ihre schmutzigen Gesichter waren rot und von zahlreichen Insektenstichen angeschwollen. Es schien ihnen peinlich, so unvermittelt hereingeplatzt zu sein, und verlegen machten sie Anstalten, den Raum wieder zu verlassen, wobei sie sich gegenseitig und die Jungen hinter ihnen anrempelten, so daß sich einen Augenblick lang an der Tür ein kleiner Menschenauflauf bildete.

Schließlich drehte sich einer der Männer, ein großer, bärtiger blonder Bursche, zu Vater um, lächelte einfältig und erklärte: »Tut mir leid, Sir, aber die Jungs haben gesagt, wir sollen einfach reingehen. Vergeben Sie uns, daß wir so unhöflich waren, nicht anzuklopfen.«

Vater ging geradewegs auf den Mann zu, und ich stand plötzlich neben Lyman, der mich behutsam in einer liebevollen Geste mit den Fingerspitzen an den Arm tippte. In förmlichem, nüchternem Ton sagte Vater zu dem Blonden: »Ich bin John Brown. Das ist meine Farm. Wie kann ich Ihnen behilflich sein?«

Die Jungen waren aus der Blockhütte verschwunden; die beiden anderen Fremden waren ihnen gefolgt und standen jetzt im Hof, während derjenige, der gesprochen hatte, von der Tür aus Vater anblickte. Er war in mittlerem Alter, groß und wirkte sportlich, war jedoch eindeutig kein Jäger oder Holzfäller oder Farmer. Zwar war sein Gewand verdreckt und von Blättern und Zweigen übersät, doch von zu elegantem Schnitt, und sein Rucksack war nicht der eines Anglers oder Jägers. Jetzt fiel mir auch auf, daß der Mann trotz seiner munteren, höflichen Art fürchterlich unter den Insektenstichen litt – sein Gesicht, der Hals und die Hände waren unnatürlich dick angeschwollen. Offenbar waren Stechmücken und die ekelhaften Kriebelmücken regelrecht über ihn und seine Gefährten hergefallen. In den Wäldern ringsum gab es riesige Schwärme, die einen Hirsch verrückt und blind machen und ins Wasser treiben konnten, so daß er ertrank. Wenn man sich die Haut nicht mit Fett oder Asche beschmierte, konnten sie einem die Sicht nehmen, in Nasenlöcher und Ohren kriechen, bis einem das Gesicht so sehr anschwoll, daß man die Augen nicht mehr aufbekam.

Der Mann stellte sich als Mr. Richard Henry Dana aus Boston vor. Seine Begleiter, die sich mittlerweile, sichtlich erschöpft, auf den Boden vor dem Haus gesetzt hatten, waren ein gewisser Mr. Metcalf und ein Mr. Aitken, ebenfalls aus Boston. Alle drei waren Anwälte, die sich zu einem Urlaub in der Wildnis aufgemacht hatten. Sie waren von Westport gekommen, hatten einige Tage im Dorf Tahawus bei dem Eisenbergwerk, jenseits des Indian Pass, verbracht, hatten mit einem Führer aus dem Dorf den Tahawus bestiegen und waren dann auf eigene Faust Richtung North Elba losgezogen. Mit einem sechs- oder achtstündigen Marsch hatten sie gerechnet, doch dann hatten sie die Wegmarkierungen aus den Augen verloren und waren zwei Tage lang durch die dichten Wälder und das Unterholz gestreift. Ihre einzige Nahrung war eine Forelle gewesen, die Mr. Aitken mit einem zurechtgebogenen Nagel und einem roten Stoffetzen gefangen hatte. »Er hält sich für so etwas wie einen Naturburschen«, erklärte Mr. Dana mit einem gewinnenden Lächeln. Das einzige Feuer, das sie entzünden konnten, hatte ein Regenguß gelöscht, und die ganze Zeit über hatten Schwärme von Kriebelmücken sie heimgesucht.

»Wie bitten Sie, uns etwas von Ihrem Essen abzugeben, wenn Ihnen dies möglich ist«, sagte Mr. Dana zu Vater. »Und uns zu erlauben, hier auf dem Boden zu übernachten. Vielleicht könnten Sie uns morgen früh auch den Weg nach North Elba und zu Osgoods Schenke weisen, wo man uns seit mittlerweile zwei Tagen erwartet.«

Gelassen wies Vater Ruth an, den Männern Wasser und einen Krug Milch sowie etwas Maisbrot zu bringen und darauf zu achten, daß sie das alles langsam zu sich nahmen, um es nicht zu erbrechen. »Eine richtige Mahlzeit erhalten Sie später, wenn wir alle zu Abend essen, doch das wird Ihnen fürs erste guttun«, erklärte er und geleitete den Mann hinaus. Dann führte er alle drei um das Haus herum in den Schatten und bat sie, sich hinzulegen, bis Ruth ihnen etwas zu essen und zu trinken sowie eine Salbe gegen die Insektenstiche brachte. Wir anderen sollten uns wieder an die Arbeit machen: Die Rinder und Schafe mußten in die Ställe gebracht und die Kühe gemolken werden. Wir mußten im Herd Feuerholz aufschichten, aus der Quelle Wasser schöpfen, ein paar Forellen aus dem Fluß drunten holen, die Pferde striegeln – die tägliche Abfolge von Arbeiten, an die wir uns jetzt machten, ohne lange darüber nachzudenken; es gehörte genauso selbstverständlich zu unserem Leben wie Ein- und Ausatmen.

Der Sturm in meinem Herzen und in meinem Denken hatte sich gelegt. Doch ich wußte, er würde wiederkehren, und dieser hatte mich so geschwächt, daß mich der nächste noch gefährlicher beuteln würde. Allerdings wußte ich nicht, was ihn auslösen würde – eine brummige Bemerkung Lymans, eine Enttäuschung bei der Arbeit mit den Negern, eine weitere Verschlechterung des Gesundheitszustands von Mary oder eine Anweisung Vaters, die ich nicht verstand. Jeder einzelne dieser Anlässe würde genügen, um mich erneut aus dem Gleis zu werfen. In jenen ersten Wochen in North Elba schwankte ich bedenklich zwischen widerstreitenden Verpflichtungen hin und her, die den weiteren Verlauf meines Lebens bestimmen sollten, und ich wußte, wenn ich mich jetzt nicht entschied, würde ich unweigerlich zu einem Entschluß kommen, der nicht meinen, sondern Vaters Willen zum Ausdruck brachte.

Bei Mr. Dana handelte es sich natürlich um den weltberühmten Schriftsteller, der viele Jahre später, als Vaters Hinrichtung ihn ebenfalls weltberühmt machte, eine überaus genaue Beschreibung seines glückhaften Zusammentreffens mit uns an jenem Tag am Rand der Wildnis veröffentlichte. Ruth beschrieb er sehr freundlich als »hübsche, adrette junge Frau von etwa zwanzig Sommern mit heller Haut und rotem Haar« und pries ihre »Ausgeglichenheit, herzliche Freundlichkeit, ihren gesunden Menschenverstand und ihre Hilfsbereitschaft«. Auch Mary lobte er. Und selbst an mich erinnerte er sich als an den »erwachsenen rothaarigen Sohn, der offenbar Vorarbeiter auf der Farm war«. Vater beschrieb er sehr treffend, und er erwähnte sogar Lyman und seine Frau Susan und betonte, daß sie abends mit uns am Tisch saßen und ihm und seinen Gefährten von Vater angemessen und förmlich, mit den Zusätzen Mr. und Mrs., vorgestellt wurden.

Damals hatten wir natürlich keine Ahnung, wer oder was er war. Und er wußte nicht, wer wir waren. Für uns waren er und seine Gefährten lediglich ein paar mitleiderregende Stadtleute, die zwei Tage lang durch die Wälder geirrt waren. Und für ihn stellten wir eine Farmersfamilie dar, die sich in der Wildnis angesiedelt hatte, ganz und gar bewundernswert, beispielhaft sogar – eine ideale amerikanische Familie christlicher Siedler. In seinen nichtsahnenden Augen war unser Leben von Pflichterfüllung und festen Prinzipien bestimmt, an die uns, so schrieb er, eine Macht band, die offenbar direkt von oben kam.

7

Ich werde Ihnen jetzt, an dieser Stelle, eine Geschichte erzählen, Miss Mayo, eine wahre Geschichte, eine der wenigen, die je von der Underground Railroad berichtet wurden. Denn wie Sie vermutlich wissen, betrachtete man nach Ausbruch des Bürgerkriegs die Underground Railroad im Grunde genommen nur mehr als Vorspiel, noch dazu ein geheimes. Ihre Geschichte, ihre wahre Geschichte, geriet in Vergessenheit, wurde übergangen, selbst von jenen, deren Leben sie geprägt hat, gerettet hat, oder die es für sie geopfert haben.

Allerdings habe ich nicht im Sinn, hier ein Klagelied anzustimmen oder mich zu beschweren. Ich möchte Ihnen nur eine kleine Geschichte erzählen, die sich jedoch entfalten und an Bedeutung gewinnen wird, wenn Sie sie später in den Zusammenhang der größeren Geschichte – der von Vater, nicht meiner – fügen. In den Monaten nach den Vorfällen, von denen ich Ihnen vor kurzem berichtet habe, gewöhnten wir Browns uns tatsächlich an ein Leben auf der Farm, das Mr. Danas etwas idealisierter Vorstellung von uns als einer Familie beispielhafter amerikanischer Siedler entsprach.

Mit zurechtgesägten Brettern unterteilten Vater und ich den geräumigen Speicher in zwei Zimmer und bauten mit Felsbrocken aus den Bächen unterhalb des Hauses eine zweite Feuerstelle. Und so verfügten wir binnen kurzem über ein ordentliches Bauernhaus mit einer Wohnküche, in der Vater und Mary schliefen, und einem richtigen Wohnzimmer im Erdgeschoß, und im ersten Stock befanden sich zwei Schlafzimmer für uns andere. Wir bauten das alte Klosett um, reparierten und vergrößerten die baufälligen Nebengebäude, um unsere Tiere anständig unterbringen sowie das Heu und Getreide der nächsten Ernte und Brennholz für den Winter lagern zu können. Die Jungen verbrachten den Großteil ihrer Zeit mit Roden, um unsere Felder zu beiden Seiten der schmalen Straße, die am Haus vorbeiführte, zu vergrößern. Sie fällten die Bäume, brannten die Strünke ab, pflanzten anschließend auf dem versengten Boden Gemüse an und düngten wie die Indianer Mais, Kartoffeln, Rüben und andere Wurzelgemüse mit Fischen aus den Flüssen, die damals noch von silbrig glänzenden Forellen wimmelten. Lyman, der zwar nicht besonders zum Holzfäller oder Farmer taugte, aber handwerklich geschickt war, verlegte sich darauf, Werkzeuge für die Farm sowie Pferdegeschirre anzufertigen und zu reparieren. So baute er eine prachtvolle Egge aus Kastanienholz, die hinter dem Pflug hergezogen wurde, sowie einen eisenbeschlagenen Schlitten, mit dem man Baumstämme aus den Wäldern ziehen konnte. Zusammen mit dem Alten richtete er in einem der Schuppen eine kleine Gerberei ein und machte sich daran, die Felle der Hirsche zu verarbeiten, die wir schossen und deren Fleisch wir pökelten, und bald schon konnten Mary, Ruth und Susan Schuhe, Lederschürzen und andere Kleidungsstücke anfertigen, die uns gegen die Elemente schützten.

Jeden Morgen versammelten wir uns, ehe wir mit unserem Tagwerk begannen, im Wohnzimmer, um zu beten und uns Vaters kurze Predigt anzuhören; wiewohl ich mich längst an diese feierlichen Gottesdienste gewöhnt hatte und trotz meines Unglaubens, gaben sie mir – und ich glaube, auch den anderen – jedesmal neuen Auftrieb, so daß mir die Arbeit leichter fiel, denn sie banden unsere Mühen in etwas ein, das größer als wir und unsere kleinlichen alltäglichen Bedürfnisse war. Und genau das war, dessen bin ich sicher, Vaters Absicht – uns unser Holzfällen und Pflügen, die ständige Versorgung unseres Viehs, die den ganzen Tag währende Vorbereitung unserer Mahlzeiten, das nie endende Reparieren unserer Werkzeuge und Ausrüstungsgegenstände, die endlose Vorbereitung auf den Winter, uns all dies als Teil eines umfassenderen Kreislaufs des Lebens verstehen zu lassen, als wären wir winzige Teilbögen einer riesenhaften Wölbung, eines umfassenden Ablaufs, der mit der Geburt begann und mit dem Tod endete und der uns, wenn wir uns mit ganzer Kraft und ohne Ausflüchte in ihn eingliederten, in einen noch umfassenderen Kreislauf der Wiedergeburt und Neubelebung, genaugenommen in eine unendliche Spirale, einbettete. So wurde, wenn wir die Felder pflügten und die Saat ausbrachten, auch unser Seelenleben vorbereitet und besät, und so wie unser Land fruchtbar war und unsere Herde wuchs, so blühte auch unser Geist auf und trug Früchte; und wenn wir unsere Nahrungsmittel und Vorräte einsalzten und für den Winter in Sägemehl und Heu lagerten, bereiteten wir gleichzeitig unseren Geist darauf vor, das unausweichliche Leiden und Sterben unserer Lieben zu ertragen, das ebenso unvermeidlich über uns käme wie die eisigen Stürme und die tiefen Schneeverwehungen des Winters.

Im ersten Jahr, als wir uns auf der Farm eingewöhnten, legte sich der Aufruhr, der gewöhnlich mein Denken beherrschte, ein wenig. Fast schien es, als hätten meine vorherige Aufgewühltheit und Verwirrung den Geist eines anderen Menschen beherrscht, eines Jüngeren, dessen Zorn und Unruhe ihn daran gehindert hatten, sich an der einzigartigen Schönheit der Landschaft und dem Vergnügen, das harte, wohlverrichtete Arbeit mit sich bringt, sowie an der Gesellschaft einer großen, geschickten und fröhlich geschäftigen Familie zu erfreuen. Lyman gegenüber verspürte ich verstärkt ein Gefühl der Kameradschaft, als wäre er ein Bruder, ein Verwandter. Und das, obwohl er eine Frau hatte. Diese lernte ich bald zu schätzen; mir gefielen ihr nüchternes Denken und ihre Sittsamkeit. Meine vorherigen stürmischen Aufwallungen schienen zu schwinden und sich schließlich ganz zu legen, so wie die Wolken sich von den im Sommer dicht bewaldeten Bergen hoben, die tagtäglich in ihrer Majestät vor uns aufragten: großartige grüne Pfeiler, die den Himmel trugen: Wolkenspalter, o ja, das waren sie in der Tat.

Der Alte überließ die Arbeit auf der Farm uns und begann, wie versprochen, mit der Vermessung des Landes, das Gerrit Smith den Negern übereignet hatte. Gelegentlich halfen ich oder Lyman ihm, doch immer häufiger begleitete ihn der kräftige bärtige Bursche, dem wir bei unserem ersten Besuch in Timbuktu begegnet waren; er war, wie sich allmählich herausstellte, ihr unerklärter Häuptling und ein rundum bewundernswerter Mensch. Elden Fleete war ein freigelassener Neger aus Brooklyn, New York, ein belesener Autodidakt, der wie Vater stets mit einer Unmenge von Zitaten aus der Bibel, aber auch aus den Stücken Shakespeares und von Autoren der Antike aufwarten konnte. Er war Drucker gewesen und hatte jahrelang die abolitionistische Zeitschrift *The Gileadite* herausgegeben, die vor allem von den Negern in Brooklyn und New York City gelesen wurde, ansonsten aber kaum irgendwo bekannt war. Allerdings war sie meiner Ansicht nach besser als die gängigeren Druckschriften dieser Art, etwa *The Liberator*, der von William Lloyd Garrison veröffentlicht wurde – der, wie mir sehr wohl bewußt ist, der angesehene und zweifelsohne allseits bewunderte verstorbene Großvater Ihres Professors Oswald Garrison Villard war. Mein Lob der kleinen Zeitschrift Mr. Fleetes ist keinesfalls als Kritik am Vorfahren Ihres Kollegen gemeint.

Trotz seiner Gelehrsamkeit war Mr. Fleete ein humorvoller, tatkräftiger Mann mit hohen Idealen, der weniger zu dem Zweck nach Timbuktu gekommen war, um seinen eigenen Grund und Boden zu bestellen, vielmehr wollte er zur Gründung einer unabhängigen afrikanischen Gemeinschaft in den Bergen Nordamerikas beitragen. Es war sein erklärtes Ziel, im Norden Amerikas einen Präzedenzfall und ein Vorbild für eine, wie er hoffte, eines Tages eigenständige Nation freigelassener Negersklaven zu schaffen. In jener Zeit vor dem Fugitive Slave Act und dem Kansas-Nebraska Act, ehe es für jedermann offensichtlich wurde, daß die Anhänger der Sklavenwirtschaft endgültig die Oberhand in der Regierung der Vereinigten Staaten gewonnen hatten, waren die schwarzen wie auch weißen Abolitionisten in der Frage zerstritten, wie man mit der Tatsache umgehen sollte, daß mehr als drei Millionen Menschen afrikanischer Abstammung in den Vereinigten Staaten lebten. Unabhängig davon, wie und ob überhaupt die Sklaverei aus dem Land verbannt werden konnte, diese Millionen würden, solange die Weißen sie als minderwertig betrachteten, eine verachtete, unterdrückte Rasse bleiben, unfähig, sich dem Niveau der Weißen anzunähern. Bestimmte Neger, etwa Frederick Douglass, und auch etliche Weiße wie Vater glaubten fest daran, daß die Weißen letztendlich lernen könnten, Neger als Ebenbürtige zu betrachten; andere vertraten die Ansicht, die einzige Lösung des Problems bestünde darin, alle drei Millionen Neger zur Rückkehr nach Afrika zu zwingen; und zwischen diesen beiden Polen gab es zahlreiche andere Meinungen. Mr. Fleete gehörte zu einer kleinen Minderheit schwarzer Abolitionisten, die hofften, die Regierung der Vereinigten Staaten würde in den westlichen Territorien einen eigenen Staat für freie Neger schaffen; dies hatte er im *Gileadite* immer wieder gefordert. Der Staat sollte Gilead heißen und von einem von der Bürgerschaft gewählten Präsidenten regiert werden. Das Volk wäre den Vereinigten Staaten genausowenig Rechenschaft schuldig wie die Bürger Frankreichs oder Englands. Er hatte sogar eine Verfassung für seine Nation der Gileaditer ausgearbeitet, die sich eng an die der Vereinigten Staaten anlehnte, nur daß sie natürlich keine Gesetze zur Förderung und Unterstützung der Sklaverei enthielt.

Vater hielt diese Vorstellung für völlig widersinnig, was er auch oft und lautstark verkündete, doch er schätzte Mr. Fleetes Intelligenz und seine Charakterstärke. Und da er von den anderen Negern in Timbuktu sehr bewundert wurde, freundete der Alte sich mit ihm an und arbeitete in anderen Bereichen, in denen sie gleicher Meinung waren, völlig unbefangen mit ihm zusammen. Beide erkannten die Notwendigkeit, das Land der Freigelassenen sorgfältig zu vermessen, beide spürten die Dringlichkeit, die Bewohner Timbuktus darin zu unterweisen, wie sie als unabhängige Farmer und Viehzüchter in diesem Klima am besten überleben könnten. Sie waren zudem beide der Meinung, daß es sinnvoll wäre, in Timbuktu eine Station der Underground Railroad einzurichten.

Sie wußten, die Routen im Osten entlang der Täler des Hudson und des Lake Champlain und die im Westen über Niagara und Detroit nach Ontario wurden in jener Zeit immer riskanter; häufig wurden Transporte verraten oder von Leuten, die entlang dieser Routen lebten und die Sklaverei befürworteten, sowie von Kopfjägern im Sold der Sklavenhalter der Südstaaten angegriffen. »Tatsache ist, wir müssen in die Berge hinauf und über die Grate und Gipfel marschieren, wo sie uns nicht nachsetzen können.« Zu diesem Schluß war der Alte schon lange zuvor, noch in Springfield, gekommen. Außerdem wollte er ohnehin einen Fluchtweg für Sklaven schaffen, auf dem sie nicht auf die Hilfe wohlmeinender Weißer angewiesen waren, sondern sich auf schwerbewaffnete Schwarze verlassen konnten. Er war der Ansicht, nur wenn die Neger selbst in der Lage wären, die Sklavenhändler mit tödlicher Gewalt zu bedrohen, würden die Kosten für die *peculiar institution,* wie man damals die Sklavenhaltung euphemistisch umschrieb, so hoch, daß sie unter ihrem eigenen Gewicht zusammenbräche. Und unter den Einwohnern von Timbuktu gedachte er seinen ersten Kader bewaffneter Schwarzer zu rekrutieren.

Und so begab Vater sich, sobald er seine Vermessungen abgeschlossen und die Schenkungen im Bezirksgericht von Elizabethtown hatte eintragen lassen, bei der ersten Gelegenheit, die sich ergab, zusammen mit Mr. Fleete auf den langen Weg nach Süden zum Indian Pass; er durchquerte die dichten Wälder, in denen der Schriftsteller Mr. Dana und seine Bostoner Gefährten sich verirrt hatten, bis zu dem winzigen Dorf Tahawus, wo sich ein paar Jahre zuvor Leute angesiedelt hatten, um in den roten Felsabstürzen Eisen zu schürfen. An diesem abgelegenen Ort wohnte inmitten hauptsächlich irischer Bergarbeiter und ihrer nordamerikanischen Aufseher eine Familie namens Wilkinson, Leute, die Vater und Mr. Fleete als überzeugte und vertrauenswürdige Gegner der Sklaverei bekannt waren und die in letzter Zeit gelegentlich einen entflohenen Sklaven in ihrem Vorratskeller oder in ihrer Scheune versteckt hatten, bis er oder manchmal auch sie zur nächsten Station gebracht oder Richtung Norden durch die Wälder nach North Elba und von dort aus nach Kanada geschickt werden konnte.

Der Haushaltsvorstand Mr. Jonas Wilkinson hatte früher bei bestimmten Unternehmungen im westlichen Teil des Staates New

York als Ingenieur und Geologe für Gerrit Smith gearbeitet, und durch diesen hatte Vater von ihm gehört. Mr. Fleete kannte ihn natürlich einzig aufgrund seiner Wohltätigkeit den vereinzelten entflohenen Sklaven gegenüber, die es gelegentlich auf diesen Weg durch Tahawus und weiter nach Timbuktu verschlug.

Mr. Fleete und Vater hatten es so eingerichtet, daß Mr. Wilkinson sie benachrichtigte, wenn eine »Fracht« aus dem Süden zum Weitertransport nach Norden bei ihm eintraf. Er sollte dann einen seiner Söhne durch den Wald zu uns schicken; anschließend würden Vater und ich, Mr. Fleete und Lyman Epps, mit Gewehren ausgerüstet, als gingen wir auf die Jagd, mit dem Jungen zurückmarschieren, die Fracht abholen und im Schutz der Dunkelheit nach North Elba bringen. Von dort aus wollten wir sie so schnell wie möglich mit dem Wagen zur nächsten Station, damals in Port Kent am Lake Champlain lediglich vierzig Meilen südlich der Grenze zu Kanada, bringen.

Mittels sorgfältig formulierter Briefe an Mr. Smith in Walpole, New York, und Frederick Douglass in Rochester machte der Alte viele von den Mittelsmännern, Schleusern und Stationsleitern im Süden New Yorks und in Pennsylvania und bis nach Maryland hinunter darauf aufmerksam, daß nun eine ausreichend bemannte Verbindungsstrecke im Netzwerk der Underground Railroad existierte, die durch den Staat New York mitten in die Wildnis des Nordens führte. *Falls wir diese Route benutzen*, schrieb er in etlichen Briefen an die Herren Smith und Douglass, die er mich eines Abends für ihn abzuschreiben bat, *ist es unwahrscheinlich, daß unsere Transporte von jenen Parteien, die unseren Interessen nach wie vor feindselig gegenüberstehen, abgefangen werden. Ich hoffe zuversichtlich, daß diese Route zu gegebener Zeit weiter südlich durch die Alleghenies und die Appalachen ausgedehnt werden kann und wir dann entlang der gesamten Strecke bis hinunter nach New Orleans verläßliche Mittelsmänner und Schleuser postiert haben.* In einem Postskriptum hieß Vater mich hinzufügen: *Zuerst muß ich allerdings persönlich mit allen sprechen, die sich an diesem Unternehmen beteiligen wollen, denn wie Sie wis-*

sen, hängt die Festigkeit einer Kette immer von ihrem schwächsten Glied ab.

Vorsichtig wies ich ihn darauf hin, daß es sich als unmöglich erweisen könnte, mit allen Mittelsmännern und Schleusern zu sprechen, außer natürlich mit Mr. Wilkinson in Tahawus und dem Burschen in Port Kent, den wir nur dem Namen und seinem Ruf nach kannten: Mr. Solomon Keifer war Quäker, ein aus Rhode Island stammender Schiffsbauer, der seit mehreren Jahren flüchtige Sklaven mit seinem Boot nach Norden brachte. Vaters Beharren darauf, jede einzelne Phase des Unternehmens zu überprüfen, könnte, so meine Befürchtung, das Ganze ebenso zum Scheitern verurteilen wie frühere Unternehmungen ähnlicher Art.

Doch davon wollte er nichts hören. »Wenn man eine Sache nicht ordentlich erledigen kann, dann ist es die Mühe nicht wert, damit zu beginnen«, erklärte er. »Wir tun das Werk Gottes, Owen, es geht nicht um irgendeine Angelegenheit von Mister Douglass oder Mister Smith. Ich vertraue einzig auf den Herrn. Und auf mich, der Ihm dient.«

Falls dieses Unternehmen fehlschlage, dann nicht, weil Vater nicht sein Möglichstes getan habe. Nein, erklärte er, er wolle mit jedem einzelnen sprechen, der sich als Mittelsmann oder Schleuser anbiete. Ohne Ausnahme. Und wenn dies bedeute, daß wir unsere Route und Station nicht ausbauen und mit den bei den Sklaven in den Südstaaten bereits existierenden verbinden konnten, dann sollte es eben nicht sein. Dann würden wir uns etwas anderes ausdenken, um die Leibeigenen aus den Plantagen zu holen, auf eine andere Möglichkeit sinnen, die satanische Einrichtung der Sklavenwirtschaft zu Fall zu bringen. »Am Ende werden wir siegen«, bekräftigte er. »Allerdings liegt dieses Ende möglicherweise weiter in der Ferne, als wir meinen, und wenn es kommt, dann vielleicht in einer Form, die wir uns jetzt nicht vorstellen können. Mittlerweile müssen wir unseren Grundsätzen im großen wie im kleinen treu bleiben, Owen, denn der allem zugrundeliegende Plan ist immer der des Herrn und wird sich daher aus eigener Kraft vollenden, mit oder ohne unsere Mitwirkung.«

Wer wollte mit ihm rechten? Ich ganz gewiß nicht – ich, der ich in diesem Alter noch viel zu wenig über die Welt im allgemeinen, über den Willen des Herrn und über die Sklaverei wußte, um erkennen zu können, daß der Alte sich irrte. Und ich vermochte nicht, mich klar genug auszudrücken und überzeugend genug zu argumentieren, um seine Irrtümer zu benennen und seine Einwände zu entkräften. Es war durchaus nicht so, daß ich alles mit mir geschehen ließ oder nichts weiter als der bedingungslos gehorsame Sohn war, doch ich war mir meiner Grenzen bewußt und ließ daher trotz unserer häufigen Uneinigkeiten und Auseinandersetzungen zu, daß er mich leitete.

An einem strahlend schönen Nachmittag Anfang Juni 1850 tauchte Mr. Wilkinsons jüngster Sohn Daniel bei uns auf der Farm auf und teilte uns mit, Frachtgut aus New Trenton im Oneida County sei in Tahawus eingetroffen. Mary, die sich von ihrer Krankheit erholt hatte, auch wenn sie nach wie vor keine schweren Hausarbeiten verrichten konnte, hieß den Jungen willkommen und gab ihm etwas zu essen. In der Zwischenzeit machte Oliver sich auf, um Vater zu benachrichtigen, der in Timbuktu beim Bau einer Scheune half, und Salmon holte mich. Ich war an jenem Nachmittag zusammen mit Watson losgezogen, um am Rand unseres Grundstücks auf dem Plateau weiter unten, wo der westliche Flußarm des Au Sable durch eine felsige Schlucht strömt, eine Fischreuse nach Indianerart zu bauen. Lyman wartete auf der Farm, wo er neben der Gerberei, die er und Vater gebaut hatten, eine kleine Schmiedewerkstatt eingerichtet hatte.

Es dämmerte schon fast, ehe wir alle – Vater, ich, Lyman und Mr. Fleete – uns vor dem Haus versammelten und uns dann, ziemlich aufgeregt, mit dem Wilkinson-Jungen nach Tahawus aufmachten, das gut acht Stunden Fußweg entfernt war. Der Junge war gescheit und konnte sich gut ausdrücken. Er war stolz, mit einer derart verantwortungsvollen Aufgabe betraut worden zu sein, und während wir zügig ausschritten, übermittelte er uns nach und nach die Botschaft seines Vaters, wobei er kaum seine Begeisterung verhehlen konnte. Er berichtete, ein Neger und seine Frau seien in der vorangegangenen Nacht ziemlich geschwächt bei ihnen eingetroffen. Mr. Frederick Douglass höchstpersönlich hatte sie hierhergeschickt, und sie hatten sich, meist im Schutze der Dunkelheit, auf Karrenwegen und schmalen Pfaden allein den ganzen Weg durch die dichten Wälder von Utica bis zum Haus der Wilkinsons durchgeschlagen. Sie stammten aus Richmond in Virginia und waren von einem prächtigen Gut am James River geflohen; zweimal wären sie beinahe wieder eingefangen worden. Sie hatten schreckliche Angst davor, zu ihrem Herrn zurückgebracht zu werden, da sie glaubten, er würde sie trennen und den Mann als Feldarbeiter nach Alabama schicken, wo ihr Herr an einer Baumwollplantage beteiligt war. Beide seien recht redegewandt, erklärte der Junge, und behaupteten, sie könnten lesen und schreiben. Für ihre Rückgabe war eine beträchtliche Belohnung ausgesetzt, fügte er als Warnung hinzu, denn er wußte, daß dies das Risiko, sie zu transportieren, erhöhte.

Ich glaube, es war das erste Mal, daß Daniel unmittelbar daran beteiligt war, Sklaven bei der Flucht zu helfen – für ihn ein regelrechtes Abenteuer. Für Vater und mich war es natürlich eine willkommene Wiederaufnahme der Tätigkeit, die uns in Ohio und Pennsylvania mit so großer Zufriedenheit erfüllt hatte, wenn wir des öfteren in die Hügellandschaft Virginias oder Marylands aufgebrochen oder mit John und Jason den Ohio entlanggefahren waren; tagelang waren wir von zu Hause weg gewesen, hatten ganze Wagenladungen entflohener Sklaven nach Kanada gebracht, waren des Nachts unterwegs gewesen und hatten uns untertags in den Scheunen von Quäkern und anderen Sympathisanten oder in den dichten Wäldern versteckt. Seit Vater ostwärts, nach Springfield gezogen war, hatten wir keine Gelegenheit mehr dazu gehabt, teils weil es dort bereits ein funktionierendes Netzwerk abolitionistischer Weißer gab, mit denen Vater nicht zusammenarbeiten wollte, aber auch weil wir es uns wegen des Wollhandels, an dem wir beteiligt waren, nicht leisten konnten, einfach loszuziehen, den Tag zur Nacht zu machen und hinten auf unserem Wagen unter Zeltplanen versteckte Neger auf Feldwegen nach Norden zu bringen.

Außerdem hatte Vater in Springfield andere politische Betätigungsfelder gefunden.

Für Mr. Fleete bot dies eine höchst willkommene Gelegenheit, wirklich aktiv zu werden, denn ohne die materielle Unterstützung und den Schutz des Alten hatte er sich bislang auf eine äußerst passive Rolle beschränken müssen, wenn es darum ging, seinen versklavten Brüdern bei der Flucht zu helfen. Lyman Epps wollte, wie nahezu alle Freigelassenen in jener Zeit, unbedingt bei der Underground Railroad mithelfen, doch zusätzlich verspürte er das natürliche Bedürfnis eines jungen Mannes, sich im Kampf zu bewähren. Da es äußerst unwahrscheinlich war, daß wir mit Kopfgeldjägern zusammenträfen und gezwungen wären, unsere Fracht mit Gewalt zu schützen, oder daß sich uns irgendwelche Ortsansässige hier in den Bergen in den Weg stellten, war dies eine hervorragende Möglichkeit für Lyman, beides zu tun, ohne sich in große Gefahr zu begeben. In jener Zeit handelte es sich bei den meisten Siedlern in den Adirondacks um Neuengländer, Leute, die von der Tätigkeit der radikalen Abolitionisten zwar nicht übermäßig begeistert waren, andererseits jedoch auch keineswegs die Absicht hatten, sie zu behindern, solange sie selber dadurch keiner Bedrohung für Leib und Leben ausgesetzt waren oder mit rechtlichen Konsequenzen rechnen mußten. Sie mochten Neger nicht, doch sie wollten auch nicht unbedingt jenen helfen, die sie versklavten. Wenn andere sie nach Kanada bringen wollten, nun gut, sollten sie dies tun; sie selber würden sich nicht einmischen. Dennoch mußten wir auf etwaige Notfälle vorbereitet sein, und so marschierten wir nachts und bewaffnet nach Tahawus.

Seit wir uns hier niedergelassen hatten, waren wir zunehmend mit den Waldwegen vertraut geworden, die die einzelnen Siedlungen in den Adirondacks miteinander verbanden, und es bestand kaum Gefahr, daß wir uns verirrten, nicht einmal nachts; noch dazu war es beinahe Vollmond. Die meisten Pfade, die wir benutzten, waren uralte ehemalige Wildfährten in den engen Tälern und Hohlwegen und über die Bergkämme. Später waren die Algonquins und Irokesen dort entlanggezogen, die sich hier zwar nie niedergelassen, aber jahrhundertelang um dieses Gebiet als Jagdrevier miteinander gekämpft hatten. Sobald man sich eine Vorstellung von der Landschaft gemacht und die Logik ihrer Topographie verstanden hatte, konnte man ziemlich genau voraussagen, wo man den Weg von einem Ort zum nächsten finden konnte. Im ersten Jahr in North Elba hatten Watson, Salmon, Oliver und ich alle Wälder im Umkreis von einigen Meilen um die Farm und Timbuktu erkundet und fühlten uns hier nun genauso zu Hause wie vorher in den schmucken Dörfern und auf den bestellten Feldern in Ohio. Wir hatten uns sogar angewöhnt, zwischen Arbeit und Abendessen um die Wette auf einen der nahe gelegenen Hügel zu rennen; gewonnen hatte, wer den schnellsten Weg den Pitch-off oder den Sentinel hinauf und hinunter fand. Mr. Fleete und Lyman kannten die Wälder natürlich wie ihre Westentasche, da sie mittlerweile seit nahezu drei Jahren hier lebten, und Vater hatten seine Landvermessungen, in deren Verlauf er Tausende von Acres Wald und Feld abgeschritten hatte, zu einer genauen Kenntnis der Umgebung verholfen. Wenn ein Ort Teil des täglichen Lebens wird, verliert man sehr schnell jegliche Furcht davor, und beinahe mußte ich darüber lachen, wie ehrfurchtheischend und beängstigend zugleich mir die bewaldeten Berge und Täler beim ersten Anblick erschienen waren, als wir von Elizabethtown und Keene hierhergekommen waren.

Es dämmerte fast, und der Mond war schon lange hinter uns untergegangen, als wir endlich südlich des Indian Pass aus den Wäldern auftauchten und uns den Minen und Hochöfen von Tahawus und der dazugehörigen Siedlung näherten. Wir gingen einen langen, mit Felsbrocken übersäten Abhang hinunter, der offenbar im Verlauf der letzten Jahre durch Abbrennen gerodet worden war. Über den Sümpfen und dem Fluß unter uns waberte ein fahler Dunstschleier, aus dem die dunklen Wipfel hoher Kiefern ragten. Das Dorf war im Grunde genommen nichts weiter als ein Lager, das zum größten Teil aus Baracken der irischen Bergarbeiter bestand und mich in seiner Heruntergekommenheit und Ärmlichkeit an die Hütten in Timbuktu erinnerte. Als wir vorbeimarschierten, sahen wir die Bergarbeiter aus ihren kalten, feuchten Verschlägen auftauchen – ausgemergelte, verbitterte Männer und Jungen mit grauen Gesichtern, die aufstanden, um ihre den ganzen Tag währende Arbeit im Dunkel der Erde zu beginnen. Hinter ihnen waren ihre hageren Frauen zu sehen, die Wasser schöpften oder ein Feuer im Freien entzündeten, um eine Mahlzeit zuzubereiten – geknechtete Wesen in sackartigen, zerschlissenen Kitteln, die zu alt aussahen, um die Babys geboren zu haben, die sie auf ihren knochigen Hüften trugen.

Sie blickten kaum auf, als wir vorbeigingen, so niedergedrückt waren sie von ihrem Elend. Wir verstummten, als müßten wir ihnen Achtung zollen: zwei Weiße und zwei Schwarze, die mit Gewehren aus dem Wald kamen, geführt vom Sohn des Firmenvorstehers. Als wir dicht an der offenstehenden Tür einer der Hütten vorbeigingen, tippte Vater an die Krempe seines Hutes aus Palmblättern und nickte einer Frau zu, die im Eingang stand und uns zu beobachten schien; ihr rundes irisches Gesicht war teilnahmslos, ausdruckslos, wie tot. »Guten Morgen, Ma'am«, grüßte Vater sie leise. Sie gab keine Antwort. Ihre Augen waren von einem fahlen Grün und glühten kalt im Zwielicht der Dämmerung, schienen jedoch nichts wahrzunehmen. Wie eine Frau sah sie aus, die von einem feindlichen Heer weggeworfen und liegengelassen worden war.

Der Dunst vom Fluß unter uns war den Abhang zum Dorf hinaufgestiegen und hüllte es allmählich ein, verbarg eine Hütte nach der anderen und die armen, verhärmten Seelen, die hier lebten, vor unseren Augen. Wie ein fahles Monster folgte er uns, als wir langsam den morastigen Weg durch das Lager entlangschritten. Als wir an seinem Ende anlangten, sahen wir vor uns auf einer reizvollen Anhöhe ein ansehnliches Haus mit einer Veranda und einer angrenzenden Scheune, das Heim des Vorstehers der Mine, Mr. Jonas Wilkinson. Hier wandte ich mich um und warf schnell einen Blick zurück: Das Lager der Bergarbeiter war verschwunden, der Nebel hatte es verschluckt.

»Erstaunlich viele von diesen Iren rennen einfach weg«, erklärte uns Mr. Wilkinson. »Sie können nirgendwohin, außer zurück zu den Lagerhäusern in Boston oder New York. Viele von ihnen sind schon krank, wenn sie hier ankommen, und werden schließlich auf dem Feld dort drüben begraben. Ein trauriger Haufen.« Mr. Wilkinson war ein rundlicher Mann mit fleckigem Gesicht, schütterem schwarzem Haar und einer großporigen roten Nase, die auf eine Vorliebe für Alkohol, der er offensichtlich schon lange frönte, schließen ließ. »Unwissend und streitsüchtig und der Trunksucht verfallen«, meinte er. »Die Frauen genauso wie die Männer. Und man kann kaum etwas tun, um sie zu bessern. Obwohl meine Frau und ich es wahrhaft versucht haben: Sie hat die Kleinen unterrichtet, und ich habe jeden Sonntag für diejenigen, die zuhören wollten, gepredigt. Aber die vermehren sich schneller, als man sie unterrichten kann, und wenn es um Religion im eigentlichen Sinne geht, Mister Brown, da sind sie praktisch Heiden. Abergläubische Papisten ohne einen Priester, weiter nichts. Ich habe es so ziemlich aufgegeben und versuche jetzt nur noch, mit geringem Kostenaufwand soviel Arbeitskraft wie möglich aus ihnen herauszuholen, ehe sie wegrennen oder sterben. Tut mir leid, wenn dies hart klingt«, sagte er zu Vater, der auf einem Stuhl mit gerader Rückenlehne saß und grimmig zu Boden starrte. »Aber diese Iren sind der Abschaum des Kleinbauernstandes Europas. Für sie ist hierzulande wenig zu holen. Und dort, wo sie herkommen, in ihrer Heimat, wohl auch nicht, schätze ich«, fügte er hinzu und zupfte sich am Kinn. »Was natürlich der Grund ist, weshalb sie überhaupt hierherziehen. Für diese armen Seelen stellt es vermutlich eine Verbesserung dar. Sie können noch einmal von vorne anfangen.«

Jetzt stand Vater auf und sagte zu Mrs. Wilkinson, die gerade ein reichliches Frühstück für uns auftrug: »Wenn Sie nichts dagegen haben, Ma'am, essen wir lieber in der Scheune zusammen mit den Negern und ruhen uns dann aus, bis die Nacht hereinbricht.«

»Ich habe das Gefühl, ich habe Sie beleidigt, Mister Brown«, warf Mr. Wilkinson ein.

»Nein, Sir. Nein, durchaus nicht«, erwiderte der Alte. »Doch ich wüßte gerne, aus welchem Grund Sie eingewilligt haben, uns bei unseren Bemühungen zu helfen, Negersklaven nach Kanada zu bringen, wenn Sie offenbar so wenig Mitgefühl für die armen, durch Arbeitsverträge an Sie gebundenen Männer und Frauen aufbringen, die sich hier in Ihrer Obhut befinden.«

»Oh!« meinte Mr. Wilkinson munter – er hatte diesen Einwand schon oft gehört und war bereit, ja geradezu begierig darauf, ihn zu entkräften. »Sklaverei ist von Übel! Schon allein das ist Grund genug für jeden Christenmenschen, Ihnen helfen und Sie unterstützen zu wollen. Doch darüber hinaus verschafft die Sklaverei den Südstaatlern einen ungerechten Vorteil auf dem Arbeitsmarkt. Nein, Sir, zum wirtschaftlichen Wohl unserer Nation müssen wir alle tun, was in unserer Macht steht, um die Sklavenarbeit abzuschaffen. Und es ist lediglich mein bescheidener Beitrag hierzu, wenn ich Ihnen und Ihrem Sohn und Ihren Negerfreunden und Ihrem Freund, dem berühmten Mister Douglass, helfe.«

Er wies darauf hin, daß jeder seiner irischen Bergarbeiter sich freiwillig verpflichtet habe, hier zu arbeiten; wenn ihre Zeit abgelaufen sei und sie die vertraglichen Bedingungen erfüllt hätten, stehe es ihnen frei zu gehen. In Wirklichkeit, so erklärte er, zögen viele es vor, zu bleiben und in den Minen weiterzuarbeiten. »Ihre Neger kennen den Unterschied, da bin ich mir sicher, auch wenn er Ihnen und Ihrem Sohn vielleicht nicht bewußt ist. Fragen Sie die Neger, was ihnen lieber wäre, Sklaverei im Süden oder als freier Mann hier in den Eisenminen von Tahawus zu arbeiten.« Er blickte Mr. Fleete und Lyman an, als erwarte er eine Antwort, doch sie sagten kein Wort.

Vater erwiderte lediglich: »Ich verstehe. Nun, ich bin Ihnen für Ihre Hilfe und Ihre Freundlichkeit uns gegenüber dankbar. Dennoch gehen wir, glaube ich, jetzt lieber in die Scheune hinüber, denn ich wünsche mit unseren armen Passagieren zu sprechen, die zweifelsohne besorgt sind und die wir ein wenig beruhigen sollten. Sie befinden sich schließlich in einem fremden Land und in der Hand von Fremden.«

Eifrig und offenbar erfreut, weil man ihn verstanden hatte, vielleicht sogar bewunderte, geleitete Mr. Wilkinson uns in einen kleinen Holzschuppen, der zu der Scheune führte. Er erklärte, seine Frau werde uns ein Frühstück bringen, und deutete auf den Heuboden über uns, wo wir die Gesichter des Mannes und der Frau, die man in der vorangegangenen Nacht hier versteckt hatte, ängstlich zu uns herunterspähen sahen.

Kaum war Mr. Wilkinson verschwunden, trat Mr. Fleete vor, lächelte zu dem jungen Mann und der Frau hinauf, nannte seinen Namen und stellte dann Lyman Epps, Vater und mich vor, in dieser Reihenfolge. »Ihr könnt herunterkommen, hier geschieht euch nichts«, versicherte er den Flüchtlingen. »Hilf ihnen herunter«, forderte er Lyman auf, der die Leiter hinaufkletterte und erst der Frau, dann dem Mann herunterzusteigen half. Anschließend schüttelten wir uns alle ernst die Hände. Nachdem sie wochenlang vor den Jagdhunden der Sklavenhalter davongerannt waren, darauf vertraut hatten, daß fremde Weiße und Neger sie nicht verrieten, sich in Gräben und unter Brücken und in Bretterverschlägen versteckt hatten, tage- und nächtelang ohne Essen und Schlaf hatten auskommen müssen, waren sie fast zu müde, um noch Angst zu verspüren – dennoch huschten ihre Augen wachsam von einem zum anderen, denn sie wußten, dies könnte sehr wohl die raffinierte Falle eines Weißen sein.

In dem Augenblick kam, ehe auch nur einer von uns Gelegenheit hatte, etwas zu sagen und sie zu beruhigen, Mrs. Wilkinson aus dem Haus herüber; sie brachte ein Tablett mit Maisbrot, Eiern, geräuchertem Schweinefleisch und einem Krug frischer Milch. »Ich bin sicher, hier wird niemand Sie belästigen«, erklärte sie fröhlich und ging zum Haus zurück.

Vater sah mich eindeutig verärgert an. »Uns *belästigen?*« sagte er leise. »Diese Wilkinsons haben nichts verstanden. Man kann ihnen nicht trauen.«

Ich wußte, sobald wir wieder in North Elba waren, würde der Alte dieses Glied aus der Kette entfernen. Und ohne Stationsleiter, der ihre Stelle einnehmen könnte, wäre die Route vom tiefen Süden bis nach Timbuktu unterbrochen. Ich dachte, besser, die

Wilkinsons verstehen nichts und erhalten trotzdem die Railroad aufrecht, als wenn wir ihnen beibringen wollen, was richtig ist, indem wir sie ausschließen.

Wir fielen über das Essen her, alle sechs – natürlich erst, nachdem Vater es beredt, wenn auch arg ausführlich, gesegnet hatte. Binnen kurzem erfuhren wir, daß die beiden Flüchtlinge Emma und James Cannon hießen; sie waren kaum älter als einundzwanzig, und das war ungewöhnlich. Die meisten entflohenen Slaven, denen wir in der Vergangenheit geholfen hatten, waren eher in mittlerem Alter oder kleine Kinder in Begleitung eines oder beider Elternteile gewesen. Gelegentlich kam ein junger, ungebundener Mann durch – zornig, mit alten Narben übersät und aus frischen Wunden blutend –, ein von Jugend auf trotziger Mann, immer auf Flucht sinnend, was hundert Striemen von Peitschenhieben auf seinem Rücken bezeugten. Die beiden wirkten jedoch in ihrem Verhalten nahezu vornehm; zurückhaltend, gesittet, der Typ von Sklaven, von dem man am wenigsten erwartete, daß er eine Flucht riskierte. Man hätte sagen können, sie hätten schlicht zu wenig gelitten, um die Entbehrungen und Risiken einer Flucht auf sich zu nehmen – falls man nicht die Sklaverei an sich als eine Qual jenseits aller Schmerzen betrachtete.

Doch Entwürdigung und Demütigung, Vergewaltigung und Auslöschung der Seele eines Menschen, all das, was der rechtliche Besitz des Körpers dieses Menschen ermöglicht, hinterläßt nicht unbedingt sichtbare Spuren auf jenem Körper. Und ebendies geschah oft den Jüngsten und Empfindsamsten unter den versklavten Frauen und Männern. Zweifelsohne stand es so auch um den Mann und die Frau, die wir nun vor uns hatten. Ihr Besitzer, ein reicher Tabakexporteur und Teilhaber an etlichen riesigen Baumwollplantagen in Alabama, hatte, wie sie uns berichteten, in der gesetzgebenden Körperschaft des Staates Virginia großen Einfluß. Emma Cannon hatte als Zofe der Frau ihres Besitzers gedient und im Herrenhaus gelebt, James Cannon war Schreiber im Tabaklager gewesen.

So lautete kurz umschrieben die Geschichte, die sie uns erzählten, oder, genauer gesagt, das schloß ich aus ihren gedämpften Antworten auf die höflichen Fragen, die Mr. Fleete und Lyman ihnen stellten, während Vater und ich uns ein Stück entfernt hingesetzt hatten und schweigend zuhörten. Sie hatten ohne Einwilligung oder auch nur Wissen ihres Besitzers geheiratet, und als der Sklavenhalter begonnen hatte, körperliche Begierde nach der jungen Frau zum Ausdruck zu bringen, hatten sie und ihr eben angetrauter Mann beschlossen zu fliehen, denn es wäre ihr nichts anderes übriggeblieben, als den Wünschen ihres Eigentümers nachzugeben. Die Belohnung für ihre Gefangennahme war so hoch, eintausendfünfhundert Dollar für die Frau und tausend für den Mann, daß ihnen gar keine andere Wahl geblieben war, als auf schnellstem Wege nach Kanada zu fliehen und, soweit es ging, die bevorzugten und bekannteren Routen zu meiden.

Das Leid der Frauen, dachte ich, übersteigt immer das der Männer, die sie lieben und geschworen haben, sie zu beschützen, und doch versagen. Ich konnte den Blick nicht von dem müden, sanften Gesicht der Frau mit der goldfarbenen Haut wenden. Um den Kopf hatte sie wie einen Turban ein weißes Tuch geschlungen; sie schien das Chaos und die Gefahr, die sie verfolgt hatten und weiter verfolgen würden, voll und ganz zu akzeptieren, und wirkte dadurch auf seltsame Weise schön. Vor allem wenn ich ihr Gesicht mit dem dunkleren ihres Mannes verglich, der weit verängstigter schien als sie, unruhig und zappelig, ein junger Mann, der möglicherweise schon zutiefst bedauerte, der Welt entflohen zu sein, die zwar ein Kreis der Hölle, aber zumindest vertraut war, und sich in die unbekannten Wälder des hohen Nordens vorgewagt zu haben.

Als Vater sich später in das Gespräch einschaltete und den jungen Mann und die Frau hinsichtlich der Charakterstärke und Fähigkeit der zahlreichen Stationsleiter und Schleuser auszufragen begann, die sie bis hierher gebracht hatten, suchte ich mir ein gemütliches Eckchen in der Scheune, breitete ein wenig Stroh aus und legte mich hin. Bald verfiel ich in eine Art Träumerei. Bilder von Frauen – weißen und schwarzen Frauen, von gesunden und solchen, die im Sterben lagen oder vorzeitig gealtert waren – suchten mich wie Gespenster oder eher wie Furien heim, denn sie alle waren voller Zorn, weil ich sie ihrem schrecklichen Schicksal überlassen hatte. Es war nicht wirklich ein Traum oder eine Ausgeburt der Phantasie, und ich hätte dieses Gespinst einfach auflösen können, indem ich aufstand und durch den großen, dunklen Raum zu Vater und den anderen ging. Doch statt dessen lud ich die Gestalten geradezu ein, sich in meinem Kopf einzunisten: das mürrische, bleiche Gesicht der Irin, um die der Morgennebel aufstieg, die ich im Stich gelassen und im Vorbeigehen nur flüchtig angeblickt hatte; das verängstigte, verwirrte Gesicht des Mädchens, das ich in jener Gasse in Springfield gedemütigt hatte; und das verletzliche, erschöpfte, doch ungemein willensstarke Gesicht der Frau, die hier in der Scheune saß, in einiger Entfernung mir gegenüber – mir, der ich sie ebensowenig wie ihr Mann vor den Erinnerungen an die Versklavung und die brutale Lust des Mannes, dessen Eigentum sie gewesen war, beschützen konnte. Und das Gesicht meiner Stiefmutter Mary, die mit neunzehn Jahren geheiratet und fünf Kinder einer anderen Frau geerbt, sodann selber elf geboren hatte, von denen sechs gestorben waren, vier in jenem schrecklichen Winter 1843, und das letzte, noch im Säuglingsalter, erst letztes Jahr – und weder ich noch Vater hatte auch nur eines von ihnen retten können. Dann wirbelten die Gesichter der Frauen durcheinander, verschmolzen miteinander und wurden zu dem meiner Mutter, die ich nie wiedersehen würde, auf dieser Erde nicht und auch nicht im Himmel, die schlicht und einfach nicht mehr da war – von mir gegangen und auch nirgendwo anders in diesem wunderlich grausamen Universum gegenwärtig, das uns zuerst ein Leben umgeben von anderen schenkt und uns diese dann entreißt, einen nach dem anderen, bis wir allein zurückbleiben, jeder von uns, ganz und gar allein.

Ich drehte mich zur Seite, zog mir den Mantel über den Kopf und kniff die Augen zusammen. So ist es seit jeher um Frauen und Männer und ihre Kinder bestellt, dachte ich, seit Tausenden von Jahren, von Stammeszeiten bis hin zu unserem modernen Zeitalter, und so wird es immer sein. War dies der große Kreislauf von Geburt, Leben und Tod, von dem mein Vater mit solch großer Bewunderung und Gläubigkeit sprach? Der Kreislauf der Frauen, jener seltsamen Wesen, uns Männern so ähnlich und doch so anders, die ihren Kindern das Leben schenken und hilflos zusehen müssen, wie sie sterben? Oder die selbst im Kindbett sterben oder zu früh altern, während die Söhne, die überleben, erwachsen und zu jenen Ehemännern, Brüdern und Vätern werden, die sich in dem zum Scheitern verurteilten Versuch verausgaben, sie zu retten, und die dann, wenn sie versagt haben, das Rad weiterdrehen und sie in der Dunkelheit der Nacht oder auf einer Hintertreppe oder in den niedrigen Mansarden der Dienstboten schwängern – war dies Vaters großartiger Kreislauf des Lebens?

Die Geschichte der Flüchtlinge hatte meine Gedanken in diese grausige Richtung gelenkt, obwohl ich mein möglichstes tat, um an andere Dinge zu denken, sogar an das kleine Abenteuer, zu dem wir Männer aus North Elba aufgebrochen waren. Ich wußte, was wahrscheinlich wirklich geschehen war, kannte die Geschichte der Vergewaltigung, die die junge Frau in der gegenüberliegenden Ecke nicht erzählte, wahrscheinlich nicht einmal ihrem armen Mann. Im Laufe der Jahre hatte ich diese gräßliche Geschichte in vielerlei Form gehört, und es bestand kein Grund zu der Annahme, daß einzig sie nicht dazu benutzt worden war, die sexuellen Begierden ihres Besitzers zu stillen. Vermutlich war der Grund, warum sie unter Lebensgefahr vor diesem Eigentümer geflohen war, daß sie ihren Mann und nicht so sehr ihr eigenes, verletztes Selbst retten wollte. Vor ihrem *Eigentümer!* Obwohl ich es all die Jahre gehört hatte, entsetzte dieses Wort mich immer noch, ekelte mich an. Es war tatsächlich so, daß ein Mensch einen anderen besaß, ihn auf jede Weise benutzen konnte, die ihm beliebte, ihn verkaufen konnte, wenn er wollte, als wäre er ein überflüssiges Kleidungsstück. Und den Ehepartner besaß er ebenso – eine Tatsache, die den Treueeid, den die beiden sich bei ihrer Eheschließung geschworen hatten, zu einem finsteren Witz, einem grausamen Wahn machte.

Ich schlief, wachte auf und schlief erneut ein, und als ich ein zweites Mal aufwachte, saß Mr. Fleete neben mir auf dem Boden; er lehnte an einem Pfosten und rauchte nachdenklich seine Pfeife. Ich fragte ihn: »Haben Sie Frau und Kinder, Mister Fleete?«

»Nein. Meine Frau ist tot, Mister Brown. Sie ist jung gestorben. Ungefähr in dem Alter wie die Frau dort drüben. Ohne Kinder geboren zu haben.«

»Und Sie haben nie daran gedacht, noch einmal zu heiraten?«

Er seufzte und betrachtete die Pfeife in seiner braunen Hand. Eine silberne Rauchschwade wand sich in dem düsteren Licht spiralförmig nach oben zu dem einen kleinen Fenster über uns. »Na ja, verstehen Sie, hin und wieder habe ich mit dem Gedanken gespielt, das stimmt. Vor allem wegen der Kinder.«

»Was glauben Sie – werden Sie also wieder heiraten?«

»Nein, Mister Brown. Diese Welt braucht nicht noch mehr Kinder. Und keine Frau braucht mich als Ehemann. Diejenige, die gestorben ist, die ist tot«, erklärte er. »Doch ich werde sie ja im Paradies wiedersehen, nicht wahr?« fügte er hinzu und lächelte sanft, als glaube er seinen Worten selber nicht ganz.

»Ja«, erwiderte ich und drehte mich wieder um; ich wollte weiterschlafen, um die Kindheitsgesichter meiner Schwestern Ruth, Annie und Sarah zu träumen. In meinem Traum wechselten sie die Plätze miteinander, als wären sie alle drei eine Person und als vermischte die Gegenwart sich mit der Vergangenheit. In meinem Traum war ich ihr Vater, nicht ihr Bruder, doch ich war ich selber und nicht Vater. Alle, erst die eine, dann zwei, dann alle drei waren Kinder, die jämmerlich wimmerten, und ich umkreiste sie wie besessen, wie ein Pferd mit verbundenen Augen, das an die Lohmühle gebunden ist und in einem festgelegten Kreis traben muß; die drei kleinen Mädchen standen weinend in der Mitte, an einen Pfahl gebunden, als wären sie Hexen und zum Tod auf dem Scheiterhaufen verurteilt. Ich konnte nicht sagen, ob ich sie selbst festgebunden hatte oder aber im Kreis um sie herumlief, um sie vor jenen zu beschützen, die brennende Scheite unter ihre Füße legen wollten.

Als ich erneut aufwachte, war es fast Mittag, und ein Lichtstrahl fiel durch das Fenster hoch oben geradewegs auf den Bretterboden der Scheune. Ich stand auf und ging zu Lyman hinüber, der auf einer Satteldecke lag und gedankenverloren zur Decke starrte. Die anderen schliefen anscheinend – außer Vater, der neben der Tür saß und, das Gewehr über die Knie gelegt, Wache hielt. Seine Augen folgten mir, doch er drehte sich nicht zu mir um, als ich vorbeiging und mich neben meinen Freund setzte.

»Lyman«, sagte ich fast flüsternd.

»Hallo, Owen«, erwiderte er, ohne mich anzusehen.

»Ich möchte dich etwas wegen deiner Frau fragen, wegen Susan. Ist sie zusammen mit dir freigelassen worden?«

»Susan?«

»Es tut mir leid, ich weiß, ich frage kaum nach ihr«, erklärte ich unbeholfen. »Sie ist irgendwie ... schüchtern.«

»Das stimmt. Doch hauptsächlich in Gegenwart von Weißen.«

»Das tut mir leid.«

»Ist nicht deine Schuld, Owen.«

»Also, war es so?«

»Was?«

»Daß ihr zusammen freigelassen worden seid.«

»Nein. Sie ist allein in den Norden gekommen. Aus Charleston, in einem mit Holz beladenen Boot versteckt. In New Jersey hat sie sich an Land geschlichen. Drunten in Carolina hat Susan einem Verrückten gehört, und sie hätte ihn umgebracht, wenn sie nicht davongelaufen wäre.«

»Ihr habt keine Kinder«, sagte ich.

»Nein. Aber Susan hat Kinder. Drei. Die sind verkauft, irgendwohin in Georgia geschickt worden, sie weiß nicht, wohin.«

Einen Augenblick lang schweigen wir. Schließlich fragte ich: »Was ist mit ihrem Vater?«

»Was soll mit dem sein?«

»Na ja, wer war er?«

Lyman drehte sich um und sah mich an. Er sagte nichts, sondern starrte wieder zur Decke.

Da stand ich auf und ging in meine Ecke zurück; dort legte ich mich auf den Boden und zog mir den Mantel über den Kopf, als wollte ich die Welt aussperren, und driftete wieder in einen geisterhaften Schlaf.

Später sagte ich zu Vater: »Erzähl mir etwas über meine Großmutter. Deine Mutter. Die erste Frau von Großvater. Ich weiß kaum mehr als ihren Namen: Ruth. Und daß sie jung gestorben ist, als du noch ein kleiner Bub warst.«

»Ja«, erwiderte er und wandte den Blick ab. »Und ich liebte meine Mutter über alle Maßen. Ihre Güte und Frömmigkeit waren groß ... größer als die irgendeines anderen Menschen, Mann oder Frau, die ich je kannte.«

»Als sie gestorben ist, hast du dich da genauso verlassen gefühlt wie ich, als meine Mutter gestorben ist?«

»O ja, Owen, ganz gewiß. Deshalb hatte ich damals auch solches Mitleid mit dir, und deshalb habe ich das Gefühl, dich jetzt in vieler Hinsicht etwas besser zu verstehen als deine älteren Brüder, die nicht so sehr gelitten haben. Ich war wie du, ich war kaum acht Jahre alt, als meine Mutter starb. Und als Vater wieder heiratete, fiel es mir schwer, in meinem Herzen einen Platz für meine Stiefmutter zu schaffen.«

»Ich habe Mary schon seit langem genauso liebgewonnen wie meine wirkliche Mutter«, sagte ich zu ihm.

Er wandte sich zu mir. »Nein, Owen«, erklärte er. »Das ist nicht wahr. Obwohl ich weiß, daß du sie gern hast. Doch es ist deine leibliche Mutter, für die du dich aufbewahrst, als würdest du ihre Rückkehr erwarten. Sie wird nicht wiederkommen, Owen. Du wirst ihr folgen müssen. Und wenn du daran glaubst, daß du im Himmel wieder mit ihr vereint wirst, dann bist du frei und kannst dieses schmerzliche Warten und Sehnen aufgeben, das dich davon abhält, dein Herz deiner Stiefmutter oder irgendeiner anderen Frau zu öffnen.« Er wisse dies, sagte er, weil er in der gleichen Gefahr geschwebt habe, und hätte er nicht seinen christlichen Glauben gehabt, ginge es ihm heute genauso wie vor über vierzig Jahren, als seine Mutter gestorben sei. »Ich kann dir nicht helfen, Sohn. Nur der Herr kann dies.«

Ich stand auf und entfernte mich von ihm, ohne ein Wort zu sagen, und kehrte zu meinem Platz zurück.

Den jungen Mann James Cannon fragte ich: »Haben Sie in Kanada Verwandte, die Ihnen helfen werden, sich dort niederzulassen?«

Er sah mich nicht an, als er mir antwortete, sondern starrte mit seinen großen, feuchten Augen vor sich hin, als sänne er über etwas nach, das er nicht mit mir teilen konnte – eine Erinnerung, Angst oder Leid, die ihn seit seiner Kindheit verfolgten. »Angehörige? Nein, eigentlich nicht, Mister Brown. Aber ich schätze, die Leute dort werden uns helfen. Zumindest soweit ich gehört habe. Mister Douglass hat das alles geregelt.«

»Jetzt wird alles anders, nicht wahr? Aus der Sklaverei zu entfliehen ist wie eine Wiedergeburt, oder? Ein neues Leben.«

Langsam wandte er den Kopf und starrte mich aus seinen großen Augen an, als hätten meine Worte ihn verwirrt. »Eher wie eine Geburt, würde ich sagen, Mister Brown. Wiedergeburt bedeutet, daß man *noch einmal* geboren wird.«

»Wie heißt der Mann, der Ihr Herr war?«

»Wie der heißt? Samuel«, erwiderte er. »Mister Samuel Cannon.«

»Der gleiche Name wie der Ihre.«

»Ja, Mister Brown, der gleiche wie meiner. Und auch der gleiche wie der seines Vaters. Und meiner Mutter.«

»Sie wurden also als Mister Samuel Cannons Sklave geboren und Ihre Mutter als die Sklavin seines Vaters?«

»Ja, Mister Brown. Master Cannons Ehefrau war sie bestimmt nicht.«

»Und wer war Ihr Vater? Was ist mit ihm geschehen?«

Erneut wandte er den Blick ab. »Weiß nicht. Ist schon lange tot.«

Aus einiger Entfernung beobachtete Lyman mich und hörte zu. Mr. Fleete schlief. Auf der anderen Seite des Raums döste, nach wie vor das Gewehr auf den Knien, Vater vor sich hin. Die Frau, Emma Cannon, lag mit dem Rücken zu uns neben ihrem Mann; ob sie ebenfalls schlief, konnte ich nicht sehen.

»Verzeihen Sie, daß ich gefragt habe«, entschuldigte ich mich leise. »Aber Ihre Frau, Emma. Hieß sie auch Cannon? Ich meine, ehe Sie sie geheiratet haben?«

Er war ein junger Mann, etliche Jahre jünger als ich, doch in diesem Augenblick, als er mir sein breites dunkles Gesicht zuwandte und mich ein paar Sekunden lang musterte, schien er Jahrzehnte, Jahrhunderte, ganze Äonen älter als ich. Und meiner Naivität überdrüssig, unendlich überdrüssig. Als ich seinen Gesichtsausdruck bemerkte, war es, als hätte ich mit einem Schlag endlich diese quälende Unschuldigkeit abgelegt, und ich schämte mich meiner Fragen. Ich sagte: »Es tut mir leid. Ich hätte Ihnen keine derart persönlichen Fragen stellen sollen. Vergeben Sie mir, bitte.«

An jenem Nachmittag hat er mich gewiß verachtet, mich und alle Weißen, die Wilkinsons und sogar Vater und jeden einzelnen der anderen, mehr oder weniger wohlmeinenden weißen Schleuser und Stationsleiter, nach deren ausgestreckten Händen er und seine Frau hatten greifen müssen – er haßte uns nicht, obwohl wir ihnen bei der Flucht aus der Sklaverei geholfen, sondern weil wir es getan hatten. Auf eine Art und Weise, die Mr. Fleete und Lyman nicht betraf, waren wir nicht würdig, ihm und seiner jungen Frau zu helfen. Die schreckliche Ironie, in deren Falle wir alle saßen, war die, daß wir wegen ebendieser Unwürdigkeit verpflichtet waren, ihnen zu helfen.

Bei Einbruch der Dunkelheit brachte Mrs. Wilkinson uns ein zweites Mal etwas zu essen, Kartoffeln und ein ansehnliches Stück Hammelkeule; als wir uns gestärkt hatten, kam Mr. Wilkinson, verabschiedete sich fröhlich von uns und entließ uns durch eine Hintertür aus der Scheune in den angrenzenden finstern Wald. Als wir auf das unterhalb des Hauses gelegene Tal zugingen, hielten wir uns dicht bei den Birken, wie es uns Mr. Wilkinson nahegelegt hatte, damit uns die Männer, die von der Arbeit in den Minen zu ihren Verschlägen zurückkehrten, nicht sehen konnten. Aus guten wie aus schlechten Gründen, die er uns allerdings nicht erklärt hatte, sollten Mr. Wilkinsons irische Arbeiter nicht erfahren, daß er bei der Underground Railroad mithalf.

Als wir im Schutz der Dunkelheit zwischen den mächtigen weißen Birkenstämmen hindurchschlichen, sahen wir die Bergarbeiter. Sie waren in das flackernde Licht der Tranlaternen getaucht, die sie bei sich trugen – schattenhafte, gebeugte Gestalten, die langsam hügelaufwärts schlurften. Wie ein Marsch toter Seelen kam es mir vor, und der Anblick verstörte mich. Ich blieb hinter den anderen zurück und kämpfte gegen den seltsamen Drang an, aus der Dunkelheit herauszutreten und mich ihnen anzuschließen, mich unter die zurückkehrenden Bergarbeiter einzureihen und mein Leben mit ihrem zu verschmelzen.

Vater packte mich am Ärmel. »Komm, Owen«, sagte er. »Ich weiß, wie dir zumute ist, Sohn. Komm weiter. Wir können ihnen nicht helfen.« Widerstrebend wandte ich mich ab und folgte meinem Vater und den vier Negern in den Wald.

Kurz vor Anbruch der Dämmerung tauchten wir aus dem dichten Kiefernwald auf und gelangten zu der Straße unmittelbar unter unserer Farm; hier trennte Mr. Fleete sich von uns, um zu seiner Hütte in Timbuktu zurückzukehren. Auf der nächsten Etappe unserer Reise von North Elba nach Port Kent würde er uns nicht begleiten. Auch Lyman sollte hierbleiben, denn wir würden mehrere Dörfer und überhaupt eine dichter besiedelte Gegend als die Wildnis des Passes zwischen North Elba und Tahawus passieren, und wir wollten keine unnötige Aufmerksamkeit auf uns ziehen. Dies wäre jedoch mit Sicherheit der Fall gewesen, wenn auch nur einer von »Gerrit Smiths Niggern aus North Elba«, wie die Siedler in Timbuktu von den hier ansässigen Weißen genannt wurden, bei uns gewesen wäre. Zwar gab es in der Gegend eine ganze Reihe weißer Abolitionisten, vor allem die Familie Thompson, aber auch die Nashs, die Edmonds und etliche andere, doch allmählich nahmen die Vorbehalte gegen Neger immer mehr zu, vor allem unter den Kleinbauern, die der Meinung waren, infolge der Landschenkungen von Mr. Smith und Vaters Vermessungen hätten die Neger ungerechterweise Zugang zu den besten Böden der Hochebene erhalten. Dieser Groll speiste sich aus dem üblichen rassistischen

Vorurteil armer, unwissender weißer Farmer, und Grundstücksspekulanten sowie Politiker, die den Geldverleihern zu Gefallen sein wollten, nährten ihn mit ihren aalglatten Worten. Vaters Zusammenarbeit mit den Negern war natürlich allgemein bekannt, und die Sonntagspredigten, die er auf Einladung von Mr. Everett Thompson, dem hochangesehenen Diakon der presbyterianischen Gemeinde in North Elba, hielt, hatten viele Ortsansässige gegen uns aufgebracht; folglich waren wir dazu übergegangen, so oft wie möglich öffentlich in der Begleitung von Negern aufzutreten. »Wir dürfen uns in Anwesenheit unserer Nachbarn nicht wie Männer verhalten, die sich schämen, weil sie das Werk des Herrn vollbringen«, hatte der Alte mit allem Nachdruck erklärt, als ich zur Vorsicht riet. »Wir müssen sie zwingen, uns entgegenzutreten, und dann wird die Zeit kommen, in der sie ihrem eigenen Gewissen gegenübertreten müssen; und wenn der Geist des Herrn über sie kommt, werden sie wissen, was rechtens ist, und dementsprechend handeln.«

Ein Narr war Vater jedoch nicht, und er wußte, es wäre gefährlich, eine solche Auseinandersetzung herauszufordern, wenn wir geflüchtete Sklaven in unserem Wagen hatten; daher mußte er sowohl Mr. Fleete als auch Lyman davon überzeugen, daß sie uns besser nicht begleiteten. Mr. Fleete schien beinahe dankbar, zurückbleiben zu dürfen, Lyman jedoch nicht. »Wenn irgendwelche Sklavenjäger Sie überfallen, dann wünschen Sie sich vielleicht, daß ich mit dabei wäre, Mister Brown«, meinte er, als wir die Straße entlang zu unserer Farm marschierten. Unmittelbar vor uns, südlich des Engpasses, ging die Sonne auf und durchbrach den Horizont. Vater und Lyman schritten voraus, Mr. und Mrs. Cannon und ich wankten müde hinterdrein. Der lange Marsch von Tahawus über den Indian Pass hatte etliche Stunden länger gedauert als der Hinweg, da die Flüchtlinge kein so gutes Schuhwerk hatten wie wir und trotz der Beschwerlichkeiten ihrer Flucht nicht daran gewöhnt waren, so weit durch unwirtliches Gelände zu marschieren.

»Sie dürfen dessen gewiß sein, Owen und ich können unsere Fracht sehr wohl verteidigen, wenn es denn notwendig werden sollte«, entgegnete Vater Lyman. Ich war mir dessen nicht so sicher. Zu der Zeit hatte ich noch nie auf einen Menschen geschossen und der Alte meines Wissens auch nicht.

Als wir auf den Weg zu unserem Haus einbogen, hielt Vater plötzlich inne, ging ein paar Schritte zurück und scheuchte uns alle in die Wildkirschensträucher, die die Straße säumten. Er bedeutete uns, daß wir uns ducken und still sein sollten. »Wir haben Besuch«, flüsterte er. »Vor dem Haus stehen zwei Pferde.«

Von der Straße aus führte ein schmaler Graben in ein Dickicht von Silberbirken, und Vater wies die Flüchtlinge an, sich dort zu verstecken. »Rühren Sie sich nicht von der Stelle, bis einer von uns kommt und Sie holt«, gebot er ihnen, und augenblicklich ließen der Mann und die Frau sich in den Graben gleiten und waren nicht mehr zu sehen. Dann gingen er, Lyman und ich auf das Haus zu.

Neben der Tür lümmelten zwei Männer. Einen der beiden kannten wir – Caleb Partridge aus Keene. Der andere war ein hochgewachsener Kerl mit lederartiger Haut und einem grau-schwarzmelierten Bart; seine Gesichtsfarbe und die Art, wie er argwöhnisch um sich blickte, verrieten einen Mann, der sich die meiste Zeit im Freien aufhielt, auch wenn seine Kleidung im Widerspruch dazu stand – brauner Anzug mit Weste und ein hoher schwarzer Filzhut. Um seine Mitte hatte er, was gar nicht zu seinem Aufzug paßte, ein Halfter mit einem Paterson-Colt geschnallt, einem fünfschüssigen Revolver, die Art Seitenwaffe, die man normalerweise mit einem Polizisten oder einem Detektiv von Pinkerton in Verbindung brachte. Ein Menschenjäger. Der andere, Partridge, war zwar unbewaffnet, schien jedoch heute sein Helfer oder Führer zu sein.

Als wir näher kamen, lächelte Partridge. Watson und Salmon trieben gerade die Rinder und Schafe zum Grasen auf die nahe gelegene Wiese, und in der Ferne sah ich Oliver hinter der Scheune; er brachte den Schweinen und den Hühnern Wasser und Korn. Annie und Sarah spielten auf einem Baumstumpf im Hof neben dem Haus mit ihren Flickenpuppen. Ruth, Mary und Lymans Frau Susan waren nirgends zu sehen; wahrscheinlich bereiteten sie im Haus das Frühstück zu.

Ein paar Schritte vor den Besuchern, die inzwischen bedächtig aufgestanden waren, blieb Vater stehen. Er hatte sein altes Gewehr aus Pennsylvania, das mit dem Schaft aus Ahornholz, locker über den Arm gelegt. »Mister Partridge«, sagte er.

»Guten Morgen, Mister Brown. Wie geht's? Sie waren in Tahawus, hat Ihre Frau gesagt.«

»In der Tat. Wollen Sie mir nicht Ihren Begleiter vorstellen?«

»Sie waren wohl auf der Jagd, Mister Brown?« meinte der Mann. Seine Zähne waren verfault und braun von Tabak. »Sieht aus, als wären Sie mit leeren Händen zurückgekommen.«

»Ich kenne Sie nicht, Sir«, erwiderte Vater. Als sie seine Stimme gehört hatten, waren Ruth und Mary ans Fenster getreten und spähten zu uns heraus. Die Jungen hielten in ihrer Arbeit inne und beobachteten uns aus der Ferne. Nur die kleinen Mädchen spielten weiter, als wäre nichts Außergewöhnliches geschehen.

»Billingsly«, stellte der Mann sich vor. »Abraham Billingsly. Aus Albany.«

»Ich nehme an, Sie sind Kopfgeldjäger, Mister Billingsly. Ein Sklavenfänger.«

»Ich bin Kommissionär. Ein Kommissionär, der den Auftrag hat, verlorenes oder gestohlenes Eigentum dem rechtmäßigen Besitzer zurückzubringen. Ich habe einen Vertrag«, fügte er hinzu und klopfte auf seine Brusttasche.

»Ich lasse nicht zu, daß Sklavenfänger sich auf meinem Grund und Boden aufhalten, Sir. Ebensowenig gestatte ich denjenigen, die sich mit Sklavenjägern zusammentun, auf meinem Land zu verweilen«, sagte Vater zu Partridge gewandt. »Sie werden beide das Grundstück räumen. Auf der Stelle.«

Der hochgewachsene Fremde trat einen Schritt vor und lächelte, blieb jedoch stehen, als Lyman und ich neben Vater traten und unsere Gewehre sehen ließen. In schleppendem Tonfall erklärte der Sklavenfänger: »Ich wollte lediglich einige Auskünfte von Ihnen, Mister Brown. Das ist alles. Ihrem Nigger da passiert nichts. Das dazugehörige Weibsstück habe ich auch schon gesehen. Die und der da bei Ihnen, die sind beide nicht verschwunden oder gestohlen worden, zumindest meines Wissens nicht. Tatsache ist, Ihr braver Nachbar, Mister Partridge, hat selber für sie gebürgt. Den Leuten, die Sie als ›freie‹ Nigger bezeichnen, mache ich keine Schwierigkeiten.«

»Ich fordere Sie auf, meinen Grund und Boden zu verlassen, Sir«, erklärte Vater. »Verschwinden Sie auf der Stelle, oder wir erschießen Sie!«

»Kein Grund zur Aufregung«, beschwichtigte Partridge. »Der Mann hier ist gestern bei mir vorbeigekommen und hat mich gebeten, ihn nach North Elba zu bringen. Das ist alles! Er ist hinter einem Niggerpärchen aus Virginia her, die dort unten einen Mann getötet haben und sich unter dem Vorwand, entflohene Sklaven zu sein, Richtung Kanada davongemacht haben. Man hat einen Haftbefehl gegen sie erlassen.«

»Er hat einen Vertrag, keinen Haftbefehl«, entgegnete Vater.

Daraufhin erwiderte der Sklavenjäger: »Ich habe gehört, daß entflohene Sklaven hier durchkommen, Mister Brown, und daß Sie vielleicht etwas damit zu tun haben. Sie und Ihre Familie sind allseits bekannt, Mister Brown. Und ich habe gehört, daß ein Niggerpärchen in Ihrem Haus wohnt. Ist mir ungewöhnlich vorgekommen, also habe ich gedacht, ich werf' mal einen Blick auf sie. Jetzt sehe ich aber, es sind nichts weiter als Feldnigger. Ich suche ein kleines gelbhäutiges Mädchen und einen dunkelhäutigen Jungen, ungefähr zwanzig Jahre alt. Hausnigger, Brown. Keine Plattfußnigger wie die Ihren.«

Jetzt trat Vater dicht vor die beiden Männer, die beträchtlich größer und jünger waren als er, jedoch vor ihm zurückwichen, denn er näherte sich ihnen mit unglaublicher Zielstrebigkeit und kaum verhaltenem Zorn. »Ich würde Sie ungern vor den Augen meiner Frau und meiner Kinder töten«, sagte er. »Doch, bei Gott, das werde ich tun! Verlassen Sie sofort das Gelände!«

Partridge machte sich eilig davon und rannte zu seinem Pferd. Der Sklavenfänger folgte ihm beträchtlich langsamer, aber beide schwangen sich auf ihre Pferde und wendeten sie in Richtung Straße.

»Macht eure Gewehre schußbereit, Jungen«, gebot uns der Alte, und wir hoben unsere Gewehre. Ich blickte den Lauf entlang auf den Kopf des Sklavenjägers und spürte, wie alles in mir wundervoll klar wurde.

»Wir gehen ja schon, Brown«, brüllte Partridge; er lenkte sein Pferd auf die Straße, trat ihm in die Weichen, so daß es in Galopp fiel, und verschwand um die Wegbiegung.

Ein paar Augenblicke lang verweilte der andere noch und starrte Vater durchdringend an. »Brown«, sagte er, »wenn Sie versuchen, die beiden Nigger, die ich suche, weiterzutransportieren, muß ich Sie Ihnen wegnehmen.« Dann ritt er langsam vom Hof auf die Straße nach North Elba, keine zehn Meter an dem Mann und der Frau vorbei, die er fangen und in die Sklaverei zurückbringen wollte.

Wir ließen die Gewehre sinken, und die Familie, einschließlich Susan, kam heraus und umringte uns, ängstlich, doch erleichtert und auch stolz auf uns. Meine Ohren summten, und ich wußte kaum, wo ich mich befand oder wer bei mir war. Mary berichtete Vater, die Männer seien am Abend zuvor eingetroffen, hätten Susan befragt und das ganze Haus sowie alle Nebengebäude durchsucht. Mary hatte damit gerechnet, daß sie anschließend verschwänden; nur aus diesem Grund hatte sie ihnen gestattet, alles so gründlich zu durchsuchen. Sie erklärte: »Ich wollte sie gleich wegschicken, doch sie haben darauf bestanden, auf Ihre Rückkehr zu warten, und darum gebeten, in der Scheune übernachten zu dürfen. Wie Gefangene sind wir uns vorgekommen, aber ich konnte es ihnen kaum abschlagen. Ich hätte einen der Jungen losgeschickt, um Sie zu warnen, wenn wir gewußt hätten, wo Sie aus dem Wald kommen, Mister Brown. Ich bin sicher, die beiden haben geglaubt, Sie würden völlig arglos mit genau dem Paar, das sie suchen, herkommen«, schloß sie.

»Genauso wäre es geschehen, hätte ich nicht rechtzeitig ihre Pferde entdeckt«, meinte Vater.

»Das habe ich gemacht«, piepste Watson. »Sie hatten ihre Pferde in die Scheune gebracht, um sie vor euch zu verstecken. Aber als wir bei Sonnenaufgang aufgestanden sind, um das Vieh rauszulassen, haben wir als erstes ihre Pferde herausgeholt, wie um ihnen einen Gefallen zu tun, und dagegen konnten sie schlecht etwas sagen.«

Vater lobte Watson für seine Gewitztheit; anschließend erklärte er, wir müßten dem Herrn Dank sagen. Wir folgten seinem Beispiel, senkten im hellen Sonnenlicht vor der offenstehenden Tür unseres Hauses die Köpfe, und Vater begann, mit noch mehr Innigkeit zu beten als sonst. Nach allem, was geschehen war, verspürte ich große Erleichterung, und einen Augenblick lang fühlte ich mich sogar wahrhaft emporgehoben – allerdings nicht so sehr von Vaters Worten an den Herrn, sondern von der Tatsache, daß ich zusammen mit meiner geliebten Familie und unseren Freunden Lyman und Susan hier in der Sonne stand. Um uns schwirrten Schwärme gelber Schmetterlinge, eine regelrechte Wolke von Faltern im Sonnenlicht, die wie ein sanfter Wirbelwind emporflatterten.

Kurz darauf gingen Watson und ich wieder die Straße hinunter und an dem Graben vorbei, in dem wir Mr. und Mrs. Cannon versteckt hatten, und untersuchten die Spuren von Partridge und dem Sklavenjäger Billingsly, um sicherzugehen, daß sie wirklich verschwunden waren. Dann kehrten wir um, drangen in das Dickicht vor und holten das verschreckte junge Paar aus seinem Versteck; wir brachten sie zum Haus, wo wir ihnen etwas zu essen gaben und sie den Tag über im Speicher versteckten, und sobald wir die morgendlichen Arbeiten erledigt hätten, wollten Vater, Lyman und ich es ihnen gleichtun und ebenfalls bis zum Einbruch der Dunkelheit schlafen.

Wegen Mr. Billingsly und seiner Drohungen hatte Vater seine Meinung geändert und beschlossen, Lyman zu gestatten, uns nach Port Kent zu begleiten. »Heute morgen war ich froh, daß er uns zur Seite stand«, sagte er zu mir, als wir durch die Schafherde gingen, um die ersten trächtigen Mutterschafe von den anderen abzusondern. »Ich gebe zu, gelegentlich macht der Mann den Eindruck, leichtfertig zu sein, doch wenn es darauf ankommt, kann man auf ihn zählen. Ich glaube, er hat genügend Mut, einen Menschen zu erschießen.«

Ich fragte Vater: »Was hältst du von dem, was Mister Partridge gesagt hat? Über das Paar aus Virginia. Daß sie einen Mann getötet haben. Ich schätze, er hat ihren Besitzer gemeint.«

»Möglicherweise haben sie den Mann getötet. Ihren Besitzer. Jedenfalls hoffe ich das«, erwiderte er; sein Mund sah wie der Riß in einem Felsen aus. Behutsam hielt er eines der Mutterschafe fest, untersuchte es auf Krankheiten, griff in das Fell und beruhigte das Tier, während er geschickt mit den Fingerspitzen die Wolle teilte. »Billingsly ist Kopfgeldjäger, kein Marshal. Und sobald Partridge ihm den Weg nach Timbuktu gewiesen hat, wird er ihn wegschikken, damit er die Belohnung nicht mit ihm teilen muß. Ich kann mir nicht vorstellen, daß Billingsly es wagt, sich uns allein entgegenzustellen. Trotzdem sind wir besser gerüstet, wenn Lyman uns begleitet«, fügte er hinzu.

Als ich aufwachte, war es noch nicht dunkel, doch dann spähte ich aus dem kleinen Speicherfenster und sah, daß Vater und Lyman bereits draußen waren und die Pferde vor den Wagen spannten. Noch jetzt, mit fünfzig, hatte der Alte mehr Tatkraft als ich und die meisten jungen Männer; er brauchte kaum mehr als vier, fünf Stunden Schlaf, um einen Tag oder eine Nacht lang zu arbeiten, und wenn er arbeitete, sei es bei Tag oder bei Nacht, dann machte er selten eine Pause, um sich auszuruhen. Zu meiner Überraschung schien Lyman seit seiner Ankunft bei uns zu Hause ganz selbstverständlich mit dem Alten Schritt zu halten. Dafür bewunderte ich ihn und beneidete ihn sogar ein wenig, denn es vermittelte mir das Gefühl, im Vergleich zu ihm träge zu sein. Und dafür schämte ich mich, auch wenn keiner der beiden so gedankenlos war, irgendeine Äußerung wegen meines Bedürfnisses nach ausreichend Schlaf fallenzulassen oder mir wegen meiner Faulheit Vorwürfe zu machen, außer daß sie mich gelegentlich freundschaftlich neckten.

Hastig kletterte ich die Leiter in die Küche hinunter. Mr. und Mrs. Cannon – unsere Fracht – hatten sich gewaschen und schienen zum ersten Mal keine Angst mehr zu haben; sie saßen mit Mary, Ruth, Susan und einigen der Kinder am Tisch, und alle waren fröhlich in ein Fadenspiel vertieft, das ihnen offenbar Mrs. Cannon beigebracht hatte. Ich schnitt mir eine dicke Scheibe Brot ab und aß, während ich sie schweigend beobachtete, bis Vater hereinkam und das Zeichen zum Aufbruch gab. Wir brachten Mr. und Mrs. Cannon hinaus und verstauten sie und ihr Gepäck zusammen mit einem Korb voller Essen für unsere Reise hinten im Wagen. Dort konnten die beiden es sich auf mehreren Schaffellen und gegerbten Hirschhäuten bequem machen, die Vater in Port Kent verkaufen wollte – der angebliche Anlaß unserer Fahrt. Dann kletterte Lyman mitsamt seinem Gewehr in den Wagenkasten, Vater spannte eine Segeltuchplane darüber, zurrte sie fest und befestigte sie mit dem Springseil der Kinder. Ich kletterte auf den Kutschbock und nahm die Zügel, Vater setzte sich mit unseren Gewehren neben mich. Ernst winkten wir der Familie, die sich neben der Tür versammelt hatte, zum Abschied zu und fuhren los.

Ehe wir zur Farm der Thompsons kamen, begegneten wir auf der Straße nach North Elba keinem Menschen. Mr. Thompson und mehrere seiner Söhne trieben gerade ihre Kühe über die Straße in die Scheune, um sie zu melken, und wir mußten anhalten. Mr. Thompson winkte uns zu und kam zu uns herüber, während seine Jungen das Vieh weitertrieben. Von allen Weißen in der Gegend war er wohl unser engster Freund und Verbündeter. Er war ein leidenschaftlicher Gegner der Sklaverei und Vater einer Schar von Söhnen, die noch zahlreicher war als unsere, dazu ein fähiger Farmer und Zimmermann. Außerdem war er der einzige Ortsansässige, den Vater rückhaltlos bewunderte. Er war groß und stämmig, rundlich wie ein Faß, mit rotem Gesicht und immer gut gelaunt, doch tief religiös und wie Vater ein Anhänger der Temperance-Bewegung. Ich mochte ihn wegen seiner humorvollen Art und der Ungezwungenheit, mit der er seine Phalanx von Söhnen kommandierte, die annähernd im gleichen Alter waren wie wir. Und obwohl der älteste, Henry, fast so alt war wie ich, kam im Thompson-Haus nach wie vor jedes Jahr ein Baby zur Welt, ein Junge nach dem anderen, mittlerweile sechzehn an der Zahl. Mr. Thompsons Frau, die diese Schar geboren hatte, war füllig und fröhlich, ganz wie ihr Ehemann. Vielleicht wurde sie nur deswegen immer wieder schwanger, weil sie hoffte, schließlich doch noch eine Tochter zu gebären, denn sie näherte sich bereits dem mittleren Alter und damit dem natürlichen Ende ihrer fruchtbaren Jahre.

Vater hob grüßend die Hand und zupfte an seinem rechten Ohrläppchen; dies war das allgemeine Verständigungszeichen der Railroad-Schleuser. Mr. Thompson erwiderte das Erkennungssignal. »Heute morgen habe ich diesen Partridge aus Keene gesehen«, berichtete er uns.

»Ja«, erwiderte Vater. »Er und sein Freund, ein Mann namens Billingsly, haben uns ebenfalls einen Besuch abgestattet.«

Nachdenklich betrachtete Mr. Thompson den Wagenkasten. »Brauchen Sie Hilfe?«

»Nein.«

»Partridge und dieser Kopfgeldjäger sind zur Negersiedlung weitergezogen. Wissen Sie, John, hier in der Gegend gibt es eine Menge Leute wie Partridge, die für ein, zwei von diesen wunderschönen Dollars nur zu gerne einem Sklavenjäger helfen würden.«

»Wo würde er denn Posten beziehen?«

»Jeder Ortskundige würde dem Mann empfehlen, in der Wilmington Notch zu warten. An Ihrer Stelle würde ich daher, ohne zu rasten, so schnell wie möglich die Schlucht hinter mich bringen. Bis dahin ist es bereits dunkel.«

»Haben Sie herzlichen Dank«, antwortete Vater.

Mr. Thompson nickte uns zu und trat zur Seite. Seine Kühe hatten die Straße überquert und trotteten langsam zur Scheune. Die Sonne war schon fast hinter den bewaldeten Hügeln westlich des Whiteface verschwunden, und breite pflaumenfarbige Wolkenstreifen zogen über den fahlgelben Himmel. Ich klatschte mit den Zügeln; wir ließen North Elba hinter uns und fuhren am westlichen Arm des Au Sable entlang und über das flache, sumpfige Grasland bis zu der Stelle, wo der Fluß sich nach Nordosten wand.

Bald war es dunkel; zu unserer Rechten blinkte hin und wieder

der fast volle Mond hinter den schwarzen Umrissen der Bäume auf. Zu unserer Linken ragte der Whiteface mit seinen langen fahlen Narben empor. Der glitzernde Fluß wurde immer schmaler und rauschte und toste immer lauter über Felsbrocken und Steilabstürze, je näher wir der Schlucht kamen. Über mehrere Meilen war die Straße kaum breit genug für einen Wagen. Auf der einen Seite fiel das Land jäh ab, auf der anderen stieg eine nackte Felswand, auf der nicht einmal irgendwelches Gestrüpp wuchs, zu hohen Felsvorsprüngen und Überhängen an, die beinahe die Sicht auf den Himmel versperrten.

Wir waren gerade in die Schlucht hineingefahren, als Vater mir anzuhalten befahl. Er stieg vom Wagen herunter, machte die Plane los und schlug sie zurück, so daß Lyman herausschauen konnte. Leise sagte er zu ihm: »Wenn uns jemand verfolgt, Mister Epps, feuern Sie einfach drauflos.« Dann kletterte er wieder neben mich auf den Kutschbock, und wir fuhren weiter.

Die Straße verlief in engen Kurven, und ich mußte die Pferde im Schritt gehen lassen. Der Weg war schmal und fiel gelegentlich steil zum Flußufer ab, dann stieg er wieder an und führte über eine überhängende Felsnase, bis er sich vor einer Wand riesiger Felsbrocken von einem früheren Erdrutsch wieder dem Fluß zuwandte und zu dem dahintosenden Wasser senkte. Ob bei Tag oder bei Nacht, es war ein gefährlicher Ort. Wegelagerer, Sklavenfänger, Kopfgeldjäger – ein einziger Mann konnte einen Wagen aufhalten und auch hindern umzukehren, indem er einfach einen Baum fällte oder einen Findling von der Böschung herunterrollte. Vor jeder Biegung war ich überzeugt, daß uns im nächsten Augenblick ein Hindernis auf der Straße erwartete und wir unter Gewehrfeuer aus der Dunkelheit gerieten. Vater hielt seine Flinte schußbereit und sagte kein Wort. Das Tosen des Wassers unter uns dämpfte das Klappern der Pferdehufe, und mir war, als führen wir durch eine langgestreckte, finstere Höhle, bis ich allmählich merkte, daß wir den Engpaß hinter uns gebracht hatten, denn die Straße verlief nun etwas gerader, und die Hügel schienen sich geteilt zu haben und zurückzuweichen. Das Licht des Mondes ergoß sich über die braunen Pferderücken, das Tosen des Wassers wurde leiser, und ich hörte wieder das tröstliche Klappern der Pferdehufe. Erst jetzt merkte ich, wie heftig mein Herz pochte, denn ich hatte nun, da wir es sicher überstanden hatten, viel mehr Angst vor dem Engpaß als vorhin, als wir tatsächlich durchgefahren waren. Lange sagte keiner ein Wort, doch nach einer Weile, als die Schlucht eine gute Strecke hinter uns lag und wir durch das relativ flache Tal des Au Sable fuhren, dort, wo er mit seinem östlichen Arm zusammenfließt, der von Norden her aus Keene kommt, meinte Vater: »Ich habe nicht damit gerechnet, daß Billingsly sich uns ganz allein in den Weg stellen würde. Doch in Wahrheit hätte er uns da drinnen einigen Schaden zufügen können.«

Jetzt waren wir in Sicherheit, auf der über die Hochebene mehr oder weniger gerade nach Nordosten verlaufenden Straße zu dem Dorf Keesville und weiter nach Port Kent. Es war dies die zweite Straße vom Lake Champlain aus in die Wildnis der Adirondacks. Die andere war die mautpflichtige, auf der wir von Westport her gekommen waren und die durch Elizabethtown und Keene, sodann über den Paß bei den Edmonds Lakes bis fast zu unserer Farm verlief. Diese nördlichere Route, die ehemalige Militärstraße, die aus der Zeit der Kriege zwischen den Indianern und den Franzosen stammte, war, sobald man die Wilmington Notch durchquert hatte, an manchen Stellen breit genug, daß zwei Wagen aneinander vorbeifahren konnten, und führte über die welligen Hügel und durch das fruchtbare Ackerland neben dem sich jetzt sanft dahinschlängenden Au Sable und den Bouquet Rivers direkt zum Ufer des großen Sees. Von da an verlief unsere Reise ohne Zwischenfälle; wir kamen schnell voran, fuhren an dunklen Farmen und Siedlungen vorbei, erblickten gelegentlich eine am Rand einer Wiese grasende Hirschherde oder einen Fuchs, der in das Gebüsch neben der Straße huschte, während der Mond hinter uns zu seinem Gipfelpunkt emporstieg und sich dann allmählich auf den See senkte.

Nachdem wir die schwankende Brücke über die Wasserfälle bei Keesville überquert hatten, erhaschten wir hin und wieder durch die Bäume einen Blick auf den See, bis wir schließlich zu der hochgelegenen, grasbewachsenen Landzunge kamen, die die kleine, schützende Bucht bildet, in der Port Kent liegt. Es war, als wären wir am Meer angelangt. Vater bat mich anzuhalten; er stieg ab und half Lyman und unseren Flüchtlingen aus dem Wagen. Sie streckten sich und genossen die kühle, frische Brise, die vom See her wehte. Hier verweilten wir kurz, ruhten uns aus und aßen einen Teil des Proviants, den Mary für uns eingepackt hatte. Wir sprachen kaum miteinander, blickten nur auf die wunderschöne Landschaft und den Himmel und den See, der vor uns lag.

Das Mondlicht warf Bündel geschmolzenen Silbers auf das dunkle Wasser. Über dem Horizont weit im Osten erhellte fahles Zodiakallicht den samtigen Nachthimmel, und von unserem Standort auf der Anhöhe über den ausgedehnten Wassern schien es, als bräche gleich der Morgen an. Der von Norden nach Süden einhundertundvier Meilen lange See war hier am breitesten: mehr als zwanzig Meilen bis zum Staate Vermont. Eine kühle Brise wehte über das kabbelige Wasser landeinwärts, und auf der gegenüberliegenden Seite des Sees schwebte ein sternenübersäter Himmel wie ein tiefblauer, von unten beleuchteter Vorhang über dem Horizont.

Als es Zeit wurde weiterzufahren, kletterten Lyman Epps sowie Mr. und Mrs. Cannon aus Richmond, Virginia, wieder auf den Wagen, und Vater zurrte erneut die Plane fest. Wir folgten jetzt der Straße von der Landzunge zum Ufer und langten kurz darauf in Port Kent an. Unser Ziel war die kleine Werft, die dem Quäker Solomon Keifer gehörte, der sie auch selber betrieb. Wir rechneten damit, daß er bei Anbruch der Dämmerung auftauchte, um mit seinem Tagewerk zu beginnen. Die meisten Leute im Dorf schliefen noch, obwohl wir hier und dort ein von Kerzen oder einer Öllampe erleuchtetes Fenster sahen. Wir fuhren am Anlegeplatz und etlichen Lagerhäusern aus Stein vorbei, an die sich eine Reihe kleiner Bootshäuser schloß, bis wir endlich zum letzten kamen, an dem wir über der geschlossenen Tür, die auf die Straße ging, ein kleines Schild sahen: *Capt. S. I. Keifer.* Hier hielt ich an, sprang vom Kutschbock und band die Pferde an einem Pfosten fest. Ein schmaler Pier erstreckte sich ein Stück weit in den See hinein; an seinem Ende war ein bauchiger Schoner vertäut – er war für die letzte Etappe der Reise unserer Flüchtlinge bestimmt, das letzte Transportmittel auf ihrem Weg in die Freiheit.

Eine schmale Holzstiege führte vom Ufer zu einem Hügel hinauf, wo eine Reihe Häuser sowie eine Kirche und ein Gemeindehaus standen. Vater schlug sofort diesen Weg ein, um Captain Keifer zu suchen; Lyman und ich sollten währenddessen beim Wagen und unserer Fracht bleiben. Da ich das Gefühl hatte, wir wären endlich in Sicherheit, legte ich mein Gewehr hin und löste die Plane. Als ich damit fertig war, kletterte Lyman heraus, stellte sich in der Dunkelheit neben mich, streckte die Beine und rieb sich die schmerzenden Gelenke; dieses Zeichen von Unbehagen veranlaßte mich, Mr. und Mrs. Cannon zu bedeuten, sie sollten ebenfalls aus dem Wagen kommen. Langsam tauchten erst der Mann und dann die Frau aus dem Wagenkasten auf; ihr Gepäck brachten sie gleich mit und betrachteten dann voller Neugierde und mit einer nur natürlichen Beklommenheit die unwahrscheinliche Szenerie, denn für sie sah es vermutlich so aus, als würden sie sich gleich auf eine Reise über den Ozean begeben.

Lyman legte sein Gewehr in den Wagenkasten und ging ein Stück weit hinter das Bootshaus, um sich zu erleichtern; ich erklärte mittlerweile unseren Flüchtlingen, daß wir uns am Ufer eines Sees kaum vierzig Meilen südlich von Kanada befanden. Dies sei die letzte Station der Underground Railroad, sagte ich, als aus dem Dunkeln hinter uns die Stimme eines Mannes ertönte.

Es war Mr. Billingsly, der Sklavenfänger. »Rühren Sie sich nicht von der Stelle, Brown, und legen Sie die Hände auf den Kopf«, forderte er mich mit ruhiger Stimme auf, und als ich mich umdrehte, sah ich, daß er seinen Revolver auf Lyman gerichtet hatte. Langsam hob ich die Hände und legte sie auf den Kopf, wie er mich geheißen hatte; Lyman hatte die gleiche Haltung eingenommen.

»Und ihr Nigger, ihr kommt zu mir rüber«, sagte er zu Mr. und Mrs. Cannon. »Und du«, wandte er sich an Lyman, »du stellst dich zu Brown neben den Wagen.« Da bemerkte ich die Handschellen in seiner Hand. Er streckte sie mir hin und wies mich an: »Fesseln Sie damit meine Gefangenen, Brown.«

»Nein«, widersprach ich, »das mache ich nicht.«

Durchdringend starrte er mich an. »Ihr Leute seid verrückt, das ist es.«

Nun wandte er sich zu Lyman. »Hier. Dann machst du es eben. Leg ihnen die Eisen an.« Er hielt ihm die Handschellen hin.

Lyman betrachtete sie kalt und erklärte: »Sie sind der Sklavenfänger, nicht ich.«

In dem Augenblick sah ich hinter Billingsly Vater aus dem Dunkel kommen. Mit beiden Händen hielt er sein Gewehr in Taillenhöhe; es war direkt auf das Hinterteil des Mannes gerichtet. »Legen Sie Ihren Revolver auf den Boden, Mister Billingsly«, forderte er ihn mit kalter, fast ausdrucksloser Stimme auf.

Die Augen des Sklavenfängers starrten ins Leere; er atmete tief ein und tat, wie ihm geheißen.

»Legen Sie sich auf den Boden, Gesicht nach unten«, wies Vater ihn an. Hinter Vater stand ein Mann, vermutlich Captain Keifer, ein gedrungener Bursche mit schwarzen Haaren und Kinnbart. In Vaters Stimme schwang ein Unterton mit, der mir angst machte, und mit Sicherheit jagte er Billingsly, wenn er auch nur einigermaßen bei Sinnen war, einen tödlichen Schrecken ein. Es war der Tonfall eines Mannes, der eine Entscheidung getroffen hat und den nichts davon abhalten kann, die schreckliche Tat zu vollenden, die er bereits beschlossen hat, gleichgültig, wie die Umstände sich ändern. Ich wußte, er hatte vor, den Mann zu töten. Und obwohl mich der Klang von Vaters Stimme schreckte, erregte er mich auch.

Mr. Billingsly kniete nieder und legte sich auf den Bauch; das Gesicht preßte er auf den felsigen Boden. Als er dies getan hatte, trat Vater vor, stellte sich mit gespreizten Beinen über den Mann und richtete sein Gewehr auf dessen Kopf.

Lyman sagte: »Sie werden den Mann doch nicht *töten*, Mister Brown?«

»O doch«, erwiderte Vater.

Jetzt trat Captain Keifer vor und redete auf Vater ein: »Ich flehe

Sie an, Brown, töten Sie ihn nicht. Es steht Ihnen nicht zu, diesen Mann zu richten.«

Ungläubig blickte Lyman mich an, und ich nahm flüchtig wahr, wie Mr. und Mrs. Cannon zurückwichen, auf die andere Seite des Wagens gingen und sich neben die Pferde stellten, als wollten sie gleich die Flucht ergreifen.

Vater legte den Gewehrschaft auf seine Schulter und sah kaltblütig den Gewehrlauf entlang auf den Kopf des Mannes hinunter. Ich sah, daß Mr. Billingsly die Zähne zusammengebissen und die Augen fest geschlossen hatte, als erwarte er nur noch das gräßliche Knallen des Schusses. Es war seltsam – er wirkte wie ein Mann, der nicht glaubt, daß er dann tot ist. Offenbar konnte er sich nicht vorstellen, daß er in seiner eigenen Haut steckte und daß ihm gleich ein Schuß das Gehirn aus dem Kopf blasen würde.

»Sklavenjäger«, sagte Vater, »fahr zur Hölle!«

Ich wagte nicht, zu Vater hinzurennen und zu versuchen, ihm die Waffe zu entwinden; es hätte sich ein Schuß lösen und den Sklavenfänger töten können, oder unser Ringen miteinander hätte dem Mann die Möglichkeit gegeben zu fliehen. Beides wollte ich nicht, und so stand ich wie festgewurzelt da. Doch als Captain Keifer entschlossen ein paar Schritte vortrat und die Hände ausstreckte, als wollte er Vater von hinten packen, erhob ich endlich die Stimme. »Warte, Vater!« brüllte ich. »Tritt zurück und leg dem Mann seine eigenen Handschellen an! Laß ihn die Eisen tragen, die er für die Neger bestimmt hatte. Und zwar soll Lyman das tun!« rief ich.

Langsam ließ Vater sein Gewehr sinken und trat von dem Sklavenjäger zurück. »Die Hände auf den Rücken!« befahl er, und der Mann gehorchte. »In Ordnung. Mister Epps, legen Sie ihm die Ketten an und lassen Sie sie fest einschnappen.«

Lyman hob ein Paar Handschellen vom Boden auf und schob sie dem Weißen über die Handgelenke.

Vater rollte Billingsly auf den Rücken, tastete seine Westentaschen ab, bis er die Schlüssel fand, die er dann in hohem Bogen in den See warf. Er griff nach dem anderen Paar Handschellen und schleuderte sie ebenfalls in die Dunkelheit; es platschte laut, als sie ins Wasser fielen, dann herrschte Schweigen.

Ein Augenblick verstrich, dann befahl Vater: »Bring ihn in den Wagen, Owen.« Lyman und ich holten unsere Gewehre, und gemeinsam zerrten wir den Sklavenfänger auf die Beine und stießen ihn in den Wagenkasten. Lyman bewachte ihn, während ich rasch die Häute und Felle ablud, die Captain Keifer in unserem Auftrag verkaufen sollte, und sie ins Bootshaus schaffte. Vater brachte unsere armen, verzweifelten, ungeheuer verängstigten Flüchtlinge direkt zu dem Boot, und der Captain schickte sich an, gleich loszusegeln, denn binnen kurzem würde die Sonne aufgehen, und bald würden sich hier am Ufer zahlreiche Leute einfinden.

»Taue los!« rief der Captain Vater zu, der sofort die Leinen von den Pollern löste und sie auf das Deck warf. Im Bug band der Captain ein kleines dreieckiges Segel auf und setzte es; sofort wurde es von der Brise gebläht, und ruckartig legte der Schoner vom Pier ab. Der Captain stand am Steuer, und das Paar aus Virginia war auf dem Vorderdeck; sie standen dicht nebeneinander und blickten, nein, nicht zu uns, sondern auf den dunklen nördlichen Himmel, wo ein Stern wie ein Diamant erstrahlte. Drüben im Osten hatte der Himmel sich hellgelb verfärbt; jenseits des Sees waren am Horizont undeutlich die Gipfel der Berge zu erkennen. Bald hißte der Captain mehr Segel, und binnen weniger Augenblicke hatte das Boot die Bucht durchquert und steuerte in offenes Gewässer.

Wir verließen Port Kent auf der Stelle und brachten den Sklavenfänger aus der Stadt bis zu der Stelle auf der Landzunge über dem See, wo wir gerastet hatten; hier bat Vater mich anzuhalten. Wir kletterten vom Wagen herunter, und Lyman und ich holten den Kerl aus dem Wagenkasten.

Als Vater und ich uns wieder auf den Kutschbock setzten, während Lyman sich hinten ausstreckte, warf Billingsly uns einen fassungslosen Blick zu – den Blick eines Mannes, der nicht versteht, warum man ihn nicht umgebracht hat. Zwar hielt er uns nicht für Mörder, doch die Logik der Situation schien dies zu fordern. Offenbar ergab es für ihn keinen Sinn, daß er nach wie vor am Leben war, und fast flehentlich starrte er uns nach, als wollte er, daß wir zurückkämen, um ihn ordnungsgemäß hinzurichten.

»Fahr rasch weiter, Owen« sagte Vater. »Ich kann den Anblick dieses Mannes nicht ertragen.« Ich klatschte mit den Zügeln, und wir ließen ihn dort zurück; mitten auf dem Karrenweg stand er im Mondlicht, die Hände auf dem Rücken in Eisen gelegt.

Eine Weile sagten wir nichts, doch dann, ein paar Meilen westlich von Keesville, seufzte Vater schließlich tief auf und sagte: »Ich danke dir, Owen.«

»Wie das? Wofür?«

»Daß du mich zurückgehalten hast, vorhin am See.«

»Und ich hatte Angst, du wärst wütend auf mich.«

»Nein, mein Sohn. Keinesfalls. Ich bin dir dankbar, wirklich. Indem du Billingsly das Leben gerettet hast, hast du wahrscheinlich meine Seele vor der ewigen Verdammnis bewahrt. Tatsache ist, ich bin nicht fähig, einen Menschen zu töten, Owen.«

»Nein, nicht kaltblütig«, stimmte ich zu.

»Ja, und ebendies ist die Schwierigkeit. Hätte ich ihn getötet, wäre dies Mord gewesen, schlicht und einfach Mord. Ich bin nicht kaltblütig, Owen. Überhaupt nicht. Das muß ich erst noch lernen.«

Ich wußte nicht, was ich darauf antworten sollte; ich konnte noch nicht einmal erahnen, was es bedeutete. Daher sagte ich nichts und blieb fast den ganzen Rückweg über stumm. Es sollte jedoch eine Zeit kommen, und gar nicht mehr lange würde dies dauern – im Rauch und im Blut von Kansas, als wir Männer und Jungen aus ihren warmen Betten zerrten und sie mit Macheten zu Tode hackten, bis die einzelnen Körperteile wie frischgeschlachtetes Fleisch überall um uns herum verstreut auf dem von Rauhreif weißen Gras lagen –, da sollte ich mich an dieses kurze Gespräch erinnern und es verstehen, so wie bestimmt auch Sie es jetzt verstehen.

8

Abgesehen von unserer Mitarbeit bei der Underground Railroad, unserer Sorge um das Wohlergehen der Neger in Timbuktu und unseren persönlichen Tugenden sowie der Art und Weise, wie diese unser Verhalten bestimmten – abgesehen von alldem, Miss Mayo, waren wir allem äußeren Anschein nach gar nicht so anders als unsere Nachbarn in North Elba. Ein Fremder, der das weite Tal zwischen dem Whiteface und dem Tahawus durchquerte, hätte kaum Grund gehabt, uns auch nur zu erwähnen (außer er hätte sich, wie Mr. Dana und seine verirrten Wandergefährten, mit uns an den Tisch gesetzt und die Nacht in unserem Haus verbracht). Vermutlich hätte er einfach gedacht, wir Browns seien in jener Zeit und an jenem Ort durchaus nichts Ungewöhnliches. Außer vielleicht, was unsere Art zu sprechen betraf, die einem Fremden sofort aufgefallen wäre und die, so glaube ich, einige Leute als ausgesprochen seltsam empfanden. Und hier, was unsere Art zu sprechen anbelangt, kommen wir zu etwas, das alle, die uns – und sei es auch nur kurz – kennenlernten, sofort bemerkten und das alle erstaunte, etwas, zu dem sich meines Wissens noch nie jemand geäußert hat, ganz gewiß nicht in gedruckter Form.

Wahrscheinlich wird die Sprechweise einer Familie unweigerlich von dem willensstärksten Angehörigen dieser Familie entscheidend beeinflußt, und genauso war es bei uns. Daher sprachen wir alle, jeder einzelne, selbst das jeweils jüngste Kind, ganz ähnlich wie Vater. Auf sehr bedächtige Art freimütig, könnte man sagen – eine Sprechmanier oder ein Redestil, der, soweit ich weiß, mit Großvater Owen Brown begann; dieser übte einen nachhaltigen Einfluß auf Vaters Art, zu sprechen, und damit indirekt auch auf meine Ausdrucksweise aus, selbst jetzt und hier noch. Das gleiche galt für alle anderen in der Familie. Daher will ich zuerst von ihm berichten.

Großvater kam vor der Revolution auf die Welt, in Connecticut, wo er auch aufwuchs. Er wählte die Worte in jener alten, jetzt vergessenen Manier der Puritaner von New England – bedächtig, sorgfältig abwägend, zur Auflockerung mit einigen altertümlichen Ausdrücken durchsetzt, fast so, als schriebe er seine Worte nieder und spräche sie nicht laut aus. Allerdings hatte dies bei Großvater einen tieferen Grund als bei den alten Neuengländern, denn er stotterte. Als Kind hatte er sich daher angewöhnt, sehr förmlich, klar und deutlich, ohne jegliche Umschweife zu sprechen, langsam und immer in vollständigen Sätzen, um sich von seinem Gebrechen nicht beherrschen und verwirren zu lassen. Dieser Mann legte großen Wert auf Sprechpausen; sie dienten ihm zur Betonung und Hervorhebung des Gesagten. Er schien seine Äußerungen im Kopf durchzuprobieren, ehe er sie vernehmlich von sich gab, und dies verlieh ihm eine rundum würdevolle Art und vermittelte anderen den Eindruck, er sei ein ungewöhnlich nachdenklicher Mensch – und das war er in der Tat. Indem er sich seine Worte genau überlegte, sie stumm zu Sätzen ordnete und diese erst, wenn er damit zufrieden war, aussprach, verfeinerte Großvater sein Denken gründlicher als gewöhnliche Leute. Die Folge war, daß seine Worte nicht nur weise schienen, weil er sie auf diese Art vortrug, sondern meistens auch weise waren. »Man denkt, wie man spricht, nicht umgekehrt«, pflegte Vater zu sagen. Und ein Mann, den seine Behinderung als Stotterer dazu zwingt, sein Sprechen genauestens unter Kontrolle zu halten, wird binnen kurzem lernen, auch seine Gedanken im Zaum zu halten. Das war bei Großvater der Fall.

Da Vater kein solches Handikap hatte, das ihn zur Selbstkontrolle zwang, mußte er sich eines auferlegen. Als junger Mann bändigte er seine sorglose Rede und damit sein Denken, indem er sich einen Stein in den Mund steckte, groß genug, um es ihm unmöglich zu machen, leichthin und beiläufig draufloszuplaudern. Den ganzen Tag lang trug er den Stein mit sich herum und schwieg, außer wenn er ihn mit Bedacht aus dem Mund nahm, diesen sozusagen entkorkte. Er kehrte also die Methode des Demosthenes um, und er tat dies nicht, um eine Behinderung zu überwinden, sondern um eine solche vorzutäuschen, damit er in den Genuß ihrer Vorteile kam, die er bei seinem Vater beobachtet und bewundert hatte.

»Der innere und der äußere Mensch sind eins, außer man ist ein scheinheiliger Heuchler. Bring den einen unter Kontrolle, dann hast du bald auch den anderen gebändigt«, sagte der Alte oft und wandte diese Regel bei sich selber ebenso an wie bei uns Kindern, die er unterrichtete. Alle seine Anweisungen, Ermahnungen und Regeln wurden von ihm im gleichen Maße befolgt, geachtet und eingehalten wie von uns. Nie hatte ich das Gefühl, Vater hätte nicht selber gegen Leidenschaften und Begierden ankämpfen müssen, die ebenso heftig waren wie meine, oder er hätte sich nicht oft genauso schwach, verängstigt, einsam, enttäuscht und verzweifelt gefühlt wie ich, meine Brüder und auch meine Schwestern. Ganz im Gegenteil. Und in unseren Augen gewann er an Größe und Tugend, weil er sich diesen Gefühlen nicht ausgeliefert hatte. Daher beruhte seine Autorität über uns in beträchtlichem Maße darauf, daß wir uns seines, nicht unseres Kampfes mit dem Laster und seines, nicht unseres Triumphes bewußt waren.

Auf ähnliche Weise verlangte er jede selbstauferlegte Entbehrung, alle Arten der Enthaltsamkeit, die er von uns forderte, genauso von sich selbst, obwohl er, wie er gestand, mehr als andere ein übermäßiges Verlangen danach hatte, diesen Begierden zu frönen. Keiner von uns trank Tee oder Kaffee. Wir enthielten uns des Tabakgenusses. Wir tranken keinen Whiskey, keinen Branntwein, kein Bier und auch keinen Apfelmost und hatten keines dieser Getränke im Haus. Ein Besucher oder Gast, der keine Mahlzeit ohne diese Aufputsch- und Rauschmittel genießen konnte, mußte diese selber mitbringen. Allerdings befand er sich dann in der peinlichen Lage, von allen Kindern und selbst von uns Erwachsenen neugierig und etwas herablassend beobachtet zu werden, als wäre er ein Chinese, der an seiner Opiumpfeife saugte. Wenn doch einmal einer von uns rauchte, Tee oder Kaffee trank oder von einem Freund oder Bekannten einen Schluck Whiskey annahm – was wir alle, vor allem die Jungen, hin und wieder taten –, dann standen die körperlichen und geistigen Reaktionen in so krassem Mißverhältnis zu seinen Erwartungen, daß er schnell und voller Furcht davon abließ. Die hochgradige Erregtheit infolge dieser Aufputsch- und Rauschmittel, die möglicherweise auf unsere Unerfahrenheit damit und auch auf unsere Scham zurückzuführen war, genügte meist, um uns davon abzuhalten, es noch einmal zu versuchen. Darüber hinaus drohte einem stets eine Art Verbannung, das Gefühl, aus der Familie ausgestoßen zu sein, und auch dies hielt uns davon ab, Vaters Enthaltsamkeitsregeln zuwiderzuhandeln. Keiner von uns wollte der einzige sein, der nicht in der Lage war, diese Regeln einzuhalten. Ob die anderen in der Familie etwas davon wußten, spielte kaum eine Rolle; *wir* wußten es, und allein das schon bedeutete unerträgliche Einsamkeit. Jeder von uns brauchte nicht mehr als ein gelegentliches Erahnen dieser Einsamkeit, einen einzigen Schluck Whiskey oder einen Zug an einer Pfeife, damit wir uns erneut der Reinheit, Enthaltsamkeit, Selbstdisziplin und Zurückhaltung im Denken, Sprechen und Handeln verschrieben.

Was Sexualität betrifft, waren wir alle, außer möglicherweise der arme Fred, ganz normale Jungen und dann junge Männer. Zwar weiß ich wenig darüber, was in dieser Hinsicht für Mädchen und Frauen normal ist, doch ich nehme an, das gleiche galt für alle Frauen in unserer Familie. Und in dieser wie in allen anderen Angelegenheiten wog Vaters Rat genauso schwer wie ein Verbot oder gelegentlich sogar ein Befehl: Er riet uns Jungen, fast im Vorbeigehen und ohne uns die Möglichkeit zu geben, darüber zu sprechen oder genauer nachzufragen, unberührt zu bleiben, jung zu heiraten und die Briefe des heiligen Paulus gründlich zu lesen.

Verzeihen Sie, daß ich dieses Thema anspreche – mehr als alles andere möchte ich ebenso freimütig sein, wie ich aufrichtig bin –, doch ich frage mich, ob Vater glaubte, daß zumindest ich unfähig sei, mich der Selbstbefriedigung zu enthalten. Ich nehme an, er vermutete es, genauso wie ich sicher bin, daß meine Brüder, die älteren wie auch die jüngeren, sich gelegentlich diesem Laster hingaben, obwohl keiner von uns es je eingestand. Wir alle – außer Fred, dessen Bewußtsein für Sünde und Schuld weit ausgeprägter war als unseres – waren starken animalischen Trieben ausgeliefert. John und Jason heirateten jung; Fred heiratete nicht. Ich auch nicht. Ruth und Annie gingen ebenfalls in jungem Alter eine Ehe ein, genauso Watson und Oliver, die, wie Fred, jung starben. Doch ich mußte noch lange weiterleben und kämpfte bis ins hohe Alter hinein darum, mir meine Reinheit zu bewahren, mit der gleichen Mühe und dem gleichen mageren Erfolg und dem gleichen Kummer über mein viel häufigeres Versagen wie zu der Zeit, als ich noch ein Junge gewesen war. In den letzten Jahren ließen meine animalischen Triebe naturgemäß stark nach, und mein verzweifeltes Bemühen, sie zu beherrschen, konnte endlich zur Ruhe kommen. Doch ohne diesen Kampf ist Tugend nichts Besonderes; ich bin daher nicht übermäßig stolz auf die relative Reinheit im hohen Alter.

All unsere Tugenden – Frömmigkeit, Ehrlichkeit, Enthaltsamkeit und so weiter, Sauberkeit und Ordentlichkeit, Arbeitseifer und Fleiß, Lust am Lernen und Nachbarschaftlichkeit – waren Ergebnis und Ausdruck eines Kampfes. Diejenigen, die uns beobachteten und später über unser Leben und unser Wesen schrieben, verstanden dies meist nicht. Vergessen Sie nicht, vor allem Vater, aber auch alle anderen Familienmitglieder, einschließlich der Frauen, der frommen Mary, der liebenswerten Ruth und meiner jüngeren Schwestern Annie und Sarah – wir alle waren ganz normale Leute. Das bedeutet, keiner geriet nicht gelegentlich in Versuchung, unfromme Gedanken zu hegen. Und wir waren verständlicherweise hinsichtlich so vieler Dinge skeptisch – schließlich ermutigte Vater uns dazu praktisch von Kindheit an –, daß es uns schwergefallen wäre, unsere Lebensweise insgesamt nicht mit der gleichen Skepsis zu betrachten. Oft wollten wir unserem Leben eine andere Richtung geben. Was sollte eigentlich diese hirnverbrannte Besessenheit hinsichtlich Sklaverei und Negern? hätte man sehr wohl fragen können, und manchmal fragten wir uns dies tatsächlich, wenn wir wieder einmal wegen eines von Vaters grandiosen Plänen umziehen oder eine Schule für Negerkinder gründen oder alles liegen- und stehenlassen und losreiten sollten, um nach irgendwelchen entflohenen Sklaven zu suchen, die auch ohne uns sicher nach Kanada gelangt wären. Müde und verärgert sahen wir uns dann an, verdrehten die Augen, trotteten im Dunkel der Nacht zur Scheune und schirrten wieder einmal die Pferde an.

Und wir unterlagen nicht nur der Versuchung, unfromme Gedanken zu hegen, sondern auch der, auf eine typisch amerikanische Weise unredlich zu sein – nicht unbedingt zu lügen und zu betrügen und zu stehlen, sondern einfach eine Situation zu unseren Gunsten auszunutzen, für einen erwiesenen Dienst oder eine Ware das anzunehmen, was der Käufer zu zahlen bereit war, anstatt nur das, was angemessen war. Das heißt, nicht mehr zu verlangen, als der gleiche Dienst oder die gleiche Ware uns kostete. Genau dies war das moralische Prinzip, das Vaters Verhalten in finanziellen Angelegenheiten zugrunde lag. Und wir alle waren verpflichtet, uns streng daran zu halten. Doch überlegen Sie nur: Stets waren wir verschuldet, suchten verzweifelt nach Möglichkeiten, den Verfall einer Hypothek, den Bankrott, eine Verhaftung zu verhindern. Ehrlichkeit in diesen Dingen, vor allem angesichts unserer harten Lebensumstände, war immer das Ergebnis eines Kampfes und daher um so tugendhafter – erst recht als unsere finanzielle Lage sich zunehmend verschlechterte und Vater dem endgültigen Bankrott entgegentaumelte, während es allen anderen um uns herum immer besser ging.

Auf ähnliche Weise blieben wir nur dadurch enthaltsam, daß wir gegen die fortwährenden Versuchungen ankämpften, denn anders als die Shaker und Mennoniten mieden wir nicht den ganz normalen, täglichen Umgang mit Leuten, die Schwelgerei und jegliche Art von sinnlichem Genuß mit Vernunftgründen rechtfertigten. Im Gegenteil, wir freundeten uns mit ihnen an und bewegten uns ungezwungen in ihrer Mitte – unter Säufern, brutalen Kerlen, Raufbolden und Lüstlingen jeder Art. In jener Zeit fand man sie überall, vor allem am Rand der zivilisierten Gesellschaft, genau dort, wo auch wir meistens lebten, und viele von ihnen waren unsere tapfersten Verbündeten bei dem Werk. Aus Prinzip und weil es unseren Zwecken entgegenkam und auch weil es unsere natürliche Geselligkeit gebot, pflegten wir den Umgang mit ihnen. Wir hielten dies für notwendig und richtig und waren der Ansicht, es helfe bei dem Werk, denn es gab viele radikale Abolitionisten, deren vornehme Zurückhaltung und Überempfindlichkeit sie völlig untauglich machten; Vater liebte es, uns auf sie hinzuweisen. »Die Bostoner Damen« nannte er sie, obwohl die meisten von ihnen Männer waren.

Nein, wir Browns behaupteten unsere Tugend im Angesicht der tagtäglichen Versuchung, wir erkämpften sie uns mühsam unter Aufbietung all unserer Willenskraft, als wäre die Tugend sonst nichts wert. Und wenn uns dies gelegentlich ein Gefühl der Überlegenheit anderen »normalen« Menschen gegenüber verlieh, so stellte auch dies eine Versuchung dar, der man widerstehen und die man niederringen mußte, im öffentlichen wie im privaten Leben, so wie ich es jetzt und hier tue. So wie Vater es sein Leben lang tat.

Vater lehrte immer durch sein Vorbild wie auch durch Unterweisung, und beides war fest ineinander verwoben; aus unseren Kindheitserkenntnissen machte er ein Gewebe, das sich nicht mehr auftrennen oder zerreißen ließ. Nehmen Sie nur unsere allgemein bekannte Freude am Lernen: Hätten wir nicht von frühester Kindheit an gesehen, wie der Alte sich jeden Abend seiner Büchertruhe zuwandte und einen sorgsam gehüteten, oft durchgeblätterten Band herausholte, um daraus vorzulesen und das Gelesene zu kommentieren, dann hätten wir, da wir nicht auf die übliche Weise unterrichtet und ausgebildet worden waren, nie und nimmer geglaubt, daß man irgend etwas von Wert aus diesen Büchern schöpfen könnte, vor allem aus solchen, wie Vater sie sein Leben lang, gleichgültig, wie unsicher und hektisch die Umstände waren, liebte und studierte. Normalerweise hätten wir wie die meisten unserer Nachbarn und Freunde geglaubt, Bücher über Philosophie und Geschichte und Naturwissenschaft sollte man besser den Gebildeten überlassen, weil sie sich für so ungehobelte Landleute, wie wir es waren, nicht eigneten. Vaters anhaltendes Beispiel brachte uns jedoch dazu, die gleiche Erfahrung zu machen wie er. Indem wir seine mühsam erworbene Lust am Lernen nachahmten, bereitete sie uns allmählich tatsächlich Vergnügen, und wir lernten, Wissen als ein Geschenk zu betrachten, das man sein Leben lang sorgsam hütet, und nicht als verdrießliche, beschwerliche Verpflichtung aus blindem Gehorsam, der man sich, sobald es dunkel wird, entzieht.

Wir alle sahen unseren Vater, Mary sah ihren Ehemann gegen Versuchungen ankämpfen – er ließ uns dies sehen, sprach beständig davon: von seiner Sinnlichkeit, seiner Faulheit, seinem eitlen Streben nach Reichtum und Ruhm, seinem Hochmut –, und wir sahen, wie er tagtäglich jeder einzelnen dieser Versuchungen widerstand. Wie hätten wir da nicht weiterkämpfen und es ihm gleichtun sollen? Wir, die wir nicht mehr und nicht weniger sinnlich, träge, eitel und stolz waren als er? Es waren seine Schwäche ebenso wie seine Stärke, die uns leiteten und uns lehrten; seine bemitleidenswerte, einfache, gewöhnliche Menschlichkeit verlieh uns Kraft. Jene, die später schrieben, Vater sei für uns wie ein unfehlbarer Gott gewesen, irrten sich.

Wir wurden immer in vielem mißverstanden. Das war, so vermute ich, ein weiterer Preis, den wir Browns für unsere Tugenden bezahlten. So wie auch unsere Armut. Wir arbeiteten hart, waren eine Familie äußerst geschickter, fähiger Handwerker, und dennoch schlugen, weil wir uns der Sache unserer schwarzen Nachbarn weihten, alle unsere Unternehmungen fehl. Von etlichen Leuten wurde Vater völlig zu Recht als Genie betrachtet, wenn es um Vieh ging. Und er war ein überaus fähiger Landvermesser, der sich diese Kunst selber beigebracht hatte; er verstand es abzuschätzen, welches Grundstück wertvoll oder unfruchtbar war. Im Alter von zwanzig Jahren war er ein Gerber, der eine große Werkstatt ganz allein einrichten und betreiben konnte. Er war ein Geschäftsmann, der die komplizierten Beziehungen zwischen dem Hersteller von Wolle, dem Großhändler, dessen Machenschaften zur Steuerung des Marktpreises für Wolle und der daraus folgenden Ausbeutung des Herstellers durchschaute, und er war in der Lage, sich eine Methode auszudenken und in die Tat umzusetzen, um dieser Ausbeutung ein Ende zu setzen. Und dennoch blieben wir selber arm, waren ständig verschuldet, lebten von der Güte und Menschenfreundlichkeit anderer wie Mr. Gerrit Smith und Mr. Simon Perkins. Zwar waren wir weitgehend unabhängig, bauten unsere Nahrungsmittel selber an und stellten alle unsere Gewänder und Werkzeuge selber her, doch wir mußten dies auf einem Stück Land tun, das letztlich anderen gehörte.

Selbst in North Elba, wo Mr. Smith ihm zweihundertvierzig Acres erstklassiges Land zum Preis von einem Dollar pro Acre übereignet hatte. Als Vater starb, war er immer noch das meiste schuldig. Bei fremden Weißen überall in den Vereinigten Staaten sammelte der Alte Geld für die Neger, viele tausend Dollar, doch als er starb, hatte seine Witwe nicht einen einzigen Dollar, der ihr gehörte. Ich erinnere mich an Hunger; ich erinnere mich an Kälte; ich erinnere mich an Demütigungen in aller Öffentlichkeit – all dies war der hohe Preis, den wir für unser vielbewundertes Festhalten an unseren Prinzipien bezahlen mußten. Und ich hatte das Gefühl, es würde nie enden, trotz Vaters Plänen und obwohl er immer gewillt war, jedes Jahr etwas Neues zu beginnen, um Geld aufzutreiben – so kaufte er in ganz Ohio und Pennsylvania Wolle auf und lagerte sie für Mr. Perkins in Springfield ein, bis die Preise stiegen; er kaufte und verkaufte reinrassige Rinder; er spekulierte in Gegenden, wo angeblich Kanäle angelegt werden sollten, mit Grundstücken; und immer so weiter, und jedesmal strahlte sein Gesicht bei der Aussicht, endlich all seine Schulden bezahlen zu können, endlich seine Farm wirklich und vorbehaltlos zu besitzen und in der Lage zu sein, seine große, immer größer werdende Familie zu versorgen, damit sie die Härten der Jahre, die seiner Ansicht nach vor uns lagen, überstehen konnte. Denn er war sicher, daß Mary ihn überlebte – sie war um so vieles jünger als er – und dann allein für ihre kleinen Kinder aufkommen mußte. Er wollte nicht sterben, ohne für seine Witwe und seine Kinder vorgesorgt zu haben.

Allem Anschein nach und verglichen mit unseren Nachbarn, vor allem den Negern in North Elba, ging es uns jedoch gut. Unsere Farm war ein blühendes Unternehmen. Dies war hauptsächlich harter Arbeit und Vaters außerordentlichen organisatorischen Fähigkeiten zu verdanken. Zwar war ich in gewissem Sinne der Vorarbeiter, doch Vater war der Leiter des Ganzen und legte jeden Tag fest, wer welche Aufgaben zu erfüllen hatte. Ein Großteil des Lebens auf einer Farm ist natürlich ein ständiger Kreislauf, und die Arbeit richtet sich einzig nach der Abfolge der Jahreszeiten und dem langsamen, regelmäßigen Rhythmus des Lebens der Tiere; all dies bedarf keines Vorstehers. Doch wir waren eine große Familie, in der die einzelnen Mitglieder über unterschiedliche Fähigkeiten und Handfertigkeiten verfügten, mit Kindern in unterschiedlichem Alter, vom jüngsten, damals Sarah, bis zum ältesten, das noch im Haus wohnte; das war ich, ein erwachsener Mann. Und außer mir lebten noch andere Erwachsene auf der Farm – unsere Mutter und Stiefmutter Mary, unsere Schwester Ruth sowie Lyman und Susan Epps, die wir mittlerweile als Familienmitglieder betrachteten.

Wir standen uns sehr nahe, unsere Leben waren ineinander verzahnt wie die Getriebe und Räder, die Zahnrädchen und Treibriemen einer ausgeklügelten Maschine. Was auch immer einer von uns dachte, sagte oder tat, hatte spürbare Auswirkungen auf alle anderen. Mag sein, daß wir unsere Familie in ihrem starken Zusammenhalt gelegentlich als einengend empfanden, daß wir das Gefühl hatten, sie bestimme zu sehr unser alltägliches Leben, und Außenstehenden ist dies gewiß oft so vorgekommen; doch nie waren wir einsam, nie hatten wir das Gefühl, nutzlos und überflüssig zu sein, und wir konnten stets mit der Unterstützung und Ermutigung der anderen rechnen, selbst in den Augenblicken größter Verzweiflung. Denn wir alle schöpften Kraft nicht nur aus Vaters Anwesenheit, sondern aus der Familie als Ganzem. Vater war natürlich die Hauptstütze; er war uns ein Vorbild, ein Lehrer, zeigte Verständnis, verlieh uns Stärke. Wenn er dann selber schwach wurde oder verzweifelte, war es für die übrigen sehr schwer, nicht genauso zu reagieren. Und wann immer Vaters Glaube, daß sein Weg richtig und notwendig sei, wankte – was von Zeit zu Zeit geschah – oder wenn sein Glaube an Gott gefährdet war, was meines

Wissens mindestens zweimal geschah, versiegte sein Unternehmungsgeist augenblicklich. Und wenn er nicht mehr weitermachte, dann begannen auch wir anderen zu wanken und um unsere jeweiligen Achsen zu schwanken, und bald verfielen auch wir in Untätigkeit und Trägheit.

Ich erinnere mich, als in jenem schrecklichen Winter 1843 die vier Kinder starben – die erste Sarah, Charles, Peter und der Säugling Austin –, verfiel Vater in eine derart lang andauernde Erstarrung, daß wir, noch ehe er wieder zu sich fand, alle in tiefste Verzweiflung versunken waren und er gezwungen war, jeden einzelnen von uns wieder gesund zu pflegen. Als hätte die Krankheit, die in jenem trostlosen Winter eines der Kinder nach dem anderen hinweggrafft, zuerst sein Denken befallen und sich dann wie eine Seuche von ihm auf Mary, dann auf John, Jason, mich sowie Ruth und die Kleineren ausgebreitet, bis hin zu dem armen Salmon, der damals noch ein kleiner Junge von sieben Jahren war – das jüngste Kind, das nicht von uns genommen wurde. Eine unerträgliche Last war es. Die Feuer brannten nieder und verlöschten, die Asche wurde kalt, und wir schlichen, die Arme um den Körper geschlungen, durchs Haus und verfluchten insgeheim den Tag unserer Geburt. Keiner konnte den anderen trösten.

Vater suchte Zuflucht bei seiner Bibel, doch zum ersten Mal las er nicht laut daraus vor oder zog Lehren aus dem Text. Er saß in der Ecke auf einem Hocker, murmelte die Worte vor sich hin, als suche er eine Erklärung, warum Gott uns dies angetan hatte, finde aber keine. Armut konnte er ertragen, ohne zu verzagen, und jeden Rückschlag, jede Enttäuschung betrachtete er als vorübergehend. Er hatte zuvor schon zwei Kinder verloren, ein neugeborenes und den ersten Frederick, der im Alter von fünf Jahren gestorben war und den er beklagt hatte, und nach einer angemessenen Zeit der Trauer hatte er sein vorheriges Leben wiederaufgenommen – er gab sogar seinem nächsten Sohn den Namen Frederick, wie ich bereits berichtet habe. Doch dieses Unheil, dieser grausame Verlust übertraf seine schlimmsten Befürchtungen, lag jenseits seines Verständnisses. Sein Glaube wurde hart auf die

Probe gestellt – schon allein dies demütigte ihn, machte ihn niedergeschlagen. Daß vier seiner geliebten Kinder von ihm genommen wurden, daß eines der bemitleidenswerten Wesen nach dem anderen in seinen Armen starb, das ging über seine Kräfte. Und unter uns war keiner, der ihn trösten oder ihm Mut hätte zusprechen können, denn wir alle, selbst Mary, hatten uns so sehr daran gewöhnt, uns auf ihn zu verlassen, wenn wir Trost und Ermutigung brauchten, daß auch wir darniederlagen, wenn ihn die Kraft verließ.

Dies war die dunkle Kehrseite der Stärke unserer Familie. Wenn die Kraft des Alten verebbte, wurden auch wir schwach. Glücklicherweise konnte beinahe nichts Vater je entmutigen oder niederringen, außer der Tod eines seiner Kinder; und als er starb, hatte er dies so oft ertragen müssen, daß sein Herz wahrscheinlich von einem dichten Geflecht grauer Narben nahezu überwuchert war.

Weiß man von diesem schrecklichen, langen Leiden, dann kann man ihm alles vergeben, vermute ich. Es geschah selten, er war immer so stark und aufrecht, doch gewiß gab es Zeiten, da ich mich aufgerufen fühlte, Vater zu vergeben. Nicht von ihm – er bat mich selten um Vergebung und wenn, dann wegen irgendeines geringfügigen Fehlers, wegen irgend etwas, das er übersehen hatte –, sondern einzig von mir selber. Um mich vor ihm zu retten.

Vergib dem Alten, sagte ich dann zu mir. Komm, werde erwachsen, Owen, gewähre ihm großmütig Verständnis und Mitleid. Ja, Verständnis, dies vor allem – denn wenn man einen Menschen versteht, gleichgültig, wie sehr er einen unterdrückt hat, folgt unweigerlich Mitleid daraus. Doch es gab so vieles, was ich an diesem Mann, meinem Vater, und an dem Leben, das wir seinetwegen führten, nicht verstehen konnte – meine Gedanken, meine Fragen waren blockiert: von der absoluten Richtigkeit seiner Sache, die keiner von uns je in Frage stellen konnte; und von der schieren Kraft seiner Persönlichkeit, von deren Unerbittlichkeit, die uns zermürbte, bis wir selber keine eigene Persönlichkeit mehr zu haben schienen, selbst untereinander nicht. Gewiß, wir sprachen wie er, doch wir konnten uns selber nicht hören. Das mußten uns erst Fremde sagen.

Der Alte schien uns auszubrennen. Wann immer er zu einer seiner Reisen aufbrach, um Geld für das Werk aufzutreiben oder in eigenen geschäftlichen Angelegenheiten, waren wir froh, daß er weg war. Ja, begeistert waren wir – jedoch ausgedörrt und kalt und leicht wie kleine Brocken von Holzkohle oder Schlacke, wie Asche. Wenn der Alte uns allein ließ, sprachen wir kaum, weder miteinander noch mit Fremden.

Eigentlich wollte ich über unsere Art zu sprechen schreiben und warum unsere Redeweise so seltsam war. Doch wie ich jetzt bemerke, habe ich etwas ganz anderes getan. Wieder bin ich nur noch wie Asche … oder ich weiß nicht was, weiß es immer noch nicht.

9

Es ist, als lebte ich tatsächlich dort, in North Elba, und zu jener Zeit, als ich noch jung war. Als wäre ich, seit ich davon zu sprechen begonnen habe, durch einen gewundenen, engen Schacht hinuntergestürzt, der dorthin führte. Und jetzt klettere ich immer noch durch ein sich senkendes Labyrinth aus Tunneln und Höhlen und kann den Weg zur Erdoberfläche, zu meiner Blockhütte in Altadena und zum Tageslicht zurück nicht finden. Der einzige Lichtschimmer in diesen kalten, felsigen Kammern ist das Licht der Erinnerung, das aufflackert und unbeholfene Bilder und Inschriften über mir beleuchtet, die jenen gleichsehen, die die Indianer in uralten Zeiten malten, um ihre heidnischen Götter anzurufen und zu besänftigen. Ich stehe darunter, schaue staunend die Bilder an, und die Gestalten beginnen sich zu bewegen und zu sprechen, und mein Staunen verwandelt sich zuerst, wie Sie es auf diesen Seiten so oft gelesen haben, in das herzerwärmende Gefühl des Wiedererkennens, dann in Freude, und wenn die Geschichte, die die Gestalten erzählen, schließlich gewalttätig oder bedrückend wird, erschreckkend und traurig, taumle ich von den Bildern in die Finsternis der Höhle zurück. Gleich darauf falle ich, krieche weiter, ertaste mit den Händen den Weg durch einen anderen Schacht des Labyrinths, bis der Boden unter mir allmählich eben wird, und erneut bleibe ich stehen, und wenn das Licht der Erinnerung von meinem Gesicht ausstrahlt, sehe ich in seinem Schimmer, daß ich in einer neuen Kammer angelangt bin ... und hier, oben an den Wänden – ein Gewirr von Schatten und Licht – es bewegt sich, tanzt ... und ein anderes Ereignis in meinem so lange zurückliegenden, halb vergessenen Leben entfaltet sich vor mir.

Heute, da ich dies niederschreibe, befinde ich mich nach wie vor in der Kammer jenes zweiten Sommers in North Elba im Jahre 1850, als ich sechsundzwanzig war. Ich erinnere mich, daß es eine besonders lehrreiche Zeit war, vielleicht weil meine älteren Brüder John und Jason, die vor kurzem geheiratet hatten, nicht mehr auf der Farm lebten. Zu jener Zeit waren sie mir in Vaters kleiner Armee übergeordnet und hätten daher normalerweise meine Stelle bei der Arbeit an dem Werk eingenommen. Vaters Werk. Das Werk des Herrn, wie er uns beständig erinnerte, die Befreiung der Sklaven. Denn solange die Sklaven nicht frei waren – dies schärfte er uns immer wieder ein –, war keiner von uns frei.

In Vaters Augen waren weiße und schwarze Amerikaner gleichermaßen Gefangene der Sklaverei: Das körperliche Elend der Versklavten war das moralische Elend der Freien, dies betonte er immer wieder. Das war nicht irgendein verschwommenes, unbedrohlich abstraktes Prinzip, wie die Philosophen von New England sie vorzutragen pflegten. Nein, in Vaters Augen lebten wir Amerikaner, weiße wie schwarze, Nordstaatler wie Südstaatler, diejenigen, die gegen die Sklaverei waren, wie auch diejenigen, die sie befürworteten, lebten wir alle in buchstäblichem Sinne unter der Herrschaft Satans. Für Vater war es eine unbestreitbare Tatsache, daß die wesentliche Aufgabe eines jeden Menschen, solange er auf dieser Erde weilte, darin bestand, sein privates wie auch sein öffentliches Leben in völligen Einklang mit dem Willen und dem alles übergreifenden Gesetz Gottes zu bringen. Und da eine Republik eine Staatsform ist, die ihrem Wesen nach Gesetzen unterliegt, die ihre Bürger geschaffen haben und auf deren Einhaltung sie achten, müssen in einer Republik diese Gesetze, sofern sie nicht mit denen Gottes übereinstimmen, eben weil sie von Menschen geändert werden *können*, auch tatsächlich von ihnen geändert *werden*. Sie nicht zu verändern, so dozierte Vater gern, setze die unsterbliche Seele eines jeden ihrer Bürger einer schrecklichen Gefahr aus. Wenn man nicht ständig darum kämpfe, die Sklavenwirtschaft zu vernichten, bedeute dies, unsere Republik zu verraten, unsere bürgerlichen Freiheiten und Pflichten aus der Hand zu geben, unsere unsterblichen Seelen der Herrschaft Satans auszuliefern. Es sei daher unsere Pflicht, uns der Sklaverei zu widersetzen, nicht nur um die Republik zu bewahren und zu vervollkommnen – obschon allein dies eine ehrenwerte Aufgabe sei –, sondern um Satan niederzuringen. Dies sei, da wir Amerikaner seien, unsere heilige Pflicht.

Ganz einfach. Zumindest schien es so. Denn obwohl ich Vaters Logik verstand, begriff ich nicht immer, wie er sie auf die jeweiligen Umstände, Zufälligkeiten und Gegebenheiten anwandte, die sich in unserem Leben tagtäglich änderten. Was bedeutete, daß ich von einem Tag auf den anderen nicht mehr wußte, was richtig und was falsch war.

Beispielsweise gab es eine Zeit – nachdem wir das junge Negerpaar Emma und James Cannon in Sicherheit gebracht hatten, wie wir annahmen –, da wir feststellten, es gab in der Tat einigermaßen schlüssige Beweise dafür, daß sie ihren Herrn ermordet und das Commonwealth of Virginia einen Steckbrief veröffentlicht hatte, der dazu aufforderte, sie zu verhaften und zurückzubringen. Als dies bekannt wurde, bekamen viele Weiße in North Elba es mit der Angst zu tun und wurden wütend. Es waren die gleichen aufrechten Leute, die bislang, wie ich geschildert habe, ohne großes Aufhebens Vater und mir und einigen Negern aus Timbuktu bei unseren Versuchen geholfen hatten, entflohene Sklaven heimlich nach Norden zu bringen. Jetzt forderten sie jedoch, wir sollten diese Tätigkeit einstellen. Und zum Teil mußte ich ihnen recht geben.

Eines Tages, etliche Wochen nach unserem unheilvollen Zusammentreffen mit dem Kopfgeldjäger Billingsly, tauchte ein Marshal aus Albany auf unserer Farm auf, begleitet von dem stets hilfreichen Mr. Partridge aus Keene. Er hatte einen sofort zu vollstreckenden Haftbefehl für Emma und James Cannon bei sich, da sie ihren Eigentümer, einen gewissen Mr. Samuel Cannon aus Richmond, Virginia, ermordet hätten. Wie zuvor zahlreichen anderen Leuten im Dorf stellte der Marshal auch Vater eine Reihe gezielter Fragen nach dem Aufenthaltsort des Paares. Obwohl die Befragung Vaters eindeutig auf detaillierten Informationen beruhte, die sein Führer Mr. Partridge dem Marshal geliefert hatte, schien er nichts von unserem stürmischen Zusammentreffen mit Mr. Billingsly in Port Kent zu wissen. Das war jedoch verständlich: Schließlich lag es durchaus nicht im Interesse des Kopfgeldjägers, einem Gesetzeshüter mit festem Gehalt bei der Gefangennahme seiner Beute zu helfen, und daher war es unwahrscheinlich, daß er irgend jemandem berichtet hatte, wie er kurzfristig von uns entführt worden war, ein Vorfall, der ihm vermutlich auch ein wenig peinlich war.

Als Vater schlicht antwortete, er wisse nichts von den beiden Negern, blieb dem Marshal nicht viel anderes übrig, als weiter nach Norden zur nächsten bekannten Station der Railroad zu ziehen, um dort den Quäker Captain Keifer zu befragen. Hier oben hatten die meisten Gesetzeshüter eine einigermaßen klare Vorstellung, wer die Underground Railroad betrieb, und behinderten sie kaum, es sei denn, sie sahen sich durch Haftbefehle und gerichtliche Verfügungen dazu gezwungen.

Es waren unsere weißen Nachbarn, die Brewsters, die Nashs und sogar Mr. Thompson, die Angst bekamen, als sie von dem Haftbefehl gegen die Cannons erfuhren. Sie kamen zu Vater und äußerten ihren Unmut darüber, daß er Mördern zur Flucht in den Norden verholfen hatte. Vater saß auf seinem Hocker und ließ die Männer, die um ihn herumstanden, ausreden. Es handelte sich um eine Abordnung von drei Personen, die offenbar ausgesucht worden waren, um Vater die Ansichten und Wünsche der gesamten Dorfgemeinschaft darzulegen. Da sie allseits als Abolitionisten bekannt und zudem mit Vater befreundet waren, glaubte man zweifelsohne, ihnen würde er eher Gehör schenken als anderen, die unserer Sache nicht so wohlwollend gegenüberstanden.

Mr. Thompson war ihr Sprecher. »Sklaven bei der Flucht aus der Leibeigenschaft zu helfen ist eine gute Sache«, erklärte er. »Wirklich, eine gute Sache. Rechtschaffen. Aber, ehrlich gesagt, John, Leuten, von denen man weiß, daß sie Mörder sind, zur Flucht außer Landes zu verhelfen, das ist etwas ganz anderes.« Er sagte zu Vater, da wir Browns der Gemeinschaft nicht glaubhaft machen könnten, daß die Leute, die wir in die Freiheit geleiteten, anständige Christen seien und keine Kriminellen oder moralisch verworfen, sei es der Wunsch unserer Nachbarn, daß wir unsere Tätigkeit unverzüglich einstellten. Teilweise sei dies, so führte er aus, eine Folge unseres Beharrens darauf, außerhalb und unabhängig von den Kirchen und anderen weißen Institutionen und Personen zu arbeiten, die unserer Fracht Leumundszeugnisse ausstellen und bestätigen könnten, daß es sich bei den Flüchtlingen nicht um Kriminelle handelte. Doch es sei, wie er betonte, auch eine Folge von Vaters Entschlossenheit, mit den Negern von Timbuktu zusammenzuarbeiten, vor allem mit Leuten wie Elden Fleete und Lyman Epps, die, wie Mr. Thompson und die anderen glaubten, kein besonderes Interesse daran hätten, hier Landwirtschaft zu betreiben. Alle Weißen außer Vater, so Mr. Thompson, seien einzig und allein zu dem Zweck hierher nach North Elba gekommen, um eine Farm zu gründen und in Frieden und Sicherheit mit ihrer Familie zu leben. Auch viele Neger seien aus diesem Grund hierhergekommen. Jetzt würden jedoch alle, Weiße und Schwarze gleichermaßen, von einem Marshal der Vereinigten Staaten verhört, und Kopfgeldjäger wie Billingsly und faule Nichtsnutze wie Partridge hätten sich darauf verlegt, die Gegend unsicher zu machen. »Lassen Sie abolitionistische Neger wie Fleete und Epps entflohene Sklaven oder Leute, die behaupten, solche zu sein, selbst nach Kanada weiterbefördern, wenn sie nichts Besseres zu tun haben«, sagte Thompson zu Vater. »Aber wir Weißen, John, wir sollten aus da raushalten. Völlig.«

Er nahm sich viel Zeit, um sein Anliegen vorzutragen, und als er geendet hatte, erhob sich Vater und richtete sich zu voller Größe auf, die zwar nicht außergewöhnlich war, doch wegen seines großen Kopfes oft ihre Wirkung tat. Er erklärte: »Meine Herren, Sie sind alle meine Freunde. Und ich würde Sie gerne beruhigen, doch jetzt im Augenblick vermag ich das nicht. Ich werde Ihnen eine umfassende Erwiderung, ihre Vorwürfe und Ängste betreffend, liefern, doch ich ziehe es vor, mich vor der gesamten Gemeinde zu verantworten und nicht nur Ihnen dreien gegenüber.

Ich werde dies am kommenden Sonntag morgen in der Kirche tun, denn ich habe mich mittlerweile daran gewöhnt, ab und zu dort zu sprechen. Und ich wäre froh, wenn Sie dies den anderen mitteilen, damit alle, die ein Interesse an dieser Sache haben, mich anhören können.«

Dann begleitete er sie, ohne noch ein Wort zu sagen und ohne weitere Förmlichkeiten, aus dem Haus, kehrte ihnen unvermittelt den Rücken und ließ die Tür ins Schloß fallen; damit waren sie entlassen.

An jenem Sonntagmorgen, einem kalten, regnerischen Tag, wie ich mich erinnere, fuhren wir alle, einschließlich Lyman und Susan Epps, mit dem Wagen in das Dorf North Elba, marschierten in die kleine weiße presbyterianische Kirche dort und nahmen unsere gewohnten Plätze auf unserer angestammten Bank ziemlich weit vorne ein. Wir saßen nebeneinander aufgereiht, Vater beim Mittelgang. Außergewöhnlich viele Leute waren gekommen, denn die Angelegenheit hatte für beträchtliche Erregung und Feindseligkeit in der ganzen Gegend gesorgt. Dicht gedrängt saßen rotgesichtige Farmer mit ihren Familien; man roch ihre Stiefel und die nassen Wollgewänder. Die gesamte Sippe der Thompsons war anwesend; sie nahmen zwei Bänke ein, und ich bemerkte, wie Ruth und der junge Henry Thompson einen auffallend freundlichen Blick wechselten; ich erinnere mich, wie ich zu mir sagte: Sieh mal an! Was haben wir denn da?

Der Prediger, Reverend Spofford Hall aus Vermont, ein knochiger, etwas langweiliger Geselle, den Vater wegen seines laschen Liberalismus in religiösen Dingen verabscheute, begann mit seiner üblichen, heruntergeleierten Anrufung Gottes, anschließend stand der kleine Chor auf und stimmte die Eröffnungshymne an. Der Gesang tönte meiner Meinung nach ungewohnt machtvoll; möglicherweise weil vier der acht Sänger Neger aus der Siedlung waren, die vermutlich irgendwie erfahren hatten, daß für den heutigen Gottesdienst ein Beitrag vorgesehen war, der für sie von besonderer Bedeutung war. Sie klangen wie ein dreimal so großer Chor, und Vaters Knie wippten im Rhythmus der Musik auf und ab; seine Augen glänzten glücklich bei dem Gesang.

Endlich schritt Reverend Hall zum Lesepult vor dem schlichten Altar im neuenglischen Stil und verkündete mit seiner ausdruckslosen Fistelstimme: »Heute wird unser Nachbar Mister Brown zu uns sprechen.« Dann ging er zu seinem Platz zurück und überließ Vater das Wort.

Die Predigt, die nun folgte, hatte ich mittlerweile schon oft gehört und würde ihr später noch häufig lauschen, und heute, so viele Jahre später, vernehme ich die Stimme des Alten genauso klar und deutlich wie an jenem kalten grauen Morgen in North Elba. Ich sehe ihn vor mir, wie er da steht, aufrecht wie ein Baum, mit verkniffenem, angespanntem Gesicht; seine nassen fuchsroten Haare stehen zu Berge, und ich höre, wie er zu seinem ersten Satz ansetzt, und während ich dies niederschreibe, scheint mein Mund sich aufzutun, als sollte ich die gesamte Predigt, Wort für Wort, an seiner Stelle halten.

»Guten Morgen, Nachbarn«, sagte der Alte.

»Wiewohl außerhalb dieser Mauern Regen fällt und die Berge sich in Wolken hüllen und wiewohl heute ein schneidend kalter Wind aus Nordwesten bläst, sitzen wir hier in unserem kleinen Heiligtum beieinander im Warmen und Trockenen, nicht wahr?

Wir haben es behaglich, Freunde und Nachbarn, und wir sind in Sicherheit, und wir preisen den Herrn, unseren himmlischen Vater, und bringen Ihm unsere Dankgebete dar, um Ihm unsere Freude und unsere aus tiefstem Herzen empfundene Dankbarkeit zu bekunden, Ihm, der uns nach Seinem Belieben diese Behaglichkeit und Sicherheit gewährt hat. Ist es nicht so?

Uns sind Behaglichkeit und Sicherheit gewährt worden – uns, die wir die Wälder roden, uns, die wir die Felder bestellen, uns, die wir unsere Herden züchten. Kleine Leute aus dem Tal zwischen den Bergen, das sind wir, Freunde. Männer, Frauen und Kinder, die einzig ums Überleben kämpfen und darum, an einem unwirtlichen Ort in einer schweren Zeit zu etwas Wohlstand zu gelangen, so dies möglich ist. Ist es nicht so?

Uns sind Behaglichkeit und Sicherheit gewährt – uns, die wir nichts *verdient* haben. Die weder Behaglichkeit noch Sicherheit verdienen, dies ganz gewiß nicht, die jedoch auch nicht Unbehaglichkeit und Unsicherheit verdienen. Versteht mich recht – sie sind uns gewährt, uns, die wir *nichts* verdienen! Nicht einmal unser Dasein. Ist es nicht so, Freunde?

Ich spreche von jedem einzelnen in der Gemeinschaft, von uns allen – vom Schwärzesten und Ärmsten unter uns und vom Weißesten und Reichsten. Vom Unschuldigsten und vom Verderbtesten. Vom Frömmsten und vom Unfrömmsten. Von den Jungen und den Alten. Denn wir alle verdienen es nicht, am Leben zu sein, nicht einer von uns. Dies ist nicht etwas, das Gott uns *schuldet*. Könnt ihr dagegen etwas vorbringen, Freunde?

Denn wenn es eine Schuld gibt, Nachbarn, wenn jemand etwas schuldig bleibt, dann läuft es andersherum, nicht wahr?

Denn wer unter uns hat darum gebetet, geboren zu werden? Wer unter uns hat eine solche Bitte geäußert? Nein, ob weiß oder schwarz, reich oder arm, nicht einer unter uns hatte ein Recht oder auch nur die Möglichkeit, dies zu erbitten. Und nun, da wir geboren sind, da uns Luft zum Atmen und ein Platz zum Leben gewährt wurden, da uns ein Firmament gezeigt wurde, das zwischen den Firmamenten schwebt, da wir aus dem traumlosen Schlaf des Nichts erweckt wurden, wer unter uns kann nun sagen: *Dies war mir geschuldet, dies war mir seit langem geschuldet?* Oder auch nur: *Dies, Herr, habe ich von dir erbeten?*

Der Herr gibt, Nachbarn, und der Herr nimmt. Und tut er dies nicht nach *Seinem* Belieben, Freunde? Nicht nach unserem! Nein, einzig dem Belieben des Herrn ist es zu verdanken, daß wir existieren, oder etwa nicht?

Wir können Ihm nicht schmeicheln, wir können nicht unseren Fall vortragen, als wäre Er ein Richter in Elizabethtown und wir der Anwalt eines Klägers. Wir können nicht einmal bitten. Nein, alles, was wir armen Menschen tun können, die wir ein Bewußtsein unseres Lebens erlangt haben, ist, daß wir Dank sagen. Dank sagen und dann unser Leben entsprechend dem hohen, heiligen

Zweck führen, dem Zweck, beständig Dank zu sagen, immer und immer wieder. Amen.

Bedenkt die andere Möglichkeit, Nachbarn. Kurz, nur ganz kurz, das ist alles – denn diese andere Möglichkeit zu betrachten ist wahrhaft schmerzlich. Das *Nichts* ist die Alternative! Ein fluchbeladenes Nicht-Sein! Bedenkt das Nichts nur für ein paar kurze Augenblicke, Nachbarn, und ihr werdet euch voller Entsetzen abwenden, und *dann* werdet ihr dem Herrn Dank sagen. Dann werdet ihr Sein Lob singen. Und ihr werdet hüpfen und springen vor Freude! Nicht aus Freude am Leben, denn nur allzuoft ist das Leben alles andere als eine Freude, vielmehr werdet ihr hüpfen und springen vor Glück und Dankbarkeit, daß euch die Möglichkeit gewährt wurde, überhaupt zu sein!

An diesem kalten, regnerischen Vormittag, Nachbarn, denke ich an den alten Hiob. Ein Bauer und Viehzüchter wie viele von uns. Ich denke an einen frommen Mann mit einer großen, liebenden Familie, der wie wir in einem weiten Tal, umgeben von Bergen, lebte, wo es Wölfe und Löwen und Bären gab, wo im Winter eiskalte Stürme tobten und wo, jenseits der Berge, Feinde lauerten, die nach seinen Feldern und nach seiner Ernte trachteten und ihm den Frieden und die Erfülltheit seines Daseins neideten. Könnt ihr euch Hiob als einen Mann vorstellen, der uns sehr ähnlich ist? Könnt ihr das?

Trotz dieser Feinde und trotz der Wölfe und Löwen und Bären, trotz der kalten Stürme im Winter und der Dürre im Sommer, trotz Krankheit und Seuchen wuchsen und gediehen Hiob und die Seinen und seine Nachbarn, und sie und ihre Herden vermehrten sich, bis sie zu einer Gemeinschaft in der Wildnis jener uralten Vorzeit wurden, zu einer Gemeinschaft, die der unsrigen in unserer neuzeitlichen amerikanischen Wildnis sehr ähnlich ist.

Und diese braven Leute, der alte Hiob und seine Familie und seine Freunde, sie machten alles recht. Dies taten sie einfach so. In dieser Hinsicht waren sie vielleicht sogar uns hier in North Elba überlegen. Denn wir sind gelegentlich träge und faul, oder etwa nicht? Und etliche von uns halten sich nicht an die Gebote der

Religion, und von Zeit zu Zeit behandeln wie einander in unseren Familien schlecht, und wir streiten miteinander, oder etwa nicht? Doch Hiob und die Seinen und seine Freunde, sie waren, jeder einzelne, alle zusammen, durch und durch aufrechte Leute. Vor allem Hiob, wie die Bibel uns lehrt. Vor allem Hiob. Er war ein Mann, der selbst in dieser prächtigen Gemeinde herausragte und sehr bewundert wurde. Für seine Frömmigkeit, sein gerechtes Urteil, seinen Anstand, für seine Freundlichkeit und seinen Großmut, für seine Rechtschaffenheit und seine Bereitwilligkeit, sich an alle Gebote Gottes zu halten. Erinnert ihr euch der Geschichte?

Wenn wir hier und heute wie irgendein Mensch in der Heiligen Schrift sein könnten, Nachbarn, wären wir bestimmt gern Hiob. Natürlich nicht wegen seines Reichtums – obwohl er davon genügend hatte und wir ihn nicht verschmähen würden. Und nicht allein wegen der Achtung und Bewunderung, die seine Familie und seine Nachbarn für ihn hegten, obgleich auch dies keiner von uns geringachten würde. Und auch nicht wegen seiner Weisheit und der Klarheit seines Denkens.

Nein, wir wären gern wie Hiob wegen seiner schlichten Güte, seiner Rechtschaffenheit und Mildtätigkeit. Ruft euch die Geschichte in Erinnerung. Hiob war ein Mann, der mit sich im Frieden war, heißt es in der Bibel. Wir alle kannten ein, zwei solche Männer, und vielleicht beneideten wir sie, doch eben durch diesen Neid wären wir ihnen noch weniger gleich geworden als vorher, denn eine ihrer größten Tugenden war, daß sie keinen Menschen beneideten. Und so haben wir einfach versucht, diese Menschen zu lieben und es ihnen gleichzutun, nicht wahr?

Nun, es war leicht, den alten Hiob zu lieben. Selbst Gott, der alle Menschen gleichermaßen liebt, erachtete Hiob als besonders bewundernswert, und so hob der Herr, als Satan sich auf einen Felsen setzte und diese armen, sich abmühenden Kreaturen kritisierte, die Gott so sehr liebte, Hiob als besonders preisenswert hervor. In dieser Geschichte, Freunde, ist der Schlüssel zu Satans Motiven, daß er die Liebe, die Gott für die Menschheit empfand, nicht verstand, nicht einmal die Liebe, die er für Hiob, den besten aller Menschen verspürte, den Hervorragendsten von uns allen, damals, in jenen biblischen Zeiten. Und so sprach Satan zu Gott von der Menschheit, als wären wir Gottes Liebe nicht würdig, und schlug daher vor, Gott solle uns Seine Liebe entziehen. ›Versage sie ihnen‹, sagte Satan.

Ihr erinnert euch der Geschichte, Nachbarn. Satan hielt dem Herrn entgegen, der einzige Grund, weshalb wir Menschen uns an die Gebote des Herrn hielten, sei, weil wir eine große Belohnung dafür erwarteten und oft auch bekämen. Denn dies entsprach der Wahrheit und entspricht ihr immer noch, es ist weit wahrscheinlicher, daß es uns wohl ergeht, wenn wir Seine Gebote einhalten, als wenn wir gegen sie verstoßen.

Doch Satan gab zu verstehen, wir seien schlau und berechnend. Heuchler seien wir. Und deshalb seien wir Gottes Liebe nicht würdig. Und da wir Gottes Liebe nicht würdig seien, so argumentierte Satan, seien wir auch des Daseins nicht würdig, das Gott uns gewährt habe, ohne daß wir darum gebeten hätten.

Gottes Liebe ist ein Geschenk, ein unermeßliches Geschenk. Unser Leben als solches ist dieses unermeßliche Geschenk. Das, Nachbarn und Freunde, das ist der Grund, warum *etwas* ist und, für uns, nicht nur *nichts!* Gottes Liebe ist der erste und einzige Grund des Universums, Nachbarn.

Nun, nie hat jemand Satan einen Narren genannt, oder? In der Bibel wird er vieles geheißen, doch nie töricht. O nein. Er sah sich diesen Mann namens Hiob lange an, diesen prachtvollen Menschen, der mit seinen sieben Söhnen und drei Töchtern, seinen siebentausend Schafen und dreitausend Kamelen und fünfhundert Joch Ochsen im Lande Uz lebte – es war eine ansehnliche Plantage, die Hiob hatte, da draußen im Lande Uz. Und Satan sagte zum Herrn: ›Du kennst doch diesen Burschen Hiob, den, mit dem du immer so prahlst, der Mann, auf den du so große Stücke hältst. Nun, der ist ebenfalls ein Heuchler. Auch er!‹

Und der Herr sagte: ›O ja, mein Diener Hiob! Doch du irrst. Hiob ist ein vollkommener Mensch. Er ist der Aufrechteste von allen, und er fürchtet mich und meidet alles Übel.‹ So sprach der Herr, Nachbarn.

Und Satan sagte: ›Sicher, *natürlich* fürchtet er dich und meidet alles Übel und hält sich an alle Gebote und so weiter. Doch er tut dies nicht einfach so. Sieh dir nur den Schutzwall an, den du um den Mann errichtet hast. Sieh nur, wie sehr er dafür belohnt wird. Doch erhebe deine Hand gegen ihn, Herr, und der Mann wird dir ins Angesicht fluchen‹, sagte Satan. ›Glaub mir, dieser Kerl Hiob ist ein Heuchler‹, erklärte Satan. ›Mag sein, daß er der beste aller Menschen ist, doch selbst er ist ein Heuchler.‹

Und so gestattete der Herr Satan, mit Hiob zu verfahren, wie ihm beliebte, solange er ihn nicht tötete. ›Alles, was der alte Hiob sein eigen nennt‹, sagte der Herr zu Satan. ›Geh hin und nimm es ihm, und dann wirst du sehen, was für ein Mensch er ist.‹

Ihr erinnert euch der Geschichte, Nachbarn. Zuerst kamen die Sabäer; sie töteten Hiobs Ochsen und seine Esel und durchbohrten die Knechte, die sie hüteten, mit dem Schwert. Und gerade als Hiob die Nachricht von diesem Verlust erhielt, kam ein weiterer Bote und berichtete, Feuer sei vom Himmel gestürzt und habe alle Schafe Hiobs verbrannt. Und dann fielen drei Scharen Chaldäer über Hiobs Kamele her, mordeten die Knechte, die sie hüteten, und stahlen die Kamele und brachten sie nach Chaldäa. Und dann geschah das Schlimmste, Freunde. Erinnert ihr euch? Als Hiobs Söhne und Töchter im Haus des ältesten Sohnes zusammen aßen und Wein tranken, kam ein großer Sturm auf und zerschmetterte die vier Eckpfeiler des Hauses, und es brach über ihnen zusammen und tötete sie alle!

Und was tat der arme Hiob angesichts dieser schrecklichen Geschehnisse? Klagte er törichterweise den Herrn an? Wütete er gegen Gott, wie ihr es vielleicht getan hättet? Nein, Hiob legte seinen Mantel ab und rasierte sich den Schädel und tat öffentlich seinen Schmerz kund, indem er sich wieder zu einem Kind machte, nackt und bloß wie ein Säugling. Und er fiel zu Boden und, Freunde, er *pries* den Herrn! ›Nackt bin ich aus meiner Mutter Schoß gekommen‹, sagte er, ›und nackt soll ich dorthin zurückkehren. Der Herr hat's gegeben, der Herr hat's genommen. Gelobt sei der Name des Herrn!‹

Das, Nachbarn, war kein Heuchler!

Doch Satan war es noch nicht zufrieden. ›Er hat immer noch sein Leben‹, sagte Satan zum Herrn. ›Doch erhebe deine Hand gegen ihn und versehre seine Knochen und sein Fleisch, und Hiob wird dir ins Angesicht fluchen.‹

Der Herr sagte: ›Geh hin, und stelle ihn auf die Probe.‹ Satan ging also hin und schlug Hiob mit Eiterbeulen, von Kopf bis Fuß. So sehr suchte er ihn heim, daß der arme Mann nur noch schmerzgepeinigt in der Asche sitzen und mit einem Tonscherben das entzündete Fleisch kratzen konnte. Eine solche Elends- und Jammergestalt war er, daß sogar seine Frau kam und zu ihm sagte: ›Nun, Hiob, bewahrst du immer noch deinen Glauben? Verfluche Gott und stirb.‹ Dies sagte sie zu ihm. ›Mann, verfluche Gott und stirb.‹ Harte Worte, Nachbarn, findet ihr nicht?

Doch der weise alte Hiob sagte zu seiner Frau: ›Sollen wir aus der Hand Gottes nur Gutes empfangen und nicht auch Schlechtes, törichtes Weib?‹, doch sie verstand ihn nicht und ließ ihn allein dort in der Asche.

Ihr erinnert euch der Geschichte, Freunde. Dann kamen Hiobs drei Freunde aus ihrer Heimat, um ihn zu trösten und mit ihm zu wehklagen. Eliphas und Bildad und Zophar, so lauteten ihre Namen, und sieben Tage und sieben Nächte hörten sie Hiob an, wie er von seinen Leiden berichtete und fluchte; nein, nicht Gott fluchte er, sondern er verfluchte seine Geburt, verfluchte den Tag seiner Geburt.

Eliphas aus Teman – ein verständiger Mann, würden wir sagen, wenn er heute zu uns nach North Elba käme –, Eliphas behauptete, bestimmt habe Hiob Gott irgendwie beleidigt. ›Denn wer auch immer zunichte gemacht wurde‹, sagte er zu Hiob, ›war der je unschuldig? Sag mir, wann wurde je der Rechtschaffene verstoßen? Glücklich der Mann‹, räsonierte der Mann aus Teman, ›den Gott straft. Sei frohen Mutes‹, sagte er zu Hiob. ›Der Vater züchtigt dich deiner Sünden wegen.‹

Seid ihr nicht ebenso getröstet worden, Freunde, in Zeiten großen Leids?

›Oh, wenn dem nur so wäre!‹ antwortete Hiob. ›Oh, wenn mein Kummer und mein Unglück so genau abgewogen wären!‹

Da sprach Bildad aus Schuach zu Hiob: ›Gewiß, Freund Hiob, gewiß würde Gott sich nicht von einem vollkommenen Menschen abwenden‹, sagte er. ›Noch würde er einen Übeltäter bei sich dulden. Das eine kannst du nicht sein‹, sagte Bildad zu Hiob, ›also mußt du das andere sein.‹

Doch Hiob schrie: ›Nein, nein und tausendmal nein! Wollte ich mich vor dem Herrn rechtfertigen, so sollen meine eigenen Worte mich verdammen. Wenn ich sage, ich sei vollkommen, wird Er mir beweisen, daß ich verstockt bin. Der Herr vernichtet den Vollkommenen und den Sünder gleichermaßen. Selbst wenn ich mich rechtfertigen wollte‹, sagte Hiob zu seinem Freund und Nachbarn Bildad, ›so würde ich nicht dieses anworten. Statt dessen würde ich meinen Richter demütiglich anflehen. Denn siehe, er vernichtet mich ohne Grund! Und du, Bildad, du hast nichts verstanden.‹

Doch wir verstehen, nicht wahr, Nachbarn?

Dann versuchte es Zophar aus Naama. ›Du mußt lügen‹, sagte er so freundlich, wie er konnte. ›Du sagst uns, deine Lehre sei rein, und vor den Augen des Herrn seist du rein. Nun, Hiob, alter Freund, das kann nicht sein, sonst befändest du dich nicht in einer solch üblen Lage. Gestehe also, Freund. Öffne dein Herz und strecke deine Hände zu Ihm aus. Und dann wird Gott dich belohnen!‹

Und Hiob sagte zu Zophar: ›Nein, nein und abermals nein! Blick doch um dich, du Narr! Überall sind die Zelte voll von Räubern, und es ergeht ihnen wohl. Überall sind die, so Gott herausfordern, in Sicherheit. Deshalb seid ihr, meine Freunde und Nachbarn, schlechte Ärzte‹, sagte Hiob zu Zophar, Bildad und Eliphas.

Hört mir zu, Freunde und Nachbarn in diesem Dorf North Elba. Hört mir zu. Hiob sagte: ›Du sprichst schlecht von Gott und trügerisch. Du sprichst nur in deinem eigenen Interesse. Jagt dir seine Größe nicht *Furcht* ein? Läßt sie dich nicht *erzittern*? Was mich angeht‹, sagte Hiob zu seinen Freunden und Nachbarn – und jetzt komme ich zu dem Kernpunkt meiner Predigt an euch –, Hiob sagte also: ›Was mich angeht, ich werde auf den Herrn vertrauen, obwohl Er mich straft, und werde weiterhin an meinem Glauben festhalten. Schlechte Tröster seid ihr alle!‹ sagte Hiob zu ihnen. ›Ihr glaubt, man könne mit Gott rechten, wie ein Mann mit seinem Nachbarn streitet. Ich finde nicht einen Weisen unter euch.‹

Kennt ihr nicht auch solch schlechte Tröster, Freunde? Sind sie nicht überall um uns herum? Nun, wir könnten selber welche sein, oder etwa nicht?

Wo also, Nachbarn, sollen wir Weisheit finden? Und wo Verständnis?

Hört mich an. Ich, John Brown, ich sage euch, genau das lehrt uns die Bibel. Die Furcht vor Gott, das ist Weisheit. Und vom Übel abzulassen, das ist Verständnis.

Und ihr werdet euch erinnern, Nachbarn, in der alten Geschichte kam ein Wirbelwind, und aus dem Sturm heraus antwortete Gott auf Hiobs Wehklagen. ›Wer von Hiobs Freunden und Nachbarn‹, sprach der Herr, ›wer von ihnen ist es, der weisen Ratschluß durch verständnislose Worte verdunkelt? Und wo wart ihr‹, sprach der Herr zu Eliphas, Bildad und Zophar. ›Wo wart ihr, als ich die Fundamente der Erde legte? Und wo wart ihr, als ich das Firmament zwischen die Firmamente setzte?‹

Zu ihnen sprach der Herr: ›Ihr habt meinen Zorn gegen euch entfacht. Denn ihr habt von mir nicht das Rechte gesagt, wie mein Diener Hiob dies getan hat.‹ Und der Herr nahm von einem jeden sieben Ochsen und sieben Widder und gab sie Hiob. Und Er segnete das weitere Leben Hiobs noch mehr als sein früheres mit Schafen und Kamelen und Ochsen und Eseln, und Er schenkte ihm noch sieben Söhne und drei Töchter.

Nun, Nachbarn, da seht ihr es. Dies ist meine Antwort auf eure Vorwürfe gegen mich! Und soll ich euch sagen, was die Geschichte Hiobs zu bedeuten hat? Soll ich wiederum uns in diesem Heiligtum hier mit dem alten Hiob da draußen im Lande Uz vergleichen, einem Mann mit festen Grundsätzen?

Oder soll ich uns statt dessen mit seinen Freunden und Nachbarn vergleichen, mit Eliphas, Bildad und Zophar, deren Heuchelei den Zorn des Herrn entfachte? Welcher von diesen gleicht uns mehr?

Denn seht, ihr habt mir ebenso geraten, wie Hiobs Frau diesem riet. Ihr habt mir gesagt, ich solle meiner Rechtschaffenheit entsagen und Gott verfluchen.

Ihr habt mir entgegengeschrien wie Eliphas. Ihr habt gegen mich gesprochen, als wäre die Weisheit euer und das Verständnis bei euch.

Erinnert euch, Nachbarn, in der Furcht vor dem Herrn liegt Weisheit. Und vom Übel abzulassen ist Verständnis. Und das ist alles, was ihr zu wissen braucht.

Ich sage zu euch: Schlechte Tröster! Schlechte Ärzte! Ich sage euch, hier und jetzt, ich und meine Familie werden weitermachen wie bisher – Gott fürchten und vom Übel ablassen. Wir suchen Weisheit und Verständnis. Dies sind unsere Grundsätze. Und wir werden nach unseren Grundsätzen leben. Ihr, meine braven Nachbarn, mögt tun, wie es euch beliebt.«

Damit schloß der Alte, trat vom Lesepult zurück und nahm wieder seinen Platz in der Gemeinde ein. Er senkte den Kopf zum Gebet, und wir taten es ihm nach, zuerst Mary, die neben ihm saß, und dann wir anderen. Und als ich als letzter den Kopf neigte, bemerkte ich, daß viele andere in der Gemeinde ebenfalls Vaters Beispiel folgten, als wollten sie sich, gemäß der Geschichte Hiobs, deutlich von Eliphas, Bildad und Zophar absetzen.

Einen Augenblick später ging Reverend Hall zum Lesepult, und obwohl der Gottesdienst nun so weiterging wie üblich, nahm ich nichts davon wahr, denn meine Gedanken kreisten um die Bedeutung von Vaters Ansprache. Ich hatte das Gefühl, wie von einem Schwarm goldener Bienen von sirrendem Licht umhüllt zu sein, und ich hatte Mühe, meine Gedanken zu hören. Mitten in Vaters Rede war eine schreckliche Einsicht über mich gekommen, und ich wollte nicht, daß sie mir wieder entglitt, auch wenn sie furchterregend und bedrohlich für mich war.

In Vaters Ansprache war die Gestalt Hiobs natürlich niemand anderem so ähnlich gewesen wie Vater selber. So wie Hiob zu seinem Gott stand, so stand auch Vater zu ihm. Meine schreckliche Einsicht war, daß auch ich niemand anderem so ähnlich war wie Hiob. Allerdings nicht in meinem Verhältnis zu Gott, sondern zu meinem Vater.

Doch wer war dann mein Satan? Wer würde meine Treue meinem Vater gegenüber auf die Probe stellen, indem er mich so quälte, wie Satan Hiob heimgesucht hatte? Würde auch ich irgendwann den Tag meiner Geburt verfluchen? Würde ich meinen Tod ebenso erflehen wie Hiob und auch Vater, der, das wußte ich, in den Zeiten größter Verzweiflung danach geschrien hatte? Wäre ich wie Hiob, wie Vater in der Lage, den Schmeicheleien und Spitzfindigkeiten der Heuchler zu widerstehen?

In der Bibel wird Hiob am Ende für seine Treue zum Herrn belohnt; er empfängt von ihm aufs neue Vieh und Kinder, und Satan wird, zusammen mit Eliphas, Bildad und Zophar, hinweggejagt. Doch Hiob wurde, wie Vater gezeigt hatte, nur belohnt, um Gottes Macht, nicht jedoch um seine Gerechtigkeit unter Beweis zu stellen. Dies war es, was über das Verständnis der Scheinheiligen hinausging. Die Moral der Geschichte wäre die gleiche, selbst wenn Gott Hiob am Ende nicht belohnt hätte, denn Er tat dies nur, um die Heuchler zu bestrafen und Satan zu verwirren, nicht jedoch um Hiob zu trösten.

Wer also spielt in Vaters Geschichte meines Lebens die Rolle des Satans? Wer will mich als einen Heuchler entlarven?

Die furchteinflößende Antwort, die einzig mögliche, lautete: Jeder, der sich Vater widersetzte, wie Satan Gott entgegentrat, könnte, wenn ich Vater auch nur in Frage stellte, beweisen, daß ich ein Heuchler war. Diese Antwort machte mich zu einem in der Falle gefangenen Tier, zu einem Fuchs, dessen Pfote in einem Fangeisen steckt. Um freizukommen, müßte ich an meinem eigenen Fleisch nagen, müßte einen Teil meines Körpers abtrennen. Dann wäre ich frei, ein verkrüppeltes kleines Tier, unfähig, für sich selber zu sorgen, unfähig sogar zu fliehen. Ich hätte die Freiheit erlangt, o ja, doch Freiheit wozu? Um mich in die nahe gelegenen Büsche zu ducken und dort langsam den Wunden, die ich mir selbst beigebracht hatte, zu erliegen? Nein, dachte ich. Besser, du spürst ständig das vertraute Eisen um dein Handgelenk. Besser, du beißt die Zähne zusammen. Besser Eiterbeulen, einen Tonscherben, die Asche. Lieber den Tag deiner Geburt verfluchen.

Wie vorauszusehen war, wandte sich Vater, nachdem er einige Veränderungen vorgenommen hatte – von denen allerdings keine dazu gedacht war, den Wünschen unserer weißen Nachbarn entgegenzukommen –, gleich wieder der Arbeit mit der Underground Railroad zu. Seiner Ansicht nach waren alle unsere weißen Nachbarn jetzt Feiglinge und Heuchler, jeder einzelne von ihnen, und regelmäßig verunglimpfte er sie vor jedem in der Familie, der ihm zuhörte. Sogar seinen guten Freund Mr. Thompson prangerte er an, denn obwohl der Alte anfangs glaubte, er hätte unsere Nachbarn mit seiner Predigt erfolgreich beschämt, war seine Botschaft offenbar auf taube Ohren gestoßen. Keiner im Dorf war mehr willens, ihm bei seinen Bemühungen, entflohene Sklaven heimlich außer Landes zu bringen, zu helfen – außer natürlich die Neger selbst. Und außer uns Browns. Womit im Grunde nur ich gemeint war, auch wenn die anderen Familienmitglieder genügend Opfer bringen und sich mit Vaters und meiner und Lymans häufigen und oft langen Abwesenheit von der Farm abfinden mußten.

Die wichtigste Veränderung in unserer Vorgehensweise war jedoch, daß Mr. Wilkinson aus dem Bergarbeiterlager in Tahawus von dem Unternehmen ausgeschlossen wurde. In einer Flut von Briefen an Mr. Frederick Douglass in Rochester stellte Vater klar, daß er mit diesem Mann nicht mehr zusammenarbeiten wollte. Von jetzt an mußte jede Fracht aus dem Süden über einen Mittelsmann namens Reuben Shiloh zu Vater gebracht werden. Dieser Reuben Shiloh logierte bei einer gewissen Mrs. Ebenezer Rankin in der Stadt Long Lake, New York, einer kleinen, unwirtlichen Holzfälleransiedlung im südlichen Teil der Wildnis der Adirondacks, etwa vierzig Meilen von North Elba entfernt, und war in

Wirklichkeit niemand anderer als Vater selbst. Mrs. Rankin, seine Kontaktperson in Long Lake, war die ältliche Witwe eines Veteranen des Revolutionskrieges. Sie lebte allein in einer Blockhütte auf dem Grundstück, das ihr Mann nach dem Krieg erworben hatte. Im Dorf galt sie als ein wenig verschroben, aber harmlos. Aufgrund ihrer tiefen Religiosität und ihres unabhängigen Denkens stand sie unserer Sache wohlwollend gegenüber. Vater hatte sie im Anschluß an eine Predigt, die er in der Kirche der Kongregationalisten in Long Lake zum Thema der Abschaffung der Sklaverei gehalten hatte, kennengelernt und ihr, wie es seine Gewohnheit war, auf Anhieb vertraut. Im allgemeinen fällte der Alte die Entscheidung, ob jemand vertrauenswürdig war, auf der Stelle und ohne jemand anderen zu Rate zu ziehen. Ging es dabei um geschäftliche Angelegenheiten, irrte er sich natürlich meistens; und es war unglaublich, wie falsch sein Urteil oft war. Wenn es jedoch um die Frage der Sklaverei ging, lag er fast immer richtig.

»Das ist etwas, das man auf der Stelle erkennt. Man erkennt es daran, wie eine Person antwortet und wie sie einen ansieht, sobald man mit ihr über Rasse zu sprechen beginnt«, versuchte er, mir seine Vorgehensweise zu erklären. »Schon früh, Owen, kam ich auf die Idee, mich, wenn ich mit Weißen über derlei Dinge sprach, in die Lage eines Negers zu versetzen.« Das bedeutete, er hörte den Weißen zu und beobachtete sie, als ginge es die ganze Zeit um seine Selbstachtung, sein Wohlergehen, sein Leben; folglich sah er, so behauptete er, sehr schnell Dinge, die die meisten Weißen nicht sahen oder nicht sehen wollten. Schilderte er beispielsweise einem Fremden die Grauen der Sklaverei und wurde das Gesicht des Mannes dann schlaff und traurig, als wollte er für die Zartheit seiner Empfindungen gelobt werden, dann wußte Vater, daß er ihm nicht trauen konnte. Reagierte jemand jedoch nicht mit Kummer und Bedauern, sondern mit aufrichtigem Zorn, dann freute Vater sich und fühlte sich bei dieser Person sicher. Vater erklärte, er genieße es zu beobachten, wie jene altertümliche, rechtschaffene Wut in das Gesicht eines Mannes steige. Was allerdings nur selten geschah.

»Nein, Owen«, sagte er, »sobald es um Rasse und Sklaverei geht, können Weiße, sosehr sie es auch versuchen mögen, ihre wahren Gefühle nicht verbergen. Nicht gegenüber ihren amerikanischen Brüdern, die zufällig als Schwarze geboren wurden. Und auch nicht vor mir. Nur vor sich selber.«

Mr. Wilkinson aus Tahawus hatte seine wahren Gefühle nicht verborgen, nicht einmal vor mir, und ich glaube, irgendwie verdroß es ihn, von dem Unternehmen ausgeschlossen worden zu sein. Und zwar nicht, weil er die Neger besonders mochte oder aus einem tiefempfundenen Wunsch heraus, zur Vernichtung der Sklaverei beizutragen, sondern weil seine Mitarbeit bei der Railroad es ihm bedeutend leichter machte, sich selber als einen Menschen zu betrachten, der zu Leuten, denen er sich überlegen fühlt, freundlich ist. Möglicherweise glaubte er, wenn er zusammen mit Vater, dessen Motive aufrecht waren, für die Railroad arbeite, könne er damit die Härte, mit der er die irischen Bergarbeiter und ihre Familien behandelte, ausgleichen. Jedenfalls, kurz nachdem wir ihn fallenlassen hatten, tat er sich, ohne daß wir etwas davon erfuhren, mit unseren erklärten Feinden, den Sklavenfängern und Kopfgeldjägern und mit dem Marshal aus Albany zusammen, der noch den ganzen Sommer hindurch das Paar aus Virginia verfolgte, das des Mordes an seinem Herrn beschuldigt wurde.

Der Marshal, dessen Name Saunders war, steckte in einer Art Zwickmühle zwischen den kanadischen und den amerikanischen Behörden und ebenso zwischen den Bundesstaaten Virginia und New York: Nach einer ausgedehnten Suchaktion hatten die Kanadier unmißverständlich erklärt, die Cannons hätten die Grenze nie überschritten. Die Behörden in Virginia beharrten darauf, das Paar sei zuletzt in New-Trenton, New York, gesehen worden, wo sie kurzfristig von einem ortsansässigen Hilfssheriff in Haft genommen worden seien. Diesen hätten sie dann irgendwie bestochen, damit er ihre Zellentür unverschlossen lasse – das Geld dafür sei möglicherweise von Mr. Douglass gekommen, der das Paar während seiner kurzen Inhaftierung besucht habe. Dem Hilfssheriff in New-Trenton stand nun seinerseits ein Verfahren bevor, und um seine Haut zu retten, erzählte er Marshal Saunders alles, was er über die Cannons und ihre Verbündeten wußte oder zu wissen glaubte.

Mittlerweile beförderten wir regelmäßig menschliche Fracht über Vaters beziehungsweise Reuben Shilohs neue Route von Long Lake nach North Elba. Infolge der erhöhten Wachsamkeit der Behörden und der größeren Anzahl von Sklavenfängern westlich von uns in Buffalo und östlich von uns in Troy wurden die Frachten immer umfangreicher und die Beförderung immer riskanter, so daß wir gezwungen waren, drei-, viermal wöchentlich die alte Militärstraße von North Elba aus durch die Kiefernwälder, Sümpfe und Moore zur Hütte von Mrs. Rankin zu fahren, wo wir unsere Fracht aufluden und noch in der gleichen Nacht nach Timbuktu brachten; in der darauffolgenden Nacht beförderten wir sie dann weiter nach Port Kent, wo Captain Keifer sie an Bord nahm und nach Kanada verschiffte.

Eine stürmische, aufregende Zeit war es. Wie eine Bande Vogelfreier waren wir, Lyman und ich, Mr. Fleete und Vater, bewaffnet und verwegen, und etliche Male entkamen wir nur knapp einer Gefangennahme. Lyman schien zu seiner eigentlichen Berufung gefunden zu haben. Er wurde ernst und tapfer, war nicht mehr so geschwätzig und spielte sich nicht mehr auf, wie er dies früher gelegentlich getan hatte. Die Tage, die wir auf der Farm verbrachten, waren im Grunde nur noch Ruhepausen, Zwischenspiele, deren Ende wir ungeduldig erwarteten, bis wir erneut von Mrs. Rankin benachrichtigt wurden, in Long Lake sei eine neue Ladung für Reuben Shiloh eingetroffen. Und schon waren wir unterwegs, Vater und Mr. Fleete zu Pferde, Lyman und ich auf dem Wagen; unsere Gewehre hatten wir immer griffbereit, und hinten im Wagen waren Essensvorräte, Planen und Decken verstaut. Untertags verkrochen wir uns dann in dem Schuppen hinter Mrs. Rankins Blockhütte, unter dem wir schon früh einen geheimen Keller gegraben hatten, in dem sich die entflohenen Sklaven verstecken und unentdeckt auf unsere Ankunft warten konnten. Und bei Sonnenuntergang brachten wir die Flüchtlinge zum Wagen – Männer, Frauen und Kinder in unterschiedlich zusammengesetzten Gruppen. Wir deckten sie mit der Zeltplane zu und fuhren nordostwärts nach Timbuktu, und wenn wir zügig vorankamen, ging es gleich nach Port Kent weiter. Dort kamen wir kurz vor Sonnenaufgang an, und Captain Keifer lud die Fracht sogleich vom Wagen auf sein Schiff. Noch am gleichen Tag, meist am Nachmittag, kamen wir vor dem Haus in North Elba an, Männer und Tiere gleichermaßen erschöpft. Wir aßen etwas, fielen anschließend ins Bett und versanken zehn, zwölf Stunden lang in einen todesähnlichen Schlaf.

Zweimal wurden wir, soweit ich mich erinnern kann, von Gesetzeshütern angehalten – in Long Lake von einem Sheriff und in Ausable Forks von einem Marshal –, doch beide Male war unser Wagen leer, und nachdem wir eine kurze, bärbeißige Befragung über uns hatten ergehen lassen, konnten wir ungehindert weiterfahren. Dennoch waren wir immer auf das Schlimmste gefaßt. Obgleich wir damals nicht wirklich verfolgt wurden und daher nie gezwungen waren, unsere Gewehre abzufeuern, bestand doch jederzeit die Gefahr, verraten und ertappt zu werden. Die Leute schauten von der Arbeit auf ihren Feldern und Waldparzellen auf und starrten uns nach, wenn wir vorbeifuhren, oder spähten spätnachts aus ihren Schlafzimmerfenstern, wenn das Klappern der Hufe unserer Pferde und das laute Rumpeln und Rattern des Wagens sie aus dem Schlaf riß. Diese Leute müssen gewußt haben, wer wir waren und was wir taten.

Unser Unternehmen war allerdings eng begrenzt, erfolgte im geheimen, und einzig wir waren daran beteiligt. Wir waren von jedem Informationsaustausch mit den Gemeinden um uns herum und sogar von der restlichen Bewegung gegen die Sklaverei, ihren Komitees und Kirchen und den alten Hauptlinien der Underground Railroad abgeschnitten. Wir wirkten in Finsternis und Einsamkeit, als unternähme niemand sonst auf der Welt ähnliches. Als gäbe es keinen Menschen, der unserer Tätigkeit nicht äußerst feindselig gegenüberstand. Und wie früher, in Ohio und Pennsylvania, wo wir lange Zeit flüchtige Sklaven erfolgreich aus dem Süden nach Kanada verfrachtet hatten, kapselten wir uns auch jetzt in den tagtäglichen Rhythmus und die Aufregung des Werkes ein und verloren so den Anschluß an den umfassenderen Rhythmus der Bewegung als Ganzen. Als wären unser kleines Viermannunternehmen, unsere nächtlichen Fahrten zwischen Long Lake und Port Kent, New York, die einzige Maßnahme zur Abschaffung der Sklaverei in ganz Amerika. Der Grund dafür waren nicht Hochmut oder Stolz, wiewohl Vater manchmal ehrlich zu glauben schien, daß unser Werk unter seiner Führung wichtiger für die Bewegung war als alles andere, gründlicher und disziplinierter, moralisch aufrechter, besser geplant und wirkungsvoller durchgeführt als die Arbeit jedes anderen – Ansichten, die Hochmut und Stolz gefährlich nahe kamen. Nein, den Blick für das Ganze verloren wir, weil wir gezwungen waren, tagaus, tagein unverzüglich auf die unmittelbaren Bedürfnisse Verzweifelter, die uns ihr Leben anvertraut hatten, zu reagieren. Und auf die gleiche Weise, wie wir unsere entfernten oder indirekten Verbündeten vergaßen, verloren wir auch die Winkelzüge unserer entfernten und indirekten Feinde aus den Augen.

Daher waren wir an jenem heißen Augustnachmittag auch nicht auf das erneute Auftauchen von Marshal Saunders auf der Farm in North Elba gefaßt. Er kam in Gesellschaft zweier geschäftsmäßig wirkender Beamter und konnte mit der Aussage von Mr. Wilkinson aus dem Bergarbeiterlager in Tahawus aufwarten, der, laut der Behauptung des Marshal, Vater und mich sowie zwei Neger, die in der Nähe von North Elba lebten und deren Namen er nicht wußte, beschuldigte, den des Mordes angeklagten Sklaven James und Emma Cannon aus Richmond, Virginia, zur Flucht verholfen zu haben.

Die Beamten tauchten völlig unvermutet auf, kurz nachdem wir von einer zwei Nächte dauernden Fahrt nach Port Kent mit vier Negern aus Maryland – einem alten Mann, seiner Tochter und deren beiden beinahe erwachsenen Söhnen – zurückgekommen waren. Unser Wagen war leer, und glücklicherweise waren Vater und ich allein, da Lyman Mr. Fleete nach Timbuktu begleitet hatte, um sich dort auszuruhen und anschließend einige dringend notwendige Schmiedearbeiten bei den Negerfarmern auszuführen.

Wir standen vor dem Haus beim Wassertrog, bis zur Taille nackt, und wuschen uns. Die Jungen und die Frauen, einschließlich Lymans Frau Susan, mähten auf der vorderen Wiese das erste Gras. Vater schaute zu den drei Männern auf, die ruhig und gelassen auf ihren Pferden saßen, als wollten sie uns nichts Arges. Sich einander vorzustellen war überflüssig, und Marshal Saunders kam ohne Umschweife zum Anlaß seines erneuten Besuchs auf unserer Farm. Nachdem er uns von Mr. Wilkinsons Verrat berichtet hatte, erklärte er: »Mister Brown, ich bin nicht gekommen, um Sie und Ihren Sohn irgendeines Vergehens anzuklagen, sondern in friedfertiger Absicht. Aber ich muß wissen, wie die beiden Farbigen heißen, die Ihnen geholfen haben, die Cannons weiterzubefördern. Es ist erst einen Monat her«, fügte er mit einem leichten Lächeln hinzu. »Ganz gewiß erinnern Sie sich an ihre Namen.«

Bedächtig trocknete Vater sich ab und sagte nichts. Er sah mich an, und ich merkte, wie er innerlich kochte vor Wut. Dann reichte er mir das Handtuch.

»Falls ich wirklich jemandem mit Namen Cannon half, und ich kann mich nicht erinnern, daß wir dies taten, doch *falls* es so war, dann taten mein Sohn und ich dies allein«, erklärte er. »Wilkinson ist ein Lügner.«

Marshal Saunders führte aus, er suche einen schlanken, ziemlich dunkelhäutigen Neger in den Zwanzigern und einen stämmigen Mulatten um die Fünfzig, der einen Vollbart habe. »Ich will einmal davon ausgehen, Mister Brown, daß Sie und Ihr Sohn nicht wußten, daß die Farbigen aus Virginia Mörder sind, in Ordnung? Sie haben gedacht, Sie würden lediglich einem Paar entflohener Sklaven helfen, nach Kanada zu kommen, weiter nichts. Ebenso wie Mister Wilkinson drunten in Tahawus. Und ich halte ihn nicht für einen Lügner, Sir. Mir ist klar, Sie alle haben nur getan, was Sie für Ihre Christenpflicht hielten. Ihre Negerhelfer allerdings haben es wahrscheinlich besser gewußt. Die haben so ihre kleinen Geheimnisse, die sie uns nicht verraten«, meinte er verdrossen. Er glaube, sie wüßten vermutlich, wo die Cannons sich versteckten. Seine Absicht sei es, einen Handel mit unseren Freunden zu schließen. Den gleichen, den er mit uns absprechen wolle. Wenn sie ihm einen kleinen Hinweis darauf geben könnten, wo die Cannons sich aufhielten, würde er gegen niemanden hier in North Elba Anklage erheben. »Was mich betrifft, handelt es sich bei ihnen um freigelassene Neger, und als solche werde ich sie auch behandeln, solange sie das gleiche machen wie Sie und mir ein wenig dabei helfen, meine Pflicht als Bundesbeamter zu erfüllen. Haben Sie verstanden, was ich gesagt habe, Mister Brown?«

Schweigend starrte Vater den Mann an. Die Pferde wurden unruhig; sie schwitzten in der prallen Sonne. »Natürlich habe ich Sie verstanden«, erklärte er schließlich. »Doch ich werde Ihnen nicht helfen, Sir. Falls mein Sohn und ich tatsächlich irgendwelchen armen Negersklaven halfen, den Klauen eines Sklavenhalters im Süden zu entkommen – eines Mannes, der es möglicherweise ohnehin verdient hätte zu sterben, denn Sklaven, die man gut behandelt, gehen selten das große Risiko einer Flucht ein –, dann taten wir dies allein.« Die Beweislast liege beim Marshal, betonte Vater, und seines Wissens verstoße es im Staate New York nicht gegen das Gesetz, einen Fremden in einem fremden Land auf seinem Wagen mitfahren zu lassen.

Nun ja, das sei richtig, gab der Marshal zu. Eine gesetzliche Grauzone, könne man sagen. Doch Vater würde es allen Betroffenen, ebenso wie sich selber, leichter machen, wenn er sich in der Lage sähe, einem Gesetzesvertreter zu helfen. Langsam wandte der Marshal den Kopf hin und her, als hätte er einen steifen Hals bekommen. Die beiden Hilfsbeamten hielten die rechte Hand offen und am Griff ihrer Revolver.

Vater sagte: »Sie wissen nicht einmal, wen Sie suchen, und Sie haben lediglich Mister Wilkinsons falsche Aussage. Ich kann Ihnen nicht helfen, und wenn ich es könnte, ehrlich gesagt, Sir, würde ich dies nicht tun. Suchen Sie Ihre Neger selbst«, fuhr er ihn barsch an, wandte sich um und ging zum Haus.

»Ich könnte Sie widerlegen, Brown!« rief der Marshal ihm nach. »Ich könnte sogar Wilkinson höchstpersönlich hierherbringen, damit er für mich die beiden Neger identifiziert. Wenn es darum geht, ihre schwarze Haut zu retten, wer weiß, was diese Burschen dann sagen.«

Vater wirbelte herum und starrte ihn an. »Machen Sie, was Sie wollen. Holen Sie Satan aus der Hölle herauf, wenn Ihnen dies gefällt, und lassen Sie ihn aus der Menge zwei Neger heraussuchen. Mit derlei will ich nichts zu schaffen haben!«

Daraufhin wendeten die drei ruckartig ihre Pferde, ritten aus dem Hof und galoppierten, ohne zurückzublicken, die Straße zu der Siedlung hinunter. Als ich einen Augenblick später ins Haus kam, saß Vater, immer noch ohne Hemd, bereits an seinem Schreibtisch und kritzelte wütend einen Brief.

»Wem schreibst du da?« fragte ich ihn.

»An John und Jason.«

»In Springfield?«

»Ja, selbstverständlich!«

»Möglicherweise sind sie gar nicht mehr dort«, wandte ich ein. »Unter Umständen sind sie schon hierher unterwegs.« Kaum eine Woche zuvor war ein Brief von John gekommen, in dem es hieß, er und Jason hätten vor, uns in North Elba bald einen kurzen Besuch abzustatten, um das Haus und die Familie wiederzusehen und um mit Vater einige geschäftliche Angelegenheiten zu regeln, die man am besten persönlich miteinander bespreche.

»Um so besser. Doch falls sie noch nicht aufgebrochen sind, wird dies sie auf der Stelle hierherbringen.« Er trocknete die Tinte und reichte mir den Brief.

Eilt unverzüglich herbei, Jungen, und kommt bewaffnet, denn wir müssen etliche arme Kreaturen dem Maul Satans entreißen, ehe dieser sie verschlingt! Eine deutliche Zurschaustellung dessen, was ein Christenmensch vermag, und die eindeutige Absicht, Feuer über das Haupt gewisser Übeltäter und Heuchler zu bringen, sollten die Angelegenheiten hier ins rechte Licht rücken, zumindest insoweit, als daß wir fortfahren können, das Werk des Herrn zu tun und zur Niederringung der Slaverei beizutragen, indem wir es zu kostspielig machen, sie gegen den vereinten Wil-

len weißer Christen und der verzweifelten, mutigen Sklaven selber aufrechtzuerhalten. Eilt hierher, nach North Elba, sogleich, meine Söhne. Kommt und erweist Euch gemeinsam mit uns als wahre, mutige, rechtschaffene Soldaten des Herrn. Euer Euch liebender Vater
John Brown.

Ich wies ihn darauf hin, daß es zehn Tage oder zwei Wochen dauern könnte, bis sie diese Aufforderung erhielten, und daß sich bis dahin die ganze Aufregung gelegt haben könnte. »Außerdem«, fügte ich hinzu, »sind sie möglicherweise bereits hierher unterwegs. Warum sich also die Mühe machen, ihnen das alles zu schreiben?«

Mit einem Ausdruck, der von Verwirrung in gelinde Abscheu überging, blickte Vater zu mir auf. »Owen, manchmal glaube ich…«, begann er, setzte dann jedoch noch einmal neu an. »Owen, manchmal glaube ich, du müßtest *leidenschaftlicher* werden, als du es jetzt bist.« Und er entließ mich mit einer kleinen Handbewegung, wandte sich wieder dem Brief zu, steckte ihn in einen Umschlag und versiegelte ihn, um ihn zu verschicken.

Einen Augenblick lang stand ich am Fenster, schaute zu den Bergen hinüber und sah zu, wie im Westen Regenwolken aufzogen. Erschöpft war ich, fast war mir schwindlig nach zwei schlaflosen Nächten; meine Knochen taten mir weh und verlangten nach Ruhe; ich wollte nichts weiter, als einen Tag und eine Nacht lang schlafen. Doch ich wußte, das ging nicht. Also streifte ich mir mein Hemd über und trottete über den Hof zu der Wiese, um der Familie beim Einbringen des Heus zu helfen. Mit der Sense in der Hand überquerte ich die Straße; als ich mich den anderen näherte, hörte ich hinter mir Hufgetrappel; ich drehte mich um und sah Vater wegreiten, Richtung Dorf, um seinen Brief mit der Nachmittagspost nach Westport zu schicken, von wo aus er langsam nach Massachusetts hinunterbefördert werden würde. Der Anblick des Mannes, voller Hast, unbeirrbar, vor Wut schäumend, ermüdete mich unsäglich. Fast stieß er mich ab.

Ein Stück weiter weg standen die anderen über die Wiese gebeugt – meine Stiefmutter und meine Schwestern trugen gestärkte Hauben, die wie Blüten aussahen, meine Brüder Strohhüte. Sie alle wandten mir den Rücken zu und kämpften gegen den Wind an, der über das gelbliche Gras strich, es niederdrückte und im schwindenden Licht des Nachmittags silbern aufblitzen ließ. Sie schienen so sehr im Frieden mit sich selber und der Welt, daß ich sie beneidete und mich – schwach und schuldbewußt, wie ich mir in diesem Augenblick vorkam, von Vaters Beispiel und seiner grausamen Bemerkung aufgewühlt – von ihnen ausgeschlossen fühlte, als gehörte ich einer ganz anderen Familie an.

Und dann folgten die Ereignisse rasch aufeinander, eines führte unmittelbar zum nächsten, und die ganze Zeit über schien es, als könnte nichts und niemand sie aufhalten oder ihnen eine andere Richtung geben. Zuerst kam Vater am selben Abend, nachdem er seinen Brief aufgegeben hatte, ungewöhnlich erbost zurück. Wir alle saßen bei Tisch und aßen zu Abend, als er auf seinem alten müden Morgan in den Hof galoppierte; er trat ins Haus und sprudelte in einem Sturzbach von Worten seine Geschichte hervor. Sein unbändiger Zorn überraschte uns und erschreckte die Kleineren. Er stotterte und spuckte, als er uns eröffnete, daß Marshal Saunders uns nachmittags bei seinem Verhör belogen habe. Eine Lüge zwar nur insofern, als er uns etwas verschwiegen habe, was aber gleichwohl eine widerwärtige Lüge sei, erklärte Vater. Denn der Marshal habe uns nicht gesagt, daß er Mr. Wilkinson mitgebracht und ein Stück die Straße hinunter versteckt habe. Er stimmte ein lautes Geschrei von wegen Mord und verlogenen Bundesbeamten und Scheinheiligkeit, von Rache und blutigem Aufruhr an, wie er mit dem Kieferknochen eines Esels um sich hauen und die Häupter der Schlangen abschlagen wolle – derlei waren wir von Vater gewöhnt. Doch hier und heute abend in der Küche unserer Farm schien zum ersten Mal etwas Bedrohliches in unseren Zufluchtsort einzudringen, und die Rufe nach Gewalt ertönten nicht mehr im Hinblick auf irgendwelche entfernten oder sogar nur eingebildeten Orte und

Zeiten. Sie waren mehr als bildlich. Vater wollte Blut sehen, echtes Blut, und er wollte es jetzt sehen.

Von den Leuten in Timbuktu hatte der Alte erfahren, daß der Marshal und seine Helfer, nachdem Vater sie mit Vorwürfen überhäuft und ihnen eine Abfuhr erteilt hatte, Mr. Wilkinson aus seinem Versteck geholt hatten. Anschließend waren die vier zu der Negersiedlung hinübergeritten, wo der verräterische Schurke Wilkinson Lyman Epps und Mr. Fleete als unsere Verbündeten identifiziert hatte. Dann hatte der Marshal, obwohl Lyman und Mr. Fleete beteuert hatten, daß sie nicht wüßten, wo das in Virginia wegen Mordes gesuchte Paar sich aufhalte, beide verhaftet und nach Elizabethtown geschleppt, wo sie vermutlich, während er uns dies jetzt berichtete, hinter Schloß und Riegel gesteckt wurden, gerade so, als wären ihnen erneut die Handschellen der Sklaverei angelegt worden.

»Dies darf und soll nicht sein!« brüllte Vater.

Susan Epps machte sich natürlich Sorgen um ihren Ehemann, und Ruth, Mary und ich beeilten uns, sie zu trösten. Vater schien sein Zorn jedoch blind gemacht zu haben; er nahm die Angst der Frauen und Kinder gar nicht zur Kenntnis, sondern stampfte im Zimmer auf und ab, zählte Waffen und malte sich gewalttätige Zusammentreffen entlang der Straße von North Elba nach Elizabethtown aus. Und das, obwohl er so gut wie ich wußte, daß der Marshal und seine Gehilfen nicht vor dem Morgen, eher später, dort eintreffen würden, falls sie unterwegs im Haus von Mr. Partridge in Keene übernachteten, wie wir es damals getan hatten, als wir im Mai letzten Jahres hierhergekommen waren.

»Wir können die Übeltäter immer noch abfangen, du und ich«, sagte er zu mir. »Lyman und Mister Fleete sind mit Sicherheit zu Fuß, wohingegen die Weißen zu Pferde sitzen. Sie müssen heute nachmittag hier vorbeigekommen sein, als ihr alle auf der Wiese gearbeitet habt. Großer Gott, hat nicht eines von euch Kindern gesehen, wie sie auf der Straße vorbeizogen? Vier Weiße zu Pferde und zwei Schwarze, die wie Sklaven behandelt werden, und das vor eurer Nase! Und keiner von euch hat etwas gesehen?«

Ich erklärte, wir hätten alle hart gearbeitet, um das Heu einzubringen; es sei sehr heiß gewesen, und wir hätten uns am unteren Ende des Feldes aufgehalten und versucht, dem Regen zuvorzukommen. Letztendlich hatte es dann doch nicht geregnet, doch den ganzen Nachmittag über und bis gegen Abend hatte es ganz danach ausgesehen. Jetzt hörten wir im Westen entferntes Donnergrollen, und immer wieder zuckte ein Wetterleuchten über den sich verdüsternden Himmel.

»Pah!« rief er, raffte unsere Flinten zusammen und überprüfte Pulver und Kugeln. »Wir brauchen Schwerter«, murmelte er vor sich hin. »Säbel! Um über sie hereinzubrechen wie Racheengel!«

Im Verlauf des Abends beruhigte sich der Alte jedoch zu meiner Erleichterung ein wenig und überlegte sich eine vernünftigere Strategie zur Befreiung unserer Freunde. Die Vorstellung, allein mit dem Alten in die Dunkelheit hinauszureiten und über den Marshal, seine Gehilfen und Mr. Wilkinson sowie vermutlich auch Partridge herzufallen, und das nur mit unseren Flinten, die keine besonders große Reichweite hatten, und zwei Handbeilen ausgerüstet, hatte mir ganz und gar nicht behagt. Nach einigem Überlegen gelangte Vater nun zu dem Schluß, er könnte Mr. Gerrit Smith, der in dieser Gegend großen Einfluß hatte, um juristische wie auch finanzielle Unterstützung bitten. Also setzte der Alte sich hin und begann eine Reihe von Briefen und Bittschriften zu verfassen. Außerdem schlug er vor, daß er und ich am nächsten Morgen nach Elizabethtown reiten sollten – bewaffnet, für den Notfall –, um dort mit den Gesetzeshütern zu sprechen und zu versuchen, unsere Freunde auf ihre Verantwortung freizubekommen, bis ein Verfahren eingeleitet würde, das, davon war er fest überzeugt, ohnehin nie stattfände.

»Das Ganze ist nichts als Theater«, behauptete er nun. »Ein Taschenspielertrick. Nichts weiter als ein Versuch, die armen Burschen einzuschüchtern«, brummte er. Seiner Ansicht nach war Marshal Saunders lediglich daran interessiert, für die Gefangennahme der Cannons Lorbeeren einzuheimsen, und wollte zu diesem Zweck unseren Freunden solche Angst einjagen, daß sie das

Paar verrieten, hatte jedoch keineswegs die Absicht, sie vor Gericht zu stellen. Lyman und Mr. Fleete, so behauptete Vater felsenfest, hätten auch nicht mehr Kenntnis vom derzeitigen Aufenthaltsort der Cannons als wir und wüßten genauso wenig über ihre wahren Gründe, vor ihrem Besitzer und aus Virginia zu fliehen – falls sie denn tatsächlich den Mann ermordet hätten. Und wenn ja, sei's drum. Wie könnten wir ihnen das zum Vorwurf machen? Fast wünschte Vater sich, sie hätten in der Tat ihren Herrn erschlagen. »Nur in einem verderbten, unmenschlichen Land ist es ein Verbrechen, den Mann zu töten, der dich versklavt, Owen. Vergiß das nicht«, erklärte er.

Als der Morgen graute und Vater und ich Anstalten machten, nach Elizabethtown aufzubrechen, wer erschien da auf unserer Türschwelle? John und Jason – meine geliebten Brüder. Es war ein freudiges Wiedersehen für uns alle. Als sie auf den Hof ritten, ging hinter ihnen gerade die Sonne auf. Als erster entdeckte Salmon sie und brüllte los, woraufhin wir alle aus dem Haus strömten, um sie zu begrüßen.

Beide waren freundliche, sanfte Männer – in dieser Hinsicht glichen sie einander – und behandelten alle in der Familie liebevoll, vor allem jedoch unsere Stiefmutter Mary und unsere Schwester Ruth. Dieser waren sie vermutlich nicht ergebener als ich, doch unserer Stiefmutter gegenüber legten beide eine größere Zuneigung und Fürsorglichkeit an den Tag, als ich je aufbringen konnte. Das hatte mich immer ein wenig verwirrt, denn sie hatten den Tod unserer Mutter bestimmt als ebenso großen Verlust empfunden wie ich. Doch allem Anschein nach war dies nicht der Fall, zumindest hatte dies ihre Fähigkeit nicht eingeschränkt, die tiefe Zuneigung und Zärtlichkeit, die wir für unsere leibliche Mutter empfunden hatten, auf unsere Stiefmutter zu übertragen. Gelegentlich sah es sogar so aus, als hätte der Tod unserer Mutter das Vermögen meiner älteren Brüder, die Ersatzmutter zu lieben, noch verstärkt, denn sie nahmen weit mehr Rücksicht auf Marys Gefühle als ihre leiblichen Söhne Watson, Salmon und Oliver. Seltsam, daß Brüder und Schwestern jede wichtige Kindheitserfahrung miteinander teilen und am Ende doch so unterschiedlich darauf reagieren. Was das eine Kind frei macht und ihm Kraft verleiht, kann ein anderes oft demütigen und schwächen, bis es schließlich so aussieht, als wären wir eher durch unsere Unterschiede als durch unsere Gemeinsamkeiten verbunden.

Auch vom Aussehen her ähnelte ich ihnen nicht besonders, obwohl für die meisten Leute unsere Blutsverwandtschaft offensichtlich war. Bereits in diesem jungen Alter, Ende zwanzig, war John ein massiger, stämmiger Bursche, kräftig, muskulös wie ein Athlet, doch eher auf die Art eines angehenden Bankiers oder Politikers. Er hatte eine hohe, edle Stirn, ebenmäßige Gesichtszüge und lange, weiche dunkle Haare, die er straff zurückkämmte, so daß sie ihm über den Kragen fielen, was wiederum an einen Gelehrten erinnerte, der er in gewisser Weise ja auch war: Er hatte Buchhaltung gelernt, und zu jener Zeit befaßte er sich eingehend mit einigen der neueren Wissenschaften, etwa Phrenologie und Hypnotismus. Seine Stimme klang tief und fest, und er konnte laut und herzlich lachen – ein Lachen, das ich als Junge nachgeahmt hatte, jetzt aber nur mehr bewunderte.

Jason war kleiner gewachsen als John, ungefähr so groß wie Vater, und schlanker als ich mit meiner Statur eines Holzfällers, doch obgleich er irgendwie zart wirkte, war er in Wirklichkeit ungeheuer zäh und robust, ein sehniger Mann, der sich langsam und gemessen bewegte und dadurch den Eindruck erweckte, tief in Gedanken versunken zu sein. Meist war seine Stirn zerfurcht wie ein frischgepflügtes Feld im Mai, und stets hatte er die Lippen geschürzt, als sagte er sich seine Worte probeweise vor, ehe er sie laut aussprach. Hätte er in einem anderen Zeitalter gelebt oder wäre in eine Familie von hohem Stand und Ansehen hineingeboren worden, hätte Jason ohne weiteres ein Philosoph oder Dichter sein können, ein Mann wie Mr. Emerson in Concord beispielsweise, dessen Leben bis in jede einzelne Handlung hinein von Form und Inhalt seiner Gedanken geprägt war. Jason war ein Mann, der gern grübelte; seine Sanftheit beruhte nicht so sehr auf Gefühl als auf der Unschuld der Logik. Anders als John war er ein Mensch, dem keiner in die Schlacht folgen würde; aber er hatte auch, anders als John, keinerlei Bedürfnis danach, ein Anführer zu sein. Und genausowenig war er geneigt, irgend jemandem Gefolgschaft zu leisten, nicht einmal Vater. Jason war ein schlechter Soldat – er taugte weder zum einfachen Rekruten noch zum General.

Dennoch war Jason Vater und der Familie ebenso treu ergeben wie John und alle unsere jüngeren Brüder und auch ich, so gut ich dies vermochte. Und er war nicht im geringsten selbstsüchtig; er war lediglich ein Mensch, der eigenständig dachte. Im Gegensatz dazu, wie er in den verschiedenen Geschichten über unsere Familie gelegentlich beschrieben wurde, war er zudem äußerst tapfer und hielt bis zum Ende zu uns; und als er sich, ehe wir nach Virginia zogen, von uns trennte, geschah dies aus tiefer Überzeugung, nicht aus Feigheit oder Eigennutz. Ich habe Jason für seine Willenskraft, Vaters Diktat zu widerstehen, immer bewundert, nicht kritisiert.

Vater übte eine Macht über uns aus, die geradezu von seinem Körper auszuströmen schien, als wäre er männlicher als wir. Zwar habe ich in meinem Leben einige andere Männer getroffen, die wie Vater maskuliner zu sein schienen als der Durchschnitt; doch bei diesen handelte es sich in der Regel um brutale, dumme Kerle, und das war er mit Sicherheit nicht. Wie bei ihm waren ihre Bärte struppiger, die Behaarung auf Händen, Armen und Brust dichter, die Muskeln und Knochen stärker, schwerer, massiger als bei anderen Männern. Sie *rochen* männlicher als wir anderen. Selbst wenn sie gerade gebadet und sich für den Kirchgang angezogen hatten, verströmten sie wie Vater den Geruch nach gutgeöltem Sattelleder. Keiner dieser Männer war jedoch moralisch so empfindsam und so intelligent wie der Alte, Charaktereigenschaften, die seine Männlichkeit um so vieles beeindruckender machten als die ihre. In alten Zeiten wäre jemand wie Vater, der in seinem Aussehen und Verhalten durch einen Überschuß an Männlichkeit hervorstach, vermutlich schon in seiner Jugend auserwählt und zum Häuptling,

Stammesführer oder Kriegsherrn gekürt worden. Es war schwer, sich solch einem Mann nicht zu beugen.

Gelegentlich dachte ich, so müssen sich die meisten Frauen in Gegenwart von Männern allgemein vorkommen – wie ein kleines, glatthäutiges Kind, zart und verletzlich gegenüber dem großen, behaarten, robusten und unempfindlichen Erwachsenen. Vielleicht meinen wir das mit »weibisch«. Männer wie Vater lösen anscheinend bei uns allen, Männern wie Frauen, längst vergessene, kindliche Reaktionen aus, die uns ihrem Willen und ihren Wünschen gefügig machen. Wenn Vater also sagte: »Spring!«, dann sprang ich, obwohl ich schon fünfundzwanzig und dann dreißig, später fünfunddreißig Jahre alt war. Ich sprang jedesmal.

Allerdings schäme ich mich dessen nicht. Denn es war, um die Wahrheit zu sagen, seine Sanftmut, nicht seine ungeheure, männliche Wildheit, die uns zu ihm zog und bei ihm hielt. Wir kamen aus freiem Willen zu ihm, nicht aus Furcht. Seine alles beherrschende Güte war für uns wie süßer Likör, ein Rauschmittel, das uns betäubte und auf morbide Weise seinem Willen unterwarf. Meine lebhaftesten Erinnerungen an diesen so männlichen Mann zeigen mir sein tränenüberströmtes Gesicht, wenn er tage- und nächtelang vergeblich darum gerungen hatte, ein sterbendes Kind zu retten. Ich denke daran, wie er ein halberfrorenes Lamm unter Mantel und Hemd an seiner nackten Brust wärmte, bis das winzige Wesen langsam wieder zum Leben erwachte und der Alte es neben seine Mutter legen konnte und ungeniert vor Vergnügen laut lachte, wenn es wieder zu trinken begann. Ich erinnere mich, wie Vater seine Frau und jedes einzelne seiner Kinder versorgte, wenn wir krank waren, sich über uns beugte wie ein vollendeter Arzt, obwohl er selber krank war und sich kaum mehr auf den Beinen halten konnte, wie er Decken um unsere fröstelnden Körper wickelte, das Feuer am Brennen hielt, Milch erhitzte, Arzneien und Heilmittel zubereitete und sie uns verabreichte, über den Rand der Erschöpfung hinaus, bis der eine oder andere von uns sich allmählich so weit erholte, daß er ihn endlich ablösen konnte. Dann, und nur dann, ließ er zu, daß er selber versorgt wurde. Und obwohl wir hinter seinem Rücken oft lachten und ihn, wenn er versuchte, uns irgendeine neue Handfertigkeit beizubringen, wegen seiner Weitschweifigkeit und bestimmter Eigenheiten seiner Sprechweise verspotteten – denn er gehörte zu jenen Menschen, die andere durch verbale Unterweisung und unermüdliche Wiederholung ebenso wie durch ihr Beispiel lehren –, war er doch der geduldigste und behutsamste Lehrer, den irgendeiner von uns je gehabt hatte; freudig ertrug er unsere Unwissenheit und Ungeschicklichkeit, vergaß offenbar nie, wie geheimnisvoll und seltsam die Welt einem Kind erscheint und daß ihm selbst die einfachsten Arbeiten im Haushalt oder im Scheunenhof anfangs furchterregend und ungemein schwierig vorkommen.

Nein, genau diese bemerkenswerte, möglicherweise einzigartige Kombination aus ungeheurer Männlichkeit und unerschrocken weiblicher Zartheit war der Grund, warum wir uns freiwillig seiner Herrschaft unterwarfen. Und selbst wenn ein oder zwei unter uns von seinen Lehren und Wünschen abzuweichen schienen – etwa in Fragen der Religion oder später, als er nach Virginia zu ziehen beschloß –, verließ ihn doch keiner von uns je ganz. Wir wagten uns lediglich ab und zu ein paar Schritte von seiner rechten oder linken Seite, um ihm von dort aus bei seinem Werk zu helfen, statt unmittelbar hinter ihm zu stehen. Selbst als John Wealthy Hotchkiss und Jason Ellen Sherbondy heirateten, von zu Hause wegzogen und ihren eigenen Hausstand gründeten, traten sie damit lediglich in eine neue Umlaufbahn ein, auf der sie weiterhin Vater umkreisten wie Monde einen Planeten, und folgten nach wie vor seiner umfassenderen Bahn, auf der er die Sonne umkreiste. In einem Alter, als die meisten jungen Männer unseres Alters auf der Suche nach Abenteuern loszogen – um in Kalifornien nach Gold zu schürfen, im Western Reserve Grundstücke abzustecken oder den Scharen aufgeweckter, ehrgeiziger Männer und Jungen nach New York und Washington zu folgen –, verknüpften ich und meine Brüder unser Schicksal mit der Bestimmung unseres Vaters.

Aufgrund der unerwarteten Ankunft Johns und Jasons auf der Farm begann ein Tag, der stürmisch verlaufen und schließlich tragisch enden sollte, mit einer herzlichen Wiedersehensfeier. Während des Frühstücks informierte Vater seine ältesten Söhne über die derzeitige Situation bei der Underground Railroad, berichtete ihnen von Marshal Saunders' Jagd auf die Cannons, Mr. Wilkinsons Verrat von Lyman Epps und Mr. Fleete und deren kürzlicher Verhaftung und Verbringung in das Gefängnis von Elizabethtown. Als er ihnen seine Absicht mitteilte, mit mir zusammen nach Elizabethtown zu reiten, um die Freilassung der Neger zu erreichen – »Wenn es sein muß, mit Waffengewalt«, sagte er –, beschlossen John und Jason natürlich, uns zu begleiten und zu unterstützen.

Wieder einmal fiel mir die Aufgabe zu, den Wagen zu lenken, während Vater und meine älteren Bürder ritten. »Wir brauchen den Wagen, um unsere Freunde nach Hause zu bringen«, erklärte Vater, und natürlich willigte ich ein, obwohl genausogut Vater oder einer der anderen dies hätte übernehmen können. Mary, Ruth und Susan Epps packten für zwei Tage Essen ein, und die ganze Familie stand vor der Tür und winkte fröhlich, als brächen wir zu einer Hirschjagd auf, während wir auf der Cascade Road nach Osten ritten, in Richtung Keene und Elizabethtown.

Eigentlich hatten wir nicht vorgehabt, in Keene haltzumachen, das wir gegen Mittag erreichten, doch als wir an der heruntergekommenen Farm von Mr. Partridge vorbeifuhren, beschloß Vater plötzlich anzuhalten. »Ich glaube, ich habe mit dem Mann noch etwas zu regeln«, verkündete er grimmig, ritt auf den Hof und stieg vom Pferd. Wir folgten ihm, stiegen jedoch nicht ab. Er überquerte den Hof, schritt über die Veranda und hämmerte laut an die Tür. Am Pfosten war ein vereinzeltes gesatteltes Pferd angebunden, ein Brauner, den ich irgendwoher zu kennen glaubte; ich war jedoch nicht sicher, wo ich ihn gesehen hatte, bis die Tür aufschwang und ich Mr. Partridges langes, düsteres Gesicht sah und hinter ihm das Gesicht mit dem grau-schwarz-melierten Bart erblickte: den Sklavenjäger Mr. Billingsly.

Billingsly verschwand blitzschnell außer Sichtweite in die Dunkelheit des Zimmers, doch mit Sicherheit hatte er bemerkt, daß ich und vermutlich auch Vater ihn gesehen hatten, als die Tür aufgegangen war. Eine gefährliche Situation; ich sprang vom Wagen herunter und gab John und Jason ein Zeichen, die ebenfalls abstiegen und sich mir bei den Stufen zur Veranda anschlossen.

»Was wollen Sie hier, Brown?« fragte Mr. Partridge; seine Stimme zitterte ein wenig vor Angst, als wir drei hinter Vater Aufstellung nahmen, jeder mit einer Flinte in der Hand. Auch Vater hatte sein Gewehr bei sich, hielt es locker unter dem rechten Arm.

»Ich bin gekommen, um meine Uhr auszulösen«, verkündete Vater. Er griff in seine linke Hosentasche und zog ein paar Münzen heraus, die er Partridge hinstreckte, bis dieser ihm, ohne nachzudenken, seinerseits die Hand hinhielt. Vater ließ die Münzen langsam in die Hand des anderen fallen und erklärte: »Dies, Sir, ist die Bezahlung für einmal Essen und Übernachtung, die Sie uns letztes Jahr gewährten. Zählen Sie es nach, und dann übergeben Sie mir meine Uhr.«

»Sie sind verrückt, Brown«, erwiderte der andere und wollte Vater die Münzen zurückgeben. Er fummelte an dem tabakfarbenen Gehrock des Alten herum, bis er eine offene Tasche fand, ließ das Geld hineingleiten und machte dann Anstalten, Vater die Tür vor der Nase zuzuschlagen. Dieser versetzte ihr jedoch einen Tritt, schob Mr. Partridge beiseite, und da stand der Sklavenjäger Billingsly, der seine beiden Pistolen gezogen hatte.

Was jetzt folgte, lief in weniger als zwei Sekunden ab. Hinter Billingsly sah ich Mr. Partridges Frau mit ihrem teigigen Gesicht; sie hatte die Hände vor den Mund geschlagen. Neben ihr saß die alte Frau, ihre Mutter, seelenruhig am Fenster und strickte, als wäre sie allein im Haus. Mr. Partridge, aus dessen angespanntem Gesicht alle Farbe gewichen war, drehte sich um, holte Urgroßvater Browns Uhr vom Kaminsims und streckte sie Vater hin, ein Friedensangebot in letzter Sekunde. In diesem Augenblick feuerte Billingsly eine seiner Pistolen ab; er verfehlte Vater, der unmittelbar vor ihm stand, verfehlte alle, obwohl wir dies noch nicht wußten und daher alle gleichzeitig unsere Gewehre abfeuerten – eine unbedachte, verrückte Reaktion aus solch geringer Entfernung und mit so vielen Unschuldigen in der Nähe. Doch wir hatten Glück, denn getroffen wurde niemand – nur der Mann, der es verdient hatte, Billingsly, der Sklavenfänger. Vor Schmerzen heulte er laut auf und fiel zu Boden, wälzte sich hin und her und umklammerte seinen Schenkel, aus dem purpurrotes Blut auf den Teppichvorleger sprudelte.

Ich hatte geschossen, das weiß ich, und später erfuhr ich, daß John ebenfalls gefeuert hatte, aber ich weiß nicht, wer von uns Billingsly anschoß. Egal, wer es war, John oder ich, es war das erste Mal, daß einer von uns Browns auf einen Menschen geschossen hatte. Ich wollte niemanden treffen, sondern lediglich über die Köpfe der anderen hinweg in die Decke schießen, wahrscheinlich in der Hoffnung, die Situation in den Griff zu bekommen, indem ich Billingsly einen Schrecken einjagte. John erklärte später, er sei tatsächlich entschlossen gewesen, den Mann zu erschießen, habe jedoch keine freie Schußlinie gehabt; daher habe er sich lediglich bemüht, keinen anderen zu treffen, vor allem keine der Frauen.

Wer konnte also sagen, wer von uns ihn angeschossen hatte – aber spielte das überhaupt eine Rolle? Einer von John Browns Söhnen hatte die blutige Tat begangen, und so sollte es an diesem Tag weitergehen: In den Dörfern der Adirondacks im Staate New York stifteten John Brown und seine Söhne Chaos und vergossen Blut. Was auch immer einer von uns getan hatte, das hatten wir alle getan.

Billingsly lag am Boden, seine Pistolen hatte er fallen lassen. Ein Höllenlärm brach los, Schreie und Befehle wild durcheinander, und zumindest eine der Frauen stieß ein schrilles Kreischen aus. Und ich weiß nicht, war ich es oder einer meiner Brüder oder Mr. Partridge, der die jaulenden Jagdhunde beruhigte, aber einer von uns Browns brüllte: »Er ist getroffen! Er ist angeschossen!« Und ein anderer schrie Mr. Partridge zu: »Rühren Sie sich nicht von der Stelle, Mister, oder ich erschieße Sie auf der Stelle!« Einander riefen wir zu: »Bist du getroffen? Hat er dich erwischt?« Und: »Nein, er hat mich verfehlt. Der Feigling hat daneben geschossen!« Und: »Feuer einstellen. Stellt sofort das Feuer ein!«

Einzig Vater bewahrte Ruhe. Er wartete ab, bis es wieder still war, dann nahm der Alte, gelassen und ungerührt, Mr. Partridge die Uhr aus der Hand. Er blickte auf den blutenden Sklavenjäger hinunter, der sich auf dem Boden vor Schmerzen wand und krümmte, und verkündete mit klarer, fester Stimme: »Mister Billingsly, Sie haben nun zum zweiten Mal das Glück gehabt, daß wir Browns Sie nicht getötet haben. Ich rate Ihnen, Sir, sich ein anderes Betätigungsfeld zu suchen, als Sklaven zu jagen.«

Dann drehte er sich um, schloß die Tür hinter sich und stellte die Uhr vorn auf den Wagen unter den Kutschbock. Der Alte, John und Jason bestiegen wieder ihre Pferde, und ich sprang auf den Wagen. Hastig ritten wir davon, weg von dem Tal, in die Berge hinein und über den Grat nach Elizabethtown, wo wir gegen vier Uhr nachmittags vor dem stattlichen, aus Ziegeln errichteten Gerichtsgebäude anhielten.

Dahinter befand sich in einem Keller das Gefängnis, und wir gingen schnurstracks dorthin. Ich wußte nicht, was für einen Plan Vater hatte, wenn er denn einen hatte, außer daß er irgendwie den Gefängniswärter von Elizabethtown überreden wollte, Mr. Fleete und Lyman unserer Obhut zu übergeben. Allerdings hielt ich es für unwahrscheinlich, daß ihm dies gelänge. Doch Vater war ein Meister im Improvisieren, und so war es vielleicht Zufall, daß wir, als wir vier Browns bewaffnet und einigermaßen bedrohlich dreinblickend, mit geröteten Gesichtern und nach der vorangegangenen Schießerei immer noch klopfenden Herzens ins Gefängnis marschierten, geradewegs Mr. Wilkinson aus Tahawus in die Arme liefen. Der natürlich überrascht und erschrocken war, uns hier zu sehen. Er schien ebenfalls einen anstrengenden Ritt hinter sich zu haben.

»Mister Wilkinson«, sagte Vater, »sagen Sie mir doch, was Sie hierhergeführt hat.«

Der Mann wich zurück und drehte sich zu dem Gefängniswärter um, einem kleinen Mann mit Schnurrbart, der hinter einem überladenen Schreibtisch saß und irgendwelche Unterlagen wegräumte. »Das hier ist John Brown!« rief Wilkinson dem Aufseher zu, den dies nicht weiter zu kümmern schien. »Der ist gekommen, um die Neger gewaltsam aus dem Gefängnis zu holen!«

Augenblicklich preßte Vater die Mündung seines Gewehrs dicht neben Mr. Wilkinsons Ohr. »Genau das haben wir vor«, erklärte er. »Aufseher, haben Sie doch die Güte und gehen Sie mit meinen Söhnen zu den Zellen. Lassen Sie die beiden Farbigen frei und bringen Sie sie hierher. Ansonsten blase ich dem Mann hier das Gehirn aus dem Schädel.«

Mr. Wilkinson wimmerte und erklärte, er habe nichts mit dem Ganzen zu tun; an alldem sei einzig Marshal Saunders schuld.

»Warum sind Sie dann hier?«

»Ich bin in eigenen Angelegenheiten hergekommen«, erklärte er.

»Sie lügen, Wilkinson«, erwiderte Vater. »Aufseher, sagen Sie mir, was der Mann hier wollte. Auf der Stelle!« Er spannte den Gewehrhahn. Mr. Wilkinson kniff die Augen zu, als rechne er damit, gleich das Knallen der Flinte zu hören.

Langsam, bedächtig stand der Gefängniswärter auf. »Na ja, der ist gekommen, um die Nigger da hinten zu identifizieren und ein paar Papiere zu unterschreiben. Der Marshal hat gesagt, das muß er machen. He, hören Sie, Mister Brown«, fuhr er fort. »Ich hab' keine Ahnung, was mit den Niggern da los ist. Sie können mit denen machen, was Sie wollen, Teufel noch mal.«

»Hat Mister Wilkinson beschworen, daß die Männer, die Sie im Auftrag des Marshal eingesperrt haben, in der Tat diejenigen sind, die er genannt hat? Denn ich bin gekommen, um Ihnen zu sagen, daß dem nicht so ist«, erklärte Vater.

»Na ja, noch nicht, das hat er noch nicht. Für mich sind das nur zwei Farbige, und ich halte sie für den Marshal fest, wie er gesagt hat, bis er von Port Kent zurückkommt.«

»Ohne Haftbefehl.«

»Na ja … ja, Sir. Ja. Das stimmt.«

Vater packte Mr. Wilkinson am Hemdkragen, schleppte ihn zu der Stahltür, die zu den Zellen führte, und sagte zu dem Gefängniswärter: »Kommen Sie, und nehmen Sie Ihre Schlüssel mit. Mister Wilkinson wird Ihnen sagen, daß die Männer, die Sie eingesperrt haben, nicht diejenigen sind, die der Marshal sucht.«

»Na ja, Sir, ich kann die ohne eine Anweisung des Marshal nicht freilassen«, erklärte der Mann, obwohl er bereits die Tür zum Gefängnis aufsperrte.

»Sie werden tun, was ich Ihnen sage«, herrschte Vater ihn an.

»Ja, Sir, ich glaube schon«, erwiderte der Aufseher und stieß die Tür auf. Alle zusammen gingen wir zu dem Zellenblock, wo Mr. Fleete und Lyman auf uns warteten. Als sie uns sahen, grinsten sie uns an, kamen in ihrer Gemeinschaftszelle nach vorn, umklammerten die Gitterstäbe und sahen zu, wie der Wärter die Zellentür aufsperrte und weit öffnete.

»Mister Brown, wir sind mächtig erleichtert, daß Sie hier sind«, erklärte Mr. Fleete.

»Das ist der Kerl, das ist der, der dem Marshal gesagt hat, daß wir die Cannons angeblich nach Kanada gebracht haben«, erklärte Lyman und deutete mit strenger Miene auf Mr. Wilkinson. »Gestern abend sind sie in Timbuktu plötzlich über uns hergefallen. Haben gesagt, wir wüßten, wo die Cannons sich verstecken. Haben gesagt, die hätten ihren Herrn drunten in Virginia getötet. Davon wissen wir nichts, oder, Mister Brown?«

»Nein Lyman, in der Tat nicht«, stimmte Vater zu.

»Das ist gegen das Gesetz, ist Ihnen das klar?« fragte der Gefängniswärter Vater, als wir alle zu seinem Büro gingen. Vater hielt nach wie vor Mr. Wilkinson am Kragen und preßte sein Gewehr an das Ohr des Mannes.

»Solange Sie nicht versuchen, uns aufzuhalten, wird keinem von Ihnen beiden etwas geschehen«, erwiderte Vater. »Was gesetzlich ist und was nicht, darüber können wir alle uns später Sorgen machen. Doch jetzt sind diese Männer hier erst einmal frei!« Er ließ Mr. Wilkinson los, und alle senkten wir unsere Flinten und schickten uns an, Mr. Fleete und Lyman als erste, das Gefängnis zu verlassen. John ging als letzter hinaus, und als er sich umdrehte, um die Tür hinter sich ins Schloß zu ziehen, sah er, so berichtete er uns später, wie der Aufseher eine Handfeuerwaffe aus seinem Schreibtisch holte, und er schoß auf den Mann. Wir hörten zwar den Schuß und rochen das schwefelige Pulver, aber es kam alles so schnell und unerwartet und erst, als wir schon auf dem Weg zu den Pferden und dem Wagen draußen auf der Wiese waren.

»Beeilt euch!« rief John, und wir fingen an zu laufen. »Er hat eine Pistole gezogen!«

Ich sprang auf den Kutschbock und packte die Zügel; Mr. Fleete und Lyman stiegen hastig und völlig verängstigt hinten auf den Wagen. Vater, Jason und John schwangen sich auf ihre Pferde, und wir alle jagten aus der Stadt hinaus. Als der Wagen an der offenstehenden Tür des Gefängnisses vorbeikam, schaute ich zur Seite und sah den Gefängniswärter an die Tür kommen. Er war am linken Arm verwundet, doch in der Rechten hielt er einen Revolver, zielte sorgfältig und feuerte einmal. Dann waren wir weg; die Pferde donnerten die Straße entlang Richtung Norden, diesmal auf den Paß vor Ausable Forks zu und nicht auf dem Weg, auf dem wir gekommen waren, durch Keene, wo wir Billingsly angeschossen hatten.

Erst nachdem wir fast eine Meile hinter uns gebracht hatten, kam es mir in den Sinn, nach meinen Passagieren zu sehen; als ich einen Blick nach hinten warf, bemerkte ich zu meinem Entsetzen, daß Mr. Fleete in die Brust getroffen worden war. Mit aschfahlem Gesicht und ausdrucksloser Miene saß Lyman neben ihm; er blickte auf die vorbeiziehende Landschaft, als wäre er ganz allein. Vater und die anderen waren uns ein gutes Stück voraus, zu weit, als daß sie mich gehört hätten, also fuhr ich weiter. Erst als die Stadt ein paar Meilen hinter uns lag, hielt ich unter einer ausladenden Rottanne neben der Straße auf dem Kamm eines kleinen Hügels an. Ich drehte mich auf dem Kutschbock herum und kletterte in den Wagen zu Mr. Fleete.

Als wolle er die Abwesenheit eines Lebenden erklären und nicht die Tatsache, daß ein Toter neben ihm lag, sagte Lyman: »Der alte Elden Fleete ist nach Afrika zurück.«

»O Gott!« brüllte ich. »Was haben wir getan? Was haben wir nur getan, Lyman?«

»Nicht *wir* haben ihn umgebracht, Owen.«

Bald darauf brachten Vater, John und Jason ihre Pferde neben dem Wagen zum Stehen und sahen, was geschehen war. Zorn und Schmerz verdunkelten ihre Gesichter. Vor allem das von Vater. »Bringt ihn nach Timbuktu zurück, damit er dort für ein ordentliches Begräbnis angekleidet werden kann. Ich wünschte nur, der Sklavenjäger wäre tot und nicht der Sklave«, fügte er hinzu.

»Mister Fleete war kein Sklave, Vater«, wandte ich ein.

»Das wissen wir, Owen. *Wir* wissen dies. Doch diese Kerle wissen es nicht.« Er schnalzte seinem Pferd zu, und wir alle machten uns in einem düsteren Trauerzug auf den Weg durch die Wilmington-Schlucht nach North Elba.

Als wir Mr. Fleetes Leichnam zu den Negern brachten, herrschte große Traurigkeit, doch überrascht schien keiner von ihnen. Vermutlich wunderten sie sich eher, daß es einem von ihnen gelungen war, so lange zu leben und nicht vor dieser Welt zu fliehen und sich in einem Loch zu verkriechen. Das war etwas, was mich damals bei den Negern verblüffte – ständig rechneten sie mit dem Tod und sahen ihn doch nicht voraus. Später gelangte ich naürlich zu der gleichen Einstellung.

Die Folgen unserer überstürzten Handlungen waren nicht so schrecklich, wie ich befürchtet hatte, obwohl sie für die Negergemeinschaft insgesamt katastrophal waren. Wir hatten dem Sklavenfänger eine schwere (doch offenbar keine tödliche) Verwundung beigebracht, und das war vermutlich gut so. Allerdings hatte ich den Eindruck, es sei mehr als genug Blut vergossen worden. Auf dem Rückweg von Elizabethtown hatte John mir anvertraut, er hoffe, Billingsly käme zurück, um sich zu rächen, so daß wir ihm endgültig den Garaus machen könnten. Zwei weiße Verwundete gegenüber einem toten Schwarzen, das war die Bilanz. Eigentlich nicht gerecht, dachte ich, aber mehr, als bei den meisten Konfrontationen dieser Art zu erwarten war. Und mit Sicherheit hatten wir unserem Nachbarn in Keene, Mr. Partridge, einen solchen Schrecken eingejagt, daß er sich jetzt nur noch der

Hirschjagd widmen und jegliche Anwandlungen von Ehrgeiz unterdrücken würde, Sklavenjägern zu helfen und die Belohnung für ihre abscheuliche Tätigkeit mit ihnen zu teilen. Der Gefängniswärter in Elizabethtown, dessen Namen ich nie erfuhr, war einer jener Männer, die, wie Vater zu sagen pflegte, nur ihre Pflicht taten. Und wiewohl er teuer dafür hatte bezahlen müssen, konnte er jetzt doch zumindest eine Narbe vorweisen und bis an sein Lebensende eine aufregende Geschichte erzählen. Er konnte von sich behaupten, eines der ersten unschuldigen Opfer der Negerbesessenheit der Browns gewesen zu sein. Mr. Wilkinson, unser ehemaliger Verbündeter, hatte sich nach Tahawus zurückgezogen, wo er weiterhin seine irischen Bergarbeiter antreiben, jedoch jegliche Absicht aufgeben würde, Negern zu helfen und ihnen Beistand zu leisten. Im Grunde genommen lag das im Interesse der Neger und derjenigen von uns, die sich ansonsten möglicherweise mit ihm verbündet hätten. Es ist immer nützlich, seinen Feind zu kennen und von ihm gekannt zu werden, wie Vater gern sagte.

Obwohl Mr. Fleetes Tod unsere Familie zu Hause sehr bekümmerte, waren natürlich alle überglücklich, als wir in jener Nacht heil und unversehrt zur Farm zurückkehrten. Beim Anblick ihres aus dem Gefängnis befreiten Mannes weinte Susan vor Erleichterung. Allerdings hatten sie vor allem deshalb so große Angst ausgestanden, weil sie, wie wir bei unserer Ankunft erfuhren, eine Nachricht von Captain Keifer erhalten hatten. Er hatte seinen ältesten Sohn zu Pferde nach North Elba geschickt, um uns mitzuteilen, was wir bereits wußten, daß nämlich Marshal Saunders auf der Suche nach den Cannons nach Port Kent gekommen war, und um uns von etwas in Kenntnis zu setzen, woran wir nicht einmal im Traum gedacht hätten – daß in Wirklichkeit, ganz so wie der Marshal behauptet hatte, Captain Keifer das Paar gar nicht nach Kanada gebracht hatte. Des weiteren waren die beiden in der Küche des Quäkers vom Marshal und seinen Gehilfen überrascht worden. Er hatte das Paar auf der Stelle verhaftet und brachte es jetzt nach Albany, von wo aus man es nach Richmond, Virginia, zurückschicken würde, damit sich die beiden dort vor Gericht für die brutale Ermordung ihres Herrn verantworteten.

»Was! Wie konnte das geschehen?« fragte Vater. »Dann hat er uns also getäuscht! Der Quäker hat gelogen! Großer Gott, gibt es denn niemanden mehr auf dieser Erde, dem wir trauen können?«

Geduldig berichtete Mary ihm, was der Junge ihr erzählt hatte. Das Schiff seines Vaters hatte ein paar Meilen nördlich von Plattsburgh umkehren müssen, da das Wetter plötzlich umgeschlagen war und eine Weiterfahrt zu gefährlich gewesen wäre. Als Captain Keifer schließlich einen zweiten Versuch unternahm, die Flüchtlinge nach Kanada zu bringen, waren seine Helfer jenseits der Grenze mittlerweile von den kanadischen Behörden benachrichtigt worden, daß das Paar in den Vereinigten Staaten steckbrieflich gesucht wurde, nicht weil sie aus der Gefangenschaft entflohen waren – dafür wurden damals keine bundesweiten Steckbriefe ausgegeben –, sondern weil sie auf der Flucht vor einer Verhaftung wegen Mordes mehrere Staatsgrenzen überschritten hatten; daher durften sie nicht nach Kanada einreisen. Da Captain Keifer nicht gewußt hatte, was er sonst mit dem Paar machen sollte, hatte er sie bei sich zu Hause in Port Kent untergebracht und versucht, sie zu verstecken und so lange zu beschützen, bis er eine Gelegenheit fände, sie auf anderem Wege nach Kanada zu schleusen. Bald wurden die meisten Einwohner von Port Kent auf die Anwesenheit des Negerpaars aufmerksam, erhoben aber keinerlei Einwände, folglich war Captain Keifer etwas sorglos geworden, was ihr Kommen und Gehen in seinem Haus betraf. Und so war es für den Marshal und seine Gehilfen nicht weiter schwierig gewesen, sie zu überraschen.

»Bestimmt ist der arme Mann verzweifelt wegen der Wendung, die das Geschehen genommen hat. Er hat seinem Sohn aufgetragen, Sie um Ihr Verständnis und um Vergebung zu bitten, Mister Brown«, erklärte Mary; so redete sie ihn immer an – auch wenn sie ihn, wenn er nicht da war, meist als Vater oder den Alten bezeichnete, so wie wir es taten. »Der Junge selbst war mächtig aufgeregt und machte einen äußerst schuldbewußten Eindruck, der arme Bursche.« Sie hatte ihn getröstet, so gut sie konnte, und ihn mit der Versicherung zu Captain Keifer zurückgeschickt, Vater werde ihm nichts nachtragen und ihn wegen dieser Katastrophe nicht verurteilen. Schließlich hatte Captain Keifer vom Gesetz mehr zu befürchten als irgendeiner von uns, betonte sie. »Er hatte Leute bei sich versteckt, von denen er wußte, daß sie des Mordes angeklagt sind, nicht nur entflohene Sklaven.«

Vater ließ sich schwerfällig auf einen Stuhl am Tisch fallen und seufzte. Ich spürte, wie er in dem Augenblick etwas aufgab. John und Jason und ich wechselten verunsicherte Blicke. Was nun? Vaters Abstiege von seinen Höhen zu seinen Tiefen waren oft ungestüm, und wir thronten immer noch auf dem Gipfel der Abenteuer dieses Tages und versuchten, die Bedeutung unserer blutigen Begegnungen und des Todes von Mr. Fleete zu erfassen. Wir hofften, all dies würde uns neuen Auftrieb geben und uns zu weiteren Heldentaten anstacheln. Schließlich waren wir junge Männer, die sich eben in ihrer ersten Schlacht bewährt hatten, und erfüllt von rechtschaffenem Zorn; in jener Zeit bedurfte es nicht viel, um unsere Herzen höher schlagen zu lassen. Das galt sogar für Jason. Wir wollten nicht, daß Vater uns jetzt im Stich ließ und, wie es zu Zeiten wie dieser seine Gepflogenheit war, in einen Sumpf der Verzweiflung versank, wohin wir ihm zweifelsohne folgen würden.

»Bringt mir eine der Kleinen«, sagte Vater leise. »Annie oder Sarah. Bringt mir Sarah. Ruth, holst du mir die kleine Sarie, bitte?« Plötzlich wirkte der Alte sehr müde – todmüde und gealtert.

Gehorsam ging Ruth in den Schlafspeicher hinauf, um die Kleine zu holen. Vater sagte: »Es scheint alles vergeblich, nicht wahr, Kinder? Unsere Nachbarn haben uns im Stich gelassen. Menschen wurden verletzt. Blut wurde vergossen. Und ein uns lieber, tapferer Freund ist erschossen worden. Und nun sind jene, denen wir in ihrer Not beistehen wollten, vom Feind gefangengenommen und gen Süden gebracht worden, um dort gehängt zu werden. Oh, ich darf gar nicht daran denken!«

Keiner antwortete. Die Jüngeren, Watson, Salmon und Oliver, drückten sich vor der Tür zu dem anderen Zimmer herum und warteten begierig auf die blutrünstigen Einzelheiten, wer wen angeschossen hatte und wo; sie wußten, all dies erführen sie später, wenn wir älteren Söhne ins obere Stockwerk gingen, um uns schlafen zu legen, und dann, ungehindert von der Anwesenheit unserer Eltern, prahlen könnten. Mary trug schweigend etwas zu essen auf, und Lyman, John, Jason und ich zogen unsere Stühle an den Tisch und stärkten uns. Gleich darauf kam Ruth mit der schlaftrunkenen Sarah und setzte das Kind auf Vaters Schoß. Er lächelte schwach zu ihr hinunter; als sie schließlich ganz aufwachte, erkannte sie ihn und grinste. Dies munterte ihn ein wenig auf, und er begann, sie sanft in den Armen zu wiegen.

»John meint, ich müsse nach Springfield zurück«, sagte er zu uns und erklärte mit leiser, ruhiger Stimme, er werde dort gebraucht, um einige lästige Streitigkeiten und verworrene Auseinandersetzungen zwischen den Aufkäufern von Wolle und den Schafzüchtern in Ohio sowie unserem hauptsächlichen Wohltäter, Mr. Perkins, zu regeln – alte Forderungen und Gegenforderungen, die Johns Ansicht nach leichter zu klären seien, wenn Vater mitkomme, um die lästigen Beschwerdeführer höchstpersönlich zur Räson zu bringen. »Also ... nun, ich weiß selbst nicht, vielleicht hat er recht. Allerdings hatte ich gehofft, hier dringlicher gebraucht zu werden als in Springfield«, meinte er und seufzte erneut tief auf. »Ich vermute, unsere schwarzen Freunde jenseits des Tales in Timbuktu werden jetzt, wie unsere weißen Freunde hier in North Elba, nicht mehr mit uns zusammenarbeiten wollen. Was glauben Sie, Mister Epps?«

Lyman sah von seinem Teller mit Schinken, Maisbrot und in Tomatensauce gekochten Bohnen auf, kaute einen Augenblick lang schweigend und erklärte schließlich: »Mister Brown, für die anderen kann ich nicht sprechen. Nur für mich und meine Frau. Und wir werden tun, wofür auch immer Sie uns brauchen. Sie und Ihre Jungen, Sie haben mich heute aus dem Gefängnis geholt. Und wenn ich getötet worden wäre und nicht der arme alte Elden, und wenn er heute abend hier sitzen und zu Abend essen würde, dann würde er das gleiche sagen, das weiß ich. Doch die anderen Leute drüben in Timbuktu, die wollen sich jetzt wahrscheinlich eine Zeitlang ruhig verhalten. Toter Mann spielen, verstehen Sie. Das müssen sie, Mister Brown. Das verstehen Sie doch?«

»Toter Mann spielen, hm? Aber Sie und Susan, Sie beide nicht?«

»Nein, o nein, wir sind auch Farbige, Mister Brown. Das steht fest. Aber wir leben jetzt hier in diesem Haus. Wir wohnen nicht mehr bei denen auf der anderen Seite des Tales in Timbuktu. Deswegen müssen wir mehr Rücksicht darauf nehmen, was Sie hier tun, als darauf, was die da drüben machen. Es ist so, daß wir Ihnen und Ihrer Familie etwas schulden, Mister Brown. Und diese Schuld wollen wir abtragen.« Er sah auf die andere Seite des Zimmers zu seiner Frau, ob sie ihm zustimmte. Sie nickte, und er wandte sich daraufhin wieder seinem Essen zu.

»In Ordnung«, meinte Vater. »Dann machen wir es so.«

»Was?« sagte ich; das warme Maisbrot und die Butter fühlten sich in meinem Mund wie weiches, zerbröckeltes Gold an.

»Wir fahren mit John und Jason nach Springfield.«

»Wir?«

Vater warf mir einen strengen Blick zu. »Du und ich. Hast du nicht vor nicht allzu langer Zeit eben darum gebeten, Owen? Ich brauche dich dort, mindestens einen Monat lang; Jason kehrt nach Ohio zurück, um die Angelegenheiten dort für uns zu regeln und sich um seine Frau und den armen Fred zu kümmern, die die ganzen Monate allein haben zurechtkommen müssen. Nach Fred zu sehen ist nicht einfach, das weißt du. Damit, daß sie sich dies einhandelt, hat die gute Frau vermutlich nicht gerechnet, als sie einwilligte, Jason zu heiraten.«

»Ellen hat Fred sehr gern, Vater«, widersprach Jason. »Glaub mir, er stellt für sie keine Belastung dar. Sie hat keine Angst vor ihm, nicht einmal wenn er einen seiner Anfälle hat.«

»Na schön, selbst wenn dem so ist, sie braucht dich, mein Sohn. Und außerdem brauche ich dich dort, um so viele Zahlungen wie möglich für die nicht verkauften Schaffelle zu leisten und die Verzögerung der restlichen zu erklären.«

Kaum gesagt, war das Ganze schon beschlossene Sache. Vater,

John und ich würden nach Springfield zurückkehren, und Jason würde sich nach Ohio aufmachen; Lyman und Susan Epps würden mit der restlichen Familie auf der Farm bleiben, sich um die Ernte kümmern und alles sorgfältig für den Winter vorbereiten. Nun war Lyman an meine Stelle getreten, so wie ich Jason abgelöst hatte. Doch da war noch etwas anderes. Vater hatte vor, nach England zu reisen, wo, laut John, der Preis für Wolle jetzt zwischen fünfundvierzig und sechzig Cent pro Pfund lag; das war nahezu doppelt soviel, wie Brown & Perkins derzeit in Springfield erhielten. Er würde dorthin fahren und versuchen, die Briten dazu zu überreden, zum ersten Mal amerikanische Wolle zu kaufen. Wenn er die britischen Aufkäufer gegen die amerikanischen ausspielte, könnte er das Monopol brechen, das die Hersteller lähmte und Vater und Mr. Perkins immer tiefer in die Verschuldung trieb, da sie die Wolle kauften und in dem Lager in Springfield zurückhielten, um abzuwarten, bis die Preise stiegen.

Aber England? Über das Meer zu reisen und zu versuchen, in einen Markt einzudringen, der uns fremd war, und mit Leuten Geschäfte zu machen, von denen wir keine Ahnung hatten? Mir erschien das töricht.

Vater nicht. Er wollte das Lager leer räumen und mit der Wolle über den Ozean segeln. Zur Zeit waren die Zölle niedrig. Amerikanische Schaffelle könnten jetzt mit den besten auf der Welt konkurrieren, beharrte er. John Bull brauchte sie nur mit eigenen Augen zu sehen und sich von einem Mann, der sich auskannte – eben Vater – erklären zu lassen, unter welch hervorragenden Bedingungen die Schafe, von denen die Felle stammten, gezüchtet wurden; wenn man ihm darüber hinaus Garantien für weitere Lieferungen anböte, würde er zugreifen. Jedermann wußte, daß unsere freien Schafzüchter in Ohio und Pennsylvania, wenn ihnen erst einmal der Markt offenstünde, mehr und bessere Qualität liefern konnten als die armen, unterdrückten Schotten und Iren in der Alten Welt. Der einzige Grund, weshalb dies bislang niemand getan hatte, war der, daß ein einzelner Schafzüchter nicht in der Lage war, die erforderliche Menge Wolle zu liefern, und die heimtückischen amerikanischen Aufkäufer sich untereinander verständigt und alles getan hatten, um Kooperativen wie die unsere zu entmutigen und zu unterlaufen.

»Das ist die Lösung!« rief Vater, jetzt wieder glücklich und ganz aufgeregt; er spürte frischen Wind in den Segeln, und von seinem Trübsinn noch wenige Minuten zuvor war nichts mehr zu merken.

Man konnte kaum Schritt halten mit all diesen Kehrtwendungen, diesem ständigen Auf und Ab von Gefühlen und Plänen. Jason war es zufrieden, und das sah man ihm an: Er schürzte die Lippen zu einem Lächeln, weil er sich schon darauf freute, in die Arme seiner Frau und die Behaglichkeit ihres Heims in Ohio zurückzukehren. Und auch John war recht angetan, denn er fühlte sich mittlerweile da unten in Springfield wie ein echter Geschäftsmann und hatte sich mit seiner Frau Wealthy dort mehr oder weniger auf Dauer angesiedelt. Und Lyman hatte bestimmt nichts dagegen, Vorarbeiter auf der Farm zu werden, wo seine Frau Susan sowie Mary und Ruth und eine Schar von hart arbeitenden Jungen und Mädchen ihm zur Hand gehen würden.

Ich fragte mich, wie Mary wohl die Entscheidung des Alten aufnahm: vermutlich mit Erleichterung, weil er beschlossen hatte, für eine Weile den Krieg gegen die Sklaverei abzublasen – doch wahrscheinlich auch mit Angst und Sorge angesichts seiner bevorstehenden Abwesenheit, wenn der Herbst und dann der rauhe Winter nahten.

Doch einer war, wahrscheinlich als einziger, von diesen neuen Plänen mit Sicherheit enttäuscht: ich, Owen Brown, der sich noch vor einem Jahr nichts sehnlicher gewünscht hatte, als aus der Wildnis der Berge nach Springfield, in diese lebensprühende Stadt am Fluß, zurückzukehren. Irgend etwas hatte mittlerweile meine Gefühle verändert. Die Arbeit für die Underground Railroad zusammen mit Vater und den anderen, all die Aufregungen und Gefahren und das Gefühl, sich ganz einer guten Sache zu widmen – das hatte mich zweifelsohne verwandelt. Doch irgend etwas Dauerhafteres als nur dies hatte meine frühere Sehnsucht danach, diesen Ort zu verlassen, versiegen lassen, etwas, das aus unserem Leben als Familie, die sich auf einer Farm hier in den Bergen niedergelassen hatte, erwachsen war.

So weit ich zurückdenken konnte, waren wir als Familie zwar immer vereint und von der einen großen Idee beflügelt gewesen, aber dennoch – oder vielleicht gerade deswegen – waren wir immer aufgesplittert und voneinander getrennt gewesen: Vater war ständig mit seinen verschiedenen Missionen beschäftigt und unterwegs; stets kamen weiße und schwarze Fremde zu uns und reisten, kaum hatten wir uns an sie gewöhnt, wieder ab; die eine Hälfte des Hausstands war hier, die andere dort; fortwährend wurden neue Pläne geschmiedet und neue Wunschträume geboren, die sich gleich darauf wieder auflösten, wenn die Umstände sich geringfügig verschoben oder auf dramatische Weise von unsichtbaren Kräften, die sich unserer Kontrolle entzogen, verändert wurden; und auch unsere Familie als solche veränderte sich ständig, da jedes Jahr ein Kind zur Welt kam, 1834, 1835, 1836, 1837 und so weiter bis 1848, und dazwischen immer wieder das schreckliche, traurige Dahinscheiden von Kindern, bis wir schließlich kaum mehr die Namen, Geburts- und Todesdaten unserer Geschwister auseinanderhalten konnten. Für jedes Kind, das zur Welt kam, schien ein anderes kurz vorher von uns gegangen zu sein, dahingerafft von Fieber, Ruhr, Schwindsucht oder einer ungewollten katastrophalen Verbrennung, vom ersten Fred, damals, als ich erst sechs Jahre alt gewesen war, über die erste Sarah und Charles, Peter und Austin, die alle in jenem grauenhaften Winter 1843 starben, bis hin zur kleinen Amelia im Jahre 1846 und letztes Jahr, in Springfield, der kleinen Ellen.

Doch jetzt, seit gut einem Jahr, war endlich ein geringes, aber bedeutsames Maß an Beständigkeit in unsere Familie eingezogen, hier inmitten der schwarzen und weißen Farmer in den Bergen. Und zum ersten Mal in meinem Leben hatte ich das Gefühl, mittendrin zu stehen.

Damit hatte ich nicht gerechnet. Hatte nicht einmal gewußt, daß ein solches Gefühl möglich war oder daß es, wenn man es einmal verspürt hatte, nicht nur wünschenswert, sondern schlicht notwendig war. Denn hier in North Elba und nirgendwo sonst schien, zumindest für mich, der Wirbelsturm der einen großen Idee etwas abzuflauen und mich nicht mehr von einem Ort zum anderen, von einer Art von Empfindungen und Verpflichtungen zur nächsten zu schleudern. Erst hier fühlte ich mich wie ein normaler Sohn und Bruder in einer normalen Familie, die das unwirtliche Land im Norden bestellte, ihr Vieh versorgte und ihren Nachbarn half. Als ich sah, wie meine Schwester Ruth sich immer mehr zu Henry Thompson hingezogen fühlte, konnte ich mir sogar vorstellen, daß es auch mir möglich wäre, hier eine Frau zu finden und ein Haus zu bauen, meine eigenen Schafe zu züchten und selber Kinder zu zeugen. Und zusammen mit den Negern und den weißen Nachbarn gleichermaßen meinen Teil zu Gottes und Vaters Werk beizutragen.

Für den Alten war dies natürlich nicht genug. Nicht annähernd genug war ein solches Vorhaben in seinen Augen; es war sogar eine Sünde, einen Hausstand zu gründen und lediglich zusätzlich unseren Teil zum Werk des Herrn beizutragen. Wir mußten es ganz tun, und all unsere Arbeit hatte dem Werk des Herrn zu dienen. Eine Familie zu gründen mußte eine Nebensache bleiben. Denn andernfalls taten wir Satans Werk.

Und so änderten wir Browns erneut unsere Vorgehensweise gegen die, die sich uns widersetzten, und verlagerten gleichzeitig den Ausgangspunkt all unserer Unternehmungen. Wir würden gen Süden nach Springfield reisen und von dort aus nach England. Und von da aus könnten wir, laut Vater, sehr wohl einen kleinen Abstecher auf den Kontinent hinüber machen, um an Ort und Stelle Napoleons Feldzüge in den Niederlanden nachzuvollziehen. Nach dem Verkauf unserer Wolle wären wir endlich von der Schuldenlast befreit und könnten uns dann voll und ganz, ein für allemal, unserer eigentlichen Aufgabe widmen: Krieg gegen die Sklaverei zu führen.

»Dann soll alle Welt die Früchte unserer Zucht und Ordnung, unserer von festen Grundsätzen getragenen Wildheit und unserer strategischen Klugheit sehen«, erklärte Vater uns in jener letzten

Nacht in North Elba. Dann sollte der eigentliche Krieg beginnen. Das Tal hier wäre unser Basislager, unser Hauptquartier, wenn wir hinunter in die Alleghenies und weiter in die Appalachen zögen. Unsere Taktiken und unsere Grundsätze würden wir nach dem Vorbild jener gestalten, die die großen Errungenschaften von Toussaint, Spartakus und Nat Turner ermöglicht hatten, und auf diese Weise würden wir den Süden befreien – eine Plantage nach der anderen, eine Stadt nach der anderen, County um County, Bundesstaat um Bundesstaat –, bis wir endlich dem Ungeheuer das Rückgrat gebrochen hätten.

Also, ja, er hatte einen Plan, selbst damals. Und nach und nach machte er uns damit vertraut. Er hatte Karten und Abhandlungen, um seine Theorien zu stützen, und an den Abenden holte er sie hervor, um sie uns zu erklären und zu zeigen, daß sein Plan durchführbar war. Außerdem übte er zweifelsohne für die Zeit, wenn er seinen Plan skeptischeren Augen als denen seiner Frau und seiner Kinder und der Neger, die bei uns lebten, vorlegen würde, Leuten wie Frederick Douglass und Gerrit Smith, Männern, auf deren Unterstützung er angewiesen wäre, auf deren Unterstützung sein Plan sogar gründete.

Alsdann, zu Bett; Ruth trug die kleine Sarah, die mittlerweile auf Vaters Schoß wieder eingeschlafen war, in ihr Bettchen hinauf; die Jungen Watson, Salmon und Oliver kletterten verdrossen ins Obergeschoß und warteten dort ungeduldig auf ihre älteren Brüder. Und wir kamen kurz darauf nach, zusammen mit Lyman Epps, der bestimmt lieber in einem separaten Zimmer und in einem eigenen Bett zusammen mit seiner Frau geschlafen hätte, der jedoch nun wie ein Shaker leben mußte, enthaltsam und in die Gemeinschaft eingegliedert. Ruth und Susan Epps gingen in das Zimmer, in dem die Frauen schliefen und wo die kleinen Mädchen Annie und Sarah bereits schlummerten.

Vater und Mary blieben allein im Erdgeschoß in ihrem Bett neben dem Kamin im Wohnzimmer zurück; und der Alte würde, das wußte ich, in seiner Begeisterung für die neue Wendung, die die Ereignisse genommen hatten, und im Bewußtsein, wie lange er nun von seiner Frau und seinem Heim getrennt sein würde, in der Dunkelheit die Hände nach ihr ausstrecken und das Gebot des Herrn erfüllen: Seid fruchtbar und mehret euch. Und auf dem Kaminsims würde laut Urgroßvaters Uhr ticken.

III

10

Anfang September jenes Jahres, ein strahlend schöner Tag war es, buchten der Alte und ich die Überfahrt nach Liverpool auf dem Raddampfer *Cumbria*, einem Frachter, der von Boston aus in See stach. Dort waren wir drei Tage zuvor angekommen, nach nahezu vierzehn Tagen in Springfield, wo Vater wie gewohnt unverdrossen versucht hatte, sich mit seinen und Mr. Perkins' Gläubigern zu einigen, jedoch nichts weiter als eine Verlängerung des ihm und Mr. Perkins von den Schafzüchtern aus dem Westen eingeräumten Kredits für die Zeit erreicht hatte, die nötig war, um in England die Wolle loszuschlagen, die er in Amerika nicht verkaufen konnte. Oder nicht verkaufen *wollte*. Nicht für die fünfunddreißig Cent pro Pfund, die man ihm damals bot – etwa zehn Cent weniger, als er den Schafzüchtern in Ohio und Pennsylvania zugesagt hatte.

Das Problem lag auf der Hand: Vater hatte im Westen große Mengen Wolle aufgekauft und sie im Lagerhaus in Springfield gelagert, nachdem er mit Mr. Perkins als Bürgen den Produzenten im Westen versprochen hatte, ihnen wesentlich mehr zu bezahlen als die Wollhändler und Tuchhersteller in New England zu jener Zeit. Und jetzt, mehr als ein Jahr später, wollten die Lieferanten ihr Geld sehen, das Vater natürlich nicht hatte. Um das Monopol der Aufkäufer zu brechen, hatte Vater versucht, ein Monopol der Verkäufer zu schaffen. Die Schwierigkeit bestand schlicht darin, daß die Aufkäufer einen längeren Atem hatten als die Verkäufer.

Vergeblich legte ich ihm dar, es wäre klüger, diesem Verlustgeschäft auf der Stelle ein Ende zu setzen und möglichst rasch auf die Farm in North Elba zurückzukehren, um dort eine kleine Gerberei aufzubauen, wie er sie damals, vor Mutters Tod, als ich noch ein

Kind gewesen war, in New Richmond betrieben hatte – ein bescheidenes, ortsansässiges Unternehmen, das unseren Bedürfnissen entsprach und in keiner Weise von seinen Fähigkeiten abhing, die Machenschaften raffinierter, berechnender, mit Reichtümern gesegneter Männer, die irgendwo anders lebten, vorauszuahnen und zu durchkreuzen.

Für mich waren Papiergeld, Schuldscheine, Bankbürgschaften und Kreditbeschränkungen, Marktfluktuationen, Zollgesetze und dergleichen ebenso abstrakt und metaphysisch wie die Philosophie des deutschen Idealismus. Für Vater hingegen waren sie merkwürdig handfest, so wirklich wie die Nahrung, die er aß, wie das Wasser, das er für seine Morgenrasur erhitzte, wie der langschößige tabakfarbene Wollanzug, den er zeit seines Lebens als Erwachsener tagtäglich trug. Folglich glaubte er, sich in Finanzdingen genauso leicht zurechtfinden und sie unter Kontrolle bekommen zu können, wie er sich im Speisesaal eines Hotels sein Abendessen bestellte oder jeden Morgen ein Feuer unter dem Kessel mit kaltem Wasser entfachte oder die Falten in seiner Hose ausbügelte, indem er sie unter seine Matratze legte, während er schlief. Er war wie ein glückloser Spieler, der einfach nicht glauben will, daß man außer Glück auch Pech haben kann, und der seine sich häufenden Verluste ständig durch neue Wetten auszugleichen versucht.

Nur selten kam ich auf die Idee, Vater könnte verrückt sein, so wie man ihn später oft dargestellt hat, und wenn, dann höchstens bei derlei Finanzgeschäften. Doch diese Verrücktheit teilte er in jener Zeit mit den meisten fähigen Männern, die wie er über eine rastlose Intelligenz verfügten. Der Traum, durch Spekulationen reich zu werden, war wie eine Seuche, und sich nicht davon anstecken zu lassen war ein Zeichen geistiger Trägheit und mangelnder Intelligenz. Damals hatten meine Einwände gegen Vaters Pläne so gut wie kein Gewicht. Für ihn waren es die Bedenken eines einfältigen Mannes, eines Mannes ohne Ehrgeiz.

Mein Bruder John stand, glaube ich, in dieser Hinsicht auf der Seite des Alten; er hatte sich ebenfalls von der Krankheit anstecken lassen, auch wenn sein Fall nicht so schwerwiegend war. Jason wiederum schien ebenso immun gegen die Seuche zu sein wie ich, machte sich jedoch im Unterschied zu mir offenbar kaum Sorgen wegen der fiebrigen Pläne und Illusionen des Alten und kümmerte sich, außer wenn Vater seine Hilfe und seinen Beistand als Sohn einforderte, in aller Ruhe um seine eigenen Angelegenheiten – seine Weinberge und Obstplantagen in Ohio. Jason gelang es, Vater gegenüber eine gutmütige Unabhängigkeit zu bewahren, um die ich ihn beneidete, die ich aber kaum verstand. »Owen«, pflegte er zu sagen, und ein freundliches, jedoch leicht ironisches Lächeln spielte um seinen Mund, »du mußt es einfach geschehen lassen. Der Alte tut ohnehin, was er will, gleichgültig, wie sehr du dich sorgst oder aufregst. Laß es bleiben, Bruder, und versuche, das Schauspiel, das er dir bietet, zu genießen.«

Doch so einfach war das für mich nie. Wie war es möglich, dem Alten nicht zu folgen, ohne ihn dadurch im Stich zu lassen? Ich konnte mir dies schlicht nicht vorstellen. Wie eine Ehefrau, ein Kind, ein *Sklave*, so schien es manchmal, war ich an ihn gebunden – auch wenn ich natürlich sehr wohl wußte, die Ketten, die mich an ihn fesselten, hatte ganz allein ich geschmiedet. Schließlich hatte Vater es mir seit dem Ende meiner Kindheit, seit ich etwa sechzehn Jahre alt gewesen war, kein einziges Mal untersagt, die Art von Leben zu führen, die ich wollte. Daß ich allem Anschein nach *sein* Leben lebte oder doch eines, das ein bloßes Anhängsel des seinen war, ließ weniger auf das Ausmaß seiner Macht als auf das meiner Ohnmacht schließen.

Während der paar Tage in Boston vor unserer Abreise folgte ich dem Alten wie ein Hündchen, wenn er nachmittags und abends öffentliche und private Zusammenkünfte besuchte. Damals war der Abolitionismus in ganz Boston das Gesprächsthema. Mit all dem Eifer und Scharfsinn formuliert und vorgetragen, die die Debatten der ursprünglichen Puritaner über den freien Willen und die Gnade Gottes ausgezeichnet hatten, war es doch nichts weiter als bloßes Gerede; zumindest kam es Vater und mir so vor – von rücksichtsloser Leidenschaftlichkeit geprägtes Gerede, so als sei es wichtiger, wer bei dem Thema im Recht oder im Unrecht war, als das Leben von Menschen zu retten, ganz zu schweigen von ihren Seelen.

Wir wohnten bei einem abolitionistischen Gesinnungsgenossen Vaters – eigentlich einem Freund Mr. Gerrit Smiths, von dem Vater ein für alle Zwecke geeignetes Empfehlungsschreiben zur Verwendung in England erhalten hatte. Bei diesem philanthropischen Gentleman handelte es sich um den bekannten Dr. Samuel Gridley Howe; er und seine liebenswürdige, gastfreundliche Frau, die Dichterin Julia Ward Howe, Erbin eines Vermögens, hatten uns ein Zimmer in ihrem großen Haus am Louisburg Square überlassen, einem hohen Ziegelbau mit Bogenfenstern, die sich in jedem Stockwerk zur Straße hin öffneten; wie ein Industriekapitän, der seine Fabrik kontrolliert, konnte man am Fenster stehen und auf die belebte Straße hinunterblicken. So war Boston damals: eine geschäftige Produktionsstätte, in der alles, angefangen von Brot und Federhüten bis hin zu religiösen Vorstellungen und den schönen Künsten, hergestellt, verkauft, verteilt, konsumiert und beredet wurde, und das mit bemerkenswerter Tüchtigkeit und geschäftigem Eifer, eine brummende Maschine, jeder Bürger ein Teil des Ganzen, vom bescheidensten, des Lesens unkundigen irischen Zeitungsjungen oder Zimmermädchen bis zum vornehmsten Harvard-Gelehrten oder Theologen vom Beacon Hill.

Mir gefiel die Stadt auf Anhieb, und am liebsten wäre ich Vater auf der Stelle davongelaufen, um mich für immer dort niederzulassen, so wie der junge Benjamin Franklin von zu Hause weggerannt war, um sein Glück in Philadelphia zu suchen – vorausgesetzt, ich hätte, wie Franklin, einen richtigen Beruf erlernt oder irgendeine andere Möglichkeit gehabt, meinen Lebensunterhalt zu verdienen, und nicht nur über die Fähigkeit verfügt, Schafe zu hüten und die Wildnis des Nordens urbar zu machen. Vorausgesetzt, ich wäre, anders ausgedrückt, nicht Vaters dritter Sohn gewesen. So jung und schon so voller Bedauern zu sein, das war seltsam, auch wenn mir dies damals nicht klar war. Fast so, als betrachtete ich bereits im Alter von sechsundzwanzig Jahren mein tägliches Leben mit wehmütiger Sehnsucht nach einem anderen, das ich nie geführt hatte und niemals führen würde. Ich kannte andere junge Männer, denen es ähnlich ging, doch diese hatten überstürzt geheiratet und erwachten nun jeden Morgen mit dem vergeblichen Wunsch, ihr Leben noch einmal von vorn zu beginnen, junge Männer, die sich tagtäglich, wenn sie sich für die Arbeit ankleideten und an den Frühstückstisch setzten, immer wieder aufs neue damit abfinden mußten, daß sie in einem Leben gefangen waren, das sie nicht gewollt hatten. Doch keiner der mir bekannten und nicht unglücklich verheirateten Männer meines Alters hatte so sehr das Gefühl wie ich, in einer Falle zu sitzen. Sie hätten meine Empfindungen nicht einmal verstanden. Möglicherweise hätten sie sich sogar gewünscht, an meiner Stelle zu sein.

Ich erinnere mich, wie wir am späten Nachmittag mit dem Zug von Springfield in Boston ankamen; kaum hatten wir unser Gepäck untergestellt und Dr. Howe und seiner Frau unsere Aufwartung gemacht, gingen wir über die abschüssigen ziegelgepflasterten Gehwege des Beacon Hill hinunter zum Versammlungshaus in der Charles Street, um den berühmten Mr. Ralph Waldo Emerson zu sehen und zu hören, der an jenem Abend über das erhebende Thema Heldentum sprechen sollte. Dr. Howe hatte Vater mit der Bemerkung auf dieses Ereignis hingewiesen, der »Weise von Concord« werde sich mit der Frage auseinandersetzen, was die angemessene Antwort des modernen Intellektuellen auf die Sklaverei sei. Anscheinend hatten der Doktor und seine Frau den Vortrag bereits im Atheneum von Concord hören dürfen, wo Mr. Emerson ihn vor einem recht skeptischen Publikum, einer Gruppe von Anhängern Garrisons, gewaltlosen Abolitionisten, gehalten und alle zu seiner radikaleren Einstellung bekehrt hatte. Folglich erwartete Vater eine zündende Rede, einen Ruf zu den Waffen, eine überzeugende Beschreibung des neuen amerikanischen Helden.

Wir trafen früh dort ein und nahmen in der dritten Sitzreihe Platz, so weit vorn wie möglich. Binnen kurzem hatte sich der große Saal gefüllt, hauptsächlich mit vornehm wirkenden Männern und Frauen, deren Haltung und Blicke wohlwollende Klugheit ausdrückten und deren Benehmen nicht Überheblichkeit, sondern schlichtes – wenn auch gutgenährtes – Selbstvertrauen verriet. Nie zuvor hatte ich eine kultiviertere Versammlung von Menschen gesehen, und ich konnte nicht anders, als mich auf meinem Sitz umzudrehen und den Kopf zu recken, um sie alle zu sehen und zu bewundern, als sie von der dunkler werdenden Straße hereinkamen und ihre Plätze einnahmen.

Vater saß steif da, die Hände auf die Knie gelegt, und starrte geradeaus, als wäre er allein im Zuschauerraum oder befände sich in einem Vorzimmer und wartete auf das Gespräch mit einem möglichen Arbeitgeber. Vermutlich waren etliche der Anwesenden berühmte Leute; dies schloß ich aus der Art, wie die anderen, sobald dieser oder jener hereinkam und Platz nahm, ihn anstarrten und ihren Begleitern etwas zuflüsterten. Aber natürlich kannte ich keinen von ihnen. War jener gutaussehende Mann mit dem Adlerblick möglicherweise Charles Sumner? Und die kleine, stämmige Frau neben ihm Lydia Maria Child, die berühmte Vorkämpferin für die Rechte der Frau und die Abschaffung der Sklaverei? Befand sich vielleicht der ungemein kluge Transzendentalphilosoph William Ellery Channing unter uns?

Selbstverständlich kannte ich all diese illustren Persönlichkeiten nur ihrem außerordentlichen Ruf nach; ich glaubte, jeder, der distinguierter als Vater aussehe, was bei diesen Leuten ganz gewiß der Fall war, müsse mindestens ebenso bemerkenswert sein wie er. Anders als Vater hatten sie ihr ganzes Leben in Boston verbracht, stammten aus wohlhabenden, alteingesessenen Familien, hatten eine vorbildliche Erziehung genossen und führten ein reges gesellschaftliches Leben; sie konnten gar nichts anderes sein als strahlende Vorbilder, Leuchttürme auf einer Anhöhe. So glaubte ich jedenfalls. Im Vergleich dazu war Vaters Licht nichts weiter als eine flackernde Kerze, die er, um sie vor dem Wind zu schützen, in der Höhlung seiner Hand barg. Zwar schämte ich mich in dieser Umgebung Vaters nicht, doch er tat mir leid, vor allem da er stocksteif und reglos dasaß, angespannt und mit gerötetem Gesicht, mit seinen großen Arbeiterhänden und Handgelenken, die aus den Ärmeln schauten, den Mund fest zusammengepreßt, die grauen

Augen starr aufs Podium gerichtet. Diese eindrucksvolle Gemeinschaft Gleichgesinnter schien Vater nicht zu erhöhen, sondern auf traurige und überraschende Weise herabzusetzen.

Und als sich dann Stille über die Versammlung senkte und Mr. Emerson ohne großes Gehabe und ohne einleitende Worte mit seinem Vortrag begann, schien Vater, der arme Vater, noch kleiner zu werden als zuvor; beinahe nahm ich ihn nicht mehr wahr, was in der Öffentlichkeit fast nie vorkam, da ich selten in der Lage war, ihn oder seine Reaktion auf eine Ansprache oder Predigt nicht zur Kenntnis zu nehmen. Meistens war ich damit beschäftigt, meine Ansicht nach der auszurichten, die ich für die seine hielt, und hörte deshalb nur selten der eigentlichen Rede oder Predigt wirklich zu.

Doch dieses Mal war es anders. Für mich war Mr. Emerson der ideale Dichter und Weise schlechthin, und wenn man von einem Mann sagen kann, er sei schön, so traf dies auf ihn zu. Er war schlank, wirkte aber stark und geschmeidig wie jemand, der sich oft im Freien aufhält; mittelgroß, von edler Haltung, die Gesten ungezwungen und natürlich, stand er vor uns und sprach mit einer Stimme, die zwar beinahe den Eindruck vermittelte, als führte er ein persönliches Gespräch, aber doch bis in die entferntesten Winkel des Saales drang, denn jedes seiner Worte schien selbst von den letzten paar Spätankömmlingen, die sich durch die Tür an der Rückseite zwängten, mit ehrfürchtiger Aufmerksamkeit aufgenommen zu werden. Vom ersten bis zum letzten Satz war kein Flüstern oder Rascheln aus dem Publikum zu hören. Er verzichtete auf die üblichen rhetorischen Tricks wie weitausholende Gesten und eine bedeutungsvoll gerunzelte Stirn, auf all das, was bei den Rednern damals so beliebt war, auf alle künstlichen Abstufungen der Stimme und willkürlichen Veränderungen in Sprechtempo und Lautstärke, mit denen man die Zuhörer überraschte, um sich auf billige Weise ihre Aufmerksamkeit zu sichern. Vielmehr sprach er schlicht und geradeheraus, auf eine Art, die einen glauben ließ, er rede nur mit einem selbst und mit keinem anderen im Saal. Seine klaren Augen hatten die blaue Farbe von Glockenblumen und waren auf keinen bestimmten Anwesenden, sondern auf einen Punkt über dem Kopf eines jeden gerichtet, als betrachtete er dessen Gedanken, wie sie emporstiegen. Ab und zu warf er einen Blick auf das Manuskript vor ihm, als wollte er sich einen neuen Absatz oder manchmal auch eine ganze Seite einprägen, hob anschließend erneut den großen, wohlgeformten Kopf und sprach weiter, ohne zu zögern oder seinen Redefluß zu unterbrechen. Zu jener Zeit war er, schätze ich, Mitte Vierzig, auf der Höhe seines Mannestums, obwohl er gleichzeitig jünger – was die Klarheit und Offenheit seines Gesicht betraf – und älter erschien – wegen der abgeklärten Selbstsicherheit seines Auftretens.

Da ich ganz ergriffen und hingerissen war, besonders zu Beginn, verstand ich nicht viel von dem, was er sagte, als er zunächst über Persönlichkeiten und literarische Werke sprach, von denen ich nie etwas gehört hatte – unter anderen von einem Dramatiker namens Beaumont Fletcher und etlichen Figuren aus seinen Stücken. Doch immerhin begriff ich, daß er wirklich von Heldentum sprach und davon, wie sehr es in der Vergangenheit mißverstanden worden war, von Dichtern und Theaterautoren und Politikern gleichermaßen. Er beabsichtige, so erklärte er, es hier und jetzt neu zu definieren. Und er schien diese neue Auffassung von Heldentum, so wie Dr. Howe und seine Frau versprochen hatten, auf unsere gegenwärtige Uneinigkeit in der Frage der Sklaverei im allgemeinen und der Abolitionistenbewegung im besonderen anzuwenden.

In den Werken der älteren britischen Dramatiker, so sagte er, richte sich das Augenmerk ständig und fast zwanghaft auf die vornehme Herkunft, so wie man in unserer heutigen Gesellschaft vor allem auf die Hautfarbe achte. Mir kam es wie eine wunderbare und originelle Umkehrung der Art vor, in der wir diese beiden Aspekte der Gesellschaft üblicherweise wahrnehmen – vornehme Herkunft, das heißt die unterschiedlichen Klassen von Menschen, und die Rasse. Gegensätze werden plötzlich zu ebenbürtigen Vergleichsgrößen. Ja, das war *wirklich* eine neue Art, die Dinge zu betrachten.

Nach einer Weile begann er dann, die verschiedenen Erscheinungsformen von Heldentum herauszuarbeiten und zu untersuchen, indem er, oberflächlich betrachtet, lediglich Helden aus der Literatur vorstellte, während er gleichzeitig mittels Hinweisen und geschickten Randbemerkungen zum Ausdruck brachte, die gegenwärtige Uneinigkeit im Land hinsichtlich Fragen der Sklaverei sei das angemessene Betätigungsfeld solcher Gestalten. Er rief nach einem Mann aus dem Geiste Plutarchs, welcher, wie ich voller Freude feststellte, auch zu den Lieblingsautoren Vaters zählte, nach einem Mann, der die Mutlosigkeit und Feigheit unserer religiösen und politischen Theoretiker mit »wilder Entschlossenheit, einem Stoizismis nicht der Denkschulen, sondern des *Blutes*« widerlegen konnte. Mr. Emerson verlangte »bedingungslos kathartische Tugend«, wie er sie nannte, die den Kampf gegen die Vergewaltigung der Naturgesetze aufnehmen konnte, deren sich unsere Vorgänger wie auch unsere Zeitgenossen schuldig gemacht hatten. Und nun verfiel er in eine Sprechweise – doch ich sollte besser sagen: erhob er sich zu einer Sprache –, die, obwohl er das Wort selbst kein einziges Mal erwähnte, die Sklaverei äußerst harsch und sehr einfallsreich anprangerte. Sie sei wie Wundstarrkrampf, sagte er, der einen Mann nach hinten krümme und den Kopf zu den Fersen biege. Sie sei wie Tollwut, die diesen Mann dazu bringe, seine Frau und seine Kinder anzubellen, wie eine Krankheit, die ihn Gras fressen lasse.

Ein Mann, so gab er zu verstehen, müsse sich all diesen äußeren Übeln stellen und sie mit soldatischer Haltung bekämpfen. So bilde Heldentum sich allmählich heraus. Der Held schreite nach seiner eigenen Marschmusik voran, denn Heldentum habe etwas an sich, das nicht philosophisch sei, wie er bemerkte, etwas, das nicht heilig sei. »Heldentum scheint nicht zu wissen, daß andere Seelen aus dem gleichen Stoff gemacht sind. Es ist stolz. Es ist die extremste Erscheinungsform der menschlichen Natur«, erklärte er. Diese Worte begeisterten mich, da sie natürlich in vollkommener Weise meinen Vater beschrieben, und ich fragte mich, ob der Alte selber dies bemerkte. Oder war auch dies ein Kennzeichen des Heldentums – daß der Held sich nicht als heldenhaft wahrnimmt?

Und da war noch mehr, viel mehr, was mich an Vater erinnerte, als Mr. Emerson fortfuhr. Heldentum, so sagte er uns, schäme sich fast seiner Körperlichkeit. Und weiter: Der Held liebe seine stoische Mäßigung ihrer Eleganz und nicht ihrer Kargheit wegen. »Einem großen Mann ist selten bewußt, wie er ißt und wie er sich kleidet; doch seine Lebensführung ist auch ohne Vorschriften und Akkuratesse natürlich und poetisch.«

Der bildhafte Stil, in dem Mr. Emerson sprach, machte es mir leicht, seine Gedanken zu verstehen, selbst wenn seine Ideen und seine Sprache dunkel oder abstrakt erschienen; so konnte ich seine Worte behalten und sie später jenen wiederholen, die nicht das Glück gehabt hatten, sie persönlich zu hören. Ich erinnere mich, wie ich Mr. Emersons Ausführungen, die ich an jenem Abend in Boston gehört hatte, noch Jahre später hervorsprudelte, als wären es meine eigenen. Meine Gefährten waren bescheidene Leute, Neger und Weiße, die sich mit mir um ein Lagerfeuer in Kansas geschart oder in einer eiskalten Blockhütte in Iowa oder in einem Bauernhaus in Maryland verkrochen hatten, und ich versuchte dann, sie aufzumuntern, indem ich Dinge sagte wie: »Kennzeichen des Heldentums ist Beständigkeit«, und: »Wenn du deinem Bruder beistehst, weil es dir angebracht erscheint, so nimm deine Worte nicht zurück, wenn du feststellst, daß die Vorsichtigen dich nicht dafür loben.« Und schließlich das, was später mein ganz persönliches Motto werden sollte: »Tu immer das, wovor du am meisten Angst hast.«

Ich faßte Mr. Emersons Rede über das Heldentum als erhabenen Ratschlag auf. Als erhabenen Ratschlag und auch als Prophezeiung. »Zeiten des Heldentums«, erklärte er, »sind im allgemeinen Zeiten des Schreckens.« Und dann beschwor er das Martyrium des tapferen Lovejoy herauf, der sich im Namen der Bill of Rights und seines Rechts, die Sünde der Sklaverei lautstark anzuprangern, der Wut des Mobs ausgeliefert hatte. Mr. Emersons Ansicht nach lebten wir in einer Zeit des Schreckens, und deshalb würden auch wir unsere Helden sehen. Sie würden bald kommen, und wir müßten bereit sein, sie zu erkennen, wenn sie in unserer Mitte erschienen. Diesem Ziel ordnete Mr. Emerson all seine beträchtlichen, all seine unvergleichlichen Gaben und seine Klugheit unter. Wer hätte da nicht dankbar sein sollen?

Nun, Vater zum Beispiel. Vielleicht auch nur Vater. Mitten in dem Beifall nach Mr. Emersons Vortrag erhob sich Vater von seinem Sitz, um, wie ich zuerst glaubte, noch begeisterter applaudieren zu können. Aber nein, er war aufgestanden, um den Saal zu verlassen, bahnte sich mit finsterem Gesichtsausdruck seinen Weg an den Knien seiner Sitznachbarn vorbei und schritt betont eilig durch den Mittelgang zum rückwärtigen Ausgang. Erstaunt und mehr als nur ein wenig verlegen wegen seines rüden Verhaltens, folgte ich ihm mit gesenktem Kopf und holte ihn auf der Straße ein.

Kurze Zeit gingen wir schweigend dahin. »Wahrhaftig, dieser Mann ist ein Narr!« stieß Vater schließlich hervor. »Bei meinem Leben, sein Ruhm ist mir unbegreiflich. Aber vielleicht ist ja alle Welt so närrisch wie er. Gottlos? Er ist ja nicht einmal vernünftig! Man sollte doch meinen, wenn er schon gottlos ist und ssä-kuh-laare Ansichten vertritt, sollte er wenigstens *rational* denken«, erklärte er und ließ ein hämisches Lachen hören.

»Ja, aber, hast du … hast du nicht seine Sprache bewundert?« Mr. Emerson hatte sich der Sprache auf sehr indirekte und eigenwillige Weise bedient, die seine Persönlichkeit im schönsten Glanz erstrahlen ließ, gleichzeitig den vorgeblichen Gegenstand seines Vortrags jedoch undurchsichtig werden ließ; wollte man ihn verstehen, mußte man sich praktisch selbst ausdenken, was er einem vermittelte. Ich hatte dieses Erlebnis wunderbar gefunden, so als würde er Poesie vortragen. Doch mir fiel keine Passage in Mr. Emersons Rede ein, auf die ich Vater hätte verweisen können, um dies zu verdeutlichen. Wenn man nicht das Ganze schluckte, konnte man auch keinen Teil davon annehmen. Und wenn man einen Teil davon übernahm, mußte man sich vom Ganzen bezaubern lassen.

»Seine *Sprache*? Das kann nicht dein Ernst sein, Owen. Aufgebauschter Unsinn, weiter nichts. Wolken, Nebel, Dunstschleier aus Worten bietet dieser Mann uns, mehr nicht. ›Zeiten des Schrekkens‹, wahrhaftig! Was weiß *der* schon von Schrecken? Ralph Waldo Emerson hat weder den Verstand noch die Seelengröße, um den Schrecken zu kennen. Und ganz gewiß hat er kein bißchen christlichen *Glauben* in sich! Das sollte ihm *wirklich* Schrecken einjagen, der Zustand seiner eigenen nackten Seele.« Er fuhr fort, sich zu ereifern, während wir zu Dr. Howes Heim zurückkehrten, wo die gute Mrs. Howe versprochen hatte, ein kaltes Abendessen für uns bereitzuhalten.

Schweigend folgte ich ihm und überlegte, was er mit seinem Ausbruch gemeint und welche Bedeutung er für mich hatte, auch hing ich einem etwas abwegigen Gedanken nach, der mir bei Mr. Emersons abschließenden Worten gekommen war – daß nämlich Vater keinem Menschen mehr ähnelte als dem Weisen von Concord. Der Alte war eine grob geschnittene, puritanische Ausgabe von Ralph Waldo Emerson, wie mir in jener Nacht in Boston und auch noch viele Jahre später schien, bis zum heutigen Tag sogar, da es wahrscheinlich keine Rolle mehr spielt. Doch in jener Nacht hatte es eine gewisse persönliche Bedeutung für mich.

Selbst körperlich sahen sich beide hinreichend ähnlich, um als Brüder gelten zu können – obgleich Vater die gröbere, muskulösere Version gewesen wäre. Beide hatten sie altmodische, hakennasige Yankee-Gesichter, tiefliegende Augen, die so unverwandt in die Welt hinausblickten, daß sie einen zwangen, den eigenen Blick sofort abzuwenden oder aber sich dem Willen des Mannes zu unterwerfen. Und ebenso umstandslos und selbstvergessen, wie Vater an seinen Gott glaubte, war Mr. Emerson von der Macht und der immerwährenden Wahrheit dessen, was er Natur nannte, überzeugt. Für beide Männer waren Gott – oder eben die Natur – Anfang, Ursache und Ende, und der Mensch war nichts weiter als ein Werkzeug für Anfang, Ursache und Ende.

Während ich so dahinging und in meiner Träumerei immer weiter hinter den Alten zurückfiel, merkte ich auf einmal, daß ich mir zu meinem Vergnügen Mr. Emerson vorstellte, wie er von einer Versammlung mit Vater kam und seinem Sohn genau das gleiche über diesen verrückten John Brown sagte. »Wahrhaftig, der Mann ist ein *Narr*! Bei meinem Leben, sein Ruhm ist mir unbegreiflich!« Denn wenn Mr. Emersons Argumentation einen Mangel aufwies, dann den, daß er wahrscheinlich unfähig war, meinen Vater als ebenden Helden zu erkennen, nach dem er rief. Und wenn das Heldentum meines Vaters einen Makel hatte, dann vielleicht den, daß er sich in der Darstellung Mr. Emersons nicht wiedererkannte.

Wir bogen von der Charles Street auf den Weg zum Louisburg Square hinauf, und ich erinnere mich an einen jungen Mann, der uns hügelabwärts entgegenkam; er war gut gekleidet, wirkte vergnügt und pfiff eine Melodie vor sich hin – eine Melodie, die ich nicht kannte; wie ein Vogel war er, der aus reiner Freude zwitschert. Ein rundum glücklicher Mensch, uneingeschränkt mit sich zufrieden, so schien es, als hätte er gerade mit Erfolg einem liebreizenden jungen Mädchen den Hof gemacht und wäre von ihr aufgefordert worden, am nächsten Abend wiederzukommen und dort weiterzumachen, wo er heute aufgehört hatte. Pfeifend ging er an uns vorbei und setzte seinen Weg die Straße hinunter fort, begab sich höchstwahrscheinlich in seine Junggesellenwohnung. Ein glücklicher Mann! Unvermittelt blieb ich stehen, sah ihm einige Augenblicke lang nach und fragte mich, wie es sich wohl anfühlen mochte, so unbeschwert glücklich zu sein wie er, als ich Vater rufen hörte: »Beeil dich, Owen! Wo bleibst du denn? Na los, mach schon! Und starre nicht den Leuten hinterher wie ein Bauerntölpel.«

Hastig holte ich ihn ein, und nachdem wir ein Stück Weges schweigend zurückgelegt hatten, fragte mich der Alte mit leiser Stimme, die verriet, daß er nachgedacht hatte, was meine wahre Meinung zum Vortrag von Mr. Emerson sei. Offensichtlich war ihm sein vorangegangener Ausbruch nun ein wenig peinlich, und einige der Worte des Dichters hatten ihn vielleicht tatsächlich berührt. Möglicherweise hatte ihn ihre Verwandtschaft mit seinen eigenen Gedanken und Überzeugungen getroffen, die er nie zuvor so elegant formuliert gehört hatte, und so hatte sich sein Ärger im Grunde genommen nicht gegen Mr. Emerson gerichtet, sondern gegen sich selber.

»Ganz offen und ehrlich?«

»Ja.«

»Nun, ich muß sagen, ich habe seine Worte als einen erhabenen Ratschlag empfunden, Vater. Und als Prophezeiung.«

Er antwortete nicht gleich. Dann sagte er: »Erhabener Ratschlag, hm? Das hast du herausgehört? Du hast das gehört und sonst nichts, nichts, das deinen Überzeugungen zuwiderlief?«

»Nein. Was ich gehört habe, all das hat meine Überzeugungen nur bestätigt und mich darin bestärkt. Natürlich habe ich nicht alles, was Mister Emerson sagte, vollkommen verstanden, aber es war alles sehr schön. Wirklich alles.«

Ich rechnete damit, daß Vater mich jetzt tadeln würde, doch er schürzte nur die Lippen, wie er es oft tat, wenn er zum ersten Mal gründlich über etwas nachdachte, und meinte dann: »Sehr interessant. Das interessiert mich, Owen. Und eine Prophezeiung? Du hast auch eine Prophezeiung gehört?«

»Nun, ja. Ich glaube schon.«

»Sehr interessant. Erhabener Ratschlag und Prophezeiung. Nun, wer weiß? Oft spricht Gott auf unerwartete Weise zu uns, manchmal sogar durch die Philosophen«, sagte er, lächelte und legte mir den Arm um die Schulter.

Zügig legten wir, Seite an Seite, die restliche Strecke zurück, die wenigen Straßenzüge, die uns noch vom Haus von Dr. Howe trennten, und die ganze Zeit pfiff ich im Weitergehen dieselbe beinahe eintönige Melodie, die ich kurz zuvor den jungen Mann pfeifen gehört hatte. In diesen wenigen Augenblicken fühlte ich mich, glaube ich, so, wie er sich gefühlt hatte; es war großartig.

Meine Begeisterung, mit Vater aus Boston abzureisen, selbst zu einem so einladenden Ziel wie England, war nicht größer als die bei unserem Aufbruch aus Springfield nach North Elba, und die Gründe waren zum großen Teil die gleichen. Hier, in einer Stadt, inmitten einer Vielfalt von Zerstreuungen und miteinander wetteifernden Wahrheiten, war es leichter, der einzigartigen Gewalt von Vaters Wahrheit nicht zu erliegen. Hier war ich stärker. Abgeschiedenheit – wie wir sie in North Elba und, in geringerem Maße, selbst in Ohio und zuvor in New Richmond ertragen hatten und wie ich sie mit Vater, was mir sehr wohl bewußt war, an Bord eines Schiffes und in einem fremden Land würde durchstehen müssen – fesselte mich, fesselte uns alle, die wir zur Familie Brown gehörten, noch fester an des Alten Sicht der Dinge.

Hier in Boston hingegen traf ich, noch häufiger als in Springfield, überall rechtschaffene Männer und Frauen, die die Sklaverei verachteten, die tief und lange über Themen der Religion und der Moralphilosophie nachgedacht hatten und Güte und Wahrheit ebensosehr liebten wie Vater, und dennoch schienen sie nicht so aufbrausend und selbstgerecht wie er. Vielleicht waren sie ja durch ihren Wohlstand und ihre Vorrechte so weichlich und verdorben, wie Vater behauptete, und ihr Ruhm und die Bewunderung ihrer gleichermaßen hochgesinnten Mitbürger hatten sie stolz werden lassen. Vielleicht hatte Vater recht, und sie waren, wie er gern sagte, »Narren«. Doch ich konnte nicht anders, ich bewunderte ihre zwanglose Toleranz füreinander, ihre geduldige Zuversicht. Vaters Weg erschien mir einsam, schmerzlich einsam, und nie spürte ich dies stärker, als wenn wir uns in Städten unter all den Männern und Frauen bewegten, die eigentlich unsere natürlichen Verbündeten hätten sein sollen.

Im heiligen Krieg gegen die Sklaverei erschien Vater, besonders hier in Boston, mir immer mehr wie ein Separatist. Ich merkte, daß ich ihm dies allmählich übelnahm und ihm gegenüber ungeduldig wurde, und am nächsten Tag stritt ich mich fast mit ihm. Er und ich waren von Dr. Howes Haus aus hinunter zu den Docks gegangen, um unsere Buchung an Bord der *Cumbria* zu bestätigen und zu klären, ob es dabei bliebe, daß wir in zwei Tagen, am Montag morgen, mit der Flut ausliefen. Wir wollten uns aber auch einfach das Schiff ansehen, seine Größe und Proportionen abschätzen, um uns besser vorstellen zu können, wie unbequem diese Reise für uns wohl werden würde. Keiner von uns war je so weit gereist – unsere längste Schiffspassage war vermutlich die Überquerung des Lake Champlain von Vermont nach New York mit der Fähre oder die Fahrt auf einem von einem Pferd gezogenen

Schleppkahn den Erie-Kanal hinauf gewesen. Und obwohl wir es uns einander natürlich nicht eingestanden, waren wir beide mehr als nur ein bißchen aufgeregt, hatten sogar ein wenig Angst.

Als wir durch das Gedränge in den Straßen gingen, waren mir gedruckte Ankündigungen für eine Ansprache aufgefallen, die Mr. William Lloyd Garrison an diesem Abend in der Kirche in der Park Street halten sollte. Sie waren überall in der Stadt angeschlagen; viele von ihnen hatte man, wie es schien, absichtlich heruntergerissen und war darauf herumgetrampelt. Trotz seines Rufes war Boston in jenen Tagen in der Frage der Sklaverei nicht geeinter als irgendeine andere Stadt im Norden – das heißt, die weißen Bürger, die diese »besondere Einrichtung« rundum ablehnten, die für ihre vollständige, dauerhafte Abschaffung in allen Bundesstaaten eintraten, stellten eindeutig eine Minderheit dar, eine winzige Minderheit. Und diejenigen, die *für* die Sklaverei waren, die sie für eine positive Einrichtung hielten, die man auf alle westlichen Territorien ausdehnen sollte, auch die waren eine winzige Minderheit. Die große Mehrheit in der Mitte wünschte sich lediglich, das Problem möge verschwinden. Und wenn die Mehrheit die Versklavung der Neger auch nicht wirklich billigte, so war sie doch äußerst verärgert über ihre weißen Nachbarn, die beschlossen hatten, sie zu einer Streitfrage zu machen.

Allerdings fanden sich in Boston unter den Leuten, für die sie ein Thema war, einige der geachtetsten und bewundertsten Bürger im ganzen Land. Dank des Ansehens von Leuten wie Theodore Parker, William Ellery Channing, Dr. und Mrs. Howe und Dutzenden anderer herausragender Persönlichkeiten auf den Gebieten der Erziehung, der Künste, des öffentlichen Dienstes, des Handels und der Religion hatten sich hier, mehr als an jedem anderen Ort in Amerika, Bürgertugend, edle Gesinnung und Theologie mit der Idee des Abolitionismus verbunden. Offener Widerstand gegen die Abschaffung der Sklaverei wurde daher vor allem von Rüpeln und Trunkenbolden geäußert, während die achtenswerten Bürger zu Hause blieben, schweigend beide Seiten tolerierten und sich selbstgefällig über den Streit erhaben dünkten, als höben in den

Augen Gottes und im Rahmen der fortschreitenden Geschichte der Republik die beiden Minderheiten einander in ihrer Wirkung schlicht auf.

Als wir an einer sehr belebten Stelle aufgehalten wurden, schlug ich Vater vor, wir könnten uns doch Mr. William Lloyd Garrison anhören, der heute abend vor der Versammlung der Antisklaverei-Gesellschaft von Massachusetts sprechen sollte. »Wir werden wohl kaum mehr eine Gelegenheit haben, ihn persönlich reden zu hören«, erklärte ich munter.

Er warf mir einen fragenden, fast ein wenig verärgerten Blick zu, bog, ohne mir zu antworten, in eine Straße mit Kopfsteinpflaster ein und hastete weiter.

Ich rannte ihm nach, um ihn einzuholen, und als ich wieder an seiner Seite war, sagte ich mit lauter Stimme: »Na schön, wenn es schon nicht Ralph Waldo Emerson sein soll, der im Gemeindehaus in der Charles Street nach einem neuen Heldentum verlangt, warum dann nicht William Lloyd Garrison, der in der Kirche in der Park Street die Sklaverei verurteilt?«

»Was?«

»Wenn es nicht der radikale Transzendentalist sein darf, warum dann nicht der radikale Christ? Sind wir auch für den *Liberator* zu rein?« Zu uns, die wir an der Front kämpften, war seit meiner frühesten Kindheit Mr. Garrisons Zeitung wie ein vertrauenswürdiger Bote aus dem Hauptquartier der Armee gekommen, die gegen die Sklaverei Krieg führte. Dieses Bild hatte Vater sogar selbst verwendet. Bei zahlreichen Gelegenheiten, wie ich ihn erinnerte.

»Ja, ich habe dieses Bild verwendet«, räumte er ein. »Doch du hast es mißverstanden. Ich gebrauchte es als Kritik an dem, was genau das Problem dieser pazifistischen Männer und Frauen der ›Gesellschaft‹ ist.« Mittlerweile waren wir bei den Piers unterhalb des Zollhauses angelangt – einer ganzen Stadt aus Kais und Lagerhäusern, einem lärmenden Gewirr aus Kisten, Ballen, Tonnen und Fässern und allen Arten von Kartons und unverpackten Waren, die eintrafen, verschickt wurden oder sich irgendwo zwischen diesen beiden Stadien befanden; einem Gewimmel von Spediteuren, Verladern und Empfängern der Waren aus aller Welt. Da gab es Tee und Seide aus China, Rum und Melasse von den Westindischen Inseln, Teppiche und Elfenbein aus Indien, und aus den Ländern Europas alles von französischer Spitze bis zu Stahl aus Lancaster, von Dresdner Papier bis zu Portugieserwein.

»Sie glauben, wir seien die Korporale und sie die Generale«, fuhr er fort. »Und Leute wie Garrison sind nur an einem interessiert, nämlich daran, Oberkommandierender zu werden. So vergeuden sie ihre Zeit und anderer Leute Geld und zanken sich untereinander, während unsere Negerbrüder in der Sklaverei schmachten. Handeln, Owen, handeln! Das ist es, was *ich* will! Schluß mit reden und immer nur reden.«

»Dann kommst du also nicht mit«, sagte ich.

Dort unten zwischen den steinernen Kais und den Lagerhäusern ging es geräuschvoll und chaotisch zu, und es war alles andere als einfach, eine normale Unterhaltung zu führen, während Wagen und Karren vorbeirumpelten und Schauerleute, Verlader und Gespannführer herumbrüllten und betrunkene Seeleute durch das Gedränge taumelten. Es war ein Septembernachmittag, doch es war so warm und feucht wie im Hochsommer, und die meisten Arbeiter hatten keine Hemden an und schwitzten. Dreiste Schwärme von Möwen kreischten und bettelten, watschelten am Rand der Piers entlang oder hockten halb schlafend auf den Pfosten und den Hunderten von Kaminen und Masten der Dampfer und Segelschiffe und Küstenfrachter, die sich in den Himmel reckten wie Baumstämme. Schwer lag der Geruch von Fisch und Rum in der Luft. In späteren Jahren brachte ich jene Gerüche stets mit dem Hafen von Boston in Verbindung: Fisch kurz vor dem Verwesen und der süße Geruch karamelisierten Zuckers, den der Jamaika-Rum verströmte – er roch schwindelerregend, jedoch keineswegs unangenehm; er stieg mir zu Kopf und machte mich taumeln wie ein Schluck unverdünnter Whiskey.

Vater sagte: »Na schön, vielleicht wäre ich ja gewillt, mir Mister Garrison anzuhören. Aus schierer Neugierde. Aber er will am Sabbat sprechen.« Damit meinte er natürlich: an einem Samstag nach

Sonnenuntergang. »Wenn es eine Zusammenkunft zum gemeinsamen Gebet wäre, schön, dann würde ich hingehen. Doch in jedem anderen Falle: nein. Und es scheint sich um einen anderen Fall zu handeln, denn er ist Quäker.«

»Darf dann zumindest ich hingehen und dir berichten, wie es war?«

»Wenn du möchtest. Du bist nicht an meine Religion gebunden, Owen.«

»Nein.«

»Ich werde unterdessen zu den Howes zurückkehren und eine Weile lesen und beten.«

»Weshalb fühle ich mich nicht frei, Vater?« fragte ich.

Er lächelte mich an. »Das zu raten wage ich nicht.«

Wir sprachen nicht weiter darüber, sondern erledigten unsere Angelegenheiten im Büro des Schiffsagenten der *Cumbria* – die uns Landratten vom Dock aus gesehen recht seetüchtig erschien – und kehrten rechtzeitig zu einem angenehmen frühen Abendessen ins Haus der Howes zurück; es gab gefülltes Waldhuhn, das man auf reichverzierten chinesischen Tellern und mit echtem altem Silberbesteck aus Frankreich servierte. Später am Abend machte ich mich, insgeheim wütend auf Vater, der sich in unsere Räume zurückgezogen hatte, um zu beten, auf den Weg über die Beacon Street zur Park Street Church, die auf dem Beacon Hill lag, nicht weit vom Louisburg Square entfernt. Die Beacon Street verlief entlang des berühmten weitläufigen Common, des ältesten öffentlichen Parks von Amerika. Auf der Straßenseite gegenüber reihten sich große, alte, aus Ziegeln erbaute Stadthäuser aneinander, die Patrizierhäuser vieler Leute der Bostoner Oberschicht. Ich hielt mich auf dieser Seite der Straße und ging dicht an den hohen, eleganten Gebäuden entlang, so weit wie möglich von dem dunklen Common entfernt, denn dort lauerte zwischen den Büschen und Bäumen der Feind, der plötzlich aus der Dunkelheit auftauchte und die anständigen, gutgekleideten Männer und Frauen, die friedlich zur Kirche spazierten, anstarrte und anpöbelte.

Hauptsächlich handelte es sich um halbwüchsige Jungen und junge Männer, Nichtstuer und Trunkenbolde, Schläger, Rüpel, Hurenböcke und gemeine Diebe; auch zahlreiche Frauen gehörten dazu, Dirnen und Huren, die ebenso wild und brutal aussahen wie ihre Genossen. Es waren weniger ihre ungewaschenen Physiognomien, die sie so brutal und ordinär erscheinen ließen, sondern ihre Wut. Wie edel das menschliche Antlitz in Ruhe auch sein mag, wie symmetrisch, frisch und klar es auch erscheinen mag, wenn sich die Brauen zu einem finsteren Blick zusammenziehen und der Mund sich zu einem obszönen Wort verzerrt, wenn die Nüstern sich voller Abscheu blähen, die Lippen höhnisch aufgeworfen sind und die geballte Faust wie eine Waffe vorgereckt wird, weicht man wie vor einer Unterart des Menschen, wie vor einer dämonischen, viehischen Version seiner selbst zurück. Wie können wir alle gleichermaßen Menschen sein, wenn einer von uns plötzlich so häßlich geworden ist? Und wenn gar eine ganze Ansammlung häßlich wird und sich in einen Mob verwandelt, welche Spezies ist dies dann?

Ich roch den Branntwein und das Bier im Atem der Jugendlichen, die mir ihre schnurrbärtigen Gesichter entgegenstreckten und mir und den anderen Männern und Frauen, die still und friedlich wie ich den Bürgersteig entlanggingen, ihren Haß auf die Neger zubrüllten. Die Bande lachte meckernd und kreischte und warf manchmal sogar einen Stein, um sich gleich wieder zu ducken und in den Schutz der Büsche zurückzuziehen, doch ein paar Schritte weiter wurde sie von einer anderen Gruppe abgelöst, deren betrunkene Mitglieder den Gesang aufgriffen. »Niggerfreunde!« brüllten sie. »Ihr Niggerfreunde! Seid selber Nigger! Häßliche schwarze Nigger! Häßliche schwarze Nigger!« Und so fort, dummes, idiotisches Gezänk – so daß wir am Ende eine Art Spießrutenlaufen absolvierten, wie es schien, inmitten eines durchgedrehten, heulenden Pöbels zu unserer Hinrichtung durch den Strang schritten, unser Ziel nicht ein Ort des Gebets, sondern der Galgen. Wie mutig diese Männer und Frauen neben mir doch sind, dachte ich. Viele von ihnen waren schon in fortgeschrittenem Alter, und alle gingen sie schweigend die Straße entlang, wurden von Leuten verhöhnt und gepeinigt, in deren Augen Mordlust brannte. Das Weiß unserer Gesichter schützte uns, bewahrte uns davor, tätlich angegriffen und möglicherweise sogar umgebracht zu werden, und dies brachte mich dazu, mir erneut klarzumachen, daß Weiß ebenso eine Farbe ist wie Schwarz. Unsere weiße Haut war unsere Flagge, unsere Uniform, und auch wenn sie der Anlaß für die wütenden Ausfälle unserer weißen Mitmenschen war, so bewahrte sie uns doch vor ernsthaftem Schaden.

Als ich dann in dem großen, sauberen, wohlproportionierten Altarraum der Kirche stand, stieß ich dennoch einen tiefen Seufzer der Erleichterung aus und merkte, daß mir die Bedrängnis durch den Mob wirklich Furcht eingejagt hatte – obwohl es schwer war, die Furcht vom Zorn zu unterscheiden. Meine Knie waren weich, mein Herz schlug heftig. Ich wollte um mich schlagen, diesen widerwärtigen Fratzen weh tun und sie zum Schweigen bringen; es hatte mich große Zurückhaltung gekostet, einfach so zu tun, als würde ich sie nicht bemerken, und so gelassen wie die anderen zu der Versammlung zu gehen, anstatt einen losen Ziegel oder einen Stein zu packen und ihn auf den Feigling zurückzuschleudern, der ihn geworfen hatte, oder die Burschen in die Büsche zu jagen und sie dort zusammenzuschlagen. Ich war damals ein großer, kräftiger junger Mann und hätte mit Leichtigkeit drei oder vier von ihnen erledigen können wie ebenso viele Klafter Brennholz. Hätte mich tatsächlich einer mit einem Stein getroffen, so hätte ich, glaube ich, meine Zurückhaltung aufgegeben und wäre ihm über die Beacon Street nachgelaufen. Ein Quäker war ich nie.

Keiner der anderen hingegen schien sich beim Betreten der Kirche auch nur im geringsten durch das Gejohle des Mobs da draußen gestört zu fühlen. Sie nahmen es wie einen unangenehmen Regenschauer hin und schienen es von ihren Umhängen und Schals zu schütteln, als sie den Vorraum betraten, einander freudig begrüßten und drinnen ihre Plätze einnahmen. Ich aber, als ich so im Foyer stand und vor Wut – oder Angst – zitterte und wilde Phantasievorstellungen einer gewalttätigen Vergeltung nur mit Mühe unterdrücken konnte, ich schämte mich plötzlich meiner selbst. »Handeln, handeln, handeln!« war Vaters Aufruf, doch hier, in dieser ruhigen und pazifistischen Umgebung, hier erschien Handeln schändlich, simpel, kindisch. Die Anschauung Mr. Garrisons und der Gesellschaft gegen die Sklaverei insgesamt beruhte, wie ich wußte, auf der Quäker-Philosophie der Gewaltlosigkeit; es war leicht, sie aus der Ferne zu kritisieren, wenn man gleichzeitig wegen der fortdauernden Ungerechtigkeit der Sklaverei und ihrer in jenen Jahren zunehmenden Macht in Washington mit den Zähnen knirschte. Hier aber, angesichts des Pöbels, erschien der Pazifismus geradezu mutig und beinahe schön.

Auf einmal war ich froh, daß Vater nicht mit mir gekommen war, denn obwohl wahrscheinlich auch er, ebenso wie ich, sich nicht in das Gehölz des Common gestürzt hätte, um seine Peiniger zu verprügeln, so hätte er doch gewiß beim Betreten des Vorraums der Kirche knurrend und brummend die verweichlichten Mitglieder der Gesellschaft getadelt, weil sie keine starke und gutbewaffnete Sicherheitstruppe aus ihrer Mitte zusammengestellt und überall entlang der Park Street postiert hatten, um ihre Zusammenkunft zu schützen.

»Wenn ihr euch wie Sklaven verhaltet, wird man euch wie Sklaven behandeln«, pflegte er zu sagen. Er sagte es zu befreiten Negern, er sagte es zu sympathisierenden Weißen. »Wenn ihr das Werk des Herrn auf Erden verrichten wollt, so gürtet eure Lenden, legt Rüstung und Schwert an und marschiert geradewegs gegen den Feind.«

Ach, Vater, einmal beschämst du mich, und gleich darauf ärgerst du mich. Deine praktische Klugheit, die bisweilen an eine Liebe zur Gewalt um ihrer selbst willen grenzt, fordert meinen immer wieder aufflackernden Pazifismus heraus, der seinerseits der Feigheit bedrohlich nahe kommt. Deine Stimme läßt mich unvermittelt innehalten, und dann fühle ich mich gespalten. Den einen Tag bin ich, in einem bestimmten Zusammenhang, ein Krieger für Christus. Am nächsten Tag, in anderem Zusammenhang, bin ich eines Seiner bravsten Lämmer. Wenn ich doch nur ganz am Anfang, als ich noch ein Kind war, wie so viele meiner weißen Landsleute fähig gewesen wäre, zu glauben, daß der Kampf für das Ende der Sklaverei *nicht* mein Kampf sei, sondern lediglich ein weiterer Punkt auf der langen Liste menschlicher Verfehlungen und gesellschaftlicher Übel, die wir ertragen müssen, dann wäre ich sicher ein glücklicherer und nicht derart gespaltener Mensch geworden.

Mit solchen Gedanken und in dumpfer Niedergeschlagenheit setzte ich mich auf eine Bank, denn die Kirche war mittlerweile beinahe voll von richtigen Bostonern, elegant gekleideten Weißen mit den freundlich erwartungsvollen Gesichtern von Leuten, die sich zur Einweihung eines Reiterstandbildes versammelt haben. In der Tat hatte das Treffen in seinem Ablauf einige Ähnlichkeit mit einer solchen Zeremonie. Vater wäre entsetzt gewesen, und auch mir war es irgendwie peinlich hierzusein.

Während der Segen gesprochen und die neuen Mitglieder und Gäste begrüßt wurden, schweiften meine Gedanken ab, und ich erhob mich nicht wie die anderen Neulinge, um mich der Versammlung vorzustellen – zweifellos aus Verlegenheit, aber auch, weil ich genau in dem Augenblick an etwas anderes dachte und mir, als ich vereinzelte Leute im Publikum aufstehen sah und hörte, wie sie einer nach dem anderen ihren Namen nannten, nicht mehr sicher war, worum es bei dieser Veranstaltung eigentlich ging. Ich dachte an die Meute wilder Jungen und Männer da draußen, an ihr finsteres Reich auf der anderen Straßenseite.

Noch ehe Mr. Garrison erschien, erhob ich mich und verließ den Saal. Einen Augenblick später war ich wieder auf der Straße. Die johlenden Kerle waren weg, waren in der Dunkelheit des Common verschwunden, wo sie jetzt vermutlich auf der Lauer lagen und darauf warteten, daß ihre Opfer aus der Kirche kämen; dann würden sie wieder anfangen, sie anzubrüllen und anzugeifern.

Nun, da ich ein halbes Jahrhundert später an jene Nacht zurückdenke, kann ich nicht sagen, was in meinem Kopf vorging, wenn ich denn überhaupt etwas dachte, als ich die Straße überquerte und in das Dickicht vordrang. Ich kann mir nicht vorstellen, was ich im Sinn hatte, als ich in der Dunkelheit den mir unvertrauten Hang hinunterstolperte und zu der verwahrlosten Wiese in der Mitte ging, wo ich in der Ferne etwas sah, das mir wie eine Ansammlung kleiner Lagerfeuer und Hütten aus Abfallbrettern und alten Fetzen von Zeltleinwand vorkam. Ab und zu gingen ein, zwei Männer so nahe an mir vorbei, daß ich sie sehen und auch gesehen werden konnte, und einmal sagte einer zu mir: »'n Amd, Kumpel«, fast als hätte er mein Gesicht erkannt, ehe er wieder in der Dunkelheit verschwand. Als ich über die Schulter schaute, sah ich, daß er stehenblieb und aus dem Schatten auf mich zu trat, als erwarte er, ich würde ihm folgen. Ich sagte kein Wort und ging weiter in die Richtung des fernen Feuerscheins.

Eine unerklärliche Erregung machte mich schwindlig, und ich atmete schwer wie nach einer großen Anstrengung, während ich langsam auf dem rauhen, unebenen Boden dahinstapfte, der allmählich in ein breites, ungemähtes Feld überging. Seltsamerweise hatte ich nicht das Gefühl, in Gefahr zu sein. Ich wurde nicht von hinten geschoben, sondern eher angezogen, als ginge von dort vorn eine machtvolle magnetische Kraft aus.

Es war eine klare, warme Nacht. Über den Himmel breiteten sich dichte Sternenschwärme, und ein Dreiviertelmond schien, hell genug, daß ich mir allmählich eine Vorstellung von dem Ort machen konnte, an dem ich mich befand. Obwohl das Bostoner Stadtgebiet gleich hinter einer Reihe von Ulmen lag, die im Mondlicht wie schwarze Schattenrisse wirkten, schien es Meilen entfernt zu sein. Wohltätige Treffen und Gottesdienste, elegante Eßzimmer und Salons, Universitätsauditorien und Kontore, all die Manufakturen und Wohnstätten des eigentlichen Boston schienen in weiter Ferne zu liegen – und als ich mir Vater vorstellte, wie er in diesem Augenblick in Dr. Howes schöner holzgetäfelter Bibliothek im Haus am Louisburg Square saß und des Doktors ledergebundene Ausgabe von Milton oder einen der alten puritanischen Theologen las, kam es mir vor, als befände sich der Alte nicht nur eine halbe Meile von mir entfernt, sondern irgendwo auf halbem Weg nach Kalifornien.

Urplötzlich, auf eine Weise, wie ich es nie zuvor erlebt hatte, nicht einmal, als ich im Frühling letzten Jahres durch die nächtlichen Straßen und Gassen Springfields gestreift war, fühlte ich mich von Vater befreit. Befreit von der Macht seiner Persönlichkeit und der Autorität seines Verstandes. Befreit von seiner *Rechtschaffenheit*. Ja, mehr als alles andere war es seine Rechtschaffenheit, die mich in jenen Jahren so sehr unterdrückte. Ihr konnte ich mich unmöglich offen und geradeheraus widersetzen. Sie zehrte mich aus, demütigte und bestrafte mich und trennte mich von meinem wahren Selbst ab, sooft ich versuchte, mich aus der eisernen Kontrolle zu lösen, die er über meinen Willen ausübte. Er war moralisch unangreifbar, das konnte ich nicht leugnen, und damit machte er mich gefügig. Es steckte mir in den Knochen, lag mir im Blut, ihm überallhin zu folgen, wo sein Gott ihn auch hinführen mochte. Denn obwohl ich nicht an den Gott meines Vaters glaubte, so glaubte ich doch an die Prinzipien, die laut Vater in Ihm ihren Ursprung hatten. Und solange der Alte in seiner Treue zu diesen Prinzipien nicht wankte, solange konnte auch ich in meiner Treue zu dem Alten nicht schwanken.

Doch in dieser Nacht, dieser merkwürdigen Zuflucht der Dunkelheit, war mir, als triebe ich in stillen schwarzen Wassern, triebe in einem langsamen, ziellosen Wirbel dahin, und genau diese Ziellosigkeit war es, die mich erregte. Eine kleine Drehung der Brise konnte meinen Kurs halten oder ändern, und so wanderte ich nach links und nach rechts und um Felsblöcke und Büsche herum, folgte dem Hang und entfernte mich allmählich von der Stelle, an der ich wenige Augenblicke zuvor die Straße verlassen hatte. Ich schlüpfte an einer Gruppe von Männern vorbei, die sich um ein kleines Feuer geschart hatten, einen Tonkrug herumreichten und Stummelpfeifen rauchten. Einer von ihnen sprach mich freundlich an. »Suchst dir wohl ein Kätzchen, Junge?« fragte er. Ich sagte nein und setzte meinen Weg fort, und sie lachten ein wenig hinter mir her. Geisterhafte Gestalten kamen näher und zogen sich still zurück, und jeder dritte oder vierte zischte oder zwinkerte mir zu, ihm zu folgen.

Waren diese düsteren Gestalten, diese zerbrechlichen grauen

Gespenster und dunklen Geister dieselben dämonischen Figuren, die die ehrsamen Quäker-Abolitionisten auf dem Weg zu ihrer Versammlung angebrüllt hatten? Diese Leute hier schienen kaum fähig, ihre Stimme zu erheben, geschweige denn Obszönitäten herauszukreischen und Steine oder andere Wurfgeschosse zu schleudern. Doch dann gewahrte ich eine Bande von Rüpeln, sieben oder acht waren es, die abwechselnd einen Schluck aus einer Flasche nahmen und ausgelassen lachten. Sie kamen geradewegs auf mich zu, als ginge ich auf einem Weg und als hätten sie die Absicht, mich zur Seite zu drängen. Es waren Jungen im Alter von fünfzehn oder sechzehn Jahren, denen es Spaß machte, gemeinsam herumzuziehen und Einzelgänger wie mich zu schikanieren. Als sie näher kamen, brüllte einer von ihnen: »Aus dem Weg, du elendes Weichei, oder wir schneiden dir den Schwanz ab und stopfen dir das Maul damit!«, und die anderen lachten dazu.

Es waren heruntergekommene irische Jungen, alle vom Alkohol und dem rohen Vergnügen aufgeputscht, mit den anderen zusammenzusein, und ich wußte, wofür sie mich hielten, der ich allein hier draußen durch die Nacht wanderte – für einen Lustknaben, einen Weichling auf der Suche nach einem anderen. Möglicherweise hatten sie in einem merkwürdigen Sinne recht mit dem, wer ich war und was ich hier tat, zumindest für diese eine Nacht in meinem Leben. Sie hatten jedoch keine Möglichkeit, dessen sicher zu sein, ebensowenig wie ich. Dennoch war ich keineswegs gewillt, ihretwegen das Mädchen oder den Nigger zu spielen und zur Seite zu treten, damit sie ungehindert vorbeigehen konnten. Statt dessen watete ich mitten in sie hinein, als wären sie eine kleine Welle auf einem flachen Sandstrand.

Es gibt eine Wut, die einen antreibt, nicht zum Selbstmord oder auch nur dazu, einen solchen in Betracht zu ziehen, sondern dazu, sich in eine Lage zu begeben, aus der es nur zwei logische Auswege gibt – einen an ein Wunder grenzenden Triumph über seine Feinde oder den Tod –, so daß die Trennlinie zwischen Selbstmord und Märtyrertum so haarfein wird, als existierte sie gar nicht. Es war eine von mir geplante Herausforderung, nur wußte ich das damals noch nicht, als der erste der Burschen seine Hand ausstreckte, als wolle er mich beim Rockaufschlag packen; ich stieß seine Hand mit meiner Rechten weg, schlug ihm mit der Linken in sein grinsendes Gesicht und streckte ihn der Länge nach zu Boden.

Damit war mein Weg zum strahlenden Sieger jedoch zu Ende. Augenblicklich fiel der Rest der Bande über mich her wie ein Rudel Wölfe, das im tiefen Schnee einen Hirsch reißt. Paarweise und von allen Seiten hieben sie auf mich ein, schlugen mir ins Gesicht und in Bauch und Unterleib und traten mir gegen die Knie, und obwohl auch ich bei ihnen einigen Schaden anrichtete, hatten sie mich doch bald soweit, daß ich am Boden kauerte, und binnen weniger Sekunden, nach einigen kräftigen, gutgezielten Tritten auf die Knöchel, lag ich mit dem Gesicht nach unten auf dem Boden und rollte mich zusammen, um Kopf und Unterleib vor dem unaufhörlichen Trommelfeuer ihrer Tritte und Schläge zu schützen. Sie sagten kein Wort zu mir oder zueinander, und als ich jetzt auf dem Boden lag, machten sie sich ohne Umschweife, als gelte es, eine geschäftliche Angelegenheit zu erledigen, an die Arbeit und schlugen auf mich ein, als wollten sie mich ermorden. Viele Minuten ging das so, bis ich jenseits aller Schmerzempfindung oder vielleicht so davon durchdrungen war, daß ich die einzelnen Schläge nicht mehr unterscheiden konnte. Ihre Stiefel und Fäuste krachten auf mein Rückgrat und meine Rippen, auf meinen Hinterkopf und meine Arme und Beine, mein schlaffer Körper rollte hierhin und dorthin, bis mich die Gewalt der Schläge schließlich von dem Pfad in eine flache Rinne beförderte, in der sich genügend abgestandenes Wasser und faulig riechender Abfall angesammelt hatte, daß sie keine Lust mehr hatten, mich dorthin zu verfolgen.

Still lag ich da, die Augen geschlossen; ich konnte hören, wie sie mich anspuckten, doch ich spürte nichts. Ich hörte sie lachen und mich mit Schimpfnamen verhöhnen, die ich nicht verstand, doch schließlich wurde es ihnen entweder zu langweilig oder sie hielten mich für ohnmächtig oder tot, denn sie ließen von mir ab, und ich hörte das Geräusch ihrer Stiefel auf dem Kies, als sie sich entfernten. Dann war Stille.

Lange Zeit lag ich in dem feuchten Unrat. Jedesmal, wenn ich versuchte, mich zu bewegen, schossen Schmerzen durch meinen Körper und zwangen mich wieder zu Boden. Dann verlor ich wohl das Bewußtsein, denn das nächste, woran ich mich erinnere, ist das breite rote Gesicht eines Polizisten mit weißem Schnurrbart. Ich lag rücklings auf dem Weg und schaute in sein besorgtes Gesicht. Ich erinnere mich noch an seine Worte: »Na, mein Junge, ich glaube, du bist doch nicht tot«, sagte er.

Zwei Polizisten waren nötig, um mich zu Vater in Dr. Howes Haus zu transportieren, wo man mich wie einen Leichnam auf einer Pritsche neben dem Kamin in unserem Zimmer im dritten Stock aufbahrte. Der Doktor und Mrs. Howe wollten sich persönlich um mich kümmern, doch nachdem Vater mich auf gebrochene Knochen untersucht und außer ein paar wahrscheinlich angeknacksten Rippen nichts gefunden hatte, bestand er darauf, mich selbst zu säubern und zu versorgen. Dagegen hatte ich nichts einzuwenden, denn Vater war ein wunderbarer, kenntnisreicher Pfleger. Außerdem war ich ohnehin nicht in der Lage, irgendwelche Einwände zu erheben, da ich mit meinem blutverschmierten, geschwollenen Mund kaum sprechen konnte. Zudem schämte ich mich zutiefst wegen meines Zustandes und wie ich dazu gekommen war und wünschte nur, man möge meinetwegen so wenig Umstände wie möglich machen und mit möglichst wenig Zeugen. Es war nicht zu übersehen, daß man mich überfallen und zusammengeschlagen hatte. Der Polizist hatte, als er mich durch die Tür in den Salon brachte, nur erklärt, er habe mich mitten im Common in diesem Zustand gefunden, doch seltsamerweise stellte mir niemand irgendwelche Fragen, weder die Polizei noch Dr. und Mrs. Howe, noch Vater.

Sobald wir allein waren, zog Vater mir die zerrissene Kleidung aus und wusch mich sanft von oben bis unten, als wäre ich eines seiner Lämmer und von einem wilden Tier oder einem Rudel verwilderter Hunde angefallen worden. Die ganze Zeit über sagte er kein Wort. Als er mich dann schließlich in eine warme Decke gehüllt hatte und ich allmählich in den Schlaf hinüberglitt, blickte er aufmerksam auf mein Gesicht herunter, als wollte er es auf weitere Wunden untersuchen, und sagte: »Owen, erzähle mir nun, was dir heute nacht zugestoßen ist.«

»Muß ich das wirklich?«

Er antwortete, er wolle nur wissen, was mich dazu bewogen habe, nachts durch die Gehölze und Felder des Common zu spazieren, da der Ort doch ein bekannter Treffpunkt von Schlägern und Prostituierten sei. »Deine privaten Angelegenheiten gehen nur dich etwas an«, erklärte er, »aber ich bete darum, daß es nicht das ist, was es zu sein scheint.«

Fast wünschte ich, es hätte sich so verhalten; irgendwie wäre es natürlicher gewesen, aber ich konnte ihn nicht belügen. Ich erzählte ihm, was mir an diesem Abend zugestoßen war, so, wie ich es eben berichtet habe – von dem Spießrutenlaufen und der Verhöhnung auf dem Weg zu der Versammlung, von der merkwürdigen, verführerischen Passivität der Abolitionisten auf ihrem Weg durch diesen Tumult und anschließend auf dem Treffen und von meiner auf kleiner Flamme kochenden, wirren Wut, die mich am Ende aus der Versammlung auf die Straße zurück und anschließend in das Dunkel des Common getrieben hatte.

Vater zog einen Stuhl neben mein Bett, und mit Nadel und Faden und meinem zerrissenen Hemd in der Hand setzte er sich und hörte mir in grimmigem, aufmerksamem Schweigen zu, während ich mühsam mit meinen verletzten Lippen die Worte formte. »Trotzdem weiß ich nicht genau, weshalb ich dorthin gegangen bin. Wahrscheinlich wegen all dem, was vorher geschehen war. Da waren alle möglichen seltsamen, verrückten Leute«, erklärte ich. »Als wäre der Ort eigens für sie freigeräumt worden. Wie in einem riesigen Käfig mit Rudeln wilder Tiere, die sich da herumtrieben, kam ich mir vor, und ich war eines von ihnen.« Ich erzählte ihm, daß ich, als eine Gruppe von ihnen verlangte, sie vorbeizulassen und klein beizugeben, sie angegriffen hatte.

»Du hast *sie* angegriffen?« Seine Augen waren weit aufgerissen, und er hörte auf zu nähen.

»Ja.«

Er streckte den Arm aus und legte mir die Hand auf den Kopf. »Du bist dorthin gegangen und hast vorsätzlich diese Bande negerhassender Schläger angegriffen?«

»Ja. So sieht es aus. Ich habe es auch so empfunden.«

»War dir denn nicht klar, mein Sohn, daß sie imstande gewesen wären, dich zu erstechen, dich umzubringen, dich einfach zu Tode zu prügeln, was ihnen ja auch fast gelungen wäre? Hast du das nicht gewußt, oder bist du nur so naiv?«

»Nein, ich habe es gewußt.«

»Und doch bist du dorthin gegangen. Du hast sie gesucht.«

»Ja.«

Sanft strich er mir übers Haar. »Ich sehe dich jetzt mit ganz anderen Augen, mein Sohn.« Er lehnte sich zurück und sah mich unverwandt an. »Du hast ebensoviel vom Löwen wie von einem Lamm an dir. In meinen Gebeten heute nacht werde ich Gott dafür danken«, erklärte er lächelnd, ehe er sich friedlich wieder an seine Näharbeiten machte und ich einschlief.

Der nächste Morgen war ein schöner, heller und erneut ungewöhnlich warmer Tag. Als ich erwachte, fühlte ich mich jedoch wie in Stücke zerhauen und konnte kaum stehen; ein Trommelfeuer von Schmerzen peinigte mich von den Haarwirbeln bis zu den Füßen, und ich hatte Fieber. Es war Sonntag, und ich erinnere mich, als Vater mich zum Gottesdienst mitnahm, war ich wie betäubt; mir war schwindlig, und ich nahm nur undeutlich wahr, wohin wir unterwegs waren. Ich erkannte die Straßen nicht, durch die wir gingen, und wenn mir Vater erzählt hätte, wir befänden uns jetzt in Liverpool und ich hätte während der ganzen Überfahrt nach England geschlafen, so hätte ich ihm dies geglaubt.

Und bald glaubte ich tatsächlich zu träumen, denn die Wirklichkeit an jenem Morgen entsprach auf unheimliche Weise einem nächtlichen Traum, den ich in jener Zeit häufig hatte. Vater und ich waren die einzigen Weißen in einer Menge gutgekleideter Neger. Als wir uns durch die große Ansammlung schwarzer, brauner und hellbrauner Männer, Frauen und Kinder drängten, machten sie uns Platz und nickten respektvoll; einige Männer tippten an die Hutkrempe, die Frauen wandten höflich den Blick ab, die Kinder sahen uns überrascht an – schöne Menschen in all den Schattierungen der Neger, das ganze Spektrum von blassem Karamelbraun und hellem Rotbraun bis zum Schwarz des Ebenholzes und sogar jenem sehr afrikanischen Blauschwarz. Es schien, als sei jeder Stamm des afrikanischen Kontinents vertreten, von Ägypten bis zur südlichsten Spitze. Vater durchquerte die Menge auf geradem Weg und in seiner üblichen Manier – den Rücken gerade wie ein Hackenstiel, den Kopf mit dem ausladenden Kiefer ein wenig vorgestreckt, die Arme locker an den Seiten pendelnd wie ein Mann, der ein Feld abschreitet –, und ich bemühte mich, den Anschluß nicht zu verlieren; meine Füße wurden immer schwerer, und ich konnte sie kaum mehr bewegen, so als watete ich durch Schlamm oder schritte unter Wasser dahin.

Bald schloß sich die Menge um ihn und drängte sich in den Raum zwischen uns, ich wurde von ihm getrennt, fiel immer weiter zurück, und plötzlich bekam ich Angst, weniger vor den Negern, die mich umringten, sondern davor, von Vater getrennt zu sein. Wie ein kleines Kind rief ich ihm nach: »Vater! So warte doch!« Bei diesem Schrei schien die Menge sich erneut zu teilen und einen Korridor zwischen uns zu öffnen. Vater wandte sich langsam um und schaute mich an. Dann winkte er mich ungeduldig weiter und setzte seinen Weg über die Stufen hinauf zu einer kleinen, aus Ziegeln errichteten Kirche fort; er trat ein und verschwand im Dunkeln. Der schmale Korridor durch die Menge blieb jedoch frei. Mühsam kämpfte ich mich weiter, schwitzend vor Anstrengung, der Hitze des Tages und den Schmerzen nach der Schlägerei der vergangenen Nacht, als ich jenen anderen Spießrutenlauf, inmitten Weißer, hinter mich gebracht hatte. Nie war ich mir des Unterschieds zwischen den Gesichtern der Unterdrücker und denen der Unterdrückten, zwischen den Gesichtern meiner weißhäutigen und meiner schwarzen Brüder so bewußt wie damals, während jener paar Minuten, die ich brauchte, um den kleinen gepflasterten Vorplatz der Bostoner Negerkirche zu überqueren. Und nie war mir deutlicher bewußt, in welch verwirrender und bedrückender Weise ich mich von beiden unterschied. Mein Gesicht war unsichtbar für mich. Vater! hätte ich beinahe geschrien. Warte auf mich! Ich kann es nicht ertragen, so allein zu sein! Ohne dich an meiner Seite scheint es mich überhaupt nicht zu geben! Wenn du nicht da bist, mich anzusehen, sei ich unter Weißen oder unter Schwarzen, bin ich unsichtbar!

Natürlich fand ich ihn im Kircheninneren, wo er auf einer Bank ziemlich weit vorn saß, und setzte mich auf den freien Platz neben ihm, brach fast darauf zusammen. Mit plötzlicher Besorgnis musterte er mein Gesicht und berührte meine Stirn. »Dir geht es nicht gut, mein Sohn«, sagte er. »Vielleicht hättest du heute besser bei den Howes bleiben sollen.«

»Nein, nein, ich will hier sein. Hier bin ich sehr glücklich, Vater«, erwiderte ich. Und das war ich wirklich. Namenlose Dinge jagten mir Furcht ein, chaotische Gefühle überschwemmten mich, dennoch war ich glücklich! Ich empfand eine unerklärliche Bereitschaft, als sollte ich religiös erweckt werden, als sollten mir Licht und Kraft eingeflößt werden. Ich spürte, wie es näher kam, nicht aus einer wahrhaft übermenschlichen Quelle, wie es der Gott meines Vaters war, sondern aus einer anderen, mir bis zu jenem Augenblick unbekannten Quelle des Lichtes und der Kraft, die sich außerhalb meiner selbst und jenseits aller vorangegangenen Erfahrungen mit Erweckungen befand, jenseits all meiner früheren Vorsätze und Schwüre, all der plötzlichen Stufen meines moralischen Wachsens, all der früheren Grade und Arten der Erleuchtung und der unmittelbar daraus folgenden Verpflichtungen. So wartete ich also voll bebender Erwartung darauf, ein anderer Mann zu werden. Oder vielleicht, zum ersten Mal, wirklich ein Mann.

Und tatsächlich, hier geschah es, an jenem Sonntagmorgen im September, im afro-amerikanischen Gemeindehaus in der Belknap Street in Boston, Massachusetts. Während der Chor eine vertraute alte Hymne der Methodisten sang, begann ich zu zittern und zu schaudern, und dann verspürte ich eine ungeheure Ergriffenheit.

Ich entsinne mich der wunderschönen Negerstimmen, die wie schwere, dunkle Glocken klangen, wie ferner Donner, der über die Täler und Felder von North Elba rollt und immer näher auf mich zu kommt:

> *Komm, Wandrer, der du unbekannt,*
> *Ich halt' dich fest, auch wenn ich dich nicht seh';*
> *Wer vorher bei mir war, ist fortgerannt,*
> *Allein mit dir ich jetzt hier steh'.*
> *Mit dir will ich die ganze Nacht verbringen*
> *Und bis zum Tagesanbruch ringen!*

Die Finger meiner beiden Hände zitterten und bebten, und ich glaubte, in meinen seit langem toten Arm sei die Kraft zurückgekehrt, und als ich hinunterblickte, sah ich, wie er sich von selbst bewegte, sah, wie er sich zum ersten Mal seit meiner Kindheit im Ellbogen beugte, sah, wie er sich so leicht hob und senkte wie mein rechter Arm, bis ich in die Hände klatschte und beide Arme mit derselben Leichtigkeit schwang wie der Rest der Gemeinde und wie Vater neben mir. Der Chor sang, und der Prediger, ein großer, weißhaariger Mann mit einem vollen Gesicht in der Farbe von Mahagoniholz stimmte in die zweite Strophe ein, und auch alle anderen sangen, einschließlich Vater, der den Text gut kannte; es war eine seiner Lieblingshymnen.

Ich hingegen konnte nicht singen. Ich konnte den Text auswendig, doch es war, als hätte es mir die Sprache verschlagen. Ich öffnete den Mund, doch kein Ton kam. Stumm formte ich die Worte:

> *Wer ich wohl bin, ist dir bekannt;*
> *Mein Sünd' und Elend muß ich dir nicht klagen;*
> *Du hast beim Namen mich genannt;*
> *Blick in die Hand, wo alles eingetragen.*
> *Doch wer du bist, das frag' ich mich,*
> *Sag mir's und offenbare dich!*

Damals glaubte ich nicht an Gespenster, auch nicht an Engel oder Geister irgendwelcher Art, doch es war, als wäre ich selbst zu einem geworden, Gespenst, Engel oder Geist, als wäre ich von der Musik und dem Klatschen und Armeschwingen der Gemeinde emporgetragen worden und schwebte nun über ihnen allen wie ein Stäubchen im Sonnenlicht. Und dort unten, inmitten der Menge der schwarzen und braunen Menschen, sah ich deutlich die beiden Weißen, meinen Vater und seinen kräftigen, rothaarigen Sohn, die wie alle anderen aufgestanden waren, hin- und herschwankten und sangen. Einige Augenblicke lang hatte ich mich von meinem Körper gelöst, vollständig und doch unsichtbar für die anderen, die mit machtvoller Stimme sangen:

> *Vergeblich willst du dich befrein*
> *Dich werd' ich nicht mehr lassen gehn;*
> *Kannst du für mich gestorben sein?*
> *Und dein Geheimnis, laß mich's sehn;*
> *Ich werde ringen, bis ich's weiß,*
> *Gib Namen mir und Wesen preis!*

Während dieser Augenblicke schien das ganze Universum in jenem Raum enthalten, und der Raum war von Musik erfüllt. Ich sah zu, wie mein Körper dort unten zu beben begann, sah, wie mein Kopf zurückschnellte und meine Augen in den Höhlen rollten. Ich sah Vater, der mich erschrocken anstarrte und, als mein Körper sich versteifte und zuckte wie in einem Totentanz, die Arme um meine Schultern legte, um mich zu beruhigen und zu trösten, denn er konnte nicht wissen, daß ich dies nicht spürte und mit mir selber so eins war wie nie zuvor in meinem Leben. Ich wünschte mir, ich könnte ihm das klarmachen, doch es ging nicht. Die Menge, von ihrem Gesang mitgerissen, schwang in vollkommener Übereinstimmung die Arme, klatschte in die Hände und schien den angsterfüllten weißen Mann im tabakfarbenen Anzug und seinen kräftigen, wild mit den Armen um sich schlagenden Sohn nicht zu bemerken.

Schwaches Fleisch, was soll das Klagen
Und des langen Kampfes Ärger?
Schmerz, ich werde dich ertragen:
Meine Schwäche macht mich stärker!
Versagt auch alle meine Kraft,
der Menschengott den Sieg mir schafft.

Langsam stieg ich wieder herunter und kehrte in meinen Körper zurück; irgendwie schien er weicher zu werden und nahm dann wieder sein früheres Verhalten an, und Vater drückte mich behutsam auf meinen Platz zurück. Als ich die Augen aufschlug, stand er vor mir und sah mir voller Ernst ins Gesicht. Ich lächelte zu ihm hinauf.

»Sohn, sag mir jetzt die Wahrheit. Hat dich ein Engel des Herrn gestreift?« lautete seine geflüsterte Frage.

Ich erwiderte: »Ja.«

Ein triumphierendes Lächeln huschte über sein Gesicht, und er wandte sich wieder nach vorne, wo die Mitglieder des Chores jetzt ihre Plätze eingenommen hatten und der Prediger zum Altar ging, um mit seiner Predigt zu beginnen. Mit einer Stimme, so groß und rund wie ein Faß, hob er an: »Meine Kinder. Meine Brüder und Schwestern. Laßt mich heute über folgende Frage sprechen. Laßt mich die Frage stellen, laßt uns alle die Frage stellen: ›Weshalb sollten die Kinder eines Königs all ihre Tage in Trauer zubringen?‹«

Er fuhr fort, doch von der Predigt nahm ich fast nichts wahr und nur wenig von dem, was folgte, denn ich war noch immer geblendet, und dieser Zustand sollte noch viele Tage und sogar Wochen anhalten: geblendet von meiner neuen Festigkeit und Stärke und der wundervollen Klarheit meiner Absichten.

11

Die lange Seereise nach England war eine glänzende Gelegenheit, Vaters Erfolgserwartungen unaufhörlich wachsen zu lassen. Und zwar sprunghaft. Einsamkeit, jede Art längerer Abgeschiedenheit von der alltäglichen Welt der kleinen Enttäuschungen und Ärgernisse, rief bei ihm diese Wirkung hervor; dann ließ er seinen Phantasien freien Lauf und schmiedete fieberhaft Pläne, dachte sich regelrechte Dramen aus und setzte neue Hoffnungen in die Tagträume eines jeden neuen Tages. Einen Traum nach dem anderen durchlebte er, richtete rasch einen ungeheuren Turm von Erwartungen auf, zu zerbrechlich, um dem leisesten widrigen Lüftchen standzuhalten, und zu spröde, um sich dem Druck der banalen Wirklichkeit zu beugen. Und man konnte ihn auch nicht vorbeugend davor warnen oder ihn zwingen, sich an das zu erinnern, was beim letzten Mal geschehen war. Vierzehn Tage lang auf hoher See zu sein, auf einem Schiff, wo es außer dem Kapitän, der Mannschaft, einer Handvoll Passagiere und mir keinen gab, der ihn davon hätte abbringen können, das gab dem Alten, so schien es, die Freiheit, in sein eigenes erregtes Inneres aufzubrechen. Und dies tat er denn auch.

Ebediah Roote aus New Bedford, der Kapitän der *Cumbria*, ein kleiner, schmucker, stämmiger Mann mit einem Kinnbart wie ein Quäker wollte nichts weiter, als es seinen Passagieren bequem zu machen und sie dann zu vergessen und sich um die Mannschaft, das Boot und die Fracht zu kümmern, die seinen Arbeitgebern soviel wichtiger waren als die Bequemlichkeit der Passagiere. Aus diesem Grund gestattete er Vater, in der Hauptkabine täglich Gebetsstunden und Gottesdienste abzuhalten; zweifelsohne hoffte er, Vater werde mit seinem Eifer und seiner Unermüdlichkeit die übrigen Passagiere beschäftigen und unterhalten, damit sie aus dem Weg waren. Und in der Tat machte Vater genau das, und vielleicht verliefen infolgedessen – zumindest aus der Sicht des Kapitäns – die ersten elf Tage der Überfahrt sehr ruhig.

Die *Cumbria* war ein dampfunterstützter Zweimaster, ein Stückgutschiff von fünfzehnhundert Tonnen; der kleine Frachter war in den Dreißigern gebaut und seitdem regelmäßig überholt worden. Er bot kaum die vielseitigen Zerstreuungen und Annehmlichkeiten der eigens dafür gebauten modernen Passagierschiffe, die zu jener Zeit zwischen England und den Vereinigten Staaten kreuzten. Bei den Leuten, die an Bord eines Schiffes wie des unseren reisten, handelte es sich meist um Frachtaufseher – kleine Geschäftsleute oder deren Agenten, die ihre Ware begleiteten – oder um arme Studenten und Künstler, die billig reisen wollten, oder aber um Leute, die von Angehörigen ihrer Gesellschaftsschicht nicht gesehen werden wollten. Vater und ich waren, so vermute ich, Passagiere, die von den ersten beiden Gruppen etwas an sich hatten, nämlich Geschäftsleute, gleichzeitig jedoch armen Studenten ohne Fracht nicht unähnlich, denn unsere Ladung Wolle war schon vor uns verschifft worden. Fast zweihunderttausend Pfund in Kommission genommene Wolle aus Ohio und Pennsylvania lagen für die Versteigerung an englische Tuchfabrikanten bereit – siebenhundert Ballen, in einem Lagerhaus in Liverpool bis unters Dach gestapelt, inmitten Hunderter Tonnen von Wolle aus Irland, Schottland und Yorkshire.

Ich erinnere mich, wie mir bei dem Gedanken ganz anders wurde, vielleicht war etwas Scham dabei, auf jeden Fall aber ängstliche Zweifel. Vater hingegen schwelgte voller Stolz und freute sich schon über den großen, hartverdienten Triumph, der ihm sicher schien. »Wenn der alte John Bull sieht, von welcher Qualität unsere Ware ist, wird der Preis seiner Vorräte fallen wie ein Stein, und der Preis der unseren wird steigen«, erklärte er häufig und rieb sich schadenfroh die Hände. »Und dann werden unsere gierigen Händler in New England plötzlich miteinander konkurrieren müssen, anstatt miteinander zu konspirieren. Sie werden es mit Leuten zu tun haben, die nicht mit ihnen unter einer Decke stecken! Richtigen Geldleuten! Wenn das vorbei ist, werden sie unseren Preis bezahlen müssen, oder wir werden einfach im Ausland verkaufen!«

Wie, so fragte ich ihn, konnten wir eigentlich so sicher sein, daß unsere Wolle soviel besser war als die, welche die Briten erzeugten?

»Wie? *Wie?* Wir haben sie doch *gesehen*, die minderwertige Ware, die sie uns armen Kolonisten anzudrehen und zu Preisen loszuschlagen versuchen, die weit über unseren liegen. Owen, das Zeug wird von *Bauern* hergestellt!« betonte er. Die Schäfer in Irland und Schottland seien arm und unterdrückt, erklärte er. Sie seien praktisch Leibeigene, eine besiegte, verachtete Bevölkerung, die seit Generationen von einer feudalen Oberschicht ausgebeutet werde. Es handle sich um Bauern, die nicht einmal das von ihnen bearbeitete Land oder die von ihnen gezüchteten Tiere besitzen durften, und somit seien sie auf die Produkte ihrer Arbeit ebensowenig stolz wie die Sklaven im amerikanischen Süden. Und schon war er mitten in einem weitschweifigen Vergleich zwischen Erzeugnissen aus Sklavenarbeit und denen aus freier Arbeit, so als wäre all die Baumwolle, die im Süden mit Hilfe von Sklavenarbeit erzeugt wurde, nicht von ausreichender Qualität, um den Weltmarkt für Baumwolle zu beherrschen und die Sklavenbesitzer reicher als Krösus zu machen und ihren Senatoren und Kongreßabgeordneten eine Macht zu verleihen, die in keinerlei Verhältnis zu ihrer Zahl stand.

Träume ruhig weiter, Alter, dachte ich, sagte jedoch nichts. Mach du nur weiter deine Pläne, Vater. Selbst wenn du recht behältst und der Preis der englischen Wolle wie ein Stein nach unten stürzt, weil unsere Ware in Liverpool soviel begehrter ist als ihre eigene, dann werden die Händler in New England den Spieß einfach umdrehen und billige englische Wolle statt der unsrigen kaufen, und die Baumwollkönige in Washington werden, sobald sie das merken, hohe Einfuhrzölle beschließen, bis sich die Preise wieder angeglichen haben und die Frachtkosten für den Transport über den Atlantik den einzigen Unterschied ausmachen, was wiederum den Käufer im eigenen Land begünstigt. Das ganze Unternehmen war im Grunde genommen Zeitverschwendung.

Doch nichts von alldem konnte den Alten beeindrucken. Für ihn war es offenkundig und unbestreitbar: Unsere Wolle war besser als die englische; daher würden die Briten mehr dafür bezahlen als für ihre, und so könnten wir die Händler in New England trotz der Zölle und der Frachtkosten mit ihren eigenen Waffen schlagen. Sein Zorn – auf die Kollaborateure, wie er sie nannte, und den englischen Feudalismus, wie er es sah, und überdies auf die Sklaverei und die auf Sklavenarbeit beruhende Baumwollwirtschaft, die er als die eigentliche Ursache der Leiden aller Schafzüchter im Norden ansah – machte ihn taub und blind. Taub für meine Einwände, und blind für das augenzwinkernde Lächeln der Bostoner Händler, die mit uns an Bord der *Cumbria* reisten und sich immer wieder aufs neue Vaters Erläuterungen der Pläne anhören mußten, wie er in den englischen Wollmarkt eindringen wollte.

Die Geschäfte waren – das versteht sich von selbst – nicht sein einziges Thema. Jeden Tag nach dem Frühstück hielt Vater vor unseren Reisegefährten eine Predigt und brachte seine kleine Gemeinde dazu, sich lange ins Gebet zu versenken, Hymnen zu singen und die Bibel zu studieren. Anschließend quälte er sie mit langen Vorträgen über die Übel der Sklaverei. Seine Gemeinde bestand aus vier Bostoner Händlern, einem jungen englischen Journalisten, Mr. Hugh Forbes, der angeblich für die New Yorker *Tribune* arbeitete und nach England zurückkehrte, um seine Frau und seine Kinder zu besuchen, sowie einer Frau mittleren Alters und deren junger Begleiterin. Diese beiden waren, wie sich herausstellte, Tante und Nichte, die angeblich wegen der angegriffenen Gesundheit der Älteren ins Ausland reisten. Allerdings war Vaters Ansicht nach der Grund für ihre Reise eher die wahrscheinliche Schwangerschaft der jüngeren Frau als die Gesundheit der anderen. Der Journalist faszinierte Vater jedoch am meisten, denn er behauptete, an der Seite Garibaldis bei der unlängst gescheiterten italienischen Revolution mitgekämpft zu haben; überdies hatte er angeblich ein zweibändiges Handbuch über militärische Taktik verfaßt und einst (zumindest behauptete er dies) mit Wiener Seide gehandelt. In den täglichen Berichten, die mir Vater in unserer Kabine lieferte, wurde dieser Mr. Forbes am häufigsten erwähnt.

Ich selber befand mich in einem erbarmenswerten Zustand, litt unter Übelkeit, Schwindel, Kopfschmerzen und mußte häufig erbrechen, und zwar von der ersten Stunde unserer Überfahrt an bis fast an ihr Ende, vom Bostoner Hafen bis in die Irische See. Es war meine erste ausgedehnte Schiffsreise, und abgesehen von unserer Rückfahrt sollte es auch die letzte sein. Laut einigen Passagieren und der Mannschaft, die in diesen Angelegenheiten weit mehr Erfahrung hatten, verlief unsere Überfahrt verhältnismäßig ruhig; trotzdem litt ich, als befände ich mich an Bord einer kleinen Barke auf sturmgepeitschten Wassern, als wären wir auf hoher See in einen Hurrikan geraten.

Natürlich brachte dies für mich gewisse Annehmlichkeiten mit sich, denn mein Zustand zwang mich, Tag und Nacht unter Deck in unserer winzigen Kabine und damit außer Sicht- und Hörweite meines Vaters zu bleiben, außer er kam in unsere Kabine und berichtete mir, was er den Tag über gemacht und worüber er sich mit den anderen unterhalten hatte, ehe er dann las, allein betete und schlief; all dies nur, soweit es unbedingt notwendig war, denn die Kabine stank nach dem Erbrochenen und dem Inhalt meines Nachttopfs, und mein Beitrag zur Unterhaltung beschränkte sich darauf, wie ein Engerling zusammengerollt in meiner Koje zu liegen – das blutleere Gesicht der Wand zugekehrt, in schweißgetränkte Laken gehüllt – und nichts als Stöhnen und Zähneklappern hören zu lassen.

Eine Zeitlang probierte Vater verschiedene Heilmittel aus, einige auf Empfehlung unserer Reisegefährten, andere von Kapitän Roote selbst vorgeschlagen – ich sollte warmes Wasser, Sassafrastee oder Kräuteraufgüsse trinken, Zwieback oder Haferschleim essen und so fort. Doch nichts half gegen meine Seekrankheit, und so wurde ich nach ein paar Tagen zum Gegenstand spöttischen, vorgetäuschten Mitgefühls der anderen Passagiere, bis am Ende allmählich jedermann, sogar Vater, zu vergessen schien, daß ich an

Bord war, oder mich nur noch als eine Art Fracht meines Vaters ansah: aus den Augen, aus dem Sinn, bis wir an Land gingen.

Mir mißfiel dies keineswegs. Ich wollte nichts weiter, als mit meinen Gedanken und Erinnerungen allein gelassen zu werden. Denn ich hatte damals wie auch heute noch, ein halbes Jahrhundert später, den Eindruck, als ginge ich aus einem Leben in ein anderes hinein. Ich war wie eine Schlange, die ihre alte Haut abstreift. Kein besonderes Ereignis, keine besondere Einsicht hatte diese schmerzhafte Verwandlung ausgelöst, und sie war auch nicht das Ergebnis sorgfältiger Überlegung und Analyse. Mit Sicherheit hatten die drei verstörenden Tage und Nächte in Boston, die zu meiner Ergriffenheit und augenscheinlichen Bekehrung in der Negerkirche, meiner »Erweckung« geführt hatten, eine entscheidende Rolle gespielt. Doch das abrupte Ende unserer Arbeit in Timbuktu, die beiläufige, tödliche Gewalt und unsere Unfähigkeit, alldem Einhalt zu gebieten – in Wirklichkeit aber auch, wie sehr wir alle, Vater, John, Jason und ich darin geschwelgt hatten –, dann der tragische und, wie mir schien, unnötige Tod des armen Mr. Fleete, all dies trug in hohem Maße dazu bei. Und doch war ich, vermutlich vor allem wegen der Begeisterung und der Zielstrebigkeit meines Vaters, aber auch wegen der Unkenntnis meines eigentlichen Wesens, nicht fähig, mir diese Erfahrungen vollständig anzueignen und sie wirklich zu verstehen. Und so begrüßte ich die Möglichkeit, sie in Gedanken noch einmal zu durchleben.

Unterdessen predigte Vater unseren Reisegefährten und dem Kapitän des Schiffes mitsamt seiner Mannschaft. Mit Sicherheit sehr zu ihrer Bestürzung. Möglicherweise hatte dies etwas mit dem Fehlschlag seiner Arbeit in North Elba in Verbindung mit seiner Angst vor dem finanziellen Ruin zu tun, jedenfalls war er während dieser Wochen auf See von einer Art Manie besessen, die gewiß einige seiner Zuhörer erschreckte, andere hingegen erheiterte, denn abends kam er in unsere Kabine zurück und verdammte sie alle in Bausch und Bogen wegen ihrer spöttischen Weigerung, ihm geduldig zuzuhören, bis er zu Ende gesprochen hatte.

Die Händler, so sagte er, seien aufmerksamer und höflicher, sogar *religiöser* als die beiden transzendentalen Damen, wie er sie nannte, und der englische Journalist Mr. Forbes. Für Vater war dies ein Rätsel, denn als man auf die Frage der Sklaverei zu sprechen kam, waren es die Frauen und Mr. Forbes, die seine Partei ergriffen, während die Händler ihn für närrisch hielten. »Doch ungeachtet ihrer Meinung über die Sklaverei«, meinte er, »sie alle begreifen den engen Zusammenhang zwischen der Bibel und der Unabhängigkeitserklärung und den Gesetzen nicht, und somit mißverstehen sie beides. Folglich zieht sich jeder von ihnen selbstgefällig aus der Affäre und meint, über allem zu stehen. Ich verstehe diese Leute nicht. Die Heilige Schrift ist es, die uns zum Handeln aufruft, und die Unabhängigkeitserklärung und die Gesetze zeigen uns ganz genau, wo wir zu handeln haben. Was ist nur mit diesen Leuten los?«

Normalerweise bestand meine Antwort darin, vor Schmerzen und Übelkeit zu stöhnen, ihm den Rücken zuzukehren und auf die Wand neben meiner Koje zu starren; dies schien ihn in gewisser Weise zu beruhigen oder zumindest seine Aufmerksamkeit von diesem Thema abzulenken und statt dessen zu überlegen, wie er mich kurieren könnte. »Willst du nicht versuchen, etwas Zwieback zu essen, mein Junge? Probier es doch einfach.«

»Ich kann ihn nicht bei mir behalten. Selbst warmes Wasser kann ich kaum bei mir behalten.«

»Soll ich dir etwas vorsingen, Sohn?«

»Wenn du magst. Aber leise, bitte. Mein Kopf hämmert, und meine Gelenke schmerzen.«

»Dann singe ich eben leise.« Und leise, sanft stimmte er eines der schönen Lieder der Methodisten an. Sobald er jedoch ein, zwei Strophen gesungen hatte, schwoll seine Stimme allmählich an, wurde immer lauter, und bald schrie er die Worte fast hinaus.

»Vater, mein Kopf! Zu laut, Vater, zu laut!«

»Natürlich, mein Sohn. Es tut mir leid, es tut mir wirklich leid, mein Junge«, meinte er dann und begann das Lied ein zweites Mal ganz leise, fast flüsterte er die Worte, aber natürlich dauerte es nicht lang, bis er sie erneut hinausbrüllte, so daß ich meinen armen

Kopf im Kissen vergrub; das brachte ihn schliesslich dazu, ganz mit dem Singen aufzuhören und sich – nicht ohne mit einem tiefen Seufzer anzudeuten, welch grosses Opfer er brachte – darauf zu beschränken, schweigsam in seiner Bibel oder auch in einem seiner Berichte über die Feldzüge Napoleons zu lesen, die er zu jener Zeit in der Absicht studierte, sie an Ort und Stelle nachzuvollziehen, sobald wir unsere geschäftlichen Angelegenheiten in Liverpool erledigt hatten.

Ob mit oder ohne Vater, tagsüber hielt ich mich in unserer Kabine auf. Doch ich hatte mir, der Notwendigkeit gehorchend, nach ein paar Nächten auf See angewöhnt, spätabends eine Weile allein an Deck spazierenzugehen, und an eine Nacht erinnere ich mich ganz besonders. Lange nachdem Vater hereingekommen war und schliesslich schnarchend in der oberen Koje lag – von der ersten Nacht an hatte er mich in der unteren schlafen lassen, damit ich es leichter hatte, wenn mir übel wurde, und damit ich ihn nicht weckte, wenn ich aus dem Bett klettern musste, um den Nachttopf zu benutzen –, stand ich auf und schlüpfte in Hose und Hemd; dann taumelte ich barfuss, meinen schwappenden Nachttopf sorgfältig mit beiden Händen umfasst und ziemlich weit von mir gestreckt, auf wackligen Beinen und mit rumorenden Eingeweiden den engen, schwach beleuchteten Gang entlang und zum Hauptdeck hinauf. Am Heck leerte ich den Inhalt des Topfes ins Meer und kehrte dann zur Schiffsmitte zurück, wo ich den Nachttopf am Kabinendurchgang abstellte und meinen nächtlichen Spaziergang aufnahm – eine Runde oder auch drei, je nachdem, was meine aufgewühlten Innereien aushielten.

In jener Nacht war die See ruhig, und eine sanfte Brise wehte. Der Aufruhr in meinem Magen hatte sich ein wenig gelegt, und ich war in der Lage, auf das glitzernde Wasser hinauszuschauen, ohne dass mir davon übel wurde, und bis zum Horizont, der im Mondlicht vor mir lag, zu blicken, ohne schwindlig zu werden. Zum ersten Mal genoss ich das sachte Rollen und Schaukeln des Schiffes unter mir und das sanfte Flattern der riesigen Segel über mir, das

Klatschen und Quietschen des langsam sich drehenden seitlichen Schaufelrades. Entzückt lauschte ich dem Ächzen der Masten und Rahen, dem Flattern der Leinen und dem Surren der hölzernen Taljen, als der Wind über mir durch die Takelage strich. Bei dem leisen, gleichmäßigen Plätschern der sanften Wellen, die auf den Bug aufliefen, hatte ich beinahe das Gefühl, wir befänden uns in den seichten tropischen Gewässern der Karibik, und für eine ganze Weile vergaß ich vollständig, daß es mich auf den breiten, wilden Rücken des alten, kalten Nordatlantik verschlagen hatte.

Ich setzte meinen verträumten Weg zur Leeseite des Schiffes fort und gewahrte schließlich die Gestalt eines anderen Passagiers, einer kleinen, zerbrechlich wirkenden Frau, die einen schweren dunklen Wollschal um den Kopf geschlungen hatte. Sie hielt sich an der Reling fest und blickte unverwandt, gedankenverloren in die tintenschwarze Tiefe.

Als ich sie mit den Worten »Guten Abend, Ma'am« ansprach, fuhr sie aus ihrer Träumerei auf, als hätte ich sie erschreckt. Um sie zu beruhigen, stellte ich mich hastig vor und erklärte, ich sei ein Reisegefährte, der Sohn von John Brown, den sie zweifelsohne bereits kennengelernt habe.

»O ja«, erwiderte sie. Und fügte dann nach langem Schweigen hinzu: »Der Prediger.«

Aufgrund meiner Seekrankheit und ständigen Zurückgezogenheit hatte man uns einander noch nicht in aller Form vorgestellt, doch ich wußte natürlich, wer sie war. Zum ersten Mal hatte ich sie kurz gesehen, als wir in Boston an Bord gegangen waren, und später hatte Vater sie mir ausführlich beschrieben und häufig über ihren Zustand und die Gründe für ihre Reise spekuliert.

Sie nannte ihren Namen, Miss Sarah Peabody aus Salem, Massachusetts, und streckte mir ihre zarte, bloße Hand entgegen, die ich kurz in der meinen hielt. Da ich nicht so recht wußte, was ich jetzt sagen oder tun sollte, ließ ich sie hastig gleich wieder los, als wäre sie unnatürlich heiß und nicht kühl wie Alabaster. Wie ein Gespenst kam sie mir vor, diese blasse junge Frau – kaum mehr als ein Mädchen, wie ich sah, als sie mir ihr kleines, mandeläugiges Gesicht zuwandte –, eher geisterhaft als sterblich, das Bild eines Menschen, der schon lange tot oder noch nicht geboren ist. Noch keine zwanzig, dachte ich. Und auf eine düstere, eindringliche Art war sie sehr hübsch.

»Nun ja, ein richtiger Prediger ist Vater eigentlich nicht«, erklärte ich schließlich. »Aber, na ja, ich schätze, er neigt dazu, den Leuten zu predigen. Ein Mann der Religion, könnte man sagen.«

Sie lächelte leicht. »Mister Brown ist ein ... *beeindruckender* Mann«, sagte sie ein klein wenig spöttisch. Sie hatte ein intelligentes Gesicht, und obgleich sie eindeutig von hohem Stand und sehr kultiviert war, sah sie mich offen an und verströmte trotz ihrer zarten Statur gelassene Selbstsicherheit. Sie wirkte wie eine junge Frau, die sich ihrer Gaben und deren Wert bewußt war. Für mich eine ganz neue Art Frau.

Ich konnte mir jedoch nicht vorstellen, daß sie schwanger und verlassen worden war – ich konnte mir nicht einmal vorstellen, daß sie überhaupt schwanger *wurde*. Und doch lag in ihrem Blick und in ihrem schwachen Lächeln etwas, das nicht im mindesten jungfräulich, sondern eher kühn und herausfordernd wirkte, und ich merkte, wie ich Vater vor ihr in Schutz nahm, als wünschte ich, sie möge ihn für voll nehmen und damit, was der Sache näher kam, auch mich. Ich erzählte ihr, Vater sei Geschäftsmann, ein Großhändler für Wolle. Und ein berühmter Abolitionist.

»Tatsächlich?« Sie zog die Augenbrauen hoch und lächelte eher mitleidig als herablassend. »Ein berühmter Abolitionist? Seltsam, daß ich nie etwas von ihm gehört habe, obwohl ich das vielleicht sollte.« Unvermittelt begann sie überraschend lebhaft zu erzählen. Sie hatte geglaubt, jeden zu kennen, der in der Bewegung von einiger Bedeutung sei. Sie und ihre Familie, die Peabodys, so erklärte sie, seien seit vielen Jahren leidenschaftlich an dem Kampf gegen die Sklaverei beteiligt. Sie und ihre Familie setzten sich auch dafür ein, andere Reformen hinsichtlich der Rechte der Frauen, der Erziehung und so weiter in die Wege zu leiten. Bis auf eine Tante, räumte sie ein. Nicht ihre Tante Elizabeth, die Frau, mit der sie unterwegs nach England sei, sondern eine andere, ihre mit einem Schriftsteller verheiratete Tante Sophia.

»Die arme Tante Sophia, sie hält sich an die Politik und die Grundsätze der Demokraten, die ihr Gatte vertritt. Ein großartiger und berühmter Mann«, fügte sie hinzu, »der es eigentlich besser wissen müßte.« Sie nannte mir den Namen des Schriftstellers, Nathaniel Hawthorne. »Bestimmt haben Sie von ihm gehört und vielleicht sogar einige seiner Geschichten gelesen«, meinte sie.

Zu jener Zeit sagte dieser Name mir jedoch nichts. »Mit Geschichten kenne ich mich nicht besonders gut aus«, erklärte ich. Was die Literatur angehe, erzählte ich ihr, sei ich ein unwissender Junge vom Lande, ein ungebildeter Schafhirte, dessen Lesegewohnheiten zum größten Teil von den Vorlieben des Vaters geprägt seien, also von Religion und Politik. Unter den sogenannten Modernen seien John Bunyan unser Geschichtenerzähler und John Milton unser Dichter, und die könne man ja wohl kaum als modern bezeichnen, oder? Der Rest sei, so Vater, Schund oder Schlimmeres. Schmutz.

»Ihr Vater«, sagte sie, »der berühmte Abolitionist.«

»Nun«, erwiderte ich, »vielleicht ist er ja bei den Abolitionisten in Springfield und draußen im Westen, in Ohio, wo wir früher gelebt haben, bekannter.« Einen Augenblick lang spielte ich mit dem Gedanken, ihr von seiner Verbindung mit Frederick Douglass und Gerrit Smith zu erzählen, merkte aber, daß dies lediglich auf Angeberei hinausliefe; überdies wäre es ebenso indiskret wie nutzlos für mich gewesen, die Namen dieser noblen Männer ins Spiel zu bringen, nur um Vaters Namen zu glorifizieren. Besonders im Licht unserer kürzlichen Eskapaden im Norden, Abenteuer, mit denen bestimmt weder Mr. Douglass noch Mr. Smith in Verbindung gebracht werden wollten.

»Im Grunde genommen arbeitet Vater weitgehend allein, oder er tut sich mit den Negern zusammen. Nicht so sehr mit Weißen, ausgenommen natürlich uns Familienmitgliedern. Was letztlich sein Wirken eher fördert als behindert«, fügte ich hinzu, und für meine Ohren hörten sich meine Stimme und meine Ausdrucksweise genauso an wie die von Vater, so als spräche er durch mich, als hätte ich selbst während der beiläufigen Plauderei mit dieser anziehenden jungen Frau keine eigene Stimme oder Sprache.

»Nun, ich bin sicher, Ihr Vater ist ein Held«, sagte sie und tätschelte meine Hand, als wollte sie ein verstörtes Kind trösten. »Er scheint ganz durch die altmodische Vorstellung von Heldentum geprägt zu sein. Wie einer von Cromwells Hauptleuten stellt er sich dar. Ist er ebenso ein Mann der Tat wie der Religion?«

Mir war nicht klar, ob sie dies ernst meinte oder sich über mich lustig machte, und obwohl mich das in gewisser Weise einschüchterte, versuchte ich dennoch, ihren wachen Verstand zu fesseln, der mich unwiderstehlich zu ihr hinzog. »O ja, gewiß. Handeln, handeln, handeln! Das ist die Losung meines Vaters.«

»Ein Mann der Tat *und* ein Mann Gottes! Meine Güte, was für eine seltene Mischung. Ich glaube, ich bin noch nie einem solchen Menschen begegnet. Zumindest bis jetzt nicht. Und Sie, Mister Owen Brown, Sie sind in Sachen Krieg sein Leutnant und sein Ministrant in Sachen Religion?«

»So könnte man es ausdrücken. In Hinblick auf den Krieg gegen die Sklaverei, meine ich.«

»Dann sind auch Sie ein Mann der Tat?«

»Nun, weniger als er. Nein, in Wahrheit eigentlich gar nicht. Ich schätze, ich bin ein Mitläufer.«

»Ein Mann Gottes also?«

»Auch das nicht so wie er. Überhaupt nicht, fürchte ich. Was Religion betrifft, bin ich nicht einmal ein Mitläufer. Obwohl ich es gern wäre.«

Daraufhin erklärte sie, sie glaube, sie und ich seien einander recht ähnlich, was mich überraschte, denn in diesem Augenblick schien mir niemand weniger ähnlich als diese Frau, und das sagte ich ihr auch.

»Wir sind doch beide an Menschen gebunden, von denen wir nichts als eine verkleinerte Ausgabe sind«, erläuterte sie, und jetzt entspann sich eine wirklich außergewöhnliche Unterhaltung zwischen uns. Langsam schritten wir das ganze Schiff entlang und wieder zurück und öffneten uns einander in einer Weise, die völlig neu für mich war. Und auch für sie, wie es schien, denn alle paar Minuten rief sie aus: »Himmel, ich kann es nicht glauben, so mit einem vollkommen fremden Menschen zu sprechen!«

»Auf einer Seereise ist es, glaube ich, schwer, einander fremd zu bleiben«, erwiderte ich.

»Ja, und offenbar fühlte ich mich einsamer, als ich dachte. Es stört Sie doch nicht, daß ich so offen spreche, oder?« fragte sie.

»Nein, nein, natürlich nicht. Auch ich bin einsam.«

Ich nannte sie beim Vornamen, Sarah, und auch sie redete mich vertraulich an. Sie gestand, heute nacht sei sie sehr niedergeschlagen und voller Haß auf ihr Leben an Deck gekommen. Bislang habe sie letztlich nichts als Enttäuschungen erlebt, erklärte sie. Trotzdem, oder vielleicht deswegen, sprach sie von ihrer illustren Familie, den Peabodys aus Salem, Massachusetts, mit einer Bewunderung, die an Ehrfurcht grenzte. Sogar ihre Tante Sophia, die Frau, deren politische Einstellung sie kurz zuvor noch kritisiert hatte, bezog sie jetzt mit ein. Nun schilderte sie ihre Tante als schön und liebenswürdig und unendlich loyal ihrem Gatten gegenüber, einem Mann, der seinerseits ein literarisches Genie war, wie sie einräumte, obwohl Demokrat und Anti-Abolitionist.

Und nun verglich sie sich mit diesen brillanten und berühmten Verwandten: Sie sei nichts weiter als Durchschnitt, meinte sie, und verfüge nicht über die gleiche intellektuelle oder rhetorische Begabung wie ihre Angehörigen. Und sie sei in keiner Hinsicht so tugendhaft wie jene. Ihre Familienmitglieder und deren Freunde und Gefährten seien zum größten Teil überzeugte Unitarier und bekannte Transzendentalisten. Doch bei all ihrem religiösen Liberalismus seien sie, was ihr privates und öffentliches Verhalten angehe, nach wie vor altmodische, aufrechte Puritaner. »Mit anderen Worten, es sind *gute* Menschen«, sagte sie. »Moralisch aufrechte Persönlichkeiten.« Diese Generation habe in ihrer Jugend die Theologie der Calvinisten aufgegeben, aber deren Moral beibehalten. Sie dagegen, die von ihren Eltern von Kindesbeinen an ermutigt worden sei, sich von den alten puritanischen Formen der Religion zu lösen, habe nichts von deren moralischer Rechtschaffenheit und Strenge übernommen. Sie sei eine Sünderin, erklärte sie. Eine Sünderin ohne den Trost des Gebets und ohne die Möglichkeit, erlöst zu werden.

»Ich frage mich, Owen Brown, ob Sie glauben, das sei gemeint, wenn man ganz modern und auf der Höhe der Zeit ist?« Sie ließ ein kurzes, metallisches Lachen hören, und auch diesmal hätte ich nicht sagen können, ob sie es ernst meinte oder nicht. »Denken Sie darüber nach«, fuhr sie fort. »Ungeachtet der Tatsache, daß unsere Lügen und Schwächen und unsere Sinnlichkeit sich genau wie Sünden anfühlen, ist es uns nicht mehr gestattet, daran zu glauben, daß es Sünde gibt. Das ist widersinnig!« rief sie aus. Sie verstummte für einen Augenblick, und ich bemerkte plötzlich, daß sie weinte.

»Was ist denn nur? Können Sie mir sagen, worum es geht, Miss Peabody?«

Sie antwortete nicht gleich, und schon bedauerte ich meine Frage. Doch dann seufzte sie und erklärte: »Die schlichte Wahrheit ist, daß mein Leben mir nichts bedeutet. Das ist wahr, Owen Brown. Rein gar nichts. Auf mir lastet Schuld, eine schwere Schuld. Aber ich empfinde keine Scham!«

Ich berührte ihre schimmernde Wange und sagte nichts. Einen Augenblick später sah ich im Mondlicht, daß sie wieder lächelte. Auch wenn es mich Mühe kostete, den schnellen Sprüngen und Wendungen ihrer Stimmungen und Worte zu folgen, war es mir dennoch gelungen, und ich glaubte sie zu verstehen, zumindest in diesem Augenblick, da ich meinte, das gleiche zu empfinden – was das Leben, was mich, was alles betraf. Sarah Peabodys Worte und Tränen und ihr unvermitteltes, bitteres Lachen hatten meiner eigenen, nie ausgesprochenen Verzweiflung plötzlich und überraschend Ausdruck verliehen. Obwohl die Verzweiflung meine Seele und meinen Geist lange Zeit wie ein Miasma beeinflußt hatte – grau, verderblich und heimtückisch war sie in jede Spalte meines Bewußtseins eingedrungen –, war sie doch bis zu diesem Augenblick wortlos, unausgesprochen geblieben. Jetzt aber konnte ich sie, dank dieses Mädchens, beim Namen nennen. Wie ihr Leben hatte auch meines keine Bedeutung, außer als verkleinerte Ausgabe des Lebens anderer. Insbesondere des Lebens von Vater. Und auch ich hatte Schuldgefühle, verspürte jedoch keine Scham.

»Dann bin ich ebensosehr ein Sünder wie Sie, Sarah«, entgegnete ich. »Ein größerer Sünder sogar«, erklärte ich, was, wie ich wußte, nur ein schwacher Trost war. Ich sagte ihr, sie sei nicht allein, da ich ebensowenig an den Gott unserer Väter glauben könne wie sie. Obwohl sich mein Vater inständig wünsche, ich möge zum Glauben finden. Dank der Abwendung ihrer Familie von Gott treffe sie wegen ihrer eigenen Loslösung von der Religion keine Schuld. Meine Abtrünnigkeit hingegen war, so legte ich dar, ganz allein mir selbst zuzuschreiben, nicht meiner Familie. Des weiteren erzählte ich ihr von meiner »Erweckung« in der Negerkirche in Boston und welch freudige Erregung diese Lüge bei meinem Vater ausgelöst hatte. »Es war keine wirkliche Erweckung«, erklärte ich ihr. »Ich habe *irgend etwas* empfunden. Aber mit Sicherheit war es eine Lüge, Vater glauben zu lassen, ich sei vom Flügel eines Engels gestreift worden.« Ich erzählte, wie meine Lüge den Alten zu überschwenglichen Danksagungen veranlaßt hatte. Natürlich hatte ich Schuld auf mich geladen, ich war ein Sünder, doch da war kein Gott, um mich zu bestrafen. Da stand ich nun und setzte das Versteckspiel fort und fühlte mich in jedem Augenblick schuldig; ich schlang meine Schuld in mich hinein, als wäre sie köstliche, stärkende Nahrung, und wurde doch nur fett von ihr und krank. Ich erklärte ihr, ich fühlte mich wie ein Mensch mit einem Bedürfnis nach fauligem Fleisch.

Sanft legte sie ihre kleine Hand auf die meine. Wir standen wieder an der Reling, an der Stelle, wo ich sie vorhin erblickt hatte. »Ach, Owen Brown, seien Sie nicht so streng mit sich. Wirklich. Sie können es doch nicht wissen, vielleicht fühlt es sich ja genauso an, wenn einen der Flügel eines Engels berührt.« Und selbst wenn es nicht so sei, setzte sie mir auseinander, so müßte ich doch nur mit einer kleinen Lüge leben, mit einer Lüge zudem, die einen geliebten Menschen sehr glücklich gemacht habe. Mein Vater glaube nun, sein Sohn sei ein Christ geworden. Und er habe nun einen richtigen Ministranten. »Es ist eine gute Lüge, Owen. So etwas gibt es, müssen Sie wissen. Gute Lügen. Sogar für uns abtrünnige Calvinisten. Verzichten Sie nicht darauf. Halten Sie sie aufrecht«, erklärte sie. »Bei mir, fürchte ich, ist es anders. Wesentlich anders. Ich kann meine Lüge nicht aufrechterhalten, doch es besteht auch keine Hoffnung, daß ich mich von ihr löse oder sie sich von mir. Schlimmer noch, meine Lüge macht keinen glücklich.«

Und dann sagte sie mir zu meiner Verwunderung die Wahrheit über ihren Zustand. »Ich bin unverheiratet, Owen, und ich erwarte ein Kind. Ich bin schwanger. Wie Sie wahrscheinlich schon vermutet haben«, meinte sie, was ich jedoch abstritt.

Noch eine Lüge.

»Was halten Sie davon?« fragte sie und sah mich erwartungsvoll an. »Was halten Sie wirklich davon? Sagen Sie mir die Wahrheit.«

Zuerst brachte ich kein Wort hervor, doch schließlich stammelte ich: »Nun ... hm, ja. Das ... das ist nicht recht. Ich meine ... es tut mir leid, wirklich, es tut mir leid ...« Ich stotterte nicht etwa, weil ich bestürzt oder entrüstet war, sondern weil ich die Antwort nicht parat hatte, die Bestürzung oder Entrüstung mir hätten eingeben können: eine höflich lächelnde Lüge. Sie bemerkte es und schien sich darüber zu freuen.

Einen Augenblick lang standen wir nebeneinander an der Reling und blickten schweigend auf das schwarze Wasser hinunter. Dann setzte ich erneut an: »Dort, wo ich herkomme, Sarah ... eigentlich überall, ist ein Mann einer Frau und ihrer Familie Rechenschaft schuldig. Doch das ... das scheint hier nicht der Fall zu sein.«

»Nein, mit Sicherheit nicht. Verführt und verlassen. Würden Sie es so beschreiben? Ich bin eine junge Frau, die von einem Schurken verführt und dann verlassen wurde. Eine Tatsache, die bald jedermann sichtbar sein wird.« Sie ließ wieder ihr leises, bitteres Lachen hören. »Aber natürlich ist es nicht so einfach. Das ist es nie. Schließlich habe ich den Mann geliebt.« Dann gestand sie mir, daß sie ihn immer noch liebe. Gestand, sie habe sich willig verführen lassen, und er sei keinesfalls ein Schuft, und im Grunde genommen habe er sie auch nicht fallenlassen. Auf seine Weise sei er ebenso gefangen wie sie. Natürlich nicht in seiner Körperlichkeit, wie sie, sondern in seinen Lebensumständen. Er könne sie nicht heiraten. Selbst wenn er wollte. Er sei mit einer anderen Frau verheiratet. Verheiratet mit einer wunderbaren, liebevollen Frau, die sie selber sehr bewundere und mit der er drei prachtvolle Kinder habe. Und dieser Frau und ihren Kindern gegenüber habe er sich ebenso närrisch, rücksichtslos und grausam verhalten wie sie.

»Aber Sie sind es, die dafür bezahlen muß.«

»Ja, ich muß dafür bezahlen. Zumindest vor der Öffentlichkeit. Da haben Sie Ihre ›Scham‹, Ihre ›Schande‹, Owen. *Meine* Schande. Obwohl sie auch die meines Kindes sein wird. Doch *er* muß auf andere Weise bezahlen. Im geheimen. Natürlich weiß er alles, was ich weiß, doch er kann es niemals aussprechen, er kann nie an die Öffentlichkeit treten und sich zu seinen Sünden bekennen. Niemals kann er öffentlich die Verantwortung übernehmen, nicht ohne Schande über seine liebe, unschuldige Frau zu bringen, was seine Sünde nur noch schwerer wiegen ließe. Nein, er wird mit seiner Schuld leben müssen«, erklärte Sarah. Und da es eine geheime Schuld sei, werde sie sein Leben lang auf ihm lasten. Seine Sünde sei wie die kostbare Perle, die er mit geborgtem Geld erstanden habe, das er niemals zurückzahlen könne. Sarahs Schande und die, die auf ihr Kind zurückfiele, könnten mit der Zeit allmählich verblassen – ihre Sünde sei öffentlich oder wäre dies bald, doch manchmal vergäßen die Menschen und verziehen schließlich. »Besonders dann, wenn wir sie nicht durch unsere Anwesenheit daran erinnern«, erläuterte sie. »Seine Schuld aber wird immer größer und drückender werden. Keiner wird ihm je vergeben können, nicht einmal er selbst, und er wird mich nie vergessen können. Denn solange er lebt, ob ich nun sterbe oder lebe, bin und bleibe ich das Symbol seiner Sünde. Ich kenne ihn sehr gut, Owen Brown. Er ist ein äußerst empfindsamer Mensch und trifft die allerfeinsten moralischen Unterscheidungen. Tatsächlich ist er sogar berühmt dafür.« Unvermittelt lachte sie.

»Ist er ein Pastor?« fragte ich. Ich konnte mir nicht vorstellen, wie irgendein gewöhnlicher Mann in der Lage sein könnte, diese

Frau zu verführen. Es hätte ein Mann von überragendem Verstand sein müssen, ein Mann, der über große rednerische Gaben verfügte, und mit Sicherheit einer, der in ihren Kreisen hoch angesehen war.

»Ein *Pastor*? Ein *Geistlicher*?« Sie lächelte gleichmütig. »Das gefällt mir. Er hätte einer sein können, vermute ich. Doch dafür wurde er zu spät geboren. Aber das kann Ihnen gleichgültig sein, wer oder was er ist, Owen. Dringen Sie nicht weiter in mich. Ich werde es nicht sagen, und es spielt ohnehin keine Rolle.«

»Verzeihen Sie«, erwiderte ich. »Ich wollte nicht neugierig sein. Aber ich glaube, Sie denken viel zu freundlich von ihm. Wäre ich Ihr Vater oder Ihr Bruder, das sage ich Ihnen, ich würde mir den Burschen vornehmen. Er würde sich schämen, das garantiere ich, bestimmt. Noch dazu ein Mann wie er.«

»Nein, Owen. Sie verstehen nicht. Niemand außer mir weiß, wer er ist. Niemand. Und dieser Mann selbst natürlich. Oh, er weiß es! Doch ich habe es niemandem erzählt: nicht meiner Familie, nicht meiner Tante, niemandem. Ich habe mich schlicht geweigert, und ich werde seinen Namen niemals preisgeben. Niemals. Das ist die einzige Macht, die ich über ihn habe.« Sie lachte, wurde aber gleich wieder ernst. »Und vergessen Sie nicht, Owen, ich liebe ihn. Versuchen Sie doch, das zu verstehen, ich *will* ihn nicht vernichten. Er steht im Licht der Öffentlichkeit, und ich will sein Leben nicht zerstören oder seine Ehe ins Gerede bringen oder seinen unschuldigen Kindern das Leben schwermachen. Ich habe schon genügend Schaden angerichtet. Und zum Glück habe ich, wenn man einmal von dem absieht, was ich meiner armen Mutter und meinem Vater und meinen Tanten angetan habe, mir selber den größten Schaden zugefügt. Und meinem ungeborenen Kind«, fügte sie unendlich traurig hinzu.

Ich antwortete, vermutlich habe sie recht. Doch ich verstand gar nichts.

Sie starrte mich an und brach plötzlich in lautes Lachen aus. »Manchmal wünsche ich mir wirklich, ich wäre ein Mann. Schauen Sie nur sich an! Ihre Verzweiflung über Ihr Leben ist ebenso groß wie meine, und doch ist die wichtigste Frage, mit der Sie sich auseinandersetzen müssen, wie Sie ein Mann der Tat und zugleich ein Mann der Religion sein können. Wie Sie Ihrem Vater ähnlicher werden können. Ihnen kommt es so vor, als wären Sie keines von beidem – kein Mann der Tat und kein Mann der Religion –, und so verzehren Sie sich vor Kummer wie ein armes, verführtes und dann verlassenes Mädchen.«

»Jetzt komme ich mir vor wie ein Narr.«

Im Leben eines Mannes sei doch so vieles lediglich eine Frage der Entscheidung, erklärte sie – der richtigen Entscheidung, der falschen Entscheidung. Und selbst wenn ein Mann eine falsche Entscheidung fälle, so könne er sie immer noch ändern. Er müsse einfach seine Ansichten ändern. »Sie sind doch ein *Mann*, Owen, nicht wahr? Und wahrhaftig, wenn ihr gesund seid, dann *besteht* ihr Männer aus euren Ansichten. Sie können ein Mann der Tat werden, wenn Sie wollen. Oder der Religion. Oder beides. Vielleicht werden Sie damit nicht so berühmt wie Ihr geliebter Vater, aber Sie können es *sein*. Sagen Sie mir, Owen, ist es nicht so?« Verbittert starrte sie auf die schwarzen Wellen hinunter und umklammerte mit beiden Händen die Reling.

»Nun, eigentlich nicht«, erwiderte ich. »Oder zumindest ist es niemals so einfach erschienen. Nicht mir. Aber ich sollte jetzt vielleicht besser wieder in meine Kabine zurück«, sagte ich zu ihr, denn sie schien gar nicht mehr zuzuhören. Ich hatte das Gefühl, sie wollte jetzt allein sein. »Ich muß Ihnen nun eine gute Nacht wünschen«, fügte ich hinzu.

Unverwandt starrte sie in die Dunkelheit hinaus und antwortete nicht.

»Miss Peabody, ich gehe jetzt wieder unter Deck. Ich hoffe ... Ich hoffe, wir können unser Gespräch morgen fortsetzen.«

»Ja«, antwortete sie leise, »das wäre schön.«

»Alsdann, gute Nacht, Miss Peabody.«

»Gute Nacht, Mister Brown.«

Ich zog mich zurück und begab mich auf dem Umweg über den Bug zu den Treppen, die unter Deck zu unserer Kabine führten, wo Vater schnarchend in tiefem Schlaf lag. Sie hatte recht, ich wußte es. Meine Sorgen waren nichts im Vergleich zu ihren. Auch wenn ich noch so sehr glauben wollte, mein Leben, mein Schicksal seien besiegelt und ich sei ebenso in meinem Charakter gefangen wie sie in ihrem schwangeren Körper, so war doch mein Schicksal in Wirklichkeit nicht besiegelt, und ich saß keineswegs in der Falle. Denn ich bestand tatsächlich aus meinen Ansichten. Wie die meisten Männer. Und ich konnte sie ändern. Ich konnte einfach meine Ansichten ändern, so wie sie gesagt hatte.

Ich konnte sogar an die Lüge glauben, die ich Vater erzählt hatte, und wie er ein Mann der Religion werden. Vielleicht konnte man mit schierer Willenskraft zum Glauben finden, ebenso wie zum Unglauben. Und wenn ich genau wie Vater einfach nur gegen den Unglauben ankämpfen mußte und manchmal, vielleicht ein wenig öfter als er, scheiterte, dann wäre es ja auch gar keine Lüge. War es nicht auch ihm, besonders als jungem Mann, hie und da mißlungen, sich den Glauben an Gott zu bewahren?

Und auch ein Mann der Tat konnte ich werden. Der Krieg gegen die Sklaverei bot mir einen wunderbaren Anlaß, ein weites Feld für ein ehrenvolles Bestreben; und in Vater besaß ich ein furchtloses, kraftvolles Vorbild.

Der Wind hatte aufgefrischt, und das Schiff hatte wieder zu schlingern und zu stampfen begonnen; über mir knatterten die Segel und ächzten die Taue. Ich spürte, wie mir erneut übel wurde. Ich holte meinen leeren Nachttopf von der Stelle, wo ich ihn abgestellt hatte, und stieg rasch zu unserer Kabine hinunter, wo ich mich sofort in meine Koje legte, um über diese neuen, wichtigen Themen nachzudenken.

Ich erinnere mich, wie ich am nächsten Tag in meiner Koje lag und mir glücklich die Szene der vergangenen Nacht noch einmal vergegenwärtigte; ich wollte Sarah unbedingt bald wiedersehen, um mit ihr die verschiedenen Fäden unserer Unterhaltung weiterzuspinnen. Ich probierte Sätze aus, die ich sagen könnte, und wiederholte sie für mich, als wollte ich ein Gedicht auswendig lernen. Es war ein grauer, stürmischer Morgen, und Vater war bereits nach oben gegangen, um zu frühstücken und die tägliche Andacht abzuhalten; von beidem hatte ich mich wegen meiner anhaltenden Übelkeit, die sich aufgrund der vom Wind aufgewühlten See um einiges verschlimmert hatte, entschuldigt.

Er kam nicht zur gewohnten Zeit zurück, um nach mir zu sehen; es wurde später Nachmittag, ehe er in der Tür der winzigen Kabine auftauchte. Er stützte sich an den Türpfosten ab, um bei dem Schlingern und Rollen des Schiffes nicht das Gleichgewicht zu verlieren. Ich fühlte mich einsam und war froh, ihn zu sehen, denn ehe er hinaufgegangen war, hatten wir kaum miteinander geredet, und ich wollte ihm unbedingt von meiner Begegnung mit der bemerkenswerten Miss Peabody erzählen.

Natürlich hatte ich keineswegs die Absicht, ihm zu sagen, was sie mir über ihren Zustand und ihre Ansichten enthüllt hatte, auch nicht, welch nachhaltigen Eindruck letztere auf mich gemacht hatten. Doch ich dachte mir, daß er sich möglicherweise für ihre Verbindungen zu den Abolitionisten in New England interessierte. Eigentlich wollte ich einfach über sie sprechen, um sie sozusagen in Worte zu fassen – um auf ganz konkrete Weise über sie nachzudenken, was mir vielleicht den Mut gäbe, ein weiteres Mal ihre Gesellschaft zu suchen und dann eine echte Freundschaft mit ihr anzustreben.

Vater ließ sich schwer auf das Fußende meiner Koje fallen und legte seine Bibel auf das schmale Bord daneben. »Wie geht es dir, mein Sohn?« fragte er.

»Fast unverändert. Schlechter, seit das Wetter umgeschlagen ist«, entgegnete ich wahrheitsgemäß. Ich lag auf der Seite und hatte die Knie fast bis zum Kinn angezogen.

Er starrte auf seine Hände im Schoß hinunter und schien merkwürdig gedankenverloren. »Kann ich dir etwas zu essen besorgen? Hast du Wasser getrunken? Du mußt trinken, mein Sohn«, ermahnte er mich leise, in fast gleichgültigem Ton.

»Ein paar Schluck, soviel ich hinuntergebracht habe. Aber ich will nichts zu essen, danke.«

Eine Weile saß er schweigend da, bis ich ihn fragte: »Was ist los, Vater? Ist irgend etwas nicht in Ordnung?«

Er seufzte. »O ja. In der Tat. Das Mädchen, von dem ich dir erzählt habe. Das mit ihrer Tante aus Salem unterwegs ist, du erinnerst dich?«

»Ja? Was ist mit ihr?«

»Das arme, verwirrte Ding. Sie hat sich ins Meer gestürzt.«

Ich setzte mich kerzengerade auf und starrte ihn ungläubig an. »*Was?* Miss Peabody? Nein, das kann nicht sein. Nicht Miss Peabody!« rief ich. »Wie konnte sie so etwas *tun*?«

Mein erster Gedanke war, ich hatte sie im Stich gelassen. Aber nein, sie war ja fortgegegangen und hatte mich zurückgelassen, also hatte sie *mich* im Stich gelassen. Alle meine Gedanken gingen mit Ärger einher, als würde er mir eingeflüstert. Und alle drehten sich um mich. Ich hätte sie nicht allein lassen dürfen. Ich hätte die ganze Nacht bei ihr bleiben müssen. Vielleicht hätte ich sie vor der Finsternis ihrer Seele schützen können. Vielleicht wäre ich in der Lage gewesen, sie auf dieser Welt festzuhalten, für mich. Ich, und für *mich*.

»Ja, genau die«, bestätigte Vater. »Ein trauriger, ein erschütternder Vorfall. Heute morgen sah ich mich genötigt, den Leuten eine ziemlich lange Predigt zu halten; meinen Text nahm ich aus Jonas. Sie sind verwirrt und bestürzt. Und die arme Tante, sie ist außer sich vor Kummer. Ich verstehe das nicht. Sie muß ein verbittertes, zorniges Kind gewesen sein. Es hat mich ziemliche Mühe gekostet, dies alles den anderen als sinnvoll darzustellen. Um ihre Not zu lindern, um sie gegen die sengende Sonne ihrer Nöte als Frau abzuschirmen, hatte der Herr eine Laube für sie wachsen lassen, und sie saß darin und war ohne Zweifel froh darüber. Doch als Gott auch das Gewürm schuf, das an der Laube nagte, so daß sie dahinwelkte, da war sie wie Jonas, der lieber sterben als leben wollte. Zornig wie Jonas in Ninive war diese junge Frau. Sogar bis zum Tode. Du kennst ihren Namen, Owen? Wie das?«

»Ich glaube ... ich glaube, du hast ihn erwähnt«, sagte ich und lehnte mich wieder zurück.

Langsam atmete er aus. »Mag sein. Nun, ich verstehe es wirklich nicht. Selbstmord entzieht sich immer wieder aufs neue meinem Begriffsvermögen. Wozu ward ihr das Licht gegeben, ihr, die sie sich in so verzweifeltem Elend befand, und wozu ward ihr, deren Seele in Bitternis erstarrt war, das Leben gegeben? Wozu, wenn es sie doch nach dem Tode verlangte und sie ungestümer nach ihm suchte als nach verborgenen Schätzen, wenn sie sich über die Maßen freute und glücklich war, ihr Grab zu finden? Wozu, Owen, wozu? Sie war ein hübsches und intelligentes junges Ding, Owen. Ich habe mich gern mit ihr unterhalten. Wenn auch ein wenig zu sehr vom Transzendentalismus beeinflußt. Doch dessen ungeachtet, ich mochte sie. Sie äußerte einige sehr kluge Einsichten.«

»Hat irgend jemand gesehen, wie sie verschwand? Wann hat sie es getan?«

»Irgendwann in der Nacht. Niemand hat sie gesehen. Ihr Bett war unberührt, und als ihre Tante erwachte, schlug sie Alarm. Man hat dann das Schiff gründlich durchsucht, doch das Mädchen war nirgends zu finden. Ihre Tante ist vor Kummer zusammengebrochen. Und Reue. Und Scham, ohne Zweifel.«

»Warum? Ich meine, warum Reue und Scham? Sie hat das Mädchen nicht in den Selbstmord getrieben. Ein Mann hat das getan. Ein Feigling.«

»Ich weiß, ich weiß, aber ihre Nichte war ihr anvertraut worden, und sie scheint das Mädchen sehr geliebt zu haben. Nun muß sie den Eltern in Massachusetts die traurige Nachricht überbringen. Der Mann, nun, wer immer er sein mag, er wird in der Hölle brennen. Das ist gewiß.«

»Vielleicht ist sie ja noch irgendwo an Bord. Es muß doch noch irgendwelche Winkel geben, wo man nicht gesucht hat. Hier hat zum Beispiel niemand nach ihr geschaut.«

»Für unsere Kabine habe ich mich verbürgt, Owen. Damit niemand dich stört. Nein, sie hat sich ins Meer gestürzt, das arme Kind.«

»Das ist grauenhaft.«

»O ja, grauenhaft. Sie war ungläubig und starb in Sünde.«

Noch eine ganze Weile redete Vater so weiter, was er oft tat, wenn er gepredigt hatte oder nach einem besonders aufwühlenden Ereignis; im nachhinein murmelte er Verse und kurze Passagen aus der Bibel, als wären es glimmende Funken eines ersterbenden Feuers. Doch ich hörte ihn kaum. Ich zog mich in mich selber zurück und versuchte meine Augen vor dem Bild zu verschließen, wie die junge Frau ins Meer stürzt, das ihren Körper herumwirft und -schleudert, bis die Wellen ihn schließlich umschlingen und das schreckliche Gewicht ihrer vollgesogenen Kleidung sie nach unten zieht, wie ihr langes dunkles Haar sich löst und gleich einem Fächer über ihrem Kopf ausbreitet, und während sie sinkt, streckt sie die Arme aus, als suchte sie Halt, legt den Kopf zurück, als wollte sie einen letzten Blick auf die Sternennacht dort oben werfen, und als sie keinen Atem mehr hat, öffnet sie den Mund, und das kalte Wasser strömt in sie hinein und füllt sie aus, und widerstandslos wie ein Lichtstrahl taucht ihr eisiger Körper in den Ozean ein.

Immer wieder versuchte ich, die Vision zu verbannen und Vater zuzuhören, der nun vom Deuteronomium sprach und von den Gesetzen, nach denen jene verurteilt werden sollen, die Jungfrauen Gewalt antun, von dem Unbekannten, der die junge Frau in diese äußerste Verzweiflung getrieben hatte, so daß sie das ihr von Gott gegebene Licht zurückwies. Doch seine Worte erreichten mich nicht; sie flogen an mir vorbei wie Vögel.

Ich hatte diese Frau nicht geliebt, natürlich nicht. Doch es hätte leicht geschehen können, das wußte ich, und so versetzte ihr Tod mir einen Schlag, der in keinem Verhältnis zu der kurzen Dauer unserer Bekanntschaft stand. Mein Schmerz war wie das Echo eines Schreis, den ich lange Jahre zuvor ausgestoßen hatte. Wieder hatte ich das Gefühl, nicht ich hätte sie im Stich gelassen, sondern sie mich, und irgendwie schien es, während die Stunden vergingen, nicht eitle Selbstüberschätzung zu sein, so zu denken. Zorn war es.

Nun hatte ich noch viel mehr Grund, mich in meinem Quartier aufzuhalten, und so nährte ich meine Krankheit während der wenigen noch verbleibenden Tage der Überfahrt mit Schmerz und Niedergeschlagenheit und einer merkwürdig befriedigenden Art von Trauer – befriedigend insofern, als ich mir all jene Menschen aufzählte und ihrer gedachte, die ich bis jetzt in meinem kurzen Leben verloren hatte; dies lenkte mich von meiner Übelkeit und dem allgemeinen Schwindelgefühl ab. Vater kam und ging wie ein wiederkehrender Traum, und ich merkte kaum, ob es Tag war oder Nacht.

Bis eines Morgens, als ich erwachte, mein Magen zum ersten Mal nicht zu rumoren schien und ich regelrechten Hunger verspürte. Ich setzte mich in meiner Koje auf und stellte meine Füße auf die Planken: das Schiff unter mir schien stillzuhalten – obgleich wir eindeutig nach wie vor auf See waren und noch nicht angelegt hatten. Das Wasser, das uns trug, hatte sich jedoch verändert, als hätten wir den Ozean verlassen und führen nun statt dessen über einen Binnensee.

Dann erschien Vater im Eingang unserer Kabine und teilte mir fröhlich mit, soeben hätten wir die Scilly Islands vor Cornwall passiert und steuerten jetzt nordwärts in die Irische See, Richtung Liverpool. »Wir befinden uns in Cromwells Gewässern«, erklärte er freudig. »Stell dir das vor, Owen! Komm nach oben und schau dir die Landzungen von Steuerbord aus an. Dann kannst du dir ein Bild davon machen, wie Cromwells Streitmacht aufbricht, um die Iren zu unterwerfen und sie von Heidentum und Papsttum zu befreien. Kelten und Angeln, Wikinger und Römer, Pikten und Normannen – jahrhundertelang sind sie auf diesen Wassern hin und her gesegelt! Tausend Jahre haben sie sich gegenseitig erobert und bekehrt! Ist das nicht wundervoll? Die verrückte Begeisterung dieser Völker!« Er lachte.

Als er sich daranmachte, unsere beiden Koffer zu packen, lächelte er immer noch. »Sie sind nicht wie wir Yankees, oder? Wir sind Leute vom Kontinent, mußt du wissen, und sie sind Inselbewohner. Was das für einen Unterschied macht? Sie sind wie die Fidschianer und die Hawaiianer und die wilden Kariben in ihren langen, seetüchtigen Kanus, die erst ihre Nachbarn auf der nächsten Insel unterwerfen und im Gegenzug dann, nach ein oder zwei Generationen, ihrerseits unterworfen werden. Heutzutage sind natürlich die Angelsachsen obenauf und bilden sich ein, das werde für alle Zeit so bleiben. Aber warte nur! Eines Tages in nicht allzu ferner Zukunft kommen die rauhen Kelten wieder zurück und anschließend die Pikten. Und wer weiß, vielleicht versuchen es auch die Normannen noch einmal, was meinst du? Napoleon hat es fast geschafft, und das ist gar nicht lange her.«

»Kann schon sein«, erwiderte ich. »Kann durchaus sein.« Ich sammelte meine Sachen auf, und nachdem ich mir das Gesicht und den Hals gewaschen und mein einziges frisches Hemd angezogen hatte, stieg ich zum Hauptdeck hinauf, um mich am Anblick festen Landes zu erfreuen. Ich erblickte weiße, niedrige Klippen, die sich von Norden nach Süden erstreckten, und dahinter war ein Streifen bestellten Landes zu sehen, hellgrün trotz der fortgeschrittenen Jahreszeit; über uns trieb eine weiche, bauschige Wolkenbank dahin, die sich von dem blauen Himmel abhob. Entlang der Küste schien es nur einige kleine Fischerdörfer zu geben; das Schiff war noch zu weit draußen, einzelne Behausungen konnte man kaum unterscheiden. Keine Häfen oder großen Städte. Es war schwer, sich vorzustellen, wie sich hier die aufrechten Armeen der Gläubigen versammelt hatten.

Die salzige Luft fühlte sich auf meiner Stirn kühl an. Aus Südwest blies ein schwacher Wind, und das Schaufelrad wirbelte so gleichmäßig herum wie ein Mühlrad; die Segel blähten sich und halfen, das Schiff rasch nach Norden zu treiben. Seeschwalben und Möwen strichen im Tiefflug über das Boot, und etliche Passagiere – gelangweilte Handelsleute und Frachtaufseher in Hemdsärmeln und ein grimmig dreinschauender junger Mann im Gehrock, von dem ich annahm, er sei der atheistische Journalist Mr. Forbes – warfen den lärmenden Vögeln Zwiebackstückchen zu. Die Händler lachten, wenn die Vögel sich stritten und einander die Krümel abjagten. Der Journalist, der nicht die Vögel, sondern die Männer beobachtete, schien verdrießlich und darauf bedacht, etwas anderes zu beweisen.

Doch wie die Möwen war auch ich hungrig, und hastig machte ich mich auf den Weg zur Kombüse, wo ich, obwohl es weit nach der Zeit war, zu der normalerweise das Frühstück serviert wurde, den Koch überredete, mir einige Scheiben hartes Brot und eine Portion Labskaus zu geben, Pökelfleisch mit Kartoffeln und Paprika, alles zusammen mit Bratensaft vermengt, und dazu einen Krug warmen Apfelsaft. Ich setzte mich in der Sonne auf ein Schott, aß und trank und war binnen kurzem ein anderer Mensch, bereit, an Land zu gehen und begierig darauf, wieder festen Boden unter den Füßen zu spüren.

Allmählich verflogen meine trübsinnigen Gedanken und lösten sich auf wie die Sturmwolken des Vortages in der Sonne des neuen Tages, als ich backbords an der Reling des Schiffsbugs eine Frau stehen sah, die ich sogleich für Miss Peabodys Tante hielt. Sie stand genau an der Stelle, an der ich meine Freundin zuletzt gesehen hatte, als ich sie in jener schicksalhaften Nacht verlassen hatte.

Die Frau war schon ein wenig über das mittlere Alter hinaus und groß, ungewöhnlich groß. Ihre Gestalt ähnelte einer Bronzeglocke, und sie schien mir der Inbegriff von Verlassenheit und Einsamkeit. Sie trug ein langes schwarzes Kleid, dazu Hut und Handschuhe, und ihr Gesicht hatte sie mit einem schwarzen Schleier verhüllt. Sie schien aufs Meer hinauszublicken, in die Richtung, aus der wir gekommen waren, wie um ihre arme ertrunkene Nichte ein letztes Mal zu grüßen.

Ich wußte, ich konnte nichts tun oder sagen, was sie getröstet hätte. Ihr Anblick war so traurig und brachte mich so sehr in Gefahr, wieder in meine vorangegangene düstere Stimmung zu verfallen, daß ich es nicht länger ertrug, sie anzusehen, und so stand ich auf und schlenderte zum Heck des Schiffes; dort unterhielt ich mich zum ersten Mal mit den Matrosen und anderen Männern der Mannschaft, beiläufige, kurze Gespräche und Fragen, die ich, wäre ich nicht seekrank gewesen, mit Sicherheit gleich zu Beginn unserer Reise gestellt hätte. Jetzt, da wir uns Liverpool näherten, war ich trotz des tragischen Todes von Miss Peabody in bester Stimmung, gesund und satt, hatte die Bekanntschaft fröhlicher, kräftiger Arbeiter gemacht und wurde hinsichtlich unserer Geschäfte hier bald ebenso zuversichtlich wie der Alte. Ich merkte, daß sich, fast ohne daß ich es angestrebt oder auch nur erhofft hatte, eine tiefgehende Veränderung in meinem Charakter und auch in meiner Beziehung zu Vater vollzogen hatte. Ernstlich begonnen hatte dies in Boston, und während der ganzen Überfahrt hatte es sich fortgesetzt und schien nun irgendwie, auf unerklärliche Weise, durch den traurigen, sinnlosen Tod einer jungen Frau namens Sarah Peabody vollendet – und all dies hatte sich größtenteils vollzogen, ohne daß ich es verstanden oder auch nur wahrgenommen hatte. Bis es vorbei war, das heißt, bis ich darüber nachdachte, wer und wie ich vorher gewesen war, vor allem in meiner Beziehung zu Vater, und feststellte, daß ich in bedeutsamer Hinsicht ein neuer Mensch geworden war. Nicht mehr der mißmutige, beleidigte Junge, der seinem Alten überallhin folgte und auf Anweisungen wartete, über die er sich dann ärgern konnte. Nicht mehr der schmollende, widersprüchliche Affe. Dieser neue Mensch, vorher ein unwilliger Mitläufer, war nun zum begeisterten, tüchtigen Lieutenant geworden, zu einem Gefährten im Glauben! Mochte er auch gelegentlich versagen – versagen im Handeln, versagen im Glauben –, sein Bestreben und seine Pflichten würde er nicht länger in Frage stellen.

So hüpfte ich fast vor Vater her, als wir das Fallreep hinunter von Bord gingen und auf den belebten Kai entlang des Mersey traten, an dem die *Cumbria* festgemacht hatte. Die Fracht wurde bereits von stämmigen Hafenarbeitern und Schauerleuten entladen und von Fuhrleuten auf Karren und Wagen verstaut – ein geräuschvolles, chaotisches Durcheinander: Straßenhändler und Hausierer in winzigen Buden, Männer mit hohen Zylindern hoch zu Roß und in Kutschen auf dem Weg durch die Menge, zerlumpte Bettler auf Krücken, die die Hände ausstreckten, ein Musikant in einem Harlekinkostüm, auf dessen Schulter ein Affe saß und der an einem Strick einen Hund herumtanzen ließ, ziellos umherziehende Banden von Gassenjungen und dürren Männern, die wie Taschendiebe aussahen, Händler, Büroangestellte, Frachtaufseher und Schiffsmakler, die hereinkommende und hinausgehende Waren abhakten, Iren mit orangerotem Haar, die ihre Hemden ausgezogen hatten und Tonnen und Kisten schleppten. Hie und da kam ein vornehm aussehender Herr oder eine Dame in der Kutsche an, um einen Besucher zu begrüßen oder ein Päckchen in Empfang zu nehmen. Leute schrien und brüllten einander zu, packten mich gelegentlich am Ärmel und versuchten, mir von ihren dampfenden Karren herunter etwas zu essen zu verkaufen: fettigen, in Papier eingewickelten gebratenen Fisch, geröstete Kartoffeln, Fleischstückchen auf kleinen Spießen; alte Frauen, die Bleche mit eingelegten Süßigkeiten herumtrugen, rempelten mich an; jeder brüllte mir etwas zu, wie es schien, doch ich verstand kaum ein Wort. Ihre Aussprache und die Geschwindigkeit, mit der sie sprachen, war mir völlig fremd. Es kam mir vor, als wäre ich überhaupt nicht in einem englischsprachigen Land oder als würde ich selbst kein Englisch verstehen. Neger arbeiteten an der Seite von Weißen, aber auch Hindus mit Turbanen sowie bärtige Männer in schwarzen Mänteln und Hüten, die ich für Juden hielt, bemerkte ich. Ich sah hochgewachsene blonde Schweden und kräftige Russen und sogar einige Leute in der Menge, die ich als Amerikaner erkannte, langgesichtige Yankees in Schwarz und braungebrannte Südstaatler mit Spazierstöcken, breitkrempigen Hüten und hellen Anzügen. Ich hatte den Eindruck, in Phönizien gelandet zu sein.

Die Gebäude, meist aus grauem Stein, waren hoch und sahen alt aus, und die verwinkelten Gassen und Straßen zwischen ihnen schienen enger und rochen noch durchdringender nach abgestandenem Essen, Bier und menschlichen Ausscheidungen als in Boston. Hier schien jedoch alles geschäftiger, lärmender, farbenfroher, hier drängten sich vielfältigere Sorten von Menschen als in Boston. All das entzückte mich, und auch Vater schien es zu gefallen, denn um seinen Mund spielte ein leichtes Lächeln, als wir uns durch das Gedränge schoben und vom Getümmel auf dem Kai zu dem riesigen steinernen Lagerhaus gingen, wo wir unsere Wolle, die nun überprüft und klassiert und, wie wir annahmen, auch verkauft werden sollte, bis zu unserer Ankunft hatten lagern lassen.

Ich blieb in dem dämmrigen Lagerhaus und prüfte unsere fast zweihunderttausend Pfund Wolle auf Vollzähligkeit, kontrollierte, ob keiner der Ballen, die Vater, John und ich so sorgfältig sortiert, beschriftet und von Springfield hierherverfrachtet hatten, während des Transports oder der Lagerung beschädigt worden oder aufgegangen war. Währenddessen zog Vater sich zusammen mit dem Beauftragten des Händlers, einem gewissen Mr. Pickersgill, in das Büro zurück, um einen Zeitpunkt zu bestimmen, zu dem die Käufer die wunderbare amerikanische Wolle von Brown & Perkins in Augenschein nehmen konnten. Ein pickliger Lehrjunge beobachtete mich mißtrauisch, als erwartete er, ich würde unsere eigene Wolle stehlen. Man hatte die ganzen sechshundertneunzig Ballen, sauber in Sackleinwand verpackt und mit festen Schnüren zusammengebunden, auf einem Lagerplatz am Ende des riesigen, kühlen, höhlenartigen Gebäudes untergebracht, und nachdem ich jeden einzelnen untersucht und alle abgezählt hatte, unterzeichnete ich voller Stolz das Papier, das mir der Junge gegeben hatte – *In gutem Zustand von Owen Brown im Auftrag von Brown & Perkins, Springfield, Mass., USA, in Empfang genommen* –, und staunte einen Augenblick lang, wie sauber unsere Ballen im Vergleich zu den unordentlichen Lagerbeständen wirkten, die um unsere herumlagen und fast bis zu den hohen, dunklen Dachbalken hinauf zu Haufen aufgetürmt waren; ausnahmslos schlampig sahen sie aus, achtlos verpackt und zusammengebunden. Dann nahm ich meinen Koffer und ging auf die Straße hinaus, wo ich mich in der Sonne rekelte und die vorbeidrängende Menge bewunderte.

Es sieht gut für uns aus, dachte ich. Der Alte hatte recht. Diese Briten können es nicht mit uns aufnehmen.

Kurz darauf tauchte Vater aus dem Lagerhaus auf; wie ein Maulwurf blinzelte er in das helle Licht, wirkte aber äußerst zufrieden mit sich und schien darauf aus, gleich die nächste Angelegenheit zu regeln, nämlich, so nahm ich an, ein Quartier für uns zu finden. »Wie es aussieht, sind wir einen Tag zu spät für die wöchentliche

Besichtigung und Versteigerung gekommen«, erklärte er. Die Käufer aus Manchester, Leeds und den anderen Städten, in denen man Tuch herstellte, würden erst wieder in sechs Tagen nach Liverpool kommen, um die Wolle, die während der Woche hereinkam, in Augenschein zu nehmen und je nach Klassierung und Qualität ihre Angebote zu unterbreiten. »Somit, mein Junge, haben wir noch ein paar freie Tage vor uns«, stellte er fest und rieb sich zum Zeichen seiner Freude die Hände. »Wie sollen wir sie deiner Meinung nach verbringen?«

»Was schlägst du vor?«

»Nun, wir sollten uns einfach umsehen. Da sind wir, auf der Durchreise, wie Vater Abraham im Gelobten Land, als er mit Isaak und Jakob in Gotteshäusern weilte. Hier sind wir Fremde, Durchreisende, wie all unsere Vorfahren es waren. Meinst du nicht auch?«

»Recht hast du. Und wohin, schlägst du vor, sollen wir jetzt?«

»Nun, nach London! Und auf den europäischen Kontinent! Wir werden Napoleons Hunderttagemarsch nachvollziehen, den ganzen Weg von Elba nach Waterloo!«

»Wir haben aber nur sechs Tage Zeit, Vater«, gab ich zu bedenken. »Keine hundert. Und wir müssen am Ende des Marsches wieder hier sein, nicht in Waterloo.«

»Das werden wir auch.« Er lachte und schlug mir auf die Schulter. Wir gingen die kopfsteingepflasterte Straße hinunter und schlossen uns der dahinströmenden Menschenmenge an, die auf dem Weg zum Stadtzentrum war. Von Mr. Pickersgill, dem Lageraufseher, hatte Vater erfahren, daß wir, wenn wir uns beeilten, an der Speke Hall in der Garston Street eine Postkutsche erreichen konnten, die über Nacht nach London fuhr. Der Zug war bereits abgefahren. »Wir brechen auf der Stelle auf!« erklärte er. »Es kostet uns allemal weniger, in so einem dahinrumpelnden Gefährt zu schlafen als in einem Bett in einer Unterkunft, die nirgendwohin fährt.«

Natürlich hatte ich selber kein Geld, also folgte, wo immer Vater hinging, notwendigerweise dicht dahinter ich. Als wäre ich in seinen Diensten, sein Lehrjunge. Was ich in gewissem Sinne ja auch war. Doch es machte mir nichts mehr aus, mich als solchen zu sehen, denn nun verfolgten wir dieselben Absichten. Schließlich hätte ich, wenn ich eigenes Geld besessen hätte, dasselbe getan wie er – ich hätte mir freigenommen, wäre unterwegs in einen Laden geschlüpft, um Brot und Käse und eine Tüte voller glänzender roter Äpfel zu besorgen, und hätte die Nachtkutsche oder einen Zug nach London und noch weiter genommen. Wer weiß, vielleicht wäre ich sogar nach Waterloo gefahren.

12

Es war dies mein erster Aufenthalt außerhalb der Vereinigten Staaten, und somit ging ich auch zum ersten Mal durch die Straßen eines Landes, aus dem man die Sklaverei verbannt hatte, und ich fühlte mich wundersam befreit. Natürlich war England damals wie heute eine altertümliche Monarchie und keine moderne Republik. Dennoch, es war ein freieres Land als das unsere, denn das Gesetz erlaubte es keinem Menschen, einen anderen zu kaufen oder zu verkaufen, und als wir an Land gingen, erschien uns die Luft, die wir atmeten, schon allein aus diesem Grunde sauberer, frischer und anregender als zu Hause. Ich glaube, Vater empfand dasselbe Hochgefühl wie ich. Doch wir sprachen nicht darüber – wie aus abergläubischer Furcht vermieden wir es, die Worte »Neger« und »Leibeigenschaft« und »Sklaverei« auszusprechen, als wären wir beide überzeugt, es würde genügen, diese Worte beiläufig fallenzulassen, und schon verfielen wir wieder in jene Niedergeschlagenheit und jenen Zorn, die damals für uns damit verbunden waren, Bürger der Vereinigten Staaten zu sein. Wir brauchten Urlaub, eine Erholung von der Verpflichtung, uns ständig unserer nationalen Schande bewußt zu sein, und als er uns gewährt wurde, nahmen wir dies mit ungewohnter Bereitwilligkeit an.

Unsere Hochstimmung ließ nicht nach, nicht einmal, als wir zu unserer Überraschung und zu meinem leichten Mißvergnügen feststellten, daß Mr. Hugh Forbes, der englische Journalist, und Miss Elizabeth Peabody von der *Cumbria* in der Postkutsche von Liverpool nach London mitreisten. Doch auch im Gespräch mit ihnen schnitten wir das Thema der Versklavung der Neger nicht an, sprachen die verhaßten Worte nicht aus. Auch sie taten es nicht; wahrscheinlich hatten sie von Vater während der Überfahrt schon genug zu diesem Thema gehört und hatten kein Bedürfnis oder keine besondere Lust, mehr darüber zu erfahren. Statt dessen beschränkten sich alle Kommentare und Anmerkungen Vaters zunächst auf die vorbeiziehende Landschaft, bis er dazu überging, Mr. Forbes über die kürzlich beendeten Kriege in Italien auszufragen, über die militärischen Strategien sowie über die Ideen und Grundsätze des Anführers der gescheiterten Revolution, des berühmten Giuseppe Mazzini, den Mr. Forbes, ein Mann, der sich in zahlreichen kleinen wichtigtuerischen Gespreiztheiten gefiel, persönlich zu kennen vorgab.

Die Vagheit, mit der er Vaters Fragen beantwortete, ließ mich an seinen Behauptungen zweifeln, doch Vater schien sie nur allzugern zu glauben, und als ich dem Alten bei einem kurzen Aufenthalt in einer Poststation außerhalb von Manchester flüsternd meinen Argwohn mitteilte, winkte er beschwichtigend ab und erklärte, Mr. Forbes spreche nur deshalb so ausweichend und unbestimmt, weil er Brite sei. »Die reden alle so, Owen«, verkündete er. »Eine nationale Eigenheit. Das sind sehr vorsichtige Leute, mußt du wissen. Denk nur an Shakespeare«, sagte er. Das versuchte ich auch, doch nach wie vor war ich anderer Meinung, sagte allerdings nichts mehr.

Miss Peabody, die Vater zu Beginn unserer Reise als »redseliges Weib mit vielen scharfen transzendentalistischen Ecken und Kanten« beschrieben hatte, war ganz offensichtlich noch wie betäubt vom Tod ihrer Nichte und blieb für sich, was ganz natürlich war. Ich hatte Beileidsbekundungen gemurmelt, als ich unsere verschleierte Reisegefährtin erkannt hatte, doch ansonsten nahmen wir schweigend Rücksicht auf sie und versuchten, sie in ihrer Zurückgezogenheit und ihrem Kummer nicht zu stören. Sogar Vater ließ sie in Ruhe, obwohl ich wußte, daß er sie liebend gern zu einem Gebet für die Errettung der unerlösten Seele ihrer Nichte aufgefordert hätte. Er war überzeugt, Gott sei, wie die Bibel zeigt, mächtig und gnädig genug, von Zeit zu Zeit gegen die von ihm selbst gesetzten Regeln zu verstoßen, und werde, falls man ihn durch Gebete hinreichend umstimme, eine gefallene Selbstmörderin vielleicht doch ins Paradies gelangen lassen. Doch dieses eine Mal hielt sich der Alte höflich zurück.

Mir fiel es sehr schwer, nicht mit ihr über Sarah Peabody zu sprechen und ihr nichts von meiner kurzen Begegnung mit ihrer Nichte in der Nacht ihres Todes zu berichten, denn ich war zweifelsohne der letzte gewesen, der sie lebend gesehen und ausführlich mit ihr gesprochen hatte. Nicht daß ich der Tante irgend etwas Tröstliches hätte sagen können. Doch ich hätte ihr berichten können, daß ihre Nichte mein Herz außerordentlich stark berührt und mein Denken in bedeutsamer Weise angestoßen hatte. Ich hätte ihr sagen können, daß sich meine Gedanken durch das kurze Zusammentreffen mit ihr in unerwarteter Weise geklärt hatten und daß ich mich für den Rest meiner Tage an sie erinnern würde, wie es ja auch tatsächlich der Fall gewesen ist.

Doch obwohl ich Mr. Forbes mißtraute und wir ständig Miss Peabodys Leid vor Augen hatten, blieben Vater und ich gehobener Stimmung. Nicht einmal der erschreckende Anblick der rußigen Spinnereien Manchesters und der geschwärzten Hütten der Tausende von Arbeitern, deren Leben von diesen Spinnereifabriken aufgezehrt wurde, konnte unsere Begeisterung und unsere Neugierde dämpfen. Die Verbrechen, von denen diese monströsen, riesigen, gefängnisähnlichen Fabriken zeugten, waren englische und keine amerikanischen Verbrechen; die Gier, die die mächtigen Maschinen in den Spinnereien antrieb, und die hartherzige Mißachtung des Lebens der Arbeiter, die sich in ihren Diensten aufarbeiteten, waren englische Gier und Hartherzigkeit, keine amerikanische; und als wir durch die Stadt fuhren, waren die zerlumpten, erschöpften Männer und Frauen mit ihrem abwesenden, leeren Blick und die mitleiderregenden kleinen Kinder, die wir sahen, wie sie durch die engen Straßen von den Fabriken zu ihren von Menschen wimmelnden Mietskasernen schlurften, ausnahmslos englische, schottische und irische Arbeiter – keiner von ihnen war Amerikaner. Bei unserer Durchquerung dieses rückständigen Landes schwelgten wir in einer luxuriösen Losgelöstheit, und obwohl es nichts weiter als ein Aufschub war, hoffte ich doch, daß wir, Vater und ich, uns diesen kurzen Urlaub verdient hatten, daß unsere Unfähigkeit, uns zu Hause in Amerika vom Leiden unserer Negerbrüder, von unserer ständigen Pein, unserer Scham und unserem Zorn zu lösen, ein ehrlicher und gerechter Ausgleich dafür war.

»Ein schönes Land, nicht wahr, Owen?« sagte Vater, während er durch sein Kutschenfenster auf die vorüberziehenden Dörfer und Bauernhöfe schaute. Er schilderte die Landschaft, als wären wir, seine Reisegefährten, nicht imstande, sie selber zu sehen. Allerdings war dies eine alte Angewohnheit von ihm, auch wenn sie mir in Amerika nicht so auffiel wie hier. »Sehr ordentlich, wie sie ihr Land bestellen und die Steine behauen, Owen. Aber schau, ihre Rinder sind im allgemeinen nur mittelprächtig, würde ich sagen. Und ihre Pferde, zumindest die, die ich bisher gesehen habe, halten im Durchschnitt keinen Vergleich mit unseren aus, vor allem nicht mit denen aus unseren Nordstaaten. Die Schweine hingegen machen einen gesunden und wohlgenährten Eindruck, was meinst du? Und die Hammel sind fast so fett wie die Mastsäue.«

Bald begann es zu regnen, und dann wurde es allmählich dunkel; unsere Welt beschränkte sich nun auf den beengten Innenraum der Kutsche. Während ich immer wieder versuchte, ein wenig zu dösen, und Miss Peabody, wie es schien, düster über den Tod ihres jungen Schützlings nachgrübelte, verwickelte Vater Mr. Forbes in ein Gespräch über militärische Taktiken, das sich bis weit in die Nacht hineinzog. Mr. Forbes schien sein Thema immerhin gut genug zu kennen, um einigermaßen überzeugend über die Mittel und Wege zu sprechen, wie man eine kleine, disziplinierte und bewegliche Truppe Aufständischer so ausbilden und zusammenhalten könne, daß sie in der Lage sei, sich einer weit größeren, schwerfälligeren Armee eines ganzen Landes zu widersetzen.

Dies war natürlich genau das Thema, an dem der Alte interessiert war, und so erwärmte er sich rasch dafür. Ich wußte, daß er alles, was Mr. Forbes über die gescheiterten Feldzüge in Italien sagte, in einen Sieg auf einem Schlachtfeld in den Appalachen im Süden der Vereinigten Staaten umsetzte; die bunt zusammengewürfelte republikanische Armee Mazzinis wurde in seiner Vorstellung zu einer schnell wachsenden Streitmacht aus befreiten und entflohenen Negern zusammen mit einigen wenigen mutigen Weißen, zu einer Bürgerarmee, die sich in kleine, von dichtbewaldeten Bergen aus operierende Trupps aufspaltete, hauptsächlich mit vom Feind eroberten Waffen kämpfte und von den Früchten des Landes und von den Nahrungsmitteln lebte, die heimliche Sympathisanten ihr gaben. Im Schutz der Dunkelheit brach diese Armee aus ihren Bergverstecken zu blitzartigen Überfällen auf die Plantagen in der Ebene hervor, befreite die Sklaven und wurde so ständig durch kräftige afrikanische Männer und Frauen verstärkt, die bereit waren, sich dem Kampf anzuschließen; die anderen schickte man über den »Subterranean Passway«, den geheimen Pfad, wie Vater seine Variante der Underground Railroad nannte, nach Norden, den ganzen Weg über die Gebirgszüge von den Appalachen über die Alleghenies und die Adirondacks bis in das Basislager Timbuktu und von dort aus nach Kanada.

Mr. Forbes war ein schlanker, gesprächiger Mann mit schütterem, gewelltem dunklem Haar, das er lang trug und in einem vergeblichen Versuch, die dennoch durchscheinende kahle Stelle zu bedecken, über den Schädel kämmte. Er hatte die kreidige Gesichtsfarbe eines Mannes, der es nicht gewohnt ist, im Freien zu arbeiten, dunkle, tiefliegende Augen, eine lange Adlernase und einen schlaff herabhängenden Schnurrbart. Seine Zähne waren in schlechtem Zustand, aber alles in allem war er ein gutaussehender Mann und machte einen intelligenten Eindruck, wenn auch auf gezierte, ein wenig weibische Art. Beispielsweise fuhr er jedesmal zusammen, wenn Vater gelegentlich die Stimme erhob. Oder blickte schmerzlich berührt drein, als wäre es ihm peinlich, wenn die Kutsche über einen Stein rumpelte oder in eine enge Radspur abrutschte und ihn auf seinem Sitz herumwarf.

»Ich nehme an, einiges erscheint Ihnen schwer verständlich, Mister Brown, aber eigentlich ist es doch ganz offensichtlich, nicht wahr?« meinte Mr. Forbes. »Natürlich erst, wenn man darauf aufmerksam geworden ist. Entweder aufgrund genialer Klugheit im voraus oder, was häufiger vorkommt, wenn es zu spät und das Unglück bereits geschehen ist. Sehen Sie das nicht auch so?« Er hatte die Angewohnheit, sich in seinen Ausführungen zu unterbrechen und kurz seine Fingernägel zu bewundern, ehe er weitersprach. »Hier zum Beispiel, Mister Brown, handelt es sich um solch eine nachträgliche Einsicht. Sie stammt aus dem Italienfeldzug. Die Katastrophe hat sie uns gelehrt.« Die kleinere Streitmacht, erklärte er, müsse sich notwendigerweise aus Männern zusammensetzen, die vielleicht an vieles glauben könnten, aber außer zwei Dingen nichts glauben *müßten*. Erstens müsse jeder Soldat fest davon überzeugt sein, an einem Kampf teilzunehmen, bei dem er und seine Kameraden moralisch im Recht und ihr Gegner moralisch im Unrecht seien. Nichts dazwischen. Kein Raum, um Kompromisse auszuhandeln. Es dürfe nicht bloß ein Streit um ein Stück Land sein. Grundlegende Prinzipien, nicht nur Grenzen müßten auf dem Spiel stehen. Und zweitens müsse er glauben, daß er für sein eigenes Leben und das seiner Angehörigen kämpfe. Die einzige Alternative zu seiner Teilnahme an diesem schrecklichen Krieg müsse der Tod für ihn und seine Lieben sein. Keine Möglichkeit, zwischendurch nach Hause zurückzukehren und die Oliven und den Wein zu ernten. »Freiheit oder Tod«, erläuterte Mr. Forbes lächelnd. »Das muß es sein. Ein wenig so wie Ihre amerikanische Revolution, meinen Sie nicht auch? Natürlich war es hilfreich, daß Sie Glück hatten. Und glänzende Anführer, muß ich sagen. Wirklich glänzend. Zu einer Zeit, in der unsere unfähig waren. Wunderbar. Für Sie, meine ich.«

Mr. Forbes schien die tapferen italienischen Soldaten, die er beschrieb, nicht sonderlich zu mögen oder gar den großen Giuseppe Mazzini zu bewundern. Wie viele der Journalisten, die ich später, während der Kansas-Kriege und danach, kennenlernen sollte, schien er sich den Menschen, die Gegenstand seiner journalistischen Tätigkeit waren, überlegen zu fühlen und legte ihnen gegenüber eine zynische und belustigte Distanziertheit an den Tag. Vater schien dies nicht weiter zu stören, oder vielleicht bemerkte er es einfach nicht. Das machte mir Sorgen, da er fortfuhr, den Mann zu befragen und ihm manchmal gewisse Pläne und Absichten anzuvertrauen schien, die meiner Ansicht nach besser unausgesprochen geblieben wären. Viel später sollte sich herausstellen, daß ich Mr. Forbes' Charakter richtig eingeschätzt hatte, denn er schloß sich uns, wie allgemein bekannt, gegen Ende des Feldzuges in Kansas als Verbündeter an, wurde dann aber in einem entscheidenden Augenblick zu einem der Hauptverräter, und beinahe gelang es ihm, unser Unternehmen zu Fall zu bringen. Jetzt aber, und noch bis zum Zeitpunkt seines Verrats, war er in Vaters Augen ein Mann, der über wertvolle Kenntnisse verfügte, und der Alte glaubte, sich seiner zu bedienen. Ich saß nur da und sah und hörte zu. Und immer, wenn ich der Meinung war, der Alte gehe zu weit oder komme zu nahe an wichtige Tatsachen heran, unterbrach ich ihn und lenkte das Gespräch auf einen anderen Aspekt des Themas, denn ich konnte ihn nicht dazu bringen, den Gegenstand ganz fallenzulassen.

Mittlerweile regnete es in Strömen, und die Kutsche schlitterte holpernd auf London zu. Die Ledervorhänge klatschten und schlugen gegen die Kutschenverschläge, und gelegentlich drangen feine Wasserspritzer in das dunkle Innere des Fahrzeuges und durchnäßten uns. »Ich frage mich, Sir«, sagte Vater zu Mr. Forbes, »ob Sie wohl in der Lage wären, eine solche Truppe Aufständischer zusammenzuhalten und auszubilden? Sie könnten allerdings nicht auf die Straße gehen und Soldaten rekrutieren und sie in aller Öffentlichkeit exerzieren lassen und belehren und so weiter. Sie müßten im geheimen und mit kleinen Gruppen arbeiten. Vor allem zu Beginn.« Unabhängig davon, wie weit die Soldaten die beiden Grundüberzeugungen teilten – daß sie angesichts des verabscheuungswürdigen Unrechts moralisch im Recht seien und daß sie für ihr Leben und das ihrer Lieben kämpften –, wären sie doch keine Berufssoldaten. Die meisten von ihnen wären wohl ungelernte Arbeiter, erläuterte er Mr. Forbes. Unsere Rekruten, erklärte er, wären vermutlich des Lesens und Schreibens unkundig und ungeübt im Umgang mit dem militärischen Apparat und den Waffen, nicht dazu ausgebildet, zwischen Gelegenheiten zu unterscheiden, die selbständiges Handeln erforderten, und solchen, bei denen Unterordnung geboten sei. Und es wären Leute, denen man seit Generationen beigebracht hatte, genau den Leuten zu gehorchen, denen sie sich nun entgegenstellten.

»Ist das nur theoretisch, Mister Brown?« fragte Mr. Forbes gedehnt. »Oder planen Sie einen Aufstand?«

»Vater«, sagte ich in die Dunkelheit, um ihn zu unterbrechen. »Ist das nicht so wie bei Gideon und den Gileaditern? Im Krieg gegen die Midianiter. Du erinnerst dich?«

»Richtig! In der Tat! Da haben Sie Ihre Antwort, Mister Forbes. Mein Sohn weiß etwas, das Sie nicht wissen. Das großartigste Militärhandbuch, das je verfaßt wurde, ist nämlich die Heilige Schrift! Wenn man sie richtig auslegt. Und er hat vollkommen recht, die Antwort auf meine Frage finde ich genau dort. Denn der Herr sprach zu Gideon: ›Wer aber furchtsam und verzagt ist, den lasse frühzeitig vom Berge Gilead hinabsteigen.‹ Und zweiundzwanzigtausend Mann kehrten um, und zurück blieben nur zehntausend, die keine Feiglinge waren. Und der Herr sprach: ›Noch ist das Kriegsvolk zu zahlreich.‹ Zu viele! Das muß man sich einmal vorstellen! Nicht zu wenige. Und der Herr gab Gideon den Gedanken ein, die verbleibenden Kriegsleute zum Wasser hinunterzuführen, und alle, die ihr Knie beugten, um zu trinken, wurden ausgesondert, und darauf blieben nur noch dreihundert Männer übrig, jene, die, um zu trinken, die Hand zum Mund geführt hatten, Männer, die zu stolz waren, sich auf die Knie niederzulassen, um aus dem Jordan zu trinken. Und der Herr sprach zu Gideon: ›Mit diesen dreihundert Männern will ich dich erretten und die Midianiter in deine Gewalt geben.‹ Und an dieser Stelle, Mister Forbes«, fuhr Vater fort, »ist die Bibel auf ganz besondere und interessante Weise äußerst lehrreich. Gideon, der dieses Mal von einem Traum geleitet wurde, teilte seine dreihundert Mann in drei Kompanien zu je hundert Mann auf, und dem Traum gemäß führte er selbst nur eine Abteilung an; mit dieser zog er zu Beginn der mittleren Nachtwache zum Lager der Midianiter. Sehr nützliche Anweisungen, wenn man es sich genau überlegt. Zu Beginn der mittleren Nachtwache. Schlau, nicht wahr?«

»Nun ja, wenn man bedenkt, daß ihm dies alles im Traum kam«, warf Mr. Forbes mit leiser Stimme ein.

Vater achtete nicht auf ihn. »Und Gideon befahl allen Männern, in einer Hand eine Posaune und in der anderen einen Krug mitzuführen, in den Krügen aber waren Fackeln, und wenn sie den Klang von Gideons Posaune hörten, sollten sie die Krüge zerbrechen und die Fackeln hochhalten und die Posaunen blasen. Dazu sollten sie ›Das Schwert des Herrn!‹ rufen und auf diese Weise wie zehnmal zehntausend Mann erscheinen und klingen. ›Das Schwert des Herrn!‹ Und als sie taten wie geheißen, Mister Forbes, da flohen all die Heerscharen der Midianiter in die Wildnis, so sie nicht sogleich vom Schwert des Herrn erschlagen wurden!«

Mr. Forbes gähnte vernehmlich. »Erstaunlich«, meinte er.

»Ja. Hätte Ihr General Mazzini genauer in seine Bibel geschaut«, fuhr der Alte fort, »dann hätte er am Ende vielleicht über seine Feinde triumphiert.« Wenn Mazzini hätte erfahren wollen, wie er den Nachschub seiner Feinde hätte abschneiden können, erklärte Vater Mr. Forbes, so hätte er nur das 19. Kapitel des zweiten Buchs der Könige lesen müssen. Und um einen Hinterhalt zu legen, hätte er Richter 9, Vers 34, heranziehen können, wo ihm geraten worden wäre, sich mit vier Kompanien gen Sechem auf die Lauer zu legen, oder sich in zwei Kompanien aufzuteilen, wie es Josua gegen Ai machte. Dieser hatte den Feind aus seiner Festung gelockt, indem eine der Abteilungen Flucht vorgetäuscht hatte. So konnte die zweite Kompanie in die Festung eindringen und sie in Brand stecken; als aber die Männer des Ai sahen, daß ihre Zitadelle in Flammen stand, kehrten sie um und eilten zurück, sie zu retten, und sie wurden in der offenen Ebene zwischen den beiden Abteilungen Josuas eingeschlossen und in Stücke gehauen. Und um zu erfahren, wie man einen feindlichen Heerführer erschlägt, der ständig von seinen Wachen umgeben ist, empfahl Vater, im Buch der Richter 3, 19–25, nachzuschlagen und zum Feinde zu gehen wie Ehud, der sich zu Gilgal begab, und wie dieser sage man dem Feind, man habe ihm eine geheime Botschaft des Herrn zu übermitteln. Nachdem dieser Gilgal seine Wache weggeschickt habe, stoße man ihm den Dolch mit der Linken bis ans Heft in den Leib, damit sich das Fett um die Klinge schließe und er sie nicht herausziehen könne; nur die Exkremente träten aus. Dann könne man fortgehen und die Türen hinter sich verschließen und nach Seirath entkommen.

»Tatsächlich?« sagte Mr. Forbes. »Mit der Linken, hm?«

»O ja! Wenn man vor ihm steht! Wegen der Anordnung der inneren Organe, der Leber und der Eingeweide und so weiter«, erläuterte Vater. »Damit er sofort stirbt und nicht um Hilfe rufen kann.« Vater fuhr noch einige Zeit lang fort, Mr. Forbes zu beweisen, wie vorzüglich die Bibel als militärisches Handbuch geeignet war, zitierte Kapitel und Verse aus einem Dutzend verschiedener Bücher, und ich hatte den Eindruck, sein Zuhörer sei mit Sicherheit eingeschlafen, da er kein Wort mehr sagte. Ich hatte natürlich schon Hunderte Male gehört, wie der Alte die Bibel auf diese Weise für jede Art von Thema heranzog, von der Schafhaltung bis zur Bewältigung von Kummer und Schmerz, und war mitten in seinen Zitaten eingeschlafen, um rechtzeitig für das große Schlußwort aufzuwachen und zustimmend zu nicken. Der Alte sprach immer so, es war seine Art, seine Gedanken und Überzeugungen mitzuteilen, und das konnte ziemlich eindrucksvoll sein, weil er seine Bibel besser kannte als irgend jemand sonst und sie somit voller Begeisterung, Intelligenz und gelegentlich, wenn auch vielleicht unbeabsichtigt, mit Humor auslegen konnte.

Diesmal jedoch hörte ich etwas anderes heraus. Denn als er einen Fall nach dem anderen darlegte, wurde mir klar, daß er in Wirklichkeit weit mehr über militärische Taktik und Strategien wußte als Mr. Forbes, der angebliche Experte, und vielleicht sogar mehr davon verstand als General Mazzini. Er stützte sich auf die Erfahrungen eines Volkes, das Jahrtausende hindurch große und kleine Kriege geführt hatte. Und es spielte keine Rolle, daß sie behaupteten, ihre Anweisungen vom Herrn oder im Traum erhalten oder sie gar aus den Eingeweiden von Vögeln gelesen zu haben; Vaters umfassende Bibelkenntnis eröffnete ihm einen direkten Zugang zum Wissen von tausend Generationen militärisch erfahrener

Männer und Frauen, zu all dem, was sich im Gedächtnis eines ganzen Volkes an Wissen angesammelt hatte. Vater las die Bibel nicht wie ein Mann, der lediglich glaubte, so zu sein *wie* die alten Israeliten; er las sie, als wäre er selbst einer von ihnen, als empfinge auch er Anweisungen vom Herrn. Der Mann hatte sich die Bibel nicht einfach *gemerkt*, wie sich jemand das Alphabet oder auch vergangene Verletzungen oder Siege merkt. Nein, die Bibel *war* das Gedächtnis des Alten.

»Na schön, Mister Brown, das ist ja alles sehr interessant«, räumte Mr. Forbes ein. »Aber ich fürchte, das moderne Militär benötigt für seine Ausbildung ein bißchen mehr als die Bibel. Die Zeiten ändern sich, oder etwa nicht?«

»Nicht aber die Menschen!« rief Vater aus. »Und leider gehört zu den Dingen, die sich niemals ändern, auch genau jene Überzeugung, jener Irrglaube, wenn ich so sagen darf, den Sie gerade ausgesprochen haben, die Menschen änderten sich. Auch das hat Bestand, mein Freund. ›Und Gott sprach: Lasset uns Menschen machen nach unserem Ebenbild, nach unserem Bilde wollen wir sie schaffen.‹ Die Zeiten mögen sich ändern, Sir, doch der Herr ändert sich nicht, und deshalb ändert sich auch niemand, der nach seinem Ebenbilde geschaffen wurde, denn zum Wesen dessen, der uns geschaffen hat, gehört Unveränderlichkeit. Wir sind immer noch der gleiche Mensch wie der alte Adam.«

»Tatsächlich? Nun, ich fürchte, ich bin kein religiöser Mensch«, entgegnete Mr. Forbes. Dann verkündete er, nun schlafen zu wollen, versprach aber, diese höchst interessante Unterhaltung am nächsten Morgen, ehe wir London erreichten, weiterzuführen.

Vater entgegnete, gut so, denn auch er wolle gern schlafen, und das wollten wir ja wohl alle, insbesondere Miss Peabody, wie er hinzufügte, obwohl sie mehrere Stunden lang kein einziges Wort gesagt hatte und vermutlich völlig in ihren düsteren Gedanken versunken war und von dem Gespräch zwischen Vater und Mr. Forbes gar nichts mitbekommen hatte; es war unwahrscheinlich, daß sie schlief, ungeachtet der Rücksichtnahme ihrer Mitpassagiere oder deren Mangel daran. Sie reagierte ebensowenig auf Vaters Bemerkung wie ich, und so verfielen wir schließlich alle in Schweigen.

Holpernd fuhren wir durch die lange, kühle Nacht, nickten, wenn wir konnten, für kurze Zeit ein, hielten zum Frühstück bei einem Gasthof außerhalb des Dorfes Dunstable an, das ein Stück nördlich von London liegt, und erreichten die weitläufige Hauptstadt kurz vor Mittag. Der Alte versuchte einige Male, sein Gespräch mit Mr. Forbes dort wiederaufzunehmen, wo sie es unterbrochen hatten, doch der Engländer schien keine Lust mehr zu haben; er lächelte herablassend und wehrte ab, als hielte er Vater für ein wenig übergeschnappt. Diese Reaktion hatte ich schon bei vielen Leuten bemerkt, tatsächlich Hunderte Male, und fast immer hatte ich ein wenig wie sie empfunden und sogar ein wenig Mitleid mit ihnen verspürt, vermischt mit Ärger über meinen Vater und Verlegenheit wegen seines Verhaltens. Doch diesmal fühlte ich mich ganz einfach Mr. Forbes überlegen und stand ihm weiterhin ablehnend gegenüber. Er ist zu engstirnig, zu konventionell erzogen oder vielleicht auch nur zu einfältig, um die Originalität und Hellsichtigkeit des Alten schätzen zu können, dachte ich mir.

Man brauchte kein Christ zu sein, um zu erkennen, daß Vater die Natur des Menschen außergewöhnlich gut durchschaute und daß seine Grundsätze bewundernswert waren; in Wirklichkeit war es vielleicht sogar von Vorteil, kein Christ zu sein, denn Vaters Ansichten wichen deutlich von denen der zeitgenössischen Kirchenmänner ab. Allerdings mußte man die Dinge unvoreingenommen betrachten, als hätte nie zuvor irgend jemand diese Frage gestellt. Wie legt man einen Hinterhalt? Wie ermordet man einen feindlichen Anführer? Wie kann man einer großen, gutausgebildeten Berufsarmee mit einem kleinen, bunt zusammengewürfelten Haufen zorniger Zivilisten standhalten?

In allen Fällen antwortete der Alte einfach mit einer Gegenfrage: Wie wurde das in der Bibel gemacht? Anders als die meisten Christen zog Vater die Bibel nicht nur zu Rate, wenn er eine Bestätigung dessen suchte, was seiner Meinung nach sein sollte, ob es nun um den Menschen oder um Gott ging; er wandte sich der Bibel zu, um zu erfahren, wie es tatsächlich war. Gab es denn eine bessere Quelle? Wo sonst waren die Eigenschaften und das Verhalten des Menschen und Gottes genauer und über längere Zeit beobachtet worden als in der Bibel?

In London verweilten wir nicht lange, und ich konnte kaum einen Blick auf die Stadt werfen. Ich bedauerte das ein wenig, da es die gewaltigste Ansammlung von Menschen und Gebäuden war, die ich je gesehen oder mir auch nur vorgestellt hatte, und ich hätte mir zumindest gern ein Bild von alldem gemacht. Unsere Kutsche brauchte eine geschlagene Stunde, um vom Stadtrand bis zur Stadtmitte zu gelangen. All diese von Menschen wimmelnden, verwinkelten, engen Straßen und das Labyrinth von Gassen, gesäumt von aus Ziegeln errichteten Mietskasernen und dazwischen winzige, finstere Verschläge – ein buchstäblich schwindelerregender Anblick, und ich taumelte, als ich aus der Kutsche stieg! Der Himmel war lediglich ein dünnes graues Atlasband, das sich im Zickzack über unseren Köpfen dahinzog, und ein leichter Nieselregen ließ uns wie glatte, feuchte Steine glänzen und verlieh allem eine merkwürdige, überhöhte Klarheit. Ich wünschte mir, weiter in die Stadt hineinzuspazieren, die anderen zurückzulassen und ziellos umherzuwandern, ganz und gar unerkannt und unsichtbar in dieser Menschenmenge.

Doch vielleicht war es ganz gut, daß Vater so begierig darauf war, auf den europäischen Kontinent zu gelangen, denn ich hätte Monate oder gar Jahre gebraucht, um diese riesige, dichtbevölkerte Stadt so gut kennenzulernen, daß ich in jedem Augenblick wußte, wo ich mich befand. Ich konnte nur das sehen und bestaunen, was unmittelbar vor mir lag, ohne eine Möglichkeit, dies zu allem anderen in Beziehung zu setzen. Ich erfaßte nur den Vordergrund, keinen Hintergrund.

Vater ging es genauso, doch schien ihm dies nichts auszumachen. Von dem Augenblick an, in dem wir steif und feucht aus der Kutsche auf das Kopfsteinpflaster traten, kümmerte er sich sogleich um unsere Abreise nach Belgien. Ehe er sich von unseren

Reisegefährten verabschiedete, nahm er jedoch Mr. Forbes beiseite und ließ sich sowohl dessen Londoner als auch New Yorker Adresse geben, die er in sein kleines Notizbuch eintrug. Dann kündigte er an, er werde bald persönlich mit Mr. Forbes Kontakt aufnehmen oder ihm einen seiner Beauftragten schicken, um streng vertraulich mit ihm über eine äußerst geheime Angelegenheit von großer Bedeutung zu sprechen. Der Beauftragte werde wahrscheinlich einer seiner Söhne sein und sich dadurch ausweisen, daß er ihm gewisse Einzelheiten unserer Reise mitteilte.

»Sie meinen es wirklich ernst, nicht wahr?« fragte Mr. Forbes. Mit der Reisetasche in der Hand stand er da, sein Gewicht sorgfältig auf einem Fuß balancierend, den anderen fast schon in der Schwebe, als sei er bereit, sofort loszurennen.

»Und ob ich es ernst meine, Sir. Ich glaube, ich möchte Sie als Verbündeten für ein Unternehmen gewinnen, das ich gerade plane. Sie verfügen über gewisse Erfahrungen und Kenntnisse, auf die ich möglicherweise zurückgreifen muß.«

»Ich dachte, Sie brauchten nichts weiter als Ihre Bibel?«

Der Alte lächelte verschmitzt. »Vielleicht hat mir die Bibel mitgeteilt, daß ich einen Mann wie Sie an meiner Seite benötige. So wie Abraham die Führer der Kanaaniter brauchte, um seinen Bruder Lot aus Sodom zu befreien.«

»Ach ja, Abraham. Nun gut«, erwiderte er. »Sie sind ein interessanter Mann, Mister Brown, und ich bin überzeugt, Sie sind es wert, daß man Sie im Auge behält. Und da ich Journalist bin, werde ich genau das tun. Oder sollte ich das etwa nicht?«

»O doch, genau das sollen Sie«, erklärte Vater und schüttelte ihm kräftig die Hand.

Als Mr. Forbes gegangen war, wandte der Alte sich an Miss Peabody, die neben einem Berg von Koffern stand, ihren eigenen und, wie ich annahm, denen ihrer Nichte. Sie schien auf eine Kutsche zu warten. »Kann ich Ihnen irgendwie behilflich sein?« fragte Vater.

Sie verneinte höflich und erklärte, sie habe schon einen Träger bestellt, der sie direkt zu ihrem Hotel bringen werde.

»Mein Sohn und ich möchten Ihnen beide noch einmal unsere Anteilnahme ausdrücken.«

»Danke, Mister Brown«, erwiderte sie und wandte sich ostentativ ab, so daß Vaters Hand wie auch meine ins Leere griffen.

»So leben Sie denn wohl«, rief er ihr zu. »Leben Sie wohl! Ich werde um Linderung Ihres Schmerzes beten!«

Sie gab keine Antwort, und wir ließen sie zurück. »Ich glaube, ich habe sie irgendwie gekränkt«, meinte Vater leise. »Wahrscheinlich weil ich an Bord des Schiffes ständig gepredigt habe.«

»Mach dir nichts daraus. Ihre Nichte ist es, die deine Gebete braucht.«

»Ja, du hast recht. Natürlich. Aber manchmal geht mein Temperament mit mir durch. Dann vergesse ich mich.«

»Erzähl mir von deiner Unterhaltung mit Mister Forbes«, forderte ich Vater auf. »Wofür brauchst du ihn eigentlich?«

Er lächelte, als sei er erleichtert, nicht über die Peabody-Frauen und das gelegentlich heikle Thema seiner Begeisterung für Gebet und Predigt nachdenken zu müssen. »Nun, mein Junge«, sagte er gedehnt, »wie der Mann selbst erklärt hat, ist er Journalist. Und obwohl er ein Atheist ist, scheint er unserer Sache wohlwollend gegenüberzustehen.«

»Aber er ist kein Amerikaner. Er ist Engländer.«

»Um so besser. Die Amerikaner sind stets eher bereit, Berichten von Fremden über unsere Angelegenheiten zu glauben als denen, die von uns selber stammen. Meinst du nicht auch?« fragte er und äffte den Akzent des Engländers nach. Er lachte, griff nach seinem Koffer und erklärte: »Komm, mein Junge, wir müssen den nächsten Zug nach Dover erwischen! Schluß mit diesen ungefederten englischen Kutschen, hm? Wenn wir uns beeilen, können wir es noch schaffen. Bei Einbruch der Nacht könnten wir schon auf der anderen Seite des Ärmelkanals sein!«

Wir waren in der King Street in der Nähe der Markthalle von Covent Garden aus unserer Kutsche gestiegen, und so war es nur ein kurzer Spaziergang zum Bahnhof von Charing Cross, der an einem breiten Boulevard mit Namen Strand lag. Mit wie gewohnt weitausgreifenden Schritten eilte Vater dahin, das Kinn vorgestreckt, und ich bemühte mich mitzuhalten; allerdings lenkte mich die vorbeiziehende Menge ab, die Frauen mit ihren eleganten Kopfbedeckungen und den langen Kleidern mit ausladenden Turnüren, die Herren mit ihren Stöcken und Seidenhüten, die vornehmen, hochrädrigen Einspänner mit livrierten Kutschern und Lakaien und die ansehnlichen Gespanne, die sie durch die verstopften Straßen zogen.

Dieses Übermaß an sichtbarem Wohlstand, an Macht und weltmännischer Selbstgewißheit verwunderte mich. Dies, dachte ich, ist die Kehrseite jener qualmenden Fabriken und Bruchbuden, die wir in Manchester und den anderen Städten gesehen haben, wo jeden Tag Kinder an ihren Maschinen zusammenbrechen und sterben. Und es ist der sichtbare Profit, der auf den schrecklichen Zukkerplantagen in Jamaika und Barbados erwirtschaftet wird, wo man die Sklaverei durch Leibeigenschaft ersetzt hat. Das ganze Land schien eine einzige riesige Fabrik zu sein, in die man Rohstoffe und Arbeitskräfte von den kargen Hügeln Irlands und Schottlands und von fernen tropischen Inseln schaffte. Liverpool war ihr Umschlagplatz und London ihr Kontor. Ich konnte mir nicht vorstellen, ein Mitglied der herrschenden Klasse zu sein, zu diesen distinguierten Männern und Frauen zu gehören, die auf der Straße an mir vorbeigingen. Folglich dachte ich mir, wenn ich denn ein in England lebender Engländer wäre, dann wäre ich mit Sicherheit einer jener alten Ludditen, die mit Hämmern auf die Maschinen einschlugen. Und falls ich in einer der Kolonien lebte, wäre ich wie einer der Maronneger unter Cudjo, einer jener entflohenen Sklaven, die weit droben in den Bergen hausten und nachts in die Plantagen hinunterschlichen, um die Zuckerrohrfelder in Brand zu stecken. In manchen Ländern, sagte ich mir, kann man sich im Grunde nur wünschen, zerstörerisch zu wirken.

So machten wir uns also auf den Weg ins eigentliche Europa, zuerst im Zug ostwärts nach Dover, von wo aus wir mit der Fähre nach Flandern übersetzten. Anschließend fuhren wir erneut mit der Eisenbahn, ratterten durch die grünen Marschen Walloniens bis nach Brüssel und gingen, als die ersten Morgennebel über den sich dahinschlängelnden Flüssen Brabants aufstiegen, zu Fuß die Charleroi-Straße entlang zu dem Bauerndorf Waterloo, wo sich eine Generation zuvor die größten Armeen und Generale Europas aufeinandergestürzt und in Pulverdampf und Blut das Schicksal der Hälfte aller Länder der Welt entschieden hatten; davon waren wir damals jedenfalls überzeugt. Wir wußten natürlich nicht, was danach kommen sollte, und recht wenig von dem, was vorher geschehen war. Ich war an jenem Tag nur an diesem Ort, weil Vater mich hingeführt hatte – beeil dich, mach schon, beeil dich –, und er war nach Waterloo gegangen, weil er sehen wollte, wie Napoleon, als er sich gerade anschickte, alles zu gewinnen, alles verloren hatte.

Allmählich begriff ich, weshalb der Alte von Napoleon und Waterloo so besessen war. Lange Zeit schien es nur wenig mehr als eine seiner vorübergehenden, sprunghaften Zerstreuungen gewesen zu sein, die ihm eigene Methode, nicht an etwas denken zu müssen, das ihn quälte, ein Verhalten, auf das er besonders in Zeiten hoher Anspannung verfiel. Diese hatte zumeist finanzielle Gründe, gelegentlich natürlich auch familiäre. Und manchmal politische. Doch diese eher nebensächlichen Interessen hielten selten länger vor, als die jeweilige Phase der Belastung andauerte, und sobald der Druck ein wenig nachließ, was regelmäßig geschah, wandte er sich erneut den beiden großen Themen zu, von denen er besessen war – der Religion und dem Krieg gegen die Sklaverei.

Sein Interesse an Napoleon und an Waterloo hingegen hielt schon länger an. Seine Hoffnungen, auf dem englischen Wollmarkt Erfolg zu haben, waren jetzt allem Anschein nach einigermaßen realistisch, und die Anspannung hätte eigentlich nachlassen müssen. Zum ersten Mal seit Jahren konnte er über Wolle und Geld nachdenken, ohne gequält zusammenzuzucken. Folglich hätte er jetzt eigentlich wieder auf die Sklaverei und die Religion zurückkommen müssen. Er brauchte nicht weiter über Napoleon nachzudenken – für die meisten Menschen und sogar für viele Amerikaner der größte Mann des Jahrhunderts, für John Brown jedoch, so hätte man glauben sollen, ein bösartiges Genie, ein kleiner Korse, voller Wahnvorstellungen von imperialer Größe, ein Mann, dessen Eitelkeit und erschreckender Ehrgeiz für den Tod und die Verwundung Hunderttausender Soldaten und die fortdauernde Verarmung von Millionen Zivilisten verantwortlich waren. Für Cäsar hatte Vater nie viel übrig gehabt, und noch viel weniger für jene, die wie Napoleon den Wunsch hatten, diesem nachzueifern, ungeachtet dessen, wie glänzend sie Krieg führten oder wie sehr sie von ihren Gefolgsleuten bewundert wurden.

Ehe wir an jenem Morgen zu dem Schlachtfeld aufbrachen, hatte ich ihn daher unverblümt gefragt, was ihn denn an Napoleon so ungemein anziehe. Wir frühstückten gerade, geräucherten Fisch und Brot und Käse und köstliche, sahnige Milch – wie gut ich mich an dieses einfache, frische flämische Essen erinnere! Wir saßen an einem bankähnlichen Tisch in einem an der Straße gelegenen Gasthof nicht weit außerhalb der geschäftigen, großen Handelsstadt Brüssel, wo wir bei unserer nächtlichen Ankunft Quartier bezogen hatten. Natürlich sprachen wir kein Französisch und auch keine andere europäische Sprache; Vater hatte diesen Mangel dadurch wettgemacht, daß er wild gestikulierte und in sehr langsamem Englisch die Kellner, Bediensteten und Hotelinhaber anbrüllte, als sprächen sie Englisch, allerdings nur sehr schlecht, und als wären sie samt und sonders schwerhörig. Es gelang ihm tatsächlich, sich verständlich zu machen, doch nur, weil unsere Wünsche und Bedürfnisse schlicht und offenkundig waren.

»Napoleon ist ein wichtiger Mann, das ist mir klar«, sagte ich zu ihm, »besonders für die Europäer. Aber im Ernst, Vater, was bedeutet er uns Amerikanern, außer daß er ein zynischer, machthungriger Hochstapler war? In einer Demokratie hätte ein Mann wie er nur auf der Bühne Erfolg, oder man würde ihn gleich ins Gefängnis stecken.«

Vater lachte. »Oder er würde in New York als Senator kandidieren. Und vielleicht sogar gewinnen.«

»Ich meine es ernst. Warum bewunderst du ihn so sehr?«

»*Bewundern*, Owen? Ich verabscheue ihn! Mag er als Heerführer auch noch so brillant gewesen sein, er war doch ein atheistisches Ungeheuer, ein egoistischer Diktator sondergleichen. Als er auf seiner kleinen Insel Sankt Helena schließlich für tot erklärt wurde und alle Welt darüber weinte, da stieß ich Freudenschreie aus.«

»Weshalb sind wir dann hier?«

»Nun, einfach ausgedrückt, ich will verstehen, weshalb er verloren hat. Und diese eine Schlacht war entscheidend.« Napoleons Hunderttagemarsch fasziniere ihn, erklärte Vater. Allerdings nicht, weil dieser letzte, irrsinnige Versuch, aus dem Exil auf Elba nach Europa zurückzukehren, erfolgreich gewesen sei. Damit sei zu rechnen gewesen, meinte Vater. Ein höchst intelligenter Schachzug mit vorhersagbarem Ergebnis sei dies gewesen. Abgesehen von seiner Niederlage bei Waterloo – die sei nicht vorhersagbar gewesen. Nein, was Vater interessierte und ihm Rätsel aufgab, war die Tatsache, daß Napoleon nach einem solchen Erfolg, der ganz Europa überrascht und in Angst und Schrecken versetzt hatte, am Ende scheiterte. Für künftige Gelegenheiten, erläuterte Vater, wolle er herausfinden, ob Napoleons Niederlage in Waterloo auf einen taktischen Fehler oder auf die Überlegenheit Wellingtons und des Preußen Blücher zurückzuführen sei. Oder hatten ihn vielleicht seine eigenen Generale, die Franzosen Ney und Grouchy, verraten? Dafür gab es keinen Beweis. Feigheit? Unwahrscheinlich. Zu große Vorsicht? Höchst unwahrscheinlich. Zu wenig? Vielleicht. Was immer auch der Grund gewesen sein mochte, es erschien ihm wichtig, ihn zu kennen.

»Du glaubst also, daß du das herausfinden kannst?« fragte ich ihn. »Hier und heute ... wie lange ist das jetzt her – fünfunddreißig Jahre danach?«

»Mein Junge, manchmal versteht man derlei nur durch eigene Anschauung. Wenn du den konkreten Schauplatz der Geschichte betrittst, die du erforschst, wenn du die Luft riechst, das Licht prüfst, nach links und rechts und über die Schulter siehst, wenn du eine Handvoll Erde nimmst und sie zwischen den Fingern zerkrümelst, dann wirst du Dinge erfahren, die kein Geschichtsbuch je lehren kann.« Übrigens wünschten alle englischen Historiker, wie er mir erklärte, Wellington zu rühmen, weshalb sie ihre Version der Geschichte erzählten, während die Preußen Blücher herausstellten und die Franzosen jedermann entweder von der historischen Größe Napoleons oder von der Legitimität Ludwigs XVIII. überzeugen wollten. Dem Alten war es schlichtweg gleichgültig, wer oder was hier gewonnen oder verloren worden war. »Ich bin Amerikaner«, stellte er fest. »Ich will nur wissen, weshalb er gescheitert ist.«

»Schon«, erwiderte ich, »aber warum willst du das unbedingt wissen? Was hat das mit deinen Plänen zu tun?«

Es seien diese einhundert Tage, erklärte er. Hundert Tage – von Napoleons unerwartetem Aufbruch mit einem halben Dutzend Getreuer aus dem Exil auf der Insel Elba bis zu seiner Ankunft hier in Waterloo, drei Monate später, als eine Viertelmillion bewaffneter Männer unter seinem Befehl standen. »Dieser Punkt ist von einiger Bedeutung für meine Pläne«, meinte er lächelnd, erhob sich und ging zur Tür. »Vorwärts, mein Sohn!« rief er. »*Wir* haben keine hundert Tage. Wie du gesagt hast. Wir haben nur diesen einen.«

Das Schlachtfeld war eine riesige, wellige, bucklige Fläche mit stoppligem Gras, fast wie ein Friedhof ohne Grabsteine, kreuz und quer durchzogen von flachen, überwucherten Gräben und Furchen, in der Ferne von einer Reihe dunkler Eiben begrenzt. Dahinter erstreckten sich kleine Feldparzellen, die Bauern in blauen Kitteln mit kurzen Spaten eigenhändig umgruben. Als wir bei dem Schlachtfeld ankamen, war der Tau auf dem Gras kaum verdunstet, und ich folgte dem Alten von einer Stelle zur nächsten, während er Schritte abzählte, als sei er ein Landvermesser und ich sein Assistent, der die Meßkette hinter ihm dreinschleppte. Vater markierte die Vorstöße und Rückzüge, erst die von Wellingtons Truppen und der flämischen Infanterie, dann die seines preußischen Mitstreiters, des Generals Blücher, sowie die der französischen Armeen; er schien die Schlachtplankarten auswendig gelernt zu haben, denn er wußte genau, wo die jeweiligen Armeeinheiten postiert gewesen waren, die an jenem Junitag im Jahre 1815 hier aufeinandergetroffen waren; er marschierte geradewegs zu diesen Stellen und schritt die Entfernungen zwischen ihnen ab.

»Der Boden hier«, erklärte er, »der sich zu der Ebene dort hinabsenkt, war morastig und feucht. Ja, ja«, sagte er und blinzelte über das Gelände hinunter. In der Nacht des 17., als Bonaparte von Ligny her kam, so der Alte, sei der Boden nach zwei Tagen und Nächten Regen aufgeweicht gewesen, dann habe es aufgehört zu regnen, und er habe bis elf Uhr am nächsten Morgen gewartet. Da oben auf der Anhöhe, sagte er und zeigte in die Richtung. Und dann habe er gewartet, bis der Boden trocken war, ehe er gegen die Belgier und Holländer marschierte. Das sei wichtig, erklärte der Alte – eigentlich sagte er es mehr zu sich selber als zu mir. Das sei die entscheidende Verzögerung gewesen. So habe Wellington genügend Zeit gehabt, sich auf der Anhöhe gegenüber zu verschanzen, Mont St. Jean genannt, eigentlich kaum ein Hügel, aber eine gute Deckung, wenn man die Möglichkeit habe, sie zu befestigen.

Unvermittelt schritt Vater den langgestreckten grasbewachsenen Abhang hinunter; wahrscheinlich wollte er den Boden untersuchen, um sich eine Vorstellung davon zu machen, wie morastig er wohl an jenem 18. Juni 1815 um elf Uhr gewesen sein mochte. Ich fiel zurück und schaute ihm von der Anhöhe aus nach. Mittlerweile stand die Sonne über den Hügelkämmen hinter uns, und der Tag versprach heiß zu werden; die Luft war schwer von Feuchtigkeit. Auf meinem Weg über das Schlachtfeld gelangte ich nach kurzer Zeit zu einem kleinen Wäldchen, durch das sich ein schmaler Bach schlängelte. Im Schatten der Bäume ließ ich mich nieder, nahm meinen Hut ab, lehnte mich bequem an einen Baumstamm und sah Vater zu, der in der Ferne zielstrebig den Hügel hinauf- und hinuntermarschierte, die Schritte abzählte, innehielt und umherspähte, den Boden betastete, sich am Kinn kratzte und nach einem Augenblick des Überlegens auf dem Absatz kehrtmachte und in eine andere Richtung stolzierte. Er schien sich zuerst an die

Stelle der Armee der einen Seite und wenige Minuten darauf an die der gegnerischen Truppe zu versetzen.

Es war ein einigermaßen erheiternder Anblick, und auf die Bauern, die hier und dort auf den an das Schlachtfeld angrenzenden Feldern arbeiteten, machte er mit Sicherheit einen reichlich merkwürdigen Eindruck – ein hagerer Mann mittleren Alters in dunklem Jackett mit wehenden Schößen und einem flachkrempigen, gerade auf dem Kopf sitzenden Hut, der entlang geometrisch exakter Linien unter der heißen Sonne des Spätvormittags über die Hügel und durch die Senken stakste. Obwohl ich eigentlich ebensowenig wie die neugierigen Bauern, die sich auf ihre Spaten stützten und ihm nachstarrten, in der Lage war, das zu sehen, was er dort draußen entDeckte, so wußte ich doch, was er sah und hörte und vielleicht sogar roch. Ich wußte, daß er sich gezielt, bedacht und mit beeindruckend detailliertem Wissen zu den Hunderten von Stellen begab, an denen die Armeen aus sechs Nationen aufeinandergetroffen waren, und daß er sich in diesem Augenblick inmitten einer tosenden Schlacht bewegte, das wütende Gebrüll und die mitleiderregenden Schreie Tausender Männer hörte, die mit dem Gesicht voran in den Schlamm fielen und dort auf der Stelle starben, daß er das Feuer und den Rauch aus langen Reihen von Kanonen und die wiehernden Pferde sah, die zu Boden gingen; er hörte das Bersten riesiger Wagen und Maschinen, die auseinanderbrachen, während die Soldaten in aufeinanderfolgenden Wellen selbstmörderisch gegen hohe, mit Musketen bestückte Wälle, gegen niedersausende Säbel, aufblitzende Pistolen, Piken und Bajonette marschierten, bis die Linien aufbrachen und blutige Hände sich ausstreckten und nach den Kehlen entsetzter, wild dreinblickender Jungen und Männer griffen – Bauern, Handwerker und einfache Arbeiter, die um ihr Leben liefen, während sich auf dem ganzen Gelände menschliche Glieder türmten, Arme und Beine und Köpfe, die brutal vom Rumpf getrennt worden waren und in denen jetzt heulende, blutige Münder klafften, daneben Rümpfe, die wie Fleischbrocken auf dem Boden lagen. Die Lebenden, jene, die noch aufstehen konnten, taumelten nach vorne, mit Schlamm,

Blut, Exkrementen und Erbrochenem besudelt, während die Leichen hinter ihnen in den wassergefüllten Gräben steif wurden und anschwollen und in der Hitze des Junitags zu stinken begannen; und hinter den Leichen, droben auf dem Hügelkamm, planten die Generale ihren nächsten Vorstoß.

Wie einer der Generale saß ich im Schatten eines Baumes auf einer niedrigen Anhöhe und sah meinem Vater zu, wie er eine Reihe geheimnisvoller, unsichtbarer Runen in den Feldern nachzeichnete und für sich übersetzte. Ich sah einen Mann, der von einer Vision geleitet wurde, an der ich, sein Sohn, nicht teilhaben konnte, da ich noch nicht weit genug war. Er mußte mir also davon berichten, so wie er mir auch seine Vision des Herrn geschildert hatte. Ich glaubte an seine Visionen, daran, daß sie stattgefunden hatten und daß es in ihnen um die Wahrheit ging – die Wahrheit der Kriegführung, die Wahrheit der Religion. Das hatte ich in jener Nacht gelernt, in der ich an Bord der *Cumbria* mit Miss Peabody gesprochen hatte – ihrer letzten Nacht auf Erden und in gewissem Sinne meiner ersten. In jener Nacht hatte ich meine Einstellung geändert, so wie sie es verlangt hatte, und folglich hatte auch ich selbst mich geändert. Ich hatte einen Entschluß gefaßt und mich damit in gewissem Sinne selbst geschaffen. Und zum ersten Mal – und nur dieses eine Mal war notwendig – hatte ich einfach beschlossen, meines Vaters Visionen seien es wert, daß ich sie glaubte. Der Rest hatte sich ergeben wie der Tag, der auf die Nacht folgt. Natürlich würde ich weiterhin ein ganz gewöhnlicher Mensch bleiben und aus eigener Kraft über nichts verfügen, mit dem ich arbeiten konnte. Zu meinem großen Glück aber hatte mein Vater mehr von einem Poeten als ich, er war ein Seher und vielleicht sogar ein Prophet. Dieser Mann sah Dinge, die ich selbst nicht sehen konnte, obwohl ich überzeugt war, daß es sie gab, und da ich ihn liebte und ihm vertraute und da seine Sprache überzeugend war und sein Verhalten beständig, war mein Glaube bald ebenso kraftvoll und beherrschend, ebenso bestimmend für mein Denken und mein Handeln geworden wie Vaters Glaube für ihn. Auf diese indirekte Art und Weise – denn bis zum Ende blieb ich sein Mitläufer und lebte weiter ohne eigene klare Pläne und ohne Glauben an Gott – wurde ich in jenen Tagen erstmals zu einem Mann der Tat und einem Mann der Religion. Der Unterschied zwischen uns, zwischen mir und meinem Vater, bestand darin, daß ich niemanden dazu bringen würde, mir zu folgen, sei es in eine Schlacht oder auf dem Weg zu Gott, während er mich und bald noch ein Dutzend Männer und schließlich ganze Legionen und am Ende eine halbe Nation dazu brachte, ihm zu folgen.

An jenem Abend, nach einer Mahlzeit, die aus Hammelfleisch bestand, das der Alte sehr lobte, schlenderten wir bis zur Dunkelheit durch Brüssel, und Vater berichtete mir von den Schlußfolgerungen, zu denen er gelangt war. Wir gingen ins Stadtzentrum und kamen zu einem alten, kopfsteingepflasterten Marktplatz, wo das Rathaus stand. Dort bewunderten wir eine Zeitlang eine hohe mittelalterliche Statue des heiligen Michael, der den Teufel unter seinen Füßen zertritt. Die Statue war auf einer Turmspitze oben auf dem hohen Gebäude angebracht, und um sie betrachten zu können, mußten wir uns zum entferntesten Punkt des Platzes begeben; wir lehnten uns an eine Steinmauer und schauten nach oben, als beobachteten wir eine Sonnenfinsternis. Vater bezeichnete die Statue als nützlich und ordnete sie jenen Dingen zu, von denen wir in unseren amerikanischen Städten mehr haben sollten.

»Es ist aber eine katholische Statue«, wandte ich ein.

»Nein, die ist älter. Katholiken gibt es erst, seit es auch Protestanten gibt. Nein, das ist ein christliches Standbild.«

»Und Amerika ist ein christliches Land.«

»Das ist es in der Tat«, bestätigte er. »Oder sollte es zumindest sein. Mit Sicherheit war es so gedacht.«

Daraufhin setzten wir unseren Spaziergang fort, und bald kam Vater wieder auf Napoleon zu sprechen. Alle Gründe für Napoleons Niederlage in Waterloo, stellte er fest, ließen sich darauf zurückführen, daß er das Überraschungsmoment verloren habe. Drei volle Monate lang, bis zu dem Zeitpunkt, als er in Ligny ankam und Blüchers Preußen aus dem Felde schlug, habe Bonaparte immer das getan, was man als letztes von ihm erwartet habe. Da alles andere gleich oder doch annähernd gleich geblieben sei, habe er allein aus diesem Grund den Sieg immer auf seiner Seite gehabt. Doch als er sein Lager in Ligny abbrach und durch den Regen marschierte, kam er in der Morgendämmerung in Waterloo an und stellte fest, daß zwischen seiner Armee und der ein wenig exponierten und annähernd gleichstarken Truppe Wellingtons eine halbe Meile morastigen Wiesengeländes lag. Und nun tat er zum ersten Mal, womit man rechnete. Er bezog Stellung und wartete ab, bis die Sonne den Boden getrocknet hatte. Und so hatte Wellington genügend Zeit, sich zu verschanzen, und die umgruppierten Preußen Blüchers hatten, wie sich herausstellen sollte, die Möglichkeit, von Ligny aus nachzukommen. Danach hatte Napoleon keine Chance mehr, die Alliierten zu besiegen. Denn er hatte nicht das *Unerwartete* getan. Als Blücher auftauchte, war es fast Mittag, und da die Schlacht gerade erst begonnen hatte, konnte er Wellingtons Armee verstärken. Das war entscheidend. Napoleon hatte das Überraschungsmoment verloren, und jetzt hatte sich das Gleichgewicht verschoben. Er mußte verlieren. Mathematik, simple Zahlen hatten von nun an das Geschehen bestimmt. Ein sicherer Sieg war in eine Niederlage verkehrt worden. Für Napoleon war es das Ende seines Feldzuges, das Ende seines Krieges, das Ende seiner hundert Tage. Ihm blieben nur noch Rückzug, schließlich Kapitulation, Exil, die Wiederherstellung der Monarchie in Frankreich und eine Rückkehr zum Status quo im übrigen Europa.

»Was hätte er denn tun sollen?«

»Er hätte das tun sollen, was Wellington am allerwenigsten von ihm erwartete. Was zuallererst heißt, er hätte angreifen müssen. Auf der Stelle.« Und er hätte nicht nur unverzüglich angreifen müssen, fuhr Vater fort, denn der Schlamm hätte Wellingtons Armee im gleichen Maß behindert wie seine eigene, sondern seine Streitmacht in zwei scheinbar gleiche Abteilungen aufspalten sollen. »Wie Joab gegen die Syrer und die Kinder Ammons«, erläuterte er. »Eine Abteilung hätte allerdings überlegen sein müssen, in der Art, wie Joab insgeheim die besten Männer Israels unter sein Kommando stellte und die übrigen, eine schwächere Truppe, von seinem Bruder Abishai befehligen ließ.« Dann hätte Napoleon von beiden Flanken her angreifen sollen, nicht in einer Zangenbewegung, sondern um zwei gesonderte Fronten aufzubauen und Wellington so zu zwingen, auch seine Armee in zwei Gruppen aufzuteilen. In Wellingtons Fall wären diese beiden Teile außerdem nicht nur gleich *erschienen* wie bei Napoleon, sie wären tatsächlich gleich stark gewesen. Folglich hätte die insgeheim überlegene Hälfte Napoleons die ihr gegenüberstehende britische Hälfte schnell überrannt. Und seine weniger kampfstarke Hälfte drüben auf der anderen Seite hätte ebenfalls gesiegt, weil Wellingtons Frontlinie aufgebrochen und die Kämpfer davongelaufen wären, wenn sie gesehen hätten, wie die andere Flanke von einer Truppe genommen wurde, die anscheinend ebenso stark war wie die, die ihr gegenüberstand. »Genau wie die Kinder Ammons, die vor der unterlegenen Streitmacht seines Bruders Abishai flohen, als sie bemerkten, wie die Syrer von Joabs Armee, die aus den besten Männern Israels bestand, geschlagen wurden. Durch den Sieg über Wellingtons tatsächliche Hälfte hätte Napoleons bessere falsche Hälfte der minderen Hälfte den Sieg zum Geschenk machen können. Dann hätte seine Armee als Ganzes die gesamte Armee Wellingtons besiegt, und Blücher, der sechs Stunden später eintraf, wäre gezwungen gewesen, sich eiligst nach Preußen zurückzuziehen. Napoleon wäre erneut Kaiser gewesen. Er könnte noch heute Kaiser sein.«

Wir bogen von dem Platz in eine breite Avenue ein und spazierten weiter. Ich dachte über Vaters Schlußfolgerungen nach und versuchte, sie auf den von ihm geplanten Feldzug gegen die Sklavenhalter des amerikanischen Südens zu übertragen; er pfiff währenddessen zufrieden eine seiner Lieblingshymnen vor sich hin und blieb ab und zu stehen, um die großen Häuser und eindrucksvollen Paläste der Stadt zu bewundern und sein Urteil dazu abzugeben.

»Das ist also eine wertvolle Lektion?« fragte ich.
»Was meinst du?«

»Deine Erkenntnisse, was Napoleons Niederlage betrifft.«

»Ja, natürlich. Die wir keinesfalls vergessen dürfen. Es wird eine Zeit kommen, Owen, das verspreche ich dir, da wir geschlagen werden – falls wir nicht das Unerwartete tun.«

»Und wann wird das sein? Wann wird das geschehen?«

»Bald«, erwiderte er. »Früher, als alle glauben.« Mit einem Mal schien er in Gedanken ganz woanders zu sein, als sähe er künftige Ereignisse mit derselben Klarheit voraus, mit der er heute vormittag die Vergangenheit betrachtet hatte. Doch gleich darauf drehte er sich unvermittelt um und erklärte: »Zuerst müssen wir uns aber noch um die Geschäfte in Liverpool kümmern! Wir müssen unseren britischen Vettern ein wenig Yankee-Wolle verkaufen, mein Junge, und das zu einem Preis, der uns ein für allemal von unseren Schulden befreit. Ich habe es satt, ständig von Angst und Sorgen geplagt zu werden!«

»Recht hast du«, stimmte ich zu und lachte lauthals, da es mir irgendwie unvereinbar schien, in dem einen Augenblick über antike und moderne Kriegführung nachzudenken und im nächsten über eine Strategie, wie man Wolle verkaufte. Kaum konnte ich den Tag erwarten, an dem wir uns nicht länger mit Handelsgeschäften befassen mußten und all unsere Kräfte und Erwartungen auf den Krieg richten konnten! Auf den Krieg gegen die Sklavenhalter! »Ich wünschte, wir könnten geradewegs in die Schlacht ziehen!« rief ich aus.

»Ach! Ich auch, mein Sohn«, erwiderte er lächelnd. »Ich auch.« Und er ging weiter, die Hände hinter dem Rücken verschränkt, den Kopf leicht nach vorn gebeugt, als hätten wir Sabbat, und er wäre auf dem Weg zur Kirche.

Zwei Tage später waren wir wieder in Liverpool und bereiteten sogleich alles vor, um den Engländern unsere Wolle vorzuführen. Am Morgen des Tages, an dem die Versteigerung stattfinden sollte, begaben wir uns in aller Frühe von unserem Quartier zum Lagerhaus, um dabeizusein, wenn die Beauftragten der Tuchfabrikanten die Ware aller Schafzüchter in Augenschein nahmen, um sich zu überlegen, wie hoch sie später bieten sollten. Man hatte dieses Verfahren eingeführt, um sich vor Scheinkäufern zu schützen, Männern, die gelegentlich von den Schafzüchtern heimlich angeheuert wurden, um mit ihren Geboten die Preise in die Höhe zu treiben. Im Grunde wurden bereits zu diesem Zeitpunkt die Preise für die verschiedenen Wollqualitäten festgelegt und zwischen den Aufkäufern abgesprochen. Das war hier nicht anders als in den Vereinigten Staaten, wo es häufig heimliche Übereinkünfte zwischen den Käufern gab, von denen die meisten seit langem in vielfältigen Geschäftsbeziehungen miteinander standen – beispielsweise alte Schulden oder vor langer Zeit getroffene Abmachungen, geschuldete oder zugesagte Dienste, mit Pfandrechten belegte Waren und so weiter, alles Geschäfte, die gar nichts mit dem Aufkauf von Wolle zu tun hatten und in anderen Städten abgewickelt wurden. So war die Versteigerung selbst mehr oder weniger Formsache; es gab kaum Überraschungen, und die Preise bewegten sich nur selten um mehr als den Bruchteil eines Cent pro Pfund nach oben oder unten.

In Springfield hatte man Brown & Perkins, ehe Vater seine ganze Ware vom Markt genommen und ins Ausland verschickt hatte, für Wolle der Qualitätsstufe 2 fünfunddreißig Cent pro Pfund geboten; dieses Angebot hatte die Firma zurückgewiesen. Für die Stufe 1 wurden einundvierzig Cent bezahlt. Die drei besseren Stufen, X, XX und XXX, waren entsprechend höher bewertet worden. Vaters Plan zufolge könnten wir in Liverpool für die Stufe 2 etwa fünfundvierzig bis fünfzig Cent bekommen, ein Preis, der ein wenig unter dem englischen lag, und für die anderen Qualitäten entsprechend höhere Preise. Nach Abzug der Frachtkosten und Zölle rechnete er damit, immer noch mindestens zehn Cent Mehrerlös pro Pfund zu erzielen, was gegenüber einem Verkauf derselben Wolle in Springfield einen um zwanzigtausend Dollar höheren Nettogewinn erbracht hätte. Überdies, so hatte er mir mehrfach erklärt, sorgte er mit dem Abzug der hundert Tonnen Wolle von Brown & Perkins aus dem heimischen Markt dort für eine künstliche Verknappung, was die Preise für einige Zeit nach oben treiben würde, und so würde er gleich zweimal davon profitieren, hier in England und nächsten Monat in Springfield, wenn die Herbstschur von den Schafzüchtern im Westen hereinkam.

Vater hieß mich ein halbes Dutzend Ballen der Qualitätsstufe 2 aus verschiedenen Lagen herausziehen und auf dem Boden stapeln. Das war normalerweise eine Arbeit für zwei Männer, doch damals war ich trotz meines verkrüppelten Armes kräftig genug, um einen Ballen von zweihundertfünfzig Pfund hochzustemmen: Ich packte ihn oben mit der rechten Hand, hakte von unten meine linke darunter und lud ihn dann auf meine rechte Schulter. Wenn er ordentlich verschnürt war und ich einen Riemen fassen konnte, schaffte ich es sogar, ihn mit einem Arm zu schleppen. »Leg sie hierher, mein Sohn«, forderte Vater und zeigte auf eine Stelle in einiger Entfernung von den anderen Verkäufern, damit sich unsere Wolle von ihrer abhob.

Ich glaube, Vater wollte den britischen Gentlemen, die in mehreren kleinen Gruppen in dem Gewölbe herumstanden und müßig miteinander plauderten, eine kleine Vorführung bieten. Die meisten von ihnen waren in feine Anzüge und Seidenkrawatten gekleidet, schwenkten Spazierstöcke und trugen Handschuhe und hohe Hüte. Aufgrund unserer einfachen Kleidung und unserer Yankee-Aussprache und -Manieren fielen wir ohnehin auf, doch Vater wollte vielleicht das Bild der redlichen amerikanischen Freibauernschaft fast ebensosehr zur Schau stellen wie die Wolle von Brown & Perkins aus Springfield, Massachusetts. Und mir mißfiel es keineswegs, meine Rolle zu spielen: ich, der große, stramme Kerl, der ganz allein Ballen von zweihundertfünfzig Pfund herumwuchtete.

Unsere Pendants, die britischen Schafzüchter, standen mit der Mütze in der Hand bei ihren Musterballen, schweigend, die Augen niedergeschlagen, als meinten sie, sich in der Gegenwart hochstehender Persönlichkeiten, feudaler Grafen und Herzöge zu befinden und nicht unter berechnenden Händlern. Im Gegensatz dazu lehnte Vater fast beiläufig an seinem Ballenstapel und schnitzte mit dem Taschenmesser an einem Stock herum, den er von einer Hecke bei unserem Quartier abgeschnitten und, wie mir nun klar wurde, genau zu diesem ein wenig theatralischen Zweck mitgebracht hatte.

Bald hatte sich eine Gruppe von vier oder fünf Käufern mit einem leichten Lächeln auf den Gesichtern in unserer Nähe versammelt, die eher uns als unsere Wollballen begutachteten, während sie sich weiterhin in ihrem gedehnten, nasalen englischen Tonfall über das gestrige Abendessen in ihrem Klub unterhielten. Dann schlenderten noch ein paar der recht selbstsicher wirkenden Herren zu uns herüber; ihre Spazierstöcke klapperten über den Boden des Lagerhauses, und schon bald hatte sich eine Menge um uns geschart, die uns nachdenklich und ein wenig gelangweilt musterte. Falls es sie in irgendeiner Weise beeindruckte, wer und was wir waren, verhehlten sie es geschickt.

Der Lageraufseher, Mr. Pickersgill, ein kleiner Mann mit Schnapsnase und einem Zwicker, dessen Aufgabe es war, den Verkauf zu überwachen und mit dem Vater bei unserer Ankunft verhandelt hatte, kam eilig aus seinem Büro, schloß sich der Gruppe an und begann nervös für uns zu sprechen, als wären wir Irokesen und nicht in der Lage, selbst mit diesen feinen Herren zu reden. »Hier dassis Mister John Brown von der Firma Brown & Perkins. Hat 'ne Menge Zeug hier, meine Herren. So etwa siemhundert Ballen in verschiednen Qualitäten. Hammerikaner«, erklärte er, als handle es sich um den Namen unseres Stammes.

»Na so was«, bemerkte einer. »Aus dem Kürbisland!«

»Wirklich erstaunlich«, ließ ein anderer verlauten.

»Ihre Krawatte gefällt mir«, sagte ein dritter, ein kurzbeiniger Bursche mit übermäßig großem Kopf und breitem Gesicht, das ein schütterer blonder Schnurrbart zierte. Er zog einen seiner beigen Handschuhe aus, streckte die Hand vor und zog an dem weichen Lederband, das Vater wie gewohnt um den Hals trug. Schlagartig hörte Vater auf zu schnitzen; er richtete sich straff auf und starrte den Mann an, bis dieser seine Hand zurückzog, sie behutsam mit einem Taschentuch abrieb und den Handschuh wieder überstreifte.

Aus der Gruppe waren ein paar leise Lacher zu hören. Vater nahm seine Schnitzarbeit wieder auf und erklärte: »Wenn Sie meine *Wolle* prüfen wollen, so sagen Sie bitte Mister Pickersgill Bescheid, und ich werde Sie Ihnen mit Vergnügen zeigen.« Er erklärte kurz, daß er annähernd hundert Tonnen sauberer, klassierter Wolle mitgebracht habe, die ausschließlich von erfahrenen Schafzüchtern in den Staaten Ohio und Pennsylvania erzeugt worden sei, und daß seine Klasse 2 sich ihrer Güteklasse X als überlegen und der Klasse XX als gleichwertig erweisen werde, obgleich er sie zu einem Preis anbiete, der ihrer Klasse 2 Konkurrenz machen könne.

Einige ließen ein ungläubiges Schniefen hören, und einer der Engländer fragte ihn, wer seine Wolle sortiert und klassifiziert hätte. »Genauer gesagt«, fügte er hinzu, »wer hat sie *gereinigt*?« und die ganze Gesellschaft lachte. Leider war dieses Mißtrauen berechtigt, denn damals war amerikanische Wolle dafür bekannt, nicht sauber zu sein, und an hundert Pfund Fellen konnten gut und gern zwanzig Pfund Schmutz und Exkremente haften. Vater hatte immer besonderen Wert darauf gelegt, sich selbst davon zu überzeugen, daß die Wolle von Brown & Perkins sauber war, selbst für den Inlandsmarkt, wo es gang und gäbe war, Abfall mit in die Felle zu packen. Seit Beginn des mit Mr. Perkins gemeinsam betriebenen Unternehmens hatte Vater, obwohl er nur der Makler war, beim Aufkaufen der Wolle im Westen mit großem Eifer versucht, seinen Schafhirten beizubringen, wie sie ihre Schafe vor dem Scheren sorgfältig waschen und wie sie die Felle säubern mußten, ehe sie ihre Schur nach Springfield schickten. Seine Vorträge zu diesem Thema auf Jahrmärkten und Landwirtschaftsausstellungen, wo er seine Verfahren vorführte, waren bei den Schafzüchtern von New England bis Ohio berühmt.

»Meine Herren, alle diese Felle wurden von Züchtern geliefert, die ich persönlich ausgebildet habe. Sie stammen von Schafen, deren Herden ich mit meinen eigenen reinrassigen Merinoschafen verbessert habe. Und ich habe persönlich diese Wolle sortiert. Ich habe sie klassiert, und meine Söhne und ich haben sie vor der Verschickung auf Sauberkeit geprüft.« Das stimmte nicht ganz, denn es war unmöglich, zweihunderttausend Pfund Wolle genau zu prüfen. Man klassierte sie, indem man aus der Schur eines jeden Züchters eine Handvoll Wolle nahm; die Felle, die man auf Sauberkeit kontrollierte, wählte man nach dem Zufallsprinzip aus, in der Hoffnung, die Schafzüchter hielten ihr Versprechen, saubere Wolle zu liefern. Was sie größtenteils auch taten. Außerdem konnte Vater im allgemeinen zweihundertfünfzig Pfund sauberer Wolle richtig einschätzen, indem er sich ansah, wie umfangreich der Ballen war.

»Ein Fachmann also«, bemerkte einer der Engländer, ein faßbäuchiger Bursche mit so knapp sitzender gelber Weste, daß sie beinahe aus den Nähten platzte. »Wir haben einen Fachmann vor uns. Er klassiert seine Wolle selbst!« erklärte er und drehte sich spöttisch lächelnd zu seinen Begleitern um.

»Ich *bin* ein Fachmann, was die Klassierung von Wolle angeht. Seit dreißig Jahren ist das mein Beruf. Es gibt zu viele gerissene Schafscherer da draußen, meine Herren. Zu viele, die einen täuschen wollen. Nicht genug ehrliche Männer, wie Sie es sind. Doch selbst wenn es nicht so wäre, ein Schafzüchter wäre nichts wert, wenn er seine Wolle nicht selber klassieren könnte.«

»Und Sie sind was wert, hm, Yank?« rief einer.

»Meine Herren«, sagte Vater, der allmählich in Schwung kam, »ich kann Wolle im Dunkeln klassieren.«

»Tatsächlich?«

»Jawohl. Mit verbundenen Augen.«

»Unglaublich!«

»An einem einzigen Büschel erkenne ich blind, von welcher Qualität eine Schur ist«, erklärte Vater. Und das entsprach der Wahrheit – schon Hunderte Male hatte ich ihm dabei zugesehen.

Der kleingewachsene Mann mit dem breiten Gesicht und dem blonden Schnurrbart trat vor, band sein Halstuch aus bauschiger beigefarbener, zu den Handschuhen passender Seide los und streckte es Vater hin. »Vielleicht könnten Sie uns das vorführen, Mister …?«

»Brown. Mit Vergnügen«, antwortete der Alte, gab mir sein Messer und seinen Stock, nahm seinen Hut ab und verband sich mit dem Schal die Augen.

»Du wirst ihm jetzt nicht helfen, mein liebes Bürschchen«, sagte der Mann zu mir, überließ die Gruppe sich selber und hastete aus dem Lagerhaus; wenige Augenblicke später kehrte er mit einem rötlichen Haarbüschel in seiner behandschuhten Hand zurück. »Nun, Mister Brown, hier ist Ihr Muster«, erklärte er und reichte Vater das Büschel.

Vater rieb es zwischen den Fingern und ließ es sofort auf den Boden fallen. »Meine Herren«, verkündete er, »falls Ihnen eine Maschine zur Verfügung steht, mit der man die Haare eines Hundes, eines großen, drahthaarigen roten Hundes verspinnen kann, dann würde ich Ihnen, glaube ich, empfehlen, dieses Zeug da zu verarbeiten.« Dann nahm er mit einer schwungvollen Geste die Binde ab.

Nach dieser Vorführung schienen die Engländer etwas mehr Respekt vor Vater zu haben und sich unverhohlener für unsere Ware zu interessieren. Wir waren vielleicht ein paar schlichte Bauern aus dem Kürbisland, aber Dummköpfe waren wir keine.

Sie jedoch auch nicht. Nach dem Austausch einiger Höflichkeiten – der rundliche Mann in der gelben Weste nahm währenddessen einen Schluck aus einem silbernen Flachmann und hielt ihn auch Vater hin, der natürlich ablehnte und es hinnehmen mußte, gutmütig als verdammter Pfaffe bezeichnet zu werden – pries Vater erneut die Qualität der Wolle von Brown & Perkins.

Mitten in seiner Ansprache unterbrach ihn einer der nüchterner wirkenden Käufer, ein Mann, der bisher geschwiegen hatte, und erklärte: »Mister Brown, ich habe gesehen, wie Ihr Sohn diese Ballen hier aufgestapelt hat. Ein kräftiger Kerl, das muß ich sagen, vor allem wenn man bedenkt, daß er einen steifen Arm hat und so. Kompliment. Aber im Ernst, mein Herr, da es offenbar so leicht für ihn war, diese Ballen zu heben, könnten Sie ihn vielleicht auch bitten, sie zurückzuhieven und aus Ihren Ballen ein paar herauszuholen, die wir selbst auswählen, um sie einzuschätzen. Ich bin sicher, Sie verstehen das, mein Herr.« Der Mann war groß und machte, mit seinem dünnen grauen Bärtchen, einen gediegenen Eindruck. Er war um einiges älter als die anderen, und sie schienen sich ihm zu fügen – selbst Mr. Pickersgill, wie ich bemerkte, der eigentlich die Interessen der Verkäufer und nicht die der Käufer im Auge haben sollte –, denn alle begleiteten seine Ausführungen mit verständigem Nicken und geschürzten Lippen, als wollten sie ihm zu Gefallen sein.

Vater war nicht erfreut über das, was ihm mit dieser Aufforderung unterstellt wurde, doch er willigte ein; ich mußte also die Ballen wieder auf den Stapel schichten und drei andere herausholen, die der Engländer selbst auswählte, alle mit der Ziffer 2 markiert: die billigste Qualität.

»Und nun, mein guter Mann, würden Sie bitte so freundlich sein und uns Ihre hervorragende amerikanische Wolle zeigen«, bat der Engländer und zeigte mit seinem Stock auf den mittleren Ballen.

»Mit Vergnügen«, erwiderte Vater mit rauher Stimme und durchschnitt die Schnur, um die obere Ecke des Ballens freizulegen.

»Wenn Sie nichts dagegen haben«, sagte der Engländer, reichte seinen Stock dem Mann hinter ihm und nahm Vater das Messer aus der Hand; rasch zerschnitt er den Rest der Schnur und befreite den Ballen bis zur Hälfte von seiner Hülle aus Sackleinen. Die schneeweißen Felle blähten sich an der frischen Luft augenblicklich auf und nahmen fast das Doppelte ihres vorherigen Umfangs an; sie rochen herrlich nach Lanolin und frischgemähtem Gras und riefen in mir eine plötzliche, unerwartete und schmerzliche Erinnerung an zu Hause hervor; zum ersten Mal spürte ich ein Verlangen heimzufahren.

Nun stürzten sich fünf oder sechs aus der Gruppe schweigend und in einer merkwürdigen Art von Erregung auf den geöffneten Ballen und tauchten ihre Arme bis zu den Ellbogen hinein, zogen die Felle auseinander und rissen große Wollklumpen aus der Mitte des Ballens, schnüffelten daran, rieben Büschel zwischen den Handflächen und Fingern, gaben flockige Proben an ihre Kollegen weiter und holten neue heraus. Wie ein Rudel hungriger Wölfe waren sie. Noch nie hatten wir ein solches Verhalten bei Käufern erlebt, und wir waren stumm vor Staunen.

Schließlich erholte Vater sich von seiner Bestürzung und rief: »Halt! Meine Herren, warten Sie! Sie ruinieren ja den ganzen Ballen! Was erlauben Sie sich eigentlich?«

Sie machten noch ein paar Augenblicke weiter, bis der großgewachsene Mann schließlich innehielt, sich zu Vater umwandte und ihn anstarrte. »Das, Sir, bezeichnet ihr Amerikaner also als saubere Wolle?« fragte er kalt, griff mit beiden Händen hinter sich in den Ballen und zog aus dessen Mitte einen großen Bausch Wolle heraus, den er Vater vor die Füße warf. Er ließ sich seinen Stock zurückgeben, den ein anderer für ihn gehalten hatte, und breitete damit die Wolle aus. Sie war schmutzig. Stengel, Zweige, Gras, Blätter und trockene Köttel hingen daran.

Als Vater klar wurde, was geschehen war, lief sein Gesicht rot an. Pech, ja; aber noch schlimmer. Viel schlimmer.

»Schon wieder schmutzige Yankee-Wolle, hm?« rief einer der Burschen weiter hinten.

»Die alte Geschichte.«

»Dreckig.«

»Ekelhaft.«

»Das versteht ein Yankee-Pfaffe also unter sauberer Wolle, hm?«

Einige Männer lösten sich aus der Gruppe und gingen zu den englischen Schafzüchtern ein Stück weiter hinten. Mr. Pickersgill zögerte einen Augenblick, folgte ihnen dann aber rasch, als lege er Wert darauf, nicht mit uns in Verbindung gebracht zu werden. Der hochgewachsene Engländer ging jedoch nicht und blickte Vater, dessen Ohren und Hals vor Verlegenheit und Wut tiefrot waren, streng an. »Mister Brown«, erklärte er gelassen, »ich bin sehr enttäuscht. Offen gesagt, ich habe Sie für einen ehrlichen Mann gehalten.«

»Aber das bin ich! Ich ... das ist ein Versehen, Sir«, stammelte er. »Ein Versehen. Das ist nur ein einziger Ballen. Ich ... ich selbst bin mit diesem Ballen hereingelegt worden, Sir.«

»In der Tat.«

»Wirklich, Sir. Warum prüfen Sie nicht einen anderen Ballen?

Hier, hier, nehmen Sie eine Handvoll aus diesem«, bat er und zeigte auf den nächsten Ballen.

»Vergessen Sie das. Ich glaube, wir haben genug gesehen«, erwiderte der Engländer. »Mister Brown, Sie müßten jeden einzelnen Ballen öffnen, ihre ganzen zweihunderttausend Pfund Wolle auspacken und die saubere Wolle von der schmutzigen trennen; den Rest müßten Sie irgendwie waschen und trocknen, wenn Sie ihn zum derzeitigen Preis verkaufen wollten. Sie müßten die Wolle so reinigen, wie sie gleich von Anfang an hätte gereinigt werden sollen, und sie dann wieder verpacken. Alle hundert Tonnen, Mister Brown. Allerdings bezweifle ich, daß Sie und Ihr Sohn die Zeit und das Geld haben, um das zu bewerkstelligen. Und selbst dann, Mister Brown, weshalb sollten wir Ihnen vertrauen? Selbst dann würden wir die Wolle, ungeachtet Ihrer Behauptungen, auf Treu und Glauben kaufen, und das hat seinen Preis, wie Sie wissen. Ich fürchte, es ist nicht der gängige Preis.«

Vater antwortete mit Schweigen und starrte angewidert auf den zerrupften Ballen.

»Tut mir leid, Mister Brown. Sie scheinen ein anständiger Kerl zu sein. Ich rate Ihnen, Ihre Wolle ganz einfach so, wie sie ist, hier in Liverpool zu verkaufen. Das Angebot in diesem Herbst ist so knapp, daß Sie sie schon losschlagen werden. Sie werden nicht darauf sitzenbleiben.«

Vater sah ihn kalt an. »Sie haben mich in eine Zwickmühle gebracht, nicht wahr? Sie werden mir für meine Wolle zahlen, was Sie sich vorstellen, damit den Markt überschwemmen und so den Preis für die heimische Ware drücken. Dann drehen Sie den Spieß um und verkaufen unsere Wolle vielleicht sogar an die amerikanischen Tuchhersteller zurück, die wegen der dortigen Knappheit teuer dafür bezahlen werden.« Er stotterte nun, aufgebracht, da ihm allmählich seine Lage klar wurde. Die englischen Käufer waren dabei, sich einen zweifachen Profit zu verschaffen und bei dem Handel die Schafzüchter auf *beiden* Seiten des Atlantiks hereinzulegen. Wahrscheinlich waren sie in dieser Minute schon damit beschäftigt, ihren Kollegen in New England kurzfristige, hochverzinste Anleihen anzubieten, damit sie die Wolle von Brown & Perkins in Liverpool zu einem niedrigeren Preis als zu Hause kaufen konnten.

»Niemand außer möglicherweise Ihnen versucht hier, irgend jemanden hereinzulegen, Mister Brown.«

»Ich? Ich? Mehr als jeden anderen hat man mich hereingelegt!« rief Vater. »Ich kann meinen eigenen Anteil an dieser Schande sehr wohl tragen, aber ich hatte keine Ahnung. Man hat mich gedemütigt! Schlimmer, als Sie sich jemals vorstellen können. Meinen Partner, Mister Simon Perkins, ruiniert dieses Fiasko finanziell, und mich ebenso. Doch überdies hat mich das in meiner Ehre gekränkt! In meiner Ehre!«

»Nun, das tut mir leid, Mister Brown. Guten Tag, Sir«, sagte der Engländer und ging seiner Wege; Vater und ich blieben zurück und starrten auf die zerfledderte Wolle, die zu unseren Füßen auf dem Boden verstreut war. Es war ein häßlicher Anblick; außerdem war es eine Anklage. Und eine Falle. Vater wußte, daß man Schande über ihn gebracht hatte. Und daß sie nur zu weiterer Schande führen konnte.

»Ach, Owen. Was soll ich tun? Was soll ich jetzt machen?« Seine harten grauen Augen wurden plötzlich weich und feucht; sein Kinn sank herab, und sein Gesicht schien in sich zusammenzufallen. Einen Augenblick lang dachte ich, er würde sich auf den Boden setzen und weinen; ich legte ihm den Arm um die Schulter.

»Sei der gute Hirte, Vater.«

»Bitte, Sohn, rede keinen Unsinn.«

»Ich meine es aber genau so: Sei der gute Hirte. Hör auf, der Mietling zu sein anstatt des Hirten. Laß es bleiben, der Mann zu sein, dem die Schafe nicht gehören und der die Herde im Stich läßt, wenn er den Wolf kommen sieht, so daß die Schafe auseinanderlaufen und gerissen werden.«

»Das steht im Johannesevangelium, ich weiß.«

»Sei der gute Hirte«, wiederholte ich, denn ich wollte ihm begreiflich machen, daß all diese Männer Mietlinge und Wölfe und wir selbst im Wollgeschäft auch nichts anderes als Mietlinge waren.

Und jetzt, da die Wölfe kamen, schienen wir die Schafe im Stich gelassen zu haben – unsere Negerbrüder zu Hause. »Du sollst der gute Hirte sein, so steht es in der Bibel, und deine Schafe kennen und von ihnen erkannt werden.«
»Verstehe ich dich richtig, Owen?«
»Ich hoffe es. Ja.«
»Du willst, daß ich zu mir selbst zurückfinde? Ist es das, Sohn?«
Ich bejahte und erklärte, hier, inmitten der Mietlinge und Wölfe, brauchten wir uns nicht lange mit der Frage nach Sieg oder Niederlage aufzuhalten, wir mußten nur unsere Geschäfte mit ihnen so zu Ende bringen, daß wir uns von ihnen lösen und zu unserem wahren Selbst zurückfinden konnten. Wir sollten hier alles in unseren Kräften Stehende tun und es mit Gelassenheit und ruhiger Zielstrebigkeit hinter uns bringen, erklärte ich, doch dann sollten wir unverzüglich zu unserer eigentlichen Aufgabe zurückkehren, wo unser Wert nicht an unserer Fähigkeit gemessen würde, für ein Pfund Wolle ein paar Cent mehr oder weniger zu erzielen. Wenn wir unsere eigentliche Aufgabe erfüllten, würde unser Wert an zerbrochenen Ketten gemessen, an abgeworfenen Handfesseln und an den Peitschen, die den Händen der Sklavenhalter entwunden und zu Boden geworfen wurden.
Ich schämte mich, erklärte ich ihm, weil ich mich durch dieses Geschäft des Wollverkaufs zuletzt derart ablenken hatte lassen, durch dieses Geschäft, das darin bestand, ein Mietling zu sein. Ich wollte in die richtige Schlacht zurückkehren, zu dem einzigen, das zählte. Ich wollte unseren Krieg gegen die Sklavenhalter wiederaufnehmen und ins Feld ziehen, bis sie tot waren, jeder einzelne von ihnen, oder bis jeder Neger und jede Negerin in Amerika so frei waren wie ich und bis unser Land eine heilige Zufluchtsstätte und kein Gefängnis und Beinhaus mehr war.
Sanft lächelnd sah er mir in die Augen und umarmte mich. Mit leiser, bebender Stimme sagte er: »Du wirst sehr schnell zu meinem größten Segen, Sohn. Das größte Geschenk des Herrn an mich.«
Daraufhin fand er rasch wieder zu seiner alten Tatkraft zurück und bat mich, die verstreute Wolle einzusammeln und den Ballen

wie zuvor zu verschnüren. Er würde währenddessen zu Mr. Pickersgill gehen und erneut seinen Wunsch äußern, die Wolle wie ursprünglich vorgesehen an dem Nachmittag zu versteigern. »Doch ich werde ihm sagen, er soll kein Gebot unter siebenundzwanzig Cent pro Pfund für Klasse 2 akzeptieren, fünfunddreißig für Klasse 1 und so weiter, die ganze Skala hinauf.« Damit würden die englischen Preise hinreichend unterboten, um den Verkauf zu sichern, meinte er, aber nicht um so viel, daß wir nach all der Mühe und dem Ärger mit nichts dastünden. Es war weniger, als wir letzten Monat in Springfield bekommen hätten, aber es war das Beste, was wir jetzt in England noch erreichen konnten. »Wir tun unser Bestes, und dann reisen wir sofort ab. Nicht wahr, mein Sohn?«

»Genau. Handeln, Vater! Wir müssen handeln, handeln!«

»O ja, das ist mein Junge!« erwiderte er, und seine Augen strahlten vor Freude. »Owen, der Herr hat dir ein einfühlsames Herz geschenkt. Er hat dir Weisheit verliehen! Du bist mein Salomon. Ich hätte dich Salomon taufen sollen«, erklärte er. »Soll ich dich Salomon nennen?«

»Nein«, erwiderte ich lachend. »Außer, du nennst dich selber David.«

Seine Augen weiteten sich belustigt, obgleich ihm wohl kaum zum Scherzen zumute war, und er schüttelte den Kopf, als wollte er die Vorstellung loswerden, David genannt zu werden. Dann eilte er davon, um mit Mr. Pickersgill zu reden, während ich mich an die Aufgabe machte, den zerfledderten Ballen schmutziger Wolle wieder zu bündeln.

13

Als wir in jenem Sommer nach Springfield zurückkehrten, glücklos und mit leeren Händen, gescheiterte Yankee-Wollunternehmer, war das nicht weiter bemerkenswert – abgesehen von Vaters neu entflammtem Ingrimm, was den Krieg gegen die Sklavenhalter anging. Natürlich hatten wir, kurz bevor wir aus Liverpool abgereist waren, die Nachricht von der Verabschiedung des Fugitive Slave Act gehört: Es hatte in allen englischen Zeitungen gestanden. Berichten zufolge war es in Boston, New York City und Philadelphia zu Unruhen und Protestveranstaltungen gekommen, und selbst bei jenen Weißen aus den Nordstaaten, die bislang geschwiegen hatten, machte sich Empörung breit; erstmals wurden auch unter den Anhängern Garrisons Rufe nach bewaffnetem Widerstand laut (wiewohl Vater dem wenig Bedeutung beimaß). Infolge dieses feigen Gesetzesmachwerks gab es nun für entflohene Sklaven in ganz Amerika keinen sicheren Zufluchtsort mehr. Ein Neger, ein menschliches Wesen wie wir, galt nicht mehr als eine umherstreifende Kuh, erkennbar an der Farbe und nur allzuoft auch am Brandzeichen des Eigentümers, und mußte zurückverfrachtet werden, gleichgültig, wann und wo man ihn aufstöberte. Auch die freien Neger hatten furchtbare Angst um ihr Leben, denn das neue Gesetz verwandelte jeden weißen Bürger der Nordstaaten in einen unbezahlten Agenten der Sklavenbesitzer im Süden und gewährte freien Negern sowie ihren Frauen und Kindern keinerlei gesetzlichen Schutz; jeder von ihnen konnte aufgrund der bloßen Behauptung eines Kopfgeldjägers auf der Stelle zum entlaufenen Sklaven erklärt, in den Süden verschleppt und dort als Leibeigener verkauft werden.

Vor allem dieses Gesetz gab dem Zorn des Alten ein neues Ziel; nach der Katastrophe in Timbuktu hatten ihn die nun gescheiterten Verkaufsverhandlungen für Brown & Perkins in England sowie unser kurzer Urlaub in Belgien (zumindest in meinen Augen) ein wenig abgelenkt. Außerdem hatte ich nahezu unbemerkt begonnen, ihn in seinem Zorn zu bestärken, denn inzwischen war ich darauf versessen, mich im Feuer der Schlacht zu bewähren. Für mich war es eine neue Rolle, Vaters Blut in Wallung zu versetzen, und sie war seltsam erregend. Wer hätte das gedacht: Owen Brown, der zurückhaltende Sohn, ermuntert den Alten, unermüdlich gegen den Feind zu marschieren?

Trotz unserer Liebe und unserer Achtung für ihn hatten wir, glaube ich, seinen Plan nicht allzu ernstgenommen, selbst wenn er seine Karten ausrollte und seine Strategie Leuten darlegte, die nicht zum Kreis der Familie gehörten, etwa unserem Freund Lyman Epps und dem armen Mr. Fleete, der dann bei der Flucht aus Elizabethtown erschossen wurde. Vater hatte seinen Plan auch einer kleinen Zahl von Weißen enthüllt, darunter Mr. Thompson, der unser Freund und Nachbar in North Elba war, bis sie sich wegen der Frage der Weiterbeförderung des Negerpaars aus Richmond zerstritten. Und auch Mr. Gerrit Smith, als dieser damals Vorkehrungen getroffen hatte, uns nach Timbuktu zu schicken. Immer wenn er jemandem seine Pläne verriet, schwor der Alte ihn natürlich auf vollkommene Geheimhaltung ein, aber wer hätte in dem Fall nicht gern Schweigen gelobt? Der Plan erschien damals so hirnverbrannt, daß einem niemand geglaubt hätte, wenn man ihm erzählt hätte, was Old Brown plante. Aus unserer Familie erzählte es bestimmt niemand weiter, wenn auch vielleicht nur, weil es uns ein wenig peinlich war. Schließlich wollten wir Vaters Ruf der Rechtschaffenheit und auch unseren eigenen wahren. Und wer ließ sich schon gern auslachen, noch dazu eines anderen wegen?

Bis zu jenem Herbst, in dem Vater und ich aus England zurückkehrten, hatte ich seinen Plan, in den Süden einzudringen und die Sklaven zu befreien, im allgemeinen als eine seiner harmlosen Zerstreuungen angesehen, als ein ausgeklügeltes Ventil für den Ärger und die Enttäuschung, deren Ursache das Scheitern seiner finanziellen Unternehmungen war, aber auch das Stillhalten und die

Kompromisse der anderen Weißen in der Anti-Sklavereibewegung sowie die Ängstlichkeit und mangelnde Einigkeit unter so vielen Negern. Die Beschäftigung mit diesen Plänen lenkte ihn von seinen Geldproblemen ab und hinderte ihn daran, aus Überdruß zu resignieren und sich von den Abolitionisten insgesamt loszusagen. Doch es waren *seine* Wunschvorstellungen, nicht meine.

Einmal jedoch, zu einem ziemlich frühen Zeitpunkt, teilte ich seinen Traum eines gewalttätigen Befreiungskrieges von ganzem Herzen. Damals legte er seinen Plan erstmals Frederick Douglass dar. Ich sah, daß dieser bemerkenswerte, intelligente, weltläufige Gentleman, ein Südstaatler und selbst ein entflohener Sklave, ein Mann, der die Risiken und Einsätze aus eigener Erfahrung kannte, ein wahrer Krieger im Kampf gegen die Sklaverei – ich sah, daß Mr. Douglass die militärischen Strategien Vaters ernst nahm, schämte mich meiner Zweifel und schob sie daraufhin für einige Zeit beiseite. Zwar sollte es noch weitere zwei Jahre dauern, bis ich mich ihrer für immer entledigte; dennoch stellte jene Nacht in Springfield im Jahre 1848, als Mr. Douglass uns zum ersten Mal besuchte, einen wichtigen Wendepunkt in meinem Leben als Kämpfer dar.

Ich weiß noch, wie ich in der Hoffnung, noch rechtzeitig zum gemeinsamen Abendessen zu kommen, in einer dunklen Winternacht vom Brown-&-Perkins-Lagerhaus heimwärts in unser überfülltes kleines Haus in der Franklin Street eilte. Als ich türenschlagend in das vordere Wohnzimmer polterte, sah ich Vater neben einem großgewachsenen, breitschultrigen dunkelhäutigen Mann mit mächtigem Kiefer und einer üppigen Löwenmähne am Tisch sitzen. Ich erkannte Mr. Douglass sofort, denn obwohl ich ihn bislang noch nie von Angesicht zu Angesicht gesehen hatte, waren doch Stiche seines schönen, eindrucksvollen Gesichtes in jeder Ausgabe des *Liberator* und in anderen Zeitschriften der Abolitionisten abgedruckt. Er war jünger, als ich ihn mir vorgestellt hatte, erst Anfang Dreißig, doch schon jetzt durchzogen erste graue Strähnen sein Haar. Sein Gesicht war markant, die Stirn breit und hoch: ein wunderbar aristokratischer Anblick, allerdings mit afrikanischem Einschlag, als wäre er der unmittelbare Nachfahre einer langen

Reihe äthiopischer Könige. Die beiden Männer saßen nebeneinander an dem alten Tisch aus Kiefernholz, an dem wir normalerweise unsere Mahlzeiten einnahmen, und studierten konzentriert ein großes Blatt Papier – Vaters Karte von Virginia mit markierten Orten im Süden, wie ich sofort sah. Sein Subterranean Passway.

Damals – wir waren eben erst nach Springfield gezogen und für kurze Zeit hielt man Brown & Perkins für ein einträgliches Geschäft – waren Besucher in unserem Haus oft sichtlich überrascht, wenn sie sahen, wie bescheiden wir lebten. Mr. Douglass in seinem eleganten Wollanzug saß steif am Tisch, die Füße parallel nebeneinander unter dem Stuhl, als wäre er es eher gewohnt, sich mit weißen Abolitionisten in unpersönlichen, mit Samt verkleideten Salons zu treffen als in der Wohnung eines einfachen Arbeiters. Damals besaßen wir nur sehr wenige Möbel – eine fortdauernde Folge der Bankrotte in Ohio –, was in dem engen Holzhaus eigentlich ein Segen war; die Zimmer waren winzige Verschläge, und unsere Familie bestand aus neun Personen, die den Platz schon für sich allein benötigten. Wir nutzten die sechs Zimmerchen auf unübliche Weise, mehr von der Notwendigkeit als von Konventionen geleitet: Die Küche diente uns als Kochstelle, Waschraum und Werkstatt zugleich, das vordere Wohnzimmer als Büro und als Eßzimmer. Vater und Mary schliefen im eigentlichen Speisezimmer, und wir Kinder, sieben an der Zahl, waren nach Geschlecht und Alter getrennt auf die drei oberen Schlafzimmer verteilt. Ein spartanisches Heim in einem Arbeiterviertel, aber alles in allem gemütlich und fröhlich; wir empfingen viele Gäste und Besucher, zumeist einfache Leute, Schafzüchter aus dem Westen und Neger, die mit Vaters Hilfe in eine Route oder Station der Underground Railroad eingeschleust wurden, Leute, die sich in einer so kargen Umgebung vermutlich wohler fühlten als Mr. Douglass.

Vater stellte mich ihm vor. »Das ist mein dritter Sohn, Owen. Er hat noch im Lagerhaus gearbeitet«, sagte er, um die Wollbüschel, die an meiner Kleidung und in meinem Haar hingen, und den Schmutz auf Gesicht und Händen zu erklären.

Mr. Douglass erhob sich und streckte mir mit liebenswürdigem

Lächeln seine große Hand entgegen. »Freut mich«, sagte er, und seine mächtige tiefe Stimme und seine königliche Haltung ließen diese schlichten Worte fast wie eine herrschaftliche Äußerung erscheinen. Was für ein Mann! Ich wischte mir die Hand an meinem Overall ab, griff nach seiner und schüttelte sie begeistert, obwohl ich kein Wort herausbekam, so ehrfurchtsvoll und eingeschüchtert war ich.

»Mister Douglass ist auf dem Weg nach Rochester und kommt gerade von einem Vortrag in Boston. Die Reverends Garnet und Loguen haben ihm von uns erzählt«, erklärte Vater, der sich offensichtlich geschmeichelt fühlte, von den beiden radikalen Schwarzen empfohlen worden zu sein. »Sie sagten, man könne uns vertrauen. Kein geringes Lob für einen Weißen, um es einmal so zu sagen, wenn es von diesen beiden kommt«, sagte er mit sichtlichem Stolz zu Mr. Douglass.

Mr. Douglass lächelte Vater großmütig zu. »Ja, das stimmt, fürchte ich.«

»Wenn du dich gewaschen und dir ein anderes Hemd angezogen hast, Owen, kannst du kommen und uns Gesellschaft leisten«, meinte Vater sodann.

Draußen in der Küche, wo Mary, Ruth und die kleineren Kinder damit beschäftigt waren, das Abendessen vorzubereiten, wusch ich mich hastig. John war damals noch in Akron, um sein Studium an der Handelsschule abzuschließen, und Jason und Fred kümmerten sich in Hudson um Mr. Simon Perkins' Herden. Zwar war ich demzufolge jetzt der älteste Sohn im Haus, doch immer noch jung genug, um mich durch Vaters Einladung, ihm und Mr. Douglass im Wohnzimmer Gesellschaft zu leisten, überrascht und geehrt zu fühlen.

Als ich zurückkam und mich neben Vater setzte, sah ich, daß er Mr. Douglass die Entwürfe der Blockhäuser zeigte, die er an strategischen Punkten entlang des Passway errichten wollte, Forts, die sowohl als Vorratslager für seine Armee als auch als Durchgangsstationen für die befreiten Sklaven auf ihrer Weiterreise nach Norden dienen sollten – jener Sklaven also, die nicht im Süden bleiben und an seiner Seite in seiner Haupttruppe kämpfen wollten. Vater hatte diese einfachen Hütten schon vor langer Zeit entworfen: leicht zu verteidigende, fensterlose, würfelförmige, aus dicken Stämmen gefügte Blockhäuser mit Schießscharten, geheimen Kellerräumen und langen Fluchttunneln, die versteckt in engen Tälern und Schluchten der Appalachen liegen sollten. Gegen alle herkömmlichen Vorstellungen war er der Ansicht, eine Truppe könne einen tiefgelegenen Ort besser verteidigen als einen hochgelegenen. Im Deuteronomium hatte der Herr die Israeliten davor gewarnt, hochgelegene Orte zu besiedeln – Vater zufolge aus gutem Grund. »Zunächst einmal, weil man unten über eine Quelle verfügt, so daß einem das Wasser nicht ausgeht. Und zweitens kann man nicht umzingelt werden, wenn das Tal eng genug ist. Wenn der Feind dich belagern will, muß er seine Truppe aufteilen, und die Leute müssen auf die Anhöhen klettern. Das ist der Zeitpunkt, zu dem man sofort gegen die geschwächte Truppe vorgehen sollte, die er unten zurückgelassen hat; anschließend kann man rasch diejenigen auf der Anhöhe einkreisen, die jetzt plötzlich selbst belagert werden und ohne Wasser in der Falle sitzen; sie haben nun keine Möglichkeit, wieder herunterzukommen, außer man selber zieht ab.«

»Ich verstehe«, erklärte Mr. Douglass. »Und Sie schlagen vor, jedes dieser Blockhäuser mit einer kleinen Truppe von ... wieviel Mann zu besetzen? Höchstens fünfundzwanzig?«

»Höchstens fünfundzwanzig«, bestätigte Vater.

»Während Ihre Hauptarmee unten in der Ebene zuschlägt.«

»So ist es.«

»Schön, doch wie soll man sie versorgen? Ihre Kerntruppe kann das nicht leisten. Sie wird zu sehr damit beschäftigt sein, zu verhindern, daß die Sklavenbesitzer die Leute erneut einfangen und hängen.«

»Sie werden vom Norden aus versorgt«, erläuterte Vater. In Ohio und Pennsylvania wolle er vertrauenswürdige Leute damit beauftragen, Vorräte und Waffen zu sammeln und zu lagern, die radikale Unterstützer der Abolitionisten für sie beschaffen und die dann über den Passway nach Süden verschickt würden, während gleichzeitig die gerade befreiten Sklaven über dieselbe Route nach Norden zögen. Kein Wagen würde leer in den Süden fahren, und keiner würde leer zurückkehren. Die Underground Railroad würde nun in beiden Richtungen verkehren, nicht mehr nur in einer. Vaters Hauptarmee, so fuhr er fort, würde sich ihren Nachschub, Nahrungsmittel, frische Pferde und so weiter einfach von den überfallenen Plantagen holen. Außerdem erhielten sie bestimmt Lebensmittel und Güter von sympathisierenden Weißen im Süden. Denn es würde auch unter den Weißen Leute geben, die sie unterstützten, dessen war sich Vater sicher, kleine Bauern und dergleichen, die, da sie selbst keine Sklaven besäßen, mit Sicherheit äußerst empört seien über die Art, wie auch sie von dem System unterdrückt würden, Leute, die daher die Gelegenheit begrüßen würden, den Männern zu helfen und Unterstützung zu gewähren, die nach Süden in den Krieg gegen die Sklaverei zögen.

Jetzt schüttelte Mr. Douglass allerdings seinen großen Kopf. »Ich glaube, Mister Brown, Sie kennen diese Leute nicht so gut wie ich. Sie sind ein Weißer und verstehen vielleicht andere Weiße, aber Sie sind kein weißer Südstaatler. Aber fahren Sie trotzdem fort. Vieles von dem, was Sie sagen, ist jedenfalls bewundernswert«, meinte er liebenswürdig.

Ein anhaltender Guerillakrieg, erklärte Vater, würde den Preis für einen Sklaven, der tausend Dollar wert war, schnell auf zehntausend oder noch mehr hochtreiben. Baumwolle könne jedoch ohne eine ungeheure Zahl von Arbeitskräften nicht angebaut, geerntet, entkörnt und verladen werden, und es gebe nicht genügend Weiße im Süden, die diese große und wirtschaftlich notwendige Aufgabe allein bewältigen könnten. Vater war überzeugt, der Kampf müsse nur lang genug dauern und einer hinreichend großen Anzahl von Sklaven die Flucht ermöglichen, dann würden die Kosten der Sklavenhaltung den Nutzen so sehr übersteigen, daß die Sklavokratie einen Handel abschlösse: Alle Sklaven würden freigelassen, wenn sie im Gegenzug als bezahlte Arbeiter zurückkämen. »Die Sklaven fliehen nach Norden, weil sie *frei* sein wollen«, stellte Vater fest, »und nicht, weil sie dort arbeiten wollen.« Wären sie frei, dann würden sie bleiben, und auch viele von denen, die jetzt im Norden lebten, würden wahrscheinlich zurückkehren. »Ich habe nicht vor, den Süden zu *erobern*«, erklärte Vater. »Ich will nur dafür sorgen, daß die Sklaverei abschreckend teuer wird. Wenn man ein Volk nicht dazu bringen kann, richtig zu handeln, Mister Douglass, dann muß man es dazu bringen, das zu tun, was in seinem Interesse ist.«

Aus diesem Grunde war er überzeugt, er müsse mit seinem Befreiungskrieg jetzt oder in naher Zukunft beginnen, ehe die Sklaverei sich auch auf die westlichen Territorien ausdehnte. Würden wir jetzt, da die Südstaaten aufgrund ihrer Abhängigkeit von der Baumwolle wirtschaftlich verwundbar seien und im Kongreß vom Norden mehr oder weniger in Schach gehalten würden, nicht zuschlagen, meinte er, gäbe es anschließend nur noch zwei Alternativen – die Spaltung der Union oder einen blutigen Bürgerkrieg. Oder vielleicht beides. Je länger wir warteten, desto erfolgreicher wäre der Süden bei der Ausdehnung der Sklaverei auf Texas und die anderen Gebiete, möglicherweise bis hin nach Kuba und Mexiko. Im Zuge einer Ausweitung vom Süden her in den Westen und auf die Karibischen Inseln würde die Wirtschaft der Sklavenhaltergesellschaft sich auch auf andere Bereiche als den Baumwollanbau ausweiten und damit bald mächtiger werden, als man sich vorstellen könne; wenn diese Gebiete dann zu Bundesstaaten würden, könnten sie im Kongreß die Nordstaaten überstimmen. Da der Norden dann einen Präsidenten, einen Senat und ein Repräsentantenhaus aus Demokraten hätte, die selbst Sklaven hielten, bliebe ihm gar keine andere Wahl, als sich von der Union zu lösen oder, um nicht völlig von der Sklavokratie aufgesogen zu werden, in den Krieg zu ziehen. Von beiden Seiten seien bereits Rufe nach Sezession oder Krieg laut geworden.

»Ja, doch einer Sache möchte ich sicher sein, Mister Brown: daß Sie die alte Idee einer Negerrepublik nicht wieder zum Leben erwecken. Ihr Plan könnte dazu führen. Dem würde ich mich mit allem Nachdruck widersetzen. Ein kleines, von Land umschlossenes Haiti, abgetrennt und rings umgeben von den weißen Vereinigten

Staaten«, verdeutlichte Mr. Douglass, »das ist meines Erachtens nicht wünschenswert.«

»Nein, o nein! Auf keinen Fall. Nun ja, vorübergehend vielleicht. Aber nur, um zu verhindern, daß das Unterfangen irrtümlich als politische Aktion der Nordstaaten ausgelegt wird«, beteuerte Vater. Er wollte es mehr oder weniger genauso machen wie die Texaner gegen Mexiko. Er hatte vor, Erklärungen zu veröffentlichen, wonach diese zeitweilige Negerrepublik aufgelöst würde, sobald die Sklaverei in allen Staaten und Territorien abgeschafft sei; zu diesem Zeitpunkt sollten auch alle eroberten Gebiete wieder der Kontrolle ihrer ursprünglichen Staatsregierung unterstellt werden.

Mr. Douglass seufzte schwermütig auf und starrte auf die Karte vor ihm. »Die Bundesarmee wird Sie jagen, Sir. Ob Nord oder Süd, das spielt keine Rolle – sie werden es nicht zulassen.«

Es würde zu lange dauern, ehe sie reagieren könnten, legte Vater dar, und wenn sie soweit wären, hätte er seine Soldaten bereits an eine andere Front verlegt. Von den Bergen Virginias aus würden wir uns zu den Hügeln North Carolinas und Tennessees hinunterschleichen und dann weiter nach Georgia. Wir würden uns in kleine, bewegliche Einheiten aufteilen, kaum mehr als Banden, zuschlagen, wo man es am wenigsten erwartete, und uns dann in unsere Verstecke in den Bergen zurückziehen; so wie die Seminolen in den Sümpfen würden wir in den höhergelegenen Wäldern untertauchen. Außerdem, so führte er weiter aus, würde unser Feldzug von Hunderttausenden ziviler Helfer unterstützt, Millionen aus Nord und Süd, was jede Bundesarmee, die den Auftrag hätte, uns aufzuhalten, entscheidend schwächen würde. »Eine Bundesarmee müßte jeden Baum zwischen Alabama und Ohio fällen, wenn sie uns besiegen wollte!« erklärte Vater und drohte mit dem Finger.

»Gut möglich. Vielleicht …«, setzte Mr. Douglass an.

Vater ließ ihn nicht ausreden. »Zudem glaube ich, wir könnten unsere Aufgabe in einem Jahr zu Ende bringen, zu schnell für sie, um die erforderlichen Truppen auf die Beine zu stellen. Gleich am ersten Tag würden wir in einer Erklärung unsere Absichten darlegen und unseren Willen bekunden, über einen Frieden zu verhandeln, der allerdings einzig das Ende der Sklaverei zum Gegenstand hätte. Wir würden unmißverständlich klarmachen, daß wir keine anderen Ziele verfolgen als dieses eine. Einen Krieg ohne ein genau festgelegtes Ziel kann man nie und nimmer gewinnen! Daran sollten Sie denken, Mister Douglass. Das habe ich am Beispiel Europas gelernt. Und je eindeutiger das Ziel umrissen ist, desto weniger Soldaten benötigt man, um es zu erreichen. Auch das habe ich dort gelernt. Man muß es nur klar und deutlich benennen und zeigen, daß man bereit ist, dafür zu sterben; wenn man dann auch noch beweisen kann, daß es sogar im ureigensten Interesse des Feindes liegt, daß man sein Ziel erreicht, so wie wir das vorhaben, indem wir den Marktpreis eines jeden Sklaven in Amerika unerträglich in die Höhe treiben, dann wird einem der Sieg in den Schoß fallen wie eine überreife Frucht!«

Vater erläuterte und verteidigte seine Vorstellungen, und Mr. Douglass hinterfragte sie, indem er vorsichtig den einen oder anderen Einwand vorbrachte, ließ sich jedoch, wie mir schien, allmählich überzeugen, und während die beiden auf- und abgingen, betrachtete ich Vaters Karte seines wunderbaren Subterranean Passway mit neuen Augen. Er war das zentrale Nervensystem für das ganze Unternehmen, das Rückenmark, das von Timbuktu aus nach Süden bis hinunter nach Alabama reichte, mit tausend Verästelungen, die entlang der ganzen Strecke wie einzelne Nervenstränge nach Westen und Osten abzweigten. Mir fiel wieder ein, wie wir vor Jahren das erste Mal von einer westlichen Abzweigung in ihn eingebogen waren, als ich mit Vater und meinen Brüdern von Ohio aus zu den Hügeln Kentuckys geritten war. Dort hatten wir Sklaven angetroffen, die aus Plantagen weit im Süden Georgias und South Carolinas entflohen waren, erschöpfte Männer, Frauen und Kinder, die wochenlang unterwegs gewesen waren und beim Auftauchen ins Licht der Freiheit blinzelten, als wären sie aus einem Hunderte Meilen langen Netzwerk von Tunneln heraufgestiegen. Und ich wußte, Timbuktu, wo wir bald leben würden, lag in der Nähe der Stelle in den Adirondacks, wo der Pfad seinen Ausgang nahm; erst vor kurzem waren wir hier in Springfield, Massachusetts, von Osten kommend darauf gestoßen. Dort hatte ich auch die große Harriet Tubman kennengelernt, die von Vater »der General« genannt wurde, »eine Frau, die die besten Eigenschaften eines Mannes in sich vereinigt«, meinte er; sie hatte die Existenz des Pfades bezeugt. Es gab ihn also wirklich, diesen Subterranean Passway. Er war nicht nur eine Ausgeburt der Phantasie. Die Sklavenhalter waren nicht imstande gewesen, ihn zu durchtrennen oder irgendwo in seinem Verlauf auf Dauer zu blockieren. Wenn sie ihn an einer Stelle angriffen, tauchte er in der nächsten Nacht an einer anderen wieder auf. Vaters Plan für einen Guerillakrieg gegen die Sklavokratie war in Wirklichkeit eine logische Erweiterung der fortwährenden Arbeit mit der Underground Railroad, und er hatte sich auf den einen Aspekt des Passway konzentriert, den bislang kein anderer Abolitionist begriffen hatte – seine fortdauernde Existenz hatte den Preis für Sklaven allmählich ansteigen lassen. Er schlug einfach vor, diesen Vorgang zu beschleunigen.

»Nun, ich bewundere Ihren Plan, Mister Brown«, sagte Mr. Douglass. »Oder doch Teile Ihres Plans, sollte ich vielleicht besser sagen. Natürlich sind Sie nicht der erste, ob Weißer oder Neger, der vorschlägt, einen bewaffneten Aufstand der Sklaven anzuzetteln. Davon träumen viele. Anders als die meisten sehen Sie jedoch viele der Schwierigkeiten klar voraus. Und Sie haben das große Ganze ebenso im Blick. Aber da ist noch etwas. Eine Frage. Ich habe viele Fragen, Sir, doch diese eine ist vordringlich. Ich nehme an, Sie haben vor, der General dieser Armee zu sein. Und auch der Präsident der ›zeitweiligen‹ Negerrepublik in den Bergen. Soll das heißen, Sir, Sie wollen unser Moses sein?« Mr. Douglass lächelte, doch seine Worte straften das Lächeln Lügen.

Vater sah ihn geradeheraus an. »Ich werde Ihnen die Wahrheit sagen. Ich werde Ihnen sagen, weshalb ich Ihnen heute abend all dies enthüllt habe. Mister Douglass, ich möchte, daß *Sie* der Moses Ihres Volkes sind, Sir. Nicht ich und auch kein anderer Weißer. Nein, Mister Douglass, ich würde Aaron für Euch sein, von Euch gesalbt und gesegnet, und dann würde ich hingehen und das Blutopfer für unsere beiden Völker darbringen. Das Verbrechen gegen das eine ist die Sünde des anderen, und das Verbrechen zu rächen heißt, die Sünde zu tilgen.«

Lange Zeit herrschte Stille, während sich die beiden in die Augen sahen – dunkle, melancholische Augen und blitzende graue Augen. Im Gesicht des schwarzen Mannes stand eine große Frage geschrieben und im Gesicht des weißen Mannes eine große Behauptung, und wortlos rangen die beiden darum, sie zur Übereinstimmung zu bringen. Ich glaube, Mr. Douglass hatte noch nie zuvor einen Weißen so sprechen hören oder zumindest keinen Weißen, den er nicht für verrückt gehalten hätte. Und auch ich glaube, daß Vater noch nie zuvor so gesprochen hatte.

Leise sagte er: »Ich habe vier erwachsene Söhne, die mich in den Süden begleiten werden.«

Wer war der vierte? Ich überlegte; dann erinnerte ich mich an den armen Fred. Nun ja, warum nicht auch Fred? In dieser Angelegenheit galt auch für ihn, was für John, Jason und mich galt. Ja, wir werden mit dir gehen, alle vier.

Vater fuhr fort: »Ich habe alle Mitglieder meiner Familie dazu erzogen, diesen Krieg geradewegs zu den Sklavenhaltern zu tragen. Sie und ich sind bereit, dafür zu sterben.«

Langsam wandte Mr. Douglass mir seinen großen Kopf zu. Er sah mich von oben bis unten an und fragte: »Nun, stimmt das, junger Mann? Bist du bereit, in der Schlacht zu *sterben*? Zugunsten von Negersklaven zu sterben? Bist du bereit, dein junges Leben hinzugeben, damit ein anderer junger Mann, dessen Haut schwarz ist, als freier Mann leben kann?«

Ich blickte erneut auf Vaters Karte des Subterranean Passway und sah, daß es ein guter Plan war; er würde funktionieren. Vater hatte recht – der Sieg würde uns in den Schoß fallen wie eine überreife Frucht. Und ich erinnere mich, daß ich damals glaubte, ich würde nicht sterben; das war einfach unmöglich. Ich war stark und klug, ich konnte sehr schnell laufen, ich war ein guter Schütze und ein erstklassiger Reiter, und ich konnte im Wald überleben wie ein

Indianer. Und so sagte ich zu Mr. Douglass: »Ja, Sir, das bin ich. Vater hat mich gut darauf vorbereitet. Er hat mich gesalbt und gesegnet und mich für das Blutopfer bereit gemacht, so wie Moses es mit Aaron getan hat.«

Ich sah, wie Vater einen Anflug schlichten Stolzes und vielleicht auch Überraschung wegen der Kühnheit meiner Rede unterdrückte. »Sie sehen also, Mister Douglass«, sagte er. »Ich kann sehr wohl Moses sein, doch nur hier in meinem Haus.«

»Ja«, erwiderte dieser. »Das sehe ich. Und ich muß gestehen, ich bin sehr beeindruckt von alldem. Meine schwarzen Brüder Garnet und Loguen sagten die Wahrheit, als sie mir erzählten, Sie seien ein sehr ungewöhnlicher Weißer.« Allerdings räumte er ein, all dieses Gerede von einer Sklavenrebellion beunruhige ihn, besonders bei Menschen, die selber, ob Weißer oder Neger, sicher zu Hause im Norden bleiben könnten, während sich die armen Sklaven erhöben und in Stücke gehauen würden. Nur wenige seien bereit, ein Nat Turner zu werden. »Doch gleichgültig, wie es ausgeht, ob wir gewinnen oder verlieren, für jeden einzelnen kann es Tod und Blutvergießen bedeuten, glauben Sie mir, Mister Brown. Unabhängig davon, wie klug Ihr Plan ist oder wie tapfer Sie und Ihre Söhne sind, auf beiden Seiten wird es Tote geben. Und ich bin mir nicht sicher, ob ich die Verantwortung dafür übernehmen will. Jedenfalls noch nicht. Wir stehen vor gewaltigen Fragen, Sir.«

Mittlerweile hatten Mary und Ruth den Tisch gedeckt und brachten nun in dampfenden Töpfen das Abendessen aus der Küche herein. Vater räumte seine Karten und Papiere weg; jetzt kamen auch die Kinder und gesellten sich zu uns, und bald waren wir zu zehnt um den Tisch versammelt. Vater fing wie immer an, das Tischgebet zu sprechen. Während er betete, blickte ich verstohlen zu Mr. Douglass hinunter, der die Szene wie aus großer Höhe überblickte; ein Ausdruck zufriedener Zustimmung lag auf seinem breiten Gesicht.

Ich versuchte, die Szene mit seinen gutmütigen Augen zu betrachten – und ich sah eine tiefreligiöse, bescheidene Familie, eine Familie, die großen Seelenfrieden ausstrahlte, vollkommen einig und mit einem seltsam klaren Ziel: Frau und Kinder, vom ältesten bis zum jüngsten, in allen Dingen vom unnachgiebigen, aber freundlich puritanischen Patriarchen unterwiesen und geleitet, diesem aufrechten Mann mit den grauen Augen, von dessen Gesicht ein Leuchten ausging, als er über allen das Gebet sprach. Und am erstaunlichsten war, daß es sich um eine Sippschaft von Weißen handelte, die unerklärlicherweise die Welt mit den Augen der Neger sahen.

Natürlich taten wir das nicht. Jedenfalls nicht damals – außer Vater vielleicht. Als Familie hatten wir unsere Feuerprobe noch nicht bestanden, jene grauenvolle Zeit in Kansas und Virginia. Ich wage sogar zu bezweifeln, daß Vater damals in Springfield die Welt so sah wie die Neger; es schien nur so, weil ein so großer Unterschied zwischen ihm und anderen weißen Abolitionisten bestand, was den persönlichen Umgang mit Negern und auch was die Heftigkeit seines Zorns anging.

Im übrigen hatte ich Mr. Douglass angelogen. Ich war durchaus nicht willens, für die Freiheit der Schwarzen oder für irgendeine andere Sache zu sterben. Doch damals wußte ich das nicht – ich hatte geglaubt, die Wahrheit zu sagen, während ich tatsächlich nur unfähig war, mir meinen Tod vorzustellen. Zwar war ich vierundzwanzig Jahre alt, doch im Grunde immer noch ein Junge. Erst nahezu zwei Jahre später, auf meiner Reise nach England, gelangte ich an einen Punkt, da ich wirklich bereit war, den Preis dafür zu zahlen, der Mann zu sein, der ich sein wollte, und deshalb auch bereit war, im Krieg gegen die Sklaverei zu sterben. Sobald ich diesen Punkt erreicht hatte, war ich frei und kein kleiner Junge mehr. Ich war zu einem Kämpfer geworden, und von da an wurde ich zunehmend nützlicher für Vater, dessen Kraft und Zielstrebigkeit gelegentlich, wie dies allen Kämpfern geschieht, nachließen oder sich verwirrten.

Was die britischen Tuchfabrikanten anging, hatte Vater recht behalten. Sie hatten unsere Wolle zu einem so niedrigen Preis erworben, daß sie sie mit beträchtlichem Gewinn sogleich an ihre amerikanischen Kollegen zurückverkaufen konnten, an jene gerissenen Burschen, deren monopolistische Kaufgebote für die Wolle von Brown & Perkins Vater überhaupt erst auf den englischen Markt getrieben hatten. Indem Vater seine und Mr. Perkins' hundert Tonnen Wolle nach England verfrachtet und dort billig verkauft hatte, war ihm nichts weiter gelungen, als die Schulden der Firma bei den Lieferanten im Westen weiter anwachsen zu lassen. Tatsächlich hatten sie sich nahezu verdoppelt. Die Schafzüchter waren wütend. Aus ihrer Sicht hatte man ihre Wolle, die Frucht der Arbeit eines ganzen Jahres, praktisch verschenkt.

Ein paar Tage lang, ehe wir England verließen, hatte der Alte versucht, den Schafzüchtern selbst die Schuld zu geben, weil sie ihn mit ein paar unglückseligen Ballen schmutziger Wolle in die Falle hatten stolpern lassen, doch das hielt nicht lange an. Er hatte sich selbst hineingeritten, und er wußte es. In seiner Hast, die gesamte Ware nach England zu schaffen, hatte er nicht die übliche Sorgfalt walten lassen, mit der er die Wolle sonst überprüfte, und er hatte sie auch nachlässig klassiert – eine überraschende Menge der Kategorien XXX und XX erwies sich als Klasse 1 oder 2. Deshalb hatte er, als wir an Bord gingen und heimwärts segelten, bereits aufgehört, irgend jemand anderem außer sich selber Vorwürfe zu machen, und während des größten Teils der Überfahrt schlug der Alte sich an die Brust und sprach in biblischen Worten.

In Wirklichkeit hatte er wieder einmal kläglich versagt, und das konnte er nicht leugnen, nicht einmal vor sich selber. Seine Situation war so aussichtslos, seine Finanzen waren so heillos zerrüttet, daß er an einem Punkt angelangt war, an dem er nicht mehr davon träumen konnte, sich jemals aus dieser Zwangslage zu befreien; künftig müßte er vor allem dafür hart arbeiten, nicht ins Gefängnis zu kommen, denn ihm war klar, daß jetzt eine Flut größerer und kleinerer Prozesse über ihn hereinbrechen würde. Viele Schafzüchter waren ungerechter-, wenn auch verständlicherweise überzeugt, Vater habe Schmiergeld dafür angenommen, ihre Wolle nach England zu verschicken und sie dort mit so verheerendem Verlust zu verkaufen. Sie konnten es einfach nicht glauben, daß ein

Mensch, der bei Sinnen war, sonst zu so etwas in der Lage gewesen wäre, und sie brachten John in Springfield gegenüber ihre Meinung deutlich zum Ausdruck. Zum Glück war Mr. Perkins nach wie vor gewillt, dem Alten beizustehen. Das versetzte ihn in die Lage, die Familie zusammenzuhalten und ihr in North Elba ein Dach über dem Kopf zu sichern, und solange wir über Land verfügten, konnten wir uns immer mit Nahrung und Kleidung versorgen. Vater hingegen würde bald von Gerichtshof zu Gerichtshof eilen und zwischen New England und dem alten Western Reserve pendeln, um sich und Mr. Perkins gegen die unzähligen Vorwürfe wegen Schwindels und Betrugs zu verteidigen, die ihre Gläubiger gegen sie erhoben.

Er wußte, für einige Zeit wäre dies seine Hauptbeschäftigung, und das hatte den unerwarteten Vorteil, Vater zum ersten Mal seit Jahrzehnten vollkommen von der Idee abzubringen, ständig Geld machen zu wollen. Somit konnte er sich, wenn er nicht gerade seine Anwälte instruierte, wie sie ihn und Mr. Perkins vor Gericht verteidigen sollten, auf seinen Kampf gegen die Sklaverei konzentrieren. Die katastrophalen Verluste in England reichten aus, um ihn endlich von der Vorstellung zu befreien, ein reicher Mann werden zu können. Nachdem er von dieser Aussicht erlöst war, machte er eine Art umfassender Verwandlung durch und wurde statt dessen allmählich zu dem Mann, der in die Geschichte eingehen sollte.

Natürlich hatten sich auch zu Hause die Verhältnisse geändert. Die Verabschiedung des verabscheuungswürdigen Fugitive Slave Act hatte den Himmel des Nordens plötzlich wie ein Wetterleuchten erhellt und Tausende von weißen Männern und Frauen aufgeschreckt, die sich bislang als gemäßigte Abolitionisten betrachtet hatten. Und auf einmal schienen unser Zorn und unsere verzehrende Wut nicht länger so verrückt zu sein. Ein seltsames Gefühl für mich, denn ich hatte mich im Laufe der Zeit daran gewöhnt, daß man unserer Familie nicht nur ihren Zorn vorhielt, als wären wir dafür verantwortlich, sondern uns eben deshalb auch mied, als wäre er uns wie ein Fluch auferlegt. Jetzt, da der Zorn allgemein um sich griff, schien der unsere auf seltsame Weise verfrüht und in diesem neuen Zusammenhang auch irgendwie unangemessen und nutzlos gewesen zu sein. Zumindest kam es mir damals so vor.

Vater erklärte einfach, damit sei bewiesen, daß wir die ganze Zeit im Recht gewesen seien. Doch viele Jahre lang, all die Jahre meines bisherigen Lebens, hatten wir so viel Zeit und Kraft darauf verwendet, unsere extreme Einstellung mit moralischen, gesetzlichen und biblischen Argumenten zu rechtfertigen, daß wir sie nicht mehr mit genügend Abstand betrachten konnten, um ihre tieferen, persönlicheren Quellen zu erkennen. Wir hatten nicht einmal überlegt, ob es solche Quellen geben könnte. Was anderen abnorm vorkam, war uns lange als normal erschienen – bis sich, dank des Fugitive Law, alle anderen als ebenso aufgeschreckt und zornig erwiesen wie wir und als ebenso entschlossen, Gewalt anzuwenden, um eine weitere Ausbreitung der Sklaverei zu verhindern. Früher schienen unsere Besorgnis und unser Zorn und unser Engagement ein Zeichen für unsere Auserwähltheit zu sein, in der Tat ein Beweis für unsere moralische Überlegenheit. Nun hingegen standen wir inmitten der anderen Leute nicht mehr als Propheten da, denn jetzt war endlich jeder anständige Mensch im Norden sich der Dringlichkeit der Sache bewußt geworden. So schien es zumindest kurzfristig. Und anstatt mich mit meinen Nachbarn eins zu fühlen und dafür dankbar zu sein, begann ich mich in dieser Zeit zu fragen, weshalb wir die Schrecken der Sklaverei schon so früh gesehen hatten, während praktisch alle anderen blind dafür gewesen waren, und weshalb wir unsere Einstellung so leidenschaftlich vertreten hatten, während fast alle anderen wohlmeinenden weißen Männer und Frauen im Norden nichts weiter als Betroffenheit oder bestenfalls Abscheu geäußert hatten.

Nun, ein ganzes Leben später, fällt es mir schwer, mir all die schrecklichen Ereignisse und die Veränderungen in den Empfindsamkeiten und Wertbegriffen der normalen Leute zu vergegenwärtigen und mich daran zu erinnern, wie wir damals dachten. Durch den Bürgerkrieg wurde für jedermann alles anders, für Weiße wie Neger, Nord wie Süd, Ost wie West, doch uns Browns machte jener Krieg vor dem eigentlichen Krieg, zuerst in Kansas und dann bei Harpers Ferry, zu anderen Menschen: Von zornigen Aktivisten und Propheten in der Wildnis entwickelten wir uns zu kaltblütigen Kämpfern. Von der Befreiung der Neger aus der Sklaverei gingen wir dazu über, jene zu töten, die sie versklavten. Das waren die Jahre, in denen John Brown und seine Söhne – Bauern, Schafhirten, Gerber, hoffnungsvolle Geschäftsleute – zu berühmten Mördern wurden.

Wer machte zu unserer Zeit ebenfalls eine solche Verwandlung durch? Keiner, das geschah erst später, als der Krieg sie dazu zwang. Da waren John Brown und seine Söhne, jedenfalls die meisten von ihnen, bereits tot – in der Schlacht gefallen oder am Galgen hingerichtet. Als unsere weißen Nachbarn schließlich auf die Bedrohung durch die Sklaverei aufmerksam und wütend wurden, ebenso wütend, wie wir es die ganze Zeit über gewesen waren, schien es, als wären wir sogleich zur nächsten Phase übergegangen, um auf diese Weise unseren gewohnten Abstand zu ihnen aufrechtzuerhalten. Es schien, als erwachse unsere wahre Natur, mit Sicherheit Vaters Wesen und das meine, in geringerem Maße auch die Natur unserer Familie als Ganzen, aus unserem Beharren, einen gleichbleibenden Abstand zu den anderen zu wahren, indem wir an einer radikalen, extremen Position festhielten. Wir gestatteten uns nicht, wie die andern Weißen zu sein. Wir waren zorniger als sie; wir riskierten und opferten mehr als sie; wir waren blutrünstiger, brutaler, konsequenter in unserer Gnadenlosigkeit und verzweifelter als sie.

Wir wurden wie die Schwarzen oder wollten dies zumindest. Oder, um ehrlich und genau zu sein, wir wurden zu der Art von Männern und Frauen, die die Neger unserer Vorstellung nach sein sollten.

Kann das so gewesen sein? Viele Jahre hindurch hatte ich gelegentlich geglaubt, Vaters Besessenheit sei etwas Unnatürliches. Kein anderer Weißer in meinem Bekanntenkreis war so unvergleichlich erzürnt über das Schicksal der Schwarzen, nicht einmal die radikalsten Abolitionisten, auch Gerrit Smith nicht, der einen so großen Teil seines riesigen persönlichen Vermögens für die Sache geopfert hatte. Natürlich gab es Helden in der Bewegung, Männer und Frauen wie Theodore Weld und die Schwestern Grimké, auch einige, die mit dem Leben dafür bezahlt hatten wie Lovejoy. Und viele Unbekannte, Männer und Frauen in kleinen Städten, Geistliche, Lehrer, sogar Geschäftsleute, die ihr Vermögen, ihren Ruf und ihre körperliche Unversehrtheit aufs Spiel gesetzt hatten, um den Krieg gegen die Sklaverei voranzutreiben. Und überall gab es arme, demütige, gottesfürchtige Weiße, ganz normale Männer und Frauen, die zum Wohle der Negersklaven täglich Opfer und sich selber in Gefahr brachten.

Aber keiner von ihnen, zumindest keiner, den ich je getroffen oder von dem ich je gehört hatte, nahm sich der Neger auf so persönliche Weise an wie Vater. Es war, als glaubte er insgeheim, er sei im Grunde selbst ein Neger. Er schien überzeugt, seine weiße Haut – und auch die seiner Kinder, seiner Frau und aller, die in seinem Unternehmen zu ihm hielten – sei darunter schwarz. Als wäre sein rostfarbenes Haar schwarz und gekräuselt, würde er es nicht färben und künstlich glätten. Als wäre sein altmodisches, spitzes Gesicht eines New-England-Yankees – die lange, schmale Hakennase, der harte Strich des Mundes und die großen roten Ohren – eine Maske, unter der sich Nase, Mund und Ohren eines Afrikaners verbargen.

In einer von Rassenvorurteilen bestimmten Gesellschaft wie der unseren könnte diese Überzeugung als absurd oder als selbstverachtend angesehen werden, insbesondere von Weißen, und in jeder Gesellschaft gälte sie vermutlich als moralisch tadelnswert. Schließlich könnte man ihm vorwerfen, sich die Forderungen eines anderen, der großes Leid ertragen hatte, zu eigen zu machen, ohne diese Qualen je selbst durchgemacht zu haben. Fast mein ganzes Leben lang habe ich über diese Frage nachgedacht, da ich in dieser Hinsicht meinem Vater sehr ähnlich wurde, und es kann gut sein, daß ich mich gründlich irre, doch Vaters Zuneigung zu den Negern war nicht einfach eine Ausweitung seines Gerechtigkeitssinnes, seines Glaubens an die grundsätzliche Gleichheit aller

Menschen oder seiner Abscheu vor Grausamkeit, wie es bei den meisten Abolitionisten der Fall war und im Sinne der Sache eigentlich ausreichend gewesen wäre. Und es meist auch war. Mit Sicherheit genügte es den meisten weißen Abolitionisten und auch der Mehrzahl der Neger. Schließlich waren sie nicht darauf angewiesen, von den Weißen geliebt zu werden. Sie waren lediglich darauf angewiesen, daß wir sie gerecht behandelten und ihnen die gleichen Rechte zustanden, daß wir nicht einfach deswegen grausam gegen sie waren, weil ihre Haut dunkler war als unsere. Sie wollten nur, daß wir sie genauso gut behandelten wie einander. Aus ihrer Sicht galt das Wort »farbig« für alle Menschen. Für Neger war Weiß ebenso eine Farbe wie Schwarz, Rot oder Gelb – vielleicht sogar in noch höherem Maße.

Wäre das ganze Land nur von einer einzigen Rasse bevölkert, wäre jeder weiß gewesen, dann hätte Vaters Zuneigung gewiß nicht nur Weißen gegolten. Doch er hätte auch nicht nach Osten über den Atlantik geblickt und afrikanische Neger oder dunkelhäutige Menschen irgendwo anders besonders gemocht. Nein, seine Zuneigung galt den *amerikanischen* Negern, und ich glaube, er mochte sie wegen ihres Verhältnisses zur herrschenden Rasse der amerikanischen Weißen. Er sah unser Land ungerecht zwischen hellhäutigen und dunkelhäutigen Menschen aufgeteilt, und er entschloß sich früh und leidenschaftlich, die Partei der Schwarzen zu ergreifen. Irgend etwas tief in seinem Inneren, etwas, das seiner eigenen Vorstellung davon, wer er war, insbesondere, wer er in seinem Verhältnis zur herrschenden helleren Rasse war, zugrunde lag, verband sich, ungeachtet seiner Hautfarbe, mit den Seelen der amerikanischen Neger, und das versetzte ihn in die Lage, sich mit ihnen in ihrem Kampf gegen die Sklaverei und den amerikanischen Rassenhaß zu verbünden, nicht nur, weil er sie im Recht glaubte, sondern weil er überzeugt war, in gewisser Weise selber einer von ihnen zu sein.

Aber natürlich war er *keiner* von ihnen. Er war ein Weißer, mit all den unausweichlichen Möglichkeiten, Privilegien und Vorrechten seiner Rasse und seines Geschlechtes: Er durfte wählen, Grund

und Boden besitzen, sich im ganzen Land frei bewegen und sich überall niederlassen, wo es ihm gefiel; er konnte jeder Institution oder Kirche angehören und jede Schule besuchen, die er sich leisten konnte; er konnte Geld leihen und verleihen; er konnte sein Vermögen in Grundbesitz oder Herden investieren, konnte reich werden oder Bankrott machen; er durfte Feuerwaffen besitzen; er konnte sich nachts schlafen legen, ohne befürchten zu müssen, von Sklavenfängern und Kopfgeldjägern aus dem Schlaf gerissen zu werden, die ihn einfach mitnehmen und verkaufen konnten; er wußte, wer seine Eltern, Großeltern und Urgroßeltern waren und wo sie begraben lagen; seine Kinder und seine Frau würden ihm nie von einem anderen Mann weggenommen werden; er war ein weißer Mann, und er wußte es.

Aber gibt es nicht auch erwachsene Männer und Frauen mit all den Möglichkeiten, Privilegien und Vorrechten Erwachsener, die sich insgeheim als Kinder empfinden? Ist es nicht so, als wären unsere großen, behaarten Körper nur zufällige Verkleidungen, und sind nicht manche von uns Kinder, die sich in der Welt der Erwachsenen wie Spione bewegen und deren Herz beim Anblick dessen, was andere Kinder allein deswegen erleiden müssen, weil sie nicht so geschickt verkleidet sind wie wir, jeden Tag aufs neue bricht? Aus Vorsicht schweigend, sehen wir den Grausamkeiten und Entwürdigungen zu, der Ungleichheit und Machtlosigkeit, die sie erdulden müssen, bis am Ende auch ihre Körper groß und behaart wie unsere und sie selber imstande sind, in der Welt der Erwachsenen aufzugehen, in der sie wie die meisten Menschen entweder vergessen, daß sie je Kinder waren, oder ihrerseits Spione werden. Wir wagen es nicht, uns einander zu erkennen zu geben, aus Angst, die Möglichkeiten und Privilegien des Erwachsenseins zu verlieren, und so halten wir still, während die Kinder der anderen geschlagen statt umsorgt werden, während die Kinder der anderen gedemütigt und drangsaliert statt unterrichtet werden, während die Kinder der anderen wie Besitz behandelt werden, wie Gegenstände von geringem Wert, anstatt wie Menschen, die in den Augen des Herrn nicht weniger wert sind als wir selbst.

Ich glaube, so war es für Vater, und auch für mich wurde es im Laufe der Zeit so. Schon sehr früh in seinem Leben fühlte er sich den Weißen gegenüber im allgemeinen so, wie sich ein ungewöhnlich empfindsames Kind gegenüber brutalen, gefühllosen Erwachsenen vorkommt. Er kam sich hilflos, gedemütigt und benachteiligt vor, und das so nachhaltig, so lebhaft, daß er es nicht ablegen konnte, als die Umstände, die diese Empfindungen hervorgerufen hatten, sich änderten und für ihn nicht mehr galten – das heißt, als er selbst erwachsen geworden war und sich als Weißen sah. Statt dessen begann er, sich als Neger zu träumen, wenn er mir denn irgendwie ähnlich war – und ich bin überzeugt, er war es –, denn wie er sich als Kind träumte, war zu alptraumhaft, um es zu ertragen, und eine zu überwältigende Erfahrung, als daß er sie hätte vergessen können. Dies bedeutet nicht, daß er die Neger als Kinder betrachtete und ganz gewiß nicht als kindlich, jedenfalls nicht mehr als sich selber. Er sah sie, in ihrem Verhältnis zu den Weißen, lediglich als seine natürlichen Verbündeten.

Einmal versuchte ich, ihm dies klarzumachen. Ich hatte ihm einen Traum von mir erzählt, in dem ich auf meine Arme und Hände blickte, und sie waren schwarz. Wo waren wir damals? Ich entsinne mich, es war im Winter 1858, und wir waren quer durch Kansas unterwegs in Richtung Vernon County, Missouri; damals brachten wir elf Sklaven heraus und machten ein riesengroßes Aufhebens darum – es war unser erster Vorstoß in einen Sklavenhalterstaat –, und Vater und ich fuhren den Wagen. Auf dieser Tour waren Jason und Watson bei uns, ebenso Jeremiah Anderson, Albert Hazlett und John Kagi, einige der Männer aus den Kansas-Kriegen, die später den Kern unserer kleinen Truppe in Virginia bildeten.

In meinem Traum war ich überrascht, mich als schwarzhäutigen Menschen zu sehen, doch die Entdeckung hatte mich gefreut und sogar stolz gemacht, auch wenn mir dadurch bewußt wurde, daß ich von nun an unter Weißen mein wahres Selbst verbergen mußte.

In meinen Augen war dies zu jener Zeit ein merkwürdiger Traum, und unterwegs fragte ich Vater, ob er je einen solchen Traum gehabt habe. Er sagte, ja, gewiß, er habe sich schon oft als Neger geträumt, und wann immer das geschehen sei, habe er dies so aufgefaßt, daß Gott ihn daran erinnern wolle, er dürfe sich nicht von Gottes schwarzen Kindern abgesondert empfinden. Meist habe er den Traum, wenn Neger ihm Schwierigkeiten bereiteten, fügte er hinzu. Wenn sie nicht täten, was er wolle, oder er nicht tun könne, was sie von ihm erwarteten.

Daraufhin fragte ich ihn: »Wann wurde dir das erste Mal bewußt, daß Neger Menschen wie du sind?«

Vater begriff, daß ich nicht nur wissen wollte, welche Erfahrungen seinen Grundsätzen zugrunde lagen, denn diese hatten sich über Jahre hinweg ganz natürlich entwickelt, wie das bei Grundsätzen sein muß. Ich fragte ihn vielmehr nach den Wurzeln seines Verständnisses. Er antwortete, er sei noch fast ein Junge gewesen, als er zum ersten Mal überzeugt gewesen sei, daß Neger tatsächlich *Menschen* seien, und er habe es seitdem nie mehr vergessen. Viele Weiße einschließlich seines eigenen Vaters hätten das natürlich gelehrt, aber bis zu diesem Zeitpunkt habe Vater es nicht wirklich verstanden. Die meisten Weißen würden dies niemals verstehen, erklärte er. So wie die meisten Männer tief und fest davon überzeugt seien, daß Frauen keine Menschen seien. Sie glaubten, weil sie anders seien als wir, seien sie eine andere Art von Geschöpfen, so wie ein geliebtes Pferd oder ein Hund.

»Ich war zwölf«, fuhr er fort, »und mein Vater schickte mich allein mit einer Viehherde – hauptsächlich Rindern, aber auch ein paar wilden Ochsen und Schweinen, alles in allem eine ansehnliche, schwer in Zaum zu haltende Herde – zu General Hulls Hauptquartier in Detroit. Es war ein Treck über hundert Meilen, von unserem Heim in Hudson, Ohio, Richtung Westen am Ufer des Erie-Sees entlang durch das Gebiet feindlicher Indianer – denn es war Krieg, und die Briten machten die Gegend unsicher –, dorthin, wo die amerikanischen Truppen die Briten im Westfeldzug in Schach hielten. Keine leichte Aufgabe für einen Zwölfjährigen«, meinte er schlicht. Damals belieferte Großvater Brown die Armee mit Fleisch, und Vater hatte ihn auf mehreren vorangegangenen

Reisen an die Front begleitet, doch diesmal hatte er sie erstmals ganz allein unternommen. Bis hierhin hatte er diese Geschichte schon früher erzählt, wenn auch hauptsächlich als Beispiel dafür, wie selbständig er schon als Jugendlicher gewesen war.

»Jedenfalls, ich blieb dort eine Weile bei einem sehr gutsituierten Grundbesitzer, einem ehemaligen US-Marshal, der einen Sklavenjungen etwa in meinem Alter hielt. Der Junge war ein sehr reger, sympathischer Bursche, klug und ungeheuer gutmütig, und ich war ihm wegen zahlreicher kleiner Freundlichkeiten sehr zu Dank verbunden. Sein Herr verhätschelte mich geradezu«, erklärte Vater. Der Mann hatte Vater gemeinsam mit seinen besten Bekannten und Freunden zu Tisch gebeten und machte sie auf jede noch so kleine einigermaßen kluge Äußerung oder Handlung von ihm sowie auf die Tatsache aufmerksam, daß er ganz allein mit seiner Rinderherde mehr als hundert Meilen von zu Hause weg war.

»Während der ganzen Zeit wurde dieser prachtvolle Negerjunge, der mir vollkommen ebenbürtig war, schlecht gekleidet, armselig ernährt und trotz der Kälte miserabel untergebracht, und man schlug ihn vor meinen Augen mit einer Eisenschaufel oder mit jedem beliebigen Gegenstand, den sein Herr gerade zur Hand hatte. Das verletzte meinen neuerworbenen Stolz auf meine Leistungen und auf meine allgemeine Tüchtigkeit. Mir war, als würde ich selber gedemütigt und geschlagen. Ich schäme mich bis heute, daß ich nicht protestiert habe«, erklärte er. Doch es brachte ihn dazu, auf eine ihm bislang unbekannte Weise über die elende, hoffnungslose Lage von Sklavenkindern nachzudenken. Darüber, daß sie ohne Vater oder Mutter waren, die sie schützen und für sie sorgen konnten. Dieser Bursche war ganz allein auf der Welt, und Vater fand es abscheulich, wie man den Jungen behandelte. »Der Junge war so allein, Owen, daß ich später, im Bett, seinetwegen bitterlich weinte.« Er schwieg einige Zeit, während wir auf dem unebenen Pfad weiterritten, und ich hatte den Eindruck, er kämpfte bei der Erinnerung an den Negerjungen mit den Tränen. Nach einer Weile schien er seine Gefühle wieder unter Kontrolle zu haben und meinte: »In dem Alter war ich ganz gewiß kein Christ. Aber ich weiß noch, wie ich mich erstmals fragte, ob vielleicht Gott allein der Vater dieses Sklavenjungen war.«

»Aber wer wäre dann seine Mutter gewesen, wenn Gott sein Vater war?« fragte ich.

»Nun, er hatte keine Mutter, vermute ich. Bestimmt keine irdische Mutter und auch keine Mutter im Himmel. Gott allein mußte ausreichen. So, wie Er für uns alle ausreicht. Und wäre er nicht ein Kind Gottes gewesen, dann wäre der Junge wirklich eine verlorene Seele gewesen. So etwas konnte ich mir bei einem Kind nicht vorstellen.« Er schwieg einen Augenblick und fügte dann hinzu: »Ich konnte das verstehen, glaube ich, weil ich damals eben erst meine eigene Mutter verloren hatte.«

»So wie ich.«

»Ja, so wie du.«

Normalerweise hätte Vater mich im Rahmen eines solchen Gesprächs berichtigt und darauf hingewiesen, daß ich schließlich eine Mutter hatte, meine Stiefmutter Mary. Doch diesmal erinnerte er sich wohl ungewöhnlich lebhaft daran, wie er den Tod seiner Mutter empfunden hatte, die ihn allein mit seinem irdischen Vater zurückließ, als auch er erst acht Jahre alt gewesen war und Gott noch nicht gefunden hatte. Als er eine wahrhaft verlorene Seele gewesen war. Deshalb berichtigte er mich nicht, und wir ritten in brütender Stille nach Missouri hinein.

Dennoch hatte ich etwas Wichtiges gelernt. Zum ersten Mal hatte ich, wenn auch nur verschwommen, gespürt, daß eine bedeutsame Verbindung bestand zwischen der Art, in der Vater für die Neger empfand, und der schrecklichen, trostlosen Wunde, die ihm in seinem Herzen zugefügt worden war, als seine Mutter starb. Obwohl natürlich niemand dies wußte – möglicherweise nicht einmal Vater selbst –, hatten nicht seine Grundsätze, sondern die lebenslangen Auswirkungen jener Verletzung in seiner Kindheit die amerikanischen Neger zu seinen natürlichen Verbündeten und ihn in ihren Augen zu einer äußerst seltenen Erscheinung gemacht: zu einem vertrauenswürdigen weißen Amerikaner. Sie trauten seinem Zorn, der sich uneingeschränkt gegen die Sklaverei richtete.

Und sie trauten seinem ständigen Argwohn Weißen gegenüber, insbesondere wenn es um die Rassenfrage ging: Jederzeit rechnete er damit, von Weißen betrogen zu werden, und war der Ansicht, die Neger ließen sich zu leicht von ihnen täuschen. Auch vertrauten ihm die Neger, weil er nicht fähig war, die Frage der Rasse außer acht zu lassen, weil er darauf bestand, sie bei jeder Verhandlung, in jeder Beziehung, jeder Auseinandersetzung zwischen zwei beliebigen Amerikanern – ob sie nun derselben Rasse angehörten oder nicht – als wichtigen Aspekt in Betracht zu ziehen. Vater hielt die Rasse für die zentrale, unausweichliche Gegebenheit des amerikanischen Lebens und Wesens, und so rechtfertigte er sich nicht dafür, sie zum Dreh- und Angelpunkt seines Lebens und seiner Persönlichkeit gemacht zu haben. Und in dem Maße, wie ich ihm ähnlich war – aufgrund meiner Erziehung, meiner eigenen trostlosen Verletzung, die der meines Vaters so sehr glich, und weil ich mich vorsätzlich nach seinem Vorbild geformt hatte –, war die Rasse auch für mein Leben und meine Persönlichkeit von ausschlaggebender Bedeutung. Als wir damals von unserer Englandreise nach Springfield zurückkamen, hatte ich mein Wesen so weit zu akzeptieren gelernt, daß auch ich mich nicht länger dafür rechtfertigte.

Es dauerte nicht lange, und Vater stürzte sich in die Planung für eine bewaffnete und ausgebildete Miliz der Neger hier in Springfield. Und obwohl es vielleicht ebensosehr mein Plan war wie seiner, denn er hatte begonnen, sich immer häufiger mit mir zu beraten, so waren es doch seine Eindringlichkeit, sein Auftreten in der Öffentlichkeit und sein Ansehen bei den Negern, die das Vorhaben zur Vollendung brachten.

Seit er damals, im Jahre 1847, als Wollhändler nach Springfield gekommen war, hatte er an den Gottesdiensten der Zion-Methodisten teilgenommen, einer Kirche abolitionistischer Abweichler; die Hälfte der Gemeindemitglieder waren Neger. Dort hatte er häufig gepredigt und von Zeit zu Zeit Bibelunterricht erteilt. Daher war er in der Gemeinde, die er vordringlich ansprechen wollte, ein bekannter und bewunderter Mann.

Schon einen Tag nach unserer Rückkehr aus England ließ er einigen der freimütigsten und geachtetsten Neger der Stadt die geheime Nachricht zukommen, er werde im Gebetssaal der Zion-Methodisten jeweils spätabends eine Reihe von Versammlungen abhalten, bei denen nur schwarze Männer und Frauen willkommen seien. Darüber hinaus sollten es Neger sein, die in Gott vertrauten und bereit waren, ihr Pulver trocken zu halten. »Ich möchte zu schwarzen Christen sprechen und sie anhören, Leuten, die willens und in der Lage sind, einem Weißen einen harten Schlag zu versetzen. Niemand sonst. Bereitet euch darauf vor; lest im Buch der Richter, Kapitel 7, Vers 3, und macht euch Gedanken, was es bedeutet. Ebenso das Deuteronomium, Kapitel 20, Vers 8«, ließ er sie wissen.

Die Versammlungen, so teilte er ihnen mit, sollten einige Vorschläge zum Thema haben, die er nur den Leuten machen wolle, deren Leben durch die feige Kapitulation Mr. Websters vor den Sklavenhaltern – seinen »Kompromiß« – unmittelbar bedroht sei. Vater wünschte nicht, sich an irgendeinen anderen zu wenden oder ihn anzuhören. Anhänger Garrisons kämen nicht in Frage. Keine Salon-Abolitionisten. Überhaupt keine Weißen. »Die Weißen sollen ihre Politik für ihresgleichen machen wie immer. Wir brauchen unsere eigene.«

In einer durch und durch rassisch geprägten Gesellschaft unterlag man einer seltsamen, vielleicht spezifisch amerikanischen Einsamkeit, wenn man sich von seiner eigenen Rasse losgetrennt fühlte. In jenen qualvollen Jahren vor dem Krieg empfand eine kleine Zahl von uns ebendies. Das Problem von Unterschied und Gleichheit war quälend – die Frage, inwieweit wir uns von den Negern unterschieden und den Weißen glichen, und andersherum, inwieweit wir den Negern glichen und uns von den Weißen unterschieden. Wenn ein Weißer darauf besteht, dies zu beschreiben und zu definieren, so wie wir es taten, wird er bald Schwierigkeiten mit den Menschen *beider* Rassen bekommen: mit den einen, weil er ihre grundlegendsten Überzeugungen und Vorurteile durchschaut, denn als Weißer kennt er ihre privaten Rassendiskussionen und versteht sich darauf, die nur für ihresgleichen gedachten Verlautbarungen zu entschlüsseln; er kennt daher ihre wahren Beweggründe und Einstellungen nur allzugut, und genau dies ist unerwünscht; Schwierigkeiten aber auch mit den anderen, weil ihm seine bleiche Haut, wenn er nur will, vor ihren Hauptfeinden Schutz gewährt.

Wenn man selbst kein Opfer ist, kann man nicht für sich beanspruchen, die Welt mit den Augen eines Opfers zu sehen. Selbst wenn ein Mensch freiwillig beschließt, seine Rassenzugehörigkeit aufzugeben – ich will nicht mehr zu den Weißen gehören, nur weil ich zufällig selbst einer bin, sagt der brave Kerl –, so wird er, wenn er ehrlich ist, schnell erkennen, daß er auch nicht der anderen Rasse angehören kann. Unter Negern wird ein Weißer immer ein Weißer bleiben; sie können es nicht einfach vergessen, und deshalb kann er es auch nicht. Allein unter Weißen verliert sich seine Farbe plötzlich, hier genießt er das Vorrecht, seine Hautfarbe vergessen zu können und gewissermaßen in ihr aufgehen zu dürfen. Doch Vorsicht, denn wenn er seine Hautfarbe vergißt, wird er wie sie – er wird ebenfalls ein besonders privilegierter Weißer, ein Mensch, der glaubt, das Wort »farbig« treffe auf ihn nicht zu. Nein, in Amerika sind die Weißen ebensosehr mit ihrer Hautfarbe geschlagen und durch sie gezeichnet wie die Neger, die Indianer und Orientalen. Wir mögen eine auf Rassenunterschieden aufgebaute Gesellschaft sein, vielleicht eine von der Wurzel her vergiftete Gesellschaft, dennoch streben wir andererseits auch danach, eine Demokratie zu sein. Bis wir das wirklich sind, lebt daher jeder Amerikaner, sei er weiß oder schwarz, rot oder gelb, nicht in seiner Haut, sondern durch sie. Wenn wir einen als »farbig« bezeichnen, müssen alle farbig sein.

Paradoxerweise kann ein Weißer sich zumindest teilweise von der Krankheit des Rassenvorurteils befreien, wenn er der Versuchung durch das Privileg, keine Farbe zu haben, *widersteht*. Letztlich ist dies für einen Weißen der einzige Weg, aus dem Abgrund der Negerversklavung herauszuklettern, in dem dieses Land auf unnatürliche Weise gezeugt, unter einer blutigen Glückshaube geboren und zu einem verkrüppelten, kranken Erwachsenen wurde. Er muss sich von der luxuriösen Unbewußtheit lösen, die seine Rasse kennzeichnet, ohne die geschichtliche Erfahrung der anderen als seine eigene beanspruchen zu können. Und das hat seinen Preis. Er bezahlt mit kalter Einsamkeit, einer quälenden inneren Verlassenheit, dem ständigen Gefühl, von seinem Stamm getrennt zu sein. Er muss gewillt sein, seine eigene Geschichte zu verlieren, ohne dafür eine andere geboten zu bekommen. Wie ein Mensch wird er sich vorkommen, der morgens in einem Dorf aufwacht, das verlassen wurde, während er schlief, einem Dorf, aus dem in der Nacht all seine Bekannten und Verwandten zu einem anderen, besseren Ort in einem unbekannten, sehr, sehr weit entfernten Land aufgebrochen sind. Alle Hütten und Häuser stehen leer, die Feuerstätten sind kalt, die Türen nicht verschlossen.

Hätte ich nicht gewusst, dass Vater wie ich empfand, hätte ich nicht jeden Tag gesehen, wie er vor Schmerz darüber die Stirn furchte und vor Erschöpfung die Schultern hängen ließ, weil er ständig gegen den damit einhergehenden Zynismus ankämpfte, hätte ich nicht gehört, wie er nur noch stammeln konnte und seine Worte jede Bedeutung verloren, dann hätte ich, glaube ich, diese besondere Einsamkeit nicht ertragen. Ohne Vaters ständiges Beispiel, ohne das Wissen, dass es ihm ebenso erging, hätte ich vor meinem Schmerz, meiner Müdigkeit und meiner Enttäuschung kapituliert, hätte entweder aufgegeben und mich, auch wenn dies ihnen gegenüber eine Lüge gewesen wäre, den Weißen angeschlossen, die den einen Sirenengesang der Rasse erklingen ließen, oder ich hätte mich selbst belogen und mich den Schwarzen angeschlossen, die einen anderen sangen.

Zu Beginn der ersten Versammlung, die im Andachtsraum der Kirche der Zion-Methodisten abgehalten wurde, waren zu meiner Überraschung und Freude mehr als hundert Neger anwesend, auch wenn Vater bis zum Ende mehr als die Hälfte von ihnen wieder vertrieben hatte. Wie Gideon wollte Vater die Ängstlichen von den Mutigen sondern, und dies tat er mit dem Feuerwerk seiner

Rhetorik, dem Leuchten seiner Augen und seiner beharrlichen Forderung, wer nicht bereit sei, zum Schutz seines Heimes und seiner Familie vor den Kopfgeldjägern zu sterben, solle sich unverzüglich entfernen.

Die meisten von ihnen waren angesehene Befreite, sogar ein paar freigelassene Frauen waren darunter; außerdem hatten sich etliche Diakone der Kirche und Mitglieder des Chores eingefunden. Auch zahlreiche Handwerker und Ladeninhaber, die wir gut kannten, waren anwesend – Vater bestand darauf, mit Negern Geschäfte zu machen, wann immer es möglich war – sowie viele junge Männer, die ich persönlich kannte: Werftarbeiter, Schauerleute, Tagelöhner und Hilfsarbeiter in den Fabriken, mit denen ich mich bei Abolitionistentreffen oft unterhalten hatte. Es war eine Versammlung ernster und kluger Leute, denen die Bedrohung vollkommen bewußt war, die von dem neuen Gesetz zum Einfangen von Sklaven ausging, und zwar nicht allein für Sklaven, denen die Flucht aus ihren Ketten gelungen war, sondern auch für jene freien Neger, deren Eltern im Norden in Freiheit geboren worden waren und sich einem Sklavenstaat nie mehr als auf zweihundert Meilen genähert hatten.

Sie wußten nur zu gut, daß ihre Hautfarbe mehr denn je ein Kainsmal war. Sie war ihr Brandzeichen, und seit der Verabschiedung des Fugitive Law mußten sie beweisen, daß das Brandzeichen irgendwie durch einen Irrtum in ihr Fleisch eingebrannt worden war. Und wer konnte das schon beweisen? Gerichtshöfe in Virginia waren an die Stelle von Gerichten in Massachusetts getreten. Jeder dunkelhäutige Mann, jede Frau und jedes Kind, ob entflohener Sklave oder nicht, konnte von einem Weißen mit gefälschten Papieren zum Sklaven erklärt, in den Süden zurückgeschleppt und dort auf die Plantagen verkauft werden. Mit einem einzigen Federstrich konnte man einen freien Mann oder eine freie Frau in wertvollen Besitz verwandeln: zweifelsohne die bösartigste Alchimie, die je ein Mensch ersonnen hatte.

Sicher, die Weißen im Norden waren empört und wütend. Daniel Websters »Kompromiß« hatte mit einem Schlag vermutlich mehr ehedem zurückhaltende Weiße zu Abolitionisten gemacht als zwanzig Jahre ständigen Predigens – was Vater gelegentlich zu sagen veranlaßte, das Gesetz müsse in Gottes unergründlichen Plänen eine entscheidende Rolle gespielt haben. Doch das war kaum ein Trost für die Neger, da den Weißen die Empörung vorwiegend dazu diente, ihre eigene Rechtschaffenheit zu schüren und sich an ihrem Feuer zu wärmen. »Worte, Worte, nichts als Worte«, erklärte Vater. »Sie werden erst handeln, wenn sie selber körperlich oder finanziell bedroht sind«, behauptete er.

In jener Nacht predigte Vater erstmals öffentlich Gewalt. Mehr noch, er predigte sie Negern. Allerdings nur defensive Gewalt; zwar hätte man einwenden können, dies sei eine Spitzfindigkeit, doch für Vater war die Unterscheidung wichtig. Noch war er nicht bereit, den Unterdrückern offen den Krieg zu erklären, auch wenn er mittlerweile darauf bestand, die weißen Südstaatler hätten aufgrund ihrer Förderung der Sklaverei allen Negern und den Weißen an ihrer Seite den Krieg erklärt und somit ihr Recht auf Leben verwirkt. »Befürworter der Sklaverei sind Freiwild«, so lautete nun Vaters Rede. Sein Handeln hielt jedoch nicht mit seinen Worten Schritt, bis wir nach Kansas kamen. Für den Augenblick mußte rein defensives Vorgehen genügen.

Er begann, indem er seine Zuhörer fragte, wie sie gedächten, die Sklavenfänger daran zu hindern, am hellichten Tag in die Stadt zu kommen und mit Hilfe und Unterstützung der Polizei von Springfield ihre Söhne und Töchter zu den Baumwollfeldern Mississippis und Alabamas zu verschleppen. Wie wollten sie beweisen, daß ihr Kind nicht der Junge oder das Mädchen waren, das nach der eidesstattlichen Aussage der Sklavenfänger mit Harriet Tubman zu einem Onkel oder einer Tante nach Massachusetts geflohen war? Der Sklavenfänger würde Papiere vorweisen, die seine Behauptung stützten. Er würde eidesstattliche Erklärungen und Haftbefehle vorlegen. Wie wollten sie *ihre* Darstellung des Sachverhalts beweisen? Sie dürften nicht vergessen, mahnte Vater, der Sklavenfänger brauchte nur ihre unschuldige schöne Tochter anzusehen und zu behaupten: »Das ist nicht Ruth Johnson aus Springfield, Massachusetts! Das ist Celia McNair aus Tuscaloosa, Alabama, Eigentum von Mister Jubal McNair!« Was gedächten sie ihm zu antworten, wenn doch vor Gericht das Wort eines Negers gegen das Wort eines Weißen nichts mehr galt?

Und wie würden sie sich von jetzt an dem armen, hungernden geflohenen Sklaven gegenüber verhalten, wenn er verletzt und blutend von den Unbilden seiner Flucht und halb erfroren spät in der Nacht an ihre Tür pochte und darum bat, eingelassen zu werden und essen, sich an ihrem Feuer wärmen und sich für eine Nacht vor den Höllenhunden verbergen zu dürfen, die fest entschlossen waren, ihn wieder einzufangen? Künftig wäre es ohne weiteres möglich, diesen Mann, der sich sehr wohl als Bruder oder älterer Onkel erweisen könnte, ohne eine Gerichtsverhandlung in Massachusetts zu ergreifen und zurückzuschicken. Und sie selbst könnten festgenommen und ins Gefängnis gesteckt werden, da sie das Eigentum eines Weißen gestohlen hätten – gerade so, als hätte man dessen Vollblutpferd mit einer übergeworfenen Decke friedlich fressend in ihrem Hof oder die Perlen seiner Frau in der Mehldose gefunden. »Wie gedenkt ihr euch in so einem Fall zu verhalten?« fragte Vater.

Einige der jüngeren Männer wurden bei diesen Worten unruhig und zornig, als fühlten sie sich durch sie angeklagt; möglicherweise empfanden sie Vaters Fragen als Vorwürfe; sie standen auf und schlichen zur Tür. Andere saßen reglos da und starrten auf ihre Hände hinunter, als schämten sie sich, oder sie verschränkten die Arme vor der Brust und senkten den Blick, als wären sie in Gedanken versunken, obwohl sie doch vor allem den Blicken ihrer Nebenleute und ganz besonders denen Vaters ausweichen wollten.

Sicher schmerzten seine Worte sie. Zwar sagte er nichts, was sie nicht bereits wußten, aber er sagte es auf eine Weise, die sie an ihre schreckliche Hilflosigkeit erinnerte. Einige wurden wütend, andere schämten sich; in einigen weckte er allerdings ein ganz neues, unerwartetes Bewußtsein. Die Verärgerten murrten, blickten finster drein und schickten sich an, die Kirche zu verlassen. Diejenigen, die sich schämten, wandten die Augen ab. Doch die übrigen schienen begierig darauf zu warten, daß Vater weitersprach.

In der Kirchenbank direkt hinter mir saßen mein Bruder John und seine Frau Wealthy, die einzigen anderen Weißen. Ich hatte in der vordersten Bank neben Vaters Freund Harrison Wheeler Platz genommen, dem Schneider, einem tapferen Mann, der dreimal vergeblich versucht hatte, aus der Sklaverei zu entkommen, ehe es ihm schließlich gelungen war. Er hatte den Namen eines mittlerweile verstorbenen Cousins angenommen, der einige Jahre zuvor selbst in die Freiheit entflohen war, und so lebte Mr. Wheeler nun als freier Mann. Den Namen, den er als Sklave gehabt hatte, kannte ich nicht.

Ich hörte, wie die Tür sich immer wieder öffnete und schloß – einer nach dem anderen verließen die Leute die Kirche. Allgemeine Unruhe machte sich breit, da fast alle, die blieben, auf ihren Plätzen hin und her rutschten, sich räusperten, husteten und miteinander flüsterten. Vater stand vorn und musterte uns alle schweigend; unter den dichten Brauen blitzten seine Augen, den Mund hatte er zu einem Strich zusammengekniffen, die Fäuste in die Hüften gestemmt, die Füße leicht gespreizt wie ein Mann, der einen anderen zum Kampf herausfordert. Eine Weile später, als keiner mehr von seinem Platz aufstand, um zu gehen oder das Wort zu ergreifen, wiederholte Vater seine Aufforderung, doch fragte er dieses Mal nicht, was seine Zuhörer zu tun gedächten, sondern sprach statt dessen von sich und dem, was er *nicht* tun würde.

Er und seine Söhne und seine Schwiegertochter, erklärte er – und er deutete auf uns, als müsse er die anderen eigens auf unsere weißen Gesichter inmitten der braunen und schwarzen hinweisen, was mich vor Scham erröten ließ –, er und seine Familie würden keine Miliz unserer weißen Mitbürger rekrutieren und anführen, um die Sklavenfänger zu vertreiben. Nein, er werde nicht durch die Stadt gehen und mit den Leuten von der Gesellschaft gegen die Sklaverei über bewaffneten Widerstand diskutieren, und er werde von ihnen kein Geld für den Kauf von Waffen erbitten, und er werde keineswegs den Quäkern und Presbyterianern und Methodisten schöntun und sie anbetteln, doch bitte ihre Musketen zu laden, um ihre freien Negernachbarn zu schützen, ihre Türen entflohenen Sklaven zu öffnen und sie mit ihren geheiligten Leben zu verteidigen. Nein, das habe er zur Genüge getan, und man sehe ja, was es ihnen gebracht habe; nichts als das feige Fugitive Law.

Von jetzt an, fuhr er fort, werde er die Weißen sich selbst, ihren Vorträgen und Versammlungen, ihren stolzen Anschuldigungen und Ankündigungen, ihren Zeitungen, Versammlungsräumen und Kirchen, ihren Gedichten und philosophischen Essays überlassen. Es sei nicht seine, John Browns, Sache, aus weißen Dichtern, Philosophen, Geistlichen, Journalisten und Angestellten Soldaten zu machen. Das sei niemandes Sache. Nutzloses erkenne er auf den ersten Blick. Er, John Brown, obschon selbst ein Weißer, werde nicht länger mit seinen weißen Mitbürgern für die Neger in Springfield oder wo auch immer sprechen. Von nun an müßten die Schwarzen für sich selbst sprechen.

Lange machte er auf diese Art weiter; dies schien viele der älteren Leute und auch die wohlhabenderen unter ihnen aus dem Raum zu treiben; einige von ihnen dachten wohl auch, daß schließlich zahlreiche Neger schon seit Jahren in eigener Sache mit den Weißen sprächen, mit außerordentlicher Beredsamkeit und Überzeugungskraft sprächen, begründeten, argumentierten und um Hilfe und Verständnis würben; sie hätten es daher nicht nötig, diesem Weißen zuzuhören, der mit ihnen abrechnete. Glaubte er vielleicht, sie würden ihn bitten, für sie zu sprechen? Warum sollten sie? Er hatte recht: Man sehe ja, was es ihnen gebracht habe.

Mittlerweile war nur noch knapp ein halbes Hundert übrig, Männer verschiedenen Alters mit ernsten Gesichtern und hie und da ein paar Frauen. Mr. Wheeler war, wie ich erfreut feststellte, nicht von meiner Seite gewichen, und auch keiner von den Leuten, die ich persönlich als tapfere und stolze Verteidiger ihrer wenigen Rechte kannte, Menschen, die sich einem Weißen unter keinen Umständen anbiedern oder Kratzfüße vor ihm machen würden. Erwartungsvoll beugten sie sich auf ihren Sitzen vor. In Vaters Worten war etwas, das sie unbedingt hören und sehen wollten, und sie wollten es nicht nur von einem weißen Mann hören und sehen, sondern von sich selber. Und in der Tat begann er nun, für uns alle zu sprechen; statt wie in seiner vorangegangenen Tirade »ihr« und »ich« zu gebrauchen, sagte er nun »wir«.

Wir müssen uns bewaffnen, erklärte er, und wir müssen untereinander einig und bereit sein, für die Verteidigung unseres Zuhauses, unserer Lieben und unserer Brüder, die vor dem Sklavenfänger fliehen, zu sterben. Wir müssen nach Hause gehen und die alte Muskete oder die Schrotflinte oder den selten abgefeuerten, auf einer Auktion erstandenen Revolver von der Wand nehmen und reinigen und ölen und sicherstellen, daß das Pulver trocken ist und wir Kugeln in Fülle haben, und dann müssen wir hinaus und sie in unserem Hof und auch in den Feldern außerhalb des Ortes abfeuern, um unsere Waffen auszuprobieren und unsere Zielgenauigkeit zu verbessern, aber auch, damit die Allgemeinheit davon erfährt und weiß, wir sind bewaffnet. Und wir werden unsere Messer schärfen und sie auf Stangen aufpflanzen, und wir werden uns zeigen, wie wir am hellichten Tage und im Dunkel der Nacht mit schimmernden Piken auf den Schultern hinausgehen, damit die Allgemeinheit erkennt, daß wir uns, falls nötig, dem Feind auch im Nahkampf stellen. Und wir werden durchsickern lassen, daß wir in den Fenstern über den Türen unserer Häuser große Kessel aufstellen, die sich jederzeit mit siedendem Wasser füllen lassen, das über den Sklavenfänger gegossen werden kann, sobald er mit seinen gerichtlichen Verfügungen und Haftbefehlen anrückt und Einlaß fordernd an unsere Tür hämmert. So wird die Öffentlichkeit erfahren, daß wir alle notwendigen Maßnahmen ergreifen, um unsere Häuser und jeden, der zufällig darin weilt, zu verteidigen.

»Wir müssen einen Kader bilden«, erklärte er, »eine felsenfeste Kerngruppe inmitten unserer Gemeinde. Es soll eine Vereinigung von Gileaditern sein! Und die Namen ihrer Mitglieder sollen nur jenen unter uns bekannt sein, die sich unter Eid bereit erklärt haben, zur Verteidigung unserer Gemeinschaft und unserer versklavten Brüder, die sich unter unseren Schutz gestellt haben, in deren Namen zu sterben! Wann immer einer aus der Gemeinschaft der Neger gegen den Sklavenfänger Hilfe herbeiruft, werden wir unsere Arbeit liegen- und stehenlassen oder aus unseren Betten springen, nach unseren Waffen greifen und dorthin eilen!« Keiner, der nicht selbst Gileaditer sei, machte er deutlich, werde wissen, welcher Mann aus unserer Mitte den Eid geleistet habe, und so werde auch keiner wissen, welcher Mann aus unserer Mitte zu sterben bereit sei und nicht einmal Angst habe, für seine Taten gehängt zu werden. Ein einziger von uns, der sich unsichtbar in einer Menge von Negern aufhalte, werde jedem in dieser Menge mehr Macht verleihen, denn alle würden als mögliche Gileaditer angesehen. Deshalb müßten wir auch, ohne Namen zu nennen, durchsickern lassen, daß sich unter den Gileaditern etliche Weiße und einige schwarze Frauen sowie mehrere junge und alte Leute befänden, damit keine vereinzelte kleine Gruppe aus der Bevölkerung herausgegriffen und verfolgt werden könne. »Aus Einigkeit erwächst Stärke!« stellte er fest. »Und Gott wird uns nur schützen, wenn wir willens sind, uns selbst zu schützen und uns gegenseitig beizustehen.«

Einige der Versammelten sagten Amen oder äußerten auf andere Weise ihre Zustimmung; daraufhin streckte Vater mit gleichbleibend ernster Miene die Arme, Handflächen nach oben, seitlich aus, wie es seine Art war, wenn er besonders zufrieden mit sich war. Einige Männer im Raum, darunter auch Mr. Wheeler, waren aufgestanden und wollten etwas sagen; mit dem Hut in der Hand warteten sie, daß Vater auf sie aufmerksam wurde und ihnen das Wort erteilte. »Ein jeglicher, der angehört werden möchte, möge jetzt nach vorne kommen und sprechen«, sagte Vater. »Wenn ein Gideon unter uns weilt, so soll er vortreten und unverzüglich die Ängstlichen von den Tapferen scheiden.«

Mr. Wheeler und die anderen zögerten einen Augenblick und setzten sich wieder, und als keiner vortrat, womit Vater gerechnet hatte, da alle, die sich ihm hätten widersetzen oder ihm die Führerschaft hätten streitig machen wollen, sich schon entfernt hatten, ging er zum äußeren Ende einer fast leeren Kirchenbank und nahm selbst Platz.

Ein paar Augenblicke lang herrschte Stille, als warteten alle auf die Ankunft eines wichtigen Besuchers; dann erhob sich Vater erneut und ging wieder nach vorn. »Der Herr soll die Tapferen unter uns auswählen«, erklärte er mit leiser, ruhiger Stimme. »Deshalb wollen wir nun nach Hause gehen, wo jeder von uns allein für sich um Anleitung in dieser Sache beten möge. Und wer dann morgen abend zur selben Stunde wieder hierherkommt, der soll bereit sein, den Eid der Gileaditer abzulegen; ich selbst werde ihn als erster schwören und ihn dann jedem einzelnen von euch persönlich abnehmen.« Nach diesen Worten schritt er durch den Mittelgang des Gebetssaals und ging durch die Tür der Sakristei hinaus in die kalte Herbstnacht, und wir übrigen folgten ihm.

Vater hatte uns über die Maßen inspiriert und bewegt, wie es schien, und mich persönlich hatte er über alle Erwartungen hinaus mitgerissen. Es war, als hätte er für mich gesprochen und als wäre mir durch ihn alles wunderbar klar und deutlich geworden. Es war, als wäre mein verkrüppelter Arm auf wundersame Weise geheilt worden; als wäre es mir gelungen, überzeugend und herausfordernd, von Angesicht zu Angesicht erstmals in der Öffentlichkeit mit ausgebreiteten Armen vor einer Zuhörerschaft aus zögernden, verängstigten und zornigen Negern zu sprechen, mich in einen altertümlichen biblischen Propheten zu verwandeln, der imstande war, Menschen in einen heiligen Krieg zu führen, in einen Krieg, in dem Männer und Frauen kraft meiner Worte darauf vorbereitet wären, sich für das Leben anderer und zur höheren Ehre Gottes zu opfern.

Vaters Gedanken und Überzeugungen waren auch die meinen. Er hatte für mich gesprochen oder, besser gesagt, ich hatte durch ihn gesprochen, und damals schien es mir, als wäre dies nicht geschehen, weil ich ihn irgendwie dazu gebracht oder auf unterschwellige Weise beeinflußt hatte – obwohl ich in gewisser Hinsicht vermute, daß meine Hilfe und die Bestärkung, die ich ihm gab, so ausgelegt werden könnten –, sondern weil ich mich zum ersten Mal nicht mehr seinem Willen widersetzte, mich seinen Rufen nach Handeln, Handeln nicht länger verschloß. Endlich hatte ich ihn beim Wort genommen, bei dem Wort, mit dem er mir seit meinem ersten Atemzug in den Ohren gelegen hatte, und jetzt hatte ich mir sein Wort zu eigen gemacht; seine persönliche Stärke war mein, seine Fähigkeit zu sprechen, seine ihm eigentümlichen Gesten, seine harten grauen Augen, seine Intelligenz und seine Vorstellungskraft, all das war mein!

Natürlich blieb ich weiterhin der grobschlächtige, verkrüppelte Rotschopf vom Lande, derselbe schüchterne, linkische Bauerntölpel wie zuvor. Doch jetzt war all dies so etwas wie eine raffinierte Verkleidung, dazu bestimmt, die wahre Person dahinter zu verbergen – einen Mann, weder Weißer noch Neger, der *gefährlich* war. Einen Mann, der, wann immer es notwendig war, aus dem Schatten treten konnte, in dem er still und ruhig seiner täglichen Arbeit nachging, und der sich dann plötzlich als Krieger im Namen des Herrn herausstellte, als ein Mann Gottes, der Gottes auserwähltes Volk begeistern und aus Ägypten ins Gelobte Land führen würde, der dies selbst dann täte, wenn er es leugnete, der Moses wäre, auch wenn er behauptete, nur Aaron zu sein. Wen oder was wir lieben, zu dem werden wir auch, selbst wenn das niemals der Grund für uns sein kann, zu lieben. Ohne seine Liebe zu Gott wäre mein Vater, wie ich nun erkannte, ein bedauernswerter Mann gewesen. Doch indem er sich Gott hingab, wurde Vater zu einem sehr viel größeren und mächtigeren Menschen, als ihm andernfalls möglich gewesen wäre. Nun, da auch ich endlich angefangen hatte, meinen Vater so umfassend zu lieben, wie er Gott liebte – nun war auch ich nicht länger bedauernswert.

In derselben Nacht begaben wir uns zu den Räumen, in denen John und Wealthy lebten – nach dem Umzug nach North Elba hatte Vater kein Wohnquartier in Springfield beibehalten, und aus diesem Grund schliefen Vater und ich normalerweise im Büro des leeren Lagerhauses von Brown & Perkins. Dort wies mich Vater an, einen Schriftsatz mit Ratschlägen und Grundsätzen, die er den Negern in der folgenden Nacht vorlegen könnte, und außerdem einen Entwurf für ein Gelöbnis aufzusetzen. Im Laufe der Jahre hatte er meine literarischen Fähigkeiten in hohem Maße schätzengelernt, obwohl er sich dazu auf wenig mehr als meine Briefe und auf die Hilfe stützen konnte, die ich ihm bei den seinen leistete. Ihm war auch klar, daß ich seinen Stil für exzentrischer hielt als meinen. Widerstrebend hatte er sich dieser Meinung angeschlossen, und bald machte es ihm Vergnügen, mich als eine Art Dorfschreiber einzusetzen, wobei er das Dorf war. Er sagte dann laut, was er meinte oder zu meinen glaubte, schritt auf und ab, die Hände hinter dem Rücken verschränkt und die Stirn gedankenvoll gefurcht, während ich mit meiner Feder draufloskritzelte und seine Gedanken und Vorschläge in eine Sprache umsetzte, die, so hoffte ich, der Mann oder die Frau, an die sich die Gedanken und Vorschläge richteten, ohne weiteres verstehen könnte; meist waren dies Leute, die mit einer Niederschrift von Vaters eigenen Worten in Händen höchstwahrscheinlich verblüfft oder auch nur verärgert gewesen wären.

Bei seinem Aufsatz »Sambos Irrungen« hatte Vater versucht, allein zu arbeiten; hinterher, glaube ich, bedauerte er dies; und mit der Zeit führte er die Tatsache, daß es nicht geglückt war, ihn zu veröffentlichen, auf seine Unfähigkeit zurück, den wahren Sinn seiner Gedanken zu Papier zu bringen. Seit damals hatte er es sich angewöhnt, mich, wann immer er eine schriftliche Verlautbarung von einiger Wichtigkeit oder zu einem schwierigen Thema verfassen wollte, zu bitten, ihm dabei zu helfen. Diese Beschäftigung als Schreiber bereitete mir in zunehmendem Maße Freude – natürlich verlieh sie mir auch eine gewisse Bedeutung, die ich anderweitig nicht erlangt hätte, und sie gab mir zudem die Möglichkeit, einige meiner eigenen Gedanken und Überzeugungen in Worte zu fassen.

Vater sprach. Beim mühsamen Ausarbeiten seines Schriftsatzes für die Neger probierte er erst die eine und dann die andere Formulierung aus, verwarf, verbesserte und überdachte seine Worte. Kreuz und quer durchmaß er das Wohnzimmer und murmelte die kalte Herbstnacht hindurch vor sich hin, während John und

Wealthy im angrenzenden Zimmer schliefen; ich saß an unserem kleinen Tisch im schwachen, flackernden Licht einer Nantucket-Laterne und schrieb vieles von dem nieder, was er sagte, und das meiste von dem, was er meinte oder ausdrücken wollte.

Es war fast Morgen, als wir endlich eine Präambel hatten, der wir den Titel »Worte des Rates« gaben, und eine Gelöbnisformel, die wir als »Vereinbarung« bezeichneten. Erst jetzt begaben wir uns zum Büro von Brown & Perkins und schliefen ein paar Stunden auf unseren Feldbetten, ehe wir mit der Tagesarbeit begannen, die damals hauptsächlich darin bestand, Briefe an Anwälte und Gläubiger zu schreiben und zu versuchen, einen Mieter für das Lagerhaus zu finden, der den Vertrag von Brown & Perkins ablöste.

Am Abend kehrten Vater und ich, dieses Mal ohne John und Wealthy, die erneut schwanger war – aus diesem Grund wollten die beiden in Kürze auf ihre Farm in Ohio zurückkehren und waren daher nicht in der Lage, uns hier zu helfen –, zur Kirche der Zion-Methodisten zurück, wo sich uns die meisten der Schwarzen anschlossen, die am Abend zuvor bis zum Ende der Versammlung geblieben waren. Es waren zweiunddreißig Männer und neun Frauen, in der Mehrzahl zwischen dreißig und vierzig Jahre alt, dazu einige sehr junge und alte. Wenn man sie so gemeinsam sah, mit grimmigen Gesichtern, muskulös und gesund, die dunkelbraunen und schwarzen Gesichter ernst und entschlossen, wirkten sie wie eine eindrucksvolle Truppe. Ich war stolz darauf, einer von ihnen zu sein.

Mehr als die Hälfte waren Freunde und Bekannte, die besten der Schwarzen in Springfield. Ich freute mich, Mr. Harrison Wheeler noch bei uns zu sehen, ebenso den Diakon Samuels und auch den Apotheker Mr. Minahan und seinen Sohn, der noch keine zwanzig war, dazu mehrere von den Burschen, die gelegentlich mit mir zusammen im Lagerhaus gearbeitet und Wolle sortiert und zu Ballen verpackt hatten: vertrauenswürdige junge Männer mit kräftigen Armen und starkem Rücken und Zorn im Übermaß. Die meisten Neger, die das Glück hatten, fest angestellt zu sein oder einen Beruf erlernt zu haben, waren auf einem Niveau unterhalb ihrer natürlichen oder erworbenen Fähigkeiten beschäftigt, und so kam es häufig vor, daß ein schwarzer Apotheker über den Verstand und viele der Fähigkeiten eines weißen Arztes verfügte und ein schwarzer Hilfsarbeiter oft einem weißen Vorarbeiter ebenbürtig war. Vaters Entschlossenheit, mit Negern zusammenzuarbeiten, entsprang also nicht dem herablassenden Wunsch, wohltätig zu sein; es war, wie er sagte, einfach praktisch. Und sie enttäuschten ihn nur selten – nicht annähernd so oft, als wenn er Weiße einstellen oder finanzielle Dinge mit ihnen regeln mußte; bei diesen war seiner Ansicht nach die Wahrscheinlichkeit größer als bei den Schwarzen, daß sie ihn betrogen oder übervorteilten.

Als alle Platz genommen hatten und die Tür geschlossen und auf Vaters Anweisung verriegelt worden war, sangen wir zur Einstimmung das Lied »Broad Is the Path That Leads to Death«, eine meiner Lieblingsweisen. Dann kündigte Vater an, er werde uns ein Dokument vorstellen, das er aufgesetzt habe. Wie ein Gerichtsdiener, der ein richterliches Urteil verliest, hielt er sich das Papier dicht vor die Augen und begann zu lesen.

Worte des Rates! An die Springfielder Abteilung des Bundes der Gileaditer in den Vereinigten Staaten. Am 15. November 1850 wie von John Brown niedergeschrieben und empfohlen angenommen.
Einigkeit ist Stärke!
Nichts übt größeren Zauber auf das amerikanische Volk aus als persönliche Tapferkeit. Man denke nur an den auf immer unvergeßlichen Fall von Cinque, der das Sklavenschiff Amistad *kaperte, an die überströmende Sympathie und das Interesse, die er damit sogleich hervorrief. Das Gerichtsverfahren, bei dem es um das Leben eines so kühnen und in gewissem Maße erfolgreichen Mannes ging und das stattfand, weil er seine Rechte als Mensch mit aufrechtem Ernst vertreten hatte, weckte bei den Weißen im ganzen Land mehr Sympathien als die gesamten Ungerechtigkeiten und Leiden von mehr als drei Millionen unserer unterwürfigen Negerbevölkerung.*

Um das zu belegen, brauchen wir nicht eigens zu erwähnen, wie die weißen Amerikaner auf den Kampf der Griechen reagieren, die zur Zeit mutig gegen die türkischen Unterdrücker kämpfen, ebensowenig ihre Sympathie für die Polen gegen das mächtige Rußland und für die Ungarn gegen das mit Rußland vereinte Österreich. In den Nordstaaten wird man in der Tat keine Jury finden, die einen Mann verurteilen würde, weil er seine legitimen Rechte bis zum Äußersten verteidigt. Die Kongreßabgeordneten des Südens, die uns, so hat es den Anschein, mittlerweile regieren, haben das sehr wohl verstanden; dies sehen wir daran, daß sie dem entflohenen Sklaven nicht das Recht auf ein Verfahren vor einer Jury gewähren wollen.

Anschließend rezitierte er einige Sätze, die ich zu streichen versucht hatte; Vater hatte jedoch darauf bestanden, sie beizubehalten: Er konnte es einfach nicht lassen, Ratschläge dieser Art zu erteilen, nicht nur den Negern, sondern jedermann. Obwohl er mir versicherte, allen sei klar, daß er Weiße und keine Schwarzen kritisiere, wußte ich, wie es für seine Zuhörer klingen mußte, denn ich hatte mein Leben lang diese Art herrischer Belehrung ertragen müssen. Doch es war sein ganz persönlicher Spleen, unerwünschte Ratschläge zu erteilen, und da es nicht zu vermeiden war, hatte ich klein beigegeben und wartete nun nur noch darauf, daß es schnell vorüberging.

Schwarze haben zehnmal mehr Freunde unter den Weißen, die unverbrüchlich zu ihnen halten, als sie annehmen. Doch sie könnten noch zehnmal mehr haben, wären die Schwarzen auch nur halb so bedacht darauf, ihre kostbarsten Rechte zu sichern, wie sie danach streben, die Narreteien und Extravaganzen ihrer weißen Nachbarn nachzuäffen und sich der eitlen Zurschaustellung, dem Müßiggang und der Ausschweifung hinzugeben. Würden die Neger in Amerika in ihrem privaten und öffentlichen Verhalten die Tugenden an den Tag legen, die die Weißen zu bewundern vorgeben, obwohl sie größtenteils unfähig scheinen, sie selber in die Tat umzusetzen, nämlich die Tugenden der Mässigung, der Bescheidenheit und des Anstands in allen Dingen, dazu die der Sparsamkeit und Wohltätigkeit, dann würden sie sich die weitreichende Bewunderung vieler erwerben, von denen sie heute wegen ihrer Leichtfertigkeit und verschwenderischen Art geschmäht und verhöhnt werden.

Glücklicherweise war seine Strafpredigt bald beendet, und er fuhr mit der Verlesung seines Auftrages an uns fort.

Sollte einer von uns verhaftet werden, müssen wir uns alle versammeln und die Beamten und Polizisten so schnell wie möglich mit Entschlossenheit umringen, um in der Mehrheit zu sein und unsere Gegner einzuschüchtern, selbst diejenigen, die nicht dabei waren und erst nachträglich Gerüchte von der Ernsthaftigkeit unserer Absichten und unserer überraschenden Anzahl gehört haben. Und es soll kein wehrtüchtiger Mann ungerüstet und ohne seine Waffen auf den Plan treten, so daß seine Absichten allen klar erkennbar sind. Ihr könntet einwenden, Muskete und Säbel seien dazu da, Schädlinge auszumerzen. Überlaßt eurem Gegner die Entscheidung, ob ihr zwei- oder vierbeinige meint.
Soviel sollt ihr allen, die uns draußen in der Stadt sehen, von Anfang an zu verstehen geben, unsere eigentlichen Pläne aber dürfen nur uns bekannt sein; dies bedeutet, daß jeder Verräter, wo und wann auch immer man ihn ertappt und seine Schuld beweist, sterben muß. Wir dürfen jedoch nicht die Mahnung vergessen, die der Herr Gideon erteilte: »Wer da voller Furcht oder Angst ist, der soll umkehren und sich frühzeitig vom Berge Gilead entfernen.« Das heißt, wir müssen allen Feiglingen die Gelegenheit geben, ihre Feigheit beizeiten erkennen zu lassen, vorausgesetzt, sie halten still und ihre Zunge im Zaum, denn wenn wir sie in der Schlacht auch nicht bei uns haben wollen, so soll unser Sieg doch ein Sieg für alle sein.
Was nun folgt, ist sehr wichtig für den Erfolg. Wenn der Augen-

blick des Zusammenstoßes mit dem Feind gekommen ist, so dürft ihr nicht einen Augenblick zögern, sobald ihr euch erst einmal entschieden habt, ihn niederzustrecken! All eure Entschlossenheit wird von euch weichen, wenn ihr es dennoch tut. Und der erste Schlag soll das Zeichen für alle sein, den Kampf aufzunehmen. Und wenn wir kämpfen, so dürfen wir unsere todbringende Arbeit nicht nur halb zu Ende bringen. Wir werden uns unserer Feinde entledigen, wie man einen Ochsen schlachtet – und ihr müßt sicher sein, daß ihr keine anderen mit hineinzieht. Entscheidet euch klug, wen ihr niedermachen wollt, und tötet nur ihn, dies aber rasch. Wenn wir unser blutiges Geschäft schnell und ruhig erledigen, können wir die Aufgabe wirksam vollenden, und die Menge, die ein Tumult anlocken würde, kann sich gar nicht erst versammeln und uns aufhalten.
In jedem Fall werden wir gegenüber denen im Vorteil sein, die sich uns entgegenstellen, denn sie werden völlig unvorbereitet und ohne Ausrüstung oder ausgearbeitete Pläne sein. Bei ihnen wird nichts als Verwirrung und Schrecken herrschen. Wenn wir unser Werk so gut vollbringen, werden unsere Feinde eine Weile brauchen, ehe sie angreifen können. Und sollten sie, wenn sie wieder zu sich kommen und der erste Schrecken sich gelegt hat, dennoch beschließen, uns anzugreifen, werden sie zudem auf unsere weißen Freunde treffen, denn wir können uns mit Sicherheit darauf verlassen, daß es zu einer Spaltung unter den Weißen kommt. Auf diese Weise können wir vielleicht einen ehrenvollen Waffenstillstand aushandeln.
Seid stark, entschlossen und gelassen, doch gebt ihnen zu verstehen, daß wir uns nicht zur Verzweiflung treiben lassen, ohne es ihnen mit der gleichen schrecklichen Münze heimzuzahlen. Laßt sie eindeutig wissen, daß man nicht zündeln sollte, wenn man selbst im Holzhaus sitzt, und daß wir mehr Leiden erdulden und unsererseits ihnen antun können als unsere weißen Nachbarn, denn für uns steht unser Leben auf dem Spiel.
Auch dürfen wir, wenn ihr nach einer Rettungsaktion angegriffen werdet, nicht zu unseren eigenen Häusern fliehen, sondern

wir müssen uns geradewegs zu den Häusern unserer bekanntesten und einflußreichsten weißen Freunde begeben und unsere Frauen und kleinen Kinder mitnehmen. Das wird die Weißen in Verdacht geraten lassen, mit den Schwarzen gemeinsame Sache zu machen, und das wird sie dazu bringen, sich uns anzuschließen, ob sie nun zu ihren früheren Sympathiekundgebungen stehen wollen oder nicht. Sie werden keine andere Wahl haben. Einige werden sich zweifellos aus eigenem Entschluß als zuverlässig erweisen, die meisten anderen werden es mit der Angst zu tun bekommen, doch in beiden Fällen bestünde unsere einzige Verfehlung darin, sie beim Wort genommen zu haben.

In einem Gerichtssaal, in dem eine Verhandlung stattfindet, die mehr einer Vorführung als einem Gerichtsverfahren gleicht, können wir den Ablauf unterbrechen und eine Rettungsaktion durchführen, wenn wir einen Aufruhr anzetteln – zum Beispiel indem wir Schießpulver in Papierhüllen offen abbrennen lassen, wenn auch nichts Besseres einfällt, um einen sofortigen Alarm auszulösen. Und könnte man nicht auch einmal einem Sklavenhalter ein Lasso um den Hals werfen? Im weiteren Verlauf könnten wir bestimmt einen oder mehrere unserer Feinde gefangennehmen, aber in einem solchen Fall müßte der Angeklagte den Hinweis sofort verstehen und sich selbst aufraffen, etwas zu unternehmen; seine Freunde auf der Anklagebank sollten die Gelegenheit nutzen, die Aussichten für einen allgemeinen Sturm zu verbessern.

Habt eure Waffen stets bereit und laßt euch nie überreden, sie zurückzulassen, euch von ihnen zu trennen oder sie fern von euch aufzubewahren. Steht euch gegenseitig und auch euren Freunden bei, solange noch ein Tropfen Blut in euren Adern oder ein Atemzug in euch ist. Und laßt euch schließlich, wenn es nicht zu vermeiden ist, am Galgen oder an einem Baum aufhängen, aber plaudert nicht aus der Schule. Legt kein Geständnis ab!

Denkt daran und sagt es euch immer wieder: Einigkeit ist Stärke, Einigkeit ist Stärke. Und dennoch, ohne wohldurchdachte Vorbereitungen wie diese könnt ihr, und sei die Absicht noch so edel,

keinerlei Ansprüche stellen, auch keine noch so geringen. Denkt an die Hunderte von Fällen, in denen Leute eingefangen und wieder in die Sklaverei zurückgebracht wurden, ungeachtet der im nachhinein erhobenen Proteste, weil vorher kein wohldurchdachter Vorgehensplan gefaßt und beschworen wurde.
Mit den vorgeschlagenen Maßnahmen könnten wir das gewünschte Ziel erreichen. Nämlich die Wahrnehmung unserer unveräußerlichen Rechte.

Für mich war es wunderbar aufregend zu hören, wie Vater die von mir niedergeschriebenen Worte mit seiner volltönenden Rednerstimme vor einer nüchtern dreinblickenden Zuhörerschaft verlas, deren Bereitschaft, zu den Waffen zu greifen und den Feind niederzumetzeln, infolge seiner Worte wuchs; ich spürte, wie das Blut durch meine Arme pulste, und konnte mich nur mit Mühe eines Lächelns erwehren. Ich zitterte vor Freude wegen der Bedeutung der Worte und wegen der Bilder, die sie in mir wachriefen, wie ich meine Feinde schnell und blutig erledigte, aber auch weil ich Vater diese Worte aussprechen hörte. Als er anschließend in dem kleinen, schwach erhellten Andachtsraum aufstand und der Versammlung zurief: »Wer will vortreten und eine Vereinbarung unterzeichnen, mit der er sich meinen Worten des Rates anschließt?«, war ich der erste, der aufsprang und seine Unterschrift leistete. Links und rechts von mir erhoben sich Männer und Frauen und kamen ebenfalls nach vorn, und binnen kurzem hatten sich fast alle Anwesenden mir angeschlossen.

»Nun, laßt es mich noch einmal wiederholen«, sagte Vater. »Wer unter euch voller Angst oder Furcht ist, der möge uns verlassen. Wenn du uns aber verläßt, so sollst du nichts von dem verlauten lassen, was du hier gehört hast. Denn du hast auch gehört, was wir mit Verrätern tun werden.« An diesem Punkt gingen noch einmal einige wenige zur Tür, entriegelten sie und verschwanden in die Nacht, doch es blieben mehr als dreißig Krieger zurück, die sich mit uns zusammentun und hinter Gideon gegen die Midianiter marschieren wollten.

»Der Herr hat uns angewiesen, unsere Anzahl auf so wenige zu verringern«, erklärte Vater. »Wenn wir also unsere Aufgabe erfüllt haben, werden wir nicht sagen: ›Ich habe mich aus eigener Kraft gerettet.‹ Niemand anderem als dem Herrn haben wir es zu danken«, betonte er, und viele in der Gruppe sangen: »Gelobet sei der Herr! Gepriesen sei Er!«

Anschließend erklärte Vater: »Was ich euch jetzt verlese, ist die Vereinbarung, und wenn ich damit zu Ende bin, so kommet einer nach dem anderen nach vorn und unterschreibt unten auf diesem Blatt Papier, damit wir als Brüder und Schwestern in diesem Werk vereint und bis auf den Tod eines jeden von uns verschworen sein mögen.« Dann wies er uns alle an, die rechte Hand aufs Herz zu legen, was wir auch taten, und verlas mit lauter, klarer Stimme die Vereinbarung, die mir, obwohl ich die Worte doch selbst spätnachts niedergeschrieben hatte, so frisch und neu vorkamen, als hätte ich sie nie zuvor gehört.

Als rechtmäßige Bürger der Vereinigten Staaten, im Vertrauen auf einen gerechten und gnädigen Gott, dessen Geist und allmächtige Hilfe wir demütig erflehen, geloben wir, der Fahne unseres geliebten Landes auf ewig treu zu sein und stets unter ihr zu handeln. Wir, deren Namen hier festgehalten sind, vereinigen uns zu einer Abteilung des Bundes der Gileaditer in den Vereinigten Staaten. Wir geloben, uns unverzüglich mit angemessener Kriegsausrüstung auszustatten und jenen, die nicht über die Mittel dazu verfügen, aber die Absicht haben, sich uns anzuschließen, zu helfen, desgleichen zu tun. Ferner laden wir jeden Farbigen, dessen Herz für die Erfüllung unserer Aufgabe schlägt, ob Mann oder Frau, ob jung oder alt, ein, sich unserem Werk anzuschließen, das darin besteht, unsere schwarzen Brüder gegen die Menschendiebe und gegen all jene Feiglinge, die ihnen helfen und Beistand gewähren, zu verteidigen. Alle wehrfähigen Männer und Frauen sollen bereit sein, bei der Erfüllung dieser Aufgabe zu sterben. Die Pflicht der alten, kranken und jungen Mitglieder des Bundes soll es sein, im Falle eines Angriffs auf einen unserer Leute sofort alle Mitglieder zu benachrichtigen. Solange uns nicht ein Beweis des Mutes und der Begabung wehrfähiger Mitglieder in die Lage versetzt, aus dem Kreis derer, die die wichtigsten Dienste geleistet haben, Anführer zu wählen, stimmen wir darin überein, keine Funktionäre zu haben außer einem vorläufigen Schatzmeister und Sekretär. In jedem Falle soll uns bei der Wahl unserer Anführer nichts als deren Klugheit und unerschrockener Mut, ihre Tüchtigkeit und allgemein untadelige Führung beeinflussen.

Vater legte das Schriftstück auf den niedrigen Tisch, der normalerweise für die Blumen zum Sonntagsgottesdienst gedacht war, strich es mit der Linken glatt und schrieb mit den Worten »So beschworen, John Brown« seinen Namen, wobei er sichtlich rot wurde. Dann ging ich an den Tisch, nahm die Feder von ihm entgegen, sagte: »So beschworen, Owen Brown«, und schrieb mit zitternder Hand meinen Namen unter seinen. Einer nach dem anderen kamen sie nach vorn und taten es uns gleich. So beschworen, Alexander Washington. So beschworen, Harrison Wheeler. So beschworen, Shadrach Benchforth. So beschworen, Mary Benchforth. So beschworen, Felicity Moone. So beschworen, Ebidiah Smith. Und so ging es der Reihe nach, bis alle geschworen und unterzeichnet hatten.

Daraufhin kam Vater, das Dokument in der Hand, um den Tisch herum, hinter dem er die ganze Zeit gestanden hatte. Er stellte sich neben uns, wandte sich dem Hauptschiff des Andachtsraumes zu, in dem hoch an der weißen Wand ein kleines Kreuz angebracht war, und sprach ein kurzes Gebet, in dem er den Herrn demütig anflehte, uns bei dieser mächtigen Aufgabe zu beschützen. »Mache uns hart, Herr, hart wie Stein, damit wir die Sklavenhändler zermalmen und sie sich blutige Zähne holen, wenn sie zubeißen«, betete er.

Als er geendet hatte, sagten wir alle unser Amen, und nacheinander gingen die Gileaditer ernst durch die Sakristei in die Nacht hinaus.

Vater und ich blieben zurück, um die Lampen und Kerzen zu löschen, und als alle anderen gegangen und wir in der Dunkelheit der Sakristei allein waren, fragte ich ihn: »Wer soll der *vorläufige* Schatzmeister und Sekretär sein? Und worin sollen seine Pflichten bestehen?« Mir war nicht klar, wozu wir einen Schatzmeister brauchten, da dem Bund ja keine Beiträge oder andere Geldmittel zur Verfügung standen; zudem war ich mir nicht sicher, was ein Sekretär zu tun hätte, denn man konnte sich nur schwer eine geheime Gesellschaft vorstellen, die viel korrespondierte oder Protokolle verfaßte. Doch in der letzten Nacht, als ich die Vereinbarung aufsetzte, hatte Vater mir befohlen, diesen einen Funktionär zuzulassen, und so hatte ich es hingeschrieben, ohne es zu verstehen. Doch nun schien es wichtig zu sein. Natürlich wünschte ich mir, selbst derjenige zu sein, doch aufgrund der Ehre, die damit verbunden war, wagte ich nicht zu hoffen, die Aufgabe werde mir zufallen.

»Der Schatzmeister und Sekretär wird diese Dokumente sicher aufbewahren«, erwiderte er, und drückte mir die »Worte des Rates« und die »Vereinbarung« mit den Unterschriften in die Hand. »Er wird sie niemals dem Feind aushändigen, auch nicht unter Androhung der Todesstrafe. Und wenn die Zeit gekommen ist, was sicher geschehen wird, da wir für unsere Arbeit von unseren weißen Freunden mit Geld unterstützt werden, wird er die finanziellen Mittel, sowie wir sie empfangen, verbuchen und ihre Verwendung überwachen.«

Ich schwieg, und nachdem Vater die Kirchentür hinter uns verschlossen hatte und wir auf die dunkle, menschenleere Straße hinausgetreten waren, rollte ich die Dokumente sorgfältig zusammen, um sie nicht zu zerknittern, und dann gingen wir Seite an Seite zum Lagerhaus. Schließlich hielt ich es nicht länger aus und sagte: »Dann machst du also *mich* zum einzigen Funktionär der Gileaditer?«

»Für den Augenblick, ja. Ich werde zuerst mit den anderen darüber sprechen, doch ich bin sicher, sie werden zustimmen. Keiner ist besser für diese Aufgabe geeignet. Hast du etwas dagegen?«

»Nein. Nein, durchaus nicht«, antwortete ich leichthin.
Doch ich erinnere mich, wie ich dachte: Endlich! Es geht los! Endlich geht es mit dem Töten los!

Der Wind draußen hat sich gelegt, und ich höre Mäuse, die in der Dunkelheit über die welligen, ausgetrockneten Bodenbretter huschen. Ihre Körper auf den Bohlen – Körper, die doch aus kaum einer Unze Fell und dürren Knöchelchen und sonst nur noch aus einem Fingerhut voll Fleisch bestehen – scheinen wirklicher als meiner, gewichtiger, so als wäre das bißchen abgestandene, staubige Luft, das sie mit ihren winzigen Körpern verdrängen und mit ihren flinken Bewegungen entlang der zerbröckelnden Wände zerteilen, mehr als alles, was mein Körper ausfüllen oder aufwirbeln könnte. Doch ich weiß, meine Anwesenheit, obgleich zerbrechlich und ätherisch, schreckt sie. Die Tiere sehen und hören mich auf die gleiche Art, wie sie einen bevorstehenden Wetterumschwung sehen und hören, lange bevor er eintritt. Ich bin wie ein Gespenst und bin im Laufe dieser Erzählung weit fort-, umher- und in der Zeit zurück- und vorwärtsgereist, ein düsterer Geist, der beständig düsterer wird, getrieben von Erinnerung, Ausdruckswillen und dem zwanghaften Vorwärtsdrängen seiner Gedanken. Ich kann nicht mehr sagen, Miss Mayo, ob ich jetzt in meiner Hütte in Altadena sitze oder 1889 in unserem alten Haus in North Elba. Die Dunkelheit läßt Zeit und Ort verschwimmen.

Über mir, in dem kahlen Dachzimmer, in dem Ruth und ich und die kleineren Kinder und auch Lyman Epps und seine Frau auf unseren Strohsäcken geschlafen haben, wie bei den Shakern Männer und Frauen durch einen Vorhang auf einer Schnur voneinander getrennt, höre ich das heisere Rascheln von Eichhörnchen; vielleicht ist es auch ein Waschbärenpärchen – das scharrende Schleichen von Tieren, die in der Hütte überwintert haben; nun, da endlich der Frühling in die nördlichen Hügel der Adirondacks eingezogen ist, haben sie sich gepaart, und an der windabgewandten Seite hat das Weibchen in seinem Nest aus Zweigen und Blättern, in dem es, geschützt vor den arktischen Schneefällen und eisigen Winden,

den Winter hindurch geschlafen hatte, einen Wurf Junge zur Welt gebracht. Meine plötzliche, unerwartete Anwesenheit nach all den Jahren hat die armen Geschöpfe erschreckt. Ich höre, wie das Weibchen versucht, seine Jungen oben auf dem Speicher an einen Platz zu bringen, den es für sicher hält, eines nach dem anderen trägt es in der Schnauze in die Ecke, die am weitesten von dem Punkt entfernt liegt, wo es mich wittert. Es spürt die Anwesenheit einer fremden Kreatur, vielleicht eines Menschen, eines Mörders, in einem der beiden Räume darunter.

Obwohl ich mich still verhalte und es dunkel ist und das Weibchen nichts sehen oder hören, keinen sauren menschlichen Körper wittern kann, keinen Tabakrauch, keine Lampe, keine tropfende Kerze, weiß es dennoch, daß so etwas wie ein menschliches Wesen, etwas Todbringendes dieses lange Zeit verlassene Gebäude betreten hat und nun schweigend in der Mitte des Raumes steht. Es weiß, da unten muß einer von den Mördern sein, ein Mensch. Die Störung in der stickigen Luft kann von nichts anderem kommen, hier, wo jahrelang kein Mensch war – keine Männer mit Hunden, nicht einmal Kinder mit ihren kleinen tödlichen Waffen –, außer gelegentlich untertags, wenn ein paar Menschen, Männer und Frauen mit dem fauligen Geruch des Todes, die mit ihren Mündern und Füßen laute bellende und knirschende Geräusche von sich geben, hereinkommen und eine Weile herumtrampeln, als überlegten sie, sich hier niederzulassen, ehe sie wieder verschwinden.

Mach dir keine Sorgen, kleine Mutter, ich will dir nicht weh tun oder dich stören. Vielleicht bleibe ich für lange Zeit hier unten, vielleicht so viele Jahre, wie diese ansonsten verlassene alte Hütte bereits steht; vielleicht auch länger; oder ich bleibe nur diese eine Nacht, ich weiß es nicht. Doch macht euch keine Sorgen, ihr verschreckten Mäuse, aufgescheuchten Waschbären und Eichhörnchen, auch nicht ihr Stachelschweine unter dem Haus, die ihr an den Sparren unter meinen Füßen nagt – ich habe mit dem Töten abgeschlossen. Das Töten ist zu Ende. Ihr braucht mich nicht zu fürchten, auch ihr Schwarzbären nicht, die ich euch draußen im Garten keuchen und brummen höre, während ihr den jetzt verlassenen Ort nach Abfällen durchstreift und euch um ein paar Hühnerbeine und alte Brotkanten streitet, die die Menschen weggeworfen haben, als sie heute nachmittag nach dem Ende ihrer Feier wieder weggingen. Selbst die Wölfe, die von dem Hügelkamm hinter dem Haus ins Tal herunterschleichen, und der einsame Berglöwe brauchen meine Anwesenheit hier nicht zu fürchten. Jetzt sind alle Lebewesen vor mir sicher.

Doch selbst wenn sie diese Worte verstünden, es würde nichts ändern; sie würden sie nicht beruhigen. Zu gut kennen sie uns, unseren schrecklichen Hang zum Töten. Von allen Tieren auf diesem Planeten sind wir sicherlich die abscheulichsten, hinterhältigsten, die mörderischsten und schändlichsten. Trotz unseres Gottes oder Seinetwegen. Beides. Manchmal scheint es unsere einzige Tugend zu sein, daß wir zueinander ebenso grausam und gewalttätig sind wie gegenüber den anderen Arten, die wir abschlachten und verschlingen oder aus purem Vergnügen hinmetzeln und zur Seite werfen oder einfach deshalb töten, weil es uns vorübergehend nützlich erscheint, und ihre Kadaver aufhäufen. Ich möchte sie warnen und trösten.

Ein armseliger Wunsch; er führt zu nichts. Ihre Ohren mögen scharf sein, doch diese Worte können sie nicht hören, geschweige denn verstehen. Niemanden kann ich warnen oder trösten, nicht einmal diese stummen Geschöpfe.

Ich bräuchte es eigentlich gar nicht zu versuchen, denn alles, was ich inzwischen bin, ist eine Geschichte, die gleichsam von einem Mann erzählt wird, dessen einzige Möglichkeit, in ihr fortzufahren, auf seiner Vorstellung dieses alten Hauses beruht, des überwucherten Gartens, der es umgibt, des riesigen grauen Findlings dort drüben und der vergilbenden Gebeine, die in Kisten in dem harten Boden daneben beerdigt sind. Ich bin nichts weiter als eine der tausend Geschichten über das Geheimnis, ein Mensch zu sein; die Tiere kennen die Geschichte bereits und die neunhundertneunundneunzig anderen ebenso; das ist der Grund, weshalb sie uns fürchten: Sie wissen, was wir sind, und brauchen keinen Geist, der ihnen dies sagt.

Seit dem Tag, an dem ich dieses Haus verließ, um nach Kansas und noch weiter zu ziehen, habe ich mir gewünscht, wieder hierher zurückzukommen – aber nicht zu diesem Zweck. Nie in meinem Leben wollte ich mir eingestehen, daß das Geheimnis um meines Vaters Leben und Tod, die Fragen nach seinem Charakter und seinen Beweggründen, ja sogar die Fragen nach seiner geistigen Gesundheit an dieses Haus auf diesem geheiligten Boden geknüpft sind. Obwohl ich die Antwort kenne auf all die Fragen, die so viele brave Männer und Frauen quälten, die jeden quälten, der ihn um seiner selbst und um seiner Taten willen liebte, besser kenne als jeder andere lebende Mensch, habe ich mein ganzes Leben lang nicht laut ausgesprochen, was die Wahrheit ist, nicht für mich und nicht vor anderen. Auch ich liebte ihn, und ich mochte, was er tat. So schwieg ich still und hoffte, die Fragen würden aufhören oder keine Antworten erfordern. Ich hoffte, ein Geheimnis würde genügen.

Nach Harpers Ferry setzte ich mich ab; ich rannte bis ans Ende des Kontinents, dorthin, wo nichts mehr war als der endlose blaue Pazifik; dort kletterte ich auf einen Berg und baute eine Hütte und sagte nichts; sagte nichts zu den Journalisten, die über meine Brüder und Schwestern herausfanden, wo ich mich versteckt hatte, und meinen Berg in Altadena erklommen, um mich zu befragen; nichts zu den Historikern, die mir lange, detaillierte Listen mit Fragen schickten, die ich ins Feuer meines eisernen Ofens warf; nichts zu Vaters früheren Abolitionistenfreunden und Helfern, die nach Antworten suchend in meine Hütte kamen und diese erschüttert darüber verließen, was der Krieg gegen die Sklaverei und der Tod meines geliebten Vaters und meiner Brüder aus mir gemacht hatten. Nicht einmal mit meinen Brüdern und Schwestern sprach ich über all das, mit jenen, die mit mir überlebt hatten und alt geworden waren, wenn wir uns in späteren Jahren ab und zu in einem der Häuser trafen, in die sie sich zurückgezogen hatten, gelegentlich an einem 4. Juli, manchmal zum Erntedankfest oder zu Weihnachten; dann trottete ich aus meiner Eremitenklause hinunter und reiste die vielen hundert Meilen zu ihren Häusern, wo sie spätabends ihre Erinnerungen an Kansas, an unser Werk vor Kansas und an Harpers Ferry austauschten. Bei diesen Versammlungen meinten sie alle, ich sei scheu, wortkarg, vielleicht weniger intelligent als sie, wie sie es ohnehin immer geglaubt hatten, und damit lagen sie gar nicht so falsch. Doch das bedeutete nicht, daß ich die Wahrheit über Vater nicht kannte und nicht wußte, weshalb er die großen, guten Taten vollbracht hatte und auch die schlimmen und weshalb so vieles von dem, was er tat, im Grunde schrecklich, abstoßend, ja vollkommen böse war.

Wenige Tage nach dem Schwur der Gileaditer in Springfield löste unsere kleine Truppe sich auf. Genauer gesagt, Vater zog sich urplötzlich zurück und nahm mich mit; er überließ die schwarzen Gileaditer sich selbst und ihren eigenen Kriegslisten, was sich für sie glücklicherweise bis heute als ausreichend erwies. Doch von einem solchen Gipfel der Erregung und Vorfreude hinabgestoßen zu werden, und zwar von Vater, war wahrhaft schmerzlich. Meine besondere Nähe zu Vater und die Bedingungslosigkeit und Hingabe, mit der ich seine Pläne und Träume übernahm, den Krieg direkt zu den Sklavenhaltern zu tragen, hatten mich in jenen Tagen meinen Brüdern entfremdet, und ich konnte es nicht einfach abtun wie John, als der Alte wenige Tage nach seinem und meinem düsteren, feierlichen Schwur, die flüchtigen Sklaven mit unserem Blut zu verteidigen, seine Aufmerksamkeit plötzlich einer anderen Angelegenheit zuwandte – nämlich dem traurigen Geschäft von Brown & Perkins, wie sich herausstellte. John zuckte einfach die Schultern und kümmerte sich wieder um seine eigenen Angelegenheiten, wie er und Jason es in der Vergangenheit schon oft gehalten hatten. Ich dagegen war vor Enttäuschung und Verbitterung am Boden zerstört. Und Vater war mir mehr denn je ein Rätsel.

Wenn ich jetzt, so viele Jahre später, zurückblicke, wird mir mit einiger Einfühlung klar, wie sehr Vater damals zerrissen war zwischen dem, was er als seine Verpflichtung der Familie, den Gläubigern und Mr. Perkins gegenüber ansah, die so lange zu ihm gehalten hatten, und dem, was er als seine Pflicht im Kampf gegen die

Sklaverei betrachtete. Ich war natürlich nicht auf diese Weise gespalten, doch ich konnte nirgendwohin in den Krieg ziehen außer mit Vater, in keiner Armee als der seinen anmustern, keinem außer ihm in die Schlacht folgen. Als er erneut beschloß, den Kampf nicht zu führen, konnte ich nur zornig mit den Zähnen knirschen, mein langes Messer wetzen, mein Gewehr reinigen und vom Blutvergießen träumen.

Ich hätte mich Vaters Anordnung, nach North Elba zurückzukehren und dort den Hof zu bewirtschaften, widersetzen und in Springfield bleiben können, um statt dessen auf eigene Faust mit den Gileaditern zu marschieren – die, wie sich herausstellte, infolge der Furcht, die allein wegen der Gerüchte und des Anblicks bewaffneter Neger auf dem Bahnhof und in den Straßen Springfields entstand, niemals die Gelegenheit zu einem tatsächlichen blutigen Zusammenstoß mit den Sklavenfängern erhielten. Klugerweise suchten die Menschendiebe und ihre Helfershelfer ihre Beute nun andernorts. Doch ohne Vater an meiner Seite, das wußte ich, war ich bei den Negern nicht sonderlich erwünscht. Für sie war ich nur einer der Söhne von Captain Brown, wie sie ihn manchmal nannten. Ich war der große, schüchterne rothaarige Bursche, der Botengänge für seinen herausragenden Erzeuger erledigte. Alles Licht auf meinem Gesicht war nur Abglanz.

Nachts, wenn ich auf meinem Feldbett lag und mich über das erboste, was ich als Vaters Pflichtvergessenheit, wenn nicht gar Verrat ansah, erträumte ich mir blutige Szenen, um meiner Wut und meiner Kampflust Nahrung zu geben. Ich zielte den Lauf meines Gewehrs entlang und feuerte auf die Brust des Sklavenfängers, der über der hingestreckten Gestalt eines Geflohenen stand. Ich schlich hinter einem Auktionator her, der mit einer gefesselten Gruppe menschlicher Ware auf dem Weg zum Markt war, und vor den Augen seiner Opfer griff ich ihm von hinten um den Hals und schnitt ihm mit meinem Messer die Gurgel durch, nahm seine Schlüssel, befreite die Männer und Frauen mit meinen blutigen Händen von ihren Eisen und führte sie in die Wälder und hinauf in die Berge. Visionen von Gemetzel und Rache erfüllten meinen

Geist und befriedigten mich auf seltsame Weise; sie verschafften mir Erleichterung, beruhigten meine wirren Gedanken – so daß ich mich am Ende Vaters Wünschen fügen und nach North Elba zurückkehren konnte.

»Ich finde es durchaus nicht richtig, dorthin zurück zu müssen«, erklärte ich ihm in der Nacht, ehe ich aus Springfield abreiste. »Ich möchte hierbleiben und an der Seite der Gileaditer kämpfen.« Wir waren im Büro von Brown & Perkins, und ich hatte mich auf mein Feldbett gelegt, um zu schlafen, während er beim Licht einer Lampe weiterhin am Schreibtisch arbeitete; er verfaßte noch mehr Briefe, in denen er um Zeit, um Geduld und Verständnis, um gnädigen Aufschub der gerichtlichen Verfolgung bat und eine vollständige Bezahlung, rückhaltlose Aufklärung und Bilanzierung, Gerechtigkeit und Wiedergutmachung versprach. Diese Briefe schrieb er selbst; in solchen Fällen wollte er mich ausdrücklich nicht als seinen Schreiber.

Er legte seine Feder hin und sah mich leicht verärgert an. »Owen, die Schwarzen brauchen dich hier nicht. Sie können sich auch selber schützen, ohne deine Hilfe. Hier braucht dich im Augenblick niemand. Ich jedenfalls nicht. Ich brauche dich, damit du bei deiner Mutter und der Familie bist. Wir haben das doch schon besprochen. Der Winter steht bevor, und sie leiden, weil kein Mann im Haus ist, der sich um alles kümmert.«

»Was ist mit Lyman? Er ist bei ihnen, und er ist ein Mann.«

»Das ist nicht das gleiche, Owen. Ich kann nicht selbst dort sein, wegen dieser teuflischen Prozesse. Das weißt du. Die Familie braucht einen von uns, und zwar dich; ansonsten müßte ich sie sicher durch den Winter bringen und alles für den Frühling vorbereiten. Wir wollen nicht, daß das nächste Jahr so schwer wird. Denk an deine armen Brüder und Schwestern, Owen. An die Kleinen. Denk an deine Mutter.«

»Sie ist nicht meine Mutter«, schoß ich zurück.

»Darauf will ich jetzt nicht näher eingehen«, erklärte er kurz angebunden. »Ich weiß, du bist wütend auf mich, weil du von hier weg mußt, weil ich dich in den Norden schicke. Doch du solltest es an mir auslassen, der ich es verdiene. Schieb es nicht einem anderen zu, der es nicht verdient.« Unvermittelt wandte er sich wieder seiner Arbeit zu. Wenige Augenblicke später hielt er inne, und ohne mich anzusehen, schien er seine Meinung zu ändern, denn er bot mir an, in Springfield zu bleiben, wenn ich es wünschte.

Ich setzte mich in meinem Feldbett auf; ich glaubte ihm nicht ganz. Dann fügte er hinzu, ich könne auch mit John und Wealthy nach Ohio gehen oder mich Fred und Jason im Haus von Mr. Perkins anschließen. Ich könne gehen, wohin ich wolle. Ihn nach Boston begleiten, um ihm bei der Unterweisung seines Rechtsanwaltes zu helfen. Ihm nach Pittsburgh folgen, wo das gleiche zu tun war. Ich könne sogar mit all den anderen jungen Narren nach Kalifornien gehen und dort nach Gold graben, wenn ich wolle. Oder auf der Suche nach irgendwelchen Abenteuern losziehen. »Das mußt du entscheiden«, meinte er. »Doch wofür du dich auch entscheidest«, rief er mir in Erinnerung und wandte nach wie vor den Blick nicht von dem Schreibblock vor ihm, »wenn du nicht nach North Elba gehst, vernachlässigst du deine Pflicht.«

Außerdem hätte ich, wie er mir klarmachte, kein Geld, kein Haus und kein Land. Oder verfügte ich vielleicht über private Reichtümer, und er habe nichts davon bemerkt? Und ich hätte kein Gewerbe erlernt außer der Landwirtschaft und der Schafzucht. Oder hätte ich Fernkurse in Wirtschaft wie John oder in Gartenbau wie Jason belegt? Wenn nicht, wollte ich mich vielleicht als Tagelöhner hier in Springfield verdingen? Und wo wollte ich nachts schlafen, wenn er erst sein Geschäft abgewickelt habe? Hätte ich denn Freunde, die mich aufnehmen würden, Leute, von denen er nichts wisse?

Natürlich kannte er die Antworten auf all diese Fragen. Er wußte, was ich zu tun hatte. Und ich wußte es auch.

Bei Anbruch der Morgendämmerung stand ich auf, packte meine wenigen Habseligkeiten in einen Leinensack, warf ihn mir über die rechte Schulter, nahm meine Flinte und verabschiedete mich von Vater. Er hängte mir einen Brustbeutel mit vierzehn Dollar und ein paar Kupfermünzen um den Hals, die ich Mary geben sollte, damit sie die Vorräte bezahlen konnte, die er in Westport für den Hof bestellt hatte und deren Transport nach North Elba ich organisieren sollte, sobald ich dort war. Wie immer stopfte er mir in letzter Minute den Kopf mit Anweisungen voll. Welche der Merinoschafe kommenden Frühling Nachwuchs haben sollten, welche zu verkaufen und welche zu schlachten waren, damit wir Hammelfleisch hatten; wieviel Saatgut für eine zweite Aussaat zurückzulegen war, falls die erste wegen eines späten Frostes nicht aufging; welcher Teil der Fläche als nächster zu roden war und welcher als Waldstück zu erhalten war; wieviel ich in Westport für Salz und Mehl zu zahlen hatte und welche Schwarzen aus Timbuktu ich anheuern sollte und ob sie mit Waren oder mit Geld oder Ernteanteilen zu entlohnen waren.

»Schaff Arbeit für sie, wenn du es dir leisten kannst, besonders wenn der Winter anbricht. Auch wenn du und Lyman und die Jungen in der Lage seid, allein die Bäume zu fällen. Sie lernen durch euer Beispiel, und es bringt ihnen ein wenig Bargeld ein, das sie sicher gebrauchen können. Ach, Owen«, erklärte er. »Ich beneide dich, mein Junge. Wie gern wäre ich jetzt dort, um den Bergwald zu roden, den ganzen Tag körperlich zu arbeiten und mich am Abend mit meiner Familie um den Tisch zu versammeln«, sagte er lächelnd und atmete tief ein, als röche er die klare, kalte Luft der Adirondacks. »Das ist alles, was der Herr an Arbeit für einen Mann vorgesehen hat. Das, und sich um seine Nachbarn zu kümmern. Und du kannst dort oben all das tun. Alles. Ich beneide dich, mein Sohn.«

Ich dankte ihm, immer noch verdrossen und verärgert, und wir umarmten einander, oder vielmehr er umarmte mich, und ich schritt davon, über die Hauptstraße quer durch die Stadt nach Norden – auf dem Weg nach Hause, denn das war es jetzt geworden. Es gab keinen anderen Ort, den ich als mein Heim bezeichnen konnte, nur dieses ordentliche Bauernhaus am Rande der Wildnis. Also ging ich dorthin. Nach Hause.

Mir standen fünf Tage Fußmarsch bevor. Einige Male nahm ich das Angebot eines Farmers an, in seiner Scheune zu übernachten, doch ansonsten schlief ich im Freien in einem behelfsmäßigen Lager neben der Straße, wie ein Landstreicher neben einem kleinen Feuer in meine Decke gehüllt. Vom ersten Licht des Tages bis zum Abend ging ich zügig weiter, das lange Connecticut Valley hinauf und über die Green Mountains von Vermont, dann wieder nach Norden entlang der Westküste des Lake George, an den Ruinen des ehemaligen Ticonderoga vorbei zu den glitzernden Wassern des Lake Champlain. Dort unterbrach ich in Westport kurz meinen Marsch, um Vaters Geschäfte zu erledigen, und machte mich dann auf den Weg in die Adirondacks. Und die ganze Zeit, die ganzen fünf Tage und Nächte lang, redete ich mir ein, mein Kompaß habe sich umgestellt und ich zöge in der entgegengesetzten Richtung, nach Süden statt nach Norden. Ich marschierte den Subterranean Passway entlang nach Virginia und North Carolina, auf die Sklaven und ihre Herren zu. Die entflohenen Sklaven folgten ihrem Nordstern; ich folgte seinem südlichen Zwilling.

Es war wie ein Traum, ein schöner, besänftigender Traum im Spätherbst: niedrighängende graue Wolken, der Geruch von Holzfeuern, fallende Blätter, die unter meinen Füßen raschelten, und irgendwo dort draußen, in den Gehöften und Pflanzungen vor mir, die rasche Vergeltung! Freiheit! Das blutige Werk des Herrn!

14

Am späten Nachmittag, als es gerade dunkel wurde, kam ich zu Hause in North Elba an. Eine halbe Meile östlich der Farm, draußen, wo die Straße von Keene die langgestreckte Steigung durch die Schlucht hinaufführt, begrüßte mich mein Bruder Watson. Ich sah ihn aus einiger Entfernung und erkannte ihn zunächst nicht: hoch aufgeschossen und schlaksig, nichts als Knochen und Sehnen. Er bog gerade auf die Straße und führte den vor eine Karrenladung Baumstämme gespannten Morgan Adelphi am Zügel. Offenbar hatte er die Stämme im hinteren Teil des Grundstücks gefällt, einem zum Pitch-off hin ansteigenden Wald.

Als Watson mich erblickte, winkte er. Obwohl er kaum sechzehn war, war er um einiges gewachsen, seit ich ihn das letzte Mal gesehen hatte, und schritt aus wie ein Mann, der ein hartes Tagewerk vollbracht hatte. In den Monaten seit meiner Abreise hatte Watson es fertiggebracht, das Knabenhafte fast vollständig abzulegen, und als ich näher kam, sah ich, daß auf seinem langen, schmalen Gesicht der erste Flaum eines rötlichen Bartes sproß. Es freute mich, ihn so erwachsen zu sehen. Er war jetzt beinahe so groß wie ich und wohl auf dem besten Wege, bald über mich, der ich bis jetzt der Größte in der Familie gewesen war, hinauszuwachsen.

Ein paar Augenblicke lang grinsten wir einander mit einer gewissen Verlegenheit an, dann umarmte ich ihn herzlich und zupfte an seinem Schnurrbart. »Was ist denn das, Wat?« lachte ich. »Läßt dir wohl einen Bart stehen, hm?«

Statt einer Antwort griff er nach meinem Bart und zog daran. »Alle sagen immer, du seist der gutaussehende Mann in der Familie. Ich dachte, ich probier's mal aus und schau', ob es am Bart liegt.

Einfach großartig, dich zu sehen, Owen!« rief er aus und legte mir den hageren Arm um die Schulter. Er neigte den Kopf zur Seite, musterte mich und meinte, daß ich anders aussähe, irgendwie verändert.

»Ach was, so lange war ich doch gar nicht weg!«

»Nein, im Ernst, Owen. Du siehst wirklich verändert aus. Du hast dich doch nicht etwa verliebt oder so, hm?« fragte er und schlug mir grinsend auf die Schulter.

Ich gab zu, daß es sich dieses Mal merkwürdig anfühlte, nach Hause zu kommen, so als wäre ich jahrelang fortgewesen. Einen Augenblick kam mir das Gesicht Sarah Peabodys in den Sinn, doch rasch schob ich dieses Bild beiseite und rückte, sozusagen Watson zuliebe, die Ansichten und charakteristischen Geräusche von Liverpool, London und Waterloo an seine Stelle.

»Du bist jetzt ein berühmter Weltreisender!« erklärte er. »Ich möchte jede Einzelheit erfahren, die ihr dort drüben gesehen habt, du und der Alte.«

Wir gingen neben dem Pferd und dem Wagen weiter; vor uns öffnete sich das weite Tal, und in der Ferne ragten die weißen Gipfel des Tahawus und des McIntyre auf, vor denen sich das abgemähte Weideland erstreckte. Obwohl der Himmel grau und bedeckt war und Schnee verhieß, sah ich erneut, wie wunderschön es hier war. Natürlich mochte Vater diesen Ort. Wie auch nicht? Und wie hätte er mich nicht um die Möglichkeit beneiden sollen, hierher zurückkehren zu dürfen? dachte ich, und einen Augenblick lang bedauerte ich, daß ich mich derart über ihn geärgert hatte.

Man erwartete mich bereits, wie Watson mir dann erklärte. Eigentlich hätten sie schon früher mit mir gerechnet, sagte er, da sie ein paar Tage zuvor einen Brief von Vater erhalten hätten, der ihnen mitteilte, ich sei auf dem Weg nach Norden. »Ich und die Jungen dachten, du seist vielleicht drüben in Westport aufgehalten worden.«

Das überraschte mich. »Welches Datum stand auf dem Brief?«

Er wußte es nicht. Der dreizehnte, meinte er. Ja, der dreizehnte.

»Ich habe ihn abgeschrieben«, sagte er stolz, »genau wie du es sonst immer gemacht hast.«

Wie war das möglich? Zwei Tage, bevor ich zusammen mit den Gileaditern das Gelöbnis unterzeichnete, hatte Vater der Familie geschrieben, daß ich bald nach Hause kommen würde. Ich wurde erneut wütend, war erneut verwirrt. Schon während er meine Begeisterung schürte, hatte er bereits beschlossen und gewußt, daß wir nicht an der Seite der Neger von Springfield kämpfen würden! Er hatte die ganze Zeit über gewußt, daß er mich nach North Elba schicken würde. Und hatte nichts davon verlauten lassen, erst nachher, und dann hatte er halbherzig unerwartete juristische Probleme vorgeschoben.

Was hatte er also damit bezweckt, mit den Versammlungen, den Vorträgen, dem Gelöbnis? Und warum hatte er mich zum Sekretär und Schatzmeister bestellt, warum nur? War das alles nichts als Theater gewesen? Und für wen? Gewiß nicht für mich. Für die Neger? Hatte er lediglich ein Spielchen für die Schwarzen von Springfield inszeniert, als er sie angestachelt, auf den Kampf vorbereitet und zu dem Gelöbnis ermutigt hatte, ihr Leben zu wagen, wenn er nicht wirklich die Absicht hatte, sich ihnen persönlich anzuschließen oder es auch nur seinem Sohn zu gestatten?

»Verdammt soll er sein!« fluchte ich laut.

»Stimmt was nicht?« fragte Watson.

»Schon gut«, erwiderte ich. »Nein, nichts ist gut. Es ist wegen des Alten. Weil er schon lange, ehe er es mir sagte, gewußt hat, daß ich hierher zurückkommen würde. Selbst *du* hast es vor mir gewußt.«

Er lachte und boxte mich in die Schulter. »Ach, Owen, so ist der Alte eben, stimmt's? Aber jetzt kannst du ihn vergessen. Er ist dort, und wir sind hier. Du hast einfach zuviel Zeit mit ihm verbracht und nicht genug mit uns. Komm schon, Mutter freut sich bestimmt, dich zu sehen«, erklärte er. »Und Ruth auch. Alle!«

»Auch Lyman?«

»Sicher, Lyman auch«, erwiderte er. »Jedenfalls ist es großartig, dich wieder zu Hause zu haben. Du mußt mir alles erzählen. Besonders von dem alten John Bull. Ich will alles über England hören. Und Flandern! Wie ist es da eigentlich?«

Während wir so nebeneinanderher marschierten, berichtete ich ihm Einzelheiten meiner Reise, was ihm unerwartet viel Freude machte und ihn aufregte, als wäre ich auf einem Walfänger in der Südsee gewesen. Wir schlenderten den langgestreckten Hügel hinunter, und bald schon gingen wir, obwohl es noch nicht einmal vier Uhr nachmittags war, in winterlicher Dunkelheit dahin, als wäre es bereits stockfinstere Nacht. Dann sah ich in der Ferne Licht in der Küche schimmern und erkannte die Umrisse des Hauses. In dem weiten, dunklen, kalten Tal mit den schwarzen Bergen dahinter wirkte das Haus wie ein kleines Schiff, das dümpelnd in einem sicheren Hafen vor Anker lag.

»Geh du nur rein«, forderte Watson mich auf. »Ich kümmere mich um Adelphi. Die Stämme laden wir morgen im Handumdrehen ab.«

Ich sagte, na schön, und ging zur Tür, plötzlich ängstlich und ein wenig besorgt, als bekäme ich gleich unerfreuliche Nachrichten zu hören.

Doch nein, alles war eitel Freude und Wonne, Küsse und Umarmungen und fröhliche, strahlende Gesichter. Alle umringten mich, als wäre ich einer von Odysseus' heimkehrenden Kriegern, der viele Jahre und nicht nur Monate weg gewesen war; sie drängten sich um mich, faßten mich immer wieder an, selbst als wir uns schon alle umarmt hatten. Von dem vielen Lächeln tat mir fast das Gesicht weh. Sie halfen mir aus dem Mantel und baten mich, am Tisch Platz zu nehmen, während die Kleinen Annie und Sarah, mit vier und sieben Jahren eigentlich schon lange keine Kleinkinder mehr, mir scherzend die Stiefel aufschnürten und von den Füßen zogen.

Mary, lieb und sanft inmitten der Freudenbekundungen, segnete mich und dankte dem Herrn für meine sichere Rückkehr. Sie sah gesünder aus als bei meiner Abreise; ihr rundliches Gesicht war von der Hitze des Küchenherdes und der Aufregung gerötet, und ich bekam einen Eindruck davon, wie hübsch sie war, sah sie einen

Augenblick lang so, wie Vater sie gesehen haben mußte, als er sie vor vielleicht achtzehn Jahren kennengelernt hatte; eine herzensgute, sanfte, ungemein gütige Gestalt in seiner unnachgiebigen männlichen Welt.

Ich hielt ihre Hände umfaßt und sagte: »Ich freue mich sehr, dich zu sehen, Mary. Geht es dir so gut, wie du aussiehst?«

»Na ja!« meinte sie und lachte, und Ruth und die Jungen, Oliver und Salmon, lachten ebenfalls.

»Worüber lacht ihr?«

»Das erzählen wir dir später«, entgegnete Ruth und zerzauste mir mit ihrer kühlen Hand die Haare. »Wir haben eine Menge zu erzählen. Vater und du, ihr wißt es vielleicht nicht, Owen, aber das Leben geht auch ohne euch weiter.«

»Sieht ganz so aus«, räumte ich ein und sah mich in dem überfüllten Raum um. Da waren Oliver und Salmon, gelenkige, braungebrannte Knaben, die wie Affen grinsten, und die kleinen Mädchen Sarah und Annie, die sich schon wieder an die Arbeit gemacht hatten; die eine butterte, die andere deckte den Tisch. Und jetzt erst bemerkte ich Susan Epps, die am anderen Ende der Küche neben dem Herd stand. Sie hatte die Hände in die Schürze gesteckt und lächelte mich freundlich an, als wartete sie, bis ich sie zur Kenntnis nähme, ehe sie mich begrüßen konnte. Sofort stand ich auf, durchquerte den Raum und umarmte sie freundschaftlich; dabei bemerkte ich, daß sie schwanger war, und zwar in schon recht fortgeschrittenem Zustand.

»Ja, wahrhaftig«, sagte ich zu ihr, »das Leben geht tatsächlich weiter«, was ihr ein gewinnendes, scheues Lachen entlockte. Ich gratulierte ihr und wandte mich auf der Suche nach Lyman um. »Wo ist denn dein großartiger Mann?«

Schweigen; dann erklärte Watson, der aus der Scheune hereingekommen war und sich an der Tür aus dem Mantel schälte: »Der wird bald zurückkommen.«

»Bald?«

»Heute nacht. Oder morgen nacht. Er bringt ein paar Leute in den Norden.«

»Sehr gut«, meinte ich. »Ich hatte schon Angst, das ganze Unternehmen wäre zum Stillstand gekommen. Ihr wißt schon, nach der Sache mit Mister Fleete und dem Ausbruch aus dem Gefängnis.«

»Es hat alles zum Erliegen gebracht, Owen«, erklärte Mary leise. »Zumindest bei den Weißen.«

»Ich habe damit gerechnet, daß einige die Mitarbeit aufkündigen.«

»Nein, praktisch alle haben uns im Stich gelassen.«

»Die Thompsons?« fragte ich.

»Ja«, erwiderte Mary, »so ziemlich.«

»Diese Feiglinge!« rief ich aus und schlug mit der Hand auf den Tisch.

»Henry nicht«, warf Ruth leise ein. »Er hat uns nicht im Stich gelassen.« Ich sah zu ihr hin und erinnerte mich an die Blicke, die sie und der junge Henry Thompson in der Kirche gewechselt hatten.

»Ja, aber Owen hat recht«, meinte Watson. »Die anderen sind Feiglinge. Inzwischen führt Lyman die Transporte meist allein durch. Ich würde ihm helfen, wenn der Alte mich ließe. Das liegt nur an dem Fugitive Law: Es hat unsere Nachbarn zu Feiglingen gemacht. Ständig werden die Leute in Timbuktu belästigt – sie tun einfach so, als suchten sie nach entflohenen Sklaven. Sogar ein paar von denen, die wir früher zu den Abolitionisten gezählt haben.«

»Ist das wahr?« fragte ich Susan.

»Ja, zum größten Teil. Aber Lyman und ein paar andere von dort bringen immer noch Leute in den Norden. Das macht mir Sorgen. Doch wenn die Leute der Freiheit so nahe sind, müssen wir ihnen einfach helfen.«

Eine Zeitlang unterhielten wir uns darüber, wie schwierig und gefährlich es geworden war, entflohene Sklaven zu beherbergen und von Timbuktu nach Kanada zu bringen. Lyman setzte sich offenbar mittlerweile voller Ingrimm für das Werk ein. Der Tod Elden Fleetes und sein eigener kurzer Gefängnisaufenthalt hatten ihn erbost und eher waghalsiger als vorsichtiger gemacht. Nur noch einige der mutigeren Neger und Henry Thompson halfen ihm; von den Weißen im Norden hingegen konnten wir keinerlei Unterstützung mehr erwarten, nicht einmal von den Quäkern in Port Kent. Überall streiften nun Marshals und Sklavenfänger umher, die alle paar Tage auf der Farm vorbeikamen und die Schuppen und Hütten von Timbuktu wie Plantagenaufseher kontrollierten, wobei sie die Weißen ganz allgemein und die Neger gezielt einschüchterten und Partridge und andere Leute seines Schlages anheuerten, damit sie für sie spionierten.

Kurz darauf verzehrten wir mit großem Appetit ein köstliches, reichliches Abendessen, einen Jägereintopf aus Eichhörnchen, die Salmon und Oliver am Morgen geschossen hatten, dazu eingelegte rote Rüben und Gurken und danach einen ganzen Stapel der berühmten Maiskuchen auf indianische Art – mein Begrüßungsessen, wie Ruth es nannte. Außer Susans Schwangerschaft gab es auch sonst noch eine Menge guter Nachrichten. Ja, Ruth und Henry Thompson waren tatsächlich verliebt, und Henry wollte um ihre Hand anhalten, sobald sich die Gelegenheit zu einem Gespräch mit Vater ergab. Und Marys großes Geheimnis, das sie mir freudestrahlend verkündete, war, daß sie ebenfalls ein Kind erwartete.

Verblüfft legte ich den Löffel hin und meinte: »He! Das ist wirklich was! Weiß Vater es schon?«

»Herrje, Owen, natürlich! Ich habe es ihm gleich geschrieben. Sobald ich mir selber sicher war, habe ich es ihm erzählt. Er hat sich gefreut wie ein Schneekönig. Hat er es dir nicht gesagt?«

Ich sagte, nein, das habe er nicht. »Aber das ist eine wunderbare Neuigkeit«, erklärte ich etwas lahm, da ich mehr an die Schwierigkeiten als an die Segnungen dachte, die ein weiteres Kind verhieß. Nun verstand ich, weshalb der Alte sich plötzlich verpflichtet gefühlt hatte, sich ausschließlich auf Tätigkeiten zu beschränken, die zum Unterhalt der Familie beitrugen, und warum er die Gileaditer so unvermittelt beiseite geschoben und mich hierher zurückgeschickt hatte. Die erneute Schwangerschaft seiner Frau hatte sein Verantwortungsgefühl gegenüber der Familie auf unerwartete Weise verstärkt. Zweifellos hatte er mir nichts davon gesagt, weil ihre Schwangerschaft noch nicht sehr weit fortgeschritten war; der frühzeitige Tod so vieler Babys hatte Vater gelehrt, als Selbstschutz seine Aufregung zu dämpfen. Er hatte es sich angewöhnt abzuwarten, bis die Schwangerschaft praktisch zu Ende war, ehe er davon sprach. Außerdem war er, obwohl er tausend Schafen und Hunderten von Kühen und Pferden beim Lammen, Kalben oder Fohlen und sogar bei der Entbindung einiger seiner eigenen Kinder geholfen hatte, ein Mann, der nur äußerst ungern über derlei Dinge sprach, sobald es um Menschen ging.

Meine Empfindungen Vater gegenüber waren wieder freundlicher, und ich hatte ein schlechtes Gewissen, weil ich ihn so vorschnell verurteilt hatte. Ich schalt mich und fragte mich allmählich, ob ich gegen den Mann eine Art ständigen, unbewußten Groll hegte, der mich fortwährend nach Gründen suchen ließ, ihm Vorwürfe zu machen, während ich andererseits weiterhin davon überzeugt war, ihn mehr als alle anderen Menschen zu lieben und zu bewundern. Eine ganz neue, merkwürdige Frage, die mich nachdenklich stimmte.

Allmählich wurde es spät, und als wir uns am Eßtisch und später im Wohnzimmer unterhielten und scherzten und zu unseren alten, vertrauten Rollen und Verhaltensweisen zurückfanden, wurde ich mehr oder weniger zwangsläufig wieder in die Familie aufgenommen, und nach und nach fielen mir etliche nahezu unmerkliche Veränderungen auf der Farm auf, und die meisten davon störten mich. Bald würden die winterlichen Schneefälle einsetzen. Doch bei meiner Ankunft hatte ich bemerkt, daß ein großer Teil der im Herbst fälligen Arbeiten nicht erledigt worden war. Das Vieh hatte zwar den Eindruck gemacht, gut versorgt zu sein, doch das war die Folge langer Gewohnheit und zu erwarten gewesen. Die Jungen hatten viel gejagt und gefischt, wie ich sah; in der Scheune trockneten eine Menge Häute und Felle – Bären, Wölfe, das übliche Rotwild und Biber, eine Wildkatze, sogar ein Paar Berglöwen. Ein reicher Vorrat an gepökeltem Wildbret, Forellen und eingesalzenem Rindfleisch war eingelagert worden; doch das hatten vermutlich die Frauen erledigt. Das Holz hingegen war nicht einmal zur Hälfte eingebracht, und Lyman und die Jungen hatten kaum einen halben Acre des ebenen Landes gerodet und abgebrannt, das wir für die Aussaat im Frühling und das Heu des nächsten Jahres brauchten. Die Schmiede und der Schlachtschuppen waren nicht eingefriedet. Die Miete für das Gemüse war noch nicht ausgehoben, obwohl der Boden bereits gefror. Kaum die Hälfte der Einzäunung für den Winterschafstall war errichtet. Die Scheune war ordentlich umfriedet, aber die Hühnerställe und der Winterstall für die Schweine standen noch genauso da wie vor ein paar Monaten. Die Muttertiere, die im Frühjahr lammen sollten, hatten sie, wie mir Watson versicherte, decken lassen; außerdem hatten sie die Häute von acht Hirschen gegerbt, waren aber noch nicht dazu gekommen, die Schaffelle und Pelze zu gerben, die sie laut Vaters Anweisungen für die Winterkleidung hätten vorbereiten sollen. Zum Glück schienen die Frauen ihre Herbstarbeit geschafft zu haben – sie hatten Fleisch geräuchert und eingesalzen, Käse und Speck vorbereitet, den Keller für das Wurzelgemüse mit Kartoffeln, Kürbissen und Rüben gefüllt –, zumindest zu essen hätten wir also genug.

Doch als ich mir die Entschuldigungen und Erklärungen der Jungen anhörte, meist von Watson vorgebracht, der sich als ältester verpflichtet fühlte, für sie zu sprechen, wurde mir allmählich klar, daß der Grund für ihre Versäumnisse eher Lymans häufige und lang andauernde Abwesenheit von der Farm war, die offensichtlich mit seiner Arbeit für die Underground Railroad zusammenhing, als Faulheit und müßiger Zeitvertreib ihrerseits. Schließlich waren sie noch Kinder. Selbst Watson. Sie gaben Lyman nicht direkt die Schuld, aber ich merkte, daß sie sich einen richtigen Vormann wünschten, der die tägliche Arbeit einteilte, sie anleitete, beaufsichtigte und ermutigte. Sie brauchten einen starken, erwachsenen Mann, der sie unterstützte, ihnen Kraft gab.

Natürlich mußte auch Lymans Arbeit als Schleuser getan werden. Wer hätte ihm das vorwerfen können? Ich ganz gewiß nicht; ich beabsichtigte sogar, mich so bald wie möglich an seinen nächtlichen Fahrten zu beteiligen. Doch auf der Farm hatte man die

Dinge schleifen lassen. Und wenn wir sie nicht schleunigst wieder auf Vordermann brachten, würden wir oder unser Vieh bald frieren, wir würden Hunger leiden oder gar den Ort verlassen müssen – und dann wäre niemand mehr imstande, die Railroad zu betreiben.

Die Jungen hegten, wie mir auffiel, einen gewissen Groll Lyman gegenüber, was sich an ihrem deutlichen Widerstreben zeigte, ihn zu loben oder auch nur viel von ihm zu reden, so als würden sie sich für das Thema kaum oder gar nicht interessieren. Mary und Ruth waren erheblich redseliger, doch ich spürte, daß es ihnen nicht so sehr darum ging, Lyman zu loben; vielmehr wollten sie Susan ihrer Liebe und Unterstützung versichern und sie nicht in Verlegenheit bringen; doch ihre freundlichen Worte klangen wenig überzeugend; häufiger als stolze Beschreibungen irgendwelcher besonderen Leistungen brachten sie Entschuldigungen und Erklärungen vor, weshalb er nicht in der Lage sei, seine Aufgaben angemessen zu erfüllen.

Ohne Vater, der die Kontakte zu Timbuktu herstellte und aufrechterhielt, schien zudem die Verbindung zu der Negergemeinde abgebrochen zu sein, ohne daß die Familie zum Ausgleich Bündnisse mit den Weißen geschlossen hätte, wenn man einmal von Ruths Beziehung zu den Thompsons infolge ihrer Freundschaft mit Henry absah. Das machte mir Sorgen. An diesem unwirtlichen Ort brauchten wir uns gegenseitig, Weiße wie Neger. Doch nach dem Tod von Elden Fleete und der unmittelbar darauf folgenden Abreise von Vater und mir waren die Schwarzen ein wenig reizbar geworden, wie Watson erklärte. Verständlicherweise. Da keiner mehr auf der Farm war, der sie unserer Verbundenheit mit ihrer Sache versicherte, hatten sie sich, trotz Lymans und Susans fortdauernder Loyalität der Familie gegenüber, fast ganz zurückgezogen.

Die Neger seien in schlechter Verfassung, sagte Watson, und Susan bestätigte dies. Die Weißen am Ort machten ihnen das Leben schwer, sie hätten Angst, von Sklavenfängern und Marshals verschleppt zu werden, und sie seien kaum auf den Winter vorbereitet. Außerdem, so Watson, gebe es eine wachsende Anzahl von Weißen, angeführt von unserem alten Freund, Mr. Partridge aus Keene, die sich wünschten, sowohl die Browns als auch die Einwohner Timbuktus würden dorthin zurückkehren, wo sie hergekommen waren. Einige dieser Weißen hatten früher Vaters Bemühungen unterstützt, den Negern zu helfen, doch mittlerweile schielten sie begehrlich auf das Land der Neger und das unsere draußen in der Ebene – fruchtbares, in den Adirondacks seltenes Schwemmland, das, wie sie sahen, nicht richtig bestellt wurde. In ihren Augen nutzten wir es falsch, verspielten unsere guten Möglichkeiten, und das ärgerte sie, denn sie waren typische New-England-Farmer, die jegliche Verschwendung als Sünde ansahen. Mr. Partridge, der als Farmer nicht gerade beeindruckend abschnitt, nutzte diese Verstimmungen für seine eigenen Zwecke, zu denen laut Watson sicher auch gehörte, sich dafür zu rächen, daß wir im August, als wir den Sklavenfänger niedergeschossen und anschließend Lyman und Mr. Fleete aus dem Gefängnis in Elizabethtown befreit hatten, in sein Haus eingedrungen waren.

Mit einem Mal betrachtete ich diesen Vorfall, an den ich vorher immer mit einem Anflug von Beschämung gedacht hatte, fast wehmütig, und ich wünschte, wir hätten mehr Schaden angerichtet, wünschte, wir hätten den Sklavenfänger und vielleicht auch Mr. Partridge wirklich umgebracht, und wünschte mir zudem, ich selbst hätte den Abzug betätigt. Überall kam es jetzt zu Spannungen, zu Zusammenstößen, doch ich sah keine Möglichkeit, dies rasch zu ändern, und am allerwenigsten traute ich es mir zu. Ich konnte nicht wie Vater in der Kirche vortreten, in der einen Woche den Weißen und in der nächsten den Negern das Werk des Herrn predigen; ich konnte auch nicht mitten in eine Ansammlung von Weißen bei einer Viehversteigerung hineinspazieren und sie für ihre Trägheit und Feigheit schelten, wie eben nur der Alte schelten konnte, und anschließend nach Timbuktu hinüberreiten und dasselbe vor einer Schar finster dreinschauender, argwöhnischer ehemaliger Sklaven machen.

So konnte ich zwar wenig oder gar nichts tun, um die Beziehungen zu den Leuten hier, Schwarzen wie Weißen, zu verbessern, doch zumindest auf der Farm konnte ich Ordnung schaffen. Da ich von der Reise kein bißchen müde war und darauf brannte, früh anzufangen, wehrte ich Watsons und Ruths eindringliche Bitten ab, ihnen noch mehr von meinen und Vaters Erlebnissen im fernen Ausland zu erzählen, und ging einige Zeit vor den anderen ins Dachgeschoß hinauf. Dort lag ich im Dunkeln auf meinem Feldbett und lauschte dem Gemurmel der Stimmen meiner Familie: Mary und Ruth krempelten und spannen Wolle, die Jungen rannten zwischen Scheune und Haus hin und her, brachten die Tiere in den Stall und holten Feuerholz – die letzten häuslichen Pflichten des Tages –, während die Mädchen und Susan abwechselnd einzelne Abschnitte aus der Lesefibel buchstabierten und sich so gegenseitig das Lesen beibrachten; gelegentlich wandten sie sich an Ruth oder Mary, damit diese einen Streit über die Bedeutung oder die Schreibweise eines Wortes beilegten. Bei diesen anheimelnden Geräuschen schlief ich friedvoll ein.

Einige Zeit später, als die anderen heraufkamen und zu Bett gingen, wachte ich auf und lauschte in die Dunkelheit, während sie einer nach dem anderen einschlummerten. Diesmal konnte ich jedoch nicht wieder einschlafen. Stundenlang lag ich mit offenen Augen in der dunklen Stille der Mansarde; in meinem Kopf überschlugen sich halbfertige, überraschende Gedanken in wirrem Durcheinander. Ich kam nicht dahinter, was mich so erregte – mit dem Schlafen hatte ich sonst fast nie Schwierigkeiten. Ganz im Gegenteil. Stunden vergingen, und irgendwann verlor ich jedes Gefühl dafür, wie lange ich wach gelegen hatte, und erst als die Dunkelheit allmählich schwand und der Morgen dämmerte, wurde mir plötzlich bewußt, daß ich auf Lymans Rückkehr wartete. Als mir das klar war, dachte ich nur mehr daran, an ihn, bis schließlich das erste fahle Tageslicht in den Raum sickerte. Ich stand auf, zog mich an und machte mich sofort daran, die Dinge in Ordnung zu bringen; wie Vater war ich als erster auf den Beinen und an der Arbeit.

Ich erinnere mich, daß ich an jenem ersten frostigen Morgen zu Hause, als ich über unseren Grund und Boden ging und mir einen Eindruck vom Zustand der Außengebäude und Herden machte, glaubte, ohne weiteres die lange Abwesenheit von Vater und mir aufholen und den Hof wieder auf Vordermann bringen zu können. Und in gewisser Weise war es auch einfach, allerdings nicht so, wie ich es erwartet hatte. Ich rechnete mit dreißig Tagen ununterbrochener Arbeit für uns fünf – die drei Jungen, Watson, Salmon und Oliver, und die beiden Erwachsenen, Lyman und mich. Schon früh hatte ich von Vater gelernt, wie man eine Mannschaft einteilt und die Arbeit des Tages vor dem Frühstück plant, daß man jede Aufgabe zu Ende bringt, ehe man sich an die nächste macht, wie man sicherstellt, daß jeder von uns genau weiß, was im Laufe des Tages von ihm erwartet wird und so weiter.

Vater war es nie leichtgefallen, auch nur ein wenig von seiner Autorität anderen zu übertragen, und auch in diesem Fall hatte er es nicht getan. Obwohl er in seinen Briefen wie üblich lange Listen zusammengestellt hatte, welche Dinge wann und wie zu tun waren, hatte er doch die Sorge für die Farm seiner Familie, Lyman und Susan einfach nur allgemein überlassen, ohne ausdrücklich festzulegen, wer für was und für wen verantwortlich war – daher war es in gewisser Hinsicht eher ein Fehler des Alten als irgendeines anderen, wenn auf dem Hof vieles liegengeblieben war. Keines der Familienmitglieder war faul oder unfähig. Sie hätten lediglich einen Hauptmann gebraucht oder in diesem Fall, infolge der Abwesenheit des Hauptmanns, einen ersten Offizier. Ohne einen solchen war es bei ihrer Arbeit drunter und drüber gegangen, ein jeder hatte sich nur nach den unmittelbaren Bedürfnissen gerichtet, so daß sie alle eher gegeneinander als miteinander, ohne Weitsicht, ohne Planung gearbeitet hatten. Jeder für sich.

All das werde ich in aller Ruhe in Ordnung bringen, sagte ich mir. Nach einem letzten Rundgang durch die Scheune und einem Zwischenhalt am Abort, wo der Abtrittsdünger, der sich das Jahr über angesammelt hatte, dringend weggeschafft werden mußte, wollte ich ins Haus zurück und für Mary das Feuer im Küchenherd anfachen, ehe einer der anderen aufstand. Zwischen dem Tahawus und dem McIntyre war die Sonne bereits über den Horizont gestiegen, und rosige Streifen des neuen Tageslichts zogen sich über den leicht bewölkten silbrigen Himmel. Drüben beim Dorf lichteten sich die Wolken, und am dunkelblauen Himmel im Westen versanken der Morgenstern und die Mondsichel allmählich hinter dem Horizont. Ich blieb stehen und schwelgte in dem Anblick. Der Morgen dämmerte herauf, das erste Tageslicht, eine wunderbare, kalte, halberhellte Stille – ein tröstliches, gedankenschweres Innehalten zwischen Tag und Nacht, zwischen Herbst und Winter.

Das Dorf konnte ich am Glockenturm der Kirche und einigen Rauchkräuseln ausmachen, die aus Schornsteinen hinter den schwarzen Silhouetten der Fichten beim Fluß aufstiegen. Auf den fernen, gelblich verfärbten Feldern, den kahlen Zweigen der Schlehen- und Erlenbüsche, die die Straße zur Stadt säumten, und auch auf den Dächern des Hauses, der Scheune und der noch nicht fertiggestellten Nebengebäude lag leichter Rauhreif – ob fahle Glückshaube oder Leichentuch, das konnte ich nicht sagen, doch er ließ alles frisch und sauber aussehen. Ich blickte um mich und atmete genüßlich die kalte Bergluft ein: Zum ersten Mal seit jener Nacht der Einschwörung der Gileaditer empfand ich wieder so etwas wie reine Freude.

Mein Zorn hatte sich gelegt. Bald würden mich alle bewundern und froh sein, daß ich zurückgekommen war.

Als ich auf das Haus zu ging und gerade eintreten wollte, hörte ich aus der Richtung der Stadt das Rumpeln von Wagenrädern auf der gefrorenen Straße und schwerfälligen Hufschlag. Die Morganstute Poke kam um die Straßenbiegung; in gemächlichem Trab zog sie unseren alten Wagen, und oben auf dem Bock saß Lyman Epps, der offensichtlich eingeschlafen war. Bis das Pferd, das vermutlich den heimischen Stall witterte, ein wenig schneller wurde und ihn wach rüttelte.

Von der Schwelle aus beobachtete ich ihn einen Augenblick lang; er hingegen hatte mich noch nicht bemerkt. Er schien erschöpft, ließ die Schultern hängen und war kaum in der Lage, seinen Kopf aufrechtzuhalten; seine Haut war von einem stumpfen Zinngrau, kurze, verfilzte Haarsträhnen staken unter seiner Mütze hervor, und er kam mir älter vor, fast wie ein Mann mittleren Alters. Er sah wie ein entflohener Sklave aus, wie ein Mann auf der Flucht, auf keinen Fall wie ein Schleuser der Underground Railroad. Mir ging durch den Kopf, wie gefährlich schmal insbesondere zu jener Zeit der Grat war, der einen entsprungenen Sklaven von einem freigelassenen trennte, einen Schwarzen, der bewegliche Habe darstellte, von einem, der frei war. Und wie breit die Kluft zwischen einem Schwarzen, gleich ob Sklave oder frei, und mir war.

Er hielt den Wagen an, schirrte Poke aus und führte sie in die Scheune, um sie zu tränken und zu füttern und zu striegeln; noch immer hatte er mich nicht gesehen. Auf merkwürdige Weise zögerte ich, ob ich ihm folgen und mit ihm reden sollte; dabei hatten wir doch viel miteinander zu besprechen. Ihm gegenüber kam ich mir schüchtern wie ein Mädchen vor, ängstlich und besorgt – ich machte mir sogar Gedanken über mein Aussehen!

Ärger über mich selber stieg plötzlich in mir auf, und ich ging über den Hof auf die Scheune zu, entschlossen, meine Scheu zu überwinden. Ich trat ein und begrüßte Lyman mit falscher Herzlichkeit. »Hallo, mein Freund!« rief ich laut. »Bist du noch so spät bei der Arbeit, oder fängst du den Tag so früh an?«

Er lächelte schwach und schüttelte mir die Hand. »Schön, dich zu sehen, Owen. Wann bist du angekommen?«

Ich erzählte ihm von meiner Rückkehr am vergangenen Tag und quasselte weiter über meine Reise von Springfield hierher. Während ich plapperte und er zuhörte, half ich ihm, das Pferd zu versorgen und das Geschirr aufzuhängen, bis ich schließlich merkte, daß er am Scheunentor stand und höflich darauf wartete, bis ich fertig war, damit er ins Haus gehen konnte.

»Es tut mir leid«, sagte ich. »Ich halte dich davon ab, deine Frau zu begrüßen. Außerdem bist du bestimmt hungrig und willst dich waschen, und ich rede hier in einem fort über Nichtigkeiten.«

»Nein, nein, das ist schon in Ordnung. Ich brauche nur etwas Schlaf«, erwiderte er und gähnte. »Hab' letzte Nacht eine lange Fahrt hinter mich gebracht, den ganzen Weg von Massena auf diesen Knüppeldämmen, du weißt schon. Mir tut jeder einzelne Rückenknochen weh.«

»Wie viele hast du raufgebracht?«

»Zwei. Zwei Männer. Ursprünglich aus der Nähe von Norfolk, von einer Plantage an der Chesapeake Bay. Der eine war Prediger. Hat mir den ganzen Weg über die Ohren vollgequatscht.«

»Ist die Fahrt ruhig verlaufen? Ohne Probleme?«

»Ohne Probleme. Geholfen hat mir zwar auch keiner, aber irgendwelche Probleme hat es nicht gegeben.«

»Na ja, von jetzt an wird dir wieder jemand helfen«, erwiderte ich und fügte hinzu, ich würde mit ihm für die Railroad arbeiten, sobald wir die Farm für den Winter vorbereitet hätten. »Das sollte ein paar andere Weiße moralisch unter Druck setzen, damit sie auch wieder etwas tun«, erklärte ich.

»Ich weiß nicht, die Leute haben zur Zeit ziemliche Angst«, meinte er. »Aber gut. Ich könnte schon Unterstützung brauchen, um denen zu helfen, die gelegentlich noch hier durchkommen. Es sind nicht mehr so viele wie früher, weißt du. Seit dem Fugitive Law nicht mehr.«

»Das Fugitive Law!« stieß ich hervor und spuckte aus wie ein Schauspieler in einem Melodram.

»Aber wenn jetzt der Winter anfängt«, fuhr er fort, »rechne ich damit, daß noch ein letzter Schub versucht durchzukommen. Damit sie sich nicht bis zum Frühling auf den Dachböden der Leute hier verstecken müssen.«

»Richtig, natürlich. Doch zuerst müssen wir ...«

»Erinnerst du dich an Tom Grey drüben in Timbuktu?« unterbrach er mich. »Er hat mir von einer Familie, fünf oder vielleicht auch sechs Leuten erzählt, die heute nacht oder morgen von Utica aus durchkommen sollen. Wenn sie nicht schon da sind. Du hast nichts davon gehört, oder? Tom hat gesagt, er würde uns benachrichtigen, sobald sie angekommen sind.«

»Nein. Mir hat niemand was gesagt. Aber zuerst müssen wir die Farm wieder in Schwung bringen, Lyman.«

»Ja. Ja, ich weiß«, erwiderte er und ging.

Ich packte ihn kräftiger als beabsichtigt am Arm; er blieb stehen und schüttelte meine Hand ab, als stellte dies eine Beleidigung für ihn dar.

»Es tut mir leid«, sagte ich. »Es ist nur – ich muß mit dir über die anstehende Arbeit reden, Lyman. Tatsache ist, du und die Jungen habt die Dinge ein wenig schleifen lassen, fürchte ich.«

Er wandte sich mir mit zur Seite gedrehtem Gesicht zu. Unbeeindruckt begann ich, der Reihe nach die verschiedenen Aufgaben und Vorhaben aufzuzählen, die vor uns lagen, bis ich plötzlich bemerkte, daß er mir gar nicht zuhörte, sondern lediglich darauf wartete, daß ich endlich fertig war, damit er ins Haus gehen konnte. Allmählich verlor ich die Geduld. In gewisser Hinsicht war das auch seine Farm, fast so sehr wie meine, und er hatte eine gewisse Verantwortung für sie, die er eindeutig nicht übernehmen wollte.

»Lyman, hörst du mir überhaupt zu?«

»Owen«, entgegnete er und sah mich nach wie vor nicht an, »ich bin hundemüde. Mein Rücken fühlt sich nach den drei Tagen und Nächten auf dem Wagen dort draußen wie zerschlagen an. Vielleicht können wir später über all das reden, wenn ich mich ein wenig ausgeruht habe.«

Ich weiß nicht, was dann über mich kam, doch meine Ohren begannen zu summen, und ein hauchdünner roter Schleier legte sich über meine Augen. Ohne bewußten Vorsatz oder Wunsch packte ich Lyman mit der Rechten an der Schulter, griff mit der Linken nach seinem Gürtel, hob ihn hoch und schleuderte ihn quer durch den Raum. Er prallte gegen die Pferdeboxen, so daß die Tiere erschrocken die Augen verdrehten und mit den Hufen scharrten. Lyman glitt zu Boden, erschüttert und erstaunt, und blickte mich an; zum ersten Mal sah ich Angst in seinen Augen aufblitzen. Es machte mich beinahe glücklich, dies zu sehen, während ich mit einer seltsamen Erleichterung seinem Blick standhielt. Als hätte ich mir lange gewünscht, er solle mich fürchten.

»Irgend etwas ist bei dir schiefgelaufen«, sagte er mit unbewegter, leiser Stimme.

Ich atmete schwer, obwohl ich mich nicht angestrengt hatte – ich war sehr stark, und Lyman, der nicht besonders groß war, hatte sich nicht gewehrt. »Kann sein ... vielleicht ist das so. Nein, mit mir ist alles in Ordnung. Aber meine Prioritäten ... ich muß mich an meine Prioritäten halten. Die Farm ist ziemlich heruntergekommen, und der Winter steht vor der Tür. Du wolltest mir nicht zuhören.«

Langsam rappelte er sich auf, wischte Heureste von Mantel und Hose und setzte seine Mütze auf, um seine Würde wiederzugewinnen. »Jetzt höre ich dir zu«, war alles, was er sagte.

»Es gibt nun mal gewisse Dinge, die Vorrang haben. Die Farm und all das. Wir haben eine Verantwortung der Familie gegenüber. Auch deiner Familie. Du und ich, wir beide müssen uns um sie kümmern, wie es sich gehört. Erst dann können wir uns anderem zuwenden, der Railroad und alldem. Und Vater ist nun mal nicht hier, um sich darum zu kümmern. Verstehst du das denn nicht?«

»Ich verstehe. Prioritäten. Verantwortung. Ich verstehe diese Dinge recht gut.«

Vorsichtig ging er zu der offenen Scheunentür und sah mich dabei die ganze Zeit an, als erwartete er, daß ich erneut auf ihn losgehen würde. Und sein Mißtrauen freute mich. Ich wußte, in einer Stunde, vielleicht schon in wenigen Augenblicken, würde ich vor Scham innerlich zusammenbrechen und Lyman um Vergebung bitten; doch in diesem Augenblick war ich entschlossen, mich diesen Empfindungen unerwarteter Freude nicht zu verschließen und sie wie einen kalten Wind durch mich hindurchströmen zu lassen. Als ich auf Lyman losgegangen war, hatte ich etwas Dunkles, wunderbar Befriedigendes in mir freigesetzt. Als wäre ein Eisdamm gebrochen, als würden riesige Eisbrocken, eine Flut von Stämmen und umgestürzten Bäumen und vereistem Geröll mit ungeheurem Getöse über Felsen und Klippen hinabstürzen. Und ich, ich war in diesem Moment erregt von der schieren Gewalt und dem Lärmen dieses Stroms.

Ich hatte das Verbotene getan. Ich hatte einen Schwarzen geschlagen.

Ich trat einen Schritt auf ihn zu, und er sprang zurück, fast zur Scheunentür hinaus in den Hof.

Ich streckte die Hand nach ihm aus, und wieder sprang er. »Warum hast du dich nicht gegen mich gewehrt, Lyman?«

Er blinzelte zu mir hinauf, als hätte er nicht richtig gehört.

»Ich will es wissen. Warum hast du dich gerade eben nicht gewehrt?«

»Glaubst du, ich bin ein Narr?«

»Weil ich ein Weißer bin?«

Er lachte kalt. »Nein, Owen, nicht weil du ein Weißer bist. Vor deiner Haut fürchte ich mich nicht. Aber vielleicht habe ich Angst vor dem, was in deinem Kopf vorgeht. Und ich behandle jeden Mann, der doppelt so stark ist wie ich, mit einer gewissen Vorsicht. Das ist alles.«

»Nun, es ist vorbei«, erwiderte ich. Ich konnte mich nicht entschuldigen, noch nicht, aber ich sagte: »Ich schwöre, ich werde es nicht wieder tun.«

Einen Augenblick lang zögerte er und starrte mich an, und ich sah, daß seine Furcht sich gelegt und etwas Härterem, Dunklerem Platz gemacht hatte. »Kann schon sein, kann aber auch nicht sein. Das wird sich zeigen.« Vor allem wirkte er traurig. »Aber etwas könntest du mir trotzdem verraten.«

»Was?«

»Wenn du mich so packst und zu Boden schleuderst, dann machst du das, weil du es *kannst*. Machst du es, weil ich ein ganzes Stück kleiner bin als du? Oder weil ich ein Farbiger bin?«

Ich schwieg, wandte jedoch den Blick nicht ab. Schließlich sagte ich: »Du kennst die Antwort.«

»Dann sprich sie aus.«

»Nicht weil du kleiner bist als ich.«

»Richtig. Es liegt an meiner Hautfarbe. Du fürchtest dich vor meiner Hautfarbe. Aber ich habe keine Angst vor deiner. Deshalb habe ich mich nicht gewehrt. Genauso sieht es doch aus, oder?«

»Ich kann dich nicht anlügen.«

»Ich weiß das zu würdigen«, erklärte er. »Ich gehe jetzt rein. Wenn du willst, können wir später über all deine Prioritäten und Verantwortlichkeiten reden. Aber zuerst werde ich mich um meine eigenen Bedürfnisse kümmern.« Er machte kehrt, richtete sich auf, ging zum Haus hinüber und trat rasch hinein.

Ich sah, wie Rauch sich aus dem Schornstein kräuselte; Mary hatte Feuer gemacht, und ich konnte sie durchs Fenster am Herd stehen sehen, wie sie Lyman beim Eintreten mit einem breiten Lächeln begrüßte, während Susan mit ausgebreiteten Armen quer durch den Raum auf ihn zuging. Wahrscheinlich waren auch die anderen schon auf, begrüßten ihn und hießen ihn zu Hause willkommen, erleichtert, daß er sicher und unversehrt von der Grenze zurückgekehrt war. Und ich sah, daß ich, der sie anführen sollte, jetzt folgen mußte.

Lyman und ich blieben weiterhin so etwas wie Freunde, aber von jetzt an tat sich eine nahezu greifbare Kluft zwischen uns auf, als wären wir dazu verurteilt, gemeinsam eine lange Stange zu tragen, die uns miteinander verband, während sie uns zugleich unerbittlich voneinander fernhielt. Jeder von uns war sich ständig und schmerzlich der Anwesenheit und, wenn es sich so ergab, auch der Abwesenheit des anderen bewußt. Es war eine schwierige Art von Vertrautheit, doch es war alles, was uns geblieben war.

Ich brachte nichts mehr gegen seine oder für meine Prioritäten vor, und wann immer er Pferd und Wagen nahm und für zwei oder drei Tage von der Farm verschwand, ließ ich ihn kaum merken, daß mir dies aufgefallen war. Wenn er dann zurück war und sich ausgeruht hatte, kam er direkt zu mir, verlor kein Wort darüber, wo er gewesen war, und fragte höflich, wo ich ihn heute einzusetzen gedachte. Ich teilte ihn für die Arbeit ein, die gerade zu tun war, und er stürzte sich mit voller Kraft darauf. Doch wenn dann ein paar Tage oder eine Woche später die Nachricht kam, in Timbuktu warteten Passagiere auf ihn, war er wieder weg.

Ich verbot den Jungen, ihn auf diesen Fahrten zu begleiten, was zunächst zu einer gewissen Spannung zwischen mir und besonders Watson führte, der sich zu einem erbitterten Feind der Sklaverei entwickelt hatte – nicht zuletzt, so vermutete ich, um zu beweisen, daß er nun erwachsen war. Doch schließlich ließ er sich durch mein Versprechen besänftigen, daß er und ich, sobald wir den Hof für den Winter vorbereitet hätten, Lyman begleiten und Sklaven in die Freiheit bringen würden. Wir würden uns wieder »dem Werk« zuwenden.

Als dann die schweren, regelmäßigen Schneefälle einsetzten, die Temperatur nicht mehr über null Grad stieg und rauhe Winde aus Kanada herüberheulten, kamen keine entflohenen Sklaven mehr bei uns durch, und wir alle, selbst Lyman, verbrachten von diesem Zeitpunkt an bis zum Frühling unsere Tage und Nächte größtenteils im Haus. Immerhin hatten wir es bis Mitte Dezember, ehe die starken Schneefälle und die Kälte einsetzten, geschafft, fast hundertfünfzig Klafter Feuerholz zu hacken und aufzuschichten, das dank Lyman und der Jungen größtenteils von den Hartholzbäumen stammte, die sie im Herbst im Wald gefällt und zugerichtet hatten. Wir hoben die Miete für das Gemüse aus, zäunten alle Nebengebäude und Ställe ein, ließen die restlichen Mutterschafe decken, erledigten alle Herbstschlachtungen, schütteten eine dünne Schicht Sägespäne um die Grundmauern des Hauses auf und vollendeten ein halbes Hundert anderer häuslicher Pflichten und Aufgaben, ehe der Winter schließlich mit voller Wucht über uns hereinbrach.

Danach zog Lyman sich zurück und verbrachte die meiste Zeit in seiner Schmiedewerkstatt, wo er allerlei eiserne Gerätschaften für die Farm herstellte, angefangen bei Nägeln bis hin zu Kohlenzangen, und auch ich arbeitete allein, normalerweise in der Scheune, wo ich neben anderen nützlichen Dingen einen Satz Kufen baute, sie statt der Räder am Wagen befestigte und so einen großen Schlitten aus ihm machte, der es uns ermöglichte, am Sabbat schnell und bequem zur Kirche und ansonsten zum Dorf zu fahren, um dort unser Getreide und unseren Mais mahlen zu lassen, für ein wenig Bargeld Schaffelle, Leder und Wollstoff zu verkaufen und die wenigen Familien zu besuchen, mit denen wir noch gut auskamen, wie die Nashes, die Brewsters und die Thompsons; durch die Beziehung zwischen deren Sohn Henry und Ruth wurde die Verbindung mit letzteren recht eng.

Jener Winter ist mir trotz der Spannungen zwischen mir und Lyman als der friedlichste von all den Wintern in Erinnerung geblieben, die wir in North Elba verbrachten. Vielleicht lag es daran, daß wir für einige Zeit von der Arbeit für »das Werk« befreit waren und Vater nicht da war. Zweifellos entspannte sich das Verhältnis zu unseren Nachbarn, denn jetzt wurden wir ihnen ähnlicher – wir waren Abolitionisten der Gesinnung, jedoch nicht dem Handeln nach; wir kümmerten uns um die Farm und unsere Herden, ohne deswegen die Beziehungen zu unseren Nachbarn zu vernachlässigen, und waren insoweit religiös, als wir regelmäßig die Sabbatgottesdienste besuchten und den Tag ansonsten so wie immer begingen, ohne jedoch jedermann Predigten zu halten und bei jeder Gelegenheit die Leute mit Bibelzitaten zu traktieren.

Abgesehen davon, daß ein Neger und eine Negerin bei uns lebten, unterschieden wir uns von keiner weißen Familie der Gegend. Wie sie verkrochen wir uns vor dem Winter, jagten ein wenig, gingen auf dem Mirror Lake zum Schlittschuhlaufen, reparierten und bauten Werkzeuge und Möbel, spannen Wolle und webten Stoffe, gerbten Häute, fertigten neue Stiefel, Pferdegeschirre, Hüte und Gürtel an und versorgten unsere Schafe, Rinder und Pferde. Wir verzehrten unsere Vorräte an gepökeltem Schweine- und Hammelfleisch sowie Wildbret und eingesalzenem Fisch; all das aßen wir geröstet, gekocht, gebraten und in Eintöpfen, dazu Kartoffeln, verschiedene Kürbissorten, rote Bete, Bohnen, Karotten und Rüben aus der Miete. Wir tranken viel frische Milch, machten Käse und Butter im Überfluß, verarbeiteten unsere Äpfel zu Apfelsaft und wärmten uns vor dem Feuer mit Sassafrastee. Wie alle guten Abolitionisten mieden wir Zucker, doch für Süßspeisen hatten wir im Frühherbst etliche Gallonen Honig gesammelt, und da wir unsere eigenen Bäume nicht vor dem Frühling anzapfen konnten, tauschten wir bei unseren Nachbarn Häute gegen deren ausgezeichneten Ahornsirup, mit dem wir Fleisch, Gemüse und Brot würzten und aus dem wir Ahornzucker und Platten von hartem Ahornkandis machten. Und wurden in unserem warmen Haus gesund und stark.

Bei jeder Mahlzeit sprachen wir das Dankgebet, am Abend beteten wir gemeinsam, sangen die alten Hymnen und gelegentlich sogar neuere Lieder, die wir von unseren Nachbarn oder von Susan lernten oder an die sich Mary aus ihrer Kindheit erinnerte. Wir lasen den *Liberator* und Frederick Douglass' *North Star* sowie Bücher aus Vaters Sammlung; wir Älteren brachten den Kleinen das Abc und die Zahlen bei, während Ruth mit Susan und Lyman arbeitete und sie mit Hilfe der Lesefibel lehrte, Bücher und Zeitschriften für Erwachsene zu lesen.

Und wir lasen Vaters Briefe. Alle paar Wochen erreichte uns ein langer Brief von einer der Stationen seiner Odyssee von Gerichtshof zu Gerichtshof, Briefe aus Springfield, Troy, Pittsburgh, Boston und Hartford. Sie waren belehrend und tadelnd wie immer, doch auch herzlich und liebevoll. Wie es uns im Laufe der Jahre zur Gewohnheit geworden war, lasen wir sie laut vor, und danach schrieben ich oder Watson die Briefe ab; die Originale legten wir, für wiederholtes Lesen und um seine Anweisungen vor Augen zu haben, auf Vaters Schreibtisch, die Kopien hingegen in seinen Stahlschrank, wo sie vor Wasser, Feuer und Diebstahl sicher waren. Für die Nachwelt, wie Vater sagte, obwohl mir dies bislang als bloße Eitelkeit erschienen war – vor allem nach den Gileaditern und unseren Abenteuern in England, die mir, was das Interesse der Nachwelt an Vaters und meiner Arbeit anging, einige Illusionen geraubt hatten.

Doch in jenem Winter berichtete Vater in seinen Briefen immer häufiger und ungewöhnlich eingehend von seinen Treffen mit berühmten Männern und Frauen, alles Abolitionisten; etliche waren bekannte weiße Geistliche und Lehrer, etwa die Reverends Channing und Parker und der berühmte Horace Mann, andere waren auch für ihre Förderung der Rechte der Frauen bekannt, beispielsweise Dr. Howe, Lydia Maria Child und Abby Kelley, die, wie Vater sagte, eine der besten Rednerinnen war, die er je gehört hatte. Auch berühmte Neger waren darunter: In Syracuse lernte er Bischof Loguen kennen und weihte ihn in seinen Plan ein, den der Bischof laut Vater »für edel und sehr wohl durchführbar hält«. Bei einem Treffen in Hartford hörte er Harriet Tubman, die sehr mutig vor hundert Weißen sprach. Nachdem Frederick Douglass ihn persönlich vorgestellt habe, so Vater, habe er »eine beträchtliche Zeit mit ihr gesprochen und gemerkt, daß sie eine große Kämpferin ist«. In Boston befand er sich häufig in der Gesellschaft von Literaten; er erwähnte Thomas Wentworth Higginson und einen jungen Redakteur des *Atlantic Monthly*, Franklin Sanborn, der ihn nach Concord mitnahm, um dort Ralph Wald Emerson, den Vater mittlerweile bewunderte, persönlich kennenzulernen, ebenso dessen Freund Henry Thoreau, »ein Rebell, was die Sklaverei angeht«, schrieb Vater, »doch ein seltsam menschenverachtender Zeitgenosse, was, wie ich glaube, seiner Absage an die Religion zuzuschreiben ist. Ich kenne keine seiner Schriften, doch Mr. Sanborn versichert mir, sie seien sehr gut.« Es gebe sogar einige Geschäftsleute, teilte er uns mit, die Interesse daran zeigten, der Bewegung im allgemeinen und Vater im besonderen zu helfen: ein Bursche aus der Tuchmacherbranche namens George Stearns und »einige reiche Leute, die ihr Geld für etwas Handfesteres als Ansprachen und Zeitungen und Reisekosten für Redner spenden wollen. Ich habe die Absicht, sie in dieser Hinsicht zufriedenzustellen«, schrieb er.

Für jemanden, der Vater so nahestand wie ich, war es schwierig, ihn mit den Augen anderer zu sehen. Aber es war nicht zu leugnen, daß er ungeachtet seiner hohen Stimme und seines steifen, in gewisser Weise puritanischen Auftretens über eine ungemeine Ausstrahlung verfügte, sobald er sich öffentlich zu Themen wie Sklaverei und Religion äußerte. Und je mehr Achtung die Leute ihm zollten, desto nachhaltiger schien er diesen Respekt zu rechtfertigen, denn wenn ihm Aufmerksamkeit und Beachtung von Fremden zuteil wurde, gewann er buchstäblich an Größe und Format wie auch an Klarheit des Denkens und Redegewandtheit. Und nie wirkte er größer und aufrechter, nie wortgewandter und überzeugender in seinen Darlegungen, nie so unbezweifelbar ehrlich und aufrichtig, als wenn er sich zu den unauflösbar miteinander verwobenen Themen Sklaverei und Religion äußerte.

Es war, als sähe Vater alle Amerikaner in eine kosmische Allegorie eingeschlossen wie die Gestalten in einer Geschichte von John Bunyan und als wäre er imstande, durch seine persönliche Überzeugungskraft und Intelligenz selbst den größten Materialisten unter ihnen dazu zu bringen, seinen Glauben zu teilen. Mittlerweile waren die Menschen bei weitem nicht mehr so optimistisch, was das unausweichliche, allmähliche Ende der Sklaverei in Amerika anging, und viele, die sich früher damit zufriedengegeben hatten, sich der Sklaverei nur mit Worten zu widersetzen, zogen nun auch drastischere Maßnahmen in Betracht. Als einer der wenigen, die einen förmlichen Vorgehensplan ausgearbeitet hatten, und als der möglicherweise einzige, der auch in der Lage zu sein schien, ihn durchzuführen, war Vater jetzt eine erheblich interessantere Gestalt als noch ein halbes Jahr zuvor.

Zudem spielte es, dessen bin ich mir sicher, keine geringe Rolle, daß Vater unter den weißen Abolitionisten auch deswegen eine Ausnahmeerscheinung war, weil er das Vertrauen und die Bewunderung von Negern genoß, und zwar nicht aufgrund seines politischen Einflusses oder seines Reichtums oder seiner gesellschaftlichen Stellung, die er ja nicht hatte, sondern wegen der schieren Macht seines Zorns. Was die Weißen an Vater ängstigte, gefiel den Schwarzen. Frederick Douglass, Bischof Loguen, Reverend Highland Garnet, Harriet Tubman – sie alle verbürgten sich für ihn und sprachen von ihm als einem der Ihren, und das beeindruckte die Weißen so nachhaltig, daß ihre Furcht vor ihm in den Hintergrund rückte.

Alles in allem war er ganz anders als die übrigen bekannten weißen Abolitionisten. Zunächst einmal war er körperlich robust und zäh, und das sah man ihm auch an. Obwohl er nie in einer Schlacht gekämpft hatte, vermittelte er den Eindruck eines kampferprobten Mannes. Gebräunt und schlank wie eine geflochtene

Lederpeitsche und aufrecht wie ein Stock, hatte er die körperliche Kraft eines um die Hälfte jüngeren Mannes. Seine spartanische Lebensführung mit wenig Schlaf, einfachen Mahlzeiten und ohne Alkohol oder Tabak beeindruckte alle. Außerdem sprach er kenntnisreich über Waffen sowie die Beschaffung und den Einsatz von Männern, Pferden und Vorräten; er verstand die Regeln von Angriff und Belagerung, strategischem Rückzug, Gegenangriff und Hinterhalt; er hatte die Erinnerungen großer Generale und die Geschichte berühmter Feldzüge so gründlich studiert, daß er sich wie ein Mann anhörte, der höchstpersönlich zusammen mit Napoleon bei Waterloo gewesen war, an der Seite Garibaldis gekämpft hatte oder mit Cortez gegen den unbesiegbaren Montezuma geritten war.

Der Winter in North Elba war, selbst gemessen an dem, was wir von Ohio und New England her gewöhnt waren, lang und hart, und obwohl es nicht unser erster war, hatten wir das Gefühl, er würde nie mehr enden. Unsere Nachbarn in den Adirondacks hingegen fanden ihn eher mild, und tatsächlich hielt am Ende doch der Frühling zögerlich Einzug, und mit ihm kam die Zeit der Geburt von Susans und Lymans Baby, der wir alle als großem Ereignis entgegensahen. Nach und nach hatten wir erfahren, wie Susan ihre anderen Kinder an die Sklaverei verloren hatte, und obwohl Lyman nie davon sprach, hatten wir den Eindruck, daß er es gar nicht erwarten konnte, Vater zu werden. Es wäre ihr erstes in Freiheit geborenes Kind, und seine Geburt wäre ein sichtbares Zeichen ihrer großen Opfer und ihres Sieges.

Susan schlief inzwischen unten bei Mary, deren Kind erst Anfang Juni zur Welt kommen sollte; die beiden Frauen teilten sich Vaters und Marys großes Bett neben dem Herd. Lyman schlief natürlich weiterhin wie ich und die Jungen oben im Dachgeschoß auf der einen Seite des Vorhangs, Ruth und die Mädchen auf der anderen. Diese Regelung war zwar ungewöhnlich, aber nicht unbequem. Und sie war auch praktisch, da sie aus der Zeit, die wir im Bett verbrachten, eine nüchterne Angelegenheit machte, nur schwer durch Faulheit und Geselligkeit zu beeinträchtigen, denn sobald man aufwachte, konnte man schon aus Höflichkeit und Bescheidenheit nichts weiter tun, als sich von seinem Feldbett zu erheben, sich im Dunkeln anzuziehen und mit der Arbeit zu beginnen. Unsere Nächte – außer wenn Vater zu Hause war und er und Mary eine kleine private Rückzugsmöglichkeit hatten – waren einzig darauf ausgerichtet, uns genügend Schlaf zu ermöglichen, nichts weiter. Was zweifellos Vaters Absichten entsprach.

Die Tiere waren unruhig, sie verloren ihr zottiges Winterfell und warteten, nachdem sie so lange eingeschlossen gewesen waren, begierig darauf, aus ihren Pferchen und Ställen ins Freie zu dürfen; das Lammen hatte vielversprechend begonnen, und wir freuten uns auf eine erfolgreiche Schur. Außerdem waren zu unserer Herde zwei neue Kälber und ein großer Wurf Ferkel hinzugekommen. Die Berge waren noch genauso mit Schnee und bleichen Eisflächen bedeckt wie im Januar, doch drunten in den gerodeten Tälern und Ebenen in der Umgebung North Elbas war der Schnee bis auf längliche, ovale Halbinseln und glattrandige Inseln, die auf den gelblich verfärbten, matschigen Feldern tauten, und bis auf weiche, zwei Fuß tiefe Schneepolster, die in Wäldern und Senken sowie auf den nordseitigen Hängen zurückblieben, verschwunden. Der Au Sable strömte wieder ungehindert dahin, und obwohl das Eis auf den Seen und Tümpeln noch nicht krachte und knackte und aufbrach, konnte man es nicht mehr gefahrlos mit dem Schlitten überqueren.

Mit einem Mal waren wir wieder im Freien beschäftigt, rodeten neues Gelände, brannten Stümpfe ab, errichteten Zäune und bereiteten das Land für das Pflügen vor, sobald es trocken war; wir zapften Zuckerahorne an und dickten den Saft in riesigen Kesseln ein. Jeden Tag ging die Sonne früher auf und später unter, und jeden Abend fielen wir, erschöpft von der Arbeit, ins Bett und standen am Morgen auf, begierig weiterzumachen. Es war die Jahreszeit, die unsere Nachbarn recht treffend nicht als Frühling, sondern als Schlammsaison bezeichneten. Wenn der Schnee und das Eis schmolzen, wurden die bretthart gefrorenen, monatelang unter mannshohen Schneewehen begrabenen Straßen, Gassen, Pfade und Farmhöfe zu breiten, tiefen, welligen Flüssen und Teichen aus weichem, klebrigem Schlamm. Der Morast war überall, es war unmöglich, ihn aus dem Haus, von unserem Werkzeug, unseren Stiefeln, Wagen, Tieren und Maschinen fernzuhalten, und wir stapften durch ihn wie durch zähe Melasse.

Ich hängte die Schlittenkufen in der Scheune auf und rüstete den Wagen mit einem Satz neuer, großer und breiter Räder aus, die ich während der dunklen Wintermonate selbst angefertigt hatte, Räder von sechs Fuß Durchmesser mit breiten eisernen Reifen, die Lyman in seiner Werkstatt geschmiedet hatte. Man kam nur mühsam voran, doch mit den neuen Wagenrädern und beiden Pferden statt nur einem konnten wir dennoch fahren. Und dies taten wir auch. Denn die Underground Railroad hatte ihre Arbeit wiederaufgenommen, und diesmal hatte ich vor, Watson mitzunehmen und mich Lyman anzuschließen, um die flüchtigen Sklaven selbst zu begleiten, die nun blinzelnd und angstvoll aus ihren Winterverstecken auftauchten und sich wieder auf den Weg nach Norden machten; erneut wurden sie von einem zum anderen, von Keller zu Keller, Dachboden zu Dachboden weitergereicht, die Straße von Utica nach Timbuktu hinauf und weiter nach Port Kent und anschließend auf Wagen oder Schlitten ins französische Kanada, manchmal auch auf dem von Lyman bevorzugten Weg von Timbuktu aus nach Nordwesten durch die tiefste Wildnis der Adirondacks nach Massena, dann nach Cornwall, um dort den St. Lorenz nach Ontario hinüber zu überqueren.

Wir Browns wollten Lyman diesmal bewaffnet und wachsam zur Seite stehen. Ich wollte ihm deutlich zeigen, daß er und ich jetzt dieselben Prioritäten hatten. Denn ich konnte den Gedanken nicht ertragen, daß er glaubte, ich sei nur an der Farm interessiert, was im Herbst zweifellos der Fall gewesen war. Mir war durchaus bewußt, daß diese rasche Änderung meiner Einstellung ein Zeichen meiner damaligen Verwirrung war, doch ich empfand sie weniger als moralische Verwirrung, sondern eher als vorübergehenden und rein persönlichen Konflikt zwischen meiner Loyalität Lyman und der Loyalität Vater gegenüber. Nachdem wir den Herbst und den Winter überstanden hatten, glaubte ich, erneut beiden gegenüber loyal sein zu können.

In jenem Frühling trieben sich die Sklavenfänger und ihre Handlanger wie hungrige Wölfe überall in den Gemeinden und Städten und deren Umgebung herum, die an den üblichen Routen nach Norden lagen, besonders im Westen des Staates New York und in den Tälern des Hudson und des Champlain von Albany bis Plattsburgh. Infolgedessen schickten die Mitarbeiter der Underground Railroad in Orten wie Utica, Syracuse und Schenectady mehr Flüchtige als zuvor über die von Lyman bevorzugte, um einiges beschwerlichere Route durch die Berge und die Wildnis der Adirondacks. Und das trotz der Unbilden des Wetters, der schlechten Straßen, der weiten Entfernungen zwischen den einzelnen Stationen und der Gefahr, auf Wölfe und andere wilde Tiere zu stoßen. Etwa ab Mitte März kamen die ersten Flüchtlinge spät in der Nacht in Timbuktu an, und einer unserer wenigen Verbündeten in der Siedlung, einer, den wir kannten, erschien am folgenden Morgen bei uns auf dem Hof, um uns zu benachrichtigen. In der Nacht schirrten Lyman und ich und Watson dann, ungeachtet unserer Pflichten auf dem Hof, das Gespann an und fuhren mit dem Wagen nach Timbuktu hinüber, wo wir unsere arme, verängstigte menschliche Fracht aufluden, um sie nordwärts nach Kanada und in die Freiheit zu bringen.

Glücklicherweise waren Lyman und ich während dieser Zeit wieder wie Brüder. Wie früher scherzten wir miteinander und unterhielten uns sogar wieder ernsthaft über Themen wie Religion und die Beziehungen zwischen Männern und Frauen. Nicht aber über Rasse. Vor unserem Zusammenstoß im Herbst war es in fast allen unseren ernsthaften Gesprächen um die Frage der Rasse gegangen, und nur selten, wenn überhaupt, hatten wir über unsere wahren Ansichten hinsichtlich Religion oder des Verhältnisses von Mann und Frau gesprochen. Nun hingegen war Rasse das einzige Thema, das wir nicht anschnitten. Über Gott, über Gottes Werk und darüber, ein Mann zu sein, konnten wir ehrlich und von gleich zu gleich wie zwei Freunde der gleichen Hautfarbe miteinander reden; doch wir konnten nicht mehr darüber sprechen, daß der eine von uns schwarz, der andere weiß war. Insgeheim bekümmerte mich dieses Verschwinden einer Vertrautheit, wie ich sie niemals zuvor einem Neger gegenüber empfunden hatte. Doch gleichzeitig war ich auch froh darüber. Wenn ich so neben Lyman auf dem Kutschbock saß, während Watson mit schußbereiter Flinte hinten im Wagen kauerte und unsere kostbare Fracht unter der Plane verborgen war, fühlte ich mich frei genug, um so zu tun, als wäre Lyman ein Weißer wie ich oder ich ein Schwarzer wie er oder als wären wir nichts weiter als zwei Amerikaner, die gemeinsam das Werk des Herrn vollbrachten.

In jenem Frühling übernahmen wir fünfzehn oder zwanzig Fuhren, doch am besten erinnere ich mich an einen Morgen mitten im April, als wir von einer besonders beschwerlichen Fahrt zur Grenze von Ontario zurückkehrten. Drei Tage und vier Nächte waren wir unterwegs gewesen, hatten in einem Moor südlich von Potsdam fast den Wagen verloren, waren gezwungen gewesen, einen halben Tag lang abseits unserer Route auf einem alten Holzfällerpfad zu fahren und nach einer Stelle zu suchen, wo wir den Raquette River gefahrlos durchqueren konnten, und schließlich waren wir nur knapp zwei Sklavenjägern entkommen, die nahe Massena, direkt südlich der Grenze, ihr Lager aufgeschlagen hatten. Watson hatte sich wacker geschlagen; zwar behauptete er, beide niedergeschossen zu haben, als sie uns im grauen Licht des frühen Morgens ein paar Meilen weit entlang des breiten, noch gefrorenen St.-Lorenz-Stroms verfolgten, aber vermutlich hatte er nur einen getroffen, den aber ganz bestimmt, denn es hatte dem anderen den Mut geraubt, uns allein nachzusetzen, so daß es uns schließlich gelungen war, unsere Fracht sicher am Übergang nach Cornwall abzuliefern.

Die Rückfahrt nach North Elba – zwar weniger riskant, weil der einzige Neger auf dem Wagen Lyman war und er immer sein altes, zerknittertes Freilassungsschreiben in einer Lederhülle wie einen

Dolch am Bein befestigt bei sich trug – war nicht viel leichter, da das Wetter zwischen Regen, Schneeregen und Schnee wechselte. Wir durchquerten Sümpfe und Moore, sahen, wie die Morgennebel aus Seen in der Wildnis aufstiegen, zu denen Rotwild und Elche herabgekommen waren, um zu trinken, sahen, wie sie die Köpfe hoben und uns beäugten, als wir am gegenüberliegenden Ufer entlangfuhren. Tief drangen wir in die uralten Fichten- und Kiefernwälder ein, fuhren meilenweit durch Buchenwälder und Hickorygehölze, umrundeten Biberteiche, sahen die Fährten von Berglöwen und hörten das Heulen von Wölfen und das bellende Husten von Bären, wurden von über Felsblöcke tosenden Strömen aufgehalten, die von der Schneeschmelze angeschwollen waren, die Ufer überfluteten und uns auf langen Umwegen zurück in die Wälder auf Holzfällerpfade trieben, bis wir endlich wieder auf die Straße zurückkehren konnten, die eigentlich nie eine richtige Straße war, nur ein einsamer Pfad von der Breite eines Wagens, der die Wälder des Nordens durchquerte, ein Wildwechsel, der zum Indianerpfad geworden war und den dann Pferde und Schlitten, die Holz transportierten, sowie Planwagen, die die Camps mit Nachschub versorgten, verbreitert hatten.

Wie bei anderen schwierigen und kräftezehrenden Fahrten mit wenig oder gar keinem Schlaf waren wir einen ganzen Tag unterwegs gewesen, ohne etwas zu essen, ohne eine Siedlung oder eine Farm oder auch nur ein anderes menschliches Wesen zu sehen, außer gelegentlich einen Fallensteller, der den Pfad überquerte und in den dunklen Wäldern verschwand, um nach seinen Schlingen zu sehen – selbst so flüchtig und einsam wie ein wildes Tier. Was bedeutete ihm die Versklavung von drei Millionen Negern? Oder das Fugitive Law? Wußte er, wer Präsident war, und interessierte es ihn überhaupt? Hatte er je von so etwas wie Abolitionismus gehört? Manchmal, wenn ich einen dieser in Pelze gemummten, bärtigen Burschen mit seinem Rucksack und den Fallen mit den stählernen Zähnen und der langläufigen Flinte ins Dickicht eintauchen sah, beneidete ich ihn fast. Sein Unwissen und die Zielstrebigkeit, mit der er es einzig auf die Häute von Tieren abgesehen hatte, stellten eine Unschuld dar, wie ich sie nie wieder verspüren würde, wenn ich sie denn überhaupt jemals verspürt hatte.

Der Morgen dämmerte schon, als wir endlich auf der Farm eintrafen. Im Osten über dem Tahawus war der bedeckte Himmel weich wie Flanell und grau, im Westen pechschwarz. Es hatte fast die ganze Nacht geregnet, ein prasselnder Dauerregen, der augenblicklich unsere Umhänge und Hüte durchweicht hatte, so daß wir bis auf die Knochen durchgefroren waren. Als wir in den Hof einbogen, sahen wir in der Küche Lampen brennen und Rauch aus dem Schornstein aufsteigen. Überrascht machte Lyman mich darauf aufmerksam, denn normalerweise war, wenn Vater nicht da war, niemand so früh auf den Beinen. Ich glaube, uns wurde beiden gleichzeitig klar, was die Familie wach gehalten hatte, denn ohne ein Wort zu wechseln, gab ich, als wir am Haus vorbeifuhren, die Zügel Watson, und Lyman und ich sprangen vom Wagen und hasteten zur Tür.

Es war tatsächlich so, wie wir es erwartet hatten – Susans Kind war zur Welt gekommen. Susans Baby – aber ebenso *Lymans* Baby. Doch irgendwie gelang es mir nicht, das so zu sehen. Selbst damals, noch lange, ehe mir die wahre Natur meiner Gefühle für Susan bewußt geworden war, schien ich Lyman von seinen Sonder- und Vorrechten auszuschließen, so daß ich, als ich in der warmen, schwachbeleuchteten Küche meinen Blick von einem Gesicht zum anderen wandern ließ und nur Kummer und Erschöpfung sah, aber nichts von der Freude und dem Stolz, den ich erwartet hatte, keinen Augenblick an den Verlust dachte, den Lyman erlitten hatte. Ich dachte nur an den von Susan und in einem Winkel meines Herzens unberechtigterweise an meinen.

Mary saß in sich zusammengesunken am Tisch, vor sich die aufgeschlagene Bibel, doch sie las nicht darin; sie starrte nur durch das gegenüberliegende Fenster auf das langsam heller werdende Feld und die Wälder dahinter. Ruth hatte sich auf das Bett neben Susan gesetzt und wischte das Gesicht der Frau mit einem feuchten Tuch ab. Grimmig, schmallippig und verängstigt sah Ruth aus, doch sie schien sich mit dem Geschehen abgefunden zu haben, als hätte sie während der Nacht und der langen Stunden bis zur Morgendämmerung etwas Schreckliches über das ihr selber bevorstehende Schicksal gelernt. Die anderen Kinder gingen in ihren enganliegenden Hosen und Hemdhosen langsam umher; wie halbangezogene, traurige, im Stich gelassene Kinder wirkten sie, die sich ein wenig Essen fürs Frühstück zusammensuchten. Die Frauen sahen ausgelaugt und erschöpft aus; unverkennbar waren sie die ganze Nacht über auf gewesen und hatten darum gekämpft, ein Kind zur Welt zu bringen. Susan, die Mutter des Kindes, lag mit geschlossenen Augen in den Kissen; die Hände hatte sie unter die Decke gesteckt, und alle Farbe war aus ihrem Gesicht gewichen, so daß sie fast so weiß wirkte wie Ruth. Einen Augenblick lang glaubte ich, sie sei tot, und spürte, wie ein Stöhnen in meiner Kehle aufstieg.

Doch dann schlug sie zögerlich die Augen auf. Langsam wandte sie den Kopf auf dem Kissen zur Seite und sah ausdruckslos ihren Ehemann und mich in der Tür stehen; zwei große, kalte Gestalten, die mit ihren schweren Stiefeln und regendurchweichten Gewändern hereinpolterten, schwerfällig, unbeugsam und männlich, völlig fehl am Platz in dieser stillen, traurigen Gemeinschaft von Frauen und Kindern. Grausige Gedanken schossen mir durch den Kopf. So viele Babys kommen tot zur Welt, daß man es nicht wagt, ihnen zu wünschen, überhaupt geboren zu werden. Und so viele sterben gleich nach der Geburt, daß man sich fragt, warum es ihnen überhaupt erlaubt war, zu leben. Und wenn sie doch eine Weile am Leben bleiben, werden so viele binnen kurzem krank und sterben, daß man wünscht, sie wären gleich gestorben und hätten einen gar nicht erst dazu gebracht, sie zu lieben. Mit jedem Verlust werden die Frauen schwächer und trauriger, doch die Männer, was können die Männer tun? Meiner Ansicht nach mußten sie mit den Zähnen knirschen und mit den Fäusten auf die Wand einhämmern; und genau das tat ich damals. Ich ballte meine rechte Hand zur Faust und schlug mit aller Kraft gegen die Wand, ein-, zwei-, dreimal, jeder Schlag stärker als der vorhergehende, bis ich befürchtete, ich würde wie der geblendete Samson die Wand zum Einstürzen bringen. Selbst erschrocken über meine Wut, schlich ich dann in die hinterste Ecke des Raumes, schloß die Augen und sehnte mich nach Worten eines Gebets. Doch ich fand keine.

In merkwürdig kaltem Ton sagte Ruth: »Das Baby kam tot zur Welt. Wir haben es für die Beerdigung eingewickelt. Du wirst ein Grab schaufeln müssen, Owen. Und du solltest es gleich tun.«

Ich räusperte mich. »Und Susan, wie geht es ihr?« fragte ich.

Nun sagte Mary zum ersten Mal etwas: »Sie wird sich wieder erholen, dessen bin ich sicher. Tu, wie Ruth dich geheißen hat, Owen. Hebe das Grab aus. Susan wird es überstehen. Die Hebamme aus Timbuktu war hier und hat sie versorgt; sie ist gerade erst gegangen. Sie kennt all die alten Heilmittel, und sie hat Susan damit behandelt. Das Baby hat keinen Namen, aber wir müssen es beerdigen, dann können wir auch für es beten. Vielleicht will Lyman ein Grabkreuz aufstellen, aber das ist nicht nötig. Es hat keinen einzigen Atemzug getan«, erklärte sie, und dann, als wäre es ihr erst nachträglich eingefallen, fügte sie hinzu: »Es war ein Junge.«

Die ganze Zeit über hatte Lyman keinen Laut von sich gegeben und sich nicht von der Tür entfernt. Dort stand er nun, reglos und stumm wie bei seinem Eintreten. Mir liefen die Tränen über die Wangen, doch seine Augen blieben trocken und kalt, sein Gesicht zeigte keine Regung. Mein ganzer Körper brüllte vor Zorn, und ich konnte kaum stillhalten, doch Lyman stand mit schlaff herabhängenden Armen da. Er glich eher einem im tiefsten Winter ausgesägten Eisblock als einem Menschen. Und er behielt diese Haltung bei, während er seine Frau seltsam ruhig ansah, als hätte er sie schlafend angetroffen und wollte sie nicht wecken, sondern sie nur eine Weile ansehen, ohne daß sie es merkte.

Schließlich sagte Susan fast flüsternd: »Es tut mir leid, Lyman.«

Er bewegte die Lippen, als wollte er einen unangenehmen Geschmack im Mund loswerden, und nach einigen Sekunden quälenden Schweigens erklärte er: »Es hat nicht sollen sein.« Dann drehte er sich unvermittelt um und verließ das Haus.

Ich folgte ihm nach draußen; immer noch zitterte ich, vor Zorn und Kummer, so glaubte ich. Ich war unfähig, Susan etwas Passendes oder Tröstliches zu sagen, war nicht einmal in der Lage, ein Gebet zu sprechen, und so machte ich mich sofort daran, die Anordnung meiner Stiefmutter Mary auszuführen und ein Grab für das Kind auszuheben. So konnte ich mich wenigstens nützlich machen. Doch noch ehe ich die Scheune erreicht hatte, kam Lyman auf Adelphi aus dem Stall geritten.

Ich griff nach den Zügeln und fragte: »Wo willst du hin?«

»Nach Timbuktu.«

»Warum?«

»Ich will meine Hütte herrichten.«

»Was? Warum denn jetzt? Das verstehe ich nicht.«

Er sah mich nicht an. »Ich komme in ein paar Tagen wieder und hole Susan ab.«

»Wovon redest du überhaupt?«

»Das hörst du doch.«

»Aber du kannst nicht gehen«, sagte ich. »Sie muß hierbleiben, und sie braucht dich hier.«

»Nein. Sie und ich, wir müssen bei unseren eigenen Leuten sein. Ich will dir das nicht erklären müssen, Owen. Aber es ist nicht richtig für uns, weiterhin bei euch Browns zu leben. Seit wir hierhergezogen sind, ist für uns zu viel schiefgelaufen, deshalb gehen wir jetzt wieder zurück, sobald Susan so weit reisen kann.«

»Nein«, erklärte ich, »das kannst du nicht machen.«

Er seufzte und schüttelte den Kopf. »Du kannst mich nicht aufhalten, Owen, denn ich bin fest entschlossen.«

»Du reitest Vaters Pferd«, sagte ich, als könnte ihn das aufhalten. Es schien mir in diesem Augenblick undenkbar, daß er und Susan aus unserem Haus auszogen und in ihre schäbige kleine Hütte in Timbuktu zurückkehrten. Glaubte er vielleicht, wir hätten ihn verflucht oder verhext?

Etwas verärgert und fast mitleidig schaute er auf mich herab. »Auch gut«, sagte er, schwang sich vom Pferd, übergab mir die Zügel und ging davon. Ich stand da, das Pferd am Zügel, und sah schweigend zu, wie er über den Hof und dann die Straße hinunter in Richtung der afrikanischen Siedlung ging, bis er nicht mehr zu sehen war.

Als ich das Pferd in seine Box in der Scheune zurückbrachte, stieß ich auf Watson, der den anderen Morgan striegelte. »Ich dachte, Lyman wäre mit Adelphi fortgeritten«, sagte er. »Was ist los? Er war so merkwürdig.«

»Ja, etwas Schreckliches ist geschehen«, entgegnete ich. »Susans Kind ist tot zur Welt gekommen.«

Sein munteres Gesicht wurde plötzlich schlaff und fahl. Er sagte nichts, stand nur einfach da, den Striegel in der Hand, mit offenem Mund und schweigend, als hätte er einen Schlag auf die Brust bekommen, der ihm den Atem raubte.

»Ich brauche jemanden, der mir hilft, das Grab zu schaufeln, Wat«, erklärte ich. »Kommst du mit?« Ich hatte den Spaten und die Spitzhacke genommen und stand an der Tür.

»Ja, sicher. Das ist ziemlich schlimm für die beiden, oder?«

»Ja, es ist furchtbar.«

»Ist mit Susan alles in Ordnung?«

»Ja. In ein paar Tagen hat sie sich wieder erholt.«

»Und was ist mit Lyman?«

»Lyman ist durcheinander, aber das wird schon wieder.«

»Wo wollte er mit Adelphi hin?«

»Hör auf zu fragen«, erwiderte ich und gab ihm die Spitzhacke. »Komm einfach mit; wir heben das Grab aus.«

Er zuckte mit den knochigen Schultern, nahm die Hacke und trottete hinter mir her, zwei Totengräber an einem kalten, nieseligen grauen Morgen.

Ein paar hundert Meter hinter dem Haus, auf einer Lichtung in der Nähe eines Birkenhains, hoben mein Bruder Watson und ich in dem nassen, steinigen Boden eine tiefe Grube aus. Anschließend zimmerte ich eine kleine Kiste aus Kiefernholz, legte den winzigen, in ein schlichtes erdfarbenes Stück Wollstoff gehüllten Körper des Kindes hinein und nagelte den kleinen Sarg zu. Das Kind selbst bekamen wir nie zu Gesicht, nur seine bescheidene Hülle.

Watson und ich ließen die Kiste in das Loch hinunter, füllten es wieder auf und bedeckten den offenen Boden mit Grassoden. Es würde nicht gekennzeichnet werden. Und als wir sieben Wochen später wiederkamen, um Marys und Vaters ungetauftes Kind in ein ebenfalls nicht markiertes Grab zu legen, stand das Gras über dem ersten Grab schon hoch und Gänseblümchen blühten dort; man konnte nicht mehr erkennen, wo es gewesen war. Dennoch wußte ich genau, wo das erste Grab sich befand; ich sah es deutlich vor mir, als stünde an seinem Kopfende ein großer Grabstein aus Marmor, in den man eingemeißelt hatte:

> Namenloses Kind von Susan & Lyman Epps
> »Wir werden zwar nicht alle entschlafen, wir
> werden aber alle verwandelt werden.«
> I. Korinther 15, 51.

Es war eine schreckliche Zeit damals: das totgeborene Kind und Lyman und Susan, die uns verlassen hatten, um bei den Negern in Timbuktu zu leben, und der schnell näher rückende Termin der Geburt von Marys Kind – an sich war das nicht aufregend, nicht einmal für mich, doch es bedeutete auch, daß Vater bald nach North Elba kommen würde, was mich nun mehr denn je mit namenloser Angst erfüllte. Warum kam mir seine Ankunft so schrecklich vor? Er war mein Vater. Ich liebte ihn. Ich war überzeugt, nichts Böses getan zu haben.

Der einzige Grund, der mir einfiel, war die Unordnung, die ich überall um mich herum sah, und ich wußte, er würde sie in der Sekunde wahrnehmen, in der er vor dem Haus anhielt – der Alte konnte Unordnung förmlich riechen –, und binnen kurzem würde er alles wieder in Ordnung bringen. Und mich auf diese Weise demütigen. Dennoch fühlte ich mich merkwürdig gelähmt, und indem ich seine Ankunft im Geiste vorwegnahm, schien ich es nur noch schlimmer zu machen.

Wir kamen mit der Frühjahrsaussaat gut voran, doch eher dank Watson und Salmon, und irgendwie erledigten wir sie nur halbherzig. Und obwohl wir den Wald weiterhin ziemlich schnell rodeten und fast ein halbes Tagwerk pro Woche abholzten und abbrannten und die Stümpfe entfernten, taten wir auch das nachlässig – unwissenschaftlich hätte Vater es genannt –, wie angeheuerte Arbeiter ohne Vormann. Und am Haus wurde nichts mehr repariert, da wir anscheinend entweder nicht die Zeit oder die Energie oder soviel Verstand hatten, die Schäden zu beheben, die die Winterwinde und das Eis am Dach und an den Schornsteinen angerichtet hatten.

Doch diesmal hatten wir keinerlei Ausreden; wir konnten uns nicht selber vormachen oder Vater bei seiner Ankunft berichten, wir seien zu sehr mit dem Werk des Herrn beschäftigt gewesen, um unsere Arbeit hier zu verrichten. Wir waren keine Vertrauensleute der Underground Railroad mehr. Vaters großer Subterranean Passway, zumindest unser kleiner Abschnitt davon, war stillgelegt. Ohne Lyman als Verbindungsmann zwischen uns und den Bürgern von Timbuktu waren wir nicht imstande, entflohene Sklaven in den Norden zu befördern. Seit Lyman weg war, bat uns keiner mehr um Hilfe; das enttäuschte mich tief und stempelte mich zum Versager, nicht nur in meinen Augen, sondern auch in denen Watsons und sogar Salmons, der die Sklaverei inzwischen ebenso leidenschaftlich verurteilte wie Watson und ebenso begierig war, etwas dagegen zu tun.

Meine Weigerung, mich unverblümt und aufrichtig mit Lyman auseinanderzusetzen, konnten sie nicht verstehen. »Warum reitest du nicht einfach rüber und machst ihm klar, daß wir bereit sind, Leute in unserem Wagen nach Norden zu bringen, sobald sie in Timbuktu auftauchen?« fragte Salmon. »Sag es ihm doch einfach, Owen. Was läuft da eigentlich zwischen dir und Lyman? Was ist schon dabei, wenn er nach Timbuktu zurückkehren und auf seinem eigenen Grund und Boden leben will? Ist doch ganz natürlich, oder?«

»Das verstehst du nicht.«
»Nein, wirklich nicht.«
»Er will mit uns Browns nichts mehr zu tun haben.«

»Weshalb? Wegen Susans Baby? Das kann doch nicht sein. Damit hatten wir rein gar nichts zu tun. Es war Gottes Wille.«

»Ich weiß es nicht, Salmon. Du kannst ja mit ihm reden, wenn du willst. Geh du zu ihm und bitte ihn, er möge uns doch freundlicherweise Passagiere für unseren Wagen samt Gespann liefern, damit wir uns wieder besser fühlen. Erklär ihm, wie sehr er uns braucht, damit er seinen Negerbrüdern helfen kann, Salmon. Weißt du, was er dir antworten wird?«

»Was?«

»Ich ... ich weiß nicht, was er dann sagt. Ich weiß nur eines: Ich kann nicht zu ihm gehen. Nicht jetzt. Vielleicht nie mehr.«

»Für mich hört sich das verrückt an«, meinte er empört. Und tatsächlich ritt er noch am selben Tag ganz allein nach Timbuktu hinüber, nur um am Abend eindeutig enttäuscht und einigermaßen verwirrt zurückzukehren. Er kam zur Essenszeit und ließ sich, ohne Hut und Mantel auszuziehen oder die schmutzigen Stiefel abzuwischen, mürrisch am Tisch nieder.

Ruth fragte ihn schließlich, was Lyman gesagt habe, denn wie alle in der Familie wußte sie, weshalb der Junge dort gewesen war. Sie hatte sogar einen Korb mit Brot und Marmelade gepackt, den Salmon für sie mitgenommen hatte. Ich sagte kein Wort, und auch Watson schwieg, der, glaube ich, zu dieser Zeit bereits vermutete, daß sich zwischen Lyman und mir irgend etwas Dunkles, Persönliches abgespielt hatte, etwas, das noch keiner von uns beim Namen nennen konnte, denn auch Lyman und ich wußten nicht, was es eigentlich war. Wir spürten nur, wie stark es war, und verhielten uns entsprechend, als hätten wir keine andere Wahl, als stünden wir beide unter einem inneren Zwang, der sich uns erst später, wenn wir nicht mehr unter seiner Kontrolle stünden, enthüllen und damit benennbar würde.

»Ich habe ihn überhaupt nicht zu Gesicht bekommen«, berichtete Salmon. »Ich habe versucht, mit ein paar anderen zu reden, mit Mister Grey und dem anderen Mister Epps, dem Chorleiter. Aber sie haben behauptet, in Timbuktu gäbe es keine Underground Railroad. Als wäre ich eine Art Sklavenjäger oder so etwas Ähnliches. Angeblich hatten sie keine Ahnung, wovon ich sprach. Lyman, so sagten sie, sei weggegangen.«

»Haben sie gesagt, wohin?« erkundigte sich Watson.

»Nee. Einfach weg. Du weißt, wie sie sein können, wenn sie nicht wollen, daß du irgendwas rauskriegst. Sie lächeln und erzählen dir Halbwahrheiten, tun so, als wüßten sie auch nicht mehr als du. ›Lyman, der is weg, Mistah Brown.‹ Ich sage dir, die haben mich behandelt, als wäre ich der Sheriff oder ein Sklavenjäger.«

»Warst du bei seiner Hütte?« wollte Watson wissen.

»Jawoll. Und sie sah aus, als hätte er etwas daran gemacht. Er hat da auch einen recht anständigen Küchengarten in Arbeit. Sogar Susan hab' ich gesehen«, erklärte er; ich legte Messer und Löffel hin und sah auf.

Genau einen Monat war es her, daß die beiden gegangen waren, und so lange hatte ich sie auch nicht mehr gesehen, und plötzlich, als ich aus dem Mund meines Bruders ihren Namen hörte und mir vorstellte, daß er sie gesehen hatte, merkte ich, daß ich während der gesamten dreißig Tage und Nächte fast ausschließlich an sie gedacht hatte. Ihr Gesicht, ihre Stimme, ihre Gestalt, ihre Art, sich zu bewegen, all das war mir ständig im Kopf herumgegangen. Was ich auch tat, mit wem ich auch sprach, fortwährend dachte ich an Susan, die ich vermißte, nach der ich mich sehnte, mit der ich reden wollte. Und die ich berühren wollte. Wann immer ich hingegen an Lyman dachte, was ich häufig tat, erschien er mir nur als Hindernis zwischen mir und seiner Frau. Er war der Vorhang, der mir den Blick versperrte, der Felsen, der auf meinen Weg gerollt war, eine Palisade, die das Ziel meiner Wünsche einschloß.

Es beunruhigte und entsetzte mich, daß ich bis zu diesem Augenblick kein einziges Mal ein wenig Abstand von meinen Gedanken gewonnen hatte und mir ihrer wahren Natur bewußt geworden war, so überwältigend, alles verzehrend waren sie. Sobald ich dies erkannt hatte, war ich zuerst entsetzt und dann sogleich angewidert. Natürlich! dachte ich. *Das* war die Ursache des qualvollen Verhältnisses zwischen mir und Lyman. Und bestimmt hatte er dies lange vor mir gemerkt. Hatte bemerkt, daß ich in seine Frau verliebt war, und natürlich hatte er sie so schnell wie möglich aus meiner Reichweite gebracht.

Mir stieg das Blut zu Kopf. Erst kam ich mir lächerlich vor, dann schuldig, und ich wünschte mir nur noch, mich irgendwie von meiner Liebe zu Susan reinigen und Lyman gegenüber alles wiedergutmachen zu können. Zudem hatte ich den Eindruck, daß dies auch die Ursache meiner Angst vor Vaters bevorstehender Ankunft in North Elba war: Ich befürchtete, er würde sich nach Lyman und Susan erkundigen, und wenn ich erklärte, daß wir sie seit ihrer Rückkehr nach Timbuktu nicht mehr gesehen hatten, würde er mir in die Augen schauen und auf der Stelle wissen, was ich selbst monatelang mit mir herumgetragen hatte, ohne es auch nur zu ahnen.

Unvermittelt stand ich auf und verließ das Haus. Es war fast dunkel, und als die Sonne hinter den Bergen versank, wurde es rasch kühl; in der kalten Luft mischten sich die Gerüche von Schlamm und tauendem Schnee. Ich ging hinter die Scheune und hinüber zu dem Hain junger Birken und schnitt einen Zweig ab, von dem ich die frischen roten Knospen abstreifte. Dann ging ich wieder in die Scheune, und dort in der Dunkelheit, bei den Tieren, die sich in ihren Boxen stumm hin- und herwandten, verschloß ich die Tür und stellte mich in die Mitte des großen Raumes. Ich zog mein Hemd aus und zerrte das Oberteil meiner Hemdhose auf die Hüften herunter, bis mein nackter Oberkörper der kühlen Dunkelheit ausgesetzt war. Dann begann ich, mir mit der Gerte auf Brust und Rücken zu schlagen – erst langsam und sachte, dann schneller und kräftiger und bald mit wahrer Leidenschaft. Doch es genügte nicht. Der Zweig war zu schwach und zerbrach in meiner Hand.

Einen Augenblick lang stand ich da, halb nackt, närrisch, atemlos, wütend auf mich selbst, als wäre ich ein Stück Eisen, über das ich in der Dunkelheit gestolpert war. Vaters Riemen aus Rindsleder fiel mir wieder ein, den er hier draußen aufbewahrte, um damit die kleineren Kinder zu züchtigen und zu strafen, obwohl er ihn inzwischen kaum mehr benutzte. Ich wußte genau, wo er war;

er hing an einem Nagel neben der Tür. Kurz war er, nicht ganz einen Meter lang, aber schwer und steif und hart, weil er lange nicht gebraucht worden war, und er hatte scharfe Kanten. Ich streckte die Hand in der Dunkelheit aus und nahm ihn herunter. Der Riemen aus altem Leder fühlte sich in meiner Hand wie eine Waffe an. Ich hatte ihn seit meiner Kindheit nicht mehr angefaßt, seit dem Tag, als Vater mich aufgefordert hatte, ihn damit zu schlagen; damals hatte er sich lebendig angefühlt, wie eine Schlange. Nun war die Peitsche tot, schwer, fast wie eine hölzerne Verlängerung meines Armes, als hielte meine Rechte meine verkrüppelte Linke umfaßt, und ich ließ sie durch die Luft sausen und schlug mich viele Male damit – hundert Hiebe oder auch mehr. Es schmerzte ungeheuer. Ich prügelte mich durch die Dunkelheit, rammte gegen Wände und Stallboxen, stolperte über Werkzeuge und ließ Eimer durch die Luft segeln; ich prügelte wie ein Mann, der besessen ist, bis ich am Ende, von den Schmerzen geschwächt, auf die Knie fiel und nicht mehr aufstehen konnte.

Doch die Geißelung half nichts. Nichts war imstande, meine Gedanken an Susan auszubrennen oder die Schuld von mir zu nehmen, weil ich Lyman betrogen hatte. Gebete nützten ebenfalls nichts. Die folgenden Tage betete ich so ausdauernd und laut, daß Ruth und die Jungen sich über mich lustig machten und meinten, ich würde schon für Vaters Rückkehr üben; Mary ermahnte sie, mich in Ruhe zu lassen, da ich nur das machte, was in den Augen des Herrn richtig sei; sie wünschte, der Rest der Familie wäre so fromm wie ich. Doch in all meinen Gebeten hörte ich nur eine Stimme, nämlich meine eigene und mein eigenes zurückgewiesenes Ich, bis ich es schließlich nicht mehr hören konnte und ganz mit dem Beten aufhörte und mich den anderen, abends oder wenn sie am Sabbat zur Kirche gingen, nicht mehr anschloß. Ansonsten schwieg ich zu allen Themen, woran die Leute allerdings ohnehin gewöhnt waren.

Ich glaubte, mich durch Arbeit reinigen zu können, aber auch das führte zu keinem Ergebnis: Viel zu zerstreut und verängstigt war ich, um auch nur eine Aufgabe zu beenden, ohne sie vorher abzubrechen und mit einer anderen anzufangen; alles, was ich fertigbrachte, war, noch größere Verwirrung und Unordnung auf dem Hof zu stiften als vorher. Halbabgesägte oder, wenn ganz abgesägt, liegengelassene Stämme, die auf dem Boden verrotteten; Schornsteine, die abgerissen und nicht wieder aufgebaut wurden; in den Grund gerammte Zaunpfähle, die stehenblieben, ohne mit Querstangen verbunden zu werden; ein halbes Dutzend Furchen gepflügt, dann aber das Pferd ausgeschirrt und damit losgezogen, um Steine vom Fluß heraufzuschleppen, während der Pflug mitten auf dem Acker zurückblieb. Meistens regnete es, doch ich rannte herum, als würde jeden Tag die Sonne am Himmel lachen, kurz: ein durchgedrehter Farmer. Meine Brüder und Schwestern und meine Stiefmutter beobachteten mich ängstlich und verwirrt. Die Familie hielt den Haushalt in Gang, fütterte und versorgte das Vieh, wie es sich gehörte, während ich alles andere in ein Chaos verwandelte.

Ich hatte keine Möglichkeit, ihnen die Ursache meines inneren Aufruhrs mitzuteilen oder meine närrischen Handlungen zu erklären; zu sehr schämte ich mich. Im übrigen war ich mittlerweile ebenso ängstlich und verwirrt wie sie, denn ich war mir nicht mehr sicher, ob meine überwältigenden Gefühle für Susan nicht vielleicht weniger von der Liebe für sie herrührten, sondern vielmehr von einem krankhaften, grausamen Wunsch, Lyman seinen größten Schatz wegzunehmen. Ich liebte nicht sie, ich haßte ihn. Was war *das* für eine Widernatürlichkeit?

Ich brauchte Vater, brauchte ihn hier, zu Hause. Nur er, so glaubte ich, konnte meine Gedanken wieder in Ordnung und Form bringen und mich aus diesem Dschungel verworrener Begierden und sinnloser Wut herausführen. Komm nach Hause, Vater! fing ich an, vor mich hin zu sagen, wenn ich die Hügel hinauf- und hinunterrannte. Komm nach Hause und kommandiere mich, Alter. Bring mich zu mir selbst zurück. Komm und setze mich für etwas ein, das stärker ist als diese seltsam wirren Begierden. Sage mir, was ich tun muß, und ich werde es tun.

Eines Morgens war der Alte dann plötzlich da; er erschien in unserer Mitte wie der fehlende Hauptdarsteller eines Theaterstückes, nahm die Bühne in Beschlag und drängte auf der Stelle alle anderen in Nebenrollen. Und natürlich wollten wir genau das. Ohne Vater hatten wir keinen Helden für unser Stück, und immer wenn er fehlte, spielten wir unsere Rollen ohne Begeisterung, ohne Verständnis. Wir vergaßen unsere Texte, stellten uns auf der Bühne an die falschen Stellen, verwechselten Freund und Feind und verloren sowohl das gewünschte Ende als auch alles übrige vollkommen aus den Augen. Ohne den Alten wurde die Tragödie rasch zur Farce.

Vater schien das zu wissen und sich fast darüber zu freuen, denn wenn er nach langer Abwesenheit heimkehrte, kam er stets wie ein Wirbelsturm an, der sich auf uns stürzte, lärmend und knisternd vor elektrischer Energie, voll klarer, unwiderstehlicher Absichten, die er lautstark kundtat. Binnen einer Sekunde erfaßte er die Lage, und ehe er auch nur vom Pferd abgestiegen war, erteilte der Mann Befehle, stellte Zeittafeln und Pläne auf, machte Ankündigungen, legte Abfolgen, Ziele und Regeln fest und trieb sogleich alle an, ihren Beitrag für das allgemeine Wohlergehen zu leisten.

Diesmal kam er in Begleitung Mr. Clarkes, des Yankee-Spediteurs aus Westport, und brachte Vorräte, Saatgut, Mehl, Salz und Nägel mit. Für die jüngeren Kinder gab es kleine Geschenke – eine neue Bibel für Sarah, einen Malkasten für Annie, ein Federmesser für Oliver – und für Mary ein Seidentaschentuch. Alles wurde gleich zu Beginn verteilt, ohne großes Getue, mit leichter Hand, als Begrüßung. Für Salmon, Watson und mich hatte er einen festen Händedruck und schnelle Befehle, beim Abladen der Vorräte vom Wagen zu helfen, damit Mr. Clarke weiterfahren und seine anderen Lieferungen in der Siedlung noch vor Einbruch der Dunkelheit erledigen konnte. Am nächsten Morgen würde er zurückkommen, um unsere Pelze und soviel Schafwolle mitzunehmen, wie wir ihm geben konnten. Es war Olivers Aufgabe, die Wolle von der Frühlingsschur und die Pelze, die wir im Winter erbeutet hatten – Biber, Luchs, Marder und Fischotter –, zu wiegen und zu zählen und für die Verschickung und den Verkauf zu verschnüren.

Auf letztere war Mr. Clarke besonders erpicht. Vater meinte, Oliver solle gleich damit anfangen, es sei eine Menge Arbeit, und irgend etwas sage ihm, daß einige der Pelze noch abgeschabt werden müßten, ehe man sie auf den Markt bringen könne; die anderen Jungen würden mit eigenen Arbeiten beschäftigt sein und ihm nicht helfen können. Mr. Clarke sei ein gewiefter Händler und werde ein Fell mit Blutrückständen nicht annehmen, warnte Vater.

Mr. Clarke lachte von der Höhe seines Wagens herunter und erinnerte Vater daran, wie er dank Vaters Nigger sein bestes Paar Morganpferde an ihn verloren hatte, was Vater auf die Abwesenheit von Lyman und Susan aufmerksam machte. Er ließ seinen Blick über unsere kleine Gruppe hier draußen im Hof vor dem Haus schweifen – Mary, hochschwanger und strahlend vor Freude beim Anblick ihres Ehemannes; Ruth, groß und schlank und fast platzend wegen des Geheimnisses um Henry Thompson, der ihr versprochen hatte, um ihre Hand anzuhalten; Salmon, Watson und ich, die bereits mit dem Abladen der Fässer von Mr. Clarkes Wagen beschäftigt waren, die wir in die Scheune brachten; die kleinen Mädchen Sarah und Annie, die gemeinsam – stolz darauf, mit dieser Aufgabe betraut worden zu sein – die Zügel von Vaters Pferd hielten, einer schönen Fuchsstute, die früher das Eigentum von Mr. Gerrit Smith gewesen und die, wie sich später herausstellte, tatsächlich ein Geschenk von ihm war.

Vater fragte, wo unsere Freunde seien; er sprach von ihnen als Mr. und Mrs. Epps und erteilte damit Mr. Clarke einen unausgesprochenen Tadel.

Ich unterbrach meine Arbeit am hinteren Ende des Wagens, ein Faß Nägel auf der Schulter, und Vater blickte mir in die Augen. »Owen?« fragte er, als wäre ich der alleinige Grund für ihre Abwesenheit.

»Ich hätte es Ihnen geschrieben, Mister Brown«, erklärte Mary, »aber ich habe geglaubt, Sie würden eher kommen.«

Möglicherweise verriet ihm mein Schweigen damals mehr, als alle Worte vermocht hätten. Er nickte und meinte, wir würden später darüber reden, das heißt, sobald Mr. Clarke uns verlassen hätte. Ich machte mich rasch wieder an die Arbeit, und Vater begann erneut, Anordnungen zu erteilen, selbst als er abgestiegen war, Mary umarmte und Arm in Arm mit ihr zum Haus ging. Über die Schulter hinweg wies er Salmon an, das Pferd zu tränken, wenn er mit dem Abladen fertig sei, und die Stute dann zu striegeln und sie auf die Weide zu bringen, ihr aber keinen Hafer zu geben, da sie bereits am Morgen in Keene gefüttert worden sei. Bestimmt nicht bei Mr. Partridge, fügte er hinzu. Der Name der Stute sei Reliance, und sie sei in der Tat so verläßlich, wie ihr Name besage. Dann wandte er sich an Watson: Er sehe, daß die Zäune nur halb errichtet seien und zur Hälfte noch auf dem Boden lägen; er solle sich besser gleich an die Arbeit machen, der Junge, denn sonst würden wir Tag und Nacht nur noch Rinder einfangen. Mich wies er an, Mr. Clarkes Ladeliste mit unseren Waren zu vergleichen, sie für ihn zu unterzeichnen und mich dann daranzumachen, die Südwiese noch vor Einbruch der Nacht umzupflügen, damit wir sie morgen eggen und bepflanzen könnten. Auf seinem Weg von der Schlucht herunter habe er bemerkt, daß der Boden dort schon einigermaßen aufgetaut sei. »Mittags kommst du zum Essen nach Hause«, sagte er zu mir, »danach pflanzen wir den Rest. Wir haben eine Menge harter Arbeit vor uns, Jungen, also haltet euch ran! Ich werde mir heute morgen einen ersten Eindruck verschaffen und mir das Vieh anschauen; nachmittags fahre ich dann nach Timbuktu hinüber. Heute abend«, erklärte er, »werden wir alle wissen, wer wir sind und was wir hier machen.«

Und damit verschwand er im Haus.

Stille. Watson, Salmon und ich schauten uns düster und verzagt an. Dann schüttelte Watson den Kopf und grinste. »Nun, ich glaube, der Alte ist wieder da«, sagte er schließlich. »Hurra, hurra.«

»Jawoll«, entgegnete Salmon. »Captain Brown ist drei Minuten zu Hause, und wir haben schon unsere Marschbefehle. Aber er wird nicht gerade erfreut sein, wenn er das mit Lyman erfährt.«

»Ich weiß nicht«, erwiderte Watson. »Der Alte wird es schon wieder in Ordnung bringen. Mit den Negern kann er es sehr gut.«

Mr. Clarke lachte. »Euer Alter kann es auch mit den Weißen«, erklärte er, und in der Morgensonne funkelten seine Brillengläser wie Glimmer. »Er hat mich überredet, ihm weit mehr Kredit einzuräumen, als ich einem armen Mann heutzutage sonst geben würde.«

»Sie kriegen Ihr Geld schon«, sagte ich. »Machen Sie sich keine Sorgen.«

»Na ja, wir werden sehen, Rotschopf. Schauen wir mal, was mit den Pelzen und Schaffellen so zusammenkommt«, erklärte er, reichte mir einen Bleistiftstummel und die Ladeliste, die ich mißmutig mit einem Schnörkel unterzeichnete, *John Brown, vertreten durch seinen Sohn Owen Brown;* als ich das Datum schrieb, merkte ich, morgen war Vaters Geburtstag.

In jenem Frühjahr war ich siebenundzwanzig. Als Vater in meinem Alter war, war er schon fast ein Jahrzehnt verheiratet und hatte vier Kinder gezeugt. Seine Frau, meine Mutter, war noch nicht gestorben. In meinem jetzigen Alter hatte er es schon zum berufsmäßigen Landvermesser gebracht, hatte eine erfolgreiche Gerberei gegründet, in der er zwei Erwachsene und vier oder fünf Jungen beschäftigte, hatte ein Haus gebaut, eine Herde reinblütiger Schafe gezüchtet, zwanzig Tagwerk Hartholzwald gerodet und eine Farm aus der Wildnis des westlichen Pennsylvania gestampft. Er gründete eine Siedlungsschule, und als er so alt war wie ich, zu einer Zeit, als die meisten ehrbaren Weißen es vorzogen, die Augen vor der Sklaverei zu verschließen, hatte er sein Leben öffentlich dem Kampf für deren Abschaffung gewidmet. Mit siebenundzwanzig wußte er, wofür er einstand, was er konnte und was er nicht konnte. In meinem Alter war Vater in jeder Hinsicht zum Mann geworden.

Und hier stand ich, noch immer ein Junge. Wie war das möglich? In welch grundlegender Weise unterschied sich mein Wesen von seinem, daß unsere Lebensläufe und unsere Leistungen so sehr voneinander abwichen?

John hatte sich einst bei mir beklagt, Vater habe uns gelehrt, niemanden außer ihm zu fürchten. Und das traf zu. Vater bestand immer darauf, daß wir in jeder Weise selbständig dachten, außer wenn wir nicht mit ihm übereinstimmten, und daß wir unsere Unabhängigkeit gegenüber jedermann bewahrten – außer ihm gegenüber. Er wollte uns unabhängig haben und doch zugleich bereit, ihm zu dienen. Vater war unser Abraham; wir hatten seine kleinen Isaaks zu sein. Allerdings sollten wir den glücklichen Ausgang der Geschichte schon im voraus kennen – wir sollten wissen, es war eine Geschichte nicht über uns und unsere Bereitschaft, uns auf einen Felsblock auf dem Berg im Lande Moria zu legen und unter seinem Messer geopfert zu werden, sondern eine Geschichte über Vater und seine Bereitschaft, seinem schrecklichen Gott zu gehorchen. Das war der Unterschied zwischen uns und unserem Vater. Wir hatten ihn als Vater, und er hatte jemand anders.

Sein Vater hatte, genau wie der unsere, seinen Sohn John gelehrt, von allen Menschen unabhängig zu sein, aber Großvater hatte sich selber, den Lehrer, mit eingeschlossen. Wie Vater hatte auch er seinem ältesten Sohn die Geschichte von Abraham und Isaak erzählt, doch er hatte sie in einer Weise erzählt, daß sie nicht vom Wesen des Gehorsams oder des Opferns handelte; sie handelte vom Wesen Gottes. Großvater Brown war ein freundlicher, vernünftiger Mann, dessen größtes Problem darin bestand, seinen Charakter an eine grausame, unerklärliche Welt anzupassen, und anders als sein Sohn war er nicht in einen lebenslangen Kampf gegen seine Eigenwilligkeit und seine Eitelkeit verstrickt. Die Geschichten, die die Leute ihren Kindern erzählen, sind von ihren inneren Kämpfen geprägt. Und wäre mir selbst ein Sohn beschieden gewesen, so wäre die Geschichte in einer dritten Variante erzählt worden. In ihr hätten weder Abrahm noch Gott die wichtigste Rolle gespielt. Meine Geschichte hätte von Isaak gehandelt, und die Fragen, die meine Geschichte gestellt und beantwortet hätte, wären allein die Isaaks gewesen.

Ich hätte meinem Sohn erzählt, Isaaks Vater Abraham sei eines Morgens früh aufgestanden und habe Isaak auf einen Berg im Lande Moria geführt; er habe vorgegeben, Gott habe ihn angewiesen, ihm dort ein Opfer darzubringen. Und Isaak glaubte seinem Vater, denn er liebte ihn und hatte nie eine Lüge von ihm gehört.

Und als sie den Berggipfel erreicht hatten und Isaaks Vater das Holz für das Brandopfer gespalten hatte, sah Isaak kein Lamm, und so sprach der Junge zu Abraham, seinem Vater: »Wir haben ein Feuer, und wir haben Holz, doch wo ist das Lamm für das Brandopfer?« Und sein Vater sagte zu Isaak: »Gott selbst wird für das Lamm sorgen.« Doch als Isaak seinen Vater mit einem Seil und einem Messer in den Händen näher kommen sah, mit denen er ihn auf dem Altar, den sie zusammen errichtet hatten, festbinden und schlachten wollte, verstand er, daß er selbst das Lamm sein sollte. Er fürchtete sich und fragte sich, ob er seinen Vater so sehr liebte, daß er nicht von Moria zurück nach Kanaan fliehen konnte, wo seine alte Mutter Sarah lag, oder ob er sich nicht Hagar, der Magd seines Vaters, und ihrem Sohn Ismael, der sein Bruder war, in der Wildnis von Beer Seba anschließen konnte. Er sprach zu seinem Vater: »Ich habe diesen Befehl Gottes nicht gehört. Für mich kommt er nur von dir, und du bist nicht der Herr, noch kannst du in seinem Namen sprechen. Denn das hast du mich gelehrt, und ich habe dir geglaubt, und deshalb muß ich jetzt von diesem Ort fliehen, wenn ich nicht alles aufgeben soll, was du mich gelehrt hast.« Worauf sein Vater zu Boden fiel und sagte, ein Engel des Herrn rufe ihm vom Himmel her zu: »Abraham, Abraham, strecke deine Hand nicht nach dem Knaben aus, denn jetzt weiß ich, daß du ein gottesfürchtiger Mann bist und mir selbst deinen einzigen Sohn nicht vorenthalten hast.« Und Isaak zeigte seinem Vater einen Widder, der sich hinter ihm mit dem Gehörn im Gestrüpp verfangen hatte, und Abraham ging hin, nahm den Widder und brachte ihn statt seines Sohnes zum Brandopfer dar, und Vater und Sohn beteten gemeinsam, dankten dem Herrn und stiegen miteinander vom Berge herab; sie fühlten sich weise und vom Herrn gesegnet. Das ist die Geschichte, die ich erzählen würde.

Am Abend nach dem Essen bat Vater mich, ihm meine Sicht der Dinge darzulegen und zu erklären, warum Lyman sich entschlossen habe, nicht mehr bei uns zu leben. Er hatte, wie ich wußte, bereits am Nachmittag in Timbuktu mit Lyman selbst gesprochen und sich dessen Erklärung angehört; auch Marys Meinung zu dieser Frage hatte er eingeholt. Lymans Version kannte ich nicht, da ich seit dem Tag seiner Abreise nicht mehr mit ihm gesprochen hatte; doch Marys gutmütige Interpretation war mir bekannt. Laut Mary hatte Lyman beschlossen, daß er und Susan auf ihrem eigenen Land unter ihren eigenen Leuten ein normaleres Leben führen könnten, das war alles.»Und auch vollkommen verständlich«, erklärte Mary, als Vater das Thema anschnitt. »Ganz besonders nach der Enttäuschung mit dem Baby.« Wir waren alle im Wohnzimmer versammelt, wo Vater Anstalten traf, mit uns zu beten.

»Ja, das Baby«, sagte er, senkte den Blick und schloß die Augen, als wollte er für seine Seele beten. Einen Augenblick lang verharrten wir schweigend, und die Seele des totgeborenen Kindes schien durch den Raum zu huschen und dann rasch zu verschwinden. So war es immer, wenn Vater anwesend war – die ganze Welt des Spirituellen war auf merkwürdige Weise belebt. Sodann berichtete Vater: »Ich habe sie heute dringend gebeten, hierherzukommen und seine Leiche auszugraben und sie auf dem Friedhof der Neger drüben richtig zu bestatten. Ich nehme an, sie werden es morgen machen. Doch vorher möchte ich vor allem wissen, wie es zwischen dir, Owen, und Mister Epps steht. Und auch mit den anderen Negern, nicht nur mit ihm. Ich spüre eine gewisse Spannung, eine ernsthafte Beeinträchtigung unserer Beziehung zu ihnen, mein Sohn. Und ich bin überzeugt, es liegt an dir«, erklärte er. »Sage mir einfach, weshalb sie sich deiner Meinung nach von uns abgesondert haben und, was mir sehr viel mehr Sorgen macht, weshalb die Underground Railroad nicht mehr durch dieses Tal verläuft. Die beiden Fragen hängen offensichtlich zusammen.«

Alle Familienmitglieder sahen mich an, außer Vater, der seine Bibel aufgeschlagen hatte und die Schriftlesung für den heutigen Abend zu studieren schien. »Ja, wahrscheinlich haben sie etwas miteinander zu tun«, erwiderte ich. »Kein anderer Weißer in der Siedlung ist gewillt, Flüchtlinge in den Norden zu bringen. Sie sind so feige wie eh und je. Seit dem Fugitive Act natürlich noch mehr. Und auch die Neger haben nicht den Mut, es zu versuchen. Ausgenommen Lyman. Aber Lyman zieht es vor, uns nicht mehr um Hilfe zu bitten, und er selber hat keinen Wagen, nicht mal ein Pferd oder Maultier. So sieht es aus. Keiner zieht mehr nach Norden, außer zu Fuß, und das hat anscheinend die Vertrauensleute drunten davon abgebracht, Flüchtlinge nach North Elba zu schicken. Statt dessen nehmen sie das größere Risiko auf sich, die Leute über die Strecke den Lake Champlain entlang und über die Route von Rochester nach Niagara zu schicken.«

»Nun, darum habe ich mich gekümmert«, meinte Vater. »Ich habe heute an Mister Douglass und an jemanden in Utica geschrieben, dessen Namen ich nicht nennen kann. Der Dienst wird binnen kurzem wiederaufgenommen werden. Doch du hast mir noch immer nicht gesagt, wie du dir Mister Epps' Weggehen erklärst.«

»Was hat er dir denn gesagt?«

»Er wollte nicht über das Thema sprechen.«

»Kein Wort?«

»Nein, kein Wort, Owen.«

»Dann kann auch ich nichts dazu sagen.«

Er blickte auf und musterte mich eingehend. Ich erinnere mich an das Ticken von Großvaters Uhr. »Nun gut, Owen«, erklärte er dann. »Es soll eine Angelegenheit zwischen dir und Mister Epps bleiben. Laßt uns beten, Kinder.« Und er begann auf gewohnte Weise zu beten.

Es war nur eine Frage von Tagen, bis der Alte die Farm wieder in Schwung gebracht hatte – was mich natürlich freute; allerdings wurde die Freude durch ein gerüttelt Maß an Schuldgefühlen getrübt. Noch ein paar Tage später war auch die Underground Railroad zwischen Timbuktu und Kanada wieder in Betrieb, ein Unternehmen, dem ich mich notwendigerweise anschloß. Wenn auch anfangs, zugegebenermaßen, nur widerwillig, denn die Wiederaufnahme beruhte darauf, daß Vater seine alten, engen und vertrauensvollen Beziehungen zu Lyman und den anderen Negern der Siedlung wiederherstellte. Binnen weniger Wochen war alles so, als wäre der Alte nie weg gewesen. Er fing wieder an, jeden zweiten oder dritten Sabbat in der Kirche der Kongregationalisten von North Elba zu predigen, einer Kirche, der er sich dennoch nie förmlich anschließen wollte. Und erneut hielt er wöchentlich eine Bibelstunde ab, die manchmal von bis zu einem Dutzend Männern und Frauen aus dem Dorf, Weißen wie Schwarzen, besucht wurde. Gern entsprach er dem Wunsch des jungen Henry Thompson, ihm Ruth zur Frau zu geben, und nutzte die Gelegenheit, das Verhältnis zwischen unseren Familien entscheidend zu verbessern; dies brachte die Thompsons auch wieder in die Gemeinde der Abolitionisten zurück, und wohin die Thompsons gingen, folgten viele der anderen Familien am Ort nach.

Vaters physische Anwesenheit konnte Menschen inspirieren; sie konnte ihnen ungeheuren Mut bis hin zur Waghalsigkeit einflößen, doch dieser schien sich ebenso schnell wieder zu verflüchtigen, wie er gekommen war, wenn Vater nicht persönlich anwesend war, um zu argumentieren, zu rügen und zu erklären. Das lag nicht so sehr an seiner rednerischen Begabung, obwohl er sicher gut sprach und voller Überzeugung und Vorstellungskraft über jedes beliebige Thema predigte, vom Abolitionismus bis zur Viehwirtschaft, von der Bibel, in der er sich besser auskannte als jeder ausgebildete und geweihte Priester, den ich je kennengelernt habe, bis zur Verfassung der Vereinigten Staaten, die er genauso gut wie jeder Washingtoner Anwalt kannte. Doch es war nicht seine Redekunst, die die Menschen mitriß. Eigentlich war es genau das Gegenteil.

Denn die Menschen waren beeindruckt und dann, vielleicht zu ihrer Überraschung, verführt von seiner hartnäckigen Weigerung, sich der üblichen Kunstgriffe und Schnörkel der Redekunst zu bedienen, von seiner offensichtlichen Verachtung für die Tricks mit Stimme und Gestik, auf die sich die meisten Redner jener Zeit verließen. Wie ein Channing oder Parker oder ein weißer Frederick Douglass brachte er die Menschen dazu, sich aufgewertet zu fühlen, weil sie mit ihm in Berührung kamen, so daß sie sich als größer, stärker, rechtschaffener, zielstrebiger und siegessicherer empfanden denn je. Doch anders als diese vorbildlichen Redner, Channing, Parker, Douglass und so weiter, hob Vater nie die Stimme, schrie niemals, wies nie gen Himmel und zitierte niemals Ralph Waldo Emerson – er zitierte keinen einzigen Autor außer jenen, die die Bibel, die Unabhängigkeitserklärung und die Verfassung der Vereinigten Staaten geschrieben hatten.

Die Wirkung, die Vaters Rede und seine persönliche Ausstrahlung auf ansonsten vernünftige und sogar skeptische Männer und Frauen ausübten, war unheimlich und versetzte mich immer wieder aufs neue in Erstaunen. Gleichgültig vor welchem Publikum er sprach – ob in einem Saal voller berühmter Abolitionisten von New England oder bei einer Zusammenkunft Hunderter allseits geachteter Neger, ob am Sabbat vor seiner Landgemeinde in der Kirche oder einer Versammlung von schwarzen Farmern bei einem Richtfest in Timbuktu, ob bei einem Treffen seiner abtrünnigen weißen Nachbarn in North Elba oder vor seiner um das heimische Feuer vereinten Familie –, immer sprach Vater schlicht und geradeheraus, die Hände seitlich am Körper angelegt oder einfach vor der Brust gefaltet, ein ganz gewöhnlicher Mann in einem einfachen braunen Anzug, der zufällig im Besitz der Wahrheit war. Ein Teil seiner Wirkung beruhte auf seinem Gefühl für den richtigen Zeitpunkt: Sein Instinkt sagte ihm, wann er schweigen mußte, um die Aufmerksamkeit aller auf sich zu ziehen, und wann er reden mußte, damit es höchst eindrucksvoll klang; so hielt er sich, wenn man erwartete, daß er das Wort ergriff, oft zurück und lehnte sich an die hinterste Wand, und wenn man glaubte, er würde verstummen und sich zurückziehen, kam er plötzlich nach vorn und brachte seine Gedanken mit aller Deutlichkeit zum Ausdruck.

Seine Stimme war in keiner Weise volltönend oder durchdringend; sie war etwa so hoch wie die eines Tenors. Die meisten Menschen, die später über ihn schrieben, hielten ihn für hoch gewachsen und gut gebaut, für einen Mann mit heldenhaftem Wuchs, doch Vater war durchschnittlich groß, gebräunt und sehnig, stark, aber nicht massig oder breit, und er ging wie ein Soldat bei der Parade, mit geradem Rücken, ein wenig steifbeinig und mit schwingenden

Armen. Sein Gesicht war im wesentlichen das eines Yankee-Farmers: spitze Nase, schmale Lippen, ein vorspringendes Kinn und die großen Ohren eines grobschlächtigen Mannes, die aus dem kräftigen rötlichgrauen Haar heraustakten, das kurz geschnitten und borstig wie bei einem Schauermann war. Das Beeindruckendste an seinem Gesicht waren eindeutig die blaßgrauen Augen, der leidenschaftliche, unnachgiebige Blick. Wenn der Alte einen ansah, war es sehr schwer, ihm nicht nachzugeben, so als hätte er die geheime Schande seines Gegenübers erkannt. Gleich einer Eule oder einem Falken, gleich einem mächtigen Raubvogel blinzelte er nur selten. Er konnte deinen Blick mit dem seinen wie mit körperlicher Gewalt festhalten, als hätte er beide Hände ausgestreckt und dich am Kinn und an den Wangen gepackt und dein Gesicht zu seinem hinaufgezogen, um direkt hineinschauen zu können; und er sah dir ins Gesicht, durchdringend, voller Neugier und unverhohlenem Eigeninteresse, als erforschte er nicht eine Menschenseele, sondern eine komplizierte unbekannte Maschine, die ihm, wenn er sie richtig verstand, die Mühsal eines ganzen Lebens abnehmen konnte.

Anfang Juni, als Marys Niederkunft kurz bevorstand, brachten wir ein älteres Paar, dessen Söhne schon im vorigen Jahr geflohen waren, und einen jungen Knaben in Begleitung seines liebenswürdigen bebrillten Onkels nach Kanada. Alle vier waren von derselben Plantage in Maryland geflüchtet, die entlang der ganzen Railroad berühmt und berüchtigt war, wegen der Grausamkeit des Besitzers namens Hammlicher, wegen der besonderen Bösartigkeit seines weißen Aufsehers, eines Mannes mit Namen Camden, und weil Harriet Tubman persönlich ein besonderes Interesse daran geäußert hatte, den Hammlicher-Sklaven zur Flucht zu verhelfen. Man nahm allgemein an, Miss Tubman – geheimnisvoll, schwer faßbar und dennoch scheinbar überall gleichzeitig anwesend – sei mit einigen Hammlicher-Sklaven verwandt, möglicherweise über eines ihrer verschwundenen Kinder, und sie schenke ihnen deshalb besondere Aufmerksamkeit. Man hatte bereits mindestens fünfzehn von den mehreren hundert Menschen, die diesem Mann gehörten, entlang der Chesapeake Bay nach Philadelphia und New York und anschließend den Hudson hinauf nach Troy und in die Freiheit befördert. Doch nun hatte Miss Tubman infolge der wachsenden Anzahl von Sklavenfängern in den Städten entlang der alten Strecke beschlossen, ihre Schützlinge durch die Adirondacks über Timbuktu nach Norden zu schicken.

Als Vater im Winter in Hartford mit ihr zusammengetroffen war, hatte er sie davon überzeugt, als wie nützlich sich diese bislang so unbedeutende Route für sie erweisen könnte, und als er den Negern in Timbuktu von seiner persönlichen Bekanntschaft mit ihr erzählte, hatte er sie auf der Stelle zurückgewonnen. Vaters Ruf als ehrlicher Mann war so unantastbar, daß keiner seine Behauptung in Frage stellte; sie sprach für sich. Wie hätten sie sich auch weigern können, sich mit John Brown zu verbünden, wenn er mit Billigung der berühmten Harriet Tubman zu ihnen kam? Der großen Harriet! Der Generalin! Keiner von ihnen hatte sie je getroffen oder auch nur aus der Entfernung gesehen – für sie war sie eine Legende, eine der großen Afrikanerinnen wie Sojourner Truth, die ihnen weniger wie eine moderne Guerillakämpferin gegen die Sklaverei erschien, sondern eher wie eine von den früheren geistigen Führerinnen, eine unbesiegbare, manchmal unsichtbare Kriegerin, die von den alten afrikanischen Göttern beschützt wurde. Daß Vater sie getroffen und auf Vermittlung von Frederick Douglass auch privat mit ihr gesprochen hatte, verlieh ihm ein Ansehen, das Lymans Bereitschaft, zusammen mit uns Browns Flüchtlinge zu befördern, schlagartig wieder wachrief, und er zog mehr von den anderen aus der Siedlung mit sich, als wir brauchten. Dadurch wurde unsere Station der Underground Railroad in Timbuktu plötzlich wieder wichtig in der einzigen Welt, die für die Neger und Vater von Bedeutung war und die im Laufe des Sommers auch zunehmend zur einzigen wurde, die für mich zählte.

Sklaverei, Sklaverei, Sklaverei! Ich konnte keinen Gedanken fassen, der nicht irgendwie damit zusammenhing. Ich war davon besessen. Gelegentlich hatte ich das Gefühl, es handle sich um eine Art Geisteskrankheit, denn ich war nicht fähig, auch nur einen normalen Gedanken, einen einzigen privaten Gedanken zu fassen, der mit mir anfing und endete und mich nicht als Weißen auswies. Und das war alles Vaters Werk.

Während wir mit den vier Flüchtlingen von Hammlicher unterwegs waren, kam Marys Zeit. Und noch ehe wir es schafften, von der kanadischen Grenze nach North Elba zurückzukehren, brachte sie einen Sohn zur Welt, ihr vorletztes Kind, das bei der qualvollen Geburt stranguliert und erdrückt wurde, Mary selbst fast umbrachte und Vater vor Angst, sie zu verlieren, nahezu verzweifeln ließ.

Die Aufregung der Fahrt nach Kanada hatte unser Blut in Wallung gebracht, und wir hatten uns noch immer nicht beruhigt, als wir nach Hause zurückkamen. Es war fast, als hätten wir Miss Tubman, die lange Flinte im Anschlag, persönlich an Bord, und zum ersten Mal seit Monaten kam zwischen Lyman und mir keine Spannung auf, was selbst Vater in fröhliche Stimmung versetzte, als wir mit dem Wagen über die holprigen Straßen von Massena fuhren. Unterwegs waren wir an einer Schar Indianer vorbeigekommen, die auf der Jagd waren: Abenaki, französisch sprechende Algonkin, die letzten Überlebenden eines ausgestorbenen Volkes. Daraufhin hatten wir tiefgründige Mutmaßungen über die Herkunft ihrer Rasse angestellt. Lyman plädierte für das alte Afrika, Vater für Asien und Watson für die Verlorenen Stämme Israels.

Als wir dann auf der Farm ankamen, empfingen uns der grausame Anblick einer Geburt, die ein tragisches Ende genommen hatte, die niederdrückende Vertrautheit solcher Geschehnisse, die Verzweiflung und zerstörten Hoffnungen und Erwartungen, die schreckliche, blutige, vergebliche Qual, und all unsere männliche Tüchtigkeit und Kameradschaft, unser lärmender Stolz auf unser gutes, schwieriges Werk, alles wurde plötzlich stumm und kalt. In solchen Zeiten werden Männer fühllos, stellte ich fest. All unsere Gefühle sickern aus uns heraus, und uns wird plötzlich klar, daß wir nicht wissen, was es für die Frau, die das Kind neun Monate lang im Leib getragen und die gräßlichen Schmerzen und Mühen der Geburt durchlitten hat, bedeutet, mit anzusehen, wie der winzige Körper leblos, zerschlagen und zerquetscht von der vergeblichen Anstrengung zur Welt kommt, eine groteske, mitleiderregende Verschwendung. Wir *denken* die Sorge und den Kummer und das Mitleid nur. Doch wir *fühlen* nichts. Ob Ehemänner, Väter, Söhne oder Brüder, wir alle reagieren auf die gleiche Weise. Erst sagen wir uns, daß die Schuld bei uns liege, dann, daß wir ungerechterweise beraubt worden seien; wir sind die Ursache, nicht der Ausführende; wir sind nur Beobachter, nur Statisten, und jedes Gefühl wird von einem ihm widersprechenden erstickt, und am Ende stehen wir fühllos da, schweigend, zu groß, zu ungeschlacht, zu grob, zu gesund und stark, um mit der armen, verzweifelten Frau im gleichen Raum zu sein, mit unseren geschlagenen, erschöpften Müttern, Frauen, Töchtern und Schwestern.

Fühllos. Kalt. So empfand Vater sich, das weiß ich, an jenem Juninachmittag, als wir Männer, schmutzig, erschöpft, aufgeblasen von unserer vermeintlichen Wichtigkeit und unserem Wert, ins Haus traten und sahen, daß Marys Baby tot zur Welt gekommen war. Wir sind am Anfang da, doch fast nie am Ende. Vater, Watson, Salmon, Oliver und ich empfanden so und auch Lyman, und genauso hatte er sich gefühlt, als sein eigenes Baby tot geboren worden war, wie mir jetzt klar wurde. Es gibt keine Möglichkeit, dies zu ändern; wir sind Männer und werden immer Männer bleiben. Dies Gefühl beherrschte meine Brüder; ihre jungen Gesichter waren finster und bekümmert wegen der fruchtlosen Suche nach einem Gefühl, das dieser Situation angemessen wäre. Und auch ich empfand mich so. Fühllos. Kalt.

Doch es war so anders als an jenem feuchtkalten grauen Morgen vor sieben Wochen, als ich vor Zorn explodiert war, weil Susans Baby tot zur Welt gekommen war, daß ich mich zwangsläufig erneut an dieses Ereignis erinnerte und dieses Mal mit Bestürzung. Mein damaliger Zorn war für mich nun unerklärlich. Lymans Schweigen, sein Rückzug, der mir damals merkwürdig erschienen war, waren, wie ich jetzt begriff, für einen Mann die einzig vernünftige, normale Reaktion gewesen. Ich hätte genauso reagieren müssen wie er. Aus welchem Abgrund meines Unbewußten war dieser Zorn in mir aufgestiegen? Warum hatte ich nicht statt dessen mit dem nur allzu vertrauten, kalten Abschalten der Gefühle reagiert, das mich jetzt umgab?

Mir wurde klar, daß die Ursache meines Zorns keineswegs Susans Leiden und Verlust gewesen waren, sondern mein Schuldgefühl, weil ich mir gewünscht hatte, ich wäre an jenem Morgen an Lymans Stelle gewesen, weil ich irgendwie geglaubt hatte, ich hätte Susans Mann und der Vater ihres toten Kindes sein sollen und nicht dieser Bauer, der daneben stand. Ich fühlte mich schuldig, konnte es aber nicht zeigen, nicht einmal vor mir selbst, und so hatte ich mit den Fäusten auf die Wände eingehämmert und wie ein verwundeter Löwe gebrüllt. Instinktiv hatte Lyman Art und Ursache meiner Wut begriffen, hatte sich und seine Frau eilig aus meiner Nähe gebracht und war uns ferngeblieben, bis jetzt, bis Vater zurückgekehrt und an meine Stelle getreten war, der Familie erneut ihre Identität gegeben und ihre Prioritäten neu formuliert hatte. Bis es wieder einmal nichts als die Sklaverei gab, Sklaverei und nochmals Sklaverei. Und – unvermeidlicherweise – Rasse, Rasse und nochmals Rasse. Bis wir dank unserer Besessenheit, wie es aussah, wieder geisteskrank waren. Was uns für die Neger, für Lyman, vollkommen verständlich und vertrauenswürdig machte – also gesund und normal. Für sie waren wir nicht einfach ein weiterer gefährlicher Haufen wohlmeinender weißer Christenmenschen.

Mary erholte sich nur langsam und in Schüben von der Geburt. Tatsächlich war es schon einige Jahre her, daß sie nach einer Schwangerschaft schnell wieder zu Kräften kam; schließlich war sie nicht mehr die Jüngste, und diese Geburt war besonders schwierig und schmerzvoll gewesen und hatte sie körperlich versehrt, ohne daß die Freude über ein neues Kind ihr bei der Genesung geholfen hätte.

Vater gelang es, mehrere Gerichtstermine zu verschieben, bei denen er sich und Mr. Perkins gegen ihre Gläubiger hätte verteidigen sollen, und er nahm auch nicht am Julitreffen der amerikanischen Gesellschaft gegen die Sklaverei in Syracuse teil, um während der Zeit ihrer Rekonvaleszenz an der Seite seiner Frau zu bleiben. Tag und Nacht betete er neben ihr und pflegte sie in seiner unnachahmlichen, unermüdlichen Art gesund; er überließ den größten Teil der Farmarbeit und die Gefahren und Mühen des Betriebs der Underground Railroad seinen Söhnen und Lyman und den anderen Bewohnern von Timbuktu. Doch erst nach fast einem Monat zeichnete sich allmählich ab, daß Mary sich wieder erholen würde. Sie nahm zu und wurde wieder magerer, machte Fortschritte und erlitt wieder einen Rückfall, und die ganze Zeit über wurde unsere Sorge um sie immer größer. Jeder Tag begann mit einer Mitteilung Vaters über den Zustand unserer Mutter, dann folgten entsprechende Familiengebete, entweder als Dank für die guten Fortschritte bei der Genesung oder als Bitte um eine erneute Besserung ihres Zustands. Glücklicherweise war der Herr uns gnädig, und sie wurde zusehends gesünder, bis Vater schließlich erneut frei war, mit dem üblichen Ungestüm seinen gewohnten Tätigkeiten nachzugehen und über uns und alle, die mit diesen Tätigkeiten verbunden waren, die ihm eigene Autorität und Macht auszuüben.

Die Farm blühte auf, die Religion hatte wieder ihren angemessenen Platz, und unsere weißen Nachbarn halfen uns erneut, unseren schwarzen Nachbarn und entflohenen Sklaven beizustehen. Meine Schwester Ruth und Henry Thompson sollten im Herbst heiraten, sobald Henry und seine Brüder dem Paar eine richtige Blockhütte auf einem Stück Land gebaut hätten, das sein Vater ihnen überschrieben hatte. Miss Tubman und Freunde von Mr. Douglass schickten von Utica, Syracuse und Troy aus regelmäßig entflohene Sklaven nach Norden zu uns, zweimal und gelegentlich dreimal innerhalb von vierzehn Tagen, denn unsere Strecke war zwar schwierig, mittlerweile jedoch die sicherste. Die Sklavenjäger und ihre Helfer wagten nicht mehr, in North Elba oder Timbuktu und Umgebung herumzuschleichen. Es hatte sich herumgesprochen, daß der verrückte Abolitionist John Brown sich mit seinen Söhnen und Nachbarn und einer Bande von Gerrit Smiths Niggern dort oben in den Bergen verkrochen hatte, alle bewaffnet und bereit, jeden zu vertreiben, der nach Flüchtlingen suchte.

Durch diesen Stimmungswechsel in der Gemeinde ermutigt, bewegten die Einwohner Timbuktus sich allmählich freier in der Siedlung und gesellten sich regelmäßiger zu den Weißen; so ließen sie sich in beträchtlicher Anzahl bei Richtfesten blicken und machten es sich drunten bei der Mühle bequem, oder sie schlossen sich den Weißen nach der Kirche zum Heidelbeerpicknick mit Gebeten droben auf den sonnigen Hängen des Whiteface an. Bei mehreren solchen Gelegenheiten sah ich Susan, immer aus einiger Entfernung, die ich auch eifrig einzuhalten bemüht war, doch jedesmal, wenn ich sie sah – einen Blick erhaschte auf ihr kaffeebraunes, halb unter ihrer Haube verborgenes Gesicht oder auf Schulter und Arm, die für einen Augenblick sichtbar wurden, bis sie von einer Gruppe Neger umringt wurde –, schlug mein Herz wie ein Hammer, und das Blut rauschte mir in den Ohren, und wenn ich zufällig mit jemandem sprach, fing ich zu stottern an und mußte verstummen, wenn ich nicht närrisch wie ein Mondkalb klingen wollte. Dann wandte ich meinen Blick ab und betrachtete sie verstohlen, bis sie aus meinem Blickfeld verschwand.

Sie machte natürlich keine Anstalten, mit mir zu sprechen. Auch Lyman nicht, wenn er mit ihr zusammen war. Jede Initiative mußte von mir ausgehen, und ich hatte weder den Mut noch die geistige Klarheit, sie zu ergreifen.

Heute weiß ich, was die Ursache und das wahre Wesen meiner Fixierung auf diese Frau waren, mochte sie auch vergeblich und widernatürlich und fern von ihrem eigentlichen Ziel sein; doch damals verstand ich nichts. Ich schämte mich dafür, das natürlich schon, doch ich schämte mich durch und durch aus den falschen Gründen.

Oft fand ich mich kurz vor der Morgendämmerung nach einer langen Nacht, in der ich allein durch die Wälder gestreift war, in nächster Nähe der Hütten von Timbuktu wieder, wo ich herumlungerte und durch den Nebel und die melancholischen, den Blick nur teilweise freigebenden Kiefern direkt neben der Hütte hindurchspähte, in der sie neben ihrem Mann schlief. Stundenlang kauerte ich im Gebüsch, in Träumereien versunken, mit wild pochendem Herzen, zitternden Händen, die Beine schwach und wacklig, als wäre ich ein Jäger, der endlich seine lang gesuchte Beute entdeckt hat. Dann schauderte ich plötzlich und kam wieder zu mir, und schließlich stahl ich mich, entsetzt über mich selber, nach Hause zurück.

Diese Streifzüge waren den elenden, geheimen nächtlichen Spaziergängen nicht unähnlich, die ich einige Jahre zuvor in den Straßen und Gassen Springfields unternommen hatte, und meine Familie nahm sie mehr oder weniger genauso hin wie damals, das heißt als Zeichen der rastlosen Natur eines einsamen jungen Mannes. Und in gewissem Maße traf zu, was sie dachten. Außerdem hatte ich immer meine Flinte dabei und brachte manchmal – als Erklärung, weshalb ich so spät und so lange weggewesen war – einen erlegten Waschbären oder Fischotter oder ein anderes Nachttier mit nach Hause. Solange meine nächtliche Abwesenheit meine Arbeit auf der Farm nicht beeinträchtigte, verlor Vater kein Wort darüber; möglicherweise war er in jenem Sommer so beschäftigt, zunächst mit Marys sich lange hinziehender Genesung, dann mit der Aussaat und der weiteren Rodung unserer Waldflächen und schließlich mit der Railroad und seinen Aktivitäten gegen die Sklaverei, daß er sie vielleicht nicht einmal bemerkte. Außerdem kümmerte er sich eifrig darum, seine Nachbarn über die Zweckmäßigkeit und Vorteile der Zucht reinblütiger Herden aufzuklären, indem er ihnen einige seiner spanischen Merino-Mutterschafe verkaufte, seinen besten Hammel vorführte und zu Zuchtzwecken durch die Gegend schleppte und ab und zu eines seiner roten Devonrinder verkaufte. Nachdem er auf dem Postweg längere Zeit mit einem Farmer in Litchfield, Connecticut, verhandelt hatte, den er von seinen früheren Geschäften mit Wadsworth & Wells kannte, war es ihm gelungen, sich von dem weit im Norden liegenden Westport einen prachtvollen jungen Devonbullen liefern zu lassen.

Ich weiß nicht, wie er ihn bezahlte, da so ein Tier ja nicht billig zu stehen kam; vielleicht hatte er mögliche Einnahmen aus den

Deckgebühren in Aussicht gestellt, vielleicht auch einen Teil der Gelder abgezweigt, die von unseren Nachbarn gespendet worden waren, um den Flüchtlingen mit Nahrung und Kleidung zu helfen. Es war nicht unter Vaters Würde, die verschiedenen Zutaten auf diese Weise zu mischen, denn trotz allem war er in finanziellen Dingen nach wie vor unerklärlich optimistisch. Anfang Juli jedenfalls schickte er Salmon und Oliver über die Berge zum See, um das Tier abzuholen, und bald war es eine Quelle großen Stolzes und bot ihm Gelegenheit, in der ganzen Siedlung herumzuwandern und zu versuchen, die Herden seiner Freunde und Nachbarn zu verbessern.

Abgesehen von meinen Brüdern, die sahen, wie ich spät aufbrach und in den frühen Morgenstunden kurz vor der Dämmerung heimkam, verliefen meine nächtlichen Streifzüge weitgehend unbemerkt von der Familie und, auf sehr bezeichnende Weise, auch unbemerkt von mir selber. Meine Brüder zogen mich, wenn wir unter uns waren, ein wenig damit auf, da sie mich verdächtigten, insgeheim einem der Mädchen in der Siedlung den Hof zu machen, aber ansonsten verloren sie kein Wort darüber.

Im August begaben wir uns dann wie die meisten Farmersfamilien aus der Gegend mit unseren besten landwirtschaftlichen Erzeugnissen, handgefertigten Gebrauchsgegenständen und unserem schönsten Vieh hinunter zur Essex-Landwirtschaftsausstellung in Westport. Wir beluden den Wagen mit Krügen voller Ahornsirup, von Mary und Ruth angefertigten Quilts, Decken aus der Wolle unserer Schafe, mit Weidenkörben und Fischreusen, gegerbten Häuten und verschiedenen Gegenständen aus Leder, die die Jungen während des Winters hergestellt hatten – Brieftaschen, Geldbörsen, Messerscheiden, Gürteln, Pferdegeschirren und, eine Spezialität von Oliver, geflochtenen Rindslederpeitschen. Vater stellte eine kleine, handverlesene Herde von Merinoschafen zusammen, dazu kam seine schönste rote Devonfärse und der weithin bewunderte Bulle, und dann ging es los – eine triumphale Rückkehr nach Westport, wie es aussah, ein Beweis, daß unser göttlicher Auftrag, in die Wildnis zu gehen, trotz unseres Rufes als abolitionistische

Unruhestifter, die von Landbestellung keine Ahnung hatten, auch landwirtschaftlich ein Erfolg geworden war.

Vater ritt auf seiner schönen Fuchsstute voran, die ihn später mit großer Kraft und großem Mut auch durch alle Kansas-Kriege tragen sollte. Er liebte das Tier wie kein anderes je zuvor und vertraute es keinem außer den Familienmitgliedern an, und selbst uns ließ er nicht auf ihr reiten. Ich fuhr den Wagen, Mary und Ruth saßen neben mir, die kleineren Kinder waren alle mit unserer Ladung hinten auf dem Wagen zusammengepfercht, und die Jungen folgten mit Vaters kleiner, reinblütiger Herde, unterstützt von unseren schwarzen Collies, die Vater allen anderen Hunderassen vorzog, obwohl sie sehr klein waren und nicht zur Jagd taugten.

Ungeheuer aufgeregt kamen wir am späten Nachmittag an. Vom Ufer her wehte eine schwache Brise, und im Osten, jenseits des glitzernden Sees, türmte sich eine weiße Wolkenbank über den sanft gerundeten Hügeln Vermonts in den strahlendblauen Himmel, wo sie sich auflöste, in einzelnen Fetzen nach Süden trieb und uns auf dem westlichen Ufer herrlichen Sonnenschein bescherte. In dieser Gegend fand zum ersten Mal eine Landwirtschaftsausstellung statt, ein sichtbares Zeichen dafür, daß die nördliche Wildnis des Staates New York letztendlich doch von Farmern besiedelt und erobert worden war.

Von überall her aus den Adirondacks kamen die Leute. Sie reisten in ihren Ochsenwagen von ihren Blockhäusern und Hütten aus lehmbeworfenem Flechtwerk in den abgelegensten Tälern oder Mooren an – Landbesetzer, fahrende Händler, Bergleute, Fallensteller und Jäger mit langen, zottigen Bärten und in die Felle ihrer Beute gekleidet. Kauf- und Geschäftsleute, Bootsmänner, Schmiede und Küfer kamen in Kutschen aus den aufblühenden Städten entlang der Küsten im Norden, etwa Port Kent und Plattsburgh, herunter, ritten von Port Henry und Ticonderoga herauf oder setzten mit der Fähre von Shelburn und Charlotte in Vermont aus über den See; sie waren eher hier, um Güter und Vieh zu kaufen als zu verkaufen. Die großen Milchbauern und Schafzüchter kamen von ihren fünfzig Jahre alten Farmen auf den ausgedehnten, wogenden

Wiesen der älteren Dörfer weiter landeinwärts, aus Elizabethtown, Jay und Keene, die Wagen und Karren bis obenhin beladen mit den Früchten der Arbeit eines Jahres; sie zeugten von ihren Fertigkeiten und vom Reichtum der fruchtbaren Schwemmebenen am Lake Champlain und am Au Sable River.

Aus den jüngeren, abgelegeneren Siedlungen droben in den Bergen, aus North Elba, Tupper Lake und Wilmington, kamen die ärmeren Farmer, deren Land nicht viel hergab, Leute wie wir und die Thompsons und die Brewsters und die Nashs, erst seit kurzem Siedler und immer noch damit beschäftigt, den hochgelegenen Wäldern kleine Felder abzuringen, und deshalb noch nicht imstande, viel vorzuzeigen, obwohl wir Browns vorhatten, das Gegenteil zu beweisen. Auch von den Bürgern Timbuktus kamen viele in einem zweitägigen Fußmarsch herüber; sie brachten auf dem Rücken und auf Schubkarren – denn zu jener Zeit hatten sie noch keine Wagen und keine Zugtiere – Gartenerzeugnisse mit, um sie in den Hallen anzubieten und zu verkaufen, Schinken und Ahornsirup und Süßigkeiten und verschiedene Käse, gebündelte Felle und Häute, Geflügel in Käfigen und dazu eine Vielfalt selbstgefertigter Gegenstände: Schilfkörbe, geflochtene Hüte und hübsch gefärbte Stoffe. Sogar ein paar Indianer waren gekommen, Abenaki und Micmac, die in ihren Kanus aus den letzten ihnen verbliebenen Lagerplätzen nördlich von Plattsburgh das Seeufer entlang hierhergepaddelt waren; es schien, als kämen sie eher aus Neugier, als um Waren auszustellen oder Vieh und Farmprodukte zu kaufen oder zu verkaufen, denn sie hatten nichts zu verkaufen und kein Geld, um etwas zu kaufen. Ihre bittere Armut und Verlorenheit waren für alle deutlich sichtbar; sie sahen eher wie Flüchtlinge aus und nicht wie die ursprünglichen Herren des Landes, ein Volk im Exil, ohne daß es je seine Heimat verlassen hätte. Was sollte man ihnen gegenüber empfinden? Wir zogen es vor, sie meist schweigend und aus einiger Entfernung zu betrachten, und sprachen nicht von ihnen, nicht einmal untereinander.

Es war die größte Menschenansammlung, die Mary und die Kinder gesehen hatten, seit wir aus Springfield weggezogen waren, und die größte Versammlung von Leuten aus dem Land im Norden, die wir alle je erlebt hatten. Junge Männer und Frauen gingen ganz offen Hand in Hand spazieren, Banden von Jungen prügelten sich und stellten Mannschaften für Ballspiele und andere Sportarten zusammen; paarweise spazierten Mädchen geziert in ihrer Nähe herum. Alte Leute und entfernte Verwandte frischten ihre Beziehungen auf. Während die Männer Feldfrüchte, Tiere und Preise verglichen und über Politik redeten, ließen die Frauen ihre Kleinsten herumlaufen und wandten sich freundschaftlich und fröhlich-vertraulich einander zu.

Man hatte eine Rennstrecke über eine Viertelmeile vorbereitet, auf der noch kein Hufabdruck zu sehen war, und daneben eine frischgestrichene, weiße Zuschauertribüne errichtet, die sich heute abend zum ersten Mal füllen sollte. Hinter der Tribüne befanden sich zehn oder zwölf langgestreckte, niedrige Ställe für das Vieh, und dahinter lagen zwei eingezäunte Plätze mit Schlitten voller Steine; dort waren bereits Schleppwettbewerbe mit Ochsen und Pferden im Gange. Noch weiter hinten waren mehrere große Ausstellungshallen errichtet worden, in denen landwirtschaftliche und handwerkliche Erzeugnisse gezeigt und beurteilt wurden, und daran anschließend Reihen von kleinen Buden aus Segeltuchplanen, in denen zwielichtige Gestalten die Menge zu Glücksspielen verlockten und billige Neuheiten und nutzlosen Ramsch anpriesen. Daneben stieg duftender Rauch von offenen Feuerstellen auf, über denen man Unmengen von Hühnern grillte, ganze Schweine am Spieß briet und Kartoffeln und Maiskolben in der Glut garte.

Wir ließen unser Vieh eintragen, stellten es in den Ställen unter und schlugen dann unser Lager neben denen einiger anderer Familien aus North Elba in einem Kiefernwäldchen direkt hinter dem Schafstall auf. Kurz darauf trennten wir uns, und jeder ging seinen besonderen Interessen nach. Vater schlug den kürzesten Weg zum Schafstall ein und war natürlich schon bald dabei, jedem, der es hören wollte, einen Vortrag über den richtigen Umgang mit Schafen und Wolle zu halten; tatsächlich hatte sich schon vorher eine beträchtliche Anzahl von Farmern und Schafzüchtern um die Stallboxen versammelt, in denen er seine Merinos untergebracht hatte, denn die großen, gesunden Tiere mit ihren dichten Fellen stellten einen ausgezeichneten Beweis für Vaters Können und Wissen dar. Ruth machte sich auf die Suche nach Henry Thompson, der nicht im Lager seiner Familie war. Mary und die Mädchen Annie und Sarah verschwanden in Richtung der Ausstellungshallen, und die Jungen Watson, Salmon und Oliver rannten mit einer Bande von Jungen aus North Elba davon und ließen mich allein durch das Ausstellungsgelände wandern.

Ich erblickte sie fast sofort. Nachdem ich eine Zeitlang durch den Schafstall geschlendert war und kurz den Ausführungen des Alten zugehört hatte, bis ich mich dabei ertappte, wie ich seine Sätze im stillen kurz vor ihm sagte, war ich weiterspaziert. Als ich dann aus dem niedrigen Stall trat und auf die Buden im Mittelgang zuging, war sie plötzlich da. Zwar war sie ziemlich weit entfernt, doch sie stach strahlend aus der Menge hervor, wie ein Goldkorn im Kies. Als einzige Negerin in einer Gruppe weißer Frauen und Mädchen, zu denen sich auch meine Stiefmutter Mary und meine Schwestern Annie und Sarah gesellt hatten, stand sie vor einer der Ausstellungshallen. Susans hellgraue Kappe verbarg ihr Gesicht vor meinen Blicken, doch an ihrer Haltung, an der Neigung ihres Kopfes und den zwanglosen Handbewegungen erkannte ich sofort, daß sie es war, und mein Herz machte einen Satz.

Sie und Mary unterhielten sich noch ein paar Minuten, dann umarmte Mary sie, ging mit den anderen Frauen und Mädchen weiter in die Halle und ließ sie mit dem ihr eigenen abwesenden Gesichtsausdruck allein draußen stehen. Sie hatte das rotweiß-karierte Kleid an, das Ruth ihr im letzten Winter geschenkt hatte, und trug einen aus Weiden geflochtenen Korb am Arm, über den sie ihren Schal gebreitet hatte. Einen Augenblick lang schien sie unschlüssig, in welche Richtung sie gehen sollte, doch schließlich wandte sie sich nach links in Richtung Ausstellungsgelände.

Ich folgte ihr unauffällig, bis sie auf einen schmalen, schattigen

Platz zwischen der zweiten und dritten Halle bog. Dort war sonst niemand zu sehen, und ich ging schneller, holte sie ein und sagte ihren Namen.

Sie fuhr herum, die dunklen Augen weit aufgerissen; sie war offensichtlich sehr erschrocken, plötzlich einen Mann so nahe bei sich zu sehen, denn ich hatte mich ihr auf wenige Schritte genähert, ehe ich sie ansprach. Dann erkannte sie mich, und aus ihrem Gesicht wich die Furcht, an deren Stelle aber sogleich eine gewisse Schwermut trat – eine Traurigkeit, wie ich meinte, die in mir eine ebensolche Wehmut und den Wunsch wachrief, sie zu umarmen. Doch ich hielt mich zurück und sagte mit zitternder Stimme, daß ich mich sehr freue, sie zu sehen.

»Es ist lange her, Mister Brown«, erwiderte sie. »Ich bin froh, daß es Ihrer Mutter wieder so gut geht. Und es war schön, Annie und die kleine Sarah wiederzusehen.«

»Ja. Wir alle vermissen Sie, Susan.«

»Nett von Ihnen, daß Sie das sagen, Mister Brown. Danke.«

Eine kleine Weile unterhielten wir uns leichthin, wenn auch etwas verlegen, erkundigten uns nach der Gesundheit des anderen, sprachen über das Wetter, wie erstaunlich weitläufig das Ausstellungsgelände sei, wie viele Leute gekommen seien und so weiter – bis ich mich schließlich herausplatzen hörte: »Susan, ich muß Ihnen sagen, Susan, daß mein Vater mich von dem Platz in seinem Herzen verstoßen hat. An meine Stelle ist Lyman getreten.«

»Was ... was wollen Sie damit sagen?«

»Ich trage Lyman deswegen nichts nach, aber es hat mir weh getan, Susan.«

Sie schien überrascht und meinte, das könne nicht sein. »Sie sollten auf Lyman nicht eifersüchtig sein. Er liebt und bewundert Ihren Vater mehr als sonst jemanden auf der Welt«, erklärte sie. »Aber Sie, Sie sind immer noch der Sohn Ihres Vaters, Mister Brown. Und Ihr Vater liebt Sie deswegen, das weiß ich. Mehr, als er Lyman je lieben könnte.«

»Nein! Sie verstehen nicht. Wissen Sie, für ihn ist Lyman wichtiger als ich. Und das aus gutem Grund.«

Sie seufzte tief. »Was soll ich Ihnen darauf antworten, Mister Brown?«

Einen Augenblick lang schwieg ich. Schließlich sagte ich: »Bitte, erklären Sie mir, warum Sie von uns weggegangen sind.«

Zum ersten Mal wandte sie den Blick ab. »Nun, das habe ich damals schon Ihrer Mutter und Ihrer Schwester erklärt, damals, als wir den Entschluß gefaßt haben. Es war wegen Lyman, weil er sein eigenes Land bestellen und in seinem eigenen Haus leben wollte. Das ist alles. Wir haben lange Zeit bei euch gelebt.«

»Nein, nicht Lyman! Ich weiß, weshalb er gegangen ist, und ich kenne auch den *wirklichen* Grund! *Ich* bin der Anlaß dafür. Nein, ich will wissen, weshalb *Sie* weggegangen sind.«

»Das ist ganz einfach, Mister Brown. Ich bin dorthin gegangen, wohin mein Mann mir gesagt hat, daß ich gehen soll. Das ist alles. Und Sie, Mister Brown, sind nicht der Grund für irgend etwas, das Lyman getan hat«, erklärte sie. Dann richtete sie sich zu ihrer vollen Größe auf und erklärte: »Ein solches Gespräch sollten wir nicht führen.«

»O doch, denn wir müssen miteinander reden. Sie müssen mich anhören. Selbst wenn Sie mich dafür verachten, weil es … es ist Sünde, das für Sie zu empfinden, was ich fühle, und ich habe kein Recht, Ihnen irgend etwas davon zu sagen, weil …«

Sanft legte sie mir die Hand auf den Arm und unterbrach mich. »Mister Brown, bitte, Sir, ich weiß, Sie sind ein anständiger Mensch. Das sind Sie. Aber Sie sind ganz durcheinander«, meinte sie und sah mich unverwandt an. »Ich sage Ihnen das, Mister Brown, weil ich Sie mag, ich mag Sie wirklich, und ich weiß, Sie wollen mir nichts Arges. Aber Lyman hat mir erzählt, was letzten Winter zwischen Ihnen und ihm vorgefallen ist, als Sie von Ihrer Reise nach England zurückgekommen sind und ihn an diesem Tag draußen in der Scheune geschlagen haben. Ich weiß also, was los ist, Mister Brown. Vielleicht besser als Lyman, weil er ein Mann und wegen alldem auch ein wenig durcheinander ist. Doch ich habe Sie beobachtet, Mister Brown, und Sie haben mir leid getan, denn ich sehe, daß Sie ganz verwirrt und durcheinander und verärgert sind. Vielleicht wegen Ihres Vaters. Der ein starker, guter Mann ist und Gutes tut. Er glaubt, daß er Ihre Hilfe braucht, also wird er Sie nicht wegschicken. Das vor allem, glaube ich. Das, und daß wir Farbige sind und Sie unserem Volk helfen wollen. An diesen beiden Dingen liegt es. Deswegen denken Sie zuviel über Lyman nach, und deshalb denken Sie inzwischen auch zuviel über mich nach.«

»Nein«, erwiderte ich. »Das ist es nicht. Nichts davon trifft zu.«

»Hören Sie sofort auf damit! Auf der Stelle. Ich bin nicht böse auf Sie, Mister Brown, denn ich weiß, Sie wollen mir nichts Böses. Aber ich bin eine Farbige, und mein Mann ist ein Farbiger. Und diese Unterhaltung, das wissen Sie, würden wir nicht führen, kein Wort davon, wenn mein Mann und ich Weiße wären.«

Ich trat einen Schritt zurück. »Ja. Sie haben recht. Aber, bitte, sagen Sie mir, was ich tun soll.«

»Was Sie tun sollen? Es steht mir nicht zu, das zu sagen, Mister Brown«, antwortete sie sanft. »Ich weiß, Sie wollen sich den Farbigen gegenüber natürlich und friedlich und achtungsvoll verhalten. Doch wenn Sie das nicht können, na ja, vielleicht sollten Sie dann bei Leuten Ihrer Rasse bleiben. Viele gute Leute, Weiße wie Schwarze gleichermaßen, tun genau das. Verlassen Sie Ihren Vater und leben Sie bei Weißen. Gehen Sie doch nach Ohio, Mister Brown, wo Ihre anderen Brüder sind, suchen Sie sich eine Frau und gründen Sie eine Familie mit ihr.«

»Mit einer Weißen.«

»Ja.«

Lange Zeit sagte ich kein Wort. Dann flüsterte ich: »Das kann ich nicht.«

Sie lächelte mich an, doch wie aus großer Höhe. »Nun, Mister Brown, dann weiß ich auch nicht, was Sie tun sollen«, erklärte sie. Und drehte mir unvermittelt den Rücken zu und ging davon.

15

»Verglichen mit deinem Vater bist du nur ein halber Mann.«
Die Worte kamen ohne Vorwarnung, und mir lief es eiskalt über den Rücken. Sogar jetzt noch, ein halbes Jahrhundert später, spüre ich den Schauder. Es war damals die Wahrheit, und es ist heute noch die Wahrheit.
Als ich zum ersten Mal diese Worte hörte, sprach Lyman sie aus; doch anschließend sagte meine eigene Stimme sie mir vor, und sie tropften wie ein schleichendes Gift in mein Ohr. Verglichen mit deinem Vater bist du nur ein halber Mann. Um sie zum Verstummen zu bringen, mußte ich mich im Laufe der Jahre immer wieder in Wut hineinsteigern, die wie ein wahrer Aderlaß wirkte und meinen ganzen Körper zu einem sichtbaren, fühlbaren Aufschrei machte. Denn solange der Schrei in der Luft widerhallte, konnte ich die Worte nicht hören.
Verglichen mit deinem Vater bist du nur ein halber Mann. Doch wer *war* er? Doppelt soviel Mann wie ich, und doppelt soviel Mann, als er schien. Und dennoch nicht halb soviel wie er selbst. Vor Kansas war der Alte immer größer gewesen als sein Ruf; nach Kansas war er kleiner. Obwohl er sich die ganze Zeit über um keinen Deut verändert hatte. Ich hingegen, ich hatte mich mit Sicherheit verändert, und auch fast alle anderen. Vater dagegen nicht. Sein Ruf holte lediglich die Wirklichkeit ein und wuchs dann über sie hinaus, so daß der Mann, der außerhalb seiner Familie als etwas seltsamer radikaler Abolitionist mit aufbrausendem, zur Gewalt neigendem Temperament gegolten hatte, als düsterer Aktivist voll unerschöpflicher religiöser Hingabe, als wilder Bursche, der trotz seines phantastischen, hirnverbrannten Plans eines Sklavenaufstandes seltsamerweise das Vertrauen einflußreicher und anson-

sten vernünftiger Neger genoß und dem die meisten Weißen verständlicherweise entsprechend mißtrauten – dieser Mann wurde im Laufe der Zeit als heldenhafter Guerillaführer, als taktisch äußerst gewiefter Soldat bekannt, der nur Gott fürchtete und keinen anderen Ehrgeiz hatte, als der Sklaverei ein Ende zu setzen. Schnell wurde er als großartiger Kämpfer zu Pferde berühmt, Vorbild und Beispiel für Männer geringeren Formats, das heißt für alle anständigen Weißen, die gegen die Sklaverei waren. Denn keiner von ihnen, gleichgültig, wie sehr er die Sklaverei auch verabscheute und seine schwarzen Brüder liebte, war in seiner Abscheu und seiner Liebe so rein wie Captain John Brown, so klarsichtig wie er, so aufrichtig und unnachgiebig wie er. Als mein Vater – Vater, der Alte, Mr. Brown, Bürger John Brown – zu Captain John Brown wurde, war dies daher nicht nur ein seinem Namen hinzugefügter militärischer Rang, sondern ein Ehrentitel, der sogleich zu einem festen Bestandteil seines Namens wurde, als wäre er damit zur Welt gekommen, ein Rang, der für immer zu einem Teil seiner Identität wurde, so wie bei Gouverneur Bradford, Admiral Nelson und Häuptling Tecumseh.

In North Elba hingegen, und besonders in den Augen von Lyman Epps – in dessen Sicht sogar noch deutlicher als für mich –, war Vater nur für das bekannt, was er tatsächlich war. Als Lyman daher erklärte, ich sei weniger als die Hälfte wert, ließ er mich regelrecht zusammenschrumpfen. Er fegte meine Mannhaftigkeit hinweg und ließ mich als Kind dastehen. Schlimmer als ein Kind: als einen gescheiterten Erwachsenen.

Insgeheim wissen die meisten Männer, daß in ihrem Inneren der kleine Junge verborgen ist, der sie einst waren und immer noch zu sein glauben, und alles, was ein Mann in seinem Leben tut, geht mit vielfältigen Listen einher, um dieses Kind vor allen Blicken verborgen zu halten. Besonders vor den eigenen. Doch als Lyman in jener Spätsommernacht am Indian Pass, der sieben Meilen südlich unserer alten Farm liegt, den Mund zu einem spöttischen Grinsen verzog und erklärte, ich sei im Vergleich zu meinem Vater nur ein halber Mann, machte er es mir für alle Zukunft unmöglich, mein wahres Selbst vor meinem falschen Selbst zu verbergen. In jener Nacht in der Höhle schien Lyman der einzige lebende Mensch zu sein, der sowohl meine wahre Natur als auch die meines Vaters bezeugen konnte. Er war der einzige Gewährsmann für unser beider Charaktereigenschaften und somit der einzige Mensch, der einen Vergleich zwischen mir und Vater anstellen konnte und es mir damit unmöglich machte, diese Worte je zu vergessen.

Ich weiß nicht, warum das so war. Natürlich kannte Lyman uns beide sehr genau, hatte uns im Haus wie auch draußen auf den Feldern und bei der Arbeit für die Railroad, wenn wir Sklaven nach Norden brachten, gründlich kennengelernt; mehrere Jahre lang hatte er sowohl Vater als auch mich aus größerer Nähe beobachtet als irgend jemand sonst, der nicht zur Familie gehörte. Aber daran lag es nicht. In Wahrheit machte ich selbst Lyman zum maßgeblichen Zeugen; ich selbst verlieh seinem Zeugnis Gültigkeit.

Den Anweisungen Vaters entsprechend, waren Lyman und ich drei Tage und Nächte drunten am Indian Pass gewesen und hatten einen Pfad freigelegt, der breit genug war, um einen Reiter vom alten Bergarbeiterlager am Tahawus nach North Elba passieren zu lassen. Vater würde diesen September über wieder einmal nicht hier sein – wie üblich sollte es das letzte Mal sein, wie er hoffte –, da er die ihn bedrängenden finanziellen Angelegenheiten mit Mr. Perkins regeln mußte, und ehe er abreiste, hatte er uns beide mit dieser Aufgabe betraut. Die Station der Underground Railroad in Timbuktu mit ihren Verbindungen in den Süden zum Tahawus und in den Norden nach Kanada war der Abschnitt von Vaters Subterranean Passway, den er seiner Ansicht nach kontrollieren konnte, und er sollte Vorbild und erster Schritt in dem Gesamtunternehmen sein. Der Alte hatte vor, Sklavenfänger, Menschendiebe und Kopfgeldjäger bei Todesstrafe davon abzuhalten, diesen Bereich zu betreten; sobald dieser kleine Abschnitt der Railroad sicher und an den Pässen, in den Schluchten und auf strategischen Höhenzügen bewaffnete Männer postiert und auf der ganzen Strecke befestigte Rastplätze und Vorratslager eingerichtet waren, sobald es nur noch den vertrauenswürdigsten radikalen Weißen auf dem Acker- und Weideland südlich der Adirondacks gestattet war, Waffen, Vorräte und sichere Häuser zur Verfügung zu stellen, wollte er den Pfad allmählich nach Süden in die Appalachen verlängern und Meile um Meile in die Wälder des östlichen Pennsylvania bis hin zu den östlichen Regionen Marylands vordringen; von dort aus wollte er dann das Stammland des Feindes selbst infiltrieren. Auf diese Weise würde er den Süden ausbluten lassen, erklärte er. Jahrelang war dies seine Phantasievorstellung, dann sein Traum und schließlich auch sein Plan gewesen; nun waren alle drei in eins verschmolzen, und er fing in diesem kleinen Maßstab in unserer unmittelbaren Umgebung an, alle drei, Phantasie, Traum und Plan, in die Tat umzusetzen.

Im Bergarbeiterlager am Tahawus, auch als Upper Village bezeichnet, hatte ein Mann namens Seybolt Johnson aus Albany den früheren Aufseher, den schändlichen Mr. Wilkinson, abgelöst. Mr. Johnson war ein aufrechter Abolitionist, verläßlich und loyal, der von Albany und Troy aus jahrelang für die Underground Railroad gearbeitet hatte. Nach der Verabschiedung des Fugitive Slave Law hatte er wie so viele andere nach Ausweichrouten gesucht, auf denen die entflohenen Sklaven in den Norden gelangen konnten, und da er seit langem im Hauptbüro der Adirondacks Mining Company in Albany angestellt war, wußte er, schon ehe er die Stelle als Aufseher der Mine am Tahawus antrat, daß er dort draußen in der Wildnis beim Betrieb der Underground Railroad eine bedeutende Rolle spielen konnte. Was er dann auch tat, denn sobald er im Upper Village angekommen war, nahm er sofort Verbindung mit Vater auf, und binnen kurzem gelang es Mr. Johnson, die Durchschleusung entflohener Sklaven aus Städten und Gemeinden südlich von Albany zu organisieren, die zunächst ins Bergarbeiterlager im Upper Village kamen und anschließend durch die nördlichen Wälder nach Timbuktu, North Elba, zur berühmten Jagdhütte von Paul Smith nach Massena und schließlich nach Kanada gebracht wurden.

Vater vertraute Mr. Johnson, vor allem weil Frederick Douglass und Harriet Tubman ihm vertrauten, aber auch weil Mr. Johnson unmittelbar nach seiner Ankunft am Tahawus angefangen hatte, das Los seiner irischen Arbeiter zu verbessern, die unter der eisernen Faust des heuchlerischen Mr. Wilkinson so schrecklich gelitten hatten. Mr. Seybolt Johnson war eine Seltenheit, ein Weißer aus der Klasse der leitenden Angestellten, der sowohl hinsichtlich seiner Arbeiter als auch der Neger der Meinung war, er sei einzig und allein zu ihnen geschickt worden, um Gottes Werk zu tun. »Dieser Mann ist ein wahrer Christenmensch«, hatte Vater nach seinem ersten Besuch bei ihm erklärt. »Mit ihm können wir zusammenarbeiten.«

Lyman und ich wurden also mit Äxten und Brecheisen losgeschickt, um den alten Fußpfad über den Indian Pass auszulichten und ihn zu einem richtigen Weg zu verbreitern. Wir fingen in Timbuktu an, und nachdem wir uns drei Tage von Norden nach Süden vorgearbeitet hatten, waren wir fast bei der Mitte der Strecke angelangt, etwa sieben Meilen entfernt von North Elba. Zu unserer Rechten ragte der Mount Colden auf und dahinter, über dessen Schulter schwebend, der gewaltige steinerne Rumpf und das Haupt des McIntyre. Der riesenhafte Mount Marcy – oder Tahawus, wie wir ihn nach wie vor mit seinem alten indianischen Namen nannten: der Wolkenspalter – warf links von uns seinen mächtigen Schatten über den steinigen Boden, auf dem wir uns Tag um Tag abmühten und nachts in einem süß duftenden behelfsmäßigen Unterschlupf aus Balsamfichten kampierten. Der Indian Pass war eine gefährliche, von Felsbrocken übersäte Strecke. Ein Mann oder ein Pferd konnten leicht stürzen und sich ein Bein brechen oder von einem Felsvorsprung in die steinige Tiefe stolpern. Der lange, schmale Weg lag auch tagsüber im Schatten, und nachts war in der Schlucht zwischen den Bergen nicht einmal der Polarstern zu sehen, sogar Mondlicht drang nur selten dorthin, und ein Mann mußte sich darauf verlassen können, den Pfad unter seinen Füßen zu spüren, wenn er ihn passieren wollte. Man konnte sich dort selbst gegen Mittag nur allzuleicht verlaufen, versehentlich einem Bärenpfad oder Wildwechsel folgen und in der Dunkelheit und den dichten

Wäldern rasch die Orientierung verlieren. Man wußte von Leuten, die in diesen Wäldern verschwunden und verhungert oder erfroren waren und deren abgenagte Gebeine Jahre später von einem einsamen Jäger oder Fallensteller gefunden wurden.

Auf dem Paß selbst war es kälter als auf den Gipfeln und Klippen, die sich über ihm türmten, und an manchen Stellen blieben das ganze Jahr über Polster von altem grauem Schnee liegen. Hohe, nackte, nur von Moos bewachsene Steinwände ragten neben uns auf und verschwanden in dem Nebel über unseren Köpfen, während wir unten am Grund der Schlucht hackten, gruben und schaufelten und, falls nötig, schmale Brücken aus Holzstämmen über Rinnsale und Bäche und die Torfmoore legten, die es dort im Überfluß gab. Wenn wir eine Stelle mühselig freigelegt hatten und zur nächsten Biegung des Pfades gingen, standen wir gleich vor dem nächsten Hindernis – einer umgestürzten urzeitlichen Fichte von zwei Metern Umfang, einem mannshohen Gewirr aus dicken, miteinander verflochtenen Wurzeln, einem schlammigen Erdrutsch, einer Mauer aus gewaltigen Felsbrocken –, das wir, wenn möglich, abhacken oder beiseite räumen oder, wenn uns dies nicht gelang, auf einem Pfad umgehen mußten, den wir durch niedrigere Bäume freischnitten oder um kleinere Felsen herum anlegten. Unser schlichter Vorsatz, unser einziger Gedanke und Maßstab war es, einem Pferd oder mehreren Pferden hintereinander zu ermöglichen, bei Tag und bei Nacht und zu jeder Jahreszeit verängstigte, erschöpfte Flüchtlinge aus der Sklaverei in die Freiheit zu tragen. Dieser Gedanke trieb uns an und ließ uns zielstrebig weiterarbeiten, und bei der Arbeit sprachen wir kaum über etwas anderes.

Wenn wir dann nachts auf unserer Matratze aus aufgeschichteten Ästen der Balsamfichte neben dem verglühenden Feuer lagen, sprachen wir natürlich auch über andere Dinge. Lange Zeit waren Lyman und ich nicht mehr auf diese Weise zusammengewesen, eine traurige Zeit, an die ich mit großem Bedauern zurückdachte. Doch jetzt, da wir allein hier draußen in der Wildnis waren, sprachen wir schon bald wieder wie früher über unsere innersten Gedanken; wir erzählten einander von unserer Kindheit und der Zeit damals, von unseren Hoffnungen und unseren Überzeugungen, was alle grundlegenden Dinge anging. Unsere Lebensläufe unterschieden sich in jeder Hinsicht sehr, doch merkwürdigerweise konnten wir dadurch um so besser erkennen, wie unser Leben verlaufen wäre, wenn Lyman als Weißer und ich als Schwarzer zur Welt gekommen wäre. Trotz unserer Unterschiede schienen Lyman und ich uns, abgesehen von der Rasse, bemerkenswert ähnlich, so wie dies oft bei Liebenden der Fall ist.

Es ist für einen Schwarzen wie für einen Weißen schwierig und schmerzlich, dies anzuerkennen. In beiden mischen sich Neid und Wut mit Zuneigung und Vertrauen. Auch bei uns war das so. Oder zumindest bei mir. Jetzt wußte ich zum Beispiel, daß meine vergebliche Liebe für Susan die vollkommen fehlgeleitete Liebe für Lyman war, die auf schicksalhafte Weise durch Schuld und Neid verfälscht worden war. Ich wollte nicht so sehr Susan lieben – eigentlich liebte ich sie gar nicht –, sondern meine übermächtigen Gefühle für Lyman unterdrücken. Denn sie hatten mir angst gemacht: Sie waren unnatürlich, waren die unvermeidliche Folge einer männlichen Liebe, die wegen der rassistischen Schuld des weißen Mannes nicht zulässig war, eine Folge von Abels naiv-brüderlichem Vertrauen, das Kains mörderischer Neid zerstört.

In der dritten Nacht dort draußen saßen wir am Feuer, nachdem wir unser Abendessen verzehrt hatten – eine Forelle, die wir in einer Gumpe an der rieselnden Quelle des Au Sable gefangen, und Kartoffeln, die wir von zu Hause mitgebracht hatten –, und stellten Mutmaßungen darüber an, wie die Erde vor dem Aufkommen der Pflanzen und Tiere wohl ausgesehen haben mochte; ob sie ein warmer Planet gewesen war, wie einige Wissenschaftler damals behaupteten, oder kalt und von Eis bedeckt, wie andere glaubten, oder ob man auf diesem Gebiet buchstabengetreu an die Bibel glauben sollte, wo doch in diesen Tagen so viele, die sich selbst als Christen bekannten, darunter sogar Vater, die biblische Beschreibung von Gottes Erschaffung der Welt als bildhaft und allegorisch bezeichneten.

»Wie dem auch sei«, meinte Lyman, »wir wissen, daß Gott alles erschaffen hat. All das Zeug um uns rum. Die Frage is, was war zuerst da, das Eis oder das Feuer? Mußte sich alles erwärmen, damit es so werden konnte, wie es is, oder abkühlen? Nach all dem Gerede von Finsternis und Firmamenten zwischen den Firmamenten muß es Eis gewesen sein«, stellte er fest. »Ich bleib' dabei, es war 'ne Welt aus Eis, das Gott im Laufe der Jahre langsam schmelzen ließ, besonders in den Jahren nach der Geburt Jesu, als die christliche Religion sich über die Erde ausgebreitet hat. Es fing im Garten Eden an und ist von dort aus weitergegangen. Denn die Bibel kommt doch aus der Wüste, Ägypten und so. Weil das nahe bei Eden liegt und es dort zuerst warm war.«

Lyman war unwillkürlich in die Sprechweise des Südens verfallen, wie meistens, wenn wir entspannt zusammensaßen, und wie es meiner Vorstellung nach auch der Fall war, wenn er sich nur mit Schwarzen unterhielt. Er verschliff die Vokale, ließ Konsonanten aus, und seine Grammatik folgte anderen, weniger logischen und herkömmlichen Regeln als denen, die für die Grammatik der Weißen galten. Wenn er so sprach, auf die Art, die für ihn natürlich war, war ich oft geneigt, diese Sprechweise unbewußt nachzuahmen, denn sie erschien mir ungemein reizvoll – sanfter und langsamer, weicher und besser geeignet, innerste Gedanken auszudrücken, als meine gewohnheitsmäßige Aussprache und Grammatik es zuließen. Besonders neidete ich ihm ihre Unmittelbarkeit und wünschte, ich könnte der Förmlichkeit meines Akzents und der unpersönlichen Logik meiner Sätze entkommen. Doch immer, wenn ich mich bei meinen Versuchen selber hörte, war ich äußerst verwirrt, da ich Lymans Englisch nicht sprechen konnte, ohne mich vom Standpunkt eines Schwarzen aus zu hören. Wie ein unbeholfener Hochstapler kam ich mir vor, ein ungeschickter Schauspieler, der einen ihm fremden Text aufsagt. Widerstrebend kehrte ich dann sofort zu meiner gewohnten Sprechweise zurück, die so sehr von Vater beeinflußt war, daß, verglichen mit Lymans flüssigem und unbefangenem Sprechen, meine Worte dem Denken meines Vaters und meine Stimme von seinen Lippen zu entspringen schienen. Folglich klang ich dann in meinen eigenen Ohren, anstatt mich wie ein untalentierter Negerimitator anzuhören, der sich über die Redeweise der Schwarzen des Südens lustig macht, wie eine blecherne, ängstliche Imitation meines altmodischen Yankee-Vaters.

Ich habe keine Ahnung, wie ich mich für Lyman anhörte. Wenn er auf meine förmliche Aussprache und die unerbittliche, einengende Logik meiner Grammatik neidisch war, so ließ er sich das in keiner Weise anmerken. Nur unter Weißen sprach er wie ein armer, ungebildeter, ebenfalls weißer Farmer aus dem Süden, und da er schließlich aus dem Süden kam, schien das zumindest für Weiße ausreichend authentisch. Vielleicht war er einfach ein besserer Schauspieler als ich und konnte von der Sprache der Neger in die der Weißen wechseln, ohne die Kluft zwischen seinem wahren und seinem falschen Selbst sichtbar werden zu lassen. Ich konnte das, wie es schien, nicht, gleichgültig, wie ich sprach. Das war einer der Gründe, weshalb ich so oft stumm blieb. Bis heute, da außer den Toten und Ihnen, Miss Mayo, keiner mehr da ist, der mir zuhört.

»Sogar hier in der Gegend gibt's noch 'ne Menge Stellen, wo die alte, ursprüngliche Welt noch nich warm geworden is«, erklärte Lyman. »Da kannste noch immer sehn, wie's damals in die alten Zeiten gewesen is, wenn du willst. Sogar ganz inner Nähe.« Er erzählte mir damals von einer Eishöhle, die nur ein paar hundert Meter von unserem Lagerplatz entfernt lag. Entlang des Indian Pass gebe es eine Anzahl von Eishöhlen, erklärte er, die den Leuten in Timbuktu bekannt seien, doch ängstlich gemieden würden. »Alter afrikanischer Aberglaube und so Zeug. Aber mir macht das nix aus. Sind mehr die alten Leute, ham Angst, da reinzugehn. Sagen, du sollst wegbleiben, als tät der Teufel drin hausen. Aber da drin lebt keiner. Zu kalt, besonders für den Teufel«, sagte er und lachte kurz auf. »Willste eine sehn?«

Sicher, sagte ich, und so steckten wir jeder einen harzigen Kiefernast ins Feuer und marschierten, die Fackeln in der Hand, hintereinander in die Dunkelheit hinter unserem Lager und gingen einen steinigen Bergbach entlang bergauf. Bald hatten wir die glatten, hohen Wände erreicht, die den höchsten Punkt des Passes markieren, an dem sich die rieselnden Gewässer teilen und der eine Teil der Rinnsale nach Süden fließt und allmählich zum mächtigen Hudson anschwillt, während der andere Teil nach Norden rinnt und zum Au Sable wird, der sich schließlich in den St. Lorenz ergießt. Hier bog Lyman von dem schmalen Pfad nach rechts ab und begann über lose durcheinanderliegende Steine und ein Gewirr von Wurzeln bergauf zu klettern. Ich folgte dicht hinter ihm.

Plötzlich spürte ich einen Hauch kalter Luft auf meinem Gesicht, als hätte ein riesiges totes Etwas ausgeatmet. Lyman verschwand aus meinem Blickfeld, und ich glaubte, der eisige Hauch des Monsters hätte seine Fackel ausgeblasen, denn ich sah nur noch eine Gruppe niedriger Balsamfichten vor mir und dahinter die senkrecht aufragende Felswand. »Lyman, wo bist du?« schrie ich.

Seine Stimme klang ganz hohl, als er antwortete. Er war in der Höhle. »Schirm deine Fackel ab und geh weiter«, forderte er mich auf.

Ich tat wie geheißen; die Fichten gaben widerstandslos den Weg frei, und innerhalb einer Sekunde fand ich mich fern der vertrauten Welt der Bäume und Bergflüsse und des blauvioletten Nachthimmels wieder. Ich stand neben Lyman in einer hohen Kammer aus Felswänden – stand mitten im Maul des Ungeheuers. Als ich den von dem flackernden Licht spärlich beleuchteten Tunnel mit den hüpfenden Schatten entlangblickte, sah ich auch die Gurgel und den Bauch des Monsters. Es war, als hätte Jonas' Wal uns verschluckt. In der Höhle war es eiskalt, die Luft feucht und unbewegt, und unser warmer Atem hinterließ fahle Wolken, die vor unseren Gesichtern waberten. Von den rissigen Wänden und der zerklüfteten Decke der Höhle hingen lange weiße Eiszapfen herunter, und auf dem Boden waren gelbliche Zungen von altem Eis zu sehen, die von den Tieren, die im Laufe der Jahre hier überwintert hatten, verschmutzt und besudelt worden waren – von den uns vertrauten Bären, Luchsen und Fischottern. Kein Mensch hätte es hier lange ausgehalten; als Wohnstätte war die Höhle zu kalt, zu dunkel und zu abschreckend, und man suchte sie höchstens für kurze Zeit und allenfalls zu dem Zweck auf, sich vor einem Schneesturm, einem Hochwasser oder einem Waldbrand in Sicherheit zu bringen.

Dann erschien mir die Eishöhle plötzlich wie ein Grab, eine steinerne Gruft, in der wir eingeschlossen waren, als hätte ein Felsblock den Weg zur Außenwelt versperrt. Ich stellte mir das nur vor, doch einen Augenblick lang glaubte ich wirklich, daß wir beide in dieser kalten Kammer aus Felswänden gefangen waren, und niemand dies ahnte. Keiner würde kommen und uns herausholen. Niemand würde je unsere Gebeine finden oder erfahren, was hier geschehen war. Endlich waren wir von all dem in der Welt da draußen losgelöst, was uns so lange voneinander getrennt hatte – von unserer Hautfarbe, unserem Krieg gegen die Sklaverei, von Susan und Vater. Sogar von Gott! Es war eine Vision, die mir das Ende der Einsamkeit versprach. In diesem Augenblick erhaschte ich einen kurzen Blick auf die Möglichkeit, meiner schrecklichen Vereinzelung zu entkommen. Die Einsamkeit, mit der ich seit meiner Kindheit gestraft war und die mich wie eine grausige Glückshaube eingehüllt hatte, schien sich zum ersten Mal zu weiten und sich zu dehnen wie der Bauch einer schwangeren Frau, um einen weiteren Menschen mit aufzunehmen, einen Mann wie mich, meinen Zwilling, meine geliebte Verdoppelung, einen, der sich in diesem Augenblick mit Zuneigung zu mir umsah.

Ich bückte mich und steckte das untere Ende meiner Fackel in eine Spalte zwischen zwei Steinen neben mir, wo sie weiterbrennen konnte. Dann zog ich mein Messer heraus, klappte es auf, legte es in Lymans rechte Hand und legte ihm meine Rechte auf die Schulter.

Er sah zuerst das Messer an und dann mich. »Warum gibst du mir das?«

»Ich muß ein Geständnis ablegen.«

»Nein«, entgegnete er mit leiser Stimme. »Mußt du nicht.«

»Doch, ich muß. Und ich bin bereit, dafür zu sterben. Doch nur durch deine Hand.«

Er schnaubte fast verächtlich. »Ich will kein Geständnis von dir, Owen Brown. Was immer du getan hast, ist schon vorbei.«

»Nein, noch nicht. Mein Geständnis wird diese Handlung sein.«

»Doch, du hast es schon getan. Du kannst mir nichts gestehen, was ich nicht schon weiß. Susan hat mir erzählt, wie du mit ihr geredet hast. Und ich hab' gesehen, wie du nachts um unsere Hütte geschlichen bist. Und jetzt möchtest du wohl, daß ich dir vergebe? Oder dich *töte*?« Er lachte. »Nein, den Gefallen werd' ich dir nicht tun, weder das eine noch das andere. Wenn du dich selbst umbringen willst, dann ist das was anderes. Warum eigentlich nicht? Schleicht um eine farbige Frau rum, eine *verheiratete* Farbige. Vielleicht, weil sie nicht soviel wert ist wie eine Weiße und deshalb nicht die gleiche Achtung verdient? Oder weil *ich* nicht soviel wert bin wie ein Weißer? Da stehst du nun, der Sohn von John Brown.« Er kräuselte die Lippen und starrte mir ins Gesicht. »Verglichen mit deinem Vater bist du nur ein halber Mann«, sagte er dann.

Er gab mir das aufgeklappte Messer zurück, wandte sich um und verließ die Höhle, um in die Welt da draußen zurückzukehren, während ich jäh in einen dunklen Brunnenschacht stürzte und seine Worte mir in den Ohren widerhallten, als ich stolperte und fiel und mich umwandte – und wieder in mein Inneres hinabstieg: der Nicht-Mann.

Mit der Zeit begann meine Fackel zu flackern, und schließlich ging sie aus und kippte aus ihrer Halterung; als sie auf den vereisten Boden fiel, zischte sie wie eine Schlange. Lange stand ich allein in der Dunkelheit und Kälte der Höhle, ehe ich mich wieder rührte, mich an der Granitwand entlangtastete und den Weg nach draußen fand. Als ich dann in unser Lager weiter unten stolperte, hatte Lyman sich schon in seine Decke gewickelt und schlief in der hinteren Ecke unseres Unterschlupfs; zumindest schien es mir so. Ich hüllte mich ebenfalls in meine Decke und rollte mich ihm gegenüber zusammen. Doch ich schlief nicht. Wie ein Toter lag ich mit weitgeöffneten Augen da, ohne zu blinzeln, und starrte in den Nachthimmel hinauf; in meinen Ohren waren keine Worte und keines Menschen Stimme zu hören außer den Worten und der Stimme von Lymans schrecklicher Wahrheit.

In den darauffolgenden Tagen arbeiteten wir fast schweigend; zwar sprachen wir in höflichem Ton miteinander, aber nur, wenn es nötig war, während wir Bäume fällten und Wurzeln durchtrennten, Steine brachen, rollten und schleppten und so den Pfad freilegten, der durch die Berge zum Minenarbeiterlager am Tahawus führte. Was gab es auch noch zu sagen? Es war alles gesagt worden – Lymans letzte Worte in der Eishöhle hatten jede weitere vertraute Unterhaltung zwischen uns auf immer unmöglich gemacht. Ich hatte ihm nicht gesagt, was in mir immer noch darauf drängte, erzählt zu werden, doch er hatte klargestellt, daß er sich nichts von dem, was ich noch zu sagen hatte, anhören wollte, und mir blieb nichts anderes übrig, als dieses Urteil hinzunehmen.

Was dann folgte, war schwere Plackerei, die durch die stumme Distanz zwischen uns noch schwerer wurde; nachts ließ jeder sich in seine Kuhle fallen und schlief augenblicklich ein. Tagelang regnete es immer wieder, klarte dann auf, und für eine Weile waren Fetzen blauen Himmels über uns zu sehen, ehe es wieder zu regnen begann. Die meiste Zeit arbeiteten Lyman und ich getrennt und so weit wie möglich voneinander entfernt. Die Nächte waren kühl, und aus dem Südwesten wehte es unablässig durch die enge Schlucht herauf, ein Wind, der in den hohen Kiefern und Fichten einen anhaltenden, schnarrenden Gesang anstimmte.

Inzwischen waren wir ein gutes Stück jenseits der Paßhöhe angelangt, und als wir uns weiter vorarbeiteten, wurde das Murmeln der nach Süden fließenden Rinnsale und Bäche rasch zum Lärmen und Tosen eines breiten Stromes, des Opalescent River, der in den unterhalb gelegenen Lake Colden mündete und dann zum Oberlauf des mächtigen Hudson wurde. Nachts hörten wir das heisere Bellen eines Bären, das ferne Geheul von Wölfen, den klagenden Ruf der Eule und in der Morgendämmerung den Gesang des Ziegenmelkers und der Walddrossel und auf den Höhen die heiseren Schreie der Raben. Unsere menschlichen Stimmen dagegen fielen nur selten in den Chor des Waldes ein, drangen kaum in unsere privaten Gedanken ein oder durchbrachen unsere selbstauferlegte Einsamkeit.

Am Morgen des dritten Tages nach unserem Besuch der Eishöhle kamen wir aus der langgestreckten Waldschlucht zum nördlichen Ufer des Lake Colden, der schwarz glitzernd vor uns in der Sonne lag. Von dem sumpfigen Ufer zu unserer Rechten, wo sich der Opalescent in den See ergoß, stieg ein Paar Haubentaucher in den Himmel, flog über uns hinweg und verschwand im Fichtenwald. Am gegenüberliegenden Ufer erstreckte sich ein Wäldchen von überfluteten Bäumen, die wie schauerliche Spieße einer mittelalterlichen Armee aufragten. Eine Weile bahnten wir uns einen Weg am Westufer des ovalen Sees entlang; wir hielten uns auf dem höhergelegenen, trockenen Grund zwischen Buchen und Hickorybäumen und markierten den Verlauf des Pfades mit Brandzeichen an den Stämmen; wir kamen ziemlich schnell voran, da der Boden jetzt einigermaßen eben war und kaum etwas dort wuchs – lediglich Farne, Dornbüsche und Zürgelbaumgestrüpp –, denn das Gelände war einige Jahre zuvor bei einem Brand versengt worden.

Gegen Mittag hatten wir den See fast passiert und wollten gerade wieder in den tiefen Wald eintauchen, der etwa eine Meile weit über niedrige Grate und Schluchten allmählich zu dem Lager neben dem Bergwerk abfiel; wir rechneten damit, bei Einbruch der Dunkelheit mit unserer Arbeit fertig zu sein und das Camp zu erreichen. Es war uns zur Gewohnheit geworden, mittags eine Pause einzulegen und getrocknetes Wildbret, Äpfel und Maisbrot zu essen, das inzwischen altbacken war; Lyman, der ein paar Meter von mir entfernt gearbeitet hatte, lehnte Axt und Brecheisen an eine Birke und ging auf einen schmalen, flachen Felsen zu, der ein Stück weit in den See hineinreichte. Ich legte ebenfalls meine Werkzeuge und mein Gepäck ab und folgte ihm, jetzt nicht mehr, um ihm Gesellschaft zu leisten, sondern weil sein Gepäck unseren kleinen Essensvorrat enthielt.

Obwohl es der Jahreszeit entsprechend kühl war, schien eine

strahlende Sonne; der Himmel war wolkenlos und tiefblau, ein straffes Tuch, das sich von Horizont zu Horizont spannte. Schnell hatte ich Lyman eingeholt, der sich seinen Weg durch ein brusthohes Dickicht aus Weiden bahnte. Wir befanden uns an einer tiefliegenden, nassen Stelle und erspähten ab und zu hinter den Weiden gerade noch die obere Kante des Felsens. Ich bog nach rechts und folgte einem Pfad, über den der Felsen leichter zu erreichen schien; als ich aus dem Dickicht trat, war Lyman ein paar Meter links hinter mir. Er kämpfte sich noch immer durch die Weidenbüsche hindurch. Doch als ich mich umdrehte und die Hand ausstreckte, um ihm zu helfen, sah ich ihn plötzlich reglos dastehen. Auf seinem verschwitzten Gesicht malte sich nacktes Grauen – als hätte er Satan gesehen. Oder Gott.

Langsam wandte ich mich um, drehte nur den Kopf, und als ich sah, was ihm einen solchen Schrecken einjagte, war auch ich starr vor Entsetzen – ein großer gelbbrauner Berglöwe, der auf dem Rand des Felsens hockte; hinter ihm war nichts als der in der Sonne funkelnde See, zu seinen beiden Seiten dunkles Wasser. Und vor sich sah er nur uns, zwei mickrige Menschlein. Unser plötzliches Erscheinen gegen die Windrichtung hatte den Puma überrascht, und zweifellos fühlte er sich nun zwischen dem Wasser und uns in der Falle. Das Tier war nicht mehr als zehn Fuß von mir entfernt; der lange Schwanz peitschte wie eine Schlange hin und her. Er hatte die Schultern tief nach unten gedrückt, das Hinterteil noch tiefer, bereit zum Sprung. Der kleine Katzenkopf bestand fast nur aus dem Maul, als wäre er mit einer Hacke gespalten worden, einem Maul mit schwarzen Lefzen und schwarzer Zunge und gewaltigen Reißzähnen.

Noch nie hatte ich einen lebenden Berglöwen aus solcher Nähe gesehen, obwohl ich letztes Jahr droben auf dem McIntyre zusammen mit Watson zwei verfolgt und erlegt hatte. Seine wilde Schönheit faszinierte und erregte mich ebensosehr, wie sie mich ängstigte. Ich hatte keine Waffe, bis auf das Taschenmesser, das ich in der Eishöhle mit einer so kläglichen Geste Lyman dargeboten hatte. Doch ich wußte, Lyman hatte seine Pistole im Rucksack. Ich stand genau zwischen ihm und dem Puma und hätte eine viel günstigere Schußposition als er. Und außerdem war ich in jedem Fall der bessere Schütze, war sogar in gewissem Maße berühmt dafür, Lyman hingegen ebenso berühmt für sein ungenaues Zielen.

Ich wies ihm meine offene Hand, und ohne die Augen von der Bestie zu wenden, zog er mit äußerster Vorsicht die Pistole heraus und reichte sie mir. Langsam, den Blick unverwandt auf die gelben Augen der riesigen Katze gerichtet, nahm ich den Kolben der Pistole in die Rechte, straffte mich und legte den Lauf auf meinen linken Unterarm, der infolge der alten Verletzung so unbeweglich war wie ein Fensterbrett und in nicht geringem Maße zu meiner Treffsicherheit beitrug. Ich hob den Unterarm, peilte die fahlgelbe Stirn des Löwen an und zielte genau auf die Spitze des umgedrehten V zwischen seinen Augen. Ich hatte das Gefühl, den Löwen zu riechen. Ich erinnere mich, wie ich tief einatmete – es war ein Geruch wie von faulen Äpfeln –, als ich mit dem Daumen den Hahn spannte; doch in der letzten Sekunde, die dem Löwen noch zur Flucht blieb, sprang er ohne Vorwarnung vom Felsen. Er schnellte an die acht oder zehn Fuß links von uns durch die Luft auf das Ufer zu, setzte sicher mit den Vorderpfoten auf dem Kies auf, die Hinterpfoten berührten kaum das Wasser, und dann war er im Gebüsch verschwunden. Ein paar Sekunden war noch zu hören, wie er in einiger Entfernung durchs Unterholz brach, dann herrschte Stille. Nicht einmal ein Vogel sang.

Langsam atmete ich aus und fing mit einem Mal zu zittern an. Meine Knie wurden weich. Ich war froh, wirklich froh und erleichtert, daß er entkommen war. Aus solcher Nähe betrachtet, war das Tier viel zu schön, um getötet zu werden. Ich war nicht einmal ganz sicher, ob ich es mit der Pistole überhaupt hätte töten können, denn ich hätte nur einen Schuß gehabt, und der Löwe, ein großes Männchen, wog wohl fast zweihundert Pfund; verwundet wäre er eher noch gefährlicher gewesen, als lediglich aufgescheucht und unversehens auf seiner Halbinsel in die Enge getrieben. Immer noch zitternd trat ich auf den Felsen und setzte mich auf die von der Sonne beschienene Stelle, wo der Löwe ein paar

Augenblicke zuvor sein einsames Ruheplätzchen gehabt hatte; die Pistole gab ich Lyman, der mir gefolgt war.

»Das war der größte Löwe, den ich je gesehen hab'«, sagte er leise und verwundert, und ich nickte nur. »Ich weiß nicht, wer mehr überrascht war, er oder wir. So einer ist mir noch nie über den Weg gelaufen«, erklärte er. Er hielt die Pistole seitlich in der Hand, und ich bemerkte plötzlich, daß ich es versäumt hatte, den Hahn wieder zu entspannen – die Waffe war nach wie vor schußbereit. Entsichert. Wenn er falsch damit umging, würde sich der Schuß lösen.

Ich starrte in sein schmales, dunkles, verschlossenes Gesicht über mir und sah, daß er nicht an die Waffe in seiner Hand dachte, sondern an den Löwen – an den schönen, mächtigen, wilden Berglöwen, ein Tier aus einer anderen Welt als der unseren, eine Bestie, die vom ersten bis zum letzten Atemzug von Begierden und Ängsten getrieben und gesteuert wurde, denen Lyman und ich nur in den schrecklichsten Augenblicken unseres Lebens erlegen waren, die wir nicht vergessen konnten; für den Löwen hingegen unterschied kein Augenblick sich von allen anderen. Der plötzliche weite Satz des Tieres vom Felsen über das Wasser an Land war ungeheuer anmutig gewesen, vertraut und fremd zugleich, wie die schönste letzte Zeile eines geliebten Liedes, ein graziöser Bogen von der Helligkeit des sicheren Todes in das dunkle, undurchdringliche Geheimnis des Waldes. Warum konnte nicht auch mir solch ein Sprung gelingen? Von meinem Platz hier auf dem harten grauen Felsen spähte ich über das Wasser zu dem Weidendickicht am Ufer und den Bäumen dahinter, hinauf zu dem von Buchen und Hickorybäumen überwucherten Hang und den Fichten und dem Steingewirr der Höhlen und den Felsvorsprüngen darüber; dort, so stellte ich mir vor, streifte der Löwe nun in seiner Einsamkeit Tag und Nacht frei und sicher umher, verfolgte seine Beute und stürzte sich unvermittelt auf sie, riß sie mit seinem ganzen Gewicht und der brutalen Gewalt seines Angriffes zu Boden, rollte sie in die weichen rostfarbenen Kiefernnadeln und grub sein hungriges Maul in ihren Körper.

Ich hörte die Detonation des Schusses, und ich erschrak nicht darüber. Ich sah zu Lyman auf. Innerhalb eines Sekundenbruchteils begriff er. Dann wurde sein erstaunter, doch alles verstehender Blick ausdruckslos und flach wie ein Stein, und mitten auf seiner Brust brach eine riesige rote Blüte auf. Sein Mund füllte sich mit Blut, das herausquoll, und dann fiel Lyman kopfüber nach vorn. Als seine Stirn auf dem Felsen aufschlug, war ein häßliches Krachen zu hören, als zerbräche ein trockener Stock.

Sein Körper rollte auf den Rücken; die obere Hälfte glitt von dem Stein in das Wasser des Sees. Von dem Loch in seiner Brust breitete sich eine Wolke von Blut aus, die im Wasser rasch größer wurde, sich um ihn legte und Brust, Schultern, Arme und Kopf umhüllte wie die sich bauschende scharlachrote Haarfülle einer Frau.

Der menschliche Körper ist ein mit Blut gefüllter Sack – ein winziges Loch in der Haut, und Form und Farbe des Körpers verzerren und ändern sich grotesk. Es ist kein menschlicher Körper mehr, die Haut ist nicht länger weiß oder schwarz. Halb im See und in den sich ausbreitenden Schlieren seines eigenen Blutes liegend, hätte Lyman ein Weißer oder ein Schwarzer sein können – es gab keine Möglichkeit mehr, das zu entscheiden. Blut ist rot.

Doch ich war der Mann, der nie hatte vergessen können, daß Lyman, solange er lebte, schwarz war. Deswegen hatte ich ihn bis zu diesem Augenblick niemals wirklich geliebt. Jetzt war er tot – und endlich ein Mensch ohne Rasse. Und so gewiß, als hätte ich selbst den Abzug betätigt, war ich der Mann, der Weiße, der Lyman wegen seiner und meiner Hautfarbe getötet hatte. Es war, als hätte es für mich keine andere Möglichkeit gegeben, ihn zu lieben.

Jetzt gab es keine Liebe mehr, nur noch den bedingungslosen Krieg gegen die Sklavenhalter. Mein Wesen war jetzt vollständig ausgeprägt; es war das eines Mörders. Und nur, wenn ich strikt auf Vaters Pfad blieb, wäre ich davor bewahrt, Menschen zu töten, die den Tod nicht verdient hatten. Vater sollte mein Polarstern sein, Lyman Epps meine Erinnerung an die Sklaverei.

Als Lyman starb, weil er aus Versehen seine Pistole abgefeuert hatte – was ich auch so berichtete und alle sofort glaubten –, wußte ich noch nicht, daß seine trauernde Witwe vier Monate später seinen Sohn zur Welt bringen würde. Auch das hatte ich Lyman genommen. Susan benannte das Kind nach seinem Vater, und in späteren Jahren wurde es als Sänger religiöser Lieder berühmt. Doch zu dem Zeitpunkt seiner Geburt war ich schon längst nicht mehr da – ich hatte Vaters Anweisung befolgt und holte Fred aus Ohio ab. Ich sah und hörte Lyman Epps den Jüngeren, den Mann, der meinetwegen vaterlos zur Welt gekommen und aufgezogen worden war, als er am Tag der Beisetzungsfeierlichkeiten vor Vaters Felsen sang. Wie Glockengeläut stieg seine schöne Stimme in den kalten Maihimmel, als er über dem Sarg, der die Gebeine von elf Männern barg und auch die meinen hätte enthalten sollen, »Blow, Ye Trumpets, Blow« sang.

Eine schreckliche Ironie wäre es gewesen, wären meine Gebeine mit jenen vereint gewesen. Seine herrliche Stimme wäre zu Ehren meiner Beerdigung erklungen, ohne daß er gewußt hätte, daß ich an jenem lange zurückliegenden Tag am Lake Colden durch meine Weigerung, seinen Vater zu retten, zu seinem Mörder geworden war. Obwohl ich damals, als sein Vater starb, die Wahrheit sagte und auch jetzt, so viele Jahre später, die Wahrheit gesagt habe – doch die erste war eine Lüge, die andere ein Geständnis. Denn die eine war den Lebenden von einem Mann erzählt worden, der darum kämpfte, am Leben zu bleiben, von einem Mann, der seine wahren Motive und Schwächen noch nicht kannte; die andere hingegen wurde den Toten erzählt, wurde berichtet von einem Geist, der sich nichts anderes wünscht, als sich ihnen anzuschließen.

Die Geschichte vom Tod seines Vaters muß dem Jungen, als seine Mutter sie ihm schließlich erzählte, das Herz zerrissen und ihn für sein ganzes Leben gezeichnet und mißtrauisch gemacht haben. Es war zwangsläufig die Geschichte, die ich Vater und dem Leiter des Bergarbeiterlagers am Tahawus erzählt hatte, und die erzählten sie ihrerseits anderen. In Begleitung von zwei Flüchtlingen – zwei starken jungen Männern, die Harriet Tubman persönlich aus einer Plantage in North Carolina geholt und die Vater aus Albany herausgebracht hatte – kamen die beiden auf der Suche nach Lyman und mir zum Paß herauf, als wir zur abgemachten Zeit nicht in dem Lager aufgetaucht waren; sie brauchten uns, um die Flüchtlinge nach Kanada zu begleiten. Am See fanden sie Lymans Körper so, wie er hingefallen war, ausgeblutet und grau im Wasser, und mich entdeckten sie auf den steinigen Höhen darüber, heulend wie ein verwundetes Tier und ohne Erinnerung, wie ich dorthin gekommen war.

Ich hatte mir den verkrüppelten Arm mit dem Messer zweimal der Länge nach aufgeschnitten, mein Gesicht mit Blut beschmiert und mich in Schmutz und Blättern gewälzt. Vater beruhigte mich, hielt mich in seinen Armen und schaffte es so nach einiger Zeit, mir eine Beschreibung des Vorgefallenen zu entlocken; schließlich führte er mich von dem Felsen zum Seeufer hinunter, wo die anderen eine Trage gebaut hatten, um Lymans Leiche heim nach Timbuktu zu bringen.

Vater erklärte, er müsse noch am selben Tag nach Albany zurückkehren und dort bei einem seiner Gerichtsverfahren erscheinen, und Mr. Seybolt Johnson konnte das Bergarbeiterlager nicht verlassen; ich und die verängstigten jungen Flüchtlinge waren daher gezwungen, Lymans Leiche über ebenden Pfad zurückzutransportieren, den wir gerade über den Paß nach Timbuktu freigeschlagen hatten.

»Wenn du wieder zurück bist, soll Watson Lymans Leiche seiner Witwe übergeben; anschließend soll er diese Burschen nach Massena und zum Übergang nach Kanada bringen«, befahl Vater; er sprach mit mir, als wäre ich ein Kind, und machte sich sogar die Mühe, seine Anordnungen auf die Rückseite eines Umschlages zu schreiben, den ich Watson übergeben sollte, sobald wir auf der Farm angekommen waren. Anschließend solle ich sofort nach Ohio aufbrechen, erklärte er, um Fred zu holen, der schon zu lange allein gewesen sei. Bereits vor mehreren Monaten waren John und Jason mit ihren Frauen und kleinen Söhnen nach Kansas gezogen und hatten dort ihre Heimstatt aufgeschlagen.

Vater legte mir die Hände auf die Schultern und sagte mit sanfter Stimme, er glaube, ich sei zu erschüttert, um jetzt in North Elba zu bleiben, und müsse eine Zeitlang von dort weg. Er erkannte, wie tief und stark meine Gefühle waren, und auch ihre wahre Natur, wenn nicht sogar ihren Ursprung. Ich glaube, damals machte er sich zum ersten Mal Sorgen um meine geistige Gesundheit, hatte Angst, ich würde, wenn ich in North Elba in der Nähe der Neger und insbesondere von Lymans Witwe bliebe, versuchen, mir das Leben zu nehmen. Und er hatte recht.

Die wahre Geschichte von Lymans Tod hingegen, mein Geständnis, hat Lymans Sohn nie gehört, weder als Mann noch als Kind, und er hat sie auch jetzt nicht gehört und wird sie nie hören, es sei denn, er kommt, wenn er stirbt, hierher zu unserer alten Farm und den Familiengräbern und findet dort mich, wie ich noch immer in der Dunkelheit rede – ich, der verrückte Geist von Owen Brown, der Mörder von Lyman Epps dem Älteren, der geheime Schurke beim Massaker am Pottawatomie, der gewissenhafte Arrangeur des Martyriums von John Brown und der Anlaß für den sinnlosen Tod all der anderen, deren Leichen nun vor mir liegen.

Lyman Epps der Jüngere wird nicht hier bestattet werden; seine Gebeine werden bei denen seines Vaters und seiner Mutter vermodern, drei Meilen von hier auf dem alten Friedhofsgelände der Neger von Timbuktu. Und wenn er die Wahrheit erfährt, warum sein Vater sterben mußte, wird er sie von seinem Vater hören, dem einzigen Menschen, der sie ebenso gut kennt wie ich.

Aber spricht mein geliebter, ermordeter Freund in der Nacht dort drüben überhaupt so wie ich hier? Unmöglich. Anders als ich starb Lyman mit reinem Gewissen. Und verstummte daher augenblicklich.

IV

16

Es war das Jahr der schrecklichen Dürre in Ohio, als das Heu auf den Feldern verbrannte und die Erde zu Staub zerbröselte und zu Dünen aufgeweht wurde; viele Farmer, insbesondere die jüngeren, ließen alles zurück und zogen weiter, in die Westlichen Territorien, um dort noch einmal von vorn zu beginnen. Von Pennsylvania bis Michigan ging das Getreide noch vor der Blüte ein, die Felder lagen brach, und man schlachtete und verarbeitete die Rinder und Schweine vor der Zeit, um sie nicht verhungern lassen zu müssen. Männer und Frauen ließen den Blick über ihre verdorrten Felder schweifen, sahen zu dem wolkenlos blauen Himmel auf und sagten sich: Genug! Wir gehen dorthin, wo es Regen gibt. Und meine Brüder John und Jason mit ihren jungen Frauen schlossen sich diesen Leuten an.

Es war das Jahr, in dem der Trunkenbold Franklin Pierce aus New Hampshire, ein Yankee-Günstling der Sklavenhalter, zum Präsidenten gewählt wurde und schließlich eine Regierung von Befürwortern der Sklaverei einsetzte; er war für die Verabschiedung des Kansas-Nebraska Act verantwortlich, durch den altmodische Landnahme zu einem heiligen Krieg wurde. Damit wurde der Missouri-Kompromiß außer Kraft gesetzt und das alte Grenzland im Westen praktisch zu einem fremden Land, um das sich noch im selben Jahr zwei unterschiedliche, angrenzende Nationen stritten: die Sklavenhalterstaaten des Südens und die freien Nordstaaten.

Da dieses Gesetz die Westlichen Territorien zu einem leidenschaftlich umkämpften Gebiet machte, spaltete es das Land nachhaltiger als alle darauf folgenden Schlachten und Kriege. Im Streit um Kansas in den fünfziger Jahren standen der Norden und der

Süden einander wie Frankreich und England im Krieg um Kanada ein Jahrhundert zuvor gegenüber. Nur ging es in Kansas um mehr. Jeder Amerikaner wußte, wenn es den Befürwortern der Sklaverei gelänge, das Gebiet zu erobern, würden sie es sofort zu einem Sklavenhalterstaat in einer demokratischen Union machen, die in Washington von einer Mehrheit der Sklavenhalterstaaten regiert würde; das unmittelbare Ergebnis wäre, daß drei Millionen Amerikaner und ihre Nachkommen auf Dauer versklavt blieben. Der Norden als hoffnungslose Minderheit hätte dann keine andere Wahl, als sich vom Süden zu lösen oder einen Befreiungskrieg gegen ihn zu führen.

Würden weiße Amerikaner tatsächlich in den Krieg ziehen, um schwarze Amerikaner zu befreien? Undenkbar. Zu jener Zeit, vor Harpers Ferry, als noch kein Blut im Namen der Sache der Sklaven vergossen worden war, hätten die Leute im Norden nur mit den Schultern gezuckt und den Südstaaten samt den Sklaven dort den Rücken zugekehrt, hätten sich ganz geschäftsmäßig auf eine Ausdehnung nach Norden konzentriert und wären nach Kanada einmarschiert.

Und es war das Jahr, in dem Vaters letztes Kind Ellen zur Welt kam, das nach dem 1849 in Springfield gestorbenen Baby benannt wurde. Der Alte hatte nun mit zwei Frauen insgesamt zwanzig Kinder gezeugt; von diesen starben neun schon als Kinder, später noch drei in ihrer Jugend. Sie wurden im Krieg gegen die Sklaverei niedergemetzelt. Nur acht seiner Kinder überlebten also bis ins Erwachsenenalter, vom ältesten, John, der 1821 zur Welt kam, bis hin zum jüngsten, der zweiunddreißig Jahre später geborenen Ellen.

Es war auch das Jahr, in dem Lyman Epps und ich unseren vertrackten Tanz beendeten und ich mich brüllend in die Wildnis flüchtete und nichts als einen Trümmerhaufen und schwelende Ruinen zurückließ.

Und außerdem war es das Jahr, in dem ich Vaters Anordnungen folgte und nach Ohio ging, um meinen Bruder Fred unter Kontrolle zu bringen und auf die Farm in North Elba zu holen, obwohl wir schließlich doch nicht dorthin gingen. Vielmehr handelte ich Vaters Anweisungen zuwider und nahm Fred mit nach Kansas, wo wir uns meinen Brüdern John und Jason anschlossen, um an ihrer Seite zu kämpfen. Und letztendlich zwang ich Vater durch mein Verhalten, das gleiche zu tun. Natürlich sah es zu jener Zeit nicht so aus, aber heute ist es mir klar.

Es war Herbst, als ich in Ohio eintraf, und die große Dürre lag schon ein paar Monate zurück. Doch die Folgen der Verwüstung waren noch überall zu sehen: zahlreiche leerstehende, verlassene Farmen und Läden sowie Felder, auf denen sich wieder Unkraut und Gestrüpp ausbreiteten – als wäre die Landschaft kürzlich von einer biblischen Plage heimgesucht worden. Das gleiche galt auch für mich. Als ich an jenem warmen Oktoberabend nur wenige Wochen nach all der Wirrnis und dem Wahnsinn in North Elba auf Mr. Perkins' großer, florierender Farm ein paar Meilen außerhalb von Akron ankam, fing ich immer noch an zu zittern und war zutiefst verwirrt, wenn ich mir überlegte, wie nahe ich erst vor kurzer Zeit Mord und Perversion gewesen war. Sonst hätte ich mich Fred gegenüber, um dessen nervlichen Zustand es in Wirklichkeit weit schlimmer bestellt war als um meinen, vielleicht etwas klüger verhalten. Hätte ihm den Grund, weshalb ich gekommen war, schonender beigebracht.

Allerdings schien er im Gegensatz zu mir, oberflächlich betrachtet, einigermaßen mit sich im reinen zu sein – wie ein alter Schäfer saß er mit seinem Hirtenstab und seiner Pfeife den ganzen Tag lang bei Mr. Perkins' Merinoschafherde im Freien, trieb sie gegen Ende des Tages mit Hilfe seines kleinen schwarzen Collies zusammen und brachte sie bei Einbruch der Dunkelheit in ihren Pferch. Abends verkroch er sich in einer kleinen Hütte, die er aus Abfallholz selbst gebaut hatte, und bereitete sich auf einem Eisenofen seine bescheidenen Mahlzeiten zu, las bei Kerzenlicht in der Bibel und schlief auf einer auf den Boden gebreiteten Schilfmatte. Aufgewühlt, wie ich war, beneidete ich ihn um die mönchische Schlichtheit seines Lebens; daher merkte ich nicht, welche Verwirrung sich dahinter verbarg, und sah auch nichts von dem voraus, was kommen sollte.

Fred war zwar nicht groß gewachsen, aber sehnig, zäh und wie Vater sehr stark. Auch sein Gesicht ähnelte dem Vaters: Hakennase und tiefliegende graue Augen unter buschigen Brauen. Sein Haar war borstig und eher braun als rot, und er hatte sich einen zottigen Bart wachsen lassen. Als ich ihn das letzte Mal gesehen hatte, war er noch ein Junge gewesen – kein gewöhnlicher Knabe, das gewiß nicht, doch eher Kind als Mann. Er hatte sich im Laufe der Jahre beträchtlich geändert. Ich war nicht so sehr überrascht und beunruhigt als vielmehr fasziniert ob dieser Veränderungen, da Vater und die älteren Brüder mich bereits darauf vorbereitet hatten. Mit seiner dunklen, ledrigen Haut sah er wie ein Wüstennomade aus, wie ein Beduine oder ein altertümlicher Eremit, der sich von Heuschrecken und Honig ernährt, und seine Kleidung verstärkte diesen Eindruck noch – eine weite Hose aus Hirschleder, mit einem Strick gegürtet, nur eine Schaffellweste, aber kein Hemd darunter sowie einfache Indianer-Mokassins, die er offenkundig selbst angefertigt hatte. Fred wirkte ungekünstelt, doch eben deswegen um so eindrucksvoller.

Als ich bei den Perkins ankam, war es beinahe Abend. Ein Stallknecht zeigte mir Freds Hütte, die gleich neben den Schafgehegen hinter dem großen weißen Farmhaus lag; ich ging geradewegs dorthin, da ich Mr. und Mrs. Perkins erst am nächsten Tag einen Besuch abstatten und ihnen meine Absicht mitteilen wollte, meinen jüngeren Bruder mitzunehmen. Ich war nicht sonderlich erpicht darauf, sie zu sehen. Vater hatte sie zwar vermutlich über meinen Auftrag informiert, so daß es wahrscheinlich keine Probleme gäbe; aber ich mochte Mr. Perkins und seine Frau nicht übermäßig. Obwohl er sich viele Jahre lang Vater gegenüber großzügig gezeigt hatte, gab ich ihm in gewisser Weise die Schuld an Vaters finanziellen Schwierigkeiten. In meinen Augen hatte er dem Alten ohne großes eigenes Risiko oder Kosten die Möglichkeit gegeben, ungehindert seine wilden finanziellen Vorstellungen auszuleben, bis sie ihn in den Ruin getrieben hatten. Unter normalen

Umständen hätte Vater seinen Plan mit der Lagerung von Wolle niemals in die Tat umsetzen können. Doch Mr. Perkins war ein sehr reicher Mann, ein Bankier, der im Geschäft mit den Kanalbauten und mit Spekulationen während des florierenden Landverkaufs Anfang der vierziger Jahre, der Vaters Bankrott verursacht hatte, ein Vermögen verdient hatte; für ihn war das Geschäft mit den Schafen lediglich ein Zeitvertreib auf seine alten Tage, ein mit überschüssigem Geld betriebenes Spiel, das es ihm erlaubte, sich wie ein Landadliger vorzukommen und sich auch noch um anderes zu kümmern als um seine körperlichen Gebrechen. Ich vermute, Vaters Fähigkeiten als Züchter von Merinoschafen, seine Tatkraft, sein Eifer und seine Ehrlichkeit faszinierten Mr. Perkins, der in allem das Gegenteil war. Wieviel von seinem Geld Vater im Wollgeschäft auch verlieren mochte, Mr. Perkins wußte, der alte Brown würde alles zurückzahlen, gleichgültig, wie lange es dauerte. In der Zwischenzeit verschaffte ihm dies den Vorteil, daß ihm ständig mindestens einer von Browns Söhnen unbefristet zur Verfügung stand, um seine Herden zu versorgen: eine äußerst fähige Arbeitskraft, eine Geisel, ja, fast ein Sklave. Der Mann war für derlei Unterschiede und Ähnlichkeiten völlig unempfänglich und daher auch eindeutig kein Abolitionist, seine Frau eher noch weniger. Vater hatte uns schon vor langer Zeit angewiesen, in ihrer Gegenwart weder über Abolitionismus zu diskutieren noch ihn zu predigen. Aus dem Buch der Sprüche stammte der Rat, den er uns gab: »Besser ein trockener Bissen mit Frieden als ein Haus voll Geschlachtetem mit Streit.«

Doch zum Glück gehe seine Geschäftsbeziehung mit Mr. Perkins nun ihrem Ende zu, erklärte er, und er fühle sich nicht länger verpflichtet, einen oder mehrere seiner Söhne die Herden dieses Mannes hüten zu lassen. Doch der eigentliche Grund war, daß der Alte sich Sorgen machte. »Fred legt allmählich eine gewisse Wildheit an den Tag«, sagte er. Seiner Ansicht nach lag dies daran, daß John und Jason nach Kansas gezogen waren und ihn nicht mitgenommen hatten. Also wurde ich nach Ohio geschickt, um Fred »unter Kontrolle« zu bringen, wie Vater sich ausdrückte, und ihn nach Hause zu holen. Vater selbst mußte wegen einer letzten Klage noch einmal vor Gericht aussagen; aus diesem Grund war er gezwungen, nach Pittsburgh zu fahren, um sich und Mr. Perkins zu verteidigen. Das Verfahren würde sich bis weit in den Herbst hinziehen, daher hatte er mich nach der Tragödie am Lake Colden angewiesen, auf der Stelle aus North Elba abzureisen.

Er hatte sich diesen Auftrag nicht einfach ausgedacht, um mich eine Weile von Timbuktu fernzuhalten, obwohl das ein Segen war. Doch der Alte konnte Fred einfach nicht länger allein in Ohio lassen, und er wollte ihn auch nicht in Kansas haben, so weit von seiner persönlichen Oberaufsicht entfernt. Dort drangen zu jener Zeit schon die Border Ruffians, Befürworter der Sklaverei, von Missouri aus in das Gebiet ein, während aus dem Norden etwa die gleiche Anzahl von Free-Soilers kam und beide Seiten den Kampf suchten. Vater hatte allerdings nicht die Absicht, selbst dorthin zu gehen, nicht einmal für billiges Land im Überfluß oder um einen ehrenvollen Kampf zu fechten. Er besaß Land in New York, und seine Kampfeslust richtete sich nach wie vor auf Virginia und den Subterranean Passway. Wenn er die Sklavenhalter irgendwo bekämpfen wollte, dann sollte dies, darauf bestand er, hier geschehen.

Im Juli hatte er an John geschrieben: *Nein, wenn Ihr beiden Jungen mit Euren Frauen und Kindern gehen müßt, dann tut dies. Ich würde mit Euch gehen, wenn ich könnte, doch es ist mir unmöglich. Fred wird nur vorübergehend allein bei den Perkins bleiben müssen, bis mir etwas einfällt, wie ich ihn hierher nach North Elba holen kann.* Vaters Ansicht nach war es in Kansas für Fred, der in jenem Jahr dreiundzwanzig wurde, zu gefährlich; laut John und Jason war er zunehmend trübsinnig geworden und litt an unkontrollierbaren Anfällen von Melancholie, denen häufig unerklärliche Wutausbrüche folgten. Seine Depression äußerte sich, wie ich aus der Zeit wußte, als er noch keine zwanzig war, als eine Art schwermütiger Teilnahmslosigkeit und Trägheit, offenbar ausgelöst durch eine wahnhafte Überzeugung, sündhaft zu sein; nach einer gewissen Zeit verschob sich dies hin zu einer heftigen Unduldsamkeit gegenüber den unterstellten Sünden anderer. Er, der unschuldigste aller Knaben, der vertrauensvollste, ehrlichste und auch kindlichste von allen, konnte nicht in seinem Körper hausen, ohne ihn zu verachten, und wenn er in sich selbst nichts mehr fand, um diesen Abscheu zu nähren, richtete er ihn auf die wirklichen und eingebildeten Sünden anderer und wurde argwöhnisch, mißtrauisch und vorsichtig.

In Akron hatten bislang John und Jason sowie deren Frauen die unguten Auswirkungen seiner Anfälle in Grenzen gehalten, allerdings nicht ohne Schwierigkeiten. Aber solange er die Herden von Brown & Perkins (eigentlich nur von Mr. Perkins, da die Partnerschaft mittlerweile offiziell aufgelöst war) allein oder unter dem fürsorglichen Blick von John und Jason gehütet hatte, lebte Fred immerhin in einer ihm vertrauten Gegend, umgeben von Nachbarn und Verwandten, die ihn seit seiner Kindheit kannten und mochten, die ihn nicht ausnutzten oder mißbrauchten und an seinen Wahnideen weiter keinen Anstoß nahmen. So ist Fred eben, sagten die Leute. Manchmal war es schlimmer mit ihm, manchmal besser; in jedem Fall war denen, die ihn kannten, auch klar, daß er im Grunde harmlos war.

Als ich auf ihn zuging, schöpfte er gerade Wasser aus dem Brunnen; als er mich kommen hörte, wandte er sich um und sprach mich auf seine gewohnt gemächliche Art an, als wären wir nie getrennt gewesen und ich nur kurz zum Haus hinübergegangen und jetzt wieder da. »Ich glaube, es ist Zeit, uns zu waschen«, sagte er. »Willst du erst einen Schluck Wasser, Owen? Du siehst aus, als könntest du es gebrauchen, Bruder.« Er nahm eine hölzerne Schöpfkelle vom Rand des Brunnens, tauchte sie in den Eimer und reichte sie mir.

Ich dankte ihm und trank. Er hatte vollkommen recht, meine Kehle war wie ausgedörrt, und in diesem Augenblick war mir, ohne daß ich es bisher bemerkt hätte, ein Schluck kühles Wasser lieber als alles andere. Erfrischt legte ich die Schöpfkelle hin, grinste ihn an, legte ihm die Hände auf die Schultern und sagte ihm, wie gut es tue, ihn zu sehen, und das stimmte ja auch. Ich mochte Fred sehr – wir waren zusammen aufgewachsen; schon lange ehe mir bewußt wurde, daß zwischen uns ein grundlegender Unterschied bestand, hatte ich mich für ihn verantwortlich gefühlt und auf ihn aufgepaßt. Wir hatten dieselbe Mutter, waren gemeinsam zur Schule marschiert, hatten jahrelang miteinander gespielt und später Seite an Seite gearbeitet. Seine Art, die Dinge zu betrachten, war mir vertraut, ich kannte seine innersten Gedanken besser als die jedes anderen Menschen, außer vielleicht die von Vater, und was man einmal so gut kennt, muß man immer lieben.

Gemeinsam schleppten wir Wasser in seine Hütte, wo wir den Schweiß und Staub des Tages abwuschen, er den der Felder, ich den der Straße; währenddessen plauderten wir miteinander auf unsere altvertraute, lakonische Weise. Für mich war er, seit ich erwachsen war, das, was in meiner Kindheit mein Phantasiefreund, sein Namensvetter, gewesen war. Einzig im Gespräch mit Fred kam ich mir nicht unbeholfen und linkisch vor, sondern konnte so reden, wie ich es als natürlich empfand. Frei von meiner üblichen Eitelkeit und der Angst, einfältig, ungebildet und wie ein schwerfälliger Bauer zu wirken, konnte ich dann langsam und umständlich sprechen, mich sozusagen auf Umwegen ausdrücken, um die Richtung zu finden, in die ich eigentlich zielte. Was das Reden anging, waren Fred und ich beide wie Ochsen, aber im Gegensatz zu mir war er ein Ochse, der nie versuchte, mit den Pferden zu laufen. Er zog seine Last an Gedanken und Gefühlen immer mit derselben, hartnäckigen Langsamkeit und in dieselbe Richtung, gleichgültig, wer bei ihm war oder welche Felsen, Baumstümpfe und unerwarteten Wasserläufe ihm den Weg versperrten.

Der Reihe nach erkundigte er sich nach Mary und Ruth und den kleineren Kindern in North Elba, und über jeden berichtete ich ehrlich, wenn auch auf Umwegen, denn die unverblümte, ganze Wahrheit über jeden konnte ich nicht berichten, ohne einen ganzen Roman daraus zu machen. Mary stille das neue Baby Ellen, erzählte ich; sie sei in ihrem Alter mehr von der Schwangerschaft als von der Geburt erschöpft und froh, daß ihre anderen Mädchen mittlerweile alt genug seien, ihren Platz in der Küche einzunehmen. Ich berichtete ihm, daß Ruth ganz in der Nähe wohne, aber alle Hände voll zu tun habe, um die Ansprüche ihres Mannes zu erfüllen, die ich als kompliziert, wenn nicht gar launenhaft beschrieb. Watson habe sich in ein frommes Mädchen verliebt, eine Methodistin, und sei selbst fromm geworden; er sei dabei, eine Mühle zu bauen, die ihn, so hoffte er, reich machen werde. Salmon veredle die verwahrlosten Apfelbäume in der Gegend mit Trieben von Bäumen aus Connecticut, und Oliver, obwohl erst vierzehn, sei zu einem leidenschaftlichen Gegner der Sklaverei geworden und transportiere Tag und Nacht Flüchtlinge; wenn er dann einmal zu Hause sei, schlafe er normalerweise.

So ging ich der Reihe nach alle durch, bis ich von jedem ein kleines Porträt gezeichnet hatte, außer natürlich von Lyman und Susan, die ich nicht erwähnte und nach denen er auch nicht fragte. Er wußte, daß sie ein Teil unseres Leben waren, doch er hatte sie nie kennengelernt. Für Fred waren sie nicht anders als die vielen Neger, die im Laufe der Jahre irgendwann einmal bei uns gewohnt hatten, da Vater ihnen einen Unterschlupf oder einfach die Möglichkeit angeboten hatte, sich auf ihrer langen, gefährlichen Flucht aus der Sklaverei bei uns etwas auszuruhen. Sie waren eher die immer gleichbleibenden Begleitumstände als der Inhalt unseres Lebens, und da Fred davon ausgehen konnte, daß unser Umfeld sich nicht verändert hatte, brauchte er auch nicht danach zu fragen oder etwas darüber zu erfahren.

Er bereitete uns beiden ein einfaches, doch wohlschmeckendes Abendessen zu, eine Kohlsuppe mit Graupen und dazu Zwieback, und während wir aßen, berichtete er mir von den Schafen, die er als *seine* Schafe bezeichnete. Danach schwiegen wir lange Zeit, bis Fred schließlich nachdenklich die Lippen schürzte, die Stirn runzelte und fragte: »Wieso bist du den ganzen Weg von North Elba hier herunter gekommen, Owen?«

»Na ja, um die Wahrheit zu sagen, der Alte hat seine Zusammenarbeit mit Mister Perkins beendet«, erklärte ich.

»Oh. Tatsächlich?«

»Ja. Und er will, daß du mit mir zurückkommst.«

»Er will, daß ich meine Schafe zurücklasse und mit dir gehe?«

»Ja.«

»Aha«, meinte er, als machte er sich nicht das geringste daraus, wo er hinging oder weshalb. Er zündete eine Talgkerze an, streckte sich auf seiner Lagerstatt aus, schlug die Bibel auf und begann darin zu lesen.

Ich saß auf einem dreibeinigen Hocker neben dem Ofen und fragte mich, wie lange wir wohl brauchten, um alles für unsere Abreise vorzubereiten ... ob wir hierbleiben müßten, bis Mr. Perkins einen anderen Schafhirten eingestellt hatte ... ob es ratsam für mich wäre, für ein paar Tage nach Hudson zu fahren und Großvater und unsere anderen Verwandten zu besuchen ... ob John und Jason irgendwelche Habseligkeiten bei Fred zurückgelassen oder aber alles mit nach Kansas genommen hätten, und wie man es eigentlich anstellte, so viele Sachen so weit zu transportieren ... Ich ließ einfach meine Gedanken schweifen, als Fred plötzlich seine Bibel zuklappte und mit lauter Stimme verkündete: »Owen, es wäre am besten, wenn ich nicht mit dir ginge.«

»Wie kommst du auf die Idee?«

»Nun, ich trage eine Unzahl fleischlicher Begierden in mir herum. Und solange das so ist, liegt mir nicht besonders viel daran, mit anderen Menschen zusammenzuleben«, erklärte er auf seine langsame, bedächtige Art. »Besonders nicht mit Mädchen und Frauen. Hier, wo ich in meiner Hütte und draußen auf den Feldern allein bin, gerate ich nicht so sehr in Versuchung, als wenn ich unter Menschen bin. Besonders in der Nähe verführerischer Frauen.« Er schlug seine Bibel wieder auf und las laut vor: »*Sondern ein jeglicher wird versucht, wenn er von seiner eigenen Lust gereizt und gelockt wird. Danach, wenn die Lust empfangen hat, gebiert sie die Sünde; die Sünde aber, wenn sie vollendet ist, gebiert sie den Tod.*« Er blätterte zu einer anderen, offensichtlich vielgelesenen Passage weiter und deklamierte: »*Wer aus Gott geboren ist, der tut nicht Sünde, denn sein Same bleibt bei ihm; und er kann nicht sündigen, denn er ist von Gott geboren. Du siehst, es ist* wegen meiner Begierden, Owen, daß mein Same nicht in mir bleibt. Ich kann ihn nicht in mir halten. Ich bin noch nicht aus Gott geboren«, erklärte er.

Darauf wußte ich nichts zu sagen. Wir schwiegen eine Weile, bis ich ihn schließlich fragte: »Betest du, Fred? Hilft das nicht ein wenig? Du weißt schon, um den Samen drinnenzuhalten.«

»Ja, ich bete sehr oft. Aber das nützt überhaupt nichts. Immerhin ist es besser geworden, seit die anderen weg sind. John und Jason und ihre Familien. Seitdem bin ich imstande, hier herauszukommen und allein zu sein und größtenteils fromme Gedanken zu haben. Nein, ich sollte wirklich bleiben, wo ich bin, Owen. Ich weiß, es ist am besten so. Ich weiß es.«

»Vater wird das nicht zulassen«, erwiderte ich mit fester Stimme. »Komm schon, Fred, du weißt, wenn ich ohne dich zurückkomme, galoppiert der Alte den ganzen Weg hier runter und holt dich persönlich ab. Und ist auf uns beide stinkwütend. Dort droben in den Bergen, da wird es schon gehen. Die Adirondacks sind noch immer eine Wildnis. Dort kannst du dir ebensogut eine Hütte bauen wie hier«, erklärte ich ihm und gab ihm zu verstehen, er würde in North Elba eher mehr allein sein als hier in Akron.

»Nein, Owen, das stimmt nicht. Die ganze Familie wäre um mich herum. So sind wir nun mal. Denk dran: ›Ein jeglicher wird versucht, wenn er von seiner eigenen Lust gereizt und gelockt wird. Danach, wenn die Lust empfangen hat, gebiert sie die Sünde; die Sünde aber, wenn sie vollendet ist, gebiert sie den Tod.‹«

»Na komm, Fred, jetzt redest du schon wie der Alte«, meinte ich. »Haust dir selber mit der Bibel auf den Kopf. Entspann dich, Bruder. Du bist der beste von uns allen.« Dann wiederholte ich den Auftrag, den Vater mir erteilt hatte, und erklärte nachdrücklich, daß wir am Morgen mit Mr. Perkins reden und alles in die Wege leiten würden, um so schnell wie möglich von hier wegzukommen. »Wir werden zu Hause auf dem Hof gebraucht«, sagte ich nicht ganz wahrheitsgemäß. »Und nicht hier draußen, um Mister Perkins' Herden zu hüten und die ganze Nacht hindurch über Theologie und Sünde zu streiten.«

Ich fragte ihn, ob er eine Decke habe, in die ich mich wickeln könne. Schweigend durchstöberte er seine wenigen Habseligkeiten und zog schließlich eine alte graue Wolldecke hervor; ich erkannte sie auf den ersten Blick – es war eine der Decken aus unserer Kindheit, die unsere Mutter vor vielen Jahren in dem Haus in New Richmond gesponnen und gewebt hatte. Er warf sie mir zu, und ich drückte sie an mein Gesicht und atmete tief den Geruch ein, ganz schwindlig vor Wehmut. Eine ganze Weile verharrte ich so und wanderte in der Zeit zurück, ganze Jahrzehnte, zu den langen, kalten Winternächten in der Siedlung im Westen von Pennsylvania; ich, meine Brüder und unsere Schwester Ruth, alle waren wir noch unschuldige kleine Kinder, die in ihre Decken gekuschelt auf dem großen Feldbett im Dachgeschoß lagen; währenddessen hütete unten Mutter das Feuer und kochte das Essen für den nächsten Tag, Vater saß auf seinem Stuhl bei der Waltranlampe und las in seinen Büchern. Damals war die Zukunft für mich noch ebenso einladend wie unbekannt gewesen.

Schließlich fuhr ich aus meiner Träumerei auf und fragte Fred: »Wie kommt es, daß du immer noch eine von diesen Decken hast?«

Er gab keine Antwort, sondern blickte nur auf den gestampften Lehmfußboden hinunter.

»Ich dachte, die wären inzwischen alle verlorengegangen oder zerschlissen. Hast du sie von John bekommen?«

Er schwieg eisern, blies die Lampe aus, legte sich auf seine Pritsche und drehte mir den Rücken zu, als wollte er schlafen.

»Sollen wir sie mitnehmen?« fragte ich.

»Du kannst sie behalten, wenn du willst«, murmelte er.

Das konnte ich nicht annehmen; das Geschenk war zu kostbar. Doch ich hielt es für das Beste, ihn jetzt seinen Gedanken zu überlassen; tatsächlich wollte ich aber auch in meine eigenen eintauchen, und so legte ich mich neben dem Herd auf den Lehmfußboden, wo ich mich in die duftende Decke wickelte, in den aufgefrischten Erinnerungen an Mutter und an unsere Kindheit schwelgte und kurz darauf einschlief.

Das Schreckliche, das Fred sich selber antat, geschah, während ich schlief. Genauer gesagt: In der Zeit beschloß er, es zu tun, und hatte gerade damit angefangen, so daß ich ihn, obwohl ich zu dem Zeitpunkt, als er seinen Entschluß in die Tat umsetzte, wach war, nicht mehr daran hindern konnte. Ich glaubte zunächst, der Schrei einer Eule oder einer Sperlingstaube habe mich geweckt, ein leiser, gurrender Laut, der von draußen hereindrang, doch als das Geräusch nicht aufhörte und ich schließlich hellwach war, wurde mir klar, daß es etwas anderes war, irgendein nächtens umherstreifendes Tier, das ich nicht kannte. Ich stützte mich auf die Ellenbogen und sah die Tür der Hütte halb offenstehen; in langen Streifen fiel das Licht des Mondes herein. Freds Bettstelle war leer.

Das gurrende Geräusch, *huhuu, huhuu*, stammte, wie ich jetzt merkte, von Fred, der draußen vor der Tür stand. Da ich mir nicht vorstellen konnte, was dies bedeutete, schälte ich mich aus der Decke meiner Mutter, stand auf und schlich auf Strümpfen zur Tür. Vorsichtig spähte ich hinaus, als hätte ich Angst vor dem, was ich zu sehen bekäme.

Er hatte mir den Rücken zugewandt und stand vielleicht fünf oder sechs Schritte von der Hütte entfernt. Aufgrund seiner Haltung – Kopf gesenkt, Beine gespreizt, beide Hände vor dem Körper – dachte ich zunächst, er wolle Wasser abschlagen. Er hatte den Strick, der die Hose hielt, gelöst und diese ein Stück heruntergezogen. *Huhuu, huhuu*, sang er leise, als wiederholte er zwei aus dem Zusammenhang gerissene Noten einer Melodie, die ihm nicht mehr aus dem Kopf ging. Dann sah ich im Mondlicht die Messerklinge aufblitzen, ein kaltes, silbriges Blinken in seiner rechten Hand, wie von einem Eiszapfen, sah sie verschwinden und rot befleckt wieder erscheinen, als er sie rasch vor seinem Körper vorbeiführte, als hätte er den ungeschützten Unterleib eines Schafbocks vor sich, den ein anderer Hirte festhielte, so, wie wir es für Vater schon so viele hundert Male getan hatten, während er selbst das arme Tier mit genau dem gleichen ruckartigen Schnitt mit dem Messer kastrierte, das Skrotum abtrennte und die Hoden in seine hohle Hand fallen ließe.

Ich brüllte Freds Namen, doch es war zu spät. Anstelle einer Antwort ließ er ein schreckliches, leises Blöken hören, nur diesen einzigen Laut, dann drehte er sich um und zeigte mir die fürchterliche Verstümmelung, die er sich beigebracht hatte. Aus der grausigen Wunde quoll Blut und rann in dünnen Fäden über seine bloßen Beine ins nasse Gras.

Mit aller Kraft schleuderte er die Hoden in das Weidendickicht, als wollte er gewaltsam einen Dämon vertreiben. Auf seinem Gesicht malte sich ungestümer Stolz, wie nach einer langen, aufreibenden, Tag und Nacht dauernden Schlacht, in der er über einen alten Feind triumphiert und dessen Leiche entmannt hatte und nun blutbesudelt darüber stand. Er schien benommen, verblüfft über seinen vollständigen Sieg. Zumindest für einige Sekunden schien es, als wäre der schreckliche Schmerz der Verwundung allein dadurch ausgelöscht, daß sie so ungeheuerlich war. Und so viel bedeutete.

Dann schwand der wilde, stolze Ausdruck, und plötzlich wirkte er gelassen und ungemein ruhig. Ich rannte auf ihn zu und umarmte ihn und besudelte mich dabei mit seinem Blut. Nie habe ich eine solche Traurigkeit verspürt wie damals, denn sie war in uns beiden. In meiner Umarmung entspannte er sich, und plötzlich schien alle Kraft von ihm zu weichen. Das tückische kleine Taschenmesser, denn mehr war es nicht, fiel zu Boden, Freds Knie knickten ein, und er sackte in sich zusammen. Wie einen Wollballen hob ich ihn auf und trug ihn in die Hütte zurück. Dort legte ich ihn auf sein Lager und begann sofort, seine Wunde zu säubern und zu verbinden.

Es war ein einziger, sauberer Schnitt quer über den Hodensack. Er hatte die geübte Hand eines Schafhirten, ein glücklicher Umstand, denn so hatte er keine wichtige Ader durchtrennt. Die Blutung war zwar schlimm, aber nicht lebensgefährlich, und ließ binnen kurzem nach. Jetzt konnte ich seine Verletzung mit Wasser, das ich auf dem kleinen Eisenofen erhitzte, auswaschen und mit Stoffstreifen verbinden, die ich von meinem Hemd riß und locker um seine Leiste schlang, damit er vor Infektionen und zufälligen

Verletzungen geschützt war und der Heilungsprozeß einsetzen konnte.

Es dauerte mehrere Wochen, bis Fred wieder richtig gehen und wir endlich die Farm der Perkins verlassen konnten. Allerdings hatte ich Vater sofort geschrieben und ihm von dem Vorfall berichtet – es sei besser, wenn er es zuerst von mir erfahre als von jemand anderem, nahm ich an –, obwohl ich befürchtete, daß der Brief ihn veranlassen könnte, sofort nach Ohio zu kommen, was ich und meiner Ansicht nach auch Fred nicht unbedingt wollten. In meinem Brief spielte ich herunter, wie schwer Freds Verletzung war, räumte aber ein, daß er sich unwiderruflich entmannt habe, und versicherte Vater, ich könne Fred allein gesund pflegen. Offensichtlich glaubte er mir das, denn er blieb in Pittsburgh, ich hingegen bei Fred. Im Verlauf der darauffolgenden Wochen kümmerte ich mich Tag und Nacht um ihn, so wie auch Vater es getan hätte, und ließ ihn nie allein, außer in den paar Stunden, in denen ich verpflichtet war, auf Mr. Perkins' Schafe aufzupassen. Glücklicherweise war der Collie klug, und ich brauchte ihn kaum zu beaufsichtigen; es war also nicht weiter schwierig, Schafhirte und Krankenpfleger gleichzeitig zu sein. Außerdem fand Mr. Perkins, als ich ihn davon in Kenntnis setzte, daß ich Fred mitnehmen wolle, sobald er reisefähig sei, gleich einen Jungen aus einer Familie in der Stadt, den er als neuen Schäfer einstellte.

Bis zu dem Morgen, an dem wir abreisten, glaubte Fred, wir würden nach North Elba zurückkehren, und ich selbst war ebenfalls davon überzeugt. Doch dann kam jener neblige graue Morgen, an dem wir uns unsere Flinten und die kleinen Bündel mit unseren Kleidern, Essensvorräten und Reisedecken über die Schulter schwangen und den langen Fahrweg zu der Straße hinuntergingen, die am Haus der Perkins vorbeiführte. Ich hatte Mutters Decke behalten und sah sie nun als mein Eigentum seit Kindertagen an, sprach allerdings nie mit Fred darüber. Sie war mein Erbe.

Als wir die Straße erreichten, wandte ich mich, ohne einen Blick oder einen Gedanken darauf zu verschwenden, welche Richtung wir einschlagen sollten, nach Südwesten anstatt nach Nordosten, und Fred folgte mir.

Einige Augenblicke lang gingen wir schweigend weiter. »Wo gehen wir hin?« fragte Fred schließlich.

»Na ja, nach Kansas, würde ich sagen.«

Eine Viertelmeile weiter sagte er wieder etwas. »Vater will, daß wir auf die Farm in North Elba kommen. Zumindest hast du mir das gesagt, Owen.«

»Ja, aber in Kansas werden wir dringender gebraucht.«

Während er darüber nachdachte, herrschte lange Zeit Schweigen. »Warum?« brachte er schließlich heraus.

»Dort werden wir gegen die Sklaverei kämpfen.«

Wieder Schweigen. Dann: »Das Werk des Herrn tun?«

»So ist es.«

»Gut. Das ist wirklich gut.«

»Ja.«

Ein Stück weiter die Straße hinunter fragte er erneut: »Aber was ist mit Vater? Dem gefällt das bestimmt nicht, Owen.«

»Kann schon sein, zumindest nicht am Anfang. Aber mach dir keine Sorgen, er wird bald selbst nach Kansas kommen. Er wird es nicht dir und mir und den Jungs überlassen, das Werk des Herrn zu tun, während er im Osten zurückbleibt und sich um die Angelegenheiten von Mister Perkins kümmert. Jedenfalls meint John, in Kansas werde es binnen kurzem zu Schießereien kommen. Das wird den Alten herlocken. Er haßt es, wenn er uns nicht selber den Schießbefehl geben kann«, erklärte ich lachend, und Fred stimmte in mein Lachen ein.

So gingen wir also weiter; wir marschierten und ließen uns manchmal ein Stück auf Wagen, Schleppkähnen oder Kanalschiffen mitnehmen. Allmählich gelangten wir nach Südwesten auf das Gebiet von Kansas – ein Einarmiger und ein Entmannter, zwei verwundete, mutterlose Brüder ohne einen Penny in der Tasche, die sich auf den Weg gemacht hatten, um im Krieg gegen die Sklaverei das Werk des Herrn zu vollbringen. Für uns gab es auf der ganzen großen Welt nichts Besseres zu tun. Von uns erwartete keiner, daß wir etwas Nützliches taten, außer vielleicht zu Hause zu bleiben und uns um das Haus und die Frauen zu kümmern; doch das wollte keiner von uns beiden, und wir waren auch nicht sonderlich geeignet dafür. Dennoch mußten wir zu etwas gut sein: Wir waren Söhne von John Brown, und schon früh hatten wir gelernt, daß wir es nicht verdienten, anders zu leben. So brachen wir denn nach Kansas auf, um gut im Töten zu sein. Unsere besondere Leistung würde es sein, Menschen zu töten, die andere Menschen besitzen wollten.

17

Als erstes hieß es in Kansas zu warten – wir warteten auf den Alten, der uns die neuartigen Sharps-Hinterlader sowie Pferde und Winterausrüstung bringen sollte, damit wir gegen die Border Ruffians ins Feld ziehen konnten, warteten darauf, daß Vater in Syracuse und Akron Geld und Vorräte auftriebe und sich endlich entschlösse, selbst nach Kansas zu kommen –, genau wie wir nach Kansas den ganzen Winter in Iowa warteten und ein weiteres Mal, später, im kalten, unbeleuchteten Obergeschoß der Kennedy-Farm bei Harpers Ferry zusammenhockten und darauf warteten, daß Vater von seinem letzten, schicksalhaften Treffen mit Frederick Douglass zurückkam, damit wir endlich das Arsenal überfallen konnten. In jenen Tagen warteten wir ständig auf Vater, und es lief jedesmal auf die gleiche demütigende Weise ab. Wir waren streitsüchtig, übellaunig, ein verwirrter, unordentlicher Haufen, zu nichts gut und undiszipliniert, oft auch krank; und all unsere guten Absichten und seine gewissenhaften Anweisungen liefen irgendwie seltsam verquer, als wollten wir ihm insgeheim in den Rücken fallen. Wir, die loyalen, von John Brown abhängigen Söhne und Anhänger lagen auf unseren kalten, feuchten Feldbetten und starrten mißmutig die Decke oder die Wände an; beim Gedanken an die Ankunft des Alten wurde uns angst, doch gleichzeitig konnten wir kaum erwarten, daß er endlich käme, daß die vertraute Gestalt im Eingang auftauchte, sich bückte und ins Zelt träte, um dort neben einem von uns niederzuknien, bei dem, der am kränksten war, immer nur bei dem – Vater sah das mit einem Blick; damals, als der Alte zum ersten Mal draußen in Kansas in unserem armseligen Lager auftauchte, das wir Browns Stützpunkt getauft hatten, war das John. Natürlich vermischte sich bei mir die Warterei weit mehr mit Furcht und Ungeduld als bei meinen Brüdern, da ich mich den Anordnungen des Alten widersetzt hatte, als ich mit Fred hierhergekommen war; ich wollte wissen, wie ich nun in seinen Augen dastand.

John lag mit Schüttelfrost im Bett, es ging ihm immer schlechter, und bald atmete er nur mehr in kurzen, keuchenden Stößen, als habe er eine Lungenentzündung. Als ich mit Fred aus Akron ankam, war er schon seit einem Monat krank, fieberte, hatte Schüttelfrost und wurde von Wahnvorstellungen und Anfällen geplagt, bei denen er unzusammenhängendes, wirres Zeug redete. Wir hatten die alte Route den Ohio hinunter und entlang des Missouri nach St. Louis hinauf eingeschlagen, und als wir Browns Stützpunkt erreichten, war John trotz der unermüdlichen stillen Fürsorge seiner Frau Wealthy nicht mehr in der Lage zu essen und brachte kaum einen Schluck Wasser hinunter. Und es dauerte nicht lange, da lagen auch Fred und ich, in all unsere Kleider und Decken gewickelt, in den Feldbetten zu beiden Seiten von John und waren fast genauso krank wie er; ich hatte ebenfalls Schüttelfrost, und Fred, geschwächt von unserer Reise und immer noch nicht ganz von seiner schrecklichen Verletzung genesen, brachte allein und wenn keiner seiner Brüder ihm Anweisungen gab, nichts zuwege; doch dazu war jetzt niemand in der Lage. Oder vielleicht hatten wir infolge unserer starren Mutlosigkeit einfach keine Lust dazu. So hatte er es einfach mir nachgetan, als wäre ich meinerseits Johns Beispiel gefolgt. Möglicherweise war das auch der Fall.

Es war noch nicht richtig Winter, sondern der Witterung und dem Kalender nach Herbst; die Schneefälle hatten zwar schon eingesetzt, aber nicht so heftig wie inzwischen vermutlich in North Elba. Doch dort in den Bergen im Osten war mir nie so kalt gewesen wie hier draußen in der Ebene im Westen. Es schien, als wäre in Kansas die Sonne für immer erloschen. Der eisige, unerbittliche Wind fegte Tag und Nacht über das flache Land und ließ unsere Kleider und Haare und die Bärte der Männer steif werden und unsere Gesichter erstarren; er rauhte unsere Hände auf, und unsere Knochen fühlten sich an wie aus Eisen. Unaufhörlich drückte der Wind gegen die Zeltwände, ließ sie flattern wie Segel in einem Hurrikan und drohte Tag und Nacht, die Planen von den Stangen loszureißen, die Zeltschnüre und Pflöcke aus dem harten Boden zu ziehen und unsere geschwächten, in Decken gehüllten Körper den Launen des tiefhängenden grauen Himmels auszusetzen, als hätten Indianer sie den Kojoten und Geiern zum Fraß und den alten indianischen Göttern als Eintrittszoll zum Paradies vorgeworfen.

Hatte ich Jason und seine Frau tatsächlich seit Wochen nicht mehr zu Gesicht bekommen? Sie schienen sich auf Dauer in ihr Zelt auf dem angrenzenden Stück Land, das sie für sich abgesteckt hatten, zurückgezogen zu haben. Sie waren nicht körperlich krank wie wir, doch mutlos, verschlossen, selbstsüchtig und noch immer fassungslos vor schier endlosem Kummer über den Tod Austins, ihres kleinen Jungen, dessen Leichnam sie in Missouri hatten begraben müssen. Auf ihrem Weg von Ohio hierher hatten sie gegen Ende des Sommers den Fluß überquert, und während dieser kurzen Zeit, als sie sich auf einem winzigen Stück des üblen Sklavenhalterlandes aufhielten, hatten sie, als läge ein Fluch darauf, ihr einziges Kind an die Cholera verloren. Die Seuche hatte die Hälfte der Passagiere auf dem Schiff dahingerafft; mit Ausnahme des armen Austin hatten alle Opfer zu den Missouri Border Ruffians und deren Familien gehört, die nach Kansas zogen, um das Territorium für die Sklavenhalter zu beanspruchen. Diese brutale ausgleichende Gerechtigkeit hatte jedoch auch Jason und Ellen ihren geliebten kleinen Jungen entrissen; er war gestorben, und sie konnten nicht begreifen, weshalb ausgerechnet sie einen so hohen Preis hatten bezahlen müssen.

Nachdem die schreckliche Dürre des vorangegangenen Jahres ihre Höfe zugrunde gerichtet hatte, hatten John und Jason beschlossen, Ohio zu verlassen, um nach neuem, billigem Land zu suchen, wo sie noch einmal von vorn anfangen könnten. Doch sie waren auch gekommen, um gegen die Sklavenhalter in den Krieg zu ziehen und das noch nicht eingegliederte Territorium von Kansas als Bundesstaat für den Norden zu sichern. Ihrem Vorhaben lagen also sowohl vernünftige, praktische Überlegungen zugrunde – und es gab Tausende aus dem ganzen Norden, die sich aus genau dem gleichen Grund aufmachten –, es war aber auch von abolitionistischer Rechtschaffenheit geprägt. Diese Art von Wagnis hatte John schon immer gereizt, es hatte jedoch den zusätzlichen Vorteil, daß er, indem er die moralischen Aspekte des Unternehmens betonte, auch Jason dazu überreden konnte; dieser war nicht so schnell bereit gewesen, die verdorrten Überreste seiner Obstplantage in Ohio zurückzulassen, wie John seine von der Hitze versengten und verkrusteten Felder aufgegeben hatte. Jason und Ellen hatten sich also bereitwillig, doch ohne große Begeisterung auf den Weg gemacht, und vielleicht hatte der Tod ihres Sohnes Austin und die Notwendigkeit, seinen Leichnam in einem flachen Grab auf einer Anhöhe über dem Fluß im Missouri der Sklavenhalter zurückzulassen, sie deswegen so sehr verbittert. Verstärkt wurde dies durch die schmerzliche, stets gegenwärtige Tatsache, daß John und Wealthy ihren kleinen Sohn John, den sie Tonny nannten, bei sich hatten. Johns und Wealthys Glück hat bestimmt ebenfalls zu dem etwas getrübten Verhältnis zwischen den Brüdern und ihren Frauen beigetragen, das Fred und mir auffiel, als wir viele Monate später, verdreckt wie Landstreicher, in Browns Stützpunkt eintrafen.

In einer Flut von Briefen an Vater in North Elba, dann in Pittsburgh sowie an mich in Ohio, wo ich mich um Fred kümmerte, hatte John geschrieben, er brauche Soldaten, Kohorten, Verstärkung, um das überraschend rauhe Wetter in Kansas und das rasche Eindringen von Border Ruffians aus Missouri zu überleben; er wollte Waffen auf dem neuesten Stand der Technik sowie Kühe und Schweine, Decken, Getreide, getrocknetes Rindfleisch und gepökelten Fisch, kurz: Er rechnete mit den ersten Soldaten einer Invasionsarmee, doch statt dessen kamen zwei ausgemergelte, erschöpfte Flüchtlinge, die nichts weiter als ihre Deckenrollen und ihre zwanzig Jahre alten Vorderlader dabeihatten. Wir boten mit Sicherheit einen enttäuschenden Anblick, Fred und ich, als wir an jenem Morgen im Camp eintrafen; der eine schleppte sich, mit leerem Blick und angesichts seiner unfaßbaren Selbstverstümmelung immer noch sprachlos, mit Hilfe einer rohgezimmerten Krücke dahin, und der andere, ein reizbarer Mann mit einem verkrüppelten Arm, blickte ständig mißtrauisch und schuldbewußt wie ein Verbrecher hinter sich. Unsere Kleidung war von der mühseligen Reise schäbig und verdreckt, und wir brachten unseren Brüdern an den Ort, den sie so unerschrocken besiedelten, an diesen trostlosen Ort, den sie als ihre ständige Heimat und natürlichen Stützpunkt im Kampf gegen die Sklaverei auserkoren hatten, nichts mit als unser flehentliches Bedürfnis nach Trost und Zuneigung.

Zwar mögen wir für sie eine Enttäuschung gewesen sein, doch sie und ihre behelfsmäßige Siedlung waren für uns ebenso niederschmetternd, denn wir erblickten keine ordentlichen Blockhütten und Unterstände inmitten des hohen, wogenden Grases der weiten Ebenen von Kansas, umgeben von Pappelhainen und breiten Strömen, wie wir es erwartet hatten und wie John es uns in seinen Briefen beschrieben hatte. Statt dessen fanden wir drei zerfledderte, im Wind flatternde Zelte vor, einen einzigen Wagen mit zerbrochenen Rädern, kalte Öfen im Freien und vier knochige Gäule, die an gefrorenen Grassoden knabberten. Und über alldem lag eine alles durchdringende Niedergeschlagenheit und Erschöpfung – eine Stimmung, die noch verstärkt wurde durch Johns Krankheit sowie Jasons und Ellens Rückzug in die Privatheit ihres Zeltes, das sie auf ihrem abgesteckten Landstück einige hundert Meter näher am Osawatomie unterhalb des Geländes von John und Wealthy aufgeschlagen hatten.

Nach unserer Ankunft hatten Fred und ich sie gesondert aufgesucht und begrüßt, als wären sie Johns eifersüchtige, unglückliche Nachbarn und nicht sein geliebter jüngerer Bruder und seine Schwägerin, mit denen sie gemeinsam eine schlimme Zeit durchmachten; anschließend hatten wir unser Lager in Johns zweitem Zelt auf dem Höhenrücken aufgeschlagen. Das vermittelte Jason und Ellen den Eindruck, wir hätten John und Wealthy ihnen vorgezogen. Und als ich ein paar Tage später selbst zu kränkeln anfing, war es für mich einfacher, mich zu John zu gesellen, wo Wealthy uns beide leichter pflegen konnte, und dann kam auch noch Fred dazu, vielleicht weil er nicht wußte, was er sonst tun sollte und es mittlerweile haßte, mit seinen Gedanken allein zu sein. Er kam ins Zelt und legte seine Bettrolle auf die andere Seite neben John. Alle drei waren wir nun in dem kleinen, dunklen Raum zusammengepfercht, während die arme Wealthy versuchte, draußen trotz des Windes und des Schnees und des Mangels an gutem, trockenem Holz das Feuer in Gang zu halten, und sich um uns kümmerte, als wären wir in einer Schlacht angeschossen und verwundet worden und nicht moralisch in einem Sumpf der Niedergeschlagenheit und Trägheit versackt und anschließend auch noch körperlich krank geworden.

Wealthys armer, verwirrter Sohn Tonny folgte ihr auf Schritt und Tritt, klammerte sich an die Falten ihres Kleides und wimmerte Tag und Nacht, weil ihn fror und er ständig Hunger hatte; schon damals waren erste Anzeichen jener geistigen Schwerfälligkeit zu erkennen, die sich später zu einer Entwicklungshemmung auswachsen und ihr und John so viel Kummer und Sorgen bereiten sollte. Doch ohne ihn wäre Wealthy, so glaube ich, in einer jener langen Winternächte geradewegs in die Dunkelheit verschwunden, die uns damals umgab, und erst Tage später in irgendeinem Wasserloch erfroren aufgefunden worden. Denn zu jener Zeit war sie so voller Zorn, wie ich es in meinem ganzen Leben bei keiner Frau gesehen habe. Sie schwieg, doch innerlich schäumte sie vor Wut. Und sie hatte auch allen Grund dazu. John, Jason, Fred und ich waren alle miteinander nichts als mitleiderregende, schändliche Exemplare der Gattung Mann. Wir waren ihrer und auch Jasons Frau nicht würdig. Da waren wir nun, die vier ältesten Söhne von John Brown, vier kränkliche, elende Narren, in Schwermut versunken, schwach und feige geworden. Ich gestehe, es waren die Frauen, die stark blieben, und sie waren es auch, die uns in jeder Hinsicht bis zu jenem Wintermorgen am Leben hielten, an dem der Alte schließlich ankam und sich daranmachte, alles wieder in Ordnung zu bringen.

Und es lief genau so ab, wie ich es mir vorgestellt hatte. Wie ich es gehofft und gefürchtet hatte. Plötzlich wurde die Zeltklappe zurückgeschlagen, und der dunkle, vertraute Umriß Vaters mit seinem breitrandigen schwarzen Hut und dem Übermantel zeichnete sich gegen einen milchweißen Himmel ab. Er trat ins Zelt, sah sich rasch und mit jenem ausdruckslosen Blick um, der für ihn charakteristisch war, wenn er auf etwas Schwieriges, Unerwartetes traf; so wollte er sich mit so wenig Gefühlsregung wie möglich einen Überblick verschaffen, bis er alle notwendigen Informationen für eine angemessene Reaktion gesammelt hatte, die in diesem Fall darin bestand, daß er unverzüglich auf John zuging, der in seinem fiebrigen Delirium weder gesehen noch gehört hatte, wie Vater hereingekommen war, während Fred und ich uns wie verschreckte Kaninchen sofort aufgesetzt hatten.

Schweigend befühlte der Alte Johns Stirn, legte das Ohr auf die Brust seines ältesten Sohnes und hörte seine verschleimten Lungen und sein Herz ab. Hinter ihm sah ich auf der anderen Seite der dünnen Plane Schatten umherhuschen, das verschwommene Profil von Leuten, die draußen herumgingen; ich hörte das Knarren und Klirren von Sätteln und Geschirren und schließlich die leisen Stimmen meiner Brüder Salmon und Oliver; das überraschte mich, denn ich hatte geglaubt, Vater käme alleine. Außerdem hörte ich eine Männerstimme, die ich zunächst nicht erkannte, und dann die Stimmen der Frauen, Wealthy und Ellen, und auch die von Jason, als hätte sich draußen eine Menschenmenge versammelt.

Ernst sprach Vater seine ersten Worte: »Wir müssen hier drinnen Feuer machen und einen Topf Wasser aufsetzen, damit er den Dampf inhalieren kann, um seine Lunge frei zu machen. Ich nehme an, ihr Jungs habt kein Ofenrohr zur Hand, sonst hättet ihr das schon gemacht.«

Ich schüttelte den Kopf. Vater stand auf und ging an mir vorbei, ohne ein Wort zu sagen. Einen Augenblick lang blieb er bei Fred stehen und sah mit großer Traurigkeit zu ihm hinunter. Mit dünner, entschuldigender Stimme, fast der eines Kindes, sagte

Fred: »John und Owen sind krank, Vater. Bei mir ist es nicht so schlimm.«

»Ja, ich weiß. Und ich weiß von deiner Verletzung, mein Sohn. Owen hat es mir geschrieben. Wir werden uns später zusammensetzen und eingehend darüber reden«, gab er zur Antwort und ging nach draußen. Damals verlor er kein Wort darüber, daß ich ihm nicht gehorcht hatte, und auch später erwähnte er es nie. Es war, als wolle er mich mit seinem Schweigen bestrafen, und genauso empfand ich es auch.

Danach wurde alles schnell anders. Vater brachte jeden sofort zum Arbeiten – selbst Fred und mich. Und in gewisser Weise sogar John: Er zwang ihn, mit Wealthys Hilfe seine schmutzige, feuchte Kleidung auszuziehen und, nachdem er sich in einem Waschzuber mit heißem Wasser gewaschen hatte, für das Salmon vor dem Zelt schnell ein Feuer angefacht hatte, ein paar von Salmons und Olivers überzähligen Kleidungsstücken überzustreifen, die ihm paßten und, was wichtiger war, sauber und trocken waren. Anschließend hüllte Wealthy ihn in mehrere der frischen Decken, die Vater mitgebracht hatte, und setzte ihn aufrecht auf seine Pritsche, damit seine Lungen sich ein wenig ausdehnen konnten, wie Vater erklärte; schließlich rasierte sie, immer noch Vaters Anweisungen folgend, den verwahrlosten Bart ihres Gatten ab und kämmte sein verfilztes Haar.

Vater gab wenig Erklärungen ab; er erteilte lediglich Befehle und machte sich dann selber an die Arbeit. »Jason, du siehst mit Salmon zusammen zu, daß ihr aus dem Pappelwäldchen dort drüben soviel abgestorbene Äste anschleppt, wie ihr in einer Stunde sammeln könnt. Dann macht ihr mit grünem Holz ein Rauchfeuer und spaltet und trocknet uns ein paar von den alten Eichenstämmen.

Ellen, du gehst hinunter zu eurem Grundstück und räumst euer Zelt aus. Du räucherst es aus und schrubbst es sauber, lüftest alle eure Decken, und dann spannst du alle durchhängenden Zeltschnüre ein Stück nach. Und wenn du eure Sachen wieder einräumst, läßt du die Rückwand frei, weil wir dort einen Ofen aufstellen wollen.

Wealthy, wenn du John fertig rasiert hast, machst du mit den beiden Zelten hier oben das gleiche wie Ellen. Und warum läßt du den kleinen Tonny nicht mithelfen und ihn heraustragen, was er allein heben kann? Der Bursche muß merken, daß er gebraucht wird.

Oliver, hier ist Geld und eine Liste von Sachen, die du im Ort besorgst. Fang gleich an und sei bis Mittag zurück, damit wir noch vor Einbruch der Dunkelheit die Öfen aufstellen können. Zuerst mußt du aber den Wagen abladen, mein Junge, einige von den Sachen und Werkzeugen brauchen wir gleich.«

Er half Oliver, ein Salzfaß und eines mit Maismehl abzuladen, außerdem viele neue graue Wolldecken, einen großen Vorrat an getrocknetem, nach Art der Indianer mit Beeren gemischtem Wildbret aus den Adirondacks sowie Äxte, Spaten, ein halbes Dutzend Kisten ohne Aufschrift und eine sorgfältig gezimmerte, glattgeschmirgelte Kiste aus Kiefernholz, von der ich annahm, sie enthalte möglicherweise Gewehre; jedenfalls war sie von der entsprechenden Größe, und Vater hob sie selber vom Wagen und trug sie äußerst behutsam zu einer nicht weit entfernten Kuppe; dort stellte er sie auf den Boden und blieb dann, als wollte er beten, ein paar Augenblicke reglos davor stehen, ehe er ins Lager zurückkehrte.

Zu meiner Überraschung und Freude hatte Vater aus North Elba außer Salmon und Oliver auch unseren Nachbarn und Schwager Henry Thompson mitgebracht. Henry war der leidenschaftlichste Abolitionist der sechzehn Thompson-Söhne, ein großer, kräftiger junger Mann, der Vater bedingungslos verehrte. Der Alte wies ihn an, sogleich mit dem Errichten einer anständigen Koppel für die Pferde zu beginnen, und mir und Fred gab er zu verstehen, wir sollten ihm helfen, so gut wir konnten. »Ein wenig Bewegung und frische Luft wird euch guttun«, meinte er, und wir fügten uns augenblicklich; natürlich hatte er recht – geradeso, als wären wir die ganze Zeit arbeitsfähig gewesen und hätten es nur nicht bemerkt, waren sowohl Fred als auch ich binnen kurzem dabei, Pfähle zuzuschneiden und vom Fluß drunten zu einer kleinen Schlucht in der Nähe des Lagers zu schleppen, die Vater als geeignetsten Platz für eine Pferdekoppel ausgesucht hatte. Später kam, pünktlich gegen Mittag, Oliver mit Ofenrohren und drei Eisenöfen aus Osawatomie zurück; sofort stellte Vater einen in jedem Zelt auf, und als er und Oliver alle installiert und angeheizt hatten, schickte er Oliver los, um einen richtigen Abtritt zu graben; dann wandte er sich zu Wealthy und erklärte ihr, wie sie John, in dessen Gesicht inzwischen, da er wieder leichter atmen konnte, ein wenig Farbe zurückgekehrt war, am besten pflegen und behandeln könne.

Innerhalb eines halben Tages hatte Vater Browns Stützpunkt aus einem Ort der Verzweiflung in eine regelrechte Grenzsiedlung verwandelt. Die Zelte waren gegen den Wind abgedichtet, und mit den duftenden Wolken von Holzrauch aus den blechernen Schornsteinen wirkten sie sicher und behaglich, fast heimelig; sie lagen geschützt in der Biegung einer schmalen, bewaldeten Senke, die sich auf einem langgestreckten, grasbewachsenen Hang zu dem sich dahinschlängelnden Fluß hinunterzog. Spaten und Kreuzhacken räumten Erde und Steine beiseite, Hämmer schlugen Pfähle und Nägel ein, Äxte und Handsägen fraßen sich in Holz und ließen gelbliche Späne und Sägemehl durch die Gegend fliegen. Als es nachmittags kalt wurde und das Licht zu schwinden begann, war die Luft vom hellen Krachen der entlaubten Bäume, die zu Boden stürzten, und von den Zurufen der Brüder erfüllt – dem geschäftigen Lärmen von Leuten, die fröhlich arbeiteten und es eilig hatten, ihre Aufgaben vor Einbruch der Dunkelheit zu Ende zu bringen. Dazu das aufgeregte Wiehern der Pferde, die auf einer provisorischen Koppel aus Seilen, die wir zwischen einigen Bäumen gespannt hatten, plötzlich ungehindert grasen durften, das Scheppern und Klappern von Töpfen und Pfannen, die gewaschen wurden, das Flattern nasser Wäsche, die zum Trocknen in den Wind gehängt worden war, und drunten zwischen den Pappeln begann sogar jemand zu singen – es war Salmon; natürlich war es Salmon, denn er hatte die klangvollste, klarste Stimme von uns allen und konnte sich die alten Hymnen am besten merken, dann stimmte zuerst Vater ein, und gleich darauf schlossen sich nacheinander auch alle anderen an, sogar Fred und ich.

> *Wer sind sie, die mit Sternenschwingen*
> *Stehen dort vor Gottes Thron,*
> *Schön geschmückt mit goldner Kron?*
> *Wer ist wohl die glorreich Schar?*
> *Halleluja – hört sie singen*
> *Gottes Loblied immerdar!*

Gegen Abend kam Oliver stolz ins Lager spaziert, seine alte Kentucky-Flinte in der einen Hand und in der anderen vier fette Präriehühner, eine Art niedrig fliegender Sperlingsvögel, die ein wenig unseren Rebhühnern gleichen; er gab sie Wealthy und Ellen, jeder zwei. Nachdem Vater den Burschen auf eine Weise gelobt hatte, als wolle er uns alle ermutigen, von jetzt an jeden Tag hinauszugehen und es genauso zu machen wie er – »denn ich habe auf dem Weg hierher ziemlich viel Wild gesehen«, meinte der Alte –, bat er uns alle, unsere Arbeit nun ruhen zu lassen und ihm zu der Anhöhe zu folgen, wo er zuvor die geheimnisvolle Kiste aus Kiefernholz abgestellt hatte. Selbst John, der von Salmon und Oliver halb getragen wurde, mußte mit hinaus auf die zugige Hügelspitze.

Jetzt, dachte ich, jetzt wird jeder von uns sein eigenes Sharps-Gewehr bekommen! Meinen alten Vorderlader verachtete ich mittlerweile: Er paßte nicht im mindesten zu meinen Phantasien oder Absichten; es war die glattläufige Büchse eines kleinen Jungen, höchstens dafür geeignet, Vögel und Waschbären zu schießen; ich wollte eine Waffe, mit der ich Menschen töten konnte. Ich wollte einen der berühmten modernen Sharps-Hinterlader, der pro Minute zehnmal mit tödlicher Genauigkeit feuern konnte. Diese Gewehre wurden in der Waffenfabrik bei Harpers Ferry gebaut; man nannte sie Beecher-Bibeln, und in jenem Winter tauchten sie überall in Kansas bei den radikaleren Free-Soilern auf. Anfangs waren sie nur von der Gemeinde des Reverend Henry Ward Beecher in Brooklyn, New York, in Kisten mit der Aufschrift *Bibeln* versandt worden, doch nun kauften Kirchen im ganzen Osten sie und schickten sie zu den Free-Soil-Siedlern. Ich war sicher, Vater wäre nicht ohne mindestens eine Kiste mit Waffen der Kirche von den heiligen Gewehren hierhergekommen – schließlich war er nicht nach Kansas gezogen, um das Land zu bestellen.

Doch als wir uns alle auf der Hügelkuppe versammelt hatten, sah ich, daß Vater irgendwann während des Tages und von mir unbemerkt neben der Kiste ein tiefes Loch gegraben hatte, und jetzt begriff ich allmählich, daß es vielleicht keine Kiste mit Sharps war, sondern etwas anderes, denn die Kiste ähnelte nichts so sehr wie einem sorgsam gezimmerten Sarg. Vater blickte uns der Reihe nach an, streckte die Hand aus und zog Jason und Ellen nach vorn zu sich in die Mitte; dort standen nun alle drei vor der Kiste, und da verstand ich endlich, was darin war und weshalb wir uns hier draußen versammelt hatten.

Im Osten wurde der Himmel allmählich dunkler, im Westen gräulich, und die kalte Brise des späten Nachmittags wehte uns ins Gesicht. Ohne einen von uns anzusehen, die Augen fest auf die Kiste zu seinen Füßen geheftet, setzte Vater an: »Kinder, als ich im Osten losritt, nahm ich einen ganzen Satz Landkarten mit. Unzählig viele Karten, die sich überschneiden. Eine davon, Jason, hast du mir geschickt, wie du weißt. Es war eine sehr genaue Karte, die mich zu dem Grab führte, das du auf dem Territorium der Sklavenhalter ausgehoben hast, als du die Leiche von Austin, deinem armen kleinen Jungen, in eine Decke gehüllt und begraben hast, dessen Seele nun bei Gott im Himmel ist. Aber sein Leib lag in Missouri-Erde begraben.

Unter meinen anderen Karten, Jason und Ellen, befindet sich eine, die eigentlich über allen steht, eine Generalkarte, die allen anderen zugrunde liegt – die Karte, die mir durch die Bibel gegeben ist. Es ist Gottes des Allmächtigen Plan der Vereinigten Staaten, den ich bei mir trage, wohin auch immer ich gehe, und auf dieser Karte ist das Kansas-Territorium noch immer ein freies Land, und frei soll es bleiben, solange mir Atem gegeben ist. Kinder, ich will diese beiden Karten aufeinanderlegen, Jasons so genaue Zeichnung von dem Ort, wo sein Kind begraben liegt, und Gottes ebenso genauen Plan, und ich will sie zur Übereinstimmung bringen.« Dann sah er Jason und Ellen an und fuhr fort: »Ich weiß, meine Kinder, daß ihr dort in Missouri vom Feind umringt wart und Angst hattet; vielleicht wart ihr auch ein wenig verwirrt und wußtet nicht mehr, was richtig und gebührlich ist. Ich habe nicht die Absicht, euch zu schelten oder zu tadeln, Kinder, aber ich, ich konnte den Leichnam des Jungen nicht auf dem Gebiet der Sklavenhalter zurücklassen.

Ich ging zum Grab meines Enkelsohnes, um dort zu beten, wie es eure Bitte war, doch dann, als ich meine Gebete für seine Seele gesprochen hatte, wurde mir klar, ich konnte den Gedanken nicht ertragen, daß einer von meinem Blut und mit meinem Namen unter einem kleinen Holzkreuz auf einem Armesünderfriedhof in einem Sklavenstaat liegen soll. Der bloße Gedanke daran versetzte mich in Zorn. Also barg ich Austin Browns Leichnam aus dem verpesteten Boden, und Henry und ich zimmerten einen richtigen Sarg, legten den Leichnam hinein und luden ihn auf meinen Wagen; nun haben wir ihn hierher nach Kansas gebracht, wo Männer und Frauen und Kinder keine Leibeigenen sind, um ihn gebührend zu bestatten und seine Grabstätte auf Gottes Plan dieses Landes und nicht auf dem des Satans zu verzeichnen!«

Allmählich wurde es immer dunkler; Vater reichte Henry Thompson und mir Seile, und wir legten sie unter die Kiste aus Kiefernholz und senkten den Sarg langsam in die Erde. Jason und Ellen hielten einander umarmt und weinten. Sie weinten vor Kummer, aber ich glaube auch vor Schuldgefühl. Denn Vater hatte sie ungeheuer beschämt.

Als die Kiste ganz hinabgesenkt war, füllten wir die Grube mit Erde auf und entfernten uns einer nach dem anderen von dem Grab; immer wieder sahen wir uns verwirrt um, als zögerten wir zu gehen, wollten jedoch andererseits den Ort eiligst verlassen. Als letzte gingen Vater und Jason und Ellen, und ich hörte, wie er zu ihnen sagte: »Morgen macht ihr ein Kreuz mit dem Namen eures

Jungen und seinem Geburts- und Todesdatum. Und ihr setzt es an die Kopfseite des Grabes, *hierher*«, wies er sie an und setzte den Fuß fest auf die Stelle am Boden, unter der, wie er wußte, der Kopf des Jungen lag. Dann hastete er den Hügel hinab und ließ Jason und Ellen allein bei dem Grab zurück. So endete die bittere, unglückselige Spaltung zwischen Jason und Ellen und uns anderen. Wir waren wieder eine einige Familie.

18

Und doch fühlte ich mich auf eine neue, besondere, vielleicht auch nur unvertraute Weise wieder allein. Ich war nicht *aus der Welt* wie heute oder bloß *einsam* wie vorher in Kansas, sondern abgesondert von allen anderen Menschen, so wie der heimtückische Jago in Shakespeares berühmtem Stück über den Mohren. Gleichgültig, wie viele Leute sich auf der Bühne drängen, Jago bleibt von seinen Mitmenschen abgeschnitten, unerkannt, in sich selber eingeschlossen wie in einem Kerker. Gewiß, ich tat in allen Dingen, was Vater wünschte, dennoch wurde ich damals in Kansas in seiner Gegenwart wie Jago zu einem Mann von eigenen Gnaden. Nicht mehr von Vaters Gnaden. Vater war mein weißhäutiger Othello.

Wir zogen nicht sogleich gegen die Border Ruffians in den Krieg. Das konnten wir nicht, da Johns Krankheit sich hinzog und wir unser heruntergekommenes, vom Wind zerzaustes Lager wieder instand setzen mußten, um zumindest so etwas Ähnliches wie einen Hausstand zu gründen. Zudem hielten die Border Ruffians sich zu jener Zeit noch zurück und spielten sich vor uns und unseren Nachbarn, alles Free-Soiler, lediglich mit lautem, trunkenem Gerede und leeren Drohungen auf. Der Kansas-Krieg fand in erster Linie in den Zeitungen der Südstaaten und weit drüben im Osten statt. Und für eine Weile schien Vater eher daran interessiert, Arbeit als Landvermesser zu finden, als uns in die Schlacht gegen die Sklavenhalter zu führen; einen Großteil seiner Zeit verbrachte er nicht in Browns Stützpunkt, sondern in Topeka, Lawrence und droben im Reservat der Ottawa, wo er in den einzelnen Ortschaften das Gelände sowie von den Siedlern abgestecktes Staatsland vermaß und die Grenzen des Indianerterritoriums markierte.

Für einen Landvermesser war es eine gute Gegend und eine gute Zeit. Damals herrschte überall Verwirrung, und immer wieder kam es zu Auseinandersetzungen wegen der Gebietsforderungen von Siedlern und der Rechtsansprüche auf Grund und Boden. Schuld daran waren der rasche Zustrom verarmter Landbesetzer und die umfangreichen Landkäufe auswärtiger Spekulanten wie der New England Emigrant Aid Society. Deren Anteilseigner wollten trotz ihrer vorgeblichen Absicht, Kansas mit Free-Soilern zu besiedeln und den Westen davor zu bewahren, Teil der Sklavokratie zu werden, im Grunde nur Profit machen – sie scherten sich nicht darum, ob sie an Indianerland oder Staatsland oder an Land verdienten, das von einem armen Schürfer aus Illinois mit einem einzigen armseligen Ochsen und einer Frau und fünf hungrigen Kindern beansprucht wurde, der nicht gut genug lesen und schreiben konnte, um seine Ansprüche ordnungsgemäß eintragen zu lassen.

Östlich und südlich von Browns Stützpunkt waren die Südstaatler monatelang in eher noch größerer Zahl als die Free-Soiler über den Missouri und den Mississippi in das Gebiet geströmt. Keine drei Meilen von uns entfernt lebten Sklavenhalter. Mit Unterstützung und Einverständnis des mit ihnen sympathisierenden Präsidenten Franklin Pierce hatten die Befürworter der Sklaverei bereits eine Pseudolegislative und einen entsprechenden Gouverneur gewählt, die in Leavenworth saßen und ihre abscheulichen »Schwarzengesetze« verabschiedet hatten. Diesen zufolge war es ein Verbrechen, so zu lesen und zu schreiben und sogar zu denken und zu sprechen, wie wir Browns dies jeden Tag unseres Lebens taten. Es bereitete uns besonderes Vergnügen, bei jeder sich bietenden Gelegenheit gegen diese Gesetze zu verstoßen, nicht nur, um unsere Verachtung für sie zum Ausdruck zu bringen, sondern ebenso um die Ruffians zu dem Versuch aufzustacheln, ihre Gesetze auch durchzusetzen, denn davor waren sie bislang zurückgeschreckt. Natürlich hatten wir trotzdem nur wenig mit ihnen zu tun und wickelten unsere Geschäfte vor allem mit Leuten ab, die mit uns verbündet waren, vor allem mit jenen, die sich wie wir zu den radikalen Abolitionisten zählten – zu jener Zeit auch unter den

Free-Soilern eine verschwindend kleine Minderheit. Wie die meisten Nordstaatler jener Zeit war der Großteil unserer vermeintlichen Verbündeten sowohl gegen die Neger als auch gegen die Sklaverei: Ihrer Ansicht nach sollte Kansas ein sklavenfreies Land bleiben, das wohl, aber frei und weiß. Für sie war die Sklaverei wenig mehr als ein ungerechtes Beschäftigungsverhältnis, das man aus dem Süden importiert hatte.

Trotz seiner Überzeugungen und Grundsätze und seiner üblichen Unfähigkeit, sie für sich zu behalten, konnte Vater sich in seinem Beruf als Landvermesser ungehindert durch die von den Verfechtern der Sklaverei kontrollierten Gebiete bewegen, denn sie waren genau wie die Free-Soiler daran interessiert, Grenzen und Ausdehnung des von ihnen beanspruchten Landes festschreiben zu lassen; in dem sicheren Bewußtsein, uns zahlenmäßg überlegen zu sein, hatten sie eigentlich nur davor Angst, wir könnten unberechtigterweise auf ihr Land vordringen. Vater war einfach nur der dürre alte Yankee-Landvermesser mit seiner Wagenladung von Instrumenten und Schnüren, der über die Ebenen von Ostkansas reiste und Arbeit suchte.

Wieder einmal benutzte der Alte einen falschen Namen, wie er es schon in North Elba getan hatte: Shubel Morgan. Der Name John Brown war mittlerweile ziemlich berühmt und wurde es mit jedem Tag mehr, besonders hier draußen, wo man wußte, daß er und seine Söhne mit Sharps und Colts bewaffnet waren. Wie erhofft, hatte er tatsächlich zwei nicht gekennzeichnete Kisten aus Ohio mitgebracht, in denen, wie sich herausstellte, Waffen verpackt waren. Jedem von uns hatte er ein Sharps-Gewehr und einen Colt sowie ein Breitschwert ausgehändigt. Wann immer wir in jenem Winter und bis in den Frühling hinein nach Osawatomie oder nach Lawrence hinaufritten, um Vorräte zu besorgen oder Post und Nachrichten in den Osten zu schicken, trugen wir unsere neuen Waffen ebenso wie unsere Überzeugungen und Grundsätze mit unverhohlenem Stolz zur Schau, und bald galten John Brown und seine Söhne in der ganzen Gegend auf beiden Seiten als mögliche Unruhestifter.

Als Landvermesser Shubel Morgan, der sein Gewehr, seinen Colt und sein Breitschwert im Wagenkasten versteckte, war Vater jedoch in der Lage, mit fast jedem, dem er begegnete, freundlichen Umgang zu pflegen. Auf diese Weise gewann er rasch eine wunderbare Kenntnis von den sich dahinschlängelnden Flüssen und sprudelnden Bächen, den dichtbewaldeten Senken, Sümpfen, Schluchten und Pässen, die die weiten Grasebenen in alle Richtungen durchzogen. Außerdem erfuhr er Namen und Lage der Blockhütte eines jeden Befürworters der Sklaverei, der in der Gegend siedelte, und kannte sie alle binnen kurzem ebenso gut wie die Namen und Niederlassungen der Free-Soil-Siedler. Auch wie die Vorkämpfer der Sklaverei bewaffnet waren, registrierte er, ebenso die Anzahl der Pferde, die sie besaßen, und er lernte ihr Wesen ganz allgemein kennen, von dem er wenig hielt. »Feiglinge«, berichtete er, »und Trunkenbolde. Unwissende Narren, die nicht lesen und schreiben können und keinen Geschmack an einem richtigen Kampf finden, außer es geht um eine Frau oder um einen Krug Maisschnaps.«

Drunten am Pottawatomie, nicht weit von Browns Stützpunkt entfernt, gab es eine besonders ärgerliche Ansiedlung von Border Ruffians, über die Vater sich oft beklagte: die Shermans, die Doyles und die Wilkinsons, in gewisser Weise unsere nächsten Nachbarn, obwohl es geschmeichelt war, sie als Nachbarn zu bezeichnen, denn sie verachteten uns ebensosehr wie wir sie. Es waren landlose Bauern, die aus dem südlichen Hügelland heraufgekommen waren und sich behelfsmäßige Hütten mit gestampften Lehmböden gebaut hatten, in denen sie ihren Nachwuchs zeugten; alles zornige, arme, unwissende Leute, deren größtes Vergnügen darin bestand, ihr Selbstwertgefühl aufzupolieren, indem sie im Suff den Abolitionisten der Nordstaaten und besonders uns Browns Gewalt androhten. Bislang hatten sie noch keine ihrer Drohungen in die Tat umgesetzt, und keiner von uns glaubte, sie könnten lang genug nüchtern bleiben, um dazu in der Lage zu sein.

Es gab nicht viele Negersklaven in der Gegend, vielleicht ein halbes Hundert, und kaum mehr als einen oder zwei pro Eigentümer, da die meisten Verfechter der Sklaverei, so wie unsere Nachbarn am Pottawatomie, gescheiterte, landlose Bauern waren, die aus Tennessee und Missouri und Teilen des tieferen Südens gekommen waren, viele von ihnen sogar ohne Familie und fast ohne Vieh. Und Vater hatte recht, es gab unter ihnen überraschend viele Gestrauchelte, Leute, die Whiskey verhökerten, Diebe, Prostituierte, Landstreicher, Spieler, Herumtreiber und andere Schmarotzer, die den Siedlern aus den Südstaaten gefolgt waren, als wären diese eine Eroberungsarmee und nicht ein herumziehender Mob unwissender Bauern, die verzweifelt nach billigem Land suchten.

In der Tat gingen die Verfechter der Sklaverei aus ebenso gemischten Beweggründen nach Kansas wie wir Free-Soiler: Wie wir waren sie auf der Suche nach Land hierhergekommen, um Geld zu machen und um für die Sklaverei in den Krieg zu ziehen, meist in dieser Reihenfolge. Und um bei der Wahrheit zu bleiben, ihre wilde, gewalttätige, von Rassenhaß geprägte und die Sklaverei befürwortende Rhetorik war nicht hetzerischer als unsere. Der Unterschied zwischen beiden Seiten bestand darin, daß ihr Gerede des Satans war, während unseres vom Herrn kam. Sie kreischten aus dem Lager Satans zu uns herüber, und wir trompeteten aus dem des Herrn zurück.

So sah es jedenfalls Vater. Wir seien den Parteigängern der Sklaverei, wie er uns täglich predigte, nicht aufgrund der uns innewohnenden Moral oder unserer Intelligenz oder unseres Geschicks bei Landwirtschaft und Tierhaltung oder aufgrund unserer Waffen oder gar unseres Mutes überlegen. Nein, überlegen seien wir allein dank Ihm, dem zu folgen wir uns entschlossen hätten. Die stinkende Finsternis der gesetzlich verankerten Sklaverei habe die Südstaatler zu einem widerwärtigen, verderbten Volk gemacht. Sie habe ihnen ihre Seelen geraubt und sie zu Gefolgsleuten des Satans werden lassen. Jahrhundertelang hätten sie in einer Grube gehaust, in der immerwährende Dunkelheit geherrscht habe, und so sei die Welt für sie ein finsterer, niederträchtiger, verpesteter Ort. Wenn wir hingegen auf die Welt blickten, so geschehe dies wie von einem in das helle Licht der Freiheit getauchten Gipfel aus, und dies versetze uns in die Lage, das wahre Wesen des Menschen zu erkennen, so daß wir, indem wir einfach unserer Natur folgten, Gott dem Allmächtigen, unserem Herrn folgen könnten. Und nach vielen sorgfältigen Überlegungen hätten wir, sobald sich uns der Wille des Herrn mit Gewißheit offenbart habe, beschlossen, alle Männer und Frauen zu freien Menschen zu machen. Wenn wir, um diese große Aufgabe zu erfüllen, diejenigen töten müßten, die sich uns entgegenstellten, dann sei es so. Es sei Gottes Wille, und zu dieser Zeit und an diesem Ort habe Er Seinen Kindern keine höhere Aufgabe anzutragen, als Satan das Genick zu zertreten, seinen Gefolgsleuten die Kiefer zu zerschlagen und alle weißen und schwarzen Kinder des Herrn aus dem ekelhaften Gestank und der Verderbnis der Sklaverei zu befreien. Wenn wir Satan besiegen wollten, so müßten wir als erstes seine abscheulichste Erfindung zerstören: die Versklavung der Neger Amerikas.

Ich glaubte daran. Alle in Browns Stützpunkt glaubten daran, ungeachtet unserer unterschiedlichen Einstellung zur Religion. In unserer kleinen Armee des Herrn stellten John und Jason als Freidenker und uneingeschränkt skeptische Agnostiker den einen Pol dar; den anderen bildeten der arme Fred, den Visionen eines strafenden Gottes umtrieben, welcher inzwischen regelmäßig persönlich zu ihm sprach, und Vater, der zu glauben schien, es stehe ihm gelegentlich zu, im Namen Gottes zu sprechen; wir anderen verteilten uns auf verschiedene Punkte zwischen diesen Extremen, die uns zeitweise wie Rastplätze auf einer langen Reise erschienen. Dennoch glaubte ein jeder von uns, selbst die Frauen Wealthy und Ellen und auch unser Schwager Henry Thompson, wir seien nun im Begriff, unser Leben der besten aller Aufgaben zu weihen, die wir uns vorstellen könnten; wenn also Gott wirklich existierte, war es sein Werk, das wir hier vollbrachten. Und wenn es Gott nicht gab, dann spielte dies auch keine Rolle. Denn ungeachtet unserer unterschiedlichen Ansichten glaubten wir alle an ein Gesetz, das über jedem von einer angemaßten oder sogar rechtmäßigen Legislative verabschiedeten Gesetz stand, und der Glaube an dieses übergeordnete Gesetz forderte, unser Leben der Vernichtung der

Sklaverei und des Rassenhasses zu widmen. Vielleicht hatte uns nur der Zufall hierher nach Kansas verschlagen, doch möglicherweise hatte Vater recht, und es war letztendlich Gottes Wille – gleichviel, hier waren wir nun, genau da, wo der Kampf nicht länger zu vermeiden war, wo der Feind sein Zelt praktisch in unserem Vorgarten aufgeschlagen hatte und wo wir gezwungen waren, uns schließlich zu erheben und ihn niederzuringen.

Meine älteren Brüder sahen das kommen und zitterten vor Angst und vorweggenommenem Kummer. Auch wenn insbesondere Jason einsah, daß dieser Krieg unvermeidlich war, wollte er ihn doch nicht. Der Mann war über alle Maßen empfindlich für das Leiden anderer, konnte kaum mit ansehen, wie ein Schwein geschlachtet wurde, doch selbst er glaubte nicht länger an eine Möglichkeit, die Sklaverei abzuschaffen, ohne Menschen umzubringen. Er vor allem war ursprünglich allein deswegen nach Kansas gezogen, um das Land zu bewirtschaften. Er hatte sogar Reiser seiner Weinstöcke aus Ohio und acht Obstbaumschößlinge mitgebracht, und während wir anderen unsere Schwerter schliffen und Kugeln für unsere Revolver und Sharps-Repetiergewehre gossen und Bajonette an langen Stangen befestigten, sah Jason uns nur mit abgrundtiefer Traurigkeit in den Augen zu, pflanzte seine Rebstöcke und Baumsetzlinge in den wieder aufgetauten Boden und blieb meist für sich. Seiner Frau Ellen sowie Wealthy, Johns Frau, widerstrebte es natürlich ebensosehr wie Jason, daß wir in den Krieg ziehen würden, aber auch die Frauen wußten, daß er nicht mehr zu vermeiden war, außer der Herr selber griffe ein. Doch dafür gab es keinerlei Anzeichen. Sie schienen es als ihr Schicksal hinzunehmen, obwohl Ellen allmählich von einer Rückkehr nach Ohio im Herbst sprach, mit oder ohne Jason, falls die Kämpfe ausbrächen.

Sicher war mein Bruder John immer ein Rebell gegen die Sklaverei gewesen, doch er war auch ein ehrgeiziger, in gewisser Weise weltzugewandter Mensch und schien immer noch auf einen politischen Sieg zu hoffen, da wir im Territorium bald eine ausreichende Zahl von Free-Soilern wären, um eine rechtmäßige Free-Soil-

Legislative einzusetzen, einen eigenen Gouverneur zu ernennen und eine Territorialverfassung zu verabschieden, mit der die Sklaverei abgeschafft würde, so daß Kansas als freier Staat in die Union aufgenommen würde. John konnte besser reden und war gebildeter als wir alle, und er hatte vor, sich in die gesetzgebende Versammlung in Topeka wählen zu lassen. In Osawatomie sowie in Lawrence und Umgebung gab es eine beträchtliche Anzahl entschieden abolitionistischer Siedler, die ihn unterstützen wollten, und täglich kamen Hunderte von Radikalen, die den Namen von John Brown verehrten, auf dem neuen Iowa-Nebraska Trail aus dem Osten ins Territorium, Siedler, die zu Hause regelmäßig den *Liberator* und *Atlantic Monthly* gelesen hatten und stolz wären, hier draußen für den Sohn und Namensvetter des alten John Brown zu stimmen, des berühmten Abolitionisten aus dem Staate New York, des Freundes und Gefährten der noch berühmteren Abolitionisten Gerrit Smith, Frederick Douglass, William Lloyd Garrison, Dr. Samuel Howe und Thomas Wentworth Higginson.

Salmon und Oliver waren beide heißblütige Jungen, die darauf brannten, ihren Mut in einem guten Kampf zu erproben, und schon vor langer Zeit hatten sie sich daran gewöhnt, wenn nicht Vater persönlich, so doch mir zu folgen. Daher konnte man sich voll und ganz auf sie verlassen. Um unsere kleine Armee zu vervollständigen, blieben also nur noch Henry Thompson und mein Bruder Fred. Henry war seit kurzem mit Ruth verheiratet, und während seiner Abwesenheit wohnte seine Frau in North Elba bei der Familie der Thompsons; obwohl Henry kein leiblicher Sohn des Alten war, würde er ihm, da er an Vaters Weisheit und moralische Festigkeit mehr glaubte als dessen eigene Söhne, geradewegs in den Schlund der Hölle folgen, wenn er ihn nur ließe. Und dann war da noch Fred, der arme, verwirrte Fred, dessen Visionen und Träume sich so gründlich mit seiner Alltagswirklichkeit vermengt zu haben schienen, daß er glaubte, wir wären bereits in den Krieg gegen Satan gezogen. Die größte Schwierigkeit mit Fred bestand für uns darin, ihn so lange in Schach zu halten, bis wir ihn brauchten und er seinen Colt abfeuern und mit seinem fürchterlichen, altertümlichen, zweischneidigen Schwert um sich schlagen konnte, das er Tag und Nacht umgeschnallt hatte.

Mit mir zusammen war das damals der Kern von John Browns kleiner Armee des Herrn. Es dauerte nicht lange, bis sich uns weitere Männer, gelegentlich bis zu fünfzig, anschlossen, von denen einige die ganze Zeit über bei uns blieben und dem Alten überallhin bis nach Harpers Ferry folgten, während andere schwach wurden und sich von uns trennten, vor allem als bekannt wurde, was bei Pottawatomie geschehen war; einige von ihnen fielen auch im Kampf. Vater war unser General, unser Kommandant, unser Führer, der uns inspirierte, er war der Mann, der uns mit seinen Worten tadelte und strafte, uns Mut zusprach und den rechten Weg wies; ohne sein Vorbild wäre unser Unternehmen von Anfang an fehlgeschlagen.

Hätte man den Alten jedoch sich selber überlassen, nachdem er unser Lager in Ordnung gebracht und uns hinreichend bewaffnet und zu einer Kampftruppe gemacht hatte, so wäre er in sein lebenslanges Verhaltensmuster zurückgefallen, hätte abgewartet und zugesehen, hinausgeschoben und diskutiert, geforscht und ausgekundschaftet, hätte seine Anhänger gesammelt und zum Krieg aufgerufen, nur um dann zurückzuweichen und uns *uns selber* zu überlassen – so wie er es in Springfield mit den Gileaditern, wie er es eigentlich immer gemacht hatte: Denn Vater war zwar ein Genie, wenn es darauf ankam, Leute zu begeistern und so weit zu bringen, daß sie in den Krieg zogen, doch wenn es darum ging, sie geradewegs in die Schlacht zu führen, brauchte er einen anderen an seiner Seite, auf den er hörte – er brauchte seinen Sohn Owen. *Handeln, handeln, handeln!* mochte sein ständiger Ruf gewesen sein, doch im entscheidenden Augenblick benötigte er einen anderen, der ihm zuflüsterte: *Jetzt!* Bis zu jenem Frühling in Kansas wußte er das im Grunde nicht, und ich wußte es ebensowenig.

Es fing ganz bescheiden an. Während Vater für den Stamm der Ottawa eine seiner endlosen Vermessungen vornahm, geschah folgendes: Unterhalb unseres Lagers, unten im Douglas County auf der anderen Seite des Lagers von Dutch Sherman, fällte ein Free-Soil-Siedler aus Ohio namens Charles Dow, den John und Jason zufällig im Osten kennengelernt hatten, Holz für seine Hütte; dies führte zu einem Streit mit seinem nächsten Nachbarn, einem Verfechter der Sklaverei aus Virginia namens Frank Coleman. Der Virginier behauptete, es seien seine Bäume und nicht die von Mr. Dow, schoß Mr. Dow kaltblütig nieder und tötete ihn. Einige Tage vergingen, doch der Virginier wurde nicht verhaftet; John, der mittlerweile wieder auf den Beinen und aktiv in die Politik eingestiegen war, benachrichtigte daher die zahlreichen Free-Soiler-Freunde von Mr. Dow und berief eine Protestversammlung in Lawrence ein. Da dieser Ort damals eine Hochburg der Free-Soiler war, rechneten John, ich und Henry Thompson nicht mit Schwierigkeiten und ritten unbewaffnet zu dem Treffen. Es war das letzte Mal, daß wir dies taten.

Unmittelbar südlich von Lawrence trafen wir an der Wakarusa-Brücke auf einen großen Trupp schwerbewaffneter Border Ruffians, die der von den Befürwortern der Sklaverei ernannte Sheriff des Douglas County Samuel Jones zu Hilfssheriffs ernannt hatte und anführte. Ohne viel Federlesens, ohne jede Erklärung richteten sie ihre Gewehre auf uns und wollten wissen, aus welchem Grund wir nach Lawrence wollten. Als John geradeheraus antwortete, wir ritten dorthin, um an einer Versammlung teilzunehmen, die er selbst einberufen habe und auf der sie gegen den ungesühnten Mord an Mr. Dow protestieren wollten, wurde er vom Sheriff unverzüglich wegen Störung der öffentlichen Ruhe und Sicherheit verhaftet und mit vorgehaltener Pistole nach Leavenworth gebracht.

Henry und ich galoppierten auf kürzestem Weg nach Lawrence, trommelten dort in aller Eile einen Trupp von etwa dreißig Männern mit Sharps-Gewehren zusammen und ritten dem Sheriff nach. Es gelang uns, ihn und seinen bunt zusammengewürfelten Haufen mitsamt dem Gefangenen zu überrumpeln, ehe sie den Kansas River überquerten und Sklavenhalterland erreichten. Sie waren klug genug, keinen Widerstand zu leisten; wir nahmen John sofort mit und ritten im Triumph in den Ort zurück, wo John und in geringerem Ausmaß auch Henry und ich sogleich zu Berühmtheiten wurden.

Durch diesen Akt gedemütigt und wütend, war der Sheriff nach Leavenworth zurückgeritten und hatte dort dem selbstherrlich ernannten Gouverneur Shannon mitgeteilt, in Lawrence sei eine bewaffnete Rebellion gegen die Gesetze des Territoriums im Gange. Der Gouverneur seinerseits mobilisierte unverzüglich die Kansas-Miliz und unterstellte sie dem Kommando des Sklavenbesitzers und Senators von Missouri, des ehrenwerten David Atchinson, eines Trunkenbolds, der die Anführer einiger weiterer mit Whiskey abgefüllter Banden von Ruffians in seine Truppe eingliederte; unter lautstarken Schwüren, das ganze Abolitionistennest auszuheben, zog die Horde nach Lawrence.

Wir erfuhren dies am Tag nach unserer Protestversammlung, als wir friedlich von Lawrence nach Hause ritten. Als wir uns Browns Stützpunkt näherten, trafen wir auf einen atemlosen Reiter, der von der Shawnee-Mission an der Grenze zu Missouri kam, ein Free-Soil-Siedler, der die ganze Strecke bis ins Douglas County galoppiert war, um Alarm zu schlagen. Er berichtete, mehr als zweitausend Leute aus Missouri und von der Kansas-Miliz bezögen bei Wakarusa südlich von Lawrence Stellung und hätten die Absicht, die Stadt in Schutt und Asche zu legen.

Wütend und aufgeregt hasteten wir zu Browns Stützpunkt, um Vater, unsere Brüder und unsere Waffen zusammenzusuchen. Als wir ankamen, sahen wir, daß Vater aus dem Ottawa-Reservat zurückgekehrt war und sich, da er nicht wußte, was mittlerweile geschehen war, gerade anschickte, nach Lawrence nachzukommen, um dort mit uns gegen die Ermordung von Charles Dow zu protestieren. Rasch berichtete John ihm, was geschehen war, und der Alte äußerte, wie ich mich erinnere, eine gewisse Genugtuung.

»Jetzt ist es also soweit«, erklärte er händereibend. »Endlich ist die Zeit gekommen.«

Zunächst müßten wir jedoch noch weitere hundert Kugeln

gießen, meinte er. Pflichtbewußt machten Salmon und Oliver sich an die Arbeit.

»Vater«, sagte ich, »höchstwahrscheinlich belagern die Border Ruffians Lawrence bereits. Wir müssen uns beeilen.«

»Ich weiß, ich weiß. Doch unsere Freunde dort werden alle Kugeln brauchen, die wir tragen können«, erwiderte er und wies uns an, unsere Piken mit den Bajonetten an der Spitze seitlich am Wagenkasten anzubringen, so daß die Klingen gen Himmel ragten, um den Feind mit unserer Ausrüstung zu beeindrucken. Eine alte römische Militärtaktik, wie er erklärte.

»Komm endlich, Vater, wir sollten einfach alles auf den Wagen werfen und sofort nach Lawrence aufbrechen. Wir können das alles auch dort erledigen.«

Nein, er war überzeugt, wir müßten uns den Weg in die Stadt frei kämpfen, da die Ruffians wahrscheinlich auf der Wakarusa-Brücke Stellung bezogen hätten, die zwischen uns und Lawrence lag. Er erklärte, wir müßten alle Vorbereitungen für die Schlacht hier und jetzt treffen.

Außerdem müßten wir auch Vorräte einpacken. Die Belagerung könne lange dauern, betonte er. Und die Schwerter müßten nachgeschliffen werden. Zudem müsse der Wagen mit größter Sorgfalt beladen werden, damit keine Waffen beschädigt würden und so weiter, bis es am Ende dunkelte und wir immer noch in Browns Stützpunkt waren. Da in jener Nacht der Mond nicht schien, sei es jetzt zu gefährlich, meinte Vater, die California Road nach Lawrence entlangzufahren, weil so viele Leute aus Missouri sich in der Gegend herumtrieben, denn wir wollten unsere Waffen und Pferde doch nicht etwa in die Hände des Feindes fallen lassen, oder? Er entschied, wir sollten besser bis zum Morgen warten.

John schlurfte zu seiner Unterkunft hinüber. Er war frustriert und wütend; allerdings teilten weder Wealthy noch Jason, noch Ellen diese Gefühle. Henry stimmte Vater natürlich zu, aus dem einzigen Grund, weil Vater es sagte. Fred tat, was immer man ihm sagte, und auch Salmon und Oliver fügten sich zähneknirschend und befolgten die Anweisung des Alten, den Wagen wieder abzuladen und die Ladung neu zu verteilen.

Nachdem ich eine Weile überlegt hatte, trat ich dicht neben den Alten und sagte: »Vater, hör zu. Wenn wir nicht jetzt gleich aufbrechen, werden viele gute Männer, denen die Sklaverei verhaßt ist, deswegen sterben müssen. Und der Herr braucht diese Männer lebend, Vater. Nicht tot.«

Langsam drehte er sich um und starrte mir in die Augen; ich glaubte, er sei böse auf mich und würde meine Worte scharf verurteilen. Doch statt dessen legte er mir beide Hände auf die Schultern und seufzte tief, als sei ihm eine schwere Last abgenommen worden. »Ich danke dir, Owen. Gott segne dich. Ich fürchte diesen Feind nicht«, sagte er leise. »Aber ich habe zuviel Angst davor, die Dinge dem Zufall zu überlassen. Es ist eine alte Gewohnheit von mir, zu lange zu zögern. Ich bin nichts als ein schwacher Mensch und habe nicht genügend Vertrauen in den Herrn. Geh und hol die anderen, mein Sohn. Wir beladen den Wagen und brechen sofort nach Lawrence auf.«

In einer mondlosen Nacht nach Lawrence zu gelangen war nicht leicht: ein Ritt von fünfzehn Meilen, auf dem wir gezwungen waren, den Marais des Cygnes River sowie ein paar kleinere Flußläufe zu durchqueren und uns dann über unebenes, karstiges Gelände in der südöstlichen Ecke des Ottawa-Reservats weiterzukämpfen, bis wir schließlich zur unbeleuchteten Hütte des indianischen Händlers Ottawa Jones und seiner weißen Frau kamen, dort, wo die California Road auf den Santa Fe Trail stieß. Von da an verlief der Weg meist über eine hochgelegene Prärie; allerdings war es wenig mehr als eine Spur, die Hunderte von Wagen, die auf dem Weg nach Westen in den letzten paar Jahren hier durchgekommen waren, ausgefahren hatten. Von da an brauchten die Pferde keine Führung mehr, und wir kamen schnell vorwärts. Vater ritt auf seiner schönen Fuchsstute voran, und Oliver fuhr den bis obenhin beladenen Wagen, unsere römische Kriegsmaschine, die von den beiden Morgans aus North Elba gezogen wurde. John und Jason ritten auf ihren Pferden, die sie aus Ohio mitgebracht hatten, doch wir anderen, Salmon, Henry, Fred und ich gingen zu Fuß hinter dem Wagen her.

Als wir den letzten Kamm der Anhöhe vor dem Wakarusa River ein paar Meilen südlich von Lawrence überquerten, war es fast Morgen, und in dem fahlrosa Licht sahen wir unter uns hingebreitet das Lager der Border Ruffians – keine Tausende von Männern, wie wir erwartet hatten, sondern lediglich etliche hundert, die sich um Dutzende Feuer geschart hatten. Diese vermeintliche Truppe war jedoch eher ein wirrer Haufen; keiner bewachte die Brücke oder die verstreut grasenden Pferde. Viele der Männer tranken offenbar Whiskey und feierten ein regelrechtes Gelage, während andere auf behelfsmäßigen Lagern schliefen oder da herumlagen, wo sie irgendwann in der Nacht gerade hingefallen waren. Immer noch war eine allgemeine Orgie im Gange; schrille Mißklänge einer Fiedel tönten den Hang herauf, begleitet von obszönen Rufen, dazu derbe Lieder und ab und zu einzelne Schüsse. Wir hielten auf dem Höhenzug darüber im Schatten eines kleinen Pappelwäldchens an und beobachteten lange Zeit die Leute unten in der Flußebene. In unseren Augen sahen sie tatsächlich wie des Satans mutlose, verlotterte Freiwilligenarmee aus.

Ich ging zu Vater, und er sagte zu mir: »Nun, Owen, wie ich befürchtet habe: Sie liegen zwischen uns und der Brücke. Was meinst du?«

»Für mich sehen sie wie eine Bande betrunkener Feiglinge aus.«

Jetzt ritt John neben Vater und schlug vor, einer von uns solle sich zu Fuß hinunterschleichen, den Fluß oberhalb der Brücke überqueren und nach Lawrence gehen, um die Anführer dort davon zu unterrichten, daß wir angekommen seien und auf weitere Anweisungen warteten. »Es könnte sich herausstellen, daß es besser für sie wäre, wenn wir hier versteckt bleiben«, meinte er. »Um den Ruffians in die Flanke zu fallen, verstehst du?«

»Zwecklos«, erwiderte Vater. »Wenn wir hier zu irgend etwas gut sein sollen, dann müssen wir nach Lawrence hinein.«

»Die Leute aus Missouri sind bloß lärmender Pöbel«, warf ich ein. »Landstreicher. Sie haben weder das Recht noch den Willen, uns aufzuhalten, wenn wir einfach hinuntergehen und die Brücke überqueren. Der Herr wird uns schützen.«

Ich hob mein Gewehr bis zur Hüfte; dann stieg ich langsam den Hügel hinab, so wie ich in Boston mitten in die Menge der wüsten Jungen und Männer hineinspaziert war. Sogleich folgten die anderen, wie ich es erwartet hatte. Vater ritt wieder an die Spitze und führte unseren kleinen Trupp den Geröllhang hinunter, hinein in das lärmerfüllte Lager. Wir blickten nicht nach rechts oder links, sondern marschierten geradeaus über die breite, grasbewachsene Schwemmebene zum Fluß hinunter und Richtung Lawrence.

Die Ruffians standen auf und machten uns Platz, als wir vorübergingen, dann traten sie vor und starrten uns mit offenem Mund an, offensichtlich erstaunt und unsicher, was wir vorhatten, eingeschüchtert von unserem Wagen, an dem die langen Spieße klapperten, von unseren mächtigen Schwertern und Revolvern, die wir um die Hüfte geschnallt hatten, und auch von den Sharps-Gewehren. Einige schrien uns an und fluchten, wenn auch eher zaghaft, doch wir nahmen sie schlicht nicht zur Kenntnis. Kein einziger rührte sich von der Stelle, um uns aufzuhalten. In wenigen Augenblicken waren wir durch die trunkene, taumelnde Menge heruntergekommener Kerle marschiert, hatten die schmale Brücke über den Wakarusa überquert und gingen geradewegs auf Lawrence zu. Dort wurden wir, als wir die behelfsmäßigen Befestigungswälle, die sie aufgeschüttet hatten, umgingen und in die Stadt einritten und -marschierten, von den verängstigten Bürgern mit Hurrarufen und überschwenglichem Jubel begrüßt. Erst dann sahen wir einander an und lächelten. Sogar Vater.

Die belagerten Stadtleute begafften unsere Waffen – besonders die Breitschwerter und Bajonette; sie waren in der Tat furchteinflößend und zeigten, daß wir auf blutige Kämpfe von Mann zu Mann vorbereitet waren. Das ganze Bürgervolk war mächtig beeindruckt, weil wir durch die Armee der Border Ruffians hindurchgeschritten waren, als wären sie das Rote Meer und wir die alten Israeliten auf der Flucht aus Ägypten. Wir waren Helden, zumindest für den Augenblick. Und das wollten wir auch bleiben, vor allem der Alte, der sofort, noch ehe er auch nur abgestiegen war, wie im Fieber auf die Führer des Komitees für öffentliche Sicherheit einzureden begann, die gekommen waren, um uns zu begrüßen; er bestand darauf, daß sie keinen Kompromiß mit dem Feind aushandeln, keinen Friedensvertrag und auch kein Abkommen mit ihm schließen dürften. »Wir sollten sofort losschlagen«, erklärte Vater, »solange sie noch so verdutzt sind. Ruft hundert Mann zusammen, und ich werde sie anführen!« befahl er.

Doch niemand gehorchte. Sie beteuerten lediglich immer wieder, wie froh sie seien, daß er sich ihnen angeschlossen habe, und hielten kleine Ansprachen, wie Komitees dies eben tun.

»Ich möchte mit dem Verantwortlichen sprechen«, verlangte Vater schließlich; sogleich brachte man ihn, John und mich zu den Herren Lane und Robinson, die in einem Zimmer im Obergeschoß des halbfertigen Free-State-Hotels logierten, eines höhlenähnlichen Steinbaus in der Massachusetts Street im Ortszentrum, den das Komitee für öffentliche Sicherheit als Hauptquartier in Beschlag genommen hatte. Mr. Robinson, ein ehemaliger Arzt und jetzt Generalbevollmächtigter der New England Emigration Aid Society, der schließlich der Gouverneur des Free-Soil-Territoriums werden sollte, schüttelte Vater mit überschwenglichen Dankesbekundungen die Hand und geleitete ihn nervös zu Mr. Lane, der offenbar sein Vorgesetzter war: ein schlanker Mann mit kantigen Gesichtszügen, dessen Kleidung zerknittert war und der ein rotes Tuch um den Hals geschlungen hatte; er war ein bekannter radikaler Abolitionist und hatte das ganze Jahr hindurch über Iowa und Nebraska Siedler nach Kansas gebracht. Er war ein geborener Anführer, der seine Autorität genoß, und gewitzt im Anstacheln der Leute. Seine Stimme war inzwischen rauh und heiser – offenbar hatte er vor den Verteidigern der Stadt zu viele Reden gehalten –, und er wirkte ungeheuer müde. Anscheinend hatte er seit einer Woche nicht mehr geschlafen, und während er sich mit uns unterhielt, legte er sich auf ein Roßhaarsofa.

John, den Mr. Lane schon von seiner politischen Aktivität her kannte, stellte Vater und mich vor, und nachdem er uns begrüßt hatte, erklärte Mr. Lane, er sei bei seinen Verhandlungen mit Mr. Shannon, jenem Gouverneur, der für die Sklavenhaltung eintrat, und Mr. Atchinson, dem Anführer der unten am Wakarusa kampierenden Miliz, schon recht weit vorangekommen und wolle jetzt nicht alles wieder aufs Spiel setzen. »Wir befinden uns im Augenblick an einem ungemein heiklen Punkt«, meinte er. Dennoch sei er froh, daß Vater, den er als »den betagten Herrn aus dem Staate New York« bezeichnete, als Verstärkung gekommen sei. Er legte uns dringend ans Herz, von jeder Gewaltaktion abzusehen, bis ein Friedensabkommen sich als unmöglich erweise. »Ich will vermeiden, daß irgend jemand getötet wird«, erklärte er. »Vor allem keine Frauen und Kinder. Und wie Sie sicher gesehen haben, ist das da draußen am Fluß keine Armee, sondern ein Mob, und die Anführer haben ihre Leute praktisch nicht mehr unter Kontrolle.«

Doch davon wollte Vater nichts hören. Und ich ebensowenig, ehrlich gesagt, obwohl ich schwieg und Vater für mich sprechen ließ. Er stürmte in dem von Lampen erhellten Raum auf und ab und erklärte, wir müßten noch in dieser Minute angreifen; die Zeit verstreiche, doch jetzt könnten wir einen vollständigen Sieg über diese Strolche erringen und der Angelegenheit ein Ende setzen.

»Vater, um Himmels willen«, sagte John schließlich. Er selbst war sichtlich erleichtert zu hören, daß ein Friedensschluß in Aussicht stand. »Laß doch Mister Lane erst einmal ausreden.« Doch der Alte war nun so richtig in Fahrt; er wollte den Kampf, wollte ihn jetzt, und er wollte nichts von Kompromissen mit Leuten hören, die andere Menschen versklavten. Er stellte fest, daß zwischen den Free-Soilern und den Vorkämpfern der Sklaverei Kriegszustand herrsche; wir dürften kein Pardon geben, besonders jetzt nicht mehr, da John Brown und seine Söhne allen gezeigt hätten, was für Feiglinge die Ruffians seien.

Ich war froh, den Alten so wüten zu hören. Nie zuvor hatte ich mich so gefühlt wie in diesem Augenblick, wie ein wahrer Krieger, unverwundbar und voller Kraft: ein gerechter Töter. Ich fühlte mich auf seltsame Weise unbesiegbar, und Vater schien es ebenso zu gehen; offenbar war dies die Folge davon, daß wir unangetastet durch die Reihen des Feindes geschritten waren. Es war, als trügen wir eine unsichtbare Rüstung und könnten nicht durch Kugel noch durch Schwert verletzt werden. Ich wollte diese Rüstung erproben, sie den Gewehren und Schwertern der Border Ruffians aussetzen, und Vaters Worte drückten meine Wünsche aus. Weiter so, Alter, dachte ich, reize diese Leute zum Kampf! Laß sie nicht weiter von Verhandlungen faseln, von Abkommen und geordneten Rückzügen. Wir wollen die Sklavenhalter in die Flucht schlagen! Wir wollen, daß sie heulend nach Missouri zurückflüchten und eine blutige Spur sowie ein vom Übel der Sklaverei befreites Territorium zurücklassen.

Mr. Lane war über Vaters wuterfüllte Ausführungen verblüfft, doch er war ein Zyniker, und so deutete er Vaters Motive falsch. Er schien zu glauben, Vater sei nur auf Ruhm aus und nicht auf den sofortigen Tod seiner Feinde. Er fiel Vater ins Wort und schlug ihm, als wollte er ihn beschwichtigen und damit zum Schweigen bringen, unvermittelt vor, ihn zum Captain in der ersten Brigade der Kansas-Freiwilligen zu machen. Er wolle ihm eine eigene Kompanie geben, die den Namen Liberty Guards tragen solle; sie würde aus insgesamt fünfzehn Leuten bestehen, nämlich den tapferen Söhnen des Captain und anderen Männern, die sich freiwillig der Kompanie unter der persönlichen Führung Captain Browns anschlössen.

Vater schien überrascht und auch sehr erfreut, denn er hörte augenblicklich mit seinem Schwadronieren auf und dankte Mr. Lane; dann bat er, gehen zu dürfen, um sogleich die Leute zu befragen, die sich ihm möglicherweise anschließen wollten.

»Captain Brown«, sagte Mr. Lane, »ich ziehe meinen Hut vor Ihnen, Sir, und ich danke Ihnen für die Bereitschaft, sich selbst in Ihrem fortgeschrittenen Alter an der Verteidigung der Bewohner der bedrohten Stadt zu beteiligen.« Er ließ sich auf das Sofa zurücksinken, legte einen Arm auf die Brust und schloß die Augen; damit waren wir entlassen.

»Ich würde gern meinen Sohn Owen zu meinem Lieutenant

machen, wenn Sie nichts dagegen haben, Sir«, fügte Vater noch hinzu.

»Ausgezeichnet, Captain. Sehr schön. Was immer Sie wollen«, gab er zur Antwort, und schon komplimentierte Mr. Robinson uns offiziell aus dem Zimmer.

Während wir durch das roh gezimmerte Treppenhaus in die große, offene Halle hinuntergingen, wies Vater John und mich an, den Ort zu durchstreifen, die besten Christenmenschen anzuheuern, die wir finden konnten, und sie zu ihm draußen bei den Barrikaden zu bringen; bis dahin wolle er einen Schlachtplan ausarbeiten. »Ich habe die Gewehre und Schwerter nicht umsonst den ganzen Weg hierhergebracht«, verkündete er mit Nachdruck.

John blieb auffällig ein Stück zurück, bis Vater ihn fragte, was los sei.

Daraufhin ging er auf den Alten zu und blickte ihm unverwandt ins Gesicht. »Ich möchte wissen, Vater, warum du Mister Lane nicht gefragt hast, ob du auch mich zum Lieutenant machen kannst? Das soll keine Kritik an Owen sein«, erklärte er. »Ich will lediglich wissen, wie du in dieser Sache denkst.«

Vater lächelte und erwiderte: »Es ist nur recht und billig, daß du dich das fragst und den gleichen Rang haben willst wie Owen.« Er legte eine Hand auf Johns und die andere auf meine Schulter und sah uns mit sichtlichem Stolz an. »Du, John, du wirst mein politischer Offizier sein. Ich kann deine Tätigkeit nicht auf eine militärische Rolle beschränken. Dafür ist deine Fähigkeit, mit Menschen umzugehen, einfach zu groß, und außerdem sollten wir die verschiedenen Aufgaben auseinanderhalten. Owen wird mein militärischer Offizier sein; deshalb habe ich ihn zum Lieutenant gemacht. Jungs, ich sage euch, der Tag wird kommen, an dem ihr euch an diese Augenblicke erinnern werdet, die wir gerade erlebt haben, das verspreche ich euch. Hinter alldem steht ein Plan. Der Plan des Herrn. Und Er hat mir meinen gegeben.«

John zuckte die Schultern; er war eindeutig noch immer nicht zufrieden, aber nicht gewillt, weiter darüber zu diskutieren; er trennte sich von uns, um Vaters Anweisungen zu befolgen, während ich in eine andere Richtung losmarschierte, ebenfalls auf der Suche nach Rekruten für Vaters Kompanie der Liberty Guards. Zu meiner Überraschung hatte ich sofort Erfolg, da es in Lawrence im Augenblick Hunderte von Männern gab, die darauf brannten, dem neuernannten Captain Brown zu folgen; die Art und Weise, wie wir einmarschiert waren, hatte die Stadt in helle Aufregung versetzt, und unser Ansehen als tapfere und rechtschaffene Leute war rasch gewachsen. Ich benötigte kaum eine Stunde hastiger Gespräche mit Männern in Barbierläden und Geschäften und in der Hotelhalle, bis ich mich mit vierzig oder fünfzig Mann im Gefolge in der Main Street wiederfand. Als ich schließlich für mein Gefühl genügend Leute beisammenhatte, machte ich kehrt, um sie zu Vater zu bringen; gleichzeitig kam John in Begleitung etwa der gleichen Anzahl Männer die verschlammte Straße herunter.

Vater stand bei den Verschanzungen, die aus einem Graben und einem mannshohen Wall aufgeschütteter Erde quer über die breite Hauptstraße am Stadtrand bestanden. Die meisten Verteidiger des Ortes hatten mit ihren Gewehren hinter dem Wall Stellung bezogen und beobachteten mit leichter Neugier und ohne die geringste Furcht die Feuer im feindlichen Lager auf der anderen Seite des Flusses. Vater war in eine heftige Diskussion mit mehreren Männern verwickelt, Captains der Miliz wie er; er drängte sie, gemeinsam mit ihm die Ruffians frontal anzugreifen. Mit hochrotem Gesicht, zornig mit den Füßen aufstampfend und mit den Armen fuchtelnd, redete Vater energisch auf die Herren ein. »Die Leute ohne Gewehr können sich mit Mistgabeln bewaffnen!« erklärte er. »Wenn meine Kompanie den Angriff anführt und das gesamte Stadtvolk auf die Ruffians losstürmt, bekommen diese es mit der Angst zu tun und rennen bis nach Missouri hinunter um ihr Leben!«

Die anderen Milizführer wollten jedoch von alldem nichts wissen. Doch dann sah Vater mich und John mit unserer Schar von Freiwilligen anrücken; unvermittelt wandte er sich von seinen vermeintlichen Mitstreitern ab und führte die von uns rekrutierten Leute zu unserem römischen Kampfwagen, wo die anderen Jungen herumlungerten und wie alte Veteranen ein Schwätzchen mit Leuten aus dem Ort hielten.

Der Alte sprang auf den Kutschbock, stemmte die Fäuste in die Hüften und ließ den Blick über die Menge der Freiwilligen schweifen. »Ich kann nicht mehr als acht Männer gebrauchen, damit wir insgesamt fünfzehn sind«, erklärte er. »Und wie meine Söhne und ich selbst müßt auch ihr bereit sein, für die Sache zu sterben.« Bei diesen Worten trollte sich eine ganze Reihe. »Wir sind hier, um die Feinde des Herrn zu töten. Ich möchte blutdürstige Männer an meiner Seite sehen. Keine weibischen Schwächlinge, keine wohlerzogenen Garrisonianer, keine Feiglinge, die Frieden mit den Sklavenhaltern einem Krieg vorziehen. Und keine Männer, die sich erst mit Whiskey Mut antrinken müssen. Ich will Männer, die den Alkohol meiden.« An dieser Stelle wandten sich noch ein paar Männer ab und gingen. »Und ihr müßt Christen sein«, erklärte er. »Wahre Soldaten des Herrn brauche ich! Ihr müßt mit Gott gerüstet sein, denn wir machen uns auf, Seine Feinde zu zerschmettern!« Mittlerweile waren nur noch zwölf übrig. »Und wie ich und meine Söhne geschworen haben, so müßt auch ihr schwören, die Sklaverei aus diesem Land zu verbannen. Selbst wenn ihr sie mit eurem eigenen Blut hinwegspülen müßt. Ihr müßt schwören, die Nation als Ganzes davon reinzuwaschen. Was wir hier beginnen, wird nicht enden, ehe das ganze Land befreit ist!« Jetzt standen nur noch drei Männer neben dem Wagen, von denen einer, wie sich herausstellte, der bekannte Journalist James Redpath von der New Yorker *Tribune* war, der uns in alle Schlachten im Verlauf der Kansas-Kriege begleiten und im ganzen Osten berühmt machen sollte, sich uns jedoch nicht im Kampf anschloß. Die beiden anderen kannten wir bereits, und die wollten wir eigentlich nicht – Mr. Theodore Weiner, ein großer, brutaler Holländer, der ein paar Meilen unterhalb unseres Lagers am Pottawatomie einen Laden betrieb, und ein älterer Mann, Mr. James Townley, der im Ruf eines streitsüchtigen Gesellen stand.

Von seinem Hochsitz aus schaute Vater traurig auf sie hinunter. »Nun, wenn ihr als einzige übrigbleibt ... dann habe ich, glaube ich, die Männer, die ich brauche«, erklärte er; dann bat er sie, die rechte Hand zu heben, und vereidigte sie als Mitglieder der Liberty Guards.

Doch an diesem Tag kam es nicht zum Kampf, obwohl die Episode dank Mr. Redpaths lebhafter, anschaulicher Berichte drüben im Osten bald als »Wakarusa-Krieg« bekannt wurde, in dem die tapferen Bürger von Lawrence, Kansas, unter der couragierten Führung von Captain John Brown tausend Border Ruffians vertrieben und den Anführern der Verfechter der Sklaverei anschließend Bedingungen aufzwangen, die auf eine vollständige Unterwerfung hinausliefen. In Wirklichkeit waren die Herren Lane und Robinson, während Vater vergeblich gegen die Bürger des Ortes wetterte, weil sie sich weigerten, ihm zu folgen und das Lager der Eindringlinge aus Missouri anzugreifen, zur Hintertür des Hotels hinausgeschlüpft und nach Franklin, einem Ort ein paar Meilen südlich von Lawrence, geritten; dort hatten sie sich heimlich mit Mr. Shannon, dem von den Befürwortern der Sklaverei eingesetzten Gouverneur des Gebietes, und Senator Atchinson sowie einigen anderen Anführern der Ruffians getroffen. Diese machten sich allmählich Sorgen, da sie ihre Anhänger nicht mehr unter Kontrolle hatten; folglich hatten sie eingewilligt, ihre zusammengewürfelte Truppe unverzüglich wieder nach Leavenworth zu verlegen, vorausgesetzt, Johns Komitee aus Free-Soilern unterließ jeden weiteren Protest gegen die Erschießung von Charles Dow aus Ohio. Dieses Komitee sei, darauf bestanden sie, eine Provokation gewesen. Seine Auflösung würde den Frieden wiederherstellen. Die Herren Lane und Robinson hielten das für eine perfekte Lösung. Sie setzten ein Abkommen auf, unterzeichneten es und kehrten nach Lawrence zurück, um den schnellen Abzug der Kerle aus Missouri zu überwachen und sich in der Dankbarkeit und Bewunderung der Free-Soiler zu sonnen.

Denen wir uns natürlich nicht anschlossen. Wir bewunderten sie kein bißchen und hielten ihr Abkommen für eine Unterwerfung. Dennoch blieben wir noch ein paar Tage in Lawrence. Wir hatten es als einzige gewagt, uns den Ruffians direkt entgegenzustellen, und wurden dafür ungemein bewundert, besonders von den jüngeren Männern im Ort; das richtete uns ein wenig auf und nahm Vaters gescheiterter Anwerbung, bei der sich letztlich nicht mehr als zwei traurige Gestalten zu den Liberty Guards gemeldet hatten, etwas von ihrem Stachel; außerdem rechtfertigte es Vaters Zorn auf Lane und Robinson, weil sie mit dem Feind einen Handel geschlossen hatten. Schließlich wurden wir aber doch unruhig; John und Jason machten sich allmählich Sorgen um ihre Frauen und Johns Sohn Tonny; Vater, der viel Zeit damit verbracht hatte, Mr. Redpath und den vielen anderen Journalisten, die nach Lawrence geströmt waren, Rede und Antwort zu stehen, ordnete daher an, nach Hause zurückzukehren.

Unser Zuhause, das waren damals nach wie vor die Zelte in Browns Stützpunkt sowie Johns und Jasons abgestecktes Land. Auf dem Rückweg führte ich ein kurzes Gespräch mit Vater, das sich als äußerst folgenreich erweisen sollte. Es war später Nachmittag, und wir befanden uns ein paar Meilen östlich der alten California Road in der Nähe der Hütte von Ottawa Jones; wir ritten über eine breite Hügelkuppe, die sich gemächlich oberhalb der Schwemmebene des Marais des Cygnes River hinzog. Ich bildete das Schlußlicht unseres kleinen Zuges und war tief in Gedanken an unser Zuhause versunken, das heißt in Erinnerungen an Lyman und Susan Epps und die Katastrophe am Lake Colden, als ich plötzlich durch Hufgeklapper aus der dunklen, kalten Höhle meiner Gedanken gerissen wurde. Vater hatte seine Stute am Wagen vorbei ans hintere Ende gelenkt, und als er neben mir angelangt war, stieg er ab und ging eine Weile schweigend neben mir her.

Nach einiger Zeit sagte er schließlich: »Ehe wir aufbrachen, hatte ich eine interessante Unterredung mit Mister Lane.«

»Du meinst, er hat dir eine Audienz gewährt.« In mir schwelte noch immer Zorn, weil Lane uns aus Feigheit und Ehrgeiz verraten hatte, und so konnte ich kaum anders als mit Sarkasmus und Verachtung von ihm sprechen. Diese Leute wollten weiter nichts, als sich beim Volk beliebt machen. Sie alle, von ganz oben bis ganz unten, angefangen bei den verräterischen Neuengländern Franklin Pierce und Daniel Webster bis hinunter zu den eitlen Gockeln des Komitees für öffentliche Sicherheit in Lawrence, Kansas – diese Leute verkauften ihre Seele, um vom Mob bewundert zu werden, während nach wie vor die Leiber von Millionen Amerikanern auf Auktionen verhökert wurden. Denn dies prägte damals all mein Denken: Sobald irgendein Thema, gleichgültig welches, angeschnitten wurde, geriet ich in ein System von Antriebsrollen und Treibriemen, als wäre mein Gehirn eine Fabrik, und die bloße Erwähnung von Mr. Lanes Namen brachte mich innerhalb von Sekunden auf das greuliche Gespenst der nach wie vor andauernden Versklavung der Neger.

Vater fuhr fort: »Ich teilte ihm mit, daß ich die Absicht habe, den Kampf wiederaufzunehmen, der durch seine Bereitschaft, mit Sklavenhaltern zu verhandeln, so unglücklich abgebrochen wurde.«

»Und was hat er dazu gesagt?« Es regnete leicht; der Boden war schlammig und dunkel, selbst hier oben auf dem Hügelkamm, und die Pferde taten sich schwer. Zu unserer Kompanie gehörten nun auch Vaters neue Rekruten, von denen einer, Mr. Weiner, einen eigenen Wagen hatte, und Mr. Redpath, der Journalist, der Vater offenbar für ein moralisches und militärisches Genie hielt, eine Ansicht, der der Alte nicht widersprach. Er wußte sehr wohl, daß die Artikel des Mannes rasch das Ansehen von John Brown drüben im Osten steigern und die fortgesetzte finanzielle und logistische Unterstützung unseres Unternehmens sichern würden, ungeachtet dessen, was die übrigen Free-Soiler anstrebten. Vater war mittlerweile klargeworden, daß es hier ebenso wie in North Elba nicht genügte, nur gegen die Sklaverei zu sein. Zu viele Free-Soiler wollten in Wirklichkeit nichts als Frieden und Ruhe. Solange wir also mit Weißen verbündet waren, hatten wir immer Feinde in den eigenen Reihen. Hier, wo es keine freien Schwarzen gab, waren wir gezwungen, ganz auf uns gestellt das Werk des Herrn zu vollbringen.

»Mister Lane bat mich dringend, derzeit nichts zu unternehmen, aber mein Pulver trocken zu halten.«

»Die alten Sprüche.«

»Ja. Aber er verriet mir auch, daß er sich ein zweites Mal mit Gouverneur Shannon traf, nachdem die Ruffians sich nach Leavenworth zurückgezogen hatten. Sie machten den Gouverneur derart betrunken, daß er ein Dokument unterzeichnete, das die Free-Soiler ermächtigt, Gewalt anzuwenden, falls die Leute aus Missouri erneut in unser Gebiet vordringen sollten.«

»Was bedeutet das für uns?«

Vater lachte. »Na ja, das ist eine gesetzliche Genehmigung, mein Sohn! Eine Lizenz zum Abschießen der Kerle aus Missouri. Oder jedes anderen, der sich uns in den Weg stellt. Ich weiß, wir würden das ohnehin tun, aber damit wird es legal.«

»Nun, das ist gut«, erklärte ich grimmig.

»Ich wußte, das würde dir gefallen«, erwiderte er und schlug mir auf die Schulter. Dann bestieg er wieder sein Pferd, ritt an die Spitze des Zuges und führte uns nach Hause.

Mit dem Tod von Lyman Epps hatte ich eine Linie überschritten, über die ich nie wieder zurückkonnte. Es ging nicht: Lymans Tod am Lake Colden hatte mich für immer zu einem anderen Menschen gemacht. Er hatte mein Herz im Innersten gefrieren lassen und immer mehr Eisschichten um es gelegt, so daß ich binnen kurzer Zeit ein nach außen hin harter Mann geworden war, ein grimmiger, schweigsamer Krieger in der Armee meines Vaters, und schon bald zum Töter werden sollte, den die Sklavenhalter wegen seiner kalten Rachsucht mehr fürchteten als alle anderen Free-Soiler in Kansas. Sie fürchteten mich sogar mehr als Vater, Captain John Brown selber, Old Brown, der bei den Sklavenhaltern und sogar bei den meisten Abolitionisten – zumindest bis Pottawatomie – hauptsächlich deswegen als gefährlich galt, weil er einen unerklärlichen, wenn auch nicht sehr lange anhaltenden Einfluß auf die jungen idealistischen Männer ausübte, die aus dem Osten kamen, und weil er sich weigerte, in Übereinstimmung mit den regulären Milizen der Free-Soiler zu handeln, nicht einmal mit der, die von seinem Sohn John angeführt wurde, und auch nicht mit den rechtmäßig eingesetzten Behörden in Lawrence. Oh, Vater stampfte mit den Füssen auf und erlitt beinahe einen Schlaganfall aus Wut auf die Regulären, desgleichen auf den Präsidenten der Vereinigten Staaten, die Demokraten und sogar die Republikaner, auf die Abolitionisten drüben im Osten, die ab und zu zögerten, ihm Geld und Waffen zu schicken, auf die ängstliche Zurückhaltung der Behörden der Free-Soiler in Lawrence und Topeka und immer und stets auf die Verfechter der Sklavenwirtschaft: die Leute aus Missouri, die Border Ruffians, die betrunkenen Negerhasser, die als illegale Landbesetzer drunten entlang des Pottawatomie River hausten und in ihren Zeitungen und bei ihren Zusammenkünften drohten, die Yankees und insbesondere uns Browns vom Antlitz der Erde zu tilgen. Doch in den Köpfen der meisten Menschen, selbst unserer Feinde, war der Alte tatsächlich ein alter Mann, »der ältere Herr aus dem Staate New York«, ein Mann Mitte Fünfzig. Sein Zorn, sein Stottern und Spucken erschienen angesichts seiner radikalen abolitionistischen Ideologie und seines altmodischen puritanischen Glaubens verständlich, ja sogar einleuchtend.

Nein, der Mann, der den Menschen auf beiden Seiten am meisten Sorgen bereitete, war ich, der rotschopfige Sohn, der mit dem verkrüppelten Arm. Meine Brüder berichteten mir dies mit einer Mischung aus Stolz und leichter Besorgnis. Sie erzählten, ich gälte sowohl in Lawrence als auch bei den Befürwortern der Sklaverei als der gefährlichste aller Browns. Ihrer Ansicht nach lag dies daran, daß ich mit niemandem außer mit Vater und meinen Brüdern sprach und keine menschlichen Regungen zeigte, abgesehen von dem einzigen Wunsch, die Menschenverkäufer auszumerzen. Und sie fürchteten mich zu Recht. Ich war ein Mörder ohne Grundsätze oder Ideologie und ohne Religion mit Ausnahme der einen: Tod der Sklaverei.

Mein Bruder John, wegen seiner Redlichkeit und seiner Beherztheit weithin bewundert, war in die gesetzgebende Versammlung des Free-State gewählt und zum Leutnant ernannt worden; man hatte ihm das Kommando einer Milizeinheit, der Osawatomie Rifles, übertragen, einer Verteidigungstruppe, die alle wehrtauglichen Männer der Antisklavereibewegung unseres heimatlichen Territoriums in und um die Stadt Osawatomie und um Browns Stützpunkt umfassen sollte. Vater hingegen bestand darauf, den Rifles fernzubleiben – ohnehin konnte sich niemand vorstellen, daß er Befehle von John entgegennähme. Außerdem hatte er sich sein Leben lang nie der Truppe eines anderen angeschlossen. Mit Ausnahme von Jason – er war John zu den Rifles gefolgt und hatte so den Weg gewählt, auf dem Gewaltanwendung am unwahrscheinlichsten schien – blieben wir anderen bei Vater und betrachteten uns als einzig seine Männer und an keine andere Befehlsgewalt gebunden.

Vater eingerechnet waren wir nun eine Gruppe von sechs Mann: die Brüder Fred, Salmon und Oliver, unser Schwager Henry Thompson und ich. Watson war noch immer in North Elba, wo er sich um die Farm und die Familie kümmerte – früher war das meine Aufgabe gewesen. Hie und da schlossen sich uns zu unterschiedlichen Zeiten einige der radikaleren, streitlustigen alteingesessenen Siedler an, etwa Theodore Weiner und James Townley, oder Leute, die erst vor kurzem nach Kansas gekommen waren, zuvor drüben im Osten von Captain Brown gehört hatten und nun an seiner und der Seite seiner Söhne die Sklaverei bekämpfen wollten; meist junge Heißsporne, die es nach Lawrence verschlug und die den Osawatomie entlangzogen, wo sie auf unser Lager stießen, eine Weile mit uns ritten und sich dann einer der regulären Milizen anschlossen; oder aber das entbehrungsreiche Leben schreckte sie ab, und sie suchten sich ein Stück Grund und Boden, auf dem sie eine Hütte bauten und anfingen, das Land zu bestellen. Nur wenige blieben bei uns oder kamen und gingen und kehrten erneut zurück – jene, die sich in Vaters Gebot fügen konnten, keinen Whiskey zu trinken, nicht zu fluchen und nicht dem Tabakgenuß zu frönen; die bereit waren, mit ihm den Sabbat zu ehren, indem sie sich den ganzen Tag seine Predigten und Gebete anhörten und, was am wichtigsten war, Männer, die sich vollkommen seinem Willen unterordneten, denn er duldete keinen Widerspruch und keine Diskussionen, und er fragte niemanden um Rat. Niemanden außer mich – mittlerweile hörte er auf mich, und ich wußte, wann ich ihm etwas einflüstern mußte, um ihn zum Handeln zu drängen, wußte, wann und wie ich einen Rückzug vorschlagen sollte, wußte genau, wie ich ihn wieder aufmuntern konnte, wenn seine Lebensgeister erlahmten, und wie er zu beruhigen war, wenn sein Temperament ihn unduldsam werden ließ und seine Verärgerung über die Feigheit und Zaghaftigkeit der anderen, die Friedensverträge schließen wollten, ihn zu einem spuckenden Derwisch machten.

In jenem Frühjahr kam es zu immer dreisteren Provokationen seitens der Befürworter der Sklaverei, und die Horden der Border Ruffians am Pottawatomie drohten immer unverhohlener. Besonders in Browns Stützpunkt wurden wir zunehmend aufgeregter und waren ständig in Alarmbereitschaft, im Grunde sogar einsatzbereit. Sämtliche Milizen der Free-Soiler waren strikt darauf eingeschworen, sich nur an Verteidigungsmaßnahmen zu beteiligen, doch mit jedem Tag war weniger klar, was damit eigentlich gemeint war. Insbesondere angesichts der Todesdrohungen, die die Siedler am Pottawatomie ausstießen – die Dutch-Sherman-Bande, wie wir sie nannten. Sie hatten die enge, ausgewaschene Schlucht schon einige Jahre zuvor besiedelt, lange vor der Verabschiedung des Kansas-Nebraska Act, und waren daher eher an Landnahme als an Politik interessiert. Wir wußten, daß das Thema Sklaverei ihnen lediglich als Rechtfertigung dafür diente, zu brandschatzen und uns zu verjagen, um sich unser Land droben auf der fruchtbareren Schwemmebene des Marais des Cygnes River anzueignen, an der sie, als sie damals aus Arkansas und Tennessee herüberkamen, in ihrer Unwissenheit achtlos vorbeigezogen waren.

Eines Tages gegen Ende April kam dann Sheriff Jones, ein Befürworter der Sklaverei, mit einem kleinen Aufgebot von Soldaten der Vereinigten Staaten aus Atchinson nach Lawrence herübergeritten und nahm sechs Free-Soiler wegen Mißachtung des Gerichtes fest, weil sie sich geweigert hatten, den Anführer der Gruppe zu nennen, die im vergangenen Monat John befreit hatte, jene mutige Unternehmung, die zur ersten Belagerung von Lawrence und dem Friedensabkommen geführt hatte. In derselben Nacht schoß ein Unbekannter außerhalb von Lawrence Sheriff Jones nieder, als dieser mit seinen Soldaten der Bundestruppen die sechs Gefangenen nach Atchinson bringen wollte. Die Gefangenen flohen jedoch nicht, und Jones starb nicht an seiner Verletzung. Zu meinem und auch meines Vaters Erstaunen schämte sich ganz Lawrence der Schießerei, entschuldigte sich und verurteilte den unbekannten Schützen ohne Umschweife.

Der Schütze war natürlich ich gewesen. In Begleitung des Alten und meiner Brüder. Wir hatten vom Auftrag des Sheriffs erfahren und waren in Richtung Lawrence geritten, um zusammen mit den anderen etwas dagegen zu unternehmen; bei Einbruch der Nacht waren wir dann eine Meile nördlich von Hickory Point auf das Aufgebot und die Gefangenen gestoßen, die auf dem Rückweg nach Atchinson waren, wo die sechs vor Gericht gestellt werden sollten. Der Trupp bestand lediglich aus vier Soldaten und dem Sheriff. Der Alte war dafür, sich sofort auf sie zu stürzen, die Gefangenen mitzunehmen und sie sicher nach Lawrence zurückzubringen. Dort, so glaubte er, würden wir mit Sicherheit als Helden gefeiert; möglicherweise dachte er dabei an unser vorangegangenes wunderbares Eingreifen.

Ich widersprach: »Nein, es ist schon fast dunkel. Sie werden uns kommen hören und fliehen. Oder aber sie benutzen die Gefangenen als Geiseln und verwickeln uns in ein Handgemenge. Dabei könnten die Gefangenen getötet werden und die Sklavenhalter entkommen.«

»Aber Jones und seine Männer sind im Grunde Feiglinge«, wandte der Alte ein. »Sie sind nur für dieses Unternehmen eingezogen worden. Und der Herr wird Seine Kinder schützen.« In der zunehmenden Dunkelheit befanden wir uns, für die anderen unsichtbar, auf einer Anhöhe, verborgen in einem kleinen Gehölz von Schwarznußbäumen; Sheriff Jones' Trupp bewegte sich langsam durch ein schmales Tal unter uns, das nach Süden zu der Kreuzung des Santa Fe Trail mit dem alten California Trail und dann nach Nordosten Richtung Atchinson verlief. Der Sheriff ritt vorneweg, seine Gefangenen saßen auf einem zweirädrigen Karren, den einer der Soldaten lenkte. Die anderen ritten hinterher.

»Sieh doch, es ist fast zu dunkel, um überhaupt etwas unternehmen zu können«, stellte ich fest. »Aber ich kann den Sheriff mit einem einzigen Schuß aus dem Sattel holen. Die Soldatenbuben werden in Panik geraten, und in dem Durcheinander können die Kinder des Herrn entkommen. Später lesen wir sie dann auf und bringen sie nach Lawrence zurück.« Ich stieg vom Wagen, bezog hinter einem Baum Stellung und brachte mein Gewehr in Anschlag.

Blitzschnell war Vater neben mir. »Halt, Sohn. Vielleicht sollten wir uns das noch ein wenig überlegen.«

»Wenn wir es uns erst lange überlegen, ist die Gelegenheit vertan.«

Ich sprach es nicht aus, aber wir wußten es beide: Wenn ich den Sheriff jetzt nicht erledigte, würde Vater wieder schäumend vor Wut auf- und abspringen. Erneut würde er losbrüllen, weil nichts unternommen worden war, um diese empörende Ungesetzlichkeit zu verhindern, und er würde den Leuten in Lawrence vorwerfen, sie hätten die Nerven verloren, anstatt sich selber eben dafür zu tadeln. Ich war sein Jammern genauso leid wie die Untätigkeit der anderen.

Er nickte zustimmend, und ich wandte mich wieder meiner Aufgabe zu, zielte und feuerte. Und traf. Sheriff Jones stürzte vom Pferd.

Ganz einfach. Doch mit dem Schuß änderte sich vieles.

Seit diesem einen Schuß aus meinem Sharps-Gewehr waren wir nicht mehr bloße Verteidiger der Freiheit, sondern wurden zu regelrechten Guerillakämpfern. Ich hatte dies von vornherein gewußt und beabsichtigt, und in dem Augenblick, als es geschah, auch in seiner Bedeutung erkannt.

Nachdem wir auf diese Weise endlich zum Angriff übergegangen waren, konnten wir uns selbst oder irgendeinem anderen gegenüber nicht länger behaupten, wir wären nach Kansas gekommen, um Landwirtschaft zu betreiben, oder auch nur, um Kansas zu einem freien Staat zu machen. Nein, jetzt war es allen, aber besonders und vor allem den Südstaatlern unmißverständlich klar, daß wir Browns einzig und allein aus dem Grund hier in Kansas waren, weil wir gegen die Sklaverei in den Krieg ziehen wollten. Die Missouri-Banden und Verfechter der Sklaverei überall im Süden, die nach dem Blut der Abolitionisten geschrien hatten, die in den Schlagzeilen ihrer Zeitungen gebrüllt hatten: *Krieg bis aufs Messer, aufs Messer bis ans Heft!*, hatten jetzt recht bekommen. Ihr Leben wie auch ihre verrotteten Institutionen standen auf dem Spiel. Wir waren jetzt ihr Feind, wie sie das für uns schon die ganze Zeit über gewesen waren.

Der Sheriff war zu Boden gestürzt. Doch dann war er in den Wagen gekrochen, und zu unserer Überraschung halfen ihm die gefangenen Free-Soiler hinein und versorgten ihn offenbar, während die Soldaten von den Pferden sprangen, sich dicht um den Wagen drängten und darauf warteten, unter Beschuß genommen zu werden. »Hast du ihn getötet?« fragte Vater in angespanntem Flüsterton. »Hast du den Mann getötet?« Er wisperte mir ins Ohr und hatte die Hände auf meine Schultern gelegt. Die anderen, Fred und Salmon, waren nachgekommen und kauerten hinter uns.

»Nein.«

»Aber du hast ihn verwundet«, sagte Salmon. »Er blutet, sie reißen ihm das Hemd herunter.«

»Warum helfen sie ihm denn, anstatt zu fliehen?« fragte Vater. »Sie brauchen doch nur wegzulaufen, oder?«

Keiner antwortete.

»Ich glaube, wir sollten da runtergehen, und ich sollte mit ihnen reden«, kündigte Vater an.

»Nein«, erwiderte ich. »Es ist besser, wenn sie nicht wissen, wer auf sie geschossen hat oder von wo aus. Laß sie glauben, wir wären überall. Ein einziger gutgezielter Schuß kann mehr Schrecken verbreiten als eine ganze Salve.«

Der Alte erwog das einen Augenblick, dann lächelte er. »Ja. Gut. Das ist gut, Owen. Sehr gut. Kommt, Jungen«, sagte er und übernahm damit plötzlich wieder die Führung, auch wenn ich einen mir neuen Unterton von Besorgnis in seiner Stimme gespürt hatte. Mit Sicherheit waren Vater die Folgen, die diese Tat nach sich ziehen würde, ebenso klar wie mir. »Wir reiten nach Lawrence. Und wir werden keinem etwas davon sagen. Kein Wort. Alles, was beide Seiten wissen müssen, ist, daß es da ein paar Abolitionisten gibt, die nicht davor zurückschrecken zu schießen, und daß diese Männer überall sind – überall und nirgends. Sie brauchen die Namen der Schützen nicht zu kennen. Jedenfalls nicht jetzt. Schaut nur hinunter, Jungen, schaut hin«, befahl er und deutete in die schmale Schlucht hinunter, wo die gefangenen Free-Soiler und die Soldaten zu sehen waren, die herumkrochen, um den angeschossenen Sheriff der Sklavenhalter zu schützen und ihm zu helfen. »Seht doch, wie wenig wir selbst unseren eigenen Leuten trauen können. Verräter«, erklärte er. »Da unten, Kinder, da sind die Israeliten, die Rehabeam, den Sohn des Salomo, betrogen und das Goldene Kalb des Jerobeam anbeteten. Schaut sie euch an, Jungen. Von heute an werden wir ganz für uns bleiben«, erklärte er. »Ganz und gar.«

Und so hielten wir es denn auch. Natürlich hatte es unmittelbare und schwerwiegende Folgen, daß ich den Sheriff angeschossen hatte, doch diese waren uns nicht unbedingt unerwünscht. Wiewohl man uns auf beiden Seiten weithin verdächtigte, die Hitzköpfe gewesen zu sein, die Sheriff Jones verwundet hatten, gab Vater unsere Schuld weder zu, noch stritt er sie ab; er erklärte lediglich, er selbst habe nicht auf den Mann geschossen, doch sei es eine Schande, daß er nicht getötet worden sei. Die Meldungen in den Zeitungen der Anhänger der Sklaverei überschlugen sich, und durch die ganze Gegend schwirrten Gerüchte, ein Krieg stehe unmittelbar bevor; dies erregte und ängstigte die Leute auf beiden Seiten. Entlang der Grenze versammelten sich Horden von Eindringlingen aus Missouri und andere Südstaatler, scheinbar zum sofortigen Angriff bereit. Pöbelhaufen in Atchinson und Leavenworth nahmen zwei bekannte Free-Soiler gefangen, die dort geschäftlich unterwegs waren, teerten sie und klebten ihnen Baumwollflocken auf den ganzen Körper, banden die Männer auf ihren Pferden fest und jagten sie den Santa Fe Trail hinunter, wo man sie am nächsten Tag ein paar Meilen nördlich von Lawrence fand.

Etwa um diese Zeit – John und Jason waren damals oft in Lawrence mit den Osawatomie Rifles und der gesetzgebenden Versammlung des Free-State beschäftigt – entschied Vater, daß wir die Frauen und Tonny besser ins Haus von Onkel Sam Adair im Dorf Osawatomie bringen sollten. Außerdem beschloß er, Browns Stützpunkt aufzulösen und vorübergehend ein Lager im weglosen Unterholz entlang des Mosquito Creek aufzuschlagen, das wir alle paar Tage an einen anderen Ort verlegen konnten. Wir waren jetzt frei wie der Wind auf den Ebenen, waren imstande, fast beliebig aufzutauchen und wieder zu verschwinden. Alles, was wir besaßen, paßte auf einen Wagen, und der größte Teil waren Waffen. Dank der Tiere, die wir den Sklavenhaltern abgenommen hatten, waren wir mittlerweile alle beritten, obwohl wir nicht für jeden einen Sattel hatten; Fred und Oliver saßen daher, wenn Oliver nicht den Wagen fuhr, auf bloßem Pferderücken. Wir zogen über das baumlose Hügelland, glitten durch die düsteren Flußgründe, wo Schwarze Walnußbäume, Eichen und Pappeln sich zu üppigen Wäldchen gruppierten; wir ähnelten eher einer Gruppe umherstreifender Indianer als einem Trupp weißer Guerillas. Unser Häuptling – es war natürlich Vater, immer nur Vater – bestimmte die Politik, doch ich entschied von heute auf morgen, wie diese Politik am besten umzusetzen sei.

Am 2. Mai dann, als wir gerade in den Wäldern südlich des alten französischen Handelspostens am Marais des Cygnes kampierten, führte ein reicher Pflanzer aus Missouri namens Jefferson Buford, der annähernd vierhundert Mann aus dem ganzen Süden zusammengezogen hatte, seinen Mob direkt über die Grenze in das Territorium. Keine zehn Meilen von uns entfernt ließen Männer Banner flattern, die marktschreierisch die *Überlegenheit der weißen Rasse* und *Alabama für Kansas!* verkündeten. Tags darauf hörten wir von einem Siedler des Free-State, draußen im Gebiet der Peoria, fünfzehn Meilen von unserem früheren Camp Browns Stützpunkt entfernt, habe ein Trupp von etwa dreißig Mann aus Georgia, die zu Bufords Einheit gehörten, seine Zelte aufgeschlagen und feiere dort Gelage, um sich mit Whiskey und wüsten Beschimpfungen Mut zu machen. Wir kannten das Gelände sehr genau; Vater und ich fuhren also an einem kalten, trüben Tag im Wagen hinüber, um alles auszukundschaften, was wir über Colonel Bufords Truppe in Erfahrung bringen konnten. Wir gaben vor, Landvermesser im Auftrag der Regierung zu sein, die eine mitten durch ihr Lager verlaufende Grenzmarkierung ziehen sollten. Wir nannten uns Reuben Shiloh mit seinem Sohn Owen aus Indiana und gaben vor, uns nicht weiter für die Auseinandersetzung um Kansas zu interessieren; eine Zeitlang verweilten wir beim Küchenwagen der Leute aus Georgia, um den sich die meisten der Männer versammelt hatten, um Maiswhiskey zu trinken und müßig ums Feuer herumzulungern, was anscheinend ihre Lieblingsbeschäftigungen waren. Unauffällig zählten wir ihre Pferde und Waffen, meist Seitenwaffen wie Säbel und alte, einschüssige Jagdflinten; wir plauderten ein wenig und hörten vor allem zu, als sie die Abolitionisten laut verfluchten und schworen, sie bis auf den letzten Mann zu töten. Sie liebten ihren Anführer, Jefferson Buford, und nannten ihn Colonel Buford, obwohl sie auf Vaters Frage nicht angeben konnten, in welcher Armee oder Miliz man ihm diesen Rang verliehen hatte.

Es war ein ungeordneter, armseliger Haufen flegelhafter, unwissender, landloser Südstaatler, Männer, die prahlten, sie seien nach Kansas gekommen, um sich zuvörderst selbst zu bedienen und sich das abgesteckte Land der Abolitionisten anzueignen; erst in zweiter Linie wollten sie dem Süden dienen und so viele der Yankee-Niggerfreunde töten, wie sie nur aufspüren konnten. »Besonders diese verdammten Browns«, von denen ihnen die Shermans und Doyles drunten am Pottawatomie erzählt hatten. »Die Browns müssen zuerst dran glauben!« erklärten sie. Wir tippten an die Hutkrempe und fuhren davon.

Auf unserer Fahrt zurück zu unserem Lager schwiegen Vater und ich lange Zeit und hingen unseren Gedanken nach. Als wir vier oder fünf Meilen vom Lager der Südstaatler entfernt waren, wandte Vater sich schließlich zu mir und sagte: »Weißt du, Owen, das eigentliche Problem ist nicht das, was es scheint. Es liegt nicht an unseren Meinungsverschiedenheiten mit diesen Burschen. Das eigentliche Problem ist, diese Leute verstehen uns schlicht nicht.«

»Warum ist das ein Problem?«

»Es kam mir gerade in den Sinn, daher muß ich gleichsam laut darüber nachdenken. Also, die Befürworter der Sklaverei, all diese Border Ruffians, die aus dem Süden heraufkommen – Tatsache ist doch, daß sie glauben, wir wären genau wie sie, nur eben Nordstaatler, das ist alles. Sie glauben, wir seien wie sie auf Geheiß und im Sold einer Bande reicher Männer und Politiker hierhergekommen. In ihrer Vorstellung folgen wir hier draußen irgend so einer Yankee-Ausgabe ihres Colonel Buford und wollen wie sie nichts weiter als ein Stück freien Landes. Seltsam. Aber genau da liegt das Problem.«

»Und die Lösung?«

»Ich bin mir nicht sicher. Ich glaube, wir müssen ihnen irgendwie zeigen, daß sie uns falsch einschätzen. Wir sollten herausfinden, wie wir diesen Südstaatlern klarmachen können, welchen Prinzipien wir in Wirklichkeit folgen und wie weitreichend diese sind. Wir müssen ihnen den Unterschied zwischen ihnen und uns klarmachen. Vor allem müssen sie sehen, daß wir bereit sind, dafür zu sterben. Denn sie sind es nicht. Genauer gesagt, weil sie nicht bereit sind, für ihre Sache zu *sterben*, müssen sie begreifen, daß wir gewillt sind, für die unsere zu *töten*. Das ist es! Das macht unsere geheime Stärke aus, Owen. All diese armseligen, betrunkenen Narren und Diebe glauben wirklich, wir wären Feiglinge, nicht anders als sie, und Kansas wäre leicht zu haben, weil sie uns derzeit zahlenmäßig überlegen sind. Und wenn sie Mord und Totschlag schreien und drohen, unsere Häuser niederzubrennen, dann nur, weil sie glauben, wir würden, sobald der Kampf beginnt, unsere Habseligkeiten zusammenraffen und nach Norden fliehen und ihnen unser Land überlassen.«

»Wir werden sie eines Besseren belehren«, erklärte ich.

»Die Zeit ist gekommen, glaube ich. Es ist Zeit, Owen, Zeit, unsere Schwerter zu gürten und geradewegs zwischen sie hineinzufahren. Es ist Zeit, ein blutiges Gemetzel anzurichten. Wir müssen mit einem einzigen schrecklichen Schlag so viele von ihnen töten, daß der Rest allmählich nüchtern wird und sich alles noch einmal genau überlegt.«

»Ich für mein Teil finde das gut. Ich würde sie bis auf den letzten Mann töten. Gib ihnen gerade so viel Kansas-Boden, daß sie als Leiche darin liegen können.«

»O ja, das würdest du, aber möglicherweise ist es gar nicht nötig. Ich kenne genügend Männer dieser Sorte. Überall habe ich sie gesehen, sogar im Norden. Es ist ein Menschenschlag für sich. Diese Burschen sind nur die heruntergekommenen, armseligen Bauern im Spiel anderer Leute, die viel schlimmer sind als ihre Schachfiguren. Oh, sicher, diese armen, irregeleiteten Kerle hassen die Neger, das stimmt, und sie lieben die Sklaverei. Aber nicht, weil sie selber Negersklaven besitzen oder auf sie angewiesen wären, um ihre mickrigen Höfe zu bewirtschaften. Unter diesen Leuten findest du keine Sklavenhändler, oder? Und auch keine Baumwollpflanzer. Nein, es sind *arme* Leute, Owen. Und wie die meisten Menschen, ob im Norden oder im Süden, aber besonders im Süden, sind sie landlos und sklavenlos und unwissend und ungebildet. Sie sind praktisch Leibeigene, nur daß kein Gutsherr sie beschützt. Und weil man ihnen jahrhundertelang beigebracht hat, den Reichen, der Sklaven besitzt, zu lieben und zu beneiden, hassen sie die Neger, und nun sind sie nach Kansas herübergekommen, um es für die Sklaverei zu erobern. Das ist alles. Arme, irregeleitete Narren. Weil ihre Haut so weiß ist wie die der Reichen, glauben sie, sie könnten eines Tages selbst reich werden. Doch ohne die Neger, Owen, müßte diesen Männern klarwerden, daß sie in Wahrheit ebensowenig Chancen haben, reich zu werden, wie die Sklaven, die sie verachten und auf denen sie herumtrampeln. Sie würden merken, wie nahe sie daran sind, selber Sklaven zu sein. Um ihren Traum, eines Tages irgendwie reich zu werden, aufrechterhalten und nähren zu können, brauchen sie also eigentlich keine

Sklaven zu *besitzen*, aber sie müssen die Neger auf ewig daran hindern, frei zu sein.«

»Sehr schön«, entgegnete ich. »Doch wie sollte man ihnen das deiner Meinung nach klarmachen?« fragte ich eher aus Höflichkeit denn aus Interesse. Vaters endlose, verschlungene Theorien über die Sklaverei und die Neger bestärkten meine Brüder häufig in ihrer Entschlossenheit, und auch dem Alten verliehen sie gelegentlich erneut energische Tatkraft, doch mich konnten sie schon seit langem nicht mehr anspornen. Ich hatte meine eigenen Gründe, die nicht bekräftigt zu werden brauchten. Eisen härtet Eisen. Für mich waren die wehleidsvollen, lauen Tage der Verzagtheit schon lange vorbei.

»Nun, es gibt nur eine Möglichkeit. Wir müssen ihnen blankes Entsetzen einjagen, Owen. Schieres Grauen. Wir müssen *schrecklich* werden!« knurrte er. Wir müßten also den Border Ruffians zu verstehen geben, daß sie bereit sein müßten, eines elendiglichen Todes zu sterben. Wenn wir ihnen zeigen könnten, daß sie nur so zu ihrem kleinen Stückchen Kansas kommen könnten, würden sie im gestreckten Galopp nach Alabama und Georgia zurückreiten, wo sie in den Tavernen und Kaschemmen lügen und prahlen könnten, soviel sie wollten. Wir seien einzig daran interessiert, Kansas als freies Land zu erhalten, um uns anschließend erneut Vaters Plan zuwenden zu können, den reichen Sklavenhaltern das Rückgrat zu brechen, indem wir ihnen die Arbeitskraft der Neger über den Subterranean Passway entzogen, seinem Plan, die Underground Railroad in einen nordwärts fließenden Strom von Flüchtlingen zu verwandeln. Um weiterhin ihren Zucker und ihre Baumwolle, ihren Mais und Tabak anbauen zu können, wären die Pflanzer gezwungen, auf ihre weißen Mitbürger zurückzugreifen und würden nun *diese* versklaven. Und dann würden die armen Leute unter den Weißen endlich ihren wahren Feind erkennen. Sie würden sehen, daß ihre wahren Verbündeten seit jeher die Abolitionisten gewesen seien und die freien Schwarzen im Norden und die Neger im Süden, die noch immer in Ketten lebten. Wären erst seine Hauptstützen eingestürzt, würde der Satanstempel der Sklaverei in sich zusammenfallen, und dann würden die Neger nicht länger verachtet. Die armen, landlosen Schwarzen und die armen Weißen würden einander in die Arme fallen.

»Hört sich gut an, Vater«, gab ich zurück. »Wirklich gut.« Ich ließ die Zügel schnalzen und den Wagen ein wenig schneller rollen, da es im Westen nach Regen aussah. Der weite, milchweiße Kansas-Himmel war am Horizont ganz gelb geworden und hatte sich über uns mit einem Mal verdunkelt. Das hohe Gras wogte und schwankte im Wind; wie leichtes Wellengekräusel des Meeres sah es aus, und die Farbe wechselte im Licht des schwülen Spätnachmittages von fahlem Blau über Grün zu Stahlgrau. Der Weg folgte einer alten Büffelfährte, einer grasüberwachsenen Vertiefung inmitten der schier endlosen Grasebene, und wir folgten ihr wie dem Kielwasser eines westwärts segelnden Schiffes; beinahe rechnete ich damit, plötzlich Schaumwirbel und Wasserstrudel zu sehen. Über den Himmel im Süden zuckten Blitze, und ein paar Sekunden später rollte grollender Donner wie fernes Kanonenfeuer über das Land.

»Was sagst du dazu, mein Sohn?« schrie Vater durch den Wind. Er hielt sich mit beiden Händen am Sitz fest, während der Wagen über die holprige Grasebene rumpelte, auf die lange, violette Reihe von Pappeln im Bachgrund zu, wo sich unser Lager befand.

»Wozu?«

»Zu meinen Gedanken.«

»Mir gefallen sie«, brüllte ich zurück.

»Was gefällt dir daran?«

»*Schrecklich* zu werden! Ich finde es großartig, schrecklich zu werden!«

Er löste eine Hand vom Kutschbock und legte mir den sehnigen Arm um die Schultern. »So bist du also ein wahrer Soldat des Herrn geworden, Owen!« Er zog mich an sich und lachte. Dann öffnete plötzlich der Himmel seine Schleusen, und ein kalter Regen prasselte auf uns nieder, der uns für den Rest des Weges zu unserem Lager verstummen ließ.

Dort angekommen, kletterten wir vom Wagen und traten in das flatternde Zelt, wo uns Salmon, Fred, Oliver und Henry aufgeregt begrüßten und uns Neuigkeiten mitteilten, die uns sogleich veranlaßten, unsere Waffen auf den Wagen zu laden; Oliver schwang sich auf den Kutschbock und lenkte das Gespann, Vater und alle anderen stiegen auf ihre Pferde, und so machten wir uns alle sechs durch den strömenden Regen auf den Weg nach Lawrence.

Die Jungen hatten während unserer Abwesenheit erfahren, daß Colonel Buford aus Missouri mit seinen vierhundert Südstaatlern und noch ein paar hundert Leute in kleineren Banden aus verschiedenen Richtungen nach Lawrence unterwegs waren; diesmal waren sie fest entschlossen, den Ort bis auf die Grundmauern niederzubrennen. Um ihren Angriff zu rechtfertigen, hatten die Vorkämpfer der Sklaverei nun einen gesetzlichen Vorwand, denn ein paar Tage zuvor hatte ein Großes Geschworenengericht in Atchinson alle Anführer der Free-Soiler wegen Hochverrates und die Redakteure des *Herald of Freedom*, der Zeitung des Free-State, wegen Aufwiegelei verurteilt. Diesmal wollten die Border Ruffians die Abolitionisten ein für allemal ausrotten. Sie wollten unsere Festung einnehmen und niederbrennen und Salz streuen, um den Boden, auf dem sie gestanden hatte, unfruchtbar zu machen; so wollten sie jede Erinnerung an den Widerstand des Free-State für immer aus Kansas tilgen.

Daß dies geschehen könnte, versetzte Vater in fiebrige Erregung. Wie üblich war es mehr der Gedanke an eine Schlacht als die Wirklichkeit, was das Blut des Alten zum Kochen brachte und seinen Mund übersprudeln ließ. Mehr, als er ahnte, und auf überraschende Weise ähnelte Vater den Südstaatlern, gegen die er Krieg führen wollte. Bis zu einem bestimmten Punkt machte ihn dies zu einem fähigen Anführer von durchschnittlicheren Männern, als er einer war – und dies waren natürlich die meisten –, aber genau an dem Punkt begann der eigentliche Kampf erst.

Er fürchtete sich nicht wirklich; Vater war ein mutiger Mann. Es war nur so, als könnte er es einfach nicht ertragen, die Kontrolle über eine Situation zu verlieren, und wann immer der Augenblick kam, in dem er die Dinge nicht mehr gestalten und bestimmen konnte, wich er zurück. Deshalb brauchte er, glaube ich, mich. Ich machte kein großes Aufhebens davon, doch ich glaube auch nicht, daß ich ihn unbemerkt in eine Abhängigkeit von mir hineinmanövrierte oder ihn in irgendeiner Weise dazu brachte, das Gegenteil dessen zu tun, was er wollte. Allerdings gab er auch nie offen zu, daß er, wenn er zu der Überzeugung gelangt war, ein Kampf sei unvermeidlich, mich brauchte, um ihn hineinzustoßen. Eher war es so etwas wie eine unausgesprochene Übereinkunft, ein stillschweigendes Einverständnis zwischen uns: Er führte uns an den Abgrund, ich brachte uns hinüber.

Draußen auf der California Road, dort, wo sie auf die Osawatomie Road traf, die zu unserem früheren, mittlerweile aufgegebenen Lager bei Browns Stützpunkt hinunterführte, stießen wir auf zwei Trupps Freiwilliger, ungefähr dreißig, die, wie sich herausstellte, zu Johns Osawatomie Rifles gehörten, ziellos umherirrten und scheinbar nirgendwohin wollten. Der Regen hatte nachgelassen, und die Männer schüttelten ihre Kleidung aus, trockneten ihre Waffen und kratzten den Dreck aus den Hufeisen ihrer Pferde. Sie hatten ein riesiges Feuer entzündet, als hätten sie die Absicht, eine Weile oder gar über Nacht zu bleiben; es war auch schon fast dunkel geworden.

Offenbar waren sie mehr daran interessiert, sich als Truppe regulärer Soldaten zu organisieren, als loszureiten und Lawrence gegen die Eindringlinge zu verteidigen. John erklärte Vater, sie hätten vor kurzem widersprüchliche Nachrichten aus Lawrence erhalten und wollten weitere Befehle abwarten, ehe sie diesen Teil des Territoriums ohne Verteidigung gegen die zahlreichen Banden der Ruffians zurückließen, die sich schon seit Wochen in der Gegend herumtrieben und drohten, die Anhänger des Free-State zu erschießen, aufzuhängen und zu verbrennen. Ihre vordringliche Pflicht, so meinte er, sei es, den Osawatomie-Abschnitt des Gebietes zu schützen, nicht Lawrence.

Vater geriet in Wut. Er war zum Wagen gegangen, wo er sich, um zu den Leuten zu sprechen, auf den Sitz stellte, während Oliver neben ihm die Zügel hielt und wir anderen auf unseren Pferden saßen. Vorhin im Lager hatten wir den Wagen mit dem üblichen Bündel von Spießen und geschärften Breitschwertern beladen; zusätzlich hatten wir unsere Sharps-Gewehre und Revolver bei uns. Obwohl wir nur sechs Mann waren, genauer gesagt: fünf Männer und ein Junge, verfügten wir über die Bewaffnung für ein Dutzend. »Die Banden aus Missouri sind alle in Lawrence, um die Stadt niederzubrennen«, rief der Alte John und den anderen zu. »Nur ihr und eure Frauen und Kinder seid noch hier!«

»Das wissen wir nicht«, antwortete John abweisend.

»Nun, dann bleibt eben hier, bis ihr es wißt!« brauste der Alte auf, sprang vom Wagen, nahm mir die Zügel von Reliance ab und gab uns das Zeichen zum Aufbruch. Sofort lenkte Oliver den Wagen auf die schlammige Straße zurück, und wir galoppierten nordwärts über die dunkler werdende Ebene nach Lawrence.

Ich erinnere mich, daß wir in jener Nacht dort draußen auf der Straße noch zweimal auf Leute trafen, ehe wir nach Pottawatomie zogen und die schrecklichen Dinge dort taten. Der erste war ein Reiter, den die Führer des Free-State, Colonel Lane und Mr. Robinson, von Lawrence aus den Osawatomie hinuntergeschickt hatten, ein schiefgesichtiger Junge von sechzehn oder siebzehn Jahren. Sein Pferd war schweißbedeckt, und er hielt uns zunächst fälschlicherweise für die Vorhut der Osawatomie Rifles und glaubte, Vater sei John, Lieutenant Brown persönlich.

»Nein, ich bin *Captain* Brown«, sagte Vater zu dem Burschen. »Sein Vorgesetzter und sein Vater. Was bringst du für Nachrichten?«

Die Osawatomie Rifles, erwiderte der Junge, würden von Colonel Lane angewiesen, nach Hause zurückzukehren und nicht nach Lawrence zu kommen.

»Und warum?«

»Weil alles vorbei ist, Sir. Kein Grund mehr hinzukommen, Cap'n Brown. Und sie haben nichts zu essen, es reicht gerade für die Leute, die sowieso schon da sind. Die Truppen von Präsident

Pierce haben den ganzen Ort unter Kontrolle«, erklärte er. »Die sind reingeritten, haben eine Weile mit den Leuten aus Missouri verhandelt und sie dann in Frieden zurückgeschickt.« Die Führer des Free-State, so berichtete er, hätten beschlossen, sich nicht gegen Colonel Buford und seine vierhundert Border Ruffians zu wehren, als sie am Stadtrand aufgetaucht seien; daraufhin seien die Südstaatler in die Stadt geritten und hätten sie einkassiert. Sie hätten alle Druckerpressen zerstört und sich mit soviel Whiskey abgefüllt, wie sie hätten auftreiben können, einige Läden niedergebrannt und sogar mit einer Kanone eine Menge Löcher in das Free-State-Hotel geschossen. »Aber sie haben keinen getötet, Cap'n Brown. Sie haben bloß getan, wozu sie Lust hatten, und alle Leute sind auf den Straßen rumgestanden und haben ihnen zugeschaut, als wär's ein Zirkus, und dann sind die Föderierten aus Leavenworth runtergekommen und haben sie dazu gebracht, wieder nach Atchinson zurückzureiten.«

Der Junge lächelte, als hätte er frohe Kunde gebracht, aber seine Nachricht regte Vater ungeheuer auf, und als der Alte seinen Revolver zog und anfing, damit herumzufuchteln, glaubte ich, er würde den Jungen niederschießen. Statt dessen sprang er vom Pferd, packte den Burschen am Kragen und zerrte ihn von der Straße ein Stück weit ins hohe Gras hinüber, wo er ihm ins Gesicht brüllte, daß er ihm auf der Stelle eine Kugel in den Kopf jagen würde, wenn er nicht der sei, der er zu sein vorgab, und wenn er uns belogen hätte. »Denn es hört sich ganz wie eine Lüge an!« erklärte er. »Damit wir nicht in den Kampf eingreifen!«

Der Junge sank auf die Knie und begann zu weinen, was den Alten zu besänftigen oder zumindest davon zu überzeugen schien, daß der Junge nicht log, denn er steckte seine Waffe ins Halfter, half dem Jungen auf die Beine, klopfte den Schmutz von seiner Hose und brachte ihn zu uns zurück. Dann wies er ihn an, zum Lager Johns und der Rifles zu reiten und ihnen die unerfreuliche Nachricht zu übermitteln, die zumindest ihnen, dessen sei er sicher, willkommen wäre. Der Junge war froh, wieder frei zu sein, stieg auf sein Pferd und ritt sofort davon.

Wir hingegen wußten in diesem Augenblick nicht, was wir tun sollten. Weiter in das besetzte Lawrence reiten oder zu unserem Lager am Marais des Cygnes südöstlich von Osawatomie zurückkehren? Keine der beiden Straßen würde uns dorthin bringen, wohin wir wollten, nämlich mitten hinein in den Schlachtenlärm und Pulverdampf. Umkehren und unser Zelt bei John und seinen Rifles und unserem pazifistischen Bruder Jason aufschlagen? Das erschien uns irgendwie schändlich oder zumindest peinlich, auch wenn keiner es offen aussprach. Unser Blut war in Wallung; wir spürten es durch unsere Arme in die Hände hinunterströmen und im Hals und den Ohren pochen. Als ich zu Oliver auf seinem Kutschbock hinaufblickte, merkte ich, daß es ihm genauso erging: Er hatte die Hände zu Fäusten geballt, so daß die Knöchel weiß hervortraten, und sein jungenhafter Kiefer war wie ein Schraubstock zusammengepreßt. Auch Henry und meine Brüder Salmon und Fred schienen bereit, geradewegs in den Kampf zu ziehen.

Vater stand allein neben dem Wagen und atmete tief aus und ein, als wollte er wie ein lange ins Geschirr gespannter Ochse wieder zu Kräften kommen. Schließlich sagte ich zu ihm: »Ich bin dafür, nach Lawrence hineinzureiten und Colonel Lane und die anderen ausfindig zu machen, die für den Verrat verantwortlich sind. Dann sollten wir sie vor die Stadt führen und dafür hinrichten. Diesen ständigen Anbiederungen ein Ende setzen.« Ich meinte es ernst, und hätte Vater zugestimmt, hätte ich es auch getan. Doch er war dagegen.

»Nein, nein, das ist noch nicht vorbei«, erklärte er. »Denkt an die Geschichte von Joab, der Absalom tötete; König David fing an zu wehklagen, und dies machte die Israeliten uneins und schwächte sie gegenüber ihren Feinden. Nein, Jungen, das müssen wir den Herrn entscheiden lassen.«

»Was entscheiden lassen? Unsere Sache ist verloren, Vater! Verloren ohne auch nur ein Winseln dieser Feiglinge in Lawrence, und wie es aussieht, wird das ganze Gebiet jetzt von den Soldaten dieses Franklin Pierce kontrolliert. Wir werden von den Verrätern in Washington, die ihr Mäntelchen nach dem Wind hängen, und den

Verfechtern der Sklaverei in Atchinson sowie Bufords Mob von Südstaatlern regiert.«

»Wir könnten diese saubere Absprache noch stören. Jedenfalls muss etwas geschehen. Etwas Dramatisches, Schreckliches«, erklärte Vater, und als er das Wort »schrecklich« aussprach, wußte ich, was er vorhatte.

»Wem sollen wir es antun?« fragte ich. Die anderen – Salmon, Fred, Oliver und Henry – schwiegen verwundert; sie wußten noch nicht, wovon Vater und ich sprachen.

»Ich glaube, es sollten die Shermans und die Doyles und so weiter sein, die Leute drunten am Pottawatomie«, antwortete er.

»Gut. Aber wir sollten es besser schnell erledigen, solange die Hornissen ausgeflogen sind. Glaubst du, Dutch Sherman und die Doyle-Männer sind überhaupt zu Hause? Möglicherweise haben sie sich Bufords Armee angeschlossen.«

Vater meinte, das sei wohl nicht der Fall – sie seien für die Sklaverei und gegen die Neger, das wohl, und sie verkündeten es auch lautstark, aber sie seien Familienväter, hätten sich ein Stück Land abgesteckt, es verbriefen lassen und Hütten gebaut; sie würden sich dieser Horde wahrscheinlich nicht anschließen. »Heute nacht gehen wir dorthin«, kündigte er an. »Und wir werden uns nur mit den Männern abgeben und es kurz und blutig machen, solange die Niederlage und die Einnahme von Lawrence noch in der Luft liegen, damit auf beiden Seiten ein jeder in diesem Territorium weiß, warum es geschah.«

Nun meldete sich mein Schwager Henry Thompson zu Wort. »Mister Brown, erwarten Sie von uns etwa, daß wir die Shermans und die Doyles *töten*?«

»Ja, Henry, genau das«, erwiderte Vater. »Jungen, Owen hat das sofort erkannt. Nach dem Debakel in Lawrence ist unsere Sache hier in Kansas, wenn wir es *nicht* tun, endgültig verloren, und zwar völlig kampflos.«

»Aber müssen wir deshalb diese Männer töten? Sie besitzen keine Sklaven. Sie sind nichts weiter als Großmäuler.«

Fred fiel ihm ins Wort: »Sei still, Henry! Tu, was Vater sagt. Er hat in all den Jahren mit dem Herrn gesprochen, du nicht. Der Herr hat ihm eingegeben, was zu tun ist.«

»Jungen, sind diese Männer denn nicht unsere Todfeinde?« fragte Vater. »Haben sie nicht Hunderte von Malen geschworen, *uns* zu töten?«

Alle vier nickten zustimmend, wenn auch langsam und zögerlich.

»Aber wir haben nie geglaubt, sie würden es wirklich *tun*«, gab Henry zu bedenken. »Ich meine, uns einfach umbringen. Ihr wißt schon, wenn sie nicht herausgefordert würden oder so.«

»Das jetzt wird sie herausfordern«, erklärte ich. »Entweder du bist mit dabei, Henry, oder du bist unser Gegner.«

»Was ist mit John und Jason?« erkundigte sich Salmon.

»Sie werden nicht vor diese Wahl gestellt«, entgegnete ich. »Also sind sie weder dafür noch dagegen.«

Vater fügte noch hinzu, als Offiziere der Miliz des Free-State müßten John und Jason die Befehle ihrer Vorgesetzten befolgen, selbst wenn sie von diesen die Order erhielten, sich dem Feind zu ergeben, was sie in gewissem Sinne bereits getan hätten. Wir als Irreguläre wären nicht auf diese Weise gebunden. Überdies sei John Mitglied der Legislative des Free-State und habe geschworen, die Gesetze des Territoriums einzuhalten. Die einzigen Gesetze, die wir einzuhalten geschworen hätten, seien jedoch die Gesetze des Herrn.

»Und der Herr will, daß wir das machen?« fragte Fred.

»Er will es«, bekräftigte Vater.

»Gut«, erwiderte Fred, und die anderen nickten erneut zustimmend, diesmal voller Entschlossenheit.

Jemandem, der in jener Mainacht dort draußen in der Ebene nicht dabei war, mag dies sonderbar erscheinen – für uns war es angemessen und gerecht und in keiner Weise seltsam –, doch genau in dem Augenblick, als wir unsere Entscheidung getroffen hatten, zu den Hütten am Pottawatomie hinunterzureiten und die Männer, die dort lebten, zu töten, tauchte aus der Richtung von Lawrence her ein Reiter aus der Dunkelheit auf. Er brachte Nachrichten, die zwar schrecklich waren, aber dennoch vom Herrn selbst gesandt schienen, zu keinem anderen Zweck, als uns die Erlaubnis zu erteilen, das zu tun, was wir vorhatten, und zwar sogleich.

Seltsamerweise sahen und hörten wir nicht, wie er näher kam, vielleicht weil unser Disput unsere ganze Aufmerksamkeit in Anspruch genommen hatte. Wie ein Gespenst tauchte er aus der Dunkelheit auf – doch es war nur ein Mensch, ein Mann in einem langen weißen Staubmantel, der einen hellgrauen Hengst ritt, und wiewohl sein plötzliches Erscheinen uns überraschte, hatten wir doch keine Angst, denn er schien keine feindlichen Absichten zu haben. Wir kannten ihn nicht, hatten ihn nie zuvor gesehen, und er stellte sich auch nicht vor oder fragte, wer wir seien. Es war ein großer, gutgebauter Mann mittleren Alters, blond, mit einem Vollbart. Ich erinnere mich sehr genau an ihn. Er ritt neben dem Wagen her und tippte mit einem behandschuhten Finger an die breite Krempe seines Hutes.

Ohne weitere Begrüßung teilte er Vater mit unbewegter Stimme mit: »Vielleicht interessiert Sie das, Sir: Gestern wurde frühmorgens in Saint Louis berichtet, daß Senator Charles Sumner aus Massachusetts im Senat brutal angegriffen wurde. Vielleicht wollen Sie auch den Namen seines Angreifers erfahren, Senator Preston Brooks aus South Carolina. Der Senator aus Massachusetts, der für die Sache der Abolitionisten eintritt, die, wie ich glaube, auch die Ihre ist, wurde von dem Südstaatler brutal niedergeschlagen. Dieser versetzte ihm mit einem schweren Stock einen Hieb auf den Kopf; wahrscheinlich wird er den Angriff nicht überleben.«

Ich hatte Vater nie zuvor so wütend erlebt. Er riß sich den Hut vom Kopf und warf ihn zu Boden. Sein Gesicht lief rot an vor Zorn, seine Stirn verdüsterte sich unheilvoll. Er streckte die Arme in die Luft und brüllte: »Wie kann das *sein*! Wie kann so etwas *geschehen*!«

Ich sagte nichts, doch die anderen schrien ebenfalls ihre Empörung und ihre Wut über diese neueste Schandtat der Sklavenhalter heraus. Dann sagte der Bote, falls er denn tatsächlich einer war: »Ich wünsche Ihnen einen guten Abend, meine Herren«, und ritt, nachdem er erneut an die Hutkrempe getippt hatte, langsam davon; ebenso still und rasch, wie er gekommen war, verschwand er wieder in der Dunkelheit.

Danach gebärdeten Vater und die Jungen sich noch eine ganze Weile wie wild, als wollten sie einander mit ihrem Geschimpfe und wilden Versprechungen, das abscheuliche Verbrechen gegen einen unserer Helden zu rächen, überbieten. Ich wartete, bis sie sich ein wenig beruhigt hatten, und als ich glaubte, sie würden mich deutlich hören, erklärte ich: »Es ist Zeit, zum Pottawatomie hinunterzureiten, wo wir unsere Schwerter schärfen und anfangen können, sie zu gebrauchen.«

Das brachte alle zum Schweigen, selbst Vater, der wie aus einer Trance zu erwachen schien. Er schüttelte heftig den Kopf, als wollte er böse Geister oder schlimme Träume verjagen; unvermittelt schwang er sich auf Reliance und rief Oliver zu, den Wagen in Gang zu setzen. Er nahm seine eigenen Zügel und schlug damit die Morgans in die Flanken. Die Pferde machten einen Satz nach vorn, und Oliver war gezwungen, hinterherzulaufen und sich am Kasten des fahrenden Wagens festzuklammern. Wortlos sahen wir noch ein paar Augenblicke zu, dann stiegen die anderen, Salmon, Fred und Henry auf ihre Pferde – ich war gar nicht abgestiegen –, und wir preschten im gestreckten Galopp davon und jagten Vater und Oliver nach, während der Wagen in der Dunkelheit vor uns und sogar vor Vater den alten, holprigen Büffelpfad, die California Road, entlangrumpelte, der von den Höhen des Landes der Ottawa zum gewundenen, engen Tal des Pottawatomie mit seinen Pappelwäldern hinunterführte.

Wer kann schon sagen, welches Ereignis zufällig eintritt und welches nicht? Oder auch nur, ob es wirklich so etwas wie echten Zufall gibt, ein Ereignis ohne jede Ursache? Läßt man einmal den Glauben an den Willen Gottes außer acht, dann erscheint jedes unglückliche wie auch jedes glückliche Ereignis bloße Folge der Historie zu sein; oder man sagt, seine Ursprünge seien rätselhaft;

oder wir schließen lustlos vom Ergebnis auf die Ursache – vom Bewußtsein der Schuld beispielsweise auf die begangene Sünde, ohne uns jedoch je sicher sein zu können. So muß ich, will man meine Schuldgefühle zum Maß meines Vorsatzes machen, anerkennen, daß ich, auch wenn mir dies damals nicht bewußt war, unumstößlich den Vorsatz gefaßt hatte, meinen geliebten Freund Lyman Epps zu töten. Erst im nachhinein ließ ich es wie einen Unfall aussehen, in meinen Augen wie auch in denen der anderen. Demnach wäre es tatsächlich das, als was ich es später empfand (auch wenn ich es nicht glauben wollte): ein Verbrechen. Ein Mord. Mit dem gleichen Recht kann man sagen, daß ich, gemessen an der Last der Schuld, auch in jener Nacht eindeutig die Absicht hatte, zum Pottawatomie Creek hinunterzugehen, um dann zusammen mit meinem Vater und meinen Brüdern fünf Männer aus ihren Hütten zu jagen, die behaupteten, die Sklaverei zu lieben und Neger zu hassen, und sie anschließend aus schierer Mordlust niederzumetzeln. Denn im nachhinein fühlte ich mich so schuldig, als hätte ich es aus reiner Freude am Morden getan.

Wenn die Ursachen der Geschehnisse hingegen nicht die unbewußten Wünsche eines Menschen, kein bloßes Geheimnis und auch nicht irgendein uns unbekanntes geschichtliches Wirken sind – was steht dann dahinter? Schließlich wurde ich weder durch die Umstände noch von irgendeinem Menschen gezwungen, mit dem Schwert dorthin zu gehen und damit um mich zu schlagen, wie ich es tat. Nein, ich mache mich selber für meine blutigen Taten verantwortlich. Und auch für die blutigen Taten jener Nacht, die mein Vater und meine Brüder begangen haben, trage ich, glaube ich, fast im gleichen Maße die Schuld. Denn hätte ich den Überfall nicht vorgeschlagen und sie angestachelt, als diese Vorstellung sie ängstigte und schreckte, hätten sie es nicht getan.

Damals und auch danach führte ich ihnen einfach vor Augen, daß der Krieg in Kansas vorbei gewesen wäre, wenn wir diese fünf Verfechter der Sklaverei nicht umgebracht und es nicht auf so brutale Weise getan hätten. Aus und vorbei. Binnen weniger Wochen wäre Kansas als Sklavenstaat in die Union aufgenommen worden, und dann wäre nur noch die rasche Sezession aller Nordstaaten, angefangen bei New England, möglich gewesen. Und damit hätte man auf einen Schlag drei Millionen schwarze Amerikaner im Stich gelassen, die weiter in der Sklaverei hätten leben und sterben müssen, sie und ihre Kinder und Kindeskinder und eine nicht absehbare Generationenfolge, ehe die Sklaverei im Süden endlich, wenn überhaupt, abgeschafft würde. Und es wäre mit Sicherheit nicht zu dem Überfall auf Harpers Ferry gekommen, ebensowenig zum Bürgerkrieg, denn der Süden hätte nicht die geringsten Einwände gegen die Spaltung der Union gehabt. Laßt sie gehen. Wir sind guter Dinge und behalten unsere Sklaven.

Als wir zum Pottawatomie hinunterritten, glaubte ich das alles. Und trotz meiner Schuldgefühle glaube ich es noch immer. Nein, ich schwöre es, ich ging nicht um des Vergnügens willen, meine Feinde zu töten, dort hinunter, ebensowenig wie mein Vater und meine Brüder, gleichgültig, was die Schreiberlinge im Norden wie im Süden darüber gesagt haben mögen, als sie sich in den Jahren danach über die Gründe dieses Geschehens den Kopf zerbrachen. In jener dunklen Mainacht des Jahres 1856 war ich wirklich und wahrhaftig überzeugt, wir würden die Geschichte gestalten, würden den Gang künftiger Ereignisse beeinflussen und einen bestimmten Ablauf fast unmöglich, einen anderen hingegen sehr wahrscheinlich machen. Ich hielt letzteres für moralischer als ersteres und glaubte daher, daß wir etwas Gutes, Notwendiges vollbrachten. Wenn wir jetzt ein paar Männer niedermetzelten, Männer, die schuldig waren, selbst wenn die Schuld vielleicht nur auf ihrer Parteinahme beruhte, würden wir später Millionen Unschuldiger retten. So funktioniert nun einmal der Terror in der Hand der Rechtschaffenen.

Und letztlich *hatten* wir recht. Denn es funktionierte wirklich. Der Schrecken und die Wut, die unser Morden auslöste, ließen überall in Kansas, überall in den Südstaaten und ebenso im Norden die Flammen des Krieges emporzüngeln. *Wir* machten aus Kansas Bleeding Kansas, das Blutende Kansas. In einer einzigen Nacht verwandelten die Browns das ganze Territorium in eine blutende

Wunde. Die Eindringlinge aus Missouri kamen eiligst über den Fluß zurück, erneut entschlossen, jeden Abolitionisten in Kansas zu töten, und die Nordstaatler waren gezwungen, es ihnen Schlag um Schlag zu vergelten, bis beide Seiten die Möglichkeit eines kurzfristigen Friedens aus den Augen verloren und sich statt dessen auf den Tod bekämpften. Und genau das hatten Vater und ich, und in geringerem Ausmaß auch die übrigen Browns, gewollt.

Falls wir im vorangegangenen Jahrzehnt etwas gelernt hatten, so dies, daß es keine Möglichkeit gab, die Sklaverei zu besiegen, wenn man nicht bereit war, dafür zu sterben. Wir hatten gelernt, was die Neger schon längst wußten. Und deshalb taten wir nur, was die Neger in der Vergangenheit immer und immer wieder getan hatten – auf Haiti, in den Bergen Jamaikas und in den Sümpfen Virginias –, doch dort draußen in den Ebenen von Kansas nicht tun konnten. Wir vollbrachten das, was wir von den Negern in Kansas erwarteten. Indem wir in jener Nacht am Pottawatomie jene fünf Verfechter der Sklaverei töteten, brachten wir Hunderte, Tausende von Weißen in die gleiche Lage, in der wir unter den Weißen jahrelang allein gewesen waren: Denn nun mußte jeder Weiße in Kansas, ob er nun für oder gegen die Sklaverei war, bereit sein, für seine Sache zu sterben.

Mochte Vater auch glauben, wir vollzögen Gottes Willen, sei's drum. Darüber brauchte ich mich nicht mit ihm zu streiten, jetzt nicht mehr: Hier draußen, wo wir unser Leben vor den Augen der Öffentlichkeit lebten, nannte ich nun Geschichte, was Vater als den Willen Gottes bezeichnete. Und falls die Geschichte – oder auch der Wille Gottes – unser Handeln bestimmte, dann bezog sie die Moral, so es denn eine gab, nicht aus sich selber und auch nicht von oben, sondern einzig und allein aus unseren Handlungen; und daraus, daß sie uns, im Guten wie im Bösen, unser wahres Schicksal vor Augen führen würde.

Deshalb brachten wir diese Männer um.

Ich erinnere mich, wie wir den Wagen in einen engen Einschnitt des abschüssigen, zerfurchten Rückens an der Nordseite des Weges zogen; der vom Regen angeschwollene Bach lag links unter uns, das Land mit der Hütte von James Doyle aus Tennessee etwa eine Viertelmeile vor uns; kurz dahinter befanden sich die der anderen, der Shermans und der Wilkinsons. Es war stockfinster, dennoch entzündeten wir keine Fackeln. Ich forderte die Jungen und Vater auf, unsere Pferde hier anzubinden, unsere Gewehre in den Wagen zu laden und alles zurückzulassen; ich erklärte, wir könnten keinen Gewehrschuß riskieren, da die drei Häuser, die wir überfallen wollten, alle nur jeweils eine halbe Meile voneinander entfernt seien. Dann übergab ich jedem von ihnen eines der schweren, rasiermesserscharfen Breitschwerter. Keiner sagte ein Wort, nicht einmal Vater.

Als wir bei Doyles Hütte anlangten, war es fast Mitternacht, die Wolken waren aufgerissen und trieben wie lose aneinandergeflickte Stoffetzen über den seidigen Himmel. Im südöstlichen Quadranten stand ein Viertelmond und verströmte ein unstetes, gespenstisches Licht, das sich wie eine graue Glasur auf die niedrigen Bäume und Sträucher entlang des Weges legte. Wir konnten die grob zugehauenen hellen Holzschindeln auf dem Dach der Hütte unter uns erkennen, als wir plötzlich ein lautes Knurren hörten: Aus dem Schatten stürzten sich zwei riesige Bulldoggen auf uns, die nur aus Reißzähnen und gelbglühenden Augen zu bestehen schienen. Mit einem einzigen Schwertstreich schlitzte ich das erste Tier quer über Hals und Schulter auf, und fast geköpft fiel es mir tot zu Füßen. Fred schlug auf das andere ein und verletzte es an der Hüfte, worauf es jaulend von der Hütte weg in die Wälder hinter uns rannte.

Vater, der mit mir die Spitze des Zuges gebildet hatte, blieb auf der Stelle stehen. »Wir sind erledigt! Jetzt sind die Doyles bestimmt wach und bewaffnen sich.«

»Nein«, widersprach ich. »Wir müssen nur schnell weitermachen. Zaudert jetzt nicht. Wahrscheinlich glauben sie, die Hunde jagen irgendein Wild. Weiter!« Ich ging voran und lief den aufgeweichten Pfad zur Vordertür der Hütte hinunter. Die Läden waren verriegelt, drinnen war kein Licht, und bis auf eine dicke silbrige

Rauchsäule aus dem Kamin war kein Lebenszeichen zu sehen. Als die anderen, die mehr aus Erregung und Furcht als vor Anstrengung keuchten, neben mir auf der Veranda standen, streckte ich die Hand aus und hämmerte mit dem Griff meines Schwerts an die Tür.

Von drinnen ertönte die schleppende Stimme eines Mannes: »Wer ist da? Was wollt ihr?«

Ich sah Vater an, dessen ledriges Gesicht blaß geworden war. Seine Wangen zuckten, und seine Lippen waren trocken und zitterten. Ich fürchtete, er würde nicht mit dem Mann reden; und ich konnte es nicht. Nach ein paar Sekunden räusperte der Alte sich endlich und erkundigte sich mit dünner Stimme nach dem Weg zu Mr. Wilkinsons Hütte. *Freund* Wilkinson nannte er ihn. Vater war mit Worten begnadet. Ich wäre nicht auf die Idee gekommen, das zu sagen.

Ich hörte, wie jemand einen Stuhl zurückschob, zur Tür ging und den Riegel zurückschob. Als er die Tür einen Spaltbreit geöffnet hatte, trat ich mit dem Fuß dagegen und schob mich rasch mit der Schulter hinein; damit drückte ich die Tür auf und warf den Mann, James Doyle, denn der war es, quer durch den winzigen Raum; jetzt stürmten wir alle in die Hütte, beanspruchten den ganzen Raum für uns und drängten die Doyles, eine sechsköpfige Familie, an die hintere Wand, wo sie sich ängstlich zusammenkauerten. Wir sahen einen vertrockneten kleinen Alten mit kahlem Kopf, seine rundliche Frau und vier Kinder, zwei davon bärtige Männer in den Zwanzigern, die anderen beiden, ein Junge und ein Mädchen, noch klein, keine fünfzehn Jahre alt.

Sie waren verängstigt und verwundert über unser plötzliches, gewaltsames Eindringen, und als Vater Mr. Doyle zurief, wir seien die Armee der Nordstaaten und gekommen, ihn und seine Söhne gefangenzunehmen, begann Mrs. Doyle sogleich zu weinen und schrie ihren Mann an: »Ich habe dir *vorausgesagt*, was dir das einbringen würde. Ich habe es dir gesagt!«

»Sei still, Mutter!« fuhr Mr. Doyle sie an. »Sei, um Gottes willen, still! Das ist Mister Brown, nicht wahr? Aus Osawatomie. Wir können doch mit ihm reden.«

Sie schluchzte und stand einen Augenblick lang im Mittelpunkt des Geschehens, vor allem als sie Vater anflehte, ihren Sohn John nicht mitzunehmen, der erst vierzehn sei, wie sie sagte, nur ein Junge, der von derlei Dingen keine Ahnung habe.

»Die andern, Ihre älteren Söhne«, fragte Vater, »sind sie in der Law-and-Order-Partei?«

»Das geht Sie gar nichts an!« bellte der alte Doyle. »Was wollen Sie von uns? Wir sind nichts weiter als Farmer wie Sie, Brown.«

»Ihr seid Feinde des Herrn«, stellte Vater klar und befahl den beiden erwachsenen Söhnen Drury und William sowie dem alten Doyle, ihrem Vater, mit uns aus dem Haus zu kommen. Das taten sie auch und ließen Frau und Mutter, Sohn und Tochter und Schwester und Bruder weinend und klagend im Eingang zurück, denn die ahnten, was geschehen würde.

Rasch trieben wir die drei Männer, ohne Hut und Mantel, über den schmalen, gewundenen Pfad zu der mondbeschienenen Straße hinauf. Die beiden jungen Männer waren barfuß und tasteten sich vorsichtig den steinigen Weg entlang. Oliver, Fred und Henry gingen den Gefangenen voraus; Vater, Salmon und ich folgten ihnen. Als wir die flache Ebene oberhalb des Baches, etwa hundert Meter von der Hütte entfernt, erreicht hatten, dort, wo der tote Hund lag, hieß Vater uns stehenbleiben.

Einer der Doyles, William, sah den Hund und rief: »Oh, Bonny!«

Vater sagte: »Das Gesetz Mose bestimmt, daß die Väter nicht für die Vergehen ihrer Söhne bestraft werden, und die Söhne nicht für die Vergehen ihrer Väter. Hier aber sind Vater und Söhne gleichermaßen schuldig.«

»Sie brauchen nicht zu verstehen, was mit ihnen geschieht«, erklärte ich. »Wir sollten es einfach hinter uns bringen.« Ich hatte plötzlich Angst, der Alte könnte der Sache, nachdem wir nun schon so weit gekommen waren, wieder einmal mit Beten und Palavern vorzeitig ein Ende setzen. Ich erinnere mich, wie ich die Klinge des Schwerts mit meiner gesunden Rechten über den Kopf hob; das Mondlicht funkelte wie kaltes Feuer auf der Schneide. Dann schlug ich zu und hieb es in den Schädel von John Doyle; dabei bespritzte ich Drury, den neben ihm stehenden Sohn, mit dem Blut seines Vaters. Fred und dann Henry Thompson und Salmon schlossen sich an und begannen, auf die Brüder einzuschlagen, schnitten ihnen die Arme ab, schlitzten ihnen Brust und Bauch auf, und sogar Oliver teilte etliche Schwertstreiche aus. Während des Gemetzels hörte ich einige von uns schreien, weiß aber nicht, wer es war, nur daß ich nicht schrie. Und ich erinnere mich, daß die Doyles keinen einzigen Ton herausbrachten, keinen einzigen Schrei, sondern stumm zu Boden fielen wie Ochsen, die im Viehhof geschlachtet werden. Sehnen, Muskeln, Knochen flogen, und Blut spritzte um uns herum; die Körper unserer Feinde wurden zerfetzt, gespalten und zerteilt. Unsere Schwerter schlitzten Menschen auf, und Dunkelheit senkte sich in die Leiber.

Und Vater? Wo war Vater? Er stand die ganze Zeit über abseits, und nur er machte keinen Gebrauch von seinem Schwert. Er beobachtete alles. Und als wir unser mörderisches Werk vollendet hatten, als die drei Doyles endlich erledigt waren und als blutige Klumpen und Stücke zu unseren Füßen lagen und sich riesige Blutlachen auf dem Boden bildeten, trat Vater vor und zog seine Pistole. Er beugte sich nieder, legte den Lauf an den gespaltenen Schädel des alten Doyle und feuerte eine Kugel in das Gehirn des Mannes, als wäre es ein verrotteter Baumstumpf.

»Das haben die anderen bestimmt gehört«, sagte ich zu ihm. Oliver weinte, und Henry, der sich mitten in dem Gemetzel plötzlich übergeben mußte, hatte nun einen heftigen Schluckauf. Die beiden taumelten in kleinen Kreisen durch die Dunkelheit, mit den Füßen stampften sie wie in einem langsamen, wuterfüllten Tanz auf den harten Boden, während Salmon und Fred schweigend auf die Körper der erschlagenen Männer hinunterstarrten, als wären sie unerwartet darüber gestolpert und wüßten nicht, wie sie umgekommen waren.

»Sollen sie es hören«, meinte Vater. »Das macht keinen Unterschied. Kommt, Jungen«, sagte er und führte uns fort von der Stelle, wo wir die Doyles umgebracht hatten, den Pfad hinunter zur Hütte der Wilkinsons, die auf dem an das Grundstück des Doyles grenzenden Land in einem Wäldchen aus alten Eichen und Pappeln etwas näher am Bach lag.

Hier übernahm der Alte erstmals allein die Verantwortung für alles. Er schlug gegen die Tür, und noch ehe einer im Haus auch nur antworten konnte, verlangte er Auskunft über den Weg zur Hütte von Dutch Henry, die weithin als Treffpunkt der für die Sklaverei eintretenden Siedler bekannt war. Irgend jemand, wahrscheinlich Mr. Wilkinson, setzte zu einer Antwort an, doch Vater schnitt ihm das Wort ab und forderte ihn auf, herauszukommen und uns den Weg zu zeigen.

Als keine Antwort kam, wartete Vater noch einen Augenblick, ehe er sagte: »Gehören Sie der Law-and-Order-Partei an?« was heißen sollte, ob er für die Sklaverei sei.

Wilkinson antwortete frei heraus: »O ja, Sir!«

»Dann sind Sie unser Gefangener! Ich befehle Ihnen, uns sofort die Türe zu öffnen, sonst brennen wir das Haus mitsamt Ihnen ab!«

»Warten Sie! Eine Minute. Lassen Sie mich eine Lampe holen«, erwiderte Wilkinson.

Vater entgegnete, er gebe ihm dreißig Sekunden, und fing zu zählen an, doch noch ehe er bei zwanzig angekommen war, wurde die Tür geöffnet, und wir alle marschierten in die Hütte. Auch hier stand wieder eine erschrockene Ehefrau mit vier Kindern, allerdings waren sie alle noch klein, kaum mehr als Babys. Wilkinson war Mitte Dreißig, ein großer, hagerer Südstaatler mit ausgeprägtem Unterkiefer, der in Unterwäsche und Strümpfen vor uns stand. Seine Frau, ebenfalls lang und dünn, stand in Flanellnachthemd und Flanellmütze neben der Feuerstelle; um sie drängten sich die Kinder.

»Wer bist du?« schrie die Frau Vater an. »Bist du der Teufel? Du siehst wie der Teufel aus.«

»Meine Frau ist krank«, stieß Mr. Wilkinson hervor. »Lassen Sie mich bis morgen früh bei ihr bleiben. Sie können einen Mann hier postieren und mich holen, sobald jemand da ist, der sich an ihrer

Stelle um die Kinder kümmert. Eine Frau hat versprochen, das für uns zu machen.«

Vater ignorierte seine schleppend vorgebrachte Bitte. Er schickte Oliver und Fred los, um das Haus nach Waffen zu durchsuchen, und sie kamen gleich darauf mit einer Schrotflinte und einem Pulverhorn zurück. »Nehmt sie mit«, sagte der Alte. Salmon und Henry wies er an, die beiden Sättel aufzuheben, die neben der Tür am Boden lagen, und sie zur Straße hinaufzutragen. Ich hatte sie schon beim Betreten der Hütte bemerkt. Zu Mr. Wilkinson gewandt, sagte Vater bloß: »Kommen Sie mit.« Er tippte mit der Schwertspitze den Mann an, dessen Gesicht bei diesem Anblick erstarrte. Er gab keine Antwort und marschierte steifbeinig aus der Hütte; Vater folgte ihm.

Die Frau rief ihm nach: »Dad, willst du nicht deine Stiefel anziehen!«

»Die wird er nicht brauchen«, erklärte ich.

»Was haben Sie mit meinem Mann vor?« Die tiefliegenden Augen, der kleine, runde Mund, die Nase, das ganze Gesicht schien aus einander umschließenden Kreisen zu bestehen, ein großer, konzentrischer, kläglicher Wirbel, der mich aus mir heraus und zu ihr hinzuziehen drohte, und ich trat einrn Schritt zurück, als hätte ich Angst vor ihr.

»Nichts«, erwiderte ich. »Wir werden ihm nichts tun. Er ist nur unser Gefangener.«

»Warum? Was hat er getan?«

»Zum Austausch. Wir werden ihn bei den Leuten aus Missouri gegen einen der unseren eintauschen«, behauptete ich, stolperte rückwärts aus der Hütte, drehte mich um und rannte los, um die anderen einzuholen, die in der Dunkelheit vor mir verschwunden waren.

Als ich die Stelle erreichte, an der der Pfad auf den Weg traf, hatten sie Mr. Wilkinson schon getötet; er lag auf einem vom Mondlicht beschienenen Fleckchen des felsigen Bodens, die Kehle durchschnitten; ein gewaltiges zahnloses Gähnen klaffte von einer Seite seines massigen Kiefers zur anderen, und über den Schädel zog sich eine große offene Wunde, als wäre er von Indianern skalpiert worden; ein Arm war fast vollständig vom Rumpf abgetrennt.

»Alsdann«, sagte Vater. »Gehen wir weiter zur Hütte der Shermans.« Er wies uns an, die Sättel und die Schrotflinte im Gebüsch zu verstecken, um sie später zu holen.

Doch jetzt begann Oliver zu weinen. »Ich will so etwas nicht mehr machen«, wimmerte er. »Ich *kann* es nicht!«

Als wollte er den Alten an etwas erinnern, das er vergessen hatte, beugte Fred sich zu Vater hinüber und sagte: »Er ist noch kein erwachsener Mann, weißt du.«

»Vielleicht sollte Oliver zum Wagen zurückgehen«, schlug ich vor, »und dann den Weg herunterkommen, die Sättel und so weiter aufladen und sich später da unten mit uns treffen.«

»Ja, schön. Tu das, Oliver. Ihr anderen folgt mir«, befahl Vater, und wir gingen hinunter zu unserem letzten Halt, der Hütte, die Dutch Sherman gehörte, dem Mann aus Missouri, der von allen Siedlern am Pottawatomie der erklärteste und bedrohlichste Verfechter der Sklaverei war. Er war es, hinter dem wir in jener Nacht in erster Linie her waren, und wie sich herausstellte, war er am leichtesten zu töten. Nicht weil wir ihn mehr als die anderen haßten, sondern weil er sich gegen uns zur Wehr setzte und uns wütend bekämpfte, bis er tot war.

Offenkundig hatte er den Schuß gehört, als Vater mit seinem Revolver in Mr. Doyles Kopf gefeuert hatte, und war herausgekommen, um nachzusehen, was los war, denn wir trafen ihn oben auf dem Weg, ein Stück von seiner Hütte entfernt. Vater, Fred und ich gingen voraus, während Salmon und Henry ein wenig zurückblieben, und plötzlich, ehe er unser Kommen bemerkte, waren wir bei ihm. Er stand am Straßenrand und schlug sein Wasser ab: ein muskulöses Faß von einem Mann, rotgesichtig, mit Stiernacken und dicken Armen, ein schnurrbärtiger Holländer von etwa vierzig, der für sein hitziges Temperament berüchtigt war. Wir stürzten uns mit unseren Schwertern und Vaters Revolver auf ihn, und Vater erklärte, wir nähmen ihn im Namen der Armee der Nordstaaten gefangen. »Sie sind unser Gefangener, Sir.«

Langsam, sorgfältig knöpfte er sich die Hose zu, starrte uns an und brabbelte in seinem schwerfälligen Akzent fortwährend vor sich hin: »Ihr seid das also, die verdammten Browns, die mit der Bibel um sich schlagen, stimmt's? Ihr seid schlimmer als die Nigger. Ihr seid gottverdammter Yankee-Abschaum, der hier runtergekommen ist, um unsere Nigger und Pferde zu klauen und dann abzuhauen, und dabei kommt ihr euch auch noch als gute Menschen vor. Ihr seid ein Pack von gottverdammten Heuchlern, kommt mitten in der Nacht daher und wollt einen Mann ausrauben und einschüchtern. Was, in drei Teufels Namen, bildet ihr euch eigentlich ein?«

»Alles, was wir Ihnen heute Nacht rauben werden, ist Ihr Leben«, erklärte Vater, und als Sherman das hörte, begriff er, in welch ausweglosen Lage er sich befand und drehte durch. Er explodierte schier vor Wut, umklammerte den Lauf von Vaters Revolver mit der einen Hand und schlug ihm mit der anderen mehrmals ins Gesicht. Er war sehr stark, und als Vater ihm die Waffe nicht entwinden und sich nicht vor seiner hämmernden Faust schützen konnte, war ich gezwungen, mein Schwert einzusetzen; mit einem Schlag trennte ich die Hand des Mannes am Gelenk ab. Hand und Revolver fielen zu Boden. Vor Schmerz und Wut heulte er auf und ging mit gesenktem Kopf auf mich los; er traf mich im Gesicht, so daß meine Nase zu bluten begann und ich rückwärts zu Boden fiel. Mit der verbliebenen Hand schnappte er sich mein Schwert, das ich fallen lassen hatte, und schwang es wie einen Krummsäbel in weitem Bogen um sich, womit er sich Platz verschaffte und uns in Schach hielt. Seine abgetrennte Hand lag auf dem Boden, aus dem Handgelenksstumpf spritzte Blut, und er wurde immer bleicher, doch er taumelte noch immer im Kreis herum und holte mit dem Schwert nach uns aus, so daß wir immer wieder zurückspringen und nach einer Lücke suchen mußten, um ihn niederzumachen, ohne selbst verwundet zu werden. Ich hatte mich, mit blutbesudeltem Gesicht, wieder aufgerappelt; als ich Vaters Revolver neben Mr. Shermans Hand entdeckte, stürzte ich mich darauf, packte ihn und blickte aus meiner kauernden Haltung in das über mir drohende, wutverzerrte Gesicht von Dutch Sherman. Sein Schwert, das Schwert, das mir aus der Hand gefallen war, sauste schon auf meinen Kopf nieder. In dem Augenblick, in dem ich dem Mann in die Brust schoß, erwischte Henry ihn mit dem Schwert von hinten in der Körpermitte, und Fred stieß seines in die Schulter des Mannes. Noch bevor er zu Boden fiel, war er tot.

Danach sagte lange Zeit keiner ein Wort. Innerlich leer und bar jeglicher Gefühle und Gedanken, stolperten wir zum Bach hinunter und wuschen unsere Schwerter und Hände und Gesichter im kalten Wasser; dann warteten wir, auf den Steinen sitzend, daß Oliver mit dem Wagen käme. Jeder hatte sich in eine Kammer tief drinnen in seinem Kopf zurückgezogen und sich ganz allein darin eingeschlossen. Als Oliver nach mehr als einer Stunde immer noch nicht aufgetaucht war, stand Vater unvermittelt auf und ging ein Stück den Weg entlang in Richtung auf Dutch Shermans Hütte; kurz darauf kam er mit zwei von Mr. Shermans Pferden zurück, die gezäumt und gesattelt waren. Nun würde man uns Pferdediebe nennen, nicht nur Meuchelmörder, kaltblütige Henker. Er reichte Salmon und Henry die Zügel und wies sie mit düsterer, leiser Stimme an, den Höhenzug entlang zurückzureiten und nachzusehen, ob Oliver irgend etwas zugestoßen sei.

Doch genau in diesem Augenblick hörten wir das vertraute Geräusch des Wagens, der knarrend und quietschend die Straße zum Bach herunterkam und wenig später zu sehen war; Oliver, der auf dem Kutschbock saß, wirkte verängstigt und entsetzt. Er war an allen Schauplätzen unserer Morde vorbeigekommen, hatte von seinem Sitz auf dem Wagen all die verstümmelten Leichen gesehen, und dieser blutige Anblick hatte ihn verändert.

»Ist mit dir alles in Ordnung, mein Sohn?« fragte Vater ihn.

»Ich fühle mich tot«, antwortete er mit ausdrucksloser, kalter Stimme. »Mir ist, als wäre ich tot.«

»Dann ist alles in Ordnung mit dir. Nach so etwas kannst du dich nicht anders fühlen, mein Sohn. Das wird nicht wieder geschehen, das verspreche ich dir«, erklärte er, kletterte auf den Wagen und nahm die Zügel. Fred und ich stiegen hinter Salmon und Henry auf die gestohlenen Pferde, und dann verließen wir sechs hastig den entsetzlichen Ort; wir wandten uns vom Bachlauf des Pottawatomie nach Südosten, dorthin, wo wir unsere Pferde angebunden hatten, und dann zu unserem Lager am Marais des Cygnes.

Vor uns war der dunkle Nachthimmel fahl geworden, und wir ritten unter einem blaßblauen Baldachin durch das hohe Gras der Ebene. Der Mond war untergegangen, und wie silberne Nägel hielten die letzten Sterne den Baldachin über uns gespannt. Hinter uns, im Osten, würde die Sonne bald über die schwarze Kante des Horizonts steigen. Dort driftete eine lange, silbrigblaue fasrige Wolkenbank über den Himmel, die rötlich schimmerte, als blutete der Himmel.

Soll er bluten, dachte ich. Soll doch der Himmel in Klumpen auf uns herabregnen und Ströme von Blut über die Erde ausschütten. Soll doch der Himmel all seine Farbe ausbluten, bis die Erde ganz mit geronnenem Blut bedeckt ist – es macht mir nichts mehr aus.

Soll doch die Erde hier unten stinken und sich in scharlachrote Jauche verwandeln, und wir kriechen darin herum, bis sie in unsere Münder und Nüstern dringt und wir darin ertrinken, während wir uns gegenseitig die Hände um die Gurgel legen – ich widersetze mich diesem Krieg nicht länger. Ich schwelge in ihm.

19

Wie es aussieht, liebe Miss Mayo, habe ich Sie erneut vergessen: Unzählige Tage, Wochen, möglicherweise ganze Monate habe ich hier zugebracht und Seite um Seite an dieser meiner lange zurückgehaltenen Beichte weitergekritzelt. Und wenn ich eine weitere Seite vollgeschrieben oder ein Kapitel beendet habe, greife ich nach einem neuen Blatt oder einem unbenutzten Block; habe ich gerade keinen zur Hand, so schreibe ich auf die Rückseiten alter, bereits beschriebener Blätter (die ich, wie mir auffällt, wieder einmal an Sie zu schicken versäumt habe), halte meine Geschichten auf den Rändern und sogar zwischen den Zeilen von Passagen fest, die ich, soweit ich mich erinnere, irgendwann im letzten Frühling oder Winter für Sie geschrieben habe – Abschnitte, Seiten, ganze Blöcke, die ich in meinem Drang, mit dem Schreiben fortzufahren, mit dem Ellbogen an den Rand meines kleinen Tisches geschoben habe, wo sie dann zwischen den zuvor dort aufgetürmten Seiten und Blöcken verlorengegangen sind und jetzt nach und nach zu Boden fallen. Dort liegen sie verstreut zu meinen Füßen und häufen sich wie Herbstlaub und verteilen sich überall; die kalten Winde, die durch die Ritzen in den Wänden meiner Hütte pfeifen und unter der windschiefen Tür durchblasen, wirbeln sie quer durch den düsteren Raum.

Ich bin völlig in meiner Beichte aufgegangen, als wäre sie mein eigentliches Ich, alles, was davon geblieben ist. Ich bin noch am Leben, das ja, doch mein Leben ist längst vorbei, und so bin ich mittlerweile nichts anderes mehr als diese Worte, Sätze, Episoden und Kapitel meiner Vergangenheit. Doch ab und zu, in Augenblicken wie diesem, rapple ich mich auf wie ein alter, tapsiger Bär, der widerstrebend aus einem den ganzen Winter lang ungestörten

Traum erwacht; blinzelnd taumle ich aus der Höhle meiner Erzählung in das blendende Sonnenlicht, in dem ich mich plötzlich, notgedrungen, an den mittlerweile lang zurückliegenden Anlaß und schließlich das Bedürfnis erinnere, die zu Beginn die Bereitschaft in mir weckten, über diese Dinge zu sprechen. Das heißt, ich erinnere mich an Sie, Miss Mayo, wie Sie weit drüben im Osten in New York City sich mit unermüdlicher Beharrlichkeit in die Hunderte von Berichten über Vaters Leben und die zahlreichen Antworten auf die Fragen vertiefen, die Sie zweifelsohne den noch lebenden Männern und Frauen gestellt haben, die uns in der Zeit vor dem Krieg kannten. Deren bruchstückhafte Erinnerungen, wiewohl mit dem Älterwerden in Fetzen gerissen und löchrig geworden, liefern ihnen und nun auch Ihnen und Professor Villard verschiedene Darstellungen jener Geschehnisse, die ich in meiner Höhle geträumt habe, so deutlich geträumt habe, als hätten sie sich tatsächlich hier zugetragen, und die ich, siehe da, im Verlauf dieser vielen, ungezählten Monate aufgezeichnet habe.

Doch ich erinnere mich sehr gut an Sie, Miss Mayo, und ebenso an mein Versprechen, für Sie meinen Bericht zusammenzustellen und ihn sicher in Ihre Hände zu legen, damit Sie Ihrerseits dem berühmten Professor Villard helfen und raten können, wenn er die, wie Sie und er sicherlich hoffen, endgültige Biographie von John Brown verfaßt. Und wenn ich zu zerstreut und verwirrt und geschwächt war, wenn ich mich beim Erzählen dieser Geschichte zu sehr von meinem Körper gelöst habe, um diese Seiten noch sortieren, ordnen und Ihnen senden zu können, wenn ich, in anderen Worten, zu sehr geschwätziger Geist und zu wenig glaubwürdiger Zeuge war, so entschuldige ich mich, Miss Mayo. Ich bitte um Vergebung und Verständnis, denn um das mitzuteilen, was ich bereits mitgeteilt habe, und das zu sagen, was ich noch zu sagen habe, gibt es für mich keinen anderen Weg. Wenn ein Mann, der im Fegefeuer gefangen ist, gelegentlich zu den Lebenden zu sprechen scheint, so spricht er doch in Wahrheit nur zu den Toten, zu jenen, die ihn dort drüben in schmerzlicher Verwirrung umringen und seine Beichte erwarten, die ihnen die Freiheit schenkt.

Die Dinge, von denen einzig ich weiß – Lyman Epps' Tod und das brutale Massaker drunten am Pottawatomie und die sich überschlagenden blutigen Ereignisse, die folgten, der abschließende Höhepunkt, der Angriff auf Harpers Ferry, und dann der Leidensweg meines Vaters und die kaltblütige Hinrichtung meiner Brüder sowie unserer Gefährten –, all das wird, wenn ich es zu Ende erzählt habe, die Geschichte nicht verändern. Es wird die allgemein als gültig anerkannte Wahrheit nicht revidieren. Diese Wahrheit ist einzig von den Bedürfnissen jener geprägt, die sie glauben wollen. Nein, wenn ich die Dinge ausgesprochen habe, von denen nur ich allein weiß, wird dies die Seelen all jener Männer aus dem Fegefeuer befreien, die ich so sehr geliebt habe und die mit der Überzeugung in den Tod gingen, sie hätten ihr Schicksal selbst in der Hand gehabt und sich dafür entschieden, im Kampf gegen die Sklaverei andere Menschen zu töten und dafür zu sterben.

Solange ich Stillschweigen bewahrte, wurden meine Gebeine bei meinem den ganzen Tag währenden Geheul immer älter. Doch ich schweige nicht länger. Ich erkläre hiermit, daß es nicht die freie Entscheidung jener Männer war. Ich habe diese Entscheidung für sie getroffen. Ihr Schicksal lag allein in meinen Händen.

Natürlich gibt es vieles, das ich nicht in meinen Bericht aufnehme, vieles, das ich nicht zu erzählen brauche. Das meiste von dem, was damals geschah, lief ohnehin vor den Augen der Öffentlichkeit ab und ist aller Welt bekannt; da brauche ich nichts richtigzustellen – denn ich schreibe nicht die Geschichte jener Jahre und auch keine Biographie meines Vaters. Diese großen Aufgaben überlasse ich Ihnen und dem Professor. Ich verfüge weder über die geistigen Gaben noch über die nötige Ausbildung, und es fehlt mir auch die Neigung dazu. Was die umfassenderen Ereignisse im gesamten Land und in Washington während dieser Jahre angeht, als der Süden der Sklavenhalter wie eine riesige Würgeschlange sich um die übrige Republik wand, um sie zu ersticken, gebe ich die Verpflichtung, einen wahrheitsgemäßen Bericht darüber zu liefern, an andere weiter, die sie zum größten Teil auch schon erfüllt haben:

Journalisten, Historiker und Biographen, Memoirenschreiber und so weiter. Die Tatsache, daß wir fast alle, die wir damals am Krieg gegen die Sklaverei beteiligt waren, Ende der fünfziger Jahre überzeugt waren, der Krieg sei nahezu verloren, wurde zwar von der Welt kaum wahrgenommen, doch in jenen Aufzeichnungen erwähnt. Ich brauche diese weithin bekannten Ereignisse nicht eigens wiederzugeben, obwohl ich möchte, daß Sie wissen, wie sehr diese Ereignisse dazu beigetragen haben, daß wir im Laufe der Zeit zu der Überzeugung gelangten, unsere gesamte Regierung und selbst das Schicksal der Nation seien uns aus den Händen genommen worden, als wären wir überfallen und von einer fremden, tyrannischen Macht um ein Haar besiegt worden.

Das machte uns wütend, sicherlich, und wir schrien laut auf vor Empörung, aber als der die Sklaverei liebende und die Neger hassende Pöbel in Washington und in der Presse des Südens recht bekam, als die Border Ruffians als gesetzeskonforme Siedler und die Sklavenaufseher als Staatsmänner hingestellt wurden, als unsere Führer, etwa die Senatoren Douglas und Webster, uns für eine Handvoll Silberlinge verkauften und unsere Helden, so Senator Sumner, im Capitol niedergeschlagen wurden, da verwandelte sich unsere Wut plötzlich in kalte Verzweiflung. Wir, die wir anfangs nur in der Antisklavereibewegung aktiv gewesen waren und uns im Lauf der Jahre, in denen wir unser Recht auf Protest verteidigten, langsam und von uns selbst beinahe unbemerkt in Guerillakämpfer und Milizsoldaten verwandelt hatten – wir wurden nun zu Terroristen. Und als wir zu Terroristen geworden waren, waren wir fast über Nacht zu Symbolgestalten für jene verbleibenden weißen Aktivisten geworden, die zumeist in ihren Wohnzimmern oder an ihren Schreibtischen saßen und sich über den Verlust ihrer Nation grämten. Wir regten ihre Phantasie an, und sie machten uns Mut. Und so zogen wir für sie in den Krieg. Da sie nicht gewillt waren, ihr Land anders zurückzugewinnen als mit dem Schreiben von Gedichten oder dem Unterzeichnen von Schecks, mit denen sie dazu beitrugen, uns zu bewaffnen, zu bekleiden und zu ernähren, waren sie oft Zielscheibe unseres Hohnes und Spottes. Natürlich waren wir dennoch dankbar für ihre Gedichte und ihr Geld und setzten beides ein, um noch mehr Schecks zu erbitten, und mit unseren auf diese Weise gefüllten Geldtaschen kauften wir noch mehr Sharps-Gewehre, noch mehr Pferde und Vorräte, noch mehr von den furchterregenden Breitschwertern und Spießen.

Aber ach, das alles wissen Sie ja schon. Sie sind eine gebildete Frau, die jahrelang zu Füßen eines klugen und gelehrten Historikers saß, eines Mannes, den ich auch wegen seines Rufes als würdiger Enkel William Lloyd Garrisons kenne. Durch Vater habe ich den Großvater natürlich persönlich kennengelernt, und ich hoffe, ich habe auf diesen Seiten keinen Zweifel an seiner edlen Gesinnung und seinem großen Mut aufkommen lassen. Es ist nur so, daß ich in der Hitze des Gefechts und den Tod vor Augen Mr. Garrison und den meisten anderen weißen Abolitionisten gegenüber meist den gleichen Groll und die gleiche Ungeduld verspürte, die mein Vater lange hegte. Und es schmerzt mich sogar heute noch, so viele Jahre später, daß Mr. Garrison, Mr. Emerson, Mr. Whittier und all die anderen aufrechten Männer und Frauen drüben in Boston und Concord und New York ihre Ärmel hochschoben, um ihre gestärkten Manschetten nicht mit Tinte zu beflecken, während ich und meine Familie und unsere Gefährten mit unseren Breitschwertern in Kansas lagen, uns und unsere Feinde bluten ließen und unser Leben und unsere unsterblichen Seelen in höchste Gefahr brachten.

Ich höre Sie widersprechen, und ich entschuldige mich: Ich gebe zu, es war nicht die Schuld jener aufrechten Menschen, daß wir unser Leben aufs Spiel setzten und die Männer und Knaben drunten am Pottawatomie niedermetzelten und in der Folge die Ebene von Kansas bis nach Missouri hinein mit mörderischem Verderben überzogen oder daß wir später in Virginia unserem Martyrium entgegenschritten; all das taten wir nicht, weil es die anderen nicht taten, sondern weil wir es nahezu als einzige nicht ertragen konnten, daß dem Krieg gegen die Sklaverei so ein Ende gesetzt werden sollte. Dort draußen am California Trail begriffen wir, was keiner im ganzen Land auch nur erahnen konnte, weder in Boston noch in New York oder Washington oder gar in den Hauptstädten des Südens. Wir waren an der Front, und in jener Nacht im Mai 1856, als die Nachricht von der abscheulichen Plünderung und Einnahme von Lawrence durch die Border Ruffians noch immer in unseren Ohren dröhnte und wir nur Stunden später plötzlich davon erfuhren, daß Senator Sumner in Washington beinahe ermordet worden war, glaubten wir, der Krieg sei ganz und gar vorbei und verloren. In jener Nacht sahen wir Satan, wie er sich bequem in seinem Sitz zurücklehnte und seine Sklavenhaltergünstlinge um sich zu scharen begann, damit sie ihm dienten und ihn ehrten.

Zwar ist es keineswegs meine Absicht, unsere Handlungen, meine oder die Vaters oder jener, die uns folgten, zu erklären oder zu entschuldigen, aber Sie sollen verstehen, daß wir verzweifelt waren. Und von uns allen war ich, glaube ich, der Verzweifeltste. Es waren drei unausweichliche Tatsachen, die uns, und besonders mich, in diese Verzweiflung getrieben hatten: unsere Lage in Kansas, die Klarheit, mit der Vater die wahre Natur und die Tragweite des Krieges gegen die Sklaverei erkannte, und unsere Grundsätze. Wir konnten nicht sein, wo wir waren, wissen, was wir wußten, und aufrechterhalten, was uns heilig war – und uns dann anders verhalten, als wir es taten. Und andere Männer schlossen sich uns an, für die diese drei Voraussetzungen ebenso galten. Viele waren es nicht, ein Dutzend, zwanzig; meist kamen sie einzeln, doch gelegentlich tauchten sie in Gruppen von drei oder vier Mann auf, aber immer meldeten sich, vor allem nach Pottawatomie, rasch genügend Leute, die sich uns anschlossen, so daß wir binnen kurzem keine kleine Guerillatruppe mehr waren, die nur aus Old Brown und seinen Söhnen bestand, sondern eine regelrechte, gutbewaffnete Armee von Aufständischen, die schnell größer und immer furchterregender wurde.

Manchmal waren es bis zu fünfzig Männer, manchmal auch nur zehn; wir saßen beinahe ständig, bei Tag und bei Nacht, im Sattel und ritten den ganzen Sommer über und bis ins folgende Jahr hinein kurze, waghalsige und grausame Angriffe gegen die Border

Ruffians und ihre Helfer unter den Siedlern; unser Lager verlegten wir alle paar Tage von einem von Bäumen gesäumten Flußbett ins nächste. Wir brannten die Hütten und Scheunen unserer Feinde nieder und bemächtigten uns ihres Besitzes, ihrer Pferde und Rinder, Vorräte und Waffen, und obwohl dies manche Leute, selbst unter unseren Verbündeten, als Plündern oder schlichten Pferdediebstahl bezeichneten, war es für uns lediglich eine notwendige und legale Fortsetzung unserer Kriegspolitik, denn es schwächte unseren Feind im Feld und jagte ihm überall Angst ein, während es uns stärkte und unseren Verbündeten Mut machte.

In jener Zeit kamen über St. Louis, Leavenworth und Lawrence oder von Iowa Dutzende von Journalisten nach Topeka und drangen in das Kampfgebiet im Südosten von Kansas vor. Die furchtloseren unter ihnen, etwa Mr. Redpath und Mr. Hinton, schlugen sich schließlich bis zu den Sümpfen und Schluchten und Pappelwäldern entlang des Marais des Cygnes und des Pottawatomie durch oder erreichten die hochgelegenen Grasebenen im alten Ottawa-Reservat. Dort stießen sie dann auf unseren Trupp und folgten ihm einige Tage oder eine Woche lang, bis sie, vom Tempo unserer ständigen Märsche und Überfälle sowie den nächtelangen Monologen und Predigten Vaters erschöpft, nach Lawrence oder Topeka zurückkehrten, um dann im Osten lebhafte Schilderungen der unermüdlichen und glänzenden Kampagne von Old Brown gegen die Truppen der Befürworter der Sklaverei zu verbreiten. Bald hatten sie ihn zur Heldenfigur aus einer alten Legende in der Art jenes sagenhaften schottischen Häuptlings stilisiert, der die tapferen Männer seines Clans gegen die britischen Eindringlinge anführte, und gegen Ende des Sommers war sein Name fast jedem Amerikaner, ob im Norden oder im Süden, bekannt. Für alle war er zu einer Gestalt geworden, die die prinzipielle Ablehnung der Sklaverei perfekt verkörperte.

Als sich sein Ruhm im ganzen Land verbreitete, schlossen sich mit der Zeit natürlich auch tapfere, wagemutige junge Männer mit festen Grundsätzen unseren Reihen an, die darauf brannten, in die Schlacht zu ziehen. Ich bin sicher, Sie kennen die Namen und den

Ruf vieler der besten unter ihnen, denn sie waren später mit uns bei Harpers Ferry dabei und gingen damit in die Geschichte ein: der ungestüme, intelligente, wortgewaltige John Kagi, der freundliche, schwarzäugige Riese Aaron Stevens und der arme John Cook, umgänglich, doch gefährlich unbesonnen, dazu Charlie Tidd aus Maine, ein Mann von schrecklich aufbrausendem Temperament, aber dennoch von fast weiblicher Sanftheit; Jeremiah Anderson, der mit Schuldgefühlen beladene Enkel von Sklavenhaltern in Virginia, und der junge Will Leeman, der kaum siebzehn war, als er erstmals in unserem Camp auftauchte. Diese Männer und zahlreiche andere, deren Namen und Schicksale Sie kennen, waren mit dabei, aber im Laufe der Zeit auch hundert weitere, die ebenso unerschütterlich und tapfer waren und dennoch namenlos blieben. Auch sie schlossen sich uns an; manchmal fielen sie in der Schlacht und endeten in nicht gekennzeichneten Gräbern oder unter bescheidenen, vergessenen, ungepflegten Holzplatten in einem überwucherten Feld oder Hinterhof in Kansas – Bauern, Zimmerleute, Angestellte, sie alle hatten in ihren Kirchen und Versammlungsräumen in Ohio, New York und New England von Old Brown und seinen Leuten gehört oder in ihren Zeitungen über uns gelesen. Sie hatten ihre Hacken und Spaten fallen lassen, ihre Federhalter und Augenschirme beiseite gelegt, und wie die Generation ihrer Großväter griffen sie nach ihren Gewehren und brachen nach Südwesten Richtung Kansas auf, wo sie durch unsere immer zahlreicher werdenden Helfer und Verbündeten von einem zum anderen weitergereicht wurden, bis sie schließlich eines Morgens zwischen den Bäumen hindurch in unser Lager kamen und sich dem schlanken, ledrigen alten Mann am Feuer vorstellten, der seine Karten durchsah: dem legendären John Brown persönlich.

Natürlich kamen auch einige streitlustige, mutwillige junge Männer, die sich uns anschlossen und eine Weile als Soldaten in unserer Armee des Nordens, wie Vater seine Truppe gelegentlich nannte, blieben; Männer, die eine Schande waren und deren rücksichtsloses, gewalttätiges Benehmen viele der gegen die Sklaverei eingestellten Bewohner von Lawrence und Topeka und sogar drüben im Osten veranlaßte, unsere Arbeit trotz der ständigen Hosianna-Rufe in der Presse insgeheim zu verurteilen: Burschen, die es nicht fertigbrachten, sich an den von ihnen abgelegten Schwur zu halten und auf Alkohol- und Tabakgenuß zu verzichten, oder die sich nicht dem Willen Vaters unterwarfen; sie wären bei den raubenden und plündernden Horden der Border Ruffians besser aufgehoben gewesen, hätten sich bei den Schlägereien in den Saloons und in den schmutzigen Gassen der schäbigen Grenzorte entlang des Missouri bestimmt wohler gefühlt. Allerdings blieben sie nie lange bei uns. Wenn Vater oder ich einen betrunken erwischten oder wenn ein Mann auf Vaters oder mein Geheiß hin sich nicht sofort von seinem Lager erhob und um Mitternacht wie die anderen aufs Pferd stieg, um in den kalten Regen hinauszureiten und in der Morgendämmerung die Farm eines Verfechters der Sklaverei zwanzig Meilen entfernt am Ottawa Creek zu überfallen, war Vater unerbittlich und hieß mich den Mann wie einen Hund aus dem Lager jagen.

Ich war in allen Angelegenheiten Vaters Sprecher, außer wenn er beschloß, selbst zu reden, was jedoch nur noch selten vorkam und dann um so beeindruckender war. Selbst meine Brüder Salmon, Fred und Oliver und mein Schwager Henry Thompson wandten sich über mich an Vater, und er antwortete ihnen und den anderen durch mich. Mit den Journalisten sprach er natürlich selbst, denn keiner, und ganz gewiß nicht ich, konnte so präzise und deutlich und poetisch reden wie er, wenn es darum ging, seine umfassende, großräumige Strategie zu umreißen und zu begründen. Mit seinen Unternehmungen in Kansas wollte Vater andere Männer entlang der ganzen tausend Meilen langen Grenze zwischen dem Norden und dem Süden, von Maryland bis Missouri, zu ähnlichen Taten anregen: Durch sein und unser Beispiel wollte er aus Abolitionisten und befreiten Negern Krieger und aus Sklaven Aufständische machen.

Aufgrund Ihrer Untersuchungen ist Ihnen inzwischen sicherlich bekannt, daß meine älteren Brüder John und Jason nach der Nacht des Pottawatomie-Massakers, wie es rasch genannt wurde, nicht mehr bei uns waren. Sie wurden jedoch nicht von Vater aus unserer Truppe ausgeschlossen, sondern verließen uns von sich aus. Das war sowohl für sie als auch für uns von Vorteil, denn sie waren nicht kaltblütig genug.

Als wir an jenem Maimorgen endlich alles Blut von unseren Händen und Gesichtern gewaschen und unsere Breitschwerter im Wasser des Pottawatomie gesäubert hatten, wandten wir uns düster schweigend vom Haus Dutch Shermans ab und fuhren beziehungsweise ritten entlang des gewundenen, nach Norden führenden Weges aus dem verschatteten, finsteren Flußtal zu dem grasigen Plateau hinauf. Nebelschwaden drifteten über die Bäume in der Ferne, wo der Marais des Cygnes River sich ostwärts auf Osawatomie zu schlängelte, und das hohe Gras funkelte in der Morgensonne. Wir gelangten zu den seit kurzem wieder grünenden Lichtungen und Laubwäldchen außerhalb der Ansiedlung und erreichten nach einer Weile die Wegkreuzung, wo John und Jason und die Osawatomie Rifles noch immer lagerten und auf Befehle ihrer Vorgesetzten in Lawrence warteten.

Die Männer von Johns Einheit waren größtenteils junge Burschen, Ehemänner und Söhne, Osawatomie-Siedler, die aus heiterem Himmel zu einer Kompanie der Miliz abgeordnet worden waren, um ihr Heim gegen die plündernden Horden aus Missouri zu verteidigen und zu schützen. Sie hätten sich also unserem Werk ohnehin nicht anschließen können und blieben weiterhin Colonel Lane und Mr. Robinson unterstellt. Nicht daß Vater ihnen mißtraut hätte, besonders John und Jason nicht; er respektierte lediglich ihren Auftrag und ihre Pflicht und wußte, worin diese sich von unseren unterschieden.

An jenem Morgen empfingen sie uns zu unserem Erstaunen mit grimmigem Schweigen. Die meisten standen bei dem schwelenden, qualmenden Frühstücksfeuer beisammen, und als wir näher kamen, musterten sie uns nur, sagten jedoch kein Wort, hoben nicht einmal die Hand zum Gruß. Es schien, als wären wir ein Gemälde, das sechs Reisende zeigte, drei zu Pferde und drei in einem Wagen, das an einer Wand in einem Museum hing, und sie wären eine Gruppe schweigender, nachdenklicher Betrachter, die sich versammelt hatten, um es sich genau anzusehen. Als wir uns dem Feuer näherten, war es, wie ich mich erinnere, Jason, der sich als erster aus der Gruppe löste und vortrat, während John nur kummervoll dreinschaute und die anderen unbeteiligt und wie aus großer Entfernung in unsere Richtung blickten.

Jason überflog mit einem Blick die Pferde und Sättel, die wir von Mr. Wilkinson mitgenommen hatten, dann nahm er unvermittelt Vaters Hand und führte ihn ein Stückchen abseits. Ich ging ihnen nach, während die anderen Jungen abgesondert von den übrigen beim Wagen stehenblieben.

»Hattest du irgend etwas mit diesen Morden drüben an der Kreuzung bei Dutch Henry zu tun?« fragte Jason Vater.

Die Frage überraschte den Alten. »Was weißt du davon?«

»Vor ein paar Stunden, kurz vor Sonnenaufgang, ist einer der Jungen von dort hier durchgekommen; er war völlig außer sich und weinte vor Angst«, erklärte er. »Schließlich bekamen wir so viel aus ihm heraus, daß sein Vater und zwei Brüder und noch ein paar andere Männer brutal ermordet worden sind. Er sagte, sie seien alle mit Schwertern zu Boden gestreckt und schrecklich zerstückelt worden. Eine ungeheuerliche, niederträchtige Tat!« betonte er. Dann sah er auf das Breitschwert hinunter, das ich am Gürtel trug und schwieg kurze Zeit. »Der Bursche war ziemlich durcheinander«, fuhr er fort und wandte sich erneut Vater zu. »Aber er behauptete, es seien die Browns gewesen. Da war er sich ganz sicher. Anschließend ist er nach Osawatomie weitergeritten. Um Alarm zu schlagen.«

Wir schwiegen alle drei. Schließlich fragte Jason: »Hast du das getan, Vater?«

»Ich habe keinen umgebracht«, erklärte Vater. »Aber ich billige es.«

»Ich werde zu dir halten, Vater, wenn du unschuldig bist. Aber wenn du es getan hast, kann ich dich nicht verteidigen. Es war eine verabscheuungswürdige Tat. Ich muß wissen, wo du und die Jungen die ganze Nacht über gewesen seid.«

»Nein, Jason, das brauchst du nicht zu wissen«, sagte Vater unumwunden.

Daraufhin sah Jason mich an. »Weißt du, wer das getan hat?« Ich verzog keine Miene und wandte ihm das Profil zu. »Ja, ich weiß es. Aber ich werde es dir nicht sagen.«

Fast flüsternd sagte Jason: »Das ist verrückt.« Dann rief er barsch zum Wagen hinüber: »Fred, komm mal her!«

Fred gehorchte, trat vor und stellte sich mit hängendem Kopf neben mich. »Ich bin es nicht gewesen«, sagte er unaufgefordert zu Jason, »aber ich kann dir nicht sagen, wer es getan hat. Als ich gesehen habe, was für eine Art von Geschäft das ist, habe ich es nicht fertiggebracht, Jason!« Tränen rannen ihm übers Gesicht.

»Ist dir klar, daß wir nun alle dafür büßen müssen?« fragte Jason Vater. »Ist dir das klar?«

»Nein, da irrst du dich«, erwiderte Vater. »Diese Männer waren Feinde des Herrn, und sie haben den Tod verdient, gleichgültig, wer es getan hat. Denn ohne Blutvergießen gibt es keine Vergebung der Sünden. Das eine will ich dir sagen, mein Sohn: Ich selbst habe keinen getötet. Doch wenn die Sklavenhalter *glauben*, ich hätte ihre Sippschaft umgebracht, so soll mir das recht sein. Um so besser. Denn jetzt wissen sie, wie weit zu gehen wir bereit sind. Jetzt wissen sie, worauf sie sich einstellen müssen«, erklärte er.

Doch Jason hörte schon nicht mehr zu. Taumelnd war er ein paar Schritte weit gegangen, dann drehte er sich um und stolperte von uns und den Männern der Miliz weg.

Der Anblick Jasons, wie er sich, fassungslos und entsetzt, so demonstrativ von Vater, mir und Fred absetzte und im Zickzack über den Abhang und durch die Schlucht zum Fluß hinunterging, machte den anderen klar, daß der Bericht des Jungen am Morgen wahr gewesen war, und das schien die Männer aus ihrer Erstarrung zu lösen. Auf einmal begannen sie geschäftig, das Lager abzubrechen, ihre Pferde zu satteln und aufzuzäumen. Kurz darauf stand

John allein am Feuer – ein verstoßener Captain, dessen Leute sich von ihm losgesagt haben.

Er sah zuerst auf uns und dann zu seinen Männern hinüber, dann wieder auf uns, als wäre er innerlich zerrissen und verzweifelt, weil ihm eine solche Entscheidung aufgezwungen wurde. Schließlich rief er seinen Männern, die mittlerweile fast alle aufgesessen und eindeutig abmarschbereit waren, hinterher: »Wartet! Wartet noch einen Augenblick! Wir sind hier noch nicht fertig. Ihr Burschen steht nach wie vor unter meinem Kommando.«

Henry Williams, ein Ladenbesitzer aus Osawatomie, ein breitschultriger Mann mit dunklem, struppigem Bart, erklärte: »Nein, wir wählen uns einen neuen Captain, John. Wir reiten nicht mehr unter einem Brown.« Die anderen nickten und murmelten zustimmend; Mr. Williams wandte sich im Sattel um und fragte: »Leute, wen wollt ihr als Captain? Irgendwelche Vorschläge?«

»Du wärst genau der Richtige, Henry«, meinte einer.

Ein anderer, ein großer, grobknochiger Mann in einem leinenen Staubmantel, erklärte: »Ich stimme für Williams. Er hat Verstand. Und er muß seine Familie und seinen Laden schützen. Er wird keine so blöden Geschichten machen und willkürlich irgendwelche Leute umbringen«, wobei er erst Vater und mich und dann John anstarrte.

»Ich habe auch Familie«, erklärte John.

»Ja«, erwiderte der Mann, »das kann man wohl sagen.« Damit wendete er sein Pferd und ritt aus dem Lager zur Wegkreuzung.

Mr. Williams sagte noch: »Hört mal, ihr Browns, wenn ich einer von euch wäre, würde ich mir ein Loch suchen und den Winter über drinbleiben. Dann würde ich mich möglicherweise aus Kansas davonmachen und in die Staaten zurückkehren. Überall im Territorium wird man euch jetzt die Hölle heiß machen. Ihr verdammten Browns«, erklärte er, »ihr seid doch vollkommen verrückt. Selbst du, John. Und Jason auch. Ich kann dich und ihn ganz gut leiden, aber euer Name ist Brown, und wir können nicht mehr deinem Befehl unterstehen. Jedenfalls nicht jetzt.« Dann gab er seinem Pferd die Sporen und verließ das Camp in Richtung Kreuzung. Dort nahm er seinen Platz an der Spitze der sich sammelnden Kolonne ein, und als sie sich zu militärischer Marschordnung aufgereiht hatten, führte er die Truppe die Straße hinunter nach Osawatomie.

Bald waren sie außer Sichtweite, und auch Hufschläge waren keine mehr zu hören. Eine Krähe kreiste über unseren Köpfen und schrie. Sekunden später gesellte sich eine zweite dazu, und die beiden beschrieben wilde Bögen in dem wolkenlosen Himmel. Kurz darauf kam Jason mit entsetzter Miene und blaß vom Flußtal herauf, als hätte er die Leichen der fünf Männer erblickt, die wir kaum drei Stunden zuvor fünf Meilen von hier niedergemetzelt hatten. Fred ging zum Wagen zurück. John hatte bis jetzt noch kein Wort zu Vater gesagt oder seinen Platz an dem allmählich verlöschenden Feuer verlassen.

Vater legte mir die Hand auf den Arm. »Was ist deiner Meinung nach jetzt das beste, mein Sohn?« fragte er.

»Angriff.«

»Davon bist du überzeugt, hm?«

»Uns zu verkriechen, wie Mister Williams vorgeschlagen hat, wäre das Törichteste, was wir tun könnten. Wir sind Werkzeuge des Herrn, oder? Also soll der Herr uns leiten. ›Das ist das Gesetz… auf daß man wisse, wann etwas unrein oder rein ist‹«, zitierte ich.

Er lächelte leicht. »Und wenn der Priester wiederkommt und sieht, daß das Mal weitergefressen hat an des Hauses Wand‹«, ergänzte er, »›so soll er die Steine heißen ausbrechen, darin das Mal ist, und hinaus vor die Stadt an einen unreinen Ort werfen.‹«

»Sollen wir die verworfenen Steine sein? Wenn wir statt dessen die Leute des Priesters sein können?«

Vater nickte, und dann rief er Salmon, Oliver, Fred und Henry, die am Wagen lehnten, zu: »Steigt auf, Jungen. Wir reiten ein Stück weit auf die andere Seite des Middle Creek hinüber.«

»Wozu?« fragte Salmon.

»Dort suchen wir uns einen Lagerplatz, wo wir uns einen Tag lang in Frieden ausruhen können.«

»Und was dann?« wollte Henry wissen.

»Dann werden wir einiges unternehmen. Von jetzt an gehen wir zum Angriff über, Jungen.«

Jason ließ sich schwer auf einen Holzklotz fallen; er preßte die Stirn auf die Knie und umschlang den Kopf mit den Armen, als wolle er seinen Vater und seine Brüder nicht mehr sehen und nicht mehr hören. John blieb trostlos und niedergeschlagen neben dem fast erloschenen Feuer stehen.

»Kommst du mit?« fragte ich ihn.

Er schüttelte den Kopf.

»Du mußt auf dich selber hören«, sagte ich. »Jason?«

Er gab keine Antwort.

»Ihr solltet euch vielleicht überlegen, ob es nicht besser wäre, eure Frauen und Tonny auf Dauer in die Stadt oder zu Onkel zu bringen«, empfahl ich ihnen. »Hier wird es bald ziemlich heiß hergehen«, ergänzte ich und kletterte neben Oliver auf den Wagen. Vater hatte sich auf Reliance geschwungen und wartete vor dem Wagen. »In Ordnung, Vater«, sagte ich. »Wir können los.«

Er nickte, und wir überquerten nordwestlich der Kreuzung eine weit sich hinstreckende Wiese, auf der das Gras hoch stand, und verließen unsere alte Heimstatt bei Browns Stützpunkt, den Ort Osawatomie und John und Jason, die Armen. Ich erinnere mich, wie ich mich auf dem Kutschbock umdrehte und zu ihnen zurückspähte: Meine älteren Brüder standen da, die Arme umeinander geschlungen, als weinten sie und versuchten, einander zu trösten.

Damals konnte ich mir nicht vorstellen, daß je geschehen könnte, was John und Jason später zustoßen sollte, doch als es geschah, überraschte es mich nicht. Da war Vater, Old Brown, bereits zum gefürchteten und bewunderten Captain Brown aus Kansas geworden, war Osawatomie Brown geworden, der Sieger der Schlacht von Black Jack, der einzige landesweit bekannte Held im Kansas-Krieg. Und er war wieder in Boston, von wo aus er den ganzen Nordosten bereiste, um Geld aufzutreiben und unter donnerndem Applaus Reden zu halten. Und all die Zeit hindurch war ich, von jenem Maitag an, der unnahbare, schweigende Mann an seiner Seite, der große, rotbärtige Bursche mit den grauen Augen, der mit niemandem außer Captain Brown persönlich sprach; ich allein. Meine beiden älteren Brüder waren völlig aus Vaters Leben verschwunden, und ich hatte ihren Platz eingenommen.

20

Ich versuche, mich daran zu erinnern, wie es dazu kam, daß ich nächtens an die roh gezimmerte Brettertür von Onkel Sam Adairs Hütte klopfte, und wann genau ich dies tat, noch in derselben oder in der darauffolgenden Nacht. Damals ging alles so schnell, und so verwischt sich manchmal die Reihenfolge der Ereignisse, obwohl ich sie mir ohne weiteres in allen Einzelheiten lebhaft und klar ins Gedächtnis rufen kann. Jedenfalls weiß ich, es war unmittelbar nachdem wir unser erstes geheimes Lager drüben am Middle Creek in einem Schwarzeichenwäldchen aufgeschlagen hatten; wir hatten eine Weile geschlafen und auch unsere Tiere verschnaufen lassen. Und wir hatten unsere Waffen für die Schlacht zugerüstet, ehe ich zur Hütte meines Onkels aufbrach. Ich habe kein Tagebuch zur Hand, denn keiner von uns hat je ein solches geführt, und natürlich besitze ich keinen Kalender aus jener Zeit. Doch ich erinnere mich genau, gegen Ende unserer ersten Nacht im Lager ritt ich, während die anderen noch schliefen, auf Vaters Anweisung hin auf einem der Pferde von Dutch Sherman auf die Osawatomie Road; ich hatte vor, im Schutz der Dunkelheit in die Stadt zu schlüpfen und mich zu vergewissern, ob Jasons Frau Ellen und Johns Wealthy und der kleine Tonny bei Freunden sicher untergebracht waren.

Nein, es war doch erst die zweite Nacht, in der ich zur Hütte Adairs hinüberritt. Denn als wir den Middle Creek erreicht hatten, waren die Jungen, Oliver, Salmon, Fred und Henry Thompson, erschöpft gewesen – erstaunlicherweise, wie mir schien, auch wenn wir fast vierzig Stunden wach gewesen waren, denn Vater und ich waren nicht im geringsten müde. Ganz im Gegenteil, wir waren beide in Hochstimmung und sprudelten schier über von immer neuen Plänen und Kriegslisten, um die Border Ruffians und Siedler, die für die Sklaverei eintraten, zu überfallen und sie in Angst und Schrecken zu versetzen. Die Jungen hingegen waren für eine Weile zu nichts zu gebrauchen, zumindest so lange nicht, bis sie allmählich die Morde vergessen konnten. Fred weinte und erklärte ein ums andere Mal, er könne derlei nicht noch einmal tun; Oliver wickelte sich auf dem Boden in seine Decke und sprach mit keinem von uns, während Salmon und Henry beisammenhockten und jeder in seiner Bibel las.

Vater saß neben Fred auf dem Boden. »Gott wird dir vergeben, Sohn«, sagte er zu ihm. »Ich habe aus ganzer Seele und von ganzem Herzen zum Herrn gebetet und Ihm zugehört, und ich weiß, wir haben mit diesem Werk Seinen Willen erfüllt. Du kannst dein Gewissen beruhigen, Sohn.« Er streichelte den armen Fred und tröstete ihn liebevoll, während ich zu den anderen Jungen ging und einen unbeholfenen Versuch machte, bei ihnen das gleiche zu tun. Allerdings waren sie nicht geneigt, sich von mir oder Vater trösten zu lassen; teilnahmslos gaben sie uns zu verstehen, wir sollten sie einfach in Ruhe lassen, sie seien müde und wünschten sich nichts als Schlaf.

Während also die anderen schliefen oder schmollten oder lasen, waren Vater und ich den ganzen Nachmittag bis zum Abend beschäftigt: Wir bauten einen provisorischen Unterschlupf aus Zweigen und eine Umzäunung für die Pferde, und nach Einbruch der Dunkelheit, als wir endlich ein Feuer zu entzünden wagten, fertigten wir eine kleine Korbreuse an und fingen und brieten uns einige kleine Fische aus dem Bach, aßen sie und unterhielten uns mit gedämpfter Stimme bis tief in die Nacht hinein. Vater sorgte sich, wie ich mich erinnere, um die Frauen und Tonny, seinen einzigen Enkel, und als ich freiwillig anbot, in die Stadt zu reiten und mich zu vergewissern, ob sie in Sicherheit waren, meinte er zunächst, das sei zu gefährlich. Ich bestand jedoch darauf, und schließlich willigte er ein. Er erklärte, er wolle noch einige Briefe schreiben und sie mir mitgeben, und ich solle versuchen, sie bei seinem Schwager Sam Adair abzuliefern, damit der sie zur Post bringe. »Ich möchte meine eigene Darstellung dieser Ereignisse übermitteln«, erklärte er. »Um die Wahrheit auszusprechen, ehe die Leute als erstes verfälschte Berichte davon hören. Ich möchte nicht, daß die Familie zu Hause um unser Leben fürchten muß. Und auch nicht um unsere Seelen«, fügte er hinzu.

Ich stimmte ihm zu und erklärte, ich würde auch versuchen, mit John und Jason zu reden und in Erfahrung zu bringen, ob sie es sich mittlerweile anders überlegt hätten und sich uns anschließen wollten, denn mit ihnen wären wir sehr viel stärker als ohne sie. »Das stimmt. Das stimmt fürwahr«, erwiderte Vater. »Aber bedenke, Sohn, wir sind es, die das Blutopfer dargebracht haben. Nicht sie. Für uns bedeutet dieser Krieg nicht mehr das gleiche wie für sie.«

Ich fragte, ob er glaube, daß sie uns verraten würden, denn Jason sei im Grunde pazifistisch eingestellt und John ein Mann der Politik, aber er versicherte mir, dies würden sie nicht tun. Er habe den Herrn gefragt, wie er sich ihnen gegenüber verhalten solle, und der Herr habe ihm gesagt, er solle allen seinen Söhnen gleichermaßen vertrauen. »Der Herr spricht: ›Die du mir gegeben hast, die habe ich bewahrt, und ist keiner von ihnen verloren, als das verlorene Kind, auf daß die Schrift erfüllet würde.‹« Er sprach oft auf derart vertrauliche Art vom Herrn, denn etwa zu jener Zeit begann Vater, was später oft kommentiert wurde, sich aus dem Lager zurückzuziehen, um für sich allein mit Gott zu sprechen, mehr oder weniger so wie Jesus, oft stundenlang; anschließend kam er mit klarem Blick und erfüllt von neuer Tatkraft, voller Vorsätze und Einsichten zu uns zurück. Ich kann nicht sagen, wie er dies erlebte, ob er während jener Stunden wirklich ein Mystiker war oder nur tief in sein einsames Gebet versunken, aber es verhalf ihm zu durchdringender Klarheit und einer stets neu belebten Zielstrebigkeit; dies entsprach voll und ganz meinen Wünschen, und daher stellte ich es nie in Frage.

»Du kannst sie fragen, ob sie sich uns unter meinem Kommando anschließen wollen«, meinte er. »Aber du darfst ihnen diese Wahl nicht aufzwingen, Owen. Ich will sie nicht dazu bringen, sich *gegen* uns zu entscheiden. Die Zeit wird kommen«, erklärte er, »da werden sie aufgrund der Geschehnisse und der Grausamkeit der Menschen von sich aus zu uns kommen, und wenn das geschieht, werden John und Jason sich als unsere stärksten Verbündeten erweisen.«

Er holte sein Schreibzeug heraus und war etwa eine Stunde damit beschäftigt, mehrere Briefe zu schreiben, einen an Mary und die Kinder in North Elba, wie ich später sah, und weitere an Frederick Douglass und Gerrit Smith. Anschließend drängte er mich zur Eile und wies mich an, schnell wieder zurückzukehren, denn wir wären jetzt gezwungen, sofort wieder etwas zu unternehmen, damit die Jungen, wie er erklärte, schnell über die Morde am Pottawatomie hinwegkämen. »Sie müssen wieder ein paar dieser Sklavenhalter ins Gesicht blicken und erneut sehen, mit was für Bestien wir es zu tun haben.«

Wie sich herausstellte, war in Osawatomie zumindest für den Augenblick alles ruhig. Ellen und Wealthy und Tonny waren von sich aus von unseren zerfledderten Zelten und halbfertigen Hütten bei Browns Stützpunkt in die Stadt geflohen, offensichtlich auf Anraten von Freunden hin, die von den Morden am Pottawatomie gehört hatten. An der Tür des kleinen Hauses, das den Days gehörte, entfernten Verwandten von Wealthy aus Ohio, sprach ich kurz mit ihr. Es war kurz vor Anbruch der Morgendämmerung und noch immer dunkel; ich hatte mich verstohlen zu Fuß hergeschlichen – mein Pferd hatte ich in einem kleinen Wäldchen bei der Westfurt des Flusses versteckt – und leise an die Tür geklopft; das hatte den Hund geweckt, den jemand im Haus sogleich zum Schweigen brachte.

Dann hörte ich Wealthys Stimme von der anderen Seite der Tür: »Hier ist niemand außer Frauen und Kindern«, verkündete sie.

»Ich bin's, Owen. Ist bei euch alles in Ordnung?«

»Ich kann dich nicht hereinlassen. Die Days haben große Angst.«

»Ich verstehe. Vater will nur wissen, ob du in Sicherheit bist.«

Sie öffnete die Tür einen Spaltbreit, und im Licht einer Kerze sah ich ihr sorgenvolles, bleiches Gesicht. Sie erklärte: »Wir sind hier sicher, solange wir uns von euch Jungen und Vater Brown fernhalten.«

Ich fragte sie, ob John und Jason bei Onkel Adair draußen in dessen Hütte seien, doch sie erklärte, das könne sie mir nicht sagen. Da wußte ich, daß sie bei Onkel waren. Sie seien in Sicherheit, erklärte sie, hätten sich aber versteckt. Die Ruffians hätten in der Nacht Browns Stützpunkt niedergebrannt, fuhr sie fort, und alles gestohlen, was nicht niet- und nagelfest war. Die Free-State-Leute wüßten wohl, daß John und Jason unschuldig seien, aber keiner sei darauf erpicht, sich dem Risiko auszusetzen und ihnen Schutz zu gewähren. »Halt dich, bitte, von ihnen fern, Owen, bis sich alles etwas beruhigt hat«, bat sie flehentlich.

Ich versicherte ihr, daß ich ihre Befürchtungen verstünde und daß mein Bericht Vater beruhigen würde. Dann wünschte ich ihr eine gute Nacht, schlich mich aus der Stadt und, ohne gesehen zu werden, zu meinem Pferd. Den ganzen Tag über versteckte ich mich dann in dem hohen Gras auf dem Scheitel einer Anhöhe draußen an der Straße nach Lawrence, während mein Pferd außer Sichtweite in einer nahe gelegenen Senke graste; ich beobachtete die Reiter in der Ferne, die zwischen Osawatomie und Lawrence hin- und herritten – bewaffnete Männer beider Seiten, die sich aufgeregt zu Gruppen zusammenschlossen, um sich auf die Suche nach uns zu machen: die eine Seite, die Free-State-Siedler, um uns gefangenzunehmen und uns – als eine Art Friedensgeste – zweifellos sofort den Bundesbehörden auszuliefern; die andere, Marodeure aus dem Sklavenhalterlager, um uns auf der Stelle zu erschießen. Und ich wußte, daß sich bald noch eine dritte Partei einschalten würde: Bundestruppen aus den Forts Leavenworth und Scott, die uns laut persönlichem Befehl des Präsidenten gefangennehmen, nach Lecompton bringen und dort vor Gericht stellen oder aber einfach wegsehen sollten, wie sie das früher schon so oft getan hatten, um uns den Ruffians zu überlassen, damit die kurzen Prozeß mit uns machten.

Als es dunkel war, ritt ich zur Lawrence Road hinunter und dann nach Osten Richtung Stadt; kurz nach Mitternacht kam ich zu der Hütte Adairs. Sicher, ich hatte Angst, aber ich war ungebunden und frei, und alle möglichen Männer waren darauf aus, mich umzubringen; wie ein Falke war ich oder ein einsamer Wolf oder ein Berglöwe. Außer Vater hatte keiner ein Anrecht auf mich, und obwohl er es nicht wußte, hatte ich selber ihm dieses Recht verliehen; dies kehrte den Anspruch auf entscheidende Weise um und machte ihn zu meinem, in keiner Weise zu seinem.

In der Hütte, einem zweizimmrigen Bau aus Holzstämmen, der dem Onkel als Pfarrei gedient hatte, ehe neben seiner Kirche im Ort ein richtiges Haus fertiggestellt war, brannte kein Licht, und sie schien verlassen, denn aus dem Schornstein stieg kein Rauch. Ich klopfte an die Tür, doch niemand antwortete; also klopfte ich ein zweites Mal, und wiederum meldete sich niemand. Draußen waren keine Pferde und auch kein Hund zu sehen. Möglicherweise sind auch die Adairs geflohen, dachte ich, doch dann klopfte ich noch einmal, noch lauter, und rief: »Onkel, ich bin's, Owen! Ich bin allein, Onkel!«

»Mach, daß du wegkommst!« rief mein Onkel von drinnen zu meiner Verblüffung. »Verschwinde, so schnell du kannst!«

»Ich will nur ein paar Worte mit John und Jason wechseln.«

»Nein! Du bringst uns in Lebensgefahr! Sie werden nicht mit dir sprechen. Du und dein Vater, ihr habt sie verrückt gemacht.«

Daraufhin bat ich ihn, die Tür zu entriegeln, so daß ich mich selbst überzeugen könne, wie verrückt sie seien, aber er erklärte, das lasse er nicht zu, und forderte mich erneut auf, sofort zu verschwinden. »Du bist ein gemeiner Mörder, Owen, du bist gebrandmarkt!« sagte er.

»Gut«, erwiderte ich. »Denn ich *will* ein Gebrandmarkter sein!« Ich trat von der Tür zurück, stieg aufs Pferd und ritt wieder die Straße hinunter, erst nach Westen und dann südlich zu unserem Camp am Middle Creek, wo Vater und die anderen bestimmt ungeduldig auf meine Rückkehr warteten. Zumindest Vater, denn ich war überzeugt, daß er ohne mich nicht zu einem Überfall aufbrechen würde. Bei den anderen war ich mir nicht so sicher. Wir hatten uns alle verändert.

Wie ich später erfuhr, wurde John unansprechbar und beinahe verrückt; dies hielt viele Monate lang an, selbst als er Gefangener der Armee der Vereinigten Staaten war, denn sein Zustand hatte sich infolge der schrecklichen Grausamkeiten erheblich verschlimmert, die Soldaten ihm zugefügt hatten, nachdem sie ihn fast nackt und stammelnd in den Ginsterbüschen einige Meilen hinter Onkels Hütte gefangengenommen hatten, wohin ihn seine Wahnvorstellungen nach meinem kurzen Besuch getrieben hatten. Jason kapselte sich voller Selbstvorwürfe in seinen Kummer ein; dies legte sich zwar mit der Zeit, und schließlich stand er, wenn auch nur für eine Weile, im Krieg auf unserer Seite. Doch letztlich trieb ihn dieser Kummer dazu, nach einem Ausweg zu suchen und sich schließlich den Truppen der Vereinigten Staaten zu ergeben. Man einigte sich rasch auf seine Entlassung, anders als bei John, der erst im folgenden Frühling freikam. Ich glaube, von da an galt Jasons Hauptsorge in allem, was er tat, seiner persönlichen Sicherheit und der seiner Frau Ellen, denn sobald er dazu imstande war, schickte er Ellen zusammen mit Wealthy und Tonny nach Ohio zurück und folgte ihnen schon lange vor dem Ende des Kansas-Krieges.

Oliver und Salmon fanden schnell zu ihrem normalen Verhalten zurück, ebenso Henry Thompson, doch auch sie waren nicht mehr dieselben Menschen wie zuvor: Sie waren jetzt Krieger, Männer, die unsere Grundsätze oder Voraussetzungen und auch Vater nicht mehr in Frage stellten und folglich wie junge Löwen kämpften, als würde jede neue kriegerische Unternehmung die Morde am Pottawatomie auslöschen oder rechtfertigen. Damit ging es für sie nicht mehr so sehr darum, Kansas zu einem freien Staat zu machen; sie wollten schlicht und einfach die Verfechter der Sklaverei töten und terrorisieren. Strategien, langfristige Ziele, auf das Ganze zielende Pläne – all das zählte nicht mehr für sie. In ihren Augen wurde der Krieg zum immer gleichen Alltagsgeschäft des Tötens, eine Arbeit, die Vater und ich festlegten und vorgaben, nicht viel anders, als würden wir auf der Farm in North Elba jedem seine Aufgabe zuteilen.

Was Fred, den armen Fred, anging, so war seine Frömmigkeit noch ausschweifender geworden. Falls Vater kein richtiger Mystiker war und vertraulich zu seinem Gott sprach (was er, wie ich schon sagte, sehr wohl getan haben könnte), Fred war es mit Sicherheit. Zum Glück bestätigte Freds Gott jedoch nur, was Vaters Gott sagte; das gab ihm die Freiheit, Vaters Befehle mit mörderischer Begeisterung auszuführen.

Auch Vater hatte sich verändert. Bald wurde klar, und das überraschte auch mich – mich vielleicht sogar besonders –, daß Pottawatomie ein großes Geschenk für ihn gewesen war. Denn es hatte ihn zu seinem reinsten und in vieler Hinsicht bewundernswertesten Selbst zurückgeführt, hatte ihn wieder zu dem alten leidenschaftlichen Ideologen gegen die Sklaverei werden lassen. Und auch ein neuer Aspekt seiner Persönlichkeit hatte sich entfaltet, der bislang nur in seiner Vorstellung existiert hatte: der glänzende Taktiker und Anführer im Krieg. Plötzlich trugen all die Jahre, in denen er die Kriegswissenschaft studiert hatte, Frucht, und die damals gewonnenen Einsichten wurden hier auf den hügeligen Ebenen im Südosten von Kansas zwangsläufig gut genutzt. Und mit jedem weiteren militärischen Erfolg, angefangen bei den Morden von Pottawatomie über Black Jack bis hin zur Schlacht von Osawatomie und all den anderen kleineren Überfällen und Hinterhalten und den atemlosen Fluchten vor unseren Verfolgern, wuchs sein Vertrauen; seine Begeisterung für das Werk nahm stetig zu, und so war es bald nicht mehr notwendig, ihn irgendwie anzustacheln oder zu bestärken; vielmehr sah ich mich jetzt kaum mehr in der Lage, mit ihm Schritt zu halten. Diese Entwicklung war mir höchst willkommen, denn sie stellte unser altes Verhältnis zueinander wieder her. Es war wieder richtig austariert – er war wieder Abraham, und ich war Isaak.

Trotz alledem, oder vielleicht gerade deswegen, hatten mich die Morde am Pottawatomie nicht verändert. Nein, ich blieb derselbe Mensch, der mit seinem Bruder, der sich selbst verstümmelt hatte, von Ohio zu Browns Stützpunkt gewandert war, der Mann, der schweigend und ohne ihn zu warnen zugesehen hatte, wie sein geliebter Freund sich an jenem Tag am Indian Pass selbst tötete, und der die Frau seines Freundes liebte, damit er nicht seinen Freund lieben mußte. In vielem war ich immer noch der gleiche, der die Farm in North Elba der Wildnis abgerungen und gleichzeitig entflohene Sklaven nach Kanada gebracht hatte, der Bursche, der sich nach England eingeschifft hatte und dessen Herz und Verstand während der Überfahrt von einer Frau gestärkt und bereichert wurden, auf der eine Sorge und eine Verletzung lasteten, die er nicht begreifen wollte. Ich war noch immer der Mann, dessen Geist in dem einen Augenblick wie ein Gesang zur Decke einer Negerkirche aufgestiegen war und der sich im nächsten Augenblick in eine widerwärtige Schlägerei in einem nächtlichen Park verwickeln ließ, der Mann, der sich als Junge in den Gassen von Springfield selbst erniedrigt und ein armes irisches Straßenmädchen gedemütigt hatte, und so immer weiter zurück bis zu dem Jungen, jenem Jungen, der seinem Großvater die Uhr stahl und deswegen log und wegen seiner Lügen gezwungen wurde, den bloßen Rücken seines Vaters mit einer Peitsche zu geißeln; auch der war ich geblieben.

Aber war es nicht allein dieser unbeugsamen, hartnäckigen Beständigkeit meines Charakters zu verdanken, daß in Wirklichkeit auch ich nun ein anderer Mann war als zuvor? Denn nun lebte ich in einer Welt, in der ich nicht länger als Außenseiter galt, als der brummige, stammelnde, verkrüppelte Owen Brown, den zu mögen jedem leichtfiel, den jedoch keiner fürchtete: ein Mann, der im Vergleich zu seinem Vater nur ein halber Mann war. Wenn ich mich jetzt hingegen im Vergleich zu Vater als zweifachen Mann betrachtete, was ich tatsächlich manchmal tat, so war es nicht, weil ich mich verändert hatte, sondern weil sich nach den Morden am Pottawatomie Vater und alle anderen verändert hatten, ob sie nun in jener Nacht dabeigewesen waren oder nicht.

Im Verlauf der nun folgenden Monate zogen unsere Taten ebenso viele Männer des Free-State auf unsere Seite, wie von ihnen abgestoßen wurden. Diejenigen, die blieben und unsere Entbehrungen und den Mangel und die beinahe tagtägliche Gefahr für unser Leben ertrugen, waren notwendigerweise körperlich zähe Burschen, aber sie waren damals auch die mutigsten hier draußen und diejenigen, die der Sache des Widerstandes gegen die Sklaverei mit der größten Hingabe dienten. Vater hätte gesagt, dies liege eben daran, daß sie sich der Sache verschrieben hätten. »Es ist ein Irrtum«, erläuterte er mir, »wenn man glaubt, Rabauken gäben die besten Kämpfer ab oder gewalttätige, grausame Männer seien besser imstande, sich den Südstaatlern zu widersetzen als unsere milden christlichen Abolitionisten. Gib mir Männer mit guten Grundsätzen, gottesfürchtige Männer, Männer, die sich selbst und einander achten, und mit einem Dutzend von denen kann ich mich jeder beliebigen Hundertschaft solcher Leute wie den Border Ruffians entgegenstellen!« Doch alles in allem war es ein zermürbendes, gefährliches Geschäft, und diejenigen, die daran teilnahmen, mußten sowohl körperlich als auch geistig und seelisch widerstandsfähig sein. Wir waren keine reguläre Armee mit einem Quartiermeister und Wagenladungen von Vorräten, Zelten und Waffen und reichlich frischen Pferden, die uns begleiteten. Wir lebten vom Land, wie man so sagt, und im Freien, waren nie lange an einem Ort und bewaffneten, versorgten und ernährten uns ausschließlich mit dem, was wir an Ausrüstung und Vieh von unseren Feinden erbeuten konnten.

Im Lager gingen wir barfuß, um das Stiefelleder zu schonen, und wenn es regnete, zogen wir unsere Kleider aus und packten sie ein, um sie trocken zu halten. Manchmal lebten wir wochenlang nur von Fladenbrot aus grobgeschrotetem Maismehl, das wir mit Flußwasser hinunterspülten, dem als Würze ein wenig Ingwer und Melasse beigemengt waren. Zur Zeit der Sonnenwende war der Wasserstand der Flüsse so niedrig und das Wasser so stehend, daß wir den grünen Schleim auf der Oberfläche wegschieben mußten, ehe wir unsere Tassen zum Trinken eintauchten, und viele von uns waren die meiste Zeit krank, hatten Fieber und Schüttelfrost.

»In meinem Lager hätte ich lieber Pocken, Gelbfieber und Cholera gleichzeitig als einen Mann ohne feste Grundsätze«, meinte Vater. Stets war er Koch, Krankenpfleger und Lehrer für seine Leute, damit wir uns ein Beispiel an ihm nähmen und unsererseits Koch, Krankenpfleger und Lehrer füreinander würden; er belehrte uns fortwährend über den Zweck und das letztendliche Ziel unseres Werkes, um uns begreiflich zu machen, daß wir nur um eines wahrhaft edlen Zweckes willen diese Entbehrungen ertrugen und unser irdisches Leben aufs Spiel setzten. Unermüdlich schärfte er uns ein, daß wir jede Versuchung, uns Gesetzen und Institutionen zu unterwerfen, die unser Gewissen und unser Verstand verurteilten, als abscheuliche Sünde ansehen sollten, die unsere Seele der Verdammnis anheimgäbe. »Ihr braucht keiner Mehrheit zu gehorchen, wie groß diese auch sein mag, falls sie euren Grundsätzen und Anschauungen widerspricht.« Das machte er jedem neuen Freiwilligen klar, und er sagte es ihm immer und immer wieder, bis es sich in sein Denken eingeprägt hatte. »Auch die größte Mehrheit«, erklärte er, »ist oft nichts weiter als ein organisierter Mob, dessen Lärmen das Falsche ebensowenig in Wahrheit verwandeln, wie es Schwarz zu Weiß oder die Nacht zum Tag machen kann. Und eine Minderheit, die sich ihrer Rechte bewußt ist, wird, wenn diese Rechte auf moralischen Grundsätzen beruhen, früher oder später zur Mehrheit werden, die im Recht ist. Wir arbeiten hier an nichts anderem als an der Freiheit und dem Gemeinwohl, die unsere Unabhängigkeitserklärung uns zusichern und der Gott der Bibel prophezeit und vorbestimmt hat.«

Es bereitete ihm Vergnügen, unser Lager in ein philosophisches und politisches Klassenzimmer zu verwandeln, und die Macht seiner Gedanken und seine Ausdruckskraft waren so groß, daß seine Männer, obwohl viele von ihnen ungebildet und ungeübt in abstrakten Diskussionen oder auch ungläubig waren, zum größten Teil eifrige Schüler wurden. Er erklärte den Männern die Fehler beider Parteien in Kansas; was die Verfechter der Sklaverei anging, zeigte er, wie die Sklaverei die Versklaver von anderen Menschen dumm und gewöhnlich und zu brutalen Bestien mache. Hinsichtlich der Free-State-Anhänger meinte er, hier gebe es zwar viele edle, aufrechte Menschen, die würden aber unglücklicherweise von heruntergekommenen, zynischen Politikern des alten Schlages geführt, von ängstlichen Männern, die lieber hochtönende Resolutionen verabschiedeten, als mit Waffengewalt gegen die Sklaverei zu kämpfen. Mit allem Nachdruck behauptete er, man könne ohnehin keinem Politiker trauen, denn selbst wenn er ehrbare Überzeugungen habe, sei er doch stets bereit, sie zu opfern, wenn es ihm einen Vorteil bringe. Vater legte dar, die Gesellschaft als Ganzes müsse auf einer anderen Grundlage als der Gier aufgebaut werden, denn selbst wenn die institutionalisierte Vergöttlichung der reinen Selbstsucht materielle Interessen in gewisser Hinsicht aufwerte, so verlören doch die gewöhnlichen Männer und Frauen dadurch alles. Trotz seiner früheren Versuche, zu Wohlstand zu kommen, war er überzeugt, alle großen Reformen der Vergangenheit, etwa die christliche Religion, aber auch die Reform, die wir nun selbst in Gang gesetzt hatten, beruhten auf großzügigen, selbstlosen Grundsätzen; deshalb verurteilte er beispielsweise den Verkauf von Land als Eigentum und glaubte, es solle als gemeinschaftlicher Besitz erhalten und zu treuen Händen vergeben werden, wie es die Indianer praktiziert hatten, ehe die Europäer hierherkamen. Die Sklaverei jedoch sei die »Summe aller Niedertracht«; daher sei ihre Abschaffung die erste und grundlegende Aufgabe aller modernen Reformer. Er war vollkommen davon überzeugt, die Freiheit des Menschen und die Freiheit der Republik verschwänden für immer aus diesem Land und möglicherweise sogar aus der Welt, wenn das amerikanische Volk der Sklaverei nicht schnellstens ein Ende setzte.

Vater schlief wie immer wenig, ich mittlerweile auch, und oft ergab es sich, daß nur er und ich aufblieben, um die letzte Wache zu übernehmen, nachdem er den regulären Posten schon frühzeitig von seiner Pflicht entbunden hatte. Da er wie viele Landvermesser ein hervorragender Astronom war, machte es ihm Spaß, mich auf die verschiedenen Sternbilder und ihren wie von einem Uhrwerk gelenkten Weg über den unergründlichen Samthimmel hinzuweisen. »Jetzt«, sagte er zum Beispiel, »ist es genau eine Stunde nach Mitternacht«, und dann zeigte er mir, welche Sterne man aus den Myriaden leuchtender Stecknadelköpfe über uns auswählen mußte und wie man sie so zu einer Linie verband, daß sie den Zeigern von Großvaters alter Uhr glichen. In solchen Augenblicken verfiel er oft beinahe in Ekstase. »Wie bewundernswert ist doch die Symmetrie des Himmels! Wie großartig und ungemein schön er ist! Sieh doch, wie sich unter der Herrschaft Gottes alles in erhabener Harmonie bewegt!« erklärte er. »Nicht so wie hier unter der Herrschaft des Menschen, hm?«

In jener Zeit ließ Vater sich leicht von Gefühlen übermannen; dies ging so weit, daß er Tränen vergoß, manchmal auch in lautes Lachen ausbrach; das war für ihn ungewöhnlich und lag möglicherweise zum Teil an der allgemein hohen Anspannung und Aufregung, in der wir in diesem und im nächsten Jahr hier draußen auf den Ebenen üblicher- und notwendigerweise lebten. Dies ließ ihn körperlich größer erscheinen, als er war, und verlieh auch seiner Persönlichkeit noch mehr Größe; infolge seiner Gewalttaten gegen den Feind und seines wachsenden Ruhmes als Krieger und erfolgreicher Truppenführer wurde er trotz der Tatsache, daß er stets gut bewaffnet herumlief – zwei Revolver und sein Breitschwert am Gürtel, ein Sharps-Gewehr griffbereit und einen Dolch in einer Scheide auf seinem Stiefel –, anders als früher nie Zielscheibe spöttischer Bemerkungen. Man hielt seine Absonderlichkeiten nun weithin für Leidenschaft, seine Verbohrtheit für Grundsatztreue, seine Willkür für Selbstsicherheit und seine auf der Bibel beruhenden Strategien für glänzende Neuerungen in der Wissenschaft der Kriegführung.

Selbst unsere Feinde sahen ihn so. Natürlich hatten sie damit nicht unrecht, aber die Tatsache, daß die mit uns verbündeten Verfechter des Free-State im Gegensatz zu uns ängstlich und unsere Feinde ein unordentlicher Haufen, schlecht ausgebildet, oft betrunken und ungenügend bewaffnet waren, trug sicher dazu bei. Und da die Border Ruffians meist aus Städten entlang des Missouri stammten und nicht in Kansas lebten und arbeiteten, kannten sie das Land auch nicht so gut wie wir. Die Bundestruppen, obschon gut geführt und ausgerüstet, bestanden aus jungen, verängstigten Wehrpflichtigen und waren nicht sehr zahlreich; und es waren bei weitem zu wenige, als daß sie ein so großes Gebiet wirklich überwachen konnten. Außerdem war Vater zum ersten Mal in seinem Leben glücklich.

Die berühmte Schlacht von Black Jack ist ein Beispiel dafür. Man hat viel darüber geschrieben und sie als Wendepunkt im Krieg gegen die Sklaverei bezeichnet, aber gewisse entscheidende Aspekte der Geschichte werden immer übergangen. Es war ein klarer, sonniger Sonntagmorgen Anfang Juni, und wir hatten uns alle auf einem Feld beim Santa Fe Trail in der Nähe der winzigen, größtenteils abgebrannten Free-State-Siedlung namens Prairie City versammelt. Vater hatte uns dorthin geführt, um mit einem gewissen Captain Samuel Shore über die Möglichkeit zu verhandeln, unsere Truppe mit den sogenannten Prairie City Rifles des Captain zu vereinigen, einer der wenigen Milizen des Free-State, die angriffslustig genug waren, um Vaters Billigung zu finden. Außerdem wollten wir dort an einem Gottesdienst im Freien teilnehmen, der von einem beliebten Wanderprediger namens John Moore abgehalten wurde; zwei seiner Söhne waren kürzlich von einer von dem Virginier Henry Clay Pate angeführten Bande marodierender Border Ruffians gefangengenommen und verschleppt worden. Später, im Verlauf des Bürgerkrieges, sollte Pate zu einem bekannten Colonel des fünften Virginia-Kavallerieregiments werden, doch in Kansas bekleidete er, obwohl er im Grunde ein für die Sklaverei eintretender Ruffian war, den Posten eines Deputy Marshal der Vereinigten Staaten und hatte die Bundestruppen bei der kürzlichen Gefangennahme unseres Bruders John in der Nähe von Paola unterstützt; auch bei der Ergreifung Jasons war er dabeigewesen. Jetzt war er mit seiner Bande von Ruffians weiter nach Kansas eingedrungen, um uns restliche Browns aufzuspüren.

Zu dieser Zeit hatten wir etwa ein Dutzend Leute in unserer Gruppe, nicht mitgerechnet den Journalisten Redpath, der die Geschichte anschließend für die Zeitungen im Osten niederschrieb.

Wir waren spät eingetroffen und befanden uns, noch immer zu Pferde, am Rand der Menge dicht neben der Straße, die an dieser Stelle eher einer ausgefahrenen Wagenspur als einer richtigen Straße glich, als Fred zunächst meine und dann auch Vaters Aufmerksamkeit auf drei Reiter lenkte, die sich uns von Osten her aus Richtung der Black Jack Spring, einer nicht weit entfernt gelegenen Quelle, näherten. Da wir über Informationen verfügten, daß Pates Horde von Ruffians vor kurzem in einem Lager drüben bei Black Jack gesehen worden war, und da die Reiter allen unbekannt waren, beschloß Vater, sie in unsere Gewalt zu bringen. »Owen, nimm fünf Mann und fang diese Burschen ab«, ordnete er an, dann wandte er seine Aufmerksamkeit wieder den Schlußworten des Predigers Moore zu.

Zusammen mit Fred rief ich noch Oliver und drei andere zu mir (ich glaube, darunter auch August Bondi, von dem nach Harpers Ferry vor allem in der Presse der Südstaaten, dann aber auch in der des Nordens behauptet wurde, er sei Jude gewesen, der aber, soweit ich weiß, nur ungläubig war und von Österreichern abstammte), und wir ritten den Fremden entgegen. Sobald sie uns kommen sahen, trennten sie sich und hasteten wie Kaninchen in drei verschiedene Richtungen über die Ebene davon. Und wie Kaninchenjäger teilten wir uns in zwei Gruppen zu je drei Mann auf; es gelang uns, zwei von den Männern den Weg abzuschneiden und sie gefangenzunehmen. Mit vorgehaltener Waffe brachten wir sie zu der Ansammlung von Gläubigen; der Gottesdienst war eben zu Ende gegangen, so daß Vater jetzt Gelegenheit hatte, die verängstigten Burschen zu verhören.

»Ich bin Captain John Brown«, eröffnete er ihnen, und mehr war kaum nötig, um sie rasch gestehen zu lassen, daß sie von dem Lager bei Black Jack kämen. Aber nicht von der Truppe Henry Clay Pates, wie sie beteuerten, doch das glaubte ihnen keiner; wir fesselten sie also und übergaben sie Captain Shore, der einen der Freiwilligen aus Prairie City beauftragte, sie in die Stadt zu bringen, um dort Verhandlungen mit den Ruffians über einen möglichen Austausch von Gefangenen abzuwarten – ein bei den kriegführenden Parteien weitverbreitetes, nützliches Verfahren, das für einige Zeit, ehe die Ruffians ihre Gefangenen zu exekutieren begannen, das Blutvergießen auf beiden Seiten einigermaßen in Grenzen hielt.

Sofort forderte der größte Teil der Versammlungsteilnehmer einen Angriff auf Pates Lager; ihr Eifer wurde wohl in gewissem Maße durch die Nachricht geschürt, daß die beiden Söhne von Mr. Moore, den mittlerweile alle mochten, sich in dem Lager befänden; außerdem hatte sich herumgesprochen, daß Pate bei der Gefangennahme Johns und Jasons geholfen hatte, was von den Free-State-Leuten weithin als ungerechtfertigt angesehen wurde. Vater hingegen riet der erregten Menge, bis zum Einbruch der Nacht zu warten, um in der Morgendämmerung bei Black Jack einzutreffen, wenn die anderen uns am wenigsten erwarteten. Das war klug, denn die Verzögerung erlaubte denen, die sich nur von der Begeisterung des Augenblicks hatten hinreißen lassen, sich von den Männern abzusetzen, auf die man sich, wie auf die Gileaditer, im Kampf wirklich verlassen konnte, was letztlich alle aus unserer Gruppe und die meisten Leute von Captain Shores Miliz waren.

Gegen vier Uhr am nächsten Morgen kamen wir zu dem Schwarzeichengehölz, nach dem die Quelle benannt ist. Wir befanden uns auf einem langgestreckten Abhang eine halbe Meile nördlich des Lagers der Ruffians und konnten im grauen Morgendunst die Reihe der Planwagen unter uns, zwischen denen die Zelte aufgeschlagen waren, sowie auf dem bewaldeten Hang im Hintergrund ihre angepflockten Pferde und Maultiere erkennen. Da im Lager keine Feuer brannten und auch ansonsten alles ruhig schien, nahmen wir an, daß die Leute noch schliefen. Wir stiegen also aus dem Sattel und schlichen uns, nachdem wir die Pferde in Freds Obhut zurückgelassen hatten, durch das Unterholz den Hügel hinunter, wo wir uns in zwei Gruppen teilten: Vaters neun und Captain Shores fünfzehn Leute. An dieser Stelle, etwa dreihundert Meter von den Wagen entfernt, entdeckte uns ein Wachposten, der bei den angepflockten Tieren Stellung bezogen hatte; er feuerte seine Flinte ab und schlug Alarm: »Wir werden angegriffen!«

Wie Bienen, die aus ihrem Stock ausschwärmen, rannten die Ruffians aus ihren Zelten und nahmen uns sofort unter Beschuß. Augenblicklich antworteten Captain Shore und seine Leute, die sich an einer exponierteren Stelle postiert hatten als wir, mit einem Sperrfeuer, während Vater uns ein Stück weit nach rechts ausweichen ließ und uns im Laufen befahl, uns noch zurückzuhalten. »Noch nicht schießen, Jungen, und denkt daran, wenn ihr schießt, tief zielen!« Das riet er immer: nah herankommen und dann niedrig zielen. Und zwar auf den Körper, nicht auf den Kopf. »Wir wären inzwischen schon alle tot«, erklärte er oft, »wenn unsere Gegner tief gezielt hätten.«

In wenigen Augenblicken hatten wir eine geschützte Stelle in einer kleinen Senke rechts von den Wagen erreicht. Von dort aus konnten wir aus der Deckung gutgezielte Schüsse auf die Ruffians abfeuern. Wir belegten sie also unsererseits mit Sperrfeuer, und das trieb sie zur hinteren Seite ihres Lagers in eine andere Senke, von wo aus sie sowohl Captain Shores Leute vor ihnen als auch uns in ihrer Flanke pausenlos beschießen konnten.

Da Captain Shores Männer früher und unbedachter als wir zu schießen begonnen hatten, ging ihnen bald die Munition aus. Sie waren nicht mehr in der Lage, das Feuer zu erwidern, und da sie dem feindlichen Beschuß stärker ausgesetzt waren, gab es bald die ersten Verwundeten, und einige seiner Leute schrien: »Mich hat's erwischt! Ich bin verletzt! So helft mir doch, oder ich bin ein toter Mann!« Einer von den Burschen drüben schluchzte wie eine trauernde Frau. Ich sah, wie drei von Shores Männern – darunter der Prediger Moore – aufgaben und den langen Abhang zu dem Wäldchen von Schwarzeichen hinaufrannten. Dann flohen noch drei.

Wir saßen in der Falle; jetzt hieß es: Sieg oder Tod. Und das wußten die Männer. Hinter uns eilte Vater hin und her, schalt uns, feuerte uns an, wies uns auf auftauchende Ziele hin und machte sich dabei selbst zur Zielscheibe; er schien sich jedoch nichts daraus zu machen, gerade so, als wollte er den Feind herausfordern, auf ihn zu schießen. Mehrmals rief ich: »Vater, geh in Deckung!«, doch er warf mir nur einen finsteren Blick zu, als wäre ich feige. Inzwischen kamen Schüsse aus allen Richtungen und von beiden Parteien: Verschreckte Männer schossen aus schlichter Furcht willkürlich auf nicht mehr sichtbare Ziele und wild in alle Richtungen; unsere Jungen feuerten sowohl auf Shores als auch auf Pates Männer, und diese beiden Gruppen schossen auch in unsere Richtung; möglicherweise feuerten wir gelegentlich sogar selbst aufeinander, denn als Henry Thompson eine Kugel in den Schenkel bekam und von mir wegrollte, auf seine Wunde schlug und »Verdammt! Verdammt! Verdammt!« brüllte, als wäre er von rotglühender Kohle getroffen worden, wußte ich nicht, ob die Kugel von einem Ruffian oder einem der Milizionäre des Free-State stammte. Ich konnte nicht einmal sicher sein, ob ich ihn nicht selbst aus Versehen angeschossen hatte. Vater rannte zu Henry, riß einen Streifen von seinem Hemdschoß, nahm seinen Dolch heraus, und mit diesem und dem Stoffstreifen legte er ihm eine Aderpresse an.

Irgendwann tauchte, soweit ich mich erinnere, Captain Shore zusammen mit einer kleinen Anzahl seiner Männer – denen, die nicht aufgegeben und das Weite gesucht hatten – in unserer Senke auf: Er erklärte Vater, sie hätten keine Munition mehr und müßten sich entweder zurückziehen oder Verstärkung holen. Einer seiner Männer sei tot, fünf seien verwundet und sechs desertiert. Die Ruffians hätten sich gut verschanzt, meinte er, und könnten in aller Ruhe abwarten, wenn wir nicht rasch mehr Männer und Munition bekämen. Er schien ziemlich entmutigt. Vater widerte das an; er erklärte, dann solle er eben zurückreiten und Verstärkung holen und auch gleich den Toten und die Verwundeten einschließlich Henry Thompsons mitnehmen.

Als Shore und seine Leute weg waren, befahl Vater uns, das Feuer auf die Pferde und Maultiere der Ruffians zu eröffnen, die in einem Seilpferch ein Stück oberhalb von den Zelten angepflockt waren. »Das wird sie ablenken, und Captain Shore kann seine Leute abziehen; vielleicht lockt es sogar einige aus der Deckung, und wir können sie abschießen«, sagte er. Diesmal wies er uns an, nicht tief, sondern auf die Köpfe der Tiere zu zielen, denn sie sollten sterben und nicht leiden; außerdem waren sie ohnehin leichter zu treffen als Menschen.

Wir gehorchten und schossen in die Herde der aufgeschreckten Tiere. Die Pferde und Maultiere wieherten und schrien, wenn sie getroffen wurden, sie strauchelten und trampelten im Staub aufeinander herum, als erst eine der armen Kreaturen zu Boden stürzte, dann eine zweite und eine dritte. Es war ein schrecklicher Anblick, und es fiel mir nicht leicht weiterzumachen, doch ich sagte nichts und feuerte zusammen mit den anderen drauflos. An jenem Tag erschoß ich Pferde und Maultiere und Menschen, und ich machte mir sehr wenig Gedanken, was ich da eigentlich tat und weshalb, doch zu einem bestimmten Zeitpunkt, mitten im Gemetzel, sah ich uns plötzlich alle, fast so, als gehörte ich nicht dazu: Horden verängstigter weißer amerikanischer Jungen und Männer, die einander umbrachten und sich gegenseitig als blutige Mörder beschimpften und arme, stumme Geschöpfe niederschossen; die einander und unsere Herden niedermetzelten, unsere Mütter und Frauen und Kinder terrorisierten und unsere Häuser und Ernten niederbrannten – und all das, um über das Los schwarzer Amerikaner zu bestimmen, die Hunderte, vielleicht sogar Tausende von Meilen von hier lebten, eines Volkes, das sich so sehr von uns unterschied und das nicht die geringste Ahnung davon hatte, was wir an diesem heißen Junimorgen inmitten der Schwarzeichen von Kansas einander antaten. Ich war mir nicht mehr klar darüber, ob wir es nun für sie, die Neger, taten, oder ob wir sie einfach als Vorwand gebrauchten, um aneinander niederträchtige Verbrechen zu begehen. War unsere wahre Natur die eines Menschen, der sich selbst und andere für seine Grundsätze opfert, oder war sie die eines Verbrechers? Aus unserem Handeln war das nicht zu schließen.

Es überraschte den Feind offensichtlich, daß wir auf die Pferde und Maultiere feuerten, und lenkte ihn ausreichend ab, um Captain Shore einen sicheren Rückzug vom Schlachtfeld zu ermöglichen, doch es lockte keinen der Ruffians aus der Deckung, und als alle Tiere am Boden lagen, wandten sie sich wieder uns zu. Aus ihrer Senke hinter den Zelten bestrichen sie uns mit Gewehrfeuer, und da wir keine besonders günstige Schussposition hatten, waren wir gezwungen, uns flach auf den Boden zu legen und uns auf ihren letzten Angriff vorzubereiten, mit dem wir jeden Augenblick rechneten. Vater wies uns an, unsere Breitschwerter und Revolver bereitzuhalten. »Wartet, bis sie ganz nah herangekommen sind, Jungen, und wählt eure Ziele sorgfältig aus. Wenn ihre Anführer gleich zu Beginn fallen, fliehen die übrigen möglicherweise, auch wenn sie uns zahlenmäßig weit überlegen sind.«

Doch dann geschah etwas Erstaunliches. Ich lag mit dem Rücken am Hang der Senke und blickte zu dem Wäldchen bei der Quelle hinauf, daher sah ich alles: Auf seinem Pferd tauchte Fred allein am Rande der Baumgruppe auf und überblickte argwöhnisch die Szene unter sich. Dann hob er plötzlich sein Breitschwert über den Kopf und ritt in vollem Galopp den langen Abhang hinunter auf uns und den Feind dahinter zu; während er näher kam, schrie er laut: »Wir haben sie umstellt! Wir haben sie umstellt!« Alle hörten zu schießen auf, als Fred über das freie Feld ritt, das uns von den Ruffians trennte, weiterhin sein Breitschwert schwenkte und brüllte: »Wir haben sie umstellt!« Dann verschwand er im Gebüsch zu unserer Linken, und wir konnten ihn nicht mehr sehen.

Einen Augenblick lang schwiegen wir und sahen einander fragend an.

»Das war Fred«, sagte Salmon. »Warum, glaubt ihr, hat er das getan?«

Vater antwortete, er wisse es nicht, aber sieh da, plötzlich kam Captain Pate mit einem seiner Lieutenants auf uns zu und schwenkte eine weiße Fahne. Was dann kam, ist bekannt: Pate gab uns zu verstehen, daß er einen Waffenstillstand wünsche. Er erklärte, Deputy Marshal der Vereinigten Staaten zu sein, der von der Regierung ausgesandt sei, um »bestimmte Personen festzunehmen, für die Haftbefehle vorliegen«.

Vater fiel ihm ins Wort und sagte kühl: »Dies hat man mir bereits mitgeteilt, Sir. Ich weiß, wer Sie sind und weshalb Sie hier sind. Sie werden sich bedingungslos ergeben, Captain Pate, oder wir werden Sie allesamt tot bei Ihren Tieren dort drüben zurücklassen.«

»Geben Sie mir fünfzehn Minuten …«, setzte Pate an, doch Vater unterbrach ihn erneut, richtete seinen Revolver auf ihn und befahl ihm, er solle seine Männer auffordern, ihre Waffen niederzulegen. Wir zogen ebenfalls unsere Waffen und zielten damit direkt auf Pate und seinen Lieutenant.

»Sie sind umstellt, das ist Ihnen wohl klar«, sagte Vater.

»Aber wir sind im Schutz einer weißen Fahne hier«, erwiderte Pate. »Sie können uns nicht überwältigen, wenn wir eine weiße Fahne tragen. Das verstößt gegen die Kriegsartikel.«

»Und wer hat diese Artikel erlassen?« fragte Vater. »Ich nicht, und Sie auch nicht, Captain Pate. Nein, Sie sind mein Gefangener. Und wenn Sie Ihren Leuten nicht befehlen, die Waffen niederzulegen, werde ich Sie erschießen.«

Man konnte es in Vaters Stimme hören und in seinen Augen lesen: Er war bereit, den Mann zu töten und sich auf der Stelle dafür erschießen zu lassen, was sicher geschehen wäre, denn er, Pate und Pates Lieutenant standen allein am Rande der Senke und daher direkt im Schußfeld des Feindes. Zum Glück war Pate kein Narr: Ihm wurde klar, daß Vater es ernst meinte, und er hatte keine Lust zu sterben. Er willigte ein, sich zu ergeben, und schickte den Lieutenant zu seinen Linien zurück, um die Leute anzuweisen, ihre Waffen niederzulegen und mit den Händen über den Köpfen herauszukommen. Dies taten sie wenige Augenblicke später auch; ihre Zahl überraschte uns, denn als sie sich alle vor uns aufgereiht hatten, waren es sechsundzwanzig Mann. Pates Männer waren natürlich noch viel überraschter, als sie merkten, wie wenige wir waren, und sie waren wütend auf ihren Captain, der durch diese Niederlage ungemein an Ansehen verlor und sich später bitterlich über Vaters »irreführende, beiläufige Mißachtung der Kriegsregeln« beklagte, wie er es nannte.

So endete die berühmte Schlacht von Black Jack, die Vater in einem Brief an die New Yorker *Tribune* zu Recht die »erste reguläre Schlacht zwischen Truppen des Free-State und den Verfechtern der Sklaverei in Kansas« nannte. Wir hatten vier Männer getötet, fast ein Dutzend verwundet und auf einen Streich mehr Gefangene gemacht als die Truppen des Free-State bis zu diesem Zeitpunkt insgesamt. In den Augen der Nordstaatler und der Free-State-Siedler ging John Brown als beinahe heroische Gestalt aus dieser Schlacht hervor; für die Südstaatler war er nun die Verkörperung des Teufels.

Hätte Fred nicht auf so wundersame Weise eingegriffen, den verrückten, wahnhaften Vorstoß auf das Schlachtfeld unternommen, dann hätte die Schlacht bei Black Jack jedoch ein ganz anderes Ende genommen. Die offenkundige Verrücktheit seines Sohnes war Vaters Glück: Fred hatte in der Tat geglaubt, wir hätten die Ruffians umstellt, und noch Tage später bestand er darauf, auf allen Seiten Free-State-Leute gesehen zu haben, die aus den Büschen auf die Ruffians feuerten und sie gnadenlos niedermetzelten. Er habe, erklärte er, eingegriffen, um das schreckliche Hinschlachten der Leute aus Missouri zu beenden.

Natürlich wußten wir, daß er nur die Pferde und Maultiere gesehen hatte, die zu Boden stürzten, und daß ihn das Niedermetzeln der Tiere verrückt gemacht hatte, was ich Vater auch sagte.

»Der Junge hat sich seiner himmlischen Vision nicht widersetzt«, antwortete er. »Allein das zählt.«

Wie ich sehe, habe ich Ihnen, fast ohne es zu wollen, vieles geschrieben, das meinen Bruder Fred betrifft, und vielleicht sollte ich seine Geschichte hier vervollständigen. Gegen Ende August ging ich eines Morgens in aller Frühe allein aus dem Lager, um mir den Sonnenaufgang anzusehen, ein Naturereignis, das ich mehrere Wochen lang nicht mehr beobachtet hatte, da wir drüben im Linn County über einen längeren Zeitraum in atemberaubender Folge zu nächtlichen Überfällen aufgebrochen waren; bei Tageslicht hatten wir uns meist draußen in den Sümpfen und tiefen Senken versteckt und geschlafen, wann immer wir konnten. So hatten wir in der Tat kaum Gelegenheit oder Zeit gehabt, die Ordnung Gottes in seinem Universum zu bewundern. Kurz zuvor war es uns jedoch gelungen, eine Herde von fast hundertfünfzig Rindern, die wir den Ruffians abgenommen hatten, nach Osawatomie zu treiben und dort unter der Bevölkerung zu verteilen; da wir uns ihrer Dankbarkeit wegen sicher fühlten, hatten wir ein paar Meilen außerhalb der Stadt kampiert und so nach vierzehn Tagen erstmals eine Nacht lang normal schlafen können. Wir hatten das Gefühl, nun nicht mehr so sehr auf der Hut sein zu müssen; daher entband Vater mich von meiner üblichen Aufgabe, die Wache zu kontrollieren, und gestattete mir, in meine Decke gewickelt eine ganze Nacht lang neben dem flackernden Feuer zu schlafen.

Als ich mich am Morgen aus meiner Decke schälte, war Vater nirgendwo zu sehen – er trauerte oder beriet sich, so nahm ich an, irgendwo in einem nahen Gebüsch mit seinem Gott. Deshalb war ich überrascht, seine Gestalt wie einen Schattenriß vor dem Himmel zu sehen, als ich aus der Deckung der Bäume heraustrat und mich dem Grasrücken oberhalb unseres Lagerplatzes näherte; er blickte gen Osten zum Horizont, als wäre auch er hierhergekommen, um sich den Sonnenaufgang anzusehen. Der Morgen war kühl und trocken, es dämmerte noch nicht ganz, und kein Lüftchen regte sich. Der Himmel war gewaltig, wie ein straffgespanntes Zelt wölbte er sich über uns, und darunter breitete sich das dunkle Land wie eine weite, kalte Wüste aus. Drunten im Lager in der Senke war es noch stockfinster, obwohl sich hier oben der Himmel im Südosten bereits zu einem weichen, körnigen Grau verfärbt hatte, vor dem sich Vaters Gestalt als scharfgeschnittene, hauchdünne Silhouette abzeichnete. Leise trat ich neben ihn, und gemeinsam starrten wir auf die hügelige Prärie hinaus, hinüber zu der Siedlung Osawatomie, die vielleicht fünf Meilen entlang des Marais des Cygnes entfernt war.

Ein paar Augenblicke vergingen, ehe parallel zum Horizont ein langer silberner Lichtstreif erschien. Bald hatte er sich zu einem metallischen Band verdichtet und verbreitert, und kurze Zeit später nahm der untere Rand des Silberstreifs einen Goldton an, während die grauen Schäfchenwolken darüber sich erst gelb und dann rot färbten, als würde unter ihnen ein Feuer entzündet. Der Anblick war ergreifend schön und seltsam in seiner Klarheit und Schärfe. »Wie eine Miniaturszene, die ganz nahe vor uns liegt«, sagte ich zu Vater. »Fast wie ein Gemälde, gar nicht riesig und weit entfernt und wirklich.«

Der Alte nickte nur und sagte kein Wort. Vielleicht war er an solche Bilder gewöhnt. Ich verfiel wieder in Schweigen und blickte weiterhin zum östlichen Horizont, der langsam Farbe und Gestalt veränderte. Bald darauf, als ich wußte, daß die Purpurscheibe der Sonne gleich durch den Horizont brechen und die Landschaft in ihre Strahlen tauchen würde, sah ich etwas ganz Außergewöhnliches. Derlei ist selten, auf See oder in der Wüste jedoch ein durchaus übliches Phänomen. Gelegentlich kann man es aber auch in den Prärien des Westens beobachten, dann allerdings in beinahe noch vollkommeneren Einzelheiten und in viel größerem Maßstab. Man bezeichnet es meist als Fata Morgana oder Trugbild, und deshalb schenkt man ihm trotz seiner Schönheit und Seltenheit wenig Beachtung, als wäre es nichts als eine Illusion. Doch es ist alles andere als eine Illusion. Es ist wirklich, und es findet in der Gegenwart statt. Was man sieht, ist keine Halluzination, keine eingebildete Szene: Wenn die atmosphärischen und geographischen Bedingungen vollkommen zusammenpassen, wie an jenem Morgen, erscheinen einem Dinge und ganze Szenen und Ereignisse, die weit außerhalb der normalen Sichtweite liegen, plötzlich ganz nahe und werden als scharfe, stumme Bilder sichtbar; vielleicht wird aber auch der Betrachter selbst wie auf einem fliegenden Teppich übergangslos von seinem vorherigen Standpunkt über die vielen Meilen der Prärie hinweggetragen und in ein Geschehen versetzt, das er sonst nur in seiner Vorstellung oder im Traum hätte erleben können.

Im Grunde genommen ist nicht klar, wer oder was dabei bewegt wird, die Szene in der Ferne oder der Beobachter an seinem Standort. Vielleicht ist ja der sichtbare Aspekt eines Dinges – eines jeden Dinges – so beschaffen wie sein Geruch, und wenn die atmosphärischen Bedingungen stimmen, kann dieser sichtbare Aspekt für sich allein fortgetragen werden wie eine Duftspur und erreicht so einen viele Meilen entfernten Beobachter. Dieser ist dann imstande, das Ganze aus der Nähe zu betrachten, etwa so, wie man manchmal in seinem Bett vom Duft des Kaffees geweckt wird, der auf einem Herd weit unten im Tal aufgebrüht wird, während man glaubt, er werde im angrenzenden Zimmer zubereitet.

Und folgendes haben Vater und ich gesehen: Zunächst war da ein dunstiger grauer Vorhang, der sich vom Horizont hob und zu einem fast undurchsichtigen Schleier wurde. Dann zeichneten sich allmählich feste Gegenstände darauf ab, die sich aus einer Reihe dunkler, senkrechter Fäden und Schnüre zusammenfügten; und nach ein paar Sekunden hatte eine vertraute Szenerie Gestalt angenommen – die Straße, die an Onkel Sam Adairs Hütte auf der näher bei uns liegenden Seite von Osawatomie vorbeiführte. Wir sahen die Bäume und den Bach und die verkohlten Stümpfe auf seinem Feld und sogar den Rauch, der sich aus dem Schornstein kräuselte. Ein Stück weiter sah ich einen Mann gehen, der mit einem Eimer in jeder Hand von der Quelle kam.

Der Mann war Fred! Mein Bruder Fred, barfuß und mit nacktem Oberkörper, ging langsam auf die Hütte zu; er sah aus, als wäre er in Gedanken oder in ein Gebet vertieft. Ich war viel zu erstaunt und erfreut über den Anblick, um darüber zu sprechen. Drei Tage zuvor hatte Vater ihn nach Lawrence geschickt, wo er Vorräte und Post von zu Hause abholen und um Verstärkung für die Verteidigung der Stadt Osawatomie bitten sollte, doch Fred hatte sich nach einem erst kurz zurückliegenden Anfall von Schüttelfrost nicht wohl gefühlt und gebeten, für eine Weile bei Onkel Sam bleiben zu dürfen, bis er sich erholt hätte, und Vater hatte nachgegeben. Ich hatte nicht damit gerechnet, ihn vor Ablauf mindestens einer Woche wiederzusehen, und jetzt war er da, lautlos wie der Tod, doch sehr lebendig, wie er vor meinen Augen langsam von der Quelle zur Hütte ging, als wäre er allein und für alle Augen außer seinen eigenen unsichtbar.

In diesem Augenblick kamen drei Reiter über den Hügelkamm,

der in einiger Entfernung hinter Fred anstieg, Männer, die ich auf der Stelle als Ruffians erkannte. Es waren Leute, die mit John Reid geritten waren, dem Veteranen des Mexiko-Krieges, der sich selbst in den Rang eines Generals erhoben hatte und eine jener Banden anführte, die seit Pottawatomie und Black Jack besonders erbittert hinter uns Browns her waren. Reid hatte bei vielen Gelegenheiten lautstark gedroht, ganz Osawatomie niederzubrennen, doch es war jetzt Ende August, und allmählich nahmen wir die großmäuligen Drohungen nicht mehr allzu ernst; mittlerweile hatten wir den größten Teil dieser Männer quer über das ganze Territorium getrieben, und trotz ihrer großen Anzahl waren sie zu nichts weiter in der Lage als zu willkürlichen Angriffen auf abgelegene Hütten und Höfe. In der Tat hatten wir die Rinderherde, die wir vor kurzem unter den Bürgern von Osawatomie verteilt hatten, von irgendwelchen Leuten Reids gestohlen – eigentlich sollte ich sagen: *zurückgestohlen* –, und die drei, die ich nun auf Fred zureiten sah, hatte ich damals als ausgemachte Bösewichter kennengelernt; Vater und ich hatten sogar kurz mit ihnen gesprochen: ungehobelte, brutale Männer, die vor allem daran interessiert waren, die Höfe und das Land der Free-State-Siedler zu plündern und sich unter den Nagel zu reißen.

»Fred«, schrie ich, »schau hinter dich!«

»Er kann dich nicht hören, Owen«, meinte Vater leise. »Das könnte sein Ende bedeuten.«

Hilflos, wie an einem Pfahl festgebunden, sahen wir von unserem meilenweit entfernten Standort aus, wie die drei Reiter sich von hinten Fred näherten. Sie waren von der Stadt her über die Anhöhe gekommen; vermutlich hatte man sie ausgeschickt, um für General Reid zur Vorbereitung des oft angedrohten Angriffs auf die Ortschaft die Gegend auszukundschaften. Ihre Anwesenheit bedeutete wahrscheinlich, daß Reid und seine hundert Mann starke Truppe aus Ruffians ganz in der Nähe waren. Doch Fred schien die Männer überhaupt nicht wahrzunehmen oder als Feinde zu betrachten. Er wandte sich um und blieb auf der Straße stehen, und als sie näher kamen, stand er da und sah ihnen offenbar ohne Angst entgegen, als wären die Männer lediglich Free-State-Siedler aus der Gegend, die er noch nicht kannte.

Vater und ich waren dem Anschein nach nahe genug, um Fred über die Schulter zu blicken, und schweigend sahen wir zu, wie er zur Begrüßung nickte; die anderen tippten an die Hutkrempen und wollten vorbeireiten, als einer der Männer, der dickbäuchige Bursche in der Mitte, Fred scharf ansah. Später erfuhr ich, daß es Reverend Martin White war, ein berüchtigt bösartiger Verfechter der Sklaverei aus Arkansas; er war 1854 ausgezogen, um sich als Siedler niederzulassen und seinen Kumpanen zu predigen, die für die Sklaverei eintraten. Er war einer jener Männer, die es sich nach der Pottawatomie-Affäre in den Kopf gesetzt hatten, sich persönlich an uns Browns zu rächen.

Obwohl ich ihn nicht hören konnte, sah ich ihn mit Fred reden und merkte, daß ich irgendwie von seinen Lippen lesen konnte: *Ich kenne dich*, scheint er zu sagen. Und Fred, der die Gefahr noch immer nicht erkannt hat, geht arglos auf die Männer zu, um sie zu begrüßen, er hält die Eimer noch in den Händen, seine bloße Brust hat er den Reitern zugewandt, die ihre Revolver ziehen und auf ihn zu stürzen. Nun bleibt Fred wie angewurzelt stehen und schaut fragend, unschuldig zu ihnen auf, während der Mann in der Mitte, Reverend White, stumm ein paar Worte formuliert: *Du bist einer der Söhne von John Brown!*

Nun hat Freds Gesicht sich verdüstert und ist ernst geworden; endlich hat er begriffen, in welch gefährlicher Situation er sich befindet, und er schüttelt den Kopf, nein, er sei keiner von John Browns Söhnen.

Ich kenne dich! erklärt White.

Wieder schüttelt Fred den Kopf. Sein Mund formt die Worte: *Ich kenne keinen John Brown.*

Wo versteckt er sich?

Ich kenne ihn nicht.

Doch, du bist sein Sohn! sagt White, und dann hebt er seinen Revolver und feuert direkt in Freds bleiche, nackte Brust.

Die Kugel tötete ihn auf der Stelle, und er stürzte wie ein Stein mitten auf die Straße. Die Reiter sahen noch ein paar Augenblicke auf seinen in sich zusammengesunkenen, leblosen Körper und die ausgelaufenen Wassereimer hinunter. Dann gaben sie ihren Pferden die Sporen und galoppierten in der Richtung davon, aus der sie ursprünglich gekommen waren, mit Sicherheit, um auf der Stelle Reids Truppe herzuführen.

Dunkles Blut quoll aus dem Loch in Freds Brust und rann über und um seinen Körper. Ein leichter Wind kam auf, strich über die Blätter der nahen Pappeln und das hohe Gras am Straßenrand. Und nun begann die Szene allmählich wieder unseren Blicken zu entschwinden, sie verflüchtigte sich in die dunklen Fäden und Schnüre, aus denen sie aufgestiegen war, bis Vater und ich wieder über die gleichförmige Prärie nach Osten blickten, wo wir auf nichts starrten; die Sonne war aufgegangen und schien strahlend hellgelb und orange auf uns herab, vertrieb die flockigen, goldgesäumten Wolken vom Himmel und badete unsere Gesichter in ihrem Licht.

»Mörder!« schrie ich. Ich war wütend und entsetzt – aber ich redete auch, wie um mich zu vergewissern, daß das, was ich eben gesehen hatte, auch wirklich war, denn ich konnte kaum glauben, daß es tatsächlich geschehen war.

»Er hat mich verleugnet«, sagte Vater mit leiser Stimme.

»Sie haben ihn wie einen Hund niedergeschossen!«

»Wenn er mich nicht verleugnet hätte, hätten sie ihn nicht erschossen. Sie hätten ihn einfach nur gefangengenommen, wie John und Jason auch. Dessen bin ich mir sicher.«

»Nein. Selbst wenn du recht hast, es ist nicht *wahr*«, erklärte ich. Fred war von uns gegangen, für immer von uns gegangen – mein gänzlich unschuldiger Bruder, der Gefährte meiner Kindheit, der Junge und Mann, den ich mehr als alle anderen geliebt und beneidet hatte, der einzige, der ich gern selber gewesen wäre, wenn ich stark genug gewesen wäre, verständig genug, bescheiden genug, wenn ich ein Christ gewesen wäre – mein bester Bruder war tot.

Vater wandte sich zu mir. »Was meinst du damit, daß es nicht wahr sei?«

»Sie haben Fred getötet! Und das ist alles, was zählt! *Das* ist in diesem Fall die Wahrheit. Weshalb sie ihn umgebracht haben, und ob er es vielleicht hätte vermeiden können – all das ist jetzt nicht wichtig, Vater. Er ist tot. Er ist dein Sohn, mein Bruder, und er ist *tot*!«

Ich blickte in Vaters eisgraue Augen und entdeckte dort eine seltsame Art von Verwirrung, und zum ersten Mal wurde mir klar, daß er meine Gefühle in diesem Augenblick weder begreifen noch teilen und mich daher schlichtweg nicht verstehen konnte. Er wußte nicht, wer ich war. Oder wer Fred gewesen war. Und infolgedessen wußte er, obwohl er es mit eigenen Augen gesehen hatte, nicht wirklich, was soeben geschehen war.

Plötzlich fühlte ich Mitleid mit dem Alten. Trotz seiner Intelligenz und seiner Begabung für Sprache und seiner Meisterschaft in strategischen Dingen war ihm eine seltene, gefährliche Art von Dummheit eigen – eine Torheit des Herzens. Möglicherweise war es genau das, was ihn in Verbindung mit seiner Intelligenz, seiner Begabung, seiner Meisterschaft wirklich zu einer Führergestalt gemacht hatte, deren Ausstrahlung sich keiner entziehen konnte, genau das, was ihn zum einfallsreichen und mutigen Krieger und sogar zu einem machtvollen und strengen Mann der Religion hatte werden lassen. Doch seine Torheit des Herzens hatte ihn auch gefährlich gemacht, tödlich gefährlich für jeden, der ihn liebte, und für jeden, den er liebte. Fred hatte Vater mehr geliebt als wir alle; und Vater hatte Fred seinerseits mehr geliebt als all seine anderen Kinder. Und nun war Fred tot.

»Er hat mit seinem Blut gesühnt. Er ist beim Herrn«, sagte Vater und wandte sich ab, um zu gehen. »Komm schon, wir müssen die Jungen wecken. Reid ist drauf und dran, Osawatomie anzugreifen; wir müssen die Leute warnen und ihnen bei der Verteidigung beistehen.« Er hielt einen Augenblick inne, ehe er weitersprach. »Ich glaube, der Herr hat uns diese Vision um ihretwillen, nicht um Freds willen gewährt.«

Dann ließ er mich allein. Ich blieb noch eine Weile da stehen und sah zu, wie das Sonnenlicht den östlichen Horizont verschwimmen ließ, und ich sah Freds offenes Gesicht im Gegenlicht vor mir schweben, sah seine langsamen, bedächtigen Gesten und Bewegungen, hörte in der Brise schwach seine sanfte, stockende Stimme – doch jetzt war es eine Illusion, keine Luftspiegelung, keine vom Herrn geschickte Vision, und sie begann auch schon zu verblassen. Dann wandte ich mich langsam, zögernd, als wollte ich gehen, ehe sie ganz verschwand, von dem undeutlichen, schwindenden Bild meines toten Bruders ab und folgte Vaters kaltem, dunklem Umriß über den Kamm hinunter ins Lager.

An jenem Tag, dem Tag, als sein Sohn getötet wurde, schlug Vater die Schlacht, die ihn als Osawatomie Brown berühmt machte. Bis zu seinem Tod und noch viele Jahre danach, selbst heute, war dies der Name, unter dem er der Öffentlichkeit bekannt war. Vielleicht wird es – trotz meines Berichtes und wegen des Ihren – für immer sein Name bleiben. Andere Menschen, von denen die meisten ihn nie persönlich gesehen hatten – hauptsächlich die Journalisten und Hagiographen aus dem Norden –, gaben ihm diesen Namen, doch er übernahm ihn schnell selber und ging dazu über, seine Briefe und die Autogrammhefte seiner Bewunderer mit einem eitlen Schnörkel dergestalt zu unterzeichnen: *Osawatomie Brown*. Oder manchmal auch förmlicher: *John Brown von Osawatomie*. An dem Tag, als er seinen besten Sohn auf dem steinernen Altar seines Glaubens opferte, wurde Vater von einem gewöhnlichen Sterblichen – einem außergewöhnlichen und berühmten Mann, das gewiß, aber doch nur einem Menschen – in einen lichtumfluteten Helden verwandelt. Es spielte keine Rolle, ob die Amerikaner sein Verhalten billigten oder seinen Mut bewunderten oder seinen Worten glaubten; von da an hielten sie ihn für etwas Höheres und anderes als einen Menschen.

Noch ehe irgendein anderer diese Verwandlung auch nur erahnte, hatte Vater sie schon verstanden und begonnen, sie für seine eigenen geheimen Zwecke einzusetzen. In den Augen des Südens sollte er Baal und Dämon werden. Und in den Vorstellungen des Nordens machte er sich selbst zu einem griechischen oder römischen Helden, zu Achilles in seinem Zelt oder Horatio an der

Brücke, oder zu einem der alten, ungestümen, drachentötenden Helden der Artussage. Wie er waren sie anfangs sicherlich alle Männer aus Fleisch und Blut gewesen, die eines Tages, wenn sich eine ausreichende Zahl von Geschichten über sie in den Köpfen der Allgemeinheit angesammelt hatte, eine unsichtbare Linie überschritten und wie durch Zauberei zu etwas anderem als einem Menschen wurden; der Sohn lag ermordet auf einer staubigen Karrenspur in Kansas, und der Vater ritt diese Straße hinunter mitten in die Legende hinein. So erreichte Osawatomie Brown im Norden bald den Punkt des Ruhmes, von dem an er eine Schlacht verlieren konnte, und man sah es dennoch als Sieg an – als Triumph, wenn schon nicht für ihn oder für die Truppen, die gegen die Sklaverei kämpften, so doch für den menschlichen Geist. Im Süden kündigten seine Siege das heraufziehende Millennium an, den bevorstehenden Krieg zwischen den Rassen, und seine Niederlagen erschienen in den Berichten als Beweis nicht etwa seiner militärischen Schwäche oder seines persönlichen Scheiterns, sondern als Beweis des Mutes und der Tugend seiner Feinde, die die Sklaverei verteidigten. Alle Männer maßen ihr Format und ihre Bedeutung nun an Osawatomie Brown.

In der wirklichen Welt hingegen war die Schlacht von Osawatomie weder Niederlage noch Sieg. Ich war dabei. Sie hatte weder politisch noch militärisch Format, keine philosophische und keine religiöse Bedeutung. Ich gab auf und floh mit den anderen; wir überließen die Stadt dem verheerenden Feuer und den Plünderungen der Ruffians; ich weiß, was es war – nichts als eine gescheiterte Verteidigung, was uns anging, und eine Plünderung, was sie betraf.

Ohne uns abgesprochen zu haben, ließen weder Vater noch ich gegenüber den anderen in unserer Gruppe etwas von dem verlauten, was wir in der Morgendämmerung von dem Höhenzug aus gesehen hatten, außer daß wir die Auskundschafter von General Reid entdeckt hatten, als sie von Osawatomie zurückkamen und in Richtung Westen von der Siedlung weg zur Landstraße nach Lawrence ritten, wo Gerüchten zufolge Reids Truppe biwakierte.

Und als wir von unserem Lager in die Stadt ritten und an Onkels Hütte vorbeikamen, in der Freds Leichnam auf einem Brettertisch lag, hielten wir nicht an, um bei ihm zu beten oder in Würde mit den trauernden, verängstigten Gefährten von Freds kurzem Leben und nutzlosem Tod zu sprechen; wir ritten geradewegs weiter, um die Siedler vor dem bevorstehenden Angriff der Freischärler Reids zu warnen, die unseres Wissens mehrere hundert zählten.

Reid war wochenlang durchs Land gezogen und hatte all die versprengten Banden von Marodeuren zu einer geschlossenen Truppe zusammengefaßt. Gerüchte, die wir bislang meist leichthin abgetan hatten, waren von einer Festung des Free-State zur nächsten geschwirrt. Ihnen zufolge beabsichtigte er, einen letzten entscheidenden Angriff auf Lawrence und dann auf Topeka, die Hauptstädte des Abolitionismus in Kansas, zu unternehmen – Angriffe, die, soweit wir wußten, die Bundesarmee nicht dulden würde, obwohl der Präsident und sein Kriegsminister die Interessen der Befürworter der Sklaverei weiterhin insgeheim unterstützten. Da wir nicht zwischen den Ruffians und den Bundestruppen in eine Falle geraten wollten, hatten wir die Verteidigung der beiden Städte ihren Bürgern selbst überlassen. Und bis wir Reids Scouts an jenem Morgen von Osawatomie hatten zurückkehren sehen, hatten wir nicht geglaubt, daß er es wagen würde, Osawatomie anzugreifen, auch wenn die Stadt als Hochburg der Abolitionisten bekannt war und ungeachtet unserer langen Abwesenheit von dem Ort im Rufe stand, das Brownsche Basislager in Kansas zu sein. Zu dieser Zeit waren Wealthy und der kleine Tonny und Ellen bereits nach Ohio zurückgekehrt; John und Jason waren in Topeka, und unser Schwager Henry war, nachdem er bei Black Jack am Bein verwundet worden war, zu Ruth und ihrer kleinen Farm in North Elba heimgekehrt. Die meisten anderen Einwohner waren inzwischen ebenfalls aus der Stadt geflohen, so daß sie nur noch aus einem Häufchen von kaum zwanzig Familien bestand – arme, störrische Leute, die sich geweigert hatten, ihre Hütten und ihr Eigentum den Plünderern zu überlassen, aber anders als die besser organisierten und gutbewaffneten Bürger von Lawrence und Topeka keine ernsthafte Bedrohung für die Ruffians darstellten.

Da wir bei den nächtlichen Angriffen der vorangegangenen Wochen kleinen Gruppen von Ruffians Stück für Stück hundertfünfzig Rinder abgenommen hatten, die wir dann an die Bürger verteilten, hatten wir unbeabsichtigt das besondere Interesse von General Reid auf die Stadt gelenkt, und nun schien es, als hätte er seinen Vormarsch auf Lawrence unterbrochen und käme unerwartet von Westen her, südlich des Marais des Cygnes und nördlich des Pottawatomie, über einen spitz zulaufenden Geländeabschnitt, der genau auf das Herz der Stadt zeigte, dorthin, wo die beiden Flüsse zusammenströmten.

Bei dem niedrigen Holzfort – im Grunde eher ein Lagerhaus als eine militärische Befestigung – schlossen wir uns Captain Parsons kleiner Bürgerwehr an, die aus Jungen und alten Männern bestand. Wir verteilten uns zwischen den Bäumen am Rande der Siedlung und gruben uns ein, um auf die Ankunft von Reids Leuten zu warten. In unserem Rücken lag der Fluß, der sich an dieser einen Stelle zu einer seichten Furt verbreiterte. »Verteidige niemals einen Fluß, den du nicht durchwaten kannst«, lautete einer von Vaters Leitsätzen, »sonst könnte es sein, daß der Herr die Wasser für dich teilen muß.« Bevor wir uns im Gelände verteilt und unsere Stellungen hinter Steinen und Baumstämmen bezogen hatten, waren Vater und ich einen Augenblick lang miteinander allein gewesen. Wir standen auf einem erhöhten, von Büschen bewachsenen Aussichtspunkt; unter uns strömte der Marais des Cygnes dahin. Vater saß auf einem Baumstumpf und schärfte mit langsamen Bewegungen sein Schwert; alle paar Sekunden warf er einen mißtrauischen Blick auf den Weg, auf dem unserer Ansicht nach Reid und seine Männer in Kürze auftauchen würden.

»Warum rufen wir nicht alle zusammen und geben diesen Ort ungefährdet auf, Vater?« fragte ich. »Wenn wir ihn verteidigen, werden Unschuldige ihr Leben verlieren, und Reid wird ihn auf alle Fälle erobern.«

»Der Apostel sagt: ›Ermahne mit aller Geduld‹«, antwortete er, ohne von seiner Beschäftigung aufzusehen. »›Denn es wird eine Zeit sein, da sie die heilsame Lehre nicht leiden werden. Und werden die Ohren von der Wahrheit wenden und sich zu den Fabeln kehren.‹«

Ich seufzte. »Na schön, hervorragend. Aber sage mir, was wir deiner Meinung nach hier erreichen können.«

»Dir Apotheose, mein Sohn. Die Apotheose.«

»Du rechnest damit, hier zu *sterben*?«

»O nein, ganz im Gegenteil. Gott will nicht, daß ich jetzt schon sterbe. Er hält noch eine Aufgabe für mich bereit. Eine viel größere Aufgabe. Ich weiß es.«

»Du kennst Gottes Absichten?«

»Ja«, erwiderte er unbewegt wie ein Buchhalter beim Herunterlesen von Zahlen.

»Wie kommst du zu diesem Wissen, Vater?«

»Der Herr redet zu mir. Er zeigt mir Dinge. Du weißt das, Owen«, fügte er etwas ungeduldig hinzu.

Einen Augenblick lang herrschte Schweigen, während ich über die Behauptung nachdachte – denn er hatte es zum ersten Mal so unverblümt gesagt –, daß er nicht nur vor sich sehe, was ihm der Herr zeigen wolle, sondern auch Gottes Worte mit eigenen Ohren höre.

Schließlich fragte ich: »Und was sagt dir der Herr? Was sagt Er beispielsweise über mich?«

Er blickte zu mir auf und lächelte freundlich. »Der Herr sagt, ich werde nie um dich weinen, wie König David um seinen geliebten Sohn Absalom weinen mußte. Und wie ich um Frederick weinen muß. Und ich werde mir nie wünschen, an deiner Stelle gestorben zu sein, wie König David es sich bei Absalom wünschte. Heute, Owen, hat mir der Herr die Männer ausgeliefert, die ihre Hand gegen mich erhoben haben, und alle, die sich gegen mich stellen, um mir Arges zu tun, werden eines Tages sein, was jener junge Mann ist. Frederick. Mein Sohn.« Er hielt ein paar Sekunden inne, ehe er weitersprach. »Ich schwöre es, und der Herr hat es versprochen. Denn wenn es sein muß, werde ich den Kampf, um diese Männer zu zerschmettern, bis nach Afrika tragen.«

»Afrika«, wiederholte ich.

»Eine Schlange tötet man, indem man ihr den Kopf abschlägt.«

Afrika? War mein Vater am Ende tatsächlich verrückt? Ich war seit langem an die ausgeklügelten, undurchsichtigen Bilder gewöhnt, deren er sich bediente, auch an seine Gewohnheit, die biblische Vergangenheit an die Stelle der unmittelbaren Gegenwart zu setzen. Normalerweise konnte ich seinen weitschweifigen Umschreibungen ohne große Schwierigkeiten bis zu dem folgen, was er eigentlich sagen wollte, und stellte oft fest, daß seine Äußerungen originell, tiefsinnig und voller Einsicht waren. Doch diesmal gelang es mir nicht. Afrika! Drang das Entsetzen über die Ermordung Freds allmählich in sein Bewußtsein und machte ihn verrückt? Bislang hatte er weder Kummer noch Zorn erkennen lassen, doch allzusehr verleugnete oder unterdrückte starke Gefühle können auf unerklärliche Weise an anderer Stelle ausbrechen.

»Schau, da sind sie!« erklärte er unvermittelt; fast klang es erleichtert. Er stand auf und zeigte gen Westen, wo die ersten Leute von Reids Streitmacht am Horizont erschienen; dicht dahinter folgte ein großer Trupp von Männern zu Pferd, die zu dritt nebeneinander im vollen Galopp ritten. Vater schob sein Schwert in die Scheide und erteilte sofort Befehle: »Wartet mit dem Schießen, Männer! Zielt tief, und wartet, bis sie ganz nah herangekommen sind!« rief er, während er von einem zum anderen lief, zu dem Dutzend seiner Kämpfer und den weiteren zwanzig von Captain Parson; er machte ihnen Mut und stachelte angesichts dieser höchst eindrucksvollen, furchterregenden Truppe ihren Kampfgeist an.

Die Reiter kamen direkt auf uns zu, als erwarteten sie keinerlei Widerstand, als hätten wir uns tatsächlich vernünftig verhalten und ihnen wie erwartet den Ort überlassen. Bald waren sie nur noch eine Viertelmeile entfernt, in der Reichweite unserer Sharps-Gewehre – damals hatten wir vielleicht zehn –, und Vater bedeutete uns immer noch, nicht zu schießen, sondern auf seinen Befehl zu warten. Und dann waren sie in Reichweite unserer Flinten, doch er ließ uns immer noch nicht feuern; wir warteten also noch ein paar Sekunden länger, bis sie sogar für unsere Revolver ein gutes Ziel abgaben; erst dann schrie Vater endlich »Feuer!«, und dreißig Schußwaffen – dreißig Gewehre, Flinten und Revolver – dröhnten gleichzeitig los, und zwanzig oder mehr von Reids Leuten schrien auf und fielen wie Lehmklumpen zu Boden. Diejenigen, die von der Salve nicht getroffen worden waren, schwenkten vom Weg ab und flohen, zu Pferde wild um sich schießend, in mehrere Richtungen in die Wälder, während wir nachluden und weiter auf die Reiter schossen und diejenigen töteten, die beim ersten Angriff nur verletzt zu Boden gestürzt, aber nicht tot waren.

Reids Truppe rollte wie eine große Welle an, die sich an einem Felsen brach. Und als die Reiter vor uns zurückgewichen und ihre Reihen an unseren beiden Flanken aufgebrochen waren, kreisten sie zunächst verstreut in wirren Wirbeln zwischen den Bäumen und erklommen dann auf Umwegen eine Anhöhe in einiger Entfernung, die außerhalb unserer Schußweite lag. Dort sammelten sie sich wieder zu einer militärischen Formation, als planten sie, ein zweites Mal gegen den Felsen anzubranden. Unterdessen schritt Vater zwischen seinen in Deckung gegangenen Männern hin und her. Er vergewisserte sich, daß keiner getroffen worden war, und bereitete uns auf einen neuerlichen Angriff vor; er versicherte uns, der Herr werde uns beschützen, und spazierte währenddessen ungedeckt vor den Augen des Feindes herum, als benötigte er selber keinen solchen Schutz.

Ich lag hinter einem niedrigen, von Büschen bewachsenen Hügel und beobachtete durch die Lücken im Gestrüpp die Bewegungen des Feindes auf der fernen Anhöhe, als ich einen von Reids Männern absteigen sah; er ließ sich auf ein Knie nieder und zielte mit seinem langen Gewehr sorgfältig in unsere Richtung. Eine weiße Rauchwolke war zu sehen, dann hörte man einen einzigen Schuß. Als ich mich umdrehte, um nachzusehen, wo die Kugel eingeschlagen haben mochte, stand Vater neben mir, noch immer waghalsig dem Feind ausgesetzt.

Er trat einen Schritt näher, drehte sich um, zeigte mir seinen Rücken und fragte: »Siehst du, ob irgend etwas aufgerissen oder blutig ist, Owen?«

Ich verneinte.

»Nun, ich glaube, ich habe eben einen heftigen Schlag auf dem Rücken gespürt, wohl aus dem Gewehr des Burschen dort drüben.«

»Was! Dann geh endlich in Deckung!«

Er grinste und meinte: »Mach dir keine Sorgen, mein Sohn. Der Herr hat nicht vorgesehen, daß man mich in den Rücken schießt. Ich soll mich nur Seinem Feind zuwenden, mehr will Er nicht. Das sollte mich daran erinnern.«

Ich entsinne mich, wie ich mich daraufhin wieder zu Reids Männern umdrehte und ihre Kanone sah. Das war kein Scharmützel unter Guerillas; das war Krieg. Sie hatten die Waffe in Stellung gebracht und luden sie mit Kartätschen. Einen Augenblick später feuerten sie das Ding ab – es gab ein schreckliches Getöse; ganze Bäume barsten und Äste splitterten. Sie luden rasch nach und schossen ein zweites Mal, mit der gleichen furchterregenden Wirkung. Die Kanone bellte dumpf auf, dann folgte ein Kreischen, als die Geschosse über unsere Köpfe hinwegpfiffen und in Bäume und Erdhaufen krachten und alles, was sie trafen, zersplitterten und zerschmetterten. Während die Kanoniere nach jedem Feuern ihre Waffe näher schoben, so daß wir um unser Leben fürchten mußten, stiegen die übrigen Männer Reids, die aus der zerstörerischen Kraft des Geschützes neuen Mut schöpften, von ihren Pferden, gruppierten sich zu großen Schützenformationen und rückten zu Fuß gegen unsere Stellung vor; alle zehn bis fünfzehn Meter blieben sie stehen, um zu zielen und ihre Flinten abzufeuern, und trieben uns so allmählich zum Fluß zurück.

Vater feuerte uns weiterhin an, nicht zu weichen und zu warten, bis die Gegner nahe genug kamen, sodann tief zu zielen und so weiter. Doch dann ergriffen zuerst Parsons Leute und dann auch die von Vater, selbst Salmon und Oliver, schlicht die Flucht. Sie schossen und rannten, duckten sich hinter einen Baum oder einen

Felsblock, feuerten und rannten erneut. Ich blieb neben Vater an der Front und sah zu, wie sie vorbeihasteten. Vater und ich blickten einander an, ohne ein Wort zu sagen. Nun wurden mehrere Männer getroffen und stürzten zu Boden – ältere Männer: Mr. Partridge, soweit ich mich erinnere, und Mr. Holmes –, was den anderen noch mehr Angst einjagte und ihren mehr oder weniger geordneten Rückzug in eine chaotische Flucht verwandelte, bis schließlich sogar Vater den Kampf aufgab und, den Rücken dem Feind zugewandt, zum Fluß rannte; ich folgte dicht dahinter.

Ich erinnere mich, daß ich oben auf der Uferböschung stehenblieb: der letzte der Verteidiger von Osawatomie, der floh. Ich blickte auf unsere Leute hinunter, die durch das brusttiefe Wasser wateten, auf Vater, der hinter ihnen herhastete, als folgte er ihnen nicht, sondern machte Jagd auf sie – mit jeder Hand reckte er einen Revolver empor, auf seinem Kopf saß der verbeulte alte Hut aus Palmblättern, und die Schöße seines senfgelben leinenen Staubmantels flatterten hinter ihm drein – eine lächerliche Figur. Abgesehen von den Männern – sowohl unseren als auch denen des Feindes –, die tot auf dem unebenen Grund hinter mir lagen, sahen alle so aus. Nichts von alldem ergab einen Sinn für mich, nichts. Ich wußte nicht mehr, was ich hier tat oder warum. Einen Augenblick lang spielte ich mit dem Gedanken, mich von Vater und den anderen abzuwenden, direkt auf Reids Kanone und seine Gewehrschützen zuzumarschieren und mich ihnen darzubieten – als Gefangenen, wenn sie wollten, oder einfach als Opfer –, nur um dem Ganzen ein Ende zu machen, um diesen verrückten Kampf zu beenden und, wenn schon nicht meinem Leben, so doch meinem Tod einen Sinn zu verleihen. In einer Welt, in der jedermann ohne ersichtlichen Grund versuchte, seinen Nächsten umzubringen, sollte der einzige vernünftige Mann schon längst getötet worden sein. Wie der arme ermordete Fred.

Da drang Vaters Stimme zu mir herauf: »Owen! Gott sieht es, Owen! Gott sieht es!« Und schon stolperte ich die Böschung hinunter in den Fluß und zum anderen Ufer hinüber – wieder einmal vor mir selbst gerettet durch den Ruf meines Vaters, endlich nachzukommen, zu kommen und auch am nächsten Tag Menschen umzubringen.

Mit wunden Füßen, erschöpft und verdrossen kamen wir spätabends bei Onkel Sams Hütte an, die Reids Marodeure, nachdem sie sie bereits durch Freds kaltblütige Ermordung gebrandmarkt hatten, lediglich passiert und nicht zerstört hatten. Als wir uns zuvor am Flußufer gesammelt hatten, waren wir eine Weile stehengeblieben und hatten zugesehen, wie der Rauch über Osawatomie aufstieg, als die Ruffians die Stadt fröhlich plünderten und niederbrannten. Gelegentlich wurde die Stille vom Freudengeheul der Sieger und den immer wieder krachenden Schüssen durchbrochen, die sie überschwenglich in die Luft feuerten. Trotz gegenteiliger Behauptungen beider Seiten galt nach wie vor ein ungeschriebenes Gesetz, wonach Frauen und Kinder weder vergewaltigt noch anderweitig verletzt werden durften, doch das war nur ein schwacher Trost für uns: Häuser und Scheunen, mit den Früchten der mühseligen Arbeit eines heißen Sommers gefüllt, gingen in Flammen auf, und das Vieh der Free-State-Siedler wurde zusammengetrieben; man würde es nach Osten bringen, um hungrige Mäuler in Missouri zu füttern; die Läden und öffentlichen Gebäude wurden geplündert und bis auf die Grundmauern niedergebrannt. In der ganzen Gegend entstellten die geschwärzten Ruinen der Farmen und Läden an den Wegkreuzungen die Grasebenen und die lieblichen pappelbestandenen Täler, und auf den Wegen und Straßen drängten sich immer mehr Wagen der gebrandschatzten Free-State-Siedler wie auch der Verfechter der Sklaverei, die mit ihren wenigen verbliebenen Habseligkeiten und Tieren in ihre Heimatstaaten zurückkehrten – ruiniert durch diesen Krieg, mit hängenden Schultern, desillusioniert und gebrochen.

Als wir ankamen, war Onkel allein in seiner Hütte. Als er damals, vor langer Zeit, beschlossen hatte, hierzubleiben und weiterhin seine kleine Herde von Gläubigen zu betreuen, hatte er seine Frau Flora, Vaters Halbschwester, für die Dauer der Feindseligkeiten nach Ohio zurückgeschickt. Trotz seiner Verbindung mit uns Browns und obwohl er nach dem Pottawatomie-Massaker für kurze Zeit John und Jason bei sich aufgenommen hatte, war es ihm dank seiner schlichten Anständigkeit und seiner unparteiischen Haltung in allen Dingen gelungen, der Verfolgung durch die umherziehenden Banden der Ruffians zu entgehen. Es gibt alle möglichen Arten von Christen; in meinen Augen war Onkel Sam Adair ein Christ im ursprünglichen Sinne, denn obwohl er die Sklaverei haßte, galten ihm alle Menschen als gleichermaßen sündig und als gleichermaßen der Erlösung fähig. Aus diesem Grunde war er wie Jason ein überzeugter Pazifist, der nicht glaubte, daß man Menschen umbringen müsse, um andere zu befreien. Darin hatte sich Onkel Sam von Anfang an von Vater unterschieden, auch wenn er ihn deshalb nicht verurteilte – außer natürlich in der Zeit nach den Morden am Pottawatomie. Wenn er uns also in jener Nacht auch nicht ausgesprochen willkommen hieß, so erlaubte er uns doch, einzutreten, damit wir Freds Leichnam betrachten und betrauern und die notwendigen Vorkehrungen für seine Beerdigung treffen konnten.

Der Hauptraum der Hütte war von einer einzigen Öllaterne und einem schwelenden Feuer schwach beleuchtet. Wir drängten hinein – Vater, Salmon, Oliver und ich –, und blieben vor dem langen Tisch stehen, auf den Onkel den Leichnam gelegt hatte. Er hatte Fred die Stiefel und sein Hemd angezogen, das bis oben hin zugeknöpft war; er hatte ihm das Gesicht gewaschen und ihn rasiert, und Fred sah fast aus, als schliefe er. Wie er so ruhig dalag, hatte er in dem flackernden Licht ein engelhaftes Gesicht, weich und rosig und rund; er glich eher unserer Mutter als Vater. Fred hatte etwas nicht Weibliches, aber eindeutig Sanftes an sich; in dieser Hinsicht hatte er wenig Ähnlichkeit mit seinem Vater und seinen Brüdern, mit uns, die wir so vollkommen männlich schienen, so unbeugsam und grobschlächtig. Selbst als gleichmütiger, einsamer Schafhirte in Ohio, wo er niemandem mehr geglichen hatte als Johannes dem Täufer in der Wildnis, hatte Fred eine Zartheit und Feinheit an sich gehabt, eine körperliche Weichheit, die ihn von anderen Männern unterschied und nach seiner Selbstverstümmelung sogar noch deutlicher wurde. Dieser äußerst gewaltsame und äußerst männliche Akt der Selbstbestrafung hatte, von Freds Hand vollbracht, fast sanft gewirkt, und er hatte damit keinen von uns erschreckt oder verlegen gemacht. Wir waren traurig darüber gewesen, aber es hatte uns keine Angst eingejagt, wie das der Fall gewesen wäre, wenn einer unserer anderen Brüder dies getan hätte.

Ich vermag nicht zu sagen, was Vater in jener Nacht dachte oder empfand, als er auf Freds Leichnam hinunterblickte. Er weinte nicht, und er sagte auch lange Zeit kein Wort. Was seine Kinder anging, waren Vaters Gedanken und Gefühle stets stark gewesen, manchmal jedoch in gewisser Weise auch verkrüppelt und verkümmert, als wäre unsere bloße Existenz eine Strafe für ihn. Als wir eine angemessene Zeit schweigend dagestanden hatten, räusperte Onkel sich und hustete nervös. »Möchtest du, daß ich die Gebete für den Jungen spreche, John?« fragte er.

Zunächst gab Vater keine Antwort; dann schüttelte er langsam den Kopf. Ich sah in sein Gesicht, und mir wurde klar, daß erneut etwas in ihm zerbrochen war. Ein Teil seines Verstandes, der bis dahin unversehrt geblieben war, hatte sich nun abgeschliffen, und Vater unterdrückte seine Gefühle, seinen Zorn und seinen Kummer nicht mehr nur, um sie für später, für einen passenderen Zeitpunkt und Ort aufzuschieben. Inzwischen war sein Verstand nicht mehr so sehr eine genau geeichte Maschine, sondern eher ein Monument: Er war wie ein behauener Stein, den man ständig zugeschnitten und ausgehöhlt hatte. Und ich erkannte, daß Vater nicht fühlte, was er nicht ausdrückte.

Er trat einen Schritt von Freds Leiche zurück und ging zwischen uns hindurch zur Tür; Onkel wies er an, Fred hier auf dem Grundstück zu beerdigen und die Stelle angemessen mit seinem Namen und seinen Lebensdaten zu markieren. »Und sprecht die Worte des Apostels über seinem Grab: ›Wen der Herr liebt, den züchtigt er, wie ein Vater seinen Sohn, den er gern hat.‹« Dann fragte er Onkel Sam übergangslos, wie viele Pferde er habe.

»Zwei«, erwiderte Onkel, »und dann habe ich noch ein Maultier.«

»Die brauche ich, und deinen Wagen auch. Ich ersetze sie dir in ein paar Tagen. Die Jungen und ich haben eine Verabredung mit ein paar Ruffians, und ich möchte sie nicht enttäuschen, indem ich zu spät komme.« Er habe die Absicht, erklärte er, eine Weile an den Flanken und Fersen von Reids Armee zu zwicken und zu zupfen, bis wir frische Pferde und Vorräte hätten, dann werde er zurückkommen, ehe er nach Afrika aufbreche.

Onkel sah ihn ebenso verblüfft und erstaunt an wie vorher ich. »*Afrika*, John? Was sagst du da?«

»Das wirst du verstehen, wenn ich es vollbracht habe«, sagte Vater. Und da fiel mir plötzlich sein alter Plan wieder ein, sein Subterranean Passway in den Süden, und endlich verstand ich, was er meinte, wußte, daß dieser grauenhafte, mörderische Krieg in Kansas für ihn und für uns fast zu Ende war.

»Kommt, Jungen«, sagte er. »Euer Bruder ist bei Gott. Ihr werdet ihn früh genug wiedersehen.« Dann trat er aus der Hütte in die Nacht hinaus, und wir zogen schweigend hinter ihm her.

V

21

Damals begann eine längere Phase, die man im nachhinein als die Ruhe vor dem Sturm bezeichnen könnte, wiewohl wir zu jener Zeit noch nicht wußten, ob es tatsächlich zu diesem Sturm kommen würde, auch wenn Vater ihn immer häufiger vorhersagte. Nie sprach er den Namen des Ortes, Harpers Ferry, Virginia, aus: den Namen jener Stadt drunten im Herzen der Sklavokratie, wo die Bundesregierung ihre berühmten Sharps-Gewehre herstellen ließ. Er nannte es Afrika. Doch wir wußten ungefähr, welchen Ort er meinte, wußten, daß ein neues, gefährlicheres, folgerichtigeres Unternehmen an einer anderen Front unmittelbar bevorstand.

Und da ich nun, liebe Miss Mayo, an dem Punkt angelangt bin, an dem die der Öffentlichkeit besser bekannten und aufgezeichneten Ereignisse in Vaters Leben ihren Anfang nehmen, will ich klarstellen, daß ich Ihnen hier nur das mitteilen möchte, was Sie nicht leichter und verläßlicher aus den mittlerweile Hunderten von veröffentlichten Geschichten und Memoiren zu jener ein halbes Jahrhundert zurückliegenden Zeit erfahren können. Mein Gedächtnis für Fakten, Namen und so weiter ist nicht besonders gut; das war es nie, und dafür benötigen Sie mich ohnehin nicht. Doch meine Gefühle und Empfindungen, meine Aufnahmefähigkeit sind heute, da ich hier in meiner Hütte immer weiterkritzle, noch die gleichen wie damals. Ich fürchte, das ist alles, was ich Ihnen anbieten kann. Es ist, als wäre ich für alles, was sich in den seit jener Zeit vergangenen Jahren vor meinen Augen abspielte, unempfänglich gewesen, und deshalb bin ich heute, im Kopf wie im Herzen, noch genau der gleiche Mensch wie vor einem halben Jahrhundert, ein Mann, für den jeder neue Tag eine Qual ist, sei es in North Elba, in Kansas oder Virginia, der nie sicher sein kann, was der nächste

Tag bringen wird. Immer noch bin ich der Mensch, der sich in dem immer gleichen alten Spiel des Tötens verfangen hat, ein Mann, der – nachdem es ihm gelang, seinen Vater zum Handeln zu bewegen und die Dinge so zu lenken, daß sich der Alte auf einen blutigen Weg geradewegs in die Verdammnis oder zumindest ins Fegefeuer begab – dazu verurteilt ist, ihm dorthin zu folgen und ihn, wenn möglich, mit diesen Worten, mit der Wahrhaftigkeit dieses Berichtes, mit dem Geständnis meiner Absichten, meiner Wünsche und meiner geheimen Unternehmungen schließlich daraus zu befreien. Ich will, daß Vaters Seele endlich von mir loskommt und meine von ihm, gleichgültig, wohin jeder von uns nach diesem Fegefeuer gehen muß.

Gelegentlich frage ich mich, ob Sie das verstehen können. Und ob Sie es akzeptieren und verwenden können. Oh, ich weiß wohl, daß es eine öffentliche und eine private Wirklichkeit gibt und daß ich am ehesten von Nutzen sein kann – für Sie, für mich und ebenso für all die um mich schwebenden Geister –, wenn ich mich an die private halte und den Rest nicht zur Kenntnis nehme. Dennoch wünsche ich mir, daß meine Erzählung die allgemein anerkannte Wahrheit, die Geschichte beeinflußt, so dies möglich ist; und daher will ich sie hier und da auf meine Weise vorbringen. Im Verlauf der letzten Jahre ist es beispielsweise fast zu einem Gemeinplatz geworden, von Vater zu sagen, er habe wie viele andere Christen seiner Generation als prinzipientreuer, tiefreligiöser junger Nordstaatler begonnen, den die Versklavung der Neger im Süden und der Rassenhaß überall erschütterte; wie viele solcher Männer sei er im mittleren Alter dann verständlicherweise ein aktiver Gegner der Sklaverei und des Rassenhasses geworden, doch im Alter habe er sich plötzlich, unerklärlich, in einen freibeuterischen Guerillakämpfer verwandelt, der dann binnen kurzem zu einem Terroristen und schließlich zum Erstaunen aller zum Märtyrer geworden sei. Deshalb erscheinen seine Handlungen heute vielen Amerikanern, die durch eine vom Bürgerkrieg eingefärbte Brille zurückblicken, als unverständlich, und sie bezeichnen ihn als verrückt oder neigen doch zumindest zu dieser Ansicht. Wenn ich Ihnen hier also gewisse Dinge mitteile, die Sie anderweitig nicht erfahren können, möchte ich Sie zugleich daran erinnern, daß man Vaters Entwicklung vom Aktivisten zum Märtyrer, seinen langsamen Marsch in die unausweichliche Katastrophe, nicht als Abgleiten in Wahnsinn, sondern als ein vernünftiges Vorgehen betrachten kann – insbesondere wenn man die politische Stärke derjenigen in Betracht zieht, die zu jener Zeit die Sklavenhaltung im ganzen Land gesetzlich verankern wollten. Bedenken Sie, für uns war ein uneingeschränkter Krieg zwischen dem Norden und dem Süden unvorstellbar: Aufgrund eines alten, tief verwurzelten Rassenvorurteils schien es vollkommen unmöglich, daß die Bürger des Nordens irgendeine Art von Krieg führen würden, um ein versklavtes Volk mit schwarzer Haut zu befreien. Statt dessen glaubten wir, daß die Nordstaatler – wenn ihnen schließlich klar würde, was wir bereits wußten, daß nämlich der Süden inzwischen vollständig über die Macht im Lande verfügte – sich einfach von der Union abspalten und ein Land zurücklassen würden, in dem eine riesige Zahl unserer amerikanischen Landsleute mitsamt ihren ungeborenen Nachkommen als Sklaven gehalten würden: buchstäblich als nicht wieder in ihre Heimat zurückgekehrte Kriegsgefangene. Bevor das geschah, wollten wir möglichst viele von ihnen befreien. Und wenn uns das nicht gelänge, wenn wir nicht in der Lage wären, unsere Kriegsgefangenen zu befreien, ehe es schließlich und, wie es schien, unausweichlich zur Einstellung der Feindseligkeiten zwischen dem Norden und dem Süden käme, weil die eine Seite feige und die andere böse war, dann wollten wir zumindest jeden Sklavenhalter töten, dessen wir habhaft werden konnten. Und jenen, denen wir die Kehlen nicht selber zudrücken oder deren Köpfe wir nicht vor die Visiere unserer Gewehre bekommen konnten, wollten wir aus der Ferne Angst und Schrecken einjagen; wir hofften, sie dadurch zu blutigen Rachaktionen zu reizen, was im Gegenzug vielleicht unseren Nordstaatenbürgern das Rückgrat stärken und einige von ihnen auf unsere Seite ziehen würde.

Wir wollten nicht, daß der Norden sich von der Union abspaltete und sich seine eigene sklavenfreie Republik schüfe oder sich gemeinsam mit Kanada in ein neues Kolonialverhältnis zu dem alten England begäbe oder gar mit Kanada eine sklavenfreie Nation im Norden begründete. Und nie kamen wir auf die Idee, daß die Südstaatler von sich aus die Union verlassen würden. Das hatten sie nicht nötig. Sie hatten bereits die gesamte Regierungsmaschinerie in Washington in der Hand, und in jenen Jahren gegen Ende der Fünfziger ging es ihnen nur noch darum, ihre Kontrolle zu verankern und dieser Bestand zu verleihen, indem sie die Sklaverei in die Westlichen Territorien trugen. Da wir von dem bevorstehenden Bürgerkrieg nichts wissen konnten, kämpften wir auf unsere Weise für den Erhalt der amerikanischen Republik.

Doch ich habe von der allmählichen Entwicklung meines Vaters vom Rebellen gegen die Sklaverei zum Terroristen, Guerillahauptmann und Märtyrer gesprochen, die – nicht im Rückblick, aber zu der Zeit, als all dies sich zutrug – als eine vernünftige und moralische Reaktion auf die Zeitläufte und die tiefsitzende, fortwährende Enttäuschung darüber erschien. Vater war möglicherweise der erste, der zur Durchsetzung politischer und militärischer Ziele auf reinen Terrorismus zurückgriff, doch schon früh war es der anderen Seite fast ebenso klar wie uns, wie angebracht und notwendig dies war: Nie waren sie auf unser Vorbild angewiesen, um sich zum Abschlachten unschuldiger Zivilisten anregen zu lassen. Und ohne Vater wäre ich genau das gewesen: nichts als ein unschuldiger Zivilist, unbeweibt, kinderlos und allein, ein Junggeselle aus dem Norden, der draußen auf den hügeligen, grasbewachsenen Ausläufern des Marais des Cygnes River ein paar Meilen von der Abolitionistenenklave Osawatomie entfernt seine Merinoherde hütet – leichte Beute für eine der sich herumtreibenden betrunkenen Banden der Ruffians, die mit mir das gleiche wie mit so vielen anderen Bauern und Hirten in ihren abgelegenen Hütten des FreeState getan hätten: Sie hätten mich erschossen, hätten meine Hütte niedergebrannt, meine Schafe und mein Pferd gestohlen und wären zum nächsten Gehöft weitergeritten.

Manchmal glaube ich, es wäre für mich, aber auch für Vater, für unsere ganze Familie, für alle besser gewesen, wenn es so gekommen wäre. Vielleicht wäre es für alle besser gewesen, wenn ich damals in Springfield, als Vater mir freistellte, meiner Wege zu gehen und nicht nach North Elba zurückzukehren, tatsächlich losgezogen wäre. »Du kannst einfach gehen, Owen. Folge deinen älteren Brüdern nach Ohio oder zieh noch weiter, wenn dir das lieber ist, mach dich auf die Suche nach Abenteuern oder geh nach Kalifornien, um nach Gold zu suchen, wenn dich das interessiert!« Hätte ich ihn beim Wort genommen und mit seiner Erlaubnis das im Stich gelassen, was er als meine Pflicht bezeichnete, wären viele schreckliche Dinge nicht geschehen: der Tod von Lyman Epps, Freds Selbstverstümmelung und seine Wanderung nach Kansas zusammen mit mir, und auch Vater, Salmon, Oliver und Henry Thompson wären nicht dorthin gegangen, denn ohne mich und Fred im Schlepptau hätten John und Jason mit ihren Familien in jenem ersten grausamen Winter bestimmt aufgegeben und wären nach Ohio zurückgekehrt; dann wäre es auch nicht zu den Morden am Pottawatomie, möglicherweise nicht einmal zum Krieg im Territorium von Kansas gekommen, das sich der Union 1858 dann eben als Sklavenhalter- und nicht als freier Staat angeschlossen hätte. Anschließend hätten sich sicherlich die meisten Nordstaaten abgespalten und am Ende möglicherweise eine Union mit Kanada gebildet, und es wäre nicht zu der Katastrophe bei Harpers Ferry gekommen. Und zum Bürgerkrieg.

Stellen Sie sich das nur einmal vor! Vater hätte sein Leben friedlich und genau so beschlossen, wie er es sich oft gewünscht hatte: als Farmer und Prediger in North Elba, der seinen weißen und schwarzen Nachbarn half und sie unterrichtete und der, umringt von seiner liebenden Familie, im Bett starb und im Schatten seines Lieblingsberges Tahawus, des Wolkenspalters, beigesetzt wurde.

Ist es lächerlich und größenwahnsinnig, solche Überlegungen anzustellen? Zu glauben, daß so viel von so wenigem abhängt? Miss Mayo, es ist, so glaube ich, nicht lächerlicher oder größenwahnsinniger als die Überzeugung, daß unser unbedeutendes Leben hier auf Erden von einem allwissenden Gott, der alles sieht, überwacht und bestimmt wird. Kann man sich nicht, durchaus vernünftig, vorstellen, das Gesetz von Ursache und Wirkung funktioniere von unten nach oben ebenso gut wie von oben nach unten? Und wenn es denn im Universum eine Ordnung gibt, dann sind alle unsere Angelegenheiten hier auf Erden mit Sicherheit unausweichlich miteinander verknüpft. Ich denke mir das Universum wie eine Wüste, in der das Leben eines jeden von uns ein Sandkorn ist, das drei oder vier andere in seiner Umgebung berührt, und wenn ein solches Korn sich im Winde dreht oder bewegt oder auch nur ein wenig anders ausrichtet, dann werden sich auch die in seiner nächsten Nähe bewegen, und diese werden ihrerseits diejenigen unmittelbar neben ihnen verschieben und so immer weiter, über die unzähligen Milliarden von Sandkörnchen der endlosen Wüste hinweg, bis sich im Laufe der Zeit ein gewaltiger Sturm erhebt und das Gesicht des Planeten verändert. Warum sollte ich mir also verbieten zu glauben, daß eine einzige meiner Handlungen – oder sogar eine unterlassene Handlung – an einem Tag in meiner Jugend im Lagerhaus meines Vaters in Springfield, Massachusetts, den Lauf der Geschichte veränderte? Und daß damit nicht nur mein eigenes Schicksal, sondern auch das meines Vaters, meiner ganzen Familie und sogar, man möge mir diese Vision vergeben, das Schicksal einer ganzen Nation gestaltet wurde?

Und aus genau diesem Grund habe ich getan, was ich getan habe – aus diesem Grund kehrte ich in jenem Herbst von Springfield auf die Farm in North Elba zurück, deshalb ging ich dorthin, um meine *Pflicht* zu tun. Denn selbst wenn wir nicht wissen können, was für Folgen unsere Handlungen oder Unterlassungen letztendlich haben, müssen wir uns dennoch so verhalten, als zögen sie solche Folgen nach sich. Nichts in unserem Leben, und scheint es auch noch so unbedeutend, ist ohne Bedeutung; es spielt keine Rolle, daß wir selbst diese niemals kennen. Ich habe getan, was ich getan habe, habe meine Pflicht erfüllt, um die Sklaven zu befreien. Ich tat es, um den Lauf der Geschichte zu ändern. Am Ende ist es wirklich so einfach. Natürlich waren meine unmittelbaren Beweggründe bei jedem Schritt auf diesem Weg so wie die aller anderen, selbst die Vaters – mehrdeutig, oft wirr und selbstsüchtig, und häufig auch für mich selber erst Jahre später erkennbar. Doch solange ich meine Pflicht tat, solange ich mich an die Grundsätze hielt, die ich als Kind gelernt hatte, weihte ich mein Leben der Befreiung der Sklaven: Ich hobelte und bog es zurecht wie eine Faßdaube, die eines Tages zu anderen, ähnlich gebogenen Leben passen würde, um daraus ein Gefäß zu bauen, mit dem die Geschichte unserer Zeit und unseres Ortes abgemessen und in die Zukunft getragen werden konnte. Diese Geschichte konnte die wahre Natur und die Bedeutung des 19. Jahrhunderts in den Vereinigten Staaten von Amerika für immer festschreiben, und damit würde mein unbedeutendes Leben einen Sturm entfachen, der das Antlitz der Erde verändern würde. Vaters gottesfürchtige, vom Alten Testament geprägte Sicht der Geschehnisse, die damals um uns herum abliefen, unterschied sich gar nicht so sehr von der meinen. Meine mag weltlich, seine biblisch gewesen sein, aber keine von beiden war materialistisch. Vielleicht waren sie beide Spielarten der großartigen, alles umfassenden, transzendentalen Vision Mr. Emersons, nur nicht so klar und deutlich und poetisch formuliert. Zumindest was mich angeht. Was Vater betrifft, bin ich nicht so sicher, denn die Bibel ist ja wahrhaftig klar und poetisch.

Ich vermute, in gewissem Sinn ist das, was ich hier niederschreibe, die geheime Geschichte des John Brown. Sie können damit natürlich machen, was Sie wollen, meinetwegen auch gar nichts, falls sie Ihnen und Professor Villard wertlos erscheint. Sie wird uns ohnehin, wie ich bereits sagte, zu sehr unterschiedlichen Zwecken dienen, Zwecken, die jeweils von denjenigen bestimmt werden, denen wir unsere jeweiligen Versionen in unserer Vorstellung erzählen. Von Ihnen und dem Professor wird sie der derzeitigen und den künftigen Generationen von Studenten der Geschichte Amerikas im 19. Jahrhundert berichtet werden; ich hingegen erzähle sie den Toten, den seit langer Zeit toten und begrabenen Gefährten meiner Vergangenheit. Und ganz besonders meinem toten Vater.
Ihre Geschichte des John Brown wird den Toten jedoch nicht

von Nutzen sein. Sie ist für die Lebenden und die Ungeborenen bestimmt. Ihre Aufgabe, Miss Mayo, ist es, allgemein anerkanntes Wissen zu schaffen. Ich hingegen habe die Aufgabe, in einem zweiten Schritt dieses Wissen zurechtzurücken. Ich rufe Ihnen das aus mehreren Gründen ins Gedächtnis, doch vor allem, damit Sie verstehen, daß ich aus meinem Bericht alles weglasse, was keiner Korrektur oder Ergänzung bedarf. Einfach ausgedrückt, ich akzeptiere alles als wahr, von dem auf diesen Seiten nicht die Rede ist.

Und aus diesem Grund werden Sie hier keinerlei weitere Beschreibung des Krieges in Kansas finden, obwohl er nach der sogenannten Schlacht von Osawatomie noch volle eineinhalb Jahre weitertoben sollte, ehe er im Winter 1858 schließlich zu einem glimmenden Aschehaufen herunterbrannte, als die Truppen des Free-State am Ende, völlig erschöpft, die Vorherrschaft erlangten. Damals richteten sich meine Aufmerksamkeit und die meines Vaters bereits auf anderes. Er versuchte, im Osten Mittel für seinen Afrika-Feldzug aufzutreiben, wie er das Vorhaben mittlerweile nannte; ich kümmerte mich in unserem geheimen Lager in Tabor, Iowa, um die Anwerbung und Ausbildung der jungen Männer, die Vater nach Afrika folgen wollten, und wartete ansonsten dumpf vor mich hin brütend auf ein Zeichen von ihm, daß der Augenblick zum Angriff endlich gekommen sei. Was hier ebenfalls nicht zu finden sein wird: Vaters lange Besuche und die Planungsgespräche, die er im Frühling und Sommer 1857 und das ganze Jahr 1858 hindurch mit Frederick Douglass in Rochester, New York, und mit Gerrit Smith in Peterboro führte; seine leidenschaftlichen Reden drüben in Massachusetts, in Springfield, Worcester, Medford, Concord und Boston; ebenso sein Aufenthalt in Concord, wo er sich mit den herausragenden Autoren, den Herren Emerson, Thoreau, Higginson und Sanborn traf, von denen ein jeder Berichte über Vaters dortige Auftritte, seine Worte und sein Verhalten veröffentlicht haben, die vermutlich der Wahrheit entsprechen. Zu jener Zeit war seine Apotheose ohnehin nahezu vollendet, und allen, die er traf, erschien er als eine große Gestalt von cromwellschem Zuschnitt, zu der er sich im Glanz ihrer erhabenen, optimistischen

Gedanken verwandelt hatte. Doch da ich bei keiner dieser Zusammenkünfte persönlich anwesend war, kann ich nicht mit Sicherheit wissen, wie er sich tatsächlich verhielt.

Ich werde hier nichts aufnehmen, das ich nicht persönlich erfahren habe oder lediglich vom Hörensagen weiß. Dazu gehört zum Beispiel Vaters Reise nach Kanada im April und Mai 1858, wo er bei dem berühmten Treffen der schwarzen Führer in Chatham der Öffentlichkeit anscheinend zum ersten Mal seinen Plan für den Subterranean Passway vorstellte und bei dem die bekanntesten Neger, Frederick Douglass, die Reverends Loguen und Garnet, Harriet Tubman sowie andere Radikale, ihm die gleiche Art von Vertrauen entgegenbrachten und finanzielle Unterstützung zusicherten, die er zuvor im privaten Kreis von den radikalen Weißen in New York und New England erhalten hatte. In Chatham warb er für unsere kleine Armee auch den ersten Schwarzen an, Osborn Anderson. Später kamen, wie Sie inzwischen sicher wissen, natürlich noch vier weitere Neger hinzu, die den ganzen Weg mit uns zusammen gingen, mutige, dem Untergang geweihte Männer – der Mulatte Lewis Leary und sein Neffe John Copeland, der am Oberlin College in Ohio studiert hatte; außerdem der großartige Dangerfield Newby sowie Frederick Douglass' Freund und Diener, Shields Green, vom dem ich trotz seines Entschlusses, Mr. Douglass zu verlassen und sich Vater anzuschließen, keine besonders hohe Meinung hatte; darüber schreibe ich vielleicht später Näheres. Im Augenblick habe ich nicht die Absicht, Shields' in mancher Hinsicht ein wenig aufgeblähten Ruf zu durchlöchern, denn er war jung und unwissend und war sich sicherlich nicht im klaren darüber, worauf er sich eingelassen hatte, als er seinen Gönner verließ und mit Vater zusammen in die »Falle aus Stahl« ging, wie Mr. Douglass es nannte. Er starb auf schreckliche Weise. Den Toten muß man, solange man selber lebt, alles vergeben.

Dann gibt es natürlich noch die allgemein bekannte Geschichte, wie Vater in New York City Mr. Hugh Forbes aufspürte und anwarb, den dünkelhaften britischen Journalisten, der bei unserer unseligen Seereise von Boston nach Liverpool mit an Bord gewesen und mit uns in der Kutsche nach London gefahren war. Diese unangenehme Geschichte ist auch anderswo schon oft erzählt worden, wenn auch häufiger von Vaters Feinden als von seinen Freunden, vielleicht weil sie Vater eher als verwirrten Alten oder bestenfalls als katastrophal naiv schildert. Es widerstrebt mir jedoch, sie hier anzuführen, da auch Forbes wie Shields Green inzwischen tot sein könnte und ich persönlich wenig mit ihm zu tun hatte; im übrigen hatte ich ihn von Anfang an als unausgegorenen, zynischen, wichtigtuerischen Heuchler eingeschätzt. Aber schließlich war ich nie so arglos wie Vater, besonders was eine bestimmte Art von Menschen anging, für die Forbes ein Musterbeispiel war – der überlegt zurückhaltende, glattzüngige Bursche, der auf beiläufige Weise über gewisse Erfahrungen und Kenntnisse zu verfügen behauptet; und das war in Vaters Augen kosmopolitisch, das heißt europäisch. Und da er sich nicht auf die übliche laute Art wie die Amerikaner rühmte, an der Seite Mazzinis und Garibaldis gekämpft und ein militärisches Lehrbuch für die österreichische Armee verfaßt zu haben, außerdem für den New Yorker *Herald* sowie für sein eigenes Blatt, *The European,* von den umwälzenden Geschehnissen im Europa von 1848 berichtet zu haben, sondern dies alles auf die kultivierte britische Art lediglich anklingen und in die Unterhaltung einfließen ließ, glaubte ihm der Alte, der grobgeschnitzte autodidaktische Yankee, und heuerte ihn als unseren einzigen bezahlten Rekruten an. Er verlieh dem aalglatten Burschen sogar den Rang eines Colonel und schickte ihn westwärts nach Tabor, wo er Vaters Truppe aus jungen, bunt zusammengewürfelten Freiwilligen ausbilden und trainieren sollte, ausnahmslos abgehärtete Veteranen des Kansas-Feldzuges, die keine Exerzierübungen, sondern Waffen, Vorräte und noch mehr Kämpfer benötigten. Und ganz gewiß brauchten wir keinen Mann wie Forbes, Colonel Forbes, der uns sagte, was wir zu tun hatten.

Es spielte keine Rolle, da er ohnehin monatelang nicht in Iowa auftauchte und sich, als er dann endlich erschien, hauptsächlich damit beschäftigte, sein militärisches Handbuch für die bevorstehende amerikanische Revolution gegen die Sklaverei zu verfassen, die, wie er dank Vater glaubte, unmittelbar bevorstand; er rechnete damit, daß das Buch, sobald es angemessen veröffentlicht sei, von jedem Amerikaner im Norden wie im Süden und auch von Europäern gekauft und eifrig gelesen werde. Er erwartete, durch dieses Buch reich zu werden.

Auch wenn Forbes der erste war, so war er doch von all den Leuten, die versuchten, Vater zu ihrem persönlichen finanziellen Vorteil auszunutzen, am leichtesten zu durchschauen. Dazu kam noch die wachsende Zahl von Journalisten, die für Zeitungen und Zeitschriften im Osten schrieben, Vater mittlerweile überallhin folgten und ihren Chefredakteuren üppig ausgeschmückte Berichte von den Abenteuern des Alten in Kansas und seinen öffentlichen Auftritten in New York und New England schickten. Vater reiste nun wieder unter dem Namen Shubel Morgan, angeblich, um seine Identität vor Bundesbeamten zu verheimlichen, die ihn noch immer wegen seiner Taten in Kansas festnehmen wollten; er trug den langen weißen Bart, mit dem man ihn nach seinem Tod so prächtig portraitiert hat; doch unter welchem Namen und in welcher Verkleidung auch immer er reiste, das Kommen und Gehen von Osawatomie Brown war der Presse inzwischen stets bekannt, denn er war zu einer schillernden Persönlichkeit geworden, über die alle Amerikaner, ungeachtet ihrer Anschauungen über die Sklaverei, gern etwas lasen. Mit diesen Journalisten habe ich jedoch wenig Probleme, denn auch wenn sie Vater kräftig ausnutzten, so benutzte er sie doch auch seinerseits: Ihre lebendigen, übertriebenen Geschichten über seine militärischen Leistungen und seine spirituelle und moralische Klarheit dienten ihm dazu, für seine eigenen Berichte über seine Tapferkeit, persönliche Opferbereitschaft und seinen Charakter zu werben und sie zu bestätigen.

Die meisten anderen Nutznießer – zumindest bis nach Harpers Ferry, als der Verkauf von Vaters privaten Briefen und Habseligkeiten und hin und wieder von abgelegten Kleidungsstücken oder Waffen so einträglich wurde wie der Verkauf von Splittern des wahren Kreuzes Christi – waren kleine Leute, vor allem Kaufleute und Händler, die soviel Geld aus Vaters Börse ziehen wollten, wie der Markt für Gewehre und Munition, Säbel und Sättel und andere Kriegsgüter es erlaubte. Sie zogen ihren Vorteil aus einer Situation, in der Vaters dringender Wunsch nach Geheimhaltung und schneller Lieferung die Preise in die Höhe trieb, und leerten so seine Taschen, die von seinem inzwischen loyal zu ihm stehenden Kader aus begüterten Herren im Osten gefüllt und immer wieder nachgefüllt wurden; es waren Leute, die endlich zu dem Schluß gekommen waren, daß Vater recht hatte, daß der Krieg gegen die Sklaverei nach Afrika getragen werden mußte und daß Osawatomie Brown der einzige war, dem dies gelingen konnte: Mr. Gerrit Smith, wie immer, und Dr. Howe und die Herren Lawrence, Stearns, Sanborn und Higginson. Alles aufrechte Männer, wenn auch nicht gerade mutig. Und ich werfe ihnen auch nicht vor, daß sie Vater in den Wochen und Monaten nach den tumultartigen Ereignissen in Harpers Ferry verleugneten, wie man es ja auch Petrus nicht als Schuld anrechnen kann, daß er Jesus verleugnete. Später, nach dem Bürgerkrieg, gesellten sie sich wieder an seine Seite und priesen sein Andenken mit mehr als angemessenem Lob.

Forbes dagegen war ein ganz anderer Fall. Er trug eine grüne Samtjacke und Rehlederstiefel mit Fransen und schwenkte einen Stock mit silbernem Knauf. Und er steckte sich sogar eine Straußenfeder ins Hutband. Draußen in Iowa machte ihn all das zu einer lächerlichen Figur, besonders wenn er ein langes Gesicht zog und über das Schicksal seiner armen Frau und seiner Kinder stöhnte, die angeblich in bitterer Armut in Paris lebten. Er behauptete, sie brächten dieses Opfer, damit er weiterhin seine edle Mission erfüllen und Osawatomie Brown bei dem großartigen Versuch helfen und anleiten könne, die amerikanischen Sklaven zu befreien. Er erklärte unumwunden, er sei dabei, die amerikanische Geschichte umzuschreiben.

Das sagte er mir sogar persönlich. Es war in Tabor, im April 1859, als wir uns auf der Farm eines Quäkers verkrochen hatten, der Vater unterstützte; der ursprünglich aus Indiana stammende Mann glaubte, wir seien nicht mit der Vorbereitung eines Krieges beschäftigt, sondern bereiteten eine massenhafte Flucht von Negerflüchtlingen aus dem Süden vor – was im Grunde ja auch zutraf, auch wenn die Mittel, mit der wir diese Flucht auszulösen gedachten, wahrscheinlich von keinem Quäker gebilligt worden wären. Vielleicht hat er, wie so viele selbsternannte Pazifisten, die es leid waren, gegen die endlosen Kriegslisten und die Gewalt der Sklavenbefürworter anzukämpfen, unsere wahren Pläne geahnt und sie begrüßt, wollte sie jedoch nicht in allen Einzelheiten erfahren. Wie auch immer, den ganzen Winter bis in den Frühling hinein hatte er unserer heruntergekommenen Truppe von manchmal zwanzig, manchmal weniger als zehn Leuten gestattet, sich nachts in seiner Scheune zu verkriechen und tagsüber auf seinen Feldern militärische Übungen abzuhalten. Dort ließ Forbes uns wie Spielzeugsoldaten auf und ab marschieren, anscheinend vor allem, weil es ihm ungemeines Vergnügen bereitete, seine britische Gentlemanstimme amerikanischen Bauerntölpeln Befehle zubellen zu hören.

Ich erinnere mich an jenen Aprilnachmittag, an dem ich mich, verschwitzt und mit Schmutz, Samen und Disteln von den Feldern und Senken übersät, die wir den ganzen Tag über für unseren Colonel erobert hatten, von den anderen Männern trennte, zu Forbes ging und ihn fragte, ob ich ihn unter vier Augen sprechen könne. Er saß im Schatten einer Pappel auf einem Hocker, den er sich aus der Küche des Quäkers ausgeliehen hatte, und ohne von den Papieren auf seinem Schoß aufzusehen, sagte er zu mir: »Es wäre angebracht, Lieutenant, daß Sie, wenn Sie um die Erlaubnis zu sprechen bitten, Ihren vorgesetzten Offizier militärisch grüßen und ihn mit seinem Dienstgrad ansprechen.«

Damals war er gerade eine Woche bei uns, aber ich hatte ihn bereits satt bis oben hin; die anderen Männer verachteten ihn unverhohlen und nahmen es Vater allmählich übel, daß er ihn zu uns geschickt hatte. In der Nacht zuvor hatte John Kagi erklärt, er sei bereit, den Burschen zu erschießen, und nur meine Loyalität Vater gegenüber hielt mich davon ab, ihn einfach davonzujagen. Außerdem befürchtete ich, daß er sich, sobald wir uns ihm offen widersetzten, sofort gegen uns wenden und Vaters Pläne an die

Bundesbehörden verraten würde – was er, wie man mittlerweile weiß, letztendlich auch tat. Es ist wahr: Monate bevor der Angriff auf Harpers Ferry stattfand, gelang es Forbes beinahe, ihn zu vereiteln. Zum Glück – oder, wie sich herausstellen sollte, vielleicht unglückseligerweise – glaubte niemand in der Regierung oder bei der Presse, irgend jemand, nicht einmal der berüchtigte Terrorist Osawatomie Brown, würde ernsthaft mit dem Gedanken spielen, einen privat finanzierten bewaffneten Überfall auf eine bundesstaatliche Waffenfabrik samt Depot zu planen, die im befestigten Herzen des Südens lag. Daher schenkte man Forbes' Worten, nachdem er sich gegen uns gestellt hatte, auf keiner Seite Glauben – bis schließlich der Überfall tatsächlich stattfand; das ermöglichte es uns immerhin, einen Tag länger durchzuhalten. Damals galt er natürlich als Mitverschwörer und wurde von der Regierung verfolgt; er floh nach England, wo er vielleicht heute noch lebt, ein alter Dandy in Rehlederstiefeln, der sich mit Geschichten über seine frühe Verbindung zu dem berühmten amerikanischen Guerillaführer und Kämpfer gegen die Sklaverei, dem Märtyrer Osawatomie Brown, Dinnereinladungen verschafft. Ich fürchte, ich kritisiere ihn vor allem deswegen.

Trotz seiner ständigen Ermahnungen redete ich Forbes damals in Iowa weder mit seinem Dienstgrad an, noch grüßte ich ihn militärisch. Ich sagte ihm offen, die Männer und ich seien Vater und der gemeinsamen Sache treu ergeben, ich könne ihm aber nicht mehr garantieren, daß nicht einer oder mehrere der Leute auf ihn schießen würden. Um ihm meinen Standpunkt klarzumachen, betonte ich, daß seine Ermordung Vaters Absichten durchkreuzen und unserer gemeinsamen Sache schaden würde. Wenn einer von uns ihn tatsächlich umbrachte, könnte das unser aller Ende bedeuten. Er sollte wissen, wer und was ihn am Leben hielt.

»Sie meinen das offenbar ernst, Brown.«

»Ganz und gar, Forbes.«

Er hatte noch immer nicht zu mir aufgesehen. »Sie wissen, was ich hier schreibe, Brown?«

Das wußte ich wohl: Oft genug hatte er uns gegenüber die Vorzüge seiner Abhandlung hervorgehoben.»Ein militärisches Handbuch«, antwortete ich.

»Ja. Aber mehr als das, Brown. Es ist ein Lehrbuch, ja, aber eines, das speziell für jene verfaßt wurde, die für das Ende der Sklaverei in Amerika kämpfen. Und wie alle derartigen Handbücher ist es auch eine Geschichte der Zeit und des Ortes, an dem es verfaßt wird. Das verstehen Sie doch, Brown?«

»Sie meinen, es handelt von uns. Und von Ihnen.«

»Richtig. Das Kapitel, das ich gerade schreibe, heißt ›Der amerikanische Garibaldi‹; es handelt von nichts Geringerem als von der Notwendigkeit und den Methoden, wie man gewöhnliche Bürger in Soldaten verwandelt. Wie man Bauern – unwissende Farmer, Hilfsarbeiter, Holzfäller und so weiter – zu disziplinierten Soldaten macht. Und was, glauben Sie, hätte General Garibaldi getan, wenn einer seiner italienischen Lieutenants dahergekommen wäre und so mit ihm gesprochen hätte, wie Sie eben mit mir geredet haben?«

»Nun, Forbes – ich weiß es nicht.«

»Nein, das wissen Sie nicht. Und genau das ist der springende Punkt. Sehen Sie, ich weiß Dinge, von denen Sie keine Ahnung haben. Und genau deswegen hat mich Ihr Vater angeheuert und mir den Rang eines Colonel verliehen.« Hier schweifte er eine Weile vom Thema ab und beklagte sich, weil ihn Vater nicht wie versprochen bezahlt hatte, dazu kamen noch ein paar sorgenvolle Anspielungen auf die arme Mrs. Forbes und seine hungrigen Kleinen in Paris, bis er endlich wieder auf das anstehende Thema zurückkam: Meuterei. »General Garibaldi«, erklärte er, »hätte seinen Lieutenant belehrt, so wie ich das jetzt mache, daß es die Pflicht des Lieutenant und nicht des Generals ist, jede mögliche Meuterei im Keim zu ersticken. Und wenn der Lieutenant nicht dazu in der Lage wäre, gälte er selber als Meuterer und würde unverzüglich von einem Exekutionskommando erschossen.«

Ich sah zu den Burschen hinüber, die auf dem Acker hinter mir herumlungerten, und bei der Vorstellung, Forbes würde ihnen befehlen, sich in Reih und Glied aufzustellen, um mich zu erschießen, konnte ich nur mit Mühe ein Lachen unterdrücken. »Das hätte er gesagt, hm? Der General.«

»Ja, Brown. Und dann wäre er, so wie ich das gleich tun werde, aufgestanden und hätte seinen Lieutenant sich selbst überlassen, damit der sich über das Gesagte Gedanken machen kann, und hätte keine weitere Diskussion über das Thema Meuterei zugelassen.« Forbes klappte sein Heft zu, stand, wie angekündigt, auf und ging zur Scheune hinüber; mich ließ er wie Garibaldis Lieutenant zurück, um über seine Äußerung nachzudenken.

Doch Forbes überraschte mich, denn das war das letzte Mal, daß ich ihn sah. Den Männern sagte ich nichts von meiner seltsamen Unterhaltung mit unserem Colonel, und nach einer Weile trotteten wir alle zur Scheune zurück, wuschen uns und bereiteten wie üblich unser bescheidenes Abendessen aus Maisfladen und Eintopf zu, bis schließlich einem von uns auffiel, daß Forbes nirgends zu sehen war. Sein Pferd war verschwunden, ebenso seine gesamte Ausrüstung. »Gott sei Dank«, murmelte Kagi, und alle stimmten zu. Ohne es zu wollen, hatte ich dem Kerl einen ziemlichen Schrecken eingejagt. Er nahm sich selbst so ernst, daß auch ich ihn ein wenig ernst genommen hatte, sonst hätte ich ihm vielleicht seinen Willen gelassen und ihn länger ertragen, was uns hinterher viele Unannehmlichkeiten erspart hätte.

Später erfuhr ich, wohin er gegangen war – in den Osten nach New York City und dann weiter nach Washington, wo er seinen vergeblichen Feldzug begonnen hatte, Vater an seine Feinde zu verraten. Irgendwann erfuhr Vater von Forbes' gescheiterten Versuchen, den Kriegsminister und die verschiedenen Zeitungen von unserem Plan zu überzeugen – dank einer Flut ängstlicher Briefe von uns wohlgesinnten Abolitionisten im Kriegsministerium und dem Journalisten Mr. Redpath, der es sofort den Herren Smith und Higginson und Dr. Howe erzählte. Wie üblich gerieten sie in Panik, doch in den Augen des Alten war Forbes' versuchter Verrat eine positive Entwicklung, da er diejenigen, die uns unterstützten, von der Dringlichkeit, endlich in die Schlacht zu ziehen, überzeugt hatte. Außerdem bestärkten die besonders tauben Ohren des Kriegsministers und der anderen für Forbes' Aussagen Vaters Überzeugung, daß er noch immer unter Gottes Schutz stehe; mit Forbes' Aussonderung habe der Herr lediglich Vaters Fehler korrigiert, den Mann als nützlich einzuschätzen, als er ihn Jahre zuvor kennengelernt hatte.

In seinem Brief, in dem er mich und die übrige Truppe aufforderte, sich nach Hause zu begeben und dort auf seine Marschbefehle zu warten, teilte er mir all das mit. Er beendete seinen langen Brief mit den Worten: *Ich glaube, der Herr wollte damals lediglich meine Klugheit und auch meinen Glauben auf die Probe stellen, wie Er es immer tut. Und in der unerfreulichen Angelegenheit des Mr. Forbes hat Er mich bedauerlicherweise für zu leicht befunden. Doch nun hat mich der Allmächtige dank der ständigen Zunahme meines Glaubens und meines Vertrauens in Ihn wiederum vor meiner Torheit bewahrt. Komm jetzt auf kürzestem Wege nach North Elba zurück, mein Sohn. Der Herr hat es so eingerichtet, daß wir schnell handeln müssen!*

Und so kam ich erneut, jetzt aber zum letzten Mal, von dem mitten in der Wildnis gelegenen Dorf Keene durch die Cascade Notch nach North Elba und erblickte inmitten der frisch grünenden Ebene Abrahams, auf der Anhöhe unmittelbar hinter dem unförmigen Schatten des Tahawus, den Vater so sehr liebte, die Farm unserer Familie. In dem fahlen Junilicht erschien sie mir so wunderbar in sich ruhend und fest gefügt, daß ich mir nicht in Erinnerung rufen wollte, aus welch finsteren Gründen ich hierher zurückgekehrt war – denn ich wollte mich lediglich, vielleicht für immer, von meinen geliebten Brüdern verabschieden, von denen, die Vater und mich nicht in den Süden begleiten würden, und von meinen lieben Schwestern und meiner Stiefmutter, die unseretwegen schon so viel erduldet hatten und bald unvorstellbar viel mehr ertragen müßten, und von dem Ort selber, wo ich auf meine schwerfällige Art zum Mann herangereift war.

Ich denke heute nicht anders an jene vergangene Zeit zurück, als ich es damals tat, und ich nähere mich der Haustür auf die gleiche

Art wie damals, furchtsam und buchstäblich zitternd, denn wenn sich auch in den dazwischenliegenden Jahren viel verändert hat, in den Jahren seit dem Tod von Lyman Epps und meiner Flucht nach Westen, wenn sich auch in der Welt im großen so vieles verändert hat, so habe ich mich doch nicht verändert – ich bin immer noch derselbe, halb gebrochene Mann, Owen Brown, der in den Fußstapfen seines Vaters in die Geschichte taumelt, der all seine persönlichen, widerstreitenden Gefühle und widersprüchlichen Leidenschaften im größeren, allgemeinen Kampf gegen die Sklaverei aufgehen und die erbärmliche, unausweichliche Gewalttätigkeit seines Charakters nützlich und gut erscheinen läßt, indem er sie nicht gegen sich selbst richtet, wie es vielleicht angemessen wäre, sondern auf die verteufelten Widersacher seines Vaters. Denn wäre ich sonst nicht unausweichlich ein Selbstmörder geworden?

Nachdem ich dies nun zugegeben habe, begreife ich mit einem Mal, was auf die Vollendung meiner Beichte folgen muß! Denn dann werde ich endlich keinen Grund mehr haben weiterzuleben. Ich werde bereit sein, selbst zu einem Geist zu werden, damit ich die seit langem im Fegefeuer leidenden Geister ablösen kann, zu deren Befreiung diese Beichte ausdrücklich gedacht ist.

Liebe Miss Mayo, seit ich die obenstehenden Zeilen geschrieben habe, bin ich meinem Tisch kurze Zeit ferngeblieben und habe das Gerümpel in meiner Hütte nach meinem alten Revolver durchsucht, der in Kansas und bei Harpers Ferry und danach in all den Jahren der Flucht meine Seitenwaffe war. Schließlich fand ich ihn in einem Versteck mit Vaters Briefen aus den Jahren 1855 und 1856 (die ich vorher übersehen hatte, die ich Ihnen aber jetzt zu senden verspreche, sobald ich endlich all die verstreuten Seiten dieses leider etwas wirren Berichtes einsammle und losschicke), und als ich ihn dort in einer Ecke unter meinem Feldbett fand – zusammen mit etwa zwei Dutzend Magazinen Munition –, verspürte ich, wie ich gestehen muß, eine seltsame, neue Art von Freude. Ich weiß nicht, wie ich es anders nennen soll: eine für mich merkwürdige, vollkommen unvertraute Empfindung.

Ich habe den Revolver, meinen alten 45er Colt, der mittlerweile gereinigt und geladen ist, auf den Schreibtisch gelegt, und jedesmal, wenn ich ans Ende eines Satzes komme, blicke ich von der Seite auf und sehe die Waffe vor mir, die wie ein alter Freund geduldig darauf wartet, mich auf eine Reise mitzunehmen, und erneut verspüre ich diese seltsame Vorfreude.

Wir haben jetzt Spätsommer – hier und überall, wo mein Geist hinwandert –, und offensichtlich ist die Mahd durch den Regen heute morgen unterbrochen worden; die verlassenen Felder glitzern silbrig in der Sonne, während ich, damals und auch jetzt in meinen Gedanken und meiner Erinnerung, langsam durch die Schlucht und über die Ebene zu der Farm reite. Die Gewitterwolken sind aufgerissen und nach Osten getrieben, haben große, sich immer weiter ausbreitende Flecken und Streifen tiefblauen Himmel zurückgelassen. Weiter hinten zu meiner Linken ragt der zerklüftete Granitgipfel auf, an dessen Namen ich nur zu denken brauche, und schon sehe ich auch Vaters düsteres Gesicht vor mir – so sehr habe ich mich im Laufe der Jahre daran gewöhnt, die beiden miteinander zu verbinden, als wäre jeder, der Berg und der Mann, ein Porträt des jeweils anderen, und als wären beide, auf ihre Umrisse reduziert, eine einzige Runeninschrift, die ich entziffern muß, wenn ich jemals die Bedeutung oder den Wert meines Daseins erfahren will.

Niemand ist auf den Feldern, und auf dem schmalen Pfad, der von der Farm auf mich zu oder von mir zu ihr verläuft, ist keiner außer mir, und auf den Weiden und in den Pferchen grasen keine Rinder und Kühe und Pferde. Keine Hunde und keines der schönen reinblütigen Merinos, für die Vater im Frühling 1849, als wir uns hier niederließen, die Mutterschafe und Böcke aus Springfield heraufbrachte. Kein Rauch steigt aus den Schornsteinen des Hauses oder des Schuppens mit der Gerberei, auch nicht aus Lymans alter Schmiede, und außer dem leisen Plätschern des Au Sable River, dessen eisiges Wasser unten im bewaldeten Tal über die Felsen fließt, und außer den in der Brise zitternden höchsten Zweigen der alten Kiefern, die an den Hängen über mir in die Höhe ragen, ist kein Laut zu hören – nirgends in Hörweite sägt einer Holz oder hämmert Nägel, keiner gräbt einen Brunnen oder eine Grube oder einen Graben, keiner öffnet oder schließt eine Tür oder ein Fenster. Selbst die Vögel – stumm wie Geister.

Vater hat geschrieben, daß er mich hier auf der Farm treffen würde, daß wir alle uns in North Elba treffen würden – alle aus der Familie, die zusammen nach Afrika hinunterziehen werden: mein Bruder Watson, erst vierundzwanzig Jahre alt, der nach seinem Waffengang in Kansas und Iowa schon vor mir auf die Farm zurückgekehrt ist und der in weniger als vier Monaten in Vaters Armen elendiglich an seinen Schußwunden sterben wird; unser jüngster Bruder Oliver, ein Bursche von zweiundzwanzig Jahren und seit dem Kansas-Feldzug kampferprobt, aber auch ein Bücherwurm und drauf und dran, eine Tochter der Brewster-Familie in der Nachbarschaft zu heiraten, ein Mädchen, das zur Witwe werden wird, noch ehe es zwanzig ist; außerdem zwei meiner Schwager aus dem Thompson-Clan, William und Dauphin, deren älterer Bruder Henry in Kansas alles aufs Spiel gesetzt hat und schon vor mehr als einem Jahr nach North Elba zurückgekehrt ist, um sich von seiner Verletzung von Black Jack zu erholen und wieder als Bauer und Ehemann unserer Schwester Ruth zu leben, und der deshalb nicht in Virginia mit seinen Brüdern sterben wird. Die anderen, es sind sechzehn – obwohl Vater glaubte, es würden dreißig oder vierzig oder noch mehr –, werden sich uns anschließen, wenn wir nach Süden reiten, soweit sie nicht bereits vom Alten dorthin geschickt worden sind, um alles auszukundschaften und auf unsere Ankunft zu warten: John Kagi, der bereits jetzt in Virginia ist und die Zahl und Kampfkraft der Truppen erkundet, die unsere Gegner sein werden; John Cook, als umherziehender Schullehrer verkleidet, der auf den Höhen nördlich von Harpers Ferry das bald schon berühmte Farmhaus der Kennedys beschafft und für unser Treffen herrichtet, das wir während der Wochen bis zu unserem Angriff auf das Arsenal und die Stadt zu unserem Hauptquartier machen werden. Meine Brüder John und Jason, die bei ihren Familien in Ohio leben, werden sich unserem Kampf nicht anschließen, Jason aus Prinzip und John, entgegen seinen Prinzipien, aus Angst. Salmon ist auf Vaters Anordnung trotz seines lauten Protestes hier auf der Farm stationiert worden, wo er sich um Mary und unsere Schwestern kümmern und die Familienangelegenheiten regeln soll, die, und das weiß der Alte, nach dem Überfall und ungeachtet seines Ausganges außerordentlich kompliziert sein werden.

Doch am Tag meiner Ankunft auf der Farm ist keiner da, um mich zu begrüßen, keiner streckt die Arme aus, um mich zu umarmen und willkommen zu heißen. Schatten huschen über den Boden zu meinen Füßen, so wie die zerrissenen, silbern gesäumten Wolken über das Haus ziehen und aufreißen und wieder zusammenfließen und wieder aufreißen – die Erde dreht sich weiter um ihre Achse und kreist um die Sonne, während sich hier am Boden nichts regt, alles ist in Zeit und Raum erstarrt wie ein präpariertes, auf eine Nadel gespießtes Insekt: der Weg, der von der Straße herüberführt, die Scheune und die Nebengebäude, das Haus selbst. Und dort drüben, mitten im Hof, ragt Vaters Felsblock auf, mannshoch und so breit wie ein Zimmer. Der Brocken aus dunkelgrauem Granit liegt auf dem Grund, als hätte man ihn allein zu dem Zweck hierhergeschafft, die letzte Ruhestätte Vaters und meiner Brüder Watson und Oliver, der Thompson-Jungen William und Dauphin zu markieren; als sollte er Denkmal sein für den ungestümen John Kagi, den edlen Aaron Stevens, den vier Schüsse treffen werden, ehe er fällt, und für John Cook, den sie in den Wäldern Pennsylvanias ein paar Meilen nördlich von Harpers Ferry gefangennehmen und nach Virginia schleppen werden, um ihn dort neben Vater und den anderen aufzuhängen; Denkmal auch für Charlie Tidd, den aufbrausenden Jungen aus Maine, und für Jeremiah Anderson, der sich an seinem Großvater, einem Sklavenhalter aus Virginia, rächen wollte, und für Albert Hazlett, der dem Alten zum Sieg in Kansas folgte und ihm auf das Schafott in Virginia folgen wird; und auch für den verschlossenen Edwin Coppoc aus Ohio und seinen jüngeren Bruder Barclay und den freigelassenen

Neger John Copeland, der so intelligent und sprachmächtig wie ein Brown war; für den kanadischen Spiritualisten Stewart Taylor und Will Leeman, den Jüngsten in unserem Trupp, der mit vierzehn in einer Schuhfabrik arbeitete und mit siebzehn aus keinem anderen Grund nach Kansas ging, als an der Seite von Osawatomie Brown zu kämpfen; für Osborn Anderson, den schwarzen Drukker, der sich Vater in Kanada anschloß, und für Frank Meriam aus Massachusetts und Lewis Leary, den Mulatten, der von sich sagte, er sei ein Nachkomme der Verlorenen Siedler von Roanoke Isle, und für den hochaufgeschossenen, gutaussehenden Dangerfield Newby, einen entflohenen Sklaven, der mit dem Überfall stets die Hoffnung verband, seine Frau und seine Kinder zu befreien, der aber an einem zwanzig Zentimeter langen Bolzen sterben wird, der ihm aus einer Flinte der Sklavereibefürworter in die Kehle geschossen wird; und für Shields Green, Frederick Douglass' Mann, den wir den Kaiser nannten, einen Mann, der als Sklave geboren wurde, seinen Körper befreite und ihn der Sache widmete, doch seinen Geist niemals ganz befreien konnte.

Da liegt also der gewaltige, rissige Findling aus den Adirondacks, ein Brocken vom Tahawus, bereit, das Andenken an das kurze Leben und den gewaltsamen Tod der Männer zu bewahren, die ich in die Schlacht führen und dann verraten werde. Ihr geisterhafter Wachtturm wird er sein, der Ort, an dem sie sich, wenn alles vorbei ist, versammeln und all die Jahre hindurch stumm warten werden, während der Winterschnee von Kanada herunterweht und über die Ebene Abrahams treibt, während der Frühlingsregen das Land für die Gräser und Blumen des Sommers freiwäscht und auftaut und aufweicht, während die Herbstblätter durcheinanderwirbeln und sich zu flachen, modernden Haufen ansammeln. An dem Felsen lehnt der Grabstein aus Schiefer von Urgroßvater John Brown; er wurde, wie Vater lange vorgehabt hatte, aus Connecticut in den Norden gebracht, um alle Männer und Frauen an das anonyme Grab des Helden aus dem Revolutionskrieg und an das unseres Bruders Fred zu erinnern, dessen Lebensdaten neu eingemeißelt worden sind und dessen Leichnam, für uns auf immer verloren, in der Erde von Kansas liegt. Auch diese beiden anklagenden Seelen werden zusammen mit den anderen hier verweilen, denn es spielt keine Rolle, wo ihre Knochenreste und die Fetzen der Gewänder liegen, die sie einst getragen haben: Ihr Geist ist zu diesem Ort zurückgekehrt, zu diesem kalten grauen Altar, den die gelegentlich vorbeikommenden Menschen anstarren und bestaunen, an dem jene, die herauskommen und John Brown und seinen tapferen Männern die Ehre erweisen wollen, ein Gebet sprechen, und der mich die noch verbleibenden Jahre meines Lebens umtreibt und peinigt, bis auf den heutigen Tag, diesen langen, andauernden Tag meiner unvermeidlichen Rückkehr. Hier, vor diesem steinernen Altar, muß ich meine letzte Beichte ablegen und mein Opfer darbringen.

Kalt der Herd, die Schürzen über Stuhllehnen geworfen, schmutzige Stiefel, die sich in dem Gestell neben dem Hintereingang stapeln. Ich stehe mitten im Raum und hebe den Kopf wie ein gejagtes Tier, das dem Jäger nachhorcht; nein, eher wie der Jäger, der innehält, um auf seine Beute zu lauschen. Doch ich höre nichts, nicht einmal eine Maus in der Wandverschalung oder ein Eichhörnchen, das über das Dach aus Zedernschindeln huscht. Kein Bruder, keine Schwester dreht sich im Schlaf in einem schmalen Feldbett im Dachgeschoß über mir um, keiner seufzt und blickt durch das kleine quadratische Fenster dort oben. Kein Atemzug, weder der eines Menschen noch einer anderen Kreatur, durchbricht die Friedhofsruhe des Hauses.

Vielleicht bin ich versehentlich am Sabbat nach Hause gekommen, an dem einen Ruhetag des Herrn, an dem Er, nachdem wir uns sechs Tage lang um unsere kleinlichen Bedürfnisse gekümmert haben, befiehlt, uns um Seine zu kümmern. Vielleicht sind alle zu der kleinen weißen Kirche in der Siedlung weiter unten aufgebrochen und erflehen jetzt Kraft für das Leben hier auf Erden und das Erbarmen Gottes in der Stunde des Todes, Erlösung und ewiges Leben.

Das ewige Leben – eine furchteinflößende Vorstellung! Obwohl ich manchmal geglaubt habe, es wäre nicht so schlimm, wenn ich in alle Ewigkeit getötet würde. Wenn ich immer wieder aufs neue umgebracht würde, bis ich den Tod nicht mehr fürchte. Dann wäre das Leben die Sinnestäuschung, und die einzige Wirklichkeit bestünde darin, zu sterben und wiedergeboren zu werden, nur um erneut zu sterben: Die Welt, die ohnehin nicht weiß, was es heißt, ich zu sein, wäre weiterhin einfach nur sie selbst. Endlich könnte ich gut werden, ein vollkommener Mensch, wie ein Hindu-Heiliger, ohne einen strengen, bärtigen Gott, der über mir thront und mich mit Schuld und Scham und Prinzipien und Pflichten anstachelt und es zu einer unabweisbaren, doch unmöglich zu erfüllenden Verpflichtung macht, gut und nicht einfach ein Mensch zu sein.

Aber ach, ich bin als Christ geboren und erzogen, nicht als Hindu! Nur ab und zu kann ich derlei Dinge erahnen, und diese so sonderbare, mir fremde Vorstellung von Leben und Tod kann ich gerade so lange aufrechterhalten, wie ich für die Niederschrift dieser Worte brauche. Schlimmer noch, ich bin ein Christ ohne einen Gott, ein gefallener Mensch ohne einen Erlöser. Ich bin ein Gläubiger ohne Glauben.

Ich kann nicht sagen, wie lange ich so im Haus gestanden habe und diese seltsamen Gedanken mir durch den Kopf gingen, doch die Schatten sind lang geworden, und der Raum ist fast dunkel, als ich endlich, zum ersten Mal seit meiner Ankunft, ein anderes Lebewesen höre: den langsamen Hufschlag eines Pferdes, dann mehrerer Pferde, die sich der Farm im Schritt nähern, dann ein munteres Bellen – nach dem hohen, dünnen Klang wohl das eines Collies – und das Lachen und Plaudern menschlicher Wesen! Vom Fenster aus sehe ich, wie meine Familie durch die Abenddämmerung näher kommt: dort an der Spitze Vater; mit seinem weißen Bart wirkt er alt, obwohl er so aufrecht geht wie eh und je. Dann meine Stiefmutter Mary und meine Schwestern, die auf dem Wagen sitzen, dazu meine jüngeren Brüder und Schwager und Schwägerinnen und noch ein halbes Dutzend weiterer Menschen, Weiße wie auch Neger, unsere langjährigen Nachbarn und Freunde hier im Norden, zu Fuss, zu Pferd und in einem zweirädrigen Wagen; fröhlich marschieren sie die Strasse von der Siedlung her entlang, als kämen sie von einem Feiertagsausflug.

Auf einmal hat sich das leere Gefäss gefüllt, und aus der Unsichtbarkeit und Stille bin ich mir selber sichtbar und hörbar gemacht worden! Ich rufe ihnen entgegen, freudig und dankbar für die schlichte Tatsache, dass sie auch anderswo als nur in meinen Gedanken und meiner Erinnerung existieren; und Hals über Kopf haste ich aus dem Haus und auf den Hof, um sie zu begrüssen. Ihre schönen, so vertrauten Gesichter und Körper sind wirklich, sind greifbar! Und endlich, an die Brust meiner Familie und meiner Freunde gedrückt, bin ich wieder eins mit anderen Menschen! Wie damals, als ich noch ein Kind und meine Mutter noch nicht gestorben war. Als Vater sich noch nicht vor die Sonne geschoben und sie mit seinem eigenen kalten Glanz verdeckt, als er mich noch nicht auf immer in seinen Schatten gedrängt hatte. Alle berühren sie mich, umarmen mich sogar und sagen, wie froh sie seien, mich wieder bei sich zu haben. Zwar ist nichts vergessen, doch alles ist vergeben! Sogar Susan Epps ist hier, und bei ihr ist ein kleiner Junge, der sich an ihren Rock klammert – ihr Sohn, Lymans Sohn, Sinnbild ihrer Liebe für ihn und dafür, dass er mir vergeben hat, denn so stellt sie mir den kleinen Jungen vor, sie sagt einfach, stolz: »Ich habe einen Sohn, den du kennenlernen sollst, Owen Brown«, und so trete ich ihm entgegen und er mir.

Ruth erklärt, auch sie erwarte ein Kind, das ich kennenlernen müsse, einen Neffen oder eine Nichte, und bald werden noch mehr da sein, denn hier sind Oliver und seine hübsche junge Braut, Miss Martha Brewster, die an diesem Nachmittag Mann und Frau geworden sind! Eine Hochzeit, an der ich ebenfalls hätte teilnehmen können, wie Ruth meint, wenn ich rechtzeitig gekommen wäre oder sie gewusst hätten, dass meine Ankunft unmittelbar bevorstehe; denn dann hätten sie die Hochzeitszeremonie um ein paar Stunden verschoben. Doch keiner wusste, dass Owen Brown auftauchen würde, ausser Vater, erklärt sie, und nickt dem Alten aufmunternd zu, der immer darauf bestanden habe, Owen werde rechtzeitig zur Hochzeit von Oliver und Martha nach Hause kommen; wie üblich sei Vater nicht ganz im Unrecht gewesen, fügt sie hinzu, aber auch nicht völlig im Recht, und alle lachen, denn es macht uns Spaß, wenn Ruth den Alten neckt; sie ist die einzige von uns, die das darf und ihn vor Freude und nicht vor Ärger erröten läßt.

Mary, meine liebe Stiefmutter, drücke ich zuerst fest an mich und schiebe sie dann auf Armeslänge von mir weg, damit ich ihr in die großen braunen Augen blicken kann und das Spiegelbild meines Gesichtes sehe und weiß, daß sie, auch wenn ich sie niemals so werde lieben können, wie sie sich das wünscht und Vater es verlangt, mich trotzdem liebt, wie eine Mutter ihren leiblichen Sohn nur lieben kann, und keinen Mangel und kein Ungleichgewicht in unseren Gefühlen füreinander empfindet, sich nur um mich sorgt. Meine Brüder und Schwager und meine alten Freunde aus Timbuktu und North Elba schütteln mir alle auf die scheue Art der Farmer hier im Norden die Hand, klopfen mir auf die Schulter und fordern mich auf, ihnen zu berichten, über welche Route, auf welchen Straßen und Fähren und Kanälen ich den ganzen Weg von Iowa nach Hause gelangt bin; und Salmon will wissen, wie es den anderen Jungen ging, als ich in Ohio durchkam; und ihren Familien, das fragt Watson, und unseren Onkeln und Tanten und Vettern in Ohio; ob ich an Großvater Browns Grab in Akron verweilt und dort gebetet habe, erkundigt sich Annie, die hübscheste und frömmste von Vaters Töchtern und Großvater Browns Enkelinnen. Und allen sage ich ja, ja und ja: Ich habe alles erledigt, was ihr mir aufgetragen habt, bin überall gewesen, wo ihr mich hingeschickt habt, habe gesagt, was ihr selbst habt sagen wollen, und jetzt bin ich hier, mitten unter euch, euer geliebter Sohn, Bruder, Onkel, guter Freund, und ich wünsche mir nun nichts weiter vom Leben, als diesen Ort und diese Menschen nie mehr verlassen zu müssen. Ich sehe die Frischvermählten und die jungen Familien und die verschiedenen heranwachsenden Generationen. Und ich sehe das prachtvolle Weideland der Hochebene und den Wald um uns, und ich gestatte mir den hoffnungsfrohen Gedanken, daß ich eines nahen Tages Susan Epps um ihre Hand bitten und ihren Sohn großziehen und hier auf der Ebene Abrahams eine Farm für uns bauen werde. Diesen freudigen Augenblick werde ich zum Ausgangspunkt eines langen, glücklichen, fruchtbaren Lebens machen, nicht zum höhnischen, spöttischen Ende eines Lebens, das kurz und bitter und unfruchtbar gewesen ist.

Wäre dies nicht eine wundersame Art und Weise, diese Geschichte zu beenden? Mit einer Hochzeit, die gerade gefeiert wurde, und einer andern, die kurz bevorsteht – der dritte Sohn von John Brown heiratet die Witwe seines besten Freundes, eine Negerin, um hier in den wilden Adirondacks zusammen mit ihr den großzuziehen, der den Namen seines Freundes, ihres verstorbenen Gatten, trägt, diese drei, eine kleine Familie, die frei ist von der grausamen Bedeutung der Rasse, frei von dem alten Fluch der Sklaverei: ein Weißer und eine Negerin mit ihrem Kind, die von einer Familie und einer Gemeinde geliebt werden und von allen einzig als Familie und als Freunde und Mitbürger betrachtet werden?

Phantasie, Täuschung, Traum! Hirngespinst eines schuldbeladenen Weißen, weiter nichts. Es währt nur einen Augenblick, so lange, bis Vater vortritt und mir die Hände schwer auf die Schultern legt; plötzlich schäme ich mich meiner Hoffnung und kann niemanden mehr anblicken, weder Susan noch ihren Sohn, noch sonst irgend jemanden. Nur noch Vater: seine kalten Augen, grau wie Granit. Ich spüre, wie er die Hände kraftvoll niederdrückt, als legte er mir ein Joch auf die Schultern und wollte nun, daß ich unter dessen Gewicht niederknie. Und das tue ich auch, ich sinke auf die Knie, und er betet in Jesu Namen über mir, dankt dem Allmächtigen, der mich sicher nach Hause gebracht hat, so daß ich meinen Bund mit dem Herrn erfüllen und jetzt von diesem gesegneten Ort weggehen kann, um das große, schreckliche Werk zu beginnen, das Er uns befohlen hat.

Amen, sagt er, und Amen sagen alle anderen, und auch ich sage Amen.

22

Wir erwachen in der Dunkelheit und sehnen uns nach Licht, und wenn es Licht wird, warten wir auf die Rückkehr der Dunkelheit, um die wacklige Leiter von unserem überfüllten, fensterlosen Dachboden hinuntersteigen, uns die Hände am Küchenfeuer wärmen und für eine Weile auf dem Hof herumspazieren zu können. Das Haus verlassen wir nur zu zweit oder allein, um nicht die Aufmerksamkeit irgendeines verirrten nächtlichen Reisenden auf uns zu ziehen, der noch spät in der Nacht unerwartet an der alten Kennedy-Farm vorbeikommt, eines Mannes, der es von der Straße aus bestimmt auch in der Dunkelheit bemerken würde, wenn zehn oder noch mehr Leute um das Steinhaus mit den weißen Schindeln herumlungerten, und der sich fragen würde, was die hier wollen. Das Haus ist jedoch von Wäldern umgeben und ziemlich abgelegen; die Straße davor führt nur, und noch dazu auf Umwegen, zu dem Bauerndorf Boonesborough. Und so können zwei Männer oder auch einer allein, wenn sie schweigen, für eine Weile ungesehen vor dem Haus auf- und abgehen, ihre verkrampften Glieder strecken und zum ersten Mal nach vierundzwanzig Stunden die kühle, frische Luft im Freien atmen, ohne daß sie von der Straße aus gesehen werden. Und selbst wenn der Blick des Wanderers zufällig auf ein, zwei Fremde im Hof fiele, würde er sich doch nichts dabei denken, da die Familie von Dr. Kennedy, die inzwischen nach Baltimore gezogen ist, ihre alte, leerstehende Familienfarm oft landlosen Saisonbauern verpachtet; als solche hat John Kagi, als er den Mietvertrag für uns unterschrieb, auch Vater und seine Söhne bezeichnet – als einen gewissen Mr. Isaac Smith mit seinen Jungen, die aus dem nahe gelegenen Chambersburg, Pennsylvania, heraufgekommen seien, um in Virginia nach gutem Ackerland

Ausschau zu halten, das sie kaufen könnten, und die in dieser Zeit vielleicht auch ein paar Stück Vieh dort weiden lassen und mästen wollten, um sie im Herbst zu schlachten und an die Bürger und Arbeiter der Waffenfabrik von Harpers Ferry zu verkaufen. Kagi, der seine Lügen fast schon selber zu glauben scheint, hat eine besondere Begabung dafür, Geschichten zu erzählen.

Die Stadt Harpers Ferry und die Gewehr- und Flintenfabrik sowie das Bundesarsenal befinden sich in einer tiefen, engen Schlucht drei Meilen südlich von hier auf einer Landzunge mit abgestuftem, flachem Felsboden, wo der Shenandoah sich zwischen zwei hohen, bewaldeten Hügelketten durchzwängt und in den Potomac mündet. Auf den ersten Blick sieht es so aus, als wäre der Ort nicht besonders gut geeignet, um dort Waffen für eine ganze Armee herzustellen und zu lagern, da er kaum vor Angriffen und einer Belagerung von den hohen Felsvorsprüngen auf beiden Seiten des Flusses aus geschützt ist. Doch Vater hat erklärt, keiner der Feinde unseres Landes könne diesen so weit vom Meer entfernten Ort angreifen, ohne vorher Washington fünfzig Meilen flußabwärts oder Richmond und Baltimore eingenommen zu haben. Womit die Regierung zuallerletzt rechnet, ist ein Angriff auf Harpers Ferry vom Landesinneren her, meint Vater lächelnd, und nur unsere amerikanischen Landsleute seien dazu in der Lage. Und das beschreibt natürlich ganz genau, wo und wer wir sind: Amerikaner, die im Schutz der Dunkelheit einer nach dem anderen aus dem ganzen Land hierhergekommen sind und sich nordwestlich der Stadt auf der Farm der Kennedys versteckt haben – gutbewaffnete junge Männer, die die Grundsätze der Sklavereigegner im Kopf und Mordlust im Herzen haben.

Wir haben unseren Familien und unserem Zuhause im Norden ein letztes trauriges Lebewohl gesagt und uns dem Alten angeschlossen – fünfzehn Weiße und fünf Neger, wenn wir alle versammelt sind –, um hier Tage und Wochen und, falls nötig, auch Monate zu warten, bis er uns endlich sagt, daß der Augenblick gekommen sei, auf den wir, manche von uns ihr ganzes Leben lang, gewartet haben. Den Plan, den bis in die kleinsten Einzelheiten ausgearbeiteten Ablauf und die Aufgabenverteilung bei unserem Unternehmen, ist er immer wieder mit uns durchgegangen, Nacht für Nacht, droben in dem kalten, von Kerzen erhellten Raum über dem einen großen Zimmer im Haus, unserem Gefängnis, wie wir es inzwischen scherzhaft nennen. Im Erdgeschoß befindet sich eine Küche, in der sich unsere Schwester Annie und Olivers ihm vor kurzem angetraute Frau Martha eingerichtet haben, um für uns zu kochen und sich um die Wäsche zu kümmern – sie sind Mitte Juli gekommen, nachdem sie von Vater, der zu dem Schluß gekommen war, für unsere Tarnung als Landkäufer und Fleischlieferanten sei die Anwesenheit von Frauen unerläßlich, aus North Elba herbeizitiert worden sind. Ein paar Schritte vom Haus entfernt liegt ein abgeschlossener Schuppen, in dem wir unsere Waffen gelagert haben, die wir regelmäßig reinigen und ölen, um die Eintönigkeit unserer Gefangenschaft zu durchbrechen – etwa zweihundert Sharps-Gewehre, noch weit mehr Pistolen und tausend scharf geschliffene Spieße mit Stahlspitzen, die alle von Vaters heimlichen Unterstützern bezahlt und während der Sommermonate Stück für Stück aus Ohio und Hartford über Chambersburg, Pennsylvania, an Isaac Smith & Söhne geschickt worden waren, verpackt in Holzkisten mit der Aufschrift »Eisen- und Gußwaren«. John Kagi, der früher als Schullehrer in der Gegend gearbeitet hat und sie deshalb gut kennt, war unser wichtigster Vermittler bei diesen Vorbereitungen; das hat die heiklen Verhandlungen etwas leichter gemacht. Auch John Cook ist schon seit fast einem Jahr hier; Vater hat ihn von Iowa aus als Spion hierhergeschickt, denn er ist intelligent und hat in Yale studiert; außerdem verfügt er über eine vielbewunderte gesellschaftliche Gewandtheit. Es ist ihm gelungen, sich als Schleusenwärter einstellen zu lassen, ohne Verdacht zu erregen. Im letzten Frühjahr hat er sogar ein Mädchen aus dem Ort geheiratet, das er geschwängert hatte, was Vater natürlich gar nicht gefiel, Cook jedoch half, sich in den Alltag der Stadt einzufügen, und sich als nützlich erwies.

Wir selber sind nach und nach hier eingetroffen, immer nur ein paar auf einmal. Zuerst kamen Vater und ich und unser alter Gefährte aus Kansas, Jeremiah Anderson, am 3. Juli mit dem Wagen aus North Elba herunter; kurz darauf trafen Oliver, Watson und die Thompson-Jungen ein: William, der zuvor schon in Kansas bei uns und seinem Bruder Henry hatte sein wollen, aber nie von der Farm der Thompsons weggekommen war, und sein jüngerer Bruder Dauphin, erst zwanzig Jahre alt, von Natur aus ein sanfter, umgänglicher Junge, der jedoch im Laufe der Jahre angefangen hatte, Vater mehr oder weniger anzubeten. Aus Maine kommt Charlie Tidd und mit ihm Aaron Stevens, beides gestählte Veteranen des Kansas-Feldzuges; wenig später steuert Albert Hazlett einen Wagen in den Hof; ihm folgt der Kanadier Stewart Taylor, der Spiritualist, der überzeugt ist, er werde als einziger bei Harpers Ferry sterben; er scheint dies fast zu begrüßen, als sei sein Tod ein geringer Preis für das Überleben von uns anderen. Eine Woche darauf werden dann noch die Coppoc-Brüder Edwin und Barclay auf der Farm eintreffen, abtrünnige Quäker, die in Iowa mit uns ausgebildet wurden. Gegen Ende des Sommers wird dann Willie Leeman den ganzen Weg von Maine herübermarschieren, und kurz nach ihm kommen die ersten Neger an, Osborn Anderson und Dangerfield Newby; dies freut Vater ungemein, denn allmählich befürchtete er schon, seine Armee werde ausschließlich aus Weißen bestehen. Als letzte werden noch vier weitere Männer auf der Kennedy-Farm zu uns stoßen: der Bostoner Francis Meriam, der, etwas wankelmütig, erst vor kurzem auf die Idee gekommen ist, sich uns anzuschließen, und zwar nachdem er zusammen mit dem Journalisten Redpath die Schwarzenrepublik Haiti besucht hat; außerdem John Copeland, Lewis Leary und Shields Green, alle drei Neger aus Ohio; damit beläuft unsere Zahl sich auf zwanzig, nicht eingerechnet unseren Oberbefehlshaber.

Doch ihr braucht keine Angst zu haben, diese Anzahl wird für unseren gegenwärtigen Bedarf ausreichen, hat Vater erklärt. Wir haben alle Männer weggeschickt, die uns aufgrund ihrer Feigheit und Wankelmütigkeit nur geschadet hätten. Jetzt gilt es nur noch, den Feind zu bekämpfen. Der Juli ist in den August übergegangen, und schon nähert sich der Herbst. Jedesmal, wenn sich uns ein neuer Rekrut anschließt, beginnt Vater mit seiner Erzählung, seiner alten Jeremiade gegen die Sklaverei, die in eine erneute Ankündigung ihrer Abschaffung übergeht, während er seinen Plan für die Einnahme von Harpers Ferry wöchentlich anpaßt, damit dieser die Fertigkeiten und Charaktereigenschaften der Neuankömmlinge, Vaters wachsenden Glauben an die Begeisterung der Rekruten für den Überfall und auch seine zunehmende Einsicht widerspiegelt, daß am Ende weit weniger Leute dabeisein werden, als er vorher angenommen hat. Das Eintreffen von Mr. Douglass wird die Situation natürlich beträchtlich anders aussehen lassen, selbst wenn er allein kommt, doch seine Anwesenheit wird, wie Vater betont, eigentlich erst dann die Voraussetzungen für unsere Unternehmungen beeinflussen, wenn wir die Stadt eingenommen haben und in ganz Virginia der Ruf erschallt, daß Osawatomie Brown und Frederick Douglass ihren lang erwarteten Krieg zur Befreiung der Sklaven begonnen haben. Erst dann werden wir unsere scharf geschliffenen Spieße mit ihren sechs Fuß langen Eschenschäften und ihren zwanzig Zentimeter langen Messerklingen einsetzen. Vaters Ansicht nach werden die meisten Sklaven, die sich uns anschließen, kaum Erfahrung im Umgang mit Feuerwaffen haben, doch solange wir sie nicht richtig ausbilden und bewaffnen könnten, wären diese Waffen genau das richtige für sie. Außerdem werde der bloße Anblick von rasiermesserscharfen Speeren in den Händen rachedurstiger befreiter Neger dazu beitragen, die Sklavenhalter in Angst und Schrecken zu versetzen. Eine unserer Waffen ist der Terror, sagt er. Vielleicht unsere stärkste Waffe. Bis dahin und im Augenblick aber ist das der Plan.

Auf unseren über den groben Bretterboden verteilten Decken stützen wir die Köpfe in die Hände und hören unserem Oberbefehlshaber zu, und jeder von uns sieht sich selbst, wie er seine Rolle spielt, ohne auch nur den geringsten Fehler zu machen, und kein Stichwort und keine Zeile ausläßt, als wäre er ein Schauspieler in einem perfekt aufgeführten Stück. Vater sitzt auf einem Hocker in der Mitte des Dachbodens; wie gewöhnlich quält und inspiriert er uns zunächst mit seinen weitschweifigen Ausführungen und geht dann erneut seinen Plan durch. Er ist der Verfasser des Stückes und der Regisseur, der Kostümmeister und der Bühnenbildner und Requisiteur; außerdem spielt er die Hauptrolle – zusammen mit Mr. Douglass natürlich, den dürfen wir nicht vergessen, denn ohne Frederick Douglass werden der zweite und der dritte Akt, gleichgültig, wie erfolgreich wir den ersten Akt aufführen, mit Sicherheit scheitern. Vielleicht gibt es dann gar keinen zweiten oder dritten Akt. Das ist uns allen klar. Vater wird uns, wie er sagt, später mehr über diese beiden Akte erzählen, aber für den Augenblick müßten wir nur stets daran denken, daß das Werk, die Vorstellung als Ganzes, während des zweiten Aktes und aller weiteren nicht nur einen, sondern zwei Helden benötige.

Auch wir anderen sind wichtige Mitspieler, das wissen wir, doch verglichen mit dem Alten und Mr. Douglass haben wir nur Nebenrollen. Vater besteht zwar darauf, daß dies nicht zutreffe, für den Erfolg dieser Unternehmung sei einer von uns so wichtig wie der andere: Von der Spitze bis zum letzten Mann seien wir eine Kette, und wenn ein Glied zerbreche, falle die ganze Kette auseinander. Aber wir wissen es besser. Und er auch. Jeder von uns zwanzig kann ersetzt werden, und bis Mr. Douglass auftaucht, ist es die Vorstellung des Alten; anschließend wird sie ihnen beiden gehören. Uns nie. Unterdessen lauschen wir jedoch den Anweisungen des Alten, lernen unsere Texte und Positionen auswendig, damit wir, wenn Osawatomie Brown schließlich die Bühne betritt und das eigentliche Spiel beginnt, in der Lage sind, seiner Führung zu folgen und dem Auftritt des berühmten Frederick Douglass mitsamt seinen Tausenden schwarzer Mitspieler die Bühne zu bereiten. Diese haben bisher keine einzige Probe mitgemacht und sind nur in unseren Gedanken als Mitwirkende eingesetzt worden.

Dessenungeachtet nähert sich nun rasch die Zeit zum Handeln, sagt Vater. Schon sind zahlreiche Zeichen des Herrn erschienen – wie die kürzlich ganz überraschend erfolgte Lieferung der Spieße aus Chambersburg, wo sie seltsamerweise wochenlang aufgehalten worden sind, obwohl Kagi sein Bestes getan hat, um sie loszueisen und uns zukommen zu lassen. Und der Herr wird uns bald noch mehr Hinweise, Wahrzeichen und Vorzeichen geben, die im Gewand zufälliger Ereignisse und Informationen auftreten, um uns Mut einzuflößen und unsere Bereitschaft zu steigern, unser Leben in der Schlacht aufs Spiel zu setzen, anstatt dieses erstickende Warten in der Farm auf den Höhen Marylands noch länger ertragen zu müssen. Vater wird zum Beispiel Cook zum Charles Town Turnpike schicken, um Anzahl und Kampfbereitschaft der dortigen Sklaven zu erkunden. Dies wird sein einziger Versuch bleiben, die Gegend hinter Harpers Ferry auszukundschaften, und Cook wird voller Begeisterung mit der Nachricht zurückkommen, der Mond zeige jetzt gerade den richtigen Zeitpunkt für den Aufstand an, da er annähernd die Form eines Hundezahns habe, und das sei, wie er erfahren habe, die Art von Mond, die die Afrikaner besonders unzufrieden mache. Auch dies, so Vater, ein Zeichen des Herrn. Man hat Cook auch von einem jungen Sklaven auf einer Farm in der Nähe berichtet, der sich erst gestern erhängt habe, weil sein Herr die Frau des Mannes in den Süden verkauft habe. Eine plötzlich freigegebene Ladung Speere, ein hundszahniger Mond, ein erhängter Mann: Diese und andere ähnlich günstige Vorzeichen waren so überzeugend, daß Vater unsere Schwester Annie und Martha nach North Elba zurückgeschickt hat. Nun warten wir nur noch auf die Ankunft von Mr. Douglass, der, so hoffen wir, eine Streitmacht gutbewaffneter schwarzer Kämpfer aus dem Norden mitbringen wird, obwohl Vater uns warnt, die letzten Briefe seiner schwarzen Truppen ließen anderes vermuten.

Eines Nachts klettert Vater endlich mit seiner Lampe in der einen und einem dicken Stapel Papieren und Karten in der anderen Hand auf den Dachboden, und nachdem er seinen gewohnten Platz in der Mitte eingenommen hat, breitet er den Inhalt des Packens zu seinen Füßen aus. Ehe er zu sprechen beginnt, nimmt er eine der Karten von dem Stapel – wir sehen sofort, daß es sich um die uns mittlerweile vertraute, von Cook angefertigte Zeichnung der Straßen und Gebäude von Harpers Ferry handelt –, zeigt sie uns wie schon so oft und läßt sie von einem zum anderen weiterreichen, damit jeder, während Vater den Plan darlegt, sich besser vor Augen führen kann, was er zu tun hat und wo sein Platz ist, wenn es soweit ist. Diesmal nimmt er jedoch, nachdem er die Einnahme von Harpers Ferry erneut Schritt für Schritt durchgegangen ist, Cooks Karte an sich und legt sie beiseite; dann schweigt er und blickt ernst auf seine gefalteten Hände, als betete er. Nach einer ganzen Weile erklärt er unvermittelt und ohne aufzusehen, er habe heute abend beschlossen, uns zu enthüllen, daß wir nicht die Art von Überfall durchführen würden, für die wir, wie die meisten von uns immer noch glaubten, hergekommen seien. Es werde nicht einfach nur eine größere, gefährlichere und dramatischere Expedition zur Befreiung von Sklaven werden, als jeder von uns je zuvor unternommen habe. Vielmehr liege eine weit größere Aufgabe vor uns, etwas Großartigeres, als wir uns je vorzustellen gewagt hätten.

Kagi hat schon seit langem von diesem grandiosen Vorhaben gewußt, das uns nun dargelegt werden soll, ebenso natürlich auch ich und noch ein paar andere, Cook, Stevens und Anderson; wir haben miteinander darüber gesprochen, ob es wohl zu bewerkstelligen sei; nach langen Auseinandersetzungen sind wir übereingekommen, daß es gelingen könne und man es versuchen müsse; meine Brüder Watson und Oliver hingegen wußten bislang nichts davon, ebensowenig meine Schwager Will und Dauphin Thompson, und auch keinem der vor kurzem Angekommenen hat Vater seine Vision anvertraut, denn es ist in der Tat eine Vision und nicht so sehr ein Plan, und um die Sache so zu sehen wie er, darf man lange Zeit kaum etwas anderes gesehen und gehört haben. Wir waren lange zusammen eingeschlossen und von der Welt draußen abgeschnitten, und das hat uns alle schließlich zu Visionären gemacht, die endlich imstande sind, das zu sehen, was Vater sieht, und seinen Worten zu vertrauen, als wären sie eine wahrhaftige Prophezeiung.

Hier, Männer, ich möchte, daß ihr euch diese Karten genau anseht, sagt er und greift nach einem Stapel rechteckiger Flicken aus feinem Leinen, auf die er die Staaten Virginia, Maryland, Tennessee, Alabama, Mississippi, Georgia und die beiden Carolinas geklebt hat – acht Rechtecke, auf jedem Rechteck ein Staat. An den

Rand jeder Karte hat er Zahlen geschrieben: 491 000 für die Zahl der Sklaven in Virginia, erläutert er, 87 000 in Maryland und so weiter; insgesamt 1 996 366 Sklaven, verkündet er, als er zu uns aufblickt. Doch er sieht nicht uns, seine zwanzig Gefolgsleute, unrasiert, ungewaschen, ausgezehrt und mit ernsten Gesichtern, alles junge Männer und ein paar von uns noch Jungen; seine Augen glühen vor Erregung, denn er erblickt eine sich ausbreitende Woge meuternder Sklaven, fast zwei Millionen, wie sie im ganzen Süden aus ihren Hütten und Werkstätten und Scheunen fliehen, sich auf den Baumwoll-, Tabak- und Zuckerrohrfeldern aufrichten, nach ihren Mistgabeln, Äxten und Macheten und Tausenden von Sharps-Gewehren greifen, die aus dem Norden über die Alleghenies hierhergebracht werden; er sieht sie, zuerst Hunderte, dann Tausende und schließlich Hunderttausende schwarzer Männer, Frauen und Kinder, die über die Wege und Landstraßen strömen, sich auf Dorfplätzen und auf den Straßen in den Städten sammeln und zur größten Armee verschmelzen, die dieses Land je gesehen hat, zu einer Armee, deren Soldaten nur ein Ziel haben: sich von den Sklavenhaltern das zurückzuholen, was man ihnen ein Vierteljahrtausend lang vorenthalten hat – ihre Freiheit, ihre angeborenen Rechte als Amerikaner, ihr Leben. Dieser Überfall steht nicht am Anfang eines Ausbaus der Underground Railroad, erklärt er, denn ungeachtet seines Ausmaßes ist er keine bloße Sklavenkampagne. Diese Unternehmung gehört einer völlig anderen Größenordnung an. Ja, nachdem wir Harpers Ferry eingenommen haben, werden wir uns zu dem verabredeten Treffen mit Mister Douglass in den Ausläufern der Alleghenies einfinden wie geplant, doch dann werden wir uns nicht, wie das einige von uns geglaubt haben, in kleine Befestigungen verkriechen und entflohene Sklaven nach Norden schleusen. Vielmehr werden wir unsere Truppen in zwei Abteilungen gliedern, die Verteidiger unter Mister Douglass' Kommando und die Befreier unter Vaters Befehl, und während die Verteidiger jene Frauen, Kinder und die alten und kranken Sklaven beschützen und nach Norden bringen, die sich dort niederlassen wollen, werden die Befreier entlang der dichtbewaldeten, von Nord nach

Süd verlaufenden Bergpässe rasch nach Süden vordringen und blitzartige Schläge gegen die Plantagen in den Ebenen weiter unten führen. Unterwegs werden sie Rüstungsdepots und Arsenale einnehmen und Versorgungsgüter beschlagnahmen, sodann wie Toussaint L'Ouverture eine Kavallerie und sogar eine Artillerie wie die Maronneger in Jamaika aufstellen und Eisenbahnlinien sowie Befestigungen zerstören.

Wenn das Shenandoah Valley fällt, werden die Pflanzungen entlang des James River schnell folgen, anschließend die Tidewater-Tabakfarmen; und wenn Virginia überrannt ist, werden sich die übrigen Südstaaten fast selber besiegen, weil dort unten, wie auf Jamaika und Haiti, die Zahl der Weißen in keinem Verhältnis zu der der Schwarzen steht. Außerdem werden Tausende von Weißen, die keine Sklaven halten, gottesfürchtige, anständige Südstaatler, auf unsere Seite überschwenken, sobald sie erst verstanden haben, daß unsere wahren Absichten nicht darauf hinauslaufen, Weiße samt ihren Frauen in ihren Betten abzuschlachten, ihre Staats- oder die Bundesregierung zu stürzen oder die Union aufzulösen, sondern einzig darauf abzielen, der Sklaverei ein Ende zu setzen. Sie *hier und jetzt* zu beenden. Schaut her! Schaut! sagt er, und erregt zeigt er uns die Karte von Alabama, auf der er mit Kreuzen, County für County, jeweils die größten Ansammlungen von Sklaven vermerkt hat. Wenn wir aus den Hügeln in Tennessee hier im Augusta County auftauchen, werden sich die Sklaven im angrenzenden Montgomery County spontan erheben, und nach einer oder vielleicht zwei Wochen, wenn die Nachricht auch in die Counties Macon und Russell gedrungen ist, wird dort das gleiche geschehen; die Flammen der Rebellion werden wie ein Lauffeuer von einem Distrikt auf den nächsten überspringen, geradewegs bis nach Georgia hinein, von wo aus sich das Feuer Richtung Osten zu den Sea Isles ausbreiten und von dort aus in die beiden Carolinas zurückschlagen wird, bis wir eine große, kreisförmige Feuersbrunst entzündet haben, die nicht gelöscht werden kann, ehe sie die alte Sünde und Geißel der Sklaverei von einem Ende des Südens bis zum anderen, von Maryland bis Louisiana, vollständig verbrannt hat, bis von der Sklavokratie schließlich nichts mehr übrig ist als ein schwelendes Häufchen Holzkohle!

Der Vortrag des Alten ist zu Ende. Betäubtes Schweigen. Zuerst lassen Kagi, Cook, Stevens und Anderson den Blick langsam durch den dunklen, verdüsterten Raum wandern, als wollten sie von den Gesichtern der anderen ablesen, ob deren einhelliges Schweigen auf allgemeine Skepsis hinweist, was Kagis erste Reaktion auf Vaters Vision gewesen ist, oder auf Bestürzung, die erste Reaktion von Cook und Stevens, oder einfach ehrfürchtige Scheu wie bei Anderson. Ich selbst suche die Augen meiner Brüder Watson und Oliver, in denen ich eine klärende Widerspiegelung meiner eigenen Gedanken und Gefühle zu finden hoffe, denn in meinen vorangegangenen Diskussionen mit Kagi, Cook und Stevens hatte ich die Logik von Vaters großem Plan einzig in der Absicht verteidigt, ihre Einwände zu widerlegen; diese Rolle habe ich seit jeher gespielt. Doch obwohl ich sie überzeugt habe, konnte dies meine eigene Einstellung nicht bestärken oder auch nur klären. Aber es ist zu spät. Die Gesichter Watsons, Olivers und der Thompsons, meiner Brüder und Schwager, die Gesichter aller spiegeln nur eines wider, das gleiche wie bei Kagi, Cook, Stevens und Anderson und zweifellos auch bei mir: den hungrigen Blick eines Gefolgsmannes, eines wahren Gläubigen. Kein ungläubiger Thomas ist in diesem Raum, kein nüchterner Skeptiker, keiner, der Ironie erkennen ließe, kein finsterer Materialist. Zu viele Wochen und Monate sind wir an diesem abgelegenen Ort eingeschlossen gewesen, um noch irgendwelche Gedanken zu hegen, die nicht Teil eines einzigen Denkens sind, und dieses Denken ist allein von Vater geprägt und erfüllt.

Ja, aber vieles von dem, was ihr erwartet habt, fährt er jetzt, da unser Schweigen ihn besänftigt hat, in ruhigerem Ton fort, werdet ihr erleben. Erneut zeigt er uns Cooks große, detaillierte Karte der Straßen und Gebäude von Harpers Ferry und erklärt, daß wir, wie wir das die ganze Zeit vorgehabt haben, tatsächlich bald angreifen und die Stadt einnehmen werden. Daran hat sich nichts geändert. Dies wird unser erster förmlich erklärter kriegerischer Akt gegen die Sklavenhalter sein, der erste Akt in unserem gewaltigen Drama. Und wenn wir die Stadt erobert haben, werden wir, wie geplant, die Kontrolle über die in drei Gebäuden gelagerten Waffen übernehmen – über die Rüstungsfabrik der Regierung, in der die Flinten hergestellt werden, über die Hall-Gewehrfabriken und über das Arsenal. Wie wir alle wissen, sind derzeit keine Bundestruppen in der Stadt stationiert, und beim Waffenlager sind lediglich ein paar private Wachleute postiert; wir werden also auf keinen allzu großen Widerstand stoßen, und wenn wir schnell und im Schutz der Nacht zuschlagen, wird bereits alles vorüber sein, noch ehe die Leute im Ort uns überhaupt bemerkt haben. Dennoch werden wir Geiseln nehmen und festhalten, vielleicht im Hof der Rüstungsfabrik, um uns gegen die örtlichen Milizen abzusichern, falls sie alarmiert werden sollten, während wir auf die erste Verstärkung durch meuternde Sklaven aus dem Umland warten, und dann werden wir uns, innerhalb weniger Stunden, wieder in die Sicherheit der Berge südlich und westlich der Stadt zurückgezogen haben, von wo auch die Errettung unserer Republik ausgehen wird.

Kurz nach Einbruch der Nacht, an einem Sabbat, wird es mit einem inbrünstigen Gebet beginnen, das wir Gott darbringen, damit Er uns bei der vollkommenen, endgültigen Befreiung aller Sklaven auf diesem Kontinent hilft. Wir werden den Herrn nicht bitten, bei diesem Wagnis unser Leben zu verschonen oder auch nur zu beschützen: Unser Leben haben wir einzig unserer Pflicht geweiht, das ist alles. Wir dürfen den Herrn nicht bitten, uns aus unserer Pflicht zu entlassen. Wenn sich dann alle in dem Raum unten versammelt haben, wird Aaron Stevens, der die eindrucksvollste Stimme von uns allen hat, laut und deutlich Vaters *Vorläufige Verfassung und Verfügungen für das Volk der Vereinigten Staaten* verlesen, damit wir uns unserer gesetzlichen Rechte und Verpflichtungen und unserer Grundsätze klar bewußt sind. Sie beginnt mit den erhabenen Worten: *Angesichts der Tatsache, daß die Sklaverei ein überaus grausamer, grundloser und nicht zu rechtfertigender Krieg eines Teiles der Bürger dieses Landes gegen einen anderen Teil ist, in dem jene ewigen und selbstverständlichen, in unserer Unab-*

hängigkeitserklärung festgelegten Wahrheiten aufs äußerste mißachtet und verletzt werden, verfügen und erlassen wir, Bürger der Vereinigten Staaten, und die unterdrückten Menschen, die nach dem neuesten Urteil des Obersten Gerichtshofes keinerlei Rechte besitzen, die ein Weißer zu achten verpflichtet ist, gemeinsam mit allen anderen von den entsprechenden Gesetzen entwürdigten Menschen, für uns folgende Vorläufige Verfassung und Verfügungen. Er wird alle fünfundvierzig Artikel vorlesen und folglich mit der sorgfältig formulierten Versicherung schließen: *Die vorstehenden Artikel sollen nicht so ausgelegt werden, als wollten sie in irgendeiner Weise zum Sturz einzelner Staatsregierungen oder der Bundesregierung der Vereinigten Staaten aufrufen; sie streben auch keineswegs die Auflösung der Union an, sondern lediglich ihre Verbesserung und die Widerrufung von Ungerechtigkeiten. Und unsere Fahne soll die gleiche sein wie die, unter der unsere Väter während der Revolution gekämpft haben.*

Im Anschluß an diese ernste Verlesung wird unser Oberbefehlshaber der ganzen Gruppe erneut den gleichen Eid auf die Geheimhaltung abnehmen, den jeder einzelne schon bei seiner Ankunft auf der Farm geleistet hat. Dann wird Vater einfach sagen: »Männer, greift zu euren Waffen. Wir brechen nun nach Harpers Ferry auf.«

Ich soll mit Francis Meriam und Barclay Coppoc zurückbleiben, den beiden Männern, die Vater und ich im Laufe der Zeit als die schwächsten Glieder unserer Kette einzuschätzen lernten, den einen, weil er schwächlich ist und zur Hysterie neigt, den anderen, weil er so jung ist und viel von der Ängstlichkeit und Zögerlichkeit des Quäkers beibehalten hat. Ich würde es vorziehen, mit Vater und den anderen an der Front zu kämpfen, aber ich weiß, es hat keinen Sinn, mich dem Auftrag zu widersetzen, da man ihn keinem in der Gruppe außer mir anvertrauen kann, wie er sagt. Überdies verschafft er mir eine gewisse Autorität als stellvertretender Befehlshaber und postiert mich an Vaters Flanke, wo es, falls irgend etwas fürchterlich schiefgeht, meine Pflicht ist, sie alle zu retten. Mein erster Auftrag besteht jedoch darin, alle Waffen aus dem Haus und dem Lagerschuppen, abgesehen von denen, die die Vorausabteilung mit sich führt, zu einem kleinen, ungenutzten Schulhaus in den Wäldern oberhalb des Potomac und genau gegenüber von Harpers Ferry auf der anderen Seite des Flusses zu bringen; dort soll ich auf die ersten ankommenden befreiten Sklaven warten, sie bewaffnen und in die Berge führen, wo wir uns ein paar Tage später mit Vater und den anderen treffen werden. Auf seiner Karte von Virginia zeigt Vater uns den Treffpunkt in den Alleghenies im Frederick County, den er vor Jahren selbst ausgekundschaftet hat, als er sich zur Vermessung von Ländereien im Besitz des Oberlin College dort aufhielt. Wie Vater uns versichert, müßte Mr. Douglass sich uns bis dahin angeschlossen haben und würde dann das Oberkommando über meine Einheit übernehmen. Ich soll jedoch als Captain der neuen Rekruten und auch als verantwortlicher Offizier für die Operation dort bleiben, bis Vater selbst wieder bei uns ist. Danach soll ich mit den Befreiern an Vaters Seite reiten. Zudem hat er mich beauftragt, alle eventuell zurückgelassenen, belastenden Beweise unserer Anwesenheit hier auf der Farm mitzunehmen oder zu vernichten, also Briefe, Karten, Zeitungen und andere persönliche Habseligkeiten.

Zwei Wagen befinden sich in unserem Besitz, einen davon werde ich verwenden, den anderen Vaters Voraustrupp. Es muß in einer mondlosen Nacht geschehen, einer Nacht ohne Sterne, bedeckt und neblig. Sobald Vaters Männer ihren Wagen mit dem halben Hundert Spießen und den zwanzig Gewehren beladen haben, die sie für die Einnahme von Harpers Ferry benötigen, werden sie sofort und ohne weitere Umstände, auf einen schlichten Befehl Vaters hin, aufbrechen und die Straße hinunterfahren; Vater sitzt auf dem Kutschbock, den Kopf auf ungewohnte Weise gesenkt und vornübergebeugt, als wäre er tief in Gedanken oder ins Gebet versunken; zwischen die Deichseln ist unser altes Bauernpferd aus North Elba, die kastanienbraune Morganstute gespannt, und im kalten Nieselregen marschieren die sechzehn Männer schweigend neben und hinter dem Wagen her. Ich werde mit Meriam und dem jungen Barclay an der Tür stehen und zusehen, wie sie rasch in der

Dunkelheit verschwinden, als würden sie von ihr verschluckt. Ich weiss nicht, was ich in diesem Augenblick empfinden werde, doch Angst oder Furcht wird es jedenfalls nicht sein. Dafür ist es zu spät.

Wenn wir ein paar Augenblicke später das Trampeln ihrer Stiefel auf dem nassen Boden und das Quietschen und Holpern des Wagens nicht mehr hören, werden meine zwei Männer und ich uns sofort unseren Aufgaben zuwenden – Meriam und Coppoc beladen unseren Wagen mit den restlichen Waffen aus dem Schuppen, während ich all unsere im Haus verstreuten Aufzeichnungen einsammle. Im Kerzenlicht werde ich die ganze Blockhütte sorgfältig durchsuchen, von der Küche im Erdgeschoss bis zu unserem Versteck im Dachstuhl, alle Papierschnipsel aufheben, die ich finde, und sie einfach in eine Segeltuchtasche stopfen. Zu meiner gelinden Überraschung werde ich die Tasche mehrmals füllen und jedesmal im Erdgeschoss auf dem Fliesenboden neben dem Herd in der Küche ausleeren müssen. Bald werde ich einen grossen, unordentlichen Haufen beisammenhaben; auf den ersten Blick ist viel Abfall dabei, den ich vom Rest trennen und verbrennen will. Doch wenn ich dann anfange, die Papiere zu sortieren, werde ich mit Schrecken feststellen, dass es sich bei den meisten Unterlagen, einem ganzen Stapel davon, um die von Vater handelt, darunter Dutzende Briefe, viele von Familienmitgliedern in North Elba und Ohio, und zahlreiche andere, kaum verschlüsselt, die von seinen geheimen Unterstützern im Norden stammen, von Dr. Howe, Gerrit Smith, Franklin Sanborn und so weiter, und sogar mehrere Briefe von Frederick Douglass; dazu Quittungen von Vaters Waffenkäufen in Iowa und Ohio und für die Spiesse aus Hartford, Connecticut; ausserdem sämtliche Karten Vaters, genau die Karten, mit deren Hilfe er uns seinen grossen Plan erläutert hat, sowie Cooks Skizze von Harpers Ferry, Vaters kleine Notizbücher, in denen er wie auf seinen Karten für jeden Bezirk die Zahlen der Sklaven eingetragen hat (sie stammen von der Volkszählung von 1850), ausserdem die Namen vieler kleiner Orte und Städte im Süden sowie die jeweiligen Marschentfernungen, zum Beispiel Montgomery nach Memphis: 3 Tage und Charleston nach Savannah: 2 ½ Tage. Ich wußte, daß das geschehen würde, denn die meisten dieser Papiere, Karten und Notizbücher habe ich wochenlang unbeachtet herumliegen sehen, als hätte Vater, nachdem er sie uns gezeigt hatte, sie nicht länger ordnen oder verbergen wollen; einen Augenblick lang habe ich befürchtet, er würde sie in der Aufregung der letzten Vorbereitungen vergessen mitzunehmen. Doch darüber werde ich mir erst später Gedanken machen, wenn Vater und ich zu unserem letzten geheimen Treffen mit Mr. Douglass in Chambersburg geritten sind.

Während ich das Haus aufräume und meine Männer die Waffen auf unseren Wagen stapeln, werden sich Vater und seine Leute der überdachten Brücke nähern, die den Potomac von Maryland her nach Virginia und Harpers Ferry hinein überquert. Und so wird es ablaufen: Gegen neun Uhr geht das Nieseln in kräftigen Regen über. Um zehn Uhr dreißig erreichen sie die Maryland Heights, eine steile, tausend Fuß hohe, bewaldete Felswand oberhalb des Durchbruchs des Potomac durch die Blue Ridge Mountains. Zwar ist es zu dunkel, um von dort oben die Umrisse der Backsteingebäude und Kopfsteinpflasterstraßen zu erkennen, doch durch den Regen können die Männer ein paar schwache letzte Lichter des schlummernden Ortes sehen. Nachdem sie das leerstehende Schulgebäude passiert haben, in dem ich unsere Waffen lagern und später die fliehenden Sklaven damit ausrüsten soll, gehen Vater und seine Männer den schmalen, gewundenen Weg zum grasbewachsenen Flußufer hinunter und marschieren eine Weile an dem breiten, stahlfarbenen, schnell dahinströmenden Fluß entlang bis zu der überdachten Brücke, die ein kurzes Stück oberhalb der Stelle, wo der von Süden kommende Shenandoah in den nach Osten strömenden Potomac mündet, nach Harpers Ferry hinüberführt. Jetzt sind sie in Sichtweite der Brücke, deren breite, dunkle Einfahrt wie das Maul einer riesigen Schlange lockt; sie verlassen die Straße und überqueren den Chesapeake-Ohio-Kanal bei Schleuse 23 und marschieren in dem kalten Regen auf dem Treidelpfad bis zu der Stelle, wo ihn von Osten die Schienen der Baltimore & Ohio Railroad überqueren. Die Schienen beschreiben hier einen Bogen, überqueren den Kanal und verlaufen auf der abgedeckten Brücke neben der schmalen Straße über den breiten, in der Finsternis grauen Fluß hinüber zum Bahnhof und zu den Laderampen im Ortszentrum, wo sie wieder einen Bogen machen und auf der anderen Seite des Potomac ins westliche Virginia und weiter nach Ohio führen.

Inzwischen sind Vater und seine Leute schon unten in der Schlucht; es ist, als hätten sie jetzt die Höhle der monströsen Schlange betreten. Hinter ihnen und links vor ihnen ragen hohe Felswände auf, die wie dicke schwarze Vorhänge von einem noch schwärzeren Himmel herabzuhängen scheinen; dort klammern sich bis ganz oben Eichengestrüpp und ein Dickicht aus Dornbüschen an nasse, steile Felsvorsprünge, und weiter droben über den Klippen wachsen hohe, windzerzauste Kastanien und Walnußbäume. Jetzt gibt es kein Zurück mehr: Vater und seine Männer haben die Brücke über den Potomac erreicht und müssen sie jetzt betreten und weitergehen, mitten hinein in den Ort an ihrem anderen Ende. Am Eingang hält Vater den Wagen einen Augenblick lang an und postiert Watson und Stewart Taylor als Nachhut auf der in Maryland gelegenen Seite. Dann marschieren Kagi und Stevens auf Befehl des Alten direkt in das Maul der Brücke. Mit fünfzig Meter Abstand folgt Vater in dem rumpelnden Wagen, und dahinter marschieren schweigend die übrigen Männer, die Gewehre im Anschlag und die Magazine außen an der Kleidung befestigt, damit sie schnell zur Hand sind; steifbeinig gehen sie über die losen Planken, als überquerten sie einen zugefrorenen Fluß, und atmen flach, als fürchteten sie, ihren Brustkorb mit der sie umgebenden Schwärze zu füllen.

Einige Augenblicke später tauchen Kagi und Stevens aus dem langen, finsteren Schlund der Brücke auf. Sie sind die ersten Angreifer, die den Ort betreten, und als sie ihre Stiefel auf die vom Regen schlüpfrigen Pflastersteine der Potomac Street setzen, hört ein Wachmann ihre Schritte und ruft: Wer geht da! Kagi antwortet: Hallo, Billy Williams! Ein Freund! Der Wachmann nähert sich den beiden, hebt seine Laterne und sagt: Oh, das ist Mister Kagi, der noch so spät unterwegs ist, und sofort stürzen sie sich auf ihn, nehmen ihn gefangen und löschen seine Lampe.

Der Überfall hat begonnen. Osawatomie Brown und seine Männer sind in Harpers Ferry und haben ihre erste Geisel genommen. Die Angreifer können jetzt normal atmen und weitergehen, und sie begeben sich rasch und zielstrebig von einer Stelle und aus einer Situation zur nächsten, genau wie geplant und geprobt. Auf der Potomac Street wenden sie sich am Zugdepot der Baltimore & Ohio Railroad nach rechts, schleichen über die verlassene Veranda, an den dunklen Fenstern des Hotels Wager vorbei, in dem die letzten Gäste endlich in ihre Zimmer hinaufgegangen sind, und marschieren geradewegs zur Waffenfabrik, einer langen Doppelreihe von Ziegelgebäuden zwischen den Rangiergleisen und dem Kanal. Zur Linken, neben dem Tor zum Gelände der Fabrik, steht ein rechteckiger Ziegelbau, ein eingeschossiges Gebäude mit zwei Räumen, das als Feuerwehrhaus für den Ort und als Wachhaus dient. Als Vater den Wagen an das Eisentor gelenkt hat, reißt der Wachmann des Depots, dessen Name Daniel Whelan lautet, die Holztür des Spritzenhauses auf, hält kurz inne, blinzelt in die Dunkelheit und tappt dann zögernd in den Regen hinaus. Mit schläfriger Stimme fragt er: Bist du das, Williams?

Machen Sie das Tor auf, Mister Whelan, fordert Vater.

Du bist nicht Williams, erwidert der Wachmann, der eher verwirrt als verängstigt ist. Augenblicklich treten Oliver und Newby, das Gewehr im Anschlag, vor und nehmen ihn gefangen. Aaron Stevens holt die Brechstange aus dem Wagenkasten und zwängt sie in die Kette, mit der das Tor verschlossen ist. Als das Schloß aufschnappt, schwingen er und Kagi das Tor auf, und Vater lenkt den Wagen direkt auf den Hof. Die anderen Männer mit den beiden Gefangenen folgen mit vorgehaltener Waffe, und Kagi schließt das Tor wieder.

Nun klettert Vater vom Wagen und wendet sich an seine verblüfften Geiseln; er erklärt, er sei aus Kansas hierhergekommen, denn dies sei ein Sklavenstaat, und er sei hier, um alle Negersklaven zu befreien.

Mit ungläubig aufgerissenen Augen schauen Williams und Whelan den Alten an. Von der zerschlissenen Krempe seines Hutes und von seinem weißen Bart lösen sich Regentropfen. Sie hören kaum, was er sagt, starren ihn nur an, den knochigen, alten Kerl im Gehrock, der – sieht man von dem Gewehr und den beiden Pistolen an der Hüfte ab – eher einem armen, hart ums Überleben kämpfenden Farmer von den Hügeln gleicht als einem Sklavenbefreier aus dem Norden, und sie blicken um sich, sehen die kleine, schäbig gekleidete, aber schwerbewaffnete Gruppe aus weißen und schwarzen jungen Männern, die bei ihm sind; schließlich blicken sie einander an und schweigen. All das erscheint Williams und Whelan wie ein seltsamer Wachtraum, eine gemeinsame Halluzination.

Ich habe das Rüstungsdepot der Vereinigten Staaten übernommen, fährt der Alte ruhig fort. Und falls die Bürger der Stadt sich mir und meinen Männern in den Weg stellen, müssen wir die Stadt niederbrennen und Blut vergießen.

Nun schickt Vater seine Leute los, um die Kontrolle über die noch vorhandenen Waffenvorräte und Verteidigungsmittel im Ort zu übernehmen. Die beiden Geiseln werden unter der Bewachung von Dauphin Thompson und Lewis Leary im Spritzenhaus eingeschlossen, während er Oliver und Will Thompson drei Häuserblocks weiter nach Süden zur Shenandoah Street schickt, um die Brücke zu besetzen, die über den Shenandoah in den Ort führt. Das Mauthäuschen erweist sich als leer, die Brücke als unbewacht. Hazlett und Edwin Coppoc nehmen das neben dem Hauptplatz und in Sichtweite des Hotels gelegene, ebenfalls unbewachte Arsenal ein, wo sie auf weitere Befehle und einen Wagen warten, um es ausräumen zu können. Stevens, Kagi und Copeland werden zur Gewehrfabrik abgeordnet, die sich ein Stück weiter die Shenandoah Street hinunter auf Lower Hall's Island befindet, einem langen, durch einen Kanal vom Flußufer getrennten schmalen Landrücken im Shenandoah. Wieder wird ein einzelner Wachmann von den Angreifern überwältigt, und nachdem sie ihn gefangengenommen haben, bringt Stevens ihn zum Spritzenhaus, während Kagi und Copeland zurückbleiben, um die Gewehrfabrik zu halten.

Auf dem Rückweg zum Spritzenhaus stößt Stevens auf drei angetrunkene, unbewaffnete junge Männer, späte Zecher, die vom Hotel Wager nach Hause zockeln; rasch richtet er sein Gewehr auf sie und bringt sie mit dem Wachmann zusammen hinein.

Es ist noch nicht Mitternacht, doch die Angreifer haben bereits die beiden in die Stadt führenden Brücken, das Rüstungsdepot, das Arsenal und die Gewehrfabrik unter ihre Kontrolle gebracht. Sechs Mann sind als Geiseln genommen und im Spritzenhaus eingeschlossen worden. Harpers Ferry, Virginia, gehört Osawatomie Brown, auch wenn dessen Bürger und die Welt nichts davon wissen. Etwa um diese Zeit läßt der Regen nach; langsam verziehen sich die Wolken und geben den Blick auf einen Sternenhimmel frei. Bald darauf durchbricht die Mondsichel den dunklen Horizont über den Maryland Heights nördlich der Stadt, wo kurz vor ein Uhr nachts, wie von Vater erwartet, ein vierter Wachmann namens Patrick Higgins im Mondschein den Fußweg von seinem Haus in Sandy Hook herunterkommt, um Williams auf der in Maryland gelegenen Seite der Potomac-Brücke abzulösen. Als er die überdachte Brücke betritt, treten Watson und Stewart Taylor, Vaters Nachhut, aus den Schatten und nehmen den Mann fest. Stumm und pflichtbewußt führen sie den Plan aus und dirigieren ihren Gefangenen zu der Brücke, doch als sie in Richtung auf das Spritzenhaus weitergehen, dreht Higgins sich plötzlich um, versetzt Watson einen Hieb auf die Stirn und rennt in die Dunkelheit. Bevor Watson ihn daran hindern kann, hebt Taylor sein Gewehr und feuert; die Kugel streift den Kopf des Flüchtenden, dem es aber dennoch gelingt, sicher ans andere Ende der Brücke und ins Hotel Wager zu gelangen, wo er als erster Alarm schlägt, auch wenn er nicht sagen kann, wer auf ihn geschossen hat oder weshalb.

Daß derlei passieren könnte, hat Vater vorausgesehen, es ist Teil seines Planes, und wenn es erst geschieht, nachdem die Brücken und Waffenlager besetzt und Geiseln genommen worden sind, macht es ihm kaum Sorgen, wenn irgendwann in der Nacht ein oder zwei Schüsse abgefeuert werden, die die Bürger darauf aufmerksam machen, daß eine gewaltsame Aktion im Gange ist. Bei

Tagesanbruch werden sie es ohnehin erfahren, und dann wird man ihnen auch den Zweck des Unternehmens mitteilen, und bald darauf wird das ganze Land begreifen, in welcher Größenordnung es sich abspielt. Schließlich soll dieser Überfall, wie er uns in Erinnerung gerufen hat, ein öffentlicher Akt und kein privater Feldzug sein, und wenn wir unser Ziel erreichen wollen, müssen wir geradezu darauf aus sein, für ein wenig Zeter und Mordio zu sorgen; solange wir die Ereignisse unter Kontrolle haben und nicht umgekehrt, sollten wir das Geschrei sogar begrüßen. Dennoch erschrekken die Männer beim Nachhall der ersten Schüsse, und Watsons und Taylors atemloser Bericht, daß der Mann ins Hotel entkommen sei, jagt ihnen allen Angst ein. Vater hingegen bleibt vollkommen ungerührt.

In diesem Augenblick sorgt er sich hauptsächlich um Aaron Stevens, den er zusammen mit Tidd und Cook und drei von den Negern, Anderson, Leary und Green, nach Halltown fünf Meilen westlich von Harpers Ferry geschickt hat, wo der reiche Pflanzer Colonel Lewis Washington lebt, ein direkter Nachkomme von General George Washington und deswegen so etwas wie eine lokale Berühmtheit und zugleich Politiker, Berater von Wise, dem Gouverneur von Virginia. Außerdem hat er, wie man weiß, von seinem unvergleichlichen Vorfahren eine schön ziselierte Pistole geerbt, die der General nach der Revolution vom Marquis de Lafayette als Geschenk erhalten hatte, dazu ein Zeremonienschwert von König Friedrich dem Großen von Preußen. Der Alte will Colonel Lewis Washington als Geisel, und er möchte das halbe Dutzend Sklaven des Colonel befreien, aber vor allem will er, um seine eigenen Taten in einen angemessenen Zusammenhang zu stellen, die Pistole und das Schwert von General George Washington.

Mit einer eisernen Querstange, die sie aus dem Zaun an der Wiese vor dem Haus gezogen haben, brechen Stevens und seine Leute die Tür des Colonel auf und reißen ihn und seine verängstigte Familie aus dem Schlaf. Als der Colonel sich angezogen und den Angreifern die berühmten Waffen seines Vorfahren ausgehändigt hat, verhaftet Stevens ihn offiziell und setzt ihn neben Tidd auf eine zweispännige Kutsche, die er aus der Scheune geholt hat; die Gattin des Mannes und die kleinen Kinder dürfen hierbleiben. Währenddessen haben Anderson, Leary und Green die vier anderen Pferde des Colonel vor einen Heuwagen gespannt, auf dem sie drei befreite Sklaven, zwei Männer und eine junge Frau, unterbringen – mehr können sie im Haus und in der Scheune nicht aufstöbern; vielleicht sind es einfach die einzigen Neger dort, die nicht zu verängstigt sind, um sich blicken zu lassen, wie Anderson Stevens erklärt, denn diese armen Leute können ja noch nicht sicher sein, ob wir wirklich diejenigen sind, die wir zu sein behaupten. Stevens gibt ihm recht, und sie machen sich über den Charles Town Turnpike auf den Rückweg nach Harpers Ferry.

Eine Meile westlich der Bolivar Heights fahren sie, immer noch Vaters Befehlen gemäß, mit den Wagen vor eine große Farm, die John Allstadt gehört, dem nach Colonel Washington reichsten Pflanzer in der Gegend und wie dieser ein Sklavenhalter – er war der Eigentümer jener jungen Frau, die man eine Woche zuvor weit nach Süden hinunter verkaufte, und auch ihres jungen Ehemannes, der sich deswegen erhängte. Wieder brechen Stevens und seine Männer eine Eingangstür auf und dringen in das Haus eines Fremden ein, ohne auf Widerstand zu stoßen. Rasch nehmen sie den Hausherrn Mr. Allstadt und seinen achtzehnjährigen Sohn als Geiseln und befreien ohne große Umstände die vier verbliebenen Sklaven Allstadts, die sie der Gruppe auf dem Farmwagen zugesellen. Wie angeordnet, behandeln Stevens und die anderen Angreifer ihre Gefangenen und die Frauen und Kinder genau wie bei Colonel Washington mit ausgesuchter Höflichkeit; sie versuchen, sie nicht übermäßig zu ängstigen und bemühen sich, dem Haus oder dem Privateigentum keine unnötigen Schäden zuzufügen, wenn man davon absieht, daß sie die Sklaven zu freien Männern und Frauen machen. Deutlich erklären sie den Weißen den alleinigen Grund, aus dem sie mitten in der Nacht in ihr Haus einbrechen und ihre Männer und Söhne gefangennehmen – sie wollen nichts, als die Sklaverei abschaffen. Wenn man uns keine Schwierigkeiten macht, sagt Stevens, wird auch kein Blut vergossen. Die Ehemänner und Söhne würden, wie auch die Wagen und Pferde, wieder zurückgebracht, wenn alles vorbei sei, lediglich die Sklaven befänden sich dann nicht mehr in ihrem Besitz, erklärt er. Von nun an gehörten die Sklaven in Virginia nur noch sich selber und könnten deshalb keinem Menschen zurückgegeben werden.

Zwischenzeitlich rollt der Personenzug von Ohio nach Baltimore fahrplanmäßig um ein Uhr fünfundzwanzig in Harpers Ferry ein, und als er zischend und fauchend zum Stehen kommt, schlüpft der Nachtportier des nahe gelegenen Hotels geduckt von der Bahnhofstür zum Zug, und ehe der Schaffner vom Zug auf den Bahnsteig treten kann, ist der Mann schon aufgesprungen und überbringt die verstörende Nachricht, daß draußen auf der Potomac-Brücke Bewaffnete stünden; sie hätten einen Wachmann angeschossen, der blutend im Hotel nebenan liege! Schlimmer noch, die drei anderen Stadtwachen seien nirgendwo zu finden; möglicherweise seien sie bereits tot! Und noch etwas: Als der Portier durch ein an das Hotel angrenzendes Fenster unbemerkt zum Bahnhof geschlichen sei, habe er versucht, dem Stationsvorsteher in Charles Town zu telegraphieren und dabei festgestellt, daß die Drähte durchgeschnitten worden seien. Da gehe etwas sehr Merkwürdiges vor, etwas *Gefährliches,* und da keiner wisse, wie viele Bewaffnete da draußen seien oder wo sie sich versteckt hielten, habe bis jetzt auch außer dem Nachtportier noch keiner gewagt, das Hotel zu verlassen, oder sei imstande gewesen, für alle hörbar Alarm zu schlagen.

Der Schaffner A. J. Phelps übernimmt sofort das Kommando und weist den Lokführer und den Gepäckschaffner, der eine Pistole mitführt, an, vom Zug zu klettern und die Brücke zu erkunden, da sie möglicherweise durch einen Sabotageakt beschädigt worden sei. Wer könne denn wissen, ob die Bewaffneten nicht Zugräuber seien, die irgendwie die Brücke blockiert hätten? Falls die Schienen frei seien, sagt er, würden sie sofort über den Fluß fahren und in der Station Monocacy in Maryland die Nachricht von den erschreckenden Ereignissen nach Charles Town telegraphieren, dem

Sitz der Bezirksverwaltung, wo es einen Bundesmarshal und ein Regiment der Stadtmiliz gebe, das zu Hilfe eilen könne.

Schläfrige Passagiere stecken den Kopf aus dem Fenster und fragen nach dem Grund des Aufenthaltes, während der Lokführer und der Gepäckschaffner mit der schußbereiten Pistole langsam den Bahnsteig entlanggehen, auf die Schienen hinuntersteigen und mit knirschenden Schritten über Schlacke und Kiesel auf die finstere Öffnung der überdachten Brücke zustolpern. Als die beiden etwa fünf Meter vom Eingang entfernt sind, spricht Watson sie aus der Dunkelheit vor ihnen an. Lassen Sie die Pistole fallen, Sir, und kommen Sie beide langsam zu uns herüber. Halten Sie Ihre Hände immer so, daß wir sie sehen können. Auf Sie zielen hundert Gewehre, Gentlemen; Sie sind jetzt unsere Gefangenen. Wenn Sie tun, was wir Ihnen sagen, geschieht Ihnen nichts.

Der Gepäckschaffner läßt seine Pistole auf den Schotter fallen, und als wären sie bereit, sich Handschellen anlegen zu lassen, heben die beiden Männer wie befohlen die Hände und gehen weiter vor. Unterdessen ist hinter ihnen ein Neger namens Hayward Shepherd auf den Bahnsteig getreten, ein freigelassener Sklave, der als Nachtgepäckträger angestellt ist und das Stationsgebäude verlassen hat, um zu sehen, was da draußen los ist; der Schaffner Phelps – er ist wie der Nachtportier und alle anderen im Zug zu weit von der Brücke entfernt und kann in der Dunkelheit nicht sehen, daß der Lokführer und der Gepäckschaffner gefangengenommen worden sind – befiehlt ihm, ihnen zu folgen und bei ihrer Erkundung zu helfen. Shepherd springt auf den Boden und beeilt sich, die beiden einzuholen, die inzwischen im Inneren der Brücke verschwunden sind. Als er sich dem Eingang nähert und nun außerhalb der Hörweite der Männer auf dem Bahnsteig ist, hört auch er aus der Dunkelheit eine ruhige, tiefe Stimme, die von Watson Brown, die ihm befiehlt, stehenzubleiben und zuzuhören. Shepherd, ein Junggeselle mittleren Alters, den die weißen Bürger der Stadt liebevoll »Onkel Hay« nennen, hält inne und lauscht. Im Plauderton teilt Watson ihm mit, was laut Vaters Anordnung jeder von uns zu den Befreiten in Virginia sagen soll: Wir sind aus Kansas gekommen, um die Sklaven zu befreien. Sie können sich diesem Unternehmen anschließen oder auch nicht. Sollten Sie sich allerdings weigern, werden wir Sie wie jeden Weißen behandeln, der nicht mit uns zusammenarbeiten will. Wir wären dann gezwungen, Sie als Feind zu betrachten.

Shepherd zögert eine Sekunde, als würde er nicht ganz verstehen, was Watson meint, dann dreht er sich plötzlich um und rennt davon. Watson – oder vielleicht auch Stewart Taylor oder möglicherweise einer der anderen Angreifer, die im Schatten der Ladenfronten in der Nähe stehen, jeder von uns könnte es gewesen sein – feuert sein Gewehr ab, und Shepherd, tödlich verwundet von einer einzigen Kugel, die durch den Rücken bis zur Brust dringt, stürzt zu Boden. Alle sehen zu, doch keiner wagt sich vor, um ihm zu helfen – weder Watson oder Stewart aus dem Inneren der überdachten Brücke noch deren beide Gefangene, noch die in den Schatten entlang der Straße verborgenen anderen Angreifer oder Vater, der unbemerkt am Tor des Rüstungsdepots steht, auch nicht die Männer auf dem Bahnsteig oder die Passagiere, die voller Schrecken aus den Zugfenstern starren: Keiner, der zusieht, bringt es über sich, vorzutreten und dem Mann zu helfen, als dieser seine blutüberströmte Brust hochstemmt und auf den Armen robbend seinen gefühllosen, sterbenden Körper von der Brücke weg zum Bahnhof hinüberschleppt. Nach einer scheinbar endlos langen Zeit gelingt es ihm, eine geschützte Stelle unter dem Bahnsteig zu erreichen, die Phelps und der Hotelportier ungefährdet erreichen können; sie packen ihn, ziehen ihn hinauf und zerren seinen Körper rasch in das Stationsgebäude, als wäre er bereits ein toter Mann.

Wir müssen uns auf Fälle von tragischer Ironie gefaßt machen, hat uns Vater oft genug gewarnt, und so haben wir mit einem solchen Vorfall gerechnet. Trotzdem, es bestürzt, entsetzt uns. Männer, die grausame Perversion der Sklaverei wird beizeiten zurückbeißen und versuchen, nach unserem Gesicht zu schnappen, hat er uns erklärt. Hart müssen wir sein, hart. Bestimmt war es das, was er gemeint hat: Wenn die Sklaven befreit werden, könnte es sein, daß als erster weder ein Weißer noch ein Sklave sterben muß, sondern ein freigelassener Neger.

Der traurige Zwischenfall hat jedoch den unmittelbaren Vorteil, daß der Zug mitsamt seinen Passagieren nicht weiterfahren kann; währenddessen haben Phelps und der Hotelportier sich in den Bahnhof zurückgezogen, und die Gäste, jene, die von diesem Gewehrschuß, dem zweiten dieser Nacht, geweckt worden sind, haben sich im Hotel verschanzt. Zu diesem Zeitpunkt gehört die Stadt immer noch uns. Kurz nach vier Uhr morgens rattert Aaron Stevens' Abteilung die Potomac Street hinunter; Tidd fährt den zweirädrigen Wagen, in dem Colonel Washington, Mr. Allstadt und sein Sohn sitzen; den Heuwagen, auf dem die sieben befreiten Sklaven kauern, steuert Cook. Stevens, der die Pistole und das Schwert von General Washington, in eine Decke gewickelt, dabeihat, und die anderen Angreifer, Anderson, Leary und Greene, sind beritten; die Pferde haben sie sich auf Allstadts Farm genommen.

Als sie auf dem Hof des Rüstungsdepots angekommen sind, teilt Vater den gerade befreiten Sklaven mit, wer er ist, nämlich Osawatomie Brown aus Kansas, was bei ihnen, wie zu erwarten war, eine gewisse Furcht auslöst, bis er ihnen mitteilt, daß der berühmte Neger Frederick Douglass, selbst ein entflohener Sklave, sein wichtigster Verbündeter sei; dies scheint sie zu beeindrucken und ein wenig zu beruhigen, denn es handelt sich bei ihnen mit Sicherheit um ehemalige Virginia-Sklaven und rebellische Leute, sonst wären sie Stevens und seinen Männern nicht gefolgt; und da sie in einer Stadt an der Grenze leben, haben sie zweifellos Zugang zu Informationen und Literatur der Abolitionisten. Er drückt ihnen Spieße in die Hand und postiert sie im Spritzenhaus, wo sie die wachsende Zahl der Geiseln bewachen sollen. Denn jetzt, so sagt er ihnen, sind diese Weißen eure Gefangenen. Behandelt sie korrekt, denn sie sind Geiseln, die wir brauchen, wenn wir verhandeln müssen, um weiterhin sicher zu sein. Und wenn wir sie später wieder freilassen, sollen sie den anderen Weißen die Wahrheit über uns berichten. Denn wir wollen keine Rache, sondern Freiheit.

Die sieben Neger, eine Frau und sechs Männer – einige von ihnen sind barfuß in der kalten Nacht unterwegs –, nehmen ihre Spieße, und zögernd, als hätten sie keine andere Wahl, folgen sie ihren früheren Herren in das Spritzenhaus, während Vater sich das in der Scheide steckende Schwert George Washingtons umschnallt und die ziselierte Pistole des Generals in ihrem gepunzten Lederhalfter zu seinen beiden alten Dienstrevolvern steckt. So bewaffnet, bietet er den furchterregenden Anblick eines Kriegerhäuptlings, und mit seinem alttestamentarischen Bart, den durchdringenden grauen Augen, dem zerbeulten Strohhut, dem wollenen Gehrock eines Yankee-Farmers und seiner – besonders für die Neger, aber eigentlich für alle – eigentümlichen Sprechweise stellt er einen Widerspruch in sich dar: ein Mann, der nicht in diese Zeit gehört, ohne jegliche Eitelkeit oder Rücksichtnahme auf Konventionen, und obwohl er ein alter Mann ist, sprudelt er über vor Zielstrebigkeit und hehren Grundsätzen, wie ein kleiner Junge, der sich zu keinem anderen Zweck bewaffnet und gekleidet hat als für das blutige Werk dieser Nacht. Würden die übrigen Männer ihre Gewehre niederlegen oder die ehemaligen Sklaven ihre Spieße wegstellen, könnten sie sich ohne weiteres unters Volk mischen und hier oder sonst irgendwo in Amerika untertauchen. Nicht so Vater: Er ist Osawatomie Brown aus Kansas, und kein Amerikaner, ob weiß oder schwarz, Nord- oder Südstaatler, würde ihn fälschlicherweise für einen anderen halten.

Auch wenn es noch immer weit weniger sind als erwartet und obwohl sie ein wenig verwirrt und ängstlich erscheinen, ist Vater ganz aufgeregt wegen der Ankunft der ersten befreiten Sklaven, und er befiehlt Cook, einen der Wagen nach Maryland zum Schulhaus hinüberzufahren, wo ich mit meinen beiden Männern, Barclay Coppoc und Frank Meriam, unterdessen unsere restlichen Waffen versteckt habe: einhundertfünfzig Gewehre, weitere hundert Pistolen und den größten Teil der tausend scharf geschliffenen Spieße. Cook soll ein Drittel der Spieße in die Stadt bringen, denn am Morgen werden sich im Hof der Rüstungsfabrik sicherlich meuternde Sklaven drängen. Was dann noch an Waffen übrig ist, sollen ich und meine Leute zunächst an die aufständischen Sklaven ausgeben, die aus Maryland herüberkommen; den Rest sollen wir in die Berge schaffen, um sie schließlich dort zu verteilen. Bei Tageslicht, sagt Vater, werden wir auf beiden Seiten des Flusses Hunderte von entflohenen Sklaven zu bewaffnen haben, und deshalb müssen wir an beiden Orten darauf vorbereitet sein, weil sie uns sonst nicht glauben, daß wir es ernst meinen.

Im Augenblick und bis auf weiteres müssen die Angreifer, die sich in der Stadt befinden, lediglich ihre Stellungen halten – Kagi und seine Männer, Copeland und jetzt auch Leary, sind drüben in der Gewehrfabrik auf Hall's Island, Oliver und Will Thompson sind an der Brücke über den Shenandoah postiert, Watson und Taylor halten noch immer die Brücke über den Potomac, und Hazlett und Edwin Coppoc bewachen das Arsenal; die übrigen Männer stehen hier in der Ortsmitte in Bereitschaft, innerhalb und außerhalb des Geländes des Rüstungsdepots und des Spritzenhauses.

Es ist jetzt fast sechs Uhr morgens. Der Regen hat aufgehört, die schweren Gewitterwolken haben sich verzogen, und als der Morgen dämmert, verwandelt sich der Himmel allmählich in ein flatterndes graues Seidentuch, vor dem sich die hohen, bewaldeten Hügelkämme im Osten und Norden abzeichnen. Die aus Ziegeln gemauerten Ladenfronten und Häuser und Büros der Stadt und die engen, kopfsteingepflasterten Straßen glänzen vom nächtlichen Regen, und als sich das erste Licht der aufgehenden Sonne am östlichen Horizont ausbreitet, färben sich die Fassaden der Gebäude hier unten rosa und scheinen fast aufzublühen, als hätten sie in der Dunkelheit lediglich in einer erst im Entstehen begriffenen, noch nicht ganz wirklichen Form existiert.

Nicht lange, und die ersten Arbeiter der Rüstungsfabrik trudeln, alle ahnungslos, in Zweier- und Dreiergruppen aus ihren kleinen Holzhäusern oberhalb der Felsvorsprünge an der Clay Street in den Ort herunter, und als sie durch das Eisentor in den Hof treten, werden sie von Vater und den anderen abgefangen und als Geiseln ins Spritzenhaus gebracht, bis sich in den beiden großen Räumen fast vierzig Mann drängen und Vater einige seiner Leute zu den befreiten Sklaven abstellen muß, damit sie ihnen bei der Bewachung helfen. Bei Tageslicht verbreitet sich, genau wie Vater vorausgesagt hat, die Nachricht von dem Überfall. Dr. John Starry, ein Arzt in der Stadt, schlägt als erster Alarm. Ein mutiger schwarzer Barmann, der unter Lebensgefahr aus einer Seitentür des Hotels geschlüpft und durch dunkle Gassen zum Haus des Doktors geschlichen war, hatte ihn Stunden zuvor gebeten, ins Hotel zu kommen, um dem verwundeten Wachmann und dem sterbenden Hayward Shepherd zu helfen. Dort hat er die Wunde des Wachmanns verbunden und ist an der Seite von Shepherd, als der arme Mann stirbt. Anschließend gelingt es ihm, in Begleitung des Barmanns, der ihn hergebracht hat, unbemerkt in sein Haus zurückzukehren, wo er sofort seine Familie und seine Nachbarn weckt. Dann fährt er zur Wohnung von A. M. Kitzmiller, dem Superintendenten des Rüstungsdepots, und überbringt ihm die kaum glaubliche Nachricht: Rüstungsdepot, Arsenal und Gewehrfabrik sowie eine große Gruppe von Geiseln einschließlich Colonel Lewis Washingtons seien in der Hand einer Armee abolitionistischer Mörder, die von keinem anderen als Osawatomie Brown angeführt werde, und sie würden von einer wilden Bande entflohener, mit Speeren bewaffneter Sklaven unterstützt! Da sei ein gewaltiger Aufruhr im Gange! Brown habe ausgebildete Schützen aufgestellt, berichtet der Arzt, und bringe alle Waffen aus der Stadt in die Fabrik!

Kurz darauf beginnt die Glocke der lutherischen Kirche oben auf dem Hügel zu läuten: Sie ruft die Bürger zu einer Dringlichkeitsversammlung. Außerdem ist ein Reiter nach Shepherdstown geschickt worden, der die dortige Miliz rufen soll; einen zweiten hat man nach Charles Town geschickt, um die Jefferson Guards zu benachrichtigen, eine nach der Turner-Rebellion im Jahre 1831 ausdrücklich zum schnellen Eingreifen in derartigen Situationen aufgestellte Truppe.

Als Vater und seine Leute die Kirchenglocken hören, die unaufhörlich läuten, zehn, fünfzehn, zwanzig Minuten lang, wissen sie, was los ist. Keine Angst, Männer, nur keine Panik. Wir haben noch eine Menge Zeit, versichert er allen. Die Geiseln und so gut wie alle

Gewehre, die in der Stadt vorhanden sind, befinden sich in unserer Hand. Und der Herr wacht über uns. Wir werden nicht untergehen, Männer, doch wenn der Herr es von uns verlangt, dann werden wir gehen wie Samson. Diese Leute wissen das, und sie wollen es nicht, und deshalb sind wir hier nach wie vor sicher.

Es ist heller Tag, etwa sieben Uhr, als Vater durch das Tor zum Hof der Waffenfabrik schreitet und zum Bahnhof geht, wo er nach Mr. Phelps, dem Schaffner, ruft. Kommen Sie hierher, Sir! Ich will mit Ihnen verhandeln! Phelps streckt seinen Kopf aus der Tür, weigert sich aber, auch nur einen Schritt weiterzugehen. Ich habe beschlossen, daß Sie mit dem Zug nach Baltimore weiterfahren dürfen, erklärt Vater. Aber sagen Sie Ihrem Arbeitgeber und allen zivilen und militärischen Behörden, daß dies der letzte Zug ist, dem ich in Harpers Ferry die Einfahrt oder Ausfahrt gestatte, und bis wir unsere Aufgabe hier erledigt haben, sind die Männer, die wir gefangengenommen haben, in höchster Gefahr.

Phelps nickt, und er, der Lokführer und der Gepäckschaffner kehren zum Zug zurück, heizen ihn an und fahren ihn dann langsam zu der überdachten Brücke und über den Potomac nach Maryland hinein. Von der Schule auf den Höhen gegenüber beobachte ich, wie sich der Zug aus der Brücke und entlang des Nordufers Richtung Baltimore und weiter nach Washington schlängelt, und ich weiß, sobald der Zug die Station von Monocacy erreicht hat, wird die Nachricht von dem Überfall innerhalb weniger Minuten an die Hauptverwaltung der B&O weitergeleitet. Eine Stunde später wird ein Berater von Gouverneur Henry Wise diesen beim Frühstück mit erstaunlichen Nachrichten stören, und wenig später platzt dann in Washington, D.C., ein Adjutant im Generalsrang ins Büro des Kriegsministers, der daraufhin das Telegramm von Gouverneur Wise liest, in dem dieser Bundestruppen anfordert, und sofort um eine dringende Besprechung mit Präsident Buchanan bittet. Was aber noch besser zu Vaters Absichten paßt – auch das weiß ich –, ist, daß am Abend jede Zeitung im Land die Nachricht von unserem Überfall ausposaunt:

Schreckliche, aufregende Neuigkeiten! Negeraufstand in Harpers Ferry, Virginia, unter Führung von John Brown, Kansas!! Viele ermordet, Hunderte als Geiseln genommen, Waffen des Bundes beschlagnahmt!!!

Im Morgenlicht haben die Leute im Ort ein paar Waffen aus Privatbesitz aufgetrieben, zumeist veraltete Musketen und Schrotflinten, und fünf oder sechs der mutigeren Männer im Ort haben am Hang oberhalb des Hofes der Rüstungsfabrik Stellung bezogen. Es dauert jedoch nicht lange, bis die Angreifer sie erspähen, denn die meisten sind Kansas-Veteranen und haben in derlei Unternehmungen weit mehr Erfahrung als die Einheimischen; außerdem haben sie Waffen von größerer Zielgenauigkeit. Die Leute aus der Stadt haben daher kaum das Feuer eröffnet, als auch schon einer von ihnen, ein Krämer namens Boerly, von einer Kugel tödlich getroffen wird; überstürzt treten die anderen den Rückzug an. Mittlerweile ist es heller Vormittag. Die Milizen aus Shepherdstown und Charles Town sind noch nicht eingetroffen, und fünfzig Meilen weiter östlich, in Washington, werden gerade die ersten Bundessoldaten für den Bahntransport nach Harpers Ferry zusammengetrommelt. Hier in der Stadt beschränken sich die Bürger darauf, gelegentlich und aufs Geratewohl in Richtung Waffenfabrik zu schießen, denn ihre schwachen Verteidigungsversuche sind infolge der tödlichen Treffsicherheit unserer Sharps-Gewehre, aufgrund ihrer Angst, die Geiseln zu gefährden, und ihrer wachsenden Gewißheit, daß die Stadt von mehr als nur den siebzehn Angreifern Vaters und nicht nur von sieben, sondern von Hunderten entflohener Sklaven besetzt ist, wirksam unterbunden worden. Allerdings gefährden und schädigen sie sich selbst mehr als die Angreifer.

Drüben in der Gewehrfabrik auf Hall's Island macht Kagi sich trotzdem allmählich Sorgen, weil schon soviel Zeit verstrichen ist. Er und seine zwei Männer, Copeland und Leary, haben die Fabrik zwar bisher unangefochten gehalten, sind aber weit von den Geiseln im Spritzenhaus entfernt und daher im Vergleich zu Vaters

Truppe im Falle eines Angriffs der Stadtleute weit verwundbarer. Kagi schickt Leary zu Fuß in die Stadt, um Vater zu bitten, einen Wagen und zusätzliche Leute zu schicken, damit sie die in der Fabrik beschlagnahmten Waffen rasch aufladen und sich allmählich in die Berge zurückziehen können. Es ist Zeit. Keiner der Angreifer ist getötet oder auch nur verletzt worden. Entsprechend dem Plan sollten sie von jetzt an alle aus Harpers Ferry abziehen.

Droben auf den Höhen von Maryland sollte auch ich mittlerweile aufgebrochen sein. So lautet der Plan, Vaters Plan, seine Vision dessen, was in der Nacht des 16. und am Morgen des 17. Oktober ablaufen soll, und bis zu diesem Augenblick ist alles genauso eingetreten. Bis auf eines: Die erwarteten Hundertschaften fliehender Sklaven, die an unsere Seite eilen sollten, sind noch nicht aufgetaucht, und die wenigen, die es getan haben, werden ängstlich und zögerlich und müssen vielleicht selbst unter Bewachung gestellt und zu Geiseln erklärt werden.

Als ich von meinem Hochsitz aus die Stadt betrachte, komme ich jedoch zu dem Schluß, daß dies keine Rolle spielt. Vaters Plan kann auch diesem Umstand angepaßt werden. Wir haben mindestens drei Wagenladungen Waffen konfisziert, wir haben den ganzen Süden dermaßen in Angst und Schrecken versetzt, daß alle glauben, ein Aufstand habe begonnen. Und von Norden ertönt neues Hurrageschrei, begeisterte Versprechen treffen ein, die uns materielle Unterstützung und eine Woge freiwilliger Kämpfer in Aussicht stellen – wir haben tatsächlich einen Aufstand entfacht, der dank der Anwesenheit von Frederick Douglass sicherlich um sich greifen und überall aufflammen wird. Es ist nur eine Frage von Tagen, und wenn Vater nun seine Männer aus Harpers Ferry herausführt und in den Alleghenies mit Mr. Douglass zusammentrifft, sind wir immer noch imstande, diese Flammen zu schüren und ihnen tiefer in den Süden zu folgen, ganz wie Vater es sich gewünscht hat. Es ist noch nicht zu spät.

Die Sklaven werden kommen, behauptet Vater weiterhin. Schon bald werden die ersten hier auftauchen. Wir müssen ihnen bis zum letzten Augenblick Zeit geben, von unserem Überfall und unseren

Absichten zu erfahren, ihre natürliche Angst zu überwinden und von den Farmen und Plantagen ihrer Herren zu der Stadt zu fliehen, die noch immer von uns kontrolliert wird. In dem Augenblick, in dem wir die Stadt verlassen, gibt es für die fliehenden Sklaven keinen Ort mehr, an dem sie nicht in schrecklicher Gefahr schweben. Um ihretwillen werden wir die Stadt weiterhin halten, erklärt er. Obwohl von Westen über den Charles Town Pike die Jefferson Guards und von Norden entlang der Potomac Road die Miliz von Shepherdstown heranreiten und sich von Osten her langsam der Truppenzug aus Washington nähert.

23

Vor allem Sie, Miss Mayo, Sie vor allen anderen, kennen bestimmt den Teil meines Berichtes, den ich ausspare, und wissen auch, daß er alles, was ich Ihnen in diesen vielen Monaten mitgeteilt habe, in eine Phantasie verwandelt, in den Wunschtraum eines alten Mannes: Er macht aus Vaters bis in alle Einzelheiten ausgearbeitetem Plan ein tödliches Trugbild. Denn wie das übrige Amerika haben auch Sie Frederick Douglass' wortgewandte Schilderung seines Lebens gelesen und geglaubt und kennen seinen Bericht von seiner letzten Unterredung mit mir und Vater in Chambersburg. Dagegen habe ich keine Einwände – was Mr. Douglass sagt, ist wahr: daß nämlich er und Vater einen ganzen Tag lang wie Erzengel miteinander rangen, als der eine darum kämpfte, den anderen von seinem Martyrium abzuhalten, und der andere darum stritt, den einen davon zu überzeugen, daß er ihn vor dem Martyrium bewahren könne, wenn er sich ihm dabei anschlösse. Und daß beide Männer den Kampf verloren.

Es war eine seltsame, widersprüchliche Situation, denn die beiden mochten und bewunderten einander über alle Vernunft hinaus, und jeder brauchte den anderen lebend und an seiner Seite, wenn er sein Werk vollenden wollte. Wegen jener besonderen Krankheit Rassenhaß, an der alle Amerikaner, Neger wie Weiße – wenn auch in unterschiedlicher Weise – leiden, konnte der Krieg gegen die Sklaverei nie und nimmer von den Weißen oder den Schwarzen allein gewonnen werden. Vater und Mr. Douglass wußten das besser als nahezu alle anderen in der Bewegung, und deshalb wurden beide häufig von den Angehörigen ihrer eigenen Rasse kritisiert; die Weißen verachteten Vater, da er fortwährend enge Bündnisse mit Negern schloß, und die Schwarzen betrachteten die offenkundige und privilegierte Leichtigkeit, mit der Mr. Douglass sich unter den gebildeten, wohlhabenden Weißen bewegte, mit Argwohn. Männer wie Vater und Frederick Douglass flößten den Menschen beider Rassen, unabhängig von deren Überzeugungen und Grundsätzen in Rassenfragen, damals ebensoviel Angst und Mißtrauen ein wie heute. Aus diesem Grunde konnten einzig sie einander die Unterstützung, den Trost gewähren, deren sie so dringend bedurften.

Das genaue Datum kann ich nicht nennen, denn obwohl alles, was in jenen Tagen geschah, in allen Einzelheiten und so lebhaft und scharf umrissen wie auf einem farbigen Glasbild in meine Erinnerung eingeprägt ist, genauer als das, was erst heute morgen in meine Hütte drang, erinnere ich mich nur vage an die bloßen Daten der Dauer und der zeitlichen Abläufe; häufig sind sie sogar vollständig meinem Gedächtnis entschwunden. Jedenfalls kam Vater ein paar Wochen vor dem Überfall an einem Samstagmorgen beim Frühstück zu mir, nahm mich zur Seite und wies mich an, den Wagen anzuspannen und mit ihm nach Chambersburg zu fahren. »Dort habe ich mich für morgen vormittag zu einem Treffen mit Mister Douglass verabredet«, erklärte er.

»Eine wunderbare Nachricht«, antwortete ich, denn diese Aussicht schien mir wirklich aufregend, selbst wenn man es mir wegen meiner üblichen wortkargen Art vielleicht nicht anmerkte. In jenen Tagen hielt man mich oft für sarkastisch oder verdrießlich, dabei hatte ich nur Angst vor der Heftigkeit meiner Gefühle und wollte lediglich mich und andere davor schützen.

»Tu einfach, was ich sage, Owen. Er ist zu diesem Zweck eigens den ganzen Weg von Rochester gekommen. Er schreibt, daß er die Einzelheiten meines Plans hören wolle, doch die kann ich ihm nur im persönlichen Gespräch anvertrauen. Also ist er gekommen.«

Wenig später waren wir in der Spätsommersonne unterwegs; wir fuhren durch die welligen, gelblich verfärbten, vor kurzem gemähten Wiesen und die friedlichen Dörfer des westlichen Maryland nach Pennsylvania und kamen gegen Abend in unserem Unterschlupf bei Quäkern an, wo wir uns die ganze Nacht hindurch mit den gutmütigen, pazifistischen, frommen Besitzern des Hauses, Freunden und Unterstützern des Abolitionismus im allgemeinen und Vaters im besonderen, über die Abschaffung der Sklaverei und Religion unterhielten; diese Leute glaubten, daß ihre Freundschaft und Unterstützung dazu beitrügen, eine großartigere und wirksamere Underground Railroad aufzubauen, und Vater war sehr darauf bedacht, sie in diesem Glauben zu lassen.

Die meiste Zeit über hörte ich nur zu, und schließlich streckte ich mich auf meiner Decke beim Feuer aus und schlief ein, während Vaters Stimme weiter in die Nacht dröhnte, als er die wahre Bedeutung des im Matthäusevangelium überlieferten Ausrufs von Jesus am Kreuz zur neunten Stunde erläuterte, der da lautet: *Eli, Eli, lama sabachthani? Mein Gott, mein Gott, warum hast du mich verlassen?* »Denkt daran, meine Freunde, seit der sechsten Stunde hatte sich Dunkelheit über das ganze Land gebreitet«, erklärte er. »Und die Priester hatten Ihn geschmäht und verhöhnt und gesagt: ›Wenn du wirklich Gottes Sohn bist, dann steig vom Kreuz herab‹; und zusammen mit den Schriftgelehrten und Ältesten hatten sie alle erklärt, Jesus habe anderen geholfen, doch sich selber könne Er nicht helfen. Und dann sagten sie zu Ihm, wenn du der König von Israel bist, der wahre Sohn Gottes, dann steige vom Kreuz herab, und wir werden dir glauben. Darauf rief Christus aus: ›Mein Gott, mein Gott, warum hast du mich verlassen?‹ und gab Seinen Geist auf, um all jenen, die Ihn verspottet und verhöhnt hatten, ja sogar jenen, die Ihn gekreuzigt hatten, mit der Frage zugleich die Antwort zu geben. Denn als er Seinen Geist aufgegeben hatte, wie dies allen Menschen vorbestimmt ist, zerriß der Vorhang des Tempels, und die Erde bebte und tat sich auf, und die Gräber öffneten sich, und viele Leichname der in ihnen ruhenden Heiligen erstanden auf, und als das Volk dies sah, da überkam alle, selbst die römischen Zenturionen inmitten der Priester und Schriftgelehrten und Ältesten, große Furcht, und sie sagten, wahrhaftig, das war Gottes Sohn! *Eli, Eli, lama sabachthani!* Aus der tiefschwarzen Nacht drang der höchst menschliche Schrei dessen, der an Gott glaubt, dessen, der weiß, daß Gott Ihn liebt, dessen, der sich dennoch bis zum äußersten dem Willen Gottes unterwirft. Und so ist Christus, als er Seine letzte Frage stellt – die kein eigensüchtiges Flehen ist, wie es unsereiner, wie es die Priester und die Schriftgelehrten und die Ältesten vorbrächten, sondern die Frage, die ein Kind seinen Eltern stellt, ein Sohn seinem Vater, einer, der die Existenz des anderen und dessen Macht nicht bezweifelt –, so ist also Christus, als er fragt: ›Warum hast du mich verlassen?‹ in Seiner letzten Handlung unter den Menschen wahrlich beispielhaft. Und genau so und nicht anders hat der Herr Ihn für uns gedacht, als Geschenk, als Sein größtes Geschenk, ein Geschenk, das größer noch ist als das Geschenk des Lebens selbst, ein Geschenk, das uns zum ewigen Leben leiten kann, und die Art, wie es uns enthüllt wird, zeigt uns auch den einzigen Weg, wie wir es erlangen können. Es ist der Glaube an Gott, kein besonderes Flehen, sondern der einfache Glaube, wie das Kind an seine Eltern glaubt ...«

So war ich also, als ich in den Schlaf eintauchte, wie so oft von den Worten meines Vaters vergiftet und beherrscht; er formte meine Träume, und da das wache Bewußtsein bis zu einem gewissen Grad von den kunstvollen Gebilden unserer Träume geprägt wird, war ich am folgenden Tag, als wir zu dem Steinbruch hinausfuhren, den Vater als Treffpunkt für seine Begegnung mit Mr. Douglass bestimmt hatte, ganz in Überlegungen vertieft, die sich nicht auf die möglichen Folgen eines Märtyrertods bezogen, sondern auf seine Bedeutung als Glaubensbeweis. Denn mittlerweile war ich zu der Einsicht gelangt, daß es in dieser Welt keines praktischen Zweckes bedürfe, keines besonderen Zieles oder Strebens, um es zu rechtfertigen oder danach zu streben. Zweck eines Martyriums ist es, den Glauben zu stärken, den Glauben des Märtyrers an Gottvater, an das Jenseits, an das ewige Leben, an die Auferstehung – *an etwas, an irgend etwas*, das sich von der Bedeutung und dem Ziel und Zweck des sterblichen Lebens dieses Märtyrers hier und jetzt unterscheidet.

Wie wachsame Raben hatten wir, als der halbe Vormittag vorüber war, nach langer, sorgfältiger Erkundung unsere Position im Steinbruch eingenommen, wo Mr. Douglass uns, wie er in seiner

Erzählung berichtet, schließlich fand – auf einer aus dem Fels geschnittenen, von grauen Felsbrocken umschlossenen, hochgelegenen Plattform, von der aus wir, ohne selbst gesehen zu werden, einen guten Blick auf jeden hatten, der sich näherte. Damals war Vater immer noch auf der Flucht; auf seinen Kopf hatten die Bundesbehörden eine Belohnung ausgesetzt, und das gleiche galt vermutlich für mich, obwohl wir es, so weit von Kansas entfernt und ohne von irgend jemandem wirklich verfolgt zu werden, oft vergaßen. Doch nun, da das Spiel gerade am Anfang und gleichzeitig schon so weit fortgeschritten war, wäre es leichtfertig von dem Alten gewesen, sich so nahe an der Grenze zu einem Sklavenstaat bei einem Treffen mit Frederick Douglass ertappen zu lassen. Und natürlich liebte Vater heimliche Winkelzüge um ihrer selbst willen. Also versteckten wir uns zwischen den Felsen vor Mr. Douglass und warteten, bis er uns fand.

Und schließlich, wenn auch nach beträchtlichen Schwierigkeiten, die wir von oben beobachteten, schaffte er es auch. Zusammen mit seinem Begleiter, einem großäugigen Schwarzen mittleren Alters mit schütterem Haar und athletischer Gestalt kletterte er über scharfkantige Granitabbrüche. Wie immer war Mr. Douglass in einen eleganten Anzug aus feiner Wolle gekleidet; dazu trug er eine schwarze Krawatte und einen breitkrempigen Hut; sein Gefährte hatte einen Arbeiterkittel, eine dazu passende Hose und Stiefel an, und auf seinem Kopf saß ein sturmzerzauster alter Strohhut; die beiden keuchten und waren in Schweiß gebadet, als sie plötzlich um einen Granitblock bogen und auf uns stießen – zweifellos unerwartet, denn zu diesem Zeitpunkt glaubten sie wahrscheinlich bereits, wir hätten uns verspätet oder sie hätten Vaters Wegbeschreibung zum Steinbruch falsch verstanden oder seien möglicherweise zu einer falsche Stelle gegangen.

»Ah, Brown, hier sind Sie!« rief Mr. Douglass voller Erleichterung aus. Er lächelte, und die beiden Männer schüttelten sich herzlich die Hände und umarmten einander.

Vater wollte sofort vom Zweck dieses Treffens sprechen, Mr. Douglass fiel ihm jedoch ins Wort und stellte ihm in aller Form seinen Freund Shields Green vor, der, wie er sagte, sehr daran interessiert sei, den berühmten Osawatomie Brown zu treffen und sich ihm »vielleicht im Kampf dort unten anschließen« werde, wie er es formulierte. Dann begrüßte er mich mit einem Lächeln und einem Händedruck und gab Vater zu verstehen, daß er und Mr. Green erst ein paar Augenblicke verschnaufen müßten. Er bedaure es außerordentlich, erklärte er, daß er kein Wasser, keine Erfrischung mitgebracht habe.

Es war unmöglich, Frederick Douglass nicht mit Hochachtung und Respekt zu behandeln. Er beherrschte die Szene, ohne daß er je aufgeblasen oder herablassend wirkte, war umgänglich und liebenswert ohne einen Anflug von Unterwürfigkeit. Er vermittelte einem das Gefühl, man stehe mit ihm gemeinsam auf einer sehr hohen Stufe. Und er war der einzige Mensch, bei dem ich je erlebt habe, daß er Vater auf gutmütige Art zum Schweigen brachte.

Er lehnte sich an die Felswand unseres Krähennests und fächelte seinem dunklen, bärtigen Gesicht mit der Krempe seines Hutes Luft zu, während Shields Green auf einem tischgroßen Stein in der Nähe saß, sich ausruhte und mit einem großen blauen Taschentuch Hals und Gesicht abwischte. Schließlich sagte Mr. Douglass zu Vater: »Also gut, Old John, lassen Sie mich hören, was Sie zu sagen haben. Im Norden laufen wilde Gerüchte über Sie und Ihre Jungen um, und ich muß wissen, was daran wahr ist. Ich sage Ihnen, mein Freund, einige Ihrer treuesten Helfer und Verbündeten befürchten, Sie würden hier unten vielleicht irgendein aberwitziges, tollkühnes Unternehmen wagen, und ich würde gern nach Hause zurückkehren und ihnen anderes berichten.«

»An meinen Plänen ist nichts Aberwitziges oder Tollkühnes, außer für Männer, denen es an Mut und Grundsätzen fehlt«, legte Vater los und setzte zu der Tirade an, die mir und den anderen in unserem Versteck drüben auf der Farm der Kennedys so vertraut geworden war, daß wir sie selber Wort für Wort herunterbeten konnten. Er teilte Mr. Douglass mit, wie er den alten Plan so weit abgeändert habe, daß er mittlerweile auf einen neuen Plan hinauslaufe, und wie bei uns zog er seine Karten hervor, entrollte sie und ging jeden einzelnen Schritt des Überfalls durch, bis er ans Ende des Angriffs und zu unserem Treffen mit Frederick Douglass und den Hunderten, ja vielleicht Tausenden soeben befreiter Sklaven in der Wildnis gekommen war.

Mr. Douglass schwieg eine Zeitlang und betrachtete mit geschürzten Lippen und gerunzelter Stirn die Karten. Schließlich seufzte er und erklärte: »Ich mag Sie, John Brown. Wirklich. Sie sind ein echter Held gewesen, und ich möchte nicht, daß man Sie umbringt. Weder Sie noch die tapferen jungen Männer an Ihrer Seite.«

»Wir werden vielleicht Verluste erleiden«, fiel Vater ihm ins Wort. »Im Krieg ist das nicht zu vermeiden. Doch am Ende werden wir über unsere Feinde triumphieren. Das ist gewiß. Ich weiß es, Frederick. Der Herr wird uns beschützen.«

»Der Herr kann Sie nicht vor den Eigenheiten jenes Ortes, Harpers Ferry, beschützen. Das ist eine Falle aus Stahl, John. Sie kommen zwar hinein, aber nicht wieder heraus. Bitte, vergessen Sie diesen Plan.«

»Unsere Geiseln werden unser Schutzschild sein, solange wir da unten sind, und die Wildnis und die Berge werden unsere Zuflucht sein, wenn wir wieder draußen sind.«

»Nein, nein und abermals nein! Unmöglich! Vergessen Sie nicht, ich kenne die weißen Südstaatler, Sie nicht. Diese Leute werden jeden Baum von hier bis nach Tennessee hinunter absägen – bis auf einen, und wenn man Sie gefangengenommen hat, wird man Sie an diesem einen Baum aufhängen. Und bis es soweit ist, werden sie jeden Sklaven abschlachten, der auch nur von einer Rebellion träumt.«

»Wir werden zu schnell zu viele sein, so daß sie nicht mehr gegen uns vorgehen können, und wir werden überall, im ganzen Süden sein, so daß sie nie und nimmer imstande sein werden, an einem bestimmten Ort gegen uns anzutreten. Dies ist kein Krieg im herkömmlichen Sinne, Frederick.«

»Die Bundestruppen, John. Vergessen Sie die nicht.«

»Ja, doch vergessen Sie nicht die Seminolen. Die Alleghenies werden meine Everglades sein.«

»Und unsere Neger sollen Ihre Indianerkrieger sein?«

»Wenn Sie sie gemeinsam mit mir anführen. Wenn Sie an meiner Seite sind, werden sie sich erheben und mir in den Kampf gegen ihre weißen Herren folgen.« Dann erklärte Vater ausführlich, wie ihre Armee aus entflohenen Sklaven in zwei Gruppen aufgeteilt werden sollte, von denen die eine die Plantagen und Städte im Süden überfallen, die andere die logistische Unterstützung für die Angreifer sicherstellen und jene fliehenden Sklaven unversehrt aus dem Süden bringen sollte, die wegen ihres Alters oder einer Krankheit oder ihres Wesens nicht in der Lage wären, sich dem Kampf anzuschließen, oder einfach nur in den Norden fliehen wollten. Alles schien so logisch und in seiner Abfolge wahrscheinlich, daß mir Mr. Douglass' ständige Einwände und seine skeptischen Bemerkungen allmählich so vorkamen, als spiegle sich in ihnen eher sein Charakter als sein Verstand wider, als hätte ein furchtsames Herz sein Gehirn ausgeschaltet.

Sie gingen auf und ab; erst trug der eine seine Sache vor, dann der andere, wie Rechtsanwälte, die vor einem strengen, undurchschaubaren Richter plädierten. Wer hatte recht, Vater oder Frederick Douglass? Nicht im Rückblick, sondern im Augenblick der Auseinandersetzung. Nachträglich betrachtet, hatte offensichtlich Mr. Douglass recht. Damals aber, vor dem Überfall, durfte Vater da nicht mit Fug und Recht glauben, der von Mr. Douglass und Old John Brown geführte Sklavenaufstand müßte fast zwangsläufig zum Erfolg führen, wenn nur Mr. Douglass den Überfall auf Harpers Ferry zum Signal machte?

»Wenn Sie an meiner Seite sind, wird diese Unternehmung weitreichendere Auswirkungen haben als alles, was bisher im Verlauf der Geschichte Amerikas geschehen ist. Sie wird zu einer wirklichen Revolution werden, zu der Art von Revolution, die wir damals im Jahre 1776 hätten durchfechten müssen!«

»Nein, Brown, das wird sie nicht. Es ist ein Selbstmordunternehmen. Schlimmer als bei Nat Turner. Mit mir oder ohne mich, es ist zum Scheitern verurteilt. Wir sind zu wenige, zu armselig bewaffnet, zu schlecht ausgerüstet, und unsere Soldaten sind zu schlecht ausgebildet, als daß Sie das durchsetzen könnten, was Sie sich vorstellen.«

Vater entfernte sich ein paar Schritte und starrte in die große offene Grube des Steinbruches hinunter. Leise und in gekränktem Ton sagte er: »Ich bin froh, daß Sie nicht dabei waren, um unsere revolutionären Vorfahren zu beraten, Frederick. Wir wären sonst noch immer britische Untertanen.«

Mr. Douglass lächelte. »Nun, wenn ich bedenke, daß die Briten die Sklaverei mittlerweile schon seit einem Vierteljahrhundert gesetzlich verboten haben, wäre es vielleicht gar nicht so schlecht, britischer Untertan zu sein.«

Viele Stunden lang, bis weit in den Nachmittag hinein, gingen die beiden Männer auf und ab; zuerst brachte der eine seine Argumente vor, führte Präzedenzfälle an und wies zur Bekräftigung auf Grundsätzliches hin, dann der andere. Shields Green und ich hörten erst dem einen, dann dem anderen zu und sagten gar nichts: Wie Kinder waren wir, die der Diskussion ihrer Eltern über eine Angelegenheit lauschen, die über ihrer aller künftiges Leben im Guten oder im Bösen entscheiden wird, und die sich wünschen, beide Parteien mögen recht haben. Eine Zeitlang sprach Mr. Douglass, der seine Argumente sorgfältig, der Reihe nach vorbrachte und Vater gegenüber Großmut sowie einfühlsames Verständnis für seine Ziele bewies, aber auch unnachgiebig die Mittel mißbilligte, zwar nicht grundsätzlich, sondern nur aus praktischen Gründen; Shields und ich nickten, als glaubten wir, ja, Harpers Ferry ist eine stählerne Falle, wir werden zwar hineinkommen, aber niemals imstande sein, uns wieder daraus zu befreien, und wenn wir uns durch irgendein Wunder durch die aufgebrachten Stadtleute kämpfen und vermeiden können, auf der Flucht aus dem Tal des Shenandoah in die Wildnis von den örtlichen Milizen in Stücke gehauen zu werden, dann, ja dann werden die Bundestruppen gegen uns Stellung beziehen und uns binnen kurzem in unserem Bergversteck umzingeln und mit einer Belagerung beginnen, die nur durch den Hungertod oder durch eine tödliche Kugel beendet werden kann, und, ja, unser Überfall und allein die drohende Gefahr eines Sklavenaufstandes werden unerhörtes Leid, Lynchmorde, Verstümmelungen, Ketten über alle Neger im Süden bringen. Denn wenn man in den Herzen der weißen Südstaatler die Furcht vor einer Sklavenrevolte weckt, hat das unvermeidlich die schlimmste Unterdrückung zur Folge; und, ja, die Weißen des Nordens werden uns nicht zu Hilfe kommen, denn sie würden niemals gegen ihre weißen Brüder in den Krieg ziehen, um Schwarze und eine Handvoll radikaler weißer Abolitionisten zu verteidigen: Der Plan ist absurd – absurd und unglaublich grausam.

Als dann die Sonne über unseren Köpfen hinweggezogen war und sich im Westen den Hügeln Pennsylvanias näherte, als die Felsen um uns herum lange Schatten warfen, begann Vater mit seiner Antwort, und nun nickten Shields und ich zustimmend zu seinen Argumenten; wir sagten uns, ja, wir können die Stadt im Handstreich einnehmen und sie mittels der Geiseln lang genug halten, bis wir ausreichend Waffen erbeutet haben, um die Sklaven zu bewaffnen, die gewiß zu Hunderten oder gar zu Tausenden die Gelegenheit ergreifen werden, sich gegen ihre Herren zu erheben, wenn sie erst wissen, daß sie von Männern angeführt werden, denen sie als Kriegern und als Männern mit Grundsätzen vertrauen können, und, ja, wir können fliehen und uns in den dichtbewaldeten Bergen des Südens in Sicherheit bringen, und mit hundert Banden disziplinierter, gutbewaffneter Guerillakämpfer können wir jede Armee monatelang, sogar jahrelang aufhalten. Und in dieser Zeit werden wir so zahlreich werden, daß die Südstaaten, schon allein um ihre Wirtschaft wieder in Gang zu bringen, mit ihren Arbeitern Frieden schließen werden, denn sind es nicht letztlich ihre Arbeiter, die gegen sie in den Krieg gezogen sind?

»Denn letztendlich, Frederick, sind es die richtigen Ideen und schlicht die Wirtschaft, die all das zu unseren Gunsten entscheiden werden«, schloß Vater, und ich konnte dem nicht widersprechen.

Bis dann Mr. Douglass mit seiner tiefen, melodischen, melancholischen Stimme antwortete: »Nein, John. Die Rasse wird das entscheiden. Und sie wird gegen uns entscheiden. Rasse und schlichte Arithmetik. Nicht die Ideen und auch nicht die Wirtschaft. Einfach ausgedrückt: Es gibt in diesem Land mehr von euch als von uns. Wir sind hier nicht in Haiti oder auf Jamaika, und die Vereinigten Staaten des Nordens sind ebensowenig ein eigenständiges Land wie die Vereinigten Staaten des Südens. Es ist die Rasse, John. Hautfarbe und Haar und Gesichtsschnitt. Sie sagen *wir*, John, und damit meinen Sie *alle Amerikaner, die gewillt sind, zur Beendigung der Sklaverei in den Krieg zu ziehen.* Alle anderen Amerikaner, die *wir* sagen, meinen dagegen die Rasse, sie meinen *wir Weiße* oder *wir Neger.* Sie sind ein edler, ein guter Mensch. Aber in diesem Land stehen Sie fast allein. Selbst ich meine *wir Neger*, wenn ich *wir* sage.«

»Das heißt, Sie werden sich mir nicht anschließen?«

»Ich kann nicht, John. Mein praktischer Verstand verbietet es mir. Mein Gewissen verbietet es mir. Die Liebe zu meinem Volk verbietet es mir.«

»Sie machen die Aufgabe nur noch schwerer. Ohne Sie an meiner Seite … an der meiner Jungen, meiner Männer …« Er hielt inne, konnte einen Augenblick lang nicht weitersprechen. »Ohne Sie«, fuhr er schließlich fort, »ohne Sie werden die Sklaven sich nicht erheben und mir in ausreichend großer Zahl folgen …«

Mr. Douglass legte die schweren Hände auf Vaters schmale Schultern und sah dem Alten in die Augen; ich glaube, beide weinten, zumindest standen in ihren Augen Tränen. »Bitte, geben Sie den Plan auf. Kommen Sie mit mir, John. Lassen Sie Ihren Sohn allein nach Virginia zurückkehren, und schicken Sie Ihre Männer nach Hause. Fechten Sie diesen Krieg an einer anderen Front aus.«

»Dies ist die einzige Front, die mir geblieben ist.«

Mr. Douglass wandte sich ab und sagte zu Shields Green: »Ich kehre nach Rochester zurück. Wenn du willst, kannst du mitkommen; du kannst aber auch bleiben. Genau wie ich kennst du nun alle Argumente für und wider.«

Shields sah zu Boden und sagte nichts.

Vater streckte die Hand aus und berührte Mr. Douglass am Ärmel; mit leiser, klagender Stimme, fast ein Flüstern, sagte er: »Wenn ich zuschlage, werden die Bienen ausschwärmen, und ich brauche Ihre Hilfe, um Sie wieder in den Stock zurückzulocken.« Dieses Bild hatte er schon oft verwandt, und er wiederholte es jetzt mechanisch, als wären seine Gedanken, als wäre er selbst schon an einem anderen Ort.

Mr. Douglass antwortete nicht. Noch einmal blickte er Shields an und fragte: »Wie hast du dich entschieden?«

Shields wandte das Gesicht nicht Mr. Douglass, sondern Vater zu und erwiderte: »Ich glaube, ich gehe mit dem Alten.«

Mr. Douglass nickte und reichte uns langsam, der Reihe nach, die Hand. Schließlich umarmte er uns alle herzlich, als zöge er in den Krieg und nicht wir; dann verließ er uns und kehrte auf kürzestem Wege nach Rochester zurück. In derselben Nacht fuhren Vater, Shields Green und ich mit dem Wagen wieder nach Virginia.

24

Heute morgen wachte ich im Dunkeln auf; kalt wie ein Grab war meine Hütte, und mein Herz pochte heftig, als ich wieder einmal dachte, ich wäre im Laufe der Nacht gestorben und hätte mich Vater und den anderen im Fegefeuer zugesellt. Doch dann sickerte das fahle Licht der Morgendämmerung wie Nebel durchs Fenster und verscheuchte die tröstliche Klarheit der Finsternis, und ich sah, wo ich war: zusammengerollt unter meiner verdreckten Decke in einer Ecke – ein ausgezehrter alter Mann mit verfilztem Bart und Haar, der in seiner schmutzigen Unterwäsche in einem unbeheizten, kahlen Raum liegt; Regale, Feldbett, Stuhl und Schreibtisch sind mit Papieren übersät, die sich auch über den Boden ausbreiten. Und ich sah, daß ich nichts als Papier bin. Am Ende ist mein Leben nur noch eine kleine Blase von Bewußtsein, umgeben von Tausenden Blättern und Fetzen Papier: den Dutzenden von Blöcken, mit unordentlichem Gekritzel bedeckt, all den Briefen und Notizbüchern und Dokumenten und vergilbten Zeitungsausschnitten und den zerfledderten alten Büchern und Zeitschriften, die ich Ihnen vor so langer Zeit auszuhändigen versprach – ein großer, unordentlicher Haufen von Wörtern, ein kunterbunter, zusammenhangloser Wirrwarr ineinander verschlungener Wahrheiten, Lügen, Erinnerungen, Phantasien und sogar Rezepte und Listen; einige Wörter sind so sehr von dieser Welt, etwa eine Beschreibung der verschiedenen Wollgradierungen von 1848, andere völlig abgehobene philosophische Spekulationen über die Natur wahrer Religion und wahren Heldentums, Wörter, die vom Fußboden des Marktplatzes in Emersons Gehirn aufgelesen wurden, aber sie alle, all diese Wörter, sie fügen sich zusammen zu … zu was? Zu nichts, das für irgend jemanden außer mir von Wert wäre, vermute ich, und auch für mich ohne Wert; weshalb also habe ich sie all die Jahre hindurch gesammelt und aufbewahrt?

Ich bemühe mich, klar zu denken. Warum habe ich die Briefe, die Vater abschickte und erhielt, seine Notizbüchlein und die vielen Hauptbücher und Bücher, eine ganze Holzkiste voll, eingepackt und mit auf meinen kalifornischen Berggipfel geschleppt und sie all die Jahre bei mir aufbewahrt? Im Laufe der Zeit, als man Bücher, Artikel und Memoiren veröffentlichte, kam immer mehr dazu, und jetzt habe ich, alt und schwach, dem Stapel noch mehr Papier, noch mehr nutzlose Wahrheiten und Spekulationen hinzugefügt. Warum habe ich das getan?

Ich weiß, ich begann in der Überzeugung, daß ich einen Bericht über meine Erinnerungen und mein Wissen über Vater verfassen und ihn an Sie und Professor Villard schicken würde, zusammen mit den Dokumenten, die ich über die Jahre gesammelt und aufbewahrt habe – für Ihre Zwecke, für die Zusammenstellung dessen, was, wie Sie zu Recht hoffen, die endgültige Biographie von John Brown sein wird, ein großes Buch, zweifellos, das der Öffentlichkeit zu dem überaus günstigen Zeitpunkt des fünfzigsten Jahrestages des Überfalls auf Harpers Ferry und von Vaters Gefangennahme durch die Bundesarmee und seiner Hinrichtung durch die Regierung von Virginia vorgestellt werden sollte. Aber mittlerweile ist so viel Zeit vergangen, seit ich mit dieser Niederschrift begonnen habe, daß das Gedenkjahr bestimmt längst an uns vorübergegangen ist. Und dennoch sitze ich nach wie vor hier und kritzle weiter, schreibe auf die Ränder meiner seit langem vollgeschriebenen Blöcke und auf die Rückseiten von Vaters Briefen und in seine Notizbücher, sogar auf die Ränder und leeren Endseiten seiner persönlichen Bücher mit den zerschlissenen Rücken, seines *Flint's Survey*, seines Jonathan Edwards, Milton und seines Franklin, auch seiner eigenen veröffentlichten Schriften wie »Sambos Irrungen« und der Vorläufigen Verfassung, auf die Ränder alter Ausgaben des *Liberator*, eingerollter Karten des Subterranean Passway, der Zeitungsberichte über den Überfall und Vaters letzte Worte auf dem Schafott, und dazu der Biographien und Memoiren von Redpath und Higginson, Hinton und Sanborn – an jedem Tag, der vergeht, schreibe ich ein paar neue Sätze, manchmal nur einen, aber gelegentlich, wenn mein Herz vor heftiger Empfindung schneller schlägt und ich die Vergangenheit scharf und klar vor mir sehe, sind es bis zu hundert.

Doch seit langem habe ich jede Hoffnung aufgegeben, diese Seiten zu ordnen und Ihnen zuzusenden. Inzwischen schreibe ich nur noch, damit ich eines Tages aufhören kann zu schreiben. Ich rede, um zu verstummen. Und ich lausche meiner Stimme, damit ich bald nicht mehr gezwungen sein werde, sie zu hören.

In jener schicksalhaften Oktobernacht auf der Farm der Kennedys verbrachte ich, nachdem Vater und die anderen zur Stadt aufgebrochen waren, einige Zeit damit, alles zusammenzutragen und vor dem Herd auf dem Boden aufzuhäufen; und als ich schließlich davorstand und auf die Unmenge belastender Unterlagen hinuntersah, kam es mir so vor, als hörte ich tausend leise, stockende Bekenntnisse gleichzeitig, als wären die Stimmen, die sich vermengten und miteinander verschmolzen, das traurige Ergebnis einer langen, gnadenlosen Inquisition, die einer ganzen Generation von Söhnen Häresie und Verrat an ihren puritanischen Vätern vorwarf. Ich verbrannte nichts. Meine ketzerische Weigerung, den Isaak für den Abraham meines Vaters zu spielen, schien nicht auf mich allein beschränkt, sie kam mir wie ein Symbol vor – als wäre das Zeitalter des Heldentums einem Zeitalter der Feigheit gewichen. Als wäre ich im Verlauf jener letzten Tage in Harpers Ferry und in Zusammenhang mit dem einen großen moralischen Thema unserer Zeit zum Menschen einer anderen Zeit geworden: zu einem Menschen der Zukunft, vermute ich. Zu einem modernen Menschen.

Ich trat von dem kalten Herd zurück, stellte meine Kerze auf den Tisch und blies sie aus; das Haus versank in Dunkelheit. Dann ging ich in den Regen hinaus und quer über den Stoppelacker zum Schuppen hinüber, in dem Barclay Coppoc und Frank Meriam unterdessen alle Waffen auf den Wagen geladen hatten. Coppoc saß auf dem Kutschbock und hielt die Zügel in den Händen; verdrossen und ungeduldig sah er mich an; Meriam kauerte mit aschfahlem Gesicht hinter ihm.

»Bist du da drin endlich fertig?« fragte Coppoc.

»Ja.«

»Na schön, dann sollten wir allmählich los. Der Alte ist wahrscheinlich schon auf der anderen Seite der Brücke. Vor einer Minute haben Frank und ich Gewehrfeuer gehört.«

»Sehr gut«, erwiderte ich, kletterte auf den Wagen und setzte mich auf die Holzkisten neben Meriam. Coppoc schnalzte dem Pferd Adelphi, dem zweiten unserer beiden alten Morgans aus North Elba, zu, und langsam fuhren wir von der Farm der Kennedys über die nasse, unebene Straße zu dem leerstehenden Schulhaus, von dem aus man den Fluß und den Ort darunter überblikken konnte. Als wir dort ankamen, hörten wir gelegentlich und von mehreren verschiedenen Stellen weiter unten Gewehrfeuer – einmal, so glaubten wir, aus dem Umkreis der Rüstungsfabrik, dann von der Brücke auf der Maryland-Seite her, und ein wenig später bei der Fabrik am anderen Ende der Stadt. Wie Vater angeordnet hatte, luden wir rasch die Waffen vom Wagen ab und stapelten die ungeöffneten Kisten entlang der Wände des einzigen Raumes im Schulhaus.

Ungefähr eine Stunde vor Tagesanbruch, als der Regen nachließ, gingen wir nach draußen und das kurze Stück Weges durch die Wälder zum Rand eines Felsvorsprunges hoch über dem Potomac; dort blieben wir stehen und schauten im dunstigen Licht des anbrechenden Tages hinunter. Hinter uns, noch an den jetzt leeren Wagen geschirrt, graste friedlich das Pferd auf einem hellen Flekken Gras. Hinter den fernen dunklen Höhen zog sich das verschmierte Grau des Himmels hin, und drunten im Ort schimmerten ein paar gedämpfte Lichter aus den Fenstern des Hotels und des Spritzenhauses. Wir erspähten den Zug, der auf dem Rangiergleis unmittelbar neben dem Bahnhofsgebäude angehalten hatte; auf dem Bahnsteig zeichneten sich etliche dunkle Gestalten ab. Coppoc erklärte, er erkenne einige unserer Leute und zwei Neger, die innerhalb der Mauern des Rüstungsdepots beim Spritzenhaus postiert seien, in dem vermutlich die Geiseln gefangengehalten würden; ich konnte sie allerdings aus dieser Entfernung nicht unterscheiden.

Plötzlich platzte Meriam, der seltsam still gewesen war, mit seiner aufgeregten, kieksenden Stimme heraus: »Owen, wo sind die Sklaven? Dort sollten doch Hunderte von entflohenen Sklaven sein, die jetzt zu uns stoßen, oder? Das stimmt doch, Owen, oder etwa nicht? Da haben wir diese ganzen verdammten Spieße und Gewehre und keinen, dem wir sie geben können!« Er lachte gequält.

»Halt den Mund, Frank«, sagte Coppoc. »Die kommen schon. Und wenn nicht, ist das auch in Ordnung. Oder wenn heute nacht nur ein paar von ihnen kommen. Sie werden uns später in den Bergen schon einholen. Dann können wir sie immer noch bewaffnen.«

»Nein, Barclay«, entgegnete ich.

»Wieso nicht?«

»Weil sie nicht kommen werden. Jetzt nicht und auch sonst nicht. Nie.«

Wütend sahen die beiden mich an. »Natürlich kommen sie«, erklärte Coppoc. »Großer Gott, Owen, darüber brauchen wir uns jetzt wirklich nicht zu streiten. Jedenfalls besteht immer noch die Aussicht.«

»Ja, und der alte Fred Douglass wartet im Hintergund«, ergänzte Meriam.

»Tut er nicht.«

»Also wirklich, Owen, wovon redest du eigentlich?« fragte Meriam, allmählich gereizt. »Die Aussichten sind doch gut. Du hast doch auch gehört, was der Alte gesagt hat, oder?«

»Raus mit der Sprache, Owen.«

Und so sagte ich es: »Leute, Frederick Douglass ist heute nacht in Rochester, New York, und schläft dort in seinem Bett. Ich weiß es, und Shields Green weiß es, und Vater weiß es. Wir haben euch angelogen«, erklärte ich. »Zumindest ich. Vater und Shields, glaube ich, haben sich selber und einander belogen und ihre Lügen geglaubt, und deshalb haben sie euch lediglich das gesagt, was sie für die Wahrheit gehalten haben.« Dann berichtete ich Meriam und Coppoc in wenigen Sätzen, was in dem Steinbruch von Chambersburg geschehen war und wie Vater, als wir nach Virginia zurückritten, darauf bestanden hatte, daß Mr. Douglass, sobald ihm klar werde, daß wir es tödlich ernst meinten, seine Ansicht ändern würde. Möglicherweise werde er abwarten, bis der Überfall tatsächlich begonnen habe, aber letztendlich werde er uns zur Seite eilen, denn er sei ein Mann mit ehernen Grundsätzen und äußerst mutig. Dessen war Vater sich sicher gewesen. Und Shields hatte ihm zugestimmt; irgendwie hatte es sogar so geklungen, als habe sein Freund Mr. Douglass ihm insgeheim gewisse Versprechen gegeben.

Vater hatte uns angewiesen, den anderen nicht zu erzählen, was im Steinbruch beredet worden war. »Es würde ihnen nur unnötig angst machen und Zwietracht unter ihnen säen«, hatte er erklärt.

Und wir hatten gehorcht – Shields, weil er überzeugt war, daß mein Vater Dinge wisse, die keinem anderen Menschen bekannt seien, und ich, weil ich sein Sohn war. »Shields glaubt, Osawatomie Brown sei ein Prophet«, erklärte ich.

»Aber du offenbar nicht«, entgegnete Coppoc angewidert.

»Nein.«

»Um Himmels willen, das alles spielt doch jetzt keine Rolle. Was sollen wir nun tun?« rief Meriam.

»Mein Bruder Ed ist da unten«, sagte Coppoc.

»Und zwei von meinen. Und zwei Schwager. Und ein Vater.«

»Owen Brown, was bist du eigentlich für ein Mensch?« fragte Coppoc und wandte sich von mir ab.

Jetzt hörten wir noch mehr Schüsse, Gewehrschüsse, die aus der Nachbarschaft der Kirche ein kleines Stück oberhalb der Rüstungsfabrik kamen, von wo aus man das Fabrikgelände überblicken konnte. Einige Bürger der Stadt rannten und duckten sich hinter Mauern; es sah ganz so aus, als schössen sie auf gut Glück in Richtung unserer Leute im Fabrikhof unter ihnen. Nun erwiderten unsere Männer das Feuer, und einer der Stadtbewohner stürzte zu

Boden. Hastig packten die anderen ihn und zerrten ihn hinter einen Schuppen; eine Weile schwiegen die Gewehre.

Meriam war mittlerweile völlig außer sich; er war hin und her gerissen zwischen seiner Angst zu sterben, die ihn zur Flucht trieb, und seinem lang gehegten Wunsch, der Mann zu werden, der mit seinem Opfertod die anderen rettet. Das verwirrte ihn, und er taumelte zwischen den Bäumen hin und her wie ein Blinder, während Coppoc unbewegt von dem Felsvorsprung in die Stadt hinunterstarrte. »Ihr hättet sie daran hindern sollen, da reinzugehen«, erklärte er schließlich. »Ihr hättet uns die Wahrheit sagen sollen.«

»Dadurch hätte Vater sich nicht aufhalten lassen. Nichts hätte ihn zurückhalten können. Wenn nötig, wäre er allein gegangen. Das wißt ihr. Und ein paar von den Männern wären ihm auf alle Fälle gefolgt. Kagi vielleicht nicht, möglicherweise Cook und du auch nicht. Aber dein Bruder. Und meine Brüder Watson und Oliver und die Thompsons und noch ein paar mehr. Diese Burschen würden dem Alten geradewegs durch die Pforten der Hölle folgen. Das wißt ihr so gut wie ich. Nein, es ist besser, daß alle zusammen da reingegangen sind, nicht bloß fünf oder sechs. Hätte Vater mich nicht auf dieser Seite des Flusses postiert, wäre auch ich mit reingegangen. Zwanzig Mann haben größere Chancen, da wieder rauszukommen, als fünf oder sechs.«

»Kann sein. Aber nur, wenn sie jetzt auf der Stelle von dort verschwinden«, erwiderte Coppoc und erklärte dann, daß er zu ihnen hinübergehen werde. Und ihnen die Wahrheit sagen werde. »Sie sollen wissen, in welcher Lage sie sich wirklich befinden«, meinte er. Er rief Meriam zu sich, beruhigte ihn ein wenig und fragte ihn, ob er mit ihm komme. Seiner Ansicht nach könnten sie auf jeden Fall die Brücke überqueren, da sie offensichtlich nach wie vor von Vater kontrolliert werde, und wenn sie sich beeilten und hinüberkämen, ehe es heller Tag wäre, könnten sie sich unbemerkt ins Rüstungsdepot schleichen und dem Alten und den Männern helfen, sich ihren Weg freizukämpfen.

Meriam willigte sofort ein. Coppoc hatte seinen inneren Zwiespalt gelöst. »Ich habe gewußt, daß es so kommen würde«, sagte er. »Ich habe es vorhergesehen, und nun bestimmt nur mehr der Wille des Herrn den Lauf der Dinge, nicht der meine. Es ist, wie es sein soll. Also muß ich mit dir gehen, Barclay.«

»Was ist mit dir, Owen?«

»Vater hat angeordnet, hier auf die Neger zu warten. Ihr beide solltet das gleiche tun. Er hat uns angewiesen, die Sklaven zu bewaffnen, falls sie herkommen, und später sollen wir uns in Cumberland mit ihm und den anderen treffen.«

»Nun, das hat sich ja wohl erledigt, oder? Widerrufe den Befehl des Alten, um Himmels willen! Du hast das Recht dazu. Hier oben hast du das Kommando.«

»Mein Vater will nicht, daß ich ihn rette«, erklärte ich.

»Mir scheint, das ist der *einzige* Befehl, den du befolgst. Als wir vorhin bei der Farm den Wagen beladen haben, konnte ich keinen Rauch aus dem Kamin riechen. Du hast die Papiere nicht verbrannt, wie er es dir aufgetragen hat, oder, Owen?«

»Dazu hätte ich mehr Zeit haben müssen. Es war viel mehr, als ich erwartet hatte, Bücher und so. Ich gehe später noch mal zurück und vernichte sie. Oder schaffe sie weg«, fügte ich hinzu.

»So, Owen Brown, dann ist es also vorbei. Und du hast das ganz allein fertiggebracht. Erstaunlich.« Müde, resigniert schüttelte Coppoc den Kopf. »Also, was ist jetzt, kommst du mit?«

»Nein.«

»Du wirst doch nicht etwa versuchen, uns aufzuhalten?« fragte er und richtete sein Gewehr auf mich.

»Meine Befehle lauten, die Stellung zu halten, außer er schickt jemanden nach uns. Und wenn ihr nach dem, was ich euch erzählt habe, da runtergeht, Barclay, stiftet ihr lediglich Uneinigkeit unter den Leuten«, entgegnete ich. »In diesem Punkt hatte Vater recht. Einer nach dem anderen wird sich davonstehlen und die Flucht ergreifen. Aber kein einziger wird lebend da rauskommen, wenn nicht jeder einzelne davon überzeugt ist, für mehr zu kämpfen als nur für sein Leben. Das sind tapfere Männer, Barclay, und sie haben nach wie vor eine Chance, aber diese Nachricht wird sie alle zu Feiglingen machen.«

»Du hörst dich an wie der Alte. Alles nur Theorie. Bist du soweit, Frank?«

Feierlich nickte Meriam, und langsam wichen sie von mir zurück; Coppoc hielt immer noch das Gewehr auf mich gerichtet, obwohl ich keineswegs die Absicht hatte, sie zum Bleiben zu zwingen. Es war zu spät. Sie taten jetzt bereits genau das, was, so befürchtete ich, auch die anderen tun würden: Sie ließen Vater im Stich und rannten um ihr Leben. Ich wußte, daß Coppoc und Meriam es nie bis in die Stadt schaffen würden; noch ehe sie die Brücke erreicht hätten, würde ihnen die Aussichtslosigkeit ihrer Lage klar werden, und sie würden in die Wälder Virginias verschwinden; irgendwann würde man sie dort aufspüren und erschießen oder auch an allen vieren fesseln und zum Tod durch den Strang verurteilen.

Über mir strich eine morgendliche Brise durch das Laub. Dann hörte ich, wie drunten die Lokomotive pfiff und Dampf abließ; ich drehte mich wieder um und sah zur Stadt hinunter. Langsam rollte der Zug aus dem Bahnhof und auf die Brücke. Eine Minute später tauchte er am anderen, diesseitigen Flußufer wieder auf, bog nach Osten und schlängelte sich durch das immer breitere Tal des Potomac, um dem ganzen Land die schreckliche, aufregende Nachricht von dem Negeraufstand zu überbringen, den der alte John Brown und seine Männer in dieser Oktobernacht in Harpers Ferry angezettelt hatten.

Inzwischen war es fast hell, und die hohen Eichen standen wie Schildwachen um mich herum. Lange Zeit rührte ich mich nicht von der Stelle, als wäre ich erstarrt. Ich war allein. So allein, wie ich es in meinem ganzen Leben noch nie gewesen war. Doch seltsamerweise – und gänzlich unerwartet – frei. Als hätte ich, nachdem ich ein Leben lang mit schweren stählernen Handschellen und Ketten an Vaters unbeugsamen Willen und die Notwendigkeit, immer an seiner Seite zu sein, gefesselt gewesen war, zugesehen, wie sie sich plötzlich öffneten, und hätte sie dann, fast beiläufig, zur Seite geschleudert.

Aber handelte ich von diesem Augenblick an wirklich als freier Mann? Ich kann es nicht sagen. Eines steht fest: Ich folgte nur mehr meinen Impulsen. Jetzt, da ich es niederschreibe, klingt es lächerlich, aber eine Weile nachdem Coppoc und Meriam gegangen waren, kletterte ich in das Geäst der höchsten Eiche auf dem Felsvorsprung, kletterte auf den höchsten Ast, der mein Gewicht noch sicher trug, und richtete mir, das Sharps-Gewehr auf dem Schoß, eine Art Krähennest ein, von dem aus ich die Straßen und Gebäude in Harpers Ferry gut überblicken konnte – angefangen bei der Gewehrfabrik am hinteren, südlichen Ende der Stadt, wo Kagi, Leary und Copeland vor einheimischen Schützen in Deckung gegangen waren, bis hin zur Maryland-Seite der B&O-Brücke, wo Oliver, Will Thompson und Dangerfield Newby postiert waren. Außerdem konnte ich den weiteren Verlauf des hohen Grats der Bolivar Heights bis zu der Stelle überblicken, wo die Straße vom Farmhaus der Kennedys aus dem Wald auftauchte und über den Kanal zum Treidelpfad führte. Und ich konnte direkt in den Hof des Rüstungsdepots schauen, wo Vater und die Mehrzahl seiner Mitstreiter hinter den hohen Wänden aus Eisenstangen und Pfosten aus behauenen Felsbrocken sowie im Spritzenhaus bei den Geiseln Stellung bezogen hatten.

Noch war da unten alles still und ruhig, doch dann sah ich von meinem Ausguck aus Vater mit einem Mann, den ich nicht erkannte, aus dem Spritzenhaus kommen; offenbar schickte er ihn vom Rüstungsdepot über den Platz zum Hotel. Nach einiger Zeit kam der Mann zurück und trug einen großen offenen Karton, in dem sich wahrscheinlich etwas zu essen befand: Frühstück für die Geiseln und auch die Angreifer, vermutete ich. Erneut herrschte eine Zeitlang Ruhe, bis ein wenig später das Trampeln und Lärmen von Männern und Pferden unter mir meine Aufmerksamkeit auf sich lenkte. Ein großer bewaffneter Trupp weißer Zivilisten unter der Flagge der berüchtigten Jefferson Guards ritt von Westen her den Treidelpfad entlang.

Bei einer Stelle auf der Eisenbahnbrücke nahe dem Maryland-Ufer erspähten sie Oliver, Will Thompson und Dangerfield Newby, saßen ab und eröffneten augenblicklich das Feuer auf sie. Die drei Männer gingen hinter dem Mauthäuschen in Deckung und erwiderten die Schüsse, doch die Salven der Milizionäre trieben sie immer weiter zur Brücke zurück; plötzlich stürzte Newby am Eingang tot zu Boden, niedergestreckt von einer Art Eisendorn oder Bolzen, der aus einer glattläufigen Flinte abgefeuert worden war und seinen Hals von einer Seite zur anderen durchbohrt hatte. Dangerfield Newby – der Mulatte, Sohn einer Sklavin und eines Schotten aus Fairfax County, Virginia – war vierundvierzig und nach Vater der Älteste des Überfallkommandos. Schon früh hatte er sich uns angeschlossen, und sein Hauptanliegen war es, seine Frau und Kinder zu befreien, die Sklaven eines Mannes in Warrenton, Virginia, waren. Er war hoch gewachsen, gut einen Meter neunzig, hellhäutig und eine prachtvolle Erscheinung. Ein melancholischer Mensch, ein guter Mensch und mein Freund. Und nun lag er tot da – der erste der Angreifer, der gefallen war –, während Oliver und Will Thompson in die Sicherheit des Spritzenhauses flohen.

Kurz darauf ritt eine andere Abteilung bewaffneter, von Uniformierten geführter Zivilisten, eine zweite Miliztruppe vermutlich, von Südwesten her entlang der Shenandoah Street in die Stadt; rasch sicherten sie die Shenandoah-Brücke und bezogen hinter dem Arsenal Stellung. Auf diese Weise hatten sie den Marktplatz und die Vorderseite des Fabrikhofes unter Kontrolle. In dieser Position versperrten sie und die an der Eisenbahnbrücke postierten Jefferson Guards Vater und seinen Männern die einzigen noch möglichen Fluchtwege. Und sie machten es Barclay Coppoc und Frank Meriam und jedem anderen unmöglich, sich von Maryland her in den Ort zu schleichen, um ihnen herauszuhelfen. Abgesehen von Kagi und seinen Männern draußen bei der Gewehrfabrik saßen Vater und seine vorläufige Armee mitsamt ihren Geiseln im Hof des Rüstungsdepots und im Spritzenhaus in der Falle.

Nach etwa einer Stunde tauchten zwei Männer – den einen, vermutlich eine Geisel, kannte ich nicht, der andere war Will Thompson, mein Schwager – aus dem Spritzenhaus auf; als Zeichen, daß sie verhandeln wollten, schwenkten sie eine weiße Fahne. Auf dem Platz und der Veranda des Hotels sowie auf dem Bahnsteig hatte sich eine mittlerweile kühner gewordene Menge bewaffneter Bürger der Stadt versammelt, und als sie die beiden Männer vom Spritzenhaus näher kommen sahen, fielen sie über sie her. Sie packten Will, schlugen ihn zusammen und zerrten ihn ins Hotel. Um den anderen machten sie ein großes Getue, schlugen ihm auf die Schultern und hielten ihm ihre Flaschen hin, damit er ebenfalls einen kräftigen Zug daraus nehmen konnte, denn viele von ihnen tranken inzwischen ungeniert.

Kurz darauf kamen mein Bruder Watson und der finster dreinblickende Aaron Stevens mit einem dritten Mann, vermutlich einer Geisel, aus dem Spritzenhaus und schritten mit einer weißen Fahne in den Händen die kopfsteingepflasterte Straße hinunter. Plötzlich wurde aus der Menge wie wild gefeuert; Watson stürzte zu Boden, Stevens stürzte zu Boden; beide bluteten im Gesicht und am Körper. Die Geisel rannte auf die Menge zu, doch Watson stemmte sich auf die Knie und schleppte sich trotz seines Bauchschusses zurück auf das Gelände des Rüstungsdepots in die Sicherheit des Spritzenhauses. Stevens lag da und krümmte sich vor Schmerzen; er war vier- oder fünfmal getroffen worden und nicht in der Lage aufzustehen, als plötzlich, es war ein seltsamer Anblick, eine der Geiseln aus dem Spritzenhaus kam, ihn aufhob und über den Platz ins Hotel schleppte. Kurz darauf kam derselbe Mann aus dem Hotel und kehrte zum Spritzenhaus zurück, doch diesmal aus freien Stücken. Ich vermutete daher, daß Vater nahe daran war aufzugeben, und sei es nur aus dem Grund, um Watson, der offenbar schwer verwundet war, ärztlich versorgen zu lassen.

Die Zeit verging, und die Menge vor dem Hotel, auf dem Bahnhof und auf dem Marktplatz wurde von Minute zu Minute größer, durch den Alkohol und die Wut immer mutiger und heiserer; plötzlich erspähte ich einen Mann, der aus dem rückwärtigen Fenster des Spritzenhauses in den Hof des Rüstungsdepots kletterte. Das war, wie mir schlagartig klar wurde, keine flüchtende Geisel, es war der junge Willie Leeman, unser hübscher wilder Junge aus

Maine, der vom vorderen Tor weg über den Hof weiter nach hinten robbte. Da er ziemlich schmächtig war – er war kaum zwanzig Jahre alt –, gelang es ihm, sich durch die Stangen der Einfriedung zu zwängen; dann rannte er über die Schienen und versuchte, den Potomac zu erreichen. Es überraschte mich nicht, daß er die anderen im Stich ließ. Willie hatte es nicht leicht gehabt – wir nannten ihn den armen Willie. Mit vierzehn war er zum Arbeiten in eine Schuhfabrik in Haverhill geschickt worden; mit siebzehn war er von dort ausgerissen, um sich Vaters Freiwilligen in Kansas anzuschließen. Es war schwer gewesen, ihn unter Kontrolle zu halten: ein einsamer, ungebildeter Junge, der gern einen trank und, wenn er betrunken war, jedem, der es hören wollte, seine Grundsätze ins Ohr brüllte.

Gerade als er den an dieser Stelle ziemlich seichten Fluß erreichte und hineinwatete, bemerkte ihn einer aus der Menge, und eine Horde Männer auf dem Bahnsteig nahm ihn unter Beschuß, während er verzweifelt versuchte, das Maryland-Ufer zu erreichen. Um ihn herum klatschten die Kugeln ins Wasser, und er schaffte es nicht mehr als fünfzehn Meter vom Ufer weg; dann wurde er getroffen. Da er nicht mehr weiterschwimmen konnte, kehrte er um, zog sich auf eine winzige Schlammbank hinauf und brach zusammen. Etliche Männer rannten die Schienen entlang und zum Ufer hinunter, und einer watete zu der kleinen Insel hinaus, auf der Willie lag und blutete; er setzte seinen Revolver dem Jungen an den Kopf und drückte ab. Dann kehrte er zu seinen Kameraden zurück, und sie alle rannten zum Bahnsteig zurück und schlossen sich dort wieder der Menge an; nun benutzten sie Willies Leiche als Zielscheibe und feuerten unablässig auf ihn, als wäre er ein Sack voll nassen Korns.

Gegen Mittag waren also Will Leeman, der jüngste, und Dangerfield Newby, der älteste der an dem Überfall beteiligten Männer tot. Im Spritzenhaus und im Hotel gegenüber lagen – möglicherweise tödlich – verwundet mein Bruder Watson und Aaron Stevens; mein Schwager Will Thompson, den man brutal niedergeschlagen hatte, wurde im Hotel von Bewaffneten bewacht. Barclay Coppoc und Frank Meriam waren mittlerweile, dessen war ich mir sicher, in die Wälder geflohen; gut möglich, daß auch schon andere dort waren, die Vater im Stich gelassen hatten, um sich selber zu retten – John Cook, der schlau war und die Straßen und Gassen der Stadt besser kannte als sonst irgendeiner von uns und der unter den Stadtbewohnern Freunde und sogar Angehörige hatte, war einer davon, Charlie Tidd ein weiterer. Den ganzen Vormittag über hatte ich keinen der beiden gesehen, ebensowenig Albert Hazlett und Osborn Anderson, die allein im Arsenal postiert worden waren. Das kleine Backsteingebäude in der Shenandoah Street lag nahe beim Marktplatz, und die Milizionäre, die an den Türen Wachen aufgestellt hatten, verhielten sich inzwischen so, als hätten sie es zurückerobert.

Irgendwann bemerkte ich einen Burschen, der ungeniert vor aller Augen auf der an das Depotgelände grenzenden Laderampe dahinspazierte; als er sich dem Spritzenhaus näherte, ließ er sich auf ein Knie nieder und spähte um die Ecke des Wasserturms, und zwar von einem Winkel aus, daß er ohne weiteres auf das Spritzenhaus hätte schießen können; er schien jedoch unbewaffnet zu sein. Wie auch immer, als die Tür aufging und ich Edwin Coppoc und meinen Bruder Oliver dort stehen sah, befürchtete ich, der Mann auf der Rampe würde sie niederschießen, denn sie standen ungedeckt und nichtsahnend da. Doch nein, Coppoc sah den Burschen, hob das Gewehr und schoß auf ihn; wie ein Stein fiel er zu Boden. In dem Augenblick tauchte ein zweiter Mann auf, der dem ersten in ein paar Metern Abstand gefolgt war, schoß sofort auf das Spritzenhaus und traf Oliver mitten in die Brust; rücklings fiel dieser in das Gebäude.

Daß Coppoc einen offenbar Unbewaffneten erschossen hatte, schien die trunkene Wut der Menge noch zu schüren. Nach wenigen Minuten zerrten sie ihren Gefangenen Will Thompson aus dem Hotel und prügelten schreiend auf ihn ein. Am Anfang der Eisenbahnbrücke ließen sie ihn los, traten ein paar Schritte zurück und schossen wie wild auf ihn; anschließend stießen sie die Leiche in den Fluß. Die Strömung trieb ihn in ein Dickicht aus Treibholz, in dem er sich verfing. Wie sie es schon bei Will Leeman getan hatten, benutzten die Bürger der Stadt jetzt die Leiche meines Schwagers als Zielscheibe.

Am frühen Nachmittag bemerkte ich eine ziemlich große Gruppe mit Gewehren bewaffneter Bürger, die sich vom Mob absetzte und in geordneter Formation die Shenandoah Street zur Gewehrfabrik hinaufmarschierte, wo Kagi, Lewis Leary und John Copeland die Miliz offenbar immer noch erfolgreich in Schach hielten – dank des tiefen, sechs Meter breiten Kanals zwischen der Insel und dem Festland, in dem das Wasser schnell dahinströmte. Vom Ufer führte eine Fußgängerbrücke auf die Insel, doch die Mauern der Fabrik reichten wie bei einem Burggraben bis ans Wasser. Bis jetzt hatten die Milizionäre gezögert, sie zu stürmen, und sich damit begnügt, die drei Besetzer zu belagern. Jetzt aber bestrichen sie, durch das Eintreffen einer Menge schwerbewaffneter Bürger ermutigt, die Fenster der Fabrik mit anhaltendem Sperrfeuer; gleichzeitig rannten etliche Männer mit einer Ramme gegen das Holztor an und drückten es schließlich ein. Und jetzt strömte die gesamte Streitmacht aus Miliz und Bürgern in die Fabrik.

Von meinem Ausguck hoch über dem jenseitigen Ufer beobachtete ich, wie etwa hundert Meter flußabwärts drei Gestalten – ein Weißer, in dem ich Kagi erkannte, und zwei Neger, Leary und Copeland – aus einem der großen Fenster kletterten, die auf den Fluß gingen. Über dem brodelnden Wasser hingen sie am Fenstersims, ehe sie sich ins Wasser fallen ließen. Binnen weniger Sekunden feuerten fünfzig Schützen aus den Fenstern der oberen Stockwerke auf sie und töteten Kagi, der fast auf der Stelle unterging; Lewis Leary trafen sie mehrmals, jedoch nicht sogleich tödlich, denn es gelang ihm, sich ein Stück stromabwärts ans Ufer zurückzukämpfen, wo er hinkend und blutend von einer Abordnung der Miliz in Gewahrsam genommen wurde. Copeland schaffte es bis zu einem großen, flachen Felsen in der Mitte des Flusses, wo er sogleich von einigen am anderen Ufer postierten Milizionären der Jefferson Guards entdeckt wurde, die auf ihn zu schießen begannen. Hoffnungslos ins Kreuzfeuer geraten, hob er die Hände, und ein paar Minuten darauf ruderten zwei Burschen hinüber, nahmen ihn gefangen und ersparten ihm so das Schicksal Willie Leemans und Will Thompsons; ihm war ein anderes bestimmt.

Bis etwa drei Uhr nachmittags blieb es etwas ruhiger; dann fuhr ein Zug der B & O von Westen her ein und hielt auf einem Rangiergleis am oberen Ende des Rüstungsdepots in sicherer Entfernung vom Spritzenhaus. Aus den Passagierwaggons stiegen mehrere Dutzend ziviler Schützen, stellten sich unverzüglich in Angriffsformation auf und näherten sich dem Spritzenhaus von der Rückseite her. Sie hatten Sturmleitern mitgebracht, stiegen ohne weitere Schwierigkeiten über den Zaun und hatten das Gelände bereits zur Hälfte überquert, ehe Vater und die Jungen auf sie aufmerksam wurden und aus den Fenstern sowie der einen Spaltbreit geöffneten Tür des Spritzenhauses das Feuer auf sie eröffneten. An dieser Stelle und zu diesem Zeitpunkt hätten die Verteidiger der Stadt den Überfall beenden können, doch keine der beiden anderen Milizkompanien kam auf die Idee, durch das ungeschützte vordere Tor das Spritzenhaus zu stürmen; daher gelang es Vater und den ihm verbliebenen Männern trotz etlicher schwerer Verwundungen binnen ungefähr zehn Minuten, die erste Kompanie vom Gelände des Rüstungsdepots und über den Zaun zurückzutreiben.

Als es allmählich dämmerte, etwa gegen vier Uhr nachmittags, trafen weitere Berittene in der Stadt ein, diesmal uniformierte Soldaten und Offiziere – ich zählte fünf Kompanien der Maryland Volunteers sowie einige zusätzliche Milizen aus nahe gelegenen Städten wie Hamtrack und Shepherdstown: Hunderte erboster, verängstigter und bewaffneter weißer Südstaatler, die zu Pferd, zu Fuß oder mit dem Zug herbeiströmten, bis sich auf dem Marktplatz und vielen Hauptstraßen Bundessoldaten, Schützen mit Zylindern auf dem Kopf und Scharfschützen in Wildlederhosen drängten, außerdem aufgeregte, mit Pistolen bewaffnete schmalbrüstige Jungen, Landstreicher und Trunkenbolde sowie Männer und Frauen, die zechten, in die Luft schossen und untereinander Raufereien anfingen; inmitten der Menge schwenkte hin und wieder ein Offizier der US-Army seinen Säbel und versuchte vergeblich, Ruhe und Ordnung wiederherzustellen und seine Männer zu biwakieren.

Abgesehen von dem Geruch des Todes, der über dem kleinen, abgeriegelten Gebäude in der Mitte lag, bot sich dem Auge eine Karnevalsszene – chaotisch, sinnenfeudig und gewalttätig, von Fakkeln und einem Freudenfeuer beleuchtet; irgend jemand spielte sogar auf seiner Fiedel, und betrunkene Tänzer taumelten auf der Veranda des Hotels hin und her. Straßenhändler boten Essen und Whiskey feil; Munitionswagen und Pferdefuhrwerke verstopften die Straßen und gruben tiefe Karrenspuren quer durch Vorgärten; ein verschrecktes reiterloses Pferd galoppierte eine Seitenstraße hinunter und ließ die Leute in alle Richtungen davonstieben, und drunten am Fluß dienten die Leichen meiner Kameraden noch immer etlichen Jungen als Zielscheiben.

Die auf den weißen Oktoberhimmel hingetupften Wolken waren mit Gold überhaucht, und im Osten tauchten zinnfarbene Streifen auf, als die Regenwolken sich auflösten und zerstreuten; rasch glitt die Herbstsonne auf den dunkel verschatteten, bewaldeten Horizont hinter mir zu. Unvermittelt war es kalt geworden, doch der felsige Steilhang, auf dem ich mich noch immer an die obersten Äste der höchsten Eiche klammerte, war nach wie vor in helles Tageslicht getaucht. Unten in der Schlucht hingegen, wo die beiden Flüsse zusammenströmten, versank die Stadt allmählich im Dunkel. Ich konnte fast nichts mehr von dem erkennen, was ich sehen wollte, als ich am Morgen auf den Baum geklettert war; doch nicht einmal jetzt, so viele Stunden später, konnte ich mich von dem Anblick losreißen, auch wenn es ein grauenhafter war – meine Brüder und Freunde in ihrem letzten Gefecht gegen die Sklaverei, und natürlich mein Vater, Vater Abraham, der seinem Gott sein schreckliches letztes Opfer darbrachte.

Schließlich konnte ich nur noch Lichter erkennen – hinter den Fensterscheiben der Häuser und in den öffentlichen Gebäuden flackerten Lampen auf; die tanzenden Flammen von Fackeln und Freudenfeuern warfen dunkle, schwankende Schatten auf die kopfsteingepflasterten Straßen und die Backsteinwände der Gebäude. Gelegentlich war das Knattern von Gewehrschüssen zu hören, aber es schien eher zufällig, fast wie Freudenschüsse, nicht wie anhaltender Kampflärm. Eine erregte, erwartungsvolle Stimmung hatte sich dort unten breitgemacht, ein fast hysterisches Innehalten, wie vor der öffentlichen Hinrichtung eines berüchtigten Verbrechers. Auf meinem Hochsitz im dürren Geäst des Baumes verlagerte ich mein Gewicht, und in dem Augenblick hörte ich in der Dunkelheit von unten das Krachen eines Schusses; dann sirrte die Kugel durch das Laub knapp an meiner Wange vorbei. Anschließend bellte noch einmal ein Gewehr auf, diesmal ein Vorderlader. Ich hörte die Kugel ein paar Fuß über mir einen Zweig zersplittern; gelbe Blätter flatterten mir um den Kopf und rieselten zu Boden. Hier oben war ich vom letzten Tageslicht umflutet, und so hatten die Soldaten und Bürger, die in der Dunkelheit unter mir standen, mich letztlich doch entdeckt. Ein dritter Schuß traf weit daneben, aber ich hörte die Kugel durch das Laub eines Baumes ganz in der Nähe zischen und sah die Blätter auf die Erde hinuntertanzen. Eine vierte Kugel klatschte unmittelbar unter meinem Fuß auf den Stamm, und panisch begann ich hinunterzuklettern; das war alles andere als einfach, mit meinem Gewehr, das mir jetzt nichts mehr nützte, und dem verkrüppelten Arm. Ich muß aus dem Licht raus, das war mein einziger Gedanke. Nur ein kleines Stückchen weiter hinunter, und auch ich tauche ins Dunkel und werde unsichtbar. Ich ließ mein Gewehr fallen, hörte, wie es auf dem Boden aufschlug, und tastete mich zum nächstniedrigen Ast hinunter. Jetzt feuerte eine ganze Meute von Schützen auf mich. Kugeln pfiffen durch das Blattwerk und prasselten auf den Stamm, zerschmetterten Äste und ließen Splitter, Zweige und Blätter durch die Luft wirbeln: Mir wurde klar, ich war Freiwild, ein Bär, den sie auf den Baum getrieben hatten, mitleiderregend plump und schwerfällig, völlig unfähig, sich zu verbergen, unfähig zu fliehen, doch immer noch am Leben und darum kämpfend, am Leben zu bleiben. Und so bedeutete es immer noch ein Vergnügen, ihn zu töten. Wie ein Bär hatte ich mich auf die obersten Zweige des höchsten

Baumes im Wald geflüchtet, nicht, wie ich geglaubt hatte, um meinen Feind besser im Blickfeld zu haben, sondern voller Schrecken, wie im Delirium und in der aberwitzigen Hoffnung, man würde mich dort nicht erspähen.

Mit dem linken Arm klammerte ich mich an einen dünnen Ast über mir; mit der rechten Hand griff ich unter mich, um einen kräftigeren Zweig zu fassen zu bekommen. Dann ließ ich mich fallen, tastete ein paar Sekunden lang mit den Füßen durch die Luft, um einen Halt zu finden; ein paar Sekunden hing mein ganzer Körper nur an dem verkrüppelten Arm, diesem Fluch aus meiner Kindheit – nie hatte er mich mehr erbost und gedemütigt als in diesem Augenblick! Plötzlich folgte lang anhaltendes Sperrfeuer aus der Stadt, eine dröhnende Salve; um mich herum explodierten Geschosse und Kugeln, rissen Äste weg und überschütteten mich mit abgerissenen Blättern. Jetzt bin ich ein toter Mann, dachte ich, im nächsten Augenblick werden sie mich umbringen – da gab der Ast nach, um den sich mein verkümmerter Arm krümmte. Jemand hatte ihn durchschossen; er löste sich vom Stamm, noch immer in meine Armbeuge geklemmt, und ich stürzte, prallte gegen die Äste, riß mit der freien Hand Blätter mit mir – ein langer, lärmender Fall in die Dunkelheit und Sicherheit und das Schweigen des Waldes.

Ich bin gestürzt, hier in meiner Hütte, und habe damit, zweifellos aufgrund meines Berichtes, meinen damaligen Sturz nachvollzogen; nun sehe ich mir selber von außen und oben her zu, ebenso erstaunt und losgelöst wie in jener Oktobernacht auf den Bolivar Heights und wie vor so vielen Jahren in der Negerkirche in Boston und wie damals, vor langer Zeit, als ich meinen Brüdern über das steil abfallende Dach nach draußen folgte und auf den Steinstufen zum Gemüsekeller aufschlug, dadurch ihren Sabbatausflug verriet und meinen Arm auf immer zerschmetterte. Mir ist, als hätte eine riesige unsichtbare Hand über mir mich hinuntergestoßen oder als hätte ich seit meiner Kindheit ein unerträgliches Gewicht mit mir herumgeschleppt, das mich nun schließlich zu Boden geworfen hat.

Quälend langsam schreibe ich inzwischen diese Worte. Ich weiß, ich bin kaum mehr fähig, meine Geschichte zu Ende zu schreiben, diese Geschichte, die letztendlich nicht allein meine, sondern auch die von Vater ist. Ich hatte gehofft, Ihnen seine Geschichte zu erzählen; die andere, meine, die darunterliegt, wollte ich eigentlich nur Vater selbst und meinen Brüdern und Kameraden berichten, jenen Geistern, die im Schatten des Berges, des Wolkenspalters, stehen, den Männern, deren sterbliche Überreste unter dem großen grauen Stein in North Elba begraben liegen.

Ich sage Ihnen das, damit Sie, wenn Sie eines Tages diese Seiten lesen, wissen, daß ich endlich dorthin gegangen bin, wohin ich schon immer wollte, denn heute morgen, nachdem ich gestürzt war, gelang es mir in der Dunkelheit, über den Fußboden, auf dem sich alles mögliche angesammelt hatte, zum Tisch zu kriechen und dort nach meinem alten Revolver zu tasten; kalt und schwer wie eine eiserne Bratpfanne lag er unter einem Bündel loser Papiere, wo ich ihn – wie lange ist das her? Wochen? Monate? Ein Jahr? – hingelegt hatte. Aber das spielt keine Rolle: Die Zeit, eine chronologische Abfolge existieren nicht mehr für mich. Endlich werde ich zu meinem eigenen Geist.

Vater glaubte, das Universum sei ein gewaltiges, in strahlendes Licht getauchtes Uhrwerk. Doch das ist es nicht. Es ist ein endloses Meer der Finsternis, das unter einem düsteren Himmel wogt, und dazwischen steigen wir, vereinzelte Lichtpünktchen, fortwährend auf und gehen wieder unter. Mit unerklärlicher, beschämender Leichtigkeit schweben wir zwischen Meer und Himmel auf und ab, als gäbe es kein Firmament zwischen den Firmamenten, kein Oben und Unten, kein Hier und Dort, kein Jetzt und Damals, nur die schwachen Gewohnheiten der Sprache, unsere gekünstelten Grundsätze und unsere Liebe für das Licht des jeweils anderen, damit unser eigenes Licht nicht verlösch. Läßt man eines von ihnen ausgehen, lösen wir uns in der Finsternis auf wie Salz im Wasser. Den Großteil meines Lebens, zumindest und mit Gewißheit aber seit jenem Oktobertag, als ich mich bei Harpers Ferry aus dem Staub machte, war ich ein stetig schwindendes Licht – bis zu dem Tag, an dem ich diesen Bericht niederzuschreiben begann, bis zu dem Tag, an dem mein Licht auflodert wie nie zuvor. Und seither leuchtet es unaufhörlich gegen die Nacht an.

Doch nun bleibt nicht mehr viel zu erzählen, beinahe nichts, und bald werde ich erfahren, ob all das vergebens war, ob dieses Schweifen zwischen den Firmamenten nichts weiter war als der Todessturz eines verglimmenden Kohlestückchens in die dunkel wirbelnden Wasser der Tiefe. Wenn ich das wenige, das noch zu berichten ist, erzählt habe und bis dahin nicht gestorben bin, wenn ich dann noch über die körperliche Kraft verfüge, werde ich einfach den Stift hinlegen und meinen Revolver nehmen; ich werde mich seiner bedienen, um mich an die Seite meines Vaters zu gesellen, wo ich von Rechts wegen immer hingehörte. Falls ich nicht neben ihm liegen, mein Geist nicht neben seinem ruhen kann, so bedeutet das nur, daß mein Licht in jener so lange zurückliegenden Nacht bei Harpers Ferry erloschen und dieser Bericht nichts als ein bedeutungsloser, glimmender Lichtschein war, eher die Erinnerung des Lichtes und nicht das Licht selbst. Und es wird ohne Belang sein.

Hier, Miss Mayo, ist alles, was mir noch zu erzählen bleibt:

Ich nahm Pferd und Wagen und kehrte vom Schulhaus zur Kennedy-Farm zurück. Dort lenkte ich den Wagen hinter das Haus, wo man ihn von der Straße aus nicht sehen konnte, und ging geradewegs zum Schuppen, wo ich in der Dunkelheit das halbe Dutzend Kisten betastete, die Vater und die Jungen vor ihrem Aufbruch ausgeräumt hatten, als sie die Waffen für die Sklaven auf den Wagen luden. Die meisten Kisten hatten sie aufgebrochen, und es dauerte eine Weile, bis ich eine fand, die ganz war und noch einen Deckel hatte: eine der Kisten, in denen die langen Spieße aufbewahrt gewesen waren, die Stecken mit den daran befestigten Messern, die nach Vaters Vorstellung die Sklavenhalter in Angst und Schrecken versetzen sollten. Die Kiste war solide aus Kiefernholz gezimmert und groß genug für meine Zwecke. Ich trug sie also in die Küche und stellte sie neben den Herd. Dann füllte ich sie nach und nach mit dem riesigen Berg von Papieren und Büchern, die unberührt auf dem Boden lagen, an der Stelle, wo ich sie in der Nacht zuvor zurückgelassen hatte.

Als ich meine Aufgabe halb zu Ende geführt hatte, hörte ich, wie ein Reitertrupp sich aus Richtung Harpers Ferry näherte und vor dem Haus anhielt. »Hallo!« rief einer der Reiter, »ist da jemand?«

Hastig legte ich den Deckel auf die halbgefüllte Kiste, hob sie hoch und trug sie durch die Hintertür der Küche hinaus; dort legte ich sie leise und so vorsichtig, als wäre sie ein Kindersarg, in den Wagenkasten, kletterte auf den Kutschbock und blieb dort abwartend sitzen.

Einige Minuten war alles ruhig. Dann hörte ich das Trampeln von Stiefeln auf dem Vorbau, und jemand klopfte an die Tür. »Sieht so aus, als sei keiner zu Hause, Captain!« rief er über die Schulter.

»Macht auch nichts«, kam die Antwort. »Das meiste von dem, was wir haben wollten, haben wir uns ohnehin schon aus dem Schulhaus geholt.« Kurz darauf hörte ich sie abziehen.

Lange saß ich reglos da, bis das Pferd sich unvermittelt rührte und mir so zu verstehen gab, daß es auf mein Kommando zum Losfahren wartete. Aber ich hatte keinen Plan, konnte kaum einen Gedanken fassen. Mein ganzes Leben hatte ich mich nach Vaters Plänen gerichtet, hatte seine Gedanken gedacht. Und in diesem Augenblick, als ich, die Zügel in der Hand, auf dem Wagen saß und mein Pferd ungeduldig darauf wartete, lostraben zu können, wußte ich nicht, was ich tun oder denken sollte.

Ich hatte starke Schmerzen, denn bei dem Sturz hatte ich mich ziemlich arg verletzt und mir etliche blaue Flecken geholt; meine Kleidung war zerrissen. Ich war nur leicht bewaffnet – zwar hatte ich noch meinen Revolver, aber kein Gewehr mehr. Nachdem ich es von meinem Ausguck auf dem Baum hinuntergeworfen hatte, war es mir in der Dunkelheit nicht gelungen, es wiederzufinden. Und ich hatte weder etwas zu essen noch irgendwelche Vorräte, noch Geld. Aber ich war allein. Allein und frei. Da draußen lag der ganze Kontinent vor mir. Ich war ein Mann, ein Weißer, und ich konnte überallhin gehen, wo man mich nicht kannte, und ein neuer

Mensch werden: ein Amerikaner ohne Geschichte, der auch keine Geschichten zu erzählen hat. Damals und noch viele Jahre danach glaubte ich das.

Wenn ich also einen Plan hatte, dann war es dieser. Wenn ich einen Gedanken hatte, dann diesen.

Ich trieb Adelphi mit einem Schnalzen an und lenkte ihn auf der Straße nach links, weg von Harpers Ferry, Richtung Westen. Vor mir zog sich die schmale Landstraße zwischen niedrigen Staketenzäunen zum Wald hin; ich erinnere mich an das Geräusch, wie die lange Kiste aus Kiefernholz schwer auf den Wagenboden schlug, als die Räder über die unebene Straße holperten. Es hatte aufgeklart, und direkt über mir erstrahlte eine Lichterkette aus Sternen; im Osten war ein heller Viertelmond aufgegangen. In seinem Licht zeichneten sich die Bäume nur noch als blauschwarze Silhouetten ab, und die Felder sahen aus, als wären sie mit pulvrigem Schnee bestäubt.

Bemerkung des Autors

Dies ist eine erfundene Geschichte. Zwar tauchen einige der hier geschilderten Gestalten und Vorfälle in den Berichten über das Leben und die Zeit John Browns, des berühmten Abolitionisten, auf, doch sie sind umgestaltet und in ein neues Beziehungsgeflecht eingebunden, einzig und allein den Erfordernissen des Erzählens untergeordnet. Trotz ihrer Ähnlichkeit mit Personen, die tatsächlich gelebt haben, und den Ereignissen jener Zeit sind sie meiner Phantasie entsprungen. Dementsprechend sollte man dieses Buch ausschließlich als einen Roman, nicht als eine Darstellung oder Interpretation geschichtlicher Vorfälle lesen.

Dennoch möchte ich dankbar die Hilfe und die Anregungen durch Oswald Garrison Villards maßgebliches Werk *John Brown: A Biography Fifty Years After* (Boston, 1910), Richard Boyers *The Legend of John Brown* (New York, 1973) sowie Stephen Oates' *To Purge this Land with Blood* (Amherst, Mass., 1984) anerkennen. Es handelt sich um herausragende, tiefschürfende Werke biographischer Geschichtsschreibung. Doch dieses Buch ist, um es noch einmal zu betonen, ein Roman.

Darüber hinaus möchte ich den vielen Menschen danken, die mir so großzügig Informationen geliefert, mir geholfen und mich ermutigt haben, darunter: Edwin Cotter, Verwalter der John Brown Farm und der dazugehörigen Grabstätte in North Elba, N. Y., Michael S. Harper, Thomas Hughes, Paul Matthews, Chuck Wachtel, Cornel West, C. K. Williams; Freunden und Kollegen in den Fachbereichen Creative Writing und African American Studies an der Princeton University, Ellen Levine von der Ellen Levine Literary Agency und insbesondere Robert Jones vom Verlag Harper Collins.

Anhang
Anmerkungen der Übersetzerin

Kapitel 1:

Concord: Stadt im County Middlesex, östlich von Massachusetts, wo die ersten Scharmützel des amerikanischen Bürgerkrieges stattfanden, die Ralph Waldo Emerson in seiner »Concord Hymn« verewigte.

Underground Railroad: In den Jahren vor Ausbruch des Bürgerkrieges geheimes System, um Sklaven aus dem Süden bei der Flucht in den Norden und weiter nach Kanada zu helfen. Zwischen dem Fluß Ohio und den Großen Seen gab es verschiedene Routen und entlang diesen zahlreiche Einzelstationen, meist Privathäuser, in denen die Sklaven versteckt und dann im Schutz der Dunkelheit zum nächsten verläßlichen Posten innerhalb des geheimen Netzwerks gebracht wurden. Diese Fluchthilfe wurde 1850 in den Fugitive Slave Laws unter Strafe gestellt. Schätzungsweise 75 000 Sklaven gelang auf diese Weise die Flucht; etwa 3000 Weiße waren als Helfer beteiligt.

Fort Sumter: Kurz vor Ausbruch der bewaffneten Auseinandersetzungen ging im unionstreuen Fort Sumter der Proviant zu Ende. Der Versuch, die Besatzung zu versorgen, wurde von den Konföderierten vereitelt. Dies markierte den Beginn des Bürgerkrieges.

Shiloh: Der Kampf bei der Kirche in Shiloh im Februar 1862 wuchs sich zu einem wilden Gemetzel aus, dem fast 25 000 Soldaten zum Opfer fielen. Trotz größerer Verluste behaupteten die Uniontruppen das Feld.

Gettysburg: Schauplatz der größten Schlacht des Bürgerkrieges vom 1. bis 3. Juli 1863.

Vicksburg: Schauplatz einer entscheidenden Niederlage der Konföderierten im Frühsommer 1863.

Im *Appomattox Courthouse* kapitulierten am 9. April 1865 die Konföderierten.

Lake Champlain: Da die Grenze zwischen den Vereinigten Staaten und Kanada teilweise durch diesen See verlief, war er für die Underground Railroad (und anschließend auch im Bürgerkrieg) von großer strategischer Bedeutung.

Kapitel 2:

Western Reserve: Die Gegend, die ursprünglich bei Connecticut verblieben war, nachdem dieses das übrige Land im Westen 1786 an die Vereinigten Staaten abgetreten hatte; seit 1795 hatten sich dort viele Siedler niedergelassen, die während der Revolution vor den Briten geflohen waren; 1800 war es endgültig in das neu verfaßte Ohio eingegliedert worden.

Bill of Rights: Die 1791 in Kraft getretenen ersten zehn Zusatzartikel zur amerikanischen Verfassung von 1782.

Goldene Regel: Seit dem 16. Jahrhundert nachweisbare Bezeichnung für die Grundregel rechten Handelns, insbesondere deren biblische Formulierung: »Alles, was ihr wollt, daß euch die Leute tun, das tut auch ihnen.« (Matthäus 7,12).

Territory: Übergangsform zum gleichberechtigten Bundesstaat.

Die *Kongregationalisten* waren eine protestantische Sekte, die sich gegen Ende der englischen Reformation herausgebildet hatte und im New England der Kolonialzeit und des 19. Jahrhunderts vorherrschend wurde. Die einzelnen Gemeinden waren autonom. Der Kongregationalismus entstand in unmittelbarer Nachfolge des Calvinismus, war jedoch von Anfang an von einer Art Wissensdurst durchdrungen, der zur Gründung von Lehranstalten wie den Universitäten von Harvard und Yale führte und fortschrittlichem Denken gegenüber äußerst aufgeschlossen war. 1957 schloß sich die Glaubensrichtung mit der evangelischen und der reformierten Kirche zu der Vereinten Kirche Christi zusammen, der mehr als zwei Millionen Gläubige angehören.

William Lloyd Garrison (1805–1879): Einer der bedeutendsten amerikanischen Abolitionisten, führte vor allem in seiner Zeitschrift *Liberator* einen unnachgiebigen moralischen Kreuzzug gegen die Sklaverei; später wandte er sich auch anderen Reformprojekten zu (beispielsweise setzte er sich für die Rechte der Indianer ein).

Sachem: (Bundes-)Häuptling, Mitglied des Rates des Irokesenbundes.

Nat Turner: Sklave und Prediger, der den Aufstand von Southhampton anführte und dafür am 11. November 1831 in Jerusalem, Virginia, hingerichtet wurde.

Toussaint L'Ouverture (1749-1803): Haitianischer General; einer der Anführer des Sklavenaufstands, der schließlich zur Unabhängigkeit Haitis (am 1. Januar 1804) führte.

Kapitel 3:

Alleghenies: Früher Bezeichnung für die gesamten Appalachen; heute deren stark bewaldeter westlicher Teil, der von den Catskill Mountains im Norden bis südwärts nach West Virginia reicht.

Frederick Douglass: Der Abolitionist, Redner und Journalist Frederick Augustus Washington Bailey (1827?-1895), Sohn einer schwarzen Sklavin, zu deren Vorfahren auch Indianer zählten, und eines unbekannten Weißen, nahm nach seiner Flucht aus der Sklaverei den Namen Frederick Douglass an.

Samuel Gridley Howe (1801-1876): Amerikanischer Philanthrop, der sich vor allem dafür einsetzte, Blinden eine Ausbildung zu ermöglichen, sich jedoch auch in anderen Bereichen humanitär engagierte. Zusammen mit seiner Frau Julia Ward war er aktives Mitglied der Abolitionistenbewegung und unterstützte John Brown in seinem Kampf gegen die Sklaverei.

Franklin Benjamin Sanborn (1831-1917): Sozial engagierter amerikanischer Journalist und Schriftsteller; prominenter Angehöriger des Free Soil Movement und enger Freund John Browns, dessen Biographie er veröffentlichte. Er unterstützte ihn auch bei seinem Sturm auf Harpers Ferry, nachdem er sich anfangs vergeblich dem Vorhaben widersetzt hatte.

Ticonderoga: Dorf im nordöstlichen New York, 100 Kilometer nördlich von Albany. In den kriegerischen Auseinandersetzungen des 18. Jahrhunderts zwischen Indianern, Franzosen, Engländern und Amerikanern von großer strategischer Bedeutung.

Benjamin Rush (1745–1813): Von seiner Ausbildung her Arzt, patriotisch gesinnt und sozial engagiert, setzte sich für die Abschaffung der Sklaverei ein; Mitbegründer der Pennsylvania Society for Promoting the Abolition of Slavery. Einer der Unterzeichner der Unabhängigkeitserklärung.

Kapitel 4:

Copperheads: Unionsangehörige, die während des Bürgerkrieges mit den Südstaaten sympathisierten.

Odd Fellows: Ursprünglich in England, 1819 dann auch in Amerika für wohltätige Zwecke gegründete Geheime Bruderschaft.

Sons of Temperance: Im 19. Jahrhundert begründete Bewegung, die zur völligen Abstinenz von allen alkoholischen Getränken aufrief; ihren größten Erfolg verbuchte sie mit dem Prohibitionsgesetz; zwar wurde dieses 1933 aufgehoben, doch die Bewegung blieb weiterhin aktiv.

William Darrah Kelley (1814–1890): Amerikanischer Jurist, entschiedener Gegner der Sklaverei. Als Mitbegründer der Republikanischen Partei (1854) und Kongreßabgeordneter setzte er sich insbesondere für die Abschaffung der Sklavenhaltung und das Stimmrecht für Freigelassene ein.

Henry Highland Garnet (1815–1888): Als Sklave geborener presbyterianischer Geistlicher und Abolitionist, der der amerikanischen Anti-Slavery Society angehörte; er zog internationale Aufmerksamkeit auf sich, als er 1843 anläßlich des Nationalkongresses Farbiger Amerikaner die amerikanischen Schwarzen zur Rebellion gegen ihre Herren aufrief.

Kapitel 5:

Gerrit Smith (1797–1874): Amerikanischer Philantrop, Reformer und Staatsmann; überzeugter Abolitionist, der im Jahre 1846 3000 Landparzellen im Norden weißen und schwarzen Armen schenkte. Die Kolonisierung des Nordens durch Schwarze erwies sich als Fehlschlag, da das Land sich nicht für Ackerbau eignete, andererseits die Schwarzen noch nicht in der Lage waren, selbständig Land zu bewirtschaften.

Die Verlorenen Stämme: Die zehn Stämme des Königreichs Israel, die 722 v. Chr. in assyrische Gefangenschaft verschleppt wurden (2. Kön. 8,6.).

Kapitel 6:

Harriet Tubman (ca. 1821–1913): Vorkämpferin der abolitionistischen Bewegung, die als Sklavin geboren und zur Heirat mit einem anderen Sklaven gezwungen wurde. 1849 flüchtete sie in den Norden und half anschließend unter beträchtlichen persönlichen Risiken schätzungsweise dreihundert anderen Entflohenen, unter anderen ihren Eltern (1857), über die Underground Railroad nach Norden zu gelangen.

Richard Henry Dana (1815–1882): Erfolgreicher amerikanischer Schriftsteller, der als Klassiker der amerikanischen Literatur gilt und Herman Melville sowie Joseph Conrad beeinflußte. Unterstützte als Anwalt die Bewegung zur Abschaffung der Sklaverei.

Willard Leroy Metcalf (1853–1925): Amerikanischer Landschaftsmaler und Porträtist, der sich zudem als Naturforscher betätigte (teilweise im Auftrag des Smithsonian Institute). Vor allem seine Bilder von Gegenden in Vermont und New Hampshire wurden allseits gerühmt.

Kapitel 7:

Gilead: In der religiösen Vorstellungswelt der Schwarzengemeinden war Gilead eine Art Gelobtes Land; im Alten Testament bezeichnete es, als Galaad, zunächst ein engbegrenztes Siedlungsgebiet ostjordanischer israelischer Sippen, später das gesamte Ostjordanland.

Kapitel 9:

Ralph Waldo Emerson (1803–1882): Amerikanischer Philosoph und Dichter; aufgewachsen in der Tradition des Unitarismus, wurde er zum

Hauptvertreter des Transzendentalismus: Im Mittelpunkt seines Denkens stand der Begriff des Geistes als des einzig Wirklichen. Sein idealistisch-romantisierender Ansatz führte im ethischen Bereich zur Forderung nach menschlicher Selbstverwirklichung in innerer und äußerer Eigenständigkeit, eine Maxime, für deren Durchsetzung er sich im Rahmen des Gesellschaftlich-Nationalen aktiv einsetzte.

John Bull: Spitzname für einen Engländer oder die englische Nation; erstmals auf Lord Bolingbroke (1670–1751), den britischen Staatsmann, Schriftsteller und Verfechter des Aufklärungsideals angewandt.

Kapitel 10:

Charles Sumner (1811–1874): Amerikanischer Politiker, lange Zeit Mitglied des Senats. Der leidenschaftliche Abolitionist gründete zusammen mit Gleichgesinnten 1848 die Free Soil Party und wurde 1851 in den Senat gewählt. Am 22. Mai 1856 wurde er unvermittelt von dem Kongreßmitglied aus South Carolina Preston S. Brooks angegriffen und bewußtlos geschlagen; es dauerte nahezu vier Jahre, bis er sich von den Verletzungen erholte. Ende 1859 nahm er seinen Sitz im Senat wieder ein.

Lydia Maria Francis Child (1802–1880): Amerikanische Schriftstellerin und Abolitionistin; 1833 verfaßte sie eines der ersten Bücher gegen die Sklaverei, *An Appeal in Favor of That Class of Americans Called Africans,* und gab von 1841 bis 1849 den *National Anti-Slavery Standard* heraus.

William Ellery Channing (1780–1842): Amerikanischer Theologe und Führer der unitaristischen Bewegung in New England; engagierter Gegner der Sklaverei, der seine Ansichten in zahlreichen Schriften veröffentlichte und u. a. Emerson beeinflußte.

Theodore Parker (1810–1860): Amerikanischer unitaristischer Geistlicher, Publizist und Sozialreformer. Aktives Mitglied der Abolitionistenbewegung.

Miasma: Nach früherer Anschauung aus Ausdünstungen aus dem Erdboden, Sümpfen, Leichen u.a. gebildete Stoffe, die für das Auftreten von Infektionskrankheiten und Epidemien verantwortlich gemacht wurden.